David Irving
Führer und Reichskanzler
Adolf Hitler
1933–1945

David Irving

Führer und Reichskanzler

Adolf Hitler 1933–1945

DRUFFEL-VERLAG
Berg am Starnberger See

Aus dem Englischen übersetzt von Georg Auerbach, Erwin Duncker
und Konrad Dietzfelbinger

Alle Abbildungen aus dem Archiv des Autors

© by David Irving
Alle Rechte für die deutsche Ausgabe
© by F.A. Herbig Verlagsbuchhandlung, München · Berlin
Umschlaggestaltung: Christel Aumann, München
Satz: Filmsatz Schröter GmbH, München
1997 Lizenzausgabe für Druffel-Verlag, 82335 Berg
Gedruckt in Deutschland
ISBN 3-8061-1118-9

Inhalt

Zu diesem Buch 9
Prolog 35

I
An der Macht

»Es kann nur einer befehlen« 42
»In vier Jahren einsatzfähig« 58
»Einmal die ganze Welt« 67
»All das ist nun Deutschland« 77
»Opfer eines Mißverständnisses?« 93
»Es ist mein unabänderlicher Entschluß« 106
»Was sind das für Generale?« 125
»Nie mehr gegeneinander Krieg« 134
». . . die deutsche Frage zu lösen« 150

II
Der Weg zum Krieg

»Mir ist es geglückt« 168
»Da ist er wie ein Bub« 181
»Bei passender Gelegenheit« 187
»Dieses jüdische Machwerk« 194
»Alles gegen Rußland gerichtet« 200
»Stalin ist genau wie Sie!« 211

III
Der Krieg

»Gott strafe England« 228
»Ein Hasentreiben« 232
»Der Krieg geht weiter!« 248
»Erst wenn wir am Kanal stehen« 269
»Dann kann's losgehen« 288

IV
Der Weltkrieg

»Das Ganze halt!« 300
»Gerüstet wie noch nie« 314
»Krieg gegen England« 327
»Wenn Rußland geschlagen ist« 336
»Er habe Rommel gewählt« 352
»Schlag gegen Jugoslawien« 361
»Noch nie einen Sieg« 370
»Er ist geflogen!« 379
»Soldaten der Ostfront« 391

V
Der Weltanschauungs-Krieg

»In 4 Wochen in Moskau!« 402
»Über P. soll der Pflug gehen« 417
»Aus Europa verschwinden« 431
»Nicht mehr zu gewinnen« 445
»Keinen Schritt zurückgehen« 459
»Evakuierung nach dem Osten« 473
»Wenn im Westen nichts passiert« 486

VI
Der totale Krieg

»Erwarte sieghaften Einsatz«	508
»Die 6. Armee muß bleiben«	521
»Wollt ihr den totalen Krieg?«	533
»So geht es nicht«	545
»Bis zur Kampfunfähigkeit geschlagen«	557
»Auf das Konto unserer Verbündeten!«	570
»Was halten Sie von der Achse?«	584
»Wenn ich mich mit Rußland einige«	599
»Die Stunde der Vergeltung ist nah«	612
»Im Westen bester Zuversicht«	626
»Sewastopol so lange wie möglich halten«	639

VII
Die Auflehnung

»Genau, wo wir sie erwartet haben«	654
»Ich werde ein Exempel statuieren«	670
»Bis einer unserer Gegner müde wird«	687
»Halten der Stellung oder Vernichtung«	701
»Da gibt es nichts mehr zu verbergen«	715

VIII
Der Endkampf

»Bei uns steht alles auf dem Spiel«	732
»Wenn wir diesen Krieg verlieren«	744
»Berlin bleibt deutsch«	760
»Wenn ich tot bin...«	774

Anhang	800
Personenregister	805

Zu diesem Buch

Wie bei früheren Veröffentlichungen sollte mich auch bei den Arbeiten zu vorliegendem Buch der Satz begleiten: »Dem Historiker ist vergönnt, was selbst den Göttern verwehrt ist -- das einmal Geschehene zu ändern.« Diese Biographie behandelt die zwölf Jahre Adolf Hitlers als »Führer und Reichskanzler«, also die Zeit, in der er die absolute Macht innehatte. Auch hier sah ich mich in der Rolle des Restaurators – es kam mir weniger auf eine subjektive Bewertung an als auf das systematische Abtragen von allerlei Verkrustungen und Tünchschichten, die sich in Jahrzehnten auf der Oberfläche eines stummen, abweisenden Monuments gebildet hatten.

Es wird auch hier – wie bei »Hitlers Weg zum Krieg« und »Hitlers Krieg« – der Versuch unternommen, die Ereignisse gleichsam vom Schreibtisch Hitlers aus zu beschreiben, jede Begebenheit gleichsam mit seinen Augen zu sehen. Zwar verengt diese Technik den Standpunkt, aber sie verhilft zu einem Verständnis sonst unverständlicher Entscheidungen. Meines Wissens hat das bisher niemand unternommen, weswegen es mir der Mühe wert war; denn schließlich verursachte Hitlers Krieg den Tod von vierzig Millionen Menschen und brachte über fast ganz Europa und halb Asien Vernichtung durch Feuer und Granaten; der Krieg zerstörte Hitlers »Drittes Reich«, führte die Auspowerung Englands und den Verlust seines Empire herbei und bewirkte die auch heute noch andauernde Unruhe im Getriebe der Welt. Der Krieg hatte die Festigung des Kommunismus in einem Kontinent und sein Vordringen in einem weiteren zur Folge.

In früheren Büchern habe ich soweit wie möglich die Inanspruchnahme von bereits veröffentlichten Werken zugunsten von verfügbaren Primärquellen aus jenen Tagen vermieden; zu viele nach dem Krieg erschienene Bücher führen den Historiker in die Irre. In meiner Naivität zog ich den Schluß, ich könnte dieselbe Methode auch bei einer Untersuchung über Hitler anwenden und sie innerhalb von fünf Jahren fertigstellen. Doch dauerte es dreizehn Jahre, bis 1977 der erste Band »Hitlers Krieg« veröffentlicht wurde, und nach weiteren zwölf Jahren erstelle ich immer noch Register und ergänze meine Dokumentensammlung.

Ich entsinne mich, daß ich 1965 zu den Tilbury-Docks fuhr, um eine Kiste mit Mikrofilmen abzuholen, die ich von der US-Regierung für dieses Werk angefordert hatte. Das Schiff, das die Kiste brachte, war bis zur Veröffentlichung längst verschrottet, die Werft selbst dem Erdboden gleich gemacht. Vermutlich habe ich die Sache allzu gemächlich angepackt. Dennoch hoffe ich, daß diese auf den neuesten Stand gebrachte und überarbeitete Biographie konkurrierende Werke überdauern wird und daß sich künftig immer mehr Autoren gezwungen sehen, sie schon wegen der Fakten zu Rate zu ziehen, die sonst in keiner anderen enthalten sind.

Auf Reisen in aller Welt habe ich feststellen können, daß sie die Zunft der akademischen Historiker in zwei große Lager gespalten hat, insbesondere was die Kontroverse um den »Holocaust« betrifft. Allein in Australien erzählten mir Studenten der Universitäten von Neusüdwales und Westaustralien, man habe sie bestraft, wenn sie aus »Hitlers Krieg« zitierten. An den Universitäten Wollongong und Canberra hingegen rüffelt man die Studenten, wenn sie es nicht tun. Die Biographie ist Pflichtlektüre für Offiziere der Militärakademien von Sandhurst bis Westpoint, N. Y., und Carlisle, Pa. Sie hat den Beifall von Experten hinter dem Eisernen Vorhang gefunden, aber auch von Angehörigen des äußersten rechten Flügels.

Ich, als ihr Autor, habe erleben müssen, daß meine Wohnung von Gangstern in Stücke geschlagen, meine Familie terrorisiert, mein Name in den Schmutz gezogen, meine Verleger mit Brandsätzen beworfen und daß ich selbst in dem winzig-kleinen demokratischen Österreich verhaftet und abgeschoben wurde – ein Akt der Ungerechtigkeit, wie die österreichischen Richter selbst urteilten, für den die ministeriellen Übeltäter noch Rechenschaft werden ablegen müssen.

Ein Journalist des »Time«-Magazins machte während eines Essens mit mir in New York 1988 die Bemerkung: »Bevor ich rüberflog, las ich die Stöße von Zeitungsartikeln über Sie durch. Vor ›Hitlers Krieg‹ wurde alles, was Sie taten, akzeptiert, Sie waren der Hätschelhans der Medien. Danach aber bewarf man Sie über und über mit Dreck.«

Ich entschuldige mich nicht dafür, daß ich die bestehenden Ansichten über Adolf Hitler revidiert habe. Ich habe versucht, ihm die gleiche Gerechtigkeit widerfahren zu lassen, die ihm von einem englischen Gericht zuteil geworden wäre, wo die normalen Regeln der Wahrheitsfindung Gültigkeit besitzen, aber auch ein gewisses Maß an Verständnis statthaft ist.

Es gab Skeptiker, die die Frage stellten, ob denn die beträchtliche Zuhilfenahme von – unvermeidlicherweise tendenziösen – Privataufzeichnungen eine bessere Methode zur Erforschung von Hitlers Laufbahn sei als die Nutzung von herkömmlichen Informationsquellen. Meine Antwort lautet, daß es ebenso falsch ist, den Wert solcher privaten Quellen gänzlich zu bestreiten. Die »Washington Post« vermerkte diesbezüglich in ihrer Besprechung der ersten Ausgabe von 1977: »Englische Historiker sind schon immer mit Hitler objektiver verfahren als deutsche oder amerikanische Autoren.«

Das Fazit nach Abschluß meiner Arbeit an diesem Manuskript überraschte dann selbst mich: Hitler war als Führer weit weniger allmächtig, als angenommen wird, und seine Gewalt über seine Untergebenen nahm von Jahr zu Jahr ab. Drei Vorfälle – die Auswirkungen der Röhm-Affäre vom 30. Juni 1934, die Ermordung von Dollfuß einen Monat darauf und die antijüdischen Pogrome vom November 1938 – zeigen auf, wie seine Machtbefugnis von Männern usurpiert wurde, denen er sich in irgendeiner Form verpflichtet fühlte.

Obzwar das grundsätzliche und richtungweisende Ziel des von mir geschilderten Hitler vor dem Krieg stets konstant blieb, waren seine Methoden und Taktiken zutiefst opportunistisch. Er glaubte fest daran, daß man flüchtige Chancen ergreifen müsse. »Es ist aber immer nur ein Moment, wo die Glücksgöttin an einem vorüberstreicht«, dozierte er 1938 vor seinen Adjutanten. »Wenn man in diesem Augenblick nicht ihren Saum erfaßt, kommt sie nie wieder.« Die Art, wie er im Januar 1938 den doppelten Skandal nutzte, um sich des allzu konservativen Oberbefehlshabers des Heeres, Werner von Fritsch, zu entledigen, um selbst der Oberste Befehlshaber zu werden, ist dafür ein bezeichnendes Beispiel.

Seine Ziele zur Eroberung von Territorium blieben unveränderlich die gleichen. Gegen Großbritannien und dessen Empire jedoch hatte er niemals Pläne – alle erbeuteten Unterlagen bestätigen das ohne jeden Zweifel. Für einen längeren Krieg gegen die Britischen Inseln waren die Luftwaffe und Kriegsmarine, die er geschaffen hatte, unbestreitbar ungeeignet. Zudem deuten unauffällige Hinweise, wie seine Instruktionen an Fritz Todt zur Errichtung riesiger Monumente an der Westgrenze des Reiches darauf hin, daß diese Grenze für Hitler von Dauer war.

Es gibt jedoch reichlich Beweise für Hitlers Pläne einer Invasion im Osten – seine Geheimrede vom Februar 1933, seine Denkschrift vom August 1936 seine Anweisungen vom Juni 1937 für den Ausbau von Pillau zu einer Marinebasis in der Ostsee und seine Äußerungen gegenüber Mussolini im Mai 1938, daß »Deutschland den alten Germanenweg nach Osten beschreiten« werde. Es zeigt sich, daß erst gegen Ende dieses Monats Hitler sich schließlich mit der Möglichkeit abfand, daß England und Frankreich vermutlich nicht abseits stehenbleiben würden.

In den letzten Vorkriegsjahren stützte sich Hitler intensiv auf Techniken der psychologischen Kriegführung. Das Prinzip war nicht neu. Napoleon hatte es folgendermaßen definiert: »Der Ruf der eigenen Waffen ist im Krieg alles und gleichbedeutend mit wirklicher Streitkraft.« Durch die Verwendung der »Vertraulichen Mitteilungen« des Reichspropagandaamts Berlin und verschiedener Zeitungsarchive habe ich darzulegen versucht, wie weit voraus der NS-Staat in diesen Techniken der »kalten Kriegführung« war. Zu dieser Thematik gehört ferner meine Hervorhebung von Hitlers Nachrichtenquellen über das Ausland. Das sogenannte NS-»Forschungsamt« mit seiner Telefonabhör- und Dechiffrierabteilung, das 1945 all seine Akten vernichtete, liefert den Schlüssel zu vielen Erfolgen Hitlers. Dieses Amt belauschte die Telefonate der ausländischen Diplomaten in Berlin und verschaffte Hitler – was noch bedeutungsvoller ist – im September 1938 Transkriptionen der rund um die Uhr abgehörten entsetzten und unvorsichtigen Telefongespräche zwischen dem bedrängten Prag und den tschechischen Diplomaten in London und Paris.

Von der Konferenz in München bis zum Ausbruch des Krieges mit Großbritannien konnte Hitler aus abgehörten Telefongesprächen stündlich verfolgen, wie seine Gegner auf jeden Schachzug der NS-Regierung reagierten. Am 22. August 1939 folgerte er zu Recht, daß die Westmächte zwar formell den Krieg erklären könnten, aber es nicht auf einen offenen Kampf ankommen lassen würden – das heißt, vorerst nicht.

In den Kriegsjahren erwies sich Hitler als ein machtvoller, unnachgiebiger Feldherr. Er war die treibende Kraft hinter den großen Siegen etwa im Kampf um Frankreich im Mai 1940 und in der Schlacht um Charkow Mai 1942 – sogar Marschall Schukow räumte später im privaten Kreis ein, daß Hitlers Strategie im Sommer 1941, ganz anders als der vom Generalstab ausgearbeitete frontale Vorstoß nach Moskau, zweifellos richtig gewesen sei. Doch wurde Hitler gleichzeitig als politischer Führer lax und zaghaft und ließ die Staatsgeschäfte schleifen. Er, der oft brutal und rücksichtslos reagierte, erwies sich nicht als rücksichtslos, wenn derlei höchst wichtig gewesen wäre: So sperrte er sich gegen eine Bombardierung Londons, bis ihm dann im Spätsommer 1940 Churchill die Entscheidung aufzwang. Er schreckte davor zurück, der deutschen »Herrenrasse« all die Härten eines totalen Kriegs aufzuerlegen, bis es für eine entscheidende Auswirkung zu spät war. Als die Rüstungsbetriebe dringend Arbeitskräfte benötigten, konnten sich müßiggängerische deutsche Hausfrauen weiterhin eine halbe Million Hausangestellte leisten, die Staub wischten und Möbel polierten. Auch im militärischen Bereich wurde Hitlers Unentschlossenheit gelegentlich deutlich, beispielsweise in seinem panikartigen Schwanken in Krisenzeiten wie beim Kampf um Narvik 1940. Gegen seine Widersacher in Deutschland setzte er allzulange kaum durchschlagende Mittel ein, und gegen die starke Opposition im Zentrum seines Oberkommandos scheint er wenig Rat gewußt zu haben. Unfähige Minister und Generale beließ er weit länger auf ihren Posten als die Staatsoberhäupter der Alliierten. Es gelang ihm nicht, die sich befehdenden Blöcke der Partei und der Wehrmacht zu einen, damit sie sich für die gemeinsame Sache einsetzten, und er erwies sich als unfähig, die zersetzende Abneigung des OKH gegen das OKW einzudämmen.

Ich denke, ich kann in diesem Buch aufzeigen, daß Hitlers Großdeutsches Reich, je hermetischer er sich hinter den Stacheldrahtverhauen und Minenfeldern seiner abgelegenen Hauptquartiere absonderte, immer mehr zu einem – man kann sagen – Führerstaat ohne Führer verkam.

Die Innenpolitik bestimmten jeweils Leute, die in ihrem begrenzten Bereich über die größte Macht verfügten: Hermann Göring als Generalbevollmächtigter des Vierjahresplans, Hans Lammers als Chef der Reichskanzlei, Martin Bormann als eigentlicher Führer des NS-Partei oder Heinrich Himmler als Innenminister und »Reichsführer« der berüchtigten SS.

Hitler war ein Problem, ein Rätsel selbst für seine vertrautesten Berater.

Sein Außenminister Joachim von Ribbentrop schrieb 1945 in seiner Nürnberger Gefängniszelle:

»... 1933 lernte ich Adolf Hitler näher kennen. Doch wenn man mich heute fragte, ob ich ihn gut kannte – wie er nun als Politiker oder Staatsmann dachte, was für ein Mensch er denn war –, muß ich gestehen, daß ich nur sehr wenig von ihm weiß, im Grunde überhaupt nichts. Die Tatsache ist, daß ich, obgleich ich so viel mit ihm zusammen durchlebt habe, ihm trotz der langjährigen Zusammenarbeit nie näher gekommen bin, weder persönlich noch sonstwie, als am Tag unseres Kennenlernens.«

Die Wesensvielfalt von Hitlers Charakter wird bei einer Gegenüberstellung seiner extremen Brutalität in bestimmten Zusammenhängen einerseits und seiner geradezu rührseligen Sentimentalität oder seines hartnäckigen Festhaltens an längst aufgegebenen militärischen Konventionen andererseits deutlich. Kaltblütig befiehlt er die Hinrichtung von jeweils hundert Geiseln für einen ermordeten deutschen Soldaten in einem besetzten Land; ordnet er ein Massaker an italienischen Offizieren an, die 1943 die Waffen gegen deutsche Truppen erhoben hatten; verlangt er die systematische Liquidierung von »Kommissaren« der Roten Armee, von Kommandoeinheiten der Alliierten und von gefangengenommenen alliierten Piloten. 1942 verkündet er, daß die gesamte männliche Bevölkerung von Stalingrad und Leningrad ausgerottet werden müsse, und er rechtfertigt all diese Befehle mit vom Krieg aufgezwungenen Notwendigkeiten.

Doch derselbe Hitler empört sich – in der letzten Woche seines Lebens – darüber, daß bei den Straßenkämpfen in Berlin russische Panzer zur Irreführung die Hakenkreuzfahne hissen, und verbietet seiner Wehrmacht ausdrücklich, das Flaggenprotokoll zu verletzen.

Er hatte sich gegen jeden Vorschlag, Nervengas einzusetzen, gesträubt, da dies eine Verletzung des Genfer Protokolls bedeutet hätte. Und dabei hatte zu dieser Zeit Deutschland allein die möglicherweise kriegsentscheidenden tödlichen Nervengase Sarin und Tabun entwickelt.

In einer Zeit, da Regierungen in demokratisch geführten Ländern Attentate auf mißliebige Personen – auf General Sikorski, Admiral Darlan, Feldmarschall Rommel und König Boris von Bulgarien bis hin zu Fidel Castro, Patrice Lumumba oder Salvador Allende – anordneten oder aushecken, sei es mit oder ohne Erfolg, erfährt man, daß Hitler, dieser skrupelloseste Diktator, den die Welt jemals gesehen hat, nicht nur *nie* Anschläge auf seine Widersacher im Ausland anordnete, sondern der Abwehr gar etwaige Vorbereitungen dazu ausdrücklich untersagte. Admiral Canaris verbot er beispielsweise Attentate auf den Generalstab der Roten Armee.

Das größte Problem für eine kritische Beschäftigung mit Hitler ist die durch jahrelange intensive Kriegspropaganda und emotionell gefärbte Geschichtsschreibung nach dem Krieg hervorgerufene Aversion gegen seine Person. Ich hingegen stieß mit einer fast neutralen Einstellung auf dieses Thema. Meine eigenen Kriegseindrücke sind auf schnappschußartige Erinnerungen an Peripheres beschränkt – an sommerliche Picknicks 1940 unweit des Wracks eines Heinkel-Bombers am Rand der heimatlichen Bluebell-Woods, an den infernalischen Heulton der V1-Raketen, die über unsere Köpfe hinwegflogen, an Konvois von schmutziggrauen Army-Lastwagen, die an unserer Gartenpforte vorbeirumpelten, an die zählbaren Lücken in den amerikanischen Bomberformationen, die nach ihrem Einsatz über Deutschland zurückflogen, an all die Truppentransporter, die im Juni 1944 vom Strand bei Southsea Kurs auf die Normandie nahmen, und dann noch an den VE-Tag selbst mit all den Freudenfeuern und dem Ertönen des Gongs im elterlichen Hause. Unsere Kenntnis der Deutschen, die für all das die Schuld trugen, war gleichermaßen dürftig. Ich entsinne mich noch der Beiträge »Ferrier's World Searchlight« im längst eingegangenen »Everybody's«-Magazin mit den wöchentlich erscheinenden Karikaturen eines klumpfüßigen Zwerges, der sich Goebbels nannte, und weiterer lächerlicher Nazigrößen.

Solche Zerrbilder haben seitdem die Geschichtsschreibung nicht unerheblich belastet. In ihrer Auseinandersetzung mit dem Phänomen Hitler mochten sich die Forscher nicht zu der Erkenntnis durchringen, daß er ein Mensch war wie viele andere auch, ein Mensch, der spazierenging, auch mal plauderte, an die 155 Pfund wog, ergrautes Haar und falsche Zähne hatte und an chronischen Verdauungsstörungen litt. Für sie ist er nach wie vor die Verkörperung des Bösen. Er *hat* diese Verkörperung zu sein! Denn wozu sonst all die Opfer, die wir für seine Vernichtung gebracht haben?

Bei den Nürnberger Kriegsverbrecherprozessen wurde die Methode der karikaturalen Verzerrung salonfähig. Seit damals wird die Geschichtsschreibung behindert – durch die Methoden der Beweismaterialauswahl der Anklage, durch die nachfolgende Veröffentlichung der ausgewählten Dokumente in gefällig gedruckten und mit einem Index versehenen Bänden und durch die Verbrennung jeder Urkunde, die die Strafverfolgung behindert hätte. In Nürnberg wurde alle Schuld an den Geschehnissen von den Militärs den Ministern zugeschoben, von den Ministern den Parteigrößen und von allen schließlich Hitler aufgelastet. Unter dem System der »lizensierten« Verleger und Zeitungsherausgeber, das die Alliierten im Nachkriegsdeutschland installierten, wucherte die Geschichtsklitterung: Keine Story in den Werken der Historiker und den Memoiren war zu absurd, als daß sie nicht geglaubt worden wäre.

Unter all den findigen Autoren gebührt der Ehrenplatz den Herren vom deutschen Generalstab. Ohne Hitler wären nur wenige über den Rang eines Obristen hinausgelangt; ihm verdankten sie ihre Positionen, Orden, Rittergüter, Dotationen. Nicht selten verdankten sie ihm auch ihre Siege. Nach dem Krieg verfielen diejenigen, die ihn überlebt hatten – wenige waren es nicht, die geschaßt und somit den Fährnissen des Schlachtfeldes entrückt worden waren –, darauf, alle Schuld an der Niederlage von sich abzuwälzen. Im Geheimarchiv des Nürnberger Anklägers Robert H. Jackson fand ich ein Schreiben mit dem warnenden Hinweis auf die von General Franz Halder, dem ehemaligen Chef des Generalstabs des Heeres, eingeschlagene Taktik:

»Ich möchte Sie hiermit auf die CSDIC-Aufzeichnungen der Gespräche Halders mit den übrigen Generalen aufmerksam machen. Er äußert sich da völlig unverblümt darüber, was seiner Ansicht nach verschwiegen oder beschönigt werden sollte; insbesondere reagiert er überaus hellhörig auf jegliche Unterstellung, daß der deutsche Generalstab in irgend etwas, vor allem in die Kriegsplanung verwickelt sei.«

Glücklicherweise ist die peinliche Justierung des Gewissens und Erinnerungsvermögens – wie im obigen Fall – mehr als einmal durch die versteckten Mikrofone der »Combined Services Detailed Interrogation Centers« (CSDIC) für die Nachwelt aufgezeichnet worden. So geriet General der Kavallerie von Rothkirch, Befehlshaber des III. Corps, am 6. März 1945 in Bitburg in Gefangenschaft und wurde drei Tage danach abgehört, als er beschrieb, wie er persönlich Juden in einer kleinen Stadt in der Nähe des russischen Witebsk umgebracht hatte, und wie man ihm geraten hatte, die Massengräber in der Nähe von Minsk nicht anzutasten, da man dort dabei sei, die Leichen zu exhumieren und einzuäschern, um jede Spur zu verwischen. »Bei allem was ich aussage«, sagte er dann zu seinen Mitgefangenen, »habe ich mir vorgenommen, immer so zu drehen, daß das Offizierskorps reingewaschen wird – *rücksichtslos, rücksichtslos!* «* Und als Generaloberst Heinz Guderian und der arrogante, überhebliche General Leo Geyr von Schweppenburg von ihren amerikanischen Bewachern gebeten wurden, eine Schilderung des Krieges aus ihrer Sicht zu Papier zu bringen, holten sie zunächst die Erlaubnis von Feldmarschall Ritter von Leeb ein, dem ranghöchsten Militär im Gewahrsam der Seventh-Army-CSDIC. Wiederum zeichneten versteckte Mikrofone ihr Gespräch auf:

Leeb:
»Ich kann Ihnen da nur meine persönliche Ansicht darlegen ... Sie müssen Ihre Antworten sorgsam abwägen, wenn sie sich auf Zielsetzungen, Gründe und den Verlauf der Feldzüge beziehen, um festzustellen, inwiefern sie den Interessen unseres Vaterlandes zuwiderlaufen. Einerseits müssen wir uns darüber im klaren sein, daß die Amerikaner über den Verlauf der Operationen ausnehmend gut Bescheid wissen; sie wissen sogar, welche Verbände auf unserer Seite daran teilnahmen. Andererseits kennen sie unsere Beweggründe nicht so gut. Und da gibt es noch einen Punkt, bei dem es angeraten ist, Vorsicht walten zu lassen, damit wir nicht zum Gespött der Welt werden. Ich weiß zwar nicht, welche Beziehung Sie zu Hitler hatten, aber ich weiß über seine militärische Befähi-

---

* CSDIC (UK) report SRGG. 1133, 9. März 1945, in Public Records Office, London, file WO. 208/4169

gung Bescheid ... Sie müssen sich Ihre Antworten sorgfältig überlegen, wenn man Sie über dieses Thema befragt, damit Sie nichts sagen, was unserem Vaterland schaden könnte ...«
Geyr von Schweppenburg:
»Die den Psychologen bekannten Geistesstörungen lassen sich nicht mit der vergleichen, an der der Führer litt. Er war ein von willfährigen Kreaturen umgebener Wahnsinniger. Trotzdem bin ich der Ansicht, daß wir uns in unseren Stellungnahmen nicht so schroff äußern sollten. Allerdings müssen wir diese Tatsache erwähnen, um ein paar Personen zu entlasten.«

Nach einer beklommenen Debatte darüber, welche deutschen Militärs 1939 den Krieg befürwortet hatten, meinte von Leeb: »Die Frage ist jetzt, ob wir nicht offen alles zugeben sollten, was wir wissen.«
Daraus entspann sich folgender Wortwechsel:

Geyr von Schweppenburg:
»Jeder objektive Betrachter wird einräumen, daß der Nationalsozialismus den gesellschaftlichen Stand des Arbeiters gehoben hat und in gewisser Hinsicht auch seinen Lebensstandard, solange das noch möglich war.«
Von Leeb:
»Das ist eine der großen Leistungen des Nationalsozialismus. Die Ausschreitungen des Nationalsozialismus lassen sich bei näherer Betrachtung auf die Persönlichkeit des Führers zurückführen.«
Guderian:
»Die Grundprinzipien waren in Ordnung.«
Von Leeb:
»Ganz recht...«

Bei der Abfassung dieser Biographie habe ich mich daher an strenge Regeln im Hinblick auf die Auswahl meines Quellenmaterials gehalten. Ich habe mich nicht allein all der militärischen Dokumente und Archive bedient, ich habe auch die Aufzeichnungen von Hitlers engsten Vertrauten und Mitarbeitern aus jenen Tagen ausgewertet und Hinweise auf die Wahrheit in Tagebüchern oder Privatbriefen gesucht, die an Ehefrauen und Freunde gerichtet waren. Bei den wenigen autobiographischen Werken, die ich benutzte, habe ich es vorgezogen, mich jeweils mehr an das Originalmanuskript denn an die veröffentlichte Fassung zu halten, da in den ersten Nachkriegsjahren furchtsame Verleger, vor allem die in Deutschland »lizensierten«, textliche Veränderungen vornahmen – so z. B. in den Erinnerungen von Hitlers Kammerdiener Karl-Wilhelm Krause. Auch stützte ich mich lieber auf die handgeschriebenen Originalmemoiren von SD-Chef Walter Schellenberg als auf die verstümmelte und von einem Ghostwriter verfaßte, durch André Deutsch veröffentlichte Version. In diesem Zusammenhang wage ich die Empfehlung, zahlreiche bisher als »Standardquellen« eingestufte Bücher über Hitler ad acta zu legen, insbesondere die von Konrad Heiden, von Dr. Hans Bernd Gisevius, dem Doppelagenten der Abwehr und OSS, von Erich Kordt und von Hitlers Adjutanten Fritz Wiedemann, der 1940 nach seiner Entlassung durch Hitler in einem Privatbrief einer Freun-

din ungeniert erklärte: »Es macht gar nichts, wenn falsche Sachen und auch Übertreibungen berichtet werden.« Prof. Carl Jacob Burckhardts »Tagebuch«, aus dem er in seinen Memoiren »Meine Danziger Mission 1937–1939« zitiert, läßt sich mit Hitlers tatsächlichem Vorgehen nicht in Einklang bringen. Hermann Rauschnings »Gespräche mit Hitler« (Zürich 1940) haben jede Analyse von Hitlers Politik verdorben, seit sie von dem üblen Propagandisten Emery Reves (Imre Revész) zusammen mit einer Unzahl anderer Märchen veröffentlicht wurden. Rauschning, der ehemalige Danziger Staatspräsident, traf Hitler nur ein paar Mal, und zwar bei offiziellen Anlässen. Das Buch wurde in Wien noch 1973 neu aufgelegt, obwohl der ansonsten ziemlich unkritische westdeutsche Historiker Prof. Eberhard Jäckel – er ließ aus Unachtsamkeit 78 Fälschungen in einem seriösen Buch mit Hitlers Manuskripten stehen, und entschuldigte dann diese alles verderbende »Injektion« mit dem Argument, sie mache doch nur weniger als fünf Prozent des Gesamtumfangs aus! – in einem gelehrten Artikel in der Zeitschrift »Geschichte in Wissenschaft und Unterricht« (Nr. 11, 1977) mit Nachdruck darauf hinwies, Rauschnings Buch verdiene nicht den geringsten Glauben.
Dem Schweizer Historiker Wolfgang Hänel gelang es schließlich (1983), Rauschnings »Gespräche mit Hitler« als Fälschung zu entlarven.
Reves war auch Verleger der anderen berühmten »Quelle« der Geschichte des Nationalsozialismus, der »Erinnerungen« von Fritz Thyssen »I Paid Hitler« (London 1943). Henry Ashby jr. hat in einem Aufsatz in der Zeitschrift »Vierteljahreshefte für Zeitgeschichte« (Nr. 3, 1971) darauf aufmerksam gemacht, daß der glücklose Thyssen acht von den neunzehn Kapiteln seines Buches niemals auch nur gesehen hat, während der Rest auf Französisch abgefaßt wurde!
Unendlich lang ist die Liste solcher unechten »Quellen«. Die anonymen »Memoiren« der inzwischen verstorbenen Christa Schroeder, betitelt »Hitler privat« (Düsseldorf 1949) wurden von Albert Zoller geschrieben, einem französischen Verbindungsoffizier bei der 7. US-Armee.
Die angeblich von Martin Bormann verfaßten Notizen über Hitlers letzte Gespräche im Bunker – 1961 mit einer Einführung von Prof. Hugh Trevor-Roper unter dem Titel »The Testament of Adolf Hitler« erschienen und – bedauerlicherweise – in Deutsch beim Albrecht Knaus Verlag als »Hitlers Politisches Testament: Die Bormann Diktate« (Hamburg 1981) veröffentlicht, sind meiner Ansicht nach unecht. Eine Kopie des teilweise maschinen-, teilweise handgeschriebenen Dokuments befindet sich in meinem Besitz. Es läßt keinen Zweifel an meiner Auffassung.
Aber Historiker lassen sich einfach nichts sagen. Sie werden jede beliebige angebliche Primärquelle zitieren und wenn ihre Herkunft noch so wenig überzeugt. Albert Speer wurde reich durch sein Buch »Inside the Third Reich«, das der Westberliner Propyläen-Verlag 1969 publizierte. Man zollte ihm weithin Respekt wegen seiner darin ausgesprochenen Distanzierung von

Hitler. Doch stolperten einige Kritiker über den Umstand, daß die amerikanische Ausgabe beträchtliche Abweichungen vom deutschen Original »Erinnerungen« und von der britischen Ausgabe aufwies. Tatsächlich stieß ich dann auf des Pudels Kern, da ich einer der ersten Autoren war, die Speer nach seiner Entlassung aus dem Spandauer Gefängnis (1966) interviewen konnten. Der ehemalige Reichsminister verbrachte einen ganzen Nachmittag damit, mir laut aus den Entwürfen zu seinen Memoiren vorzulesen. Das auf dieser Grundlage erschienene Buch wies erhebliche Abweichungen auf. Es sei, so erklärte er mir, von meiner eigenen Lektorin im Ullstein Verlag, Annette Engel, geb. Etienne, dem dortigen Cheflektor Wolf-Jobst Siedler und dem Historiker Joachim Fest, heute Herausgeber der angesehenen »Frankfurter Allgemeinen Zeitung«, geschrieben worden. Miss Etienne bestätigte dies. Als ich Speer unter vier Augen bei einem Verlagsessen in Frankfurt 1979 zusetzte, doch seine Erinnerungen im Original zu veröffentlichen, gab er recht nachdenklich zur Antwort, daß nichts ihm lieber wäre. »Doch ist das ein Ding der Unmöglichkeit. In diesem Manuskript halte ich mich nicht an die modernen Sprachregelungen. Schon allein die Kapitelüberschriften würden Schwierigkeiten machen.«
Ein mutiger Berliner Autor, Matthias Schmidt, veröffentlichte später ein Buch über die Speerlegende und die »Erinnerungen«*. Aber beharrlich wie sie sind, haben meine Herren Kollegen nur die »Erinnerungen« und nicht Schmidts Buch in ihre Bibliotheken aufgenommen, wodurch sie die Wahrheit der dieser Einführung vorangestellten Worte bewiesen haben.
Bezeichnend für Speers Wahrheitsliebe gegenüber der Geschichte ist die Tatsache, daß er während seines Aufenthaltes in Spandau die gesamten Kriegstagebücher seiner Dienststelle abtippen ließ und dafür auch bezahlte, wobei er aber die weniger günstigen Stellen ausließ. Dann vertraute er diese verstümmelten Dokumente dem Bundesarchiv in Koblenz an. Mein Vergleich dieser Kopie im Bundesarchiv mit dem in den British Cabinet Office Archiven aufbewahrten Originalband von 1943 belegt dies ohne jeden Zweifel. Ebenso bringt Matthias Schmidt diese Fälschungen ans Licht. Ich war wirklich bestürzt über die vielen »Tagebücher« bei denen sich bei genauerer Überprüfung herausstellte, daß sie – stets zu Hitlers Nachteil – fingiert oder verfälscht worden waren.
So behaupteten zwei Männer, jeweils die gesamten Tagebücher von Admiral Wilhelm Canaris, dem legendären Abwehrchef, den Hitler noch im April 1945 hinrichten ließ, zu besitzen. Der erstere, Klaus Benzig, wies Dokumente des nach dem Krieg von General Gehlen begründeten »Bundesnachrichtendienstes« und »von Canaris unterzeichnete« Originalunterlagen als Beweis vor. Der zweite, Fabian von Schlabrendorff, von 1967–1975 Richter am Bundesverfassungsgericht, gab bekannt, daß die in seinem Besitz befindlichen Tagebücher von Generalissimus Francisco

---

* Matthias Schmidt, »Albert Speer: The End of a Myth«, New York 1984

Franco der westdeutschen Regierung ausgehändigt worden seien. Genauere Untersuchungen des Papiers und der Tinte eines »Canaris-Dokumentes« des ersterwähnten Mannes, die das Londoner Labor Hehner & Cox Ltd. in meinem Auftrag durchführte, ergaben, daß es sich um Fälschungen handelte. Ein Gespräch mit Francos persönlichem Referenten, seinem Schwager Don Felipe Polo Valdes, in Madrid, erwies auch die Haltlosigkeit der Behauptungen des deutschen Richters. In ähnlicher Weise waren die von dem Filmschauspieler Luis Trenker veröffentlichten Tagebuchaufzeichnungen der Eva Braun zum Großteil den »Memoiren« nachempfunden, die Jahrzehnte zuvor Gräfin Larisch-Wallersee verfaßt hatte. Im Oktober 1948 fällte ein Münchner Gericht das Urteil, daß es sich um Fälschungen handelte. Die echten Tagebücher der Eva Braun und ihre umfangreiche Privatkorrespondenz mit Hitler wurden im Sommer 1945 von einem in Stuttgart-Backnang stationierten CIC-Team unter Colonel Robert A. Guterriez konfisziert. Frau Ursula Göhler nahm eine kurze Sichtung dieser Papiere vor, seitdem sind sie nicht mehr aufgetaucht. Zweimal besuchte ich Gutierrez in New Mexico – er übergab meinem Kollegen Willi Korte Eva Brauns Brautkleid und Silberbesteck (das er zugegebenermaßen einbehalten hatte), aber über den Verbleib der Papiere und Tagebücher ließ er kein Sterbenswörtchen verlauten.

Die häufig zitierten »Tagebuchaufzeichnungen« von Heinrich Himmlers und Ribbentrops Berliner Masseur Felix Kersten sind gleichfalls Fälschungen, was sich beispielsweise aus dem darin enthaltenen »26seitigen medizinischen Dossier über Hitler« ergibt (beschrieben in Kap. 23, Seiten 165–171 der englischen Ausgabe), wenn man es mit den authentischen Tagebüchern von Hitlers Leibarzt Theo Morell vergleicht, die ich entdeckte und 1983 veröffentlichte. Die authentischen Tagebücher Kerstens jedoch, die Prof. Hugh Trevor-Roper in Schweden zu Gesicht bekam, sind bislang nicht publiziert worden – möglicherweise wegen des politischen Zündstoffs, den sie für höchste Kreise Schwedens enthalten, u. a. den Verleger Albert Bonnier. Er soll Himmler die Adresse sämtlicher Juden in Schweden im Tausch für Zugeständnisse bei einem eventuellen Einmarsch der Nazis versprochen haben. Gefälscht sind ferner die von Rudolf Semmler in »Goebbels – the Man Next to Hitler« (London 1947) publizierten »Tagebuchaufzeichnungen«, wie der Eintrag vom 12. Januar 1945 beweist. Demzufolge ist Hitler Goebbels' Gast in Berlin, während er in Wirklichkeit von seinem Hauptquartier im Westen Deutschlands aus die Ardennenoffensive leitete. Und ebenso gibt es offensichtliche Anachronismen in den reichlich zitierten Tagebüchern von Graf Galeazzo Ciano. So ist beispielsweise von Marschall Grazianis »Beschwerden über Rommel« die Rede – zwei volle Monate *vor* der Abkommandierung Rommels zum Kriegsschauplatz in Nordafrika. In den Monaten nach seiner Entlassung im Februar 1943 verwendete Ciano einen guten Teil seiner Zeit darauf, die Tagebücher umzuschreiben und zu »frisieren«, was sie heute zwar zu einer überaus spannenden Lektüre, aber für die historische Forschung mehr oder minder nutzlos macht. Schon Ribbentrop wies in seinen Gefängnismemoiren warnend auf die Falsa hin – er behauptete, die wahren Tagebücher Cianos im September 1943 noch gesehen zu haben –, und der NS-Dolmetscher Eugen Dollmann wiederum erwähnt in seinen Memoiren, daß ihm ein englischer Offizier im Internierungslager die Fälschung bestätigte. Die OSS-Akten darüber befinden sich in der leider noch nicht zugänglichen Allen W. Dulles-Sammlung in der Mudd Library der Universität Princeton. Selbst eine oberflächliche Überprüfung der handschriftlichen Originalbände erweist, in welchem Umfang Ciano (oder andere) die Aufzeichnungen zurechtgestutzt und neue Angaben eingeschoben haben. Trotzdem haben hochangesehene Historiker sie ebenso bedenkenlos zitiert wie Cianos sogenannte »Lissabon-Aufzeichnungen«, obgleich auch die letzteren alle Anzeichen einer späteren Umformulierung aufweisen. (Sie sind alle zu einem bestimmten Zeitpunkt mit derselben Schreibmaschine neu getippt worden, obzwar sie angeblich in sechs Jahren [1936–42] entstanden sind.)

Andere Diarien sind auf harmlosere Weise umformuliert worden. Das stenografierte Tagebuch des Chefs des Generalstabs der Luftwaffe Karl Koller hat stellenweise keine Ähnlichkeit mit der von ihm veröffentlichten Fassung »Der letzte Monat« (Mannheim 1949, neu aufgelegt im Bechtle Verlag 1985). Und Helmuth Greiner, Führer des offiziellen Kriegstagebuches der OKW-Operationsabteilung bis zum Jahre 1943, nützte 1945 die Gelegenheit, als er von den Amerikanern gebeten wurde, für die verschollenen Bände vom August 1942 bis zum März 1943 seine Originalnotizen abzuschreiben, um Passagen wegzulassen, die in ungünstiger Weise Bezug auf Mitgefangene, wie etwa General Adolf Heusinger, nahmen oder allzu günstig auf Hitler. Überdies fügte er, zweifellos um sich bei den Amerikanern einzuschmeicheln, längere Absätze voll beißender Kritik an Hitlers Kriegführung hinzu, die ich in seinen ursprünglichen handschriftlichen Notizen nicht finden konnte. Dieses Bestreben, Hitler nach dem Krieg anzuprangern, wird auch in den »Tagebuchaufzeichnungen« von Generalleutnant Gerhard Engel, der von März 1938 bis Oktober 1943 Heeresadjutant bei Hitler war, überaus deutlich. Aufgrund von historiografischen Untersuchungen, beispielsweise durch den Vergleich mit dem Privattagebuch von Reichsminister Fritz Todt im Jahre 1940 oder mit den Tagebuchnotizen der Frau von Generalleutnant Rudolf Schmundt oder mit dem Kriegstagebuch der von Feldmarschall von Manstein geführten Armeegruppe Don zur Zeit der Stalingrad-Krise, ergibt sich, daß es sich, wie immer man sie bezeichnen mag, *nicht* um Tagebuchaufzeichnungen aus der angegebenen Periode handelt. Analysen des Alters des verwendeten Papiers bestätigen dies. Bedauerlicherweise hat das renommierte Institut für Zeitgeschichte in München sie dennoch in einem Band – »Heeresadjutant bei Hitler 1938–1943«, Stuttgart 1974, herausgegeben, wenngleich in einer kurzen Einführung – allerdings nicht eben auffällig – auf gewisse Unstimmigkeiten hingewiesen wird. Abgesehen von Prof. Hugh Trevor-Roper, dieser löblichen Ausnahme, dessen Buch »The Last Days of Hitler« auf zeitgenössischen Dokumenten beruht und auch heute noch keinerlei Angriffsflächen bietet, haben die nachfolgenden Hitler-Biographen jeweils die von Vorgängern geschaffenen Fehldeutungen nur wiederholt oder ausgewalzt oder allenfalls bequem erreichbare Nachschlagewerke zu Rate gezogen.

In den sechziger und siebziger Jahren ist eine stattliche Anzahl dürftiger, unergiebiger, sattsam Bekanntes mitteilender Arbeiten über Hitler erschienen. Die größte Publizität wurde »Hitler«, der bei Propyläer, Berlin, erschienenen Biographie von Joachim Fest zuteil. Doch auf Befragen teilte er später mit, er habe nicht einmal das überaus reichhaltige Nationalarchiv in Washington aufgesucht – bei weitem die umfangreichste Materialsammlung über die jüngste europäische Geschichte. Stilistisch war sein Buch blendend, aber sonst wurden nur alte Ansichten neu herausgeputzt und mit dem eindrucksvollen Ton von Sachkenntnis vorgetragen. Kurze Zeit danach brachte derselbe Berliner Verlag auch mein Buch »Hitler und seine Feldherren« heraus. Der Cheflektor Siedler, der viele meiner Argumente unannehmbar, ja gefährlich fand, strich sie daraufhin, ohne mich zu benachrichtigen, oder verkehrte sie gar ins Gegenteil. In dem sodann veröffentlichten Text hatte Hitler beispielsweise Himmler nicht angewiesen – am 30. November 1941 –, daß es »keine Liquidierung« eines Judentransportes aus Berlin geben dürfe, sondern ihm nur mitgeteilt, daß er den Ausdruck »Liquidieren« öffentlich nicht im Zusammenhang mit dem Vernichtungsprogramm anwenden solle. So wurde Geschichtliches verfälscht! Ich untersagte die Auslieferung meines Buches zwei Tage nach seinem Erscheinen in deutscher Sprache und prozessierte zehn Jahre lang um das Recht, es im Originaltext erscheinen zu lassen. Zur Erläuterung ihrer Praktiken ließ mich die Berliner Verlagsleitung wissen, daß mein Manuskript Anschauungen vertrete, die hierzulande »für die gängige historische Beurteilung ein Affront« seien.

Meine immer etwas bequemen Vorgänger hatten mit erleichtertem Unterton beklagt, daß der Großteil der Unterlagen vernichtet worden sei. Das stimmt nicht – sie waren in einer geradezu beängstigenden Fülle erhalten geblieben. Die offiziellen Aufzeichnungen von Görings Stellvertreter, Luftwaffen-Feldmarschall Milch, die von den Engländern erbeutet wurden, umfassen beispielsweise über 60000 Seiten. Das gesamte Kriegstagebuch der deutschen Seekriegsleitung, über die Seekriegsführung hinaus von immenser Bedeutung, ist gleichfalls vorhanden. Ich brauchte etliche Monate, um in Washington die 60 Bände des Haupttextes – einige sind über 900 Seiten dick – zu lesen und die aufschlußreichsten der dort gelagerten 3900 Mikrofilme mit Dokumenten der deutschen Marineführung zu sichten.

Nachdem 1975 die erste Ausgabe des vorliegenden Buches erschienen war, gelangten die Tagebücher des Joseph Goebbels in den Westen. Ich hatte einige Befürchtung, daß sie die eine oder andere meiner gewagteren Hypothesen ins Wanken bringen könnten. Nach meiner Meinung ist das jedoch nicht geschehen.

Aber zahlreiche Quellen erster Ordnung fehlen immer noch. Es ist immer noch ein Mysterium für mich, weshalb Historiker, die sich mit Außenpolitik befassen, sich in dreißig Jahren nicht einmal dazu aufgerafft haben, der Witwe von Joachim von Ribbentrops Staatssekretär Weizsäcker (dem Vater des jetzigen Bundespräsidenten) einen Besuch abzustatten. Hätten sie die Witwe von Walther Hewel aufgesucht, Ribbentrops Verbindungsmann bei Hitler, würden sie auch von dessen Tagebuchaufzeichnungen erfahren haben. Und was soll man davon halten, wenn Historiker emotionsgeprägt über die Judenvernichtung schreiben und sich nicht einmal die Mühe genommen haben, Einsicht in die archivierten handschriftlichen Notizen der Telefonate des Reichsführers SS Heinrich Himmler zu nehmen oder seine Vortragsnotizen für die Geheimgespräche mit Hitler zu lesen? Leider sind mit Ausnahme eines Tagebuchs von 1935, das sich jetzt in den Vereinigten Staaten befindet und von dem ich eine Kopie dem Bundesarchiv übergeben habe, Himmlers Tagebücher verschwunden – teils sollen sie in Moskau sein, teils ist bekannt, daß sie sich in Tel Aviv in Israel befinden. Chaim Rosenthal, ehemaliger Attaché am Israelischen Konsulat in New York, brachte die Himmler-Tagebücher mit höchst dubiosen Mitteln an sich und vermachte sie 1982 der Universität Tel Aviv, die sie in einem Banksafe deponierte. Doch nach umfangreichen Prozessen gegen Rosenthal – er ist heute in den USA persona ingrata – gab ihm die Universität die Bände zurück.

Weitere Tagebücher sind leider nicht wieder aufgetaucht. Diejenigen des früheren Gestapomannes Werner Best sind das letztemal 1945 in den Königlich-Dänischen Archiven zu Kopenhagen gesichtet worden; die von SS-General Karl Wolff das letztemal in Nürnberg. Die Tagebücher von Hans Lammers, Wilhelm Brückner und Karl Bodenschatz gerieten in amerikanische oder französische Hände und sind verschollen. Ähnlich erging es den Tagebüchern von Prof. Theo Morell, bis sie dann auf rätselhafte Weise 1981 in Washington in meinem Beisein wieder auftauchten. Das Tagebuch von Nicolaus von Below verwahrt man höchstwahrscheinlich in Moskau. Alfred Rosenbergs erhalten gebliebene Tagebücher sind unpubliziert, im widerrechtlichen Besitz eines amerikanischen Anwalts in Frankfurt. Der noch verbliebene Rest der Tagebuchnotizen von Feldmarschall Erhard Milch – 1967 wurden mir gut 5000 Seiten zur Verfügung gestellt – ist ebenso verschwunden wie Generaloberst Alfred Jodls Notizen über die Jahre 1940–43. Zusammen mit anderen ihm gehörenden Gegenständen wurden sie von Angehörigen der englischen 11th Armored Division im Mai 1945 in Flensburg entwendet. Von Benito Mussolinis Tagebuch sind lediglich einige kurze Fragmente erhalten geblieben. Die SS ließ das Original kopieren und händigte es ihm im Januar 1945 wieder aus. Doch sowohl dieses wie auch die Kopien, die sich in den Ribbentrop-Akten befanden, sind seitdem verschwunden. Die gewiß aufschlußreichen Tagebücher General Schmundts sind bedauerlicherweise auf seinen Wunsch hin im April 1945 von Konteradmiral Karl-Jesco von Puttkamer, zusammen mit Puttkamers eigenen Aufzeichnungen, verbrannt worden. Das Tagebuch vom August 1944 von Dr. Stephan Tiso, dem letzten slowakischen Staatspräsidenten, befindet sich unter Verschluß im Archiv der Hoover Institution, Stanford, California. Dort wird auch das Tagebuch von SS-Obergruppenführer Friedrich-Wilhelm Krüger – ebenfalls geflissentlich übersehen von westdeutschen Historikern –, verwahrt.

Meine Quellenforschung, die Aufschluß über Hitlers Charakter erbringen sollte, war zugegebenermaßen nicht immer erfolgreich. Eine wochenlange Suche mit einem Proton-Magnetometer – einer Art von superempfindlichem Minendetektor – in einem Wald in der DDR schlug fehl und führte nicht zum Auffinden des Einmachglases mit den letzten stenografierten Tagebuchaufzeichnungen von Goebbels, obwohl wir nach der in meinem Besitz befindlichen Lageskizze sicherlich öfter unmittelbar darüber gestanden sein mußten.

Für das vorliegende Werk zog ich eine Anzahl wenig bekannter, aber authentischer Tagebücher von Leuten in Hitlers Umgebung heran, darunter einen unveröffentlichten Abschnitt aus Alfred Jodls Tagebuch, ferner das dienstliche, von Keitels Adjutanten Wolf Eberhard für den OKW-Chef geführte Tagebuch und Eberhards eigenes Tagebuch von 1936–1939, das Tagebuch von Nikolaus von Vormann, dem Verbindungsoffizier des Heeres bei Hitler im August und September 1939, Martin Bormanns Tagebuch und das von Hitlers persönlichem Adjutanten Max Wünsche, die beide über die Tätigkeit Hitlers berichten. Zudem verwandte ich noch die unveröffentlichten Tagebücher von Fedor von Bock, Erhard Milch, Erich von Manstein, Wilhelm Leeb, Erwin Lahousen und Eduard Wagner, dessen Witwe mir Briefe ihres Mannes mit einem Gesamtumfang von 2000 Seiten überließ. Frau Christa Schroeder, ehemalige Sekretärin Hitlers, stellte mir exklusiv ihre aufschlußreichen Unterlagen aus dieser Zeit zur Verfügung; die Familie von Julius Schaub wiederum gestattete mir das Kopieren all seiner Manuskripte über die zwanzig Jahre, in denen er als Hitlers Chefadjutant fungierte. Ebenso verhielt sich Wilhelm Brückners Sohn. Ich bin der erste Biograph, der die persönlichen Papiere von Staatssekretär Herbert Backe, seinem Minister Richard Walter Darré und die Tagebücher, Notizen und Unterlagen von Fritz Todt verwandte. Die britische Regierung gewährte mir freundlicherweise Zugang zu wertvollen Teilen des Tagebuchs von Admiral Canaris. Verstreut über Deutschland und Amerika fand ich stenografierte und maschinengeschriebene Seiten der Tagebücher Erwin Rommels und die flüchtig hingeworfenen Tagebuchnotizen, die Reichsmarschall Hermann Göring seit seiner Kindheit angefertigt hatte. Zu den aufschlußreichsten Dokumenten, die in diesem Werk benutzt wurden, gehören die Manuskripte von Generaloberst Frhr. Werner von Fritsch aus den Jahren 1938 und 1939, die ich von einer sowjetischen Quelle erhielt. Jutta Freifrau von Richthofen gewährte mir Einsicht in die umfangreichen, bisher unveröffentlichten Tagebuchaufzeichnungen ihres Mannes, des ehemaligen Feldmarschalls. Es stellte sich heraus, daß sämtliche Offiziere oder sonstigen Angehörigen von Hitlers Mitarbeiterstab, die ich befragte, Tagebuchaufzeichnungen oder andere Zeugnisse all die Jahre hindurch sorgsam gehütet hatten, die sie mir dann für eine Auswertung zur Verfügung stellten. Der Großteil der Dokumente war in Deutsch abgefaßt; doch gab es auch Unterlagen, zumal über Randprobleme, die in allen möglichen Sprachen verfaßt waren – in Italienisch, Russisch, Französisch; Spanisch, Ungarisch, Rumänisch oder Tschechisch. Etliche verkappte Anspielungen auf Hitler und Ribbentrop in den Aufzeichnungen Hewels, die meinen kümmerlichen Dechiffrierbemühungen trotzten, waren, wie sich später herausstellte, in Indonesisch (!) geschrieben.

All diese Unterlagen bilden nun einen Bestandteil der Sammlung Irving im Institut für Zeitgeschichte in München und sind auch anderen Forschern zugänglich. Am Zweiten Weltkrieg interessierte Historiker werden feststellen, daß viele der Mikrofilme mit Unterlagen, von mir bei den Recherchen zu diesem Buch angefertigt, über die Firma E. P. Microforms, East Ardsley, Wakefield, Yorkshire, WF3 2JN (Telefon 0924–825700) und Altair Publishing, 21 Scott Green Drive, Gildersome, Yorkshire LS27 7BZ (Telefon 0532–536615) erhältlich sind.

Von den in jüngster Zeit zugänglich gewordenen Materialsammlungen sind drei erwähnenswert: Die ehemals streng geheime CSDIC-Serie der Vernehmungsprotokolle im Class War Office 208 beim Public Records Office in Kew, London; die »Adolf Hitler-Sammlung«, untergebracht in drei Aktenfächern der Seeley G. Mudd Library, Princeton University, New Jersey; und über 500 Seiten von Joachim von Ribbentrops Briefen und Memoranden an Hitler, 1933–1936, also vor seiner Zeit als Minister, die man in den Ruinen der Reichskanzlei fand und die sich nun in der Louis-Lochner-Sammlung in den Archiven der Hoover Institution, Stanford, California, befinden. Die »Hitler-Sammlung« wurde von dem Gefreiten Eric Hamm von der Abteilung der US-Army für Kriegsverbrechen aus Hitlers Wohnung in München entwendet und schließlich von einem Chicagoer Auktionshaus versteigert. Sie spiegelt recht gut den Werdegang Hitlers wider: Fotografien seiner Zeichnungen und Gemälde, Botschaftertelegramme, Berichte über Erschießungen von »Berufsverbrechern«, die sich »ihrer Verhaftung widersetzten«, eine Eintragung Hitlers ins Meldebuch eines Hotels von 1925 (er bezeichnete sich als »staatenlos«), Dokumente über den spanischen Bürgerkrieg, Röhms Vorbereitungen für den Novemberputsch 1923, eine Anweisung von Martin Bormann, Hitler sei einverstanden, aufgelaufene Rechnungen der ein unstetes Wanderleben führenden Prinzessin Hohenlohe zu

begleichen, aber in Zukunft nicht mehr; umfangreiche Belege über die Beziehungen der Partei zur Kirche. Am 20. Dezember 1940 schrieb Pierre Laval an Hitler, »ich wünsche von ganzem Herzen, daß mein Land nicht darunter leiden möge«, und versicherte ihm: »Die Politik der Zusammenarbeit mit Deutschland findet die Zustimmung der weitaus überwiegenden Majorität der Franzosen.« Etliche Male protestierte Hjalmar Schacht bei Hitler gegen kritische Bemerkungen über Juden, die nur wirtschaftlichen Schaden verursachten. Am 24. August 1935 schrieb er, Robert Leys Anweisung an Woolworth & Co, »sie möge nicht mehr von jüdischen Lieferanten kaufen«, führe nur dazu, daß das Stammhaus der Firma Deutschland pro Jahr Aufträge in Höhe von 10 Millionen Mark vorenthalten würde: »Wie ich bei solcher Politik meine Devisen hereinbringen soll, bleibt mir nach wie vor unklar.« Am 30. März 1936 bat Schacht Hitler, einen amerikanischen Seidenproduzenten zu empfangen, der von Präsident Roosevelt ersucht worden war, »dem Führer persönliche Grüße zu überbringen«. Am 20. Juni 1938 sandte der Berliner Polizeichef Graf Helldorf Hitler einen Bericht über organisierte antijüdische Razzien. Im gleichen Jahr schickte die Polizei Hitler eine Akte über den jüdischen Attentäter Herschel Grynszpan, mit dem Nachweis, daß seine Eltern am 29. Oktober bei Neu Bentschen über die polnische Grenze abgeschoben worden waren – wenige Tage bevor er einen deutschen Diplomaten in Paris niederschoß –, im Sinne der Politik des Reiches, polnische Juden, die in Deutschland ansässig waren, auszubürgern. Im Februar 1939 billigte Hitler die Weigerung seiner Botschaft in Washington, Kurt Lüdecke auszuzahlen, einen ehemaligen Nationalsozialisten, der den Verlag der Partei oder andere Parteidienststellen aufgefordert hatte, sämtliche Rechte an seinen obskuren Memoiren aufzukaufen, um so deren Veröffentlichung vorzubeugen. Im gleichen Aktenordner finden sich Berichte darüber, wie Hitler dagegen Einspruch erhebt, daß das NS-Boxschwergewicht Max Schmeling noch einmal gegen den Neger Joe Louis antrete. (»Wie Du ja weißt«, schrieb Julius Schaub am 2. März 1939 an den Reichssportführer, »war der Führer schon das letzte Mal nicht damit einverstanden.«)
Höchst rätselhaft ist ein Dokument, das offensichtlich nach 1940 von der Gestapo angefertigt und auf der speziellen »Führerschreibmaschine« geschrieben wurde. Es berichtet über häßliche Gerüchte über Hitlers Vorfahren: Daß der Führer ein außereheliches Kind gewesen sei, Adoptivsohn von Alois Hitler; daß vor der Adoption der Führer nach der Mutter Schicklgruber geheißen habe* und daß die Schicklgruberlinie »abnormale Menschen« aufweise, »was die idiotische Nachkommenschaft bezeuge.«

---

* Tatsächlich war Hitlers Vater der außereheliche Sohn von Maria Anna Schicklgruber. Die NS-Presse wurde wiederholt, z. B. am 16. Dezember 1939, angehalten, über Hitlers Herkunft nicht zu spekulieren. Werner Maser stellt in seiner »Frühgeschichte der NSDAP« (Bonn 1965) fest, daß Heinrich Himmler am 4. August 1942 der Gestapo

Ein Mann aus der Schicklgruberlinie war ein Finanzbeamter namens Josef Veit, verstorben 1904 in Klagenfurt in Österreich. Einer seiner Söhne habe Selbstmord begangen, eine Tochter sei »in einer Irrenanstalt untergebracht« gewesen, eine noch lebende Tochter sei »halbidiotisch« und eine weitere Tochter »schwachsinnig«. Die Gestapo stellte fest, daß die Familie Konrad Pracher in Graz ein Dossier mit Bildern und Schriftstücken über all diese Tatsachen besaß. Himmler stellte sie sicher, »damit sie auf keinen Fall mißbräuchlich verwendet« würden.

Die Ribbentrop-Papiere spiegeln seine komplizierte Stellung als »Außerordentlicher Botschafter« gegenüber Hitler und seinen Rivalen wider. Einfluß hatte er gewonnen durch die Herstellung guter Kontakte zu einflußreichen Engländern – nicht nur Industriellen wie E. W. D. Tennant oder Zeitungsmagnaten wie Lord Rothermere, Lord Astor und Lord Camrose, sondern auch zu damals amtierenden Ministern wie Lord Hailsham, Lord Lloyd, Lord Londonderry und dem jungen Anthony Eden, in dem Ribbentrop ganz richtig den aufsteigenden Stern am Himmel der Konservativen erkannte. Die Papiere enthalten Berichte über Ribbentrops Begegnungen mit Stanley Baldwin und Ramsay Macdonald in den Jahren 1933 und 1934. Letzterem wäre es gewiß lieber gewesen, wenn diese Gespräche nicht protokolliert worden wären, so wie sich dann die Dinge entwickelten. Die Papiere geben aber auch Einblick in die delikaten Beziehungen, die sich zwischen Sir Oswald Mosley und seinen Gefolgsleuten auf der einen, den Führern der NS-Partei auf der anderen Seite ergaben. Typisch für die vielen handschriftlichen Briefe Ribbentrops an Hitler ist der eine vom Januar 1935, wo Ribbentrop sich bei ihm für den Vertrauensbeweis bedankt, der ihm durch seine Ernennung zum »Reichsleiter« zuteil geworden sei. »Nicht nur in der Partei wird meine Stellung dadurch klar umrissen und auftauchende Zweifel an Ihrer Einstellung zu mir und meiner Tätigkeit behoben, auch dem Auswärtigen Amt gegenüber schafft mir diese Ernennung eine veränderte Position nach innen und außen.« Er unterzeichnete mit »Ihr getreuer Ribbentrop«.

Nichts löste bei der ersten Publikation dieser Biographie ein derart starres Entsetzen aus wie meine Analyse von Hitlers Rolle bei der jüdischen Tragödie. Mit ätzender Säure bespritzten mich meine Kritiker, doch sehe ich keinen Grund, meine zentrale Hypothese zu revidieren, die auf den *damaligen* Berichten basiert: Hitler hatte sehr früh begriffen, daß sich der Antisemitismus in Deutschland beim Gewinn von Wählerstimmen als überaus brauchbar erweisen würde; es bereitete ihm keine Skrupel, sich von dieser abstoßenden Strömung 1933 bis zum Portal der Reichskanzlei tragen zu lassen. Doch dort trennte er sich von ihr und bekannte sich nur noch

---

Weisung erteilt habe, die Abstammung des Führers zu untersuchen. Ihre wenig konkreten Ergebnisse wurden als »geheim« eingestuft. Das oben erwähnte Dokument hingegen trägt den Stempel »Geheime Reichssache«, den höchsten Geheimhaltungsgrad.

formell zu diesem Teil der Weltanschauung seiner Partei. Die NS-Gangster unter ihm jedoch betrieben die Hetze weiter, selbst als Hitler anders verfügte, so z. B. im November 1938. Was die Konzentrationslager anbelangt, so überließ Hitler bequemerweise diese düstere Seite der NS-Herrschaft Heinrich Himmler. Er selbst besuchte nie eines. Die höheren Beamten und namhaften Persönlichkeiten aus dem Ausland, die Zutritt zu diesen Lagern erhielten – wie Ernst Udet oder Staatssekretär Erhard Milch oder Mitglieder des britischen Parlaments in den Jahren 1933 und 1934 –, waren eher beeindruckt. Aber das war in der Anfangszeit. Himmler besichtigte Auschwitz 1941 und 1942, Hitler nie.

Die Größenordnung des Problems der Juden in Deutschland ergibt sich aus einem unveröffentlichten Manuskript von Hitlers Vorgänger als Kanzler: Dr. Heinrich Brüning. Er schrieb es 1943 im amerikanischen Exil und stellte darin fest, nach der Inflation sei nur eine einzige größere deutsche Bank nicht von Juden beherrscht gewesen, wobei einige von ihnen »höchst korrupt« waren. 1931 hatte er die Banken staatlicher Aufsicht unterstellt. Er sah sich gezwungen, die Befunde der Regierung über unlauteres Geschäftsgebaren in den Banken geheimzuhalten, »aus Furcht, dadurch antisemitische Aufstände auszulösen«. Brüning warf ausländischen Korrespondenten vor, sie bauschten »gelegentliche schlechte Behandlung von Juden« zu Beginn des NS-Regimes auf: »Im Frühjahr 1933 berichteten ausländische Korrespondenten, daß die Spree mit Leichen ermordeter Juden bedeckt gewesen sei. Aber zu dieser Zeit waren noch kaum irgendwelche Juden außer Führern der kommunistischen Partei... tätlich angegriffen worden.« Und er fügte mit Nachdruck hinzu: »Wenn die Juden wirklich vom Beginn des Regimes an so schlecht behandelt worden wären, wäre unerklärlich, weshalb so wenige von ihnen vor 1938 das Land verließen.«

1948 schrieb Brüning an die Herausgeber von »Life« und verbot ihnen, einen seiner Briefe vom August 1937 an Winston Churchill zu veröffentlichen, in dem er aufzeigte, daß »ab Oktober 1928 die zwei größten regelmäßigen Geldgeber der NS-Partei die Generaldirektoren zweier der größten Berliner Banken waren, beide mosaischen Glaubens, und einer von ihnen Führer des Zionismus in Deutschland.«*

Der Frage des NS-Verhaltens gegenüber den Juden hatte ich mich zunächst von dem Standpunkt genähert, wie er Mitte der sechziger Jahre galt: »Wie läßt sich die von ihm verfügte Ermordung von sechs Millionen Juden damit vereinbaren, daß er ein gewiefter Staatsmann und fähiger Feldherr war?« Wenn mein Buch auf sattsam bekannte Art den Aufstieg und Niedergang von Hitlers Reich nachzeichnen würde, wäre die Behauptung: »Hitler hat

---

* Brünings Manuskript von 1943 befindet sich in der Dorothy-Thompson-Sammlung der George Arents Research Library, Syracuse University, N.Y. Sein Brief an Daniel Longwell, den Herausgeber von »Life«, vom 7. Februar 1948 befindet sich in den Longwell-Papieren der Butler Library, Columbia University, New York.

die Vernichtung der Juden herbeigeführt«, durchaus statthaft. Schuf er doch mit seinen antisemitischen Hetzreden in den dreißiger Jahren jene haßerfüllte Atmosphäre und schufen doch gerade er und Himmler die SS. Seine Reden, obgleich er sich nie ausführlich äußerte, mußten den Eindruck erwecken, daß er eine »Liquidierung« anstrebte. Ich war dennoch der Ansicht, daß für eine ausführliche Darstellung Hitlers in den Kriegsjahren eine analytischere Erforschung der Schlüsselprobleme – der Initiative etwa, der Mithilfe anderer, des Vollzugs – angebracht sei. Zu meinem Erstaunen stellte ich fest, daß Hitlers Rolle bei der sogenannten Endlösung der Judenfrage nie untersucht worden war. Die deutschen Historiker, sonst der Inbegriff akribischer Erforschung aller möglicher Themen, denen keine Hypothese annehmbar dünkt, sofern sie nicht von allen nur denkbaren Standpunkten durchleuchtet worden ist, scheint eine merkwürdige Blindheit zu befallen, wenn sie es mit der Person Hitlers zu tun haben. Man stellte apodiktische Behauptungen auf und maß Schuld zu, ohne dafür den wirklichen historischen Beweis erbringen zu können. Englische und amerikanische Historiker übernahmen diese Haltung. Sie alle wurden wiederum von späteren Forschern zitiert. Seit dreißig Jahren beruht unsere Kenntnis von Hitlers Anteil an den grauenhaften Geschehnissen auf diesem anhaltenden Inzest der Geschichtsforschung.

Viele, zumal in Deutschland und Österreich, propagierten nicht ohne Hintergedanken die allgemein akzeptierte These, daß der Befehl eines Wahnsinnigen den Holocaust ausgelöst habe. Wann nun dieser Befehl gegeben wurde, blieb, wie man einräumte, zweifelhaft. Dokumente, die Hitler faktisch mit der Behandlung der Juden in Verbindung bringen, haben stets die Form eines Unterlassungsbefehls, vom Bürgerbräuputsch 1923 an (als er eine Nazi-Abteilung maßregelte, weil sie ein jüdisches Delikatessengeschäft geplündert hatte) bis 1943 und 1944. Wenn Hitler tatsächlich ein unverbesserlicher Antisemit war, was soll man dann von der dringenden Anweisung des Stabes seines Stellvertreters Rudolf Heß in der berüchtigten Reichskristallnacht (»An alle Gauleitungen zur sofortigen Veranlassung«) im November 1938 halten, durch die die unverzügliche Einstellung sämtlicher derartiger Ausschreitungen »auf ausdrücklichen Befehl allerhöchster Stelle« angeordnet wurde? Alle anderen Historiker schlossen vor diesem Dokument die Augen und hofften, das peinliche, widrige Schriftstück würde irgendwie verschwunden sein, wenn sie die Augen öffneten.

Aber es gibt noch andere, z. B. die erstaunliche, im Frühjahr 1942 angefertigte Notiz des Staatssekretärs Schlegelberger im Justizministerium: »Herr Reichsminister Lammers« – Chef der Reichskanzlei unter Hitler – »teilte mir mit, der Führer habe ihm gegenüber wiederholt erklärt, daß er die Lösung der Judenfrage bis nach dem Krieg zurückgestellt wissen wolle.« Dieses Dokument ist, einerlei wie man es bewertet, unvereinbar mit der Annahme, daß Hitler ein sofortiges Liquidierungsprogramm angeordnet hatte. Das Original dieses Dokuments befindet sich in einem Konvolut des

Justizministeriums, R 22/52, im Bundesarchiv Koblenz. Und sogar Hermann Göring wies laut einer stenografischen Aufzeichnung am 6. Juli 1942 in Berlin mit Nachdruck darauf hin, wie sehr das engstirnige Vorgehen gegen jüdische Wissenschaftler z. B. vom Führer und ihm selbst mißbilligt werde:

»Ich habe das jetzt dem Führer selbst vorgetragen. Wir haben jetzt einen Juden in Wien zwei Jahre lang eingespannt, einen anderen auf dem Gebiet der Photographie, weil sie die gewissen Dinge haben, die wir brauchen und die uns in diesem Augenblick absolut voranbringen würden. Es wäre Wahnsinn, nun hier zu sagen: Der muß weg! Das war zwar ein ganz großer Forscher, ein phantastischer Kopf, aber er hatte eine Jüdin zur Frau und kann nicht auf der Hochschule sein usw. Der Führer hat in diesem Fall auf dem Gebiet der Kunst bis zur Operette hinunter Ausnahmen zugelassen, um das zu erhalten. Um so mehr wird er die Ausnahmen dort zulassen und billigen, wo es sich um wirklich ganz große Forschungsaufgaben oder Forscher selbst handelt.«*

1942 und 1943 machte Hitler – im privaten Kreise – bei verschiedenen Gelegenheiten Bemerkungen, die sich keineswegs mit der Behauptung vereinbaren lassen, er habe vom Anlaufen des Liquidierungsprogramms gewußt. Der Leser wird feststellen, daß im Oktober 1943, als Himmler in Reden an SS-Führer und Gauleiter verkündete, die Juden in Europa seien mehr oder minder ausgerottet, Hitler weiterhin Liquidierungen untersagte – so beispielsweise der italienischen Juden in Rom – und statt dessen eine Internierung anordnete. (Auch dieser Befehl wurde von seiner SS mißachtet.) Im Juli 1944 setzte er sich über Himmlers Einwände hinweg und ordnete den Austausch von Juden gegen Devisen oder Lieferungen aus dem Ausland an. Es gibt Anzeichen dafür, daß er, wie unsere zeitgenössischen Terroristen, gefangene Juden als potentielle Pfänder ansah, als Mittel, durch die er seine Gegner erpressen konnte. Ganz in Übereinstimmung mit seinem Charakter unternahm aber Hitler, als er mit den Tatsachen konfrontiert wurde, nichts, um die Schuldigen zur Rechenschaft zu ziehen. Himmler als Reichsführer SS entließ er erst am letzten Tage seines Lebens. Sicher ist zulässig, ihm die nicht eben ungewöhnliche Verhaltensweise von Staatschefs zu unterstellen, die sich allzusehr auf mächtige Ratgeber verlassen: den durchaus bewußten Wunsch, »nichts zu wissen«. Doch einen Beweis dafür zu liefern, liegt außerhalb der Möglichkeiten eines Historikers.

Aufgrund des Mangels an handfesten Beweisen – 1977 bot ich jeder Person auf der Erde, die auch nur ein einziges Dokument aus Kriegszeiten vorlegen könnte, aus dem klar hervorging, Hitler habe z. B. von Auschwitz gewußt, 1000 Pfund – nahmen meine Kritiker zu Argumenten Zuflucht, die von feinster Subtilität bis zur Holzhammermethode (in einem Fall sogar buchstäblich) reichten. Sie verfielen darauf, die Existenz von Führerbefehlen

---

* Erste Sitzung des Reichsforschungsrates am 6. Juli 1942. Ein stenografisches Protokoll befindet sich in den Milch-Papieren, Band 58, S. 3640 ff.

vorauszusetzen, auch wenn es nicht den geringsten schriftlichen Beleg dafür gab. Der Pulitzer-Preisträger John Toland, Verfasser einer in den Vereinigten Staaten erschienenen Hitler-Biographie, richtete im »Spiegel« einen von Emotionen bestimmten Appell an die deutsche Historikerschaft, doch meine Hypothese zu widerlegen – und sie versuchten dies auf Biegen und Brechen. Verstört durch Hitlers handschriftliche Notiz über einen Anruf bei Heydrich nach einem Besuch in Hitlers Bunker am 30. November 1941 – »Verhaftung Dr. Jakelius. Angeblicher Sohn Molotows. Abtransport von Juden aus Berlin. Keine Liquidierung« – retteten sich diese Hexenmeister der modernen Geschichtsschreibung in die spöttische Bemerkung, wahrscheinlich sei angenommen worden, Molotows Sohn habe sich unter dem Decknamen »Dr. Jakelius« in einem Güterzug mit Juden aus Berlin befunden; und er habe auf keinen Fall liquidiert werden sollen. Tatsächlich hatte Molotow keinen Sohn; Dr. Jakelius war ein Wiener Facharzt für Nerven- und Gemütsleiden und am Euthanasieprogramm beteiligt.*
Und der Transport von Juden aus Berlin war an diesem Morgen bereits in Riga angekommen, sie waren zu der Zeit, als Himmler Hitlers Verbot notierte, von dem dortigen SS-Führer schon hingerichtet worden.**
Allerdings konnten die deutschen Historiker Herrn Toland bisher nicht dienlich sein, wenn man von ihrem Hinweis darauf absieht, das ganze Projekt sei »selbstverständlich« so geheim gewesen, daß nur mündliche Befehle erteilt wurden. Aber weswegen sollte Hitler in diesem Fall so besorgt gewesen sein, im Gegensatz dazu aber keine Skrupel gehabt haben, als er persönlich einen Blankobefehl zur Liquidierung von Zehntausenden deutscher Volksgenossen (Euthanasieprogramm) unterzeichnete? Seine Anordnung zur Exekution von Geiseln im Verhältnis hundert zu eins, seine Befehle zur Liquidierung von Kriegsgefangenen (Kommandobefehl), von »Terrorfliegern« der Alliierten (Lynchbefehl) und russischen Funktionären (Kommissarbefehl) lassen sich die ganze Befehlskette hindurch vom Führerhauptquartier bis hinunter zum Hinrichtungskommando dokumentieren.
Die meisten meiner Kritiker haben sich auf unzulängliche und historisch nicht stichhaltige Beweise gestützt. So legen sie beispielsweise gewitzte

---

* Vgl. Benno Müller-Hill, »Tödliche Wissenschaft. Die Aussonderung von Juden, Zigeunern und Geisteskranken 1933–45« (Rowohlt, Hamburg, S. 107).
** Eine Schilderung der Beraubung und des systematischen Massenmords an diesen Juden in Riga, die einem, wie keine andere sonst, einen Schauer über den Rücken jagt, befindet sich im CSDIC (UK) Bericht SRGG.1158 (im Ordner WO.208/4169 des Public Record Office): Generalmajor Walther Bruns beschreibt ihn als Augenzeuge am 25. April 1945 Generalen, die mit ihm in britische Gefangenschaft geraten waren – ohne zu ahnen, daß versteckte Mikrofone jedes Wort aufnahmen. Von besonderer Bedeutung sind dabei seine Skrupel, dem Führer zur Kenntnis zu bringen, was er gesehen hatte, und des Führers erneuter Befehl, »daß derartige Massenerschießungen in Zukunft nicht mehr stattfinden dürften.«

abwegige Deutungen von Äußerungen Hitlers in seinen Reden vor – offenbar war dann die Liquidierung zu geheim, als daß er einen Befehl unterzeichnet hätte, aber wiederum nicht so geheim, daß er in seinen öffentlichen Reden nicht damit geprahlt hätte –, und Zitate aus einzelnen Dokumenten, die allerdings von ernst zu nehmenden Historikern schon längst als Fälschungen verworfen worden sind wie der Gerstein-Report* oder die schon erwähnten »Bunker-Gespräche«.

Aber ein unstrittiger, schriftlicher, aus der Kriegszeit stammender Beweis, etwa ein für ein englisches Gericht überzeugendes Dokument, ist bisher nicht annähernd vorgelegt worden.

So stützte sich Prof. Gould Fleming in seiner ansonsten durchaus anspruchsvollen Analyse »Hitler and the Final Solution« (London 1983) auf Zeugenaussagen der Kriegsverbrecherprozesse, die alles andere als zuverlässig sind. Bei seiner Besprechung dieses Buches kam Prof. Gordon Craig zu dem Schluß, daß es auch Fleming nicht gelungen war, mich zu widerlegen. Prof. Martin Broszat, Direktor des Instituts für Zeitgeschichte in München, griff meine Arbeit in einer 37seitigen Besprechung in der Zeitschrift des Instituts heftig an, weigerte sich dann aber, eine Antwort von mir abzudrucken. Er kannte meine Quellen nicht, wußte auch nicht, daß ich in einigen Fällen Originalakten benutzt hatte, die er und andere Historiker nur in englischer Übersetzung gelesen hatten. Daher warf er mir vor, Zitate verzerrt wiedergegeben oder sogar erfunden zu haben.**

Aber trotz dieser Verleumdungen und Schmähungen sah sich Broszat letzten Endes zu dem Zugeständnis gezwungen: »David Irving hat einen Umstand richtig gesehen, wenn er nämlich schreibt, daß nach seiner Auffassung die Tötung der Juden zum Teil eine Verlegenheitslösung war, der ›Ausweg aus einem peinlichen Dilemma‹.«

Broszats Folgerung, es habe für diese Maßnahmen *keinen* direkten Befehl Hitlers gegeben, löste einen Aufschrei unter den Historikern aus aller Welt

---

* Siehe hierzu die ausgezeichnete Dissertation von Henri Rocques »Les ›confessions‹ de Kurt Gerstein. Etude comparative des différentes versions«, vorgelegt an der Universität Nantes, Frankreich, Juni 1985. Hier wird das ganze Ausmaß der Täuschung durch die verschiedenen Versionen des »Reports« deutlich, der frühere Historiker unterlagen. Aber es ging ein solcher Aufschrei durch die ganze Historikerzunft, daß Rocques sein Doktortitel wieder aberkannt wurde. Ich habe dafür gesorgt, daß seine auf den Seiten 372ff. dargelegte These in der Sammlung Irving am Münchner Institut für Zeitgeschichte frei zugänglich ist.

** »Hitler und die Entstehung der Endlösung, eine Würdigung der Hypothese David Irvings«, Vierteljahreshefte für Zeitgeschichte Nr. 25, 1977, S. 739–775; wieder abgedruckt ohne Korrekturen in »Aspects of the Third Reich« (Hrsg. von H. W. Koch, Macmillan, New York 1985, S. 390–429; in »Yad Vashem Studies«, Nr. 13, 1979, S. 73–125; sowie, immer noch unkorrigiert, in »Nach Hitler: der schwierige Umgang mit unserer Geschichte« (Oldenburg 1988). Ausführlich zitiert von Charles W. Sydnor in »The Selling of Adolf Hitler« in »Central European History«, Nr. 12, 1979, S. 169–199 und 402–405.

aus, einen, man könnte fast sagen »Historikerkrieg«, der nicht auf eine nur politische Kontroverse zwischen rechts und links beschränkt blieb. Meine eigenen Überlegungen führten mich noch einen Schritt weiter: In Kriegszeiten sind Diktaturen im Grunde anfällige Gebilde; der Diktator, wie wachsam er auch immer sein mag, ist unfähig, all die Funktionen seiner Erfüllungsgehilfen, die innerhalb der Grenzen seines weitgespannten Herrschaftsgebietes agieren, im Auge zu behalten. Und in diesem besonderen Fall muß die Schuld an der brutalen und sinnlosen Ausrottung der Juden weitaus mehr Deutschen (und Nicht-Deutschen) angelastet werden – von denen nicht wenige heute noch am Leben sind – und nicht nur einem »wahnsinnigen Diktator«, dessen Befehle widerspruchslos zu befolgen waren.

Mir schien es auch angebracht, die von Hitler starrsinnig verfolgte Außenpolitik mit unterschiedlichen historischen Akzenten zu versehen – so seine widersinnige Weigerung, Großbritannien zu demütigen, als es 1940 fast wehrlos war, bis hin zu seinem abträglichen, emotionell gefärbten Haß auf die Serben, seiner unsinnigen, von übersteigerter Loyalität bestimmten Bewunderung für Benito Mussolini und seiner irrationalen, von vielerlei Emotionen geprägten Haltung gegenüber Stalin. Für einen englischen Historiker wie mich, der sich mit der jüngsten Geschichte beschäftigt, mag die Frage, inwieweit Hitler die Vernichtung Großbritanniens und seines Empires anstrebte, einen morbiden Reiz haben, denn diese Annahme lieferte ja die Begründung für die ruinöse Fortführung des Krieges und überlagerte 1940 unmerklich die weitaus unglaubwürdigere, die im August 1939 propagiert worden war, die Rettung Polens von einer Unterdrückung durch einen anderen Staat nämlich. Zieht man die in den nachfolgenden Kapiteln aufgeführten konkreten Hinweise, die sich in den vertrauenswürdigsten Quellen – dazu gehören beispielsweise auch Hitlers Gespräche mit seinen Sekretärinnen im Juni 1940 – finden, in Betracht, daß er nämlich weder die Absicht noch den Wunsch hatte, England zu schädigen oder das Empire zu zerstören, muß sich ein Engländer die bittere und folgenschwere Frage stellen: »Wofür haben wir denn eigentlich gekämpft?« Bedenkt man, daß das britische Volk selbst all seine Ressourcen verschleudert (im Dezember 1940) und bei der Niederwerfung Hitlers sein Empire eingebüßt hat – war dann nicht der Führer alles in allem im Recht mit seiner Bemerkung, die Haltung Englands könne im wesentlichen durch den Satz charakterisiert werden »Après moi le déluge – wenn wir uns nur das verhaßte nationalsozialistische Deutschland vom Halse schaffen können«?

Der Herzog von Windsor argwöhnte im Juli 1940, unbelastet von Ideologie und Idealismus, daß der Krieg nur deswegen fortgesetzt wurde, damit gewisse englische Staatsmänner – er meinte Churchill und seine Leute – ihr Gesicht wahren konnten, selbst wenn das den finanziellen Ruin ihres Landes und des Empires bedeutete. Andere argumentierten pragmatisch, daß man mit Adolf Hitler und dem Nazi-Reich keinerlei Kompromisse hatte schließen dürfen. Aber waren die Führer Großbritanniens wirklich davon überzeugt gewesen? Dr. Bernd Martin von der Freiburger Universität hat die geheimgehaltenen Friedensverhandlungen dargelegt, die im Oktober 1939 und noch lange danach zwischen England und Deutschland geführt wurden – diesbezüglich bleiben merkwürdigerweise sämtliche mit Sir Winston Churchill in Zusammenhang stehenden Dokumente offiziell bis zum 21. Jahrhundert unter Verschluß, und die Protokolle der Kabinettssitzungen sind gelöscht! Ebenso wurden noch im Juni 1940 Verhandlungen geführt, als sich selbst Churchill bei Kabinettsbesprechungen willens zeigte, mit Hitler zu einer Übereinkunft zu gelangen, sofern der Preis angemessen war. Natürlich ist es für eine Einschätzung des wahren Wertes solcher Verhandlungen und Hitlers öffentlich verkündeter Absichten sehr heilsam, zu wissen, daß er am 20. Juni 1942 gegenüber Walther Hewel zugab: »Für mich persönlich würde ich niemals lügen; aber es gibt keine Unwahrheit, die ich für die deutsche Sache nicht vorbringen würde!« Trotzdem wäre es der Überlegung wert, wieviel Leid der Menschheit erspart geblieben wäre, wenn nur beide Seiten weiter verhandelt hätte. Hätte dann alles, was nach 1940 geschah: der totale Bombenkrieg, die Flüchtlingsströme, die Epidemien, sogar der Holocaust – vermieden werden können? Das sind entscheidende Fragen, doch die moderne Geschichtsschreibung hat sich dafür entschieden, über solche Möglichkeiten nicht nachzudenken, und spricht lieber von Ketzerei.

Die in diesem Buch dargelegten unbezweifelbaren Fakten über Hitlers Beweggründe und Ansichten könnten in vielen Ländern einen Anstoß zur Neuorientierung geben. Die Amerikaner werden über die Monate vor Pearl Harbor manch Neues erfahren. Franzosen mag interessieren, daß Hitlers Rücksichtnahme auf Mussolini nicht die einzige Richtschnur für die Behandlung Frankreichs nach der Niederlage war: Es gab da geradezu manische Bindungen an Reminiszenzen an die vor Jahrzehnten erfolgte Behandlung Deutschlands durch Frankreich, durch die Hitler in großem Ausmaß beeinflußt wurde. Russen mögen sich die Situation vergegenwärtigen, die sich herausgebildet hätte, wenn Stalin im November 1940 Hitlers Vorschlag, dem Achsenpakt beizutreten, angenommen hätte oder wenn Stalin nach der Unterzeichnung eines zweiten Vertrages nach dem Muster von Brest-Litowsk (wie das am 28. Juni 1941 vorgeschlagen worden war) auf Hitlers Anregung, doch die militärische Sowjetmacht nur jenseits des Urals neu aufzubauen, eingegangen wäre, oder wenn Hitler Stalins angebliches Friedensangebot vom September 1944 ernstgenommen hätte.

Was ist nun das Ergebnis dieser zwanzig Jahre mühseliger Plackerei in den Archiven? Hitler wird noch lange ein Rätsel bleiben, so sehr wir uns auch abmühen werden. Selbst enge Mitarbeiter Hitlers gelangten zur Erkenntnis, daß sie ihn kaum kannten. Ich habe Ribbentrops betroffenes Eingeständnis schon zitiert. Generaloberst Alfred Jodl, sein vertrautester strategischer Berater, schrieb am 10. März 1946 aus seiner Nürnberger Gefängniszelle:

»... Doch dann frage ich mich: Hast du diesen Menschen wirklich gekannt, an dessen Seite du solch ein dornenreiches und asketisches Leben geführt hast? Trieb er nur mit deinem Idealismus ein Spiel, nutzte er ihn für irgendwelche Ziele aus, die er tief in sich verborgen hielt?
Kannst du wirklich behaupten, einen Menschen zu kennen, wenn er nicht die verstecktesten Winkel seines Herzens vor dir bloßgelegt hat – sowohl im Kummer wie auch im Überschwang? Bis zum heutigen Tag weiß ich nicht, was er wirklich gedacht, gewußt oder gewollt hat. Ich kannte nur meine eigenen Gedanken und Befürchtungen. Und wenn wir, die wir freudig gehofft haben, ein Kunstwerk zu sehen, wenn mal die verhüllenden Tücher von der Skulptur herabfallen, nun nichts als einen widerlichen Wasserspeier sichten, dann müssen wir es den künftigen Historikern überlassen, zu entscheiden, ob es von Anfang an so gewesen ist oder ob es sich mit den Zeitumständen wandelte.
Ich begehe immer denselben Fehler: Ich schreibe alles seiner schlichten Herkunft zu. Aber dann fällt mir ein, wie viele Bauernsöhne von der Geschichte mit dem Beinamen ›der Große‹ bedacht worden sind.«
»Hitler der Große«? Nein, die zeitgenössische Geschichtsschreibung ist keineswegs bereit, ihm ein derartiges Epitheton zu verleihen. Vom ersten Tage an, da er »die Macht ergriff«, am 30. Januar 1933, wußte Hitler, daß er mit einem gewaltsamen Tod zu rechnen hatte, wenn es ihm nicht gelang, Deutschland nach Versailles seinen Stolz und sein Reich wiederzugeben. Sein enger Freund, Adjutant Julius Schaub, schildert, wie Hitler vor seinen Mitarbeitern an diesem Abend in triumphierenden Jubel ausbrach, als die letzten Festgäste die Berliner Reichskanzlei verlassen hatten: »Keine Macht der Erde wird mich lebend aus diesem Gebäude herausbringen!« Die Geschichte wurde Zeuge, wie sich diese Prophezeiung erfüllte, als sich das kleine restliche Häuflein noch treuer Nationalsozialisten am 30. April 1945 mit beklommenen Gefühlen in seinem unterirdischen Arbeitsraum versammelte, auf seine noch warmen sterblichen Überreste starrte, die über eine Couch hingestreckt lagen – Blut tropfte vom herabhängenden Unterkiefer, ein Einschußloch zeigte sich in der rechten Schläfe –, und den Geruch von bitteren Mandeln einsog, der in der Luft hing. Sie schlugen ihn in eine graue Armeedecke und trugen ihn hinauf in den von Granaten verwüsteten Garten der Reichskanzlei. In einem rauchenden Bombenkrater gossen sie Benzin über ihn und zündeten es an, während sein Stab hastig salutierte und wieder in den Bunker zurückeilte. Dies war das Ende des »Führers und Reichskanzlers« Adolf Hitler 1933–1945.

London, Januar 1989 David Irving

Prolog

Immer wieder ist man vor die Frage gestellt, ob sich Adolf Hitlers wirkliche Ambitionen je ergründen lassen. Einer seiner vertrautesten Mitarbeiter, sein Luftwaffenadjutant von 1937 bis zum Ende 1945, hat zu bedenken gegeben, daß man sich, wenn man von einer bestürzenden Tirade Hitlers vor seinen Gefolgsleuten liest, stets fragen soll: War das nun der wahre Hitler, oder schuf er sich da nur ein Image, das er seinen jeweiligen Zuhörern einprägen wollte? Suchte er nur seine selbstzufriedenen Satrapen aus gefährlicher Lethargie aufzurütteln?
Man muß tief in Hitlers Lebensgeschichte schürfen, bevor man die Ursprünge dieser verwobenen Kette verborgener, ihn verzehrender Ambitionen aufspüren kann, die in den letzten sechs Jahren seines Lebens ihre gewaltsame Ausprägung fanden.
Ausgezeichnetes Quellenmaterial, sogar aus der Zeit vor *Mein Kampf*, ist erhalten geblieben. Die vertraulichen Polizeiberichte über zwanzig frühe Hitlerreden, gehalten in rauchgeschwängerten, überfüllten Sälen im revolutionären, vom Rätesystem beherrschten München der Jahre 1919 und 1920, gewähren einen Einblick in seine Anschauungen. Darin vertrat der eben dreißig Jahre alt gewordene Adolf Hitler keine hochfliegenden geopolitischen Vorstellungen. Seine Agitation drehte sich um die Bedingungen, die man den »feigen, korrupten« Vertretern Berlins in Versailles diktiert hatte. Er suchte seine Zuhörerschaft davon zu überzeugen, daß die Niederlage im Weltkrieg nicht die Feinde im Ausland, sondern die Revolutionäre in der Heimat, die jüdisch beeinflußten Politiker in Berlin herbeigeführt hätten.
Läßt man das demagogische Element in diesen Reden außer Betracht, dann kennzeichnen sie lediglich Hitlers ständig wiederholte Meinung, daß ein entwaffnetes Deutschland den widerrechtlichen Forderungen seiner beutegierigen Nachbarn hilflos ausgesetzt sei.
Er forderte ein Deutschland ohne Klassenunterschiede, in dem Arbeiter der Stirn und Arbeiter der Faust jeweils die Leistungen des anderen achteten. Im April 1920 rief er bei einer Gelegenheit sogar aus: »Wir brauchen einen Diktator, der ein Genie ist, wenn wir wieder emporkommen wollen!«
Seine Ziele waren schon damals nicht bescheiden: Er wollte ein neues Deutsches Reich errichten, von der Memel im Osten bis nach Straßburg im Westen, von Königsberg bis nach Preßburg. In einer geheimen Rede, wahrscheinlich am 7. oder 8. August 1920 vor Zuhörern in Salzburg gehal-

ten, versuchte er, seine österreichischen Landsleute für dieselben Ideale zu begeistern: »Erstens Deutschland über alles in der Welt, und zweitens, unser Deutschland reiche so weit, wie die deutsche Zunge klingt.«
Diese Salzburger Rede, von der lediglich eine verblichene, lädierte und bislang unveröffentlichte stenografische Aufzeichnung erhalten geblieben ist, enthüllt seine frühesten Auffassungen und Ansichten wohl am deutlichsten.

». . . Das ist die erste Forderung, die wir verlangen und verlangen müssen, daß unser Volk frei wird, daß die Ketten zersprengt werden, daß Deutschland wieder Herr wird seiner selbst, seine Geschicke selbst bestimmen kann, einschließlich aller derjenigen, welche zu Deutschland wollen. (Beifall)
Und die erste dieser Forderungen und deren Erfüllung wird dann die Bahn frei machen für die ganzen weiteren Reformen; und da unterscheidet uns vielleicht etwas von ihnen, was nur rein programmatisch ist, aber nicht etwas, das vielleicht nicht im Geist der Frage wäre: unsere Gedanken zur Judenfrage.
Für uns ist dieses Problem kein Problem, an dem man vorbeigehen kann mit verbundenen Augen, das nur gelöst wird durch kleine Zugeständnisse, für uns ist das ein Problem, das darüber entscheidet, ob unser Volk vor allem wieder innerlich gesundet, ob der jüdische Geist auch wirklich verschwindet. Denn denken Sie nicht, daß Sie eine Krankheit bekämpfen können, ohne den Erreger zu töten, ohne den Bazillus zu vernichten, und denken Sie nicht, daß Sie die Rassentuberkulose bekämpfen können, ohne zu sorgen, daß das Volk frei wird von dem Erreger der Rassentuberkulose. Das Wirken des Judentums wird niemals vergehen und die Vergiftung des Volkes nicht enden, solange nicht der Erreger, der Jude, aus unserer Mitte entfernt ist.« (Beifall)

So eine Sprache kam an. Es war die Sprache, die der Mob hören wollte. Fortan forderte er, daß Kriegsgewinnler und Schieber gehenkt werden sollten und stellte sie als Juden hin.
Aus den Polizeiberichten vom 13. August 1920 geht hervor, daß Hitler hier zum erstenmal seine Rede ausschließlich auf die Juden ausgerichtet hatte. Er warf den Juden vor, daß sie für den Krieg verantwortlich seien, Deutschland verbrecherisch regiert und sich als Kriegsgewinner betätigt hätten. Aus dem freundlichen Wien hätten sie ein zweites Jerusalem gemacht. Die Nationalsozialistische Partei müsse einen Kreuzzug gegen die Juden führen.
»Wir wollen keine Pogromstimmung erzeugen, sondern es beseelt uns die unerbittliche Entschlossenheit, das Übel an der Wurzel zu packen und mit Stumpf und Stiel auszurotten.« Etliche Wochen danach kündigte er an: »Die Judenfrage darf nicht umgangen, sie muß gelöst werden.«
Es genügt, wenn die Ereignisse zwischen 1920 und seiner Machtergreifung 1933* nur kurz angeführt werden, daß Adolf Hitler im November 1923 in

---

* Eine bislang unveröffentlichte Aufzeichnung eines Geheimtreffens zwischen Hitler und zwei seiner Geldgeber, die in diesem Zusammenhang besonders nützlich erscheint, ist im Anhang S. 800 zu finden.

München einen mißlungenen Putsch durchführte, vor Gericht gestellt, auf der Festung Landsberg inhaftiert und schließlich entlassen wurde, *Mein Kampf* veröffentlichte und die Partei, während seiner Abwesenheit durch inneren Hader gespalten, neu formierte und in den folgenden Jahren zu einer disziplinierten, autoritär ausgerichteten Macht aufbaute, mit eigenen Parteigerichten, einer SA-Armee in Braunhemden und einer schwarzuniformierten Prätorianergarde, der SS, bis er dann an der Spitze einer auf eine Million Parteimitglieder angeschwollenen Anhängerschaft im Januar 1933 zur Reichskanzlei in Berlin gelangte – keine geringe Leistung für einen einst unbekannten, durch Gas zeitweise erblindeten, mittellosen ehemaligen Gefreiten, der das mit keinen anderen Mitteln erreichte als mit Rednergabe, Unbeugsamkeit und dem unbändigen Drang, seine noch immer verborgenen, dunklen Ambitionen in die Tat umzusetzen.

In diesen Jahren vor 1933 gab Hitler seinen Plänen die endgültige Form. Er hatte sie bereits 1928 in einem Manuskript, das er allerdings nicht veröffentlichen ließ, zusammengefaßt.* Hierin sind seine außenpolitischen Pläne am deutlichsten niedergelegt. Mit brutaler Einfachheit sahen sie eine Erweiterung des deutschen Staatsgebietes auf Kosten Rußlands und Polens von damals 560 000 Quadratkilometern auf über eine Million qm vor. Seine Zeitgenossen strebten lediglich die Wiederherstellung der Grenzen von 1914 an. Für Hitler war das »die allerdümmste außenpolitische Zielsetzung«, sie war »ungenügend vom nationalen Standpunkt aus, unbefriedigend vom militärischen«. Deutschland müsse von den überholten Bestrebungen, sich koloniale Märkte in Übersee zu schaffen, ablassen und statt dessen »zu einer klaren, weitschauenden Raumpolitik« übergehen, um sich genügend Lebensraum für die nächsten hundert Jahre zu sichern. Zuerst müsse Deutschland »die Bildung einer ausschlaggebenden Macht zu Lande« anstreben, damit es vom Ausland ernstgenommen werde. Danach müsse es, so schrieb er 1928, zu einem Bündnis mit Großbritannien und dem Empire gelangen, damit »wir gemeinsam der Weltgeschichte die weitere Entwicklung vorschreiben«.

In jenen Jahren entwickelte er sich zu einem der mitreißendsten Redner aller Zeiten. Seine Reden waren lang, ex tempore gehalten, aber dennoch folgerichtig. Jeder Satz war selbst dem simpelsten Gemüt verständlich, ohne den anspruchsvollen Kopf abzustoßen. Die suggestive Kraft, die von ihm ausging, erfaßte jeden seiner Zuhörer. Er war, was einst Robespierre von Marat sagte: »Der Mann war gefährlich: Er glaubte, was er sagte.«

Seine Machtstellung nach 1933 beruhte darauf, wie David Lloyd George 1936 schrieb, daß er sein Versprechen gehalten hatte. Er hatte den Klassenkampf des 19. Jahrhunderts abgeschafft. Er hatte ein Deutschland geschaffen, in dem Hand- und Geistesarbeiter, Reiche und Arme gleiche Chancen hatten. »Darum pfeift Hitler auf die sogenannte Intelligenz«, hatte sein

---

* Gerhard L. Weinberg (Hrsg.), *Hitlers Zweites Buch* (Stuttgart, 1961).

Leidensgenosse Walther Hewel auf der Festung Landsberg am 14. Dezember 1924 geschrieben, »die allen Entschlüssen 1000 Bedenken entgegensetzt. Diejenigen der Intelligenz, die er braucht, kommen von selbst zu ihm, und das werden seine Führer.« Zwanzig Jahre später, in einer Geheimrede vor seinen Generalen am 27. Januar 1944, offenbarte Hitler selbst den pseudodarwinschen Prozeß, den er genutzt hatte, um Deutschlands neue Herrenklasse heranzubilden: Er hatte bewußt die Partei als Mittel dazu verwandt, das künftige Führerpotential auszusondern – Männer mit erforderlichem Fanatismus, die nicht knieweich werden würden, wenn der wirkliche Kampf begann.

»...Ich habe daher ein Kampfprogramm aufgestellt, das bewußt darauf zugeschnitten war, zunächst die tatkräftige und entschlossene Minorität im deutschen Volk zu sammeln. Ich habe das oft meinen Anhängern in der Zeit, in der ich noch ganz einsam und klein war, erklärt: Wenn dieses Programm Jahr für Jahr durch Tausende von Vorträgen über die Nation hinwegzieht, so muß dieses Programm wirken wie ein Magnet. Es wird langsam ein Stahlspan nach dem andern aus diesem Volk herausgezogen und bleibt an diesem Magnet hängen, und es tritt einmal der Moment ein, wo hier diese Minorität und auf der anderen Seite die Majorität sein wird; aber diese Minorität wird die Geschichte machen, denn die Majorität geht stets dort nach, wo die tatkräftige Minorität voranschreitet.«

Nachdem Hitler 1933 an die Macht gekommen war, wandte er dasselbe Verfahren bei seinen achtzig Millionen Untertanen an, um sie auf die bevorstehende Auseinandersetzung auszurichten und dafür zu stählen. Sein Glaube an das deutsche Volk war echt: Es war strebsam, erfinderisch und kunstsinnig; es hatte große Künstler, Komponisten, Philosophen und Wissenschaftler hervorgebracht. Hitler sagte einmal, daß sich der deutsche Nationalcharakter seit der Schilderung des römischen Historikers Tacitus vor zweitausend Jahren – trotzig blaue Augen, blondes Haar und hoher Wuchs – nicht gewandelt habe, und wenn im Verlauf der Geschichte die Deutschen wiederholt vom Strom geschichtlicher Mächte und Kräfte überflutet worden seien, dann sei es nur daran gelegen, daß unfähige Führer sie im Stich gelassen hätten.
Es ist schwer zu sagen, welchen Erfolg Hitlers Herrschaft bei der Festigung des deutschen Volkscharakters hatte. Mussolini gelang es selbst in zwanzig Jahren faschistischer Herrschaft nicht, die Masse des italienischen Volkes umzuerziehen oder zu wandeln. Nach einigen Luftangriffen und der sang- und klanglosen Entmachtung Mussolinis verflüchtigte sich 1943 die windige Struktur des italienischen Faschismus, ohne auch nur eine Rauchspur zu hinterlassen. In Deutschland jedoch widerstand Hitlers Volk nach nur zehn Jahren Umformung und Erziehung durch die Nazis den grausamsten Luftangriffen, in denen in einer Nacht bis zu fünfzig- oder hunderttausend Menschen umkamen, mit einem Stoizismus, der die Gegner nahezu verzweifeln ließ. Als Deutschland dann abermals der Übermacht seiner Geg-

ner erlegen war, mußten die Gegner äußerst drakonische Strafmaßnahmen in Form von Massenaburteilungen, Konfiszierung, Enteignung, Internierung und Entnazifizierung ergreifen, bevor die von Hitler gesäte Saat zumindest halbwegs ausgemerzt werden konnte.

Hitler hatte die Nationalsozialistische Bewegung in Deutschland nicht auf schwankende Wahlergebnisse, sondern auf das *Volk* aufgebaut, und dieses unterstützte ihn in seiner großen Mehrheit bedingungslos – bis zum Ende.

I
An der Macht

»Es kann nur einer befehlen«

Deutschland war, als Hitler am 30. Januar 1933 Reichskanzler wurde, ein international hochverschuldeter Staat in einer insolventen Welt und am Rand eines Bürgerkrieges. Rund sechs Millionen Deutsche waren arbeitslos, und nahezu die gleiche Anzahl war nur halbtags beschäftigt. Am 5. März 1933 konnte die nationalsozialistische Partei, wenn auch mit angreifbaren Methoden, bei der Wahl ihre Macht von 288 auf 647 Reichstagssitze vergrößern. Die kommunistische Partei wurde verboten, eine Maßnahme, von der Hitler noch seinem ersten Kabinett vom 30. Januar aus Furcht vor einem Generalstreik abgeraten hatte. (»Es sei schlechterdings unmöglich, die sechs Millionen Menschen zu verbieten, die hinter der KPD ständen.«)
Unverzüglich erfolgten die Maßnahmen, die er versprochen hatte. Darunter befanden sich auch die rücksichtslosen Verordnungen, durch die die Juden aus akademischen Berufen, aus Handel und Gewerbe und letztlich auch aus Deutschland ausgeschlossen werden sollten.
Von wirtschaftlichen Problemen hatte Hitler eine wesentlich vernünftigere Auffassung als zumeist angenommen wurde. Graf Schwerin von Krosigk, den er als Finanzminister in sein Kabinett übernommen hatte, schrieb nach dem Krieg: »Die Warnung vor der Inflation tat er mit der nicht einmal ganz unrichtigen Bemerkung ab, daß unter einer starken Regierung eine Inflation überhaupt nicht eintreten könne. Daher hatte Hitler ein durchaus gesundes Gefühl dafür, daß man Ausgaben im Rahmen der Einnahmen halten müsse.« Hitler stellte das Vertrauen in die Zukunft wieder her, was das Fundament einer Gesundung des wirtschaftlichen Lebens war. Strenge Preis- und Lohnkontrollen wurden eingeführt. Mittlerweile stellte Dr. Hjalmar Schacht, der autokratische Reichsbankpräsident, die Zahlungsfähigkeit des deutschen Staates wieder her, indem er strikt auf dem Abschluß zweiseitiger Handelsabkommen bestand und sodann die Kreditfähigkeit Hitlers steigerte, damit dieser seine ehrgeizigen Pläne verwirklichen konnte.

Die Arbeiterschaft war im Jahre 1933 Hitlers erste Machtbasis. Im Nachlaß Walther Hewels, der als 19jähriger Student Hitlers Landsberger Festungshaft teilte, fand der Verfasser den folgenden Leitsatz in Hitlers steiler Handschrift:
»Sie müssen sich gegenseitig wieder achten lernen, der Arbeiter der Stirne den Arbeiter der Faust und umgekehrt. Keiner von beiden bestünde ohne

den anderen. Aus ihnen heraus muß sich ein neuer Mensch kristallisieren: Der Mensch des kommenden Deutschen Reiches!
Adolf Hitler,
Landsberg, den 18. Dezember 1924 (Festungshaft)«

Die Arbeiter waren nach 1933 nicht länger Parias der Gesellschaft. All die schwärenden Symptome wirtschaftlicher Unruhe wie Streiks, Ausschließungen, Fernbleiben von der Arbeit, gehörten nun der Vergangenheit an. Nach 1945 sollte Hitlers nur kurze Zeit amtierender Nachfolger Großadmiral Karl Dönitz schreiben: »Was hatten sich die Arbeiter z. B. um die Judenfrage gekümmert? Endlich hatten sie wieder Brot und Arbeit, und sie sind nun geachtet worden.« Aber auch hier ging Hitler radikal vor. Im April 1933 wurden die unabhängigen Gewerkschaften aufgelöst und ihre Funktionäre, ihre fünf Millionen Mitglieder und ihr Vermögen ein Jahr darauf der Deutschen Arbeitsfront eingegliedert. Unter der Führung Dr. Robert Leys wurde diese zur größten wie auch erfolgreichsten Gewerkschaft der Welt. Der stämmige, mit einem Sprachfehler behaftete Parteifunktionär Ley verdient zweifellos, daß die Geschichte ein besseres Bild von ihm zeichnet. Im November 1932 hatte Hitler den einstigen Weltkriegspiloten Ley zum »Reichsorganisationsleiter« der Partei ernannt. Die DAF erhielt regelmäßig an die 95 Prozent der fälligen Mitgliedsbeiträge, was wohl ein beispielloser Ausdruck des Vertrauens ist, das die schließlich 30 Millionen Mitglieder in sie setzten. Mit diesen ungeheuren Finanzmitteln baute die DAF Vergnügungsdampfer, Wohnungen, Geschäfte, Hotels und Erholungsheime für die Arbeiter. Sie finanzierte das Volkswagenwerk, die Vulkanschiffswerft, Betriebe der Lebensmittelbranche und die Bank der Deutschen Arbeit. Hitler schätzte Leys Fähigkeiten hoch ein und ließ sich gern mit Leys erster Frau, einer schönen Blondine, fotografieren. Der Arbeiterführer hielt ihm auch bis zum Ende die Treue.
Hitler hatte schon in Landsberg von einem Wunschtraum gesprochen – nämlich dem Bau eines Autobahnnetzes, das ganz Deutschland überziehen sollte. Graf Schwerin von Krosigk schrieb später:

»Hitler pflegte zu schildern, wie der Sonntagsausflug der Großstädter bei der Rückkehr in überfüllten Zügen, mit abgerissenen Knöpfen, zerbeulten Hüten, verdorbener Laune und verlorengegangener Erholung zu Ende ginge, und wie anders es sein würde, wenn der Großstadtarbeiter die wirkliche Erholung des Sonntagsausfluges sich im eigenen Auto leisten könne... Straßenbau [sei] immer Zeichen und Ausdruck starker Regierungen gewesen, die Römer, die Inkas, Napoleon, etc.«

Gleich zwölf Tage nach der Machtübernahme 1933 verkündete Hitler das Autobahnprogramm. Am 28. Juni erließ die Regierung die entsprechenden Gesetze. Einige Tage danach hatte Hitler eine Unterredung mit Dr. Fritz Todt, einem Ingenieur, der 1932 eine 48seitige Studie über die Probleme des Straßenbaus verfaßt hatte. Er fragte Todt, ob er das Amt des Generalinspekteurs für das deutsche Straßenwesen übernehmen würde. Er erwähnte

noch, daß er stets lieber mit dem Auto als mit der Bahn gereist sei, da er so engeren Kontakt zum Volk habe.»In den vierzehn Jahren des Machtkampfes muß ich wohl an die 700000 Kilometer zurückgelegt haben.« Todt nahm das Amt an. Die Unterredung hatte kaum drei Minuten gedauert. Am 5. Juli traf sich Hitler abermals mit Todt und machte mit ihm einen 90 Minuten währenden Spaziergang in der Abendsonne, wobei er begeistert die Streckenführung der ersten Autobahnen darlegte, die Mindestbreite der Fahrbahnen bestimmte und Todt mit dem unverzüglichen Baubeginn beauftragte, wie aus dessen privaten Aufzeichnungen hervorgeht.
Die militärische Bedeutung der Autobahnen ist übertrieben worden. Das Streckennetz der Reichsbahn war von weitaus größerer Bedeutung. Vorläufig waren die Autobahnen für Hitler ein Mittel, die nationale Einheit zu stärken, da er ahnte, daß der Kampf gegen Provinzialismus und Separatismus in Deutschland noch lange währen würde.
Gleichzeitig ernannte Hitler Dr. Josef Goebbels, einen klumpfüßigen, damals 35jährigen Rheinländer, zum Minister für Volksaufklärung und Propaganda. Am 11. März 1933 erläuterte Hitler vor dem Kabinett die Notwendigkeit des Goebbels-Ministeriums: »Eine Hauptaufgabe des Ministeriums wird die Vorbereitung [des Volkes] auf wichtige Regierungsmaßnahmen sein. Die Regierungsmaßnahmen werden erst dann beginnen, wenn eine bestimmte Phase der Volksaufklärung stattgefunden hat.«
Hitler bewertete das ziellose Gezänk der Zeitungen in demokratischen Ländern als unverzeihliches Vergeuden einer äußerst wichtigen nationalen Kraftquelle. Seiner Auffassung nach konnte die Presse ein überaus wirksames Instrument nationaler Politik sein. Um ein wahres Pressemonopol der nationalsozialistischen Partei zu schaffen, bediente sich Hitler des immer umfangreicher werdenden Franz-Eher-Verlages, den er 1920 aufgekauft hatte. Damals hatte der Münchner Verlag eine nicht recht florierende Tageszeitung, den *Völkischen Beobachter*, herausgegeben, der kaum 7000 Abonnenten fand. Geschäftsführer des Eher-Verlages war Max Amann, Hitlers einstiger Feldwebel im Weltkrieg. Amann hatte sich bisher um die geschäftlichen Belange der Partei gekümmert. Die Auflage des *Völkischen Beobachters* begann stetig zu steigen.
Die Partei kontrollierte binnen eines Jahres nach der Machtergreifung 86 Zeitungen mit einer Gesamtauflage von 3 200 000. Auf Grund von neu erlassenen Gesetzen wurden 120 sozialistische und kommunistische Druckereien geschlossen. Sie wurden zu einem Spottpreis an die Partei veräußert. Der *Völkische Beobachter* steigerte seine Auflage auf anderthalb Millionen. Bald darauf hatte Amann die Kontrolle über 700 Zeitungen. Die publizistische Freiheit der Redakteure war bereits durch Notverordnungen der Regierungen Brüning und Papen beträchtlich eingeengt worden. Aber Goebbels und Amann übertrafen sie noch, indem sie abweichende Pressestimmen zum Schweigen brachten, die Verlage »säuberten«, sie gleichschalteten oder beschlagnahmten.

Juden und Marxisten wurde jegliche journalistische Betätigung verboten. Von der Mitte des Jahres 1935 an mußte sich auch die katholische Presse aller konfessionellen Tendenzen enthalten. Goebbels erklärte öffentlich:
»Ich verwerfe den Standpunkt, daß es in Deutschland eine katholische und eine protestantische Presse gibt oder eine Arbeiterpresse oder eine Bauernpresse oder eine Stadtpresse oder eine Proletarierpresse. Es existiert nur eine *deutsche* Presse.«
Gleichzeitig baute Hitler seinen Polizeistaat aus. Die Kontrolle über die einzelnen Polizeibehörden des Reiches fiel allmählich Heinrich Himmler, dem Reichsführer SS, zu. Zunächst unterstand Himmler nur die Polizei in München. Danach war es der gesamte Polizeiapparat in Bayern. 1935 gebot der bebrillte Idealist mit dem Bartschatten auf den Wangen über fast alle Polizeibehörden im Reich.
Hitler machte sich ohne weiteres die Auffassung zu eigen, daß Himmlers »Konzentrationslager« für die politische Umerziehung Andersdenkender wie auch sittlich verwahrloster Menschen unabdingbar waren. Im Jahre 1935 befanden sich in den Lagern zahlreiche unglückliche Insassen, deren Verwahrung Hitler als drastische Kur gegen anstößige Verfehlungen befohlen hatte. (»Die Strafe wurde vom Führer nicht angeordnet, um Ihnen wehzutun«, schrieb Himmler am 18. Mai 1937 an einen Alkoholiker in Dachau, »sondern um Sie von einem Weg zurückzuholen, der Sie und Ihre Familie schnurstracks in den Ruin geführt hätte.«)
Chef der Sicherheitspolizei wurde Reinhard Heydrich. Im März 1933 hatte Himmler den 29jährigen einstigen Marineoffizier zum Chef der politischen Abteilung im Münchner Polizeipräsidium ernannt. Heydrich, hochgewachsen, blond, mit klassisch arischen Gesichtszügen, ob seiner Kaltblütigkeit in späteren Jahren berüchtigt, scheint nicht ohne Humor gewesen zu sein: 1939 wagte Heydrich, nunmehr Chef der Gestapo, dem Reichsführer SS zu schreiben, daß sich unter dessen Vorfahren eine Hexe befände, die 1629 den Scheiterhaufen hatte besteigen müssen.
Über die Art der Beziehungen zwischen Hitler und Himmler läßt sich nur wenig mit Sicherheit sagen. Himmler führte in seiner pedantischen Manier auf Zetteln in seiner steilen Handschrift die Themen auf, die er mit dem Führer besprechen wollte, und notierte mitunter auch Hitlers Entscheidungen im jeweiligen Fall. Bei der Übertragung der gesamten Notizen durch den Verfasser ergaben sich derartig erstaunliche Lücken, daß die Annahme naheliegt, Himmler habe ganze Bereiche seiner ruchlosen Tätigkeit Hitler verschwiegen.
Eines der bedeutsamsten Instrumente in Hitlers Polizeistaat unterstand nicht Himmlers, sondern Görings Kontrolle. Es war das sogenannte »Forschungsamt«, das 1933 eingerichtet wurde zur Überwachung der Nachrichtenübermittlung durch Telefon und Funk. Das Forschungsamt war zugleich eine höchst bedeutsame und ergiebige Quelle polizeilich, ökonomisch und politisch wichtiger Informationen. Über die Rohrpost der Berliner Telegra-

fen- und Telefonämter und durch Kuriere aus den übrigen Städten gelangten die abgehörten Meldungen zur Auswertung in das Forschungsamt. Auf braune Papierbögen ausgedruckt, weshalb sie unter der Bezeichnung »braune Blätter« oder »braune Vögel« bekannt waren, wurden sie sodann in versiegelten Depeschenumschlägen Hitlers Ministern gemäß dem Informationsbedarf zugestellt.
Leider ist das Archivmaterial des Forschungsamtes 1945 vernichtet worden. Die erhalten gebliebenen geringen Aktenreste demonstrieren dennoch, mit welch tückischer Effizienz routinemäßig solche Randfiguren – von denen in den nächsten Kapiteln die Rede sein wird – wie Gauleiter Julius Streicher, Miss Unity Mitford, die Prinzessin Hohenlohe, Goebbels' Mätressen und selbst Hitlers Adjutant Wiedemann telefonisch überwacht wurden.
Die Tätigkeit des FA wurde erstmals bei der Kabinettssitzung vom 29. März 1933 erwähnt, als man Hitler mitteilte, daß übertriebene Berichte über antijüdische Übergriffe in Deutschland gesammelt würden. »Die Greuelmeldungen seien hauptsächlich durch den Vertreter der Hearst-Presse, Deuss, nach Amerika gekabelt worden. Durch Abhören seiner Telefongespräche sei das einwandfrei erwiesen.« (Hitler stimmte dann der Ausweisung von Deuss zu.)
Aber auch deutsche Oppositionelle wurden abgehört. So wurde ein Telefongespräch zwischen der Ehefrau des Generals Kurt von Schleicher und deren Freundin aufgezeichnet, in dem es um eine Rätselfrage geht: »Was ist das? Ohne ein i, will es keiner sein. Mit einem i, jeder.« Die Antwort lautet »arisch«.
Hitler hatte sich beflissen um die Sympathie des allseits verehrten Reichspräsidenten von Hindenburg bemüht, denn Hindenburg, Oberster Befehlshaber der Wehrmacht, konnte Hitlers Pläne unter Umständen blockieren. Hitler versuchte, ihn für sich einzunehmen, indem er Dr. Hans Lammers, einen Verfassungsrechtsexperten, zum Chef der Reichskanzlei ernannte. Lammers wiederum wies Hitler an, wie er bei Hindenburg vorgehen solle und daß er vor allem seine Stimme und Sprache mäßigen müsse. Hitler gab Hindenburg das Versprechen, Dr. Otto Meissner als Chef der Präsidialkanzlei und Franz Seldte als Arbeitsminister im Amt zu belassen, was er auch bis zu seinem Tod zwölf Jahre später einhielt.
Hitler gab sich alle Mühe, die Reichswehr für sich zu gewinnen. Deutschland hatte man lediglich ein Hunderttausend-Mann-Heer zugestanden; es war zahlenmäßig kleiner als die Feuerwehr in vergleichbaren Ländern. Italien hatte beispielsweise 600 000 Mann unter Waffen. Gemäß dem Versailler Vertrag war Deutschland die Produktion von schwerer Artillerie, Kampfflugzeugen, Panzern oder Flugabwehrgeschützen verboten. Seine Marine war bedeutungslos, und Marineflugzeuge gab es überhaupt nicht. Doch das Heer, das General Hans von Seeckt von 1919 an geschaffen hatte, bildete einen Offizierskader, der nur auf den günstigsten Zeitpunkt zur Erweiterung des Heeres wartete. Schon vor 1933 hatte Hitler mit Schmei-

cheleien und dem Gebaren eines Staatsmannes, der ein benachbartes Land zum Verbündeten gewinnen möchte, um die Reichswehr geworben. Um so enttäuschender waren seine ersten Kontakte mit der Reichswehr. So hatte er hohe Achtung vor dem aus dem Dienst ausgeschiedenen Generaloberst von Seeckt gehabt, bis er im November 1932 in Görings Berliner Wohnung privat mit ihm zusammenkam. Bei dieser Gelegenheit schilderte Seeckt seine Beziehungen zu der Deutschen Volkspartei. Daraufhin erhob sich Hitler abrupt und unterbrach ihn mit den Worten: »Herr Generaloberst, ich dachte mit einem unserer großen Heerführer des Weltkrieges zusammen zu sein. Ihre so enge Bindung an eine politische Partei hat mich überrascht. Ich danke Ihnen.«

Sein Verhältnis zum damaligen Oberbefehlshaber des Heeres, General Curt Freiherr von Hammerstein-Equord, war kühl. Hammerstein hatte Hitler bei einer Gelegenheit mitgeteilt: »Herr Hitler, wenn Sie legal zur Macht kommen, soll es mir recht sein. Im anderen Fall würde ich schießen.« General von Blomberg, der neue, von Hindenburg ernannte Kriegsminister, war für Hitler ein äußerst wertvoller Verbündeter. Blomberg hatte als Wehrkreiskommandeur in der Enklave von Ostpreußen die Organisation der nationalsozialistischen Partei als willkommene Ergänzung der Verteidigungsbereitschaft dieser Provinz vor der anhaltenden Bedrohung durch einen polnischen Angriff schätzen gelernt. Er war überdies das erste Kabinettsmitglied, das Hitler seiner bedingungslosen Loyalität versicherte.

Darin wurde er von seinem Stabschef Oberst von Reichenau unterstützt, der gleichfalls in Ostpreußen gedient hatte und als Offizier galt, der für die Naziideologie durchaus empfänglich war.

Als Reichskanzler konnte Hitler der Generalität gewichtige Argumente bieten. Er beabsichtigte, ungeachtet der Beschränkungen des Versailler Vertrags, Deutschlands Streitkräfte wiederaufzubauen.

Kurze Zeit nach seiner Machtergreifung strebte er eine Unterredung mit der Heeresführung an. Er bat General von Hammerstein, ihm seine Wohnung in der Bendlerstraße Nr. 14 für die Begegnung zur Verfügung zu stellen. Es war der 3. Februar 1933. Hitler kam in Begleitung von Lammers und seines hünenhaften Adjutanten Wilhelm Brückner. Hitler war nervös und blieb es bis zum Ende des Essens, als er durch Klopfen an sein Glas um Gehör bat. Hammersteins Adjutant, Major Horst von Mellenthin, machte sich Notizen, die hier auszugsweise wiedergegeben werden.

»Es gibt noch 2 Möglichkeiten, die zur Lösung unserer Notlage führen: Erstens, sich gewaltsam Absatzgebiete für unsere Produktion schaffen, zweitens, neuen Lebensraum* für die überzähligen Menschen schaffen. Ein pazifistisches Volk verträgt diese Zielsetzung nicht. Deshalb muß es erst

---

* Der gleichfalls anwesende General Liebmann notierte sich folgende Sätze: »Vielleicht Erkämpfung neuer Exportmöglichkeiten, vielleicht – wohl besser – Eroberung neuen Lebensraumes im Osten und dessen rücksichtslose Germanisierung.«

dazu erzogen werden. Deutschland muß sich die volle Freiheit seines Entschlusses wieder erobern. Ohne Gewinnung der politischen Macht wird diese Freiheit des Entschlusses nicht möglich sein. Daher ist mein Ziel die Wiederherstellung der politischen Macht. Meine Organisation ist nötig, um den Staatsbürger wieder in Ordnung zu bringen. Die Demokratie ist eine Utopie, sie ist unmöglich. Sie findet weder in der Wirtschaft noch in der Wehrmacht Anwendung, also ist sie erst recht nicht brauchbar in einer so komplizierten Institution, wie es der Staat ist. Die Demokratie ist das Verhängnisvollste, was es gibt. Es kann und darf nur einer befehlen. Für diese Idee arbeite ich seit 1918, und, wenn ich bedenke, daß mich meine Bewegung, die von 7 Leuten zu 12 Millionen angewachsen ist, vom einfachsten Soldaten zum Reichskanzler des deutschen Reiches emporgetragen hat, so zeigt dies, daß doch noch ein großer Teil des Volkes für diese Idee zu gewinnen ist. Das Volk muß national denken lernen und dadurch zusammengeschmiedet werden. Geistig allein ist dies nicht zu schaffen, sondern nur durch Gewalt. Wer nicht einsehen will, muß gebeugt werden. Das höchste Gebot ist die Erhaltung der Gesamtheit. Dieser Prozeß ist heute im Vollenden begriffen. In diesem Sinne habe ich meine Organisation aufgebaut und jetzt in den Staat hineingestellt. Ziel ist die Wiederherstellung der deutschen Macht. Dafür kämpfe ich mit allen Mitteln. Zur Wiederherstellung der Macht gehört die Wehrmacht. ... Entscheidend steht über allem die Wehrpolitik, da sicher ist, daß die letzten Konflikte durch Gewalt ausgetragen werden müssen. Die von mir geschaffene Organisation ist nicht geschaffen zum Waffentragen, sondern zur moralischen Erziehung des einzelnen. Mein Ziel führe ich durch. Kampf dem Marxismus ...
Meine Organisation will einzig und allein die ideelle Erziehung der Massen und damit dem Heer innen- und außenpolitisch die Voraussetzung schaffen, die es braucht. Ich bekenne mich zur allgemeinen Wehrpflicht [die nach dem Versailler Vertrag verboten war].
Der Weg, den ich Ihnen vorgezeichnet habe, wird viele Jahre in Anspruch nehmen. Wenn Frankreich tüchtige Staatsmänner hat, so wird es uns in der Vorbereitungszeit überfallen, nicht selbst, sondern wahrscheinlich durch seine Vasallen im Osten. Daher ist es falsch, sich zu sehr auf den Gedanken der Gleichberechtigung festzulegen. Wir müssen im Geheimen wirtschaftlich und militärisch alle Vorbereitungen 100%ig treffen und erst, wenn wir dies erreicht haben, hervortreten. Dann haben wir die Freiheit des Entschlusses. ...
Wenn dies erreicht ist, dann ist der Entschluß zu fassen: Absatzmärkte oder Kolonien? Ich bin für Kolonien. ... Dann wird eines Tages die Stunde kommen, wo wir eine große Armee aufstellen können, wobei ich betone, daß ich die Wehrmacht nie für den inneren Krieg einsetzen werde, dafür habe ich andere Mittel.* Also verstehen Sie bitte mein Ziel und nehmen Sie meine politische Hilfe entgegen. Mit meiner Bewegung ist dem Vaterland ein Wunder gegeben. Dieses Wunder gibt es aber nur einmal, deshalb müssen wir es auch ausnützen.«

---

* Die SS. – Bei der ersten Kabinettssitzung am 30. Januar 1933 bestimmte Hitler, daß selbst bei einem von den Kommunisten ausgerufenen Generalstreik die Wehrmacht zu seiner Beilegung nicht eingesetzt werden dürfe.

Klarer hätte er sich kaum ausdrücken können. Dennoch blieben seine Zuhörer unbeeindruckt. Einer murmelte: »Und das soll der Führer des deutschen Volkes sein?« Zu diesem Zeitpunkt war Hitlers Revolution erst seit vier Tagen im Gange, und sie alle hatten noch viel zu lernen.

Vier Tage darauf besprach man im Kabinett die verschiedenen Möglichkeiten zum Abbau der Arbeitslosigkeit. Da ergriff Hitler das Wort: »Jede öffentlich geförderte Arbeitsbeschaffungsmaßnahme müsse unter dem Gesichtspunkt beurteilt werden, ob sie notwendig sei vom Gesichtspunkt der Wiederwehrhaftmachung des deutschen Volkes.« Er führte aus, daß es in den kommenden fünf Jahren bis 1938 nur den obersten Grundsatz gebe: »Alles für die Wehrmacht.« Etliche Tage darauf veranlaßte Hitler die Regierung, Göring große Summen für die »zivile Luftfahrt« zu bewilligen.

»Der Reichskanzler führte aus, daß es sich bei der Errichtung des Reichskommissariats für die Luftfahrt darum handele, dem deutschen Volk in getarnter Form zu der Luftwaffe zu verhelfen, die ihm bisher wegen der Bestimmungen des Versailler Vertrages vorenthalten worden sei.«

Hitler teilte Blomberg mit, daß die im Aufbaustadium befindliche Panzertruppe wie auch die Luftwaffe in den nächsten Jahren als Eliteeinheiten vorrangig gefördert werden würden. Insbesondere das Offizierskorps der Luftwaffe sollte ein »stürmischer Angriffsgeist« prägen. Die »Risikoluftwaffe« der ersten Phase sollte gegen Ende des Jahres 1935 einsatzbereit sein.

Von besonderem Interesse sind Hitlers Instruktionen an die Marineleitung. Admiral Erich Raeder, der Oberbefehlshaber der Marine, wurde bald nach der Machtergreifung von Hitler zu einer Unterredung gebeten. Die Marineleitung hatte schon im November 1932 mit Blombergs Vorgänger ein weitreichendes Flottenbauprogramm besprochen. Hitler wies Raeder in der Unterredung an, seine Berechnungen lediglich auf die Seestreitkräfte Frankreichs und Rußlands abzustimmen. Raeders Adjutant, Kapitän zur See Erich Schulte-Mönting, erinnerte sich später:

»Hitler sagte zu Raeder, daß es die Grundlage seiner zukünftigen Politik sei, in einem friedlichen Verhältnis mit England zu leben, und er gedenke, diese Sache zum Ausdruck zu bringen, indem er versuchen wolle, ein Flottenabkommen mit England zu schließen. Er wünsche dabei, daß die deutsche Flotte relativ klein gehalten würde. Er wolle die starke Überlegenheit der britischen Flotte aufgrund ihrer Weltmachtstellung anerkennen. Er würde entsprechend versuchen, ein solches Stärkeverhältnis vorzuschlagen.«

Die Deutschen sahen, wie Hitler vor ihren Augen seine Versprechungen wahr machte. Am 23. September 1933 nahm er den ersten Spatenstich zu der von Todt geplanten Autobahn bei Frankfurt vor, einer Stadt, in der es 1932 80000 Arbeitslose gegeben hatte. Um sieben Uhr morgens marschierten die ersten siebenhundert Mann über den Main, indessen Kapellen spielten. Um zehn Uhr hielt Hitler vor ihnen eine Ansprache:

»Ich weiß, daß dieser Tag des Festes vergeht, daß die Zeiten kommen, da

Regen, Frost und Schnee dem einzelnen die Arbeit sauer und schwer machen werden. Aber es hilft niemand, wenn wir uns nicht selber helfen.«

Sobald Hitler abgefahren war, stürmten die Arbeiter zu dem kleinen Erdhaufen, den er aufgeschaufelt hatte, und nahmen ihn portionsweise zur Erinnerung mit nach Hause. »Auch Frauen und Kinder holen davon«, klagten die Vorarbeiter. So stark war bereits die religiöse Inbrunst, die Hitler geweckt hatte.

Am 30. September 1933 schrieb Fritz Todt an einen Kollegen:

»Ich habe die Überzeugung, daß jeder Mensch, der jede Woche einmal 10 Minuten mit dem Führer zusammen ist, ein Vielfaches seiner normalen Leistungsfähigkeit erreicht.«

Allmählich wuchs das Netz der Autobahnen. Den Trassenverlauf hatten Ingenieure zuvor für undurchführbar gehalten, so zum Beispiel über ausgedehnte Moore wie am Südufer des Chiemsees. Lange Viadukte wie die sechzig Meter hohe Mangfallbrücke wurden von Hitler persönlich wegen ihrer schlichten, aber dennoch soliden Linienführung aus siebzig miteinander konkurrierenden Entwürfen ausgewählt. »Was wir bauen, muß noch stehen, wenn wir längst nicht mehr da sind«, sagte Hitler. Er besichtigte die Baustellen und sprach mit den Arbeitern. »Wenn ich einmal so alt werde wie Sie, möchte ich auch noch so arbeiten können wie Sie jetzt«, schmeichelte er einmal einem siebzigjährigen Arbeiter bei Darmstadt. Politisch aufschlußreich ist zudem Hitlers Anweisung vom November 1936, daß die Autobahnen an den Reichsgrenzen von vierzig Meter hohen Türmen markiert werden sollten.

Nachdem die Wiederaufrüstung angelaufen war, strebte Hitler folgerichtig den Austritt aus dem Völkerbund an. Er legte Hindenburg dar, daß der Völkerbund lediglich einen Zusammenschluß der Sieger darstelle mit dem Ziel, vom Besiegten die durch den Weltkrieg zufallende Beute und Reparationen einzutreiben. Am 14. Oktober 1933 erklärte er den Austritt aus dem Völkerbund.

Es war eine riskante Entscheidung. Hitler entsandte Walther Funk, um den Reichspräsidenten zur Unterzeichnung der Dokumente nach Berlin zu holen. Hindenburg erklärte seine Billigung: »Endlich ein Mann, der den Mut hat, etwas zu tun.« In der Kabinettssitzung vom 13. verkündete Hitler, daß er am nächsten Tag den Reichstag auflösen würde, um so dem Volk die Möglichkeit zu bieten, über seine »Friedenspolitik« in einem Volksentscheid zu urteilen. Vierzigeinhalb Millionen Deutsche stimmten für ihn, das waren 95 Prozent aller abgegebenen Stimmen.

Einen Tag darauf, am 14. November, beglückwünschte Vizekanzler von Papen Hitler vor dem versammelten Kabinett:

»Wir, Ihre nächsten und engsten Mitarbeiter, stehen vollkommen unter dem Eindruck des einzigartigsten, übermächtigsten Bekenntnisses, das jemals eine Nation ihrem Führer abgelegt hat. In neun Monaten ist es dem Genie Ihrer Führung und den Idealen, die Sie neu vor uns aufrichteten, gelungen, einem innerlich zerrissenen und hoffnungslosen Volk ein in Hoffnung und Glauben an seine Zukunft geeintes Reich zu schaffen.«

1933 hatte Hitler noch lange keine absolute Macht. Er hatte beispielsweise keinen Einfluß auf die Beförderungen in den höheren Rängen der Armee. In seinen Augen war das von Generalmajor von Schwedler geleitete Heerespersonalamt »ein Hort der Reaktion«. Doch dann wurde im Februar 1934 der lethargische, halsstarrige Oberbefehlshaber des Heeres, Generaloberst von Hammerstein-Equord, durch Generaloberst Freiherr von Fritsch ersetzt.

Fritsch trug ein Monokel; er hatte eine schnarrende Akademikerstimme und saß stets kerzengerade mit den Händen auf den Knien, als sei das in den Heeresvorschriften so festgelegt. Dennoch war Fritsch ein glühender Nationalist. Er teilte mit vielen Deutschen den Haß gegen die Juden und die »Judenblätter« und glaubte, daß »...Pazifisten, Juden, Demokraten, Schwarzrotgold und Franzosen alles das gleiche [sind], nämlich die Leute, die die Vernichtung Deutschlands wollen«. Er brachte Hitler Sympathie entgegen und ordnete im Februar 1934 an, daß die Insignien der Wehrmacht das Hakenkreuz enthalten sollten. Aus seinen Privatbriefen und Aufzeichnungen geht klar hervor, daß Fritsch die Zusammenarbeit mit Hitler schätzte, er konnte aber den »Hitzköpfen« in dessen Umgebung ebensowenig Achtung entgegenbringen wie jene diesem konservativen, bedächtigen und vorsichtigen General. An dem Tag, als sich Fritsch zum ersten Mal bei Hitler meldete, sagte ihm dieser: »Schaffen Sie ein Heer in größtmöglicher Stärke und innerer Geschlossenheit und Einheitlichkeit auf dem denkbar besten Ausbildungsstand.«

Der Erfolg von Hitlers »Revolution« im Januar 1933 hatte Ernst Röhms SA-Armee von in Braunhemden gekleideten Maulhelden und Schlägern mehr oder minder überflüssig gemacht. Die SA war in der Zwischenzeit auf zweieinhalb Millionen Mann angewachsen. Anfänglich hatte sie auf Anraten von Blomberg und Reichenau, die damit der Partei entgegenkommen wollten, im Rahmen des regulären Heeres eine militärische Grundausbildung erhalten. Im Frühjahr 1934 stellte die SA jedoch größere Forderungen. Sie entwickelte sich somit zu einer wirklichen Gefahr nicht nur für die zahlenmäßig winzige Reichswehr, sondern auch für Hitler selbst. Röhm war nämlich der Ansicht, daß Hitler den »sozialistischen« Gehalt des Parteiprogramms verraten habe und forderte die Schaffung eines auf der SA basierenden Volksheeres.

Seitdem Hitler im Sommer 1933 in Bad Godesberg vor versammelten SA-Spitzen und Reichswehroffizieren eine Ansprache gehalten hatte, hatte er diesen Sturm heraufziehen sehen. Damals hatte er dargelegt, daß auf jede Revolution eine Periode der Evolution folgen müsse. Doch mit solchen Worten gab sich die SA nicht zufrieden. Obgleich Blomberg Mitte Januar 1934 Röhm davor gewarnt hatte, den Bogen zu überspannen, kam es immer wieder zu Reibereien. Am 1. Februar, dem Tag, an dem Fritsch den Oberbefehl über das Heer übernahm, reagierte Röhm mit einer Denkschrift, in der er nichts weniger als ein Aufgehen der Reichswehr in der SA forderte und für sich den Oberbefehl beanspruchte.

Für Röhm war die »revolutionäre Gesinnung« von entscheidender Bedeutung. Nicht jedoch für Fritsch. »Das Heer ist auf Disziplin und nicht auf revolutionärem Geist gegründet«, erläuterte er besorgt Blomberg während einer Unterredung am 3. Februar 1934. Gemeinsam faßten sie den Entschluß, Röhm in seine Schranken zu verweisen.

Aus diplomatischen Rücksichten versuchte Hitler, die Konfrontation hinauszuschieben. Als der britische Außenminister Anthony Eden Berlin einen Besuch abstattete, um sich wegen des geheimen Aufbaus der Luftwaffe und über die Verletzung des Geistes von Versailles zu beschweren, sicherte ihm Hitler zu, daß das riesige SA-Heer demilitarisiert werden würde. Am 28. Februar beorderte er SA-Führer und Reichswehrgenerale ins Kriegsministerium und wandte sich in schroffem Ton gegen Röhms Bestrebungen, aus der SA ein »Volksheer« zu bilden. General Liebmann notierte sich an jenem Tag:

»H. sagte u. a. folgendes: Als ich im Januar 33 die Regierung übernahm, hatte ich das Gefühl, auf einer breiten, festen Straße vorwärts zu marschieren; dann wurde die Straße schmaler und schlechter; sie verwandelte sich in einen engen Pfad, und heute habe ich das Gefühl, auf einem Drahtseil vorwärts gehen zu müssen, während man mir täglich, bald rechts, bald links, schwere Lasten in die Hand gibt.«

Nur die bereits existierende Reichswehr mit ihren Berufsoffizieren konnte sein Hauptanliegen erfüllen. Laut General Maximilian von Weichs, der die Rede mitstenographierte, führte Hitler weiter aus: »... die neue Armee müsse nach fünf Jahren für die Verteidigung, nach acht Jahren auch für den Angriff geeignet sein.« Da die Westmächte höchstwahrscheinlich die Gewinnung eines neuen Lebensraums durch Deutschland nicht zulassen würden, würden kurze, entscheidende Schläge nach Westen und dann nach Osten notwendig sein.

Doch Hitler erfuhr später, daß Röhm noch am selben Tag »über den unwissenden Weltkriegsgefreiten« Adolf Hitler gespottet hatte.

Das Forschungsamt hörte die Telefonate der wichtigsten SA-Führer ab. Röhm wurde beschattet. Man beobachtete, daß er sich mit dem einstigen Kriegsminister General von Schleicher und mit ausländischen Diplomaten traf. Ein Diplomat ermunterte ihn mit den Worten, er könne »der Bonaparte des Dritten Reiches« werden. Man bemerkte, daß sich die SA ein Waffenarsenal zulegte, offensichtlich für eine »zweite Revolution«, durch die Hitler abgesetzt werden sollte.

Hitler faßte den Entschluß, an Röhm ein Exempel zu statuieren, obgleich dieser einst einer seiner engsten Freunde gewesen war, einer der wenigen Privilegierten, von denen er sich duzen ließ. Hitler wußte, daß der homosexuelle SA-Chef sich mächtige Feinde geschaffen hatte – Himmler, Göring und Reichenau.

Nur einmal, im September 1939, soll sich Hitler im privaten Kreis darüber geäußert haben, welche Kenntnis er von Röhms Machenschaften gehabt hatte. Doch zu diesem Zeitpunkt rationalisierte er wohl mehr, als daß er von seinen Erinnerungen berichtete.

»Unsere effektive Macht damals war sehr gering. ... Ich wußte auch, daß besonders in Frankreich starke Kräfte auf eine Intervention drängten. Der Wortlaut des Versailler Diktates hätte jederzeit den rechtlichen Vorwand dazu gegeben. Daß es zu keiner Einmischung gekommen ist, verdanke ich allein dem französischen Botschafter François-Poncet. Ich kenne alle seine Berichte. Ich wußte, daß Röhm mit ihm und Frankreich in hochverräterischen Verhandlungen stand. Ich kannte aber auch Poncets vertrauliche Vorschläge, nicht einzugreifen, abzuwarten, bis der offene Kampf zwischen uns beiden ausgebrochen war, um dann leichtes Spiel zu haben.* Von diesem Gewährenlassen, von diesem Warten Frankreichs darauf, daß wir uns gegenseitig zerfleischen sollten, habe ich 1933 und 1934 gelebt. ... Dann mußte ich zuschlagen ...«

Das blutige Aufräumen in den Reihen der SA am 30. Juni 1934 bereitet einer historischen Darstellung weiterhin Schwierigkeiten. Es läßt sich noch immer nicht mit Gewißheit feststellen, inwieweit Hitler unwissentlich von der Reichswehr und der SS, die sich zu einer befristeten, unheiligen Allianz zusammengefunden hatten, irregeführt wurde. Einige Tatsachen stehen fest. Die SA plante im Verborgenen, Hitlers Regierung abzulösen. Ein Schattenkabinett war bereits nominiert worden. Blomberg zeigte Hitler eine offensichtlich von Röhm am 23. Mai unterzeichnete Anweisung, die allgemeine Waffenbeschaffung für die SA anordnete, damit diese in die Lage versetzt würde, »der Wehrmacht gegenüber die Belange der SA erfolgreich zu vertreten«. Die Sprache war deutlich genug, falls das Dokument echt und nicht von der Wehrmacht oder von einem der vielen Gegner Röhms fabriziert worden war. Hitler war dennoch überzeugt. Vor dem Kabinett erklärte er später: »Damit war der Beweis für Hochverrat erbracht.«

Bald erfuhr er aus Agentenberichten, daß der SA-Sturm Berlin-Brandenburg unter SA-Gruppenführer Karl Ernst Waffen für eine Operation »Ende Juni« hortete. Damit hatte Hitler sozusagen einen Richttermin und konnte sich erlauben, die Zuspitzung des Komplotts abzuwarten.

Anfang Juni 1934 kam es zu einer vierstündigen Unterredung zwischen Hitler und Röhm. Röhm versicherte ihm ehrenwörtlich, er würde vom 7. Juni an Urlaub in Bayern machen und die SA im Juli in einen dreißigtägi-

---

* Das Forschungsamt entschlüsselte laufend die französischen Diplomatenberichte. Dennoch scheinen die betreffenden französischen Archive keine Berichte zu enthalten, aus denen hervorgeht, daß Röhm mit dem französischen Botschafter François-Poncet konspirierte, was François-Poncet in einem Brief an den Verfasser auch bestätigte.

gen Urlaub schicken. Oberst i. G. Eduard Wagner schrieb am 11. an seine Frau: »Man munkelt doch, daß Röhm nicht mehr von seinem Urlaub zurückkehrt.«

Jemand muß den letzten Tag im Juni 1934, einen Sonnabend, für die Säuberungsaktion festgesetzt haben. Vielleicht war es Hitler selbst gewesen, da er später mit Vorliebe an Samstagen seine Coups durchführte. Er muß offenbar auch Admiral Raeder einen Hinweis gegeben haben, daß die Sache bald entschieden werden würde. Denn der Admiral wiederum legte seinem Stab, ohne einen triftigen Grund anzugeben, nahe, eine für eben diese Woche geplante einwöchige Erprobungskreuzfahrt zu verschieben.

Sowohl Raeder wie Göring nahmen in Abwesenheit Hitlers in Venedig an einem Dinner bei dem englischen Botschafter am 16. Juni teil. Göring, notierte eine Journalistin im Tagebuch, kam ordenklappernd mit fünfundzwanzig Minuten Verspätung in den Eßsaal: »Er war mehr als ›familiär‹ – ›Verzeihung, Voranmeldung aus Venedig, der Führer wollte mich sprechen und ich mußte warten, bis er ans Telefon kam‹, und ... über den Tisch zu Raeder: ›Ich war doch fertig, sofort nachzufliegen, wenn er mich braucht, und fragte ihn, was nun sein soll. Da sagte er, ›Bleiben Sie wo Sie sind, ich komme früher zurück, als ich dachte, da ist doch was nicht in Ordnung.‹ Raeder biß sich auf die Lippen, alle schwiegen, François-Poncet schmunzelte, und die Diener servierten lautlos weiter.« Ein Gerücht jagte das andere. Am 23. versetzte Generaloberst von Fritsch bestimmte Heereseinheiten in Alarmzustand. In den Gängen des Kriegsministeriums wurden MG-Stellungen errichtet. Zwischen Reichswehr und SS kam es zu Kontakten darüber, inwieweit das Heer die SS durch Versorgung mit Waffen, Munition und Fahrzeugen bei den gegen die SA gerichteten Operationen unterstützen könne.

Unter den Akten des Münchner Wehrkreises VII befindet sich eine Notiz vom 28. Juni 1934 mit folgendem Wortlaut: »Benachrichtigung durch das Reichskriegsministerium: ... Stellungnahme des Kanzlers: ist überzeugt von der Loyalität des Heeres. Zuversichtliche Stimmung bei von Reichenau. Befehl von Röhm.« Hitler und Göring verließen an jenem Tag Berlin, um nach Essen zur Hochzeit des dortigen Gauleiters zu fahren. Bei der Befragung durch die amerikanische Armee im Juli 1945 erklärte Göring: »Da wurde uns mitgeteilt, daß Röhm der SA Befehle gegeben hatte, sich bereitzuhalten, und an diesem Tage alle SA-Führer zu sich nach Wiessee bestellt hatte.« Hitler schickte Göring nach Berlin zurück.

Röhm hielt sich weiterhin zur Kur in Bad Wiessee auf. Am Abend des 28. Juni wies Hitler Röhms Adjutanten telefonisch an, die höheren SA-Führer zu einer Besprechung am 30. dorthin zu bestellen. Am 29. Juni gegen Mitternacht erschreckte Hitler seinen Mitarbeiterstab mit dem Entschluß, *persönlich* nach Bayern zu fliegen. Sein Adjutant Brückner meinte später, daß ein Kurier entscheidende Nachrichten aus Berlin gebracht haben mußte. Aus Milchs späteren Aufzeichnungen ergibt sich in der Tat, daß

Görings Staatssekretär Paul Körner mit Texten abgehörter Telefonate, aus denen Röhms Schuld hervorging, von Göring zu Hitler geschickt worden war.

Ehemalige Angestellte des Forschungsamts wissen zu berichten, daß Regierungsrat Dr. Rudolf Popp, Leiter der FA-Abteilung »Ansatz«, an der Aufdeckung des Röhm-Putsches maßgeblich beteiligt war. Vor seinem Abflug muß Hitler erfahren haben, daß es in Bayern zu Zwischenfällen gekommen war und daß die Berliner SA für eine auf den 30., den nächsten Tag also, um 16 Uhr angesetzte Operation in Bereitschaft gesetzt worden sei. In Bayern waren SA-Männer unter mysteriösen Umständen mit Soldaten der regulären Armee aneinandergeraten. Doch die dortigen hohen SA-Führer, August Schneidhuber und Wilhelm Schmid, begaben sich eilends nach München und bekundeten dem Gauleiter ihre Loyalität zu Hitler. Anscheinend hatte jemand diesem schmutzigen Spiel ein wenig nachgeholfen.

Als Hitlers Maschine am Morgen des 30. Juni in München landete, hatten sich Reichswehroffiziere zu seiner Begrüßung am Flughafen versammelt. Er fuhr ins Innenministerium, wo er den beiden verstörten SA-Führern Schneidhuber und Schmid die Achselstücke herunterriß und beide ins Gefängnis Stadelheim schaffen ließ. Zu ihnen gesellten sich später noch Röhm und eine Busladung weiterer SA-Größen, die Hitler persönlich in deren Hotel in Bad Wiessee gestellt hatte. Gegen acht Uhr befand er sich wieder im Innenministerium in München.

Von großem Interesse sind Hitlers Äußerungen, wie sie an jenem Morgen vom Wehrkreiskommando aufgezeichnet wurden.

»Sämtliche SA-Führer hinter Schloß und Riegel (außer Gruppenführer Ernst). Ich [Hitler] habe dessen [Röhms?] Schwäche gekannt, ich habe aber noch geglaubt, die Sache auf den rechten Weg führen zu können. Angelegenheit erledigt. Unendlich schwer, mich von Kameraden zu trennen, mit denen ich jahrelang gekämpft habe. Diese Leute hätten die ganze SA zugrunde gerichtet. Es mußte daher nun endlich ein Schlußstrich gezogen werden. Vorgänge bei der Verhaftung in Wiessee unerhört und schamlos, so schamlos, wie ich es nie in meinem Leben für möglich gehalten hätte. Nun eine klare Linie geschaffen, das Heer der alleinige Waffenträger. Jeder Mann, sei es SA oder sonstwer, steht in Zukunft dem Heer zur Verfügung. Jeder Deutsche, auf den die Wehrmacht weist, ist ihr verfallen. Ich habe jederzeit vollstes Vertrauen zur Wehrmacht und zum Reichswehrminister [Blomberg]. Es muß nun endgültig ein Strich gemacht werden. Seien Sie überzeugt, ich werde nun endgültig Ordnung schaffen.«

Es gab jedoch Tatsachen, die nicht mit Hitlers Version eines dicht bevorstehenden »SA-Putsches« übereinstimmten. Der Berliner SA-Gruppenführer Karl Ernst war unterwegs nach Bremerhaven, von wo aus er mit seiner jungen Frau zu einer Kreuzfahrt aufbrechen wollte. In Potsdam verschaffte sich ein Trupp Männer Einlaß in Schleichers Haus, fragte ihn, ob er der General sei, und schoß ihn an seinem Schreibtisch nieder. Auch seine Frau wurde erschossen. Görings Forschungsamt hatte die ganze Zeit über Schleichers Telefonate abgehört. Als danach Beamte der Mordkommission der Potsdamer Staatsanwaltschaft von Schleichers Haus aus das Justizministerium telefonisch benachrichtigten, daß General von Schleicher offensichtlich einem »politischen Meuchelmord« zum Opfer gefallen sei, wandte sich Göring entrüstet dagegen, da die offizielle Verlautbarung, wie er sagte, völlig anders ausfallen würde.

Auch General von Bredow wurde ermordet, ferner noch Mitarbeiter Papens, von denen einer zumindest sein Los verdiente.* Hitler händigte Sepp Dietrich, dem stämmigen Kommandeur der SS-Leibstandarte, eine sieben Namen umfassende Liste aus und wies ihn an, die Genannten im Gefängnis Stadelheim zu erschießen. Gegen zwanzig Uhr flog er nach Berlin zurück. Auf dem Flughafen Tempelhof hatte Milch eine Ehrengarde in den Uniformen der neuen, bislang noch geheimgehaltenen Luftwaffe antreten lassen. Hitlers Sekretärin Christa Schroeder war an jenem Abend allein in der Reichskanzlei gesessen und hatte eine vegetarische Mahlzeit zu sich genommen, als sich Hitler unerwartet zu ihr gesellte und ausrief: »So! Ich habe gebadet und bin wie neu geboren!«

Doch war vieles geschehen, das Hitler später aus der Fassung brachte. Göring hatte Gregor Strasser, Hitlers einstigen Rivalen, liquidieren lassen. Hitler war ebenso wütend über die vielen unkontrollierten Morde in Bayern. So erfuhr er, daß sein alter Freund Pfarrer Bernhard Stempfle, den er einst nahezu täglich getroffen hatte und der *Mein Kampf* druckfertig gemacht hatte, ebenfalls umgebracht worden war.

Hitlers Adjutant Brückner schilderte später in seinen privaten Aufzeichnungen, welche Vorhaltungen Hitler dem Reichsführer SS machte, als Himmler mit der endgültigen Liste der Opfer – 82 waren es insgesamt – in der Reichskanzlei eingetroffen war. In den darauffolgenden Monaten erzählte auch Röhms Nachfolger Viktor Lutze, wenn der Alkohol ihm die Zunge gelöst hatte, jedem, der es hören wollte, daß der Führer ursprünglich nur sieben Namen angegeben hatte. Er hätte Röhm anheimgestellt, Selbstmord zu begehen. Doch als Röhm dieses »Angebot« ablehnte, ließ ihn Hitler erschießen.** Trotz Hitlers Anweisungen seien aus den sieben Namen siebzehn und dann zweiundachtzig geworden! »Der Führer wurde damit in die peinliche Lage versetzt, im nachhinein alle zweiundachtzig Morde gutzuheißen«, klagte Lutze, der eindeutig Himmler und Göring die

---

* Dr. Edgar Jung. Im Münchner Geheimen Staatsarchiv befinden sich Akten, aus denen hervorgeht, daß Jung ein von der bayerischen Regierung gedungener Meuchelmörder gewesen war, der unter anderen 1924 persönlich den Separatistenführer Heinz Orbis liquidiert hatte.
** In Martin Bormanns Tagebuch sind am 30. Juni 1934 sieben Namen aufgeführt: »Röhm-Komplott aufgedeckt: Schneidhuber, Graf Spreti, Heines, Hayn, Schmid, Heydebreck, Ernst erschossen.«

Schuld gab. In einem Akt überraschender Großmut ordnete Hitler an, daß die nächsten Angehörigen der in der »Nacht der langen Messer«, wie der 30. Juni 1934 später genannt wurde, Ermordeten Staatspensionen erhalten sollten.

Hitler litt in der Folgezeit an Alpträumen und Schlaflosigkeit. Aus ärztlichen Berichten geht hervor, daß ihm ein Magenleiden zusetzte. Doch sein schuldiges Gewissen machte sich bezahlt: Er hatte sich die ungeteilte Loyalität der Reichswehrgeneralität erworben, mit der ihn nun sozusagen eine »Blutsbrüderschaft« verband. Am 3. Juli 1934 dankte ihm Kriegsminister Blomberg im Namen des versammelten Kabinetts. Im nachhinein erklärte die Regierung die meisten Morde als »Akte der Staatsnotwehr« für Rechtens.*

Nach der Kabinettssitzung flog Hitler nach Westpreußen, um dem dahinsiechenden Reichspräsidenten Bericht zu erstatten. Hindenburg war einsichtig. »Mein lieber Kanzler«, sagte er, »wer Geschichte machen will, muß auch Blut fließen lassen...«

---

* Nicht alle Morde wurden legalisiert. Das Protokoll der Kabinettssitzung vom 2. August 1934 bezieht sich auf eine Reihe von Leuten, die wegen Begleichung privater Rechnungen verurteilt worden waren. In einem Fall hatte ein Mann am 30. Juni einen anderen nur deswegen erschossen, weil dieser während eines Prozesses gegen ihn ausgesagt hatte.

»In vier Jahren einsatzfähig«

Hitlers Ansehen hatte im Ausland weiteren Schaden genommen, noch bevor der Juli 1934 verstrichen war. Bei dem Versuch, das diktatorische Regime in Österreich zu stürzen, hatte ein Mordkommando österreichischer Nationalsozialisten am 25. Juli Bundeskanzler Engelbert Dollfuß in dessen Wiener Büro erschossen.

Hitler verwahrte sich in späteren Jahren entschieden dagegen, daß er von dem Attentat Kenntnis gehabt hätte. Doch aus den Aufzeichnungen des damaligen Befehlshabers im Wehrkreis VII in Bayern ergibt sich das Gegenteil. Am Morgen jenes Tages wurde General Adam nach Bayreuth beordert, wo Hitler den alljährlichen Richard-Wagner-Festspielen beiwohnte. Hitler prahlte: »Heute schlägt das österreichische Bundesheer gegen seine Regierung los.« Er behauptete, daß Dr. Anton Rintelen, ein prominenter österreichischer Politiker, Nachfolger von Dollfuß werden solle. Rintelen würde auch die Rückkehr der aus ihrer Heimat geflohenen Österreicher durchsetzen. Adams Aufgabe sei es nun, diese österreichischen »Legionäre« mit Waffen aus deutschen Heeresbeständen zu versehen.

Hitler versicherte: »Wenn ich etwas von Wien höre, teile ich es Ihnen gleich mit, damit Ihre Zweifel zerstreut werden.«

Gegen fünfzehn Uhr rief ihn Hitler an. »Die Sache in Wien geht tadellos. Das Bundesministerium ist von uns besetzt. Dollfuß ist verwundet. Andere Nachrichten sind noch unklar. Ich werde Sie bald wieder anrufen.« Doch der Anruf erfolgte nicht, da Dollfuß tot war und in europäischen Hauptstädten Empörung laut wurde.

Die österreichische Landesgruppe der Partei wurde von Theo Habicht, einem Deutschen, von Bayern aus geleitet. Sein Putsch mißlang aus drei Gründen: Erstens hatte Habicht die Zahl seiner Anhänger in Österreich wie auch die Unterstützung seitens der österreichischen Armee überschätzt. Zweitens hatte die Dollfuß-Regierung Wind von dem bevorstehenden Putsch bekommen, worauf sich mehrere Minister in Sicherheit brachten. Und drittens hatte die illegale österreichische SA, verstimmt über die Ereignisse am 30. Juni in Deutschland, sich der versprochenen Mitwirkung absichtlich enthalten. Das SS-Kommando verschlimmerte die Sache für Hitler noch dadurch, daß es sich kopflos an die deutsche Gesandtschaft um Hilfe wandte. Eiskalt vor Wut sperrte Hitler die Grenze, sandte ein Beileidstelegramm an Dollfuß' Witwe und schaßte Habicht. Die Attentäter wurden in Wien öffentlich gehenkt.

Hitler schickte obendrein Vizekanzler Papen als »Sonderbotschafter« nach Wien und Dr. Lammers nach Westpreußen, damit dieser Reichspräsident Hindenburg aufkläre.

Lammers berichtete nach seiner Rückkehr, daß der Reichspräsident im Sterben liege. Am 1. August 1934 flog Hitler selbst nach Neudeck, um vom Feldmarschall Abschied zu nehmen. Dem Greis fiel das Sprechen schwer. Hitler redete er sogar als »Eure Majestät« an. Am Abend informierte Hitler das Kabinett, daß Hindenburg die nächsten 24 Stunden kaum noch überleben würde. Daraufhin beschloß das Kabinett folgendes Gesetz:

»Das Amt des Reichspräsidenten wird mit dem des Reichskanzlers vereinigt. Infolgedessen gehen die bisherigen Befugnisse des Reichspräsidenten auf den Führer und Reichskanzler Adolf Hitler über. Er bestimmt seinen Stellvertreter.«

Hindenburg starb am nächsten Tag. Seine letzten Worte bezogen sich auf den Reichskanzler, dem er alles Gute wünschte. Beim Plebiszit am 19. August stimmten neunzig Prozent der Deutschen für das neue Gesetz. »Damit habe ich Deutschland erobert«, meinte Hitler triumphierend zu Blomberg.

Die Wehrmacht wurde nun auf Hitler vereidigt. Dennoch konnte nur Blomberg als Kriegsminister der Wehrmacht Befehle erteilen, ein formelles Hindernis, das erst 1938 beseitigt werden sollte.

In der Zwischenzeit wuchs die Zahl der Himmler unterstehenden SS-Standarten. Die spektakuläre Parade der hochgewachsenen, kräftigen SS-Männer war der Höhepunkt des Parteitages von 1934. Die Elitetruppe mit ihrer schwarzen eleganten Uniform konnte sich über einen Mangel an Freiwilligen nicht beklagen.

Die SS zeigte einen übersteigerten Mystizismus, den selbst Hitler ein wenig lächerlich fand. Als er 1940 dem Julfest der SS-Leibstandarte »Adolf Hitler« beiwohnte, meinte er halblaut zu seinem Adjutanten, daß derlei wohl kaum das herkömmliche Weihnachten ersetzen könne. Er teilte Blomberg mit, daß er der SS die Aufstellung einer voll ausgerüsteten Division, der Verfügungstruppe, gestatten werde; diese wurde sodann zum Vorläufer der Waffen-SS. Bei Kriegsausbruch war Himmlers SS längst über die Stärke einer Division hinausgewachsen. Für Hitler war die Waffen-SS eine vierte Waffengattung und Elitetruppe; er bestimmte noch 1942, daß im Frieden das Verhältnis zwischen der Waffen-SS und der regulären Armee auf eins zu zehn beschränkt bleiben solle.

Das Heer beneidete die SS und mißtraute ihr zugleich. Generaloberst von Fritsch argwöhnte, daß Himmler gegen ihn intrigiere. Die Generalität behauptete, wohl mit Recht, daß die SS Dossiers über sie anlege. Im Münchner Wehrkreiskommando wurden versteckte Mikrofone aufgespürt. Als 1938 der Panzerschrank in Blombergs Büro nicht mehr schließen wollte, stellte Abwehrchef Vizeadmiral Wilhelm Canaris fest, daß ein Draht eingeklemmt war, der zu einem Verstärker unter den Dielenbrettern und zur Gestapozentrale führe. Kleinere SS-Formationen wurden ausgebildet,

wie z. B. die »Totenkopf«-Verbände der Konzentrationslager. Hinzu kamen noch bewaffnete Polizeieinheiten und berittene SS-Formationen.
Die zweite Hälfte des Jahres 1934 kennzeichnete die wachsende Feindschaft zwischen Partei und Wehrmacht. Die Partei argwöhnte, daß Fritsch einen Militärputsch gegen Hitler plane. Oberst Karl Bodenschatz hörte seinen Chef Generaloberst Göring und Hitler darüber diskutieren. Auch Milch vernahm diese Gerüchte. Hitler schien mit einem Attentat gerechnet zu haben, da er sich im Dezember 1934 zweimal mit Geheimerlassen über die Nachfolge beschäftigte. Doch nach außen ließ er sich nichts anmerken. Als Dr. Ley sich bei ihm beschwerte, daß ein Heeresgeneral die Partei und Hitler beleidigt habe, entgegnete ihm Hitler ärgerlich: »Ley, ich wünsche derartige Meldungen nicht. Ich vertraue meinen Offizieren, und sie vertrauen mir.«
Die Zeitungen im Ausland und Emigrantenorganisationen redeten von einem kommenden Blutbad. Hitlers Nerven waren schließlich so angespannt, daß er die Spitzen der Partei und der Wehrmacht am 3. Januar 1935 unerwartet in die Oper Unter den Linden beorderte, wo er in einer zweistündigen dramatischen Rede die Wehrmacht als eine Säule des Reiches bezeichnete, die für Deutschlands Zukunft ebenso bedeutsam sei wie die andere, die nationalsozialistische Partei – »beide gleich wichtig und unbesiegbar, solange sie einig sind«.
Werner Best schilderte die Rede später als

»eine Mischung von Drohungen und flehentlichen Beschwörungen: Ihren Höhepunkt bildete der geradezu verzweifelte Ausruf Hitlers, er werde sich eine Kugel durch den Kopf schießen, wenn die verschiedenen Träger des Reiches nicht untereinander einig blieben.«

Admiral Karl Boehm entsann sich folgender Worte Hitlers:

»Dann kommt aber vielleicht einer von der Partei und sagt zu mir: ›Alles gut und schön, mein Führer, aber der General Soundso spricht und arbeitet gegen Sie!‹ Dann sage ich: ›Das glaube ich nicht!‹ Und wenn dann der andere sagt: ›Ich bringe Ihnen aber schriftliche Beweise, mein Führer!‹ Dann zerreiße ich den Wisch, denn mein Glaube an die Wehrmacht ist unerschütterlich.«

»Nach der Rede des Führers«, notierte Fritsch lakonisch, »flaute die Hetze der SS zunächst ab.«
Hitler setzte sich mit ganzer Kraft für die Wehrmacht ein. Er bekundete sein Interesse an militärischer Technologie, konnte wie ein Schwamm sämtliche Daten und Angaben in sich aufnehmen.
Am 6. Februar 1935 besichtigte er das Erprobungsgelände des Heeres bei Kummersdorf, als erster Kanzler seit 1890. General Heinz Guderian führte ihm die neuesten Panzermodelle und Panzerspähwagen vor. Blomberg und Reichenau unterstützten tatkräftig diese Neuentwicklungen, indessen weder Fritsch noch Generalstabschef Beck diesen gepanzerten, überaus schnellen Ungetümen besondere Bedeutung beimaßen.

Beck, ein umsichtiger, tüchtiger Generalstäbler, war wegen seiner rechtskonservativen Ansichten im Oktober 1933 auf diesen Posten berufen worden. (Beck billigte die Ereignisse vom 30. Juni 1934.) Er hielt auch nicht viel von Funkgeräten und anderen technischen Neuentwicklungen.
Hitler fällte die Entscheidung, die neue Wehrmacht politisch auszuspielen. Am 9. März 1935, einem Samstag, gab er formell bekannt, daß Deutschland insgeheim eine Luftwaffe geschaffen habe. Am 16. März ging Hitler, kühner geworden, einen Schritt weiter und führte die allgemeine Wehrpflicht wieder ein. Mussolini protestierte lautstark dagegen und verkündete zusammen mit einer französischen Delegation Mitte April 1935 in Stresa, daß eine Verletzung des Status der entmilitarisierten Zone entlang des Rheins seitens Deutschlands nach den Bestimmungen von Locarno die Intervention Großbritanniens, Italiens und auch Frankreichs auslösen würde.
Im April teilte Fritsch der Heeresgeneralität mit, daß dieser Schritt »der Tropfen ist, der zur Zeit mit Sicherheit das Faß zum Überlaufen bringt«.
Im April erhielt Hitler zudem noch die bedenkliche Nachricht, daß Frankreich ein Bündnis mit der Sowjetunion anstrebe, das auch die Tschechoslowakei einbeziehen solle. Angeblich würden bereits in der Tschechoslowakei 25 große Flughäfen gebaut, was die legitimen Bedürfnisse des Landes bei weitem übertraf. Am 24. April versicherte Fritsch der Generalität:

»Der Führer ist entschlossen, den Krieg zu vermeiden, und wird nichts unversucht lassen, um dieses Ziel zu erreichen. Ob er damit Erfolg haben wird, hängt allein von uns ab.«

Dementsprechend gab am 2. Mai Reichskriegsminister Blomberg eine geheime vorläufige Anweisung für das Unternehmen »Schulung« heraus, für einen Überraschungsangriff auf die Tschechoslowakei mit dem Ziel, dieses Risiko auszuschalten, falls es im Westen zu Kampfhandlungen käme. Am 10. Juli gab Blomberg eine weitere wichtige Anweisung heraus. Danach hätte Hitler einen Einmarsch französischer Truppen ins Rheinland als Grund zum Krieg betrachtet. Die dort befindlichen deutschen paramilitärischen Einheiten hätten hinhaltenden Widerstand zu leisten, bis die Rheinbrücken gesprengt worden waren, um so ein Übersetzen zu erschweren. Die Wehrmacht hätte sodann das Reich am Rhein verteidigt.
Indessen bemühte sich Hitler um eine formelle Verständigung mit England. Anfangs führte er selbst die Verhandlungen. Später schickte er Joachim von Ribbentrop als seinen inoffiziellen Gesandten nach London. Ribbentrop leitete das »Außenpolitische Amt« der Partei: Zu den Berufsdiplomaten hatte Hitler wenig Vertrauen. Als er am 17. März vor den Spitzen der Wehrmacht eine Rede hielt, stieß er auf Zustimmung, als er spöttelte: »Diese Leute machen keine Politik, sie registrieren nur politische Ereignisse.« Seine Meinung lautete: »Die Engländer werden mir schon noch kommen.« Gegen Ende des Monats traf Sir John Simon, der britische Außenminister in Berlin ein, um zu versuchen, die deutsche Wiederaufrü-

stung einzudämmen. Hitler empfing ihn im Bismarcksaal der Reichskanzlei und prahlte, daß das Heer auf 36 Divisionen erweitert werde und daß die Luftwaffe bereits so schlagkräftig wie die RAF sei, was allerdings nicht stimmte. Als Sir John von einem deutschen Kolonialreich sprach und dabei mit der Hand über eine Karte von Afrika fuhr, von Französisch-Kongo bis Italienisch-Somaliland, fiel ihm Hitler ins Wort: »Ich bin derzeit an Kolonien nicht interessiert.« Statt dessen machte er den Vorschlag, daß die britische Regierung einer Erweiterung der deutschen Marine auf genau 35 Prozent der britischen Tonnage zustimmen solle. Am 25. Mai 1935 war er mit Raeder in Hamburg zusammengetroffen. Als er dort erfuhr, daß das Marineabkommen unterzeichnet werden sollte, frohlockte er:

»Es ist der glücklichste Tag meines Lebens, den ich heute erlebe. Heute früh bekam ich die Nachricht von meinem Arzt, daß mein Kehlkopfleiden unwesentlicher Natur sei und heute nachmittag bekomme ich diese für mich so erfreuliche politische Nachricht.«

Das britisch-deutsche Marineabkommen bestärkte Hitler in dem Glauben, daß ein weiterreichendes Bündnis mit Großbritannien im Verlauf der Zeit wohl möglich sei.

Zu diesem Zeitpunkt war Hitler weit davon entfernt, völlig gesund zu sein. Seinen Ärzten klagte er, daß er seit der »Nacht der langen Messer« am 30. Juni 1934 nicht schlafen könne.

Seitdem er gesehen hatte, wie seine Mutter an Krebs dahingesiecht war, hatte er große Angst vor dieser Krankheit. Als er 1935 einen Stimmbandpolypen bekam, befürchtete er, daß es eine krebsartige Wucherung sein könnte. Am 5. Mai wurde der Polyp von Professor Carl von Eicken entfernt. Drei Tage durfte Hitler nicht sprechen. Seine Anweisungen selbst an Göring, der an einer wichtigen Konferenz in Rom teilnehmen sollte, erteilte er schriftlich.

Hindenburg hatte Hitler bei der letzten Zusammenkunft im August 1934 vor den Italienern gewarnt. Der todkranke Feldmarschall hatte mit seiner tiefen Stimme gesagt: »Und nun, mein lieber Reichskanzler, trauen Sie den Italienern nicht zu sehr!« Hitler hatte davon in einer Kabinettssitzung berichtet und laut Schwerin von Krosigk hinzugefügt, daß er, falls er seine Wahl zwischen Großbritannien und Italien treffen müsse, Hindenburgs Worte seiner Entscheidung zugrunde legen werde. Sein Adjutant Hauptmann Wiedemann berichtete später, daß Hitler damals gesagt hätte: »Wenn ich die Wahl habe zwischen England und Mussolini, dann ist das eigentlich keine Wahl; der letztere steht mir natürlich weltanschaulich näher, aber politisch kann ich nur mit den Engländern gehen.« Mussolinis Einfall in Abessinien am 3. Oktober 1935 hielt er für verfrüht. »Die Zeit des Kampfes zwischen statischen und dynamischen Nationen liegt noch fern«, erklärte er. Als England und Frankreich Sanktionen gegen Italien ankündigten, entschied Hitler sich trotz allem für Italien. Den Zusammenbruch des faschistischen Italien durfte er nicht zulassen. Vor der Generalität und seinen

Ministern erklärte Hitler, so erinnerte sich Keitel später: »Wir könnten auch einmal in die Lage kommen, in der wir ein Eingreifen gegen uns nicht anerkennen und hinnehmen wollten.«
Sein Adjutant Wiedemann sollte später schreiben:

»... wenn er mit irgendwelchen Plänen beschäftigt war, hat er sich oft allein auf seinem Zimmer eingeschlossen. Man hörte ihn dann oft ruhelos auf und ab gehen. Die großen Entschlüsse, wie Aufrüstung, Rheinlandbesetzung, hat er immer allein gefaßt, vielfach gegen die Auffassung seiner Umgebung und Berater. Er war sich klar, daß er allein die Verantwortung zu tragen hatte.«

Von Geobbels beträchtlich beeinflußt, wich Hitler nun vom Weg einer staatsmännischen, verantwortungsbewußten Politik ab und strebte den risikovollen Aufstieg zur Vorherrschaft über Europa an.
Mitte Februar 1936 faßte Hitler den Entschluß, sein Regime durch einen erneuten spektakulären Coup weiter zu festigen. Er plante – bei abermaliger Verletzung der Bestimmungen des Versailler Vertrags – die Remilitarisierung des Rheinlands. Als Vorwand sollte ihm die bevorstehende Ratifizierung des Abkommens zwischen Frankreich und der Sowjetunion dienen. Somit konnte Hitler das Argument vorbringen, daß der neue französisch-russische Pakt mit dem Locarnovertag nicht vereinbar sei.
Am 2. März gab Blomberg eine vorläufige Anweisung heraus. Am Tage darauf ordnete Fritsch als Oberbefehlshaber des Heeres an, daß drei Infanteriebataillone zu gegebener Zeit den Rhein überqueren und weiter nach Aachen, Trier und Saarbrücken vorrücken sollten. Fritsch bestimmte ferner, indem er sich auf von Blombergs Anweisung vom Juli 1935 bezog, daß sich die deutschen Truppen bei einem militärischen Eingreifen der Franzosen zum Rhein absetzen sollten. Am 4. ratifizierten die Franzosen das Abkommen mit der Sowjetunion. Am 5. ordnete Blomberg an, daß die Besetzung des Rheinlandes zwei Tage darauf zu erfolgen habe. Das Kabinett war einverstanden. Die Infanteriebataillone marschierten ein.
Hitlers Vorgehen rief laute Proteste in Westeuropa und Säbelrasseln in Frankreich hervor. Blomberg verlor daraufhin die Nerven und beschwor Hitler, die Truppen zurückzubeordern, bevor es zu Kampfhandlungen kam: Die drei deutschen Attachés in London schickten gemeinsam ein warnendes Telegramm an Blomberg. Aber Hitler bewies, daß er bessere Nerven hatte. Daß die Briten nichts gegen ihn unternahmen, führte er auf die Intervention Eduards VIII. zurück. Ende März wurde Hitlers Politik wiederum in einer Wahl mit über 90 Prozent Ja-Stimmen bestätigt.

Als Hitler 1936 Deutschlands wirtschaftliche Lage überprüfte, stellte er verärgert fest, daß noch wenig getan worden war, um – eine Voraussetzung für den Krieg – das Land autark zu machen. Ende April übertrug er als ersten Schritt Göring die Verantwortung für sämtliche im Zusammenhang mit Rohstoffen und Devisen stehenden Probleme. Über den langsamen

Fortschritt ungehalten, diktierte Hitler im August 1936 seiner Sekretärin eine weitschweifige Denkschrift über die wirtschaftliche Lage.
In seiner Denkschrift faßte er zusammen:

»Es sind jetzt fast vier kostbare Jahre vergangen. Es gibt keinen Zweifel, daß wir schon heute auf dem Gebiet der Brennstoff-, der Gummi- und zum Teil auch in der Eisenerzeugung vom Ausland restlos unabhängig sein könnten.«

Deutschland müsse »fähig sein, einen aussichtsvollen Krieg gegen die Sowjetunion zu führen... Denn ein Sieg des Bolschewismus über Deutschland würde nicht zu einem Versailler Vertrag führen, sondern zu einer endgültigen Vernichtung, ja Ausrottung des deutschen Volkes.« Hitler verkündete, daß er ein für allemal Deutschlands wirtschaftliche Probleme durch die Erweiterung des Lebensraumes und damit auch der Rohstoffvorkommen und der Ernährungsbasis lösen müsse.
Im einzelnen stellte Hitler zwei Forderungen auf:

»I. Die deutsche Armee muß in vier Jahren einsatzfähig sein.
II. Die deutsche Wirtschaft muß in vier Jahren kriegsfähig sein.«

Göring wurde zum Bevollmächtigten des »Vierjahresplanes« ernannt. Wiedemann erinnerte sich (wie er im März 1939 schrieb), daß Göring zu Hitler gesagt hatte:

»Mein Führer, wenn ich die Dinge richtig sehe, dann ist in den nächsten fünf Jahren ein großer Krieg unvermeidlich. Sie sind wohl einverstanden, wenn ich alle meine Maßnahmen diesem Gesichtspunkt unterordne.«

Am 4. September 1936 trug er Hitlers Denkschrift dem Kabinett vor und erläuterte: »Sie geht von dem Grundgedanken aus, daß die Auseinandersetzung mit Rußland unvermeidbar ist. Was die Russen geleistet haben, können wir auch leisten.«

Staatssekretär Paul Körner schrieb am 7. September einem Kollegen im Ernährungsministerium:

»Göring kam vom Obersalzberg zurück und brachte die neuesten Richtlinien für unsere Arbeit der nächsten Jahre. Leider kann ich Ihnen auf diesem Wege nicht mehr sagen...«

Zu diesem Zeitpunkt – Herbst 1936 – war Hitler bereits in den spanischen Bürgerkrieg verstrickt.
Am 25. Juli 1936 stellte Canaris, in der Pause während einer Wagner-Oper, dem Führer Abgesandte eines damals unbekannten spanischen Generals, Francisco Franco, vor. Im Auftrag Francos baten sie um Unterstützung bei dem geplanten Sturz der republikanischen Regierung in Madrid. Franco bat um deutsche Transportflugzeuge, mit denen seine loyalen marokkanischen Truppen vom nordafrikanischen Tetuan aufs spanische Festland übergesetzt werden sollten.
Hitler gab seine Zustimmung; auch Mussolini entsandte ein Kontingent. Im

Oktober war der Bürgerkrieg in vollem Gang. England und Frankreich waren mit Freiwilligen auf seiten der Republikaner vertreten. Von Rußland gelieferte Panzer und Bomben wurden eingesetzt. Nach einer Besprechung mit Göring, Milch und Kesselring, dem neuen Generalstabschef der Luftwaffe, ordnete Hitler den Großeinsatz der Luftwaffe an. Am 6. November schickte Göring ein Bombergeschwader unter Oberst Wolfram von Richthofen nach Spanien. Die Legion Condor war somit entstanden.

Hitler kam dieser Krieg aus mancherlei Gründen gelegen. Die neuen Waffen konnten unter Kriegsbedingungen erprobt und Offiziere und Mannschaften im Turnus ausgebildet werden. Göring hingegen sah darin die günstige Möglichkeit, Rohstoffe für seinen Vierjahresplan wie Wolfram, Kupfer und Gerbstoffe aus Spanien zu beziehen. Zudem lenkte der spanische Bürgerkrieg die Aufmerksamkeit von der deutschen Aufrüstung ab. Unmittelbar nach einer »grundlegenden politischen Rede« Hitlers vor dem Kabinett am 1. Dezember, von der keine Aufzeichnung erhalten geblieben ist, äußerte Göring vor seinen Ressortleitern, daß sich die Luftwaffe, »ohne Rücksicht auf finanzielle Schwierigkeiten«, für den sofortigen Einsatz bereitzuhalten habe. Zwar wünsche Deutschland Frieden bis 1941, erklärte ihnen Göring:

»Wir können aber noch nicht wissen, ob schon vorher Verwicklungen kommen. Wir befinden uns bereits im Kriege, nur wird noch nicht geschossen.«

Das nationalsozialistische Regime hatte Anfang 1937 Ähnlichkeit mit der Struktur eines Atoms. Der Atomkern war Hitler. Ihn umgaben Ringe von ihm nahe- oder fernerstehenden Gefolgsleuten. Zum innersten Ring gehörten Göring, Himmler und Goebbels. Sie waren in seine minder geheimen Pläne und in die von ihm entworfene Vorgehensweise zu deren Verwirklichung eingeweiht. Die äußeren Ringe bildeten die Minister, die Oberbefehlshaber der einzelnen Wehrmachtteile und die Diplomaten, von denen jeder nur einen kleinen Bereich der Pläne kannte, die vom Kern ausgingen. Danach kam das deutsche Volk. Diese Struktur wurde durch die Kräfte des Polizeistaates zusammengehalten – durch die Angst vor telefonischer Überwachung, vor der Postzensur, vor der Gestapo und letztlich durch die rücksichtslose Umerziehung, die in Himmlers berüchtigten Lagern wie Dachau und anderswo stattfand.

Hitler kümmerte nicht sein Aussehen in der Öffentlichkeit; er widersetzte sich allen Versuchen seiner wohlmeinenden Freunde, die ihn dazu bewegen wollten, seine »Briefträgermütze«, die derben Stiefel und seinen altmodisch anmutenden Schnurrbart zugunsten einer den 30er Jahren angepaßten Erscheinungsform aufzugeben. Er strebte weder zeitgenössische Publicity noch den Beifall der Nachwelt an. Hans Lammers wies er einmal schriftlich an, daß man der Londoner *Who's Who*-Redaktion, wenn sie schon auf detaillierten Angaben über sein Leben bestand, lediglich einen knappen

Abriß liefern solle. Jahre danach sollte er 1944 in einer Geheimrede vor Generalen, die gegen seine harten Entscheidungen an der Ostfront protestiert hatten, erklären:
»Es ist mir völlig gleichgültig, was die Nachwelt über mich denken mag.«

»Einmal die ganze Welt«

Abgesehen von einer zentralen Zielvorstellung, nach Osten zu marschieren, wurde Hitlers Außenpolitik häufig von irrationalen und emotionalen Antrieben bestimmt.
Seine Intervention in Spanien, eher von einem Gefühl der Verbundenheit denn von Vernunftgründen inspiriert, ist nur ein Beispiel dafür. Anfang November 1937 teilte er seinen Mitarbeitern mit, daß ein hundertprozentiger Sieg Francos nicht wünschenswert sei. »Wir sind eher daran interessiert, ... die bestehenden Spannungen im Mittelmeerraum beizubehalten.« Daß Franco gegen die von Kommunisten unterstützten Republikaner kämpfte, war von zweitrangiger Bedeutung. Im April 1938 sagte er nachdenklich zu Reinhard Spitzy, Ribbentrops Privatsekretär:
»...Wir haben uns auf das falsche Pferd gesetzt. Wir hätten uns wahrscheinlich gescheiter mit den Sozialisten verbinden sollen. Sie stellen das Volk dar, und wir hätten aus den Sozialisten eben Nationalsozialisten gemacht. Die anderen um Franco sind alle reaktionäre Pfaffen, Aristokraten, Geldleute. Die passen gar nicht zu uns.«

Seine Beziehung zu Mussolini war gleichfalls nicht auf Vernunftgründen aufgebaut: Ihr lag an Substanz nicht mehr zugrunde als das, was er schon in *Mein Kampf* als »tiefe Bewunderung für diesen großen Mann südlich der Alpen« bezeichnet hatte. Dem italienischen Diktator machte er prachtvolle Geschenke. Henriette Hoffmann schilderte, wie Hitler in seinem Lieblingscafé in München im Beisein eines Buchbinders Ledermuster für eine Prachtausgabe von Nietzsches Werken, für Mussolini bestimmt, begutachtete. Hitler rieb an dem Leder, strich mit der Hand darüber, roch daran und lehnte schließlich die Muster mit dem Ausruf ab: »Das Leder muß ›gletschergrün‹ sein!« Er meinte das stumpfe Blaugrün der Gletscher, von denen aus Nietzsches Zarathustra über die Welt nachgedacht hatte.
Trotz Hitlers Staatsbesuch in Venedig im Juni 1934 verfolgte Mussolini seine eigenen Ziele. Österreich blieb für beide weiterhin ein Zankapfel. Doch nachdem sie nun in Spanien an einem Strang zogen, sprach der Duce des öfteren von einer »Achse« zwischen Rom und Berlin. Im September 1937 nahm der Duce als Hitlers Gast eine Woche lang an den umfangreichsten Manövern in Deutschland seit 1918 teil. Hitler zeigte die neuen deutschen Waffen und Maschinen wie die neuen Hochdruckdampfturbinen, die für das neue Schlachtschiff »Scharnhorst« entwickelt worden waren.

In Berlin hielt der Duce eine Rede vor 750 000 Menschen. Nach der Veranstaltung legte ein Wolkenbruch in Berlin den gesamten Verkehr lahm. Im Reichspräsidentenpalais machte der völlig durchnäßte Mussolini sodann die Bekanntschaft mit der unerbittlichen deutschen Reglementierung. Eine Hausvorschrift aus altpreußischer Zeit untersagte den Bewohnern die Entnahme von warmem Wasser nach 19 Uhr.
Der deutschen Öffentlichkeit war Hitlers Interesse an Mussolini ebenso unbegreiflich wie sein Wechsel von einer prochinesischen zu einer projapanischen Politik in Fernost.
Bis 1937 hatten Blomberg, die Spitzen des Heeres und das Außenministerium ihm nahegelegt, die einflußreiche deutsche Militärmission in China beizubehalten. Man verknüpfte damit die Erwartung, daß das chinesische Staatsoberhaupt, General Tschiang Kaischek, im Austausch für Geschütz-, Munitions- und Waffenfabriken Deutschland Rohstoffe liefern würde. Aber Hitler warf Tschiang Kaischek Korruptheit und allzu große Beeinflussung durch seine Frau vor und sagte voraus, daß er auf Grund seines mangelnden Kontaktes zum Volk die Chinesen in die Arme des Kommunismus treiben würde.
1936 kam es nach Vorarbeit des japanischen Militärattachés General Hiroshi Oshima und des Ribbentrop-Büros zu deutsch-japanischen Besprechungen. Abermals war der Außenminister Neurath bis zum letzten Augenblick im dunkeln gelassen worden. Nachdem Japan im Juni 1937 China den Krieg erklärt hatte, stellte Hitler jegliche deutsche Unterstützung Chinas ein. Ribbentrop forderte nun offen einen dreiseitigen militärischen Beistandspakt zwischen Deutschland, Japan und Italien »im Hinblick auf den unvermeidlichen Konflikt mit den Westmächten«. Am 6. November 1937 wurde dieser Pakt in Rom unterzeichnet.
Er war der sichtbare Beweis dafür, daß Hitler immer weiter von England abrückte. Seit 1922 hatte Hitler in England den zukünftigen Partner Deutschlands gesehen. Er bewunderte freimütig die Rücksichtslosigkeit, mit der die Briten ihr Empire geschaffen hatten. Mit großem Interesse hatte er Bücher über englisches Brauchtum gelesen. So wußte er z. B., daß die drei weißen Ringe auf den Krägen der Matrosen Admiral Nelsons große Siege versinnbildlichten. Des öfteren hatte er geäußert: »Der Zusammenbruch des britischen Empire wäre ein großes Unglück für Deutschland und ganz Europa.« Er entwickelte vage Pläne, wonach Deutschlands neue Wehrmacht Großbritannien zur Verfügung stehen sollte, wenn seine Kolonien in Fernost angegriffen werden würden.
Ribbentrop teilte diese verstiegene Auffassung. Er rühmte sich der persönlichen Bekanntschaft mit einflußreichen Engländern und hatte den Führer bereits des öfteren mit einflußreichen Engländern bekannt gemacht. 1945 erbeuteten die Amerikaner die Aufzeichnungen dieser Gespräche – so mit Lord Beaverbrook, dem Verleger des *Daily Express*, vom 22. November 1935, mit dem früheren Sekretär des englischen Kabinetts Tom Jones vom

17. Mai 1936, mit dem Dirigenten Sir Thomas Beecham vom 13. November 1936 und vielen anderen. Leider sind diese Dokumente seitdem verschollen. 1941 erklärte Ribbentrop dem türkischen Diplomaten Acikalin:
»Ich weiß, daß ich in manchen Kreisen als der ›böse Geist‹ des Führers im Hinblick auf die Außenpolitik angesehen werde. Tatsache ist, daß ich dem Führer immer geraten habe, alles nur irgend mögliche zu tun, um die Freundschaft mit England herbeizuführen.«
Als neuernannter Botschafter in London bot Ribbentrop dem britischen Ministerpräsidenten Stanley Baldwin insgeheim ein »Schutz- und Trutzbündnis« an.
Es war tragisch, daß Hitler nur wenige Engländer kennenlernte, die obendrein nicht repräsentativ waren. Er traf die Mitfords, Sir Oswald Mosley, Lord Rothermere, den Journalisten Ward Price. Auch mit dem Generalmajor J. F. C. Fuller, dem britischen Panzerexperten, führte er ein vertrauliches Gespräch. Im September 1936 verbrachte David Lloyd George als sein persönlicher Gast zwei Wochen in Deutschland. Bewundernd schilderte er im *Daily Express*, wie Hitler Katholiken und Protestanten, Arbeitgeber und Handwerker, arm und reich zu einem Volk vereinigt hatte. (Der englische Pressezar Cecil King trug vier Jahre danach in sein Tagebuch ein: »Lloyd George meinte, daß Hitler die bedeutendste Persönlichkeit in Europa seit Napoleon sei, vielleicht sogar noch bedeutender als jener. Er sagte, daß wir seit den Tagen Attilas und seiner Hunnen es nicht mehr mit einem so strengen Asketen wie Hitler zu tun gehabt hätten.«) Lloyd George gestand, daß 1918 die Briten fast klein beigegeben hätten, da nach Feldmarschall Haigs Einschätzung die Alliierten ihre Offensive nicht länger durchhalten könnten. Hitler wurde später, als sein Krieg in eine düstere Phase getreten war, nicht müde, seine verzagten Heerführer immer wieder darauf hinzuweisen.
Im Juni kam es zu einem weiteren Kontakt mit einem Repräsentanten der angelsächsischen Welt, als nämlich William Mackenzie King, der kanadische Premier, ein zweistündiges Gespräch mit ihm führte (in seinem Tagebuch schilderte Mackenzie King, welch günstigen Eindruck er von der »konstruktiven« Arbeit der Nationalsozialisten gewonnen hatte).
Hitler entnahm all den Berichten aus London, daß England eine kaum verschleierte Aufrüstung, insbesondere der RAF, betrieb; der Erfüllung seiner geheimen strategischen Ambitionen war folglich eine zeitliche Grenze gesetzt. Sein Militärattaché berichtete am 19. Februar 1937 aus London: »Die Zeit spricht in jedem Kriege für England, aber nur dann, wenn zu Beginn solche Rückschläge ausbleiben, die die Fortsetzung der Kriegführung überhaupt unmöglich machen.«
1935 hatte Hitler Ribbentrop gesagt, daß er Admiral von Tirpitz' Fehler nicht wiederholen und sich nicht auf ein Wettrüsten einlassen werde. Er würde stillschweigend die Vormachtstellung der englischen Flotte anerkennen und hoffen, seinerseits für Deutschland als künftige Landmacht ähnli-

che Zugeständnisse zu erreichen. Im September 1938 sollte der Stab der Seekriegsleitung jedoch zu folgender Beurteilung kommen:

»Im Laufe der letzten anderthalb Jahre erwuchs innerhalb der Marine und auch beim Führer die Erkenntnis, daß entgegen den Hoffnungen des Führers beim Abschluß des 35%-Abkommens, England in Zukunft als Gegner nicht auszuschalten ist.«

Hitler bedauerte diese »Entfremdung« und vertraute seinem persönlichen Adjutanten Schaub an, daß all das hätte vermieden werden können, wenn nicht König Eduard VIII. unter einem Vorwand zur Abdankung gezwungen worden wäre. Sein Nachfolger, Georg VI., stehe gänzlich unter dem Einfluß seiner »üblen und antideutsch eingestellten Berater«. Als Eduard im Oktober 1937 nach Berchtesgaden kam, teilte er im Gespräch Hitler manches mit, das diese Auffassung bestätigte. Bedauerlicherweise ist die Aufzeichnung auch dieses Gesprächs aus den erbeuteten Dokumentensammlungen verschwunden.

Ein weiterer, minder faßbarer Grund für Hitlers Rastlosigkeit war wohl die Erkenntnis, daß die Jahre verstrichen, indes sein weitgesteckter Plan unerfüllt blieb. Zu den Kabinettssitzungen versammelten sich dieselben Personen, von denen kaum Inspiration zu erwarten war. Der Gestapobeamte Werner Best, der 1937 an solch einer Sitzung teilnahm, bemerkte, daß Hitler »zunehmend nervös, mißmutig, ungeduldig, finster, schroff, mißtrauisch, ungerecht, rechthaberisch und eigensinnig« geworden war. »Mit finsterer Miene«, schrieb Best, »hörte er die Vorträge der Reichsminister an und sprach mit grollender Stimme und in schroffer Form. Ein deutlicher Widerwille gegen die behandelten Gegenstände, gegen die Form der Erörterungen und Argumentationen und vielleicht auch gegen die anwesenden Personen sprach aus Hitlers Verhalten.« Hitler hatte das Gefühl, als würde er dem Trägheitsmoment der Regierungsbürokratie unterliegen.

Er begann, Sonderbevollmächtigte zu ernennen, die bestimmte Aufgaben erfüllen sollten. Ende 1937 fanden kaum noch Kabinettssitzungen statt. Dafür griff Hitler unmittelbar – über Lammers – in die Staatsgeschäfte ein, wenn er seine Entschlüsse ohne Diskussion direkt den Ministern und Generalen übermitteln wollte.

Nun kamen die Dinge in Fluß. Das Ende einer Kabinettsregierung in Deutschland fiel somit mit dem Emporkommen seiner Pläne, Lebensraum im Osten zu erobern, zusammen. Eine psychologische Voraussetzung war die geeignete Ausrichtung der öffentlichen Meinung. Im November 1938 sollte er mit bemerkenswertem Freimut erklären:

»Nur unter der fortgesetzten Betonung des deutschen Friedenswillens und der Friedensabsichten war es mir möglich, dem deutschen Volk Stück für Stück die Freiheit zu erringen und ihm die Rüstung zu geben, die immer wieder für den nächsten Schritt als Voraussetzung notwendig war.«

Das erste Ziel sollte Österreich sein. Seiner Vorstellung nach wollte er, falls möglich, den Sieg mit friedlichen Mitteln erringen. Anfang Juli 1937 hatte er den SS-Gruppenführer Dr. Keppler zum Bevollmächtigten der Partei für österreichische Angelegenheiten ernannt. Aber er hatte Keppler warnend darauf hingewiesen, daß nur eine evolutionäre Lösung erstrebenswert sei. Einen Vorfall wie die Ermordung von Dollfuß konnte er sich nicht mehr leisten.

Im gleichen Monat war er über die Teilnahme von Gruppen aus deutschsprachigen Gebieten außerhalb der Reichsgrenzen – aus Österreich und der Tschechoslowakei – an dem großen deutschen Sängerfest in Breslau tief bewegt. Er machte diesen Menschen Mut, als er in seiner Rede von den »fünfundneunzig Millionen Deutschen« sprach, von denen derzeit nur achtundsechzig im Reich lebten. Die Gruppe aus Österreich, in farbenprächtiger Volkstracht, stürmte zu seiner Tribüne vor. Die Frauen weinten fassungslos – eine Szene, auf die Hitler im privaten Kreis in den darauffolgenden Monaten immer wieder zu sprechen kommen sollte.

In der Tschechoslowakei gab es eine beträchtliche deutsche Minderheit. Abgesehen von den 150 000 nach der Volkszählung von 1930 in der Slowakei beheimateten Deutschen lebten noch dreieinhalb Millionen »eingeschlossen« in Böhmen und Mähren innerhalb der künstlich errichteten Grenzen der 1919 geschaffenen Tschechoslowakei. Laut Hitler hatten die Tschechen kein Anrecht auf Böhmen und Mähren. Denn sie seien erst im 6. und 7. Jahrhundert dort eingedrungen und hätten alles unterwandert. »Die Tschechen sind Meister im Unterwandern«, erläuterte er im Oktober 1941, »das beweist das Beispiel von Wien. Vor dem Weltkriege sind von den 1800 k. u. k. Hofbeamten nur noch etwa 170 Deutsche gewesen, alles andere bis hinauf in die höchsten Stellen waren Tschechen.«

»Wer die Tschechoslowakei besitzt«, legte er im engeren Kreis dar, »hat Mitteleuropa in seiner Gewalt.«

Die meisten Volksdeutschen lebten im »Sudetengebiet« Böhmens und Mährens, wo tschechische und französische Ingenieure in jahrelanger Arbeit Befestigungsanlagen errichtet hatten. Unter diesen Umständen wäre der tschechische Staatspräsident, Dr. Eduard Benesch, wohlberaten gewesen, jeden Anlaß für Streitigkeiten mit den Deutschen in diesen Gebieten zu vermeiden. Doch statt dessen begann er, die Tschechisierung der Lokalbehörden voranzutreiben. Außenminister von Neurath hatte vergebens versucht, Benesch zu einer Abschwächung dieser Politik zu bewegen.

Die Frage war nur: Wann sollte Hitler zuschlagen? Spitzy erinnerte sich später an eine Szene, als nämlich Hitler, die goldgeränderte Brille auf der Nase, die neuesten Agenturmeldungen überflog, indes ihm Ribbentrop über die Schulter schaute. »Mein Führer«, sagte Ribbentrop, »ich glaube, wir werden bald das Schwert ziehen müssen.«

»Nein, Ribbentrop«, erwiderte Hitler. »Jetzt noch nicht.«

Blombergs letzte Weisung an die Wehrmacht vom Juni 1937 war vornehmlich defensiver Natur gewesen. Sie handelte lediglich von zwei kleineren

Angriffsplänen im Eventualfall: dem Fall »Otto«, einem Angriff auf Österreich, wenn es dort zur Restauration der verhaßten Habsburger Monarchie kommen sollte, und dem Fall »Grün«, einem Überraschungsangriff auf die Tschechoslowakei beim Einfall Frankreichs oder Rußlands in Deutschland (es mußte verhindert werden, daß russische Luftstreitkräfte die inzwischen fertiggestellten Flugplätze in der Tschechoslowakei verwenden konnten).
Fritsch hatte pflichtgemäß die zuständigen Heeresstellen beauftragt, Pläne zur Überwindung der tschechischen Befestigungen auszuarbeiten. Hitler schien es jedoch, daß es dem Heer an der nötigen Einsatzfreude fehle. Zweifellos mangelte es dem Heer an Munition und Waffen für einen längeren Konflikt.
Denn in Deutschland fehlte es vom Herbst 1936 an in zunehmendem Maß an Eisen und Stahl. Anfang 1937 wurden die drei Waffengattungen angewiesen, ihren Bedarf zu drosseln. Die Marine wandte sich mit Nachdruck gegen eine Reduzierung des Schiffsbauprogramms, nachdem nun die Seemacht Großbritannien als möglicher Gegner feststand. Doch die Lücke ließ sich nicht schließen. Raeder teilte Hitler mit, daß folglich die für 1938 geplanten Stapelläufe – zwei Schlachtschiffe (die *Bismarck* und die *Tirpitz*), eines Kreuzers und eines Flugzeugträgers – verschoben werden müßten. Die Luftwaffe wies darauf hin, daß sie monatlich 70000 Tonnen Stahl erhalte, was ihre Aufrüstung nur zu 75 Prozent zulasse. Auf Blombergs Anraten beorderte Hitler die aufgebrachten Oberbefehlshaber zur Beilegung des Streits in die Reichskanzlei.
Vor diesem Hintergrund muß man die sogenannte »Hoßbach-Konferenz« vom 5. November 1937, eine von Hitlers bedeutungsvollsten Geheimbesprechungen, sehen. Hitler beschloß bei dieser Gelegenheit, den Anwesenden den wahren Kern seiner Ambitionen zu enthüllen, oder, wie er zu Göring meinte, »ein wenig Dampf zu machen«. Oberst Friedrich Hoßbach, der Wehrmachtsadjutant, schrieb fünf Tage danach eine Zusammenfassung des Besprochenen. Ein Teil ist erhalten geblieben, wie auch ein Chiffrier-Telegramm, das der französische Botschafter am darauffolgenden Tag nach Paris geschickt hatte. Darin berichtete er mit verblüffender Genauigkeit von Hitlers ungewöhnlich langer Besprechung und von der erstaunlich großen Anzahl der Generale und Admirale, die in die Reichskanzlei beordert worden waren.
Es war keine Kabinettssitzung. Wie Hitler erklärte, war das Thema für eine derartige Zuhörerschaft viel zu bedeutungsvoll. Doch um den Ernst der Zusammenkunft zu betonen, ließ er, wie er Göring anvertraute, neben Blomberg, Göring, Raeder und Fritsch auch den Außenminister von Neurath kommen. Er wies sie an, im »Wintergarten«, in einem Flügel der Reichskanzlei, seinem offiziellen Amtssitz, zu warten. Die Glastüren wurden hinter ihnen geschlossen und der schwere Vorhang zugezogen. Das Dutzend Munitionsexperten und Wehrwirtschaftsführer, die Blomberg gleichfalls herbeibeordert hatte, vergebens, wie sich herausstellen sollte,

»Einmal die ganze Welt« 73

mußte vier Stunden im Rauchzimmer nebenan zubringen. Als die Konferenz um 20.30 Uhr endete, hörte man: »Die Marine hat gesiegt!« und »Nur die Marine hat 20 000 Tonnen bekommen.«
Hitler hatte abermals von seinem Entschluß gesprochen, durch einen Krieg Deutschlands »Lebensraumprobleme« in den kommenden fünf oder sechs Jahren zu lösen. Als erste Phase würde er unter gewissen Umständen einen »Blitzangriff« während des Jahres 1938 auf die benachbarte Tschechoslowakei einleiten; etwa, falls es in Frankreich zu einem Bürgerkrieg kommen sollte. Hitler sprach mit solchem Nachdruck, daß Fritsch einen bereits geplanten Urlaub in Ägypten, der in zehn Tagen beginnen sollte, verschieben wollte. Doch Hitler war der Ansicht, daß England die Tschechoslowakei bereits stillschweigend abgeschrieben hatte und Frankreich sich anschließen würde.
Mit Ausnahme des Generals Beck erhob niemand Einwände gegen Hitlers Pläne, weder damals noch später. Die den Fall »Grün« betreffende Weisung wurde am 21. Dezember von Blombergs Ministerium herausgegeben. Natürlich müßten vor einem Blitzangriff auf die Tschechoslowakei die Befestigungen an Deutschlands Westgrenze verstärkt werden. Doch Hitler würde nach Möglichkeit einen Zweifrontenkrieg oder andere militärisch oder wirtschaftlich bedenkliche Risiken vermeiden. Sollte sich die politische Lage nicht zum besten entwickeln, würde »Grün« um einige Jahre verschoben werden. Andererseits könnte es jedoch zu einer Situation kommen, in der die Tschechoslowakei bis auf Rußland ohne alle potentiellen Verbündeten dastehe: ». . . so wird der Fall ›Grün‹ auch *vor* der erreichten vollen Kriegsbereitschaft Deutschlands eintreten.«
Blombergs Direktive führte als Ziele des Falles »Grün« die rasche Besetzung von Böhmen und Mähren auf, der größten westlichen Landesteile der Tschechoslowakei, und ferner die gleichzeitig verlaufende politische Union mit Österreich, wobei militärischer Einsatz nur dann in Frage käme, wenn »andere Mittel« sich zuvor als erfolglos erwiesen hätten.

Blombergs Weisung zeigt, wie wenig der Kriegsminister das Ausmaß von Hitlers Ambitionen erfaßt hatte.
Wer Kapitel XIV in *Mein Kampf* gelesen hatte, wußte, daß Hitler weitaus mehr ins Auge gefaßt hatte. Schon in seinen ersten Reden hatte er die Aufmerksamkeit auf die Weite Rußlands gerichtet. Wenn man an seine eigentlichen Ziele in den folgenden Jahren den einzig angebrachten Maßstab anlegt, nämlich seine *langfristigen materiellen Vorbereitungen*, verbleibt nur ein »Traumland« – das neue Reich, das im Osten seiner harrte.
Ein Hinweis befindet sich im deutschen Marinearchiv. Es handelt sich um ein Schreiben des Hafenkommandanten im ostpreußischen Pillau, der über ein im Juni 1937 stattgefundenes Gespräch zwischen Hitler und dem dortigen Gauleiter, Oberpräsident Erich Koch, berichtet. Hitler hatte demnach auf Pillaus künftige Bedeutung als Marinebasis hingewiesen, die »einstmals

stärker als Kiel und Wilhelmshaven ausgebaut werden« würde, damit sie in den nachfolgenden Jahren eine größere Flotte aufnehmen könne.

»Nach Ansicht und Absicht des Führers würde in absehbarer Zeit – in vielleicht 6 bis 7 Jahren – der Zeitpunkt gekommen sein, wo Deutschland aus einer, bis dahin defensiven Politik zu einer offensiven Betätigung übergehen könne; die Entwicklung im europäischen Raum würde hierbei nur nach Osten hin möglich sein.«

Es war bezeichnend, daß Hitlers Oberbefehlshaber der Marine, Admiral Raeder, davon erst auf Umwegen über Parteikanäle erfuhr. Es ist bedauerlich, daß von den meisten wichtigen Geheimreden Hitlers vor seinen Gauleitern, wie der vom 2. Juni 1937, auf die Koch wahrscheinlich anspielte, keine Aufzeichnungen aufgefunden wurden. Eine Rede, am 23. November 1937 vor Amtsleitern und Kreisleitern gehalten, ist als Schallplattenaufzeichnung erhalten geblieben. In dieser Rede rief Hitler aus: »Das ganze britische Weltreich ist noch nicht einmal mit soviel Blut gemacht worden, als wir im Ersten Weltkrieg an Toten hatten. ... Weltreiche werden nur aus revolutionären Kräften geboren.« Später fährt er fort: »Heute hat die deutsche Nation endlich das bekommen, was ihr jahrhundertelang fehlte, nämlich eine Organisation der Volksführung.«

Hitler war an überseeischen Eroberungen nicht interessiert. Als Lord Halifax, der englische Staatsmann, ihm am 19. November in Bayern einen Besuch abstattete, um mit ihm über dessen Ansichten über den Erwerb von Kolonien zu diskutieren, gelang es ihm nicht, Hitlers Interesse zu wecken. Hitler war der Auffassung, daß die einstigen Kolonien in Afrika Deutschland von Rechts wegen zustanden und keineswegs Objekte eines politischen Handels waren.

Ende 1937 wurde deutlich, daß das kommende Jahr von zwei Faktoren bestimmt werden würde – von Hitlers fester Entschlossenheit, den Kampf um Lebensraum zu beginnen, und von der wachsenden Gewißheit, daß Großbritannien alles tun würde, was in seiner Macht stand, um dies zu vereiteln. Am 27. Dezember hatte Ribbentrop als Botschafter in London in einem ausgewogenen Schreiben die Haltung Englands zusammengefaßt.* Es sehe Deutschland als seinen gefährlichsten potentiellen Gegner an. Ribbentrop teilte ferner mit, daß Chamberlain gegenwärtig eine neue Initiative in der Hoffnung vorbereite, den Frieden in Europa zu sichern. England wolle dafür Kolonien anbieten und sei hinsichtlich Österreich und der Tschechoslowakei zu gewissen Konzessionen bereit. Doch er warnte zugleich, daß zwar das englische Volk in Mehrheit für eine Verständigung

---

* Dieses Dokument ist der deutliche Beweis, daß Ribbentrop, im Gegensatz zu der entstandenen Legende, Hitler warnend darauf hinwies, daß England kämpfen werde. Dieses Schriftstück ist von den Herausgebern der *Akten zur Deutschen Auswärtigen Politik* »nicht aufgefunden« worden, wohl aber vom Verfasser!

mit Deutschland eingestellt sei, aber die feindselig gestimmte Führungsschicht die Öffentlichkeit z. B. durch Greuelnachrichten über das NS-Regime für einen Krieg gewinnen könne. Es gebe, schrieb Ribbentrop, eine »heroische« Führerschicht, die vor einem Krieg nicht zurückschrecken würde, um ihre materiellen Interessen als auch ihre Machtstellung in der Welt zu schützen. »Sind die besseren Chancen einmal auf Englands Seite, wird es kämpfen.«
Seine Schlußfolgerung lautete:

»Wenn England auch in Zukunft versucht, Deutschland zu blockieren, kann kein Zweifel bestehen, daß die beiden Länder endgültig auseinander treiben werden. – Trotzdem scheint es mir richtig, daß unsere zukünftige Politik mit England weiter auf Ausgleich gerichtet bleibt. Die Botschaft wird daher auch konstant in Richtung einer deutsch-englischen Verständigung arbeiten.«

Am 2. Januar 1938 korrigierte Ribbentrop seine Auffassung erheblich. Er schrieb an den Führer:

»Heute glaube ich nicht mehr an eine Annäherung. England möchte kein Deutschland von überragender Stärke als ständige Bedrohung seiner Inseln in seiner Nähe haben. Deswegen wird es auch kämpfen.«

Die Folge war, daß Hitler im Januar plötzlich anläßlich eines Vortrages des Oberbefehlshabers der Marine eine wesentliche Verstärkung der Flotte und eine erhebliche Verschärfung des Bautempos befahl. Bis Ende 1944 sollten nicht, wie vorgesehen, 4, sondern 6 neue Schlachtschiffe fertig sein.

Ribbentrops Warnungen beschleunigten Hitlers Programm. Am 21. Januar 1938 hielt er in Berlin vor Militärs die erste von vielen Geheim-Reden. Aus einer dreiseitigen getippten Zusammenfassung, deren Autor nicht feststeht, geht hervor, daß er mit einer eingehenden Schilderung des Römischen Reiches begann und danach ausführte, wie das Christentum der westlichen Zivilisation die erforderliche innere Einheit verliehen habe, damit sie die Invasionen aus dem Osten abwehren könne.

»Es kann nur einer führen, der aber auch allein die ganze Schwere der Verantwortung trägt. Sie ist sehr schwer. Glauben Sie, meine Generale, ich habe bei meinen schweren Entscheidungen schlaflose Nächte gehabt, und nun sind meine Nerven zerrüttet, und ich schlafe überhaupt nicht mehr in der Sorge um Deutschland.«

Er legte dar, daß Deutschlands Ernährungslage besonders bedenklich sei.

»Der deutsche Boden erzeugt bei guten Ernten gerade den Bedarf für die jetzige Bevölkerungszahl des Volkes für ein Jahr. Bei einer nur mittelguten Ernte fallen schon mehrere Monate für die Ernährung aus. Bei einer schlechteren oder schlechten Ernte, wie sie ganz bestimmt einmal kommen wird, hat das deutsche Volk vielleicht nur für ein Vierteljahr oder ein Halbjahr seine Ernährungsgrundlage, und das bei dem gegenwärtigen Bevölkerungsstand. Die Bevölkerungszunahme Deutschlands beträgt jährlich 600 000 Köpfe. Das sind in zehn Jahren 6 Millionen. Wie soll nun weiter das deutsche Volk sich ernähren können? Es ist nur möglich, wenn wir neuen Raum gewinnen, den wir uns gewaltsam schaffen müssen.«

Das war der Punkt, auf den Hitler zusteuerte. Das Ende seiner Rede lautete:

»Es ist die Lage Deutschlands eigentlich trostlos, und ich mühe mich in Tagen und Nächten um eine Lösung. Eine Erkenntnis führt mich dazu, daß die Lage des deutschen Volkes trotzdem hoffnungsfreudig ist; wenn wir die herrschenden Völker der Erde, Engländer, Franzosen, Amerikaner, betrachten, so ergibt sich aus den Statistiken, daß nur ein verschwindend geringer Teil, 40–50 Millionen, reinblütiger Angehöriger des Führerlandes Millionen anderer Menschen und riesige Flächen der Welt beherrscht. Es gibt nur ein einziges Volk der Erde, das in großer Geschlossenheit, in einheitlicher Rasse und Sprache eng zusammengedrängt im Herzen Europas wohnt, das ist das deutsche Volk mit seinen 110 Millionen Deutschen in Mitteleuropa. Dieser Vergleich macht mich hoffnungsfreudig, und diesem geschlossenen Block Mitteleuropas wird und muß einmal die Welt gehören.«

»All das ist nun Deutschland«

Hitler hatte sich am Morgen des 6. Februar 1938 zum Berghof, seinem hoch über der Stadt Berchtesgaden erbauten Landsitz, begeben.
Hierher kam er, wenn er sich Zeit nehmen wollte, um über seine künftigen Schritte nachzudenken. Seitdem er einmal in halsbrecherischer Fahrt auf dem Soziussitz eines Motorrades über die holprigen Bergstraßen gefahren worden war, hatte es ihm die Landschaft um den Obersalzberg angetan, diese grüne Bergkette mit Seen und Kiefernwäldern, samtigen Almen und grasenden Kühen. Ende der zwanziger Jahre hatte er das Haus Wachenfeld von den Tantiemen aus dem Verkauf von *Mein Kampf* und vom Honorar der unter einem Pseudonym von der Hearst-Presse und der *New York Times* veröffentlichten Artikel erworben. Um das Haus schuf er sich seinen Berghof. Die Luft war rein und frisch. »Luft ist die allerfeinste Form der Nahrung«, pflegte er zu sagen.
Das tägliche Zusammenleben mit Hitler auf seinem Berghof schilderte Rudolf Heß in einem Privatbrief an seine Mutter nach Ägypten am 15. Januar 1938 (der Brief wurde vom englischen Geheimdienst abgelichtet): »An seinen Ruhetagen dort [auf dem Obersalzberg] pflegt der Führer wie sonst bis spät in die Nacht auf zu sein, es wird regelmäßig ein Film aufgeführt, anschließend unterhält er sich – wenn ich dort bin, meist über Marinefragen aus dem gemeinsamen Interesse heraus, dann liest er noch, so daß es wohl gegen Morgen wird, bis er zum Schlafen kommt. Wenigstens läßt er sich dann dafür erst im allgemeinen zwischen ein und zwei Uhr wecken, im Gegensatz zu Berlin, wo er ebenso spät schlafen geht, aber schon nach vier bis fünf Stunden wieder aufsteht. Nach dem gemeinsamen Mittagessen macht er mit seinen Gästen ziemlich regelmäßig einen Spaziergang von etwa einer halben bis dreiviertel Stunde, bis zu einem Teepavillon, der letztes Jahr entstanden ist und an einer Stelle liegt, die einen prachtvollen Blick nach Salzburg hin bietet. Da er aus Stein gebaut und gut beheizbar ist, kann man auch im Winter in ihm sitzen. An dem großen Kaminfeuer ist es dann besonders gemütlich um den großen runden Tisch herum, der den ebenfalls rund gebauten Pavillon ausfüllt. Angeschlossen ist lediglich eine kleine Teeküche und ein Aufenthaltsraum für seine Begleitmänner. Fast immer ist [Heinrich] Hoffmann mit seiner Frau da, der mit seinem Humor etwa die Rolle eines Hofnarren spielt, und zwar im guten Sinne, denn die Hofnarren waren meist recht geistreich, und Hoffmann ist für die Ablenkung und Erheiterung des Führers mit seinem Witz unersetzlich. Einer der Ärzte des Führers ist immer dabei, oft Eva Braun und deren Schwester, manchmal Dr.

Morell mit Frau, Professor Speer mit Frau – Speer ist meist zugegen im Hinblick auf die geplanten Neubauten. Nach ein- oder anderhalbstündigem Aufenthalt geht es dann zu Fuß etwa zehn Minuten weiter, wo eine Reihe von Geländewagen warten, mit denen dann wieder hinaufgefahren wird.«

Hitler beauftragte Martin Bormann, den stämmigen Stabsleiter in der Dienststelle Heß, mit der Verwaltung des Berghofs, eine Stellung, die diesem allmählich auch die Kontrolle über Hitlers Haushalt verschaffte. Bormann, ehemals Gutsverwalter im Mecklenburgischen, war ein unermüdlicher Arbeiter und achtete darauf, daß Hitler auch davon erfuhr. Er lud sich telefonisch zu Hitlers Mittagstafel ein und sagte dann in auffälliger Weise »wegen dringlicher Amtsgeschäfte« ab. Wegen seiner Arbeitswut war Bormann bei den Militärs und Bürokraten verhaßt. »Ich habe seit 1933... gearbeitet wie ein Pferd«, schrieb er nach Heß' wunderlichem Alleingang im Jahre 1941. »Ja, mehr als ein Pferd, denn ein Pferd hat seinen Sonntag und seine Nachtruhe.«

Hitlers Wort war für Bormann Befehl. Bormann kaufte die angrenzenden Grundstücke auf, um die Ungestörtheit des Berghofes zu wahren. Einmal machte Hitler die Bemerkung, daß ein Gehöft die Aussicht verschandle. Als er beim nächsten Mal in die Runde blickte, war es verschwunden. Das Grundstück war planiert und mit frischem Rasen bedeckt. Am 13. Juni 1937, einem Sonntag, trug Bormann in sein Tagebuch ein: »Der hochsommerlichen Hitze wegen wünscht sich der Führer zum täglichen Vorbeimarsch einen Baum; Baum in München bestellt.« Vier Tage danach wurde die Linde eingepflanzt. Tausende strömten täglich zum Berghof, um Hitler leibhaftig zu sehen. »Der Führer ist jetzt am Obersalzberg«, schrieb Autobahnbauer Fritz Todt einem Freund, »und läßt, wenn nichts Besonderes vorliegt, jeden Tag nach Tisch, also etwa zwischen 2–3 Uhr, diejenigen, die durch den Garten gehen wollen, durchgehen und begrüßt sie. Es ist immer ein sehr netter, herzlicher Zug dort oben am Obersalzberg. ... Man soll allerdings ohne zu rufen mit stillem Gruß durchgehen; nur Kinder dürfen herüber zum Führer springen.«

Auch Rudolf Heß berichtete davon in dem Privatbrief an seine Mutter am 15. Januar 1938:

»Daß am Obersalzberg ein großes, des Reichsoberhauptes würdiges Gebiet allmählich erworben und von der übrigen Welt abgeschlossen wurde, werdet Ihr ja wohl wissen. Es ist ein wahrer Segen, daß der Führer nun die Möglichkeit hat, spazierenzugehen, ohne dauernd einen Schwanz von Menschen hinter sich herlaufen zu haben, die Unterschriften wollen, oder überall auf Gruppen zu stoßen, die auf ihn warten, um ihn zu sehen, daß er sich fortgesetzt zwischen Menschenspalieren bewegt. Dabei sind die Tausende von Besuchern, die oft im Sommer auf den Obersalzberg pilgern, doch in der Lage, den Führer zu sehen, weil einmal am Tag zur festgesetzten Stunde die Menschen vor ihm vorbeidefilieren dürfen. Es ist jedesmal wieder ein ergreifender Anblick, vor allem die Österreicher darunter, die vielfach vor Ergriffenheit weinen, und wenn sie vor dem Führer stehen,

kaum ein Wort herausbringen. Um so größer ist der Kontrast, den die deutschen Volksgenossen abgeben, denen man in erster Linie die frohe Stimmung, die im ganzen Reich verbreitet ist, ansieht, und die auch durch den Eindruck, den der Führer bei ihnen hervorruft, noch gesteigert wird. Oft sind Ausländer dabei, die dann staunend feststellen, daß das deutsche Volk wirklich nicht unter der Knute des Diktators ächzt!
Dazwischen werden auf dem Berg auch prominente Ausländer empfangen, wie kürzlich Halifax, vordem Rothermere, auch der italienische Außenminister Graf Ciano war oben, desgleichen die Vertreter der internationalen Frontkämpfervereinigungen, welche seinerzeit in Berlin tagten.«

Das Prunkstück des neuerbauten Berghofes war die »Große Halle«, ein Raum von über 20 Meter Länge. Eine ganze Wand bestand aus einem Panoramafenster, so daß Besucher, die ahnungslos die Große Halle betraten, einen Augenblick lang die befremdende Vorstellung hatten, sie sähen einen in ungewöhnlich leuchtendem Grün gehaltenen Wandteppich, bis sich ihre Augen schließlich auf die Weite einstellten und sie die fernen Umrisse der Bäume auf dem Untersberg erkannten.
Aus den Steinbrüchen am Untersberg wurden später die Quader aus rotem Marmor gehauen, aus denen Hitler seine Berliner Reichskanzlei bauen ließ. In einer Sage heißt es, daß sich in diesem Berg Kaiser Barbarossa befindet, der nicht gestorben ist, sondern dort schon seit tausend Jahren sitzt – sein Bart sei mittlerweile durch den Tisch gewachsen –, und daß er eines Tages wiederkehrt, wenn Deutschland seiner bedarf, um die Macht und Ordnung wiederherzustellen.
In der Großen Halle des Berghofes stand ein überlanger, schwerer Tisch mit einer Platte aus rotem Marmor, der von der gegenüberliegenden Talseite stammte. Darauf legten allmorgendlich die Adjutanten die Post, die Zeitungen und die neuesten Depeschen aus Berlin. Auf derselben Marmorplatte wurden später Landkarten von Europa und Seekarten ausgebreitet. Eine Fotografie aus dem Jahre 1940 zeigt den über die Karten gebeugten Führer, umgeben von Generalen und Adjutanten. Die Topfpflanzen hat man ans Tischende geschoben, wo Schmundt achtlos seine lederne Dokumententasche abgestellt hatte. General Jodl, der Chef des Wehrmachtführungsamtes, steht mit verschränkten Armen ausdruckslos vor einem prächtigen Gobelin. Auf der Rückseite dieser Momentaufnahme notierte Jodl mit Bleistift: »31. Juli 1940. Auf dem Berghof. Der Führer entwickelt einen kurz vorher gefaßten Entschluß, und es ist gut, daß man die Karten nicht erkennen kann.« Es waren Karten der Sowjetunion.

Auf dem Berghof verstrichen die Tage mit monotoner Gleichförmigkeit. In dem dickwandigen Gebäude herrschte eine Stille wie in einer Kathedrale. Nur dann und wann unterbrach sie das Bellen zweier Scotchterrier, die einer jungen Frau gehörten, die unauffällig im ersten Stock wohnte, oder das Lachen der Kinder eines Adjutanten, die zu Besuch gekommen waren.

Hitler schlief bis zum späten Vormittag, indessen die Hausangestellten geräuschlos die Täfelung säuberten oder die kostbaren Kunstwerke – den Tintoretto, den Tiepolo, den kleinformatigen Schwind. Die Mittagsmahlzeit wurde gemeinsam eingenommen. Hitler saß am Kopfende der Tafel, die junge Frau zu seiner Linken. Die Tischgespräche drehten sich um Filme, Theateraufführungen oder die Mode. Die Mahlzeiten waren von puritanischer Schlichtheit. Hitler hatte früher Fleisch gegessen, dann aber – nach einem tragischen Selbstmordfall, der sich 1931 in seiner Münchner Stadtwohnung zutrug – plötzlich erklärt, daß er Vegetarier sei, eine Marotte, für die er später alle möglichen Gründe angab. So habe er nach dem Verzehr von Fleisch Körpergeruch festgestellt. Oder das menschliche Gebiß sei für vegetarische Speisen geschaffen, eine Ansicht, die sein Zahnarzt Professor Hugo Blaschke, gleichfalls ein Vegetarier, teilte. Manchmal berichtete er seinen Tischgästen auf dem Berghof mit allen widerwärtigen Einzelheiten von den verschiedenen Vorgängen, die er in einem Schlachthof beobachtet haben wollte. Obwohl die junge Frau an seiner Seite ihn abzulenken versuchte, gelang es ihr nicht, ihn davon abzubringen, jedem ahnungslosen Gast dasselbe zuzumuten.

Nach dem Abendessen wurden die Gobelins in der »Großen Halle« zurückgeschoben, und es wurde ein Film gezeigt. Hitler frönte dieser allabendlichen Unterhaltung bis Kriegsbeginn. Der beflissene Bormann schickte wöchentlich eine Wunschliste dem Propagandaministerium zu und verlangte, daß bestimmte Lieblingsfilme wie »Der Hund von Baskerville« und die »Die Meuterei auf der Bounty« ständig zur Unterhaltung des Führers auf dem Berghof vorhanden sein sollten.

Hier auf dem Berghof angekommen, gab Hitler am 6. Februar 1938 bekannt, daß er seinen nächsten Coup einleiten würde – eine Konferenz mit dem österreichischen Kanzler Kurt von Schuschnigg.

Die Beziehungen zu Österreich wurden formell durch das Abkommen vom Juli 1936 bestimmt. Doch Schuschnigg – autokratisch und eigensinnig – weigerte sich, die bittere Realität der politischen Entwicklung in Mitteleuropa hinzunehmen. Seinem Freund, dem Polizeipräsidenten von Wien, vertraute er einmal an, daß Österreichs Zukunft »natürlich« untrennbar mit der Deutschlands verbunden sei; doch der Teufel solle ihn holen, wenn er sich damit abfinden würde, daß ihm Berlin seine Außenpolitik diktiere. Eine Zusammenkunft mit Hitler war schon seit langem Schuschniggs Lieblingsidee. »Von Mann zu Mann« wolle er mit dem Reichskanzler sprechen, wie er sagte. Hitler stand dem anfangs reserviert gegenüber, hatte jedoch seinem Sonderbotschafter in Wien, Franz von Papen, in der ersten Januarwoche 1938 mitgeteilt, daß das Treffen Ende des Monats stattfinden könne. Am 11. Januar, bei Hitlers Neujahrsempfang des diplomatischen Korps, drückte François-Poncet die Hoffnung aus, daß es 1938 nicht mehr zu Hitlers »Wochenendüberraschungen« kommen werde, worauf Außenmini-

ster von Neurath erwiderte, die innenpolitische Situation in Österreich gebe Anlaß zur Besorgnis. Während eines Abendessens mit dem österreichischen Gesandten Stefan Tauschitz am 21. Januar erläuterte Neurath seinen Standpunkt: »Wenn ein Dampfkessel fortwährend geheizt wird und kein Sicherheitsventil eingebaut ist, muß er explodieren.« Das war ein Hinweis auf die anhaltende Internierung österreichischer Nationalsozialisten, die gegen den Vertrag vom Juli 1936 verstieß. Am 22. Januar erfuhr Wien von seinem Berliner Gesandten, daß Göring geprahlt habe, die Schwierigkeiten des Reiches bei der Bezahlung österreichischer Rohstoffe – Holz und Eisenerz – wären im Frühling beseitigt. Am 26. Januar, am selben Tag, als Hitler Fritsch mit dem Erpresser konfrontierte, teilte Neurath Wien telegrafisch Hitlers Vorschlag mit, daß das Treffen auf dem Berghof etwa um den 15. Februar stattfinden könne. Fünf Tage später vermerkt Jodl in seinem Tagebuch die Worte des OKW-Chefs Keitel:
»Führer will die Scheinwerfer von der Wehrmacht ablenken, Europa in Atem halten... Schuschnigg soll nicht Mut fassen, sondern zittern.«

Zwei Tage danach, am 2. Februar 1938, schlenderte Hitler durch den Garten der Reichskanzlei zum Auswärtigen Amt, wobei er, Neuraths entsetzte Warnungen mißachtend, Joachim von Ribbentrop zum neuen Außenminister ernannte. Hitler sah in Ribbentrop den idealen diplomatischen Sekretär – einen loyalen Gefolgsmann, der seine politischen Weisungen an die Missionen im Ausland mit selbstverständlicher Beflissenheit weiterleiten würde. Einer seiner Kritiker, General Carl Heinrich von Stülpnagel, faßte die Haupteinwände gegen ihn folgendermaßen zusammen:
»Unbeschreiblich eitel... Was er Politik nennt, spielt sich etwa so ab: Hitler gibt ihm eine Trommel und befiehlt ihm zu trommeln. Dann trommelt er laut und stark. Nach einer Weile nimmt ihm Hitler die Trommel weg und gibt ihm eine Tompete. Dann trompetet er, bis ihm befohlen wird, aufzuhören und Flöte zu spielen. Warum er trommelt, trompetet und geflötet hat, weiß er nicht und hat er nicht verstanden.«
Ribbentrop war ein Jahr jünger als Hitler. Er hatte als Offizier in einem angesehenen preußischen Regiment gedient. In der Nachkriegszeit hatte er – mit Weinen und Spirituosen – ein florierendes Export-Import-Geschäft aufgebaut. Wohlhabend geworden, kaufte er eine Villa im eleganten Berliner Vorort Dahlem und heiratete in die Henkell-Dynastie ein.
Hitler hielt diesen vermögenden Neuling für einen Mann von weitreichenden ausländichen Verbindungen, Ribbentrop hatte das »Büro Ribbentrop« geschaffen, das inoffiziell mit Neuraths Auswärtigem Amt konkurrierte. Ihm waren einige aufsehenerregende persönliche Triumphe vergönnt wie das Marineabkommen von 1935 und der Antikominternpakt von 1936. Hitler hatte ihn als Botschafter in London ausersehen und

sodann, in der vergeblichen Hoffnung, damit der Meinung in der englischen Hauptstadt entgegenzukommen, als Nachfolger Neuraths.

Mit diesem Außenminister betrat Hitler nun die Bühne der Weltpolitik. Offenbar weihte er Ribbentrop nur in seine naheliegenden Pläne einer geografischen Korrektur ein – Österreich, die Tschechoslowakei, das einst deutsche Memelland, das 1923 Litauen einverleibt worden war, ferner Danzig und der »Polnische Korridor«, der Landstreifen, der Polen mit der Ostsee verband und Ostpreußen vom übrigen Deutschland abtrennte. Ribbentrop war ein Mann von Ehre und hatte eine Auffassung von dem, was »korrekt« war, die zuweilen lächerlich wirkte. Nach dem Krieg lehnte er es ab, mit amerikanischen Vernehmungsoffizieren die Einzelheiten des von ihm im August 1939 mit Stalin abgeschlossenen Geheimpaktes zu erörtern, da dieser noch immer geheim und es »gegen die internationalen Gepflogenheiten« sei.

Franz von Papen, der seit 1934 sein Sonderbotschafter in Wien gewesen war, war kurz nach Hitler zu später Stunde am 6. Februar 1938 auf dem Berghof eingetroffen. Hitler schickte ihn prompt wieder zurück nach Wien mit der Instruktion, Schuschnigg für den 12. auf den Berghof einzuladen. Papen schluckte seinen Ärger hinunter und kam dem nach. In den nächsten Tagen erörterten er und Schuschnigg, welche Forderungen jede Seite der anderen stellen sollte. Schuschnigg stimmte grundsätzlich der Ernennung eines prodeutschen Finanzministers und eines Sicherheitsministers zu. Hitler wiederum war mit der Schließung der NS-Zentrale in Wien einverstanden.

Hitler bereitete die Zusammenkunft so sorgfältig wie ein Regisseur eine Opernaufführung in Bayreuth vor. Die Kasernen entlang der Zufahrtsstraße zum Berghof füllten sich mit Angehörigen der »österreichischen Legion«, die insgesamt 120 000 Mann zählte und somit das österreichische Bundesheer nahezu ums Doppelte übertraf. Die SS-Wachtposten bei der Auffahrt sprachen unverkennbar kärntnerischen Dialekt. Als Hitler sodann die Treppe hinunter zu dem Raupenschlepper schritt, der Schuschnigg und sein kleines Gefolge die vereisten Straßen hochgefahren hatte, begleiteten ihn Reichenau und Luftwaffengeneral Hugo Sperrle – »zwei meiner am brutalsten aussehenden Generale«, wie er später schmunzelnd seinen Adjutanten mitteilte. Der österreichische Kanzler machte auf den adretten Hitler einen schlechten Eindruck. Schuschnigg sei unrasiert und habe schmutzige Fingernägel, äußerte er vor seinen Mitarbeitern. Kennzeichnend für die Stimmung war Hitlers Bemerkung im Mai 1942:

»Ich werde nie vergessen, wie Schuschnigg zusammengerutscht war, als ich ihm erklärt habe, er solle die Sperren an unserer Grenze beseitigen, sonst werde ich ein paar Pionierbataillone schicken und den Mist wegräumen.«

Anfangs sprachen sie unter vier Augen in der ungestörten Atmosphäre seines im Obergeschoß gelegenen Arbeitszimmers. Hitler eröffnete Schuschnigg, er habe beschlossen, die österreichische Frage »so oder so« zu lösen. Seine Berater hätten ihm einen Plan unterbreitet, den nun auch Schuschnigg unterzeichnen müsse. »Das ist das erste Mal in meinem Leben, daß ich von einer sehr bestimmten Entscheidung abgehe«, sagte er. Schuschnigg ließ sich jedoch nicht in die Enge treiben. Beim Mittagessen sprachen Hitlers Generale mit einiger Lautstärke über die Luftwaffe und die neuen Bomben. Hitler redete von seinen künftigen Panzerarmeen. Schuschnigg stocherte ohne rechten Appetit auf seinem Teller herum.

Dann wechselte Hitler geschickt das Thema und sprach begeistert von seinen Plänen, in Hamburg riesige Wolkenkratzer zu errichten, die noch höher als die New Yorks sein sollten. Er skizzierte die mächtige Hochbrücke, die er und Todt über die Elbe bauen wollten – die längste Brücke der Welt. »Ein Tunnel käme zwar billiger«, räumte er ein, »aber ich möchte, daß die nach Europa kommenden Amerikaner mit eigenen Augen sehen, daß das, was sie tun können, wir Deutsche noch besser machen.« Hitler verkündete ferner, daß im Verlauf des Jahres 1938 ein Kriegsschiff mit dem Namen »Admiral Tegethoff«, des österreichischen Nationalhelden, der 1866 in der Schlacht von Lissa die italienische Flotte versenkt hatte, vom Stapel laufen werde. »Ich werde Sie als österreichischen Bundeskanzler und Admiral Horthy zu der Zeremonie einladen«, sicherte er Schuschnigg zu. Das rief eine derartige Begeisterung hervor, daß einige der Gäste aus Österreich, als Hitler sich mit Ribbentrop nach dem Essen zurückzog, um das Dokument aufzusetzen, das Schuschnigg unterzeichnen sollte, zur allseitigen Verlegenheit »Heil Hitler!« riefen.

Die Stimmung schlug um, als Schuschnigg das Schriftstück zu Gesicht bekam. Demnach sollte er Dr. Arthur Seyß-Inquart zum Sicherheitsminister und Dr. Hans Fischböck zum Finanzminister machen, um so die wirtschaftliche Union zwischen Österreich und Deutschland in die Wege zu leiten. Sämtliche inhaftierten Nationalsozialisten sollten amnestiert und in ihre einstigen Ämter eingesetzt werden. Ribbentrop wies Schuschnigg schroff darauf hin, daß diese Bedingungen keine Verhandlungspunkte seien. Erneut begann ein Ringen mit Schuschnigg, und das Unterfangen, den Österreicher zur Unterschrift zu bewegen, war keineswegs von Zartgefühl geprägt.

Später kam Ribbentrop herzu und sagte aufgebracht: »Mein Führer, ich bin mit dem Kanzler in den Hauptpunkten einig; doch in einem Punkt ist er absolut hartnäckig, und das betrifft die Ernennung Seyß-Inquarts zum Sicherheitsminister.« Darauf erwiderte Hitler: »Sagen Sie Schuschnigg, wenn er diese Forderung nicht akzeptiert, so marschiere ich noch in dieser Stunde.« (Das war ein Bluff.) Schuschnigg bestand auf einer sechstägigen Bedenkzeit, da nur Präsident Miklas neue Minister ernennen könne. Hitler bat den österreichischen Kanzler in sein Arbeitszimmer und setzte ihn erneut unter Druck. Er drohte sogar: »Wollen Sie, daß Österreich ein zweites Spanien wird?« Dann bat er Schuschnigg, draußen zu warten. Als die Tür geöffnet wurde, rief er in die Große Halle: »General Keitel!«

Als Keitel herbeieilte, deutete Hitler lediglich auf einen Sessel. »Nehmen Sie Platz!« Diese stumme Posse dauerte zehn Minuten. Danach wurde Schuschnigg wieder hereingebeten. Schuschnigg paraphierte nun widerspruchslos die Endfassung des Abkommens. Doch zu seiner Ehre sei hinzugefügt, daß er sich Hitler länger widersetzt hatte als später viele hartgesottene Generale der Wehrmacht. »Ich muß sagen«, vertraute Schuschnigg zwei Tage darauf einem Wiener Freund an, »er hat etwas von einem Seher.«

Hitler hatte keineswegs die Absicht, in Österreich einzumarschieren, sofern Schuschnigg seinen Teil der Abmachung einhielt. Seinem Luftwaffenadjutanten gegenüber meinte Hitler, daß sich Österreich nun wohl aus eigenem Antrieb enger an das Reich anschließen werde, vielleicht noch im Herbst 1938, wenn nicht Schuschnigg in der Zwischenzeit eine »Dummheit« begehe. Um Schuschnigg von etwaigen Hintergedanken abzuschrecken, ordnete er an, daß das OKW Vorbereitungen für einen »Einmarsch« vortäuschen solle. Canaris persönlich veranlaßte alles Nötige in der Abwehrnebenstelle München. Doch Hitlers Befürchtungen schienen grundlos zu sein. Nach seiner Rückkehr nach Berlin erfuhr er am 15. Februar, daß Präsident Miklas das Berchtesgadener Abkommen ratifiziert hatte. Hitler empfing am Abend das diplomatische Korps. Der österreichische Gesandte Tauschitz berichtete, Göring, Goebbels und auch Hitler hätten ihm überschwenglich gratuliert. Hitler äußerte vor den Diplomaten, die »Zeit der Mißverständnisse« sei nun vorbei.

Doch binnen kurzem änderte sich die Bewertung des Treffens auf dem Obersalzberg. Wie auf ein gegebenes Signal hin veröffentlichten plötzlich englische und französische Zeitungen Berichte über Hitlers »Erpressung« auf dem Berghof. Das hatte zur Folge, daß am 18. Februar die Luftwaffenführung von Göring erstmals eine vorläufige Anweisung erhielt, die Möglichkeit von Angriffsoperationen gegen London und Südengland für den Fall zu untersuchen, daß es doch zum Krieg mit England käme. Überdies erfuhr Ribbentrops eigener Nachrichtendienst, von Rudolf Likus geleitet, daß Schuschnigg und Außenminister Guido Schmidt »ihr Gleichgewicht« wiedergefunden hätten und nun darauf hinarbeiteten, das Berchtesgadener Abkommen zu sabotieren.

Hitler hingegen hielt sich daran – getreulich, wie man sagen könnte. In seiner Reichstagsrede am 20. Februar fand er lobende Worte für das Abkommen und pries Schuschniggs staatsmännischen Weitblick. Zudem gab er bekannt, daß er sich an den Vertrag vom Juli 1936 gebunden fühle. Am nächsten Tag beorderte er Hauptmann Leopold, den radikalen österreichischen Nationalsozialisten, nach Berlin und enthob ihn seines Amtes. Leopolds Nachfolger teilte er mit, daß Österreich gegenüber fortan ein anderer Kurs eingeschlagen werden müsse. Die dortige nationalsozialistische Partei müsse lernen, sich im Rahmen der Gesetze zu bewegen. Am 26. Februar 1938 wiederholte er vor Ribbentrop und fünf österreichischen Nationalsozialisten, daß er ein für allemal den Gedanken aufgegeben habe, gegen Österreich gewaltsam vorzugehen. Denn die Zeit, sagte er, arbeite zu seinen Gunsten. Wenn beide Seiten das Berchtesgadener Abkommen einhielten, würde sich die österreichische Frage von selbst lösen.

Doch Anfang März gab es in Österreich Anzeichen dafür, daß sich abermals eine Krise zusammenbraute. Am 3. notierte Oberst Jodl in einem Tagebuch:

»100 Offiziere sollen dorthin [nach Österreich] geschickt werden. Der Führer will sie persönlich sprechen. Sie sollen nicht dafür sorgen, daß die österreichische Wehrmacht besser gegen uns kämpfen kann, sondern daß sie überhaupt nicht kämpft.«

Am gleichen Tage, dem 3. März 1938, hatte Hitler den neuen Geschäftsträger im diplomatischen Dienst der USA Hugh R. Wilson empfangen. In einem privaten Brief an Präsident Roosevelt bemerkte Wilson über das Fehlen von Affektiertheit an dieser sehr dramatischen Persönlichkeit und über die Förmlichkeiten bei diesem Anlaß: Wilson hatte den früheren Sattelmacher und Präsidenten Friedrich Ebert getroffen, und sie hatten Schwarzbrot gegessen und Bier getrunken; Hitler empfing den Amerikaner in einem steifen Anzug. Er war gesünder, als Wilson erwartet hatte, robuster und sehr aufrecht, aber blaß; der Ausdruck im Gesicht des Führers, seine feinen Hände wie die eines Künstlers, seine Einfachheit, Direktheit und Bescheidenheit waren die ersten Eindrücke, die Wilson an Roosevelt übermittelte.

Am gleichen 3. März kam es zu der längst angekündigten englischen »Initiative«. Botschafter Sir Neville Henderson brachte dementsprechende vertrauliche Vorschläge aus London mit.

Chamberlain selbst hatte sie am 27. Januar dem außenpolitischen Ausschuß des Kabinetts als einen Handel dargestellt, durch den das nationalsozialistische Deutschland »in das Arrangement einbezogen werden sollte, indem es eine Kolonialmacht in Afrika wurde«. Als Gegenleistung sollte Deutschland seine Aufrüstung beschränken und den Status quo in Europa anerkennen.

Hitler hörte sich mit finsterer Miene den zehnminütigen Vortrag des Botschafters an und hielt darauf eine heftige Rede, die dreißig Minuten dauerte: Es könne nichts getan werden, solange nicht die gegen ihn gerichtete Pressekampagne in England aufhöre. Zudem werde er keineswegs die Einmischung Dritter in Mitteleuropa hinnehmen. Er weigerte sich, einseitige Rüstungsbeschränkungen in Erwägung zu ziehen, solange die Sowjetunion mit ihrer Wiederaufrüstung ungehindert fortfahre.

Henderson zeigte geduldig auf dem Globus in Hitlers Arbeitszimmer die in Frage kommenden Kolonien. Hitler fragte, welche Schwierigkeiten es denn bereiten würde, Deutschland die nach dem Weltkrieg »geraubten« afrikanischen Kolonien zurückzugeben. Ribbentrop schickte er persönlich nach London, damit er sich dort formell als Botschafter von der britischen Regierung verabschiede – ein Akt berechnender Schmeichelei. Ribbentrop sollte zudem herausfinden, ob Chamberlain ernsthaft eine Entente anstrebte. Seine allgemein gehaltenen Instruktionen spiegeln sich in den Bemerkungen Ribbentrops wider, die dieser am 5. März dem Berufsdiplomaten Ernst von Weizsäcker gegenüber machte, dem er die Stellung des Staatssekretärs im Auswärtigen Amt anbot. Ribbentrop sprach von einem »›großen Programm‹, das nicht ohne das Schwert zu erfüllen sei; daher noch 3–4 Jahre Vorbereitung nötig. ... Wo und wofür zu fechten, bleibt späterer Erörterung vorbehalten. Österreich möglichst noch 1938 zu liquidieren.«

In Berlin mußte Hitler feststellen, daß in Kreisen der Wehrmacht die Meinung über die Umbildung des OKW noch immer geteilt war. Eine Spannung lag in der Luft.
Die Ansicht des Generalstabs des Heeres wurde in einem Dokument vorgelegt, welches das Datum vom 7. März 1938 trug. Obwohl es vom Oberbefehlshaber des Heeres Generaloberst Walther von Brauchitsch unterzeichnet war, wurde es vom Chef des Generalstabes General Ludwig Beck zusammen mit seinem Stellvertreter Erich von Manstein ausgearbeitet. Ihre Vorschläge liefen darauf hinaus, daß das Heer bei der Führung der Wehrmacht den Vorrang haben sollte. Becks Bewunderern kam zugute, daß seinen Biographen diese Denkschrift nicht zur Verfügung stand. Doch ein Exemplar befindet sich im Nachlaß Raeders und ermöglicht somit eine Beurteilung seines Scharfsinns im Hinblick auf einen Weltkrieg, der größtenteils von Fernbombern und Unterseebooten bestimmt sein würde. Zum Teil enthält sie eine kaum verhüllte Kritik an Hitler. Einst, so hieß es in diesem Dokument, konnte ein Monarch auch ein Feldherr sein, wenn er sich dazu berufen fühlte. Friedrich der Große und Napoleon seien da Beispiele. Aber »auch ein Genie« sei nicht imstande, sowohl die politische wie auch die militärische Führung zu übernehmen. In einem Krieg müßten zwei voneinander getrennte Aufgaben gemeistert werden – die »Organisation der kämpfenden Nation« durch einen »Reichskriegssekretär« und die strategische Führung der Kriegsoperationen durch einen »Reichsgeneralstabschef«. Da die Entscheidung in einem künftigen Kriege vom Heer abhänge, sollte vernünftigerweise, so argumentierte Beck, auch dem Heer die strategische Führung zufallen.

»Je mehr für uns ein Ostkrieg, bei dem es auf die Eroberung des Raumes ankommen wird ... in den Vordergrund tritt, um so mehr tritt hervor, daß letzten Endes der Erfolg des Heeres über Gewinn oder Verlust des Krieges entscheiden wird. Es kommt hinzu, daß von unseren Ostgegnern Rußland und Polen weder zur See noch zur Luft tödlich zu treffen sind, und daß man die Tschechei, selbst durch Zerstörung ihrer großen Städte und Industriezentren, vielleicht zur Abtretung gewisser Gebietsteile, nicht aber zur völligen Preisgabe ihrer Staatlichkeit zwingen kann.«

Ferner hieß es, daß Marine und Luftwaffe vor allem auf Verteidigungsaufgaben beschränkt werden müßten – auf »das Offenhalten der Seezufuhr« und auf den »Schutz des Heimatgebietes«. Die Möglichkeit eines ausgedehnten Kreuzerkrieges, des Einsatzes von U-Booten, der Durchführung von Luftlandeunternehmen in den Niederlanden, der Bombardierung Belgiens und der Vernichtung der polnischen, französischen und russischen Luftstreitkräfte scheint Beck nicht bedacht zu haben.
Zu seinen Adjutanten sagte Hitler ärgerlich, daß die Denkschrift das genaue Gegenteil von dem fordere, was er am 4. Februar angeordnet habe. »Wäre es nach dem Heer gegangen«, bemerkte er zu Major Schmundt, »wäre das Rheinland heute noch nicht frei; von allgemeiner Wehrpflicht, Flottenabkommen und jetzt Österreich ganz zu schweigen.«

Um die Mittagszeit des 9. März 1938 erfuhr Hitler, daß Schuschnigg eine Volksbefragung in Österreich durchführen wolle. Das war nun die »Dummheit«, auf die Hitler gewartet hatte. Die einzige Frage in dem Plebiszit war so formuliert, wie Hitler bald erfuhr, daß jeder Österreicher, der sie mit »Nein« beantwortete, wegen Hochverrats angeklagt werden konnte (die Wahlberechtigten sollten auf dem Stimmzettel Name und Anschrift angeben). Das Stimmrecht sollte nur Mitgliedern der »Vaterländischen Front«, der einzig zugelassenen Partei, gewährt werden. Verfassungswidrig setzte Schuschnigg das Wahlalter für die Abstimmung selbstherrlich auf 24 fest – die NS-Partei stützte sich vor allem auf die Jugend – und ordnete an, daß die Stimmzettel nicht wie üblich in den Wahllokalen, sondern bei den Funktionären der Vaterländischen Front abzugeben seien. Wenn auf einem der vorgedruckten »Ja«-Stimmzettel das »Ja« durchgestrichen und durch ein deutliches »Nein« ersetzt werden würde, sollte das dennoch als Ja-Stimme gewertet werden. Es gab keine vorgedruckten »Nein«-Stimmzettel.
Hitler ließ seinen Sonderbeauftragten Keppler sofort nach Wien fliegen, damit dieser die Volksabstimmung verhindere oder zumindest erreiche, daß eine Zusatzfrage eingefügt werde, um so die Ansicht der österreichischen Wählerschaft über eine Union mit dem Reich zu ergründen. Noch am selben Abend gab jedoch Schuschnigg offiziell die Durchführung der Volksbefragung bekannt. Nachdem Hitler die vom Sender Innsbruck ausgestrahlte Rede gehört hatte, schlug er mit der Faust auf den Tisch und rief aus: »Es muß etwas geschehen – und zwar jetzt!« Einen Monat später äußerte er: »Als am 9. März Herr Schuschnigg sein Abkommen brach, da fühlte ich in dieser Sekunde, daß nun der Ruf der Vorsehung an mich ergangen war.«
Um Mitternacht scharte Hitler seine wichtigsten Gefolgsleute – Göring, inzwischen zum Feldmarschall avanciert, Goebbels und Bormann – in der Reichskanzlei um sich und verkündete ihnen seine Entscheidung, jetzt eine

Lösung der österreichischen Frage zu erzwingen. Er schickte Ribbentrops Privatsekretär Reinhard Spitzy eilends mit einem Schreiben nach London, damit Ribbentrop unverzüglich darüber Bericht erstatte, welche Maßnahmen England in diesem Fall wahrscheinlich ergreifen werde.
Hitlers größte Sorge war die Haltung der angrenzenden oder mit Österreich befreundeten Staaten.
Am nächsten Tag setzte Hitler mit aller Sorgfalt einen Brief an Mussolini auf, in dem er um dessen Zustimmung bat. (Der volle Wortlaut – Jahre später in Görings Schreibtisch gefunden – versuchte nicht nur den Einmarsch in Österreich zu rechtfertigen, sondern machte auch klar, daß der nächste Schritt Hitlers der Tschechoslowakei gelten würde.) In seinem Tagebuch notierte Jodl: »Heikelste Frage ist Italien – tut es gegen uns nichts, dann halten auch die andern still.«
Als Keitel am 10. März gegen zehn Uhr vormittags in der Reichskanzlei eintraf, hatte Hitler die vorläufige Entscheidung gefällt, daß der Einmarsch in zwei Tagen stattfinden sollte. Auch Neurath, hocherfreut darüber, daß er in Abwesenheit Ribbentrops bei Hitler wieder Gehör fand, sprach sich für ein schnelles Handeln in Österreich aus. Keitel schickte eine Ordonnanz zum Wehrmachtführungsamt, doch trotz Blombergs ausdrücklicher Anordnung vom Juni 1937 waren Pläne nicht vorhanden, außer für den Fall »Otto«. Viebahn beorderte Oberst Jodl mit einem Entwurf dieses Plans »Otto« zur Reichskanzlei. In der Zwischenzeit hatte Keitel Generalstabschef Beck aufgesucht und ihn gefragt, welche Pläne er hinsichtlich Österreich angefertigt hätte. Betroffen erwiderte Beck: »Überhaupt keine!« In der Reichskanzlei gab er Hitler dieselbe Auskunft. Bestenfalls könne er zwei Korps mobil machen. »Ich kann für den Einmarsch in Österreich keine Verantwortung übernehmen«, sagte Beck empört.
»Sie brauchen gar nicht die Verantwortung zu tragen«, entgegnete Hitler. »Wenn Sie sich gegen diesen Einsatz verwahren, werde ich den Einmarsch durch meine SS und SA mit klingendem Spiel durchführen lassen! Ist es das, was das Heer sich wünscht?« In einem im Oktober geschriebenen Brief an Hoßbach meinte Beck bitter, daß seine erste und zugleich letzte militärische Unterredung mit Hitler nur fünf Minuten gewährt habe.
Die Luftwaffe dagegen hatte keinerlei Einwände. Göring stellte unverzüglich 300 Transportflugzeuge für Propagandaflüge zur Verfügung. Die Diplomaten handelten gleichfalls rasch, wie aus Weizsäckers Notizen hervorgeht:
»6.30 abends erfahre ich von Neurath, daß am 12. März einmarschiert werden soll. ... Vor allem dränge ich darauf, die inner-österreichischen Vorgänge so zu gestalten, daß wir *von dort* gebeten werden zu kommen, um den historisch richtigen Ansatz zu erhalten. Diese Idee, welche Neurath und der Reichskanzlei neu zu sein scheint, will Neurath noch in letzterer absetzen.«
Neurath schlug gegen 20 Uhr in der Reichskanzlei vor, daß Seyß-Inquart von Hitler telegrafisch die Intervention Deutschlands »erbitten« sollte.

Hitler setzte einen passenden Text auf. In dem Telegramm, das Seyß-Inquart nie zu Gesicht bekam, wurde Hitler gebeten, Truppen zu schicken, damit nach den Unruhen, Morden und dem Blutvergießen wieder Ordnung einkehre. Hitler hatte nicht vergessen, daß Mussolini 1934 nach der Ermordung von Dollfuß fünf Divisionen zum Brenner beordert hatte. Hitler wollte, daß deutsche Truppen das Vakuum Österreich füllten.

Während des Abendessens in seiner Villa händigte Göring den Telegrammentwurf dem österreichischen General Glaise-Horstenau aus, damit dieser ihn nach Wien bringe. Hitler hatte ihm bereits ein befristetes Ultimatum übergeben, das Seyß-Inquart Schuschnigg selbst aushändigen sollte. Um zwei Uhr nachts wies er die Wehrmacht an, Vorbereitungen zu treffen, in Österreich »verfassungsmäßige Zustände herzustellen«. »Den Befehl über das ganze Unternehmen führe ich.«

Hitler wird in jener Nacht wohl wenig Schlaf gefunden haben. Als Spitzy nach seinem Rückflug aus London gegen vier Uhr früh eintraf – Hitler selbst hatte ihn am Abend unter Verwendung eines Kodenamens angerufen –, herrschte dort ein ständiges Kommen und Gehen. Hitler ließ ihm ein Frühstück servieren und las Ribbentrops Meinung über das mutmaßliche Verhalten Großbritanniens: »Grundsätzlich bin ich überzeugt, daß England gegenwärtig von sich aus nichts dagegen unternehmen will, sondern beruhigend auf die anderen Mächte einwirken würde.«

Am Morgen des 11. März wies Goebbels' engster Mitarbeiter Alfred-Ingemar Berndt die Pressevertreter in Berlin vertraulich an: »Die österreichischen Vorgänge müssen heute etwas stärker aufgemacht werden, die Boulevardblätter mit Schlagzeilen, die politischen Tageszeitungen etwa zweispaltig. Eine Uniformität soll vermieden werden.« Brauchitsch konferierte nahezu den ganzen Tag in der Reichskanzlei. Als General Guderian um die Erlaubnis bat, seine Panzer mit Flaggen und Blumen zu schmücken, um so den »friedlichen« Charakter des Unternehmens zu bekunden, wurde sie ihm von Hitler bereitwillig erteilt.

Die Telefonverbindung zwischen Berlin und Wien war überbeansprucht. Ein Defekt in der Telefonzentrale der Reichskanzlei nötigte Hitler und Göring sogar, ihre Gespräche von einer Telefonzelle im Wintergarten aus zu führen.

Hitlers Sonderbeauftragter in Wien, Keppler, kümmerte sich derweil um Seyß-Inquart, damit gewährleistet war, daß dieser unschlüssige und legitimistisch eingestellte Minister auch nach Hitlers Geheiß handelte.

Schuschnigg überschritt mit allen möglichen Ausflüchten den von Hitler gesetzten Termin um etliche Stunden. Göring gab seinen Helfershelfern in Wien von der Telefonzelle aus lauthals Anweisungen. Görings Aufgabe war es, dafür zu sorgen, daß Schuschnigg noch vor Anbruch der Nacht zurücktrat. Obgleich Schuschnigg schließlich die Volksbefragung verschob, teilte Göring, nach einer Unterredung mit Hitler, Seyß-Inquart telefonisch mit, der Führer wolle bis 17.30 Uhr darüber Klarheit haben, ob nun Präsident

Miklas Seyß-Inquart mit der Bildung eines neuen Kabinetts beauftragt habe oder nicht. Seyß-Inquart drückte die Hoffnung aus, daß Österreich, wenn auch im Wesen nationalsozialistisch, so doch unabhängig bleiben würde. Darauf fand Göring nur eine unverbindliche Antwort.
Nach 17.30 Uhr wies Göring Seyß-Inquart und den Militärattaché Generalleutnant Wolfgang Muff an, beim Bundespräsidenten vorstellig zu werden: »Sagen Sie ihm, es gibt keinen Spaß jetzt ... Wenn der Miklas das nicht in vier Stunden kapiert, dann muß er jetzt eben in vier Minuten kapieren.«
»Na gut«, meinte Seyß-Inquart freudlos. Um 20 Uhr meldete er sich abermals telefonisch aus Wien. Niemand sei zurückgetreten, die Schuschnigg-Regierung habe sich sozusagen von den Geschäften »zurückgezogen« und lasse die Dinge treiben.
Eine halbe Stunde währte das erregt geführte Gespräch in der Reichskanzlei über die verfahrene Lage. Göring befürwortete eine militärische Intervention, indes Hitler nachdenklich zuhörte. Als sie sodann von der Telefonzelle zum Sitzungszimmer zurückschritten, schlug sich Hitler auf den Oberschenkel, warf den Kopf zurück und sagte: »Jetzt geht's los, voran!«
Gegen 20.30 Uhr unterzeichnete er den Einsatzbefehl. Der Einmarsch sollte am kommenden Morgen stattfinden.
Kurz darauf, um 20.48 Uhr, telefonierte Keppler aus Wien, daß Miklas die Regierung doch aufgelöst und dem österreichischen Bundesheer die Weisung gegeben habe, keinen Widerstand zu leisten. Gegen 22 Uhr traf das überaus wichtige – mit »Seyß-Inquart« unterzeichnete – Telegramm mit der Bitte der »Provisorischen österreichischen Regierung« ein, zur Aufrechterhaltung der Ordnung deutsche Truppen zu entsenden.
Um 22.30 Uhr wußte Hitler auch, daß Mussolini den Einmarsch wohlwollend hinnehmen würde. Außer sich vor Freude bat Hitler telefonisch seinen Sondergesandten in Rom:
»Dann sagen Sie bitte Mussolini, ich werde ihm das nie vergessen! ... Nie, nie, nie! Es mag sein, was wolle.« Und: »Wenn die österreichische Sache jetzt aus dem Wege geräumt ist, bin ich bereit, mit ihm durch dick und dünn zu gehen.«
Nachdem Hitler aufgelegt hatte, vertraute er Göring an, das sei der glücklichste Tag seines Lebens. Nach über einem Jahrzehnt konnte er nun in seine Heimat Österreich zurückkehren und das Grab seiner Eltern in Leonding besuchen.
Hitler gab seinem Adjutanten Brückner den Auftrag, dafür zu sorgen, daß Ribbentrop noch zwei bis drei Tage in London »den Blitzableiter« spielte. Falls alles gut verlief, würde er in Wien mit Ribbentrop zusammentreffen. Neurath erbleichte und beschwor Hitler, das Risiko eines Wienbesuches noch nicht einzugehen. Seine Geburtsstadt Braunau ginge noch an. Aber Wien nicht. Doch Hitler ließ sich nicht abbringen und ordnete strengstes Stillschweigen an.
Sodann zog sich Hitler zurück. Doch weder ihm noch Keitel war viel

Erholung vergönnt, da besorgte Generale und kleinmütige Diplomaten in erregten Telefonanrufen baten, das Unternehmen abzublasen, bevor es zum Blutvergießen kam. Brauchitsch und Beck riefen nachts wiederholt Keitel und Weizsäcker an und beschworen sie verzweifelt, den geplanten Einmarsch zu hintertreiben. General von Viebahn, Chef des Wehrmachtführungsamtes, ging sogar so weit, daß er gegen 2 Uhr nachts den Militärattaché General Muff mit Hitler verbinden ließ, dessen Telefon auf dem Nachttisch stand. Viebahn erlitt im Morgengrauen einen Nervenzusammenbruch und schloß sich in einem Büro im Kriegsministerium ein, wo er, wie weiland Luther, Tintenfässer gegen die Tür schleuderte. (Jodl wurde sein Nachfolger.)

Am Samstag um sechs Uhr früh an jenem Tag, dem 12. März, flog Hitler von Berlin ab. In der Münchner Befehlszentrale von General Fedor von Bock wurde er über den bisherigen Verlauf unterrichtet. Jubelnde Menschenmengen hatten die deutschen »Invasoren« begrüßt; österreichische Veteranen des Weltkrieges säumten die Straßen und trugen stolz ihre Orden. Die Tschechoslowakei hielt still. Sie schien überdies, wie Hitler sarkastisch zu General Franz Halder sagte, der neben ihm im Wagen saß und vor Aufregung weinte, unverhoffte Beflissenheit zu demonstrieren.

Gegen 16 Uhr überquerte Hitler nahe Braunau die Grenze und fuhr weiter. Stolzgeschwellt stand er aufrecht in seinem offenen Mercedes, grüßte oder winkte, indessen sein Fahrer Erich Kempka den Wagen herunterschalten mußte, um nicht in die begeisterte Menschenmenge zu fahren, die den Weg blockierte. Es dämmerte bereits, als sie Linz erreichten, wo sich Zehntausende jubelnder Österreicher drängten. Vom Balkon des Rathauses hielt Hitler eine Rede an die versammelten Menschen:

»Wenn die Vorsehung mich einst aus dieser Stadt hinaus zur Führung des Reiches berief, dann muß sie mir damit einen Auftrag erteilt haben. Und es kann nur *ein* Auftrag gewesen sein: meine teure Heimat dem Deutschen Reich wiederzugeben!«

Am Nachmittag des nächsten Tags – es war der 13. März – fuhr er nach Leonding, wo seine Eltern beerdigt waren.

Als er zurückkehrte, hatte der Gedanke, der ihm nachts gekommen war, feste Gestalt angenommen. Ursprünglich hatte er ein autonomes Österreich unter seiner – durch eine Volksabstimmung bestätigten – Präsidentschaft geplant. Aber konnte er jetzt nicht auch eine direkte Union Österreichs mit dem Reich, den »Anschluß« wagen? Die Sympathiebekundungen der Bevölkerung waren überwältigend. Er schickte einen Boten mit dem Flugzeug zu Göring, um dessen Meinung einzuholen. Zudem rief er Keppler in Wien an und verlangte, daß Seyß-Inquart diesen Plan unverzüglich mit seinen Kabinettskollegen beraten solle. Seyß-Inquart und Keppler trafen abends in Linz ein und meldeten, daß das Kabinett dem Anschluß zugestimmt habe.

So war es zu Hitlers Entscheidung gekommen.

»Es ist aber der einmalige Moment gewesen, wo die Glücksgöttin an einem vorüberstreicht«, sagte Hitler danach zu seinen Adjutanten. »Wenn man in diesem Augenblick nicht ihren Saum erfaßt, kommt sie nie wieder.«

Hitlers triumphale Weiterfahrt nach Wien am nächsten Tag ist nicht weiter erwähnenswert. Kardinal Innitzer, der Erzbischof von Wien, hatte Hitler telefonisch um die Erlaubnis gebeten, zu seinen Ehren sämtliche Kirchenglocken in Österreich läuten zu lassen und forderte Hakenkreuzfahnen an, die von den Kirchtürmen wehen sollten, wenn Hitler in die Hauptstadt einfuhr.

Am 15. März nahm er um 14 Uhr in Wien am Maria-Theresia-Denkmal eine Truppenparade ab. Einheiten der Wehrmacht und österreichische Regimenter marschierten an ihm vorbei. An die tausend Bomber und Jagdflugzeuge der Luftstreitkräfte beider Länder – angeführt von je einem deutschen und einem österreichischen Offizier – flogen dröhnend über die Dächer hinweg.

Freiherr von Weizsäcker, der mit Ribbentrop gekommen war, schrieb an jenem Tag: »Wer dächte in diesen Tagen nicht an die früher oft gestellte Frage, wofür unsere Opfer im Weltkrieg gebracht wurden.«

Das war nun die Antwort. Die ganze Stadt schien vor jubelnder Begeisterung zu beben. Die Menschen erlebten die Wiedergeburt deutscher Größe, das Wiedererstarken eines Geistes, der trotz blutiger Opfer besiegt, durch den Waffenstillstand gespalten, gedemütigt, durch internationale Verschuldung geknechtet worden war. Doch nun belebte er sich im Herzen Europas, in zwei Völkern, die einer der ihren, ein Führer, der ihnen eine Ära der Größe und des Wohlstands versprach, vereinigt hatte.

Während die Nacht über Wien hereinbrach, das nun zu einer Provinzmetropole herabsinken sollte, schnallte sich Hitler in der Junkersmaschine auf seinem Sitz links vom Gang an. Sie flogen dem Sonnenuntergang entgegen. Die zerklüftete Alpenkette färbten sämtliche Schattierungen von Rot und Gold. General Keitel blickte in Richtung von Böhmen und Mähren zu seiner Rechten. Mit Tränen in den Augen machte Hitler den OKW-Chef auf das unter ihnen hingebreitete Österreich aufmerksam. »All das ist nun Deutschland.«

Nach einer Weile beugte sich Hitler zum Gang vor. Keitels Adjutant, der hinter beiden saß, bemerkte, daß Hitler einen zerknitterten Zeitungsausschnitt vorzeigte, den er seit dem Abflug von Wien in der Hand gehalten hatte – eine Kartenskizze mit den Grenzen des Reiches. Die Tschechoslowakei war nunmehr nahezu gänzlich eingeschlossen. Hitler legte die linke Hand auf die Kartenskizze, so daß sein Zeigefinger und Daumen die neuen Reichsgrenzen mit der Tschechoslowakei bildeten. Sodann blinzelte er Keitel zu und bewegte langsam Zeigefinger und Daumen gegeneinander.

»Opfer eines Mißverständnisses?«

An einem Ende des breiten Münchner Boulevards Ludwigstraße erhebt sich das Siegestor, am anderen das steingraue Mausoleum der Feldherrnhalle.
Hier auf der Ludwigstraße schlug das nationalsozialistische Deutschland unmerklich einen Kurs ein, der zu seinem Untergang führte, was die stille Menschenmenge nicht ahnen konnte, die am Vormittag des 22. Dezember 1937 die eisigen Straßen säumte. General Erich Ludendorff, Erster Generalquartiermeister im Großen Krieg, war dahingeschieden. Sein schlichter Eichensarg war im Schatten des Siegestors aufgebahrt, drapiert mit der Kriegsflagge des Kaiserreiches. Hohe, schwarz verkleidete Pylonen, gekrönt von Schalen, in denen das Totenfeuer brannte, flankierten den Sarg. Ranghohe Offiziere der neuen Wehrmacht, die frierend die Nacht über am Katafalk gewacht hatten, hielten auf Seidenkissen die achtzig Orden des verstorbenen Heerführers. Sonderzüge brachten Hitler und seine Regierung durch einen Schneesturm nach München.
Die Vorbereitungen für das Staatsbegräbnis waren abgeschlossen. Kurz vor zehn Uhr traf Hitler ein. Feldmarschall Werner von Blomberg, der erste von Hitler ernannte Feldmarschall, hob seinen Marschallstab zum Gruß. Generaloberst Hermann Göring, Oberbefehlshaber der Luftwaffe, nach Hitler und Blomberg der mächtigste Mann, salutierte gleichfalls. Der Oberbefehlshaber des Heeres, Generaloberst Freiherr von Fritsch, befand sich noch in Ägypten auf Urlaub.
Bei dumpfem Trommelwirbel hoben sechs Offiziere den Sarg auf eine Lafette.
Fotografien zeigen Hitler, wie er allein vor seinen Befehlshabern und Ministern dahinschritt, barhäuptig, das Gesicht eine Maske, wissend, daß Tausende von Augen auf ihn gerichtet sind. Das war, wie er wußte, was das Volk zu sehen verlangte – den Führer, gefolgt von seinen Getreuen, umgeben von seinen Volksgenossen, verbunden mit allen durch ein großartiges Spektakulum.
Der Rauch der zehn Pylonen, die die Feldherrnhalle flankieren, kräuselte sich gemächlich in der windstillen Morgenluft empor.
Als die letzten schwermütigen Takte des »Guten Kameraden« verklungen waren, schoß die Batterie im Hofgarten einen neunzehnschüssigen Ehrensalut. Tauben flatterten aufgeschreckt durch die neblige Luft. Hitler ging mit seinen Adjutanten zum Hof der Residenz, wo die Wagenkolonne wartete.

Dort trat Blomberg auf ihn zu: »Mein Führer, ich möchte ein Privatgespräch mit Ihnen.«

Hitler lud ihn in seine Privatwohnung ein. Nach knapp fünf Minuten erreichten sie das Haus Nr. 16 am Prinzregenten-Platz und fuhren mit dem Lift zu Hitlers schlicht eingerichteter Wohnung im zweiten Stock. Ohne Umschweife teilte Blomberg Hitler mit, daß er wieder heiraten möchte und bat um die formelle Genehmigung. Seine Braut stamme aus bescheidenen Verhältnissen, sei Sekretärin und arbeite für eine Regierungsbehörde. Aber mache sie das nicht im Sinne des Nationalsozialismus akzeptabel? Ohne zu zögern, gab Hitler seine Zustimmung.

Er hatte zu Blomberg ein gutes Verhältnis. Das erklärt, warum er und Göring bei der Trauung als Trauzeugen fungierten. Die Braut war vierundzwanzig, Blomberg hingegen an die sechzig. Die unauffällige Zeremonie fand am 12. Januar 1938 hinter verschlossenen Türen im Kriegsministerium zu Berlin statt. Die junge Frau war zweifellos attraktiv: Sie war schlank, hatte blondes Haar, graublaue Augen und eine zierliche Nase. Unmittelbar darauf fuhr das jungvermählte Paar in die Flitterwochen – ohne zu ahnen, daß es durch seine Heirat Adolf Hitler endgültig den Weg zur absoluten Macht in Deutschland geebnet hatte.

Durch den unerwarteten Tod von Blombergs Mutter wurden beider Flitterwochen jäh unterbrochen. Sein Chef des Ministeramts General Wilhelm Keitel begleitete ihn zum Begräbnis am 20. Januar im rund fünfzig Kilometer von Berlin entfernten Eberswalde. Blomberg blieb dort vier Tage und regelte alle Angelegenheiten. Bei seiner Rückkehr muß er bestürzende Nachrichten vorgefunden haben, da er unverzüglich um ein Gespräch mit Hitler nachsuchte.

Doch der Führer weilte nicht in Berlin, er war in München, um die Große Architektur- und Kunstgewerbeausstellung zu eröffnen.

Als am 24. Januar 1938 Hitler abends vor der Reichskanzlei vorfuhr, wurde das ganze Ausmaß der Krise deutlich. Göring erwartete ihn bereits. In Hitlers Arbeitszimmer eröffnete ihm Göring: »Blomberg hat eine Hure geheiratet... Er hat uns mit einem üblen Trick zu Trauzeugen gemacht.«

Was war in Blombergs Abwesenheit geschehen? Drei Tage zuvor hatte der Polizeipräsident von Berlin, Graf Helldorf, Keitel einen unverfänglich wirkenden polizeilichen Meldebogen gezeigt und gefragt, ob er bestätigen könne, daß das Foto die neue Frau von Blomberg darstelle. Keitel hatte sie jedoch nur bei der Beisetzung gesehen, und da war sie tief verschleiert gewesen. Deswegen meinte er, man solle sich an Göring wenden, der ja an der Trauung teilgenommen habe. Helldorf teilte daraufhin Keitel mit, etwas aus ihrer Vergangenheit sei ans Tageslicht gekommen, nachdem sie polizeilich gemeldet habe, daß sie nun in Blombergs Privaträumen im Kriegsministerium wohne. Am nächsten Morgen, dem 22. Januar, suchte Helldorf Göring auf und übergab ihm das gesamte Dossier über Frl. Eva Gruhn, wie Frau von Blomberg früher geheißen hatte.

Als Hitler am 24. Januar die Akte öffnete, fiel sein Blick auf Karteikarten, Fotografien und Formulare. Es handelte sich um Seiten mit Fingerabdrücken und polizeiliche Suchmeldungen. Zudem lag noch ein Halbdutzend pornografischer Hochglanzfotos bei. Was die Polizeiberichte darlegten, war sozusagen ein Spiegelbild der Berliner Halbwelt zur Zeit der Weimarer Republik. Als Eva Gruhns Vater im Krieg fiel, war sie fünf Jahre alt. Sie war ein Problemkind gewesen. Ihre Mutter war eine approbierte Masseuse. Im Alter von achtzehn verließ Eva Gruhn 1932 ihr Zuhause und zog zu ihrem Liebhaber, einem gewissen Heinrich Löwinger, einem 41jährigen tschechischen Juden. Als Löwinger zu dieser Zeit pornografische Aufnahmen angeboten wurden, kam ihm der Gedanke, daß man damit auf leichte Weise Geld verdienen könne. Er heuerte einen polnischen Fotografen an und dieser machte dann eines Nachmittags zur Weihnachtszeit die Fotos. Löwinger hatte erst acht der Aufnahmen in Berlin verkauft, als er verhaftet wurde. Die übrigen Akten in dem Dossier waren Suchmeldungen und ein Karteiblatt der Polizei aus dem Jahre 1934, worin erklärt wurde, daß sie »keinerlei Vorstrafen« habe.*

Während Hitler Seite um Seite las, wurde er immer wütender. Als er Göring die Akte zurückgab, rief er aus: »Es bleibt mir doch nichts erspart!« Hitler konnte nicht fassen, daß Blomberg ihm das hatte antun können. Es war klar, daß der Feldmarschall seinen Abschied nehmen mußte, wie es Göring vorgeschlagen hatte. Doch wer sollte sein Nachfolger als Kriegsminister werden? Ein bereitwilliger Kandidat war Himmler, der allmächtige Reichsführer SS. Ein anderer war Göring selbst. Aber an erster Selle stand der Oberbefehlshaber des Heeres, Generaloberst von Fritsch.** Hitler empfand hohe Achtung vor Fritsch. Aber auch Fritsch war in gewisser Hinsicht nicht ohne Makel, und wenn er nunmehr Kriegsminister werden sollte, konnte die Sache nicht länger übergangen werden. Vor zwei Jahren, während der Krise um Hitlers Remilitarisierung des Rheinlands, 1936, hatte ihm Himmler ein Polizeidossier vorgelegt, aus dem hervorging, daß Fritsch Kontakte zu einem homosexuellen Erpresser hatte. Hitler hatte damals eine Einsichtnahme abgelehnt, um nicht das Oberkommando in einer kritischen Situation zu belasten. Der Oberbefehlshaber des Heeres erfuhr damals nichts davon.

»Ende März oder Anfang April 36 fragte ich den Führer«, schrieb Fritsch 1939, »ob er nicht der Armee die Ehre erweisen wolle, sich zum Chef des

---

* Die Überprüfung der Polizeiakten in deutschen Großstädten hat das Gerücht, Frau von Blomberg sei eine »von der Sittenpolizei überwachte Dirne« gewesen, keineswegs bestätigt.
** In seinen vertraulichen handschriftlichen Notizen darüber, die 1945 von Potsdam nach Moskau gebracht worden waren und dem Verfasser zur Verfügung gestellt wurden, bestreitet Fritsch, jemals den Ehrgeiz gehabt zu haben, Blombergs Nachfolger zu werden. »Ich hätte eine solche Berufung von mir aus abgelehnt, denn bei der Einstellung der Partei zu mir wären die uns erwachsenden Schwierigkeiten nicht zu überwinden gewesen.«

Infanterie-Regimentes 9 in Potsdam zu machen. Der Führer stimmte zu; das Infanterie-Regiment 9 sollte hierzu zum 20. April nach Berlin kommen. ... Am 19. 4. teilte Hoßbach [Adjutant der Wehrmacht] fernmündlich mit, daß der Führer seine Zusage ... zurückgezogen habe.« Das war damals für Fritsch völlig unverständlich. Am darauffolgenden Tag, Hitlers Geburtstag, schickte er ihm von seinem Krankenlager in Achterberg ein seine Loyalität unterstreichendes Telegramm:
»Ich und das Heer, wir folgen Ihnen in stolzer Zuversicht und in gläubigem Vertrauen auf dem Weg, den Sie uns in Deutschlands Zukunft voranschreiten.« Am 18. Januar 1939 notierte Fritsch:
»Das entsprach damals voll den Tatsachen. Heute kann ich kein Vertrauen mehr zu diesem Mann haben. Ob und wieviel es noch im Offizierskorps des Heeres vorhanden ist, vermag ich nicht zu beurteilen.« Zu jenem Zeitpunkt wußte Fritsch natürlich, warum Hitler seine Zusage wieder rückgängig gemacht hatte. Am 9. April 1939 faßte er zusammen:
»Im Frühjahr 36 legte Himmler dem Führer das Aktenstück vor, nach dem der Erpresser mich erpreßt haben wollte. Vielleicht hat daraufhin der Führer seine Zusage, Chef zu werden, zurückgezogen. Seine spätere Erklärung, die Partei würde es nicht verstehen, wenn er Chef eines Regimentes würde, war nicht recht glaubwürdig, wenigstens allein nicht recht stichhaltig. Möglich ist auch folgendes. Himmler erfährt, daß der Führer Chef des Infanterie-Regimentes 9 werden will. Er fürchtet, daß der Einfluß des Heeres dann immer stärker werden könnte. Dies will er hintertreiben. ... Eine solche Handlungsweise wäre dem Schuft Himmler durchaus zuzutrauen.«
Im Dezember 1937 hatte Himmler das Dossier abermals hervorgeholt und auf das Sicherheitsrisiko hingewiesen, wenn Fritsch nun tatsächlich homosexuell sei. Hitler argwöhnte jedoch, daß die Partei mit Fritsch eine alte Rechnung begleichen wolle und verlangte die Vernichtung des Aktenmaterials.
Fritsch war mit Hitler seit einer zwei Stunden währenden Auseinandersetzung am 15. Januar 1938 nicht mehr zusammengekommen. Der Generaloberst beschrieb den Vorfall folgendermaßen:
»Der Führer [fing] in großer Erregung von seiner Sorge um das Umsichgreifen der anarchistischen Propaganda in der Armee an. Ich versuchte ihn vergeblich zu beruhigen und bat ihn, mir konkrete Unterlagen zu geben ... Der Führer sagte, er habe Material, könne es aber nicht mir, höchstens Blomberg geben. Also ein offenes Mißtrauensvotum gegen mich, das ich nicht auf sich beruhen lassen wollte. Ich wollte den Führer um offenes Vertrauen oder um meine Ablösung bitten. Dazu kam es aber nicht mehr...«
Nach Görings Weggang faßte Hitler den Entschluß, die Doppelaffäre Blomberg-Fritsch endgültig zu bereinigen. Er befahl einem Ordonnanzoffizier, seinen Adjutanten Hoßbach telefonisch herbeizuzitieren. Der Oberst

lag jedoch bereits im Bett und weigerte sich hartnäckig, vor dem Morgen zu erscheinen.
Wie Hitler später erzählte, lag er bis zum Morgengrauen wach, blickte zur Zimmerdecke empor und grübelte sorgenvoll darüber nach, wie er eine Prestigeeinbuße vermeiden konnte. Gegen elf Uhr vormittags, es war der 25. Januar 1938, berichtete Göring, daß er Keitel gesehen und ihm aufgetragen habe, eine Unterredung mit dem glücklosen Kriegsminister zu führen. Am frühen Nachmittag berichtete Göring, daß er selbst Blomberg getroffen und ihm zum Rücktritt geraten habe. Göring teilte Hitler mit, daß der Kriegsminister alles zugegeben habe und ein gebrochener Mann sei.
In Hoßbachs Gegenwart übergab Göring sodann Hitler das Gestapo-Dossier über den Homosexuellen, der 1936 in Zusammenhang mit Fritsch genannt worden war. Der Aktenordner war sichtlich neu angelegt, ein Sammelsurium von Durchschlägen von Vernehmungen, eidesstattlichen Erklärungen und Fotokopien. Ihnen zufolge hatte 1936 ein gewisser Otto Schmidt beim Verhör die homosexuellen Praktiken eines »Generals von Fritsch« ausgeplaudert, denen er im November 1933 in Berlin beigewohnt hatte. Später habe er sich als »Kriminalkommissar Kröger« ausgewiesen und dem General mit der Verhaftung gedroht. Dieser habe sein Soldbuch hervorgezogen und geschnarrt: »Ich bin General von Fritsch.« Danach habe er Schmidts Schweigen mit 2500 Reichsmark erkauft, die er von seiner Bank im Berliner Vorort Lichterfelde abgehoben hatte. Ein Komplize Schmidts bestätigte diese Geschichte. Als man dem Erpresser Fotografien von Generaloberst von Fritsch vorlegte, gab er an, daß es derselbe Offizier sei. Göring wies Hitler darauf hin, daß Schmidts Aussagen sich in sechzig anderen Fällen als zutreffend erwiesen hätten. Kurzum, die Akten waren vernichtend.
Hitler war dennoch unschlüssig. Er ordnete an, daß Göring Schmidt persönlich vernehmen sollte. Hoßbach untersagte er, Fritsch von dieser Angelegenheit zu unterrichten, da er den Generalobersten mit der Sachlage konfrontieren und dessen Reaktion beurteilen wolle. Noch am selben Abend teilte Hoßbach jedoch Fritsch entgegen Hitlers Weisung, aber unglückseligerweise nicht ausführlich genug, mit, daß Gerüchte im Umlauf seien, wonach er sich im November 1933 in ungebührender Weise mit einem jungen Mann eingelassen hätte. Diese unvollständige Aufklärung sollte für Fritsch am nächsten Tag fatale Folgen haben. Er zog nämlich daraus den Schluß, daß die Beschuldigungen von einem Hitlerjungen stammten. Denn 1933 hatte er sich bei einer Aktion des Winterhilfswerks bereit erklärt, einem bedürftigen Berliner Jungen freien Mittagstisch zu gewähren, und danach hatte er ihm, dem Hitlerjungen Fritz Wermelskirch, eine Lehrstelle bei Mercedes-Benz in Marienfelde verschafft. Wermelskirch war später auf die schiefe Bahn geraten. Als er sich vor seinen kriminellen Freunden damit brüstete, daß er einen hohen Offizier als Beschützer habe, hatte Fritsch die Verbindung mit ihm abgebrochen. Das lag Jahre zurück.

Am nächsten Morgen gab Hoßbach vor Hitler freimütig zu, daß er Fritsch gewarnt habe. Zudem berichtete er, daß der General derlei Anwürfe als »erstunken und erlogen« zurückgewiesen und hinzugefügt habe: »Wenn er mich los sein will, genügt ein Wort, und ich werde meinen Abchied erbitten.« Hitler meinte daraufhin sichtlich erleichtert: »Nun, dann ist ja alles in Ordnung, und Fritsch kann Minister werden.«
Im Verlauf des Tages ließ er sich jedoch eines anderen belehren. Zu diesem Umschwung trug auch Blomberg bei. Zivil gekleidet, wurde er in Hitlers Bibliothek geleitet. Zunächst übte Blomberg heftige Kritik an der Art und Weise, wie er seines Amtes enthoben worden war, Hitler, der ernsthaft befürchtete, daß sich Blomberg das Leben nehmen könne, versuchte ihn zu trösten. Er meinte, daß er ihn gern an seiner Seite sehen würde, wenn Deutschlands große Stunde schlug.
Das Gespräch wandte sich der Frage nach seinem Nachfolger zu. Hitler wandte ein: »Göring besitzt weder die erforderliche Ausdauer noch den erforderlichen Fleiß.« Was nun Fritsch betreffe, so gebe es Grund zu der Annahme, daß er insgeheim ein Homosexueller sei. Blomberg erwiderte gleichmütig, daß er das für durchaus glaubhaft halte.
So kam es dazu, daß das Wort des Oberbefehlshabers des deutschen Heeres – ein Monokelträger mit der steifen Haltung eines preußischen Offiziers – gegen die Aussagen eines Vorbestraften abgewogen wurde. Otto Schmidt war 31, ein bleicher, vom Leben hinter Gefängnismauern aufgeschwemmter Mensch. Im Verlauf des 26. Januar wurde Fritsch in die Bibliothek der Reichskanzlei bestellt. Fritsch selbst schildert diese denkwürdige Szene in seinen bisher unveröffentlichten Notizen.

»Endlich, etwa 20.30, wurde ich vorgelassen. Der Führer erklärte mir sofort, ich sei homosexueller Betätigung beschuldigt. Er könne alles verstehen, wünsche aber die Wahrheit zu hören. Gäbe ich die Vorhaltung zu, solle ich eine längere Reise antreten, es geschähe mir nichts weiter. Göring redete mir in diesem Sinne gleichfalls zu. Ich lehnte jede homosexuelle Betätigung entschieden ab und fragte, wer mich bezichtige. Der Führer antwortete, wer dies sei, sei gleichgültig. Er wolle wissen, ob auch irgendwo nur die leiseste Möglichkeit der Spur eines Verdachtes bestünde.«

Fritsch fiel der Hitlerjunge Wermelskirch ein. »Mein Führer, es kann sich wohl nur auf die Sache mit dem Hitlerjungen beziehen«, erwiderte er.
Hitler befremdete Fritschs Antwort. Hitler drückte Fritsch die Unterlagen in die Hand. Der Generaloberst blätterte sie durch, wurde rot und bezeichnete sie als eine Fälschung. Hitler war mißtrauisch, und Göring »tat so«, wie sich Fritsch am nächsten Tag verstört erinnerte, »als wären noch eine Menge Dinge in den Akten«.
Auf ein Zeichen Hitlers wurde der Erpresser hereingeführt. Schmidt wies ohne jedes Zögern auf den Generaloberst und rief aus: »Das ist er!«
Fritsch fand keine Worte. Er erbleichte und wurde hinausgeleitet.

Als Hoßbach Hitler bedrängte, doch in dieser Sache zumindest den Generalstabschef, anzuhören, weckte das Ansinnen, General Beck in seiner Privatwohnung in Lichterfelde anzurufen, nur neuen Argwohn in Hitlers gepeinigtem Gemüt. War nicht das Schweigegeld von einer Bankfiliale in Lichterfelde abgehoben worden? Er fragte Beck, wann er dem Oberbefehlshaber des Heeres zum letzten Mal Geld geliehen hätte. Der verwirrte Beck vermochte nur zu antworten, daß er es nie getan habe.
Fritsch schreibt emphatisch in seinen Notizen: »Ich habe dem Führer mein Ehrenwort gegeben... Dies Ehrenwort wurde gegenüber den Bezichtigungen eines gerichtsnotorischen Lumpen restlos beiseite geschoben. Ich erhielt den Befehl, mich am nächsten Morgen zur Gestapo zu begeben.... Tief erschüttert über die abwertende Haltung des Führers und Görings begab ich mich nach Hause, wo ich Major Siewert [1. Generalstabsoffizier des Ob. d. H.] kurz über das Vorgehaltene unterrichtete. Bald darauf unterrichtete ich auch den General Beck. Beiden Herren gegenüber äußerte ich, ob es nicht das Beste sei, mich zu erschießen angesichts des unerhörten Schimpfs, den der Führer mir angetan hatte.«
Fritsch verlangte eine kriegsgerichtliche Untersuchung. Doch die Entscheidung war bereits gefallen. Als Hitler am nächsten Morgen, dem 27. Januar 1938, Blomberg zu einer Unterredung wegen eines Nachfolgers zu sich bitten ließ, wies der Feldmarschall ihn darauf hin, daß seit Hindenburgs Tod der Führer ohnehin laut Verfassung der Oberste Befehlshaber der Wehrmacht sei. Falls er keinen Kriegsminister ernennen würde, stünde die Wehrmacht unter seiner direkten Kontrolle.
»Das muß ich mir überlegen«, erwiderte Hitler. »Wenn ich das mache, benötige ich einen guten Stabschef der Wehrmacht.«
»General Keitel!« schlug Blomberg vor. »Er hat diese Dinge bisher für mich erledigt. Er ist tüchtig und beherrscht sein Metier.« Als Blomberg zum letzten Mal die Reichskanzlei verließ, bemerkte er, daß die Wache nicht mehr vor ihm das Gewehr präsentierte.

Hitler empfing Keitel um 13 Uhr. Der General war ein hochgewachsener, gutaussehender Mann, dem man den Offizier ansah, obgleich er in Zivilkleidung erschien. Keitel, sechs Jahre älter als Hitler, war während des Aufbaus der Wehrmacht Leiter der Heeresorganisationsabteilung gewesen. Er war ein eifriger Verfechter eines einheitlichen Oberkommandos der Wehrmacht, was für Hitler von Bedeutung war. Als Hitler ihn fragte, wer Blombergs Nachfolger werden solle, schlug Keitel Göring vor.
»Nein, das kommt nicht in Frage«, entgegnete Hitler. »Göring hat meiner Ansicht nach nicht die Fähigkeit dazu. Wahrscheinlich werde ich Blombergs Amt selbst übernehmen.« Danach verlangte er von Keitel die Ernennung eines neuen Wehrmachtsadjutanten. Keitel schlug den damals 42jährigen Major d. G. Rudolf Schmundt vor.
Hitler-Keitel-Schmundt – die ersten Glieder der neuen Kommandokette

waren aneinandergefügt. Nur über Fritschs Stellung, das nächste Kettenglied, war noch keine Entscheidung gefallen.

Wie Hitler angeordnet hatte, unterwarf sich Generaloberst von Fritsch am Morgen des 27. Januar der Befragung durch die Gestapo. Über versteckte Mikrophone wurde jedes Wort aufgezeichnet, als der Generaloberst abermals mit dem Erpresser konfrontiert wurde. Schmidt beharrte auf seiner Version, obwohl ihn Werner Best von der Gestapo eindringlich auf die Konsequenzen einer Falschaussage aufmerksam machte. Schmidt schilderte noch einmal den angeblichen Akt.

»Der Bayernseppl«, der Strichjunge Weingärtner, »stand, und der Herr kniete vor dem Bayernseppl und nippelte da dran.« Darauf konnte Fritsch nur ausrufen: »Das wagt der Mensch zu sagen! Das soll *ich* gewesen sein?«

Fritsch übernahm streckenweise selbst das Verhör. Keine von Schmidts Angaben traf auf ihn zu. [So hatte er beispielsweise seit 1925 nicht einmal eine Zigarette mehr geraucht. Dennoch räumte er freimütig ein, daß Schmidts Aussagen dem Anschein nach vernichtend waren. »Das gebe ich ohne weiters zu, daß, wenn er, von irgendeiner Seite veranlaßt, die Unwahrheit sagt, dann macht er es sehr geschickt.«]

Die beiden anderen »Zeugen« waren im Gestapohauptquartier unauffällig postiert worden, so daß sie ihn sehen konnten. Der von ihm benannte Zeuge Weingärtner stellte mit Nachdruck fest, daß Fritsch *nicht* sein Kunde von 1933 sei. Von dem keineswegs eindeutigen Untersuchungsergebnis wurde Hitler nicht informiert. »Hätte man dem Führer diese Tatsachen gemeldet«, schrieb Fritsch später, »so wäre seine Entscheidung angesichts meines Ehrenwortes sicherlich anders ausgefallen.«

Hitler hatte jedoch Fritsch bereits abgeschrieben. Am 28. Januar führte er schon Gespräche darüber, wer als Nachfolger für das Amt des Oberbefehlshabers des Heeres in Frage käme.

Anfangs zog er General Walther von Reichenau in Erwägung, Keitels Vorgänger im Kriegsministerium. Keitel riet jedoch ab; sein Kandidat war General Walter von Brauchitsch, ein umsichtiger, allseits respektierter Offizier, der sich als früherer Wehrkreisbefehlshaber im abgelegenen Ostpreußen allgemeine Achtung erworben hatte. Keitel hatte ihn bereits in einem dringlichen Telefongespräch gebeten, mit dem nächsten Zug aus Dresden zu kommen. Noch am selben Abend gegen 20.45 Uhr traf Brauchitsch ein.

Am nächsten Morgen teilte Keitel dem Führer die Ergebnisse seiner ausführlichen Unterredung mit dem General mit. Brauchitsch war vor allem auch dazu bereit, das Heer enger an den Nazi-Staat zu binden.

Hitler bat Brauchitsch zu einer Unterredung. Dabei erwähnte der General, daß auch er private Probleme habe. Er wolle sich scheiden lassen, um eine gewisse Charlotte Rüffer zu heiraten, die bereits geschieden sei;

seine Frau verlange jedoch eine finanzielle Abfindung, die er sich nicht leisten könne. Keitels Kandidat schien damit vorläufig ausgeschieden zu sein. Das Gerangel um Fritschs Amt ging weiter. Reichenau ließ sich häufig im Kriegsministerium sehen. Göring als Oberbefehlshaber der neuen Luftwaffe, sandte seinen getreuen Adjutanten Oberst Karl Bodenschatz, damit dieser unter Hitlers Adjutanten verbreite, daß Göring auch den Oberbefehl über das Heer übernehmen würde. Admiral Erich Raeder, der Oberbefehlshaber der Marine, schlug durch seinen Adjutanten den allseits verehrten, aber schwierigen General Gerd von Rundstedt als Interimslösung vor. Hitler lehnte Rundstedt aus Altersgründen ab. Er schob Raeder die umfangreiche Rangliste des Heeres über den Schreibtisch zu: »Schlagen Sie mir doch einen vor!«

Am 3. Februar gab Hitler schließlich seine Zustimmung zur Ernennung von General von Brauchitsch zum neuen Oberbefehlshaber des Heeres. Er erklärte, daß er mit dessen Haltung gegenüber der Kirche, der Partei und militärischen Problemen einverstanden sei und bestätigte ihn durch einen Handschlag als den Nachfolger Fritschs. Der unglückselige Generaloberst von Fritsch wurde noch am selben Nachmittag von Hitler gebeten, um seinen Abschied einzukommen. Fritsch schrieb danach: »Ich bin dieser Forderung nachgekommen, denn ein Zusammenarbeiten mit diesem Mann ist für mich künftig unmöglich.«

Rückblickend muß gesagt werden, daß Hitler offensichtlich von dessen Schuld überzeugt war. Auch Fritsch ging davon aus, als er etliche Wochen danach notierte: »Daß der Führer von vornherein den Schurkenstreich von Himmler gekannt und gebilligt hat, glaube ich nicht. Dazu machte er am 26. Januar abends [bei der Gegenüberstellung in der Bibliothek] einen zu verzweifelten Eindruck.«

Am 4. Februar unterzeichnete Hitler einen in kühlem Ton gehaltenen Brief an ihn und nahm formell das Rücktrittsgesuch »angesichts Ihrer angegriffenen Gesundheit« an. Der Brief wurde veröffentlicht und besiegelte somit Fritschs Schicksal.

Unterdessen hatte Hitler Dr. Hans Lammers, den Chef der Reichskanzlei, beauftragt, die Bedingungen für die finanzielle Abfindung für Frau von Brauchitsch auszuhandeln, damit die Scheidung möglichst unauffällig ausgesprochen werden könne. Vom Staat wurde ihr schließlich eine montliche Zuwendung von 1500 Reichsmark ausgesetzt. Für eine verhältnismäßig bescheidene Summe erkaufte sich Hitler somit die moralische Verpflichtung des neuen Oberbefehlshabers des Heeres.

Hitler-Keitel-Schmundt-Brauchitsch – die Kette war um ein weiteres Glied verlängert worden. Brauchitsch, bedächtig, introvertiert, von stillem Wesen, entstammte einer angesehenen Familie. Er, Göring und Raeder würden nun ihre Anweisungen von dem neugebildeten Oberkommando der Wehrmacht empfangen, dessen Chef Keitel wurde. Das OKW sollte auch Blombergs frühere ministerielle Funktionen übernehmen. Die einstige

Abteilung Landesverteidigung sollte dem OKW als Wehrmachtsführungsamt unter Oberst d. G. Max von Viebahn angegliedert werden.
Keitel wurde somit Hitlers oberster militärischer Sekretär. Hitler sollte es nicht bedauern. General Keitel führte Befehle ordnungsgemäß und ohne Widerrede durch. Hitler vertraute Keitel an, daß er etwas plane – gemeint war Österreich –, worüber Europa »den Atem anhalten« werde. Das würde die Aufmerksamkeit von den Schwierigkeiten mit der Wehrmacht ablenken. Er beabsichtigte zudem ein Revirement der Generalität, nicht um den Eindruck momentaner Schwäche, sondern den der Kräftekonzentration zu erwecken.
Es war in der Tat ein kleiner Erdrutsch. Hitler wechselte seinen Außenminister und seinen Wirtschaftsminister aus. Mißliebige Diplomaten wie der Botschafter in Rom, Ulrich von Hassell, wurden pensioniert. Göring hingegen wurde zum Feldmarschall ernannt. Rund sechzig Heeres- und Luftwaffengenerale, die entweder zu alt, zu konservativ oder zu halsstarrig waren, wurden pensioniert oder versetzt. Keitels jüngerer Bruder wurde Chef des Heerespersonalamtes. Ein Großteil der Betroffenen erfuhr von diesem Revirement erst aus den Morgenzeitungen. Am 5. Februar war Hitler sicher, daß sein Vorgehen zumeist den beabsichtigten Erfolg zeitigte. Der britische Presselord Rothermere telegrafierte ihm: »Darf ich Ihnen, mein lieber Führer, meine Glückwünsche zu den heilsamen Veränderungen aussprechen, durch die Sie Ihren Stern höher und höher steigen machen.«

Das Heer jedoch ließ sich keineswegs so leicht besänftigen. Fritschs Amtsenthebung wurde als schlagender Beweis für die zunehmende Macht der Partei gewertet. Aus diesem Grund hielt Hitler am 5. Februar gegen 16 Uhr im Kriegsministerium vor den ranghohen Generalen des Heeres und der Luftwaffe, die ihn im Halbkreis umgaben, eine zweistündige Ansprache, in der er rückhaltslos die Beschuldigungen darlegte, die zum Rücktritt von Blomberg und Fritsch geführt hatten. Er las das Gutachten des Justizministers vor und ausgewählte Teile aus dem Otto-Schmidt-Dossier.
Seine Worte waren von einer derartig tückischen Glaubwürdigkeit, daß keinerlei Protest laut wurde.
Abends gegen 20 Uhr führte Hitler den Vorsitz im zum letzten Mal einberufenen Kabinett. Er stellte Keitel und Brauchitsch vor und fuhr anschließend zu seinem Landhaus in den bayerischen Bergen – als Führer, Reichskanzler und nicht nur mehr nomineller Oberster Befehlshaber der Wehrmacht.

Doch der Doppel-Skandal sollte beweisen, daß sich Hitler von seinen Paladinen weitaus abhängiger gemacht hatte, als selbst er argwöhnen mochte.
Anfang März, als er sich wieder in Berlin befand, wurde ihm erstmals zugetragen, daß er getäuscht worden war, daß die SS ihn irregeführt hätte und daß selbst Göring nicht völlig schuldlos war. Hitler nahm daraufhin

einen klaren Standpunkt ein: Fritsch war hoffnungslos kompromittiert, indes Himmler, die SS und Göring unersetzlich waren.
Die Heeresrichter hatten mit ihren Ermittlungen im Februar begonnen. Fritsch hatte sich einen versierten Verteidiger genommen, Rüdiger Graf von der Goltz.
Von der Goltz gelang am 1. März der Nachweis, daß der Erpresser einen Rittmeister ähnlichen Namens, Achim von Frisch, bei der Tat beobachtet hatte; dieser gab sein Vergehen freimütig zu, zeigte sogar die von Otto Schmidt unterzeichnete Quittung über die 2500 Reichsmark, die er an den Erpresser gezahlt hatte. Zudem machte er noch die bestürzende Bemerkung, daß die Gestapo bereits am 15. Januar sein Bankkonto bei einer Bankfiliale in Lichterfelde überprüft hatte. War es bloßer Zufall, daß das nur drei Tage nach Blombergs Trauung stattgefunden hatte?
General Walter Heitz teilte Hitler am 3. März 1938 im Auftrag des Reichskriegsgerichts diese verblüffende Erkenntnis mit. Hitlers erste Reaktion war, den bevorstehenden Prozeß auszusetzen. Aber der anwesende Himmler wandte ein: »Die Angelegenheiten Frisch und Fritsch sind zwei völlig verschiedene Fälle. Der Erpresser Schmidt hat den Generaloberst selbst identifiziert.«
Um diesen Punkt zu unterstreichen, wurde Achim von Frisch nun verhaftet, da er seine homosexuellen Vergehen zugegeben hatte. Hitler setzte den Prozeßbeginn auf den 10. März an.
Einige Tage darauf schrieb Fritsch:
»Anfangs hatte ich den Eindruck, daß Göring es zu einem Unentschieden bringen wolle, also zu dem Ergebnis, daß zwar meine Schuld nicht erwiesen, aber immerhin doch möglich sei. Unter der Gewalt der Tatsachen der Beweisaufnahme mußte aber auch Göring erklären, daß es kein mit Vernunft begabtes Wesen geben könne, das nicht von meiner Unschuld überzeugt sei. Schließlich gab auch der Kronzeuge, der Erpresser, zu, daß alle seine mich betreffenden Aussagen erlogen seien.«
Während der Vernehmungen stellte es sich heraus, daß am Vorabend des Prozesses Kriminalrat Josef Meisinger, der Chef des Gestaporeferats zur Bekämpfung der Homosexualität, Schmidt Schlimmes angedroht hatte, wenn dieser von seiner beeideten Aussage abrücken solle.
Generaloberst von Fritsch wurde freigesprochen. Es liegen keinerlei Anhaltspunkte dafür vor, daß Hitler sich im geringsten um die Aufklärung dieser heimtückischen Gestapointrige bemüht hätte. Da einer von Meisingers Beamten das Bankkonto in der Filiale in Lichterfelde überprüft hatte, wußte zumindest Meisinger, daß da ein Irrtum vorlag. Nach Prozeßbeginn beorderte ihn Himmler aus der Schußlinie nach Wien. Seine Fahrlässigkeit schadete jedoch keineswegs seiner Karriere.
Anders stand es um die Karriere von Generaloberst von Fritsch. Einen Tag nach seinem Freispruch schrieb er seinem Verteidiger: »Ob der Führer sich dazu bereitfindet, mich zu rehabilitieren, muß erst noch festgestellt werden.

Ich fürchte, er wird sich mit aller Energie dagegen stemmen. Darauf weisen Görings aufschlußreiche Schlußbemerkungen bereits hin.«

In seinen privaten Notizen erinnerte sich Fritsch: »Sowohl vor Schluß der Beweisaufnahme wie in seiner mündlichen Urteilsverkündung war Göring bemüht, das Verhalten der Gestapo zu rechtfertigen. . . . Er sprach zwar von einer Tragik meines Schicksals, aber das wäre unter diesen Umständen nun nicht zu ändern. Vor allem klang immer wieder durch, daß man mich nun, Gott sei Dank, los sei und zwar für immer. Göring sprach immer wieder mit besonderer Betonung vom Generaloberst *a. D.* von Fritsch.«

Erst am Sonntag, dem 20. März, gelang es Brauchitsch, zu einem Gespräch mit Hitler vorgelassen zu werden, in dem er die Rehabilitierung Fritschs verlangte. »Der Führer soll sich angeblich meiner Rehabilitierung nicht abgeneigt gezeigt haben, hat aber seine Entscheidung hinausgeschoben«, schrieb Fritsch später.

Er fertigte eine zwölf Punkte umfassende Liste an, anhand derer sich die Intrige der Gestapo beweisen ließ. Ende März fügte er sie in einen an Himmler gerichteten Brief ein. Der Briefentwurf endete mit den ungewöhnlichen Worten: »Das ganze Verhalten der Gestapo in dieser Angelegenheit beweist, daß sie einseitig bestrebt war, mich als den Schuldigen hinzustellen«, und: »Ich fordere Sie daher zum Zweikampf mit gezogenen Pistolen.« Fritsch bat zuerst Beck und danach Rundstedt, als seine Beauftragten Himmler das Schreiben zu überbringen. Beide lehnten jedoch höflich ab.

Auf Brauchitschs Drängen hin schrieb Hitler eigenhändig auf seinem privaten goldgeränderten Büttenpapier einen teilnahmsvollen Brief an Fritsch (Dokument siehe Anhang 1). Der Generaloberst erwähnte in seinem bewegenden Antwortschreiben das Band des Vertrauens, das zwischen ihnen beiden existiert hätte. Hitler ließ ihn wissen, daß er ihm in der nächsten Reichstagssitzung seine Anerkennung aussprechen werde. Doch die Zeitpunkte, an denen Gerüchten zufolge eine Reichstagssitzung stattfinden sollte, verstrichen ereignislos. Anfang Juni war Fritsch so weit gegangen, daß er einen offenen Brief an die ranghohen Generale entwarf, worin er die Fakten, die zu seinem Freispruch geführt hatten, darlegte. Das mag Hitler zu Ohren gekommen sein. Er ließ sämtliche Heeres- und Luftwaffengenerale, die seine geheime Verdammungsrede am 5. Februar angehört hatten, am 13. Juni 1938 zu einem entlegenen Flugplatz in Pommern beordern, wo sie angeblich einer Luftwaffenvorführung beiwohnen sollten. Es war ein stickig heißer Tag. Um die Mittagszeit traf Hitler ein, entfernte sich aber, als der Präsident des Reichskriegsgerichts drei Stunden lang das Urteil im Fritsch-Prozeß samt den Untersuchungsergebnissen verlas.

Danach begann Hitler in sichtlicher Verlegenheit mit seiner Ansprache: »Meine Herren, ich bin hinsichtlich des Generalobersten von Fritsch das Opfer eines äußerst bedauerlichen Mißverständnisses geworden.« Er bat die Anwesenden, sich seine »seelische Erschütterung« vorzustellen, die schon die Blomberg-Affäre in ihm ausgelöst hätte. 1936, sagte er, hätte er das Schmidt-Dossier nicht ernstgenommen. Doch nach dem Blomberg-Skandal habe er »alles für möglich gehalten«.

»Die Anklage gegen Generaloberst von Fritsch war keine infame Machenschaft«, behauptete er, »sondern ein Fehler untergeordneter Beamter.« Er habe die Erschießung des Erpressers angeordnet.

Mancher General verließ den Flugplatz in der Überzeugung, daß Hitler aufrichtig gesprochen hatte. Zwei Tage später berichtete Brauchitsch Fritsch von den Ereignissen dieses Tages. Hitler habe ihn zum Ehrenoberst seines alten Regimentes ernannt. Doch diese althergebrachte Ehrenbezeigung vermochte kaum die erlittene Schmach zu lindern, da die wirklichen Schuldigen ungeschoren blieben.

»Entweder der Führer achtet darauf, daß Recht und Ordnung wieder in Deutschland herrschen«, schrieb er, »und Menschen wie Himmler und Heydrich ihre verdiente Strafe erhalten, oder er wird auch weiterhin die Missetaten dieser Menschen decken, in welchem Fall ich für die Zukunft fürchte. Da der Führer die Art und Weise, wie die Gestapo sich in meinem Fall verhalten hat, gutgeheißen und hingenommen hat, muß ich bedauerlicherweise von meinem Plan, Himmler zum Duell zu fordern, Abstand nehmen. Nachdem soviel Zeit inzwischen verstrichen ist, würde es sich ohnehin ein wenig affektiert ausnehmen. Was ich jedoch nicht begreifen kann und werde, ist die Haltung des Führers mir gegenüber. Vielleicht trägt er mir nach, daß ich das Dogma von seiner Unfehlbarkeit durch meinen Freispruch erschüttert habe.«

»Es ist mein unabänderlicher Entschluß«

Hitler rechnete damit, daß die Westmächte nicht kämpfen würden, solange er seine Forderungen einleuchtend zu begründen vermochte. Als Brauchitsch am 9. März 1938 den Ausbau der deutschen Verteidigungsstellungen an der Mosel und am Rhein bis Anfang 1939 vorgeschlagen hatte, sah Hitler keinen Grund, die Sache schneller voranzutreiben. Am 10. November sollte er in einer Geheimrede vor NS-Schriftleitern erklären: »Die allgemeine Weltlage schien mir günstiger als je zu sein für das Durchsetzen unserer Forderungen.«

Sein nächstes Opfer sollte die Tschechoslowakei sein. Die Tschechoslowakei übermittelte über nachrichtendienstliche Kanäle, daß sie willens sei, zur Lösung des Problems der deutschstämmigen Bevölkerung im Sudetengebiet beizutragen. Hitler hielt aber nicht viel von den Vorschlägen der Tschechen.

Am 19. März hielt er mit den Spitzen der NS-Partei eine Konferenz ab. Am selben Tag wies Goebbels in einem geheimen Rundschreiben die NS-Schriftleiter an, die Bezeichnung »großdeutsch« fortan sparsamer zu verwenden.

»Zu dem wirklichen großdeutschen Reich gehören nämlich noch andere Gebiete, die wir zu gegebener Zeit beanspruchen werden.«

Bei dieser Konferenz legte Hitler seine Pläne für eine geheime Abstimmung dar, die am 10. April in ganz Deutschland und Österreich abgehalten werden sollte. Die Frage lautete: »Bekennst du dich zu unserem Führer Adolf Hitler und damit zu der am 13. März 1938 vollzogenen Wiedervereinigung Österreichs mit dem Deutschen Reich?« Das Ergebnis erstaunte selbst Hitler: Von den 49493028 Wahlberechtigten hatten 49279104 ihre Stimme abgegeben, und von diesen hatten 48751587 (99,08 Prozent) Hitlers Vorgehen gebilligt. Das war eine Einmütigkeit von geradezu bestürzendem Ausmaß.

Die Propagandakampagne führte Hitler kreuz und quer durch beide Länder. Am 7. April machte er den ersten Spatenstich zum Bau eines Autobahnnetzes in Österreich. Sein Chirurg, Hanskarl von Hasselbach schrieb später: »Die Leute säumten kilometerlang die Straßen, unbeschreiblicher Jubel umtobte ihn, und vielen aus dem Publikum rannen beim Anblick Hitlers die Tränen herunter.«

Hitler instruierte Ribbentrop, daß der einstige Bundeskanzler Schuschnigg gut zu behandeln sei und irgendwo in einer ruhig gelegenen Villa untergebracht werden solle. In den Jahren danach wurde diese Anweisung Hitlers, wie viele andere, mißachtet.

Es schien nun an der Zeit zu sein, mit subversiven Aktionen im Sudetengebiet zu beginnen.
Am Nachmittag des 28. März hatte er mit Konrad Henlein, dem Führer der sudetendeutschen Partei, die einzuschlagende Taktik schon besprochen. Henlein war 1935 von Vizeadmiral Canaris »entdeckt« und von der Abwehr in subversiver Tätigkeit geschult worden. Er hatte unter den 3 200 000 Sudetendeutschen eine schlagkräftige politische Organisation aufgebaut. Obgleich er von SS-Gruppenführer Lorenz von der »Volksdeutschen Mittelstelle« eine gewisse Unterstützung empfing, hatten ihn Himmler und Heydrich bislang übergangen und ihm den Zugang zu Hitler verwehrt.
An der geheimen Besprechung nahmen außer Henlein nur Ribbentrop und SS-Gruppenführer Werner Lorenz teil.
Hitler deutete an, daß er die tschechische Frage »in nicht allzu langer Zeit« anpacken wolle und gab Henlein zwei Anweisungen: Er sollte erstens der tschechischen Regierung eine Reihe von Forderungen stellen, die zwar dem Anschein nach recht vernünftig klangen, aber nicht das Risiko bargen, von Staatspräsident Benesch tatsächlich in Erwägung gezogen zu werden. Und zweitens sollte Henlein den ihm zu Gebote stehenden Einfluß in London dahin geltend machen, daß die Briten sich einer Einmischung enthielten.
Am selben Tag, dem 28. März, unterzeichnete Keitel eine bedeutungsvolle Weisung an das Heer, die den Ausbau der wichtigsten Donaubrücken und der in die Tschechoslowakei führenden Straßen in Österreich betraf. Am 1. April ließ der Chef des Generalstabs Beck telefonisch General Wilhelm Ritter von Leeb mitteilen, er sei als Oberbefehlshaber der 7. Armee ausersehen, die von Österreich aus gegen die Tschechoslowakei vorgehen solle.
Becks feindselige Haltung der Tschechoslowakei gegenüber war allgemein bekannt. (Manstein schrieb in einem Brief an Beck vom 21. Juli, er wisse, daß niemand die Zerschlagung der Tschechoslowakei »heißer erstrebt als Herr General«.) Im Dezember 1937 hatte Beck im Gespräch mit Jenö Rátz, dem ungarischen Generalstabschef, die Tschechoslowakei als ein Anhängsel des deutschen Landes bezeichnet. »Solange sie existiert, kann Deutschland keinen Krieg führen.« Seine erklärte Auffassung lautete aber, daß die Tschechoslowakei durch militärische Operationen nicht einzunehmen sei. Er schien sich der Tatsache nicht bewußt zu sein, daß ein moderner Staat auch mit anderen Mitteln empfindlich getroffen werden könne, daß das Heer nur eine Waffe in Hitlers Arsenal war.
Im Gegensatz zum Generalstab sahen Hitler und das OKW die künftigen Feldzüge nicht nur im Rahmen der zur Verfügung stehenden Geschütze und der Menge an Schießpulver. Zudem wußte Hitler im Unterschied zu seinen Generalen über manche Planung der gegnerischen Seite Bescheid. Die

zwischen Paris und seinen Auslandsmissionen gewechselten Telegramme wurden regelmäßig entschlüsselt, wie auch die Depeschen der italienischen und der ungarischen Botschaft in Berlin. Manche Entscheidung Hitlers, die zum damaligen Zeitpunkt durch ihre Unverständlichkeit die Militärs aufbrachte, läßt sich wohl auf die Leistungen der findigen Mitarbeiter in Görings Forschungsamt, in Ribbentrops Auswärtigem Amt (Abteilung Pers. Z) und im B-Dienst der Marine zurückführen.
Noch im selben Jahr – 1938 – besuchte Hitler zum ersten Male Rom. Denn Italien und Großbritannien kam hinsichtlich seines Planes, die Tschechoslowakei und den Osten zu erobern, eine Schlüsselrolle zu.

Die Bande zwischen Deutschland und Italien waren nun einmal geknüpft, und er hatte beschlossen, das umstrittene Südtirol endgültig abzuschreiben und Italien zu überlassen und erklärte, Deutschlands Grenzen mit Italien, Jugoslawien und Ungarn »stehen fest«. »Wir streben nach dem Norden«, sagte er. »Das Baltikum ist – nächst den Sudetendeutschen – unser Ziel. Der Korridor und eventuell die Randstaaten müssen uns interessieren. Über Nichtdeutsche wollen wir nicht herrschen, aber wenn schon, dann über die Randstaaten.«
Laut Weizsäckers Notizen teilte Hitler am 20. April, seinem Geburtstag, Neurath mit, er glaube, auf der Höhe seiner außenpolitischen Erfolge zu stehen. Man dürfe den Bogen nicht überspannen. Aber es müsse alles bereit sein, wenn einmal wieder der Augenblick käme, wo schnelles Handeln angebracht sei.
Der geeignete Zeitpunkt für die Lösung der tschechischen Frage hing von Mussolini ab, da Hitler nichts wagen wollte, solange er sich seiner Unterstützung nicht sicher war. Wenn ihm Mussolini beim bevorstehenden Staatsbesuch in Rom anvertraute, daß er eine Erweiterung seines afrikanischen Imperiums plane, konnte Hitler seinen Beistand in Afrika von der Hilfe Italiens hinsichtlich der Tschechoslowakei abhängig machen. Und dann werde er, wie er im April Schmundt gegenüber bemerkte, »mit der Tschechei in der Tasche aus Rom zurückkehren«.
Am 21. April beauftragte er Keitel mit der Ausarbeitung einer geeigneten OKW-Weisung. Die ideale Taktik wäre ein Überraschungsangriff auf die Tschechoslowakei. Wehrmacht und Luftwaffe müßten gleichzeitig zuschlagen, die Tschechen isolieren und demoralisieren, indes deutsche Panzerverbände rücksichtslos über Pilsen nach Prag vorstießen. In vier Tagen müsse die Hauptschlacht geschlagen sein. Doch die Weltmeinung würde das nicht hinnehmen, sofern es nicht zu antideutschen Ausschreitungen, beispielsweise der Ermordung des deutschen Gesandten in Prag, gekommen war.
Am nächsten Tag ließ Hitler den ungarischen Gesandten, Döme Sztójay, zu sich kommen und teilte ihm im Vertrauen mit, daß bei der bevorstehenden Aufteilung der Tschechoslowakei Ungarn das nach dem Weltkrieg

verlorene Territorium, einschließlich der »alten ungarischen Krönungsstadt Preßburg«, wiedergewinnen könne.

Die große Militärparade anläßlich seines 49. Geburtstags hatte Hitler daran gemahnt, daß die Jahre verstrichen. Ein Adjutant hörte ihn erstmals äußern, daß seine Entschlußfähigkeit nun bald abnehmen würde. Zudem könne ihn jederzeit die Kugel eines Attentäters treffen. Am 23. April 1938 unterzeichnete er deshalb einen Geheimerlaß, wonach Göring als sein Stellvertreter fungieren solle. Am 2. Mai verfaßte er sein privates Testament – ein seltener Beleg für den Privatmann Hitler, der seine persönlichen Angelegenheiten in Ordnung brachte, sich um seine Beisetzung kümmerte und die Aufteilung seiner Habe unter seinen Familienangehörigen und Bediensteten regelte.
An jenem Tag versammelte sich die gesamte Reichsregierung auf dem Anhalter Bahnhof in Berlin, um sich von ihm zu verabschieden. Bei seinem letzten Besuch in Italien, im Jahre 1934, hatten ihn die Italiener in einem stickigen Palazzo untergebracht, dessen Fenster sich nicht hatten öffnen lassen und in dem Myriaden von Mücken umhergeschwirrt waren. In seinem Schlafraum war er schließlich auf einen Stuhl gestiegen, um am Kronleuchter die glühend heißen Birnen auszudrehen. Doch diesmal, im Mai 1938, hatte der Duce einen prunkvollen Empfang vorbereitet.
Eine Woche lang hatte Hitler die Gelegenheit, die Atmosphäre in Rom zu beobachten und die Macht des Duce gegenüber den Vorrechten der Krone abzuwägen. Als sein Sonderzug am Nachmittag des 3. Mai die Vorstädte von Rom erreichte, versammelte er seine Mitarbeiter um sich und ermahnte sie, nicht in Gelächter auszubrechen, wenn sie auf dem Bahnsteig eine kleine Gestalt knien sähen, die vom Gewicht der goldglänzenden Epauletten zu Boden gezogen werde. Denn es handle sich um den König von Italien. Zudem knie er keineswegs, er zeige sich in voller Größe.
Phlegma hat man den Italienern noch nie nachgesagt. Selbst Ochsen hatte man mit Hakenkreuzen bemalt. In Rom standen Hunterttausende beiderseits der Route, die am Hauptbahnhof begann. Unter ihnen befand sich auch die junge Frau vom Berghof, deren Fahrt Hitler aus seiner Privatschatulle bezahlt hatte. Das Kolosseum und das Kapitol waren in weißes Licht getaucht, indes farbige Rauchwolken, von einem bengalischen Feuerwerk beleuchtet, darüber hinwegzogen, so daß die Ruinen vor den Augen dieses Nero der Neuzeit abermals zu brennen schienen. Sodann rollte die königliche Karosse schaukelnd durch die unlängst in die Stadtmauer geschlagene Bresche zum Quirinal, der zu Hitlers Verfügung stand. Mussolini folgte in einer schlichten Limousine.
Hitler konnte sich der Gesellschaft des kleinwüchsigen Königs nicht entziehen, da Viktor Emanuel III. offiziell sein Gastgeber war. Die königliche Kamarilla hätte ihn nicht mehr erzürnen können, wenn sie es tatsächlich darauf angelegt hätte, ihn, den Sohn eines Zollbeamten in Braunau, zu

demütigen. Ihm wurde das Tor zur königlichen Residenz aus Versehen vor der Nase zugesperrt. Im Quirinal machte Hitler erstmals Bekanntschaft mit der erstickenden Hofetikette. Der adlige Hofmarschall ging seinen Gästen die lange, aus niedrigen Stufen bestehende Treppe voran, wobei er bei jeder der mit weichem, rotem Samt überzogenen Stufen feierlich mit seinem goldbeknöpften Stab aufstampfte. Der nervöse Staatsgast aus dem Ausland kam aus dem Tritt, näherte sich dem prächtig gewandeten Edelmann, hielt jäh inne, was zu Verwirrung und Getrappel auf den Stufen hinter ihm führte, setzte sich dann wieder in Bewegung und ging so rasch, daß er beinahe neben dem Hofmarschall einherschritt. Dieser gab vor, ihn nicht zu bemerken, beschleunigte sein Tempo, bis schließlich die ganze Gruppe auf den letzten Stufen in einen würdelosen Charlie-Chaplin-Galopp verfiel.

Es kam noch zu weiteren Mißlichkeiten. Hitler hatte den Italienern ein Planetarium offerieren wollen. Ribbentrop wies jedoch darauf hin, daß Italien bereits zwei hätte, die nach dem Krieg als Reparationen von Deutschland geliefert worden waren. »Es scheint mir daher«, meinte Ribbentrop in einem Aktenvermerk, »daß das Geschenk eines Planetariums an Mussolini doch nicht angebracht wäre.«

Bei einer *Dopolavoro*-Veranstaltung – die den deutschen KdF-Aktivitäten entsprach – waren lediglich drei vergoldete Stühle für das Königspaar, Hitler und Mussolini bereitgestellt worden. Den beiden Diktatoren blieb nichts anderes übrig, als den dritten Stuhl unbenutzt zu lassen und vor den Augen von hunderttausend Italienern der Vorführung stehend beizuwohnen. Bei einem Konzert in der Villa Borghese nahm der Adel in der ersten Reihe Platz, indessen verdiente Generale wie Rodolfo Graziani, Italo Balbo und Pietro Badoglio in den hinteren Reihen Platz nehmen mußten. Das gleiche ereignete sich während einer Militärparade in Neapel. Hitler konnte sich die laute Bemerkung nicht verkneifen, daß es sich schließlich um Generale handle, die dem König das abessinische Kaiserreich errungen hätten.

Einmal soll Hitler, wie Wiedemann berichtete, Mussolini gegenüber unwirsch geäußert haben:

»Ich fahre heim! Ich mache nicht mehr mit! Ich wollte nicht den König besuchen, sondern Sie, mein Freund.«

Mit gemischten Gefühlen kehrte er am 10. Mai nach Berlin zurück. Was den militärischen Wert Italiens anlangte, so hatten sich seine schlimmsten Befürchtungen bestätigt. In den Augen der Deutschen waren die modernsten Waffen, die der Duce in Rom stolz paradieren ließ, bereits veraltet. Zudem hatte Hitler, wie er sagte, Mussolinis Unwissenheit in militärischen Dingen äußerst bestürzt. Mussolini sei seinen Generalen ausgeliefert, die jedoch dem König den Treueid geleistet hatten.

Politisch hatte Hitler weniger profitiert, als er gehofft hatte. Die Italiener hatten die Unterzeichnung eines Bündnisvertrags, den Ribbentrop mitgebracht hatte, ausgeschlagen. In Weizsäckers Notizen heißt es: »Mussolini applizierte uns eine Ohrfeige mit einem – improvisierten – Vertragsentwurf, der mehr einem Friedensschluß mit einem Gegner als einem Treuepakt mit einem Freunde glich.« Mussolini hatte im vertraulichen Gespräch doppeldeutig versichert, daß er »Gewehr bei Fuß« stehen werde, falls es zu einem Konflikt zwischen Deutschland und der Tschechoslowakei kommen sollte* Leider ist von Hitlers Ausführungen, die er an Bord des Schlachtschiffes *Conte Cavóur* Mussolini gegenüber machte, keine vollständige Aufzeichnung erhalten geblieben. Er deutete jedoch an, daß Deutschland aus wirtschaftlichen Erwägungen »den alten Germanenweg nach Osten beschreiten werde«.

Hitlers Rombesuch hatte in seinen Augen die Monarchie ein für allemal diskreditiert.

Vor seinen Vertrauten hatte Hitler in der Vergangenheit gelegentlich angedeutet, daß er sich eines Tages zurückziehen und die Regierungsgewalt einem Prinzen aus königlichem Hause überlassen wolle. Er selbst werde seinen Lebensabend als Pensionär in München, Regensburg oder Linz verbringen und Fräulein Johanna Wolf, der älteren seiner Sekretärinnen, den dritten Band seiner Memoiren diktieren. Mit dem inzwischen verstorbenen Reichspräsidenten von Hindenburg hatte er über die Restauration der Hohenzollern gesprochen. Dabei dachte er weniger an den Kronprinzen Friedrich Wilhelm, dessen Frau ihn einst gekränkt hatte, sondern eher an einen seiner Söhne.

Aber was Hitler nun in Rom beobachtet hatte, führte dazu, daß er derartige Vorstellungen für immer von sich wies. Nach seiner Rückkehr nach Berlin ließ er bezeichnenderweise Göring Kontakte zu den einstigen Spitzen der Sozialdemokratischen Partei – Carl Severing, Gustav Noske, Otto Braun und Paul Löbe – aufnehmen und deren Pensionen *erhöhen* – als Anerkennung dafür, daß sie zur Abschaffung der Monarchie beigetragen hatten. Dennoch übermittelte er am 6. Mai Kronprinz Friedrich Wilhelm die üblichen Glückwünsche zum Geburtstag. In seinem Antwortschreiben äußerte sich der Kronprinz anerkennend über Hitlers Beitrag zur Erhaltung des Friedens in Europa. Hitler machte Wiedemann gegenüber die unwirsche Bemerkung: »Ich bin nicht für den europäischen Frieden da. Ich bin da, um Deutschland groß zu machen. Wenn's auf friedlichem Wege geht, gut, sonst muß es eben anders gehen.«

Inzwischen hatte er beschlossen, hinsichtlich der Tschechoslowakei nicht länger zu warten. Weizsäcker notierte am 13. Mai: »Er denkt an eine Lösung der sudetendeutschen Frage noch in diesem Jahr, da die Konstella-

---

* Keitels Adjutant notierte sich aus Hitlers Geheimrede vor seinen Generalen am 15. August 1938: »Wie steht Italien? – Ich habe Zusicherungen (Italienbesuch). Es wird keiner angreifen!«

tion sich verschlechtern könnte.« Eine ausgeklügelte Propagandakampagne wurde entworfen, die mit einem beabsichtigten Stillschweigen über die Auseinandersetzung begann. Goebbels instruierte die NS-Schriftleiter am gleichen Tage: »Es wurde nochmals daran erinnert, daß über kleinere Zwischenfälle in der Tschechoslowakei nicht berichtet werden dürfe.« Die Schlacht mußte *psychologisch* gewonnen werden.
Hitler hatte mittlerweile seine Aufmerksamkeit den angeblich uneinnehmbaren tschechischen Grenzbefestigungen zugewandt. Das OKW wies darauf hin, daß die Panzerwerke überaus beachtlich seien – in Abständen von hundert Metern große Geschützbunker, die gegen »alle bekannten Kaliber« schußsicher seien. Hitler entschied, daß der Angriff gegen die Festungsanlagen von innen her stattfinden müsse – dafür sollten besondere Sturmeinheiten ausgebildet werden. Dem Durchbruch sollte ein rascher Vorstoß gepanzerter Verbände in die Tschechoslowakei folgen, indessen Bomber der Luftwaffe zur selben Zeit Prag angriffen.
Die strategische Ausgangslage wurde ihm mittlerweile immer klarer.
England bereitete Hitler nun die größte Sorge. Seine Agenten in Wien hatten Dokumente erbeutet, die aufdeckten, in welchem Ausmaß der dortige englische Gesandte Schuschnigg gegen Berlin aufgehetzt hatte. Englands Bindung an Frankreich und die Vereinigten Staaten wurde immer enger: Diplomatische Quellen unterrichteten Hitler von den anglo-französischen Stabsbesprechungen; eine englische Militärmission hielt sich bereits in Nordamerika auf, um Verträge über die Lieferung von Kriegsmaterial abzuschließen. Nach einer Konferenz mit Marinevertretern am 4. Mai schrieb Oberst Hans Jeschonnek, stellvertretender Chef der Operationsabteilung der Luftwaffe: »Die allgemeine politische Lage hat sich seit kurzem radikal gewandelt; England stellt sich immer mehr als Deutschlands Hauptgegner heraus.« Im Januar hatte Hitler in aller Deutlichkeit Raeder bereits erklärt, daß Deutschland eine größere Schlachtflotte benötige. Am 2. Mai 1938 teilte Raeder den Direktoren der Germania-Werft mit: »Der Führer... habe auch den Eindruck, daß der Aufbau der Kriegsmarine nicht schnell genug vor sich gehe. Er vergleiche den Aufbau der Kriegsmarine mit dem Vorwärtsstreben der Luftwaffe, der Energie, mit der Generalfeldmarschall Göring eingreife und alle Fabriken vorwärtstreibe.« Den Werften mangelte es jedoch an Facharbeitern wie Schweißern und an Material. Raeder wies verbittert auf die bedenkenlose Zunahme öffentlicher Bauvorhaben hin – der U-Bahnbau in München, der Umbau Berlins, Nürnbergs, Hamburgs und weitere Projekte –, die alle der Wiederaufrüstung entgegenwirkten. Er fand jedoch mit seinen Protesten bei Hitler kein Gehör.
Hitlers Bauvorhaben verraten manches über seine wahren Ambitionen. Der großzügige Einsatz öffentlicher Mittel riß die deutsche Architektur aus der Erstarrung, wie sie vor 1933 geherrscht hatte. Oft genug diktierte Hitler den neuen Stil selbst. Mit wahrer Leidenschaft fertigte er Skizzen von breiten Prachtstraßen und Gebäuden an. So schilderte Heß am 15. Januar

1938 das tägliche Leben seines Chefs: ». . . Gegen halb acht ist gemeinsames Abendessen. Die Zeit bis dahin füllt der Führer vielfach aus durch Beschäftigung mit den Planungen für den Ausbau Berlins, Münchens, Hamburgs, Nürnbergs. Auf einem großen Tisch in seiner riesigen Wohnhalle liegen die Pläne, von besonderen Lampen beleuchtet. Mit Reißzeug und Lineal bringt er dann da und dort noch Korrekturen an, wenn die Entwürfe vorliegen, die nach seinen Angaben entstanden sind. Viele der Bauten entwirft er ganz selbst und läßt sie dann nur ins reine zeichnen. An Großzügigkeit fehlt es von vornherein nicht. So wird die neue Querstraße durch Berlin, an der die neuen Ministerien ihren Platz finden, 150 Meter breit werden. In der Mitte der Fahrdamm für den Durchgangsverkehr durch Berlin mit nur wenigen Abzweigungen; rechts und links die Fahrbahnen für den Ortsverkehr, am einen Ende der gewaltige Zentralbahnhof, von dort geht es schräg ab zum neuen Flughafen, der jetzt schon bald fertig ist und die größte Anlage der Welt darstellt. Über die übrigen Bauten, die in Berlin vorgesehen sind, darf nicht gesprochen werden, bis alles festliegt. Jedenfalls bekommen wir dann eine wirklich repräsentative Reichshauptstadt. Dem armen Finanzminister stehen zwar die Haare zu Berge . . .
Sicher ist, daß nach Jahrhunderten noch die Welt auf manche dieser Bauten blicken wird, immer im Zusammenhang mit ihrem Schöpfer Adolf Hitler, dem Begründer des Nationalsozialismus, der bis dahin vielleicht längst zur selbstverständlichen Grundlage der Völker eines großen Teiles der Welt geworden sein wird.«
Heß schrieb begeistert weiter von den neuen Hauptbahnhöfen, die in München und Köln entstehen sollten, und von der Hängebrücke über die Elbe bei Hamburg. Zu Speer, mit dem Bau der neuen Reichskanzlei beauftragt, meinte Hitler, sie werde sich als äußerst nützlich erweisen, wenn es darum ging, Vertreter der »kleinen Nationen« zu empfangen und zu beeindrucken. Eines Abends im Oktober 1941 erklärte er im privaten Kreis:
»Wer die Reichskanzlei betritt, muß das Gefühl haben, vor den Herrn der Welt zu treten, und schon der Weg dahin durch den Triumphbogen auf den breiten Straßen an der Soldatenhalle vorbei zum Platz des Volkes soll ihm den Atem nehmen. . . . Wir nehmen als Baustein Granit. . . . Diese Bauten werden . . . unverändert noch in zehntausend Jahren stehen. . . . Berlin wird einmal die Hauptstadt sein der Welt.«
Mit Speer erläuterte er den geplanten Bau eines riesigen Stadions in Nürnberg, das über 350 000 Zuschauer fassen sollte. »In der Zukunft werden sämtliche Olympischen Spiele dort abgehalten werden.«

Am 17. Mai 1938 flog Hitler in Begleitung von Schmundt nach München, wo sie bereits Martin Bormann mit einer Automobilkolonne erwartete. Im würdevollen Tempo fuhr der Konvoi Richtung Berchtesgaden – Hitlers offener, 140 PS starker Mercedeskompressor an der Spitze, dahinter seine Eskorte und dann die Wagen mit dem Gepäck. Von Zeit zu Zeit warf Hitler einen Blick auf den Tachometer, um nachzuprüfen, ob das Tempolimit von siebzig Stundenkilometern auch eingehalten wurde.

Hitlers Wirtschafterin und seine Bediensteten hatten sich zur Begrüßung auf der Berghof-Terrasse versammelt. Ordonnanzen eilten herbei und öffneten die Wagentüren. In einiger Entfernung hörte Hitler das Bellen der Scotchterrier, er nahm den vertrauten Geruch von Holz und Bohnerwachs wahr und begeisterte sich in der »Großen Halle« am Anblick der Welt, die zu seinen Füßen lag.

Bei Spaziergängen auf den Pfaden am Obersalzberg sprach Hitler in Gegenwart von vertrauenswürdigen Adjutanten über die Gedanken, die ihn beschäftigten. Zwar war Fritsch nicht mehr im Amt, aber da war noch Generalstabschef Beck, und Beck war ein Offizier, »dem der Drehschemel höher stehe als der Schützengraben«, wie Hitler höhnte. Und dann war da noch Gerd von Rundstedt, der dienstälteste General des Heeres; dieser hatte Hitler unlängst gekränkt, als er ihm unverblümt riet, sich mit dem »negroiden Arschloch« Mussolini nicht einzulassen. Mittlerweile hatte sich Hitler jedoch in Österreich mit Franz Halder, Becks Stellvertreter, vertraut gemacht, von dem er bereits während der großen September-Manöver einen ausgezeichneten Eindruck gewonnen hatte. Er beschloß, Beck in Kürze (oder: bald) durch Halder zu ersetzen.

In Berlin hatte Hitler das OKW beauftragt, eine vorläufige Weisung für den Fall »Grün« auszuarbeiten. Am 21. Mai gelangte das Dokument zum Berghof. Sie begann mit dem Grundgedanken Hitlers:

»Es liegt nicht in meiner Absicht, die Tschechoslowakei ohne Herausforderung schon in nächster Zeit durch eine militärische Aktion zu zerschlagen, es sei denn, daß... die politischen Ereignisse in Europa eine besonders günstige und vielleicht nie wiederkehrende Gelegenheit dazu schaffen.«

Diese Ansichten änderte er auf Grund einer Nachricht, die ihn am selben Tag erreichte. Zwei tschechische Gendarmen hatten zwei sudetendeutsche Bauern in der Nähe von Eger erschossen. Zudem mobilisierte die tschechische Regierung an die 200 000 Mann unter dem – durch nichts begründeten – Vorwand, daß Deutschland gegen die tschechische Grenze hin bereits Truppen zusammenziehe. Noch am selben Abend beorderte Hitler Keitel und Außenminister Ribbentrop zu einer Besprechung nach München. Sechs Monate danach äußerte Hitler in einer Geheimrede:

»Nach dem 21. Mai war es ganz klar, daß dieses Problem gelöst werden müsse, *so oder so*. Jedes weitere Aufschieben konnte nur die Frage erschweren, und die Lösung damit blutiger gestalten.«

Ribbentrop traf düsterer Stimmung in München ein. Brauchitsch hatte ihm vor seinem Abflug aus Berlin warnend mitgeteilt, daß die Wehrmacht für einen Angriff auf die Tschechoslowakei derzeit nicht gerüstet sei. Chefadjutant Schmundt schickte Keitel, nachdem dieser nach Berlin zurückgeflogen war, eine Liste mit Fragen zu, die Hitler beantwortet haben wollte: Ließen

sich genügend Verbände mobilisieren, ohne den Argwohn der Westmächte zu erregen? Wie stark müsse ein deutscher Panzerverband sein, um den Einmarsch auf sich allein gestellt durchzuführen? Konnte die Verteidigung der Westgrenze durch OT-Baukompanien verstärkt werden?
Die Antwort des OKW, telegrafisch zum Berghof durchgegeben, dämpfte jegliches Denken an eine sofortige Aktion, sofern es sich nicht um einen Notfall handelte. Vor allem könnten die neuen schweren Infanteriegeschütze – Minenwerfer vom Kaliber 15 – nicht vor dem Herbst eingesetzt werden, da keine scharfe Munition vorhanden war. Für die Bekämpfung der feindlichen Befestigungen standen dem Heer nur 23 Mörser vom Kaliber 21 zur Verfügung, von denen überdies acht in Ostpreußen stationiert waren.
Die ganze Woche rang Hitler um eine Entscheidung: Sollte der Angriff jetzt oder später stattfinden? Die antideutsche Kampagne der Auslandspresse kränkte seinen Stolz. Lord Halifax, nunmehr britischer Außenminister, war so taktlos, ihn in einem Brief zu bitten, die Lage nicht noch zu verschlimmern – so, als habe Hitler mobilisiert.
Die Tschechen und selbst die Briten behaupteten danach, daß die von Benesch angeordnete Mobilmachung Hitler zum Einlenken gezwungen habe. Am Mittwoch – dem 25. Mai – stand sein Entschluß fest. Seinen Mitarbeitern war seine psychische Belastung nicht entgangen. Stundenlang hatten sie ihn nachts in seinem abgeschlossenen Zimmer auf und ab gehen hören. Am Freitag empfing er Generaladmiral Raeder in Berlin zu einer Besprechung, von der noch die Rede sein wird. Am Samstag, dem 28. Mai, berief er Minister und Generalität, darunter auch Halder, zu einer Konferenz im größeren Kreis.
Beck erschien ebenfalls, wie auch Göring, der besorgt Wiedemann zuflüsterte:

»Glaubt der Führer wirklich, daß die Franzosen nichts machen, wenn wir über die Tschechen herfallen? Liest er denn die Nachrichten des Forschungsamtes nicht?«

Gleichfalls anwesend waren noch Brauchitsch und Neurath. Da Ribbentrop unabkömmlich war, erschien sein Verbindungsoffizier Walther Hewel zusammen mit Freiherr von Weizsäcker. Hitler hielt an jenem Nachmittag eine dreistündige Rede. Er betonte, daß er allein die Verantwortung trage – »Weitgehende Entschlüsse können nur allein gefaßt werden«, wie es in Becks Aufzeichnung dieser Rede heißt – und verkündete seine Entscheidung, laut Wiedemanns Gedächtnisprotokoll, folgendermaßen: »Es ist mein unerschütterlicher Wille, daß die Tschechoslowakei von der Landkarte verschwindet.« Sodann erläuterte er, warum er nicht unverzüglich auf die provozierende Mobilmachung Prags reagiert habe: Erstens sei die Wehrmacht derzeit nicht so weit gerüstet, daß sie die tschechischen Befestigungen einnehmen könne, und zweitens sei Deutschlands Deckung im Westen gegenwärtig zu unzureichend, um Frankreich abzuschrecken.

Da England mit dem Abschluß seiner Aufrüstung um drei Jahre zurückhinke und die französische Armee gleichermaßen unvorbereitet sei, müsse dieser glückliche Augenblick jetzt genützt werden. »Der Zeitpunkt der Schwäche ist in zwei bis drei Jahren verpaßt.«
Allerdings hatte Hitler nicht genau angegeben, wann Fall »Grün« eintreten werde. Er scheint jedoch angedeutet zu haben, daß es nicht vor Ende September 1938 dazu kommen werde, möglicherweise nicht einmal vor dem März 1939, da Neurath beim Verlassen der Reichskanzlei zu Wiedemann sagte: »Nun haben wir also mindestens ein Jahr Zeit. Da kann viel passieren.«
Noch auf dem Berghof hatte Hitler den Bau eines mächtigen Westwalls beschlossen – zwei parallele Verteidigungszonen, von denen die grenznahe vom Heer errichtet und bemannt werden würde, die rückwärtige von der Luftwaffe. Am 27. Mai hatte er dem Heer neue Richtdaten übermittelt: Die Arbeit an den bereits vorhandenen 1360 Schartenständen aus Beton sollte beschleunigt und zudem sollten noch 1800 Schartenstände und 10000 Bunker bis zum 1. Oktober 1938 gebaut werden.
Noch am 28. Mai setzte Göring eine Besprechung mit den Spitzen der Luftwaffengeneralität für den folgenden Tag an. Am 30. Mai und am 1. Juni war Todt Gast an Hitlers Mittagstafel. Hitler fragte ihn, ob er den Bau des Westwalles übernehmen wolle. Todt bejahte. Bereits am 1. Juni konnte das Luftfahrtministerium umfasssende Anweisungen für die Errichtung einer »Luftverteidigungszone West« ausgeben. Der Generalstab des Heeres hingegen fügte sich nur widerwillig Hitlers Anordnungen. Beck war sich mit Brauchitsch darin einig, daß Hitlers Maßnahmen »zunächst einmal« in Gang zu setzen seien. (Hitler machte Göring gegenüber die zynische Bemerkung: »Die Tschechei werden die alten Generale ja noch machen, dann haben wir noch vier bis fünf Jahre Zeit.«)
Die Marine war ein Fall für sich. Vom Berghof aus hatte Hitlers Marineadjutant Karl-Jesco von Puttkamer, der Zigarren rauchende, ehemalige Kommandant eines Zerstörers, Generaladmiral Raeder telegrafiert, daß er sich am 27. Mai 1938 für eine Besprechung mit dem Führer in Berlin bereithalten solle und daß Hitler auf eine Beschleunigung des Schiffbauprogramms drängen werde, da »der Führer damit rechnen muß, daß Frankreich und England auf der Gegenseite stehen«. Am 27. teilte Hitler Raeder in Berlin mit, daß der Bau der neuen Schlachtsschiffe *Bismarck* und *Tirpitz* bis Anfang 1940 abgeschlossen sein müsse. Ferner forderte er die Kapazitätserweiterung der Marinewerften und das schnellstmögliche Erreichen des gesamten Prozentsatzes an Unterseebooten – wie er nach dem 1935 geschlossenen englisch-deutschen Abkommen vereinbart worden war.
Hitler muß Raeder offenbar den Eindruck vermittelt haben, daß der Krieg mit den Westmächten nicht vor 1944 oder 1945 beginnen würde. Denn das war der Richtfall, den sodann der von Raeder beauftragte Operationsoffizier in der Seekriegsleitung seiner Analyse der strategischen Probleme

zugrunde legte. Auf dieser Grundlage entwarf die Seekriegsleitung das neue Schiffsbauprogramm, den sogenannten Z-Plan.

Hitler muß Raeder ferner dargelegt haben, daß in einem Krieg mit den Westmächten das vorrangige strategische Ziel die Erweiterung der Küstenbasis durch die Besetzung des neutralen Belgien und Holland sein müsse.

Hitler sprach nämlich darüber in der Geheimkonferenz mit seinen Ministern und Generalen, die am darauffolgenden Tag, am 28. Mai 1938, stattfand.

Hitler richtete nun seine Politik auf die rasche Vernichtung der Tschechoslowakei aus. Frankreich benötigte zur Mobilmachung mindestens vier Tage. Schmundt gegenüber erläuterte er, wie er sich den Feldzug vorstellte. Am Tag X würde seine 5. Kolonne die tschechischen »Nervenzentren« lahmlegen, indes die Befestigungen durch »Trojanische Pferde« besetzt oder von der Luftwaffe bombardiert werden sollten. Am 2. Tag würden getarnte Sicherheitsgruppen, voraussichtlich in tschechischen Uniformen, wichtige Brücken und Punkte zwischen den Befestigungen und der deutschen Grenze sichern. Über diese Brücken würden am 3. Tag motorisierte Heereseinheiten zum Entsatz der Truppe, die sich zwischen den Befestigungsanlagen eingegraben hatte, rollen. Am 4. Tag sollten ihnen die an der Grenze bereitstehenden Divisionen folgen, während ein motorisierter Verband und die 2. Panzerdivision ins Zentrum der Tschechoslowakei vorstoßen würden. Die endgültige OKW-Weisung, die Hitler am 30. Mai unterzeichnete, enthielt noch keinen Angriffstermin. Der Anfang lautete nunmehr: »Es ist mein unabänderlicher Entschluß, die Tschechoslowakei durch eine militärische Aktion zu zerschlagen.«

Während die Tschechoslowakei im Sommer 1938 unter immer stärkeren Druck seitens Deutschlands geriet, weilte Hitler auf dem Berghof und führte dort – umgeben von Freunden und deren Frauen – das müßiggängerische Leben eines Landjunkers. Er stand zumeist gegen zehn Uhr auf, las die Zeitung, machte Spaziergänge, sah sich einen Film an und zog sich zwischen 22 Uhr und Mitternacht zurück. Einmal blieb er nachts bis Viertel nach drei wach, um den Ausgang des in den USA stattfindenden Boxkampfes zwischen Max Schmeling und dem Farbigen Joe Louis zu erfahren. Nach der Niederlage seines Favoriten erhielt er noch Tage danach von seinen schmunzelnden Adjutanten die pflichtgemäß übersetzten Telegramme, die US-Bürger dem Führer zugesandt hatten. »Herrn Adolph Hitler, Berlin, Germany« hatte einer aus Colorado gekabelt. »Wie fühlen Sie sich nach der gestrigen Niederlage des besten Nazi-Boxers, der von einem Afroamerikaner geschlagen wurde?« In einem weiteren hieß es: »Unser Mitgefühl ob der peinlichen Leistung, die Herr Max heute abend zeigte. Auch Sie würden sich nicht länger halten, wenn wir uns mit Deutschland anlegten.«

Hitlers militärische Berater nahmen routinemäßig ihren Sommerurlaub. Jodl und Schmundt blieben fünf Wochen bis Ende Juli fort; danach ging Keitel bis Mitte August. Ende Juni 1938 traf ein neuer Marineadjutant ein,

Fregattenkapitän Alwin-Broder Albrecht, ein eigensinniger Friese. Puttkamer wurde zu einer Zerstörereinheit abkommandiert. Der elegante Luftwaffenadjutant Nicolaus von Below war noch da, ebenfalls der neue Heeresadjutant, der ungestüme, temperamentvolle Gerhard Engel. Himmler hatte Hitler den jungen, gutaussehenden SS-Obersturmführer Max Wünsche als Adjutanten zugeteilt.

Wünsches Tagebucheintragungen vermitteln einen lebendigen Eindruck vom Leben und Tun des Diktators, aber auch vom nahezu völligen Fernbleiben von Gauleitern und sonstigen Parteigrößen. Nachdem der neue SA-Stabschef Lutze sich einmal Einlaß zum Berghof verschaffte, gab Hitler den Wachtposten den Befehl, jedermann den Zutritt zu verweigern, sofern nicht eine Anmeldung vorlag. Der Berghof war sein privater Wohnsitz. In den darauffolgenden Krisenzeiten gaben Bormann oder Lammers mehrmals Rundschreiben entsprechenden Inhalts heraus. Auf dem Berghof konnte Hitler ungestört den Umgang mit seinem Hoffotografen Heinrich Hoffmann oder den verschiedenen Damen pflegen, die zeitweilig in seiner Gunst standen. Aus dem Tagebuch Wünsches geht hervor, daß der junge Albert Speer ein häufiger Besucher war und beflissen die Geburt einer Tochter telefonisch bekanntgab. Einmal beauftragte Hitler Bormann mit dem Kauf eines Privatwagens, da er »incognito« eine Reise unternehmen wollte.

Seine Verachtung der Rechtsanwälte war allgemein bekannt. 1935 erfuhr er, daß das Reichsgericht das Testament einer alten Dame für nichtig erklärt habe, da sie es auf einem Bogen mit aufgedruckter Adresse abgefaßt hatte. Hitler ließ Justizminister Franz Gürtner kommen und entwarf ein Sondergesetz, das diese absurde Vorschrift aufhob. Als er im Mai 1938 sein Testament abfaßte, schrieb er dennoch alle Angaben mit der Hand – was nach dem Krieg die Anwälte nicht davon abhielt, es auf Grund von Regierungsanordnungen für ungültig zu erklären. In einigen Fällen richtete sich Hitlers Haß selbst gegen Polizeibeamte und Richter. Nachdem er die Gerichtsakten über einen gewissen Töpken gelesen hatte, der im August 1942 eine Frau von Ledebur ermordet hatte, gab er eine Anweisung, die Lammers wie folgt weitergab:

»Es werde gewiß in vielen Fällen notwendig sein, festzustellen, ob zwischen zwei Personen Geschlechtsverkehr bestanden habe oder nicht. Wenn dies bekannt sei, dann sei es aber völlig überflüssig, nun nach weiteren Einzelheiten über Art und Umstände dieses Geschlechtsverkehrs zu forschen. Gerade Frauen gegenüber sollten derartige Fragen unterbleiben. Wenn bisher immer wieder von den vernehmenden Polizeibeamten oder Richtern nach Einzelheiten über Art und Umstände des Geschlechtsverkehrs geforscht würde, dann habe der Führer den sehr starken Eindruck, daß dies aus denselben Gründen geschehe wie die gleichen Ausfragereien im Beichtstuhl.«

Aus Wünsches Tagebuch geht hervor, welche Angelegenheiten Hitler im Sommer 1938 beschäftigten. Am 17. Juni heißt es: »Führer befiehlt, daß

Sockel der Straußbüste verändert wird.« Am 7. Juli: »Der Führer wünscht, daß die Löcher für die Fahnenmasten, die immer wieder gebraucht werden, dauerhaft gemacht werden.« Fünf Tage danach heißt es: »Während der Fahrt zum Berghof wird dem Führer ein Brief überreicht. In diesem beklagt sich ein Mann, daß er auf eine vor zwei Jahren erfolgte Eingabe noch keine Nachricht habe (Kanzlei Bouhler). Der Führer ist sehr ungehalten und befiehlt, daß alle Sachen, die an ihn gerichtet sind, unbedingt zu bearbeiten sind, und das mit Nachdruck.« Am 14. Juli heißt es, Hitler »zieht in Erwägung, ob es nicht möglich wäre, sämtliche Zigaretten nikotinfrei herzustellen«. Einige Tage darauf ordnet er an, »daß auf dem Berghof nicht mehr geraucht werden darf«.
Hitler kümmerte sich selbst um die Verkehrssicherheit. »16 Uhr 45, der Führer entzieht dem Fahrer von SS-Obergruppenführer Weitzel den Führerschein für ein halbes Jahr und befiehlt dem Reichsführer strengstes Vorgehen gegen Verkehrssünder.« Es kam auch zu kleinen, nicht publik gewordenen Akten der Menschlichkeit. »Der Führer übernimmt die Patenschaft für Drillinge der Frau Feil, Kirchanschöring. Kinderwagen wurde in München bestellt und der Mutter 300,– RM. überwiesen. Arztkosten werden übernommen.« Am 21. Juli notierte Wünsche: »Mittagessen in der Osteria. Der Führer ordnet an, daß der Frau, die ihm auf der Fahrt vom Berg den Brief überreicht hat, geholfen wird. Standartenführer Rattenhuber erhält 300,– RM. zu diesem Zweck.«
Das war der volkstümliche Diktator, der Freund der Künste, der Wohltäter der Armen, der Beschützer der Unschuldigen, der Gerichtsherr über die Schuldigen.
In einer der ersten Kabinettssitzungen – der vom 8. Juni 1933 – hatte er sich gegen die Todesstrafe bei Wirtschaftssabotage ausgesprochen: »Ich bin gegen die Einsetzung der Todesstrafe, weil diese nicht mehr reparabel ist. Die Todesstrafe muß reserviert werden für Verbrechen schwerster Art, insbesondere für solche politischer Natur.« Juni 1938 waren seine einstigen Bedenken wegen der Todesstrafe geschwunden: »Der Führer unterzeichnet das Gesetz der Todesstrafe für Straßenraub.« Und genau eine Woche später: »Der Führer unterzeichnet das Todesurteil gegen den Straßenräuber Götze.« Er greift auch in die Rechtsprechung ein: »Der Führer befiehlt, daß der Frauenmörder Salzberger auf dem schnellsten Wege abgeurteilt wird. Justizminister Gürtner verständigt.«
Wer von Hitlers Mitarbeitern heiraten wollte, mußte zuvor seine Erlaubnis einholen. Er interessierte sich für die zukünftigen Ehefrauen, ließ sich Fotografien zeigen und spöttelte mitunter, wenn ihm eine geplante eheliche Verbindung allzusehr aus dem Rahmen zu fallen schien. Als im August 1936 Hitlers Fahrer Kempka eine gewisse Rosel Bubestinger heiraten wollte, bemühte sich Schaub anfangs schriftlich um eine rasche Genehmigung. Sobald sich dann herausstellte, daß ihr Ahnennachweis bedenklich war, teilte Schaub dem SS Rasse- und Siedlungshauptamt telefonisch mit, daß

man sich mit der Freigabe nicht zu beeilen brauche; sie solle »im Gegenteil auf die lange Bank geschoben werden, so daß dadurch die Eheschließung verhindert wird. Es sei dies ausdrückliche Anordnung einer höheren Person.«

Hitler selbst lehnte eine Eheschließung ab. Er hatte zwar verkündet, daß es die Pflicht jedes deutschen Ehepaares sei, vier Kinder in die Welt zu setzen, er selbst aber müßte Rücksicht auf die weibliche Wählerschaft nehmen. Er sei mit Deutschland verheiratet, pflegte er zu sagen.

In den 20er Jahren hatte er bedenkenlos Frauenbekanntschaften gesucht. Fahrer Emil Maurice erzählte Hitlers Sekretärinnen, daß er, wenn er den Chef nach Berlin gefahren hatte, für ihn dort Mädchen zur abendlichen Unterhaltung »organisiert« habe. Die erste Frau, die ihn längere Zeit in Bann hielt, war seine Stiefnichte Geli Raubal, die Tochter seiner Halbschwester Angela. Gelis tragischer Tod in ihrem abgeschlossenen Zimmer in seiner Münchner Wohnung wurde zum Wendepunkt in seiner Karriere. Von diesem Augenblick an ordnete er sein Leben den künftigen Zielen unter.

Leibarzt Karl Brandt schrieb in einem Bericht, welch moralischer Halt und welche Stütze dieses junge Mädchen für Hitler in den Kampfjahren gewesen war. »Ich entsinne mich der Rührung, mit der Hitler von ihr in früheren Jahren sprach; es ähnelt der Verehrung einer Madonna.« Geli besaß die heitere Entschlossenheit, die Hitler an Frauen liebte, und sie war eifersüchtig auf mögliche Rivalinnen. 1930 überredete sie ihn, mit ihr das Münchner Oktoberfest zu besuchen. Während Hitler dem Brathendl und dem Bier zusprach, sah sie Heinrich Hoffmann mit einer hübschen Blondine kommen, die er sodann den Anwesenden schmunzelnd als seine »Nichte« vorstellte. Geli, die darin eine Anspielung auf sich argwöhnte, sträubte sich, in die gleiche Kategorie eingeordnet zu werden.

Geli sah dann dieses Mädchen auf einer Fotografie im Schaufenster von Hoffmanns Fotostudio in der Amalienstraße, wo die Schaubs im Mai 1931 ihre Hochzeitsfotos machen ließen. Es handelte sich um Eva Braun, die damals einundzwanzig und eine von Hoffmanns hübschen Laborantinnen war. In den darauffolgenden Monaten steckte Eva dem arglosen Hitler bisweilen Billets-doux in die Taschen. Einmal war es Geli, die solch eine Mitteilung zuerst entdeckte. Im September 1931 endete die Beziehung zwischen Hitler und Geli mit Gelis Selbstmord. Sie hatte sich mit Hitlers Walther-Pistole vom Kaliber 6,35 mm durchs Herz geschossen.

Der emotionale Schaden, den Hitler dadurch erlitt, ließ sich nie mehr wiedergutmachen. Auf Hitlers Anweisung wurde Gelis Zimmer verschlossen. Es blieb, wie es war – mit ihrem Faschingskostüm, ihren Büchern, den weißen Möbeln und ihren Sachen, die verstreut herumlagen, wie es am Tage ihres Todes der Fall gewesen war. In seinem Testament vom Mai 1938 verfügte Hitler: »Die Einrichtung des Zimmers in meiner Münchner Wohnung, in dem einst meine Nichte Geli Raubal wohnte, ist meiner Schwester

Angela zu übergeben« – Gelis Mutter. Etliche Tage nach Gelis Tod fand Hitler eine Mitteilung Eva Brauns in seiner Tasche, in der sie ihm ihr Mitgefühl ausdrückte.

Im Charakter unterschied sie sich von Geli. »Je größer der Mann, desto unbedeutender sollte seine Frau sein«, hatte Hitler 1934 geäußert. Eva Braun kam in ihrer Schlichtheit dieser Forderung entgegen. Die einstige Klosterschülerin wurde sich mit zunehmendem Alter ihres Charmes immer sicherer. Mit den Jahren wurde sie zur Herrin des Berghofes und erwarb sich den Respekt der verheirateten Frauen, die das Privileg hatten, ihr zu begegnen.

Es begann damit, daß er das fraulich wirkende, sportliche Mädchen zum Tee in seine Münchner Wohnung einlud. Sie wandte alle erdenklichen Kniffe an, um ihn für sich zu gewinnen. Im Mai 1935 trug sie angebliche Selbstmordgedanken in ihr Tagebuch ein und ließ es in ihrer Münchner Wohnung so herumliegen, daß er es finden mußte. Sie war erbost darüber, daß Baroneß Sigrid Laffert, eine Dame von auffallender Schönheit, öfter auf dem Berghof weilte. Vermutlich auf einen Rat hin schluckte Eva Braun Schlaftabletten, keineswegs eine Überdosis, und wurde »eilends ins Krankenhaus« geschafft. Hitler, verstört darüber, daß ihm die Verwicklung in einen zweiten Selbstmordskandal drohte, kehrte unverzüglich nach München zurück. Man zeigte ihm das »Tagebuch«. Vor ihrer Entlassung ließ sich die schlaue Eva bläßlich schminken und begegnete so Hitler, indes ihre Freundinnen vor unverhohlenem Vergnügen ein Stockwerk höher laut kicherten.

1936 nahm sie an dem Parteitag in Nürnberg teil. Im Hotel Kaiserhof traf sie auf Angela Raubal. Empört versuchte Gelis trauernde Mutter, einige der anwesenden Damen – darunter auch Henny Hoffmann – gegen sie aufzuwiegeln. Der Streit endete erst, als Hitler seiner Halbschwester aufgebracht mitteilte, daß sie dem Berghof fernbleiben solle, wo sie ihm bisher das Haus geführt hatte. Eva Braun bezog sodann eine Wohnung auf dem Berghof. Das Haus wurde nun zu ihrem goldenen Käfig. Doch das machte ihr nichts aus. Wenn offizielle Gäste eintrafen, zog sie sich taktvollerweise in die Mansarde zurück und versenkte sich in alte Filmillustrierte. Sie wußte, daß Hitler sie niemals in der Öffentlichkeit als seine Frau präsentieren würde. Schaub vermutete, daß Hitlers Zuneigung zu Eva Braun nicht tief genug war. Im Verlauf der Jahre schickten sie einander Hunderte von handgeschriebenen Briefen. (Sie füllten eine ganze Wehrmachts-Tropenkiste, die im August 1945 vom CIC geplündert wurde.*)

Hitler blieb Eva Braun treu. Allerdings schien in den letzten zehn Jahren

---

* So gab die Presseagentur Dana am 22. November 1945 bekannt: »Ein zerrissener feldgrauer Rock und eine zerfetzte schwarze Hose, der Anzug, den Hitler im Augenblick des Attentats vom 20. Juli 1944 getragen hat, befanden sich unter Eva Brauns Privatsachen. Mehrere Kassetten, Fotoalben, Auszüge aus Briefen, die sie Hitler schrieb, sind

seines Lebens seine Libido sich verringert zu haben. Aus den Akten seines Leibarztes geht hervor, daß bei einer Blutuntersuchung nur – wie bei einem überbeschäftigten Manager oder einem seit langer Zeit einsitzenden Häftling – die Hälfte der sonst üblichen Menge an männlichen Sexualhormonen festgestellt wurde.
Was läßt sich noch über Eva Braun und Adolf Hitler privat sagen? Seine Mitarbeiter wußten um sie, behielten aber das Geheimnis für sich. Emmy Göring wurde ihr nie vorgestellt. Seine Mitarbeiter bezeichneten sie als »E. B.«, redeten sie als »gnädiges Fräulein« an und küßten ihr die Hand. Hitler nannte sie »Patscherl«, sie hieß ihn – wie alle seine Mitarbeiter – den »Chef«. Beider Leben war offenbar überaus intensiv aufeinander abgestimmt, was sich wohl am deutlichsten durch ihren frei gewählten Tod dokumentieren läßt, durch den gemeinsamen Selbstmord im Jahre 1945. Sie blieb sein unauffälliger Schatten bis zum Ende.
Eine andere Frau, deren Gesellschaft er schätzte, war Gerti Troost, die junge Witwe des Architekturprofessors Ludwig Troost. Er protegierte sie, verlieh ihr einen Professorentitel und holte ihren Rat über die Farbzusammenstellungen für die prunkvollen Gebäude ein, die in Deutschland errichtet wurden.
Hitler hatte Ludwig Troost 1928 anvertraut: »Wenn ich einmal an die Macht komme, dann sollen Sie mein Baumeister werden. Ich habe große Pläne vor, und ich glaube, daß Sie der einzige sind, der dieser Aufgabe gerecht werden wird.«
Doch Troosts Leben währte nicht so lange. Als Hitler dem Grundstein für das von ihm entworfene Haus der Kunst die obligatorischen drei Schläge gab, brach der Stiel des silbernen Hammers entzwei – für den Architekten ein höchst bedenkliches Omen, wie der Münchner Baumeister Schiedermayer Hitler zuflüsterte: »Des bedeudt' a Unglück.«
Hitler hatte die Umrisse des zukünftigen Hauses der Kunst 1931 auf die Rückseite einer Speisekarte seines Stammlokals *Osteria Bavaria* gezeichnet – ein griechisch inspirierter, streng wirkender Säulengang, der heute noch von manchen Münchnern als »Athener Hauptbahnhof« bespöttelt wird. Nach der Eröffnung im Jahre 1936 wurde der Bau von der Partei bald als ein festes Bollwerk nationalsozialistisch-konservativer Gesinnung inmitten der Flut dekadenter, jüdischer Kunst bezeichnet. In seiner Münchner Wohnung hatte Hitler ein bebildertes Werk über den Palast von Knossos auf Kreta, das seine architektonischen Vorstellungen geprägt hatte. Er entwarf – es waren zumeist Tuschzeichnungen – Hunderte von Monumenten, Denkmälern, Triumphbögen, Brücken und tempelähnlichen Bauten, aus denen ein bemerkenswert gutes Auge für Proportion und Perspektive deutlich wird,

---

jetzt im Besitze der Militärbehörden.« Die Auskunft stammte von Generalmajor Edwin L. Sibert, Ic im Stabe Eisenhowers. – Hitlers Rock und Hose wurden 1948 von den Amerikanern verbrannt.

aber auch eine Neigung zu überladener Linienführung wie bei Gottfried Semper, der im 19. Jahrhundert in Wien viele Gebäude errichtet hatte. Troost war es, der Hitlers Vorstellungen in eine neoklassizistische Richtung lenkte – auf emporstrebende Säulen aus Granit oder Marmor, auf massig wirkende, weitläufige Bauten, die die zwölf Jahre während NS-Ära prägen sollten.

Troosts Position als Hitlers Chefarchitekt wurde sodann von dem noch jungen Albert Speer eingenommen, der sich vorausschauend ein Landhaus auf dem Obersalzberg gebaut hatte. Hier schrieb Speer in einer Denkschrift vom 31. August 1938:

»Es ist nur wenigen bekannt, welche Ausmaße die Pläne des Führers für die Neugestaltung von Berlin, Nürnberg, München und Hamburg haben werden. Diese vier Städte erhalten in den nächsten zehn Jahren Bauten, die allein für sich geeignet sind, einen großen Teil der jetzigen Kapazität des Baugewerbes einzunehmen, während bereits jetzt die vorhandenen Möglichkeiten zur Ausbeutung von Naturstein-Vorkommen bei weitem nicht mehr den Bedarf dieser Bauten decken können.«

Sodann monierte Speer, daß es nicht genügend Architekten gäbe, die mit Hitlers Stilauffassung vertraut seien.

»Der Führer hat durch das Mitgeben grundsätzlicher Bau-Ideen, durch vielfaches persönliches Eingreifen, durch unzählige persönliche Verbesserungen eine künstlerische Bau-Idee geschaffen, die zweifellos den Kern für eine entwicklungsfähige allgemeine Baukunst in sich trägt. Getragen wird diese Bau-Idee des Führers zur Zeit nur durch einige Architekten, die durch ihr Zusammensein mit dem Führer genau wissen, auf was es ihm ankommt.«

Seit 1937 beschäftigte Hitler vor allem die Elbe-Brücke. Am 29. März 1938 notierte Todt in seinem Tagebuch: »Vortrag beim Führer betreffend Hamburger Hochbrücke.«

Hitler plante ferner eine riesige Kongreßhalle für Berlin, ein derart geräumiges Gebäude, daß das Bild des jeweiligen Redners mit Hilfe der Fernsehtechnik auf einem großen Bildschirm über dem Podium gezeigt werden sollte. Bis zu den letzten Tagen seines Lebens sollte dieser verhinderte Architekt Gebäude und Fassaden entwerfen, wie er sie zu sehen wünschte, während der getreue Speer anhand der Skizzen maßstabgerechte Modelle schuf. Schließlich wurden diese Bauten errichtet, aber aus Granit und Marmor, den Baustoffen der klassischen mediterranen Kultur. Die Denkmäler des neuen nationalsozialistischen Deutschland sollten Jahrtausende überdauern. Das wurde am 17. Dezember 1938 deutlich, als Todt die Entwürfe Professor Thoraks für ein gigantisches Monument der Arbeit vorlegte. Todt schrieb damals:

»Bedenken äußerte der Führer gegen die Verwendung des Untersberger Steins. ... Der Führer empfahl zu überlegen, ob nicht doch ein rötlicher Granit oder etwas derartiges unbedingt Beständiges verwendet werden sollte, damit dieses gewaltige Mal nach 1000 Jahren trotz der Witterung noch ganz in seinen edlen Formen dasteht.«

Auf seinen Auto-Fahrten kreuz und quer durch Deutschland sah Hitler, wie seine Träume allmählich Wirklichkeit wurden. Er genoß es, wenn sich die Bauarbeiter mit ihren ehrlichen Gesichtern und den knorrigen Fäusten um ihn scharten. Wiedemann sagte ihm einmal – im Jahre 1935: »Noch haben Sie das Volk hinter sich, fraglich wie lange.« Darauf entgegnete Hitler ungehalten:

»Nicht noch, mehr denn je. Sie müssen einmal mit mir im Auto fahren, München, Stuttgart, Wiesbaden, da sehen Sie, *wie* begeistert die Leute sind.«

Kritik ertrug Hitler nicht. Anfang 1939 notierte sich Wiedemann in seinen privaten Aufzeichnungen über die Unterhaltung an Hitlers Mittagstafel:

»Irgendein Widerspruch, auch wenn sachlich begründet, war so gut wie unmöglich. Nur Goebbels erzählte ab und zu Witze oder nahm sich einen aufs Korn, für diesen nicht angenehm, aber immer geistreich. Führer erzählte viel vom Krieg..., viel mehr von dem, was er im Innern gerade verarbeitete, so daß der, der vor einer Rede viel bei Tisch war, ziemlich genau wußte, was die nächste Rede brachte. In den ersten Jahren war ich erstaunt und oft erschüttert über die dort geäußerten Ansichten über Juden, Kirchen, Bürger, Beamte, Monarchisten usw. Später interessierte mich das weniger, da es doch immer dasselbe war.«

»Was sind das für Generale!«

Die Militärs waren im Sommer 1938 seltene Gäste. Wenn sie sich gelegentlich in der Großen Halle des Berghofes einfanden – Generale des Heeres und der Luftwaffe, Experten auf dem Gebiet des Festungsbaus –, standen sie unbehaglich auf dem terrakottaroten Teppich herum, blickten zu den Eichenpaneelen an der Decke empor, bis dann der Führer die Treppe herunterschritt, um ihnen seine Vorstellungen zu entwickeln.
Hitler wurde aus seinen Generalen nicht klug. Für ihn war der erste Krieg einer neuen Nation etwas so Wesentliches wie der Zahndurchbruch bei einem Kind. Sechs Jahre später, am 22. Juni 1944, drückte er in einer Geheimrede vor neu ernannten Generalen seine krasse Lebensanschauung so aus:
»Was auf der Welt geboren wird, erleidet Schmerzen. Das erste Lebenszeichen eines Kindes, das den Mutterleib verläßt, ist kein Jubelruf, sondern ein Schmerzensschrei, und ebenso empfindet die Mutter nur Schmerzen. Und jeder Staat, der auf dieser Welt entstanden ist, ist begleitet gewesen von Weinen und von Klagen. Das ist nun einmal so. Die Geburtsurkunde eines Staates, die nur ein Vertrag ist, taugt wenig. Die Geburtsurkunde muß bei Staaten immer mit Blut geschrieben werden.«
Die Luftwaffe entwarf in diesem Sommer Pläne für Bombenangriffe auf tschechische Städte und Luftlandeoperationen. Solche Vorhaben waren für die kleinmütigen, betagten einstigen Reichswehrgenerale, insbesondere für Generalstabschef Beck, eine höchst bedenkliche Entwicklung. Er fertigte im Verlauf des Sommers Denkschriften an, in denen er in zunehmendem Maße Argumente gegen den Fall »Grün« vorbrachte. Selbst wenn Ungarn gleichzeitig angreifen sollte, würde der Feldzug zumindest drei Wochen währen. Der neue Westwall jedoch könne den Franzosen höchstens zwei Wochen standhalten. Hitlers Plan, im Notfall mit bewaffneten RAD- (Reichsarbeitsdienst)-Bataillonen den Westwall zu bemannen, sei eine »militärische Unmöglichkeit«.
Im Grunde war Beck mit der Zerschlagung der Tschechoslowakei völlig einverstanden. Aber er wollte, Zauderer, der er war, daß es dazu »in der Zukunft« kam und nicht jetzt, da er Chef des Generalstabes war. Seine Denkschriften wurden immer schriller und pessimistischer; Mitte Juli 1938 drohte er sogar Brauchitsch, daß er die kommandierenden Generale zu einem gemeinsamen Rücktritt bewegen werde, falls der Führer von seinen Plänen nicht ablasse. Brauchitsch legte das Memorandum Hitler vor. Becks Argumentation enthielt manche Fehleinschätzung; so meinte er, daß die

deutsche Rüstungsproduktion nicht gesteigert werden könne oder daß Deutschlands Bündnispartner schwach und unzuverlässig seien, seine Gegner hingegen entschlossen und mächtig. Vor verständnisvollen Zuhörern wie Todt, Schmundt und Engel bewies Hitler die Unsinnigkeit von Becks Argumenten. So habe Beck zwar nebst der regulären französischen Armee auch die *garde mobile*, die Polizei und die Gendarmerie aufgeführt, aber zur deutschen Wehrmacht nicht die entsprechenden SA-, SS- und Polizeieinheiten dazugeschlagen. »Beck soll mich nicht für dumm halten«, meinte er entrüstet.

In der nachfolgenden Herbstkrise bewies Hitler, daß er gute Nerven hatte, nicht aber seine Generale. Sein gewagtes Spiel verlief erfolgreich. Als alles vorbei war, schilderte er vor ausgesuchten NS-Schriftleitern in einer Geheimrede den Hergang:

»Sie können mir glauben, meine Herren, daß es auch nicht immer leicht war, erstens diese Entschlüsse zu fassen, und zweitens diese Entschlüsse durchzuhalten. Denn es ist natürlich nicht so, daß nun die ganze Nation, insonderheit in ihren intellektuellen Schichten, etwa hinter diese Entschlüsse getreten wäre; sondern es gab naturgemäß sehr viele geistreiche Menschen – sie bilden sich wenigstens ein, daß sie geistreich sind –, die mehr Bedenken als Zustimmung zu diesen Entschlüssen aufbringen konnten. Um so wichtiger war es, erst recht mit eiserner Entschlossenheit die einmal gefaßten, schon in den Mai zurückdatierenden Entschlüsse durchzuhalten und durchzusetzen gegen alle Widerstände.«

Auch von den Ingenieuren des Heeres hatte Hitler keine hohe Meinung, nachdem er feststellen mußte, daß General Foerster, der Inspekteur der Pioniere und Festungen, vom Bunkerbau und moderner Waffentechnik nicht gerade viel verstand. Mißtrauisch geworden, ließ er Anfang Juni die bisher vom Heer geleisteten Bauarbeiten am Westwall von Göring und Experten der Luftwaffe inspizieren. Anfang 1938 waren erst 640 Bunkeranlagen fertiggestellt. Das Heer hatte 1938 nur den Bau von weiteren 1360 eingeplant, bis dann Hitler die Errichtung von weiteren 12000 anordnete. Göring traf am 14. Juni auf dem Berghof ein und erstattete im Beisein Todts einen niederschmetternden Bericht über die bisher vom Heer geleistete Arbeit. Laut seinen Angaben sei kaum etwas vorhanden. Auf dem Isteiner-Klotz dräuten beispielsweise nur zwei leichte Maschinengewehre.

Dieser Bericht wurde dem 60jährigen Generaloberst Adam nicht gerecht, der zunächst die Probleme der Unterbringung, Verpflegung und Versorgung der vielen Baukolonnen hatte lösen müssen. Während Todts Massenproduktion der leichter herzustellenden Schartenstände erst Anfang August anlaufen sollte, mußte sich das Heer mit dem Bau wesentlich komplexerer Anlagen herumschlagen. Hitler war verärgert; Brauchitsch beorderte Adam am 30. Juni zum Rapport auf den Berghof. Adam nahm kein Blatt vor den Mund. Hitlers Anordnung, bis zum 1. Oktober weitere 12000 Bunker zu erstellen, bezeichnete er als ein Ding der Unmöglichkeit. »Es steht in den Sternen geschrieben, was wir bis zum Herbst fertigbringen«, erklärte er. Hitler entgegnete ihm: »Bei ihm [Todt] gibt es das Wort ›unmöglich‹ nicht.« Todt, bestürzt über die feindselige Haltung der Heeresgeneralität, schrieb noch am selben Tag an Alfred Leitgen, den Adjutanten von Rudolf Heß: »Man erlebt manches, was man nach fünf Jahren Nationalsozialismus eigentlich nicht erwartete.«

Das Ergebnis war eine aufschlußreiche Denkschrift, die Hitler seiner Sekretärin Christa Schroeder diktierte. Es handelte sich um einen von immenser Sachkenntnis geprägten Aufsatz über den Bau von Befestigungen und die Psychologie des modernen Festungskampfes. Hitler legte dar, daß der Westwall die Kampfkraft der Verteidiger erhalten solle und nicht nur ihr nacktes Leben. Er verwarf die von den Heeresingenieuren entwickelten monströsen »Infanteriewerke«. Seiner Idealvorstellung entsprach ein kleiner, gut durchdachter gasdichter Gruppenunterstand, der ohne Schwierigkeit in Massen produziert werden konnte und sodann über die tiefgegliederte Kampfzone verteilt werden sollte, um die Infanterie vor dem gegnerischen Trommelfeuer zu schützen. Wenn das Trommelfeuer aufhörte, würde die Truppe mit schußbereiter Waffe die Unterstände verlassen, um die anrückende französische Infanterie im Freien abzuwehren. »Dabei zu fallen ist ehrenhaft; sich in einem Block ausräuchern zu lassen aber nicht einmal feige, sondern dumm«, erklärte Hitler ferner.

Hitler wußte, daß auch Infanteristen Angst hatten, daß sie Schlaf, Verpflegung und Trinkwasser brauchten. Wie viele seiner Kameraden waren während des Weltkrieges auf dem Weg zur Latrine sinnlos gefallen, weil ein damaliger General aus Unverstand solche Anlagen nicht in die Bunker hatte einbauen lassen! »Besonders junge, zum erstenmal in einem Großkampf eingesetzte Truppen leiden sehr leicht an Durchfall«, diktierte Hitler. An anderer Stelle heißt es in der Denkschrift: »Nur wer selbst wochen- und monatelang den Schrecken der Abwehrschlachten mitgemacht hat, weiß, welche Kostbarkeit eine Feldflasche trinkbaren Wassers bedeutet, wie glücklich die Männer sind, wenn sie sich zumindest Tee oder Kaffee kochen können.«

Am 4. Juli ließ Hitler Todt mitteilen, daß Bauvorhaben, die in diesem Jahr nicht fertiggestellt werden könnten, vor dem Westwall zurücktreten müßten, da es sich bei diesem um eine Maßnahme handle, »die die Voraussetzungen für alle weiteren Arbeiten in Frieden erst schafft«, wie Todt Staatssekretär Werner Willikens vom Wirtschaftsministerium am nächsten Tag wissen ließ.

Während des ganzen Sommers konnten Hitlers Adjutanten beobachten, daß er neue Bunkermodelle entwarf. Er bestimmte die Stärke der Betonwände, die Menge an Stahlgewebe, die Lage jedes Trägers. Aus den Entwürfen wurden Konstruktionszeichnungen; diese führten schließlich zu ausgeschalten Baugruben mit dem Geflecht des Baustahls. Dann wurden Millionen Tonnen Beton herangefahren, und der Westwall nahm mit der

täglichen Fertigstellung von siebzig Bunkern allmählich Gestalt an. Ende August waren 148000 Arbeiter und 50000 Pioniere des Heeres beschäftigt. Täglich schafften hundert Züge die Baumaterialien zur Westgrenze. Sechs Batterien ehemaliger Schiffsgeschütze vom Kaliber 17 cm wurden so eingebaut, daß sie Straßburg, Kolmar und Mühlhausen unter Feuer nehmen konnten, falls die Franzosen deutsche Städte angriffen. Am 12. August wurde Todt abermals eilends zum Berghof beordert, wo ihn Hitler mit dem Bau einer aus Hunderten von schweren Widerstandsnestern bestehenden Zwischenstellung beauftragte, die er selbst entworfen hatte. Todt stellte daraufhin die Arbeiten an einigen Autobahnabschnitten ein, um so die erforderlichen Arbeiter, Schachtmeister, Aufseher abziehen zu können.
In welchem Ausmaß diese Anstrengungen ernst gemeint oder nur purer Bluff waren, wird sich nicht mehr ergründen lassen.
Ausländischen Besuchern gegenüber gab sich Hitler oft, wie er in Wirklichkeit nicht war. Spitzy wurde – nach einem exzellenten Mittagessen mit Hitler und seinem Mitarbeiterstab – Zeuge einer erstaunlichen Szene. Ein Diener meldete die Ankunft eines englischen Emissärs. Hitler rief entsetzt aus: »Um Gottes willen, ich bin noch guter Stimmung. Lassen Sie den Mann noch nicht herein!« Sodann steigerte er sich vor den Anwesenden in eine gespielte Wut hinein – sein Gesicht verdüsterte sich, er begann schwer zu atmen, seine Augen funkelten. Daraufhin begab er sich in das Zimmer nebenan und machte dem unglückseligen Lord eine derartig laute Szene, daß man an der Mittagstafel jedes Wort verstehen konnte. Zehn Minuten später kam er – mit Schweißtropfen auf der Stirn – zurück, machte bedächtig die Tür hinter sich zu und sagte schmunzelnd: »So, meine Herren! Jetzt brauche ich eine Tasse Tee. Der glaubt, ich bin böse.«
Hitler beherrschte die psychologische Kriegführung meisterhaft. Zusammen mit Goebbels entwarf er eine sich steigernde Einschüchterungskampagne durch die NS-Presse. »Gott sei Lob und Dank, sie können alle deutsch und lesen alle unsere Zeitungen«, sagte er später zufrieden lächelnd. (Im August erläuterte er der Generalität seine Methode folgendermaßen: »Immer abschrecken, das Gebiß zeigen!«) Jeden Tag informierte er sich anhand der neuesten, vom Forschungsamt angefertigten Aufzeichnungen der Telefongespräche zwischen Prag und tschechischen Diplomaten im Ausland darüber, welchen Erfolg er bislang gehabt hatte.
Gezielt ließ er falsche Informationen über das Datum seiner geplanten Invasion verbreiten. Am 22. Mai hatte er insgeheim Henlein empfangen. Zwei Tage danach vertraute Henlein dem ungarischen Militärattaché in Prag, Esterházy, an: »Hitler habe ihm versichert, daß in etwa acht bis zehn Wochen das Loch im Westwall geschlossen sei und danach die tschechische Frage aufgerollt werde.« Am 15. Juli teilte Hitler Wiedemann – von dessen Geschwätzigkeit er aus FA-Aufzeichnungen wußte – mit, daß

er Lord Halifax bei seinem Besuch in London sagen solle, der äußerste Termin sei der »März 1939«. Am 9. August wies er Todt nachdrücklich darauf hin, daß die Arbeit am Westwall zumindest bis zum 1. Oktober andauern würde, »voraussichtlich bis zum 15. 10., kurz gesagt, bis zum ersten Schuß«. Zwei Tage danach gab er Halder die Anweisung, dafür zu sorgen, daß die sechs 17-cm-Batterien »Ende September« einsatzbereit seien.
Am 12. Juli wies Hitler Ribbentrop an, hinsichtlich der Tschechoslowakei »einen anderen Ton anzuschlagen«. Falls die Westmächte intervenierten, würden auch sie besiegt werden. Görings Luftwaffe sei, wie Ribbentrop angeben sollte, unbezwingbar. Bei einer anderen Gelegenheit teilte Hitler seinem Außenminister sogar mit, daß er sich in einem der Panzer befinden werde, die als erste in die Tschechoslowakei eindringen.
Am 14. Juli war der Danziger Gauleiter Albert Forster mit Churchill zusammengekommen und hatte diesem einflußreichen Parlamentsmitglied mitgeteilt: »Wenn England und Deutschland nur miteinander übereinstimmten, könnten sie untereinander die Welt teilen.« Wiedemann kam besser mit Außenminister Halifax zurecht. Laut Hitlers Anweisung sollte er durchblicken lassen, »durch Drohungen, Druck oder Gewalt sei bei ihm – Hitler – gar nichts zu erreichen«. Eine Verständigung mit England sei aber durchaus möglich, doch müßten zuerst die mitteleuropäischen Probleme gelöst werden.
Nach drei Tagen, am 18. Juli, flog Wiedemann zurück nach Berchtesgaden. Am aufschlußreichsten war, was Lord Halifax zu Wiedemann vertraulich sagte, – daß er noch als Ziel seiner Arbeit sehen möchte, »wie der Führer an der Seite des englischen Königs unter dem Jubel der Menge zum Buckingham Palast einzieht«.

Die Heeresgeneralität sah der unmittelbaren Zukunft düsterer entgegen. Anfang August 1938 erfuhr Hitler von General von Reichenau, daß am 4. August bei einer Zusammenkunft ranghoher Generale Beck seine neueste Denkschrift vorgetragen und die geschlossene Opposition des Heeres gefordert hatte. (Hitler machte danach vor seinen Mitarbeitern die sarkastische Bemerkung, daß sich Beck nur dann zu einer Entscheidung aufraffen könne, wenn sie *gegen* etwas gerichtet sei.) Hitler bat die Stabschefs der betreffenden Generale zu einer Besprechung in die Große Halle des Berghofs und hielt ihnen eine dreistündige Rede. Als er auf den Westwall zu sprechen kam, brachte Generalmajor Gustav von Wietersheim die Ansicht seines Vorgesetzten Generaloberst Adam vor, wonach der Westwall bestenfalls drei Wochen standhalten könne. Hitler begann sichtlich gereizt in seinen Papieren zu blättern und unterbrach ihn dann plötzlich mit einer Flut von Fakten und Zahlen, die sich auf die Menge an Beton, Eisen, Stahl bezogen, die bereits für die Befestigungen aufgewendet worden waren. »Ich sage Ihnen, Herr General, die Stellung wird nicht drei Wochen, sondern drei Jahre gehalten«, meinte Hitler. General von Leeb erfuhr tags darauf von dieser Besprechung durch seinen Stabschef Erich von Manstein. »Kommt vom Führer«, schrieb Leeb in sein Tagebuch am 11. August. »Glaubt an feststehende Tatsache.«

»Was sind das für Generale, die man zum Krieg prügeln muß, statt daß man sie bremst!« rief Hitler nachher erbittert aus. Nun mußte schleunigst ein Gegenmittel gefunden werden. Er beorderte sämtliche höheren Befehlshaber zu einer Vorführung am 15. August in die Artillerieschule von Jüterbog. Derartige Artillerievorführungen hatte er bereits eingeplant. Am 10. November sollte er vor NS-Schriftleitern erklären: »Ich war der Überzeugung, daß ich durch diese monatelange Tätigkeit langsam aber sicher die Nerven dieser Herren in Prag zerstören werde.« Am 15. August wurden den NS-Schriftleitern vertrauliche Weisungen ausgehändigt: »Der Führer und Reichskanzler wird in den nächsten Tagen an Truppenübungen teilnehmen. Täglich werden Notizen und Bilder ausgegeben. Oberkommando bittet um möglichst schnelle Veröffentlichung.«

In Jüterbog hatten Bautrupps genaue Nachbildungen der tschechischen Grenzbefestigungen errichtet. Generalmajor Walter Model, Chef der Versuchs- und Erprobungsabteilung des Generalstabes, führte nun einen Infanterieangriff auf diese Stellungen durch. Laut General Curt Liebmann war es »wirkliches Theater mit viel Donner, Blitz und Hurrageschrei«. Models Urteil jedoch lautete, daß die Bekämpfung solcher Stellungen keineswegs problematisch sei. Hitler sprach Model seine Anerkennung aus. General Beck, Models Vorgesetzter, war zwar aufgebracht, äußerte sich aber dazu nicht. Sodann befahl Hitler, die Bunkerattrappen mit 15-cm-Haubitzen zu beschießen, wie auch mit anderen Geschützen, darunter Flakgeschütze vom Kaliber 8,8 cm, von denen laut seiner Anweisung hundert Stück dem Heer für den Angriff zur Verfügung standen. Nachdem das ohrenbetäubende Trommelfeuer verklungen war, kletterte er durch die noch qualmenden, zerschossenen Betonbunker. Nur Volltreffer im Bereich der Schießscharten hatten die erwünschte Wirkung erzielt. Dennoch kam Hitler zufrieden lächelnd aus dem Bunker hervor, klopfte sich den Staub von seinem braunen Parteirock und erklärte mit lauter Stimme, daß er über die Verwüstung höchst erstaunt sei.

Im Offizierskasino sprach er sodann vor den versammelten Generalen. Görings Staatssekretär General Erhard Milch notierte sich: »15. August 1938. Führeransprache an die Generale 14.45–16.15. Einblick in seine Gedanken. Entschluß ist gefaßt.« Hauptmann Eberhard fertigte für Keitel eine ausführliche Aufzeichnung an. Aus ihr geht hervor, daß Hitler abermals auf das Problem des Lebensraumes zu sprechen kam. »Es ist meine einzige große Angst, daß mir etwas zustoßen könnte, bevor ich die notwendigen Entschlüsse durchführen kann«, erklärte Hitler. Deswegen habe er bereits sieben erste Maßnahmen getroffen: Er habe die Partei gegründet, um Deutschland »zu säubern«, 1933 die politische Einheit hergestellt,

Deutschland aus dem Völkerbund geführt und somit die Handlungsfreiheit wiedergewonnen, aufgerüstet, die allgemeine Wehrpflicht eingeführt, das Rheinland remilitarisiert und Österreich mit dem Reich vereinigt. Nun stünde der achte Schritt bevor: »Die Lage mag sich entwickeln wie sie will, in jedem Fall muß die CSR zuerst beseitigt werden. Im politischen Leben muß man an die Glücksgöttin glauben, die einmal vorbeistreicht. Und dann muß man sie erfassen!« rief er aus. »Sie kehrt nie wieder!«
Die englische Aufrüstung dauere erst ein knappes Jahr. »Sie werden zurückzucken, solange wir kein Zeichen von Schwäche geben.« Der Kampfwert der französischen Artillerie und Luftwaffe sei höchst zweifelhaft. Von Rußland befürchtete er nichts. Was nun die Tschechoslowakei anlange, so werde sich der Nervenkrieg auszahlen. »Wenn einer von der Grenze drei lange Monate zusehen muß, wie der andere das Messer wetzt . . .« Hitler ließ den Satz unvollendet. Seiner Ansicht nach werde die Tschechoslowakei nach kurzem »hussitischem« Widerstand am Ende sein. »Ich bin der festen Überzeugung, daß Deutschland siegen und daß sich die nationalsozialistische Erziehung bewähren wird«, sagte er zum Schluß. »Ich glaube daran, daß wir noch vor Abschluß des Jahres auf einen großen Erfolg zurückblicken werden.«
Beck war entsetzt. Am nächsten Tag, dem 16. August, schrieb Leeb in Berlin in sein Tagebuch: »Feststehende Tatsache. Führer überzeugt, daß England und Frankreich nicht eingreifen, Beck gegenteiliger Ansicht, düstere Stimmung.«
Nach Jüterbog hatte Beck zu Adam gesagt: »Nach einem solchen Anschauungsunterricht wird dieser Mensch [Hitler] nur noch verrückter.« Zunächst hatte Beck gemeint, daß er ausharren würde, bis ihn Hitler »hinauswarf«. Aber am 18. August reichte er bei Brauchitsch seinen Abschied ein. Hitler bat – aus »außenpolitischen Gründen« –, vorläufig im Amt zu bleiben. Und Beck, der ewige Zauderer, kam dem widerspruchslos nach. Vermutlich hatte er damit gerechnet, daß er das Kommando über eine Heeresgruppe erhalten werde. Hitler lag nichts ferner.
Ende August 1938 wurde General Halder – ein 54jähriger Bayer von zierlicher Gestalt und zuvorkommender, pedantischer Wesensart – Chef des Generalstabes. Beck verschwand in der Versenkung.
Den ganzen August 1938 hindurch hielt das Säbelrasseln an. Als der Oberbefehlshaber der französischen Luftwaffe, General Joseph Vuillemin, Anlagen der Luftwaffe besichtigte, inszenierte Göring eine spektakuläre Vorführung auf allen inspizierten Flugplätzen. Die Besucher teilten danach Paris mit, daß die französischen Luftstreitkräfte der deutschen Luftwaffe nur wenige Tage standhalten könnten.
Eine Enttäuschung erlitt Hitler, als er Ungarn dazu bewegen wollte, seinen Einfall in die Tschechoslowakei offen zu unterstützen. Ungarn hatte nach dem Weltkrieg beträchtliche Gebietsteile an die Tschechoslowakei abtreten müssen. Trotz des mit Glanz und Gloria gefeierten einwöchigen Staatsbesu-

ches des ungarischen Reichsverwesers Admiral Horthy, der dem Stapellauf des Schlachtkreuzers *Prinz Eugen* beiwohnte (Italien hatte gegen den ursprünglichen Namen »Admiral Tegethoff«, den Hitler während des Gesprächs mit Schuschnigg erwähnt hatte, protestiert), gelang es nicht, Admiral Horthy mehr als beschränkte Zusicherungen zu entlocken. 1937 hatte Beck angedeutet, daß das Zieljahr 1940 sei.

Hitler versuchte mit aller Durchtriebenheit, die Staatsgäste aus Ungarn zu beeindrucken. Da er wußte, daß Madame Horthy eine strenggläubige Katholikin war, ließ er in ihre Suite einen Betstuhl, ein Kruzifix und einen großen Strauß Maiglöckchen, ihre Lieblingsblumen, bringen. In Kiel lud er den Reichsverweser und seinen Stab zu einer Fahrt an Bord der Staatsbarkasse *Grille* ein, damit der alte k. u. k. Admiral wieder einmal das Dröhnen von Schiffsmotoren höre und etwas Seegang erlebe.

Die Geheimgespräche, die am 23. August auf einer Fahrt zur Insel Helgoland begannen, verliefen stürmisch. Am Vormittag konferierte Hitler unter vier Augen mit Horthy. Der Reichsverweser war zwar prinzipiell mit einer Teilnahme am Fall »Grün« einverstanden, aber 1938 hielt er für zu verfrüht. Als er dann von der Gefahr sprach, daß Fall »Grün« einen Weltkrieg auslösen könnte, der zur Niederlage Deutschlands durch die englische Flotte führen würde, unterbrach ihn Hitler ungeduldig mit den Worten: »Unsinn! Schweigen Sie!« Für Hitler war es unbegreiflich, daß Ungarn zögerte, durch einen Krieg seinen Teil der Slowakei wiederzugewinnen. Am Nachmittag sagte er vergrätzt zu Imrédy: »Meine Herren, hier ist ein kaltes Büffet. Hier wird nicht serviert, hier muß sich jeder selber bedienen!«

Am 24. August reiste man getrennt in zwei Sonderzügen wieder nach Berlin. Während der Fahrt bat Admiral Raeder Hitler um ein vertrauliches Gespräch über die Aussichten »einer Seekriegführung gegen England« und erläuterte sachlich, welche beträchtlichen strategischen Probleme sich für Deutschland ergeben würden. Hitler beendete nach einer Stunde die Unterredung mit den Worten: »Herr Admiral, worüber wir uns unterhalten haben, ist und bleibt Theorie. England macht keinen Krieg.« Raeder erwiderte darauf: »Jawohl, mein Führer.«

Die Staatsgäste aus Ungarn standen unter beträchtlichem Druck. Keitel stattet noch am 25. August Honvedminister Rátz in dessen Berliner Hotel einen Besuch ab und wies abermals auf Hitlers festen Entschluß hin, die Tschechoslowakei zu besetzen. Lediglich das Datum stünde noch nicht fest. Als Rátz am nächsten Tag von Hitler wissen wollte – so die ungarische Aufzeichnung –, was man denn als eine Provokation durch die Tschechen bewerten werde, antwortete Hitler: »Die Ermordung deutscher Bürger.«

Von 2000 SS-Männern bewacht, verließ Hitler am 26. August 1938 Berlin, um eine Inspektionsreise entlang des Westwalls zu unternehmen. Gegen acht Uhr erreichte der Sonderzug Aachen. Hier wurde Hitler von Generaloberst Adam empfangen, der ihn begleiten sollte. Adam teilte Hitler mit, daß er ihm Vertrauliches zu sagen habe und bat, daß sich Himmler, RAD-Chef Constantin Hierl und Todt für kurze Zeit aus dem Speisewagen entfernten. Brauchitsch, Keitel und Jodl blieben. Sodann begann Generaloberst Adam mit den Worten: »Als Oberbefehlshaber an der Westfront habe ich offensichtlich einen weitaus besseren Einblick in die hiesige Lage als irgendein anderer. Demzufolge sind auch meine Sorgen größer.« Hitler unterbrach ihn schroff: »Kommen Sie zur Sache!« Adam geriet aus dem Konzept und wies weitschweifig auf die Tatsache hin, daß bis zum Einsetzen der winterlichen Frostperiode bestenfalls ein Drittel des Westwalls fertiggestellt werden könne; und er bekannte: »So muß ich das Gefährlichste als das Wahrscheinlichste ansehen und die Lage an der Westfront unter dem Gesichtswinkel betrachten: Die Westmächte marschieren.«

Weiter kam Generaloberst Adam nicht. Hitler unterbrach ihn abermals und beendete die Besprechung. Mit einem Konvoi von dreiachsigen Geländewagen fuhr er zusammen mit Adams Abschnittskommandeuren die Baustellen ab. Auf den schmalen Feldwegen drängten sich Tausende von Lastwagen, die Sand, Kies, Panzerstahl, Zement und mit Planen bedeckte Ladungen – Geschütze und Munition – westwärts transportierten. In seinem Sonderzug hielt Hitler weitere Besprechungen ab. Aus den Aufzeichnungen des Generalstabes wird deutlich, daß Hitler sich mühte, seine Generale davon zu überzeugen, daß Frankreich keine ernstgemeinte Intervention riskieren werde, solange es in Nordafrika und an seiner Alpengrenze bedroht wurde. Generaloberst Adam beharrte dennoch auf seiner pessimistischen Lagebeurteilung. Hitler blieb hartnäckig: »Ich werde den Angriff auf die Tschechoslowakei nicht abblasen.«

Am 29. August – dem letzten Tag der Inspektionsreise – rief er vor den Generalen aus: »Ein Hundsfott, der diese Stellung nicht hält!« Generaloberst Adam stand – laut Keitels Adjutanten Eberhard – »wie ein begossener Pudel« da. Den unglücklichen General wies Hitler mit den Worten zurecht: »Ich bedaure nur, daß ich der Führer und Reichskanzler bin und nicht Oberbefehlshaber der Westfront sein kann.« Keitel war sich darüber klar, daß Adams Tage als Oberbefehlshaber gezählt waren.

»Nie mehr gegeneinander Krieg«

Als sich General Halder in seiner Funktion als neuernannter Generalstabschef am 22. August 1938 Hitler an Bord der *Grille* vorstellte, meinte Hitler spöttisch: »Meine wahren Absichten werden Sie nie erfahren. Nicht einmal meine engsten Mitarbeiter, die davon überzeugt sind, sie zu kennen, werden sie je ergründen.«
Dennoch stand eine Tatsache fest. In jenem Sommer wollte Hitler den Krieg – entweder um die »Geburtsurkunde« seines neuen Reiches »mit Blut« zu schreiben oder um die »Österreicher zum wertvollen Bestandteil der deutschen Wehrmacht« zu machen, wie er seinen Generalen am 15. August erklärte. »Clausewitz hat recht«, äußerte er in Gegenwart von seinen Adjutanten einige Tage darauf. »Der Krieg ist der Vater aller Dinge.« Diese Worte Heraklits zitierte Hitler mit Vorliebe. Er gebrauchte sie in einer Geheimrede am 30. Mai 1942, am 27. Januar 1944, am 22. Juni 1944 und selbst in der Lagebesprechung am 9. Januar 1945, als sogar die fanatischsten Anhänger seines Krieges längst überdrüssig geworden waren.
Seinen Generalen teilte er mit, daß die Reservedivisionen – Soldaten im Alter von 30 bis 35 Jahren – zum erstenmal im Krieg mit der Tschechoslowakei eingesetzt werden sollten, indes »beim nächsten die Jungen drankämen«.
In den maßgebenden Kreisen war die Meinung, ob nun Hitler bluffte oder nicht, weiterhin gespalten. Weizsäcker schrieb am 1. September in sein Privattagebuch: »Dies alles hindert mich nicht, daß ich heute noch bereit wäre, eine – niedrigere – Wette einzugehen, daß wir 1938 den Frieden bewahren werden.« Doch drei Tage darauf teilte ihm Ribbentrop mit, der Fall »Grün« könne nicht vor dem 1. Oktober durchgeführt werden, doch er dürfe – wegen des günstigen Flugwetters – nicht über den 14. hinaus verzögert werden.
Der Führer der sudetendeutschen Partei Konrad Henlein war sozusagen Hitlers Geheimwaffe, die ihm die Ausschaltung der tschechischen Befestigungen ermöglichen würde.
Im Juli und August 1938 hatte sich Hitler insgeheim mit Henlein und dessen engsten Mitarbeitern mehrmals beraten. Henlein stand Fall »Grün« keineswegs positiv gegenüber. Am 23. Juli versuchte er in Bayreuth vergebens, Hitler eine kriegerische Lösung auszureden. Hitler entgegnete ihm, daß seine junge Wehrmacht eine Bewährungsprobe brauche. Eine Woche darauf fand während des Deutschen Turnfestes in Breslau abermals eine Begegnung statt. Hitler lud Henlein in sein Hotelzimmer ein, wo er ihm

lediglich mitteilte, daß er den bereits gegebenen Instruktionen nichts hinzuzufügen habe. Es war offensichtlich nur ein taktisches Manöver um der Journalisten willen, die das Hotel belagerten. Mitte August traf Karl Hermann Frank, Henleins hemdsärmeliger Stellvertreter, in der Reichskanzlei ein und versuchte, Hitler anhand von Landkarten klarzumachen, daß auf Grund der Verteilung der deutschstämmigen Bevölkerung allein das Prinzip der »Selbstbestimmung« die Tschechoslowakei schließlich unter seinen Einfluß bringen werde. Doch er redete vergebens. Hitler wollte den Kampf.

Zu diesem Zeitpunkt hatte Hitler zusammen mit dem OKW Mittel und Wege gesucht, um die kritische Situation, die den Fall »Grün« auslösen sollte, unter Kontrolle zu halten. Am 26. August wies er Frank an, sich für die Herbeiführung von Zwischenfällen im Sudetengebiet bereitzuhalten.

Ein Störfaktor war die englische Verhandlungsdelegation, die sich – unter Leitung des hochgeschätzten Lord Runciman – in Prag aufhielt. Hitler mußte nach außen den Anschein erwecken, als seien ihm die Kompromißvorschläge der Briten genehm. Hitler strebte aber nicht nur die Kontrolle über das Sudetengebiet, sondern über die gesamte Tschechoslowakei an. Daraus erklärt sich Hitlers Gereiztheit, als Henleins Verbindungsmann in Berlin, Fritz Bürger, ihm am 29. August das Angebot Runcimans in München unterbreitete. »Was haben sich die Engländer bei euch einzumischen?« rief Hitler aus. »Sie sollen sich um ihre Juden in Palästina kümmern!«

Am 1. September erschien der besorgte Henlein selbst auf dem Berghof. Hitler führte ihn zunächst durch das Mustergut, das Bormann unter hohen Kosten zur Versorgung des SS-Wachtpersonals hatte bauen lassen – »Gott allein weiß, wie teuer Sie der Liter Milch kommt!« machte sich Hitler über Bormann lustig –, und erklärte: »Hier sehen Sie die Mitglieder des NS-Kuhvereins.« Er war offenbar – im Gegensatz zu Henlein – guter Stimmung. Sodann wiederholte Hitler, daß er nach wie vor eine kriegerische Lösung anstrebte. Die Tschechoslowakei würde noch »in diesem September« erledigt werden. Henlein solle vom 4. September an »Zwischenfälle« herbeiführen. Als sich Hitler am 2. gegen 15.30 Uhr von Henlein auf dem Berghof verabschiedete, soll er lachend ausgerufen haben: »Es lebe der Krieg – und wenn er acht Jahre dauert!«

Vielleicht war alles nur Bluff. Es gibt klare Hinweise, daß Hitler Henlein gleichsam als brisante Waffe im Nervenkrieg einsetzte; ein Beispiel dafür ist die wenige Tage darauf an die NS-Presse gegebene Geheimdirektive: »In Nürnberg findet ein Empfang statt... In dem amtlichen Bericht hierüber wird Henlein jedoch nicht genannt. Es bestehen jedoch keine Bedenken, Bilder zu veröffentlichen, auf denen er bei diesem Empfang evtl. zu sehen ist.«

Nicht allein Henlein war beunruhigt. Finanzminister Graf Schwerin von Krosigk schickte Hitler eine klug abgefaßte Denkschrift zu; dem deutschen

Volk mangele es an der inneren Entschlossenheit, erneut einen Krieg durchzustehen. »Es würde die kleinen und großen Nöte des Krieges, die Fettkarte, die Fliegerangriffe, die Verluste der Gatten und Söhne nicht lange tragen können«, schrieb er in dieser Denkschrift vom 1. September. Zwei Monate später tat Hitler in seiner Rede vor NS-Schriftleitern die Denkschrift als »die Hysterie unserer oberen Zehntausend« ab.

Auch seine diplomatischen Berater fanden bei ihm kein Gehör. Der besonnene Neurath bemühte sich vergeblich um eine Unterredung. Als der deutsche Botschafter in London Hitler eine von Neville Chamberlain selbst geschriebene, private Botschaft übermitteln wollte, wurde er nicht empfangen. Das Telegramm des deutschen Botschafters in Paris, mit einer unmißverständlichen Warnung des französischen Außenministers, schob Hitler mit den Worten beiseite, daß es ihn nicht interessiere. Hans Dieckhoff, sein Botschafter in Washington, erhielt eine ähnliche Abfuhr. Die drei Botschafter verlangten daraufhin eine Unterredung mit Hitler. Erst während des Parteitages erklärte er sich dazu bereit – er wandte sich an Wiedemann und sagte: »Lassen Sie halt die Arschlöcher herein!« Auf Ribbentrops Rat hin wies er die drei Botschafter an, vorläufig nicht auf ihre Posten zurückzukehren. Staatssekretär von Weizsäcker schrieb empört in sein Tagebuch:

»Nach Anhörung von Dieckhoff [Botschafter in Washington], von Dirksen [London], Graf Welczek [Paris], von Moltke [Warschau] und von Mackensen [Rom] am 7. September habe ich am 8. September Herrn von Ribbentrop folgendes gemeldet: ›Die Auffassung aller Herren – mit gewissen Abstufungen – stimme zu einem hohen Grade mit derjenigen von Herrn von R. nicht überein, da sie eine Enthaltung der westlichen Demokratien im Fall des deutsch-tschechischen Konfliktes nicht glaubten. Meine eigene Auffassung sei Herrn von Ribbentrop ja ohnehin bekannt.‹«

Nach außen hin gab sich Hitler damals kaum wie ein Diktator, der zum Kriege rüstet. Man sah ihn in München Kunstgalerien besuchen. Er begutachtete Speers Modelle für die neue Reichskanzlei und Gemälde für den sogenannten »Führerbau«, für die Parteizentrale. Den Abend verbrachte er in aller Muße auf dem Berghof, wo er sich Hollywoodfilme ansah, die ihm allerdings manchmal nicht gefielen, so daß er die Vorführung kurzerhand abbrach.

Nach Mitternacht 30./31. August überbrachte ihm Major Schmundt die ausgearbeiteten Pläne für den »Zwischenfall«, der die Rechtfertigung für den Fall »Grün« abgeben würde. Nach Ansicht des OKW sollte der »Hauptzwischenfall« zu einer für die Luftwaffe günstigen Großwetterlage inszeniert und zudem »am Vortag des Angriffs mittags authentisch beim OKW bekannt werden«. Zwar würden Reichsdeutsche in Feindesgebiet den Tschechen ausgeliefert sein, und die diplomatischen Vertretungen in Prag könnten vor dem ersten Luftangriff nicht gewarnt werden; aber dadurch würde Hitler die wesentliche Voraussetzung für einen Erfolg – Überraschung nämlich – erreichen.

In Kiel hatte Halder an Bord der *Grille* Hitler und Keitel den Operationsplan des Generalstabes anhand einer Karte dargelegt. Demnach sollte die Tschechoslowakei an ihrer schmalsten Stelle in zwei Teile geschnitten werden. Hitler verwarf diesen Plan, da er den Erwartungen des Gegners entgegenkam. Er erbat sich von Halder die mit Eintragungen versehene Karte und wies nach seiner Rückkehr nach Berlin Brauchitsch an, die Panzerverbände anders einzusetzen: Sie sollten konzentriert von Nürnberg aus in nordöstlicher Richtung an den tschechischen Befestigungen und an Pilsen vorbei nach Prag vorstoßen. Denn sein politisches Ziel war es, Prag schon in den ersten Kriegstagen in seine Gewalt zu bekommen.

Der Generalstab sträubte sich gegen Hitlers Anweisung. Hitler beorderte daraufhin Brauchitsch am 3. September zum Berghof, wo er ihm klarmachte, warum er auf seinem Plan bestand. Die Tschechen hatten ursprünglich nicht mit einem Angriff von Österreich aus rechnen müssen. Die Verteidigungsstellungen, auf die Rundstedt von Schlesien aus treffen würde, waren wesentlich stärker. »Bei der 2. Armee kann sich Verdun wiederholen. Ein Angriff dort bedeutet verbluten an einer nicht zu lösenden Aufgabe.« Was die Tschechen jedoch nicht erwarteten, war ein Angriff, wie Hitler ihn plante und Reichenau mit massierten Panzerverbänden durchführen sollte. »Eine Armee im Herzen Böhmens bringt die Entscheidung.« Brauchitsch ließ sich dennoch nicht überzeugen.

Der Generalstab ignorierte Hitlers Plan. Halder teilte Keitel mit, daß die Befehle bereits ausgegeben worden seien und es für eine Abänderung zu spät sei. Am 8. September flog Keitel vormittags abermals nach Berlin und versuchte, Brauchitsch zum Einlenken zu bewegen. Als der OKW-Chef am nächsten Vormittag wieder in Nürnberg eintraf, wo sich der Parteitag seinem spektakulären Höhepunkt näherte, konnte er lediglich berichten, daß Brauchitsch und Halder sich rundweg weigerten, ihre Pläne abzuändern. Daraufhin wurden die beiden halsstarrigen Generale kurzerhand aus Berlin herbeibeordert und meldeten sich am selben Abend im »Deutschen Hof« zum Rapport.

Die Auseinandersetzung dauerte fünf Stunden. Halder vertrat den Standpunkt des Generalstabes. Hitler entgegnete, daß man in die Planungen das wahrscheinliche Handeln des Gegners einbeziehen müsse. »Es ist kein Zweifel, daß die geplante Zangenoperation die erwünschte Lösung ist«, räumte er ein. »Ihr Erfolg ist jedoch zu unsicher, um sich auf sie zu verlassen, zumal politisch ein schneller Erfolg notwendig ist.« Die Geschichte beweise, wie schwierig die Einstellung einer Operation sei, die nur zur Hälfte erfolgreich verlaufe. Das führe zu den Schrecken von Verdun. Die Panzerverbände würden einzeln verzettelt werden und stünden nicht zur Verfügung, wenn sie für die nachfolgenden Vorstöße in die Tiefe gebraucht würden.

Heutzutage leuchten Hitlers Argumente ein. Aber damals, im September 1938, war es keineswegs so klar, daß Hitler recht hatte. Brauchitsch und Halder verhielten sich weiterhin ablehnend. In den frühen Morgenstunden unterließ Hitler dann jegliches Argumentieren und *befahl* ihnen, die Aufstellung der Panzerverbände so durchzuführen, wie er es gesagt hatte. Bis zum Ende des Monats hätten sie Zeit. Halder nahm es achselzuckend zur Kenntnis. Brauchitsch verblüffte jedermann mit einer langatmigen Loyalitätserklärung. Nachdem die beiden gegangen waren, machte Hitler in Keitels Gegenwart seinem Ärger über die ängstlichen Heeresgenerale Luft: »Es ist schade, daß ich nicht jedem meiner Gauleiter eine Armee unterstellen kann. Diese haben Schneid und zu mir Vertrauen.«

In seiner Rede während des Nürnberger Parteitages las Hitler seinen defätistisch eingestellten Generalen, die mit steinernen Gesichtern in der vordersten Reihe saßen, gehörig die Leviten. Zudem gab er die Verleihung des Nationalpreises an Todt als den Erbauer des Westwalles bekannt, eine unverdiente Herabsetzung der Heeresingenieure.

Nur rund 40 000 RAD-Männer hatte man zum Parteitag abkommandieren können. Die übrigen arbeiteten alle am Westwall. Am 11. stand Hitler – barhäuptig unter der sengenden Septembersonne – fünf Stunden lang in seinem Wagen auf dem Adolf-Hitler-Platz und nahm die Parade von 120 000 SA- und SS-Männern ab, die, als sie in Sichtweite des Führers kamen, in den zackigen Stechschritt verfielen. Beim offiziellen Diplomatenempfang ließ Hitler zu, daß ihm der französische Botschafter eine Lilie – das Symbol Frankreichs – in die Hand drückte. »Diese Blume ist ein Zeichen des Friedens«, erklärte François-Poncet beredt, »und getragen werden soll sie von denen, die gewillt sind, für den Frieden zu arbeiten.« Hitler entledigte sich aber der Lilie, sobald es die Situation gestattete. Die Schlagzeilen der deutschen Zeitungen am nächsten Tage lauteten: »Selbstbestimmung für das Sudetenland. Der Führer fordert das Ende der Knechtschaft.«

Am 13. September verhängte Prag über Eger das Kriegsrecht. Die Entwicklung nahm also den Verlauf, den Hitler geplant hatte. Tags darauf verkündete die NS-Presse: »Tschechischer Mordterror bis zur Anarchie. Deutsche verbluten unter tschechischen Schüssen.«

Am Abend des 14. rief Frank aus dem grenznahen Asch Hitler an und bat um sofortige Entsendung von Truppen und Panzern. Hitlers Antwort lautete: »Frank, warten Sie ab. Die Zeit ist dazu noch nicht reif.«

Etwas Unvorhergesehenes war geschehen. In den späten Abendstunden des 13. September hatte der englische Botschafter in Berlin ein Schreiben des 70jährigen Neville Chamberlain übergeben, worin der britische Ministerpräsident sich bereiterklärte, unverzüglich nach Deutschland zu *fliegen*, um zusammen mit Hitler eine friedliche Lösung auszuarbeiten. Chamberlains Angebot konnte Hitler nicht gut ausschlagen. Dennoch war er ergrimmt darüber, daß ihm – wenn auch für kurze Zeit – die Initiative entglitten war.

Kuriere mit »braunen Blättern« – den von Görings Forschungsamt aufgezeichneten Telefonaten – trafen auf dem Berghof am 14. ein. Noch am selben Vormittag hatte Jan Masaryk, der ungestüme tschechische Gesandte in London, mit dem Außenministerium in Prag gesprochen. »Und wenn er [Hitler] marschieren würde, dann marschieren alle, nicht?« hatte Prag wissen wollen. Masaryk kleinlaut: »Ich glaube, in einer Weile ja. Hier drückt man sich. Es ist hier eine große Bagage.« Prag: »Das ist doch nicht möglich!« »Das sind dumme Leute, die fünfzehn Kreuzer haben und um diese Angst haben«, erklärte Masaryk und teilte ferner mit, was Frankreich anlangte – »Dort gibt es auch etliche Haderlumpen!«

Die Tonart dieser Bemerkungen sagte Hitler genug über die Moral in London und in Prag. Seine geheime Kenntnis dieser Telefongespräche erklärt, warum er sich seiner Sache so sicher fühlte. Aus den Aufzeichnungen ging deutlich hervor, daß Chamberlain die für Masaryk bestimmten Telegramme aus Prag tagelang zurückhalten ließ. Masaryk war dadurch genötigt, die telefonische Verbindung mit Prag noch mehr zu beanspruchen. Den täglichen FA-Aufzeichnungen konnte Hitler entnehmen, daß der tschechische Gesandte die Politiker im Westen mit den übelsten Schimpfwörtern bedachte, von Prag dringend mehr Schmiergeld anforderte und zusammen mit Churchill und mit seinem Kollegen in Paris den Sturz der Regierungen Chamberlain und Edouard Daladier betrieb.

Am 14. September 1938 gegen 21.50 Uhr verlangte Masaryk dringend, Präsident Benesch am Telefon zu sprechen. »Haben Sie schon gehört von Chamberlain?« »Nein.« »Er fliegt morgen um 8.30 Uhr nach Berchtesgaden.« Nach einer längeren Pause äußerte Benesch offenbar entsetzt: »Ist nicht möglich!« Masaryk erwiderte, Chamberlain werde »von der Sau« Sir Horace Wilson begleitet.

Am nächsten Tag gegen 17 Uhr nahm auf der Terrasse außerhalb des Berghofes eine aus dreißig Mann bestehende Ehrenwache der SS Aufstellung. Gegen 18 Uhr trafen die Briten ein. Chamberlain trug den vertrauten dunklen Gehrock, ein Hemd mit steifem Eckkragen, eine helle Krawatte und eine Uhrkette über der Weste.

In seinem Arbeitszimmer im ersten Stock eröffnete Hitler sodann die Unterredung mit der gewohnten Tirade über die zunehmende Terrorwelle der Tschechen. Seinen Behauptungen nach seien bereits 300 Sudetendeutsche ermordet worden. Doch Chamberlain war nicht gekommen, um vom Krieg zu reden. »Wenn Sie, Herr Hitler, nicht mehr verlangen als das Sudetengebiet«, sagte er sinngemäß, »so können Sie es haben.« Hitler, aus dem Konzept gebracht, versicherte, daß er keinerlei Interesse an Nichtdeutschen habe.

Durch seinen Besuch hatte der Engländer das Getriebe des Falls »Grün« zum Stocken gebracht. Dennoch war Hitler recht aufgeräumt, als er am Abend in Gegenwart von Ribbentrop und Weizsäcker sprach. Weizsäcker machte sich folgende Aufzeichnung:

»Durch seine brutal bekundete Absicht, auch auf die Gefahr eines gesamteuropäischen Krieges hin die tschechische Frage jetzt zu lösen, sowie durch den Hinweis, dann in Europa zufriedengestellt zu sein, sei Chamberlain zur Versicherung bewogen worden, die Abtretung des Sudetenlandes an Deutschland betreiben zu wollen. Eine Volksabstimmung habe er, der Führer, nicht ablehnen können. Lehne die Tschechei sie ab, so sei die Bahn für den deutschen Einmarsch frei; füge die Tschechei sich, so komme die Tschechei selbst erst später, zum Beispiel im nächsten Frühjahr, an die Reihe. Die friedliche Erledigung der ersten, sudetendeutschen Etappe habe ja auch ihre Vorzüge.

Daß er für die Zukunft den Krieg in seine Rechnung gestellt hat und weiterschauende Pläne hegt, verbarg der Führer in diesem vertraulichen Gespräch nicht. Er brachte dafür nicht nur nationale, sondern auch mehr erzieherische, vielleicht auch unbewußte, dynamische Beweggründe zum Vorschein. Das Vertrauen auf seine eigene Person, seine Unerschrockenheit im Krieg und in der Politik, seine Verpflichtung, bei seinen Lebzeiten die unausweichliche Auseinandersetzung mit unseren Gegnern zu bewältigen, gab der Führer deutlich zu erkennen. Aus dem Gespräch mit Chamberlain selbst schilderte der Führer eine Reihe von Einzelheiten, Einschüchterungsmethoden und taktischen Kniffen, mit denen er seinen Gesprächspartner in die Ecke florettiert habe.«

Chamberlain und die französische Regierung hatten vor, Hitler sämtliche Gebiete zu überlassen, in denen die deutschstämmige Volksgruppe über 50 Prozent ausmachte. Deswegen ist es nicht verwunderlich, daß Jan Masaryk aufgeregt in einem – abgehörten – Telefongespräch mit Benesch erklärte, daß »der Onkel« noch mit keinem Menschen über seine Unterredung auf dem Berghof gesprochen habe. Der tschechische Gesandte fügte ferner umsichtig hinzu:»Ich bitte noch vorher, falls es zu etwas kommen sollte, um Geld.« Benesch: »Ja.« Masaryk: »Ich brauche jetzt hier gerade genug, wissen Sie!« Benesch: »Werde es sofort veranlassen.«

Weizsäckers Aufzeichnungen lassen keinen Zweifel daran, daß Hitler nicht die Absicht hatte, sich von Chamberlain mit dem Sudetengebiet abspeisen zu lassen. Aber er mußte nun eine Weile Zurückhaltung üben. Als Canaris sich telefonisch mit dem Berghof verbinden ließ und wissen wollte, ob seine Kampf- und Sabotagetrupps mit ihren Terroranschlägen beginnen sollten, beschied ihn Keitel:»Nein, vorläufig nicht.« Hitler wandte eine unverfänglichere Methode an – Aktionen des »Sudetendeutschen Freikorps«, das von den bedrängten Sudetendeutschen scheinbar spontan auf tschechischem Gebiet aufgestellt worden war. In Wirklichkeit waren die rund zehntausend Anhänger Henleins, die in der vorhergehenden Woche ins Reich geflohen waren, auf Hitlers Anweisung hin von der Wehrmacht mit für diesen Zweck geeigneten Waffen – in Österreich hergestellten Mannlicher-Karabinern – ausgerüstet worden und kehrten sodann im Schutz der Dunkelheit in die Tschechoslowakei zurück. Den Freischärlern wurden Wehrmachts- und SA-Offiziere als Berater zugeteilt. Hitler hatte seinen Plan am 16. September Karl Hermann Frank in einer zweistündigen Unterredung eröffnet. Das

Sudetendeutsche Freikorps sollte Nacht für Nacht entlang der Grenze Stoßtruppunternehmen gegen tschechische Stellungen durchführen. Der Zweck sei wie Schmundt dem OKW am nächsten Tag telegrafisch mitteilte, die Aufrechterhaltung der durch Unruhen und Zusammenstöße geschaffenen Atmosphäre.

Im Sommer 1937 hatte Bormann bemerkt, wie gern sein Chef den »Tee-Pavillon« aufsuchte, daraufhin beschloß er, dem Führer ein Teehaus zu bauen, wie es auf der Welt kaum ein zweites gab. Als Platz hatte Bormann im August 1937 den zerklüfteten Gipfel des 1834 Meter hohen Kehlsteins unweit des Berghofes ausersehen und zusammen mit Todt die Markierungsstangen eingerammt. Bautrupps legten eine gepflasterte Straße bis knapp unter den Gipfel an. Am 16. September 1938 war das Teehaus »Adlerhorst« schließlich vollendet. Hitler, Todt und Bormann fuhren zur Besichtigung des Bauwerks – Bormann voll Stolz, Hitler skeptisch. Er hatte anfangs von Bormanns Vorhaben nichts geahnt. Und danach war es zu spät, um das Ganze ungeschehen zu machen. Laut Schaub sprach Hitler von Bormanns Größenwahn, lächelte aber dennoch nachsichtig und ließ sich einreden, daß das Teehaus gut dazu dienen könne, ausländische Besucher zu beeindrucken.
Die neu erbaute Straße endete unter dem Gipfel des Kehlsteins. Durch Sprengungen hatte man eine Fläche für einen Parkplatz geschaffen. In die Felswand war ein massives Doppeltor aus Bronze eingelassen, über dem sich eine Granitplatte mit der Aufschrift »Erbaut 1938« befand. Das Tor öffnete sich, und Hitler nebst seinen Begleitern fuhr in einen in den Felsen getriebenen, 160 Meter langen Tunnel, der zwei Wagen nebeneinander Platz bot. Am Tunnelende befand sich eine Art Rondell mit zwei Schiebetüren aus Bronze. Bormann führte Hitler in das fensterlose Gelaß hinter diesen Türen – einen Aufzug mit gepolsterten Sitzgelegenheiten und viel poliertem Messing und Spiegeln an den Wänden. Geräuschlos fuhren sie sodann zum Gipfel des Kehlsteins. Als Hitler den Lift verließ, empfing ihn eine Aussicht, die noch majestätischer war als die von seinem Berghof. Hier weilte Hitler nur eine Stunde, da ihn sein Herzklopfen in dieser Höhe beunruhigte. Zudem litt er an Atemnot, wie er seinen Ärzten mitteilte. In den Tagen darauf besuchte er den »Adlerhorst« nur selten.
Bis zum Auslösen von Fall »Grün« waren es nur noch zwei Wochen. Auf Truppenübungsplätzen nahe der tschechischen Grenze hatten sorgsam aufeinander abgestimmte Manöver begonnen, die – anscheinend planlos – mal Richtung Grenze, mal weiter entfernt stattfanden.
Chamberlain hatte versprochen, daß er, sobald das Kabinett den Vorschlägen zustimmte, zurückkehren werde. Hitler war über die Entwicklung in London gut unterrichtet, auch darüber, daß Präsident Daladier und sein Außenminister Georges Bonnet am 18. September zu einer Besprechung

der Bedingungen, die man Präsident Benesch diktieren wollte, in London eingetroffen waren. Am 19. telefonierte Masaryk gegen 13.20 Uhr mit Benesch und klagte: »Hier sitzen die Onkels noch, und bisher haben sie keinem etwas gesagt.«

Benesch kam sodann auf Gerüchte zu sprechen, auf Pläne, die Ungarn und die Karpato-Ukraine in die Krise mit einbezogen und die alle indiskutabel waren. Masaryk meinte: »Ja, und sie sprechen von der Abtrennung von Gebieten und so, wissen Sie!« Im weiteren Verlauf des Gesprächs sagte Masaryk hitzig: »Ich gehe überhaupt nicht hin [zur Downing Street]. Sie haben mich nicht gerufen, also ich sch... auf sie, Herr Präsident!« Am Nachmittag wurde der englisch-französische Plan schließlich Benesch – aber nicht Masaryk – übermittelt. Benesch sollte sämtliche Gebiete abtreten, in denen der deutschstämmige Bevölkerungsanteil über 50 Prozent ausmachte. Gegen 19 Uhr teilte Benesch telefonisch Masaryk das Wesentliche mit und wollte wissen, was denn Leute wie Churchill darüber dächten. Masaryk antwortete: »Nun... sie hofften, daß wir es uns nicht gefallen ließen.« Er fügte hinzu: »Wenn es noch 75 Prozent hieße, aber 50 Prozent, das ist ja unmöglich!« »Schrecklich«, meinte Benesch seufzend.

In den nächsten zwei Tagen ließ Prag offiziell nichts verlautbaren. Benesch erklärte in einem – abgehörten – Telefongespräch Masaryk, daß er nach einer Formel suche, die weder auf ein Ja noch auf ein Nein hinauslaufe. Masaryk sprach darüber, daß Chamberlain in Bälde nach Deutschland fliegen werde – »Der Alte packt schon wieder seinen Koffer und ist ganz wild« – und forderte dringend die Übersendung von Schmiergeldern nach London: »Es wird wohl bald losgehen, und ich bin dann vollkommen ohne [Gelder].«

In den Morgenstunden des 19. September hatten Terrorkommandos von Henleins Freikorps mit ihren Operationen begonnen. Tschechische Heeresverbände wurden zur Grenze verlegt. Daraufhin konnte die Generalität Hitler dazu bewegen, die Zahl der an einem Stoßtruppunternehmen des Freikorps Beteiligten auf zwölf Mann oder noch weniger zu beschränken.

Am selben Tag nahm Hitler sein Werben um die Unterstützung Ungarns wieder auf. Admiral Horthy, der von Göring zu einer Jagdpartie nach Deutschland eingeladen worden war, hatte Hitler in einem Privatschreiben seine Bestürzung über Zeitungsmeldungen ausgedrückt, wonach Benesch die Gebiete mit deutschsprachiger Bevölkerung dem Reich abtreten werde, während »sonst alles beim alten bliebe«. (Das Schreiben befindet sich in Horthys Nachlaß in Budapest.) Am 20. September konferierte Hitler darüber mit Imrédy und Kánya auf dem Berghof. Er drückte die Hoffnung aus, Präsident Benesch werde die ihm von England und Frankreich diktierten Bedingungen *nicht* annehmen. Denn er strebe weiterhin die Zerschlagung der Tschechoslowakei an.

Noch am selben Tag gegen 16 Uhr empfing Hitler den polnischen Botschafter. Hitler umwarb Polen seit Mitte Juli. Goebbels hatte die NS-Schriftleiter angewiesen, »bis auf weiteres« keine Berichte über gegen Deutsche gerichtete Zwischenfälle in Polen zu bringen. Am 6. September wiederholte Hans Fritzsche die Goebbels-Direktive: »Über Zwischenfälle in Polen darf nicht berichtet werden, so leid es uns wohl tue.« Drei Tage darauf erfolgte die aufschlußreiche Erklärung: »Es sei Grundsatz der Außenpolitik des Dritten Reiches, immer nur sich mit einer Sache zu befassen.« Nun wurde Hitler für seine Nachsicht belohnt: Der Pole meldete in aller Bescheidenheit die Besitzansprüche seines Landes auf das Gebiet um Teschen im Nordosten der Tschechoslowakei an und erklärte, daß seine Regierung »nicht vor Gewaltanwendung zurückschrecken« werde. Das klang recht vielversprechend. Hitler und Ribbentrop fuhren hernach höchst zufrieden nach Pullach, wo sie den Abend in Bormanns Haus verbrachten. Gegen Mitternacht erfuhr Hitler, daß Chamberlain am 22. zu einer Unterredung nach Bad Godesberg kommen werde.

Am 21. September gegen 2 Uhr nachts suchten der englische und der französische Gesandte in Prag gemeinsam Benesch auf und legten ihm nahe, die Vorschläge zu akzeptieren, »bevor er eine Situation herbeiführe, für die Frankreich und Großbritannien keine Verantwortung übernehmen würden«. Sechs Stunden später zeichneten Görings Lauschspezialisten ein verschlüsseltes Gespräch zwischen Prag und Paris auf. Der Sprecher in Prag erklärte, daß man die Vorschläge auf Grund der Drohung der englischen und französischen Regierung, andernfalls die Tschechoslowakei völlig preiszugeben, hatte annehmen müssen.

Den abgehörten Telefonaten konnte man entnehmen, daß Churchill dem tschechischen Gesandten versichert hatte, die Regierung Chamberlain werde noch am Nachmittag – am 22. 9. – gestürzt werden, daß in Paris drei Minister schriftlich bei Daladier protestiert hätten und daß »Bonnet, das Sch ... gehen müsse«. Masaryk wurde von seinen englischen Sympathisanten gebeten, auf Prag einzuwirken, damit es die offizielle Entscheidung über die Vorschläge wenigstens bis zum 26. hinziehe. Masaryk riet Präsident Benesch mit beschwörender Stimme:

»Herr Präsident, dann ist eine Sache sehr wichtig. ... Hier wächst die Sache lawinenartig für uns. ... Das läßt Ihnen Churchill, Eden und der Erzbischof ausrichten.«

Da auch Hitler davon erfuhr, konnte er sich darauf einstellen. Als er anfangs hörte, daß Prag zum Nachgeben neige, wies er das OKW an, Pläne für die widerstandslose Besetzung der Gebiete mit deutschsprachiger Bevölkerung auszuarbeiten. Aber nun entschied sich Hitler aufgrund der FA-Aufzeichnungen anders. Denn Benesch versuchte nur den Anschein zu erwecken, als werde er die Vorschläge akzeptieren, indes er nach Zeitgewinn trachtete.

Am 22. September traf Chamberlain auf dem Kölner Flughafen ein. In seiner Begleitung befand sich abermals Sir Horace Wilson. Vor dem Hotel Dreesen in Bad Godesberg war eine Kompanie von Hitlers SS-Leibstan-

darte angetreten. Chamberlain erinnerte Hitler an die auf dem Berghof getroffene Vereinbarung. Hitler entgegnete mit ernster Stimme: »Es tut mir furchtbar leid, aber das [die Vereinbarung vom Berghof] geht nicht mehr.« Er müsse darauf bestehen, daß die Wehrmacht die deutschsprachigen Gebiete ohne weiteren Verzug besetze. Chamberlain meinte, Hitler habe sein Wort gebrochen. Als Hitler während des dreistündigen Gesprächs nur weitschweifig ein Argument um das andere vorbrachte, lehnte Chamberlain sich auf dem Sofa zurück und sagte, daß er das Seinige getan habe. Sein Gewissen sei rein. Da keine Seite einlenken wollte, wurden die Gespräche – anscheinend endgültig – abgebrochen, und die englische Delegation fuhr mit dem Fährschiff zum Hotel Petersberg zurück. Im Mai 1942 kam Hitler auf die heuchlerische Haltung der Briten zu sprechen. Aus den FA-Aufzeichnungen habe er gewußt, daß sie insgeheim die von ihm geforderten Zugeständnisse gewähren wollten. Sein Unmut wurde zudem durch das Äußere der englischen Delegation gesteigert. Hernach sagte er tadelnd zu Henderson: »Wenn ich noch einmal von Leuten in saloppem Anzug besucht werde, schicke ich meinen Botschafter in London im Pullover zu Ihrem König.«
Am 23. September schickte der Ministerpräsident Hitler eine Note zu, in der er ihm erklärte, daß das englische Volk die neuen deutschen Forderungen nicht hinnehmen würde. Hitler erwiderte, er mißtraue den Tschechen. Sie wollten nur Zeit gewinnen. Chamberlain bat Hitler, seine Vorschläge in einem Memorandum zusammenzufassen und erhielt das Dokument, als er abends gegen 22 Uhr Hitler in dessen Hotel aufsuchte.
Wenig später, so gegen 22.30 Uhr, überbrachte ein Bote Hitler die Nachricht: »Benesch hat soeben über den tschechoslowakischen Rundfunk die Gesamtmobilisierung bekanntgegeben.«
Das schien der befürchtete Eklat zu sein. Hitler stand auf und erklärte, damit sei die Angelegenheit wohl erledigt. Chamberlain erhob sich gleichfalls und schickte sich zum Gehen an.
Das war nun aber nicht, was Hitler sich wünschte. Ribbentrop half ihm aus der Verlegenheit, indem er vorschlug, die englischen Verhandlungspartner sollten zumindest das erbetene Memorandum vorher lesen. Man nahm wieder Platz. Das Memorandum setzte einen Termin fest. Die Tschechen solltem am 26. September mit der Räumung der deutschsprachigen Gebiete beginnen und sie bis zum 28. abschließen. Chamberlain warf zu Recht ein, daß es sich um ein Diktat handle. »Es ist keins«, erwiderte Hitler gewitzt. »Sehen Sie nur – es wird als ›Memorandum‹ bezeichnet!« Unter Druck gesetzt, ließ er sich dazu herbei, den Termin auf den 1. Oktober zu verlegen – den von ihm bestimmten Tag X im Fall »Grün«. »Wissen Sie«, schmeichelte er Chamberlain, »Sie sind der einzige, dem ich bislang ein Zugeständnis gemacht habe.« (Die gleichen Worte hatte er im Februar auf dem Berghof zu Schuschnigg gesagt.) Um 1.15 Uhr nachts verabschiedete sich Hitler im Foyer von Chamberlain. Das sei seine letzte territoriale Forderung

in Europa gewesen, versicherte er. Chamberlain erwiderte: »Auf Wiedersehen!«
Danach setzte sich Hitler eine Zeitlang in den Hotelgarten und blickte auf den vorbeifließenden Rhein. Nach einer Weile wandte er sich Ribbentrop zu und dankte ihm, daß er vorher in das Gespräch eingegriffen hatte. »Sie haben heute die Situation gerettet.«
Chamberlain erstattete dem Kabinett Bericht.* Masaryk erklärte später höhnisch in einem Telefongespräch mit Benesch: »Es scheint so, daß ihn der Deutsche dermaßen fertiggemacht hat, daß er heute früh kaum noch lallen konnte.« Als Masaryk das Gerücht erwähnte, wonach Hitler fordere, daß die tschechische Regierung den sofortigen Einmarsch der Wehrmacht gestatten solle, rief Benesch empört aus: »Ausgeschlossen!« Masaryk war derselben Ansicht. »Es ist ganz ausgeschlossen, daß wir aus unseren Positionen weichen«, bestätigte Benesch erneut.
Daß Prag nicht klein beigeben wollte, war auch Hitler genehm. Aber auch Frankreich hatte eine Teilmobilmachung eingeleitet. Damit hatte Hitler vor dem Tage X nicht gerechnet. Zudem waren Einheiten der englischen Flotte ausgelaufen. Am 25. September lehnten Frankreich, Großbritannien und die Tschechoslowakei Hitlers Godesberger »Memorandum« ab. Benesch wies Masaryk an, in London klarzumachen, was die von Chamberlain mit dem Memorandum zugeleitete Landkarte bedeute: »Es handelt sich um die sofortige Übergabe des ganzen Staates in die Hände Hitlers.« »Zeigen Sie auf der Karte«, fügte Benesch hinzu, »wie der Staat vernichtet werden soll!« Masaryk entgegnete: »Bisher hat man mir die Karte nicht übergeben. Es ist eine große Lumperei.«
Beim Durchlesen der FA-Aufzeichnungen mit der nahezu unübersetzbaren Verunglimpfung von Chamberlain und Sir Horace Wilson kam Hitler der Gedanke, wie er einen Keil zwischen seine Gegner treiben könne. Er wies Göring an, die »Braunen Blätter« mit den aufgezeichneten Telefonaten Henderson auszuhändigen.
Am 26. September hatte Hitler Keitel um 12.15 Uhr in die Reichskanzlei beordert und ihm mitgeteilt, daß der Fall »Grün« ab 30. anlaufen würde. Als ihm Wilson Chamberlains neuesten Vorschlag vorlegte, wußte Hitler – dank Masaryks Geschwätzigkeit am Telefon – bereits davon und verwarf ihn, da es sinnlos sei, solange Prag die Godesberger Bedingungen nicht annehmen wolle. Er werde Benesch bis Mittwoch, den 28., Zeit lassen, die Vorschläge zu akzeptieren. »Bis Mittwoch 24 Uhr?« erkundigte sich der englische

---

* Um 15.30 Uhr erklärte Chamberlain den zuständigen Ressortministern, daß er seines Erachtens »im gewissen Maß Herrn Hitler hatte persönlich beeinflussen können«; seinem Eindruck nach werde Hitler sein Wort nicht brechen. Um 17 Uhr berichtete er dem vollzähligen Kabinett, daß Hitler »sehr viel daran liege, die Freundschaft Großbritanniens zu erlangen ... es wäre ein großes Unglück, wenn wir die Gelegenheit versäumten, eine Verständigung mit Deutschland herbeizuführen«.

Gesandte. »Nein, bis 14 Uhr«, antwortete Hitler. Damit hatte er ein formelles Ultimatum ausgesprochen.

Doch der Druck auf Hitler nahm nun ständig zu. Lord Rothermere riet Hitler in einem privaten Telegramm, sich genau zu überlegen, was er abends in seiner bereits angekündigten Rede im Berliner Sportpalast sagen werde. Die Rede war rüpelhaft und provokativ. Hitler verkündete, seine Truppen würden in fünf Tagen – am 1. Oktober – in das deutschsprachige Sudetengebiet einmarschieren und schloß mit den Worten: »Wir sind entschlossen! Herr Benesch mag jetzt wählen!«

Am nächsten Vormittag sprach Sir Horace Wilson abermals bei Hitler vor. Nachdem er gegangen war, schickte Hitler Schmundt mit der schriftlichen Anweisung zu Keitel, daß die Truppenverbände der ersten Angriffswelle Stellungen beziehen sollten, von wo aus sie am 30. angreifen könnten. Hitler ordnete ferner an, daß das Sudetendeutsche Freikorps seine Terroranschläge steigern solle.

Wollte er weiterhin einen Krieg? Weizsäcker, der nach Mitternacht mit einem unzeitgemäßen Vorschlag Hendersons in die Reichskanzlei kam, traf Hitler in Gesellschaft von Ribbentrop an. Hitler erklärte knapp, daß er nun die Tschechoslowakei vernichten werde. Einige Tage danach meinte Weizsäcker:

»Diese Worte fielen nur vor Ribbentrop und mir... Die Annahme ist daher unrichtig, daß der Führer etwa einen ganz großen und aufs höchste gesteigerten Bluff betrieben habe. Sein Ressentiment vom 22. Mai, wo die Engländer ihm Zurückhaltung vorgeworfen hatten, führte ihn auf die kriegerische Bahn.«

Doch es ist gleichermaßen denkbar, daß diese Worte an die englischen Diplomaten gerichtet waren, da Hitler aus FA-Aufzeichnungen von Weizsäckers Einvernehmen mit ihnen wußte. Genaueres läßt sich allerdings nicht sagen.

In den bevorstehenden Kämpfen sollte nach Hitlers Wunsch die SS eine wichtige Rolle spielen. Er bestimmte, daß zwei Totenkopf-Sturmbanne mit Paks und Infanteriegeschützen auszurüsten seien, um in der Stadt Asch, die von Henleins Freischärlern besetzt war, eine selbsternannte »autonome sudetendeutsche Regierung« zu schützen. Im »Jauernicker Zipfel« südlich von Breslau hatte Henlein, unterstützt von Canaris' Kampforganisationen, die Macht ergriffen.

Das Kommando über Henleins Freikorps sollte am ersten Tage des Falles »Grün« an Himmler übergehen. Es ist bemerkenswert, daß Hitler in diesen Krisentagen eher den Rat von Generalen suchte, die – wie Reichenau – der Partei nahestanden, eine Entwicklung, der sich Brauchitsch bezeichnenderweise fügte. Hitlers Ultimatum sollte am nächsten Tag um 14 Uhr ablaufen. Tags zuvor meldete der deutsche Militärattaché in Paris, daß seiner Beurteilung nach Frankreich bis zum 6. Mobilmachungstag 65 Divisionen dem

Westwall gegenüber aufmarschieren lassen werde. In einer internen Besprechung äußerte Göring erbittert die Ansicht, daß der Krieg kaum noch zu vermeiden sei und sieben Jahre dauern könne. Aber er glaube dennoch an einen deutschen Endsieg. Am Vormittag des 28. berichtete der deutsche Marineattaché in London, daß König Georg VI. bereits den Mobilmachungsbefehl unterzeichnet habe. Nur das Datum müsse noch eingesetzt werden. Um zehn Uhr hatte Brauchitsch Keitel aufgesucht und ihn gebeten, auf Hitler einzuwirken, damit er nicht über das sudetendeutsche Gebiet hinausgehe. Canaris beurteilte die bewaffnete Intervention der Westmächte als sicher. Generalstabschef Halder erlitt einen Nervenzusammenbruch nebst einem Weinkrampf. Noch bedenklicher war, wie Berlin um die Mittagszeit erfuhr, daß die ganze englische Flotte mobilgemacht hatte. Hitler mußte nun zweifellos erkennen, daß seine Erpressung ihm nichts einbringen würde. Später gestand er Göring, die Nachricht von der Mobilmachung der Royal Navy habe den Ausschlag gegeben.

Am Vormittag des 28. bat der französische Botschafter um eine Unterredung mit Hitler, um ihm weitgehende Vorschläge Bonnets zu übermitteln, von denen die tschechische Regierung keine Ahnung hatte. Die Unterredung sollte um die Mittagszeit stattfinden. Als Hitler kurz vor Mittag mit Ribbentrop konferierte, kam Göring mit der Nachricht, die vermutlich sein Forschungsamt aufgefangen hatte, daß Mussolini wenige Minuten vor elf dem italienischen Botschafter in Berlin telefonisch mitgeteilt hatte, Chamberlain habe eben Kontakt zu ihm aufgenommen. Er, Mussolini, wolle nun Hitler veranlassen, die Mobilmachung um 24 Stunden zu verschieben.

Im Kabinettszimmer kam es daraufhin zu einer hitzigen Diskussion, die die Nervosität der Beteiligten offenbarte. Göring warf Ribbentrop gereizt vor, er wolle den Krieg. Hitler brachte sie mit den Worten: »Niemand will Krieg!« zum Schweigen. Er war noch unschlüssig. Gegen Mittag wurde sodann François-Poncet empfangen. Der neue Bonnet-Plan war zwar ein Fortschritt, aber er genügte nicht. In diesen Augenblick trat ein Adjutant ein und überreichte Hitler eine zusammengefaltete Notiz. Der italienische Botschafter warte draußen. Hitler entschuldigte sich mit den Worten: »Ich werde am Telefon verlangt« und verließ den Raum, um die Botschaft Mussolinis offiziell in Empfang zu nehmen. Er erklärte sich mit einer Verschiebung seines Termins um einen Tag einverstanden. Botschafter Bernardo Attolico eilte davon, um Rom zu benachrichtigen. Nun regte sich auch die englische Regierung. Das Forschungsamt berichtete, daß es gegen 11.30 Uhr Chamberlains sensationelle telefonische Mitteilung an die Berliner Botschaft aufgefangen habe, wonach der Premier zu einem erneuten Deutschlandbesuch bereit sei.

Hitler kehrte zu François-Poncet zurück, wurde aber kurz darauf abermals zu dem italienischen Botschafter hinausgebeten. Mussolini hatte telefonisch mitgeteilt, Chamberlain werde einen Vorschlag unterbreiten, der zu einem »grandiosen Sieg« führen könne.

Kaum war François-Poncet gegen 12.30 Uhr gegangen, da kam Henderson mit Chamberlains Vorschlag, eine Fünf-Mächte-Konferenz einzuberufen, »Ich bin bereit«, schrieb der betagte Premier, »mich persönlich nach Berlin zu begeben...« Hitler diktierte Attolico eine Zusammenfassung seiner Minimalforderungen, die der Botschafter Mussolini zuleiten sollte.
Damit schien der Friede gesichert. Als Attolico um 14.40 Uhr wiederkam, aß Hitler noch. Er begrüßte den Italiener »mit vollem Mund«. Attolico sagte: »Morgen elf Uhr München.« (Berlin sei Mussolini zu weit entfernt.) Hitler mußte lachen. Am Nachmittag ergingen die Einladungen an die beiden anderen Mächte. Keine lehnte ab. Die Tschechoslowakei wurde nicht geladen.
Noch am gleichen Abend, am 28. September um 20.50 Uhr, verließ Hitlers Sonderzug den Anhalter Bahnhof in Berlin und fuhr München entgegen.

Um 9.30 Uhr erwartete man auf dem kleinen Grenzbahnhof Kiefersfelden die Ankunft von Mussolinis Sonderzug. Der Duce, in Begleitung seines eleganten Außenministers und Schwiegersohns Graf Galeazzo Ciano, begab sich in Hitlers Salonwagen. Hitler meinte, indessen sein Sonderzug sich in Richtung München in Bewegung setzte, daß »wir beiden Revolutionäre immer abwechselnd Europa in Aufregung brachten«.
Keitel legte dem Duce die militärische Lage dar. Hitler versicherte ihm, daß die Westmächte nicht intervenieren würden. Mussolini bat um eine Landkarte und erhielt eine, in der die Sprachgrenzen farbig eingezeichnet waren. Hitler erklärte, er sei allerdings keineswegs bereit, sich auf zeitraubende Volksabstimmungen in den strittigen Gebieten einzulassen. Andererseits wolle er auch nicht ein einziges tschechisches Dorf haben.
Die Ereignisse im Münchner Führerbau, der mit den Fahnen der vier verhandelnden Mächte geschmückt war, fanden – wie hätte es anders sein können? – in einer spannungslosen Atmosphäre statt. In Gesellschaft von Mussolini und Daladier erwartete Hitler im Rauchsalon die Ankunft Chamberlains. Sein Diener hatte Sandwiches und Bier auftragen lassen. Da Hitler nur die deutschsprachigen Gebiete beanspruchte und die übrigen drei Mächte damit einverstanden waren, mußte man sich lediglich über die Modalitäten der Übergabe einig werden. Und da die aufgesetzte Vereinbarung, die er gestern Attolico übergeben hatte, nun von Mussolini in italienischer Fassung vorgelegt wurde, als habe er sie entworfen, stand das Ergebnis bereits fest. Die einzige Hürde war, daß Hitler stur darauf bestand, die Tschechen müßten die betreffenden Gebiete unverzüglich räumen, indessen Chamberlain ebenso halsstarrig den tschechischen Standpunkt verfocht. Während des ganzen Vormittags spielte Hitler mit einer Taschenuhr – er hatte sie wohl für eben diesen Zweck ausgeliehen, da er sonst nie eine trug –, als wolle er damit andeuten, daß er auch jetzt noch die verschobene Mobilmachung um 14 Uhr anordnen könne. In den Sitzungspausen dieser schleppenden, formlos verlaufenden Konferenz machten es sich die Staats-

chefs in dem massigen Führerbau bequem oder telefonierten mit ihren Regierungen. Eine Zeitlang saßen Daladier und Hitler behaglich auf einem breiten Sofa und tauschten Erinnerungen an den Stellungskrieg aus. In einer weiteren Pause berichtete Chamberlain Hitler von seinen ›Weekend‹-Angelpartien.

Gegen 15 Uhr fuhr Hitler in Begleitung von Himmler und den Italienern zu einem Imbiß in seine Privatwohnung. Aufgebracht sprach er von Chamberlains Halsstarrigkeit. »Daladier«, sagte er, »ist ein Jurist, der den gegebenen Umständen Rechnung trägt und die Konsequenzen zu ziehen weiß. Aber dieser Chamberlain hat wie ein feilschender Kaufmann um jedes Dorf und kleinliche Interessen gestritten, schlimmer als es die Tschechen selbst getan hätten. Was hat er denn in Böhmen verloren? Es geht ihn doch gar nichts an!«

Seine Freude über den bevorstehenden Sieg trübte sich. »Es ist an der Zeit, daß England aufhört, in Europa die Gouvernante zu spielen«, meinte er. »Wenn es seine Beschützerrolle nicht sein läßt, wird sich der Krieg letztlich nicht vermeiden lassen. Und ich werde diesen Krieg durchhalten, solange Sie und ich noch jung sind, Duce, da dieser Krieg eine gigantische Kraftprobe für unsere beiden Länder sein wird und Männer in voller Lebenskraft an der Spitze der Regierung verlangt.«

Am Nachmittag nahm man die Besprechungen wieder auf. In den frühen Morgenstunden wurde schließlich das Münchner Abkommen unterzeichnet.

Vor seiner Abreise bat Chamberlain Hitler um eine Unterredung am Prinzregenten-Platz.

Chamberlain erbat von Hitler die Zusicherung, daß die Luftwaffe, sollten die Tschechen so verblendet sein, die Münchner Vorschläge abzulehnen, keine zivilen Ziele bombardieren würden. Hitler gab sie ihm. Sodann legte Chamberlain Hitler eine maschinegeschriebene Erklärung vor und ersuchte ihn, sie zu unterzeichnen; das würde seine Stellung in London beträchtlich erleichtern. Hitler unterschrieb sie ohne rechte Begeisterung. Der Schluß der Erklärung lautete:

». . . Wir betrachten das gestern nacht unterzeichnete Abkommen wie auch das zwischen Großbritannien und Deutschland abgeschlossene Marineabkommen als den symbolischen Ausdruck des Wunsches unserer beiden Völker, nie mehr gegeneinander Krieg zu führen.«

Im Führerbau berichtete Hitler Ribbentrop von der sonderbaren Episode. Als sie danach die Freitreppe hinunterschritten, meinte Ribbentrop, er sei nicht sicher, ob Hitler klug gehandelt habe, als er die Erklärung unterzeichnete. Spitzy konnte Hitlers halblaute Antwort hören: »Ach, dieses Papier hat weiter keine Bedeutung.«

». . . die deutsche Frage zu lösen«

Am 2. Oktober 1938 verließ Hitler, begleitet von Brauchitsch, Milch und Todt, Berlin mit dem Flugzeug, um die kürzlich angegliederten Sudetengebiete zu bereisen. Auf den mittelalterlich anmutenden Marktplätzen von Asch und Eger wurde er von der begeisterten Menschenmenge ebenso bejubelt wie bei der Inspektion der mittlerweile geräumten tschechischen Befestigungen. Fünf Wochen darauf posaunte er vor NS-Schriftleitern:
»Die Größe dieses Erfolges wurde mir selber in dem Augenblick am meisten bewußt, als ich zum erstenmal inmitten der tschechischen Bunkerlinie stand. Da wurde mir bewußt, was es heißt, eine Front von fast 2000 Kilometer Befestigungen zu bekommen, ohne einen scharfen Schuß abgefeuert zu haben.«
Dennoch war es kein unblutiger Sieg gewesen. In den 200 Stoßtruppunternehmen hatte das Sudetendeutsche Freikorps Henleins über hundert Mann verloren. Auf der Fahrt von Asch nach Eger in einem Konvoi dreiachsiger Geländewagen kam Hitler durch Ortschaften, die aussahen, als habe eine regelrechte Schlacht stattgefunden – zerschossene Gebäude, zerfetzte Telefonleitungen, allenthalben Glassplitter, Menschenschlangen vor den Feldküchen. Die bewaffneten Freischärler, auf die sie trafen, »sahen mehr als verwegen aus, und man hätte ihnen nicht abends allein begegnen mögen«, wie ein Wehrmachtsoffizier bemerkte. Den deutschen Truppen folgten Wirtschafts- und Rüstungsexperten des Reiches, die den unverzüglichen Wiederaufbau der industriellen Anlagen einleiten sollten.
Hitlers Gedanken kreisten weiterhin um die unbesetzte Resttschechoslowakei, um die ihn Chamberlain in München seiner Beurteilung nach zumindest vorläufig gebracht hatte. In Prag war immerhin die erste deutsche Universität gegründet worden. Böhmen und Mähren waren einst Teil des Reiches gewesen.
Die Grenzen in Mitteleuropa mit ihren Ungereimtheiten sollten Hitler noch viele Wochen lang Kopfzerbrechen bereiten. Die Polen hatten nicht nur das Gebiet um Teschen besetzt, sondern beansprucheten darüber hinaus noch Mährisch-Ostrau wie auch die bedeutenden, zumeist von Deutschen bewohnten Städte Witkowitz und Oderberg. Ungarn hingegen hatte allzulange gezaudert.
Als sich nun die von Admiral Horthy geleitete ungarische Regierung anders besann und übersteigerte Ansprüche auf die gesamte Karpato-Ukraine erhob, stellte sich Hitler taub. In jenen Wintermonaten beschäftigte ihn vor allem das Problem, wie er auch noch Böhmen und Mähren in seine Gewalt

bekommen könne. Die Unterstützung des slowakischen Separatismus bot ihm eine gefahrlose Möglichkeit, den Zerfall des tschechoslowakischen Staates herbeizuführen. Sobald er diesen Entschluß gefaßt hatte, wies er Ungarns Ansprüche auf die Slowakei schroff zurück. Als Koloman Darányi, der ehemalige ungarische Ministerpräsident, ihm am 14. Oktober ein privates Schreiben Admiral Horthys überbrachte, worin dieser um Unterstützung bat, gab ihm Hitler zur Antwort, daß Ungarn an der Entwicklung selbst Schuld trage. In Hewels Aufzeichnung über dieses Gespräch heißt es:

»Der Führer führt nun aus, wie sehr er die Ungarn gewarnt habe, sowohl auf dem Schiff [im August] als auch bei dem Besuch Imrédys und Kányas auf dem Obersalzberg [im September]. Er habe ihnen genau gesagt, daß er im Oktober die tschechoslowakische Frage *so oder so* lösen wolle. Polen habe den richtigen Augenblick erkannt, losgeschlagen und sein Ziel erreicht. Man könne dieses Problem nur dann auf dem Verhandlungswege lösen, wenn man entschlossen sei, zu handeln. Nur dadurch habe er [Hitler] alles bekommen, was er wollte. Herr Kánya habe aber nichts als Bedenken gehabt, obwohl der Führer ihm gesagt habe, daß Frankreich und England nicht kämpfen würden.«

Bei dem Gespräch mit Darányi fügte Hitler noch hinzu: »Die Slowakenführer verschiedenster Schattierungen liefen seit mehreren Tagen den Deutschen die Türen ein, um ihnen zu bestätigen, daß sie nicht zu Ungarn wollten.«

Das entsprach auch den Tatsachen. Am 25. September weilte der slowakische Ingenieur und Führer der »karpatendeutschen Volksgruppe« Franz Karmasin als Gast auf Görings Landsitz Karinhall. Er war dazu ausersehen, in der Slowakei die Rolle eines »Henlein« zu übernehmen. Am 12. Oktober brachte Karmasin dann auch eine Unterredung zwischen dem stellvertretenden slowakischen Ministerpräsidenten Dr. Ferdinand Ďurčanský und Göring zustande. Ďurčanský versicherte Göring, daß die Slowaken keinesfalls zu Ungarn wollten; nur die dort ansässigen Juden würden für Ungarn stimmen. »Die Slowaken wollen volle Selbständigkeit unter stärkster politischer, wirtschaftlicher und militärischer Anlehnung an Deutschland.« Darüber hinaus würde die Slowakei das Judenproblem ähnlich wie in Deutschland lösen. Göring gab hernach zu Protokoll:

»Bestrebungen der Slowaken auf Selbständigkeit in geeigneter Weise unterstützen. Eine Tschechei ohne Slowakei ist uns noch mehr restlos ausgeliefert. Flughafenbasis in Slowakei für Luftwaffe im Einsatz gegen Osten sehr wichtig.«

Aber auch die Tschechen suchten bei Hitler Schutz. Nach Beneschs Flucht in die Vereinigten Staaten hatten auf Ausgleich bedachte Politiker die Regierung übernommen und versuchten nun, Hitlers Gunst zu erringen. Nur widerstrebend hatte Hitler den Fall »Grün« für überholt erklärt. Keitels Adjutant Hauptmann Eberhard notierte sich folgenden Telefonanruf: »Schmundt fragt an, wann Grün wieder startbereit gemacht werden kann.

Die tschechoslowakische Armee blieb für das OKW weiterhin ein Grund zur Besorgnis. Denn im Ernstfall hätte sie 25 deutsche Divisionen gebunden. Aber sie war kein politischer Risikofaktor mehr. Am 12. Oktober versicherte der tschechische Gesandte Wojtech Mastný Göring unter vier Augen, daß sich in seinem Land ein »völliger Umschwung« ereignet habe. Die Tschechoslowakei würde ihre Außenpolitik auf die Deutschlands abstimmen, sich in der Behandlung der Juden- und Kommunistenfrage nach dem Reich richten und Deutschland industriell unterstützen. Als der neue tschechische Außenminister František Chvalkovský zwei Tage danach bei Hitler vorsprach, machte ihm der Führer dennoch eine seiner berüchtigten Szenen. In den tschechischen Aufzeichnungen heißt es: »Er [Hitler] verhehlte durchaus nicht, daß er sich nichts gefallen lasse und daß die Katastrophe für unseren Staat wie ein Blitz hereinbräche, wann immer wir von neuem wankten und zu den alten Manieren zurückkehrten. Vierundzwanzig, acht, Fingerschnippen.« – Hitler drohte, die Tschechoslowakei binnen 24 oder gar 8 Stunden zu vernichten, und verlieh seinen Worten durch Fingerschnippen Nachdruck. – »Soweit es um die Garantie gehe, sei die einzige Garantie, welche Wert hätte, seine Garantie. Er werde sie nicht geben, solange er das nicht für zweckmäßig erkenne.«

Am 9. Oktober 1938 war Hitler von Saarbrücken aus zur zweiten, von der Presse gleichfalls groß herausgestellten Inspektionsfahrt entlang des Westwalls angetreten.

In Saarbrücken versetzte Hitler – in seiner Rede an die Arbeiter am Westwall – dem »Geist von München« den ersten Schlag. Er grollte, daß seine Wachsamkeit nicht nachlassen werde. Denn in einer Demokratie könnten Politiker, die redlich für den Frieden arbeiteten, über Nacht von Kriegstreibern abgelöst werden. »Es braucht nur in England statt Chamberlain Herr Duff Cooper oder Herr Eden oder Herr Churchill zur Macht kommen, so wissen wir genau, daß es das Ziel dieser Männer wäre, sofort einen neuen Weltkrieg zu beginnen. Sie machen gar keinen Hehl, sie sprechen das offen aus.«

Die Tonart von Hitlers Saarbrücker Rede – München war noch nicht lange her – traf die Regierung Chamberlain völlig unerwartet. Eine Woche später sagte Hitler zu François-Poncet, daß er es bedaure, Chamberlain das »Stück Papier« ausgehändigt zu haben. Wenn man mit Franzosen verhandele, könne man stets mit einem ehrlichen Ja oder Nein rechnen, schmeichelte er dem Botschafter. »Mit den Engländern ist es jedoch anders. Man gibt ihnen ein Dokument. Daraufhin kommt es zu stürmischen Debatten, dann zu Milliarden für Rüstung, und man selbst ist nicht besser dran als zuvor.«

Vorläufig konnte sich Hitler auf kein neues Unternehmen einlassen. Er konnte es sich auch aus wirtschaftlichen Gründen (Aufrüstung, Westwallbau) nicht mehr leisten.

Doch das hinderte Hitler keineswegs daran, neue, immense Rüstungsvorhaben voranzutreiben. Keitel erklärte er, daß England nur auf Zeitgewinn aus sei.

In München war Hitler zu der Beurteilung gelangt, daß sich Deutschland um das Jahr 1942 im Krieg mit England befinden werde. Am 30. September hatte Keitel vor seinem Abflug aus München Oberst Georg Thomas, den Leiter des Wehrwirtschaftsstabes, telefonisch angewiesen, von dieser Annahme auszugehen. Munition könne ausreichend gefertigt werden, wenn es die Zeit erfordere. Was Hitler jedoch vorantreiben wolle, war die Fertigstellung neuer Panzer, Geschütze und Flugzeuge.

Hitler wies Göring persönlich an, »ein gigantisches Programm« der Aufrüstung der Wehrmacht einzuleiten, »gegen das die bisherigen Leistungen bedeutungslos seien«. Göring räumte verständlicherweise seiner Luftwaffe den Vorrang ein. Sie sollte verfünffacht werden. Am 14. Oktober verlangte Keitel von den drei Wehrmachtsteilen die Zusendung der neuen Bedarfspläne bis Anfang Dezember.

Ende Oktober billigte Göring den Bedarfsplan der Luftwaffe, der das Schwergewicht auf den viermotorigen He-177-Bomber legte; das Planziel war, bis 1942 vier Geschwader dieses Typs mit rund fünfhundert He 177 aufzustellen.

Die Marine legte einen knapp bemessenen Plan vor, der die Fertigstellung von zwei weiteren Schlachtschiffen, mehr U-Booten und kleineren Schiffseinheiten bis Ende 1943 vorsah. Generaladmiral Raeder unterbreitete Hitler den Plan am 1. November. Hitler lehnte ihn rundweg ab, kritisierte heftig die schwache Bestückung und Armierung der beiden neuen Schlachtschiffe – der *Bismarck* und der *Tirpitz* – und geriet aus der Fassung, als ihn Raeder beherrscht darauf hinwies, daß der Großteil der deutschen Kriegsflotte für einen Seekrieg mit England nicht geeignet sei. Hitler versuchte nicht mehr, ihn mit eilfertigen Versicherungen, »England würde nicht kämpfen« abzuspeisen, sondern bestand auf der strikten Einhaltung des festgesetzten Ausbaus der Marine, der »als besonders vordringlich zu fördern« sei, und erklärte, daß »noch bestimmte weitere Schiffstypen, die für die möglichen zukünftigen Kriegsaufgaben besonders wertvoll und dringlich sind, einzugliedern« wären.

Diese Besprechung führte zur Ausarbeitung des sogenannten Z-Plans, demgemäß Ende 1943 sechs Schlachtschiffe mit einer Tonnage von jeweils 35000 Tonnen und mit Geschützen vom Kaliber 420 Millimeter fertiggestellt werden sollten. Der Z-Plan würde unausbleiblich gegen das Marineabkommen verstoßen. Doch 1939 würde es Hitler ohnehin aufkündigen, da es sich bisher als höchst unvorteilhaft erwiesen hatte.

In der herbstlichen Abgeschiedenheit des Obersalzberges versuchte Hitler nach der Konferenz von München seine Gedanken zu ordnen. Am 17. Oktober 1938 muß er sich über seine nächsten Schritte klargeworden sein, denn am Abend rief er Todt – laut dessen Notizen – im Sudetenland an und

»forderte eindeutig, was in den drei Bauzielen [am Westwall]: a) Ende Oktober b) 15. Dezember c) 20. März erreicht werden muß«.
Am nächsten Tag – dem 18. Oktober – traf der scheidende französische Botschafter François-Poncet gegen 15 Uhr auf dem Berghof ein. Von dort wurde er zum Kehlstein gefahren, wo er Hitler und Ribbentrop in einem kleinen Nebenzimmer des Teehauses traf. Hitler versetzte den Franzosen nun in Erstaunen, als er den unverzüglichen Abschluß eines Vertrages vorschlug. Während des Gesprächs hatte François-Poncet den Eindruck, daß Hitler es redlich meine. »Er sprach von der weißen Kultur«, als von »einem gemeinsamen und kostbaren Gut, das man verteidigen müsse«, schrieb François-Poncet hernach. »Er schien ehrlich betroffen von dem nach dem Münchner Abkommen auch weiterhin bestehenden Antagonismus, den die englische Haltung in seinen Augen mit besonderer Deutlichkeit offenbare. Offensichtlich beschäftigt er sich mit der Möglichkeit einer kommenden Krise und eines allgemeinen Krieges.« Der Botschafter scheint Hitlers Absichten erraten zu haben. »Aber man darf überzeugt sein, daß der Führer trotzdem seiner Absicht, den englisch-französischen Block zu sprengen und den Frieden im Westen zu stabilisieren, um im Osten freie Hand zu haben, treu bleibt. Welche Pläne wälzt er bereits in seinem Geiste? Handelt es sich um Polen oder Rußland? Sind es die baltischen Länder, auf deren Kosten diese Pläne verwirklicht werden sollen? Weiß er selbst es schon?«

Zwei Tage nach dem Gespräch mit François-Poncet machte Hitler abermals eine Reise durch das »befreite« tschechische Gebiet. Als er sein Hotel in Linz verließ, beklagte Oberst Schmundt lauthals, daß München sämtliche Kriegspläne über den Haufen geworfen hätte. Im Böhmerwald suchte Hitler samt seinem Gefolge ein schlichtes Dorfgasthaus zum Mittagessen auf. Dort saß Hitler umgeben von rund zwanzig Begleitern an einer hufeisenförmigen Tafel, indes Dörfler und Küchenpersonal durch Türen und Fenster gafften. General Leeb notierte in seinem Tagebuch: »Ungeheure Begeisterung der Bevölkerung. Führer ist auf Engländer schlecht zu sprechen.« Oberstleutnant Helmuth Groscurth schrieb darüber: »Es hagelte von Angriffen gegen die Engländer, Franzosen und vor allem gegen die Ungarn, die als Feiglinge und schlappe Hunde bezeichnet wurden.« Hitler machte sich über das Gehabe der ungarischen Minister lustig, lobte dagegen die Polen. Polen sei eine große Nation und der polnische Botschafter Lipski ein großer Staatsmann.
In Krumau säumten Abordnungen aus der Brauereistadt Budweis die Straßen. In Budweis gab es eine beträchtliche deutsche Volksgruppe, die auf Grund der neuen Grenzen in der Resttschechoslowakei sich selbst überlassen bleiben würde. Die Leute schwenkten Plakate mit der Aufschrift: »Budweis will zum Führer!« Hitler sollte diese Menschen nicht vergessen.
Am 21. Oktober spielte sich im Teehaus auf dem Kehlstein eine sonderbare Szene ab. Magda Goebbels, die hübsche, aschblonde Frau des Ministers für

Volksaufklärung und Propaganda, war allein gekommen, um Hitler ihr Herz auszuschütten. Joseph Goebbels hatte in den 20er Jahren Berlin dem Zugriff der Kommunisten entwunden, das Image des »Führers« geschaffen und Presse und Filmindustrie zu wirkungsvollen Instrumenten der NS-Politik gemacht. Hitler hatte seinem Parteifreund Otto Wagener und seinen Sekretärinnen anvertraut, daß er Magda äußerst attraktiv fände. Die Frau eines Ministers behauptete sogar, daß Magdas Sohn Helmuth 1934 während eines Urlaubs an der Ostsee von Hitler gezeugt worden sei.
Doch 1938 schien Goebbels verspielt zu haben. Himmler hatte protokollierte Aussagen vorgelegt, die Frauen bei der Gestapo über die Nötigungen des Reichspropagadaministers gemacht hatten. »Früher schimpften wir über die jüdischen Generaldirektoren, die ihre Angestellten sexuell zwangen. Heute tut es Dr. Goebbels«, höhnte Himmler. Jetzt hatte der Propagandaminister sich in die hübsche tschechische Filmschauspielerin Lida Baarova vernarrt. Ganz Deutschland nahm an dieser Affäre mitsamt ihren kolportierten Pikanterien lebhaften Anteil. Magda Goebbels vertraute Hitler an, daß sie sich von ihrem Mann trennen wolle. Im Teehaus auf dem Kehlstein konnte Hitler sie dazu überreden, die rechtlichen Schritte vorläufig zu verschieben. Zwei Tage nach diesem Gespräch lud er das Ehepaar in das Teehaus ein – Martin Bormann vermerkte den Besuch mit einem Ausrufezeichen in seinem Tagebuch – und redete auf sie ein, daß sie um der Kinder willen die Ehe nicht auflösen dürften.
Goebbels indes faßte insgeheim den Entschluß, durch eine spektakuläre Aktion die Gunst Hitlers wiederzuerlangen.
Die reaktionäre Haltung der Heeresgeneralität vor der Konferenz von München kränkte Hitler noch immer.
Blomberg hatte Hitler einst erklärt: »Im Heer hört vom General aufwärts das Gehorchen auf.«
Hitler beschloß gegen die feindselige Haltung des Heeres etwas zu unternehmen. Mitte Oktober wurde in Keitels OKW eine bemerkenswerte Denkschrift verfaßt, die die Ansichten des Führers dem Offizierskorps nahebringen sollte. Sie sei hier erstmals veröffentlicht:

»Die Voraussetzung politischer und militärischer Erfolge eines Staates ist der Gehorsam, die Gefolgschaftstreue und der Glaube an seine Führung.
Ohne sie – das weiß jeder Offizier – ist auch die Truppe wertlos. Ein gleichgültiger oder gar unwilliger Gehorsam genügt nicht. Aus ihm kann keine Begeisterung aufflammen, nicht diejenige Opferbereitschaft und Einsatzfreudigkeit entstehen, die um so nötiger wird, je schwerer die gestellte Aufgabe ist.
Der Kampf gegen Übermacht ist von jeher deutsches Schicksal gewesen. Wo er zum Siege geführt hat, da waren seelische Kräfte am Werk, die sich wirksamer erwiesen als die Überlegenheit der Gegner an Zahl und Material.
Es wäre eine sonderbare Erziehung des Offiziers, wenn er nur gehalten würde, die eigene und feindliche zahlenmäßige Stärke nüchtern gegenein-

ander abzuwägen und alle diejenigen Faktoren zu übersehen oder gering zu schätzen, die zu allen Zeiten über Sieg und Niederlage bestimmend mitgewirkt haben.«

In der Denkschrift heißt es ferner – eine deutliche Anspielung auf die Argumente Becks:

»Sich selbst nicht zuzutrauen, was vom Feinde selbstverständlich erwartet wird, die eigene Kraft gering zu schätzen und die der Gegner zu vergrößern, sind unsoldatische Erscheinungen und Zeichen einer falschen militärischen Erziehung.
Die militärischen Realitäten als Größenfaktor richtig einzureihen in die politische Zielsetzung ist allein Aufgabe des Staatsmannes. Wollte er darauf warten, bis seine Wehrmacht im vollen Maße kriegsbereit ist, er käme nicht zum Handeln, denn eine Wehrmacht ist nie fertig, ja sie darf es gar nicht sein.
Ich weiß, daß in den vergangenen Monaten die Masse der Offiziere in vorbildlicher Haltung und im felsenfesten Vertrauen auf ihre Führung in einer gläubigen und trotzigen Entschlossenheit ihre Pflicht getan hat.
Ich erwarte aber auch, daß die durch den Erfolg gehärteten Erkenntnisse dieses großen geschichtlichen Erlebnisses Gemeingut *aller* meiner Offiziere für alle Zeiten bleibt und bei der Erziehung und Ausbildung des Offiziersnachwuchses seinen Niederschlag findet.«

In dieser Stimmung beorderte Hitler am 24. Oktober den Oberbefehlshaber des Heeres, Feldmarschall von Brauchitsch, nach Berchtesgaden. Die frostige Unterredung begann um 12.30 Uhr in der »Großen Halle« des Berghofes und wurde nach einem Imbiß im Kehlstein-Pavillon bis um 18 Uhr fortgesetzt. Sie gipfelte in Hitlers Forderung nach der Verabschiedung Dutzender unzuverlässiger ranghoher Heeresoffiziere. Der Tenor der Unterredung läßt sich den Aufzeichnungen seines Adjutanten Hauptmann Eberhard entnehmen:

»Tendenz: rückhaltlose Offenheit des Führers in Bezug auf seine Mißbilligung der mil.[itärischen] Führer. Reorganisation schnellstens notwendig. Gänzliches Fehlen des Vertrauens für pol.[itische] Führung. Angst vor eigener Schwäche, Überschätzung der Stärke der Gegner. Letzter Appell an den Ob.d.H., sich seiner Aufgabe bewußt zu sein und unverzüglich zu handeln. Geschichtl.[iche] Mission!«

Die endgültige »Abschußliste« wurde zwischen Brauchitsch und Göring am 28. Oktober ausgehandelt und zwei Tage darauf von Göring Hitler vorgelegt. Zu den verabschiedeten Generalen gehörten Curt Liebmann und Wilhelm Adam, Hermann Geyer und Wilhelm Ulex und selbstverständlich auch Rundstedt und Beck. Am 1. November gab Hitler dieses Revirement im Heer bekannt, das er – wenig taktvoll – mit einer Reihe von Beförderungen in der Luftwaffe verbunden hatte.

Anfang November 1938 wurde Hitlers unkritische Loyalität gegenüber seinen NS-Getreuen auf eine harte Probe gestellt. Den Anlaß lieferten die

Ereignisse, die durch einen Mord ausgelöst wurden, den ein junger, verstörter Jude polnischer Herkunft in Paris begangen hatte.
In der Tschechoslowakei lebten 259000 Juden. Das neue Regime in Prag steuerte beflissen einen Kurs, der ihm das Wohlwollen des mächtigen Nachbarn einbringen sollte. Präsident Emil Hácha, ein angesehener Jurist, der Beneschs Amt übernommen hatte, erklärte sich bereit, antijüdische Maßnahmen zu ergreifen und jüdische Industrielle aus dem Wirtschaftsleben auszuschalten. Der Zustrom jüdischer Flüchtlinge aus den Sudetengebieten, wo an die 7000 Juden gelebt hatten, führte zum erneuten Aufflakkern des Antisemitismus, vornehmlich in tschechischen Akademikerkreisen, die öffentlich die Ausweisung dieser »Zuwanderer« – sie fanden auch weniger beschönigende Bezeichnungen – forderten. In Böhmen und Mähren gab es rund 99000 Juden, in der Slowakei 87000 und in der kleineren Karpato-Ukraine nicht weniger als 66000, 12 Prozent der Bevölkerung. Auch die Slowakei führte beflissen die vom Reich erwünschten antijüdischen Verordnungen durch. Eine Welle von Deportationen setzte ein.
1938 wollte in Europa kein Land Juden aufnehmen – eine Tatsache, die häufig vergessen wird. Als Ribbentrop im Dezember mit großem Pomp nach Paris reiste, um die gemeinsame Erklärung, die Hitler François-Poncet vorgeschlagen hatte, zu unterzeichnen, ersuchte ihn hernach Außenminister Bonnet, Frankreich nicht mit deutschen Juden zu überschwemmen, da es bereits genügend habe. »Man denke hierbei [bei der Erörterung der gelenkten Judenauswanderung] tatsächlich an Madagaskar«, berichtete Ribbentrop danach Hitler.
Die Haltung Polens zeichnete gleichfalls nicht eben Mitgefühl aus. Nach dem »Anschluß« befürchtete die polnische Regierung, daß Hitler Tausende von Juden polnischer Herkunft, die in Wien lebten, ausweisen würde. Deswegen hatte man im März ein Ausbürgerungsgesetz beschlossen, um diesen Juden ihre polnische Staatsbürgerschaft abzuerkennen. Das Münchner Abkommen hatte die polnische Regierung zu der von Panik bestimmten Verordnung veranlaßt, daß vom 31. Oktober an ausgewiesene Polen ohne ein besonderes Einreisevisum nicht mehr nach Polen heimkehren durften. In den letzten Oktobertagen kam es an der polnischen Grenze zu bedrückenden Szenen. Während die polnischen Grenzbeamten schliefen, wurden außerplanmäßige Züge mit Juden unter Gestapo-Bewachung in aller Stille über die Grenze auf ein Nebengleis rangiert, von wo aus dann die Insassen die »Heimkehr« nach Polen antreten mußten. Allein aus Hannover wurden 484 polnische Juden auf diese unwürdige Weise »repatriiert«.
Unter den 484 Ausgewiesenen befanden sich auch die Eltern und die Schwestern des 17jährigen Herschel Grynszpan, der sich damals in Paris aufhielt. Am 3. November erhielt Grynszpan eine Postkarte von einer seiner Schwestern, in der sie ihm die »Repatriierung« der Familie nach Polen schilderte. Er schwor Rache und beschloß, den deutschen Botschafter in Paris, Graf Welczek, zu ermorden. Da er Graf Welczek nicht antraf,

schoß er statt dessen am 7. November den Legationssekretär Ernst vom Rath nieder.

Anfangs empfand Hitler diesen Vorfall nicht als Provokation. In seinen Reden an den darauffolgenden Tagen erwähnte er das Ereignis mit keinem Wort. Am 9. November fand um die Mittagszeit der feierliche Gedenkmarsch zur Feldherrnhalle statt. Kränze wurden in den Ehrentempeln niedergelegt, wo eines Tages, wie Hitler verfügt hatte, sein Leichnam aufgebahrt werden sollte.

Am Abend war Goebbels bei Hitler, als die Nachricht vom Ableben des Legationssekretärs vom Rath aus Paris eintraf. Goebbels teilte eigenen Angaben zufolge Hitler mit, daß es in zwei Gauen bereits zu antijüdischen Kundgebungen gekommen sei. Hitler bestimmte – so erzählte Goebbels später –, daß die Partei derartige Demonstrationen nicht organisieren, aber ihnen auch nicht, soweit sie spontan entstünden, entgegentreten dürfe. Als Beweis dafür gibt es nur die Aussagen von Goebbels, die er während des nachfolgenden parteigerichtlichen Verfahrens machte. Goebbels verließ daraufhin Hitler, um vor einer Versammlung von NS-Parteigrößen im Alten Rathaus eine Ansprache zu halten.

Dort erst kam Goebbels der – unheilvolle – Gedanke, wie er das Wohlwollen des Führers zurückgewinnen könnte. Er wies seine Zuhörer an, daß derartige Demonstrationen weiterhin organisiert werden müßten, wobei die Partei keinesfalls als Urheberin in Erscheinung treten dürfe. Der Bericht des Führers der SA-Gruppe Nordmark wirft ein bezeichnendes Licht auf die weitere Befehlskette:

»Als am 9. November abends etwa 22.00 Uhr im Hotel ›Schottenhamel‹ in München durch einen mir unbekannten Parteigenossen der Reichsleitung der N. S. D. A. P. einigen der dort versammelten Gauleiter die Notwendigkeit der Aktion mitgeteilt wurde, habe ich dem Gauleiter Hinrich Lohse die Mitwirkung der SA-Gruppe Nordmark freiwillig und unaufgefordert angeboten.

Daraufhin rief ich den Stabsführer der SA-Gruppe Nordmark Oberführer Volquardsen in Kiel an und übermittelte Folgendes etwa um 23.20 Uhr:

›Ein Jude hat geschossen. Ein deutscher Diplomat ist tot. In Friedrichstadt, Kiel, Lübeck und anderswo stehen völlig überflüssige Versammlungshäuser. Auch Läden haben diese Leute bei uns noch. Beide sind überflüssig. Es darf nicht geplündert werden. Es dürfen keine Mißhandlungen vorkommen. Ausländische Juden dürfen nicht angefaßt werden. Bei Widerstand von der Waffe Gebrauch machen. Die Aktion muß in Zivil durchgeführt werden und um 5.00 Uhr beendet sein.‹«

Hitler wollte eben seine Wohnung verlassen, um an der um Mitternacht stattfindenden feierlichen Vereidigung der SS teilzunehmen. Himmler war bei ihm. Da traf Himmlers Chefadjutant Karl Wolff mit einer ungehaltenen Nachricht Heydrichs aus dem Hotel »Vier Jahreszeiten« ein. Die örtliche Gestapoleitstelle hatte soeben mitgeteilt, daß Goebbels' Gaupropagandaämter allerorten antijüdische Kundgebungen inszenierten und die Polizei vom Einschreiten abhielten. Himmler wandte sich an Hitler um Weisung. Hitler bestimmte, die Gestapo habe in diesem Falle jüdisches Eigentum und Leben zu schützen. Himmler bemerkte, daß Hitler von den Ereignissen völlig überrascht war. Hitler kehrte in seine Wohnung am Prinzregentenplatz zurück. Gegen 1 Uhr früh traf ein Wehrmachtsadjutant in Hitlers Wohnung mit der Meldung, ein, daß die Direktion des Hotels »Vier Jahreszeiten« die Adjutanten soeben telefonisch gebeten habe, ihr Gepäck in Sicherheit zu bringen, da die Synagoge in der Nähe in Brand stehe. Hitlers persönlicher Adjutant Julius Schaub hinterließ einen anschaulichen Bericht über diese Schreckensnacht. Private Anrufer meldeten den Ausbruch neuer Brände. Überall in München würden jüdische Geschäfte geplündert. Hitler beorderte den SS-Obergruppenführer Friedrich Karl von Eberstein, den Polizeipräsidenten der Stadt, zu sich und befahl ihm, unverzüglich die Ordnung wiederherzustellen. Er rief Goebbels an und fragte äußerst erregt: »Was wird da gespielt?« Schaub und weitere Mitglieder seines Stabes wies er an, dafür zu sorgen, daß die Plünderungen und Brandstiftungen aufhörten. Ferner ordnete er den Schutz der international bekannten Kunsthandlung Bernheimer an.

Es gibt auch schriftliche Beweise für Hitlers Entrüstung und Besorgnis. Um 2.56 Uhr gab die Dienststelle von Rudolf Heß, dem Stellvertreter des Führers, ein Fernschreiben heraus, das allen Gauleitern als Parteianweisung Nr. 174 zugeschickt wurde, wonach derartige Demonstrationen zu verbieten seien: »Auf ausdrücklichen Befehl allerhöchster Stelle dürfen Brandlegungen an jüdischen Geschäften oder dergleichen auf gar keinen Fall und unter gar keinen Umständen erfolgen.« Die Gestapoleitstelle Berlin wiederholte dieses Verbot um 3.45 Uhr. Goebbels, der mittlerweile über Hitlers Meinung nicht mehr in Zweifel sein konnte, versuchte noch in derselben Nacht mit Telefonanrufen die Brände zu löschen, die er mit seinen unheilvollen Worten entfacht hatte.

Doch der Schaden war geschehen. Ribbentrop machte Hitler das nachdrücklich klar. Göring protestierte bei Hitler, daß nun die deutschen Versicherungsfirmen den Juden für die Schäden aufkommen müßten. Auch Himmler forderte, daß Goebbels zur Rechenschaft gezogen würde, da er es empörend fand, wie Goebbels mit den örtlichen SS-Einheiten umgesprungen war.

Obgleich in jener Nacht 91 Juden ermordet worden waren, wurden nur in besonders krassen Fällen die betreffenden Parteigenossen, die diese Ausschreitungen begangen hatten, anschließend bestraft. Goebbels konnte später bei einem Mittagessen mit Hitler auf seine Weise das Argument vorbringen, der Pogrom habe dem internationalen Judentum gezeigt, daß Deutsche im Ausland kein Freiwild für jüdische Meuchelmörder seien.

Hitler billigte post factum die Exzesse seiner Parteigenossen. Als Göring in einem Schreiben scharf dagegen protestierte, erwiderte Hitler, daß er die Angelegenheit nicht weiter verfolgen solle. Zum Trost ernannte er Göring zum Koordinator sämtlicher in Zusammenhang mit der Judenfrage stehenden Maßnahmen. Wegen der Ermordung vom Raths wurde der Gesamtheit der Juden eine Kollektivstrafe von einer Milliarde Reichsmark auferlegt. In den nächsten Tagen ließ Hitler sich sogar häufig mit Goebbels zusammen sehen und fotografieren.

In seinen Augen war Goebbels einer der Wegbereiter des Münchner Abkommens. Am 10. November 1938 erläuterte er höhnisch vor vierhundert NS-Schriftleitern in München in der schon erwähnten Geheimrede, wieviel er der psychologischen Kriegführung verdanke. Die Zuhörer schüttelten sich vor Lachen, als er seine Kontrahenten von München drastisch imitierte. Er sprach auch mit lauter Stimme von seiner Bewunderung für Ribbentrop.

»Schon Bismarck habe den Kampf gegen die Bürokratie führen müssen, und auch heute noch müsse sich die nationalsozialistische Staatsführung gegen die Bürokratie durchsetzen. Am schlimmsten herrsche sie im Auswärtigen Amt. Die Diplomaten seien nicht die Vertreter ihrer Länder, sondern vielmehr Angehörige einer internationalen Gesellschaftsklasse. Dieses Übel sei im Auswärtigen Amt nicht von heute auf morgen abzustellen, es würde vielmehr noch 10 bis 15 Jahre dauern, bis der im Nationalsozialismus geschulte Nachwuchs für die Diplomatie herangereift sei. Der erste und bisher einzige diplomatische Vertreter des Dritten Reiches im Auslande, der es verstanden habe, im Ausland richtig aufzutreten und das neue Deutschland zu repräsentieren, sei Ribbentrop. Er sei das ideale Vorbild, das er, der Führer, sich von einem Diplomaten mache. Er habe in den zurückliegenden Monaten Energie, Härte, Mut und Nerven gezeigt.«

Böhmen und Mähren beschäftigten weiterhin Hitlers Denken. Zuweilen äußerte er es auch. Als am 14. November in Nürnberg während eines Mittagessens mit einem Dutzend dortiger Parteigrößen die Rede auf die riesige Kongreßhalle kam, meinte Hitler, daß man riesige Granitplatten benötige. Einer der Anwesenden bemerkte, die ergiebigsten Steinbrüche befänden sich in der Tschechei. Hitler erwiderte lachend: »Ein Grund mehr!«

Über die nächsten Schritte waren sich Hitler und Ribbentrops Ratgeber nicht einig. Weizsäcker riet dem Außenminister im Dezember 1938 nachdrücklich, Hitlers Aufmerksamkeit vom Südosten auf den Nordosten zu lenken, auf den Erwerb Memels und Danzigs sowie einer breiten und festen Landbrücke durch den »Polnischen Korridor« nach Ostpreußen. Polen, so argumentierte Weizsäcker, genieße zur Zeit nur wenig oder gar keine Sympathie im Ausland. Hitler könne Polen auf das Deutschland genehme Größenmaß reduzieren, ohne daß ein anderes Land für Polen auch nur das geringste tun würde. Ribbentrop war unschlüssig, da er Hitlers wahre Absichten nicht erkannte.

Hitler plante keineswegs, die Resttschechei durch einen Krieg in seine Gewalt zu bekommen, was er Anfang Dezember 1938 im Verlauf einer

weiteren Inspektionsreise entlang der ehemaligen tschechischen Grenzbefestigungen auch klarstellte. Nach dem Imbiß in einem Dorfkrug verkündete er, während zwei Dutzend Generale der Luftwaffe und des Heeres seinen Worten lauschten, daß er Böhmen und Mähren durch politische Manöver knapp am Rande eines Krieges dem Reich eingliedern werde. Zehn Tage darauf, am 17. Dezember, wies Keitel im Einklang mit Hitlers Instruktionen die Wehrmachtführung an, sich unauffällig auf eine mehr oder minder widerstandslose Besetzung der Resttschechei vorzubereiten.
Hitler war sich über den Schritt, der danach erfolgen sollte, noch völlig im unklaren. Mußte er, bevor er im Osten offensiv vorgehen konnte, zuerst mit den Westmächten abrechnen? Am 24. Oktober vertraute er im Teehaus auf dem Kehlstein Ribbentrop abermals an, daß der Krieg mit ihnen in vier oder fünf Jahren unabwendbar sei.
In Goebbels' Villa auf Schwanenwerder beriet sich Hitler am 16. November in vertraulichen Gesprächen mit Keitel und Brauchitsch über die weiteren, ränkevollen Planungen. Ein Vorgehen im Westen hing von der Unterzeichnung eines Beistandspaktes mit Mussolini ab. Deutschland und Italien würden die Westmächte jeweils auf einem anderen Kriegsschauplatz niederringen. Der Italiens sei das Mittelmeergebiet und Nordafrika. Er werde sich zunächst Frankreich vornehmen. Die Niederlage Frankreichs würde England der strategisch wichtigen Ausgangsbasis auf dem europäischen Festland berauben. Die Neutralität der Schweiz, Belgiens und Hollands sollte laut Hitler gewahrt bleiben. Die französischen Grenzbefestigungen ließen ihn unbeeindruckt. »Durchbruch durch Maginot-Linie durchaus möglich«, heißt es in der OKW-Weisung vom 26. 11. 1938, »bewiesen durch Versuchsschießen auf die tschechischen Befestigungen, die der Maginot-Linie nachgebildet sind.«
Hitler sprach gelegentlich von einer Einberufung des Kabinetts im Dezember, ließ aber den Gedanken fallen und wies statt dessen Göring an, den sonst inaktiven »Reichsverteidigungsrat« zusammentreten zu lassen. Am 18. November 1938 hielt Göring dann eine dreistündige Rede. Anwesend waren sämtliche Reichsminister und Staatssekretäre wie auch Brauchitsch, Raeder, Bormann und Heydrich. Er gab bekannt, daß Hitler eine Verdreifachung des Rüstungsniveaus beschlossen habe und daß auf Grund der Aufgaben des letzten Sommers das Reich knapp vor dem Bankrott stünde. Doch er fügte hinzu: »Die großen Bauaufgaben des Führers würden durchgeführt, da sie moralische und psychologische Bedeutung hätten.«
Was dem Reich über die derzeitige Wirtschaftskrise hinweghelfen würde, erläuterte Göring, sei die der Judenschaft auferlegte Geldstrafe von einer Milliarde Reichsmark. Als Hitler am 5. Januar mit dem polnischen Außenminister Oberst Jósef Beck ein Gespräch führte, täuschte er sein Bedauern vor, daß England und Frankreich auf Deutschlands koloniale Forderungen nicht eingegangen seien. »Hätte man von seiten der Westmächte mehr Verständnis für die deutschen territorialen Forderungen aufgebracht, so

hätte er, der Führer, vielleicht zur Lösung der Judenfrage ein Territorium in Afrika zur Verfügung gestellt, das zur Ansiedlung nicht nur der deutschen, sondern auch der polnischen Juden hätte verwendet werden können«, heißt es in der Aufzeichnung der Unterredung. Am 21. äußerte er gegenüber dem tschechischen Außenminister Chvalkovský die Drohung: »Die Juden würden bei uns vernichtet.« Als der Tscheche diesbezüglich mitfühlend antwortete, fuhr Hitler fort, wie es in der Niederschrift der Unterredung heißt: »Die Hilfe könne ja nur von den anderen, z. B. England und Amerika, kommen, die unbegrenzte Gebiete hätten, die sie den Juden zur Verfügung stellen könnten.«
In seiner ausführlichen Rede vor dem Reichstag am 30. Januar 1939 sprach Hitler noch unmißverständlicher:

»In der Zeit meines Kampfes um die Macht war es in erster Linie das jüdische Volk, das nur mit Gelächter meine Prophezeiungen hinnahm, ich würde einmal in Deutschland die Führung des Staates und damit des ganzen Volkes übernehmen und dann unter vielen anderen auch das jüdische Problem zur Lösung bringen. Ich glaube, daß dieses damalige schallende Gelächter dem Judentum in Deutschland unterdes wohl schon in der Kehle erstickt ist.
Ich will heute wieder ein Prophet sein: Wenn es dem internationalen Finanzjudentum in- und außerhalb Europas gelingen sollte, die Völker noch einmal in einen Weltkrieg zu stürzen, dann wird das Ergebnis nicht die Bolschewisierung der Erde und damit der Sieg des Judentums sein, sondern die Vernichtung der jüdischen Rasse in Europa.«

Als Folge dieser rüden Maßnahme nahm im Verlauf des Jahres 1939 der Exodus der Juden immer mehr zu: Bis Oktober 1939 war es Heydrich gelungen, etwa zwei Drittel der jüdischen Bevölkerung aus dem Reich zu vertreiben – rund 300000 aus Deutschland, 130000 aus Österreich und 30000 aus Böhmen und Mähren. Etwa 70000 von ihnen gelangten – teilweise auf Grund der von Heydrichs SD und den Zionisten kurze Zeit gemeinsam verfolgten Ziele – nach Palästina.
Hitler mied etliche Wochen die alte Reichskanzlei, da es dort von Speers Bauarbeitern wimmelte. Die Staatsgeschäfte erledigte er telefonisch, zumeist vom Berghof aus. Einst hatte ein Verurteilter das traditionelle Recht, sich von der Unterschrift des Kaisers auf dem Exekutionsbefehl zu überzeugen, bevor er aufs Schafott geführt wurde. In der Ära Hitler wurde dieser Brauch weniger eindrucksvoll gehandhabt. Ein Telefonanruf von Schaub auf dem Berghof an Lammers in Berlin – »Der Führer hat das Gnadengesuch abgelehnt!« – genügte, und man drückte den Gummistempel mit der Unterschrift Hitlers auf den Hinrichtungsbefehl. In einem Fall hieß es in der Hitler vorgelegten Akte lediglich, daß die Reichskanzlei in Berlin »die erforderlichen Maßnahmen einleiten« werde, wenn Hitlers Entscheidung bis um 22 Uhr am selben Abend nicht eingetroffen sei.
Das Problem der Inflation sollte Hitler den ganzen Winter hindurch zu

schaffen machen. Nach dem Krieg sagte Blomberg aus, daß er im Januar 1939 bei der Rückkehr aus seinem aufgezwungenen Urlaub eine beträchtliche Verschlechterung des Lebensstandards feststellte. Es war kein Zufall, daß durch die forcierte Aufrüstung im Mai 1938 die Preisinflation einsetzte, mochte das OKW auch die Schuld anderswo suchen. Ende 1938 waren 8 223 000 000 Reichsmark im Umlauf; im März waren es 5 278 000 000 gewesen und 1933 nur 3 560 000 000. Am 7. Januar 1939 richteten Dr. Hjalmar Schacht, Präsident der Reichsbank, und sieben weitere Reichsbankdirektoren eine ernste Mahnung an Hitler wegen des inflationären Drucks, der sich aus den jüngsten »Auslandsoperationen« ergebe. Hitler war über diese Kritik tief bestürzt. Im Februar warnte er in einer Geheimrede vor Truppenkommandeuren: »Es darf nicht so sein, daß irgend jemand auf der Welt auch nur den leisesten Gedanken haben kann, als gäbe es in Deutschland vielleicht irgendeine Institution, die einer anderen Meinung wäre als die offiziell durch den Führer ausgesprochene.«

Hitler argwöhnte – zu Recht –, daß Schacht Geheimkontakte zu ausländischen Regierungen unterhielt.* Am 19. Januar beorderte er Schacht in die Reichskanzlei und überreichte ihm die von Lammers ausgefertigte Entlassungsurkunde. Am selben Tag entledigte sich Hitler auch seines persönlichen Adjutanten Fritz Wiedemann, den er verdächtigte, Staatsgeheimnisse der Auslandspresse und Agenten des Schuschnigg-Regimes zugespielt zu haben. »Sie wollten schon immer Generalkonsul in San Francisco werden«, sagte Hitler zu Wiedemann. »Ihr Wunsch hat sich erfüllt.«

Im Januar 1939 ließ Keitel Generalstabschef Halder in einem knapp gehaltenen Schreiben mitteilen, daß das Heer bis 1943 keine Mobilmachungsvorbereitungen zu treffen habe. Auf Anraten des OKW beschloß Hitler, 1939 die Waffenproduktion für das Heer einzustellen, damit die Programme der Luftwaffe und der Marine mit Vorrang durchgeführt werden konnten. Dadurch würden alle drei Waffengattungen um 1944 dasselbe Niveau erreichen.

Am 17. Januar 1939 legte Generaladmiral Raeder die endgültige Fassung des Z-Plans der Kriegsmarine Hitler in der Reichskanzlei vor. Zehn Tage darauf gab Hitler einen bedeutsamen »Führerbefehl« heraus, worin dem Aufbau der Kriegsmarine absoluter Vorrang eingeräumt wurde. Hitler versicherte Raeder abermals, er werde in den nächsten Jahren die deutsche Kriegsmarine nicht einsetzen.

Doch was nützten Deutschland die modernsten Waffen, wenn seine Generale vor deren Einsatz zurückschreckten? Das war die Sorge Hitlers. »Der

---

* Montagu Norman, 1920–1944 Präsident der Bank von England, vertraute dem amerikanischen Botschafter in London an, daß Schacht ihn sechzehn Jahre lang ständig über die prekäre Finanzlage Deutschlands informiert habe. Kennedy berichtete darüber am 27. Februar 1939 nach Washington.

tapfere Mann wird sich unter allen Umständen wehren«, verkündete Hitler am 18. Januar. »Dem feigen aber können Sie Waffen geben, soviel Sie wollen. Er wird stets die Argumente für die Kapitulation finden.« Anfang 1939 beschloß er mit seiner größten Gabe, seiner Beredsamkeit, für Abhilfe zu sorgen.

Keiner seiner Generale und Ratgeber sprach ihm diese Macht ab. Er zog die Massen in seinen Bann, ob er nun einen sorgfältig abgefaßten Text vortrug, an dem er bis in die späte Nacht hinein gefeilt und gearbeitet hatte, oder ob er aus dem Stegreif sprach, wobei er jede Geste, jede Lachpause auf die Stimmung seiner Zuhörer abstellte. Wer im Februar 1942 Hitlers Rede in Berlin vor neuernannten Offizieren, auf dem Höhepunkt des verzweifelten Abwehrkampfes des deutschen Heeres an der im Frost erstarrten Ostfront, hörte und die von ihm geweckte Begeisterung miterlebte – als Hitler mit entschlossener Miene das Rednerpult verließ, dann aber ob der jähen, stürmischen Beifallsrufe der zehntausend jungen Heeresoffiziere, die darauf spontan das Deutschlandlied anstimmten, innehielt –, wer das erlebte, zweifelte nicht daran, daß der Führer Deutschlands die Menschen in seinen Bann schlagen konnte. Durch einen seltenen Glücksfall sind die drei Reden, mit denen Hitler im Frühjahr 1939 sein Offizierskorps auf den Krieg ausrichten wollte, erhalten geblieben. Kein Auszug vermag das Ambiente wiederzugeben. Diese Geheimreden sind von brutaler Offenheit. Hitler legte das rassistische Fundament der nationalsozialistischen Weltanschauung dar, die wirtschaftlichen Erwägungen, die ihn zum weiteren Vordringen nach Osteuropa zwangen, und die Unabwendbarkeit des Krieges. In diesem Krieg erwartete er von seinen Offizieren, daß sie ihm unerschütterlich dienten, ehrenvoll starben und ihren Soldaten wahre Führungsqualitäten demonstrierten. Seine Verachtung für den Geist der einstigen Reichswehr äußerte er bereits in der ersten Rede – am 18. Januar 1939 – vor 3600 Leutnants der Wehrmacht, die drei Oberbefehlshaber wie auch Keitel waren gleichfalls in der Mosaikhalle der neuen, von Speer erbauten Reichskanzlei zugegen. Er forderte von ihnen, daß sie sich um eine optimistische Haltung bemühten, da der Pessimismus ihr ärgster Gegner sei – er erzeuge Defätismus und Niederlage. »Welchen Glauben verlange ich nun von Ihnen?« fragte er sie. »Ich verlange von Ihnen, meine jungen Offiziere, den bedingungslosen Glauben, daß unser Deutschland, unser Deutsches Reich einmal die dominierende Macht Europas sein wird, daß keine andere Macht in der Lage sein wird, uns dabei zu hemmen, geschweige denn zu brechen.« Im Verlauf der Rede ging er sogar noch weiter: Es ist mein unerschütterlicher Wille, daß die deutsche Westmacht die stärkste Wehrmacht der ganzen Welt wird.« Zum Abschluß sagte er: »Und nun vor allem aber, meine Offiziere, seien Sie fähig und unerschütterlich in der Zeit des Unglücks. Soldaten erkennt man nicht nach den siegreichen Schlachten, sondern immer nur nach den Niederlagen.«

Eher ein Vortrag war seine zweite Rede, die er am 25. Januar vor 217

Offizieren – darunter sämtliche kommandierenden Generale und Admirale – hielt. Er veranschaulichte seine Thesen am Beispiel des Britischen Empire und der menschlichen Qualitäten, die es zuwegegebracht hatten.

»Die Weltreiche sind alle entstanden durch Tatkraft, und sie sind zugrundegegangen durch Pazifismus. Wenn das Britische Weltreich in den Jahrhunderten seiner Begründung jene Kräfte und jene Tendenzen zur Auswirkung gebracht hätte, die es heute erhalten wollen, dann wäre es niemals entstanden.«

Auch ihnen legte Hitler dasselbe feststehende Endziel dar – das neue Reich, wie es einmal werden sollte. Denn seine Heere hätten den vorangegangenen Soldatengenerationen eines voraus: »Die sind damals in ein Traumland hineinmarschiert, [wie] wenige vielleicht es ahnen konnten, keiner erkennen, während wir heute bereits vor uns das Ziel sehen.«

Zu der dritten Rede veranlaßte ihn Oberst Schmundt. Am 10. Februar 1939 um 18 Uhr sprach Hitler hinter verschlossenen Türen in der Kroll-Oper in Berlin vor sämtlichen Obersten und Kapitänen im Kommandeursrang. Diesmal waren sogar Hitlers engste Mitarbeiter über die unverblümte Darlegung seiner künftigen Pläne überrascht. Er schilderte seine Enttäuschung ob des mangelnden Verständnisses einiger Offiziere für sein Vorgehen im Jahre 1938 und versuchte aufzuzeigen, daß München nur ein Glied in einer sorgfältig geschmiedeten Kette von Ereignissen gewesen sei. »Wenn nun das Jahr 1938 mit dem vielleicht größten Triumph zunächst in unserer neueren Geschichte abgeschlossen hat, dann ist selbstverständlich auch das nur ein Schritt auf einem langen Weg, der uns, meine Herren, vorgezeichnet ist«, betonte er.

Manche Argumente waren bekannt – die Notwendigkeit, kommende Generationen vorm Hungertode zu bewahren, die Tatsache, daß kein künftiger Staatsführer seine Autorität besitzen werde und daß Deutschlands an Zahl überlegene Gegner »kein [rassisch] geschlossener Volkskörper« seien.

»Ich glaube auch, daß es schon etwas Einmaliges in der Weltgeschichte ist, wenn ein Mann in einem Jahre 1919, also vor 20 Jahren, eine politische Tätigkeit aufnimmt, in meiner Lage, mit meinen Voraussetzungen, und 20 Jahre später zu *dem* Resultat kommt. Das alles, meine Herren, habe ich erreicht durch die Treue der von mir geschaffenen Bewegung, die blind hinter mir stand, nicht nur in guten Tagen, sondern auch in schlimmen Tagen. Es ist nicht zuviel verlangt, wenn ich diese gleiche Forderung in erster Linie an den deutschen Offizier stelle. Ja, noch mehr. Es ist nicht so, daß ich mich damit zufrieden geben könnte, daß der deutsche Offizier hinter mir steht, wenn ich einen Befehl gebe, und besonders in Zeiten, in denen es gut geht. ... Ich muß vom deutschen Offizier verlangen, daß selbst, wenn ich in meinem Kampf für diese Weltanschauung vom ganzen anderen Volk im Stich gelassen würde, daß dann erst recht der ganze deutsche Soldat, das gesamte Offizierskorps, Mann um Mann, vor und neben mir steht.« ...

Ihre nicht geringe Aufgabe sei nun, drei Jahrhunderte des Niedergangs wettzumachen. Seit dem Westfälischen Frieden sei das Reich von Weltgeltung zu politischer Ohnmacht gesunken. Doch 1939 habe er, Hitler, Deutschland an die Schwelle eines neuen Zeitalters geführt.

»Verstehen Sie eines, meine Herren, die großen Erfolge der letzten Zeit sind uns nur deswegen geworden, weil ich die Gelegenheiten wahrgenommen habe. ...
Ich habe mir vorgenommen, die deutsche Frage zu lösen, d. h. das deutsche Raumproblem zu lösen. Nehmen Sie es zur Kenntnis, daß, solange ich lebe, dieser Gedanke mein ganzes Dasein beherrschen wird. Seien Sie weiter der Überzeugung, daß, sowie ich glaube, in irgendeinem Augenblick einen Schritt hier vorwärts zu kommen, daß ich dann augenblicklich immer handeln werde, daß ich dabei auch vor dem Äußersten nie zurückschrecken werde, weil ich der Überzeugung bin, daß so oder so diese Frage gelöst werden muß und weil ich mich nicht damit abfinden will, zu sagen: Gott, das müssen eben dann Leute hinter uns machen.«

Er verlange von seinen Offizieren, sagte er den Obristen der Wehrmacht, daß sie in die Schlacht ziehen müßten mit Degen und nationalsozialistischer Weltanschauung wie einst ihre Vorfahren mit Schwert und Bibel.

»Seien Sie daher nicht überrascht, wenn auch in den kommenden Jahren bei jeder Gelegenheit irgendein deutsches Ziel zu erreichen versucht wird, und stellen Sie sich dann, bitte sehr, im gläubigsten Vertrauen hinter mich. Seien Sie vor allem der Überzeugung, daß ich diese Probleme dann sehr gründlich mir vorher schon immer überlege, daß ich mir alles überdenke und daß, wenn ich aber einmal den Entschluß verkünde, das oder das durchzuführen, daß dieser Entschluß dann an sich ein unabänderlicher ist, daß ich ihn gegen jede Gewalt durchsetzen würde.«

Das waren im Februar 1939 die Worte Adolf Hitlers an seine Wehrmacht.

II

Der Weg zum Krieg

»Mir ist es geglückt«

Albert Speer hatte die neue Reichskanzlei bereits fertiggestellt, als Hitler am 8. Januar 1939 nach Berlin zurückkehrte. Die langgezogene Vorderseite – gelber Stuck und grauer Stein – säumte die Voßstraße auf einer Länge von gut zweihundert Metern. Die regungslosen, grauuniformierten Wachtposten wirkten zwerghaft neben den emporstrebenden Pfeilern und fielen erst auf, wenn sie vor vorübergehenden Offizieren das Gewehr präsentierten. In den vierhundert Räumen waren der Beamtenapparat und die Parteileitung untergebracht. Im linken Trakt befanden sich die Amtsräume von Hans Lammers, dem Chef der Reichskanzlei; im rechten die von Otto Meissner geleitete Präsidialkanzlei. Im obersten Stockwerk befand sich die Philipp Bouhler unterstellte »Kanzlei des Führers der N. S. D. A. P.«. Überall wiesen gelbe Markierungen den Weg zu den Luftschutzräumen. Die Reichskanzlei gibt es nicht mehr; nach dem Krieg ist sie dem Erdboden gleichgemacht worden.
Die Prunkräume befanden sich im Erdgeschoß. Besucher fuhren im Ehrenhof vor und wurden durch eine Flucht von immer prachtvolleren Sälen zum Arbeitszimmer des Führers geleitet, einem weiträumigen Gemach mit schweren Lüstern und einem riesigen pastellfarbenen Teppich. Drei Köpfe zierten die Frontpaneele des großen Schreibtisches, von denen einer das Haupt der Medusa mit dem Haar sich windender Schlangenleiber darstellte. In der neuen Reichskanzlei hielt sich Hitler nur wenig auf. Er wohnte und arbeitete weiterhin im alten Gebäude, das sich im rechten Winkel an Speers Schöpfung anschloß. Im ersten Stockwerk der alten Reichskanzlei befand sich seine Wohnung – eine Eingangshalle und ein »Gartenzimmer« mit vier weiteren Räumen, die alle zu einem alten Garten von nahezu klösterlicher Abgeschiedenheit führten. Da auch seine persönlichen Adjutanten dort wohnten, herrschte in dem Gebäude Enge. Hier befanden sich das Reiterstandbild Friedrichs des Großen, das ihm François-Poncet geschenkt hatte, und Lenbachs Bismarckporträt. In diesem Gebäude befand sich Hitlers eigentliches Arbeitszimmer. Die Wände waren mit tiefroten Stofftapeten bespannt. Eine Reihe stabiler, von Troost entworfener Stühle hatte die fragilen Louis-Quatorze-Möbel ersetzt, nachdem vier Jahre zuvor einem gewichtigen Maharadscha aus Indien ein Mißgeschick zugestoßen war.
Am 12. Januar 1939 kam es in dem neuen Gebäude zu einem Vorfall von einiger Bedeutung während des Neujahrsempfangs der Diplomaten, der – neben Görings offizieller Geburtstagsfeier – im amtlichen Berlin jeweils das neue Jahr eröffnete. Hitler, mit seinem braunen Parteirock bekleidet,

wartete im Kabinettszimmer. Er hörte die Diplomaten ankommen, die Ehrenbezeigungen der Wache, den Ablauf des Protokolls. Hitler hatte mittlerweile Gefallen an derlei Gepränge gefunden.

Gegen Mittag betrat Hitler den großen Empfangssaal, wo sich die Diplomaten in einem Halbkreis aufgestellt hatten, und plazierte sich unter die beiden Kristallüster, so daß er seine Ansprache ohne Brille verlesen konnte. Danach schüttelte er der Reihe nach jedem Diplomaten kurz die Hand. Als er beim russischen Botschafter Aleksej Merekalov anlangte, hielt er inne und *begann ein Gespräch*. In der Welt der Diplomaten samt ihren Eifersüchteleien war der Gesprächsinhalt unbedeutend. Was zählte, war die Gesprächsdauer. Hitler unterhielt sich mit Merekalov etliche Minuten. Auf diese Weise gab er Moskau zu verstehen, daß er die Unstimmigkeiten in der Vergangenheit vergessen könnte.*

Seit der Machtergreifung hatte die russisch-deutschen Beziehungen gegenseitiges Mißtrauen gekennzeichnet. Die 1922 in Rapallo vorsichtig begonnene Zusammenarbeit hatte zwar bis 1933 angehalten. Deutschland lieferte Spezialgeräte und technisches Wissen, Rußland stellte Rohstoffe und Übungsgelände für die geheime Ausbildung der Reichswehr zu Verfügung. Die Reichswehr hatte die Rote Armee mit militärischen Handbüchern und Waffenmodellen versorgt und in Deutschland Stabslehrgänge durchgeführt. Auch der Handel hatte floriert.

Die NS-Revolution von 1933 machte Moskaus damalige Bestrebungen in Deutschland zunichte. Adolf Hitler war der Verfasser von *Mein Kampf*, und das *Kapitel XIV*, in dem er seine auf die Sowjetunion ausgerichteten Eroberungspläne offenbarte, wurde weiterhin in jeder Neuauflage unverändert abgedruckt. Hitler bewunderte insgeheim, wie der Bolschewismus die »slawischen Untermenschen«, so nannte er sie, »der Tyrannei einer herrschender jüdischen Clique« unterworfen hatte. Denn sie entsprach genau der Führungselite, um deren Heranbildung er sich in Deutschland bemühte.

Beide Seiten bereiteten sich auf einen Krieg gegeneinander vor. Im März 1936 hatte Hitler im Reichstag offen von den endlosen und fruchtbaren Ebenen der Ukraine gesprochen, auf denen eines Tages die Deutschen »in Überfluß schwimmen« würden.

In seinen Geheimreden im Jahre 1938 bezeichnete er Rußlands militärische Stärke als eine Quantité négligeable. Doch Anfang 1939, nachdem er erkannt hatte, daß Polen sich gegen eine Helfershelferrolle stemmte, dämmerte ihm, daß er Stalins Unterstützung – in der einen oder anderen Weise – benötigen werde. Nach dem Abkommen von München hatte Hitler gegenüber Polen vorsichtig seine ersten Forderungen vorgebracht – die

---

* Das ist keineswegs nur eine Mutmaßung. Am 22. August 1939, am Vorabend seines Paktes mit Stalin, brüstete sich Hitler vor Generalen, daß er seit jenem Empfang darauf hingearbeitet hätte.

Rückkehr Danzigs und einen Landzugang nach Ostpreußen. Aber Polen hatte ihm eine Abfuhr erteilt.

Auf die Dauer konnte Hitler seine Differenzen mit Polen nicht vor sich herschieben. Ostpreußen war für seine Ostpolitik, seinen künftigen Kreuzzug nach Osten, unabdingbar. Die Hauptstadt Königsberg war durch und durch von deutscher Kultur geprägt. In dem aus dem vierzehnten Jahrhundert stammenden Dom ruhten die sterblichen Überreste Kants und vieler Angehöriger des Hauses Hohenzollern. Aber die Bevölkerung des Landes war verarmt und nahm an Zahl ab – eine Folge, wie er am 12. Mai 1942 äußerte, der Torheit der ehemaligen preußischen Regierung, die die Provinz als Strafkolonie für Lehrer, Beamte und Offiziere behandelte, die sich im Reich etwas hatten zuschulden kommen lassen. Am 1. Februar 1939 nahm sich Hitler dieses Problems mit einem Geheimerlaß »Über die Festigung der östlichen Grenzgebiete« an, wobei der Menschen- und Kapitalflucht aus Ostpreußen durch wirtschaftliche Maßnahmen Einhalt geboten werden sollte. Schon Jahre zuvor hatte er sich geschworen, Danzig, »das nordische Nürnberg«, ins Reich heimzuholen. Seitdem trug er das Wappen Danzigs – ein silbernes Segelschiff auf blauen Wellen – als Mahnung eingraviert auf seinen Manschettenknöpfen.

Seit September 1938 hegte Hitler die Hoffnung, daß er die unblutig verlaufende Wiedereingliederung Danzigs für die Überlassung der von Polen beanspruchten Karpato-Ukraine einhandeln könnte. Ribbentrop unterbreitete am 24. Oktober dem polnischen Gesandten Josef Lipski diesen Gedanken. Dieser antwortete aber nur ausweichend. Hitler ließ sich davon nicht beeindrucken und lud den polnischen Außenminister Josef Beck zu einem Besuch im neuen Jahr ein. Das Treffen fand am 5. Januar 1939 auf dem Berghof statt. Doch Beck biß auf diesen Köder nicht an. Als Hitler zwei Tage darauf nach Berlin fuhr, war er entschlossen, sich statt dessen um Stalins Unterstützung zu bemühen. Seine längere Unterhaltung mit Merekalov war nur der erste Schritt gewesen. Der zweite bestand in der auffälligen Unterlassung jeglicher Angriffe gegen die UdSSR in seiner Gedenkrede am 30. Januar.

Hitlers Tagesablauf in Berlin verlief mehr oder minder regelmäßig. Am Vormittag empfing er die jeweiligen Kabinettsmitglieder. Erst gegen 15 oder gar 16 Uhr aß er zu Mittag. Spaßhaft meinte er, der Speisesaal sollte »Zum fröhlichen Reichskanzler« genannt werden. Hier in Berlin waren Frauen nicht zugelassen. Diese Tischgesellschaften waren für Hitler – seit 1938 – so etwas Ähnliches wie Kabinettssitzungen (im Februar 1939 sollte er noch einmal dem Vorschlag Lammers' zustimmen, eine einzuberufen; aber da Göring sich in Italien aufhielt, wo er sich von einer Abmagerungskur erholte, wurde das Vorhaben fallengelassen).

Nach dem Essen las Hitler Zeitungen, die eine Ordonnanz täglich an einem Kiosk im nahegelegenen Hotel Kaiserhof kaufte.

In den ersten Jahren hatte er seinen Tee noch dort genommen. Wenn er erschien, stimmte das kleine Orchester die »Donkey-Serenade«, seine Lieblingsmusik aus einem Hollywoodfilm, an. Hitler war, wie er selbst gestand, ein Fan von Shirley Temple und Jeannette MacDonald. Er sah sich jeden Film an, den er sehen wollte, und gab die ganze Zeit über bissige Kommentare ab. Seine SS-Adjutanten stellten pflichtschuldigst eine Liste seiner bündigen Beurteilungen zusammen und leiteten sie dem Propagandaministerium zu. Hitlers Votum hatte gleichsam Gesetzeskraft – ein Streifen, der sich Hitlers endgültige Ablehnung – »Mitten im Film abgebrochen!« – zuzog, wurde verworfen. Filme wie *Prairie Hyenas*, *Tip-Off Girls*, *King of Arizona*, *Bluebeard's Eighth Wife*, *The Great Gambini*, *Shanghai* fanden in Hitlers Reichskanzlei ein Ende, wie es im Drehbuch nicht vorgesehen war. Als *Marie Antoinette* gezeigt wurde, stand Hitler auf und ging davon.

Am 13. Februar 1939 fuhr Hitler mit seinem Sonderzug nach Hamburg. Dort sollte der Stapellauf des größten deutschen Schlachtschiffes – eines gepanzerten Kolosses von 35 000 Tonnen – stattfinden. Doch zuvor besuchte Hitler ehrfurchtsvoll im nahen Friedrichsruh die Grabstätte Bismarcks, dessen Name das erste Superschlachtschiff des Reiches tragen sollte. Am nächsten Tag fuhr Hitler samt den geladenen Gästen, indes Musikkapellen den 50 000 Zuschauern aufspielten, mit einer grünen Hapag-Barkasse vom Sankt-Pauli-Pier über die Elbe zur Werft von Blohm & Voß. Es war ein offizieller Feiertag in Hamburg. Die Musik verstummte, als Hitler die hohe Tribüne bestieg und seine vorbereitete Ansprache hielt, in der er die Leistungen seines großen Vorgängers bei der Gründung des Zweiten Reiches pries. Hitler selbst hatte die Position jeder Wochenschaukamera festgelegt und ausländische Zeitungsreporter von einer Teilnahme ausgeschlossen. Nachdem er etwa zehn Minuten geprochen hatte, leuchtete auf seinem Rednerpult ein rotes Lämpchen auf, was ihn darauf hinwies, daß die letzten Stützen weggeschlagen wurden und der Koloß sich bald in Bewegung setzen würde. Beim Klang des Deutschlandliedes schoß das neue Schlachtschiff *Bismarck* rumpelnd in die Elbe.
Aufschlußreich sind die privaten Aufzeichnungen von Weizsäckers, des Staatssekretärs, über die Bemerkungen Hitlers am Kamin nach einem Essen im kleinen Kreis in Friedrichsruh am 13. Februar:

»*Für denjenigen, der weiß, daß in ca. vier Wochen die Resttschechei den Todesstoß erhalten soll,** war interessant, daß der Führer erklärte, er habe früher die Überraschungsmethode bevorzugt, davon sei er aber abgekommen, sie habe sich erschöpft. Die Septemberkrise vom vorigen Jahr schilderte der Führer in kurzen Strichen so, daß er seinen Erfolg der unerschütterlichen Haltung verdanke, die nötigenfalls auch einen Krieg voraussahnen ließ.«

---

* Hervorhebung durch Verfasser.

In einer nicht datierten Aufzeichnung notierte sich Weizsäcker den vorgesehenen Ablauf der Besetzung der Resttschechei. Demnach sollte ein künstlich herbeigeführtes Zerwürfnis das Ausscheren der Slowakei aus der Prager Regierung zur Folge haben. Deutschland würde Ungarn anraten, in der Karpato-Ukraine »die Ordnung wiederherzustellen«. Die slowakische Regierung würde Hitler um die Garantie ihrer Grenzen ersuchen. Die Deutschen in Böhmen fordern Schutzmaßnahmen. Prag wird das Ultimatum gestellt, einen Freundschaftsvertrag mit dem Reich abzuschließen, andernfalls werde die Wehrmacht einmarschieren. Goebbels' Propagandamaschinerie würde die Tschechen als die Schuldigen hinstellen – die Milde des deutschen Vorgehens hervorheben und auf historische Vorgänge ähnlicher Weise hinweisen.

Seit München hatten sich Hitlers Agenten fest in der Slowakei eingenistet, Angehörige von Himmlers SS, aus dem Goebbels-Ministerium, der Zentrale von Görings Vierjahresplan und der NS-Auslandsorganisation schwärmten über die Slowakei aus.

Als Hitler am 21. Januar 1939 seine schroffe Unterredung mit dem tschechischen Außenminister Chvalkovský führte, stand seine Entscheidung bereits fest. Er verlangte die absolute Neutralität der Tschechei und eine beträchtliche Reduzierung der tschechischen Streitkräfte. Chvalkovský gab klein bei. Wojtech Tuka, ein slowakischer Agitator, der viele Jahre in tschechischen Gefängnissen verbracht hatte und unlängst amnestiert worden war, bat nun Hitler in einem Telegramm, die Slowaken zu schützen; das »erhabene deutsche Volk« solle sie »als wirtschaftliche und kulturelle Mitarbeiter annehmen«. Um den 10. Februar erhielten Gefolgsleute von Karmasin, des Führers der Karpaten-Deutschen in Preßburg, die vertrauliche Mitteilung, Hitler werde das Prager Regime binnen eines Monats liquidieren. Zwei Tage später stattete Tuka Hitler einen Besuch ab und legte formell das Schicksal der Slowakei in Hitlers Hände. »Mein Volk«, sagte er, »erwartet seine volle Befreiung von Ihnen.« Hitler wies unmißverständlich darauf hin, daß die Slowakei ihre Unabhängigkeit von Prag erklären solle – die erste Phase des von Weizsäcker dargelegten, wenn nicht gar ausgearbeiteten Szenariums.

Hitlers Hauptagent Wilhelm Keppler entsandte seinen Intimus Dr. Edmund Veesenmayer nach Preßburg, wo er die Slowaken zur Eile antreiben sollte, »da Ungarn sonst jederzeit nach dem 15. März die Erlaubnis zur Besetzung der Slowakei erhalten werde«. Als Ďurčanský und sein Wirtschaftsminister bei Göring am 28. Februar vorsprachen, meinte der Feldmarschall mit drohendem Unterton zur Begrüßung: »Na, wie ist's? Wann werdet ihr die Unabhängigkeit erklären, damit wir euch nicht den Ungarn geben müssen?«

Was dann am 10. März 1939 geschah, traf Hitler nicht unvorbereitet. Um 5.20 Uhr erhielt Walther Hewel aus Wien einen Anruf, daß tschechische Truppen in Preßburg einmarschiert seien. Pater Tiso, der Ministerpräsident, hatte in einem Jesuitenkollegium Zuflucht gesucht. Hewels bisher unveröffentlichte Notizen führen die erregten Telefongespräche am Vormittag mit Ribbentrop, Heydrich, Schmundt und Keppler auf. In der Notiz um 11.50 Uhr heißt es: »Anruf Keppler. Tuka verhaftet. Telefon unterbrochen. Und andere verhaftet. Standrecht! Miliär einmarschiert. Karmasin auch vielleicht verhaftet.« Um 11.55 Uhr »Zum Führer. Schaub informiert.« Um 12 Uhr: »Chef [Ribbentrop] angerufen: sofort zum Führer.« Um 13 Uhr wurde auch Keitel herbeizitiert. Hitler war zum Handeln entschlossen. Um alarmierende Meldungen der Auslandspresse zu dämpfen, wurden die NS-Schriftleiter noch am Vormittag vertraulich instruiert, der Krise nicht mehr als zwei Zeitungsspalten zu widmen. In der darauffolgenden Nacht wurde die Leibstandarte Adolf Hitler alarmiert und feldgrau eingekleidet.

In einer geheimen Rede vor Absolventen eines Generalstabslehrgangs erklärte Hitler am 11. März: »Im allgemeinen setzt die Staatenbildung voraus ein Herrenvolk, das organisiert, und ein etwas minderwertiges Volk oder – sagen wir – ein nicht herrisch veranlagtes Volk, das sich der Führung unterordnet.« Die Geschichte, äußerte Hitler, böte mehr als *ein* Beispiel dafür, daß eine relativ kleine Herrenschicht die große Masse von Sklaven organisiere.

Etliche Tage lang herrschte Verwirrung. Der tschechische Staatspräsident Hácha hatte Dr. Karol Sidor zum Nachfolger Tisos in der Slowakei ernannt. Sidor war schon vorher der Favorit Seyß-Inquarts gewesen. Veesenmayer jedoch hatte Sidor als einen Opportunisten beurteilt und hatte daher statt dessen Tiso »wegen der Verehrung, die er im slowakischen Volk genoß, und wegen seines bescheidenen, geistig ausgeglichenen und ruhigen Charakters als den geeigneten Mann vorgeschlagen«. Nun entsandte Hitler Keppler selbst nach Preßburg. Keppler brachte Tiso in Sicherheit und flog mit ihm nach Berlin zurück, wo er Hitler am 13. März Bericht erstattete. Hitler wies Tiso unverblümt an, die Unabhängigkeit der Slowakei von Prag ohne Verzug auszurufen.

Das OKW entwarf ein entsprechendes Ultimatum an die Tschechen.

Am 14. März um die Mittagszeit meldete Keitel Hitler, daß Wehrmachtsverbände an der tschechischen Grenze bereitstünden und, wie befohlen, um 6 Uhr früh einrücken könnten. Um die Kritik des Auslands abzuschwächen, ließ Hitler die Prager Regierung wissen, daß es ihr zu »großem Nutzen« gereichen werde, wenn Präsident Hácha trotz seines Alters und seiner Gebrechlichkeit noch am selben Tag nach Berlin reisen würde. Um 14.15 Uhr meldete die deutsche Gesandtschaft in Prag, Hácha werde am Abend mit dem Zug in Berlin eintreffen; seine Herzbeschwerden ließen die Strapazen eines Fluges nicht zu. Hitler gab Keitel die vertrauliche Anweisung, den Befehl zu erteilen, daß die Wehrmachtsverbände um 6 Uhr früh einmarschieren sollten. Oberst Eduard Wagner schilderte die freudige Erwartung des gesamten Generalstabes noch am selben Abend in einem

Privatbrief: »Ich glaube, daß nicht viel passieren wird, auch das Ausland hat sich desinteressiert. – Ende der Tschechei! Verdient hat sie's wirklich.«

Hitler hatte angeordnet, den tschechischen Präsidenten bei seiner Ankunft mit allen militärischen Ehren zu empfangen. Da Háchas Tochter ihren Vater als Pflegerin begleitete, beauftragte Hitler einen Adjutanten, ihr Zimmer im Hotel Adlon mit gelben Rosen zu schmücken und ein Handschreiben zu hinterlassen.

Bei Einbruch der Nacht rückten die ersten deutschen Einheiten in aller Stille illegal in die Tschecho-Slowakei ein. Die Leibstandarte hatte die Instruktion, die Gegend um Mährisch-Ostrau zu besetzen, bevor die Polen die moderne »Bergbau- und Eisenhütten-Gewerkschaft« in Witkowitz in ihre Gewalt bringen konnten.

Am 14. März 1939 zog sich Hitler nach dem Abendessen ins Musikzimmer zurück um sich dort den neuesten Film – »Ein hoffnungsloser Fall« – anzusehen. Bald darauf meldete Ribbentrop, daß Hácha auf dem Anhalter Bahnhof eingetroffen sei. Hitler betrachtete seine Fingernägel und meinte leise, man solle dem alten Herrn ein Stunde Ruhe gönnen.

Erst gegen 23 Uhr führte Meissner den kleinwüchsigen tschechischen Staatspräsidenten hinein. Hitler bat alle Anwesenden, bis auf Ribbentrop und Hewel, sein Arbeitszimmer zu verlassen. Mit zitternder Stimme hielt Hácha sodann eine lange, vorbereitete Ansprache über seine Laufbahn als Justizbeamter in der Wiener Verwaltung. Er habe von Hitlers Ideen gelesen und bewundere sie. »Er habe die Überzeugung«, notierte sich Hewel, »daß das Schicksal der Tschecho-Slowakei in den Händen des Führers läge und ... gut aufgehoben sei.« Hitler wurde unruhig, als Háchas Rede kein Ende nehmen wollte. »Je länger sich Hácha darüber ausließ, wie arbeitsam und gewissenhaft die Tschechen wären, desto stärker empfand ich, daß ich auf glühenden Kohlen saß«, entsann sich Hitler im Mai 1942. Schließlich teilte ihm Hitler mit, daß die Wehrmacht um 6 Uhr früh einmarschieren werde. Wenn Hácha die verlangte Unterschrift leiste, würde es zu keinem Blutvergießen kommen. »Ich schäme mich beinahe, zu sagen, daß auf jedes tschechische Bataillon eine deutsche Division kommt.«

Das Schmierentheater hatte die erhoffte Wirkung. Hácha und sein Außenminister zogen sich in einen Raum zurück, von wo aus sie sich telefonisch mit Prag beraten wollten. Die Verbindung war so schlecht, daß der alte Herr schreien mußte. Gegen drei Uhr früh erlitt er einen Herzanfall und bekam von Hitlers Leibarzt Professor Theo Morell eine Spritze, damit er wieder zu Kräften komme. Unerbittlich verstrichen die Minuten. Hitler erinnerte Hácha an die militärische Lage; die Wehrmacht rückte immer näher heran. Göring, der erst am Abend aus San Remo eingetroffen war, warf ein, daß bei Tagesanbruch über den Straßen Prags Maschinen der Luftwaffe erscheinen würden. Schließlich erschlaffte Háchas Widerstand.

Das eigentliche Abkommen wurde knapp vor 4 Uhr unterzeichnet. In einem zweiten Dokument erklärte sich Hácha mit der unverzüglichen Auslieferung sämtlicher Flugzeuge und Waffen an Deutschland einverstanden. Doch selbst da kam es noch zu Schwierigkeiten. Hitler verlangte, daß Chvalkovský gegenzeichnen müsse, was Hácha zunächst jedoch halsstarrig ablehnte.

Sobald Hitlers Gäste sein Arbeitszimmer durch eine Tür verlassen hatten, wurde Pater Tiso durch eine andere hereingeführt und über das Ergebnis informiert.

Danach muß Hitler Wilhelm Keppler zu sich gebeten haben, denn dieser schrieb wenige Stunden später an Himmler:

»Als wir nach Abschluß des Abkommens heute nacht mit dem Führer zusammen waren, gedachte der Führer insbesondere der Männer, die unter Einsatz ihres Lebens die gefährlichste Arbeit an der Front geleistet haben. Ribbentrop erklärte darauf, daß diese ganze Arbeit in vorbildlichster Weise ausschließlich von der SS vollbracht worden sei.«

Nachdem alle gegangen waren, befand sich Hitler für einige Augenblicke allein in dem Raum. Die Anspannung legte sich; er brauchte sich nicht mehr »wütend« oder »drohend« zu geben. Er drehte sich um, öffnete die unsichtbar in die Täfelung hinter seinem wuchtigen Schreibtisch eingelassene Tür und betrat das kleine Kabinett, wo seine Sekretärinnen Christa Schroeder und Gerda Daranowski erschöpft das Ende der nächtlichen Konferenz erwarteten. Seine Augen leuchteten, und er lachte. »So, Kinder, jetzt gebt mir mal da und da«, sagte er, wobei er sachte seine Wangen berührte, »jede einen Kuß!« Die verdutzten Sekretärinnen gehorchten. »Dies ist der schönste Tag meines Lebens«, erklärte Hitler. »Was seit Jahrhunderten immer wieder angestrebt wurde, mir ist es geglückt! Die Vereinigung der Tschechei mit dem Reich ist gelungen. Ich werde als der größte Deutsche in die Geschichte eingehen.«

Um 8.02 Uhr verließ Hitlers Sonderzug den Anhalter Bahnhof. Hácha und seine Delegation lagen im Hotel Adlon noch im tiefen Schlaf. Oberstleutnant Kurt Zeitzler vom Stabe Keitels informierte Hitler, wie weit der Einmarsch der Wehrmacht fortgeschritten war. Gegen 9 Uhr rollten bereits deutsche Panzer – die Panzerdivision Geyr von Schweppenburgs – über die Straßen von Prag. Es kam nicht zu einem Blutbad. Tschechische Patrioten sperrten eine Brücke und sangen die Nationalhymne. Der deutsche Kompanieführer ließ seine Truppe halten und das Gewehr präsentieren, bis das Lied verklungen war. Um 14.03 Uhr erreichte Hitlers Sonderzug die kleine böhmische Stadt Leipa, wo Hitler von General Erich Hoepner, dem Kommandeur des Panzerkorps, und von Oberst Erwin Rommel, der das Kommando über das Führerbegleitbataillon hatte, erwartet wurde.

Zum Entsetzen Himmlers und der Sicherheitsbeamten wollte Hitler unverzüglich nach Prag im offenen Auto weiterfahren. Gegen 16 Uhr hob sich der Schlagbaum, und Hitler überquerte die tschechoslowakische Grenze. Im heftigen Schneetreiben rollte die Kolonne Prag entgegen.

Hitler stand im offenen Wagen und salutierte, als er an seinen Regimentern vorüberfuhr. Es dämmerte schon, als sie in Prag ankamen.
Zuerst wußte keiner, wie man zum Hradschin, dem Amtssitz Háchas, gelangte. Die Fahrer in Hitlers Konvoi erreichten ihn schließlich durch ein rückwärtiges Tor. Man trieb einen Lakaien auf, der sie zu einem Burgtrakt geleitete, wo die unerwarteten Gäste nächtigen konnten.
Hitler fand noch keine Ruhe. Er diktierte seinen Sekretärinnen einen Gesetzentwurf über die Bildung eines »Protektorates« Böhmen und Mähren.
Gegen zwei Uhr früh wurde ein kaltes Buffet serviert, das das »Deutsche Haus« in Prag geliefert hatte. Es gab auch Pilsener Bier. Man nötigte Hitler, ein Glas zu probieren, aber er verzog das Gesicht, trank es nicht aus und ging sodann zu Bett. Die Prager erfuhren erst am nächsten Morgen von seiner Anwesenheit in ihrer Mitte, als sie von einem Fahnenmast auf dem schneebedeckten Burgdach Hitlers Standarte wehen sahen.

Die erste Reaktion der englischen Regierung lief darauf hinaus, daß es sich um eine Angelegenheit handle, die sie nicht betreffe. Doch die englische Öffentlichkeit weigerte sich nun, auch noch die »Annexion« Böhmens und Mährens hinzunehmen. Das veranlaßte Chamberlain, in Birmingham eine scharf formulierte Rede zu halten. Chamberlain fragte: »Ist das nun ein Schritt in die Richtung, die Welt mit Gewalt beherrschen zu wollen?« Eine Woche nach seinem Aufenthalt in Prag äußerte Hitler, Chamberlain habe ihm »über einen Mittelsmann« mitteilen lassen, er habe Verständnis für das deutsche Vorgehen, obgleich er das in der Öffentlichkeit nicht ausdrücken könne, da er den maßlosen Angriffen der Clique um Churchill ausgesetzt sei.
Davon abgesehen überwogen nunmehr bei weitem die Vorteile die Schmähungen der Westmächte: Die Kontrolle über Böhmen und Mähren brachte Hitler die tschechischen Geldreserven ein, mit denen er die Finanzkrise des Reiches überwinden konnte, ferner Flugplätze als Ausgangsbasis gegen Polen und Rußland und eine um rund 1500 Kilometer verkürzte Frontlinie. Er verfügte nunmehr über tschechische Panzer, Artillerie und Flugzeuge von beachtlicher Qualität und Anzahl. Darüber hinaus gerieten nun Rumänien und Jugoslawien in seine Abhängigkeit, da deren Streitkräfte zum Großteil mit Waffen aus den Škoda-Werken in Pilsen ausgerüstet waren. Das Offizierskorps bewunderte seinen neuesten Streich, und viele Wankelmütige, die sich in schwierigeren Zeiten dann der »Widerstandsbewegung« anschließen sollten, schrieben im März 1939 in ihren Tagebüchern und Briefen an Freunde beifällige Worte.
Überraschenderweise zahlte sich das Berliner Abkommen auch für die Tschechen aus. Das Wirtschaftsleben stabilisierte sich; die Arbeitslosigkeit nahm ab. Die Tschechen wurden nicht zum Wehrdienst in den Kriegen der Hitler-Koalition eingezogen. Die Streitkräfte wurden aufgelöst; die Offi-

ziere erhielten auf Hitlers Anweisung Pensionen, wodurch er sich ihre Abhängigkeit und Willfährigkeit erkaufte. Die arbeitsamen Tschechen nahmen vom Reich lukrative Aufträge an und lernten die Pax Teutonica zu schätzen, die ihnen Reinhard Heydrich als »Stellvertretender Reichsprotektor« ab 1941 aufzwingen sollte. Es herrschte zwar Friedhofsstille, aber Heydrich errang die Sympathie der tschechischen Arbeiterschaft in einem derartigen Ausmaß – beispielsweise durch seine Pläne zur Sozialversicherung und Rentenregelung –, daß sich 1942 nach seiner Ermordung 30 000 Tschechen auf dem Wenzelsplatz in Prag drängten, um ihren Protest zu bekunden.

Hácha war jedoch keinen Schikanen ausgesetzt. Hácha wollte sogar von Morell die Zusammensetzung der nächtlichen Injektion wissen, worauf er von Morell regelmäßig mit Medikamenten versorgt wurde. Hácha starb 1945 vergessen in einem alliierten Gefängnis. Tiso und Tuka wurden gehenkt.

Am 16. März 1939 gab das Propagandaministerium eine vertrauliche Anweisung an die NS-Schriftleiter heraus:

»Die Verwendung des Begriffes ›Großdeutsches Reich‹ ist unerwünscht. Letzteres Wort ist für spätere Gelegenheiten vorbehalten.«

Die nächsten Ziele auf Hitlers Liste waren das Memelland, Danzig und der »Polnische Korridor«. Auf seine Instruktion hin bat Ribbentrop am 21. März den polnischen Botschafter Lipski zu sich und wiederholte das Verhandlungsangebot vom Oktober. Ribbentrop gab sogar zu verstehen, daß die Slowakei Verhandlungsgegenstand späterer Unterredungen mit Polen sein könne, *nachdem* die Danziger Frage gelöst worden sei. Lipski begab sich nach Warschau, um eine Antwort einzuholen. Am 25. versicherte Hitler Generaloberst von Brauchitsch, er wolle keine Gewalt anwenden. Brauchitschs Adjutant notierte sich Hitlers Worte: »Eine evtl. mil. Besetzung käme nur *dann* in Betracht, wenn L.[ipski] durchblicken läßt, daß die poln. Regierung eine freiwillige Abgabe Danzigs ihrem Volk gegenüber nicht vertreten könne und ihr die Lösung durch ein Fait accompli erleichtert würde.« Hitler rechnete mit einem derartigen Winkelzug. Am 27. März zeichnete Raeder die Pläne ab, die eine Fahrt Hitlers an Bord des Kreuzers *Deutschland* in die Gewässer um Danzig mit nahezu der gesamten Schlachtflotte betrafen. Hitler sollte mit einem Torpedoboot an Land gebracht und sodann im Triumph zur altdeutschen Innenstadt geleitet werden. So sahen die Planungen aus; sein Besuch in Danzig sechs Monate später fiel jedoch anders aus.

Litauen erwies sich in bezug auf Memel als verhandlungsbereiter. Die alte deutsche Hafenstadt war nach dem Weltkrieg von Litauen annektiert worden. In dem deutschen Ultimatum wurde die Rückgabe verlangt. Der litauische Außenminister Juozas Urbsys begab sich eilends nach Berlin und unterzeichnete die erforderlichen Dokumente, nachdem Ribbentrop und

Weizsäcker Druck ausgeübt hatten. Am Vormittag des 23. März ankerte die *Deutschland* mit Hitler an Bord auf der Reede vor Memel. Hitler machte eine Fahrt durch die Stadt und begab sich dann wieder nach Berlin. Die Polen hatten mit einer Teilmobilisierung reagiert, wie Canaris am 25. März meldete. Als Hitler an diesem Abend Berlin verließ, äußerte er laut Brauchitsch: »[Führer] will bei Rückkehr L.[ipskis] nicht hier sein. R.[ibbentrop] soll Verhandlungen zunächst führen.« Am nächsten Tag kehrte Lipski aus Warschau mit der schroffen Ablehnung von Hitlers Offerte in bezug auf Danzig zurück. Wenn Hitler weiterhin so hartnäckig auf der Rückgabe Danzigs bestehe, würde es zum Krieg kommen. Am 27. März schrieb Weizsäcker in sein Tagebuch:

»Die Danzig-Frage zu lösen, ist jetzt nicht mehr möglich, nachdem wir in Prag und Memel unser politisches Kapital aufgebraucht haben und ein deutsch-polnischer Zusammenstoß die Lawine ins Rutschen bringen würde. Die Frechheiten der Polen und ihr mangelhaftes Eingehen auf eine ihnen gemachte Offerte können wir z. Z. nur so behandeln, daß wir Polen mürber machen.«

Während seiner Spaziergänge auf dem Obersalzberg überlegte Hitler sich seinen nächsten Schritt, wie er es 1938 beim Abwägen von Fall »Grün« getan hatte. Am 25. März hatte er Brauchitsch versichert, daß er die polnische Frage – im Gegensatz zum Problem Danzig – derzeit nicht anpacken werde. Zuvor müsse eine besonders günstige politische Lage geschaffen werden. »Polen soll dann so niedergeschlagen werden, daß es in den nächsten Jahrzehnten als politischer Faktor nicht mehr in Rechnung gestellt zu werden braucht«, heißt es in der Aufzeichnung dieser Unterredung. Das Reich würde somit die Ostgrenze von 1914 – von Ostpreußen bis zur Ostspitze Schlesiens – wiedergewinnen.

Inzwischen hatte Stalin bei einem Kongreß in Moskau die westlichen Demokratien scharf zurechtgewiesen. Hitler sah sich die Wochenschaufilme an und meinte abschließend, daß Stalin ganz »umgänglich« wirke. Am 30. März kehrte er zu vorgerückter Stunde mit seinem Sonderzug nach Berlin zurück.

Am nächsten Morgen erhielt Hitler eine schockierende Nachricht. Aus London war gemeldet worden, Neville Chamberlain werde vor dem Parlament verkünden, daß

»im Falle einer Handlung, durch die Polens Unabhängigkeit offensichtlich bedroht wird und der zu widerstehen die polnische Regierung deswegen als lebenswichtig erachtet, ... sich die Regierung Seiner Majestät unverzüglich verpflichtet sehen wird, der polnischen Regierung jede in ihrer Macht stehende Unterstützung zu gewähren.«

Das war die erste einer Reihe von unbedachten Garantien, die von der englischen Regierung verkündet wurden. Um 12.45 Uhr ließ Hitler Keitel zu sich kommen und ordnete an, daß das OKW sämtliche erforderlichen Vorbereitungen für einen Krieg mit Polen unter dem Decknamen »Weiß«

zu treffen habe. Was immer der englischen Garantieerklärung zugrundelag, als Hitler um 20.47 Uhr Berlin verließ, hatte er dem OKW bereits seine Anweisungen erteilt. Am nächsten Vormittag wohnte er in Wilhelmshaven dem Stapellauf eines weiteren 35000-Tonnen-Schlachtschiffes – der *Tirpitz* – bei.

Es muß hervorgehoben werden, daß Hitler bisher noch keine direkte Weisung für einen Krieg gegeben hatte. Die neue, den Fall »Weiß« betreffende OKW-Weisung vom 3. April 1939 umriß lediglich eine mögliche politische Lage, die einen Angriff auf Polen am 1. September oder danach erforderlich machen könnte. In der Zwischenzeit sollten laut OKW-Weisung Spannungen mit Polen vermieden werden, eine schwierige Verfügung, da die Polen ihre deutschstämmige Minorität nicht eben freundlich behandelt hatten. Im April und sodann im Mai 1939 ergingen erneut ausdrückliche Anweisungen an jeden NS-Schriftleiter, daß keine Vergleiche zwischen den Vorfällen in Polen und den Geschehnissen in der Tschechoslowakei im Jahre 1938 gezogen werden durften.

Hitler rechnete vermutlich damit, daß »Messerwetzen« allein die Polen zum Überdenken ihrer Haltung bewegen werde. General von Reichenau hatte schon am 3. Oktober bewundernd gemeint: »Wenn der Führer ein Pokerspieler wäre, so könnte er jeden Abend Hunderttausende von Mark gewinnen!« Im April 1939 fielen auch Weizsäcker Hitlers *spielerische* Qualitäten auf. Der Diplomat meinte, daß Hitler und Ribbentrop »einen hohen und gefährlichen Poker spielten, aber mit der bestimmten Absicht, im letzten Moment einzulenken«. Mitte April lautete seine private Prognose: »Eine ... schleichende Krise, aber schwerlich Krieg. Tue jeder, was er für seine Pflicht hält.«

Luftwaffengeneral Karl Bodenschatz, Görings Adlatus, gab dem polnischen Militärattaché deutlich zu verstehen, daß Hitler, wenn er sich eingekreist glaube, sich selbst mit dem Teufel verbünden würde. »Und unter uns kann ja wohl kein Zweifel herrschen, wer der Teufel ist«, meinte Bodenschatz drohend.

Sonderbarerweise hatte sich Hitler über den Fall »Weiß« nicht mit Göring beraten. Der Feldmarschall kehrte erst am 18. April gegen 18 Uhr von seinem Urlaub in Italien zurück. Sonnengebräunt und erholt erschien er an Hitlers Mittagstafel. Hitler teilte ihm nun seinen Entschluß mit, eine Lösung der Danziger Frage zu erzwingen. Göring war bestürzt: »Was soll ich darunter verstehen?« Hitler erwiderte, wenn alle sonstigen Maßnahmen, Danzig wiederzugewinnen, fehlschlügen, werde er gewaltsam vorgehen. Er beschwichtigte den Feldmarschall mit den Worten, daß er in der Vergangenheit schon andere Situationen gemeistert habe; Polen würde da keine Ausnahme sein.

Ursprünglich hatte Hitler mit seinen Avancen gegenüber dem Kreml nur diplomatischen Druck auf Polen ausüben wollen. An Stalins Interesse konnte nicht gezweifelt werden. Rudolf Likus meldete am 1. April, daß der sowjetische Kriegskommissar General K. E. Woroschilow kürzlich auf einer gesellschaftlichen Veranstaltung in Moskau zur Gattin des deutschen Botschafters gemeint hätte, Hitler und Stalin sollten ihre gegenseitige Haltung revidieren. Bald darauf erfuhr Ribbentrop von seinem Mitarbeiter, daß ein sowjetischer Botschaftsrat die Bemerkung gemacht habe, Deutschland und die UdSSR könnten »Seite an Seite« eine erfolgreiche Politik betreiben. Hitler zögerte jedoch, sich auf dieses dünne Eis zu begeben, worauf Ribbentrop seinen Mitarbeiter anwies, die Gespräche nicht fortzusetzen. Ende April unterließ Hitler in einer Reichstagsrede abermals seine sonst üblichen Ausfälle gegen die Führung der Sowjetunion. Am entscheidendsten war wohl Stalins Wink mit dem Zaunpfahl am 3. Mai: Er schaßte seinen jüdischen Außenminister Maxim Litvinow, der einer Einigung mit Deutschland im Weg gestanden wäre.

Jetzt erst begann sich Hitler ernsthaft zu engagieren. Er beorderte die leitenden Diplomaten der Moskauer Botschaft zum Rapport nach Deutschland. Danach gab er dem Botschafter, Werner Graf von der Schulenburg, die Instruktion, mit dem neuen Außenminister, Wjatscheslaw Molotow, hinsichtlich eines möglichen Rapprochements und der Wiederaufnahme von Handelsgesprächen vorsichtig Fühlung aufzunehmen. Am 5. instruierte Goebbels sämtliche NS-Schriftleiter, daß »bis zu neuen Anweisungen« gegen den Bolschewismus und die Sowjetunion nicht mehr polemisiert werden dürfe.

Am Tag darauf machte Bodenschatz vor dem französischen Luftwaffenattaché Paul Stehlin eine sonderbare, ominös klingende Andeutung. »Sie werden eines Tages selbst erfahren, daß im Osten etwas im Gange ist.«

»Da ist er wie ein Bub«

Im Gegensatz zu den meisten Menschen, die ihr Leben nach der Zahl der verstrichenen Jahre messen, maß Hitler sein Leben nach den Jahren, die ihm noch verbleiben. Wenn er wöchentlich die Probekopien der Wochenschaufilme begutachtete, in denen er meist der Hauptakteur war, mußte er betroffen feststellen, daß er älter geworden war.

Am 20. April 1939 hatte Hitler in seinem Leben gleichsam ein Plateau erreicht: Er wurde fünfzig. Selten hat die Welt eine vulgärere Zurschaustellung von Macht gesehen als bei den Feierlichkeiten, die schon am 19. ihren Anfang fanden. An die 1600 Gauleiter und Parteiführer drängten sich im Mosaiksaal der neuen Reichskanzlei, indes es in der Marmorgalerie von den Blutordensträgern – den Veteranen des mißlungenen Putsches von 1923 – wimmelte. Als an jenem Abend der Badenweiler Marsch erklang, fuhr Hitler zusammen mit Speer die prachtvolle neue »Ost-West-Achse« ab, die er damit für den Verkehr freigab, während Feuerwerksraketen zum Bild einer riesigen Hakenkreuzfahne am Himmel zerplatzten. An einer günstigen Stelle hatte man die noch lebenden Veteranen der Kriege des 19. Jahrhunderts versammelt.

Nach seiner Rückkehr fand Hitler Hunderte von Geschenken im Speisesaal zur Schau gestellt, darunter auch ein Modell des Triumphbogens, den er auf der neuen Nord-Süd-Achse errichten wollte. Darauf sollten die Namen aller im Weltkrieg gefallenen Deutschen und Österreicher eingemeißelt werden. Am nächsten Tag schrieb seine Sekretärin Christa Schroeder:

»Überwältigend sind in diesem Jahr die Geschenke an Zahl und Wert. Gemälde (Defregger, Waldmüller, Lenbach und sogar ein herrlicher Tizian), dann wunderbare Meißner Porzellanplastiken, silb. Tafelaufsätze, prachtvolle Bücher, Vasen, Zeichnungen, Teppiche, Handarbeiten, Globusse, Radios, Uhren, usw. usw. usw. ... Und dann natürlich Flugzeugmodelle, Schiffsmodelle und ähnliche militärische Dinge, über die er die meiste Freude empfindet. Da ist er wie ein Bub.«

Aus ganz Deutschland strömten Wehrmachtseinheiten zu dem auf den 20. April angesetzten Paradespektakel nach Berlin: Sechs Divisionen der Wehrmacht, rund 40 000 Mann und 600 Panzer, sollten an ihm vorbeidefilieren. Um 8 Uhr wurde Hitler von dem Musikzug der Leibstandarte geweckt, der vor seinem Fenster spielte. Die Kinder seiner Ärzte und Adjutanten kamen befangen zu ihm, um ihm zu gratulieren, ihm Blumensträuße zu überreichen, die sie mit Anneliese Schmundt, der Frau seines Chefadjutanten, gebunden hatten, um ihm Gedichte aufzusagen. Nach Hitlers Wunsch sollten diese Kinder einen Tag erleben, von dem sie noch ihren Enkelkindern vorschwärmen würden.

Bevor die Parade begann, empfing Hitler die drei Oberbefehlshaber – Göring, Raeder und von Brauchitsch – wie auch Keitel in seinem geräumigen, getäfelten Arbeitszimmer. Er stand mit dem Rücken zu seinem großen Schreibtisch, als die Militärs hineingeleitet wurden. Hitlers Ansprache dauerte nicht länger als zehn Minuten. Als er sie abschloß, wußten seine erlauchten Zuhörer, daß Deutschland unaufhaltsam einem Krieg entgegentrieb, der nicht unbedingt im Jahre 1939, doch in Bälde ausbrechen würde.

Bei der Geburtstagsparade zeigte sich deutlich, über welch erstaunliche körperliche Ausdauer Hitler verfügte. Vier Stunden lang stampften Truppen, rasselten und ratterten Schützenwagen, Geschütze und Panzer an Hitler vorbei, der von der Tribüne salutierte. Christa Schroeder schrieb hernach:

»Die Parade gestern war ja ganz groß, aber dauerte entsetzlich lange. Ich wundere mich bloß immer wieder, wo er die Kraft zu all diesen Anstrengungen hernimmt. Denn so vier Stunden dauernd stehen und grüßen, ist doch eine verdammte Anstrengung. Wir waren vom bloßen Zuschaun schon hundemüde – ich jedenfalls.«

Unbestreitbar erfreute sich Hitler 1939 robuster Gesundheit.
Aus den Unterlagen seiner Leibärzte geht hervor, daß er die Blutgruppe A hatte. Er hatte eine blasse, glatte Haut. Auf Brust und Rücken war sie auffallend weiß und haarlos. Sein Schädel wurde der damaligen Klassifikation zufolge »als leicht dolichocephal« eingestuft. Er hatte ein blasses, ebenmäßig geschnittenes Gesicht, dessen Mimik »von einer intensiven Ausdruckskraft war, die einschüchterte und zugleich fesselte«. Das linke Auge war ein wenig größer als das rechte. Die Augen waren blau mit einer leichten Beimischung von Grau. Feststellbar war eine geringfügige Exophthalmie, ein Hervortreten der Augäpfel.

Nach 1945 sagten Hitlers Ärzte bei Befragungen einhellig aus, daß er bis zu seinem Ende geistig gesund gewesen sei. Einer von ihnen, Professor Hanskarl von Hasselbach, äußerte abschließend die Meinung: »Das deutsche Volk müßte ja völlig irrsinnig gewesen sein, wenn es einem solchen Mann fast einmütig nachgelaufen wäre, wie man Hitler heute darstellt.« Es gab keine klinischen Anzeichen für eine Anomalie. Hitler zeigte keinerlei psychische Störungen wie Euphorie, Inkontinenz, Geruchsverlust oder Veränderungen der Persönlichkeit. Untersuchungen der Gehirnfunktion erbrachten keine Hinweise auf »sensorische Aphasie« und auf »traumhafte Zustände«. Die Überprüfung der Reflexzentren und der Funktionen des Zentralnervensystems erbrachte gleichfalls keine Abweichungen.

Ärzte sagten aus, daß Hitlers Orientierung, was Zeit, Ort und Personen anlangte, ausgezeichnet gewesen sei. »Er war launenhaft, zuweilen rastlos und manchmal sonderbar, aber sonst im allgemeinen kooperativ und nicht leicht abzulenken. Er war sehr stimmungslabil, seine Vorlieben und Abneigungen waren überaus prononciert. Sein Gedankengang war von Kontinuität geprägt. Er sprach weder langsam noch schnell und stets sachbezogen.« Allgemeine Symptome einer Geisteskrankheit waren nicht auszumachen. Abschließend heißt es im Bericht vom Jahre 1945, daß »Hitler keinerlei Halluzinationen, illusionäre Vorstellungen oder paranoide Entwicklungen erkennen ließ«.

Wer waren Hitlers Ärzte? Dr. Karl Brandt behandelte ihn schon seit 1934. Brandt, ein gutaussehender, dunkelhaariger junger Chirurg, war ein gebürtiger Elsässer, der als Fünfzehnjähriger von den Franzosen ausgewiesen worden war, als diese 1919 die Provinz besetzten. Brandt weigerte sich vor den amerikanischen Vernehmungsbeamten, über Hitlers Sexualleben auszusagen. Er hatte sich an einem Krankenhaus im Ruhrgebiet zum Chirurgen ausgebildet. Seine Verlobte war die bekannte Schwimmerin Anni Rehborn, in den 20er Jahren einer der weiblichen Stars in Hitlers Umgebung. Sie machte Brandt 1932 mit Hitler bekannt. Dieser erkannte, daß ein begleitender Chirurg von Nutzen sein könne, und Brandt nahm an der Reise nach Venedig im Jahre 1934 teil. Brandt führte Professor Werner Haase, einen Kollegen aus dem Ruhrgebiet, als seinen Vertreter ein. 1936 wurde Hanskarl von Hasselbach zum stellvertretenden Begleitarzt beim Führer ernannt.

Um die Jahreswende 1936/1937 wurde Dr. Theo Morell Hitlers Leibarzt. Dieser sollte in der Folgezeit der umstrittenste seiner Ärzte werden. Morell, drei Jahre älter als Hitler, war ungemein korpulent, hatte einen kahlen, fleischigen Schädel und einen dunklen Teint. Hinter der Brille mit den dicken Gläsern blinzelten kurzsichtige, dunkelblaue Augen. Die Hände waren groß und behaart. Um 1935 hatte er sich als Modearzt in der Welt der Theater- und Filmstars am Kurfürstendamm etabliert. Über die Welt des Films wurde er mit Hitlers Fotografen Hoffmann bekannt. In Hoffmanns Haus, im Mai 1936, traf Hitler zum ersten Mal mit ihm zusammen. Als Morell Hitler kennenlernte, war dieser über den Tod seines von ihm sehr geschätzten Chauffeurs Julius Schreck, der einige Tage zuvor an einer Gehirnhautentzündung gestorben war, tief betroffen. Morell gelang es, ihm den Eindruck zu vermitteln, daß er möglicherweise Schrecks Leben hätte retten können.

Hitlers Magenschmerzen hielten an. Noch am 1. Februar 1945 notierte sich Morell im Tagebuch über Hitlers Krankengeschichte: »Ganz große Spasmen nach gewaltigen Gemütserregungen: 1924 Prozeß (Leben); 1929 Wechselfälligkeit (*Völkischer Beobachter* -- Eher Verlag); 1935/36 militärische Unzuverlässigkeit.«* Professor von Eicken untersuchte ihn am 20. Mai 1936. Seine Notizen sind auch erhalten geblieben. »20. 5. Consultation in der Reichskanzlei mit Dr. Brandt. Seit einigen Tagen Ohrensausen, nachts hohes metallisches Klingen links. Offenbar überarbeitet. Kummer (Fahrer Schreck!). Schläft sehr wenig und schäft schlecht ein. Abends vor Bettruhe Spazierengehen, Wechselbäder der Füße, leichte Schlafmittel! Arbeitspause. In Wachenfeld [Berghof] Schlaf stets besser.

Dr. Grawitz [Dr. Ernst-Robert Grawitz vom Berliner Westendkrankenhaus, ›Reichsarzt SS.‹] hat Führer Weihnachten 1934 an akuter Intoxikation durch Neo-Balestol behandelt, das Fuselöl enthält. Kopfweh, Diplopie, Schwindel, Ohrensausen.«

Weihnachten 1936 hatte Hitler die Morells zu sich auf den Obersalzberg eingeladen. Während sich die übrigen Gäste bei einem lautstarken Match auf der Kegelbahn vergnügten, zog Hitler Morell beiseite und führte ihn in den Wintergarten. Hitler berichtete nun Morell von seinem Leiden: Niemand habe ihn bislang von seinen schrecklichen Magenkrämpfen heilen können. »Sie sind meine letzte Hoffnung. Wenn Sie mich von meinen Magenschmerzen befreien können, werde ich Ihnen ein schönes Haus schenken!« »Binnen eines Jahres werden Sie wieder wohlauf sein«, versprach Morell. Die Behandlung schlug an. Morell bekam das Haus, eine hübsche Villa auf Schwanenwerder. Und Morells Kritikern, deren es viele gab, hielt Hitler loyal entgegen: »Morell hat es mir versprochen – in einem Jahr!«

Am 3. Januar 1937 untersuchte Morell Hitler und stellte fest, daß die Magenkrämpfe *nicht* hysterischen Ursprungs waren. Das linke Bein bedeckten Ekzeme, wahrscheinlich die Folge von Hitlers diätetischen Problemen.

»Morell stellte für mich gesundheitsfördernde tägliche Verhaltensmaßnahmen zusammen; er bestimmte meine Diät und gestattete mir vor allem, wieder zu essen«, erinnerte sich Hitler 1944. »Er ging grundsätzlich vor. Zuerst untersuchte er meine Darmbakterien und teilte mir dann mit, daß meine Kolibakterien ersetzt werden müßten.«

Professor A. Nissle, Direktor eines bakteriologischen Forschungsinstituts in Freiburg, hatte zur Behandlung eines derartigen Zustands ein Mittel namens »Mutaflor« entwickelt, eine Emulsion eines bestimmten Stammes des *coli communis bacillus*, der die Eigenschaft hatte, den Darmtrakt zu bevölkern. »Ich bekam diese Kolikapseln und große Mengen an Vitaminen und Herz- und Leberextrakten«, berichtete Hitler später. Er begann sich wohler

---

* Spannungen SS/Wehrmacht bzw. Rheinlandeinmarsch. Morells Tagebucheintragung setzte die Reihe fort: ».. . Hinzugekommen Dysbakterie, wohl durch die Spasmen entstanden. 1943 vor Zusammenkunft mit Duce [am 18. Juli] und schon in der Ahnung bzw. im Wissen des bevorstehenden Verrates der italienischen Armee: Feltre; 1944 nach Attentat.«

zu fühlen. Morell zog auf dem Berghof ein. »Nach etwa sechs Monaten«, sagte Hitler, »war das Ekzem verschwunden, und nach neun Monaten war ich wieder völlig wohlauf.« Im September 1937 nahm Morell als Ehrengast am Parteitag teil. Hitler konnte wieder Stiefel tragen.

Bald darauf begann Morell seinen illustren Patienten mit Medikamenten zu behandeln, die er selbst entwickelt hatte und in seinen pharmazeutischen Firmen herstellen ließ. Hitler zahlte ihm ein jährliches Honorar von 36000 Reichsmark, nicht viel, wenn man bedenkt, daß sein Einkommen vorher viermal höher gewesen war. Hitlers Gefolgsleute drängte es als Patienten zu Morell – Funk, Ley, Speer, Goebbels, das Ehepaar Ribbentrop, Hitlers langjährige Adjutanten, Generale wie Kleist, Jodl und Heusinger und berühmte Theatergrößen wie Richard Tauber und O. E. Hasse. Viele meinten, daß sie über Morell bei Hitler Gehör finden könnten. Man kann sich allerdings vorstellen, zu welcher Feindseligkeit diese Situation Anlaß gab. Die jüngeren Adjutanten versuchten ihm das Leben zu vergällen. Sie führten Morell weder auf ihrer Gratulationsliste noch luden sie ihn ein.

Es stimmt, daß Morells persönliche Gewohnheiten abweisend wirken konnten. Hitler verteidigte ihn mit den Worten: »Ich halte mir Morell nicht, um an ihm zu riechen, sondern damit er mich bei Kräften hält.« Im Juli 1939 weilte der Arzt als Tischgast in Winifred Wagners Haus in Bayreuth. Als Hitler von Verena Wagner wissen wollte, warum sie denn nicht esse, machte sie ihn auf den degoutanten Anblick des feisten Doktors aufmerksam, der eben hingebungsvoll und schmatzend eine Orange verzehrte, indem er sie mit beiden Händen hielt und deren Inhalt durch eine Öffnung in der Schale herausschlürfte.

Morell war der erste Arzt, der an Hitler eine gründliche körperliche Untersuchung vornehmen durfte. Seinen Angaben zufolge war Hitlers Krankheitsgeschichte keineswegs ungewöhnlich. In seiner Kindheit hatte man an einer Lungenspitze einen pathologischen Befund festgestellt, der in den darauffolgenden Jahren wieder verschwand. Morell bemerkte an Hitlers linkem Oberschenkel eine Narbe, die von einem Schrapnellsplitter herrührte. Während des Putsches von 1923 hatte der tödlich getroffene Scheubner-Richter Hitler niedergerissen, was zu einem Bruch des linken Schulterblattes geführt hatte.

Aus Morells Aufzeichnungen geht hervor, daß er seine Medikamente zumeist durch die Spritze verabreichte, gewöhnlich nur harmlose Mengen von Traubenzucker, Hormonen oder Vitaminen. Er verabreichte ferner reichliche Quantitäten an Sulfonamiden, selbst bei der Behandlung von schlichten Erkältungen. »Ohne Morell würde ich nicht halb soviel leisten«, sagte Hitler einmal. »Ich würde die psychische und physische Belastung nicht durchstehen.« Die täglichen Injektionen von 10 Kubikzentimeter Glukose und von Morells eigenem Mittel »Vitamultin« – es bestand aus Askorbinsäure, Kalzium, Nikotinsäureamid und entweder Koffein oder Kakao als Geschmacksspender – versetzten Hitler in eine Art Euphorie. Auf diese Weise wurden die normalen, einem Körper innewohnenden Widerstandskräfte durch injizierte Substitute ersetzt; zwar waren es keine Narkotika, aber es wurde gleichfalls eine Gewohnheit. 1945 wurde Morell von Dr. Karl Brandt im Internierungslager vorgeworfen: »Ihr Verhalten hat Schande über die gesamte Ärzteschaft gebracht!« Aber Hitler, Morells Patient, sollte sowohl Neville Chamberlain als auch Franklin D. Roosevelt überleben.

»Bei passender Gelegenheit«

Allmählich trieb Europa dem Krieg weiter entgegen, als Chamberlain und Roosevelt Ende April 1939 aktiv wurden. Lediglich aus innenpolitischen Gründen hatte Chamberlain die Wiedereinführung der allgemeinen Wehrpflicht am 26. verkündet. In London war eine schrille Pressekampagne angelaufen. Am 25. April teilte Henderson dem Foreign Office in einem Telegramm – das vom Forschungsamt für Hitler aufgefangen worden war – mit, daß das seine Position nicht eben erleichtere: »Die Presse macht mir das Leben schwer.« Die FA-Aufzeichnungen vom darauffolgenden Tag ergaben, daß das Foreign Office ihn anwies, die nationalsozialistische Regierung von Chamberlains Verkündung der Wehrpflicht im voraus in Kenntnis zu setzen – und ihr zu versichern, daß sich das nicht gegen Deutschland richte. Hitlers Rede vom 28. April strotzte von Schmähungen Roosevelts. Bisher hatte er sich leisten können, die Eingriffe des amerikanischen Präsidenten in die europäische Politik zu ignorieren. Er schrieb Roosevelts Haltung jüdischem Einfluß zu. Unlängst hatte der amerikanische Geschäftsträger in Budapest dem neuernannten Außenminister, Graf Csáky, anvertraut, daß der Ausbruch des Weltkrieges 1939 gewiß sei: »Die jüdische Frage würde von Amerika zu diesem Zweck propagandistisch von Kanada bis an die Spitze von Südamerika ausgenutzt.«
Hitler war dennoch der Ansicht, daß in den Vereinigten Staaten die Isolationisten über mehr Einfluß verfügten.
Im April 1939 war Hitler der verdutzte Adressat eines offenen Briefes von Roosevelt, worin dieser von ihm die öffentliche Zusicherung erbat, daß er keines der einunddreißig darin aufgeführten Länder angreifen werde. Aus den abgehörten Gesprächen in der US-Botschaft in Berlin ging hervor, daß selbst die Botschaftsangehörigen das für eine Dummheit hielten. Hitler verkündete seine Erwiderung in der Reichstagsrede vom 28. Die Kroll-Oper erbebte vor Gelächter, als er spöttisch seine Zusage gab, daß das Reich auch keine Invasion in die Vereinigten Staaten erwäge. FA-Aufzeichnungen ergaben, daß die amerikanischen Botschaftsangehörigen einräumten, der Führer habe »die Runde« gewonnen.
In derselben Reichstagsrede, die er wiederum ohne Ribbentrops vorherige Billigung hielt, kündigte Hitler den 1934 mit Polen geschlossenen Nichtangriffspakt und das Flottenabkommen mit Großbritannien von 1935 auf. Abermals enthielt er sich auffallenderweise jeglicher Angriffe gegen die UdSSR. Im privaten Kreis führte er seine schroffe Haltung gegenüber England auf in Prager Archiven vorgefundene Geheimdokumente zurück.

»Wir werden sie [die Archive] eines Tages veröffentlichen, um vor aller Welt die Unredlichkeit Englands darzulegen«, äußerte Bodenschatz vor dem französischen Luftwaffenattaché. Informierte Deutsche bezweifelten allerdings, daß es zu einem Krieg kommen würde. Weizsäcker meinte in einem Brief vom 29. April:

»Aus einer gewissen dramatischen Spannung sollen wir offenbar nicht mehr herauskommen. Ich glaube aber nicht an Angriffsabsichten bei den ›Achsen‹-Mächten und nicht an den bewußten Präventivkriegswillen bei den anderen. Bleibt eine Gefahr nur bei den zügellosen, untergeordneten polnischen Organen, die in slawischer Großmannssucht auf dem europäischen Klavier klimpern.«

Auf Goebbels' ausdrückliche Anweisung spielten NS-Schriftleiter weiterhin in ihrer Berichterstattung die »Zwischenfälle« in Polen herunter. Die Wehrmacht hingegen traf weiterhin ihre Vorbereitungen für Fall »Weiß«. Ende April legte Halder Hitler die ersten Karten vor, ferner eine vorläufige Zeittafel. Der Generalstab schlug vor, daß die Truppenverbände unter dem Vorwand des Baus eines »Ostwalles« und von Herbstmanövern zur polnischen Grenze verlegt werden sollten. Weitere Einheiten sollten, scheinbar für eine große Militärparade am 26. August 1939 anläßlich der 25. Wiederkehr des Tages der Schlacht von Tannenberg, in die ostpreußische Enklave gebracht werden.

In der dritten Maiwoche machte Hitler seine dritte Inspektionsreise entlang des Westwalls und der parallel verlaufenden Flak-Zone der Luftwaffe von der belgischen Grenze bis zur Schweiz. Auch diesmal folgten ihm Scharen von Parteifunktionären und Kameraleuten der Wochenschau. Der Bau der Befestigung war beträchtlich vorangeschritten, was Generaloberst Erwin von Witzleben, Adams Nachfolger als Oberbefehlshaber der Westfront, auch hervorhob. Die Begegnungen mit den schlichten Bauarbeitern und der rheinländischen Bevölkerung übten auf Hitler eine belebende Wirkung aus. Wenn er in kleinen Ortschaften zu einem Imbiß in eine Gaststätte einkehrte, mußte sein Adjutant Brückner die draußen wartende Menge beruhigen und ihr zusichern, daß der Führer bald erscheinen werde. Mütter hielten ihm dann ihre Kinder entgegen, eine schlichte Geste, dennoch »die höchste Ehrung«, die das Volk seinem Führer erweisen konnte, wie Hitler zu seinen Adjutanten bemerkte.

Er war ein vom Volk getragener Diktator. Einem Attentäter hätte man weder vergeben noch hätte man ihn verstanden. Diese fast monolithische Solidarität zwischen Führer und Volk bestand bis zum Tode Hitlers, auch wenn nachfolgende Generationen darüber zu einer anderen Auffassung gelangten.

Vor einem Monat hatte die UdSSR mit Großbritannien und Frankreich Verhandlungen begonnen. Aber Stalin wußte, daß Hitler ihm mehr bieten konnte. Überdies ergab am 25. Mai die Abhörung des *Times*-Korrespondenten in Berlin, James Holburn, daß er in London erfahren hatte, Chamberlain stehe einer Allianz mit Stalin kritisch gegenüber, da er hoffe, eines Tages den direkten Kontakt mit Hitler wiederaufzunehmen. Am 17. Mai gab der sowjetische Geschäftsträger in Berlin, Astachow, zu verstehen, daß in der »gegenwärtigen Form« die Gespräche den Briten zuwiderliefen. Drei Tage später erklärte Molotow dem deutschen Botschafter, daß die Handelsgespräche mit Deutschland aufgenommen werden könnten, sobald die erforderliche »politische Basis« geschaffen worden sei. Ribbentrop führte mit Hitler ein längeres Gespräch darüber, wie diese vage Bemerkung zu interpretieren sei. Das Ergebnis war, daß Weizsäcker laut Hitlers Anweisung Astachow mitteilen sollte: »Ihr könnt unsere Freunde oder unsere Feinde sein, ganz wie ihr wollt.«

Wiederum drei Tage später hielt Hitler in seinem weitläufigen Arbeitszimmer eine vierstündige geheime Ansprache an die Oberbefehlshaber, ihre Stabschefs und Adjutanten. Er erklärte, daß Danzig nicht sein Endziel sei; das sei die Gewinnung von Lebensraum im Osten, der Deutschlands Bevölkerung von 80 Millionen ernähren sollte. »Zwingt uns das Schicksal zur Auseinandersetzung mit dem Westen«, soll Hitler gesagt haben, »ist es gut, einen größeren Ostraum zu besitzen.« Deswegen habe er beschlossen, »Polen bei erster passender Gelegenheit anzugreifen«. Gegenwärtig verfolge er das Ziel, erklärte er, Polen zu isolieren. »Das Gelingen der Isolierung ist entscheidend.« Erhalten geblieben ist einzig eine Aufzeichnung von Oberst Schmundt; allerdings werden Offiziere als anwesend aufgeführt – darunter auch Göring und Warlimont –, die nicht zugegen waren. Als Halder Mitte 1945 befragt wurde, erinnerte er sich noch genau an die Versicherung Hitlers, daß er die Westmächte aus dem Fall »Weiß« heraushalten würde. »Ich müßte ein Idiot sein, wenn ich wegen der lausigen Korridorfrage in einen Weltkrieg hineinschlittern werde wie die unfähigen Menschen des Jahres 1914.«

Im unklaren gelassen über den Fall »Weiß« zeigte sich nun Italien bereit, ein formelles Bündnis mit Deutschland abzuschließen. Am 6. Mai hatte Ribbentrop dem italienischen Außenminister Graf Ciano versichert, daß Italien davon ausgehen könne, es werde zumindest noch drei Jahre Frieden geben. Am 22. kam Ciano zur Unterzeichnung des »Stahlpaktes« nach Berlin. Zwei Tage darauf unterzeichnete Milch in Rom ein separates Luftwaffen-Abkommen. Milch teilte nach seiner Rückkehr Hitler warnend mit, daß Mussolini mit Nachdruck darauf hingewiesen habe, Italien sei vor 1942 für einen Krieg nicht vorbereitet.

Kurze Zeit umwarb Hitler auch Jugoslawien, den anderen Anrainerstaat im Süden. Am 1. Juni wurden Prinzregent Paul und seine aus England stammende Frau in Berlin mit einer Militärparade auf der Ost-West-Achse geehrt. In der Führerwohnung fand ein Bankett statt, dem eine Galaaufführung der »Meistersinger« in der Oper unter den Linden folgte. Später führte Hitler seine Gäste in den Raum, in dem Modelle der neuen offiziellen

Bauten zur Schau gestellt waren. Dennoch war Hitler äußerst unzufrieden, da Prinzregent Paul anschließend nach London weiterreiste, ohne das auch nur mit einem Wort in Berlin erwähnt zu haben. Hitler fühlte sich düpiert und war noch Tage danach erbost. Prinzregent Paul sei aalglatt; wenn er gemeint habe, ihm eine feste Zusage abluchsen zu können, habe sich der Prinzregent hinter seinem Parlament verschanzt.
Prinzessin Olga indes war Hitlers Listen erlegen. Der amerikanische Gesandte in Belgrad berichtete:

»Laut Prinzessin Olga sagte Hitler, daß er nicht begreifen könne, wieso er in England so mißverstanden werde, und daß er sich eine Wiederaufnahme der Beziehungen zwischen Großbritannien und Deutschland wünsche. ... Wenn das Gespräch auf Kinder kommt, sagte sie, treten ihm Tränen in die Augen. Ihrer Schilderung nach hat er auffallende Augen, von klarem Blau und ehrlichem Ausdruck. Er vertraute ihr an, daß er eine zwiegespaltene Persönlichkeit habe: Seine eigentliche Persönlichkeit sei die eines Künstlers und Architekten, aber das Schicksal habe gewollt, daß er auch als Politiker, als Militär und als Schöpfer eines neuen Deutschland handeln müsse.«

Im Mai war ein Arbeitsstab unter Generaloberst von Rundstedt zu der Erkenntnis gekommen, Polen werde seine Verteidigung darauf abstellen, die deutschen Truppen so lange zu binden, bis Rußland oder die Westmächte zu Hilfe kamen. Das strategische Hauptziel der Wehrmacht sei nun, ein Ausweichen der polnischen Armee zu verhindern. Allerdings sei man der Ansicht, daß Polen aus politischen Gründen eine derartige Operation nicht durchführen würde. Rundstedts endgültiger Plan vom 15. Juni bezog Hitlers Forderung nach Überraschungsangriffen bei Beginn von Fall »Weiß« ein. Die polnischen Armeen westlich der Weichsel und des Narew sollten durch konzentrisch angelegte Angriffe von Schlesien im Süden und von Pommern und Ostpreußen im Norden aus vernichtet werden. Die Aufgabe der Truppenverbände in Ostpreußen, ein Durchstoß nach Warschau, wurde auf Hitlers nachdrückliche Anweisung gegen den Rat des Generalstabs berücksichtigt. Verstärkungen sollten in Schiffen nach Ostpreußen gebracht werden.
Am 7. Juni 1939 verließ Hitler für die Sommermonate Berlin und begab sich auf den Obersalzberg. Einmal, am 12. Juni, fuhr er nach Wien, wo er verstohlen Geli Raubals Grab besuchte. Eine Woche darauf erging ein Rundschreiben an sämtliche Minister und Gauleiter mit dem Wunsch, »daß von Besuchen jeder Art im Hause Berghof Abstand genommen wird, sofern nicht eine besondere, von ihm festgelegte Einladung vorliegt«. Eine derartige Einladung erging an Brauchitsch und den Militärattaché in Moskau, Köstring. Sie kamen am 21. Juni zu einer Besprechung der bisherigen Planungen im Rahmen von Fall »Weiß« und der festgefahrenen englisch-russischen Verhandlungen.
Nachdem die Generale abgefahren waren, griff Hitler zu seinem Skizzenblock und suchte sich zu entspannen, indem er gekonnt ein »Parteiforum«

entwarf, das nach seinem Tode München zieren sollte – ein riesiger Aufmarschplatz, Verwaltungsbauten der Partei, eine Brücke über die Gabelsbergerstraße und sein Mausoleum, das die berühmte Frauenkirche in den Schatten stellen und als Bauwerk »bis ans Ende der Zeit« bestehen sollte. Daraus konnte man schließen, daß Hitler der Zukunft mit Optimismus entgegensah.

Hitler hatte gern vertraute Gesichter um sich, dabei behielt er adlige Adjutanten wie von Below und von Puttkamer am längsten. Sein Chefadjutant, der damals vierundfünfzigjährige, hünenhafte Wilhelm Brückner, hatte während des Krieges als Oberleutnant eine MG-Abteilung geführt und hatte 1923 am Marsch zur Feldherrnhalle teilgenommen. Ein weiterer langjähriger persönlicher Adjutant war der vierzig Jahre alte einstige Drogist Julius Schaub, ein Kriegsversehrter von unauffälligem Wesen. Hitler, dem bei Parteiversammlungen der mühsam auf Krücken humpelnde Schaub aufgefallen war, hatte ihm einen Posten verschafft und ihn im Lauf der Zeit schätzen gelernt.
Leiter von Hitlers Privatkanzlei war der sechsunddreißigjährige Albert Bormann, ein stiller Bayer mit offenem Gesicht. Sein älterer Bruder Martin war der Ansicht, daß Albert unter seinem Stand geheiratet hätte. Seitdem sprach er mit ihm nicht mehr. Wenn er seinem Bruder Albert etwas mitteilen wollte, wurde eine Ordonnanz herbeigerufen, die eine schriftliche Note überbringen mußte. Wenn Albert einen Witz zum besten gab, stimmte Martin Bormann in das Gelächter nicht ein. Hitler ließ die beiden Brüder gewähren, da er sie brauchte.
Hitlers bevorzugte Sekretärin war Johanna Wolf, damals 39, die seit 1930 für ihn arbeitete. Da sie des öfteren kränkelte, sprang Christa Schroeder, 31, für sie ein; Fräulein Schroeder war besonnen und scharfzüngig. Seit 1938 stand Hitler als dritte Sekretärin die fünfundzwanzigjährige Gerda Daranowski zu Diensten. Sie war hübsch und gescheit, Eigenheiten, die Hitler schätzte. Diese Mitarbeiterinnen harrten bei Hitler bis zum Ende aus und bewiesen mehr Loyalität als viele seiner Generale und Minister. Ein weiterer gern gesehener Mitarbeiter Hitlers war Walther Hewel, ein gutaussehender fünfunddreißigjähriger Junggeselle aus dem Rheinland. Er war wie Brückner und Schaub in der Festung Landsberg mit inhaftiert worden. Er war 1926 für zehn Jahre ins Ausland gegangen und hatte zuerst in England und danach als Verwalter einer Chinin-, Tee- und Kautschukplantage in Niederländisch-Indien gearbeitet. Auf Hitlers persönliche Aufforderung hin war er 1936 zurückgekehrt – über China, Japan, Hawaii und quer durch die Vereinigten Staaten. 1938 wurde Hewel Ribbentrops ständiger Vertreter bei Hitler. Sein Glaube an Hitler blieb zwanzig Jahre unerschüttert. Hewel folgte Hitler in den Tod.
Hitlers militärische Adjutantur unterstand Rudolf Schmundt, einem zweiundvierzigjährigen Oberst des Heeres mit auffallend großen Ohren, der aus

Metz stammte. Schmundt, dessen untadelige Offizierslaufbahn in einem berühmten Potsdamer Regiment begonnen hatte, war vom Nationalsozialismus äußerst angetan. Er hatte Ludwig Beck sehr verehrt, bis dessen Querelen gegen die Bildung eines OKW ihn zu einer Revision seiner Haltung zwangen. Seit Juni 1937 war Hitlers Luftwaffenadjutant Hauptmann Nicolaus von Below, 31, ein stiller Pommer, der in Lipetsk in der UdSSR die getarnte Flugausbildung absolviert hatte und 1935 Adjutant des neu aufgestellten Jagdgeschwaders Richthofen gewesen war. Von März 1938 an war Hitlers Heeresadjutant Gerhard Engel, 33, dessen Schnoddrigkeit und Humor ihn bei rangniedrigeren Kollegen beliebt machten. Hitler schickte ihn 1943 an die Front.

Was den Posten eines Marineadjutanten anlangt, so kam es da zu einem Eklat. Im Juni 1938 war der fünfunddreißigjährige Korvettenkapitän Alwin-Broder Albrecht zum Marineadjutanten ernannt worden. Im Juni 1939 wurde er abrupt seines Postens unter bemerkenswerten Umständen enthoben.

Albrecht hatte kürzlich eine junge Studienassessorin Grete aus Kiel geheiratet. Es stellte sich heraus, daß sie sich in der örtlichen Marinegarnison eines gewissen Rufes erfreut hatte. Die Frauen der Marineoffiziere waren entrüstet. Albrecht sah sich gezwungen, gegen einen Denunzianten einen Prozeß zu führen, den er verlor. Raeder – nunmehr seit April 1939 Großadmiral – schickte ihn daraufhin in »Hochzeitsurlaub«, erschien unangemeldet auf dem Berghof und forderte die Entlassung Albrechts wegen seiner ehrenrührigen Eheschließung.

Zur Verärgerung Raeders lehnte Hitler jedoch ab. Die Auseinandersetzung in der »Großen Halle« dauerte zwei Stunden und wurde so laut geführt, daß es im ganzen Haus zu hören war. Raeder sprach empört von einer neuen Blomberg-Affäre. Hitler, der schon einmal mit einer derartigen Forderung behelligt worden war, wollte Beweise sehen. Laut Engels Notizen meinte er später höhnisch: »Er möchte nicht wissen, wieviel Offiziersfrauen, die jetzt auf Moral spielten, vorher Verhältnisse gehabt hätten. ... Der Fall Blomberg wäre ganz anders, dieser habe bewußt ein Straßenmädchen geheiratet...« Großadmiral Raeder gab pikiert zur Antwort, daß er seinen Abschied einreichen werde, wenn Albrecht nicht gehe. Hitler erwiderte, das stehe in Raeders Belieben.

Hitler lud daraufhin Grete Albrecht auf den Obersalzberg ein, um sie persönlich in Augenschein zu nehmen.

Engel holte Frau Albrecht am nächsten Tag vom »Berchtesgadener Hof« ab. Hitler stellte fest, daß die hochgewachsene, blonde, einstige Studienassessorin beträchtlichen Charme hatte, meinte, daß Albrecht gut daran getan hatte, sie zu heiraten und bekundete ihr seine Sympathie.

Die Affäre hatte ungewöhnliche Folgen. Raeder beharrte auf seinem Standpunkt und enthob Albrecht seines Postens als Hitlers Marineadjutant. Hitler revanchierte sich, indem er Albrecht zu seinem persönlichen Adjutanten ernannte (aus Albrechts Personalakte geht hervor, daß er am 30. Juni 1939 aus der Marine ausschied und am darauffolgenden Tag Oberführer im NSKK wurde). Raeder weigerte sich daraufhin, einen neuen Marineadjutanten zu ernennen. Hitler wiederum lehnte es ab, am 1. Juli in Bremen am Stapellauf des Kreuzers *Lützow* teilzunehmen. Die Marine stellte sich hinter Raeder: Einladungen ergingen nur an Albrecht, nicht auch an seine Frau. (Sie beendete das Possenspiel, indem sie zu ihrem einstigen Liebhaber zurückkehrte. 1940 ließ sich der unglückselige Marineadjutant von ihr scheiden.) Albrecht sollte Hitlers Loyalität nie vergessen und wurde ein überzeugter Nationalsozialist, der Pflichterfüllung über alles andere setzte, wie seine beeindruckenden letzten Briefe aus Berlin beweisen. Albrecht sollte fallen – ein Maschinengewehr in den Händen –, als die Russen 1945 die Reichskanzlei einnahmen.

Raeder hat Hitler diese »Kränkung« nie verziehen. Er verschanzte sich im Admiralitätsgebäude in Berlin und weigerte sich verstockt zwei Monate lang, an Vorträgen bei Hitler teilzunehmen. Erst der Ausbruch des Krieges brachte ihn dazu, den persönlichen Kontakt zu Hitler wiederaufzunehmen.

»Dieses jüdische Machwerk«

Eine ambivalente Haltung nahm Hitler gegenüber den Kirchen ein. Obzwar er nun absoluter Diktator war, schreckte er vor ihrer endgültigen Ausschaltung zurück.

Der Presse hatte er ausdrücklich untersagt, auf die Streitigkeiten zwischen den einzelnen Religionsgemeinschaften Bezug zu nehmen. Übertretungen wurden streng geahndet. Im April 1938 wurden sämtliche Schriftleiter durch ein Rundschreiben des Propagandaministeriums angewiesen: »Es darf auch weiterhin keine Polemik gegen Christentum und Kirche erfolgen.« Als es 1939 zu einer unangebrachten Kontroverse wegen des Wunsches der Kirchen kam, den 50. Geburtstag des Führers durch Glockengeläut zu feiern, bestimmte Hitler: »Die Kirchen dürfen an der Feier dieses Ereignisses nicht gehindert werden, noch sollen sie dazu angehalten werden.«

Zwanzig Jahre hindurch hatte er sich bemüht, die Partei aus allen Konflikten zwischen den Glaubensgemeinschaften herauszuhalten. »Wir müssen lernen, daß wir etwas Bindendes suchen und alles Trennende beiseite lassen müssen...«, hatte er 1920 in einer Rede geäußert. Dennoch entwickelte er im Verlauf der Jahre ein gewisses Maß an bissigem Zynismus. In seiner Rede vor Parteifunktionären am 23. November 1937 meinte er, daß die Kirchen den Herrgott unbehelligt nach Belieben darstellen sollten, da weder sie noch die NS-Partei sicher sein konnten, was nun richtig sei: »Eines aber sei ganz klar entschieden: über den deutschen Menschen im Jenseits mögen die Kirchen verfügen, über den deutschen Menschen im Diesseits verfügt die deutsche Nation durch ihren Führer.« Dann fügte er grollend hinzu: »Unser Volk ist nicht von Gott geschaffen, um von Priestern zerrissen zu werden.«

Seine Ansichten über ein Leben nach dem Tode äußerte Hitler regelmäßig in Gesprächen im privaten Kreis.

Hitler glaubte an die von ihm häufig zitierte »Vorsehung«, der er die gleichen mystischen Kräfte, das Unerklärliche erklärbar zu machen, zuschrieb, die Christen ihrem Gott verleihen. Sein wacher Geist beschäftigte sich mit den Unstimmigkeiten der Religion. Seine Religionslehrer hatten nicht klarmachen können, warum in der Unterrichtsstunde um zehn Uhr vormittags die Schöpfungsgeschichte anhand des Alten Testaments gelehrt wurde, aber um elf Uhr der Lehrer im naturwissenschaftlichen Fach eine völlig andere Version zum besten gab. Zwar setzte man seit den Erkenntnissen Darwins nun andere Akzente, und Religionslehrer ließen mittlerweile Deutungen zu, für die sie, wie Hitler auflachend meinte, vor vierhundert Jahren »unter frommen Gesängen geröstet« worden wären. 1939 war für Hitler die Kirche eine riesige, unpersönliche, mit skrupellosen Methoden vorgehende Korporation, die vom Staat überreichliche Geldmittel erhielt. Im privaten Kreis prangerte Hitler die ausgeklügelte Heuchelei der Kirche an.

»Gott schafft die Menschen. Zu Menschen wurden wir durch die Todsünde. Die Voraussetzung dazu hat Gott den Menschen gegeben. 500 000 Jahre sieht er zu, wie sie da reinrasseln. Da fällt es ihm ein, seinen eingeborenen Sohn zu schicken. Ein Mordsumweg, kolossal beschwerlich der ganze Vorgang.«

Etliche Tage darauf äußerte er:

»Was sei es weiter für ein Unsinn, den Himmel als erstrebenswert hinzustellen, wenn in ihn nach Ansicht der Kirche nur diejenigen hineinkämen, die sich im Leben nicht bewährt hätten, zum Beispiel geistig zurückgeblieben seien und dergleichen? Es könne doch wirklich kein Vergnügen sein, dort alle die anzutreffen, über deren Dummheit man sich trotz des Bibelworts ›Selig sind, die da geistig arm sind‹ schon zu Lebzeiten geärgert habe. Und wie könne es einen Menschen reizen, im Himmel nur unansehnliche und geistig fade Frauen zu finden!«

Was die Bibel anlange, »dieses jüdische Machwerk«, so bedauerte Hitler, daß sie ins Deutsche übersetzt worden sei. »Als vernünftiger Deutscher müsse man sich geradezu an den Kopf fassen, daß deutsche Menschen durch das Judengeschmeiß und Priestergeschwätz zu einem Verhalten hätten gebracht werden können, wie wir es bei den heulenden türkischen Derwischen und bei den Negern belächelten.«

1942 äußerte Hitler: »Das Gebot ›Du sollst nicht töten‹ setzen wir durch, indem wir den Mörder hinrichten, während die Kirche, solange sie die Exekutivgewalt hatte, ihn in der gräßlichsten Weise zu Tode marterte, ihn vierteilte und dergleichen mehr.«

Seitdem Hitler an der Macht war, ließ ihm die Kirchenfrage keine Ruhe. Christa Schroeder schrieb in einem Privatbrief am 21. April 1939:

»Der Chef hat neulich abends sehr interessant über die Kirchenfrage gesprochen. So sagte er ungefähr: ...das Christentum fuße auf der Erkenntnis, die 2000 Jahre zurückliegt und diese Erkenntnis sei durch Mystik, Kult (Bibelmärchen) verworren und verschwommen. Die Frage ist die: Warum soll es nicht möglich sein, den Begriff des Christentums auf der Erkenntnis von heute festzulegen? Luther hätte eine *Reformation* angestrebt, er sei aber mißverstanden worden, denn Reformation wäre nichts Einmaliges, sondern: reformieren heißt sich ewig erneuern, kein Stehenbleiben, sondern Mitgehen, Mitentwickeln usw. Der Chef weiß genau, daß die Kirchenfrage sehr heikel ist und sich im Falle eines Krieges evtl. im Inneren sehr ungünstig auswirken könnte. Ich habe das Gefühl, er wäre glücklich, sie in einem anständigen Sinne gelöst zu sehen.«

In früheren Jahren hatte Hitler nur in der Anwendung von Dynamit die einzige Lösung gesehen. Aber mit zunehmender Erfahrung gelangte er zu der Ansicht, die Kirche »müsse abfaulen wie ein brandiges Glied«, bis schließlich »auf der Kanzel nur lauter Deppen stehen und vor ihnen nur alte Weiblein sitzen«. »Die gesunde Jugend ist bei uns«, äußerte er zuversichtlich. Denn die Vorsehung, meinte er, habe dem Menschen die Einsicht gegeben. »Die Einsicht zeigt mir, daß die Herrschaft der Lüge gebrochen werden will. Sie zeigt mir aber auch, daß man das jetzt nicht kann.« Am 29. Juni 1941 notierte sich Hewel über ein Gespräch mit Hitler über Religion: »Partei darf niemals die Religion ersetzen wollen. Man soll die Religion nicht bekämpfen, sondern ausklingen lassen.« Im August versicherte Hitler Goebbels, daß er die Abrechnung nur verschoben habe. Als er im Februar 1942 im privaten Kreis auf die »volksschädlichen Pfarrer« zu sprechen kam, sagte er: »Ich kann ihnen [diesen Pfarrern] jetzt die Antwort nicht geben, aber alles kommt in mein großes Notizbuch.«

Welche Auffassung hatte Hitler nun von der Religion? Er sprach des öfteren von ihr: Anneliese Schmundt schrieb am 8. Juni 1941 in ihr Tagebuch: »Abends lange Gespräche: Religion und Christentum = Rückschritt der Kultur über griechische und römische Kunst.« Hewel machte sich vom selben Abend eine ausführlichere Aufzeichnung:

»Abends beim Abendessen wundervoller Vortrag [Hitlers] über das römische Weltreich und über die Ablösung durch das Christentum. ... Das Christentum ist ein einziger Betrug und Widerspruch. Predigt Güte, Demut und Nächstenliebe und hat unter diesem Motto Millionen verbrannt und verbrogelt mit frommen Sprüchen. Die Alten haben offen gesagt, daß sie aus Selbstschutz, aus Rache, aus Strafe töteten. Die Christen nur aus Liebe. ... Erst das Christentum hat den rachsüchtigen Gott geschaffen, der die Menschen in die Hölle wirft, wenn er das ihm von Gott gegebene Gehirn benutzt. Die Klassik war die lichte Welt. Mit Eintritt des Christentums wurde das Forschen in der Natur unterbrochen. Es begann das Forschen über das Sehen der Heiligen anstatt der gottgegebenen Dinge. Forschen wurde eine Sünde. Das Tragische ist, daß heute noch tausende sog. Gebildete herumlaufen, die an diesen Wahnsinn glauben. Die Lehre gegen die Allgewalt der Natur. Die Verherrlichung des Schwachen, Kranken, des Krüppels, des Einfältigen. Gesunde Menschen kommen in die Seligkeit, wenn sie ihr Leben dem Schwachen, Idioten oder dergl. opfern, um ihn am Leben zu halten. Bodelschwinghsche Ideenwelt. Kranke sind dafür da, damit wir Gutes tun können. Wenn das so weiter geht – mehr Kranke als Gesunde. Heute schon 1 Milliarde. In bezug auf Grausamkeit hat das Christentum alle Rekorde geschlagen. Das Christentum ist die Rache des ewigen Juden. Wo wären wir heute, wenn wir das Christentum nicht hätten – derselbe Geist, nur 1½ Jahrtausend Stockung vermieden. ... Das Schlimme ist, daß Millionen Menschen glauben, tun als ob sie glauben, vor allem heucheln. Wenn wir Mohammedaner geworden wären, würden wir heute die Welt besitzen.«

Auszüge aus diesen unveröffentlichten Aufzeichnungen ergeben, daß Hitler von rein darwinistischen Vorstellungen inspiriert war – dem Überleben

des Tüchtigsten, dem der moralische Trost, den wahre religiöse Lehre spendet, nichts abgibt. »Freiheit, Gleichheit und Brüderlichkeit ist der größte Unsinn«, sagte er an jenem Abend. »Denn Freiheit schließt Gleichheit aus. Freiheit bedeutet Entwicklungsmöglichkeit für den Stärkeren, Besseren, Tüchtigeren. Und dann gibt es keine Gleichheit.«
Dennoch unterband Hitler eine weitergehende Verfolgung der Kirche durch die Partei. Nicht einmal Hitler war aus der – katholischen – Kirche ausgetreten. Und die Kirche war viel zu klug, als daß sie ihn exkommuniziert hätte. Einmal ordnete Bormann peinlicherweise die Auflösung eines Klosters an, dem eine Tante Eva Brauns als Nonne angehörte. Hitler widerrief den Räumungsbefehl und bemerkte danach zu Schaub, daß Bormann »ein sturer Bock« sei, der gar nicht wüßte, was er mit solchen Anordnungen anrichtete.
Auf Anraten Papens hatte Hitler die Beziehungen zwischen dem NS-Staat und dem Vatikan im Juli 1933 durch ein Konkordat normalisiert. Dieses erste internationale Abkommen, das er unterzeichnete, verschaffte dem NS-Regime großes Prestige. Dennoch wurden Klöster aufgelöst, ihr Besitz konfisziert. Nur der Benediktinerorden erfreute sich anfangs einer gewissen Immunität, was sich auf Hitlers Sympathie für den Abt Albanus Schachleiter zurückführen ließ. Die beiden hatten sich anläßlich einer Großkundgebung gegen die französische Besetzung des Ruhrgebietes auf dem Königsplatz in München kennengelernt. Schachleiter wurde ein Sympathisant, wurde deswegen von der Kirche »kaltgestellt« und starb »in sehr knappen Verhältnissen«. Hitler ordnete ein Staatsbegräbnis in München an – eine Ehrung, die dazu führte, daß Schachleiters sterbliche Überreste später exhumiert und in weniger geweihter Erde beigesetzt wurden, zu einer Zeit, als Hitler dagegen keine Einwände mehr erheben konnte.
Einzelne Katholikenführer beeindruckten Hitler durch diplomatisches Geschick oder Zivilcourage. Zu ihnen gehörte Kardinal Faulhaber, Erzbischof von München-Freising, den Hitler privat auf dem Berghof empfing, um sich dessen mutige Einwendungen gegen eine Reihe von Prozessen gegen Geistliche, die der Homosexualität angeklagt worden waren, anzuhören. Auch Kardinal Innitzer aus Wien gehörte zu diesen Katholikenführern. Hitler hatte ihn 1938 anläßlich seines triumphalen Einzugs in Wien empfangen. Der Kardinal war ins Foyer des Hotels Imperial in Wien gekommen. Als Hitler pflichtschuldig den Ring des Kardinals küßte, machte der Kardinal mit seinem Kruzifix das Kreuzzeichen über dem Haupt des Führers. Hitler konnte nicht umhin, das Auftreten Innitzers zu bewundern.
Die Lutherische und die Reformierte Kirche in Deutschland bereiteten Hitler die größten Kopfschmerzen. In den ersten Jahren nach seiner Machtergreifung kam es zu vergeblichen Versuchen, die dreißig miteinander zerstrittenen protestantischen Glaubensgemeinschaften zu versöhnen. 1932 hatte die NS-Partei einen Teil der protestantischen Kirche in Deutschland an sich ziehen können und eine Gemeinschaft »Deutscher Christen«

– mit etwa dreitausend Pastoren – geschaffen. Der andere Flügel der Kirche bildete daraufhin eine gegnerische Gruppierung, die »Bekennende Kirche«, die von Pastor Martin Niemöller geleitet wurde. Niemöller, im Weltkrieg U-Bootkommandant, predigte seit 1931 im Berliner Stadtteil Dahlem. Er war einst positiv zum Nationalsozialismus eingestellt gewesen. Sein Glückwunschtelegramm hatte zu den ersten gehört, die Hitler 1933 nach dem Austritt Deutschlands aus dem Völkerbund erhalten hatte. Niemöller blieb jedoch im Grunde ein Agitator mit Pastorenkragen. Niemöllers Ausfälle richteten sich hauptsächlich gegen das Amt des für die protestantische Kirche in Deutschland ernannten »Reichsbischofs«. Während des ganzen Sommers 1933 waren sich die verschiedenen protestantischen Splittergruppen wegen eines geeigneten Reichsbischofs in den Haaren gelegen. Keiner der vorgeschlagenen Kandidaten, darunter auch Bodelschwingh, war der herrschenden NS-Partei genehm gewesen. Schließlich war im September 1933 auf einer Synode in Wittenberg Ludwig Müller für dieses Amt auserwählt worden. Müller, einst Garnisonpfarrer in Königsberg, war von Blomberg aus persönlicher Bekanntschaft empfohlen worden. Schwerin von Krosigk hörte, wie Niemöller eines Abends im Winter zu Bodelschwingh und anderen sagte, die einzige Lösung sei, Müller in einer dunklen Nacht mit einigen kräftigen Burschen aus seiner Dahlemer Gemeinde einen Besuch abzustatten »und den Reichsbischof so zuzurichten, daß selbst seine Mutter ihn nicht mehr erkennen würde«.

Hitler, der Querelen um Müller überdrüssig, zitierte am 25. Januar 1934 ein Dutzend führender Protestanten in die Reichskanzlei. Vor diesem Datum hatte Göring bereits begonnen, Hitler FA-Unterlagen über Niemöllers Telefongespräche vorzulegen. Eine Aufzeichnung handelte von einem kürzlich stattgefundenen Gespräch zwischen Niemöller und einem Pastorenkollegen über eine Besprechung mit Hindenburg, bei der es um die Enthebung Müllers gegangen war. »Dem Alten haben wir eine letzte Ölung gegeben. Wir haben ihn so eingeschmiert, daß er den Hurenbock [Müller] jetzt endlich raussetzt«, hatte Niemöller geprahlt.

Als Hitler sich am 25. Januar 1934 das Dutzend querulantischer Pastoren in seinem Arbeitszimmer anhörte, verlor er bald die Geduld. Nachdem er zugelassen hatte, daß sie die Forderung nach Müllers Rücktritt erhoben – »mit heuchlerischen Worten und vielen Bibelzitaten«, wie er es einmal schilderte, »mit salbungsvollen Redensarten«, wie er ein andermal sagte –, bedeutete er dann Göring, die FA-Aufzeichnungen der Gespräche zu verlesen. Niemöller stritt den Wortlaut ab. Laut Lammers war Hitler entrüstet darüber, daß »ein Pfarrer zur Lüge greifen« würde.

Daraufhin kam es zwischen Niemöller und dem NS-Regime zum offenen Kampf. Im Juli 1935 unternahm Hitler den letzten Versuch, die aufgeregten Gemüter zu beruhigen, indem er ein »Reichskirchenministerium« unter Hans Kerrl schuf. Kerrl wiederum stellte im Oktober einen »Reichskirchenausschuß« zusammen. Doch selbst diese Bemühungen wurden durch die

Streitereien zwischen den »Deutschen Christen« und der »Bekennenden Kirche« zunichte gemacht.

Im Verlaufe der nächsten Monate wurde Niemöllers Bekennende Kirche von einer Welle von Polizeirazzien und Verhaftungen heimgesucht. Er selbst wurde anfangs geschont. Doch als er Kerrl von der Kanzel äußerst heftig angriff, sah sich Justizminister Franz Gürtner zu einer Warnung veranlaßt. Hitler hingegen zögerte, den Pastor zum Märtyrer zu machen. Am 1. Juli 1937 wurde Martin Niemöller schließlich wegen Kanzelmißbrauchs und Aufforderung zum Widerstand gegen die Staatsgewalt verhaftet.

Der Niemöller-Prozeß im Februar 1938 geriet zu einer lauten Affäre. Niemöller, der von drei Anwälten brillant verteidigt wurde, nützte das Verfahren zu einem Angriff gegen Hitler und sein Regime. Jahre danach meinte Hitler: »Ich werde Duelle grundsätzlich nur zwischen geistlichen Herren und Juristen erlauben.« Niemöller wurde zu sieben Monaten Gefängnis verurteilt und sodann entlassen. Doch zu Hitlers Freude weigerte sich Niemöller, dem Gericht zu versichern, daß er künftig Wohlverhalten an den Tag legen werde. Sodann wurde er abermals verhaftet und in einem Konzentrationslager bis zum Beweis seines Sinneswandels interniert. Dort blieb dieser ungebärdige Pastor untergebracht und wohl verköstigt bis 1945. Als Mussolini sich im September 1938 für ihn verwandte, blieb Hitler unbeugsam:

»Er hat innerhalb des Konzentrationslagers ein Maximum an Freiheit und wird gut behandelt, aber heraus kommt er nie.«

»Alles gegen Rußland gerichtet«

Die Hafenstadt Danzig, durch Geschichte und Orientierung in überwältigendem Maße deutsch geprägt, war durch den Versailler Vertrag dem Mandat des Völkerbundes unterstellt worden. Polen als Schutzmacht besaß gewisse Rechte, darunter die Einrichtung einer diplomatischen Vertretung, einer Paßstelle und einer Militärabteilung. Den Polen unterstanden ferner die Eisenbahn, rund 120 Zollbeamte und ein großes Postamt.
Sobald Hitler den Fall »Weiß« anlaufen ließ, würde sich Danzig etliche Tage in einer äußerst prekären Lage befinden, wie Generaloberst Fedor von Bock, der Oberbefehlshaber der Armeegruppe Nord, warnend hervorhob. Seine Empfehlung, die er am 27. Mai 1939 dem Generalstab gab, lautete, daß man insgeheim in Danzig aus den 12000 Männern mit militärischer Erfahrung und aus der städtischen Polizei einen Kampfverband aufstellen sollte. Bock machte zudem den Vorschlag, daß am ersten Tag von Fall »Weiß« ein Verband der deutschen Kriegsmarine Danzig »zufällig« einen Flottenbesuch abstatten solle – zur Sicherung der Stadt könnte ein Bataillon an Land gebracht werden. Am 11. Juni billigte Hitler Bocks Vorschläge. Generalmajor Friedrich Georg Eberhardt wurde – in Zivilkleidung – dorthin kommandiert, um ein »Freikorps« aufzustellen. Schiffe voller Waffen und Munition, deren Bestimmung angeblich Königsberg war, erlitten unterwegs einen »Maschinenschaden« und mußten zur Reparatur Danzig anlaufen, wo die Ausrüstung für Eberhardts Truppe – »vom Hufnagel bis zum 15-cm-Geschütz« – im Schutz der Dunkelheit ausgeladen wurde. SS-Männer kamen zu einem Sportfest nach Danzig, wo die Abordnung danach verblieb. Bei Beginn von Fall »Weiß« unterstanden Eberhardt zwei Infanterieregimenter, eine Artillerieabteilung und zudem die SS-Heimwehr. Man verstärkte die Brücken, baute Unterkünfte und hielt Pontonbrücken bereit. Als Raeder dennoch vor militärischen Abenteuern warnte, lautete Hitlers Erwiderung: »Von hundert Mark habe ich bereits neunundneunzig, die restliche bekomme ich auch noch.«
Goebbels wies er an, am 17. Juni in Danzig eine drastische und provozierende Rede zu halten. Den NS-Schriftleitern wurde vertraulich mitgeteilt: »Es handelt sich um einen ersten Versuchsballon, der die internationale Atmosphäre für die Regelung der Danziger Frage usw. prüfen soll.«
In Berlin wurde Unrast spürbar. Am 3. Juli besichtigten Hitler und Göring auf der Luftwaffenerprobungsstelle in Rechlin eine geheime Vorführung neuer Modelle der Luftwaffe. Man zeigte Hitler ein im Versuchsstadium befindliches düsengetriebenes Heinkel-Jagd-Flugzeug. Ein beträchtlich

überladener He-111-Bomber hob mittels Startraketen mühelos ab. Ferner wurden noch ein hochempfindliches Ortungsgerät und Druckkabinen für hochfliegende Maschinen gezeigt. In der Versuchswerkstatt demonstrierte man Hitler, mit welch einfachen Methoden ein Motor bei Temperaturen unter Null gestartet werden konnte. Am Schießstand führte man Hitler die neue, in einer Me-110 eingebaute 30-mm-Bordkanone vor, eine Waffe von vernichtender Feuerkraft. Von diesen hervorragenden Waffen war tatsächlich nicht eine einzige frontreif.

Diese Selbsttäuschung im Juli 1939 sollte schicksalhafte Folgen haben. Hitler faßte nämlich den Entschluß, Polen weitaus mehr abzuverlangen als nur Danzig und den Korridor. Im Mai 1942 tobte Göring:

»Der Führer hat aufgrund dieser Besichtigung schwerste Entschlüsse gefaßt. Es ist ein Glück, daß es noch einmal gut gegangen ist und die Folgen nicht schlimmer geworden sind.«

Als der Sommer 1939 kam, verließen Hitlers Minister Berlin. Am 9. Juli reiste Ribbentrop zum unweit des Berghofes gelegenen Fuschlsee zur Kur. Brauchitsch wohnte am selben Tag dem »Tag des Heeres« in Karlshorst bei und trat sodann einen mehrwöchigen Urlaub an. Göring kreuzte mit seiner Jacht auf den Kanälen Nordwestdeutschlands.

Hitler konnte es sich leisten, abzuwarten. Er wußte, daß das Reich Stalin bei einem Abkommen mehr zu bieten hatte. Mitte Juni 1939 hatte Moskau abermals versteckt angedeutet, diesmal über den bulgarischen Gesandten in Berlin, daß es einem Einvernehmen mit dem Reich den Vorzug geben würde, falls Hitler einen Nichtangriffspakt abschlösse.

In der Zwischenzeit hatte Hitler die direkte Kontrolle über jede Phase übernommen, indem er sich mit Heydrich, Goebbels und – da er keinen Marineadjutanten hatte – der Marineleitung beriet.

Albert Forster, der Gauleiter von Danzig, erschien mehrmals auf dem Berghof. Am 13. Juli hatte er, wie der ihm nahestehende *»Danziger Vorposten«* schrieb, eine »längere Aussprache« mit Hitler. Nach einer weiteren Unterredung eine Woche darauf teilte Forster seinem Mitarbeiterstab mit:

»Der Führer habe gesagt..., seinem Gefühl nach hätte er die Danziger Frage im Laufe dieses Sommers entschlossen anfassen sollen. Seinem Verstand nach aber wolle er die Lösung dieser Frage zu einem geeigneten Zeitpunkt mit der Lösung des deutsch-polnischen Problems im Ganzen verbinden.«

Forster legte sodann die nun angestrebte »große Lösung« dar: die Wiederherstellung der alten Reichsgrenzen von 1914 im Osten. Am 22. Juli wies Hitler die Marineleitung telefonisch an, sich bereitzuhalten, den Kreuzer *Nürnberg* jederzeit nach Danzig zu entsenden. (Es ist wohl sicher, daß der Kreuzer Eberhardts Brigade Artillerieunterstützung geben sollte.)

Zwei Tage darauf, am 24. Juli 1939, trat Hitler seine alljährliche Pilgerfahrt nach Bayreuth an. Dort schwelgte er in einer wahren Wagner-Orgie – »Der Fliegende Holländer«, »Parsifal« und der ganze »Ring«.

In seiner Jugend war er im oberösterreichischen Lambach Chorknabe gewesen. Als romantischer, wurzelloser Jüngling von siebzehn Jahren hatte er gespart, um die Oper in Linz besuchen zu können. Es war Wagners »Rienzi«, den er 1906 sah, der Hitlers »Alter ego« erstmals weckte, den im Künstler schlummernden Demagogen. In gewisser Hinsicht handelt es sich um Hitlers eigenen Werdegang. Das wurde ihm 1945 klar, und er gab Schaub die Worte aus »Rienzi« an, die er auf seinem Mausoleum eingemeißelt haben wollte. »Rienzi« ist die Geschichte des römischen Volkes, das von skrupellosen Nobili unterdrückt wird, bis sich der junge Notar Rienzi (1313–1354) aus ihren Reihen emporschwingen kann, ein unbekannter Bürger, der das Volk um sich schart, es befreit und führt, bis selbst die Nobili ihn zu ihrem Herrscher ausrufen. Die Römer rufen ihm lauthals zu: »Rienzi, Heil! Heil dir, Volkstribun!« Doch später schmieden die Nobili ein Komplott. Seine Gefolgsleute verlassen ihn. Einer seiner Getreuen streckt ihn nieder.

Hitler war 1906 vom Rienzi-Drama hingerissen: Erst gegen Mitternacht verließ er das Theater zusammen mit einem Schulfreund, August Kubizek. Sie bestiegen einen Hügel am Rande von Linz. Hitler ergriff plötzlich Kubizeks Hände und begann von einem Bündnis zu reden, das das Volk eines Tages mit ihm schließen werde, damit er es aus einer Knechtschaft führe zum Gipfel der Freiheit. Hitler verbrachte die kalte Nacht im Freien. Sein Freund hätte ihm damals die Frage stellen können: »Rienzi, ha! Was hast du vor? Gewaltig seh' ich dich – sag an, wozu gebrauchst du die Gewalt?«

Im Juli 1939 traf Hitler in Bayreuth mit August Kubizek wieder zusammen. Sie waren Tischgäste im Hause von Winifred Wagner. Der einstige Schulfreund erinnerte Hitler an die Nacht auf dem Hügel im Jahr 1906. Für Hitler war es, als sei es gestern gewesen – er unterbrach Kubizek, wandte sich Winifred Wagner zu und erzählte ihr die Geschichte, die er mit den Worten abschloß: »In jener Stunde begann es.«

Hitler förderte die Künste, wie nur wenige seiner unmittelbaren Vorgänger. Seine Kenntnis der Opern war außerordentlich. Die »Meistersinger« hatte er vierzig Mal gehört – Schaubs Ansicht nach war es Hitlers Lieblingsoper, da es eine Huldigung auf das deutsche Handwerk war. Haus Wahnfried in Bayreuth war Hitler gleichsam ein zweites Heim. Winifred Wagner, matronenhaft, englischer Abstammung, Witwe des Sohnes des großen Komponisten, war ihm eine zweite Mutter. Von 1925 bis 1933 mied er Bayreuth, um Frau Winifred keine Unannehmlichkeiten zu bereiten. Doch danach nahm er die freundschaftlichen Beziehungen wieder auf und telefonierte, unter seinem Spitznamen »Kapellmeister Wolf«, häufig mit ihr. Die Bewunderung dieser erstaunlichen Frau für Hitler blieb bis zum Schluß unvermindert bestehen. Sie setzte sich zuweilen für Juden oder verfolgte Musiker ein. Hitler wies sie an, ihm über Dr. Brandt zu schreiben: »Wenn Ihre Briefe Reichsleiter Bormann in die Hände fallen, gibt es keine Gewißheit, daß sie mich erreichen.«

Während Hitler in Bayreuth weilte, wurde die laut geäußerte Beunruhigung im Ausland immer größer. Die englische Presse zeterte, wie Botschafter Herbert von Dirksen aus London berichtete, seit der Annexion Österreichs. Was jedoch Hitler mehr interessierte, war, daß sich in London auch gewichtige Stimmen meldeten, die darauf hinwiesen, daß Chamberlain selbst jedoch noch nach Wegen suche, wie er sich der peinlichen Garantieerklärung an Polen entledigen könne. Hitler hatte erst im Juni zu Walther Hewel bemerkt – nachdem Georg VI. auf Hitlers Kondolenzschreiben anläßlich des Untergangs des Unterseebootes *Thetis* überaus freundlich geantwortet hatte –, daß »er in einer direkten, auf deutsch geführten Unterhaltung mit einem anständigen, geraden Engländer ohne große Schwierigkeiten eine befriedigende Lösung der bestehenden Streitfragen finden werde«.

Ende Juli deutete manches darauf hin, daß Chamberlain und seine Ratgeber sich auf ein zweites München vorbereiteten. Durch englische Initiative war es zu Besprechungen zwischen Sir Horace Wilson und Dr. Helmuth Wohltat, einem von Görings Wirtschaftssachverständigen, gekommen. Wilsons Vorschläge liefen auf ein politisches, wirtschaftliches und militärisches Abkommen – mit gewissen Zusicherungen als Gegenleistung – hinaus. Wohltat zitierte in seinem Bericht Wilson folgendermaßen:

»Vielleicht sei er zu optimistisch, und die Lösung, die er für möglich hielte, schiene manchem Beobachter in der heutigen Lage unwirklich zu sein. Er hätte aber Gelegenheit gehabt, den Führer zu beobachten, und er glaube, daß der *Führer als ein Staatsmann des Friedens* noch größere Leistungen vollbringen könnte, als wie er sie in dem Aufbau Großdeutschlands schon vollbracht habe.«

Die OKW-Zeittafel für den Fall »Weiß« würde bald in Kraft treten: Zwar waren bis zum 12. August keine militärischen Beschlüsse von Bedeutung erforderlich, aber der Generalstab hatte dargelegt, daß das günstigste Datum für einen Angriff auf Polen der 25. August sei, und Hitler mußte sich am 15. für oder gegen Fall »Weiß« entscheiden. Damit blieben Hitler knapp zwei Wochen, Stalin zu einer Unterschrift auf einem Abkommen zu bewegen.

Niemand glaubte, daß Ribbentrop diesen Coup rechtzeitig zuwege bringen könnte. »Ich glaube nicht, daß die Gespräche in Moskau mit Null ausgehen«, notierte Weizsäcker am 30. Juli, »vor allem aber nicht, daß wir – wie jetzt angestrebt – das in den nächsten 14 Tagen erzwingen könnten. Ich rate dazu, wegen einer Teilung Polens in Moskau deutlicher zu werden, rate jedoch ab, wie Ribbentrop es will, über die Teilung der Randstaaten mit Moskau zu reden, nämlich nördlich Rigas Breitengrad soll Rußlands Lebensraum sein, Riga und südlich davon der unsrige!«

Hitler blieb in Bayreuth, wo ihm lediglich Affären seiner Gefolgsleute Ungemach bereiteten. Magda Goebbels hatte sich auf eine bedenkliche Liaison mit einem jungen, gutaussehenden Beamten vom Propagandaministerium, Karl Hanke, eingelassen. Hitler erzwang verärgert eine Aussöhnung des Ehepaares.

Robert Ley, Leiter der Deutschen Arbeitsfront, ging Hitler anderweitig auf die Nerven. In Winifred Wagners elegantem Salon verkündete er, daß man beim kommenden Nürnberger Parteitag im September auf die bislang üblichen Fanfarenklänge aus »Aida« verzichten und statt dessen eine kleine Melodie, die er, Ley, für diesen Anlaß komponiert hatte, spielen solle. In aller Bescheidenheit brachte er eine Schallplattenaufzeichnung seiner Fanfarenstöße zu Gehör. Doch sowie die letzten greulichen Töne verklungen waren, meinte Hitler knapp: »Wir bleiben bei ›Aida‹!«

Als Hitler in Bayreuth Neurath begegnete, äußerte er gutgelaunt: »Es mag Sie überraschen, was ich Ihnen sagen werde. Was halten Sie davon, wenn wir zu einem Abkommen mit Rußland gelangen?« Neurath war von dem Gedanken angetan. »Allerdings wird es wahrscheinlich schwierig werden, meinen Gefolgsleuten in der Partei diese Entwicklung nahezubringen«, gab Hitler zu bedenken. Doch Neurath schmeichelte ihm: »Die Partei ist wie Wachs in Ihren Händen, mein Führer.«

Hitler befürchtete weiterhin eine Abfuhr des sowjetischen Diktators. Am 2. August gab Ribbentrop auf Hitlers Anweisung dem sowjetischen Geschäftsträger zu verstehen, daß Moskau und Berlin gemeinsam über das Schicksal Polens entscheiden sollten. Er fügte ferner hinzu, es gebe »kein Problem von der Ostsee bis zum Schwarzen Meer«, das nicht zu lösen sei. Ribbentrop wies auch mit Nachdruck darauf hin, daß es Deutschland damit nicht eile – eine gewagte Äußerung, die ihm wohl schwergefallen sein mochte, wenn man den durch die OKW-Planungen bedingten festen Zeitplan bedachte. Die Zeit lief bereits ab, was Moskau allerdings nicht wissen durfte.

Hitler verließ Bayreuth am 3. August, besichtigte das Parteitagsgelände in Nürnberg und fuhr sodann am 4. auf der Autobahn nach München. Im Salon seiner Münchner Wohnung empfing er sodann Keitel. Der OKW-Chef hatte den endgültigen Zeitplan für den Fall »Weiß« mitgebracht. Die Wehrmachtführung hatte den Tag X auf den 25. August festgesetzt, da die Mitte September erwarteten Regenfälle weitgreifende Panzervorstöße in Polen behindern und den Einsatz der deutschen Luftwaffe erheblich erschweren würden.

Hitler bat Keitel und den ihn begleitenden Offizier seines Stabes, Major Bernd von Loßberg, in Sesseln Platz zu nehmen und legte ihnen, wobei er leutselig in seinen österreichisch gefärbten Tonfall verfiel, der Loßberg erstaunte, dar, warum die polnische Frage nun gelöst werden müsse. Den erstarkten Widerstand Warschaus führte er auf die unbedachte Garantieerklärung Chamberlains gegenüber Polen zurück. »Die Leute in Paris und London werden auch diesmal nichts unternehmen«, versicherte er den beiden Militärs. Sodann unterließ er seinen österreichischen Akzent und verfiel jäh in die gewohnte gutturale Sprechweise: »Und ich werde dafür

sorgen, daß aus diesem Polenkonflikt nie, nie ein europäischer Krieg entsteht.«
Am Abend fuhr er zum Berghof, dem Schauplatz der schwerwiegenden Ereignisse in den kommenden drei Wochen.

Aus London wurde abermals Versöhnliches gemeldet. Neville Chamberlain hatte am 4. August 1939 das Parlament für zwei Monate in den Urlaub geschickt. Zudem wagte er ein sonderbares Unterfangen, das Hitler in seiner Ansicht, England sei zum Kampf noch nicht gerüstet, weiterhin bestärkte. Sir Horace Wilson lud nämlich den deutschen Botschafter Herbert von Dirksen in seine Privatwohnung in Chelsea ein. Er bestand allerdings darauf, daß Dirksen zu Fuß kommen solle, um kein Aufsehen zu erregen. Wilson unterbreitete sodann Dirksen ein Angebot für »eine vollwertige weltpolitische Partnerschaft« zwischen England und Deutschland. Falls Hitler die Bedingungen akzeptierte, würde England, wie Wilson andeutete, Druck auf Polen ausüben, damit es den Forderungen Deutschlands zustimme. Somit würde die störende englische Garantieerklärung an Polen hinfällig werden. Bald darauf erhielt Ribbentrop Dirksens Telegramm über diese erstaunliche Unterredung. Weizsäcker notierte sich am 6.: »Unterirdische Ausgleichsfühler von Chamberlain (via Sir Horace Wilson) beweisen, daß mit England ein Gespräch einzuleiten wäre, wenn man will.«
Hitler war jedoch zum Einlenken nicht bereit. Vertrauliche Anweisungen ergingen am 12., 13. und 21. an die NS-Presse, der untersagt wurde, Englands offensichtlichen Sinneswandel auch nur zu erwähnen. »England hat Polen den Rücken gestärkt und muß nun auch die Folgen seiner Politik tragen«, hieß die offizielle Richtlinie. Die Schriftleiter wurden angehalten, hinsichtlich dieses Standpunktes »unbedingte Disziplin« zu wahren.
Hitler kam zu der Ansicht, daß die englischen Verhandlungen mit Stalin ins Stocken geraten waren. Laut seiner Anweisung wurde ein NS-Agent zur Beobachtung auf den Londoner Flughafen Croydon beordert, als der englische Delegationsführer William Strang am 7. August aus Moskau eintraf. Strangs betrübte Miene verriet, daß Hitler wahrscheinlich recht hatte.
Am 9. sprach Halifax selbst mit Dirksen. Er sicherte zu, daß England willens sei, hinsichtlich der Erfüllung der deutschen Wünsche »sehr weit entgegenzukommen«. Aber Hitlers ganzes Bestreben war mittlerweile auf die »große Lösung«, auf einen Krieg mit Polen gerichtet. Nachdem Abwehrchef Canaris am 10. August mit Keitel und Schmundt in Salzburg konferiert hatte und danach mit Ribbentrop in Fuschl, notierte Oberstleutnant Erwin Lahousen, Abteilungsleiter der Abwehr, in seinem Tagebuch: »Andeutungen über Nichtangriffspakt mit R[ußland].«

Nach Monaten bewußten Stillhaltens der NS-Presse über polnische »Greueltaten« sollte nun mit Schlagzeilen auf der ersten Seite in den Zeitungen eine intensive Hetzkampagne beginnen. Am 16. wurden die Schriftleiter vertraulich angewiesen: »Nun ist es an der Zeit für die deutsche Presse, aus der Reserve herauszutreten.«

Doch Hitler benötigte einen verläßlich gelenkten »Zwischenfall« von vorbedachtem Ausmaß und zu einem genau festgesetzten Zeitpunkt mit Datum und an einem vorher bestimmten Ort; denn er mußte sich an den eng umgrenzten OKW-Zeitplan halten.

Zwei diabolische Pläne waren von Heydrich und Himmler ausgearbeitet worden, »nach altbewährtem Muster unserer westlichen Nachbarn«, wie Heydrich den SS-Kommandeuren – etwa um den 11. – erklärte. In dem einen Fall sollten seine Agenten, als polnische Freischärler getarnt, den deutschen Sender in Gleiwitz überfallen, eine Proklamation durchgeben und sich sodann zurückziehen. Bei dem anderen, weitaus komplizierteren Unternehmen sollte eine Kompanie eilends ausgebildeter polnischsprechender Deutscher, aus der oberschlesischen Arbeiterschaft rekrutiert, am Vorabend von Fall »Weiß« in polnischen Uniformen das polnische Zollamt bei Hochlinden besetzen und dann ein Gefecht mit deutschen Grenzbeamten vortäuschen. ... Gleichzeitig sollte ein übergelaufener ehemaliger polnischer Offizier volksdeutscher Herkunft die polnische Garnison in Rybnik alarmieren, um echte polnische Soldaten in das Scharmützel hineinzuziehen. Gestapochef Heinrich Müller hatte noch den makabren Einfall, auf dem »Kampffeld« die Leichen von kurz zuvor getöteten Sträflingen aus dem KZ Dachau, versehen mit echten polnischen Soldbüchern, zu hinterlassen.

Als Hitler am 11. mit Professor Carl Jacob Burckhardt, dem Hohen Kommissar des Völkerbundes in Danzig, ein Gespräch führte, wies er auf diesen Punkt nachdrücklich hin: »Wenn der kleinste Zwischenfall sich ereignet, werde ich die Polen ohne Warnung zerschmettern, so daß nicht eine Spur von Polen nachher zu finden ist.« Er schwadronierte zynisch, daß er 1938 noch seine Generale hatte antreiben müssen, in diesem Jahr hingegen müsse er sie zügeln. Hitler fügte hinzu: »Alles, was ich unternehme, ist gegen Rußland gerichtet; wenn der Westen zu dumm und zu blind ist, um dies zu begreifen, werde ich gezwungen sein, mich mit den Russen zu verständigen, den Westen zu schlagen, und dann nach seiner Niederlage mich mit meinen versammelten Kräften gegen die Sowjetunion wenden.«

Ähnliche Gedanken sollte Hitler auch gegenüber Mussolinis Außenminister Graf Ciano äußern, daß er nämlich vorhabe, eines Tages den alten Germanenweg nach Osten zu beschreiten, wie er es dem Duce schon im Mai 1938 an Bord der *Conte Cavour* anvertraut habe.

Über den Fall »Weiß« waren die Italiener noch immer im ungewissen.

»Zum ersten Mal«, schrieb Weizsäcker in seinem Tagebuch, »empfinden wir die italienische Allianz als Fessel. Denn in der abgelaufenen Woche hatte sich unser Kriegswille sehr verstärkt. Himmler, Ribbentrop und Gauleiter Forster haben auf ihren Gebieten die Kriegsidee gefördert. Ribbentrop garantiert englische und französische Neutralität, wenn wir in den ersten drei Tagen, wie er sicher glaubt, den Polen vernichtende Schläge erteilen.«

Am 12. August wurde Ciano auf dem Berghof empfangen, indes Eva Braun sich im oberen Stockwerk aufhalten mußte. Später klebte sie in ihr Album eine Folge von Schnappschüssen, die den Trubel und den Wirrwarr der ankommenden Limousinen zeigen, schwarzuniformierte faschistische Würdenträger, wie sie Hitler begrüßen und – einige von ihnen – neugierig zu ihrem Fenster emporblicken. (Unter eines der Fotos schrieb sie backfischhaft: »Da oben gibt es Verbotenes zu sehen – mich!«)
Hitler hatte für ihn wenig Zeit und Sympathie. Schaub vertraute er an, daß der italienische Diplomat »zu pomadisiert und geschniegelt ist, um Vertrauen zu erwecken«. Stehend hörten sich die Italiener an, was Hitler über Deutschlands Stärke und Englands Verwundbarkeit gegenüber Luftangriffen zu sagen hatte. Wahrscheinlich waren diese Worte für englische Ohren bestimmt. (Am 20. Mai 1943 sollte er bei einer Besprechung äußern: »Jede Denkschrift, die ich an den Duce geschrieben habe, ist unmittelbar sofort nach England gekommen. Ich habe daher immer nur Sachen geschrieben, die absolut nach England kommen sollten.«)
Es ist einigermaßen sicher, daß Hitler ihm »vertraulich« mitteilte, Fall »Weiß« werde in zwei Wochen anlaufen (denn das Foreign Office erfuhr wenige Tage später davon). Ciano war bestürzt, Hitler versicherte ihm jedoch, daß der Westen nicht intervenieren werde. Allerdings gab er nicht den Grund – das deutsch-sowjetische Abkommen – an.
Als Ciano in der »Großen Halle« unbehaglich Hitler seine Einwände darlegte, wurde plötzlich eine Tür aufgerissen, und Walther Hewel eilte herein. Er flüsterte Ribbentrop etwas zu. Ribbentrop führte Hitler beiseite und flüsterte gleichfalls. Molotow hatte soeben grundsätzlich zugestimmt, einen deutschen Unterhändler in Moskau zu empfangen. Hitlers Laune schlug um. Mit strahlendem Lächeln lud er seine faschistischen Gäste ein, ihn zum »Adlerhorst«, dem Teehaus, zu begleiten.
Sonderbarerweise scheint Weizsäcker über diese Nachricht im ungewissen gelassen worden zu sein. (Der Grund war wohl, daß Weizsäcker einen allzu intimen Meinungsaustausch mit den Botschaftern Englands, Frankreichs und Italiens pflegte.)
Am 13. schrieb Weizsäcker:

»Meine Formel ist nach wie vor: wenn Polen eine eklatante Provokation begeht, die auch Paris und London als solche ansehen müssen, kann man Polen anfallen; sonst lasse man die Hände davon.«

»Ganz klar ist mir noch nicht«, fuhr Weizsäcker am 14. konsterniert fort, »was den Wandel in Fuschl [Ribbentrops Wohnort] bzw. auf dem Berghof hervorgerufen hat. Vor 8 Tagen war man dort noch der Meinung, die Westmächte würden Polen nicht fallenlassen, wir könnten daher nicht zufassen.«

Hitler zögerte die Antwort an Moskau etliche Tage hinaus. Aber er stand unter dem Druck der OKW-Zeittafel. Am 15. mußten wichtige Entscheidungen gefällt werden. Zudem ging aus den neuesten nachrichtendienstlichen Berichten hervor, daß England Polen eine Anleihe von acht Millionen Pfund angeboten hatte und daß die polnischen Vorbereitungen zur Mobilmachung den deutschen weit voraus waren.

Am 14. August beorderte Hitler die drei Oberbefehlshaber auf den Berghof und legte ihnen dar, weswegen Fall »Weiß« weiterhin in Betracht gezogen werden mußte und warum er sicher war, daß die Westmächte keinen Krieg erklären würden. So hatte General Sir Edmund Ironside einen niederschmetternden Bericht über die polnische Wehrbereitschaft vorgelegt – Hitler vermutete, daß Chamberlain ihn zum Anlaß für eine Preisgabe Polens benützen werde. Denn wenn England es ernst meinte, hätte es Polen mehr als nur eine Anleihe von schäbigen acht Millionen Pfund angeboten – »Die Engländer stecken« doch kein Geld in ein Verlustgeschäft!« – und die Polen wiederum würden sich weitaus dreister verhalten, als aus den neuesten FA-Berichten hervorging. Seine einzige Sorge sei, sagte Hitler, daß ihn die Engländer durch ein Angebot in letzter Minute um Fall »Weiß« bringen könnten. Göring, Brauchitsch und Raeder teilte er an jenem Tag mit, er habe den Briten zu verstehen gegeben, daß er ihnen – *nachdem* er mit Polen abgerechnet hatte – ein eigenes Angebot unterbreiten würde. Raeder, der ob der Albrecht-Affäre noch immer gekränkt war, sagte nichts. Canaris schrieb in sein Tagebuch: »Oberbefehlshaber des Heeres [Brauchitsch] kommt beim Führervortrag gar nicht zu Wort.« Hitler fällte nun einen schicksalhaften Entschluß. Am 14. August um 22.53 Uhr wurden Ribbentrops entscheidende Anweisungen der deutschen Botschaft in Moskau telegrafisch übermittelt: Man solle Molotow informieren, daß er, Ribbentrop, bereit sei, persönlich nach Moskau zu kommen. Ribbentrops Staatssekretär Weizsäcker notierte sich nachdenklich: »Wenn Ribbentrop... in Moskau einen Pakt schließen kann, laden sie [die Russen] uns damit zum Angriff auf Polen ein...«

Am 15. August genehmigte Hitler sämtliche in Zusammenhang mit dem Angriff auf Polen am 25. stehenden Maßnahmen. Den Streitkräften wurde mitgeteilt: »Mit Durchführung des Falles ›Weiß‹ ist weiter zu rechnen.« Die Marineleitung beorderte die Schlachtschiffe *Graf Spee* und *Deutschland* wie auch vierzehn U-Boote in den Atlantik, wo sie sich zur Verfügung halten sollten. Der Parteitag in Nürnberg wurde insgesamt abgesagt, weil man so die Transportkapazität der Reichsbahn für die Wehrmacht freigeben konnte. Den ausländischen Diplomaten vermittelte man selbstverständlich den Eindruck, daß der Parteitag stattfinden werde.

Spärlicher sind die Dokumente über die nun anlaufenden Operationen, die von der Abwehr und der SS geplant worden waren. Beide hatten Kommandounternehmen ausgearbeitet, die der Sicherung wichtiger Brücken, Tunnels und Fabriken hinter den polnischen Stellungen am Vorabend von Fall »Weiß« dienten. Von der Abwehrabteilung II war ein Sonderverband dafür ausgebildet worden, den Eisenbahntunnel bei Jablunka – auf der Strecke Wien-Warschau – in seine Gewalt zu bekommen. Denn falls den Polen die Zündung der Sprengsätze in dem Zwillingstunnel gelang, würde der General Wilhelm List unterstellten 14. Armee, die in der Slowakei zusammengezogen wurde, das Eindringen nach Südpolen verwehrt werden.

Es ist bezeichnend, daß Hitler streng auf einen klaren Unterschied zwischen diesen »Freischärlern« und regulären Heereseinheiten achtete. Als Manstein ihn um die Erlaubnis bat, während des Angriffs der Heeresgruppe Süd drei Sturmbataillone in polnischen Uniformen einzusetzen, wies Hitler ihn ab. Dann bat Himmler um die Genehmigung, im selben Bereich mit SS-Einheiten unter Verwendung polnischer Uniformen vorzugehen. Am 17. August gab ihm Hitler sein Einverständnis und wies die Abwehr an, 150 polnische Uniformen aus ihren Beständen Heydrich für diesen Zweck zu überlassen.

Für den Nordteil der polnischen Front hatte Hitler selbst ein gewagtes Unternehmen ausgeheckt, um die beiden strategisch wichtigen Brücken über die breite Weichsel bei Dirschau zu sichern. Der Ortsteil befand sich auf Danziger Gebiet, das westliche Brückenende stand auf polnischem Boden in Pomerellen. Hitler war von den Dirschauer Brücken wie besessen; er studierte Luftaufnahmen und Modelle und entwarf einen Plan nach dem anderen.

Schließlich einigte er sich mit Göring, Himmler und Brauchitsch auf einen Angriff mit Sturzkampfbombern, gezielt auf die polnische Brückengarnison, auf das dortige E-Werk und die Zündschnüre; unmittelbar darauf sollte ein Infanterieangriff erfolgen. Schon vor dem Anlaufen von Fall »Weiß« würde ein Güterzug eintreffen, in dem sich getarnt Pioniere und eine Sturmeinheit unter Oberstleutnant Gerhardt Medem befanden. (Hitler instruierte den Offizier persönlich.) Die zeitliche Übereinstimmung war entscheidend; der Sturm sollte gleichzeitig mit dem Angriff der Luftwaffe auf die polnische Marinebasis von Gdingen stattfinden – die erste offene Kampfhandlung im Fall »Weiß«.

In der Zwischenzeit war das alte Panzerschiff *Schleswig-Holstein* nach Danzig ausgelaufen. Bei Beginn von Fall »Weiß« sollte es das auf der Westerplatte – einer Landzunge, die den Hafen sperrte – widerrechtlich errichtete polnische Festungswerk beschießen.

Da die Polen um die fünfte Kolonne auf ihrem Territorium wußten, führten sie alsbald weitreichende Sicherheitsmaßnahmen durch. Es kam zu Blutvergießen. Die Hilferufe, die Hitler daraufhin erreichten, kamen einem bekannt vor – dennoch übten sie, ob sie nun echt waren oder nicht, auf ihn eine tiefe Wirkung aus.

Nun begannen die Russen unruhig zu werden. Nachdem Molotow formell – am 16. August – einen Nichtangriffspakt angeboten hatte, machte Ribbentrop den Vorschlag, in zwei oder drei Tagen zur Unterzeichnung nach Moskau zu kommen. Die Russen ließen sich allerdings Zeit. Am 18. August telegrafierte Ribbentrop dem Botschafter, daß die Angelegenheit eile und daß dieser mit dem Angebot locken solle, er, Ribbentrop, sei auch befugt, ein geheimes Zusatzprotokoll zu unterzeichnen, in dem für eine Veröffentlichung zu heikle Aspekte niedergelegt werden könnten.

Selbst jetzt zeigte sich Molotow nicht bereit, Ribbentrop vor dem 26. oder 27. August in Moskau zu empfangen. Dieser wußte jedoch, daß gemäß der OKW-Zeittafel der Beginn von Fall »Weiß« auf den 25. oder knapp danach angesetzt war. Die politische Auswirkung dieses Paktes würde gleich Null sein, falls er nicht *davor* abgeschlossen wurde. Die A-Bewegung, der erste Transport von militärischem Gerät und Truppen nach Osten in 220 Zügen, lief bereits an.

Für Hitler schien es die geeignete Gelegenheit für ein großangelegtes persönliches Risiko zu sein. (»Der Gegner hatte noch die Hoffnung«, sollte er zwei Tage danach schwadronieren, »daß Rußland als Gegner auftreten würde nach Eroberung Polens. Die Gegner haben nicht mit meiner Entschlußkraft gerechnet. Unsere Gegner sind kleine Würmchen. Ich sah sie in München.«) Am 20. August ließ er sich sogar dazu herbei – eine beispiellose und schmeichelnde Geste –, Stalin eine persönliche Note zu schreiben. Er ersuchte Stalin, Ribbentrops Ankunft in Moskau binnen drei Tagen zu billigen.

Sodann vermochte Hitler seine Nervosität kaum noch zu beherrschen. Er telefonierte mit Göring in den frühen Morgenstunden und machte Ribbentrop bedrückt Vorwürfe, weil dieser ihn auf den schwankenden Boden hochgesteckter Diplomatie gelockt hatte. Am Nachmittag des 21. August traf eine Nachricht aus Moskau ein: Der deutsche Botschafter war um 15 Uhr zu einer Unterredung mit Molotow bestellt worden. Abermals verstrichen qualvolle Stunden. Dann brachte Ribbentrop den Bericht des Botschafters. Ein Lächeln ging über Hitlers Gesicht. Der Kreml sei beglückt, Herrn von Ribbentrop in zwei Tagen zu empfangen.

Eine freudige Stimmung erfaßte den Berghof, als habe man einen großen Sieg errungen. In gewisser Hinsicht stimmte das auch. Denn als der deutsche Rundfunk sein Programm um 23.15 Uhr unterbrach, um der Welt diese erschreckende Nachricht zu verkünden, konnte niemand mehr daran zweifeln, daß das Schicksal Polens besiegelt war. Triumphierend sagte Hitler am nächsten Morgen zu seinen Militärs: »Nun ist Polen in der Lage, in der ich es haben wollte.«

»Stalin ist genau wie Sie!«

Seinen Adjutanten gegenüber äußerte Hitler immer wieder, daß er sich nur seinen »Ersten Schlesischen Krieg« wünsche, mehr nicht. Seinen Generalen erklärte er: »Erwünscht ist nicht eine Generalabrechnung, sondern Herausgreifen einzelner Aufgaben. Das deutsche Volk«, fügte er freimütig hinzu, »werde sich jetzt ans Kämpfen gewöhnen müssen.« Der polnische Feldzug sei eine gute Vorübung dazu. Hitler hatte noch immer keine klare Vorstellung vom Ablauf der Ereignisse nach Fall »Weiß«. Fest stand lediglich sein langfristiges Ziel, das er schon 1924 in *Mein Kampf* dargelegt hatte, am 2. Februar 1933 in einer Geheimansprache vor den Oberbefehlshabern, dann am 5. November 1937, am 28. Mai 1938 und unlängst in seinen Geheimreden im Januar und Februar 1939. Kurzum, Fall »Weiß« war nur ein weiterer Schritt zur Erfüllung des dreihundert Jahre lang genährten Traums von einem deutschen Reich, das Mittel- und Osteuropa und damit die Welt beherrschte. Das war der Siegespreis, den er seinen Generalen vor Augen hielt.

Welche Mittel seien da nicht gerechtfertigt? England würde er umwerben und mit Schmeicheleien für sich gewinnen. Die Wehrmacht würde er als Garanten und Schutztruppe des ausgedehnten britischen Empire gegenüber den asiatischen Horden zur Verfügung stellen. Und Deutschlands übrige Nachbarländer würde er hintergehen, mit Drohungen einschüchtern, bestechen oder täuschen. »Als Privatmann würde ich niemals mein Wort brechen«, vertraute er im Juni 1941 Walther Hewel an. »Als Politiker für Deutschland, wenn es notwendig ist, tausend Mal.«

Ohne Stalins Antwort auf sein Schreiben abzuwarten, hatte Hitler am 19. die Anweisung gegeben, daß am Dienstag, dem 22. August, sich sämtliche Befehlshaber zu einem Tee-Empfang auf dem Berghof einzufinden hatten. In den vom OKW verschickten Einladungen hieß es: »Er legt entscheidenden Wert darauf, daß die Besprechung vollkommen geheim bleibt und auf keinen Fall in die ausländische Presse kommt.« Ein Teil der Gäste würde von Hitlers Chauffeuren in Salzburg, ein anderer in München abgeholt werden. Alle sollten in Zivilkleidung erscheinen. Ein Zyniker mag dennoch zu der Annahme gelangen, daß Hitler im Grunde Aufmerksamkeit erregen wollte. Denn den vielen Touristen in Berchtesgaden würden die Pulks von Limousinen mit den ernst dreinblickenden, soldatenhaft wirkenden Insassen auf der Fahrt zum Berghof kaum entgehen.

Als Hitler am 22. August mittags die »Große Halle« betrat, erblickte er etwa fünfzig Militärs, die in vier, fünf Stuhlreihen Platz genommen hatten –

Befehlshaber von Heeresgruppen und Armeen, deren Stabschefs wie auch die entsprechenden Offiziere aus der Kriegsmarine und Luftwaffe. Unübersehbar im Vordergrund befand sich Feldmarschall Göring. Er trug über einer weißen Seidenbluse ein ärmelloses grünes Lederwams mit großen gelben Knöpfen, indes er die stattlichen unteren Extremitäten mit einer grauen Bundhose und grauen Strümpfen bekleidet hatte. An einem auffälligen Wehrgehenk baumelte ein goldener Dolch.
Hitler begann mit dem ersten Teil seiner Rede. Seine Argumentation war einfach, wirkte überzeugend. Die Wehrmacht stehe unmittelbar vor der Durchführung von Fall »Weiß«, eines Feldzuges, den sie nicht verlieren könne. Er spielte auf die kriegerischen Ambitionen seiner Zuhörer an. Gut zwei Stunden legte er ihnen die Vorgeschichte seiner Entscheidung dar. Für die Durchführung von Fall »Weiß« sei kein Zeitpunkt günstiger als der jetzige. Denn weder er noch Mussolini würden ewig leben: »Ich kann aber jederzeit von einem Verbrecher, von einem Idioten beseitigt werden.« Hinsichtlich einer zweiten Front hatte er keinerlei Befürchtungen. Zwar könnten England und Frankreich eine bedrohliche Haltung einnehmen, aber beide würden sich auf einen Kampf nicht einlassen. Hitler schilderte sodann, wie durch seine »besonders freundliche« Begrüßung des russischen Botschafters anläßlich des Neujahrsempfangs die Entwicklung zu einer Annäherung eingeleitet wurde. »Noch am selben Abend drückte mir der Botschafter seinen Dank dafür aus und auch dafür, daß ich ihm beim Empfang keine zweitklassige Behandlung habe angedeihen lassen.« Auf Ribbentrop deutend, verkündete er triumphierend, daß der Außenminister unverzüglich zur Unterzeichnung des Abkommens nach Moskau fliegen werde. »Nun ist Polen in der Lage, in der ich es haben wollte.«
Nun würde Deutschland eine Blockade nichts anhaben, da die UdSSR sämtliche von Deutschland benötigten Mengen an Getreide, Schlachtvieh, Kohle, Holz, Blei und Zink liefern werde. »Ich habe nur Angst, daß mir noch im letzten Moment irgendein Schweinehund einen Vermittlungsplan vorlegt.«
Auf den Terrassen wurde ein Imbiß serviert. Danach redete Hitler eine weitere Stunde, indes draußen, von dem großen Panoramafenster aus deutlich zu sehen, ein Gewitter aufzog. Hitler beschwor seine Militärs, nach außen eiserne Entschlossenheit zu zeigen, auch wenn England und Frankreich nach dem Angriffsbeginn – am Sonnabend – zum Krieg rüsten sollten. »Jeder muß die Ansicht vertreten, daß wir von vornherein auch zum Kampf gegen die Westmächte entschlossen waren.« Es sei unbedingt erforderlich, in Polen auch den geringsten Widerstandswillen schnellstens zu brechen, notfalls auch »mit brutalem Vorgehen«. »Ich werde [einen] propagandistischen Anlaß zur Auslösung des Krieges geben, gleichgültig ob glaubhaft. Der Sieger wird später nicht danach gefragt, ob er die Wahrheit gesagt hat oder nicht.« Hitler schloß mit dem Appell: »Ich habe meine Pflicht getan. Tun Sie die Ihre!«

Göring stieg gewichtig drei niedrige Stufen hinauf und versicherte dem Führer im Namen aller Anwesenden, daß die Wehrmacht ihre Pflicht tun werde. Brauchitsch verabschiedete seine Generale voll Zuversicht mit den Worten: »Herrschaften, begebt euch bald auf eure Plätze!« Die Luftwaffengenerale Milch und Kesselring sah man mit strahlenden Gesichtern. Nur Großadmiral Raeder trat einen Augenblick zu Hitler und erinnerte ihn an die Gefährdung des in der Danziger Bucht stationierten Seekadettenschiffes. Hitler soll darauf erwidert haben: »Na, wenn der alte Kahn versackt, so schadet das auch nichts.« Der Großadmiral entgegnete ihm kühl, daß sich einige Hundert Seekadetten an Bord befänden. Es war sein einziges Zusammentreffen mit Hitler in den letzten verbleibenden Friedenstagen.

Ribbentrop reiste noch am selben Nachmittag nach Moskau ab, versehen mit den vertraulichen Anweisungen Hitlers, daß er jedweder sowjetischen Forderung nachgeben solle: Um Molotows Unterschrift zu erlangen, sollte Ribbentrop nötigenfalls jegliches deutsche Interesse an Südosteuropa, »gegebenenfalls bis Konstantinopel und den Meerengen«, leugnen.

Hitler war sich seiner Sache überaus sicher. Am selben Abend, am 22. August, äußerte er abermals, seine einzige Befürchtung sei, daß ihn irgendein »blöder Gefühlsakrobat« mit »windelweichen Vorschlägen« zum Einlenken veranlassen könnte. Seine Angst war nicht unbegründet: Seit dem 16. August etwa hatte das Forschungsamt vertrauliche Telefongespräche zwischen dem englischen Botschafter in Berlin und Sir Horace Wilson in London aufgezeichnet. Wilson war einer der maßgeblichen Beschwichtigungspolitiker unter Chamberlains Ratgebern. Wilson suchte nun verzweifelt nach einer Lösungsformel, die die Rückgabe Danzigs ans Reich ermöglichte. Am 20. August teilte er dem deutschen Presseattaché in London vertraulich mit, daß er willens sei, nötigenfalls »insgeheim nach Deutschland zu kommen«.

Am Abend des 22. August ersuchte der britische Botschafter um ein Gespräch mit Hitler am nächsten Tag. Er habe ein persönliches Schreiben des englischen Premiers, das, wie er sagte, »unsere Position genau erklärt«, wie es in der FA-Aufzeichnung von Hendersons Worten heißt, »wie wir an Polen durch unser Wort gebunden sind, und daß wir unsere Verpflichtungen, sollte Polen angegriffen werden, erfüllen müßten«. Gemäß der FA-Aufzeichnung schlug Chamberlain in seinem Schreiben eine Abkühlungsperiode vor, während die Danziger Frage und das Problem der deutschen Minderheit in Polen geregelt wurden.

Als Henderson am 23. um die Mittagszeit auf dem Berghof ankam, hatte Hitler bereits eine Antwort formuliert. Weizsäcker schrieb in sein Tagebuch:

»Der Sinn des Führers war darauf gerichtet, durch Brutalität die englische Regierung von ihren Garantiepflichten für Polen abzudrängen.«

Als Henderson zu erläutern versuchte, daß England zur Erfüllung seiner

Obligationen verpflichtet sei, entgegnete Hitler schroff: »Dann erfüllen Sie sie eben! Wenn Sie einen Blankoscheck ausstellen, müssen Sie damit rechnen, daß Sie ihn auch einlösen müssen.«

Gegen 15 Uhr telefonierte Henderson von Salzburg aus mit der Botschaft in Berlin. »Ich hoffe, um 20 Uhr in Berlin zurück zu sein«, heißt es in der FA-Aufzeichnung.

»Er [Hitler] ist ganz unnachgiebig und unbefriedigend. Ich kann jedoch nichts weiter sagen, ehe ich die schriftliche Antwort habe. In großen Zügen waren die Punkte die: Polen ist gewarnt worden, daß Deutschland sofort zu militärischen Schritten greifen werde, wenn irgend welche weiteren Verfolgungen deutscher Untertanen stattfänden oder irgend etwas gegen Danzig unternommen werden sollte, einschließlich wirtschaftlicher Abschnürungsmaßnahmen. Wenn England weitere Mobilisierungsmaßnahmen treffen sollte, würde in Deutschland die allgemeine Mobilmachung angeordnet werden. ... Ich fragte, ob dies eine Drohung sei. Die Antwort auf meine Frage war: ›Nein, eine Schutzmaßnahme.‹«

Hitlers schriftliche Antwort fiel unnachgiebig aus.

In der zweiten Unterredung am Nachmittg brachte Henderson vor, es beweise doch Chamberlains wohlmeinende Absichten, wenn er sich weiterhin weigere, Churchill in sein Kabinett aufzunehmen. Die antideutsche Gruppierung bestehe zumeist aus Juden und Nazigegnern, meinte Henderson. Nach Hendersons Abreise vom Berghof konnte Weizsäcker Hitler kurze Zeit unter vier Augen sprechen. Er wies warnend darauf hin, daß Italien hinsichtlich eines Krieges eine lauwarme Haltung einnehme, England hingegen Gefangener seiner eigenen Außenpolitik sei.

»Es werde ebenso wie Frankreich mit Polen in den Krieg eintreten. Sie [die Engländer] seien nicht logisch oder systematisch, sondern gefühlsmäßig zu nehmen und zu verstehen. Sie seien in einer Psychose, sozusagen unter Whisky. ... Chamberlain werde morgen mit der Kriegsparole das ganze Parlament hinter sich haben.«

Hitler erhob Einwände, aber offenbar ohne rechte Überzeugung, da Weizsäcker sich noch am selben Tag notierte:

»Er rechnet weiterhin mit einem lokalisierten Krieg, spricht aber auch davon – wenigstens heute –, einen allgemeinen Krieg führen zu können. Vor kurzem urteilte er hierüber anders.«

Allein oder in Begleitung seiner Adjutanten ging Hitler auf der Terrasse des Berghofs auf und ab.

Am späten Abend meldete sich Ribbentrop – schwer verständlich – aus Moskau: Stalin fordere, daß die kleinen, aber eisfreien lettischen Häfen Libau und Windau seinem Interessengebiet zugesprochen werden sollten. Hitler ließ eine Ordonnanz einen Atlas herbeischaffen und erwiderte dann, daß die UdSSR die beiden Häfen ohne weiteres haben könne.

Wenige Stunden später, beim Abendessen, wurde ihm eine Meldung überreicht. Hitler klopfte erregt auf den Tisch, um sich Gehör zu verschaffen,

und verkündete sodann, daß das Abkommen mit Stalin unterzeichnet worden sei.
Nach dem Abendessen begab sich die Tischgesellschaft auf die dunkle Terrasse. Über dem jenseitigen Berghang erstrahlte am Nachthimmel eine Naturerscheinung, die im allgemeinen im Süden nicht zu sehen ist – ein Nordlicht, das rot leuchtete.

Hitler hatte mittags entschieden, daß Fall »Weiß« am 26. August um 4.30 Uhr beginnen solle. Eventuelle gegenteilige Befehle werde er spätestens am 25. bis mittags zwölf Uhr geben. Die A-Bewegung war abgeschlossen: Sämtliche Truppenverbände der ersten Angriffswelle befanden sich nur einen oder zwei Tagemärsche von der polnischen Grenze entfernt. Die zweite Phase, die Y-Bewegung, war soeben angelaufen (um 20 Uhr): 1300 Zugladungen Gerät und Truppen wurden nach Osten, 1700 nach Westen gebracht. Raeders Kriegsschiffe befanden sich bereits auf hoher See. Jenseits des Atlantik lichtete das deutsche Troßschiff *Altmark* den Anker, um sich mit dem deutschen Handelszerstörer *Graf Spee* zu treffen.
Was konnte jetzt noch in die Quere kommen? Weizsäcker schrieb am 24. abends in sein Tagebuch:
»Italien verhalte sich, als ginge das Ganze *sie* (sic!) nichts an.... Der Führer arbeitet aber weiter in der Richtung des lokalisierten Krieges, den er nicht preisgeben will. Der Gedanke, auch mit dem Westen zu kämpfen, ist ihm doch peinlicher, als ich es gestern glaubte.«
Um 15.30 Uhr war Hitler zu einem Gespräch mit Ribbentrop, der um 18.45 Uhr auf dem Flughafen Tempelhof aus Moskau eintreffen sollte, nach Berlin zurückgeflogen. Dort erwarteten ihn ernüchternde Nachrichten: Chamberlain hatte soeben im einberufenen Unterhaus erklärt, daß England trotz des Abkommens mit Moskau zu seiner Garantie Polen gegenüber stehen werde.
Am Abend des 24. August besprach Hitler mit Ribbentrop, Göring und Weizsäcker die Lage. Ribbentrop war von dem Kreml tief beeindruckt. Stalin, so berichtete er, hatte jedem Mitglied der überaus großen deutschen Delegation der Reihe nach zugeprostet. »Stalin ist genau wie Sie, mein Führer«, berichtete Ribbentrop. »Ein ungemein legerer Mann. Er macht keineswegs den Eindruck eines Diktators.«
Man kam auch auf Italien zu sprechen. Hitler hatte bislang jeden Hinweis, daß sein Achsenpartner einem Krieg ablehnend gegenüberstand, ignoriert. Das einzige Risiko, das er gelten ließ, war, daß sie herumposaunen könnten, die Ereignisse hätten »eine unerwartete Wendung« genommen. Nach Mitternacht führte deswegen Ribbentrop auf seine Anweisung hin ein Telefongespräch mit Graf Ciano, in dem er diesem mitteilte, daß Fall »Weiß« unmittelbar bevorstehe. Für Ribbentrop und Hitler war es eine reine Formalität: Sie versicherten Ciano, daß das Moskauer Abkommen eine Intervention der Westmächte ausschlösse.

Als Hitler am Morgen des 25. August 1939 aufstand, wimmelte es in der Reichskanzlei von Menschen. Die braune Uniform der NS-Partei herrschte vor. Jedermann wußte, daß Hitler um 14 Uhr das Stichwort zum Anlaufen von Fall »Weiß« geben sollte, und keiner seiner Gefolgsleute wollte sich den historischen Augenblick entgehen lassen. Überall schlängelten sich Telefonleitungen über die kostbaren Teppiche.

Ribbentrop diktierte am Telefon ein formelles Schreiben Hitlers an Mussolini, worin darauf hingewiesen wurde, daß der Krieg jede Stunde ausbrechen könne. Hitler bat seinen Verbündeten lediglich um eine baldige Stellungnahme. Als um die Mittagszeit noch keine Antwort eingetroffen war, fragte er beim OKW an, wie lange er den Angriffsbefehl noch verschieben könne. Der Generalstab stimmte einer einstündigen Verschiebung zu. Botschafter Henderson wurde gebeten, gegen 13.30 Uhr in die Reichskanzlei zu kommen. (Weizsäcker bemerkte in seinem Tagebuch: »Tagsüber meistens in der Reichskanzlei. Die Bemühungen sind noch immer auf Abspaltung der Engländer von Polen gerichtet.«)

Um 12.30 Uhr meldete sich Oberstleutnant Nikolaus von Vormann als Verbindungsoffizier zum Heer bei Hitler. Es meldete sich noch Rommel als Kommandant des Führerhauptquartiers. Hitler beorderte ihn mit dem Führerbegleitbataillon nach Bad Polzin, einer kleinen pommerschen Bahnstation, wo sich das Hauptquartier von Bocks Heeresgruppe Nord befand. Auch Puttkamer stellte sich ein, den die besorgte Seekriegsleitung von der Zerstörereinheit abberufen hatte, damit er den Dienst als Marineadjutant übernehme. Hitler zog Puttkamer beiseite, um sich von dessen Erfahrungen bei den Zerstörern berichten zu lassen, bis dann um 13.15 Uhr Bormann verkündete, daß angerichtet sei.

Doch kaum hatte Hitler es sich mit den Mitgliedern seines Stabes an dem runden Eßtisch bequem gemacht, als ein Trommelwirbel im Ehrenhof die Ankunft von Sir Nevile Henderson verkündete. Über eine Stunde legte Hitler, mit »anscheinender Aufrichtigkeit« sprechend, Henderson dar, was für eine Torheit England beginge, wenn es sein Empire um Polens willen preisgebe. Sodann unterbreitete er ein Angebot: *Nachdem* er die polnische Frage gelöst habe, sei er bereit, mit England zu einem Abkommen zu gelangen, »das ... nötigenfalls die Unterstützung Deutschlands hinsichtlich des britischen Empire zusichern würde, ungeachtet wo eine derartige Unterstützung benötigt werden sollte«. Er scheint sogar angedeutet zu haben, daß er es nicht übelnehmen werde, falls England, um das Gesicht zu wahren, einen »Scheinkrieg« führen würde. Mit allem Nachdruck wies er jedoch darauf hin, daß ihn nichts von einer Abrechnung mit Polen abhalten könne. Sein Entschluß stünde fest. Wenn alles vorbei sei, wolle er sich wieder mit der von ihm so geliebten Architektur befassen. »Denn eigentlich bin ich überhaupt kein Politiker.«

Aus FA-Aufzeichnungen geht jedoch hervor, daß sich Henderson davon nicht hatte beeinflussen lassen. In seinem verschlüsselten Bericht nach

London meldete er, ihm sei klar, daß Hitler einen Keil zwischen England und Polen zu treiben versuche.
Von Mussolini war noch immer keine formelle Antwort eingetroffen. Allerdings hatte das Forschungsamt inzwischen Graf Cianos Anweisungen aus Rom an den italienischen Botschafter aufgezeichnet, wonach dieser unverzüglich Ribbentrop aufsuchen und ihm den Standpunkt des Duce unterbreiten solle: »Wenn Deutschland Polen angreift und der Konflikt lokalisiert bleibt, wird Italien Deutschland jede erbetene politische und wirtschaftliche Unterstützung gewähren.« Hitler schien das zu genügen. Als Attolico daraufhin dringend um eine Unterredung ersuchte, wurde er um 14 Uhr bestellt. Attolico mußte sich dann aber gedulden, da Hitler noch mit Henderson sprach. Während der Italiener wartete, erhielt er aus Rom die dringende Nachricht, daß die bisherigen Anweisungen hinfällig geworden seien. Hitler wies Ribbentrop ungeduldig an, mit Ciano zu telefonieren. Aber Rom meldete, daß Mussolini und Ciano nicht erreichbar seien.
Mittlerweile war es 14.45 Uhr geworden: eine Viertelstunde vor Ablauf der vom Generalstab gesetzten Frist. Hitler begab sich mit Ribbentrop ins Musikzimmer und schloß die Tür.
Um 15 Uhr kam Hitler zu dem Entschluß, daß er die Antwort des Duce nicht mehr abwarten könne. Um 15.02 Uhr öffnete er – »etwas bleich, aber sonst scheinbar ganz ruhig« – die Tür und verkündete der Schar der Wartenden: »Fall Weiß!«
Der Angriff würde also am nächsten Morgen beginnen. Hitlers Sonderzug »Amerika« wurde zum Anhalter Bahnhof dirigiert. Telegramme mit der Einberufung zu einer Sondersitzung um fünf Uhr am nächsten Morgen ergingen an sämtliche Reichstagsabgeordneten. Die öffentlichen Telefonleitungen nach London und Paris wurden gesperrt. Von Brauchitschs Gefechtstand aus wurde das Stichwort telegrafisch, über Fernschreiber und auch telefonisch weitergegeben. Allenthalben wurde die Tarnung entfernt. Man ließ die Motoren probelaufen; Munitionskisten wurden geöffnet. Um 20.30 Uhr sollte der Marsch zur polnischen Grenze beginnen.
Ein, zwei Stunden verstrichen. Plötzlich läutete in der Reichskanzlei eines der vielen Telefone. Eine Stimme sagte, daß die englische Regierung noch an diesem Abend den Vertrag mit Polen ratifizieren werde. Die Nachricht sei eben von der Pressestelle durchgegeben worden. Danach beschwor Ribbentrop Hitler, den Angriff zu stoppen.
Hitler jedoch war kein Dilettant. Er wußte, daß eine Armee gleichsam ein amorphes, in Bewegung befindliches Tier ist, mit vielen Köpfen und vielen Pranken. Er beorderte Oberst Schmundt herbei. Schmundt wandte sich an General Keitel. Keitel wollte Generaloberst von Brauchitsch zuziehen, der jedoch unauffindbar war. Schmundt zog den OKW-Zeitplan zu Rate. Man entfaltete die großformatigen Bögen und stellte Berechnungen an. Es schien noch Zeit zu sein.
Während der Unterredung, etwa gegen 18 Uhr, platzte der italienische

Botschafter herein. Er brachte eine weitere Hiobsbotschaft – die Antwort aus Rom. Mussolini machte die Unterstützung Italiens von derart abschreckenden Bedingungen abhängig – beispielsweise von »unverzüglichen Lieferungen an Kriegsmaterial und Rohstoffen durch Deutschland« – und war in einer Tonart abgefaßt (»Als loyaler Freund halte ich es unbedingt für meine Pflicht, Ihnen die ganze Wahrheit darzulegen...«), daß Hitler sie nur als eine schmerzende Abfuhr bewerten konnte. Von Attolico forderte er, die Materialwünsche Italiens zu quantifizieren. Zu Oberst von Vormann sagte er: »Schlau müssen wir jetzt sein, schlau wie die Füchse!«
Er wies den Oberst an, Brauchitsch und Generalstabschef Halder herbeizubeordern. Aber Halder war unterwegs mit seiner Operationsabteilung, die vom Kriegsministerium in der Bendlerstraße zu dem außerhalb Berlins gelegenen Gefechtstand des Generalstabes in Zossen verlegt wurde. Brauchitsch traf gegen 19 Uhr in Hitlers Reichskanzlei ein. Ruhig und gefaßt erklärte er sich mit einer Verschiebung einverstanden. Er hieß die Verzögerung sogar gut, da so der Schwerpunkt auf eine planmäßige Mobilmachung verlegt werden würde. Er teilte Hitler nun mit:

»Geben Sie mir acht Tage Zeit, die Mobilmachung planmäßig durchzuführen und den Aufmarsch zu fahren, so stehen dann über 100 Divisionen zu meiner Verfügung.... Sie gewinnen so Zeit für Ihr politisches Spiel.«

Außerdem versprach er: »Ich verpflichte mich, das bereits befohlene Antreten für den Angriff um 4.45 Uhr noch vor der Grenze aufzuhalten.
Um 19.45 Uhr wurde Vormann mit einem Wagen losgeschickt, um den Haltebefehl Halder auf dem schnellsten Wege persönlich zu überbringen. Dieser wie auch die mündlichen Mitteilungen wiesen aber darauf hin, daß die geheime Mobilmachung gemäß der bestehenden Zeittafel weitergeführt werden sollte. Als Hitler mit Göring telefonierte, erkundigte sich der Feldmarschall, wie lange er denn Fall »Weiß« zu verschieben gedenke. Hitlers aufschlußreiche Erwiderung lautete: »Ich muß herausbekommen, ob wir diese englische Einmischung aus der Welt schaffen können.« Göring war skeptisch: »Denken Sie wirklich, daß vier oder fünf Tage daran viel ändern werden?«

Als Hitler am 26. August vormittags in seinem Arbeitszimmer erschien, erhielt er die Nachricht, daß die Heeresleitung die zum Angriff auf Polen ansetzenden Truppen hatte aufhalten können. Der Haltebefehl hatte lediglich eine Reiterpatrouille nicht erreicht. Sie war allein angetreten und hatte dementsprechende Verluste erlitten, und eine kleine Kampforganisation der Abwehr unter einem Leutnant Herzner, die vor der Stunde X nach Polen entsandt worden war, um die Eisenbahntunnels am Jablunka-Paß zu sichern, konnte ebenfalls nicht mehr zurückbeordert werden. Ihre bekümmerte Meldung lautete, daß sie von regulären polnischen Einheiten eingeschlossen werde. Hitler gab den Befehl, so lange wie möglich auszuharren.

Den polnischen Behörden allerdings erklärten die Deutschen kühl, daß es sich um eine auf eigene Faust agierende slowakische Gruppe handele. Die von Heydrich geplanten Provokationen in Oberschlesien wurden im letzten Augenblick abgeblasen. Die vom KZ Dachau zur Verfügung gestellten künftigen »getöteten Polen« erhielten somit einen Hinrichtungsaufschub.
Nachts war ein bemerkenswertes Telegramm des deutschen Botschafters in Rom eingetroffen. In ihm wurde anschaulich geschildert, wie Mussolini tags zuvor um 15.20 Uhr reagiert hatte, als er Hitlers ersten Brief las. Der Duce hatte »nachdrücklich betont«, daß er bedingungslos auf Hitlers Seite stehen werde. Das entsprach der ersten Fassung seiner Antwort, wie sie vom Forschungsamt aufgezeichnet worden war.
Um 11.52 Uhr jedoch hörte das Forschungsamt ein Telefongespräch zwischen Graf Ciano in Rom und Attolico in Berlin ab; Ciano gab laut eigener Aussage Mussolinis Forderungen durch: Italien fordere von Deutschland 150 Flakbatterien an, Millionen Tonnen Kohle, Stahl, Rohöl und unglaubliche Mengen an Molybdän (600 Tonnen!), Wolfram, Zirkonium und Titan. Mittags trafen Keitel, Brauchitsch und Göring ein. Keitel legte dar, daß das OKW keinerlei Möglichkeiten sah, die Forderungen Italiens zu erfüllen.
Gegen 13.30 Uhr brachte Attolico die Liste erweitert um die Forderung, daß sämtliches Material »vor Beginn der Feindseligkeiten« eintreffen müsse. Attolico versicherte gelassen, daß sämtliche Zahlenangaben korrekt seien. Um 14.30 Uhr wies Hewel Botschafter von Mackensen in Rom an, die Zahlen von Ciano bestätigen zu lassen. Mackensen wurde sodann an Mussolini verwiesen, dem er die Zahlenangaben vorlegen sollte – eine seiner Ansicht nach »befremdende« Instruktion, da die Zahlenangaben angeblich vom Duce selbst stammten.
Hitler verbiß sich seinen Ärger und setzte ein weiteres Schreiben an Mussolini auf. Er versprach, sein möglichstes zu tun, um die Forderungen zu erfüllen. Obwohl die Italiener Flakbatterien verlangt hatten, wollte Hitler ihnen, in seiner ersten Fassung, ganze »Flak-Abteilungen« liefern. Göring war darüber bestürzt und wandte ein, daß das nicht in Frage komme. Hitlers zynische Erwiderung lautete: »Es kommt nicht darauf an zu liefern, sondern Italien jeden Vorwand zu nehmen, sich seinen Verpflichtungen zu entziehen.«
Jetzt traf General Milch aus Karinhall ein. Er gab freimütig zu bedenken, daß Italiens wohlwollende Neutralität im Fall »Weiß« weitaus dienlicher sein würde. Hitler schlug sich auf die Schenkel, und sein Gesicht heiterte sich auf. Das Schreiben, das schließlich um 15 Uhr nach Rom durchgegeben wurde, machte die Verlagerung des Schwerpunktes deutlich: Hitler forderte von Italien lediglich ein wenig Säbelrasseln, damit so ein Teil der Streitkräfte der Westmächte gebunden werde. Wer brauchte schon die militärische Unterstützung der Italiener?
Mussolini teilte abends mit, daß Italien sich nicht aktiv beteiligen werde, nachdem Deutschland die von ihm erwünschten Materialien nicht liefern

könne. Hitler antwortete darauf mit zwei maßvollen Wünschen: Er ersuchte seinen Freund, der Welt keinen Hinweis auf Italiens enttäuschende Haltung zu geben; und er bat um die Entsendung von italienischen Industrie- und Landarbeitern ins Reich. Bereitwillig stimmte Mussolini dem zu.

Am selben Tag zeichnete das Forschungsamt einen Bericht der italienischen Botschaft in Berlin auf. Canaris hatte dem befreundeten Militärattaché geschildert, wie Hitler am vorhergehenden Abend Fall »Weiß« abblasen mußte. Hitler beorderte aufgebracht den ränkevollen Abwehrchef zu sich und rüffelte ihn wegen seiner unbegreiflichen Geschwätzigkeit.

Frankreichs Halbherzigkeit zeigte sich in dem Schreiben von Ministerpräsident Daladier, das der Botschafter am 26. August um 19 Uhr Hitler aushändigte:

»Sie waren wie ich selbst Frontkämpfer im letzten Kriege. Sie wissen wie ich, welche Abscheu und Verurteilung die Verwüstungen des Krieges im Gewissen der Völker hinterlassen haben, ganz gleich, wie der Krieg endet.«

Coulondre hielt nach der Überreichung des Briefes noch eine beschwörende Ansprache, worin er den »Führer«, der ohne Blutvergießen ein Reich aufgebaut hatte, bat, es sich zu überlegen, bevor er das Blut von Frauen und Kindern vergoß. Hitler machte sich hinterher Vorwürfe, daß er Coulondre nicht erwidert habe, er sei, wenn das Blut von »Frauen und Kindern« fließen sollte, dafür nicht verantwortlich, da er keinesfalls mit der Bombardierung der Zivilbevölkerung beginnen werde. Coulondre telefonierte Daladier in Paris, daß sein Appell auf taube Ohren gestoßen sei. Daladier antwortete darauf: »Dann vertraue ich auf Gott und auf die Stärke des französischen Volkes.« (Das Forschungsamt zeichnete das Gespräch auf.)

Anders als im September 1938 befanden sich diesmal die Kriegsgegner in der Minderzahl. Der Generalstab des Heeres erwartete Fall »Weiß« mit kaum verhohlener Begeisterung. Die einzigen Warnungen von einigem Gewicht, die Görings, wurden nicht beachtet. Er wies im privaten Kreis warnend darauf hin, daß sich die Vereinigten Staaten mit Sicherheit einmengen würden. Das Forschungsamt habe Mitte August hinsichtlich dieses Problems eine Lagebeurteilung angefertigt, aus der hervorgehe, daß die Vereinigten Staaten weitaus früher als im vergangenen Weltkrieg intervenieren würden.

Göring unterhielt über Mittelsmänner wie den schwedischen Geschäftsmann Birger Dahlerus Kontakte zu hohen englischen Regierungsbeamten. Am Morgen des 26. August hatte Lord Halifax Dahlerus einen Brief an Göring übergeben. Darin wurde zwar der Wunsch Englands nach einer friedlichen Einigung bekräftigt, aber zugleich darauf hingewiesen, daß man dazu einige Tage benötige. War das abermals der Tenor der Beschwichtigungspolitik? Eine äußerst durchtriebene Vorgehensweise erschien angebracht. Hitler teilte Dahlerus einige Vorschläge mit, die dieser in London vortragen solle und schickte ihn zurück.

Danach lag Hitler in seinem dunklen Schlafzimmer in der Reichskanzlei wach und grübelte darüber nach, ob er nun den Schritt ins Ungewisse wagen oder den Krieg um zwei Jahre verschieben solle. Sein Instinkt sagte ihm, daß er jetzt zuschlagen müsse. Zwar ging aus den FA-Aufzeichnungen kaum hervor, daß die Westmächte Polen im Stich lassen würden, aber vielleicht rechneten sie damit, daß Hitler abermals einlenken würde, wie er es schon am 25. getan hatte.

Eine Flakbatterie bezog auf dem Hotel Adlon Stellung, wo der Großteil der Reichstags-Abgeordneten abgestiegen war. Inzwischen schrieb man den 27. August. Im Verlauf des Tages hatten die NS-Lauschspezialisten aufzeichnen können, wie Holman, der Sekretär des abwesenden englischen Botschafters, einem amerikanischen Kollegen versicherte, Henderson dränge in London darauf, einen Krieg zu vermeiden. Holman meinte ahnungsvoll, daß die polnische Unbeherrschtheit sich als ein großes Hindernis erweisen könne.

Um 17.30 Uhr kam es schließlich in der Reichskanzlei zu einer kurzen Begegnung zwischen Hitler und den vergrätzten Reichstagsabgeordneten. Man sah es ihm an, daß er eine schlaflose Nacht verbracht hatte. Er sprach heiser, und seine Bewegungen wie auch sein Mienenspiel wirkten fahrig. Bormann notierte in seinem Tagebuch: »Eine Reichstagssitzung findet zunächst nicht statt; nach einer kurzen Ansprache werden die Reichstagsabgeordneten vom Führer in die Heimat entlassen.«

Hitler teilte ihnen mit, er sei entschlossen, die Ostfrage »so oder so« zu lösen. Seine Mindestforderung sei die Rückgabe Danzigs und die Lösung der Korridorfrage. Seine Höchstforderung hänge vom Ausgang des Krieges ab. Und den Krieg würde er »mit brutalsten und unmenschlichsten Mitteln« führen. Wie Friedrich der Große sei er gewillt, alles auf *eine* Karte zu setzen. Das Verhalten des Duce würde seiner Meinung nach zu ihrem Besten gereichen. Der Krieg werde sehr schwer, möglicherweise sogar aussichtslos sein. »Solange ich lebe, wird von Kapitulation nicht gesprochen.« Er bedauere, daß der Pakt mit Stalin vielfach mißverstanden worden sei. Die UdSSR sei nicht mehr ein bolschewistischer Staat, so argumentierte er, sondern ein autoritärer Militärstaat. Er paktiere mit dem Satan, um den Teufel auszutreiben. »Wenn einer von Ihnen glaubt, daß ich nicht nur aus Liebe zu Deutschland handle, so gebe ich ihm das Recht, mich niederzuschießen.« Der Beifall fiel schwach aus. Am 28. August 1939 wurde ohne Vorankündigung die Lebensmittelrationierung eingeführt. Die Rationierung wurde schon am selben Morgen an der Frühstückstafel in der Führerwohnung deutlich. Hitler selbst kam jedoch strahlender Laune herzu; in den Nachtstunden hatte er erfahren, daß der schwedische Geschäftsmann Dahlerus aus London mit der Nachricht zurückgekehrt sei, die Engländer würden sich Hitlers Angebot ernstlich überlegen. Hitler prahlte daraufhin vor seinen Mitarbeitern, ihm sei es gelungen, England herauszuhalten. Als Brauchitsch sich in der Reichskanzlei einfand, machte Hitler seine kurzfristige Strategie unverblümt deutlich: Er würde Danzig verlangen, das Recht auf einen Zufahrtsweg durch den Korridor und eine Volksabstimmung wie damals im Saarland. England würde wahrscheinlich mit diesen Vorschlägen einverstanden sein; Polen würde sie ablehnen. Damit wäre die Abspaltung erreicht. Hitler wies das Auswärtige Amt an, auf Grund dieses Standpunktes eine Reihe formeller Vorschläge aufzusetzen, die der englischen Regierung zur Prüfung vorgelegt werden konnten. Die Vorschläge, sechzehn insgesamt, waren so maßvoll, daß einer seiner Diplomaten sie als »ein echtes Dokument des Völkerbundes« bezeichnete. Hitler las sie Keitel im Wintergarten der Reichskanzlei vor. Der General fand dafür die naiven Worte: »Ich finde das durchaus maßvoll.«

Gleichwohl teilte Brauchitsch von der Reichskanzlei aus um 15.22 Uhr dem Generalstab telefonisch mit, daß der vorläufige neue Termin für Fall »Weiß« der 1. September sei. Oberst von Vormann schrieb am Nachmittag:

»Führer glänzender Laune, hofft zuversichtlich, England soweit zu bringen, daß wir mit Polen allein zu tun haben. Großes Rätselraten, was Henderson – Abflug London 16.30 Uhr – mitbringt. Bisher nichts durchgesickert.«

Henderson traf um 22.30 Uhr ein.

Meissner und Brückner geleiteten ihn zum Arbeitszimmer Hitlers. Dort überreichte er die Antwort der englischen Regierung auf Hitlers »Angebot« vom 25. Sie entsprach allerdings keineswegs dem, was Hitler erhofft hatte: Die englische Regierung teilte mit, sie habe von den Polen »die feste Zusicherung« erhalten, daß sie zu Verhandlungen bereit seien. Hitler erwiderte darauf, er sei noch immer bereit, mit Polen auf »einer vernünftigen Basis« zu verhandeln. Zweifellos dachte er dabei an den noch nicht bekanntgegebenen Sechzehn-Punkte-Vorschlag. Henderson teilte er mit, daß er am nächsten Tag auf die Note der englischen Regierung antworten werde. Henderson äußerte sodann: »Wir haben zwei Tage gebraucht, um unsere Antwort festzusetzen. Ich habe es nicht eilig.« »Aber ich!« entgegnete Hitler.*

Ein seltener Auszug aus Heinrich Himmlers Tagebuch legt dar, wie Hitlers Psyche die Ereignisse an jenem Abend verarbeitete:

»Nachdem Botschafter Henderson um 22.30 Uhr zum Führer gekommen war und 23.45 Uhr die Reichskanzlei verlassen hatte, gingen Göring, Heß, Bodenschatz und ich zum Führer in den Wintergarten. Der Führer befand sich in Gesellschaft von Ribbentrop. Er erzählte uns den Inhalt des englischen Angebotes, das sehr höflich abgefaßt war, aber keine unmittelbar greifbaren Dinge enthielt. Er war insgesamt sehr guter Laune und gab in unnachahmlicher Form wieder, was Henderson in deutscher Sprache mit englischem Akzent vorgebracht hatte.

Der Führer sprach dann darüber, daß nun ein Schriftstück an die Engländer

---

* »Henderson«, schrieb Oberst von Vormann am nächsten Tag, »hat nicht das gebracht, was erwartet wurde, so sagt man wenigstens. Was nun kommt, liegt in der Zukunft dunklem Schoße.«

bzw. an Polen gerichtet werden müsse, das ein Meisterstück an Diplomatie darstelle. Er wolle darüber jetzt nachts nachdenken; die klarsten Gedanken kämen ihm nämlich meistens in der Frühe zwischen 5 und 6 Uhr. Göring fragte daraufhin: ›Mein Gott, schlafen Sie dann noch nicht, oder schlafen Sie dann schon wieder nicht?‹, worauf der Führer meinte, er schlafe oft von 3 bis 4 Uhr, dann wache er plötzlich auf, und dann wären die Probleme ihm in kristallener Klarheit vor Augen. Er ständer dann auf und schriebe sich die Stichworte mit dem Bleistift auf. Er wisse selbst nicht, wie das komme, aber in diesen Morgenstunden falle offenkundig alles, was verwirren oder ablenken könne, ab.«

Als Hitler am Morgen des 29. August 1939 aufwachte, wird ihm seine Strategie jedenfalls klar gewesen sein. Er würde die englischen Vorschläge zu Verhandlungen mit Polen »annehmen«, allerdings Warschau nur einen Tag Zeit lassen, einen Bevollmächtigten nach Berlin zu schicken. Das würde man fraglos ablehnen. Am 30. mußte der Pole eintreffen. Am nächsten Tag würden die Gespräche abgebrochen werden, und am 1. September würde Fall »Weiß«, wie geplant, anlaufen. Oberstleutnant Helmuth Groscurth schrieb darüber in seinem Tagebuch: »Der Führer hat Ribbentrop, Himmler, Bodenschatz u. a. gesagt: ›Diese Nacht werde ich mir etwas Teuflisches ausdenken für die Polen, an dem sie krepieren werden.‹«
Weizsäcker, gleichermaßen gut informiert, notierte knapp nach 3 Uhr früh in seinem Tagebuch: »Göring sagte zum Führer, wir wollen doch das Vabanquespiel lassen. Darauf der Führer: ›Ich habe in meinem Leben immer va banque gespielt.‹«
Das Antwortschreiben, das Hitler um 19 Uhr dem englischen Botschafter aushändigte, spiegelte seine neue Strategie wider. Er sagte, daß er direkte Verhandlungen mit Warschau gutheiße und am nächsten Tag »mit der Ankunft« eines polnischen Bevollmächtigten »rechne«. Er sei auch mit einer Garantie der neuen polnischen Grenzen einverstanden, aber nur im Einvernehmen mit der sowjetischen Regierung. »Das hat den Klang eines Ultimatums«, wandte Henderson ein. Hitler erwiderte, der polnische Bevollmächtigte brauche für einen Flug von Warschau nach Berlin lediglich anderthalb Stunden. »Meine Soldaten fragen mich schon: Ja oder nein!« Als solle dieser Standpunkt noch unterstrichen werden, stieß Henderson beim Verlassen von Hitlers Arbeitszimmer draußen auf Keitel. Ironisch erkundigte er sich: »Na, viel zu tun heute, Herr Generaloberst?«
Am 30. August konferierte Hitler den ganzen Nachmittag über mit seinen Oberbefehlshabern – Raeder ausgenommen, der weiterhin grollte. Sein Zeitplan ließ ihm nur wenig Spielraum. Hitler war sicher, daß kein polnischer Bevollmächtigter eintreffen werde, und die vom Forschungsamt aufgezeichneten Telefongespräche der englischen Botschaft ergaben, daß auch London dieser Ansicht war. Einer Aufzeichnung nach äußerte Henderson gegen 11 Uhr klagend: »Man kann schließlich nicht einen polnischen Vertreter aus einem Hut hervorzaubern!«

Knapp nach 17 Uhr erreichte Hitler eine sonderbare FA-Aufzeichnung. Das Foreign Office hatte Henderson telefonisch mitgeteilt, daß Neville Chamberlain von dem Getöse aus der Reichskanzlei weniger beeindruckt sei als sein Botschafter, »denn er sei ja selbst drüben gewesen« und kenne deswegen die Leute. »Sie [die Deutschen] könnten wirklich nicht erwarten, wiederum damit Erfolg zu haben, daß sie Leute herzitieren, ihnen Schriftstücke aushändigen und diese von ihnen auf der vorgedruckten Linie unterschreiben ließen. Das sei alles vorbei.«

Das gab den Ausschlag: Hitler wies Ribbentrop an, Henderson, sobald der Botschafter am Abend eintraf, die Sechzehn-Punkte-Vorschläge zu verlesen, ihm aber keinesfalls das Dokument auszuhändigen. Um 22.30 Uhr hörte das Forschungsamt ein Mitglied der englischen Botschaft ab, Sir George Ogilvie-Forbes, der Attolico mitteilte, man warte auf das Antworttelegramm aus London und »drehe Daumen«.

Genau um Mitternacht traf Henderson in der Reichskanzlei ein. Als er fragte, ob die Vorschläge der deutschen Regierung mittlerweile ausgearbeitet worden seien, gab ihm Ribbentrop hochmütig zur Antwort, daß das geschehen sei. Allerdings seien sie inzwischen hinfällig geworden, da Polen bis Mitternacht keinen Bevollmächtigten geschickt habe. Ribbentrop verlas sie, um zu beweisen, wie »vernünftig« sie seien.

Nur wenige Minuten nach der Verabschiedung Hendersons ließ Hitler Oberst Schmundt kommen. Um 0.30 Uhr ließ er abermals das Stichwort »Fall Weiß« durchgeben. Unmittelbar darauf ging er zu Bett.

Am 31. August war Hitler den ganzen Tag über ruhig und gefaßt. Sein Entschluß stand fest, und nichts würde ihn zu einer Änderung veranlassen können.

Dem Forschungsamt war bekannt, daß Henderson der polnischen Botschaft geraten hatte, Warschau dringend um telefonische Instruktionen zu bitten. Um 8.30 Uhr hatte Henderson abermals mit der Botschaft ein eindringliches Telefongespräch geführt und warnend darauf hingewiesen, daß er aus einer unbestreitbar zuverlässigen Quelle erfahren habe, es werde zum Krieg kommen, wenn Polen in den nächsten zwei oder drei Stunden nichts unternehme. Lipski jedoch wollte nicht einmal ans Telefon gehen.

Kurz nach zwölf Uhr mittags befanden sich die vom Forschungsamt aufgefangenen ausführlichen Anweisungen Warschaus an Lipski in Hitlers Händen. Lipski solle »sich auf keinerlei konkrete Verhandlungen einlassen«; er solle lediglich eine formelle Mitteilung der polnischen Regierung übergeben. Damit wußte die NS-Regierung, daß die Polen nur auf Zeitgewinn aus waren.

Göring berief am selben Tag eine Ministerkonferenz auf seinem Gefechtsstand außerhalb von Potsdam ein. Staatssekretär Herbert Backe notierte sich darüber:

»Heute wieder auf Kommandostand Göring. ... Bormann optimistisch. G.[öring] sagte, daß Lage gut sei. Polen wollten hinauszögern. Wir seien entschlossen. Entscheidung in 24 bis 48 Stunden. Statt Mussolini – Stalin. Sprach [Göring] von Veröffentlichung von irgend etwas, wodurch eventuell England rauszuhalten wäre. ... Überraschung leider vorbei, kostet paar hunderttausend mehr. Dann aber wir im Plus. Nur Grenze im Westen und Flugeinbruch außer Westen Küste Holland bis Dänemark [müßten beachtet werden]. Große Gefahr für Ruhrgebiet. Da Grenze kurz, wahrscheinlich starke Beurlaubung der Soldaten nach Niederwerfung Polens. Und dann eiserne Rüstung gegen England.«

In Oberst von Vormanns Notizen vom selben Tag findet man weitere Belege für Hitlers Ansichten: »Der Führer glaubt fest, daß Frankreich und England nur so machen werden, als ob sie Krieg führen wollen.« Wenige Minuten vor 13 Uhr gab das OKW Hitlers offiziellen Befehl zum Krieg weiter. Als Ribbentrop kurze Zeit danach eintraf, eröffnete ihm Hitler: »Ich habe den Befehl gegeben. Die Sache rollt.«
Der Außenminister erwiderte trocken: »Ich wünsche viel Glück.«
Ribbentrop wies er an, den polnischen Botschafter, sollte er um eine Unterredung nachsuchen, »abzuwimmeln«. Im Verlauf des Nachmittags kam Lipski tatsächlich um eine Unterredung mit Hitler oder mit Ribbentrop nach. Brauchitsch erfuhr durch Canaris von Lipskis Ersuchen und benachrichtigte Hitler. Hitler teilte um 16 Uhr mit, daß er ihn nicht empfange und bekräftigte, daß Fall »Weiß« weiterhin durchgeführt werde.
Als Ribbentrop sich schließlich um 18 Uhr herbeiließ, Lipski zu empfangen, wollte er lediglich erfahren, ob er zu Verhandlungen befugt sei. Die Unterredung, die erste zwischen diplomatischen Vertretern Polens und Deutschlands seit dem März 1939, war nach wenigen Minuten zu Ende. Nachdem sich der Botschafter verabschiedet hatte, wurden sämtliche Telefonverbindungen zur polnischen Botschaft unterbrochen.
Drei Stunden darauf unterbrach der deutsche Rundfunk sein Programm und brachte die Meldung von dem »überaus vernünftigen« Sechzehn-Punkte-Angebot, das Warschau nicht einmal hatte kennenlernen wollen. Gegen 22.30 Uhr kamen die ersten Rundfunkmeldungen von ernsten Grenzzwischenfällen, darunter ein bewaffneter »polnischer« Überfall auf den Rundfunksender Gleiwitz. Weitere »Provokationen durch die Polen« wurden aus Kreuzburg und Hochlinden gemeldet.
Über zwei Millionen Deutsche standen nun unter Waffen. Die diensteifrigen, unbestechlichen Beamten im Forschungsamt konnten feststellen, daß die Allianz der Westmächte die ersten Risse zeigte. Coulondre sprach mit Henderson telefonisch über Lipskis Besuch bei Ribbentrop und teilte mit, daß der Pole lediglich eine Note überreicht hätte, ohne die deutschen Vorschläge, die Henderson inoffiziell im Verlauf des Tages von Göring erhalten hatte, in Empfang zu nehmen. Henderson entgegnete aufgebracht: »Aber wozu bloß das? Das ist lächerlich, das Ganze.« In einem weiteren

Gespräch kam es zu einer hitzigen Diskussion, die damit endete, daß beide Botschafter den Telefonhörer abrupt auf die Gabel legten.
Am Vorabend des Krieges war sich der Westen nicht einig.

III

Der Krieg

»Gott strafe England«

Als Adolf Hitler erwachte, waren seine Armeen bereits vier Kilometer weit in Polen vorgedrungen. Am Morgen des 1. September 1939 um 4.45 Uhr waren sie über die Grenze gestürmt.

Mancherorts stießen jedoch Hitlers handstreichartige Unternehmen auf hartnäckigen Widerstand. Polnischen Eisenbahnbeamten gelang es, den von Ostpreußen zur Dirschauer Brücke fahrenden »Güterzug« beim nahegelegenen Bahnhof von Simonsdorf einige Minuten anzuhalten. (Die polnischen Eisenbahnbeamten wurden deswegen am nächsten Tag von der SA massakriert.) Als dann der Zug mit seiner verborgenen Fracht von deutschen Pionieren und Infanteristen die Brücke erreichte, waren die Gleise blockiert. Zwar hatte die Luftwaffe ihren Angriff auf die Zündschnüre rechtzeitig geflogen, aber tapfere Polen hatten sie wieder instandgesetzt, und somit konnte die kilometerlange Brücke über die Weichsel gesprengt werden. Auf eine weitere Brücke bei Graudenz war – in Zivilkleidung – ein vorausgeschickter Sicherungstrupp der Abwehr angesetzt worden. Die Männer wurden von einem übereifrigen deutschen Heeresleutnant angehalten und festgenommen. Sie hörten sodann, wie in einiger Entfernung auch diese Brücke zerstört wurde.

In Danzig konnte das polnische Postamt den ganzen Tag gehalten werden; 38 polnische Heeresoffiziere, als Postbeamte verkleidet, überlebten diesen Tag. Als man herausfand, daß die meisten von ihnen Unterwäsche der polnischen Armee trugen, wurden sie standrechtlich erschossen. Mit Freischärlern machte man auf beiden Seiten kurzen Prozeß. Ein Abwehr-Kampfverband, der aus Freiwilligen, SA-Freischärlern, dem Sudetendeutschen Freikorps, polnischen und deutschen Agenten zusammengestellt worden war, drang gegen 3 Uhr früh in polnisches Gebiet vor, um Eisenbahnknotenpunkte, Kohlengruben und Fabriken in seine Gewalt zu bringen. Schon am ersten Tag hatte der Haufen von ursprünglich fünfhundert Buschkleppern 174 Tote und 133 Verwundete zu beklagen. Was den Jablunka-Paß anlangt, so hatten die Polen Zeit genug, die beiden Eisenbahntunnels zu sprengen.

Hitler zog an jenem Morgen erstmals eine lose sitzende feldgraue Uniform an. Die Parteimontur hatte er endgültig abgelegt. Gegen zehn Uhr fuhr er über die nahezu menschenleeren Straßen Berlins zur Kroll-Oper, verspürte abermals eine nervöse Spannung, als die Wagen-Kolonne in die fünf Meter breite Zufahrt einbog – in Berlin einer der günstigsten Plätze für einen

Attentäter. Gut hundert Sitze vor ihm waren leer; die Reichstagsabgeordneten waren mit Millionen anderer Deutscher von der Wehrmacht eingezogen worden.
Hitler verkündete offiziell, daß man sich im Krieg mit Polen befände. Er dankte seinem Freund Mussolini für seine verständnisvolle Haltung und für die »angebotene Unterstützung«. Allerdings, fügte er hinzu, müßten die Italiener verstehen, daß er für die Durchführung dieses Kampfes keiner fremden Hilfe bedürfe. Seine Rede strotzte von hohlen Versprechungen: Der Westwall würde immer Deutschlands Grenze im Westen bleiben; sein Pakt mit Rußland schlösse jede Gewaltanwendung für alle Zukunft aus. Auf seinen Uniformrock deutend, verkündete er: »Ich werde ihn nur ausziehen nach dem Sieg, oder ich werde dieses Ende nicht erleben!«
Die Reichstagsabgeordneten spendeten ihm häufig Beifall; sie klatschten jedoch mit besonderer Hingabe, als er verkündete, er werde den Krieg ritterlich führen. »Ich will dabei die notwendigen Handlungen so vornehmen, daß sie weder gegen Frauen und Kinder gerichtet sind noch diese treffen.«
Vorläufig blieb er in Berlin, da er meinte, daß die Zeit für diplomatische Maßnahmen noch nicht verstrichen war. In London hatte Lord Halifax den deutschen Geschäftsträger Theo Kordt zu sich bestellt und lediglich gerügt, das deutsche Vorgehen gegen Polen habe »eine sehr ernste Situation geschaffen«. Hitler faßte wieder Mut. Um 17.36 Uhr zeichnete das Forschungsamt Londons Instruktionen auf, wonach Berlin in einer Note mitgeteilt werden solle, daß England zu Polen stehen werde, falls die deutschen Truppen nicht abgezogen würden. Es wurde jedoch kein Termin festgesetzt. Oberst von Vormann notierte sich um 18 Uhr: »Die große Frage, wird England wirklich zu Polen stehen, ist ganz offen.« Aber bald darauf zeichnete das Forschungsamt die unbedachte Bemerkung eines Angehörigen der englischen Botschaft auf, wonach die Note *kein* Ultimatum, sondern nur eine Warnung darstelle.
In der Frühe des 2. September unternahm Mussolini einen Versuch, die Lawine aufzuhalten. Er schlug eine Feuereinstellung und eine Friedenskonferenz der fünf Mächte vor; Frankreich sei bereits damit einverstanden. Hitler scheint einige Stunden lang die Möglichkeit ernstgenommen zu haben. Denn er verlangte von der Wehrmachtsführung ungeduldig, daß man in den nächsten paar Tagen soviel polnisches Territorium wie möglich in Besitz nehmen solle, vornehmlich den gesamten Polnischen Korridor.
Mittlerweile wimmelte es in der Reichskanzlei von Würdenträgern; Brückner patrouillierte regelmäßig die Räume, fragte die Anwesenden nach ihrem Begehr und komplimentierte die Nichtstuer taktvoll hinaus zur Wilhelmstraße.
Oberst von Vormann notierte in seinem Tagebuch: »Stimmung sehr zuversichtlich.« Vor dem lärmenden Unterhaus hatte Neville Chamberlain darauf bestanden, daß sämtliche deutschen Truppen aus Polen zurückgezogen

werden müßten. Das Forschungsamt konnte um 19.50 Uhr die telegrafische Übermittlung dieser Worte an die englische Botschaft aufzeichnen. Der Nachsatz lautete: »Beachten Sie mein unmittelbar folgendes Telegramm.« Henderson hörte man seinem französischen Kollegen mitteilen: »Ich weiß nicht, was das nächste Telegramm bringen wird, aber ich kann es mir denken.«

Eine halbe Stunde nach Mitternacht – es war nun Sonntag, der 3. September – traf es bei Henderson ein. Der Wortlaut entsprach seinen Befürchtungen. »Bitte suchen Sie für Sonntag morgen 9 Uhr um eine Zusammenkunft mit dem Außenminister nach. Instruktionen folgen noch.« Er hatte keine Zweifel darüber, wie die Instruktionen ausfallen würden. Großbritannien würde dem Reich ein auf Krieg hinauslaufendes Ultimatum stellen. Um 2 Uhr früh wies Hitler einen Adjutanten an, Rommel telefonisch Bescheid zu geben, daß man mit seiner Ankunft im Führerhauptquartier binnen 24 Stunden rechnen könne.

Am 3. September 1939 wurde Hitlers Unfehlbarkeitsanspruch schwer erschüttert. Ribbentrop litt darunter, daß es ihm mißlungen war, eine gemeinsame Grundlage für Verhandlungen mit England zu schaffen. Hitler scheint befürchtet zu haben, daß sein überempfindlicher Außenminister sein persönliches Versagen, England herauszuhalten, dadurch offenbaren könne, daß er sich etwas antat. Hitler ließ daraufhin Ribbentrop im Hotel Kaiserhof telefonisch bestellen, er möge die nächsten Stunden bei ihm in der Reichskanzlei verbringen.

Im Auswärtigen Amt wurde einem Dolmetscher – in Ribbentrops Abwesenheit – die undankbare Aufgabe übertragen, das englische Ultimatum von Henderson in Empfang zu nehmen. Um 11 Uhr war das Ultimatum abgelaufen. Um 11.30 Uhr suchte Henderson Ribbentrop auf und teilte mit, daß England sich nun im Kriegszustand mit dem Reich befände. Zehn Minuten darauf hörte das Forschungsamt mit, wie die englische Botschaft London berichtete, daß Ribbentrop eine elfseitige Antwortnote ausgehändigt habe, in der er die ganze Schuld England zuschiebe.

Oberst von Vormanns Augenzeugenbericht vom selben Tag verdient es, an dieser Stelle aufgeführt zu werden:

»Nun ist es heute doch geschehen! ... Ich mache nicht mies und sehe nicht schwarz, aber sehe sehr ernst in die Zukunft. Das wollten wir nicht. Bis heute früh herrschte der Glaube, irgendwie Zeit zu gewinnen und die Entscheidung hinziehen zu können. Der Führer glaubt auch heute noch, daß die Westmächte den Krieg sozusagen nur andeuten werden. Deshalb habe ich 13.50 dem Heer den Befehl übermitteln müssen, die Feindseligkeiten [im Westen] nicht von unserer Seite zu beginnen. ... Ich kann diesen Glauben nicht teilen. Das ist eine Verkennung der englischen und französischen Psyche.«

Vorläufig sollte Hitler abermals recht behalten. Nachdem es England so schwergefallen war, dieses Ultimatum überhaupt zu stellen, konnte Hitler das Widerstreben gegen einen Krieg zum gegenwärtigen Zeitpunkt ermessen. In diesem Sinne äußerte er sich am Nachmittag gegenüber Großadmiral Raeder.

Raeder verfaßte am selben Tag eine von Bitternis geprägte Lagebeurteilung, die mit den Worten begann: »Am heutigen Tag ist der Krieg gegen England-Frankreich ausgebrochen, mit dem wir nach den bisherigen Äußerungen des Führers nicht vor etwa 1944 zu rechnen brauchten...« Feldmarschall Göring stellte sich für einen sofortigen Flug nach London zur Verfügung. Doch Hitler untersagte ihm ein derartiges Unterfangen.

Hitler diktierte, ohne die zuhörenden Würdenträger zu beachten, in rascher Folge die Proklamationen an das deutsche Volk, an die NS-Partei und an die Wehrmacht im Osten und im Westen. Darin brandmarkte er England als den ewigen Kriegshetzer. Über Frankreich verlor er kein unnötiges Wort.

Hitler griff nach seiner Brille, überflog die Entwürfe und gab sie für die Presse frei. Seine Sekretärin Christa Schroeder schrieb am Abend einer Freundin:

»In ein paar Stunden verlassen wir Berlin.... Für mich heißt es nun, mit dem Chef durch dick und dünn gehen. Daß es zum letzten kommt, daran will ich noch nicht denken, aber wenn – dann liegt mir an meinem Leben nichts mehr.«

Ein Vierteljahrhundert zuvor waren die Armeen Kaiser Wilhelms mit Blumen geschmückt durch jubelnde Menschenmengen beim Klang von Musikkapellen in die Schlacht marschiert. Wie anders verlief Adolf Hitlers Abreise zur polnischen Front an diesem Abend! Am nahezu menschenleeren Anhalter Bahnhof wartete ein einsamer Stationsvorsteher an der Sperre, um ihn und seine Begleitung zu begrüßen. Der Sonderzug »Amerika« stand auf dem abgesicherten Gleis bereit. Die Lokomotive stieß zischend Dampf aus. Die farbigen Signallichter des Bahnhofs wurden vom Metall der leichten Flakgeschütze widergespiegelt, die an jedem Zugende auf Plattformwaggons montiert waren. Um 21 Uhr verließ der lange Zug den Bahnhof und fuhr den Schlachtfeldern entgegen.

»Allmächtiger Gott«, hatte Hitler in *Mein Kampf* geschrieben, »segne dereinst unsere Waffen; sei so gerecht, wie du es immer warst; urteile jetzt, ob wir die Freiheit nun verdienen; Herr, segne unseren Kampf.«

»Ein Hasentreiben«

Der Sonderzug war auf einem staubigen Bahnhof in Hinter-Pommern abgestellt, inmitten dürrer, duftender Kiefern und hölzerner Baracken, die staubtrocken dalagen unter der Sonne Mitteleuropas. Es war ein schwerfälliges Arrangement aus zwölf oder fünfzehn Waggons, gezogen von zwei Lokomotiven, an die gepanzerte, von 2 cm-Vierlingsgeschützen starrende Flakwagen gekoppelt waren. Nach dem Gepäck- und Maschinenwaggon kam als erstes Hitlers Salonwagen. Im Salon befand sich ein langer Tisch mit acht Stühlen. Die vier übrigen Abteile des Führerwagens bewohnten seine Adjutanten und Diener.
Nach Hitlers Salonwagen folgte der »Befehlswagen«, das Nervenzentrum des Zuges. Eine Hälfte nahm ein langes, von einem Kartentisch beherrschtes »Lagezimmer« ein, die andere Hitlers Nachrichtenzentrale mit Fernschreiber, Sprechfunkvermittlung und Funkstelle. Während der nun folgenden zwei Wochen sollte Hitler die meisten Stunden seines Arbeitstages in diesem heißen und engen Raum verbringen. Hier stellte Keitel dem Führer zum ersten Mal den Chef des Wehrmachtsführungsamtes, Generalmajor Alfred Jodl, vor. Jodl war ein Jahr jünger als Hitler und sollte dessen strategischer Chefberater bis in die letzten Kriegstage werden.
Wie vorher in der Reichskanzlei, so beherrschte auch hier im Zug das Braun der Parteiuniformen die Szene. Die Feindseligkeit, mit der seine Soldaten dieses Vordringen der Partei betrachteten, berührte Hitler überhaupt nicht. In die Führung des Polenfeldzuges griff er selbst kaum ein. Gegen neun Uhr morgens erschien er im Lagezimmer, begrüßte seine Mitarbeiter mit Handschlag und nahm Jodls mündlichen Bericht über die Morgenlage entgegen. Seine erste Frage lautete regelmäßig, ob die Westmächte schon zum Angriff angetreten seien – das war die Nachricht, die er vor allen anderen fürchtete, denn von den knapp dreißig Divisionen, die er zur Verteidigung der fünfhundert Kilometer langen Westfront zurückgelassen hatte, waren nur zwölf voll einsatzfähig. Mit ihnen hätte Frankreich jederzeit mit seiner Streitmacht von 110 Divisionen leichtes Spiel. Am 4. September notierte Oberstleutnant von Vormann vertraulich: ». . . Im Westen ist inzwischen ein Propagandakrieg ausgebrochen. Sollte der Führer doch recht behalten? – Bei Saarbrücken sollen die Franzosen ein Schild ausgehängt haben: ›Von uns fällt der erste Schuß nicht.‹«
Es dauerte drei Wochen, dann lag Polen am Boden. Weder die Tapferkeit seiner Soldaten noch die Versprechungen seiner Verbündeten konnten diese vernichtende Niederlage verhindern. Sie schreckte Stalin auf, sie

versetzte die Demokratien in Erstaunen, sie bekräftigte Hitlers Glauben an die Unbesiegbarkeit seiner Armeen. Der Benzinmotor, der Panzer und der Sturzkampfbomber hätten für den Feind keine Überraschung sein müssen, aber sie waren es. Hitlers gepanzerte und motorisierte Verbände schlossen die polnischen Armeen ein, als sie noch westlich der Weichsel massiert waren und sich für den Vorstoß nach Berlin formierten, der eine antinationalsozialistische Revolution in Deutschland auslösen sollte. Was während des ganzen Sommers auf den Karten des deutschen Generalstabes geplant worden war, wurde jetzt auf den Feldern und den Mooren Polens in die Tat umgesetzt.

Gegenüber seinem Oberbefehlshaber des Heeres hielt sich Hitler zurück. Still und unscheinbar lauschte er allem, was um ihn her in seinem Befehlswagen vor sich ging. Seine ständige Anwesenheit wirkte nicht störend auf seinen Stab, wie einer schrieb – abgesehen davon, daß man in seiner Gegenwart nicht rauchen durfte. Unter diesem Verbot litt besonders sein Marine-Adjutant. Strategischen Einfluß hatte Hitler nur auf die »große Zange« genommen, jenen Plan, der den Ansatz starker motorisierter Kräfte aus dem östlichen Ostpreußen nach Süden hinter die Weichsel vorsah. Er hatte versucht, sein Veto gegen die Ernennung Johannes Blaskowitz' zum AOK 8 und Günther-Hans von Kluges zum AOK 4 einzulegen. Blaskowitz mochte Hitler deshalb nicht, weil er vor drei Jahren bei einer Übung seine Panzer nicht so eingesetzt hatte, wie Hitler es für richtig hielt. Die Operationen der 8. Armee hatten zu der einzigen, wenn auch geringfügigen Krise des Feldzuges geführt, bemerkenswert nur insofern, als sie genau dort auftrat, wo Hitler es erwartet und vorbeugend Gegenmaßnahmen angeordnet hatte.

Am 4. September meldeten sich Generaloberst von Bock, Ob. der Heeresgruppe Nord, und Rommel um acht Uhr früh bei Hitler, und sie brachen gemeinsam zu einem ausgedehnten Frontbesuch auf. Hitler saß in einem schweren, dreiachsigen Mercedes. Adjutantur und Führerstaffel folgten in sechs identischen Fahrzeugen, während siebzig oder noch mehr Pkws, vollgestopft mit Partei- und Ministerialprominenz, sich hinter der Führerkolonne um die günstigsten Positionen schlugen.

Die Dampfwalze der Wehrmacht rollte schon nach Norden in Richtung Thorn. Uraltes deutsches Land, so hieß es, war wieder deutsch geworden. Am 6. September besuchte er das Schlachtfeld der Tucheler Heide, wo ein starkes polnisches Korps eingekesselt war. Polnische Reiterstaffeln und Bataillone griffen die deutschen Panzer an, die Kavallerie mit eingelegter Lanze. Ein Funkspruch brachte Hitler die Nachricht, daß Krakau sich jetzt in deutscher Hand befinde. Gewaltige Kessel vor Warschau und Radom zeichneten sich ab. Um 22.00 Uhr begab sich Hitler wieder in seinen Befehlswagen. Über die Westlage trug ihm Vormann vor. »Der komische Krieg im Westen geht weiter«, schrieb der Oberstleutnant vertraulich später an diesem Tage. »Bisher ist noch kein Schuß an der Westfront gefallen. Es stehen sich auf beiden Seiten nur große Lautsprecher gegenüber, mit deren Hilfe jede Partei der anderen klar zu machen versucht, wie unmöglich ihr Verhalten ist und wie blödsinnig ihre Regierungen.« Seinem Führer meldete der Oberstleutnant: »Nichts Neues. Der Kartoffelkrieg geht weiter.« Was Polen betraf, so sprach er schon von der Auflösung des polnischen Heeres: »Was jetzt kommt, ist ein Hasentreiben. Militärisch ist der Krieg entschieden.« Hitler nahm strahlend seine Rechte in beide Hände, schüttelte sie lebhaft und verließ wortlos den Raum.

Im Westen war die Lage unerklärlich und grotesk. An manchen Stellen badeten die Soldaten im Rhein. Heimlich wurden zwischen den französischen und deutschen Linien Lebensmittel und Getränke getauscht. Hitler gab sich äußerste Mühe, die britische öffentliche Meinung nicht zu provozieren. Als Göring um Erlaubnis nachsuchte, die britische Flotte bombardieren zu dürfen, bereitete Hitler ihm eine Enttäuschung. Um so größer war sein Zorn, als Großbritannien am 4. bekanntgab, sein Transatlantik-Passagierdampfer »Athenia« sei von einem deutschen Unterseeboot torpediert worden. Großadmiral Raeder versicherte Hitler, daß sich keines der wenigen deutschen U-Boote in der Nähe des angeblichen Schauplatzes aufgehalten haben könne. Hitler argwöhnte darauf, daß Churchill selbst den Dampfer habe versenken lassen, um die Amerikaner gegen das Deutsche Reich aufzubringen. Wenig später aber mußte Raeder ihm vertraulich melden, daß ein U-Boot-Kommandant sich als Übeltäter bekannt hatte; das Schiff sei abgedunkelt gewesen wie ein Kriegsschiff und habe Zickzackkurs gesteuert. Raeder und Hitler beschlossen, die Wahrheit für sich zu behalten.

Über seine Pläne mit Polen hatte Hitler noch nicht entschieden. Während er noch am 22. August lediglich die Vernichtung der »lebendigen polnischen Kräfte« gefordert hatte und nicht das Erreichen irgendeiner bestimmten Linie auf der Landkarte, bemerkte Hitler am 7. September in einem Gespräch mit Generaloberst von Brauchitsch, daß er versuchen werde, eine unabhängige Ukraine zu schaffen. An den Abenden pflegte er laut über Polens Zukunft nachzudenken. Hitlers große Idee war es, die deutschstämmigen Splittergruppen vom Balkan, aus Rußland und den Baltenstaaten zusammenzufassen und sie nach Ostpolen umzusiedeln. Als »Wehrbauern« sollten sie dort eine östliche Militärgrenze bevölkern. Am Bug oder an der Weichsel wollte er einen unbezwingbaren Ostwall als äußerste Grenze zwischen Asien und dem Westen bauen. Was nun Warschau betraf, so werde er die Stadt, sobald sie von Polen und Juden gesäubert war, zu einem Mittelpunkt deutschen Kulturlebens machen; vielleicht aber werde er sie auch dem Erdboden gleichmachen und, wie er sich ausdrückte, Grünanlagen beiderseits der Weichsel schaffen lassen.

Er war geneigt, zwischen dem Ostwall und der alten Reichsgrenze von 1914 irgendeine Form polnischer »Staatlichkeit« zuzulassen. Hier könnten alle

Volkspolen angesiedelt werden, von denen es nur rund zehn Millionen gab. Um das Entstehen neuer chauvinistischer Zentren zu verhindern, werde die polnische Intelligenzschicht »abgesondert und anderswo beheimatet werden«. Mit diesem selbständigen Rest-Polen könnte er dann einen Ostfrieden aushandeln. Wenn aber Rest-Polen zerfalle, würde das Wilnaer Gebiet Litauen angeboten werden und die galizische und polnische Ukraine die Selbständigkeit erhalten. In diesem Falle wäre es – nach Keitels Aufzeichnungen – dann Sache der Abwehr, einen Aufstand in der galizischen Ukraine zu schüren, »der sich die Vernichtung des Polentums und der Juden zum Ziele setzt«.

Was sich in Polen abspielte, notierte Oberst i. G. Eduard Wagner, Oberquartiermeister im Generalstab des Heeres und als solcher maßgeblich für Besatzungspolitik zuständig, vertraulich am 4. September: »Überall ist ein brutaler Bandenkrieg im Gang, der aber drakonisch unterdrückt wird. Wir lassen da nicht mit uns reden und haben bereits Ausnahmegerichte entsandt, die nun am laufenden Band arbeiten. Je härter man jetzt durchgreift, desto rascher herrscht Ruhe.« Und eine Woche später schrieb Wagner: »Wir bringen nun drakonische Maßnahmen heraus, die ich heute selbst entworfen habe. Nichts wie Todesstrafen, kommen eben ohne das im besetzten Gebiet nicht aus!«

Hitlers Polenfeindschaft war das Resultat des Jahres 1939, geboren aus der Vereitelung seiner Pläne, die ein gegen die Sowjetunion gerichtetes Bündnis mit Polen vorsahen. Der Ursprung seiner scheußlichen und grausamen Pläne für bestimmte Teile der gegnerischen Bevölkerung war sogar noch jüngeren Datums. In der ersten Woche des Polenfeldzuges sahen sich Hitler und seine Truppen dem deutlichen Beweis dafür gegenüber, daß Asien unmittelbar jenseits der alten deutschen Reichsgrenze beginne. In der polnischen Stadt Bydgoszcz (Bromberg) hatte der polnische Kommandant am 3. September ein Massaker an *mehreren tausend* Volksdeutschen befohlen.

Zudem beschwerte sich beispielsweise Göring darüber, laut Vormanns Aufzeichnungen, daß deutsche Fallschirmtruppen in polnischer Gefangenschaft erschossen würden. Am 8. September forderte der Sender Warschau die Einwohner zur aktiven Teilnahme an den Straßenkämpfen auf; sie sollten Tankfallen bauen und Benzin bereithalten, um die bewegungsunfähigen Panzer sofort durch Feuer unschädlich machen zu können. »In dem Kampf gegen Deutschland arbeitet die polnische Bevölkerung Hand in Hand mit den polnischen Soldaten, indem sie überall Barrikaden errichtet und mit allen Mitteln die deutschen Aktionen und Stellungen bekämpft.« Die Deutschen erblickten darin einen offenen Aufruf zum Freischärlerkrieg.

Warum die Russen untätig blieben, konnte Hitler noch immer nicht begreifen, denn er legte größten Wert auf ein militärisches Eingreifen der Sowjetunion. »Hierdurch müßte England gezwungen werden, auch Rußland den

Krieg zu erklären«*, wie Reinhard Heydrich bei einer Amtschefsbesprechung im Reichssicherheitshauptamt (RSHA) mitteilte.

Am 9. September war der schwere Sonderzug »Amerika« gegen 14.00 Uhr bei Illnau in Oberschlesien auf ein offenes Nebengleis rangiert worden. »Die Hitze hier ist kaum auszuhalten«, schrieb Hitlers Privatsekretärin, »einfach fürchterlich. Die Sonne prallt den ganzen Tag auf die Abteile, und man ist einfach machtlos gegen die tropische Hitze. ... Der Chef fährt morgens mit seinen Herren im Wagen fort und wir sind dazu *verurteilt* zu warten und nochmals zu warten. ... Neulich lagen wir eine Nacht in der Nähe eines Durchgangslazaretts, es kam gerade ein großer Transport Verwundeter an. Dr. Brandt hat die ganze Nacht mitoperiert, unsere Leute vom Kommando haben mitgeholfen.« Nicht ganz frei von Neid auf jene, die Aufregenderes erlebten, fuhr sie fort: »Unsere Leute, die mit dem Chef nach Polen reinfahren, sehen natürlich allerhand, aber ihre Aufgabe ist jetzt keine leichte, denn bei diesem Pack, das ja so gerne aus dem Hinterhalt schießt, ist es schwer auf den Chef aufzupassen, der genauso wie bei uns in Deutschland stehend im Wagen fährt und sich überhaupt an die exponiertesten Stellen begibt. ... Am ersten Tag ist er durch ein Wäldchen gefahren, in dem Polaken versteckt waren. ½ Stunde vorher war eine deutsche unbewaffnete Sanitätstruppe ... abgemurckst. Ein einziger Mann hatte sich durch die Flucht retten können und er erstattete ihm selbst Bericht. Ebenfalls nicht weit davon warfen poln. Flieger Bomben ab. Man nimmt an, daß die Polen die Führerkolonne gesichtet hatten, schön sichtbar stand er auf einem Hügel, die Soldaten liefen heilrufend von allen Seiten kommend auf ihn zu – und in der Mulde lag poln. Artillerie. ... Wir können halt nur auf Gott vertrauen, daß er ihn beschützt.« Am 12. September sollte General Rommel privat schreiben: »Der Führer ist allerbester Stimmung. Komme nun öfters mit ihm ins Gespräch, das ist ganz persönlich. ... In 8 bis 10 Tagen ist der Osten erledigt und dann komme die gesamte kriegserfahrene Wehrmacht ... nach dem Westen. Ich glaube, die Franzosen geben den Kampf auf. Ihre Soldaten baden im Rhein unbehelligt von uns. Diesmal«, schloß er, »schaffen wir es bestimmt.«

Am 12. September hatte Hitler Göring, Brauchitsch und Keitel zu Besprechungen in seinem Zug bei Illnau versammelt und aufs neue betont, daß es auf gar keinen Fall zu einer Provozierung der Franzosen kommen dürfe.

Hitler und Jodl betraten den Befehlswagen in dem Augenblick, als Vize-Admiral Canaris General Keitel die ungünstigen Auswirkungen beschrieb, die eine Bombardierung Warschaus außenpolitisch haben müsse. Der

---

* Hitlers Rechnung ging nicht auf. Großbritannien war dazu nicht verpflichtet, denn es hatte in einer Geheimklausel zu seinem Vertrag mit Polen vom August 1939 spezifiziert, daß die einzige »europäische Macht«, deren Aggression den Vertrag wirksam machen würde, das Deutsche Reich sei.

Führer fragte ihn sogleich, welche Nachrichten aus dem Westen vorlägen, und Canaris – als Kriegsgegner – erwiderte schlau, daß die Abwehr nur zu dem Schluß gelangen könne, daß die Franzosen in Vorbereitung eines größeren Angriffs systematisch Truppen und Artillerie zusammenzögen, vor allem gegenüber von Saarbrücken.* Canaris machte sich später Aufzeichnungen:
»...Darauf der Führer: ›Ich kann mir nicht denken, daß der Franzose gerade im Raume Saarbrücken, wo unsere Stellung am stärksten ist, angreifen sollte. ...Ich halte für unseren schwächsten Punkt den Bienwald und Pfälzerwald, obzwar mir entgegengehalten wurde, daß ein Angriff gegen eine Waldzone aussichtslos sei. – Ich bin da anderer Ansicht. ... Die Vorbereitungen für einen Groß-Angriff gegen den Westwall erfordern aber Zeit.‹
General Jodl... führt noch aus, daß die artilleristische Vorbereitung eines Groß-Angriffs mindestens drei bis vier Wochen in Anspruch nehme, der Angriff selbst also in den Oktober fiele.
Darauf der Führer fortfahrend: ›Ja und im Oktober ist es schon recht kalt und unsere Leute sitzen dann in den geschützten Bunkern, während die Franzosen im Freien liegen und angreifen müssen. Sollte der Franzose aber selbst an irgendeinem schwächeren Punkt des Westwalles durchkommen, so haben wir inzwischen aus dem Osten unsere Divisionen herübergebracht, die ihm eine ‚Abreibung' geben werden, daß ihm Hören und Sehen vergeht. Bleibt also nur der Weg über Belgien und Holland, an den ich nicht glaube, aber unmöglich ist es nicht, daher heißt es aufpassen.‹«

Hitlers Besuche der Schlachtfelder waren seine erste wirkliche Begegnung mit »dem Osten«. Er fand seine Eindrücke von den »Untermenschen« und den Juden bestätigt. War das noch Europa? Wahllos zerstreut lagen die elenden Holzkaten da, mit windschiefen, zerzausten Strohdächern. Kilometerlang erstreckten sich die Sumpfflächen zwischen den Hütten. Am Wegesrand standen Grüppchen ehrerbietiger polnischer Zivilisten, tief sich verbeugend im wirbelnden Staub der Autokolonne, viele Juden darunter mit Kaftan und Ringellöckchen, wie herausgeschnitten aus alten Spott- und Witzblättern.
Die Juden waren der Feind. Dr. Chaim Weizmann, der Präsident der Jewish Agency, hatte in einem öffentlichen Brief an die britische Regierung »auf das ausdrücklichste« bekräftigt, daß alle Juden, wo immer sie sein mochten, auf der Seite der Demokratien gegen Hitler kämpfen würden. Diese offene Kriegserklärung gelangte mit Sicherheit zu Hitlers Kenntnis, als »The

---

* Oberstleutnant von Lahousen hat später beschrieben, wie Canaris die einzige Meldung absichtlich in ihrer Bedeutung übertrieb, um Hitlers weitere operative Erfolge im Polenfeldzug zu vereiteln. »Tatsächlich hatten wir zu jener Zeit nur eine Meldung, daß ein Angriff durch ein verstärktes Regiment an irgendeinem Abschnitt des Westwalls vorgesehen sei. Canaris... ließ den Eindruck entstehen... daß in diesem Abschnitt mit einer *Offensive* gerechnet werde.«

Times« den Brief am 6. September veröffentlichte, denn er bezog sich im Sommer 1942 darauf als Beweis, daß das Weltjudentum der Feind Nummer Eins sei. Mittlerweile waren finstere Kräfte im Dritten Reich längst dabei, die Hitler-Prophezeiung vom 30. Januar zu erfüllen – eine Prophezeiung, an die er in wenigstens fünf öffentlichen Reden und Proklamationen des Jahres 1942 erinnern sollte: »Zum erstenmal wird diesmal das echt altjüdische Gesetz angewendet: Aug' um Aug', Zahn um Zahn!« prahlte er am 30. Januar 1942.

Eines steht fest: für die Judenpogrome, die jetzt in Polen begannen, waren Himmler und Heydrich die Initiatoren und Antreiber. Für diese Vermutung sprechen die eigenen Dokumente des Reichsführers SS, vor allem die Niederschriften über Amtschefbesprechungen, die Heydrich während des Septembers und Oktobers 1939 abhielt. Der einzige erhaltene schriftliche Führerauftrag an Himmler in diesem Zusammenhang war der »Erlaß für die Festigung des Deutschen Volkstums« in den neuen Ostgebieten. Als in der Wehrmacht angesichts der Mordtaten der SS Unruhe aufkam, hielt Himmler eine beschwichtigende Rede am 13. März 1940 vor den höheren Truppenführern im Westen in Koblenz. Seine handschriftlichen Notizen hierzu existieren noch. Er erklärte das Völkergemisch in Polen für ein »tausendjähriges geschichtliches Problem«, dessen »Lösung nur einmal unter Adolf Hitler« möglich wäre. Nur das deutsche im polnischen Volk aufgesaugte Blut habe es aufgewertet in den Zeiten der germanischen Schwäche. »Gefährlich [ist] immer nur unser eigenes Blut«, heißt es weiter in der Himmler-Notiz. Jetzt sei aber Deutschland wieder stark: *»Endgültige Eingliederung des Raumes, Bereinigung, Germanisierung«* – unterstrichen im Original. Er aber lehne eine »bolschewistische Methode« ab – dies definierte er in einer Denkschrift im Mai 1940 als eine Liquidierung der Minderheiten. Dann gab er zu: »*Exekutionen:* der führenden Köpfe der Gegenbewegung. Sehr hart – aber notwendig. [Ich] selbst dabei gewesen. Keine wilden Angelegenheiten von Unterführern – ebensowenig von mir«, betonte Himmler weiterhin in dieser *pièce justificative*, und fügte die etwas zweideutige Bemerkung hinzu: »Weiß sehr genau, was vorgeht.«* Hier lauteten seine Notizen an einer Stelle: »Auftrag des Führers an den Reichsführer SS. – Qualität des deutschen Menschen. Blut unser höchster Wert. Neue Gebiete kein polit[isches], sondern ein völkisches Problem.«

---

* Daß Himmler ziemlich weit ging, geht aus einem Privatbrief Eduard Wagners an seine Frau hervor: »Abends sprach Himmler in Koblenz vor den Oberbefehlshabern. Näheres mündlich...« Nach dem Kriege behauptete General Alexander Ulex, der Reichsführer habe sogar geprahlt: »Ich tue nichts, was der Führer nicht weiß.« Kein anderer Anwesender berichtete eine derartige Äußerung: General von Leeb, der streng religiöse Armee-Befehlshaber, hätte sie sicherlich in seinem Privattagebuch vermerkt, wäre sie gemacht worden.

Wie schon bei den früheren »Einsätzen« in Österreich, dem Sudetenland, in Böhmen und Mähren war den voranstürmenden Heereseinheiten ein straff organisiertes Polizeinetz nachgefolgt. Jede Armee hatte eine Einsatzgruppe, und jedes der vier Armeekorps hatte ein Einsatzkommando, jedes bestehend aus hundert oder mehr Beamten, die Waffen-SS-Uniformen mit dem Abzeichen des SD (Sicherheitsdienst) auf dem Ärmel trugen. Ihre Hauptaufgabe war offiziell »Bekämpfung aller reichs- und deutschfeindlichen Elemente rückwärts der fechtenden Truppe«. Nach Heydrichs Vermerk vom Juli 1940 gab es einen Sonderbefehl des Führers über die Operationen der Einsatzgruppen »zur politisch-weltanschaulichen Sicherung dieser neuen Räume«. Am 7. September orientierte Heydrich seine Berliner Mitarbeiter bei einer Amtschefbesprechung: »Die führende Bevölkerungsschicht in Polen soll so gut wie möglich unschädlich gemacht werden. Die restliche verbleibende niedrige Bevölkerung wird keine besonderen Schulen erhalten, sondern in irgendeiner Form heruntergedrückt werden.« Beachtenswert ist allerdings, daß er bei derartigen Besprechungen sich nie auf einen »Führer-Befehl« berief.

Parallel zu den Einsatzgruppen, die den Armeen untergeordnet waren, operierte eine unabhängige »Einsatzgruppe z. b. V.« unter dem Befehl eines arroganten und brutalen SS-Generals, des Obergruppenführers Udo von Woyrsch. Dieser behauptete, er habe über Himmler vom Führer den Auftrag erhalten, mit seinen Einheiten »Furcht und Schrecken« in der Bevölkerung zu verbreiten, um Gewalttaten seitens der Bevölkerung zu verhindern. (Tatsächlich existiert noch in den Archiven Himmlers ein Fernschreiben an Woyrsch vom 3. September, in welchem dieser die Aufgabe der »radikalen Niederwerfung des aufflammenden Polenaufstandes« übertragen bekommt: Von einem Führerbefehl hierzu ist keine Rede.)

Über das Wann – und Ob – Heydrich während des polnischen Feldzuges bei Hitler zum Vortrag erschien, existieren keine Unterlagen. Die Akten des Heeres sind dagegen recht umfangreich und bieten ein wenig erfreuliches Bild. Kurzum, ein Teil der führenden Generalität erfuhr von Hitler selbst, daß er beabsichtigte, über kurz oder lang die polnische Intelligenz zu liquidieren. Diese Offiziere begrüßten entweder die Absicht oder sie traten zumindest einer Verschwörung des Schweigens bei. Ihre einzigen Vorbehalte waren, daß diese Mordtaten erst einsetzen sollten, nachdem das Heer seine vollziehende Gewalt in Polen aufgegeben hatte.

Hitler war schon ungeduldig über die bürokratischen, langsamen Kriegsgerichtsverfahren des traditionsgebundenen deutschen Heeres gegen polnische Freischärler – er verlangte, die Verfahren zu beschleunigen. Am 7. September führte er ein zweistündiges Gespräch mit dem Ob.d.H., Brauchitsch, in den Privaträumen des Führerzuges. Er scheint angeordnet zu haben, daß das Heer alle Einmischungen in die volkspolitische Tätigkeit der SS unterlassen möge, denn am nächsten Tage erteilte er »Richtlinien für die Errichtung einer Militärverwaltung im besetzten Ostgebiet«, deren

Kern die Ernennung von *Partei*funktionären zu Chefs der Zivilverwaltung parallel zur Militärverwaltung bildete: die Zivilverwaltungschefs sollten die schmutzigen Arbeiten leisten. Genaues weiß man nicht über Hitlers Weisungen an Brauchitsch; dem Oberst i. G. Wagner gegenüber äußerte der Generalstabschef, Halder, am 9. September, »es sei Absicht des Führers und Görings, das polnische Volk zu vernichten und auszurotten«. Wagner notierte in seinem Privattagebuch: »Das übrige könne auch nicht andeutungsweise schriftlich niedergelegt werden.« Am gleichen Tage schrieb Oberstleutnant von Vormann vertraulich und vorsichtig: »Die Zukunftspläne, die immer wieder vom Führer in langen Gesprächen erörtert werden, sind interessant, aber kaum geeignet zum schriftlichen Festlegen.« General der Artillerie Walther Heitz, der neue Militärbefehlshaber in Danzig/Westpreußen, lüftete einen Zipfel dieses geheimnisvollen Schleiers. In einem Vermerk über ein Gespräch mit Brauchitsch am 10. September schrieb Heitz: »Es wurde mir u. a. vom Ob. d. H. gesagt... Bei der Behandlung des Gebietes soll mit harter Faust durchgegriffen werden. Die Kampftruppe neigt meist zu einer übertriebenen ›Ritterlichkeit‹.« Oberst Wagner schrieb am Abend des 13. September einige gewissensschwangere Zeilen an seine Frau über das Schicksal Polens: »Darüber einmal mündlich, zu heikel darüber auch nur ein Wort zu schreiben...«

Daß man Brauchitsch reinen Wein über die Art der Einsatzgruppentätigkeit eingeschenkt hatte, wurde am 12. September bestätigt, als Canaris den OKW-Chef Keitel darauf aufmerksam machte, daß das Ansehen der deutschen Wehrmacht durch die umfangreichen Füsilierungen »insbesondere des Adels und der Geistlichkeit« Schaden erleide. Ohne irgendwelche Umschweife erwiderte Keitel, daß diese Sache bereits vom Führer entschieden sei, »der dem Ob. d. H. [Brauchitsch] klargemacht habe, daß, wenn die Wehrmacht hiermit nichts zu tun haben wolle, sie es auch hinnehmen müsse, daß SS und Gestapo neben ihr in Erscheinung treten«. Das sei der Grund für die Schaffung der parallelen Zivilverwaltung; dieser würde eben die Aufgabe der »volkstümlichen Ausrottung« zufallen, wie Canaris sich Keitels Worte notierte.

Als Heydrich den Oberst Wagner unterrichtete, daß die geplante »Flurbereinigung« Polens »Judentum, Intelligenz, Geistlichkeit und Adel« umfassen werde, bat ihn dieser lediglich, daß die mörderischen Befehle direkt von Heydrich an die Einsatzgruppen gegeben werden sollten.

Wer steckte tatsächlich hinter Heydrich? In der Niederschrift eines Vortrags von Heydrich bei einer RSHA-Amtschefbesprechung am 14. September heißt es: »Der Chef ging ein auf das Judenproblem in Polen und legte seine Ansichten hierüber klar. Dem Führer werden vom Reichsführer Vorschläge unterbreitet, die nur der Führer entscheiden könne, da sie auch von erheblicher außenpolitischer Tragweite sein werden.« Hitler billigte jedoch nur eine Aussiedlung der Juden: Dies brachte er sowohl Brauchitsch wie Himmler gegenüber zum Ausdruck, als sie getrennt zum Vortrag in Zoppot am 20. September erschienen. Dem Ob. d. H. gegenüber sprach er nur von einem Getto-Gedanken.

Dem Reichsführer SS erteilte wohl Hitler diejenigen Anweisungen, die Heydrich am nächsten Tage, dem 21., seinen Einsatzgruppenchefs bei einer Besprechung in Berlin weitergab: die ehemaligen deutschen Provinzen würden deutsche Gaue; »daneben [wird] ein Gau mit fremdsprachiger Bevölkerung mit der Hauptstadt Krakau geschaffen«, eventuell unter der Führung des Österreichers Dr. Arthur Seyß-Inquart. Dieser Gau – das spätere Generalgouvernement – würde »praktisch als Niemandsland« außerhalb des »zu schaffenden Ostwalls« stehen. Dann heißt es in der Niederschrift: »Die Juden: Deportation in den fremdsprachigen Gau, Abschiebung über die Demarkationslinie [in die russische Besatzungszone Polens] ist vom Führer genehmigt. Prozeß auf die Dauer eines Jahres verteilt jedoch.« Um diesen Prozeß zu ermöglichen, sollten die polnischen Juden so schnell wie möglich in den Städten konzentriert werden, »um eine bessere Kontrollmöglichkeit und spätere Abschubmöglichkeit zu haben«. Nach Polen würden die deutschen Juden aus dem Reich und die restlichen 30 000 Zigeuner ebenfalls verfrachtet werden. Was den polnischen Arbeiter betraf, so sei das Ziel: »Der Pole bleibt der ewige Saison- und Wanderarbeiter, sein fester Wohnsitz muß in der Gegend von Krakau liegen.« Daß dies alles eine wesentliche Abschwächung der von Heydrich beabsichtigten radikalen »Flurbereinigung« bedeutete, braucht nicht hervorgehoben zu werden. Am selben Tage schrieb Heydrich den Chefs seiner Einsatzgruppen, unter ausdrücklicher Bezugnahme auf die soeben in Berlin stattgefundene Besprechung, »daß die *geplanten Gesamtmaßnahmen* [also das Endziel] *streng geheim** zu halten seien.

Nach der Besprechung mit Hitler teilte Generaloberst von Brauchitsch seinerseits seinen Befehlshabern im Osten am 21. September in einem Rundschreiben mit: »Die Einsatzgruppen der Polizei haben im Auftrage und nach Weisung des Führers gewisse volkspolitische Aufgaben im besetzten Gebiet durchzuführen.« Die Befehlshaber hätten sich da nicht einzumischen. Am nächsten Tag ließ er Heydrich zu sich kommen und ermahnte ihn, daß die wirtschaftlichen Belange nach Hitlers Weisungen den Vorrang haben müßten. Deshalb wünsche er, Brauchitsch, »keine zu schnelle Beseitigung der Juden usw.«. Er wolle das Einsetzen der volkspolitischen Bewegungen »erst nach Beendigung der Operationen« sehen und »keine Maßnahmen, die ungünstig im Ausland wirken können«. Heydrich aber ließ sich nicht beirren.

Die Wehrmacht behielt ihre Scheuklappen auf. Nur gegen Ende September verlieh sie einer gewissen Sorge Ausdruck, daß Heydrichs Transportplan zu einer Verstopfung des Eisenbahnsystems führen könnte, und zwar zu einer Zeit, in der militärische Bewegungen nach Westen dringend erforderlich

---

* Kursiv im Original unterstrichen.

seien. Heydrich gab Brauchitsch gegenüber in diesem Punkt bereitwillig nach, denn inzwischen stand ihm unbegrenzte Zeit zur Verfügung.

Daß Hitler die Schlachtszenen geradezu genoß, ist nicht zu leugnen. Er besuchte die Front bei jeder sich bietenden Möglichkeit. In einem Divisionsgefechtsstand, der im feindlichen Feuerbereich in einer Schule errichtet worden war, lernte er Generalmajor von Briesen kennen. Dieser überragte Hitler an Kopf und Schultern. Ein Geschoß hatte ihm gerade den Unterarm zerschlagen, als er seine Division in den Kampf führte, um einen verzweifelten polnischen Gegenangriff von vier Divisionen mit Kavallerie an der Flanke der 8. Armee abzuwehren. In diesem Kampf hatte er achtzig Offiziere und fünfzehnhundert Mann verloren, und jetzt erstattete er seinem Führer Bericht unweit der Stelle, wo sein Vater als kgl. preußischer General der Infanterie im Weltkrieg gefallen war. Hitler starrte Briesen an wie ein Wundertier aus einer fremden Welt, und später rief er seinen Mitarbeitern gegenüber aus: »So habe ich mir als Kind einen preußischen General immer vorgestellt!« Am 15. September treffen wir Hitler in Jaroslaw, seine Soldaten beim Übergang über den San beobachtend. Der größte strategische Triumph des Feldzuges war am nächsten Tag vollendet. Die polnische Armee, die ursprünglich bei Posen für den Angriff auf Berlin zusammengezogen worden war, befand sich jetzt im Kessel, und Kutno war durch konzentrischen Angriff der 4. und 8. Armee genommen. Wie leicht hätte die kühne Zangenoperation, ausgehend von Räumen, die 250 Kilometer voneinander entfernt waren, durch ein erfolgreiches polnisches Ausharren vereitelt werden können! Jetzt aber war die Lage der polnischen Hauptstadt hoffnungslos.

Hitler hatte am 15. September begonnen, mit Jodl das Schicksal Warschaus zu erörtern. Ihm lag vor allem daran, die Stadt bis zum 21. September in seiner Hand zu haben, denn an diesem Tag trat der amerikanische Kongreß zusammen. Wiederholt fragte er seine Offiziere, wie lange die Lebensmittel in der eingeschlossenen Großstadt reichen könnten. Ihre Antwort konnte nur von Vermutungen ausgehen.

Früh am 16. September brachte ein deutscher Parlamentär ein Ultimatum zu den polnischen Linien. Darin wurde der Kommandant zur bedingungslosen Übergabe innerhalb von sechs Stunden aufgefordert, sonst werde man die Stadt als Festung »mit allen sich daraus ergebenden Folgen« behandeln. Der polnische Kommandant lehnte es ab, das Ultimatum auch nur entgegenzunehmen. Seit dem 9. September hatte er jede Stunde damit zugebracht, die Hauptstadt für den deutschen Angriff zu rüsten. Jedes Haus in den Vorstädten war mit Sandsäcken, Beton und Stacheldraht zum Bunker ausgebaut, die Häuser waren durch unterirdische Verbindung der Keller zu starken Widerstandsgruppen zusammengefaßt; Panzergräben waren quer über die Hauptverbindungsstraßen gezogen, und aus umgestürzten Straßenbahnwagen, Pflastersteinen und Erdwällen hatte man

Barrikaden errichtet. Wie Blaskowitz später melden sollte: »Was die irregeleitete Bevölkerung auf Veranlassung ihrer militärischen Führung in diesen wenigen Wochen bis zum Beginn des Angriffs in völliger Verkennung moderner Waffenwirkung zur Zerstörung der eigenen Hauptstadt beigetragen hat, wird auch für den härtesten Soldaten erschütternd bleiben!«

Am 16. September um 15.00 Uhr warfen Maschinen der Luftwaffe mehrere Tonnen Flugblätter über Warschau ab. Der Zivilbevölkerung wurde zwölf Stunden Zeit gegeben, um das Stadtgebiet zu verlassen. Aber die zuständigen Armeebefehlshaber waren nicht unterrichtet worden, und die beiden in den Flugblättern als sichere Fluchtwege genannten Straßen blieben unter schwerem Artilleriebeschuß. Kurz vor Mitternacht gab Hitler Befehl, den geplanten Erd- und Luftangriff zu stoppen. Um 18.00 Uhr erging ein zweites Ultimatum über den Deutschlandsender. Die Polen wurden aufgerufen, um 22.00 Uhr Parlamentäre zu den deutschen Linien zu schicken. Vertraulich telegrafierte Keitel an Brauchitsch, daß die Polen die erste Räumungsfrist ungenutzt hätten verstreichen lassen. Deshalb sei die deutsche Wehrmacht nicht mehr in der Lage, über die Räumung der Stadt durch die Zivilbevölkerung zu verhandeln, sondern sie müsse jetzt die bedingungslose Übergabe der Stadt fordern. Die Parlamentäre werde man anweisen, ihrem Kommandanten das Ultimatum zur Übergabe der Stadt bis 18. September, 8.00 Uhr zu überbringen. Das diplomatische Korps könne die Stadt natürlich jederzeit verlassen.

Es erschien jedoch kein polnischer Parlamentär.
Die polnische Regierung war schon in das neutrale Rumänien geflohen. Das versetzte die Russen in die Lage, jetzt zu erklären, das Polen, mit dem sie ihren Nichtangriffspakt geschlossen hatten, existiere nicht mehr. »Um die Interessen der ukrainischen und weißrussischen Minderheiten zu schützen«, marschierten zwei sowjetische Heeresgruppen in den frühen Morgenstunden des 17. September nach Ostpolen ein.
Wenig später traf diese Meldung in Hitlers Zug ein. Er erschien gegen 4.00 Uhr in seinem Befehlswagen. Dort fand er Schmundt vor, der mit Keitel und Jodl auf ihn wartete. Vor den ausgebreiteten Karten von Polen grübelten sie über die voraussichtlichen Bewegungen der sowjetischen Truppen, bis der herbeigerufene Ribbentrop erschien. Hitler wies ihn an, den staunenden Generalen jetzt im einzelnen zu erklären, was er eigentlich in Moskau militärisch vereinbart hatte. Der Außenminister sagte: »Als Begrenzung der beiderseitigen Interessensphären und als Demarkationslinie ist mit Stalin festgelegt der Lauf der vier Flüsse Pissa – Narew – Weichsel – San«, und er zog diese Linie auf der Karte nach.
Als Hitler am 19. September mit seiner Führerkolonne nach Danzig fuhr, war der Polenfeldzug so gut wie vorüber. Wie er insgeheim triumphierte über die Kassandras vom Auswärtigen Amt, die eine militärische Katastro-

phe prophezeit hatten!* Jetzt hielten nur noch die Besatzungen von Warschau, Modlin und Hela aus.

Als der siegreiche Führer durch die Straßen von Danzig fuhr, regneten Blumen von den Fenstern herab. Als die Führerkolonne vor dem Artus-Hof hielt, konnte man hören, wie Schmundt zu Vormann sagte: »So war es überall. Im Rheinland, in Wien, im Sudetenland und in Memel. Glauben Sie nun an die Mission des Führers?«

Hier, in der langen, säulengetragenen Halle aus dem 14. Jahrhundert, erbaut in der Blütezeit des deutschen Ritterordens, redete Hitler mit Pathos von der Menschlichkeit, mit der er diesen Krieg führte und zu der im krassen Gegensatz die Behandlung stehe, die die Polen nach Pilsudski den deutschen Minderheiten hätten zuteil werden lassen. »Zehntausende werden verschleppt, mißhandelt, in der grausamsten Weise getötet. Sadistische Bestien lassen ihre perversen Instinkte aus und – diese demokratische fromme Welt sieht zu, ohne mit einer Wimper zu zucken.« In seinem Schlußwort sprach er von »dem Allmächtigen Gott, der ja jetzt unsere Waffen gesegnet hat«.

Danach bahnte ihm sein Stab einen Weg durch die wogende Danziger Bevölkerung, die sich draußen auf dem Langen Markt drängte. In einem der Patrizierhäuser wurde dem schweißüberströmten Führer ein Bad gerichtet; an Hand des Stenogramms redigierte er den Text seiner Rede zur Freigabe an die Presse.

Für die nächste Woche quartierte er sich dann in dem geräumigen Kasino Hotel am Strand von Zoppot ein, wo auch Ribbentrop, Lammers und Himmler mit ihren Stäben einzogen. Er war überschäumender Laune. Um Mitternacht, zwei Tage nach seiner Ankunft, riß er die Tür zu Jodls Zimmer auf, wo etliche Generale gerade Keitels Geburtstag feierten. Ihm folgte mit feierlichem Gesicht einer seiner Leibdiener, der auf großem silbernen Tablett gefüllte Sektgläser trug. Hitler scheint sogar mit dem Gedanken gespielt zu haben, von Brauchitsch zum Feldmarschall zu machen, aber ein unerwartetes Ereignis warf einen Schatten über ihre Beziehungen. Als Hitler am Morgen des 22. September mit seinem Stab nach dem Grenzort Wyszkow flog – einer häßlichen, schmutzigen Stadt, die glücklicherweise russisch werden sollte –, erhielt er den kurzen Funkspruch, daß Generaloberst Freiherr Werner von Fritsch an diesem Morgen gefallen sei. Hitler hatte nicht einmal gewußt, daß der General überhaupt mitausgerückt war. Er schlug sich aufs Knie, als er die Meldung las, eine für ihn charakteristische Geste des Ärgers. Wenige Stunden später gab ihm ein Offizier einen Augenzeugenbericht. Ein MG-Geschoß hatte Fritsch im Oberschenkel getroffen. Sein Ordonnanzoffizier wollte hastig die durchtrennte Schlag-

---

* Hewels unveröffentlichtes Tagebuch, 10. Oktober 1941: »Führer bei Tisch: ... Siegreiche Unterhaltung über Auswärtiges Amt. Wer hat 1939 an Sieg geglaubt? Staatssekretär A. A.? [von Weizsäcker].«

ader abbinden, aber das Gesicht des Generals nahm den gewohnten unbeweglichen Ausdruck an, er nahm das Monokel vom Auge, sagte leise: »Ach, lassen Sie doch«, und starb.

Brauchitsch kondolierte in einem offiziellen Nachruf, der an alle Einheiten der Armee gerichtet war. Für Hitler war das beinahe mehr, als er ertragen konnte. Als Keitel Bericht erstattete über den Nachruf, sagte Göring, an der Fensterscheibe trommelnd, mit Hohn in der Stimme: »Und den, mein Führer, wollen Sie zum Feldmarschall machen?« Darauf Hitler: »Er wird es nicht!«

Hier, in Zoppot, stellte sich ein moralisches Problem, das mindestens so akut war wie das, mit dem sich Heydrich in Polen herumzuschlagen hatte. Von Deutschlands hoher Zahl an Geisteskranken, nämlich insgesamt achthunderttausend Menschen, waren ungefähr zehn Prozent dauernd krankenhaus- bzw. pflegebedürftig. Sie nahmen Betten, Ärzte und Pflegepersonal in Anspruch, die Hitler jetzt dringend für die Versorgung der Verwundeten seiner zukünftigen Feldzüge benötigte. Wie Dr. Karl Brandt, sein Begleitarzt, es darstellte, war Hitler der Meinung, daß man zwischen vierzig und fünfzig Prozent der dauernd in Anstalten lebenden Geisteskranken in aller Stille »beseitigen« solle.

Der Führer ließ jetzt in seine Räume im Zoppoter Kasino Hotel seine juristischen und medizinischen Berater zusammenrufen, insbesondere Dr. Lammers, den Chef der Reichskanzlei, und Dr. med. Leonardo Conti, Reichsärzteführer, zusammen mit dem allgegenwärtigen Martin Bormann. Anwesend war aus einem Grunde, der bald deutlich werden wird, auch Reichsleiter Philipp Bouhler, Chef der Kanzlei des Führers der NSDAP. Hitler erteilte Dr. Conti die Weisung, ein Programm für die schmerzlose Tötung der unheilbar Geisteskranken einzuleiten. Conti stellte die Frage, ob es nicht wissenschaftlich bedenklich sei, anzunehmen, daß ein solches Programm eugenische Vorteile bringen könne. Es kam zu einer Diskussion über die anzuwendenden Methoden. Dr. Conti schlug die Verabreichung von Narkotika vor, aber in separaten Gesprächen mit Dr. Brandt erfuhr Hitler, daß Barbiturate zu langsam wirkten, und daß die meisten Ärzte das Gas Kohlenmonoxid für das schnellste und sanfteste Tötungsmittel hielten. Hitler forderte Brandt auf, zu untersuchen, welche der beiden Methoden die humanere sei.

Nach diesen Zoppoter Gesprächen verstrich einige Zeit, ohne daß man zu Resultaten gelangte. Dr. Conti hatte sich in langwierige Erörterungen verstrickt, um die rechtlichen Grundlagen zu untersuchen. Schließlich ergriff Hitler selbst die Initiative. Er diktierte auf einen seiner privaten Briefbogen mit goldenem Reichsadler einen geheimen Führererlaß, der ebenso einfach wie unorthodox war:

»Reichsleiter Bouhler und Dr. med. Brandt sind unter Verantwortung beauftragt, die Befugnisse namentlich zu bestimmender Ärzte so zu erweitern, daß nach menschlichem Ermessen unheilbar Kranken bei kritischster Beurteilung ihres Krankheitszustandes der Gnadentod gewährt werden kann. gez.: Adolf Hitler.«

Dieser Führererlaß wurde symbolisch rückdatiert auf den 1. September 1939, den Tag also, an dem er Polen überfallen hatte; nun war es mit einem Male kein örtlich begrenzter Feldzug mehr, sondern ein blutiger Kreuzzug, in dessen Verlauf das deutsche Volk durch Kampf geadelt, sein Blut und Samen aber von allen Unreinheiten gesäubert werden sollte.

Meldebögen, angeblich statistischen Zwecken dienend, wurden Ärzten und Krankenhäusern zugestellt. Vom 9. Oktober an sollten auf diesen Formularen kriminelle Geisteskranke getrennt vermerkt werden. Jeweils drei Gutachter hatten dann auf Grund dieser Meldebögen allein über Leben oder Tod eines Patienten zu entscheiden. Wie Hitler gegenüber Bouhler erklärt hatte, wünschte er eine »völlig unbürokratische Lösung«.

Seit den zwanziger Jahren war Hitler schon ein begeisterter Fürsprecher einer rassischen Erneuerung des deutschen Volkes.

Unter dem Vorwand, daß zwanzig Prozent der deutschen Bevölkerung erbbiologisch geschädigt seien, hatten die Nationalsozialisten sogleich nach ihrer Machtübernahme ein Programm der Rassehygiene formuliert, dessen leidenschaftlichster Vorkämpfer der Innenminister Wilhelm Frick war. Im Juli 1933 hatte das Kabinett das erste derartige Gesetz verabschiedet, das Erbkrankheiten in die ärztliche Meldepflicht einbezog, so daß die betreffenden Patienten zwangssterilisiert werden konnten. Ein bejahrter Sozialdarwinist, dem das Reich nach 1933 eine Professur verliehen hatte, wies 1935 darauf hin, daß die »kontraselektorische Wirkung eines Krieges durch Erhöhung der Ausmerzungsquote wettzumachen« sei – mit anderen Worten, in der Schlacht werde so viel gutes Blut vergossen, daß eine gleiche Menge minderwertigen Blutes vernichtet werden müsse, wenn die Rasse keinen Schaden nehmen sollte –, eine pseudowissenschaftliche Rechtfertigung, die unverkennbar in Argumenten auftauchte, die Hitler 1943 in Privatgesprächen anführte.

Frick vereinheitlichte 1934 auf dem Gesetzeswege die gesamte Arbeit der Gesundheitsämter, die wiederum parallel zu den rassenpolitischen Ämtern der NSDAP in jedem einzelnen Gau arbeiteten. Im Laufe des nun folgenden Jahrzehnts sollten Zehntausende von höheren medizinischen Beamten rassehygienische Kurse durchlaufen. Besonders abstoßende Patienten wurden in den Instituten untergebracht und verpflegt, um sie als wandelnde Anschauungsobjekte stets zur Hand zu haben. 1935 erklärte Hitler dem Reichsärzteführer ganz offen, daß er im Falle eines Krieges »die Euthanasiefrage aufgreifen und durchführen« werde, da im Kriege das Risiko eines Widerstandes von kirchlicher Seite geringer sei.

Aber erst zum Jahresende 1938 hatte er direkt in Euthanasie-Entscheidungen eingegriffen. Dabei handelte es sich zunächst nur um »Sterbehilfe«. Bouhlers Kanzlei hatte ihm wiederholt Gesuche von Patienten vorgelegt, die unter unerträglichen Schmerzen litten, sowie von deren Ärzten, die Hitler in seiner Eigenschaft als oberste Gnadeninstanz um Erlaubnis für die Ärzte ersuchten, das Leben der Patienten zu beenden, ohne strafrechtliche Verfolgung fürchten zu müssen. Als die Eltern eines mißgebildeten, blinden und idiotischen Jungen aus Leipzig in dieser Form an Hitler appellierten, entsandte er Anfang 1939 Dr. Brandt persönlich, um das Kind in Augenschein zu nehmen, und ermächtigte die Ärzte, das Kind einzuschläfern. Ein Ministerialerlaß vom August 1939 schrieb dann allen Hebammen vor, detailliert Meldung über mißgebildete Neugeborene zu erstatten. Drei Gutachter hatten jeden derartigen Fall zu beurteilen, und wenn alle drei übereinstimmten, wurde den Eltern das Kind durch Täuschung weggenommen und in aller Stille getötet.

Von der Gnadentötung der wenigen hatte nur ein ganz kurzer Schritt zur programmierten Ausmerzung von Zehntausenden von Geisteskranken geführt, deren Existenz als Bürde empfunden wurde.

»Der Krieg geht weiter!«

Hitlers Zug wartete auf einem kleinen Bahnhof in Hinterpommern bis 9.30 Uhr am 26. September 1939. Dann begann die fast achtstündige Fahrt zurück nach Berlin. Die Reise verging in lastendem Schweigen. Jodl muß sich in seinem eigenen Abteil aufgehalten haben, denn nur Oberstleutnant von Vormann war da, der Heeresverbindungsoffizier. Während der nächsten Stunden sprach Hitler kein Wort. Ruhelos ging er in dem schwankenden Raum auf und ab. Um 17.05 Uhr lief der Zug in den Stettiner Bahnhof in Berlin ein. Heimlich fast fuhren sie zur Reichskanzlei, wo das Abendessen serviert wurde. Es war eine Atmosphäre wie bei einem Begräbnis.

Nach seiner Rückkehr aus Polen beschäftigte sich Hitler ohne Zweifel in seinen Gedanken damit, wie es nun weitergehen werde. Im Januar 1944 sollte er an seine skeptisch gewordenen Generale Worte richten, die er vielleicht jetzt in diesem Augenblick dachte. »Wenn man nun die Frage nach den konkreten Momenten für eine erfolgreiche Beendigung dieses Krieges stellt, dann möchte ich nur bitten, daß man die Kriegsgeschichte einmal daraufhin untersucht, wann und zu welchem Zeitpunkt bei großen Kämpfen eine konkrete Vorstellung über die Beendigung eingetreten ist. ...Moltke selbst schreibt, daß es falsch sei zu denken, man könne einen Kriegsplan aufstellen, der weiter ginge als etwa bis zum Anlaufen der ersten Schlachten...« Und in derselben Ansprache sollte er sagen: »In meiner Stellung kann man auch keinen anderen Auftraggeber haben als seine Einsicht, sein Gewissen und sein Pflichtbewußtsein.«

Inzwischen hatte das Heer einen Befehl über den Abzug der meisten Felddivisionen aus Polen und ihre teilweise Demobilisierung erlassen. Als Hitler davon hörte, fuhr er auf: »Wir greifen an im Westen, und zwar noch im Oktober!«

Es gibt kleine Anzeichen, die darauf hindeuten, daß Hitler tief in seinem Inneren schon jetzt wußte, daß er an der Schwelle eines langen und erbitterten Krieges mit Großbritannien stand. Schon am 5. September hatte er Hewel angewiesen, sofort jeden nur möglichen diplomatischen Weg zu nutzen, um seinen Freund Ernst »Putzi« Hanfstaengl zu veranlassen, aus England zurückzukehren. Offensichtlich spielte Großbritannien auf Zeitgewinn. Am Abend des 12. enthüllte Hitler gegenüber Oberstleutnant Schmundt im Vertrauen, daß er unmittelbar nach dem Sieg über Polen im Westen zum Angriff gegen Frankreich antreten werde; diesen Schwächemoment des Westens müsse er so bald wie möglich ausnutzen. Generaloberst von Brauchitsch aber ließ er absichtlich in Unkenntnis.

»Der Krieg geht weiter!« 249

Wenige Tage später, am 14. September, besprach er mit seinem Baufachmann Fritz Todt die Notwendigkeit, ein festes Führerhauptquartier im Westen zu bauen. Im engsten Kreis seiner Adjutanten erklärte Hitler, aus den Erfahrungen des Weltkrieges in Flandern wisse er, daß in Frankreich gutes Wetter bis Januar herrsche, geeignet für eine Offensive, dann aber kaum wieder bis Mai. Er würde England gerne nochmals ein Friedensangebot machen, aber es würde nicht erfolgreich sein. »Erst wenn wir am Kanal stehen, wird sich England vielleicht eines anderen besinnen«, sagte er.
Hitler enthüllte diese Absicht am 27. September seinen aufgeschreckten Oberbefehlshabern in einer langen Ansprache. Hitler betonte, daß die deutsche Überlegenheit an Menschen und Material nur vorläufigen Charakter habe, deshalb müsse der Angriff gegen Frankreich vor Ende des Jahres 1939 beginnen; und wie zum Beginn des Weltkrieges müsse er durch Belgien führen. Belgiens Neutralität sei unaufrichtig, und es bestünden Anzeichen dafür, daß es einen raschen Durchmarsch den französischen und britischen Streitkräften gestatten werde, die jetzt an der belgischen Westgrenze zusammengezogen würden. Damit wäre das Ruhrgebiet verloren, und der Krieg wäre zu Ende. Er war sich bewußt, daß Brauchitsch diesen neuen Feldzug wahrscheinlich innerlich ablehnte; deshalb duldete er keine Diskussion. Er beendete die Besprechung, indem er seine kurzen Notizen in das Kaminfeuer warf, das in seinem Arbeitszimmer brannte.
Staatssekretär von Weizsäcker notierte, Hitler habe in seiner Gegenwart gesagt, daß die neue Offensive ihn vielleicht eine Million Mann kosten werde – den Gegner aber auch, und der Gegner könne sich das schlecht leisten. Hitler wiederholte seine Argumente gegenüber seinen Armee- und Heeresgruppenbefehlshabern am nächsten Tage in der Reichskanzlei.
Warschau war soeben gefallen. Seit dem 10. September hätte die Stadt von Artillerie und Luftwaffe bombardiert werden können, aber aus politischen Erwägungen hatte Hitler die tödliche Entscheidung hinausgeschoben. Andere Städte in Polen waren weitgehend verschont geblieben. In Krakau waren fast keine Bomben gefallen. Das aber sollte nicht das Schicksal der polnischen Hauptstadt sein. Am 21. September konnte kein Zweifel mehr daran bestehen, daß Warschau erstürmt werden mußte. Die zweihundert ausländischen Diplomaten ließ man entkommen, und die Artilleriebeschießung der Stadt wurde intensiviert. Am 25. September hatte Hitler die 10. und die 8. Armee besucht; diese hatte 150 Batterien für den eigentlichen Artillerie-Angriff in Stellung gebracht, der am nächsten Tage beginnen sollte. Von der Tribüne eines Rennplatzes aus beobachteten Hitler und seine Begleitung mit Ferngläsern, wie die Artillerie auf Warschau einschlug. Der Abschlußbericht von Blaskowitz vermerkt:

»Der Angriffsplan der 8. Armee wird vorgetragen; dieser sieht Beginn des eigentlichen Artillerieangriffs gegen die Festung am 26. September früh vor; bis dahin werden nur erkannte militärische Ziele, feindliche Batteriestellungen und lebenswichtige Anlagen wie Gas-, Wasser- und Elektrizitätswerke, von der Erde und aus der Luft bekämpft. ... Nach Vortrag des Angriffsplans im großen regt der Führer in lebhaftem Empfinden für die bevorstehenden Leiden der Bevölkerung der Festung den nochmaligen und letzten Versuch an, die militärische Führung Warschaus zur Aufgabe ihres wahnwitzigen Verhaltens umzustimmen. Er sichert den Offizieren der Festung Überführung in ehrenvolle Kriegsgefangenschaft unter Beibehalt ihres Degens im Falle sofortiger Übergabe zu; den Unteroffizieren und Mannschaften wird alsbaldige Entlassung in die Heimat, ..., in Aussicht gestellt.«

Abermals wurden Millionen von Flugblättern an jenem Abend über Warschau verstreut. Der polnische Kommandant gab keine Antwort. So nahm die Artillerie am Morgen des 26. September Zielwechsel auf die Stadt selbst vor, und der Sturmangriff der Infanterie begann. Am nächsten Tag war alles vorbei. Die Polen hatten kapituliert. Am 2. Oktober erstatteten Rommel und Schmundt dem Führer Bericht über die furchtbaren Bilder der Vernichtung. Rommel schrieb am nächsten Tag: »Bericht in der R. K., und Abendessen am Tisch des F. Warschau ist stark mitgenommen. Kaum ein Haus gibt es, das nicht irgendwie beschädigt ist und dessen Fenster noch heil sind... Die Bevölkerung muß sehr gelitten haben. Es gibt seit sieben Tagen kein Wasser, kein Licht, kein Gas und keine Lebensmittel... Der Oberbürgermeister rechnet mit 40000 Toten und Verwundeten.«
Ein Hauch des Todes hing noch immer über Warschau, als Hitler zu seiner Siegesparade am 5. Oktober in die polnische Hauptstadt flog. Leichengeruch verpestete die Luft. Seinem engsten Stab blieb es nicht verborgen, daß er sehr schweigsam war, entnervt durch das Schauspiel von Tod und Vernichtung ringsum. Nach außen blieb er hart und gefühllos. Zu den ausländischen Journalisten sagte er drohend: »Sehen Sie Warschau an. So kann ich, wenn ich will, alle europäischen Städte zurichten.« Aber als er das Frühstück sah, das das Heer auf dem Flugplatz ausgerichtet hatte, lehnte sich entweder sein Magen auf oder sein Instinkt verbot es ihm, sich an die riesige Hufeisentafel mit dem makellos weißen Leinen und den üppigen Speisen zu setzen, während Hunderttausende von Warschauer Bürgern Hunger litten.
Die Grenzen in Osteuropa waren jetzt zwischen Deutschland und der Sowjetunion geregelt. Hitler hatte darauf bestanden, daß sein Außenminister Ribbentrop selbst nach Moskau fliege, um die Einzelheiten auszuhandeln: »Die endgültigen Grenzen für die nächsten tausend Jahre zwischen Asien und Europa festzulegen, ist doch wirklich eine Aufgabe, die des Außenministers des Großdeutschen Reiches würdig ist!« Während die Mitte September provisorisch vereinbarte Demarkationslinie entlang der Weichsel verlaufen war, hatte man sie jetzt an den Bug weit nach Osten verlegt, da Stalin dem Deutschen Reich die Wojwodschaften ganz Warschaus und auch Lublins überlassen hatte (im Tausch für den baltischen Staat Litauen, den das geheime Zusatzprotokoll vom August noch in den

deutschen Machtbereich einbezogen hatte). Also mußten die deutschen Truppen, die schon bis an den Bug vorgestürmt waren und dann Befehl erhalten hatten, sich an die Weichsel zurückzuziehen, wieder gen Osten marschieren und dabei das weite, unwegsame Gebiet zum dritten Mal in ebenso vielen Wochen durchmessen.

Während der ersten beiden Oktoberwochen des Jahres 1939 schwankte Hitler sicherlich, ob er den Kampf fortsetzen oder ob er Frieden schließen solle, zu den besten erreichbaren Bedingungen. Die Tatsache, daß er der Wehrmacht befohlen hatte, sich auf den Fall Gelb, also auf den Angriff auf Frankreich und Belgien vorzubereiten, änderte nichts an der Echtheit seiner Friedensoffensive. Deutschland würde mindestens fünfzig Jahre benötigen, um die neuen Ostgebiete zu kultivieren und die Zwangsumsiedlungsprogramme zu verwirklichen, die Heinrich Himmler ausgearbeitet hatte, um das deutsche Blut im Osten zu stärken.
Man kann also vermuten, daß die Friedensfühler, die Hitler nach London ausstreckte, ernst gemeint waren und nicht etwa die Absicht hatten, England und Frankreich auseinanderzutreiben.
Weizsäcker schrieb privat am 6. Oktober: »Der Versuch, den Krieg jetzt abzuschließen, ist ernst. Ich selbst veranschlage die Chancen auf 20%, [Hitler] auf 50%. Sein Wunsch ist 100%ig. Dann hätte man quasi recht behalten mit der These, daß England Polen opfert. Außerdem wäre man der peinlichen Entscheidung enthoben, wie man denn England militärisch zu Boden zwingen kann.«
Schon Anfang September hatte Göring gegenüber dem schwedischen Unterhändler Birger Dahlerus angedeutet, daß Deutschland bereit sein würde, die Souveränität an ein Polen ohne dessen ehemalige deutsche Provinzen zurückzugeben; man würde auch die deutsche Rüstung zurückschrauben. Hierauf hatte London eine vorsichtige Bereitwilligkeit gezeigt, die deutschen Vorschläge zu prüfen. Hitler sagte Dahlerus sogleich nach seiner Rückkehr am 26. September, daß, wenn die Engländer noch etwas von Polen retten wollten, sie sich beeilen sollten; und die Russen hätten dabei mitzusprechen. Dahlerus reiste sogleich nach Großbritannien ab.
Voller Sorge beobachtete das Heer die Entwicklung. Ende September hatte Halders Stellvertreter pessimistisch erklärt, daß das Heer im Westen vor 1942 nicht in der Lage zum Angriff gegen die französische Festungsfront sei. Das Heer führte alle Argumente ins Feld, die dagegen sprachen, jetzt mit Fall Gelb zu beginnen. Der Angriffsvorgang, der sich in Polen als so erfolgreich erwiesen habe, werde gegen ein so festgefügtes Heer wie das französische nicht erfolgreich sein können; das neblige Wetter und die kurzen Tageslichtstunden im November würden die Luftwaffe behindern. Am 7. Oktober brachte Brauchitsch diese Argumente vor. Hitler bat den Oberbefehlshaber, seine Unterlagen bei ihm zurückzulassen. Während der nächsten beiden Tage diktierte er eine 58 Seiten umfassende Denkschrift für

Keitel und die drei Oberbefehlshaber. In ihr setzte er die Gründe dafür auseinander, warum Gelb so frühzeitig wie nur möglich beginnen müsse und warum die Zeit gegen Deutschland arbeite.

Seinen Oberbefehlshabern las der Führer dieses dräuende Dokument am 10. Oktober vor. Er ging von der Prämisse aus, daß Englands Ziel in den letzten drei Jahrhunderten unverändert das gleiche geblieben sei. Das deutsche Kriegsziel müsse deshalb die endgültige militärische Erledigung des Westens sein. Diesen Kampf also müsse das deutsche Volk jetzt durchstehen. Trotzdem läge ein schneller Friedensschluß im deutschen Interesse – sofern nichts von dem bisher Errungenen aufgegeben werden müsse.

Am 29. September holte sich Alfred Rosenberg Hitlers Erlaubnis, die Fühler aufzunehmen, die Beamte des britischen Luftfahrtministeriums durch einen Zwischenträger in der Schweiz ausgestreckt hatten; aber dieser Funke der Hoffnung war rasch wieder erloschen, als der Mittelsmann erklärte, die Kräfte des Friedens seien in London von denen Churchills an die Wand gedrückt worden.

Weit merkwürdiger war das Erscheinen des einflußreichen amerikanischen Ölmagnaten William Rhodes Davis in Berlin Anfang Oktober 1939. Dieser behauptete, ein Abgesandter des Präsidenten Franklin D. Roosevelt zu sein.

In Berlin traf Davis mit Göring zusammen. Eine siebenseitige Zusammenfassung der Diskussion über die angeblichen Roosevelt-Vorschläge fand in Berlin Verbreitung, denn sarkastische Bemerkungen über Roosevelts plötzliches Auftauchen als »Friedensengel« finden sich in mehreren Tagebüchern jener Zeit.

»Präsident Roosevelt ist bereit... auf die Westmächte zur Einleitung von Friedensverhandlungen einzuwirken. Präsident Roosevelt bittet um Mitteilung der einzelnen Punkte, welche Deutschland zu regeln wünscht, wie z. B. Polen, Kolonien. Präsident Roosevelt erwähnte in diesem Zusammenhang auch die Frage einer Regelung für die rein tschechischen Gebiete, die aber erst zu einem späteren Zeitpunkt in Kraft zu treten brauchte. Diesen Punkt berührte Präsident Roosevelt im Hinblick auf die öffentliche Meinung in den Vereinigten Staaten, um die tschechischen Wähler und die mit ihnen sympathisierenden Kreise zufriedenstellen zu können, wenn er einen Druck auf England zur Beendigung des Krieges ausüben würde.«

Der Vorschlag des Präsidenten gehe dahin, daß Hitler Danzig, alle früheren deutschen Provinzen in Polen sowie alle früheren Kolonien in Afrika zurückerhalte. Er werde, falls Daladier und Chamberlain nicht übereinstimmten, Deutschland mit Waren und Kriegsmaterial beliefern, notfalls »unter dem Schutz der amerikanischen bewaffneten Macht nach Deutschland geleitet«! Am 3. Oktober erklärte Feldmarschall Göring dem Amerikaner, daß die Antwort Hitlers in seiner Reichstagsrede am 6. Oktober erfolgen werde: Der Führer werde eine Reihe von Friedensvorschlägen

machen, die sich eng an die Punkte halten würden, die Davis aus Washington mitgebracht habe. Davis dürfe dem Präsidenten streng vertraulich versichern, daß Deutschland auch einer Regelung zustimmen werde, durch die ein neuer polnischer Staat und eine unabhängige tschechische Regierung geschaffen würden. Er, Göring, sei bereit, selbst an einer solchen Friedenskonferenz in Washington teilzunehmen.
Hitler hoffte ernsthaft auf einen Zwischenbescheid von Roosevelt. Rosenberg schrieb: »Es wäre ein ganz unerwarteter Schlag, wenn London von Washington einen dringenden ›Rat‹ zum Friedenschließen erhalten könnte.« Irgend etwas aber war dieser Mission in die Quere gekommen. Der englische Geheimdienst ließ Davis' deutschen Begleiter unterwegs in Portugal abfangen, und als Davis allein in Washington wieder eintraf, wurde er beim Präsidenten nicht wieder vorgelassen.
Am 6. Oktober hielt Hitler seine Reichstagsrede. Er schmähte Churchill als Vertreter eines gewissen jüdisch-internationalen Kapitalismus und Journalismus, die den größten Erfolg ihres Lebens in der Brandstiftung von internationalen Ausmaßen erblickten. Seine Mitarbeiter jedoch waren zuversichtlich. Generalmajor Rommel schrieb am 7. Oktober: »Falls der Krieg sein Ende findet, hoffe ich bald zu Hause zu sein...« Und am gleichen Tage schrieb Walther Hewel: »Wir sind nun alle gespannt, nach der Rede, wie die Engländer reagieren werden. Ob sie tatsächlich so wahnsinnig sind, für ein Ziel, das sie selbst nicht definieren können, Europa ins Unglück zu stürzen, oder ob sie Einsicht haben...«
Am 9. Oktober berichtete ihm der Schwede Dahlerus über die Bedingungen, die nach britischer Ansicht Voraussetzungen für Friedensverhandlungen sein müßten. Es sei zwischen Deutschland und England nicht nur über die Neugestaltung des polnischen Staates zu verhandeln, sondern England wünsche auch, daß beiderseits unverzüglich alle Angriffswaffen vernichtet würden. Das waren Bedingungen, die für Hitler schwerlich zu akzeptieren waren, denn öffentlich stand er noch immer auf seinem Standpunkt, daß die Zukunft Polens allein zwischen Deutschland und Rußland zu regeln sei. Aber ihm lag an einer Fortsetzung des Dialogs, und am 10. Oktober wurde Dahlerus beauftragt, London die grundsätzliche *Zustimmung* mitzuteilen. Hitler hatte an jenem Tag zwei Unterredungen mit dem Schweden, bevor Dahlerus nach Den Haag aufbrach. In der Tasche hatte er einen Brief von Göring und eine Liste der Vorschläge Hitlers. Einem deutschen Offizier gegenüber meinte Dahlerus, daß »deutscherseits auch schwere Bedingungen, wenn sie in die richtige Form gebracht werden könnten, als annehmbar angesehen werden würden«. Er sagte, er bringe mehr als genug mit nach Holland, um das starke englische Mißtrauen gegenüber Hitler beseitigen zu können.
In Holland jedoch wartete Dahlerus vergeblich auf den britischen Unterhändler, und Chamberlains ungeduldig erwartete Rede, die er am 12. Oktober im Unterhaus hielt, machte Hitlers zuversichtlicher Erwartung ein

Ende. Chamberlain wies Hitlers öffentliches Angebot als »vage und unbestimmt« zurück – er habe nichts über eine Wiedergutmachung des der Tschechoslowakei und Polen zugefügten Unrechts ausgesagt. Wenn Hitler den Frieden wolle, sagte Chamberlain, »müssen Taten kommen – und nicht nur Worte«. Am selben Abend ließ Hitler Göring zu sich kommen und die Luftwaffengenerale Milch und Udet, den Generalluftzeugmeister. Er wies sie an, die Produktion von Bomben zum frühestmöglichen Zeitpunkt wieder aufzunehmen: »Der Krieg geht weiter!« Zwei Tage später schrieb Weizsäkker: »Der Führer selbst hatte vor diesen Antworten sich noch in großen Hoffnungen gewiegt, sein Traum der Zusammenarbeit mit England werde sich verwirklichen. Er drängte auf Frieden. Herr v. Ribbentrop schien mir weniger davon durchdrungen. Er malte dem Führer schriftlich seinerseits ein Wunschbild des künftigen Europas à la Reich Karls des Großen.«

Dem schwedischen Weltreisenden und Forscher Sven Hedin gegenüber drückte Hitler sein Befremden über die Starrheit Englands aus. Diesem Volk habe er wiederholt die Freundschaft angeboten und als Antwort nur Faustschläge bekommen. »Die Erhaltung des britischen Imperiums sei auch für Deutschland von Vorteil: denn wenn England Indien verlöre, gewännen wir nichts dabei.« *Natürlich* werde er den polnischen Staat wiederherstellen. Er wolle keine Polen schlucken. Was den Rest der Chamberlainschen Ergüsse betreffe, so könnte er ja ebensogut von England die Wiedergutmachung des Unrechts fordern, das Indien, Ägypten und Palästina zugefügt worden sei. England könne den Frieden haben – »von uns aus jede Stunde« –, aber die Engländer, und das schließe die »pomadige Null« Eden und den »unfähigen« Churchill ein, müßten lernen, daß sie sich aus den deutschen Interessengebieten im Osten herauszuhalten hätten.

In seiner Denkschrift vom 9. Oktober hatte Hitler am stärksten die *Dringlichkeit* einer Wiederaufnahme der Offensive hervorgehoben. Die deutsche militärische Stärke sei jetzt auf ihrem Höhepunkt. Was Italien betreffe, so dürfe nicht übersehen werden, daß Mussolini auch immer älter werde! Rußlands Haltung könne sich leicht ändern. Und noch andere Gründe müßten Deutschland zu schnellem Handeln veranlassen: Vermeiden müsse es einen langdauernden Zermürbungskrieg, denn je mehr England frische Einheiten nach Frankreich schaffe, desto mehr führe das Frankreich ein psychologisch hoch zu wertendes neues Kampfelement zu; umgekehrt werde es zunehmend schwieriger werden, die seelische Haltung des deutschen Volkes für den Krieg zu festigen. Es werde schwirig sein, die deutsche Luftüberlegenheit aufrechtzuerhalten – sobald der Feind glaube, *er* habe die Luftüberlegenheit erlangt, werde er sie ohne Rücksicht auf die damit in Kauf zu nehmenden Repressalien ins Spiel bringen. Die Engländer und Franzosen seien sich vor allem der Verwundbarkeit des Ruhrgebiets bewußt; von dem Augenblick an, wo der Feind Flugzeuge oder auch Fernkampfartillerie auf belgischem und holländischem Gebiet stationieren könne, werde für Deutschland das unersetzliche Ruhrgebiet im wesentlichen ausfallen. Deshalb sei er, Hitler, überzeugt, daß die Besetzung Belgiens und Hollands schon auf dem Programm der Westmächte stehen *müsse*; und das sei für ihn auch die Rechtfertigung dafür, seiner Wehrmacht zu befehlen, sich auf einen Angriff Frankreichs durch belgisches Territorium hindurch vorzubreiten.

Entsprechende Vorteile würden sich für Deutschland ergeben, wenn es die Küste Westeuropas in der Hand habe: Aus soliden strategischen Gründen müsse die deutsche Kriegsmarine U-Bootstützpunkte »außerhalb der engbegrenzten Heimatbasis« schaffen. In ähnlicher Weise werde sich die Schlagkraft der Luftwaffe unverhältnismäßig stark vergrößern, wenn sie Holland, Belgien oder gar das Pas de Calais in Frankreich als Ausgangsbasen für Luftangriffe gegen England besitze.

»Noch in diesem Herbst«, sagte Hitler, müsse die Wehrmacht im Westen angreifen, und zwar mit massierten Kräften. Die Wehrmacht werde das französische Heer auf der Front zwischen Luxemburg südlich bis Nijmwegen nördlich unter Aussparung der Festung Lüttich angreifen und in zwei Angriffsgruppen den luxemburgischen, belgischen und holländischen Raum durchstoßen, wobei die deutsche Panzerwaffe mit solcher Schnelligkeit einzusetzen sei, daß der Feind keine zusammenhängende Abwehrfront bilden könne. Die Luftwaffe habe das feindliche Eisenbahn- und Straßennetz zu unterbrechen; sie dürfe keine Zeit damit verschwenden, einzelne Flugzeuge zu jagen. »Der Angriff auf Städte selbst ist auf das äußerste einzuschränken«; sie dürften nur bombardiert werden als Vergeltungsangriff für die Bombardierung von Städten im Reichsgebiet. So Hitler in seiner langen Denkschrift.

Während Marine und Luftwaffe Hitlers Argumente ohne Zögern akzeptierten, begann die Heeresführung sich dagegen aufzulehnen. Der Grund dafür mag gewesen sein, daß hier zum ersten Mal der klare Beweis für die Entschlossenheit Hitlers vorlag, seine Position als Oberster Befehlshaber der Wehrmacht ernst zu nehmen. Großadmiral Raeder drängte auch von sich aus noch zur Eile und zur Härte, als er Hitler am Abend des 10. Oktober aufsuchte. Wenn man England schlagen wolle, sagte er, dann müsse man es uneingeschränkt belagern, unter Zurückweisung aller Einsprüche von anderer Seite: »Je früher der Beginn und je brutaler, um so früher die Wirkung, um so kürzer der Krieg.« Damit stimmte Hitler überein, und er hob die Bedeutung der Aufrechterhaltung des U-Bootprogramms für 1940 hervor.

Das OKH vertrat dagegen die Ansicht, daß die Vorbereitung des Heeres noch nicht völlig abgeschlossen sei. Die Heeresgruppen-Oberbefehlshaber von Bock und von Leeb lehnten den Angriff mit unterschiedlicher Schroffheit ab. Ihre Armeeführer wie Reichenau und Kluge waren ebenfalls nicht begeistert.

Als frühester Zeitpunkt für den Beginn von Gelb wurde vorläufig die Woche vom 15. bis 20. November vorgesehen; dann aber – so Hitler – werde alles nur von der Wettervorhersage abhängen und nicht von den Launen des Heeres.

Eine indirekte Folge der britischen Abfuhr war eine Verhärtung in Hitlers Polenpolitik. Er wiederholte sein Angebot, einen polnischen Reststaat zu schaffen, nicht mehr. Das Polen von 1939 sollte nun aufgeteilt, zerstückelt und neubesiedelt werden.
Eine ganze Serie radikaler Erlasse und Befehle kündigte diese Neuordnung an. Am 4. Oktober kam ein Gnadenerlaß für alle Deutschen, die sich »aus Erbitterung wegen der von den Polen verübten Greuel« strafbar gemacht hatten. Der Erlaß über die Ernennung Himmlers zum »Reichskommissar für die Festigung deutschen Volkstums«, mit dem ihm »die Ausschaltung des schädigenden Einflusses von solchen volksfremden Bevölkerungsteilen, die eine Gefahr für das Reich bedeuten«, übertragen wurde, erhielt die endgültige Unterschrift Hitlers am 7. Oktober. Am 8. unterzeichnete er einen Erlaß, mit dem die neuen Reichsgaue »Westpreußen« und »Posen« geschaffen wurden. Was nun das restliche, von den Deutschen besetzte polnische Reservat betraf, so entwarf Hitler am 12. einen Erlaß, »um die öffentliche Ordnung... wiederherzustellen«. Die Gebiete seien einem deutschen Generalgouverneur zu unterstellen, und zwar Reichsminister Dr. Hans Frank, der unmittelbar dem Führer verantwortlich sein werde.
In einer Besprechung, die am 17. Oktober in der Reichskanzlei stattfand, verkündete Hitler in Anwesenheit von Keitel, Frank und Lammers, daß die deutsche Militärverwaltung ihre Vollmachten jetzt den unter Hans Frank sowie den Gauleitern Albert Forster und Artur Greiser geschaffenen Zivilverwaltungen zu übergeben habe. Die Militärs sollten froh sein, meinte Hitler, wenn sie sich von dieser Dreckarbeit absetzen könnten. Er befahl, daß die neue zivile Verwaltung im Generalgouvernement keineswegs einen Musterstaat deutscher Ordnung schaffen oder das Land wirtschaftlich und finanziell sanieren solle, sondern dort müsse im Gegenteil die »polnische Wirtschaft« zur Blüte kommen. Franks Aufgabe werde es sein, die »Voraussetzung für den militärischen Aufmarsch der Zukunft zu schaffen« und zu verhindern, daß die polnische Intelligenz sich als Führerschicht aufwerfe. Polen müsse durch Armut so weit kommen, daß die Leute dort gar keinen anderen Wunsch haben, als in Deutschland für billiges Geld zu arbeiten; Juden, Polacken und anderes Gesindel müßten rasch in Richtung Osten abtransportiert werden. Einem Obersten des Heeres gegenüber gab Keitel in aller Offenheit zu: »Die anzuwendenden Methoden werden mit allen unseren Prinzipien unvereinbar sein.« Nach einer anderen Darstellung wollte Hitler, daß Greiser* und Forster ihm in zehn Jahren melden könnten,

---

* Am 7. März 1944 meldete Gauleiter Artur Greiser dem Führer, daß jetzt eine Million Deutscher offiziell in seinen Reichsgau Wartheland umgesiedelt worden sei, und zwar aus dem Altreich, aus dem übrigen Europa und neuerlich aus den Schwarzmeergebieten; die

daß Posen und Westpreußen blühendes deutsches Land geworden wären; und Frank, daß im Generalgouvernement das »Teufelswerk« vollendet sei. Die Umsiedlung, die sich aus der neugezeichneten Landkarte Osteuropas ergab, zog auch Deutsche in Mitleidenschaft. Volksdeutsche Flüchtlinge drängten sich auf den Straßen der Gebiete Südost-Polens jenseits des Flusses San, die an die Sowjetunion gefallen waren. Hier gab es Dutzende von Dörfern und Weilern, wo Deutsche das Land bebaut hatten, das ihre Vorfahren von Maria Theresia und Joseph II. bekommen hatten – saubere Äcker und ordentliche Dörfer mit Namen wie Burgthal und Wiesenberg, Neudorf und Steinfels.

In den letzten Oktobertagen des Jahres 1939 überreichte Hauptmann Engel, Heeresadjutant Hitlers, dem Führer einen Bericht der 14. Armee über die Rückführung dieser Tausende von Volksdeutschen. Befehle waren nicht erteilt worden; das war auch gar nicht nötig. »In den meisten Fällen entschlossen sich die Dorfbewohner angesichts ihrer Erlebnisse aus der Kriegszeit (Verschleppung nach Sibirien) und aus der Bolschewistenzeit in den Jahren 1919 bis 1920 ohne große Überlegung, ihr Eigentum aufzugeben und die Flucht anzutreten.« Während diese Bewegung nach Westen im Gange war, begann ein schlimmerer Zug nach Osten. Aus ihrer Hälfte Polens begannen die Russen gefährliche Intellektuelle und Angehörige des Offizierskorps zu deportieren; in der deutschen Hälfte wurden die Juden zusammengetrieben und, wo immer möglich, über die Demarkationslinie in die sowjetische Zone abgedrängt.

Hitlers Einstellung zum Kreml war in dieser Zeit geprägt von einem Konflikt zwischen seinem kurzfristigen Interesse an einer stabilen Ostfront und einer gesicherten Belieferung mit Rohstoffen sowie seinem beständigen, durch nichts zu mildernden Haß auf den Kommunismus. Öffentlich sprachen der Führer und Ribbentrop mit größter Hochachtung von ihrem Vertragspartner Moskau. Aber jeder persönliche Kontakt zwischen den deutschen und den sowjetischen Armeen an der Demarkationslinie wurde von Berlin verboten. In seiner langen Oktober-Denkschrift an seine Oberbefehlshaber hatte Hitler gewarnt: »Durch keine Abmachung kann mit Bestimmtheit eine dauernde Neutralität Sowjet-Rußlands sichergestellt werden.« Diesem latenten Mißtrauen verlieh Hitler Ausdruck in einem Gespräch, das er am 17. Oktober mit Keitel führte. Polen, sagte er, solle man verkommen lassen, es sei »nur Vorsorge zu treffen, daß das polnische Gebiet als vorgeschobenes Glacis für uns militärische Bedeutung hat... und für einen Aufmarsch ausgenutzt werden kann. Dazu müssen die Bahnen, Straßen und Nachrichtenverbindungen für unsere Zwecke in Ordnung gehalten und ausgenutzt« werden. In einer langen Rede, die er am

---

Juden seien verschwunden bis auf einen ganz geringen Rest, und das Polentum sei von ehemals 4,2 auf 3,5 Millionen Menschen durch Zwangsumsiedlung zurückgedrängt worden.

21. hinter verschlossenen Türen vor hohen Parteifunktionären und Gauleitern hielt, versprach er, wenn er England und Frankreich auf die Knie gezwungen habe, werde er sich wieder dem Osten zuwenden. »Habe er auch dieses Ziel erreicht, so werde er daran gehen, ein Deutschland zu schaffen, wie es früher bestanden habe . . .« Er werde sich Belgien einverleiben, und Frankreich gegenüber strebe er die Grenze von 1540 an, als das Habsburger Reich Karls V. das Land der Eidgenossen umfaßt habe und eine Menge von Herzogtümern wie Burgund und Lothringen, die im Westen bis hin an die Maas reichten. Auch Reichsminister Walther Darré zitierte in seinem Tagebuch Hitlers Ausführungen an diesem Tage vor den Reichs- und Gauleitern: »In der Geschichte«, so sagte der Führer, »behält derjenige recht, der siegt. Daher werde ich mich in diesem Kriege nur von dem Gewissen, meinem Volke, das Gott-gewollt ist, leiten lassen, und eiskalt Handlungen auf mich nehmen, die wahrscheinlich vom heute geltenden Völkerrecht verurteilt werden würden.« Und er versprach seinen Zuhörern: »Was wir brauchen ist Raum – und den hoffe ich mir im Osten zu holen.«
Eine Woche nach dieser Ansprache ließ er aus Anlaß von Ritterkreuz-Verleihungen zwei Dutzend Generale und Admirale in die Reichskanzlei kommen. Bei dem anschließenden Frühstück fragte er den zu seiner Rechten sitzenden Panzergeneral Guderian ganz unvermittelt, wie man im Volk und im Heer den Pakt mit Sowjetrußland aufgenommen habe. Guderian erwiderte, man habe im Heer aufgeatmet. Das war offensichtlich nicht die Antwort, die Hitler hatte hören wollen. Der Führer versank in düsteres Schweigen. Dann wechselte er das Thema.
Im November 1939 hatte Hitler sich mit der Tatsache abgefunden, daß der Krieg weitergehen werde. Als Alfred Rosenberg mit neuen nebulösen Berichten über angebliche Bestrebungen innerhalb des britischen Luftfahrtministeriums zu ihm kam, verabreichte der Führer dem NS-Philosophen eine kalte Dusche. Während er selbst noch immer eine deutsch-englische Verständigung für richtig halte, herrsche in London »eine jüdisch geführte wahnsinnige Minderheit«; er begreife nicht, was die Engländer eigentlich wollten. Selbst bei einem englischen Sieg würden in Wirklichkeit die Vereinigten Staaten, Japan und Rußland gewinnen. Die deutsche Propaganda malte England, das Hitler ohne jede Gegenliebe umworben hatte, jetzt als Mörder, Lügner, Heuchler und Raubstaat. Daß Großbritannien den Kampf fortsetzte, war eine höchst unangenehme Tatsache, mit der Hitler sich jetzt auseinanderzusetzen hatte.
Nach seiner Rückkehr nach Berlin hatte er den großen Kongreßsaal in der Führerwohnung als Lagebesprechungszimmer einrichten lassen. In der Mitte stand ein großer Kartentisch.
Die OKW-Generale Keitel und Jodl bezogen die neben diesem Saal gelegenen früheren Räume der Adjutanten Hitlers. Jodls Stellung war zu diesem Zeitpunkt noch recht schwach. Als er versuchte, eine mündliche Beurteilung der Lage im Großen zu geben, wie es in hohen militärischen Führungs-

stäben üblich ist, kam er über die ersten Sätze nicht hinaus. Aber Hitlers Respekt vor Jodl wuchs in dem gleichen Maße, wie seine Verachtung für die Vertreter des Heeres zunahm. Mitte Oktober sagte er zu Jodl: »Wir gewinnen diesen Krieg, und wenn er hundert Mal einer Generalstabsdoktrin widerspricht, weil wir die bessere Truppe, die bessere Ausrüstung, die besseren Nerven und eine geschlossene, zielbewußte Führung haben.«
Am 19. Oktober ließ das Oberkommando des Heeres auf Hitlers Veranlassung seinen ersten eiligen Operationsplan zum Fall Gelb ergehen. Er sah vor, daß der Hauptangriff von fünfundsiebzig Divisonen durch Belgien hindurch vorgetragen wurde. Heeresgruppe C, unter dem Befehl von Generaloberst von Leeb, sollte mit sechzehn Divisionen hinter dem Westwall in der Defensive bleiben.
Der große Vorstoß nach Belgien hinein würde es mit sich bringen, daß ein fünfundzwanzig Kilometer breiter Zipfel holländischen Gebiets bei Maastricht überquert werden mußte. Aber Hitler hoffte, die Niederlande auf friedlichem Wege für die Duldung des Durchmarsches gewinnen zu können. Sollten natürlich die Briten in Holland landen, mußte die deutsche Wehrmacht Pläne zur sofortigen Besetzung des ganzen Landes bereit haben. Zur Rechtfertigung des Einmarsches in das neutrale Belgien sollten die nachrichtendienstlichen Stellen detaillierte Aufstellungen von verschiedenen Fällen französisch-belgischer Komplizenschaft anfertigen. Die Anweisung für die Arbeit lautete: »Lassen Sie Ihre Phantasie spielen!«
Die Generalobersten von Bock und von Rundstedt schätzten die militärischen Aussichten nicht sehr hoch ein; im Oktober verliehen sie ihrem Pessimismus in Denkschriften an das OKH Ausdruck. Leeb steuerte eine ähnliche Studie bei, in der er die Rechtmäßigkeit einer Verletzung der belgischen und niederländischen Neutralität in Frage stellte.
Als Hitler dem seine eigene entgegengesetzte Befürchtung gegenüberstellte, daß »England und Frankreich dann in einer Winternacht ohne Schuß an der Maas« stehen könnten, antwortete General von Reichenau unbeeindruckt: »Das ist mit lieber.« Als Keitel sich von den Argumenten des Generalstabs beeindruckt zeigte, bestand Hitler darauf, daß sein Chef des OKW sich die Auffassung des Führers zu eigen mache und sie vorbehaltlos dem OKH gegenüber vertrete. Auch Göring hatte ein unbehagliches Gefühl bei dem Gedanken, daß Gelb so bald schon ausgelöst werden sollte.
Eine der Ursachen für die gegensätzlichen Meinungen lag in der unterschiedlichen Einschätzung der französischen Armee. Das Heer schätzte sie nach Ansicht Hitlers viel zu hoch ein; viel mehr beunruhigte Hitler die zunehmende Stärke des britischen Kontingents in Frankreich, denn jede britische Division, fand er, sei drei oder vier französische wert. Andere Generale wiederum wiesen warnend darauf hin, daß die Winternächte lang seien; das, verbunden mit Regen und Nebel, werde einen Bewegungskrieg sehr erschweren. Hitler aber wollte einen Bewegungskrieg, in dem seine

motorisierten Verbände voranstürmten, die starre Systematik der Franzosen ebenso ausnutzend wie die Schwerfälligkeit der Engländer.

Je länger er über den Karten brütete, um so weniger sagte ihm der vom OKH vorgeschlagene Operationsplan zu. In der dritten Oktoberwoche bemerkte er bissig zu Keitel und Jodl, Halders Plan sei ja »der alte Schlieffenplan mit dem starken rechten Flügel an der Atlantik-Küste«, und er fuhr fort: »Ungestraft macht man eine solche Operation nicht zweimal. Ich bin ganz anderer Ansicht und werde Ihnen das in den nächsten Tagen sagen.«

Dies war die andere Möglichkeit: Eine gewaltige Einkreisung des Feindes, wobei die Angriffsspitze der Panzerverbände schließlich in dem Raum zwischen der Maas und Arras – Amiens an die Küste vorstoßen werde; es sei dies ein Gelände, das er aus eigener Weltkriegserfahrung kenne. Weiter nördlich, vorwiegend in Flandern, sei kein Gelände für größere Panzeroperationen gegeben. Er war von diesem Gedanken besessen, und am Ende einer Besprechung mit den höheren West-Generalen, die am 25. Oktober in der Reichskanzlei stattfand, trug er ihn vor. Wie der ebenfalls anwesende von Bock sich in seinem Tagebuch notierte, »sagt der Führer auf eine Frage von Brauchitsch hin schließlich, daß er von Anfang an den Wunsch und Gedanken gehabt habe, den Hauptangriff *nur südlich* der Maas zu führen, ...um im Vordringen in allgemein westlicher und dann in nordwestlicher Richtung den in Belgien stehenden und dort einrückenden Feind abzuschnüren und zu vernichten. Brauchitsch und Halder sind anscheinend völlig überrascht und so ergibt sich ein ›lebhaftes‹ Hin und Her über diesen Gedanken.«

Dieses war der tatsächliche Kern des kühnen Feldzugplanes, der dann Frankreichs schnelle Niederlage herbeiführen sollte. Alles drehte sich um das Problem, ob die deutschen Verbände zur Kanalküste durchbrechen würden oder nicht. Aber Hitler fordert das Heer auf, seinen Plan zu prüfen, und aus einer Nebenbemerkung geht hervor, daß er nicht abgeneigt sei, Gelb notfalls bis zum Frühjahr zu verschieben.

Wenn er in Belgien einmarschierte, würden der Albert-Kanal und das nahegelegene Fort Eben Emael für das weitere Vordringen der 6. Armee von Reichenau ein schwer zu überwindendes Hindernis sein. Der Kanal war als Festungsgraben angelegt, als Bestandteil der östlichen Verteidigungsanlagen Belgiens, befestigt mit Bunkern und Kampfständen, die Böschungen rampenartig zu steilen Hängen ansteigend. Nur drei Brücken überspannten den Kanal, und die waren mit Kampfständen gebaut und mit Sprengkammern versehen. Die Festung Eben Emael war mit achtzehn schweren Geschützen armiert und hatte eine Besatzung von tausend Mann, die unterirdisch in den Tunnels und Bunkern der Festung untergebracht waren. Da sich das ganze System in ungefähr 30 km Entfernung von der Reichsgrenze befand, konnte der Feind die Brücken sprengen, lange bevor deutsche Vorausabteilungen sie erreicht hatten; und diese mußten die breite

Maas über eine der noch vorhandenen Brücken auf der holländischen Seite bei Maastricht überqueren, die ebenfalls zur Sprengung vorbereitet waren. Dieser massive Festungskomplex beschäftigte Hitler fast so stark wie alle übrigen mit Gelb zusammenhängenden Probleme. In der letzten Oktoberwoche schlug er die Aufstellung eines getarnten Abwehr-II-Bataillons vor, das Reichenau zu unterstellen sei. Diese Männer sollten im Maastrichter Zipfel in Uniformen der holländischen Grenzpolizei gesteckt werden. »Uniform ist in Kriegszeiten immer die beste Tarnung«, sagte Hitler. Allerdings sei es notwendig, daß die Führer des Stoßtrupps in Wort, Ansehen und Benehmen von holländischen Polizeioffizieren nicht zu unterscheiden sind. Ihre Aufgabe sollte es sein, Zündschnüre und Sprengladungen außer Aktion zu setzen. Hitler klagte über die Unfähigkeit seiner Generale, selber solche Gedanken zu entwickeln. »Diese Generale sind zu korrekt«, schimpfte er nach einer Besprechung. »Sie hätten mehr Karl May lesen sollen!«

Auch für das Fort Eben Emael hatte er eine Lösung. Während das Trojanische Pferd, die als Polizisten verkleideten Stoßtrupps, die Brückenwachen ausschalteten, sollten etwa 300 Mann in Lastenseglern in der Dunkelheit innerhalb der Festungsmauern landen. 50-kg-Hohlladungen könnten dann die schweren Geschütze des Forts außer Gefecht setzen. Anfang November befahl die 7. Fliegerdivision die sofortige Aufstellung einer Sturmabteilung für den Lastensegler-Einsatz. Die Abteilung habe bis zum 12. November einsatzbereit zu sein.

Die Möglichkeiten von Pannen waren zahlreich, und etliche traten dann auch ein. Ein Beamter der Abwehrstelle Münster wurde dabei ertappt, als er in der Provinz Groningen holländische Polizeiuniformen in rauhen Mengen aufkaufte. Mehrere Tage lang schwelgten die Karikaturisten der holländischen Zeitungen in Spekulationen darüber, wie die Nazi-Invasoren wohl kostümiert sein würden, wenn sie eines Tages auftauchten. Eine Karikatur zeigte einen schmollenden Göring in der Uniform eines holländischen Straßenbahnschaffners.

Der Angriff auf Frankreich und Belgien sollte nun dem Plane nach schon in einer Woche beginnen, und das Oberkommando des Heeres wurde unruhig. Am Mittag des 5. November verlangte von Brauchitsch einen Vortrag beim Führer. Er hatte mit eigener Hand eine Erwiderung auf Hitlers Denkschrift vom 9. Oktober verfaßt. Seine Hauptsorge galt dem Zustand des Heeres im Westen. Die Infanterie hätte sich im Polenfeldzug wenig angriffsfreudig gezeigt; Brauchitsch erwähnte sogar »Meutereien« in einigen Einheiten, und er sprach von alkoholischen Exzessen an der Front sowie während des Eisenbahntransports nach Westen. Er selbst habe Berichte von Bahnhofsvorständen, außerdem Gerichtsakten gesehen. An dieser Stelle verlor Hitler die Beherrschung und ersuchte seinen Oberbefehlshaber um nähere Bezeichnung der beteiligten Truppenteile. Er riß Brauchitsch die

Papiere aus der Hand, warf sie auf seinen Panzerschrank und schrie den Generaloberst an. Kein einziger Befehlshaber an der Front habe ihm jemals von mangelndem Angriffsgeist gesprochen. Das bekomme er erst jetzt zu hören, nach einem einmaligen Siegeszug des Heeres in Polen. Er verlangte die sofortige Vorlage der Berichte, Gerichtsakten usw., die Brauchitsch erwähnt hatte. Er beabsichtige, selbst zu den betreffenden Truppenteilen an die Front zu fliegen. Dann verließ er den Saal, warf die Tür krachend ins Schloß und ließ den erregten von Brauchitsch einfach stehen.

Später suggerierte Keitel seinem Führer, daß es hauptsächlich die älteren Jahrgänge gewesen seien, die sich diese Disziplinlosigkeit hätten zuschulden kommen lassen – die »weißen Jahrgänge«. Hitler pflichtete ihm bei; vergeblich hätte er gegen von Fritschs Weigerung gekämpft, diese Männer rechtzeitig ausbilden zu lassen – und jetzt werde der tote Generaloberst noch vom Heer »glorifiziert«. Der Sekretärin Christa Schroeder diktierte er eine Aktennotiz über den Verlauf seiner unerquicklichen Auseinandersetzung mit von Brauchitsch; ferner ein Schriftstück über die Ablösung des Oberbefehlshabers des Heeres, aber Keitel riet ihm davon ab. Es schien keinen geeigneten Nachfolger für diesen weltgewandten, geschmeidigen Offizier zu geben.

Zwei Tage später verschob Hitler Gelb um drei Tage. Als Grund nannte er die Wetterlage.

An jenem Abend des 7. November fuhr sein Sonderzug nach München ab. Er mußte seine übliche Rede vor den alten Kämpfern im Bürgerbräukeller halten. Diese Versammlung im Bürgerbräu und der lange Marsch durch enge Straßen in München, das waren alljährliche Engpässe, die für einen Attentäter geradezu einladend sein mußten. Am 9. November 1938 hatte der Schweizer Student Maurice Bavaud versucht, ihn auf ebendiesem Marsch durch München zu erschießen, war aber nicht zum Schuß gekommen, weil ihn die zum Deutschen Gruß erhobenen Hände am Zielen hinderten. Hitler erfuhr erst Wochen später davon, als Beamte der Bahnpolizei den Studenten in Augsburg festnahmen, weil er ohne gültige Fahrkarte gereist war. In den nachfolgenden Verhören legte er ein umfassendes Geständnis ab. Er habe Hitler auch während seiner täglichen Spaziergänge auf dem Obersalzberg mit schußbereiter Waffe aufgelauert. (Im Dezember 1938 wartete auf Bavaud das Urteil durch den Volksgerichtshof und das Fallbeil.)

Nach dem Programm sollte Hitler bis zum 9. November in München bleiben. Aber am Morgen des 8. wurde von Berlin aus in Hitlers Wohnung angerufen, das Heer müsse von Hitler die Entscheidung haben, ob Fall Gelb anlaufen solle oder nicht. Ein Adjutant setzte sich mit dem Hauptbahnhof in Verbindung, um die Salonwagen des Führers an den fahrplanmäßigen D-Zug ankoppeln zu lassen, der München am selben Abend verlassen sollte. Der Adjutant meldete Hitler, er werde den Zug nach seiner Ansprache nur knapp noch erreichen können. Hitler verlegte deshalb den Beginn seiner

Rede um fünf Minuten vor, von 20.15 Uhr auf 20.10 Uhr, und er befahl Heß, ihn am nächsten Tag bei den sonstigen Feierlichkeiten zu vertreten.
Pünktlich um 20.00 Uhr betrat der Führer den Bierkeller; der Gau-Musikzug München-Oberbayern brach mitten in der Marschmusik ab, und nach einigen kurzen Begrüßungsworten sprach der Führer. Er stand am Rednerpult, direkt vor einer der großen, holzgetäfelten Säulen. Hitlers Rede war eine reine Schimpfrede, in der er Englands Eifersucht und Haß auf das neue Deutschland als die »wahren Gründe« für diesen »neuen britischen Kreuzzug« gegen ein Deutschland brandmarkte, das in sechs Jahren mehr erreicht habe als England in Jahrhunderten. Julius Schaub schob ihm nervös Karten zu, auf die er zunehmend dringliche Mahnungen kritzelte: »Zehn Minuten!« dann: »Fünf!« und schließlich ein barsches: »Schluß!« »Parteigenossen unserer nationalsozialistischen Bewegung, unser deutsches Volk und über allem jetzt unsere siegreiche Wehrmacht: Sieg Heil!« schloß Hitler seine Rede und trat in die Mitte seiner alten Kämpfer, um sie zu begrüßen, bis es Schaub gelang, ihn um zwölf Minuten nach neun Uhr aus dem Lokal zu lotsen.
Auf dem Augsburger Bahnhof, dem ersten Halt nach München, wurde in Hitlers Salonwagen die Meldung hereingereicht, daß sich im Bürgerbräu ein Unglück ereignet habe. Auf dem Nürnberger Bahnhof wartete der Polizeipräsident, Dr. Benno Martin, mit genaueren Nachrichten. Genau acht Minuten, nachdem Hitler den Bierkeller verlassen hatte, war in der holzgetäfelten Säule hinter dem Pult eine starke Sprengladung explodiert. Es habe viele Tote und Verletzte gegeben. Hitlers Luftwaffen-Adjutant von Below schrieb später: »Die Meldung machte auf Hitler einen tiefen Eindruck. Er wurde sehr still und bezeichnete es als ein Wunder, daß es ihn nicht getroffen hatte.«
Anfangs drehten sich Himmlers Ermittlungen im Kreise. Er endeckte, daß der Geschäftsführer des Bürgerbräus dem Reichssicherheitshauptamt als Hochgradfreimaurer gemeldet war, »der nur mit Juden, Freimaurern und sonstigen dunklen Elementen Geschäfte mache«. Die Abwehr gab sich noch wilderen Phantasien hin und vermutete die Täter in der Gestapo selbst. Hitler hoffte, es werde sich als Machenschaft einer ausländischen Macht erweisen. Mehrere Tage lang brachten die Adjutanten Brückner und Wünsche dem mitgenommenen Führer Glückwunschtelegramme z. B. von Nikolaus von Horthy, dem König und der Königin von Italien, von Mussolini, dem noch immer im Exil lebenden Kaiser Wilhelm und vom Feldmarschall Werner von Blomberg. Auch Königin Wilhelmina der Niederlande telegrafierte:

»Ich sende Ihnen, Herr Reichskanzler, meine aufrichtigsten Glückwünsche, daß Sie dem abscheulichen Attentat entkommen sind.«

Während Hitler noch im Bürgerbräu gesprochen hatte, war in Konstanz ein sechsunddreißig Jahre alter Mann festgenommen worden, ein schwäbischer

Uhrmacher namens Georg Elser. In seinen Taschen fand man eine Beißzange, versteckte Aufzeichnungen über die Herstellung von Zündern, Teile von Zündern, eine farbige Ansichtskarte mit einer Innenansicht des Bürgerbräukellers. Im Verhör durch die Gestapo kam eine Woche später die ganze Geschichte heraus – wie er vor zehn Jahren dem Rotfrontkämpferbund beigetreten war, wie ihn die relative Verarmung von Handwerkern seiner Art empört und wie er vor einem Jahr beschlossen hatte, Adolf Hitler zu beseitigen; er hatte eine Höllenmaschine konstruiert, deren Zeitzünder der zusätzlichen Sicherheit halber von zwei Uhrwerken gesteuert wurde, und er hatte die Bombe in einem mit einer 1 cm dicken Korkeinlage schalldicht gemachten Kasten montiert, damit niemand im Saal das Ticken der Uhrwerke hörte. Sein bescheidener Stolz auf seine handwerkliche Leistung sprach aus jeder Seite des Protokolls über seine Vernehmung. Somit hätte ein Uhrmacher, allein auf sich gestellt, um ein Haar vollbracht, was fünf Jahre später einem ganzen Bataillon von Heeresoffizieren und Intellektuellen nach jahrelangem Debattieren, Planen und Konspirieren kläglich mißlingen sollte.

Privat erzählte Hitler seinem Stab, daß er die ganze Geschichte eines Tages veröffentlichen werde, aber jetzt noch nicht, da man die Hintermänner auch fassen wolle. Generalmajor Rommel, Kommandant des Führerhauptquartiers, schrieb am 9. November: »Ich hoffe, daß nun auch im FHQu die Sicherheitsmaßnahmen entsprechend besser organisiert werden und alles von zentraler Stelle (mir) geregelt wird. Denn wenn man schon *die* Verantwortung hat, so kann man sie mit niemand teilen.« Und am 15. des Monats schrieb Rommel: »Das Münchner Attentat hat ihn [den Führer] nur in seinem Willen bestärkt. Es ist eine Freude, dies miterleben zu können.«

Am Tage nach der Münchner Explosion verschob Hitler Gelb wiederum, und am 13. November erteilt er die zusätzliche Weisung, daß die Offensive frühestens am 22. beginnen werde. Es gibt einigen Grund zu der Annahme, daß Hitler selbst diese Termine nicht ernst nahm – daß ihr Zweck vielmehr darin bestand, die Wehrmacht in höchster Einsatzbereitschaft zu halten. Hitler zweifelte nicht daran, daß der Westen genügend wirtschaftliche Zwangsmittel besaß, um Belgien und die Niederlande zu veranlassen, in dem für den Westen geeignetsten Augenblick englische und französische Hilfe zu erbitten. »Man soll dem Feind keine Unlogik zumuten«, sagte Hitler später im November. »Wenn wir [die] Neutralität wahren, werden [die] Westmächte im Frühjahr einmarschieren.«

Hitler sah sich auch dem Drängen Görings und des Luftwaffen-Generalstabschefs, Hans Jeschonnek, gegenüber, ganz Holland zu besetzen als Vorfeld für den zukünftigen Luftkrieg zwischen Großbritannien und Deutschland. Die Zeit war nun reif, die Holländer zu kompromittieren. Am 9. November, nach einem kurzen Schußwechsel mit Gestapobeamten bei Venlo, unmittelbar jenseits der holländischen Grenze, wurden zwei britische Agenten zusammen mit einem anderen, tödlich verwundeten Offizier über die Grenze nach Deutschland verschleppt. Der Tote, so zeigte sich dann, war ein Oberleutnant Klop vom holländischen Generalstab. Hitler hatte nun den Beweis dafür, daß die neutralen Holländer Hand in Hand mit den Briten zusammenarbeiteten.

Am 13. November ermahnte Generalmajor Jodl das OKH, sich bereitzuhalten, um gemäß einer neuen Führerweisung mit einem Mindestmaß an Kräften möglichst viel holländischen Raum zu besetzen, damit ein weiteres Vorfeld für die deutsche Luftverteidigung gewonnen werde. Rechtfertigen werde der Führer seine eigene Verletzung der holländischen Neutralität mit der erwiesenen Verwicklung des niederländischen Generalstabes in den Venloer Zwischenfall. Am 20. November erteilte Hitler dann eine weitere Weisung, die jetzt endgültig dem Angriff auf Holland den gleichen Rang zuerkannte wie den Angriffen auf Belgien und Frankreich:

»Entgegen der früher erteilten Weisung sind alle gegen Holland beabsichtigten Maßnahmen ohne besonderen Befehl mit dem allgemeinen Angriffsbeginn freizugeben. Wo kein Widerstand auftritt, ist dem Einmarsch der Charakter einer friedlichen Besetzung zu geben.«

Im Osten war unterdessen das »Teufelswerk« in vollem Gange. Meldungen über grauenerregende Massaker begannen bei der Heeresführung einzutreffen. Dem Gewissen mußte Genüge getan werden, und pflichtgemäß wurden sie von Adjutant zu Adjutant weitergereicht. So erhielt Hauptmann Engel kurz nach dem Münchner Attentat von Brauchitschs Adjutantur eine grausige Sammlung von Augenzeugenberichten über Erschießungen durch die SS in Schwetz. Eine an Hitler persönlich adressierte Meldung eines Oberstabsarztes der Reserve faßte einige Augenzeugenberichte so zusammen:

»Sie seien am Sonntg, den 9. Oktober, gegen 9.30 Uhr mit etwa 150 Wehrmachtskameraden auf dem Judenfriedhof in Schwetz Augenzeugen der standrechtlichen Erschießung von etwa 20–30 Polen gewesen. Die Exekution sei ausgeführt worden von einer Abteilung, bestehend aus einem Angehörigen der Schutzstaffel, zwei Männern in alter blauer Schupo-Uniform und einem Mann in Zivilkleidern. Die Aufsicht habe ein Sturmbannführer der Schutzstaffel geführt. Es seien bei der Exekution auch 5–6 Kinder im Alter von etwa 2–8 Jahren erschossen worden.«

Ob Engel dieses Dokument und die beigehefteten Augenzeugenberichte Hitler vorlegte, ist ungewiß. Jedenfalls gab er diese dienstliche Meldung unverzüglich an die Adjutantur Brauchitsch zurück mit dem Bemerken: »Das gegebenenfalls von hier aus zu veranlassende wird mündlich besprochen werden.«

In der Reichskanzlei im alten Kabinettssitzungssaal lag auf dem großen Tisch jetzt eine riesige Reliefkarte der Ardennen – jener unwegsamen Bergregion Belgiens und Luxemburgs, die zweimal zum Schauplatz der unorthodoxen militärischen Strategie Hitlers werden sollte. Manchmal stand er abends stundenlang vor dieser Karte, studierte die Verbindungswege und überlegte, ob seine Idee zu verwirklichen sei, mit Panzern und motorisierten Verbänden durch die Berge vorzustoßen.

Mittlerweile hatte man ihm nun auch die Originale der Konstruktionspläne der Brücken, Sprengkammern, Zündleitungen und Zündstellen vom Albert-Kanal verschafft. Vorher besaß er nur Luftaufnahmen und Ansichtspostkarten dieser wichtigen Objekte. Aus anderen Quellen hatte er ähnliche Angaben über Betonstärken und Panzerarmierung des Forts Eben Emael erhalten. Man hatte ein großes Modell der Festung gebaut, und unter strengster Geheimhaltung begann eine intensive Ausbildung der Lastensegler-Besatzungen.

Die Brücken bildeten das zäheste Problem, insbesondere auch deshalb, weil die Holländer offensichtlich durch eine Person in Berlin rechtzeitig gewarnt worden waren; am 12. November waren plötzlich umfangreiche Absperrmaßnahmen an den Maastrichter Brücken durchgeführt worden.* Hitler besprach das Unternehmen mit Vizeadmiral Canaris und Oberstleutnant Lahousen am 16. November, aber er glaubte nicht, daß man die Brücken über den Albert-Kanal allein durch eine Überraschungsaktion in die Hand bekommen könne. Er begann deshalb, nach anderen Möglichkeiten zu suchen, eine Sprengung der Brücken zu verhindern. Bei einer Geheimbesprechung über den Brückenplan am 20. November machte General von Reichenau klar, daß die Holländer jetzt mit dem Auftreten des Gegners in holländischen Polizeiuniformen rechneten; deshalb bestünde wenig Aussicht auf einen Erfolg der Abwehr-Aktion.

Die »holländischen Polizisten« dürften die Grenze nicht vor Beginn des Lastensegler-Unternehmens überschreiten. Hitler erwiderte: »Dann ist das ganze Unternehmen in der bisherigen Form zwecklos.« Canaris tat, was er konnte, um den Plan zu retten. Hitler war weniger naiv: »Sicher im Erfolg ist keines der Unternehmen mehr.« Aber nachdem man alle anderen Möglichkeiten erwogen hatte, darunter auch Stuka-Angriffe auf die Brücken zur Zerstörung der Zündkabel, anschließenden Überfall mit Panzern und 8,8-cm-Flak (»Wenn es mit List nicht mehr geht, muß die Brachialgewalt helfen«, sagte Hitler), kam er schließlich doch wieder auf das Trojanische Pferd zurück. »Es muß Möglichkeiten geben, die Brücken in die Hand zu bekommen«, schimpfte er, »wie schon größere Probleme gelöst worden sind.«

Als die Besprechung nach vier Stunden zu Ende ging, hatte Hitler vorläufig die von Göring vorgeschlagene Reihenfolge akzeptiert: Zur Stunde X,

---

* Oberst Hans Oster, Chef des Stabes im Amt Ausland/Abwehr, hatte selbst die belgischen und holländischen Militärattachés davon unterrichtet, daß Hitler am 12. November angreifen wolle. Er wurde wie sein Vorgesetzter Canaris am 9. April 1945 im KZ Flossenbürg hingerichtet.

nämlich 15 Minuten vor Sonnenaufgang, sollten die Lastensegler lautlos auf dem Fort Eben Emael und der Brücke Canne landen; fünf Minuten später sollten Stuka die anderen Brückenstellungen am Albert-Kanal angreifen, um die Zündleitungen zu unterbrechen, gefolgt von weiteren Lastensegler-Verbänden hart ostwärts der Brückenstellen. Gleichzeitig müsse die getarnte Vorausabteilung die Maastrichter Brücken in ihre Gewalt bringen; dafür *müsse* sie die Grenze 45 Minuten vor der X-Zeit in holländischen Uniformen überschreiten.

Das Wetter war noch immer ungünstig; erst nachmittags hob sich der Nebel ein wenig und ließ einige wenige blasse Sonnenstrahlen passieren. Am 21. November gab Hitler überraschend Befehl, daß er am 23. alle Oberbefehlshaber und Kommandierenden Generale in der Reichskanzlei sprechen wolle. Vor der großen Versammlung, die dann den Großen Saal füllte, bezeichnete er die bevorstehende Offensive als den letzten Akt des Weltkrieges, den Deutschland ununterbrochen seit 1914 habe führen müssen. Er berief sich auf die vielen Gelegenheiten seit seinem 1919 gefaßten schweren Entschluß, Politiker zu werden, bei denen er, gestützt auf die Vorsehung, die Sprüche zahlreicher Propheten ignoriert und blitzartig die jeweils gegebene Lage ausgenutzt habe.
Er, Adolf Hitler, habe seinen Generalen jetzt eine strategische Situation geschaffen, wie es sie seit 1871 nicht gegeben habe. »Zum ersten Mal in der Geschichte haben wir nur gegen eine Front zu kämpfen, die andere ist zur Zeit frei.« Seine eigene Unersetzlichkeit sei ihm durch den jüngst unternommenen Attentatsversuch vor Augen geführt worden; eine Wiederholung sei wahrscheinlich. Es gelte also, keine Zeit zu verlieren. Deshalb sei die defensive Strategie, die seine kleinmütigen Generale forderten, kurzsichtig; auch Moltke sei von der klaren Erkenntnis ausgegangen, daß Entscheidungen nur durch eine Offensive erreicht werden können. Deutschlands jetzige Feinde seien schwach und nicht bereit. Er zählte die französischen Panzer und Geschütze auf und nannte dann Zahlen, die sich auf die britische Flotte bezogen, um seine Worte zu verdeutlichen.
Seine zweistündige Rede starrte von verborgenen Spitzen, die gegen seine Heeresgenerale gerichtet waren. (Rommel schrieb am nächsten Tag: »Das scheint aber auch nötig, denn wenn man mit den verschiedenen Kollegen spricht, ist doch selten einer, der mit vollem Herzen und Überzeugung mitmacht. Das ist ja sehr betrüblich.«) Während er besonders anerkennende Worte für Wagemut und Angriffsgeist der Kriegsmarine und der Luftwaffe fand, sagte er mit einem höhnischen Unterton: »Wenn, wie 1914, Oberbefehlshaber schon Nervenzusammenbrüche hatten, was sollte man dann vom einfachen Musketier verlangen?« »Aufs tiefste gekränkt« hätten ihn Urteile, daß die mangelhaft ausgebildete Truppe nur dann angreife, wenn die Offiziere vorausliefen. »Dazu sind die Leute auch da!« Er erinnerte daran, wie der monatelang im Frieden vorgeübte Sturm auf Lüttich im

August 1914 in Panik und Durcheinander liegengeblieben sei. »Ich kann es nicht vertragen, wenn man sagt, die Armee ist nicht in Ordnung. Mit dem deutschen Solaten kann ich alles machen, wenn er gut geführt wird.« Deutschland bleibe keine Wahl zwischen Frieden und Fortführung des Krieges. »Man wird mir vorwerfen, Kampf und wieder Kampf! Ich sehe im Kampf aber das Schicksal aller Wesen. Niemand kann dem Kampf entgehen, falls er nicht unterliegen will.« Wenige Minuten später sagte er: »Sieg oder Niederlage! Dabei geht es nicht um ein nationalsozialistisches Deutschland, sondern darum, wer künftig in Europa dominiert. Diese Frage ist des höchsten Einsatzes wert.« Er glaube, die gegenwärtig günstige politische Gesamtsituation könne vielleicht sechs Monate andauern, dann stände zweifellos der Engländer, ein zäher Gegner, mit einem Mehrfachen in Frankreich, und die Voraussetzungen für Plan »Gelb« seien dann ganz andere.

»Mein Leben spielt keine Rolle dabei«, schloß er. »Ich habe das deutsche Volk zu großer Höhe geführt, wenn man uns auch jetzt in der Welt haßt.« Er habe jetzt die Wahl zu treffen zwischen Sieg oder Vernichtung. »Ich wähle den Sieg.« Wenn er sterben müsse, dann anständig, denn er werde die Niederlage seines Volkes nicht überleben. »Nach außen keine Kapitulation, nach innen keine Revolution!«

Generaloberst von Brauchitsch erschien am Abend wieder und sagte steif, wenn der Führer nicht das nötige Vertrauen in ihn setze, dann ersuche er darum, seines Amtes enthoben zu werden. Hitler erwiderte, der General habe seine Pflicht und Schuldigkeit ebenso wie jeder andere zu tun. Der im Heer vorhandene »Geist von Zossen« sei ihm kein Geheimnis, und er werde diesen Geist vernichten.

»Erst wenn wir am Kanal stehen«

Hitler wußte, daß man seinen Pakt mit Stalin mißverstand. In seiner Ansprache an die Generale am 23. November 1939 hatte er sein eigenes Mißtrauen gegenüber Stalin klar zu erkennen gegeben. »Rußland ist *zur Zeit* ungefährlich«, hatte er ihnen versichert. Vom Vertrag selbst sagte er: »Rußland wird sich nur so lange daran halten, als es Rußland selbst für sich gut hält.« Stalin habe noch weitergehende Ziele, darunter die Stärkung seiner Position in der Ostsee – und dem könne Deutschland nur entgegentreten, wenn es im Westen frei sei. Hitler sagte, er hoffe auf ein Andauern des jetzigen Zustandes für zwei bis drei Jahre, aber ein Tod Stalins könne die politische Haltung des Kremls schlagartig ändern.

Für Rußlands chronische Feindseligkeit gab es eindeutige Beweise. Blaskowitz, der Oberbefehlshaber Ost, meldete aus Polen, daß vier Feldflughäfen im Bau seien für die rote Luftwaffe und daß man in der Umgebung von Bialystok zwei- bis dreihundert russische Kampfmaschinen beobachtet habe; außerdem arbeite eine geschickte russische Propaganda nach wie vor mit der Behauptung, daß der Krieg gegen den Faschismus gerichtet sei: »Deutschland wolle Rußland überfallen, wenn es im Westen gesiegt hat. Rußland müsse daher auf der Hut sein und die Schwäche Deutschlands rechtzeitig ausnützen.« In seinem Befehlsbereich in Polen sei eindeutig russische Spionagetätigkeit und kommunistische Wühlarbeit diesseits der Demarkationslinie festgestellt worden.

Um seine Position in der Ostsee zu stärken, erhob Rußland jetzt die gleichen Territorial-Forderungen an Finnland, die es zwei Monate zuvor erfolgreich an die drei anderen baltischen Staaten gerichtet hatte. Finnland erteilte den Russen eine Absage, und die Rote Armee griff am letzten Novembertag des Jahres 1939 an. Hitler aber hatte Finnland in dem geheimen Zusatzprotokoll des Paktes mit Stalin dem sowjetischen Einfluß überlassen und wies vertraulich seine Auslandsvertretungen an, eine antifinnische Linie zu verfolgen; die Unantastbarkeit seines spröden Paktes mit Stalin sollte ja seine mächtigste Waffe im Angriff gegen Frankreich sein.

Hitler erklärte sogar, er wäre einverstanden mit einer unauffälligen Abgabe von Brennstoff und Lebensmitteln an sowjetische U-Boote, die Finnland blockierten.

Nach dem Wirtschaftsabkommen vom 19. August sollte Rußland Rohstoffe an Deutschland liefern, und es sollte als sicherer Transportweg für verbotene Güter dienen, die Japan, die Mandschurei, Afghanistan, Iran und Rumänien nach Deutschland exportierten. Außerdem beherrschte Stalin ja die Ölproduktion des sowjetisch besetzten Polen, und er konnte jederzeit den rumänischen Ölhahn zudrehen. Während des ganzen Winters wies Hitler alle militärischen und wirtschaftlichen Stellen an, ihr äußerstes zu tun, um die russischen Forderungen zu erfüllen. Leicht waren allerdings Rußlands vielfältige Forderungen nicht zu erfüllen. Die Russen wollten den halb fertigen Kreuzer »Lützow« und den Flugzeugträger »Graf Zeppelin«; sie wollten die Baupläne dieser und noch modernerer deutscher Schiffe wie »Bismarck« und »Tirpitz«. Sie verlangten ganze Sätze schwerster Schiffsartillerie sowie die 57000 Zeichnungen für die neuen 40,6-cm-Drillingstürme von Krupp und die dazugehörigen Feuerleitanlagen und die Munition. Die sowjetische Kriegsmarine verlangte Muster von Akkumulatorenbatterien und Angriffssehrohren für U-Boote, sie verlangte Belieferung mit den besten zur Zeit in Deutschland verwendeten Panzerplatten für einen Kreuzer, der in Rußland gebaut werden sollte, und sie verlangte auch hydroakustische Geräte, Torpedos und Minen. Raeder gegenüber erklärte Hitler, er habe bei der Aushändigung der Pläne für das Schlachtschiff »Bismarck« nur ein Bedenken, nämlich »daß aus den Plänen und Zeichnungen sich ergäbe, daß der Kreuzer damals schon größer geplant und entworfen worden sei, als nach den internationalen Abmachungen zulässig gewesen wäre«. Raeder versicherte ihm, die Russen würden sechs Jahre benötigen, um die »Bismarck« nachzubauen. Ein Malheur wäre es allerdings, wenn die Pläne in englische Hand fielen.

Hitler hatte seiner Kriegsmarine bisher eine nur untergeordnete Rolle im Krieg angewiesen. Hitler verbot seinen U-Booten anfangs sogar, anglo-französische Seestreitkräfte anzugreifen. Raeders Marine war der kombinierten anglo-französischen Seestreitmacht in jeder Hinsicht unterlegen. Die deutsche Kriegsmarine hatte in diesem ersten Jahr nur zwölf bis vierzehn U-Boote im Operationsgebiet. Damit war kaum ein Blockadering um die Britischen Inseln zu legen.

In einer Beziehung war Raeder im Vorteil gegenüber Brauchitsch und Göring: Für Hitler war das Meer ein unheimliches Element, und gerne überließ er es dem Großadmiral, nach seinem eigenen Ermessen zu handeln. Seine wenigen Zerstörer unternahmen kühne Vorstöße in den Rachen des Feindes, und sie legten Magnetminenfelder in den Mündungen der wichtigsten britischen Flüsse. Ein U-Boot versenkte den Flugzeugträger »Courageous«; ein anderes, unter Leutnant Günther Prien, drang in Scapa Flow ein und torpedierte das Schlachtschiff »Royal Oak«. Hitler hatte wenig Verständnis für die Strategie des Seekrieges, aber er sah selbst die riesigen Menschenmengen in der Wilhelmstraße zwischen Kaiserhof und Reichskanzlei, als Priens Mannschaft seiner Einladung nach Berlin folgte, und das war eine Sprache, die er verstand.

Im fernen Südatlantik hatte die »Graf Spee« inzwischen den Kreuzerkrieg begonnen, aber die Luftwaffe – und vor allem Göring selbst – wollte den Krieg näher an Englands Küsten heranführen. Als Großbritannien am

28. November die Blockade gegen die deutsche Handelsschiffahrt verkündete, vertrat Raeder Hitler gegenüber den Standpunkt, daß das eine dreifache Verletzung der Pariser Seerechtsdeklaration von 1856 darstelle. Noch am selben Nachmittag suchten Göring und Milch Hitler auf und unterbreiteten Vorschläge für die Bombardierung von englischen Werften, Dockanlagen und Häfen. Hitler lehnte zwar die Vorschläge ab, gab aber eine neue Weisung heraus, derzufolge sich die Niederlage Großbritanniens am ehesten durch die Lahmlegung der Handelsschiffahrt erzielen lasse. Sobald Fall Gelb erfolgreich abgeschlossen sei, sollten Kriegsmarine und Luftwaffe diese Aufgabe übernehmen. Erst nach Erringung der Kontrolle über den Ärmelkanal sollte die Luftwaffe gemäß den von Göring unterbreiteten Vorschlägen ihre Angriffe fliegen.

Schon im Oktober hatte Raeder mit aller Deutlichkeit klargemacht, in welch ungünstige strategische Lage Deutschland geraten würde, sollten die Engländer Norwegen besetzen: In den Wintermonaten liefen nämlich die Eisenerztransporte aus Schweden und Fahrten deutscher Handelsschiffe oder Kriegsmarineverbände durch die neutralen norwegischen Gewässer wären dann nicht mehr möglich; die britische Luftwaffe könnte den norddeutschen Raum erreichen, der Royal Navy werde die Ostsee offenstehen. In realistischer Einschätzung der Gefahren hatte Raeder Hitler allerdings darauf hingewiesen, daß der Sprung nach Norwegen leicht das Grab der deutschen Flotte werden könnte; dessenungeachtet sehe er keine andere Möglichkeit, als diesen Sprung zu wagen.

Hitler war sichtlich überrascht worden durch den Vortrag Raeders. Weder seine politischen Berater noch die Marine ließen ihn in Ruhe, nachdem der russisch-finnische Krieg ausgebrochen war. Am Mittag des 11. Dezember hielt Alfred Rosenberg Hitler Vortrag über die Überlegung eines seiner norwegischen Vertrauensmänner, Major Vidkun Quisling. Bis 1933 war Quisling Norwegens Kriegsminister gewesen. Dann hatte er seine eigene Partei gegründet, die »Nasjonal Samling«. Nach dem 1. Weltkrieg war er viele Jahre lang Norwegens Militär-Attaché in Moskau gewesen und sah den Bolschewismus als größte Gefahr für Europa. Rosenberg berichtete Hitler, daß Quisling den Vorschlag mache, »eine Landung vorzubereiten, auf Bitte einer neu zu erkämpfenden Regierung«. Ribbentrop und Weizsäcker rieten Hitler davon ab, diesen umstrittenen Mann zu empfangen. Hitler aber sagte zu Rosenberg, er sei nicht abgeneigt, Quisling zu empfangen.

»In dieser Unterredung«, heißt es in einer Aufzeichnung darüber, »betonte der Führer wiederholt, daß ihm politisch eine völlig neutrale Haltung Norwegens wie auch Skandinaviens am liebsten wäre. Er habe nicht die Absicht, die Kriegsschauplätze zu erweitern, um auch andere Nationen in den Konflikt mithineinzuziehen. Wenn aber von der gegnerischen Seite eine Ausweitung des Krieges vorbereitet würde, wäre er natürlich genötigt, sich gegen ein solches Vorgehen zu wappnen. Um gegen die zunehmende feindliche Propagandatätigkeit ein Gegengewicht zu schaffen, sagte dann

der Führer Quisling eine finanzielle Unterstützung ... zu.« Quisling berichtete, daß der jüdische Präsident des norwegischen Storting, Carl Hambro, mit dem britischen Geheimdienst unter einer Decke stecke. Er behauptete außerdem, daß hohe Beamte in Eisenbahn-, Post- und Nachrichtenwesen für diese Sache gewonnen seien.
Vertraulich beauftragte Hitler das OKW, eine Studie über zwei Alternativ-Operationen zu erarbeiten: eine für die Besetzung Norwegens »auf Ersuchen der norwegischen Regierung«, die andere für einen gewaltsamen Überfall. Er ließ Quislings politische Statur untersuchen und beschloß kurzerhand, die von ihm zu leistenden Beiträge auf subversive und geheimdienstliche Tätigkeiten zu beschränken; eine Anzahl ausgesuchter norwegischer Anhänger Quislings sollte unterdessen in Deutschland für den Bandenkrieg ausgebildet werden. Sobald die Deutschen einmarschierten, sollten sie schlagartig wichtige Zentralen in Norwegen besetzen, um so den König vor vollendete Tatsachen zu stellen. Ein Termin für das Unternehmen war noch nicht festgelegt.

Der deutsche Generalstab blieb bei seiner offenen Feindseligkeit gegenüber Hitler. Nach Hitlers beleidigender Ansprache vom 23. November hatte Guderian ihn unter vier Augen zur Rede gestellt. Hitler aber erwiderte, ihm mißfalle nicht so sehr die Generalität als der Oberbefehlshaber des Heeres selbst, und mit einem ungewöhnlich abweisenden Gesichtsausdruck fügte er hinzu, daß es unglücklicherweise keinen geeigneten Nachfolger für den Generaloberst von Brauchitsch gäbe. So notierte sich am 21. Dezember der Oberquartiermeister IV im Generalstab, Generalmajor Kurt von Tippelskirch, in seinen Tagesaufzeichnungen: »Kontakt Br. – F[ührer] fehlt nach wie vor, ein Wechsel geplant.«
Überall witterte Hitler ein gegen ihn gerichtetes Agieren des Generalstabes. Als die »Deutsche Allgemeine Zeitung« einen schwelgerischen Artikel »Im Großen Hauptquartier« veröffentlichte, nahm Hitler an einigem erheblichen Anstoß. Er entdeckte darin die unausgesprochene Behauptung, der Generalstab mache Geschichte und nicht er, der Führer. Zu Weihnachten gestattete sich die »Essener National-Zeitung« einen jahreszeitgemäßen Vergleich zwischen Adolf Hitler und dem Messias. Vertraulich ließ Goebbels der gesamten deutschen Presse mitteilen, daß der Führer derartige Vergleiche nicht wünsche.

In Augenblicken der Krise zeigte Hitler sogar eine erstaunliche Unentschlossenheit. Am 13. Dezember geriet das Panzerschiff »Graf Spee« vor der Küste des neutralen Uruguay drei britischen Kreuzern vor die Rohre, aber erst in den frühen Morgenstunden des 14. Dezember trafen Meldungen in Berlin ein: »Ich habe 15 Treffer erhalten, Proviantlasten und Kombüsen ausgefallen, ich gehe Montevideo.« Die politische Haltung Uruguays war denkbar ungünstig. Die Reparaturen in Montevideo würden aber viele Tage

in Anspruch nehmen. Die Regierung von Uruguay gestand jedoch nur ganze 72 Stunden zu. Unterdessen kreuzten britische Seestreitkräfte in unbekannter Stärke vor der La-Plata-Mündung auf.
Am 16. Dezember erschien Raeder mit dem neuesten Funkspruch von der »Graf Spee« in der Reichskanzlei:
1. Militärische Lage vor Montevideo: Außer Kreuzern und Zerstörern Ark Royal und Renown. Nachts enge Absperrung. Ausbruch in freie See und Durchbruch in die Heimat aussichtslos.
2. Beabsichtige Auslaufen bis zur Neutralitätsgrenze. Falls durch Einsatz Restmunition Durchbruch nach Buenos Aires erkämpft werden kann, soll dieses versucht werden.
3. Für den Fall, daß Durchbruch zu sicherer Vernichtung Spee ohne Möglichkeit Schädigung Feindes führen würde, erbitte Entscheidung, ob Versenkung trotz ungenügender Wassertiefe? La Plata Mündung? Oder Internierung?

Hitler war der Auffassung, daß die »Graf Spee« sich durchkämpfen müsse. Mußte sie untergehen, dann sollte sie wenigstens noch einen Gegner mitnehmen. Dann legte er dem Marinebefehlshaber seine Hand auf die Schulter: »Glauben Sie mir, das Geschick des Schiffes und seiner Besatzung geht mir genau so nahe wie Ihnen. Es ist aber Krieg, und man muß dann, wenn nötig, auch *hart* sein können.« Ganz im Widerspruch dazu stand aber dann sein Handeln. Raeder zeigte ihm im Entwurf die Antwort der Seekriegsleitung an Kapitän Langsdorff: »Graf Spee« solle den Aufenthalt in Montevideo möglichst lange ausdehnen; »einverstanden« mit Durchbruch nach Buenos Aires. »Bei Versenkung wirksame Zerstörung anstreben.« Obwohl sich diese Antwort überhaupt nicht mit Hitlers heroischer Forderung vertrug, billigte er den Entwurf und wartete auf die Nachricht vom letzten Kampf der »Graf Spee«.
Am 17. Dezember jedoch brachte ihm sein Presse-Verbindungsoffizier die Meldung, das Panzerschiff habe Montevideo verlassen, seine Mannschaft an einen wartenden Dampfer abgegeben und sich dann selbst versenkt. Wutentbrannt malte sich Hitler an jenem Abend den Schaden aus, den Langsdorff dem Ruhme Deutschlands zugefügt hatte. Um drei Uhr früh befahl er, die Veröffentlichung zu ändern, so daß sie lautete: »Der Führer hat unter diesen Umständen dem Kapitän zur See Langsdorff den Befehl gegeben, das Schiff durch Sprengung selbst zu vernichten.«
Deutschlands Feinde reagierten mit hämischem Triumphgeschrei. Das förderte eine weitere ernsthafte Schwäche des Führers zu Tage – seine Unfähigkeit, die Wechselfälle des Schicksals mit Gleichmut hinzunehmen. Es entstand nun bei ihm eine tiefe Abneigung gegen den Kreuzerkrieg mit seiner Taktik des Jagens, Zuschlagens und schnellen Verschwindens; und aus dieser Abneigung entwickelte sich auch eine Feindseligkeit gegenüber den älteren Offizieren der Marine – im Gegensatz zu den schneidigen Zerstörer- und U-Bootkommandanten. Es stellte sich bald heraus, daß

Langsdorff Marinereferent in Jodls Stab gewesen war; man hatte ihm die »Graf Spee« gleichsam zur Erholung von dem ewigen Papierkrieg gegeben. Aber die Kur hatte wohl nicht gewirkt; Langsdorff erschoß sich nach dem Eintreffen in Buenos Aires.
Von dem Unternehmen blieb nur noch die »Altmark« übrig, das Troßschiff der »Spee«, voll beladen mit englischen Gefangenen, die man von den Decks der Opfer des Panzerschiffes eingesammelt hatte. »Altmark« erhielt Befehl, nach Deutschland zurückzukehren.

Hitler verließ Berlin zu einem kurzen Erholungsurlaub auf seinem Berghof. In München stattete er den Bruckmanns einen Weihnachtsbesuch ab. Er plauderte über seine Pläne, England auf die Knie zu zwingen, mit seinen magnetischen Minen und anderen fabelhaften Kriegsmitteln; angeregt sprach er dann über seine strategischen Pläne. Ins Gästebuch der Bruckmanns schrieb er: »Im Jahre des Kampfes um die Errichtung des großen, deutsch-germanischen Reichs!« Drei Tage lang bereiste er die Westfront. Er nahm teil an den Weihnachtsfeiern der Fliegertruppe, der Flak und einiger Infanterie-Regimenter, er besuchte die SS-Leibstandarte.
Wieder nach Berlin zurückgekehrt, verschob Hitler den Termin Gelb aufs neue, dieses Mal bis Mitte Januar; bliebe aber das Wetter schlecht, wollte Hitler den Angriff ganz auf das Frühjahr verschieben.
Er zog sich auf den Berghof zurück, um dort das Neue Jahr zu erwarten. Aber die Fotos aus Evas Album zeigen, daß der Führer selbst dann, wenn er am Rande einer Kinderfeier mit gezwungenem Lächeln die Vergnügungen des Nachwuchses von Speer, Goebbels und Bormann beobachtete, den feldgrauen Waffenrock trug mit dem Eisernen Kreuz an der Brust, den er am ersten Kriegstage demonstrativ angelegt hatte. Nur auf einem Foto sieht man Hitler im dunklen Anzug beim Bleigießen. Aus den Formen, die das flüssige Metall beim Erkalten im Wasser annimmt, kann man, so heißt es, auf das künftige Schicksal schließen. Hitlers Gesichtsausdruck verrät eine gewisse Skepsis.

Auf dem Berghof erreichte ihn ein zorniger, zugleich ängstlicher Brief von Mussolini. Es war der erste nach monatelangem Schweigen. Mit Mussolinis Brief wurde ein Tiefpunkt in den Beziehungen der Achsenmächte erreicht, die durch Hitlers andauernden Flirt mit Moskau sehr getrübt worden waren. Am 22. Dezember noch hatte Hitler seinem Vertragspartner Stalin Grüße zu seinem sechzigsten Geburtstag telegrafisch übermittelt, verbunden mit den besten Wünschen für die Völker der Sowjetunion; Stalin hatte ebenso herzlich geantwortet. In Mussolinis langem Schreiben hieß es u. a.:

». . . Ich fühlte, daß Sie nicht das antisemitische und antibolschewistische Banner aufgeben dürfen, das Sie 20 Jahre hindurch hochgehalten haben und für das so viele Ihrer Kameraden gefallen sind. . . . Die Lösung der Frage Ihres Lebensraumes liegt in Rußland und nicht anderswo.«

In seinem Brief – den Hitler bewußt zwei Monate lang unbeantwortet lassen sollte – schlug Mussolini auch besorgt Hitler vor, Schritte zur Wiederherstellung eines polnischen Staates zu unternehmen.

Hitlers Polenpolitik hatte sich im Herbst jedoch grundlegend geändert. Anfang Oktober hatte er Hans Frank gegenüber von seiner Absicht gesprochen, das »Generalgouvernement« als eine Art Reservat des polnischen Volkstums, als Reststaat sicherzustellen, den man dann dereinst der polnischen Nation wieder zurückgeben werde. Im November jedoch sagte er klar und eindeutig zu Frank: »Wir wollen das Generalgouvernement behalten, wir geben es nicht mehr her.«

In Verfolgung seiner »Befriedungsaktionen« und seiner Volkstumsprogramme hatte Himmler über den ganzen Osten langsam, aber methodisch eine Schreckensherrschaft ausgebreitet. Hatte doch Hitler selbst 1939 zu Himmler gesagt: »Ich wünsche bei den Ostgauen keinen Wettbewerb der Gauleiter in der Richtung, daß einer mir als der erste in zwei oder drei Jahren meldet: ›Mein Führer, der Gau ist eingedeutscht‹, sondern ich wünsche eine rassisch einwandfreie Bevölkerung und bin zufrieden, wenn ein Gauleiter das in zehn Jahren melden kann.«

Gestützt auf eine Generalanweisung vom 30. Oktober 1939 waren die beiden zuständigen Gauleiter Forster und Greiser und die SS-Gruppenführer Friedrich-Wilhelm Krüger und Odilo Globocnik – die Polizeiführer in Krakau bzw. Lublin – mit rücksichtsloser Härte vorgegangen, um Juden, und führende deutschfeindliche Polen, insgesamt 550 000 Menschen, in Franks Generalgouvernement abzuschieben. In mancher Hinsicht fungierte Hitler allerdings bremsend: Aus den Vortragsnotizen Himmlers wissen wir, daß er am 19. November persönlich über »Erschießung von 380 Juden in Ostro« berichten mußte, und daß, als Ende des Monats der Erzbischof, Weihbischof und 13 polnische Pfarrer in Lublin zum Tode verurteilt wurden wegen »Hetzschriften, Waffen und Geständnis«, Hitler sich einschaltete und verfügte: »Sollen nach Deutschland kommen.«

Anfang 1940 war die mit aller Härte betriebene Umsiedlungsaktion der Juden beendet. Das Verwaltungschaos, das durch das willkürliche Treiben der SS-Verbände entstand, die besessen ihre »volkspolitischen Sonderaufträge« verwirklichten, vermehrte das Leiden der Betroffenen.

Eine Welle des Protestes ging von den Armeen im Westen aus, die dort für den Fall Gelb bereitstanden. Hitler erhielt einen Bericht mit dem Datum vom 22. Januar über Generalmajor Friedrich Mieth, Chef des Stabes der 1. Armee, der vor drei Tagen seine Offiziere in sein Kreuznacher Hauptquartier hatte rufen lassen und erklärt hatte: »Im Osten, in Polen, ist es nicht ruhig, wie Sie wohl alle wissen. Die SS hat Massenerschießungen vorgenommen, ohne daß ein ordnungsgemäßes gerichtliches Verfahren vorherging. Die SS hat die Ehre der Wehrmacht beschmutzt.« Mieth wurde abgelöst. Der Oberbefehlshaber Ost, Generaloberst Blaskowitz, stellte eine detaillierte Liste von Ausschreitungen durch SS-Angehörige in Polen auf – Mord,

Plünderung und allgemeine Bestialität: »Die Ansicht, man könne das polnische Volk mit Terror einschüchtern und am Boden halten, wird sich bestimmt als falsch erweisen. Dafür ist die Leidensfähigkeit des Volkes viel zu groß.« Vor allem werde der feindlichen Propaganda durch diese Ausschreitungen ein Material geliefert, wie es wirksamer in der ganzen Welt nicht erdacht werden könne.

Es ist als fast sicher anzunehmen, daß Hitler den zynischen Befehl für eine *verzögerte* »außerordentliche Befriedung« erteilte. Wie soll man sonst Franks Worte deuten, die auf einer geheimen Polizeibesprechung Ende Mai 1940 fielen?

»... Der Führer hat mir gesagt: Die Frage der Behandlung und Sicherstellung der deutschen Politik im Generalgouvernement ist eine ureigene Sache der verantwortlichen Männer des Generalgouvernements. Er drückte sich so aus: Was wir jetzt an Führerschicht in Polen festgestellt haben, das ist zu liquidieren, was wieder nachwächst, ist von uns sicherzustellen und in einem entsprechenden Zeitraum wieder wegzuschaffen. ... Wir brauchen diese Elemente nicht erst in die Konzentrationslager des Reiches abzuschleppen, denn dann hätten wir nur Schereien und einen unnnötigen Briefwechsel mit den Familienangehörigen, sondern wir liquidieren die Dinge im Lande.«

Als Blaskowitz weitere Dossiers über Ausschreitungen der SS vorlegte, lehnte Keitel es ab, den Empfang zu bestätigen, und als Blaskowitz' Nachfolger im Juli neue Berichte über die Greuel vorlegte, schrieb Keitel ihm einen groben Brief und befahl ihm, »endlich aufzuhören, sich um Dinge zu kümmern, die ihn nichts angingen«. Besonders aufschlußreich ist die Weisung, die der Oberbefehlshaber der 18. Armee, die nach Polen verlegt worden war, im August 1940 herausgab: »Der an der Ostgrenze seit Jahrhunderten tobende Volkstumskampf bedarf zur endgültigen völkischen Lösung einmaliger, scharf durchgeführter Maßnahmen. Bestimmte Verbände der Partei und des Staates sind mit der Durchführung dieses Volkstumskampfes im Osten beauftragt worden. Der Soldat hat sich daher aus diesen Aufgaben anderer Verbände herauszuhalten.«

Im Osten duldete Hitler, daß in der Justiz mit zweierlei Maß gemessen wurde. In Preußisch Stargard hatte ein Major z. b. V. unter Alkoholeinwirkung die Verhaftung von acht Polinnen erreicht, »angeblich geschlechtskranker Frauenspersonen«; am Abend hatte er im Gefängnis vier von ihnen durch Genickschüsse getötet. Hitler wandelte die Todesstrafe in eine Freiheitsstrafe um. In einem anderen Fall ließ ein 30jähriger SA-Führer und kommissarischer Landrat 55 polnische Häftlinge erschießen; er selbst beteiligte sich aktiv daran mit einer Pistole. Der zuständige Gauleiter Greiser bat das Justizministerium, »einem befähigten jungen Draufgänger« nicht »sein Leben zu verderben«. Hitler milderte das gegen ihn verhängte Urteil.

In Deutschland selbst handelten Himmlers Polizeidienststellen jetzt nach ihrem eigenen Gesetz. Ende September 1939 legte der Justizminister eine Aufstellung über »verfahrenslose Hinrichtungen« vor; Hitler erwiderte, eine *allgemeine* Anweisung habe er Himmler nicht gegeben, aber gewisse Erschießungen habe er selbst angeordnet. So habe er jetzt die Erschießung der Teltower Bankräuber befohlen. Die Akten zeigen, daß Hitler einen großen Teil seiner Informationen über die Straftaten seiner Bürger aus gelegentlichen Zeitungsnotizen entnahm. Es bedurfte nur der Überschrift »Soldatenfrauen nach Strich und Faden betrogen«, um den Führer nach Schaub rufen zu lassen. Der mußte dann telefonisch Anweisung geben, daß der Mann sofort zu erschießen sei. Das war die absolute Macht. Besonders deutlich zeigte sich Hitlers Willkür an seiner Reaktion auf das Verfahren gegen Julius Streicher, den kahlköpfigen Gauleiter aus Franken. Streichers Feinde waren Legion. Für Hitler dagegen war Streicher ein Idealist, ein wahrer Revolutionär. Vier Tage nach der Ansprache, die Hitler im Oktober an seine Gauleiter gerichtet hatte, war Streicher vor örtlichen Parteigenossen aufgetreten und hatte Hitlers Pläne offen dargelegt; wenige Tage später hatte er dies vor einer noch größeren Versammlung wiederholt. Hitlers Entscheidung, in das neutrale Belgien einzumarschieren, hatte er mit dem Satz begründet: »Wir brauchen die Küste zum Angriff gegen England.« Seine Reden der letzten Zeit enthielten verleumderische Äußerungen über die Generale des Weltkrieges und, in einer Rede, die er im November vor BDM und anderen Jugendlichen gehalten hatte, folgende offene Empfehlung: »Wenn ein Mädchen einem wenn auch verheirateten Mann gegenüber Liebe empfindet und von diesem sich ein Kind wünscht, so ist dies nach meiner Ansicht richtig. Die Frau oder Dame, die sich dagegen aufregt, ist in meinen Augen eine Sau.«
Wie die Anklage auch gelautet haben mag, das aus sechs Gauleitern und drei Parteirichtern bestehende Oberste Parteigericht gelangte am 16. Februar 1940 zu einem Schuldspruch gegen Streicher. Hitler beurlaubte ihn aus dem Amt; aber er wurde nicht, wie Heß gefordert hatte, aus der Partei ausgestoßen, und er durfte seine Zeitungen, darunter den ekelhaften »Stürmer«, weiter herausgeben. Für Hitler hatte das ganze Verfahren etwas von Lynchjustiz an sich; und zu anderen führenden Parteigenossen wie Robert Ley sagte er, seiner Meinung nach sei Streicher ein Unrecht geschehen. Schließlich habe Streicher Nürnberg erobert, die Hochburg der Marxisten, ebenso wie Goebbels Berlin für die Partei erobert habe.

Über Deutschland brach ein eisiger Winter herein. Die Kanäle froren zu, Militärtransporte verstopften die Schienenwege, der Bevölkerung und der Industrie fehlte es an Kohle und teilweise am Nötigsten zum täglichen Leben. Tag und Nacht redete und träumte Hitler jedoch von Gelb. Weihnachten 1939 hatte er schon entschieden, wo der große Durchbruch durch die französischen Festungsanlagen erzwungen werden sollte: bei Sedan, und tatsächlich wurden die Fundamente für den Triumph der Heere Hitlers über Frankreich hier gelegt.

Der Führer war seit dem 6. Januar 1940 wieder in seiner Reichskanzlei in Berlin. Der Brief, den Mussolini geschrieben hatte, bewies doch, wie wenig Hitler sich auf Italien verlassen konnte. Es war in der Tat eine höchst kuriose Allianz: Das Forschungsamt fing ein Telegramm auf, in dem der belgische Botschafter in Rom dem Außenminister in Brüssel mitteilte, daß ihm Graf Ciano Deutschlands feste Absicht, Belgien anzugreifen, verraten und sogar den Termin für das gewagte Unternehmen anvertraut hatte. Da aus den Dokumenten hervorgeht, daß das Forschungsamt die chiffrierten Depeschen der italienischen Botschaft in Berlin an Ciano mitlas, muß Hitler gewußt haben, daß General Marras, der Militärattaché diese Informationen an Rom weitergegeben hatte. »Die Italiener sind schon sonderbare Menschen«, schrieb Weizsäcker. »Treuherzige Blicke für uns, um an einem Erfolg, den wir erringen könnten, teilzuhaben. Und Geschenke wie auch ein wenig Verrat für den Westen, um es sich auch mit ihm nicht zu verderben.«

Belgien hatte – keineswegs überraschend – seine Verteidigungsbereitschaft an der Grenze zu Deutschland verstärkt. Das ging aus einem Geheimbericht hervor, den die deutsche Abwehr im Januar 1940 vorgelegt hatte: Seit Mitte Oktober waren über zwei Drittel der belgischen Streitkräfte im Osten massiert. »Mit Ausnahme einer einzigen Division ist jede motorisierte Infanterie-, jede Panzer- und Kavalleriedivision an der belgischen Grenze stationiert.« Die belgische Gendarmerie war angewiesen, das Einrücken französischer Truppen zu erleichtern; zu diesem Zweck hatte man in Westbelgien neue Straßenschilder aufgestellt, während die im Ostteil des Landes entfernt worden waren, um den Einfall deutscher Truppen zu behindern. Die Bürgermeister der Ortschaften in den Ardennen hatten die Anweisung erhalten, Quartiere für französische Verbände bereitzustellen. Französische Soldaten in Zivil benützten in Belgien allenthalben die öffentlichen Transportmittel. Die Befestigungen bei Lüttich und am Albert-Kanal konnten von den belgischen Streitkräften allein nicht gehalten werden: Sie waren offensichtlich so gebaut worden, daß sie auch französischen und englischen Truppenverbänden Platz boten. Kurzum, Hitler sah keinen Grund, sich wegen eines Angriffs auf diesen »neutralen Winzling« Gewissensbisse zu machen.

Allerdings wollte er noch immer nichts von der Ansicht wissen, er habe den 2. Weltkrieg ausgelöst: Was die breite Öffentlichkeit anbelangte, verfiel er auf die Bezeichnung »Großer deutscher Befreiungskrieg«.

Am 10. Januar beriet sich Hitler mit den Oberbefehlshabern über Fall Gelb. Der Wetterbericht war überaus günstig ausgefallen: Hitler entschied, daß Fall Gelb am 17. anlaufen sollte. Als der 10. zu Ende ging, war Deutschland der Auslösung von Fall Gelb noch nie so nahe gewesen. Zwei Millionen

Soldaten standen wartend den Heeren Frankreichs, Belgiens und der Niederlande gegenüber.

Am nächsten Tag, kurz vor Mittag, erreichte die Reichskanzlei eine besorgniserregende Nachricht. Ein Luftwaffenmajor hatte sich über die belgische Grenze verflogen und war notgelandet. Hitler eilte aufgebracht in Jodls Arbeitszimmer und verlangte eine vollständige Liste all der Geheimpapiere, die der Major bei sich gehabt hatte. »Durch solche Vorkommnisse können wir noch den Krieg verlieren!« rief er aus. Doch selbst jetzt ließ sich Hitler von seiner Entscheidung, Fall Gelb am 17. anlaufen zu lassen, nicht abbringen, was er gegen 15.15 Uhr auch bestätigte. Er gab ferner einen »grundsätzlichen Befehl Nr. 1«, die militärische Geheimhaltung betreffend, heraus, eine Bestimmung, die fortan in jeder militärischen Kommandozentrale als Merkblatt aufgehängt werden sollte.

Eine belgische Zeitung berichtete am selben Abend, daß dem Luftwaffenmajor die Vernichtung all der mitgeführten Dokumente gelungen war. Ihm war es zwar gelungen, die geheimen Unterlagen in den Ofen im Verhörzimmer zu stecken, aber ein belgischer Offizier hatte mit der Hand in den Ofen gegriffen und die qualmenden Überreste gerade noch retten können. Noch am 12. Januar kabelte der deutsche Attaché aus Brüssel, daß der Major und sein Pilot versichert hätten, sie hätten sämtliche Papiere bis auf einen belanglosen Rest verbrannt. Am 13. um 11 Uhr vormittags erstattete der Attaché Hitler in der Reichskanzlei persönlich Bericht.

Der Vorfall war für Hitler kein Anlaß, vom Auslösetermin für Fall Gelb abzurücken. Doch die kurz darauf eintreffende ungünstige Wettervorhersage beunruhigte ihn, und Fall Gelb wurde vorläufig um drei Tage verschoben. Aber die Wetterbedingungen verschlechterten sich immer mehr. Hitler erklärte: »Falls wir nicht mit schönem, klarem Wetter für die Dauer von mindestens acht Tagen rechnen können, müssen wir das Ganze auf den Frühling verlegen.«

Am Nachmittag des 16. ordnete er dann auch an, daß die Offensive bis zu diesem Termin verschoben werden sollte. Er ließ Göring nicht im unklaren, daß er über die laxe Beachtung der Sicherheitsbestimmungen durch die Luftwaffe aufgebracht war, denn in der Zwischenzeit war es noch zu zwei weiteren Pannen gekommen. Göring schaßte General Helmuth Felmy, den Vorgesetzten des Luftwaffenmajors, und informierte daraufhin Hitler seelenruhig, er hätte überdies noch einen Hellseher befragt, der ihm gleichfalls zugesichert hätte, daß die allerwichtigsten Unterlagen vernichtet worden seien. Die geheimdienstlichen Berichte aus Belgien straften jedoch den Hellseher Lügen. Der belgische Generalstab wies die in Südbelgien stationierten Verbände an, bei einem eventuellen Einmarsch französischer und englischer Truppen keinen Widerstand zu leisten. Möglicherweise durch das Forschungsamt hatte Hitler mittlerweile Kenntnis von dem Telegramm, das der belgische Militärattaché Oberst Goethals am 13. Januar abends mit der Warnung abgesandt hatte, der Einfall der Deutschen – laut den Angaben eines *informateur sincère, de valeur discutable* – würde am nächsten Tag erfolgen. (Oberst Goethals' Informant war sein holländischer Kollege Major G. J. Sas. Major Sas' Gewährsmann wiederum war der deutsche Regimegegner Oberst Hans Oster.) Am Vormittag des 17. war aus den offiziellen Demarchen der belgischen Regierung klar geworden, daß durch die verlorengegangenen Unterlagen der Großteil von Fall Gelb in seiner ursprünglichen Fassung aufgedeckt worden war.

In gewissem Sinne muß Hitler erleichtert gewesen sein, daß ihm diese peinliche Panne einen »ganzen Entschluß« aufzwang. Außerdem würde der Gegner nun sicherlich seine schlagkräftigsten Verbände im Norden konzentrieren. Damit verbesserten sich die Aussichten für eine Angriffsbewegung, die bei Sedan beginnen und am Ärmelkanal enden würde. Alles hing nun davon ab, daß diese seine wahre Absicht vor dem Gegner geheimgehalten wurde. In einer Reihe von Besprechungen Ende Januar 1940 schärfte Hitler dies als Richtschnur ein. Er sei überzeugt, sagte er am 20., daß Deutschland den Krieg gewinnen könne, »aber wir werden ihn verlieren, wenn wir nicht lernen, Stillschweigen zu bewahren«. Bei Beginn von Fall Gelb sollte insgeheim ein AA-Vertreter nach Den Haag entsandt werden, um die holländische Königin zu bewegen, »die bewaffnete Verteidigung der holländischen Neutralität« durch die Wehrmacht hinzunehmen.* Im Westen sollte ständige Alarmbereitschaft herrschen, als könne Fall Gelb jederzeit ablaufen.

Ende Januar 1940 hatte Hitler seinen Chefadjutanten zu einer Besichtigungstour an die Westfront entsandt. Als Oberst Schmundt am 1. Februar nach Berlin zurückkehrte, berichtete er unverzüglich, was er im Hauptquartier von Rundstedts Armeegruppe in Koblenz erfahren hatte. Rundstedts Stabschef, General Fritz Erich von Manstein, hatte nämlich – wie Hitler – gegen den derzeitigen Offensivplan des OKH Bedenken. Er empfahl statt dessen eine völlig andere Lösung, die mehr oder minder dem entsprach, was Hitler seit Oktober mit seinen engsten Mitarbeitern besprochen hatte. Das bestärkte Hitler in seiner Absicht, daß er recht hatte. Noch mehr beeindruckte ihn die Tatsache, daß das engstirnige OKH Manstein seines hohen Postens bei Rundstedt enthob und ihm das Kommando über ein Korps in der Etappe übertrug. Am 13. Februar teilte Hitler Jodl seine Entscheidung mit, die Masse der Panzerverbände zu einem Durchbruch bei Sedan einzusetzen, wo ihn der Gegner am wenigsten erwarten würde. Jodl riet zur Vorsicht. Der Kriegsgott könnte ihnen dennoch einen Streich spielen, falls die Franzosen zu einem Flankenan-

---

* Major Werner Kiewitz, der am 16. September Hitlers erstes Ultimatum zur Übergabe Warschaus überbracht hatte, war für diese Mission ausersehen. Doch die Holländer verweigerten ihm das Einreisevisum. Der gewagte Plan, ihn mit dem Fallschirm über Den Haag abzusetzen, wurde aufgegeben, nachdem die Königin rechtzeitig nach England geflüchtet war.

griff mit starken Kräften antraten. Aber Hitler wollte keine Einwände mehr hören.

Am 17. bot sich ihm die Gelegenheit zu einem persönlichen Gespräch mit Manstein, als der General zusammen mit den neuernannten Korpskommandeuren zu einem Abendessen in die Reichskanzlei kam. Manstein versicherte ihm, daß nur ein derartiger Plan die Möglichkeit biete, zu Lande einen totalen Sieg zu erringen. Am nächsten Tag bestellte Hitler General von Brauchitsch und dessen Stabschef zu sich und umriß den neuen Operationsplan. Am 24. Februar gab das OKH die neuen Anordnungen für den Fall Gelb heraus.

Der spätere überwältigende Erfolg dieser neuen Strategie bestärkte Hitler in seiner Ansicht, daß er ein militärisches Genie sei. Fortan setzte er – unzutreffenderweise – sein oftmals bewunderungswürdiges intuitives Erfassen einer Situation den abwägenden, auf logische Begründungen beruhenden Operationsplanungen eines geschulten Feldherrn gleich.

Um die Kampfmoral der französischen Soldaten zu unterminieren, wies Hitler die deutschen Propagandamacher an, immer wieder darauf hinzuweisen, daß es sich im Grunde um eine Auseinandersetzung mit England handle. Aber Hitlers wahre Einstellung gegenüber England war keineswegs so. Er empfand für die Engländer eine sentimentale Sympathie, die ihm das ganze Jahr 1940 hindurch eine gewisse Zurückhaltung auferlegte. Ende Januar erläuterte Halder Hitlers Zielsetzung dem Abwehrchef Canaris folgendermaßen: »Der Führer möchte ... Frankreich besiegen und dann England gegenüber eine großmütige Geste. Er erkennt die Notwendigkeit des Empire an.« Während eines Essens in der Reichskanzlei Anfang 1940 erkundigte sich Heß einmal: »Mein Führer, sind Ihre Ansichten über die Engländer noch immer die gleichen?« Aufseufzend erwiderte Hitler: »Wenn die Engländer nur wüßten, wie *wenig* ich von ihnen fordere!« Mit Vergnügen blätterte er in der Society-Zeitschrift *The Tatler* und informierte sich über den Lebensstil der englischen Aristokratie. Einmal äußerte er: »Das sind für uns wertvolle Persönlichkeiten, mit denen ich Frieden schließen möchte!«

Das Essen in der Reichskanzlei, dem Manstein und die übrigen neu ernannten Korpskommandeure beiwohnten, fand am selben Tag statt, an dem es zu dem Altmark-Zwischenfall kam. Die Royal Navy hatte dabei die Neutralität Norwegens verletzt, indem sie bedenkenlos in norwegische Hoheitsgewässer eindrang. Hitler verbreitete sich ausführlich über die Richtigkeit solcher Handlungen; es sei gleichgültig, was später die Völkerrechtler behaupten mochten. Die Geschichte, so erklärte er, beurteile nur nach Erfolgen oder Mißerfolgen; das allein zähle. Niemand frage hernach den Sieger, ob er im Recht oder Unrecht gewesen sei.

Monatelang hatte das Troßschiff »Altmark« – an Bord dreihundert englische Seeleute, die von den durch die »Graf Spee« aufgebrachten Schiffen stammten – versucht, sich möglichst unbemerkt heimwärts durchzuschlagen. Bis Mitte Februar 1940 hatte die besorgte deutsche Marineleitung nichts von ihr vernommen. Erst am 14. traf die Nachricht ein, daß sie sich norwegischen Gewässern nähere. Nach den Bestimmungen der geltenden Konventionen war sie zu einer unbehinderten Durchfahrt berechtigt, weil es sich nicht um ein Kriegsschiff handelte, sondern um ein Versorgungsschiff, das die Flagge der deutschen Handelsmarine führte. Norwegische Patrouillenboote stellten sie und eskortierten das Troßschiff weiter. Mittlerweile hatte die Seekriegsleitung in Berlin am 16. abends Funksprüche der Engländer aufgefangen, die darauf hindeuteten, daß man eine Kaperung der »Altmark« plante, selbst wenn das die Verletzung der Neutralität der norwegischen Gewässer bedeutete. Gegen 6 Uhr früh wurde in Berlin ein Funkspruch des englischen Kommandeurs an die Admiralität in London dechiffriert: Nach Enterung der »Altmark« durch ein Kommando des englischen Zerstörers »Cossack« befinde sich der Marineverband auf der Rückfahrt nach Rosyth. Mittags erhielt Hitler einen ausführlichen Bericht von der Gesandtschaft in Oslo: Als der Kapitän der »Altmark« sah, daß der englische Verband – ein Kreuzer und sechs Zerstörer – zur Umzingelung ansetzte, suchte er im Jøssing-Fjord Zuflucht. Zwei norwegische Patrouillenboote hielten die englischen Kriegsschiffe bis zur Abenddämmerung auf Distanz. Doch dann zwängte sich die »Cossack« an ihnen vorbei und stellte das deutsche Troßschiff. Laut dem Bericht des »Altmark«-Kapitäns brachte sodann eine Entermannschaft die Kommandobrücke in ihre Gewalt »und begann blindlings auf die deutsche Besatzung zu feuern, die selbstverständlich nicht bewaffnet war«. Die dreihundert gefangenen Engländer wurden befreit, die »Altmark« und die Mannschaftsräume geplündert. London hatte dem Kommandanten durch einen Funkspruch mitgeteilt, daß er das Feuer auf die norwegischen Patrouillenboote eröffnen dürfte. Im Kriegstagebuch der deutschen Seekriegsleitung steht als Schlußfolgerung: »Aus den Anweisungen der Admiralität ... geht ohne jeden Zweifel hervor, daß das Vorgehen gegen das Troßschiff ... das klare Ziel hatte, die ›Altmark‹ mit allen Mitteln aufzubringen ... nötigenfalls durch völkerrechtswidriges Eindringen in die Hoheitsgewässer Norwegens.« Trotzdem gab Hitler die Weisung, bei der nachfolgenden Operation zur Rückführung der beschädigten »Altmark« die Neutralität Norwegens bis zum äußersten zu respektieren.

Mehr als die strategische Notwendigkeit, die Küste Norwegens vor den Alliierten zu besetzen, begann Hitler die verspätete Erkenntnis zu beschäftigen, daß die Völker Skandinaviens dem deutschen Herrschaftsbereich angegliedert werden müßten, da sie doch gleichfalls germanischer Abstammung seien. In diesem Zusammenhang ist allerdings der Hinweis angebracht, daß Hitler in keiner seiner bisherigen Weisungen oder Geheimreden an die Generalität die Besetzung Norwegens auch nur einmal angedeutet

hätte. Erst nach den Besuchen Quislings hatte er Jodls Stab mit der Analyse dieser Möglichkeit beauftragt. In der OKW-Studie wurde die Bildung eines eigenen Arbeitsstabs unter der Leitung eines Luftwaffengenerals empfohlen. Unter dem Decknamen »Auster« begann der Generaloberst Milch unterstellte Stab eine Woche später mit der Arbeit. Aber bald darauf ordnete Hitler die Auflösung dieser Planungsabteilung an. Er hatte nämlich Bedenken, ob die Luftwaffe die Geheimhaltung solcher Planungen auch würde wahren können. Daraufhin wurde eine Planungsgruppe unter Hitlers persönlicher Leitung geschaffen. Chef war Kapitän z. S. Theodor Krancke. Vorgesehen waren nunmehr gleichzeitig stattfindende Landeunternehmungen bei sieben norwegischen Häfen – Oslo, Kristiansand, Arendal, Stavanger, Bergen, Drontheim und Narvik. Den Truppentransport nach Norden sollte ein Verband schneller Kriegsschiffe übernehmen, Einheiten der 7. Fallschirmjägerdivision sollten die Invasion unterstützen. Diplomatischer Druck auf die Osloer Regierung würde noch ein übriges tun.
Bezeichnenderweise beriet sich Hitler in dieser Phase weder mit Brauchitsch noch mit Göring. Göring weigerte sich, für Kranckes Stab einen Luftwaffenoffizier abzustellen. Hitler übertrug die Leitung der Vorbereitungen dem Infanteriegeneral Nikolaus von Falkenhorst. Falkenhorst, der am 21. Februar in die Reichskanzlei bestellt wurde, nahm den Auftrag bereitwillig an. Schon am 29. legte er einen vollständigen Operationsplan vor, der sich nicht nur auf Norwegen, sondern auch auf Dänemark bezog, weil sich nur so die Verbindungslinien sichern ließen. Am 1. März unterzeichnete Hitler den Befehl. Das Heer stemmte sich unverzüglich gegen die Bildung eines neuen Kriegsschauplatzes. Göring wiederum eilte spornstreichs zur Reichskanzlei und weigerte sich, Staffeln der Luftwaffe Falkenhorsts Kommando zu unterstellen. Nur die Kriegsmarine setzte sich vorbehaltlos für das Unternehmen ein.
Hitler forderte, daß das Unternehmen zum frühestmöglichen Termin anlaufen sollte, damit ihm die Engländer und Franzosen nicht zuvorkamen. Hewel legte ihm immer wieder Telegramme aus Helsinki, Drontheim und Oslo vor, in denen darauf hingewiesen wurde, daß die Alliierten unter dem Vorwand einer Unterstützung für Finnland, das mittlerweile von der Sowjetunion überfallen worden war, die Landung in Skandinavien vorbereiteten. Hitler drängte die Arbeitsstäbe zur raschen Fertigstellung der Planungen. Aber die Gefahr einer alliierten Intervention in Skandinavien war groß. Über Rosenberg erhielt Hitler von Quislings Gefolgsleuten in Oslo immer bedenklichere Hinweise, daß die Invasionspläne der Engländer und Franzosen weit gediehen sein mußten. Beim Mittagessen am 6. neigte sich Hitler zu Rosenberg und sagte: »Ich habe Ihre Nachricht gelesen. Die Sache sieht bedenklich aus.«
Am 12. März erreichte die Krise ihren Höhepunkt, als in schneller Folge eintreffende Depeschen aus Moskau und Helsinki von dem Beginn der Waffenstillstandsverhandlungen berichteten. London bemühte sich ver-

zweifelt um eine Verlängerung des Finnland-Krieges um ein paar Tage. Dem Telefongespräch des finnischen Gesandten in Paris mit dem Außenminister in Helsinki zufolge, das vom Forschungsamt am 12. März um 15.30 Uhr abgehört wurde, mußte Winston Churchill am 11. die französische Regierung informiert haben, daß das englische Expeditionskorps am 15. März nach Narvik auslaufen würde, falls Finnland unverzüglich um Unterstützung bäte. Die norwegische Regierung würde man lediglich »in Kenntnis setzen«. Hitler ordnete an, daß die Planungen für das eigene Landeunternehmen beschleunigt ausgearbeitet und die Truppen in Alarmbereitschaft versetzt werden sollten. Doch am darauffolgenden Morgen hatten sich die Sowjetunion und Finnland bereits auf einen Waffenstillstand geeinigt. Aus den von der deutschen Seekriegsleitung entschlüsselten Funksprüchen der Engländer ging deutlich hervor, daß London und Paris im Begriff gewesen waren, ein größeres Landeunternehmen an der norwegischen Küste durchzuführen. Die Tatsache, daß die Truppentransporter sich auf unbestimmte Zeit zum Auslaufen bereitzuhalten hatten, deutete lediglich auf eine Verschiebung hin. Die Landungsvorbereitungen der Deutschen hingegen wurden wieder gemächlicher betrieben. Hitler hielt vorläufig den Befehl zum Beginn des Unternehmens zurück. »Er sucht noch nach einem einleuchtenden Grund«, notierte Jodl in seinem Tagebuch.

Es ist schon geschildert worden, wie sich Hitler in seiner Position als »Führer« nicht nur mit groß angelegten strategischen Planungen beschäftigte, wobei sämtliche nachrichtendienstlichen Fäden in seiner Hand zusammenliefen, sondern auch mit allen zu einem Unternehmen gehörenden Einzelheiten – wie etwa mit dem Kaliber der Geschütze, die z. B. die norwegischen Fjorde sichern sollten. Zugute kamen ihm ein phänomenales Gedächtnis und großes technisches Verständnis für die Waffenentwicklung. Z. B. setzte er durch, daß die neuen Panzer mit 75-mm-Langrohrkanonen ausgerüstet wurden. Er war es auch, der auf die häufige Fehlkonstruktion deutscher Kriegsschiffe hinwies: Das Vorderdeck lag so niedrig, daß es bei schwerer See in die Wogen schnitt. Als ihm 1937 die Marine zu seinem Geburtstag stolz ein Modell der *Scharnhorst* präsentierte, ließ er abends seinen Adjutanten von Puttkamer zu sich kommen und forderte ihn auf, sich doch einmal die Decks des Schiffsmodells genauer anzusehen. Da Hitler unbestreitbar recht hatte, mußte das Vorderdeck trotz des fortgeschrittenen Konstruktionsstadiums neu entworfen werden. Sein Kammerdiener hatte darauf zu achten, daß auf des Führers Nachttisch »*Weyers Marinelexikon*« stets griffbereit lag, damit sich Hitler bestimmte Daten, als bereite er sich auf eine Prüfung vor, einprägen konnte.

Wenn ihm allmonatlich der Stand der Rüstungsproduktion vorgelegt wurde, nahm er einen Zettel, wählte einen Buntstift und notierte sodann, während er die Zahlenkolonnen überflog, ein paar Daten. Hernach warf er den Notizzettel weg; doch die notierten Daten blieben jahrelang, zur

Verblüffung seiner eher bürokratisch vorgehenden, gelegentlich auch irrenden Mitarbeiter, unauslöschlich in seinem Gedächtnis haften.
Einmal, Ende 1940, begann Keitel einen Bericht mit Angaben über den bisherigen Munitionsverbrauch; Hitler erwiderte, daß das deutsche Heer 1916 monatlich weitaus mehr 210-mm- und 150-mm-Munition verbraucht habe. Er konnte sogar die genauen Mengen angeben. Danach wies Keitel seinen Adjutanten an, diese Zahlen dem Rüstungsamt mitzuteilen, denn sie würden nun die Richtschnur bilden. Als der Adjutant einwandte, ob denn Hitlers Angaben nicht zuerst überprüft werden sollten, antwortete Keitel abgespannt: »Das müssen Sie sich einprägen: Wenn der Führer etwas sagt, können Sie sicher sein, daß es stimmt.«
Obgleich das OKW über ein eigenes Rüstungsamt unter General Georg Thomas verfügte, schloß sich Keitel in den Wintermonaten diensteifrig Hitlers zunehmender Kritik an der Rüstungsproduktion an. Keitel warnte vergebens, daß sich die Produktion nicht dermaßen steigern ließe, wollte man nicht die Qualität der modernen Munition gefährden. Hitler bestimmte dann ein neues Produktionsprogramm, in dem die Minenherstellung für eine Blockade Englands den Vorrang hatte und das außerdem einen enormen monatlichen Ausstoß an Artilleriemunition vorsah.
Keitel gab die Richtlinien an das Heeres-Waffenamt weiter, das damals von General Karl Becker geleitet wurde. Mitte Januar 1940 wandte dieser ein, daß Hitlers Forderungen »nicht im entferntesten« erfüllt werden könnten. Keitel lehnte ab, diese Bedenken Hitler mitzuteilen. Das von Hitler bestimmte Rüstungsprogramm mußte durchgezogen werden. Hitler spielte bereits mit dem Gedanken – den ihm Göring eingegeben hatte, der bei jeder passenden Gelegenheit über das »unfähige« Heeres-Waffenamt herzog –, einen Nichtsoldaten zum Rüstungsminister zu ernennen.
Als das Heeres-Waffenamt im Februar die Produktionszahlen für den vorigen Monat vorlegte, war für Hitler die Grenze seiner Geduld erreicht. Denn die Herstellung besonders wichtiger Waffen hatte sich sogar verringert. Die von Hitler festgesetzten Zahlen für die Produktion der beiden Geschoßtypen vom gebräuchlichsten Kaliber würden selbst im April nicht erreicht werden. Ende Februar beauftragte Göring den Ingenieur Dr. Fritz Todt mit der Aufgabe, die Engpässe in der Rüstungsindustrie zu ermitteln und Maßnahmen zur Produktionssteigerung zu entwickeln. Todt wußte Hitler bald darauf zu überzeugen, daß seine »unerfüllbaren« Produktionszahlen erreicht werden könnten, wenn man das System der Selbstverantwortung einführte, das sich beim Bau der Autobahnen und des Westwalls so gut bewährt hatte. Im März wurde dann Todt zum Munitionsminister ernannt. Das war sowohl für Keitel als auch für General Becker ein Affront. Becker litt unter dem Gefühl, versagt zu haben und beging bald darauf Selbstmord – der erste einer beklagenswerten Anzahl von Deutschen, deren einzige Gemeinsamkeit darin bestand, daß sie Hitlers Erwartungen nicht zu erfüllen vermochten.

Ende Februar 1940 hatte Hitler die höheren Funktionäre der NS-Partei zu einer geheimen Ansprache in die Reichskanzlei gebeten und ihnen versichert, daß der Krieg in einem halben Jahr ausgestanden sein werde; die neuen Waffen würden den Gegner schon auf die Knie zwingen. Vermutlich spielte er auf die Verminung in großem Maßstab an, die die Luftwaffe in Kürze durchführen sollte. Dabei sollten die Minen mit Magnetzündern eingesetzt werden, gegen die seiner Ansicht nach die Alliierten keine Abwehrmöglichkeiten hatten.

Sorgen bereitete ihm weiterhin Italiens unschlüssige Haltung. Roosevelt hatte Sumner Welles, den Staatssekretär im Außenministerium, zu einer Rundreise durch die Hauptstädte der europäischen Mächte entsandt, um die Friedensaussichten zu sondieren. Aufmerksam studierte Hitler die offiziellen italienischen Kommuniqués über Welles' Gespräche in Rom und verglich sie mit den vom Forschungsamt entschlüsselten Geheimdepeschen der Italiener. Als Hitler dann selbst mit Welles ein Gespräch führen konnte, hielt er unverrückbar an dem Argument fest, daß die Beendigung des Krieges Englands Sache sei, da es ihn auch betreibe. Am 4. März wiederholte Hitler seinen Standpunkt gegenüber dem *General Motors*-Vizepräsidenten James D. Mooney: »Der jetzige Krieg kann nur dadurch beendet werden, daß die anderen Mächte ihre Kriegsziele [die Auslöschung Deutschlands nämlich] aufgeben.« Deutschland, versicherte er, verfolge keine Kriegsziele.

Englands starre Haltung gegenüber Mussolini führte zu dessen festerer Bindung an die Achse Berlin–Rom. Um ihn zu zwingen, die anlaufenden Handelsgespräche ernst zu nehmen, sperrten die Engländer Anfang März die Kohlezufuhr nach Italien. Hitler erbot sich unverzüglich, monatlich eine Million Tonnen zu liefern, und gab Anweisung, ein sofortiges Treffen vorzubereiten. Am 18. März trat er Mussolini am Brenner entgegen.

Es war ihre erste Begegnung seit dem Jahre 1938. Mussolini, sagte Hitler später, sei ihm wie ein Schuljunge entgegengetreten, der seine Aufgaben nicht gemacht hat. Hitler empfahl ihm, bis nach dem ersten schweren deutschen Stoß im Westen zu warten. Hitler übertrieb die deutschen Mittel gewaltig. Seine Armeen seien stärker als im Weltkrieg, er habe mehr Munition, als er brauchen würde, die Fertigung der Kampfflugzeuge Junkers 88 und der U-Boote gehe mit Riesenschritten voran. Eines aber war klar: Er traute den Italienern noch immer nicht. Er sagte Mussolini kein Wort von dem »Sichelschnittplan«, den er und Manstein für den Sieg im Westen ausgearbeitet hatten, noch machte er die leiseste Andeutung über seine operativen Absichten in Skandinavien. Und in der Weisung an Keitel, die er kurz darauf herausgab, befahl er zwar dem OKW, »die durch den Krieg unterbrochenen Wehrmachtsbesprechungen« mit Italien sofort wieder aufzunehmen, erklärte aber ausdrücklich, etwaigen italienischen Streitkräften sei eine möglichst selbständige Aufgabe zuzuweisen, um die »in einem Bündniskrieg unvermeidlichen Schwierigkeiten« zu verhindern.

In seiner privaten Ansprache an Mussolini versuchte Hitler, ihn davon zu überzeugen, daß Rußland sich geändert habe. Er erinnerte Mussolini daran, daß er stets mit England habe zusammenarbeiten wollen, England aber habe den Kampf gesucht. Aber daß er immer wieder darauf bestand, die von Stalin geforderten Güter termingerecht zu liefern hatte auch weniger altruistische Gründe. Solange der Pakt mit Stalin hielt, waren sechzig erstklassige deutsche Divisionen für den Angriff gegen Frankreich frei. Dabei waren Hitlers geheime Absichten nicht zu übersehen, denn in eben diesem Jahre 1940 kam die neueste Auflage von Hitlers *Mein Kampf* auf den Markt, und zwar mit dem ungekürzten Kapitel 14. Und als Hitler in seinem Gespräch mit Mussolini unter Hinweis auf die Zwangsumsiedlung der Südtiroler geheimnisvoll bemerkte, er werde diese Menschen in einem schönen Gebiet wieder ansiedeln, das er noch nicht habe, aber sicher bekommen werde, muß er schon den Tag vor Augen gesehen haben, an dem seine Armeen die Krim in ihren Besitz gebracht haben würden.

Am 22. März 1940 flog er zum Berghof, um dort die Ostertage zu verbringen. Hauptmann Engel benutzte diese Gelegenheit, um dem Führer im Flugzeug einen Bericht zu geben, den General Guderian über die Sowjettruppen in Finnland zusammengestellt hatte. Hitler gab ihn mit der lakonischen Bemerkung zurück: »Auch die müssen wir vernichten!«

»Dann kann's losgehen«

Hitler kehrte am 25. März 1940 nach Berlin in die Reichskanzlei zurück. Als er den Obersalzberg zum nächsten Mal wiedersehen sollte, war es Hochsommer, und er beherrschte ganz Europa vom Nordkap bis zu den Pyrenäen.
Am Mittag des Tages nach seiner Ankunft in Berlin sagte Großadmiral Raeder zu Hitler, daß die Frage einer englischen Landung in Norwegen zwar weniger akut zu sein scheine, daß aber er jetzt die Initiative ergreifen sollte. Sie sollten Norwegen am 7. April besetzen; schon am 15. würden die Nächte zu kurz sein. Hitler stimmte zu. Auch in einer anderen Frage ließ Hitler sich von Raeder beeinflussen; der Führer wollte die vierzehn Zerstörer, die die Truppen nach Narvik und Drontheim bringen sollten, unbedingt dort zurücklassen, damit sie Artillerieunterstützung geben und die Kampfmoral der Soldaten erhöhen könnten. In Jodls Kartenzimmer erklärte er mit Schärfe, er werde sich nicht damit abfinden, daß die Marine »sofort wieder abhaut«; denn was sollten die Landungstruppen davon wohl halten? Hier aber blieb Raeder unbeugsam. Der gefährlichste Teil des ganzen Unternehmens werde ja die Rückfahrt der Kriegsschiffe sein – denn dieser Marsch werde sich unter der Nase der stärksten Flotte der Welt vollziehen. Raeder war bereit, seine Flotte für Norwegen aufs Spiel zu setzen, aber er dachte nicht daran, zuzuschauen, wie Schiff um Schiff sehenden Auges geopfert wurde.
Die Nachrichten über Großbritanniens Absichten in Skandinavien verdichteten sich. Viel wichtiger aber war, daß Hitler jetzt von der am 28. März getroffenen Entscheidung des Alliierten Obersten Kriegsrates Wind bekam, Anfang April ein Skandinavien-Unternehmen in zwei Phasen zu entwickeln: Hitler sollte durch Verminung der neutralen Gewässer Norwegens zu einer überstürzten Besetzung Südnorwegens provoziert werden, was eine Großlandung der Alliierten in Narvik im Norden rechtfertigen würde.
Am 30. März fing das Forschungsamt den Bericht eines Diplomaten in Paris über ein Gespräch mit dem neuen Ministerpräsidenten Paul Reynaud ab, wonach die Alliierten in den nächsten Tagen entscheidende Ereignisse im Norden einleiten würden. Am selben Tage sprach Churchill über die BBC eine Warnung an Norwegen aus: Die Alliierten würden den Kampf fortsetzen, »wohin er sie auch führen möge«.* Es wurde ferner ein Bericht des Schweizer Gesandten in Stockholm an seine Regierung abgefangen: »Deut-

---

* Hewel notierte Hitlers Tischgespräche am 5. Juli 1941: »Wenn Churchill und Reynaud nicht gequatscht hätten, hätte ich Norwegen wahrscheinlich nicht gemacht.«

sche und englische Truppenlandungen an norwegischer Küste stehen unmittelbar bevor!« Nach zweitägigen Besprechungen mit Kommandeuren der einzelnen Landungsgruppen entschied Hitler, daß die ersten Anlandungen an Norwegens Küste am 9. April um 5.15 Uhr beginnen sollten.
War nicht die ganze Idee zu kühn, um gelingen zu können? Am 1. April hielt Hitler vor ausgewählten Landungsgruppen-Kommandeuren, Marinebefehlshabern und Kommandeuren der Luftwaffe eine Ansprache. Er bezeichnete darin das Unternehmen »Weserübung« als eine der »frechsten Unternehmungen« der neueren Kriegsgeschichte.
Am 3. April, um zwei Uhr früh, lief Hitlers Unternehmen an. Die ersten drei Dampfer, getarnt als Kohlentransporter, liefen zusammen mit dem Tanker »Kattegat« von ihrem deutschen Hafen nach Narvik aus. Tausend Seemeilen waren mit Nordkurs zurückzulegen. Vier weitere »Kohlenschiffe« – drei nach Drontheim, eines nach Stavanger bestimmt – warteten auslaufbereit in norddeutschen Häfen. Unter einer dünnen Kohleschicht hatten sie alle schweres Gerät, Artillerie, Munition und Versorgungsgüter an Bord. Die ersten Landungstruppen für den Sturmangriff auf die Küsten sollten auf schnellen Kriegsschiffen transportiert werden. Zehn Zerstörer, begleitet von den Schlachtschiffen »Scharnhorst« und »Gneisenau«, sollten 2000 Mann nach Narvik bringen; weitere 1700 Mann würden vom Kreuzer »Hipper« und vier weiteren Zerstörern in Drontheim an Land gesetzt. Praktisch der gesamte Rest der deutschen Flotte – Kreuzer, Torpedoboote, Walfangboote, Minenräumboote, U-Boot-Jäger, Schlepper und Vorpostenboote – würden Angriffstruppen in Stärke von mehreren tausend Mann in fünf anderen Häfen landen. An Bord von 15 Dampfern (»1. Seetransportstaffel«) würden im Laufe des ersten Tages Verstärkungen in Oslo, Kristiansand, Bergen und Stavanger eintreffen. Stieß auch nur einem dieser »Handelsschiffe«, beladen mit Männern in Feldgrau, im Verlauf der Vorbereitung oder der Anreise irgend etwas zu, so war das ganze Unternehmen verraten.
Am 5. April konnte die Seekriegsleitung in Berlin erkennen, daß eine neue britische Operation begonnen habe. Ein unvollständig entschlüsselter britischer Funkspruch von außergewöhnlicher Länge ließ auf »ganz besondere Absichten« schließen – entweder marschierten die Briten gegen Hitlers Unternehmen auf, oder der »Gegner hat *eigene* Offensivpläne gegen Norwegen«. Da es keine eindeutigen Anhaltspunkte dafür gab, daß die Westmächte die strategischen Absichten Deutschlands erkannt hatten, gelangte die deutsche Seekriegsleitung am 6. April zu der (richtigen) Lagebeurteilung, »daß der Gegner ganz kurz vor eigenen Aktionen in den norwegischen Gewässern oder auf norwegischem Gebiet steht«.
Am Nachmittag meldete der Heerestransportchef das planmäßige Anlaufen der Eisenbahnbewegungen der eigenen Verbände aus den Sammlungsräumen in die Hafenbereiche. Ein ominöses Zeichen waren die dringenden Telefongespräche, die das Forschungsamt jetzt zwischen dem dänischen

Militärattaché und dem norwegischen Gesandten in Berlin abhörte: Der Attaché bat um eine sofortige Unterredung, da er Mitteilungen »von höchster politischer Bedeutung und Tragweite« zu machen habe.*
In der Nacht zum 7. April begann das Großunternehmen der deutschen Kriegsmarine. Die norwegischen Küstenbefestigungen wurden in Alarmzustand versetzt, Leuchtfeuer wurden gelöscht. Lotsen für die als »Ausfuhrdampfer« getarnten Waffentransporter, die ihren Weg durch die Schären in Richtung Narvik und Drontheim nehmen wollten, wurden nur zögernd gestellt. Handelte es sich dabei um absichtliche norwegische Obstruktion? Die gesamte deutsche Invasionsflotte befand sich auf hoher See. Hitler stand entweder eine katastrophale Niederlage bevor, mit dem sicheren Verlust seiner ganzen Flotte, oder aber ein triumphaler Sieg.
Frühmorgens, am 8. April, rief der deutsche Gesandte in Oslo mit der völlig unerwarteten Nachricht in Berlin an, daß britische Kriegsschiffe mit dem Minenlegen in norwegischen Hoheitsgewässern begonnen hätten. Nichts hätte Hitler gelegener kommen können! In Oslo herrschte Empörung, und die verstärkte Entschlossenheit der Norweger, ihre Neutralität nach allen Seiten zu verteidigen, veranlaßte Raeder, die ursprüngliche Absicht fallenzulassen, daß seine Kriegsschiffe unter britischer Flagge in die norwegischen Häfen einlaufen. Die Hochstimmung in Berlin wurde um 18.15 Uhr durch einen zweiten Anruf des Osloer Gesandten zunichte gemacht. Einer der langsamen deutschen Frachter, die »Rio de Janeiro«, die Pferde und hundert Mann Besatzungstruppen für Bergen an Bord hatte, war vor der norwegischen Küste torpediert worden. Aber noch immer blieb Hitler das Glück treu. Die Seekriegsleitung in Berlin rechnete zuversichtlich damit, daß die Briten zu einer falschen Schlußfolgerung gelangen würden – nämlich, daß es sich hier um einen Ausbruchsversuch in den Nordatlantik handele. Raeders hartnäckige Forderung, der ersten Gruppe Schlachtschiffe beizugeben, war gerechtfertigt, denn Churchill hatte sich tatsächlich täuschen lassen: Er schickte die Streitkräfte in ein Gebiet weit nördlich des wahren Schauplatzes.
Am 9. April früh fing Berlin einen norwegischen Funkspruch auf: »Fremde Kriegsschiffe im Oslo-Fjord.« Jetzt, wußte Hitler, galt es, die norwegischen Küstenbatterien in Reichweite der schweren Geschütze zu passieren. Aber kurz nach sechs Uhr wurden die Funksignale empfangen, mit denen die vor den Häfen postierten deutschen U-Boote in die Einfahrten gerufen wurden, um sie zu schützen. Der Einbruch war also gelungen.
Gegen Abend des 9. April 1940 befanden sich Norwegen und Dänemark allem Anschein nach fest in deutscher Hand. General von Falkenhorst

---
* Wie Hitler erst im September 1944 erfahren sollte, hatte Oberst Oster dem holländischen Militärattaché Major Gijsbertus Sas Mitteilung vom Landungsunternehmen gemacht, der die Information an die dänische und norwegische Regierung weitergab.

meldete um 17.30 Uhr: »Die Besetzung Norwegens und Dänemarks... auftragsgemäß... durchgeführt.«

Hitler selbst entwarf die Meldung des Deutschen Nachrichtenbüros (DNB), die dänische Regierung habe sich unter Protest der deutschen Übermacht gebeugt; es sei so gut wie kein Schuß gefallen. In Südnorwegen war der Flugplatz Stavanger von Hitlers Fallschirmjägern erobert worden, was ihm die sofortige Luftüberlegenheit verschaffte. In Oslo selbst landeten fünf Kompanien Fallschirmjäger und Luftlandetruppen auf dem Flugplatz Fornebü; eine kleine Infanterie-Abteilung marschierte mit klingendem Spiel in die norwegische Hauptstadt ein, und Oslo war gefallen. Als dem Führer die goldgeprägte Abendkarte vorgelegt wurde, sah er, daß dem Hauptgericht – Makkaroni, Schinken und grüner Salat – passenderweise Smörrebröd als skandinavisches Vorgericht vorangestellt war.

Hitler vertraute seinen Adjutanten an: »Wenn die Marine in diesem Krieg weiter nichts leistet als diese Norwegen-Geschichte, dann hat sie ihre Aufgabe erfüllt.« Die Verluste waren schmerzlich genug. Der neueste schwere Kreuzer, die »Blücher«, war im Oslo-Fjord von den uralten Krupp-Geschützen gefechtsunfähig geschossen und dann von Torpedos vernichtet worden; die Verluste an Menschenleben waren hoch. Auf der Höhe von Bergen erhielt der Kreuzer »Königsberg« Treffer von einer Küstenbatterie und wurde am nächsten Tag am Kai von britischen Flugzeugen endgültig zerstört. Südlich von Kristiansand wurde der Kreuzer »Karlsruhe« von einem britischen U-Boot versenkt. Drei weitere Kreuzer wurden beschädigt und viele der Versorgungsschiffe versenkt. Mehr Glück hatten der Kreuzer »Hipper« und vier Zerstörer mit 1700 Mann für Drontheim an Bord, als sie von den Küstenbatterien am Eingang zum Fjord befragt wurden. Der Kommandant der »Hipper«, Kapitän zur See Heye, signalisierte auf Englisch: »Ich komme im Auftrage der Regierung«, was man ja so oder so verstehen konnte. Als die verdutzten Kanoniere das Feuer eröffneten, waren die Schiffe schon wieder außer Reichweite.

Zu einer Katastrophe kam es in Narvik. Zehn Zerstörer hatten dort Generalmajor Eduard Dietl und zweitausend Gebirgsjäger an Land gesetzt. Nur der Tanker »Jan Wellem« kam aber pünktlich an, von dem Marinestützpunkt, den Stalin seinem deutschen Vertragspartner in Murmansk eingeräumt hatte. Somit konnten die zehn Zerstörer nicht vor dem späten Abend des 10. April klar zur Rückfahrt sein. Stunden vorher waren fünf britische Zerstörer in den Fjord eingedrungen. In dem folgenden Artillerie-Duell, und in der Schlacht, die dort drei Tage später mit dem älteren britischen Schlachtschiff »Warspite« sowie einer ganzen Zerstörer-Flottille ausgetragen wurde, konnten die Briten alle zehn deutschen Zerstörer versenken. Damit war die Hälfte der gesamten Zerstörerflotte Raeders vernichtet. Als an den beiden nun folgenden Tagen britische Truppenlandungen bei Narvik und Drontheim gemeldet wurden, war Hitler am Rande eines Nervenzusammenbruchs.

Wäre die diplomatische Offensive in Oslo mit der gleichen Gründlichkeit und Geschicklichkeit vorbereitet worden wie die militärische, dann hätte die norwegische Regierung wenigstens wirksam ausgeschaltet werden können. Da aber die »Blücher« im Oslo-Fjord versenkt wurde, konnte die norwegische Regierung nicht festgenommen werden. Deshalb hatten der König und seine Regierung genug Zeit, aus der Hauptstadt zu fliehen. Am 10. April waren diese noch verhandlungsbereit gewesen, aber der deutsche Gesandte, Kurt Bräuer, legte beiden nahe, eine Regierung unter Major Quisling anzuerkennen. Der König lehnte ab und rief zu bewaffnetem Widerstand. Hätte Bräuer sich bereitgefunden, mit der existierenden Regierung abzuschließen und Quisling fallenzulassen, wäre möglicherweise diese mißliche Situation gar nicht entstanden.

Am 14. April schickte das Auswärtige Amt Theo Habicht nach Oslo, um einen letzten Versuch zu machen, mit dem König zu paktieren. Aber die britischen Erfolge in Narvik bestärkten die Norweger in ihrer ablehnenden Haltung. Mit Mühe brachten Ribbentrops Vertreter einen »Verwaltungsrat« zusammen, der aus führenden Bürgern Oslos bestand, aber er war gerade das Gegenteil dessen, was Hitler gewollt hatte. Wutentbrannt erklärte er, »Herr Bräuer und auch der andere Herr« hätten sich von den norwegischen Juristen täuschen lassen. Er habe ausdrücklich Weisung gegeben, Quisling in eine norwegische Regierung einzubauen, die Anspruch auf Legalität erheben sollte. An einer Juristen-Junta läge ihm nichts.

Dietls Lage in Narvik war äußerst ernst. Weder die Luftwaffe noch U-Boote konnten ihn jetzt mit Munition, Verstärkungen und Artillerie in annähernd ausreichender Menge versorgen. Mit seinen zweitausend Gebirgstruppen, nunmehr verstärkt um die zweitausend Matrosen, die den Untergang ihrer Zerstörer überlebt hatten, konnte er Narvik nicht halten, wenn der britische Hauptangriff erst einmal begann. Es bedrückte Hitler, daß da oben nun hauptsächlich Österreicher standen, denn noch hatte er den »Anschluß« einer solchen Belastungsprobe nicht unterziehen wollen. Am 14. April sprach er Brauchitsch gegenüber schon davon, Narvik aufzugeben und alle Kräfte auf die Verteidigung Drontheims zu konzentrieren, das von den britischen Brückenköpfen bei Namsos und Aandalsnes bedroht wurde. In den nächsten Tagen hielt er eine Besprechung nach der anderen mit Göring, Milch und Jeschonnek ab; er befahl die totale Zerstörung von Namsos und Aandalsnes sowie jeder anderen Stadt und Ortschaft, in der sich britische Truppen blicken ließen, und zwar ohne Rücksicht auf die Zivilbevölkerung. Mit düsterer Miene sagte er zu seinen Adjutanten: »Ich kenne den englischen Soldaten aus dem 1. Weltkrieg. Wo er einmal sitzt, kriegen wir ihn nie wieder raus!«

Am 14. April setzte sich bei ihm die irrige Vorstellung fest, daß die Briten schon in Narvik gelandet seien. Ihm fiel keine andere Lösung ein, als Dietl zu befehlen, sich in südlicher Richtung nach Drontheim durchzuschlagen. Hitler beförderte Dietl kurzerhand zum Generalleutnant, ließ aber gleichzeitig von Keitel handschriftlich einen Räumungsbefehl an Dietl aufsetzen. Somit würden nun die Engländer Narvik kampflos besetzen. Jodl vermerkte in seinem Tagebuch: »Aufregung fürchterlich!« Sein Stellvertreter, Oberst Walter Warlimont, erinnerte sich später, daß Hitler zwischen lärmender Kopflosigkeit und manisch-depressivem Versagen schwankte; dann saß er in dumpfem Brüten in einer Ecke von Jodls Arbeitszimmer. In Jodls Stab herrschte Bestürzung über die Haltung des Führers in diesen Tagen.

Hitlers Räumungsbefehl an Dietl wurde nie abgeschickt. Jodls Generalstabsoffizier, Oberstleutnant Bernd von Loßberg, weigerte sich, den Funkspruch zu schicken: »Die Oberste Beratung des Führers« befindet sich augenscheinlich in einer Nervenkrise, wie 1914 in den schlimmsten Tagen der Marneschlacht.« Der ganze Norwegenfeldzug sei ja zur Sicherung der Schwedenerze unternommen worden. Jetzt solle Narvik kampflos den Engländern überlassen werden. Leise sagte Jodl zu ihm, es sei der persönliche Wille des Führers. Es gelang dem Oberst trotzdem, Brauchitsch zur Unterzeichnung eines anderen Funkspruchs an Dietl zu überreden, in dem er ihm zu seiner Beförderung gratulierte und der mit den Worten schloß: »Ich vertraue fest darauf, daß Sie Ihren für Deutschland so wichtigen Posten in jeder Lage bis zum letzten Mann verteidigen werden.« Loßberg zerriß den von Hitler unterzeichneten Räumungsbefehl. So wurde dieser eine Tag der Narvik-Krise gemeistert.

Mit jedem weiteren Tag der Narvik-Krise trat Jodl mit größerem Selbstbewußtsein auf. Nach einigen weiteren Tagen hatten die Alliierten rund dreißigtausend Engländer, Franzosen und Polen gelandet, denen nun Dietls weit schwächere Truppe gegenüberstand. Jodl beeindruckte das noch immer nicht; und als Hitler wieder einmal anfing, laut über ein Aufgeben Narviks nachzudenken, verließ Jodl spontan das Besprechungszimmer und knallte hinter sich die Tür zu, daß der ganze Saal erdröhnte.

Während des ganzen 17. April tobte der Streit zwischen ihnen weiter. Wieder hatte Hitler einen Räumungsbefehl an Dietl entworfen. »Wir können die Leute nicht einfach auf diese Weise verkaufen.« Jodl erwiderte in seinem kräftigen Bayerisch: »Mein Führer, es gibt Lagen in einem Krieg, wo der Feldherr seine Nerven behalten muß!« – und er trommelte dabei so laut bei jedem Wort auf den Kartentisch, daß seine Knöchel ganz weiß waren und schmerzten. Hitler sammelte sich. »Was können wir denn tun?« Am Abend unterschrieb er einen Befehl an Dietl, sich so lange wie möglich zu behaupten; aber er fuhr fort: ». . . auf die Dauer werden Sie in Anbetracht Ihrer Bewaffnung und Ausrüstung den durch den Feind zur See herangeführten Kräften nicht standhalten können.« Es war kein besonders glücklich formulierter Funkspruch.

Sein einundfünfzigster Geburtstag verstrich ohne auffallenden öffentlichen Jubel. Als Alfred Rosenberg ihm einen großen Porzellankopf Friedrichs des

Großen überreichte, kamen dem Führer die Tränen: »Wenn man den da ansieht, dann sind unsere Einsatzentschlüsse klein gegen das, was er getan hat.«

Militärische Stärke aber, gedankenlos eingesetzt, bewirkt oft das Gegenteil dessen, was man sich vorstellt. Hitler hörte von Göring das Gerücht, in Norwegen wachse eine Massenbewegung des Widerstands. Während einer Lagebesprechung verkündete er seine Absicht, die vollziehende Gewalt dem Wehrmachtsbefehlshaber Norwegen, General von Falkenhorst, zu übertragen. Der junge Gauleiter von Essen, der 42 Jahre alte Josef Terboven, sollte als »Reichskommissar« ihm direkt unterstellt werden, Keitel – eine Wiederholung der schlimmen Erfahrungen von Polen befürchtend – erhob sofort Widerspruch. Als Hitler ihn vor den versammelten Lageteilnehmern in verletzender Form zurechtwies, machte Keitel es Jodl nach und stürmte aus dem Saal. Bereits am 21. April flog Terboven nach Oslo, um dem norwegischen Volk eine Schreckensherrschaft zu bereiten.

Wieder verbrachte Hitler schlaflose Nächte. Wenn man den Luftwaffengeneralen glaubte, war Falkenhorst völlig verzweifelt und gab sogar Drontheim schon als verloren auf. Hitler schickte einen Offizier nach dem anderen nach Norwegen, damit sie ihm berichteten, welche Fortschritte seine beiden Infanteriedivisionen machten, die sich abmühten, die 550 km feindlichen Landes zwischen Oslo im Süden und Drontheim im Norden zu überbrücken.

Am 22. April schickte er Schmundt mit Loßberg nach Oslo. Loßberg, ein Riese von Gestalt mit lahmem Bein, meldete sich am nächsten Abend zurück. Ihn schien Hitlers fast defaitistische Niedergeschlagenheit so hart zu treffen, daß er sich vergaß. Als Hitler ihn nach der mutmaßlichen Stärke der in Namsos und Aandalsnes gelandeten Briten fragte, rief er: »Im Höchstfall 5000 Mann, mein Führer!« Für Hitler bedeutete diese Zahl eine Katastrophe, aber der Oberstleutnant fiel ihm lebhaft ins Wort: »Jawohl, mein Führer, leider nur 5000 Mann! ... Wir müssen über jeden Engländer froh sein, der in Norwegen steht und den wir im Westen nicht an der Maas treffen.« Hitler verbat es sich aber, von Loßberg Taktikunterricht zu bekommen. Der Generalstabsoffizier wurde höchst ungnädig entlassen.

Auf dem Kartentisch hatte Loßberg einen kleinen Stapel britischer Beutedokumente zurückgelassen, die er aus Oslo mitgebracht hatte. Sie waren einer südlich von Aandalsnes kämpfenden britischen Infanteriebrigade abgenommen worden. Über Nacht begriff man die immense politische Bedeutung der Beuteakten: Der britische Brigadekommandeur war ursprünglich für die Besetzung Stavangers vorgesehen – und zwar lange *vor* der Besetzung Norwegens durch die Deutschen; die britischen Befehle trugen die Daten 2., 6. und 7. April! Andere britische Landeunternehmen waren bei Bergen, Drontheim und Narvik geplant gewesen. Das deutsche

Unternehmen war in der Tat den britischen Projekten um Tage, fast Stunden zuvorgekommen.

Hitler frohlockte. Persönlich steckte er die Marschroute für eine entsprechende Propagandaauswertung ab, und bis in die frühen Morgenstunden ging er mit Schmundt und Jodl immer wieder das daraus resultierende Weißbuch des Auswärtigen Amtes durch: es enthielt Faksimiledrucke, Übersetzungen und Protokolle von Vernehmungen britischer Offiziere, die die Authentizität der Dokumente bestätigten.

Oberst Eduard Wagner schrieb: »Die ersten gefangenen Engländer wurden im Flugzeug nach Berlin gebracht, dem Führer gezeigt, sehr gut bewirtet und vier Stunden in Berlin spazierengefahren. Sie konnten sich gar nicht fassen, daß es bei uns ganz normal aussieht. Sie hatten vor allem dauernd Angst, daß sie erschossen würden, also völlig verhetzt.« – Als Hitler einige Tage später hörte, daß englische Gefangene nur mit Mühe vor der Wut polnischer Gefangener hätten geschützt werden können, befahl er, man solle versuchen, es nochmals zu so einer Szene kommen zu lassen, damit Aufnahmen in der Wochenschau gezeigt werden können.

Es war nicht zu bestreiten, daß Ribbentrops Weißbuch starke Wirkung auf die Weltmeinung ausübte. Jetzt konnte sich Hitler in die Brust werfen und fragen: Wer wagt es nun noch, mich zu verurteilen, wenn die Alliierten selbst so wenig Respekt vor der Neutralität kleiner Staaten haben? Jedenfalls gab Hitler noch an demselben Tag, an dem die Beutedokumente der Weltöffentlichkeit bekanntgegeben wurden, nämlich am 27. April, seinem Stab seine Entscheidung bekannt, in der ersten Maiwoche mit Plan Gelb zu beginnen.

Im Westen hatte Hitler 137 Divisionen aufmarschieren lassen; und dennoch stand er einem zahlenmäßig überlegenen Feind gegenüber. Seine Feindnachrichten hatten ungefähr 100 Divisionen in Frankreich ausgemacht, dazu elf weitere Divisionen des britischen Expeditionskorps; die Belgier hatten 23 Divisionen aufgestellt und die Holländer 13. Zu diesen insgesamt 147 Divisionen kamen noch 20 Festungsdivisionen in den gewaltigen Verteidigungsanlagen hinzu. Dennoch hegte Hitler keinen Zweifel über den Ausgang dieses neuen Waffenganges. Jahre später sollte Jodl schreiben: »Nur der Führer begriff über die generalstäblerischen und militärischen Überlegungen hinaus die Gesamtkonzeption, mit *all* ihren Faktoren der inneren Bereitschaft zu kämpfen, der Propaganda usw., eine Gabe, die nicht den Generalstäbler und den militärischen Fachmann, sondern den Strategen in Hitler zeigt.«

Jetzt lief plötzlich alles auf Hochtouren. Am 30. April befahl Hitler, die gesamte Wehrmacht habe vom 4. Mai an jederzeit bereit zu sein, innerhalb von vierundzwanzig Stunden mit Gelb zu beginnen. Noch am 30. April hatte Generalmajor Jodl ihm bestätigt, daß jetzt die Landverbindung Drontheim–Oslo hergestellt sei. »Das ist mehr als eine gewonnene Schlacht, das ist ein gewonnener Feldzug!« rief Hitler. Schon sah er die Autobahn vor Augen, die er nach Drontheim bauen würde: Er würde Drontheim zu einem strategischen Marinestützpunkt ausbauen wie das britische Singapur im fernen Osten. Das norwegische Volk hatte es verdient. Wie hatten sich doch die Norweger im Unterschied zu den Polen verhalten! Tief bewegt sollte Hitler am 9. Mai seinem Oberfehlshaber in Norwegen diesen Befehl übermitteln:

». . . Der norwegische Soldat hat alle feigen und hinterlistigen Mittel, wie sie bei den Polen an der Tagesordnung waren, verabscheut. Er hat offen und ehrlich gekämpft und unsere Verwundeten und Gefangenen nach seinem besten Vermögen anständig behandelt, geachtet und versorgt. Die Zivilbevölkerung hat eine ähnliche Haltung gezeigt. Sie beteiligte sich nirgends am Kampf und nahm sich in fürsorglicher Weise unserer Verletzten an.
Ich habe mich daher entschlossen, in Würdigung dieser Umstände die Genehmigung zu erteilen, die gefangenen norwegischen Soldaten wieder in Freiheit zu setzen.«

Hitler versammelte seine Kommandeure zu einer letzten Serie von Geheimbesprechungen über die Einzelheiten des Falles Gelb: Alle standen jetzt bereit – die Luftlande- und Fallschirmtruppen, die als »holländische Grenzpolizisten« getarnten z. b. V.-Einheiten, der Parlamentär, und außerdem zwei Millionen Soldaten.
Der Chefmeteorologe der Luftwaffe schwitzte Blut ob der Last der Verantwortung, die er jetzt alleine trug. Am Freitag, dem 3. Mai, verschob Hitler Gelb auf seinen Rat um einen Tag auf Montag. Am 4. wurde noch einmal um einen Tag verschoben. Am 5. war die Wetterlage noch immer unsicher, also wurde Gelb auf Mittwoch, den 8. Mai, festgesetzt; Hitler war entschlossen, an diesem Termin festzuhalten, und er ließ als Teil der komplizierten Tarnung seiner wahren Absichten einen besonderen Fahrplan für sämtliche Angehörige seines Hauptquartiers drucken. Aus dem Plan nämlich ging hervor, daß sein Zug am Abend des 7. Mai von einem kleinen Bahnhof bei Berlin abfahren sollte. Am nächsten Tag sollte er auf dem Wege zu einem »offiziellen Besuch in Oslo« in Hamburg eintreffen.
Das Wetter aber blieb unsicher. Der Chefmeteorologe blieb in der Morgenbesprechung bei seiner Warnung, daß unverändert starke Gefahr von Frühnebeln bestehe; deshab befahl Hitler – sehr erregt über die neue Verschiebung – Gelb wiederum um einen Tag später anzusetzen.
Am 7. Mai legte ihm das Forschungsamt zwei Telegramme des belgischen Gesandten beim Vatikan an seine Regierung vor: Eine »reichsdeutsche Persönlichkeit«, die am 29. April in Rom eingetroffen sei, habe erklärt, daß in Kürze mit einer Offensive im Westen unter Mißachtung der Neutralität Belgiens und Hollands gerechnet werden müsse. Die Abwehr wurde angewiesen, den Verräter ausfindig zu machen – was nicht ohne eine gewisse Ironie war, denn im September 1944 sollte der SD entdecken, daß es sich bei der »reichsdeutschen Persönlichkeit« um einen Vertrauensmann des Cana-

ris-Netzes, Dr. Joseph Müller, gehandelt hatte.* Die Katze war nun jedenfalls aus dem Sack. Am frühen Morgen des 8. Mai befand sich ganz Holland im Belagerungszustand.** Die Telefonverbindungen mit dem Ausland waren gesperrt, das Regierungsviertel von Den Haag wurde militärisch abgesperrt, und was Hitler als besonders ärgerlich empfand – die Brückenwachen wurden verstärkt.

Hitler wollte nicht mehr warten, aber Göring behielt die Nerven: Das Wetter bessere sich von Tag zu Tag, und der 10. Mai werde ideal sein. Gegen sein Gefühl, wie er sagte, gab Hitler dann widerstrebend die Genehmigung zur Verschiebung auf den 10. Mai, »aber keinen Tag mehr länger«. Am 9. Mai rief Puttkamer, der Adjutant vom Dienst, gegen 8.00 Uhr beim Korps in Aachen an und fragte nach dem Wetter. »Es ist leichter Nebel«, sagte der Chef vom Korps. »Aber die Sonne kommt schon durch. Und morgen ist es sicher auch schön.« Der Führer erklärte: »Gut, dann kann's losgehen.« Die Wehrmachtteile wurden benachrichtigt, daß der endgültige Befehl zur Durchführung oder zum Aufschub (Stichwort Danzig bzw. Augsburg) bis spätestens 21.30 Uhr erteilt werde.

Es wurden außergewöhnliche Sicherheitsmaßnahmen ergriffen, um die Geheimhaltung zu wahren, selbst in Hitlers persönlichem Stab. Sogar Martin Bormann beließ man in dem Glauben, daß die Reise nach Oslo bevorstehe. Der Führer wies seine Sekretärinnen an, die Koffer für eine lange Reise zu packen. Am Nachmittag fuhren Hitler und sein Stab aus Berlin hinaus zu dem kleinen Bahnhof Finkenkrug, einem volkstümlichen Ausflugsort. Hier wartete Hitlers Sonderzug auf sie. Er fuhr um 16.38 Uhr ab, und zwar in Richtung Hamburg. Aber nach Anbruch der Dämmerung lief er in den kleinen Bahnhof Hagenow-Land ein und hielt dort längere Zeit; als er wieder anfuhr, konnten auch die Uneingeweihten erkennen, daß er nicht mehr nach Norden rollte. Hitler zog sich früh in seinen Schlafraum zurück, aber das Schlingern des Zuges ließ ihn keinen Schlaf finden. Alle Augenblicke sah er aus dem Fenster, ob sich auch kein Nebel bilde. Der Anfangserfolg von Gelb hing von der Schlagkraft der Luftwaffe ab, und der Nebel war Görings schlimmster Feind.

Eine Stunde vor Tagesanbruch schlich der Zug in einen kleinen Bahnhof, auf dem alle Namensschilder entfernt worden waren. Eine Kolonne dreiachsiger Geländewagen erwartete ihn im Halbdunkel. Eine halbe Stunde lang fuhren sie durch die kleinen Eifeldörfer. Hitler blieb stumm, bis er plötzlich den Luftwaffenadjutanten, der mit Schaub auf den Klappsitzen des

---

* Der »Ochsen-Sepp«, wie man ihn auch nannte, überlebte den Krieg und wurde Justizminister in Bayern von 1950–1952 und war Mitbegründer der CSU.
** Oberst Oster hatte wiederum den holländischen Militärattaché mit einem laufenden Kommentar zu jeder neuen Verschiebung von Gelb beliefert; die endgültige Warnung gab er ihm um 21 Uhr am Vorabend des Angriffs. Sogar der niederländische Oberbefehlshaber urteilte, daß Oster »eigentlich ein erbärmlicher Kerl« sei.

Wagens hockte, fragte: »Hat die Luftwaffe auch berechnet, daß hier im Westen die Sonne einige Minuten später aufgeht als in Berlin?« Below beruhigte ihn.

Mit steifen Gliedern stieg Hitler aus. Eine ehemalige Flakstellung an einem Berghang war zu seinem Feldhauptquartier ausgebaut worden. Das nächstgelegene Dorf war vollständig von seinen Bewohnern geräumt. Es war schon hell. Die Luft war erfüllt vom unbeschreiblichen Gezwitscher einer Unzahl von Vögeln. Von den Talstraßen hörte man das schwere Brummen und Poltern der Nachschubkolonnen auf ihrem Wege nach Westen. Ein Adjutant zeigte stumm auf seine Uhr. Es war 5.35 Uhr. Aus der Ferne hörten sie das zunehmende Donnern der schweren Artillerie, und hinter ihnen schwoll das Dröhnen der Flugmotoren an.

IV

Der Weltkrieg

»Das Ganze halt!«

Am 10. Mai 1940 verließ der *Völkische Beobachter* die Rotationspressen in Berlin, München und Wien mit der Hauptschlagzeile in Rot: »Deutschlands Entscheidungskampf hat begonnen«, und »Der Führer an der Westfront«. Generaloberst Keitel hatte eine halbe Stunde mit Hitler um seine Zustimmung zu der Veröffentlichung des Schlußsatzes des Wehrmachtberichtes an diesem Tage gerungen: »... Um die Gesamtoperationen der Wehrmacht zu leiten, hat sich der Führer und Oberste Befehlshaber an die Front begeben.« Hitler sagte, er wolle seinen Generalen den Kriegsruhm nicht schmälern, aber sein Prestige näherte sich seinem Höhepunkt. Rommel, nunmehr Kommandeur einer Panzerdivision im Westen, schrieb am 21. April: »... Ja, wenn wir den Führer nicht hätten! Ich weiß nicht, ob es einen anderen deutschen Mann geben würde, der die Kunst der militärischen Führung und auch der politischen Führung in gleichem Maße so genial beherrschte.«
Als militärischer Befehlshaber blieb Adolf Hitler selbst seinen engsten Mitarbeitern ein unergründliches Rätsel.
Alfred Jodl schrieb nach dem Krieg aus der Gefängniszelle an seine Frau: »... Und zweitens frage ich mich: Kenne ich denn diesen Mann überhaupt, an dessen Seite ich lange Jahre ein so dornen- und entsagungsreiches Dasein geführt habe? Hat er nicht auch mit meinem Idealismus gespielt und ihn nur benutzt zu Zwecken, die er in seinem Innersten verbarg? ... So weiß ich heute nicht einmal, was er gedacht, gewußt und gewollt hat, sondern weiß nur, was ich darüber gedacht habe und vermutet habe. Und wenn heute die Umhüllung fällt von einem Bild, in dem man einmal ein Kunstwerk zu sehen hoffte, und man sieht sich dann vor einer teuflischen Entartung, so mögen sich die künftigen Historiker darüber den Kopf zerbrechen, ob das von Anfang an so war oder ob sich dieses Bild parallel mit den Geschehnissen verwandelte. Manchmal falle ich in den Fehler, der Herkunft die Schuld zu geben, um mich dann wieder zu erinnern, wie viel Bauernsöhnen die Geschichte den Namen ›der Große‹ gegeben hat. Das ethische Fundament ist das Entscheidende.«
Generaloberst Kurt Zeitzler befaßte sich ebenfalls mit diesem Phänomen, ging dabei aber analytischer vor. »Ich habe ihn in allen nur möglichen Situationen erlebt. Im Glück, im Unglück, bei Erfolgen, bei Rückschlägen, in froher Laune, in aufgeschlossener Stimmung, in Ärger und bei Wutanfällen, bei Reden und Vorträgen, bei Verhandlungen und Einzelbesprechungen, mit vielen oder wenigen zusammen, unter vier Augen und am Fern-

sprecher, im Bunker, im Wagen, im Flugzeug, kurz bei allen irgendwie denkbaren Gelegenheiten. Und trotzdem maße ich mir nicht an, ihn ganz durchschaut und voll erkannt zu haben.« Für ihn war Hitler ein Schauspieler, der jedes Wort, jede Geste, jeden Händedruck und Augenaufschlag unter Kontrolle hatte. Er suchte jeden Neuling in seiner Umgebung vom ersten Handschlag, vom ersten Blick in die Augen an für sich zu gewinnen, in jeder Hinsicht als starker und eminent nachahmenswerter Charakter zu erscheinen, als ein treuherziger, anständiger Führer, erfüllt von aufrichtiger Sorge für seines Volkes Wohlergehen. So rief er einen abreisenden Offizier mitten in der Nacht an: »Es ist solch schlechtes Wetter, bitte fliegen Sie nicht. Ich mache mir Ihretwegen Sorgen.« Oder er schaute irgendeinem unbedeutenden Untergebenen treuherzig in die Augen und vertraute ihm an: »Das sage ich aber nur Ihnen, sonst keinem... Das muß jetzt unser beider allerheiligstes Geheimnis bleiben.«
In den Akten finden sich unzählige Beispiele dieser gezielten Rücksichtnahme durch Hitler. So schreibt Rommel ganz stolz am 3. Juni 1940: »Der Führer begrüßte mich mit den Worten, ›Rommel, wir haben alle viel Sorge in den Tagen des Angriffes um Sie gehabt‹. Er strahlte über das ganze Gesicht und ich mußte ihn hernach begleiten.« Am 21. April 1941 notierte sich Milch nach einem gefährlichen Rückflug von Nordafrika: »*Führer:* gut, daß Sie zurück sind!« Im Speer-Tagebuch heißt es im Juni 1941: »Der Führer ließ Herrn Speer durch einen Anruf vom Obersalzberg bestellen, daß er die geplante Reise nach Norwegen nicht wünsche, da die Lage dort noch zu ungesichert sei und Herr Speer für ihn unersetzlich.« Und im Februar 1943 vermerkte Richthofen im Tagebuch: »Abschließend erkundigte sich der Führer sehr intensiv nach meiner Gesundheit...« Noch mitten im Kriege pflegte Hitler dringende Lagebesprechungen abzubrechen, damit wenigstens die Stenografen etwas zu essen bekamen. So stenografierte Karl Thöt ins Tagebuch unter dem 21. Februar 1943:

»In der Mittagslage ist der vom Führer zugesagte Heizofen tatsächlich da – ein kleiner Porzellanheizofen... Am Nachmittag vor einem kurzen Empfang von sieben Offizieren, die zu Sonderaufträgen ausersehen sind und vom Führer in einer kurzen Ansprache eingewiesen werden, erkundigt sich der Führer in Anwesenheit von Generalmajor Schmundt, ob der Heizofen denn nun auch wärme? Als wir ihm das bestätigten, freute er sich sehr und lachte aus vollem Herzen.«

Anders erschien die Wirklichkeit denjenigen, die nicht seine Gunst gewinnen konnten. Wer einmal sein Mißfallen erregt hatte, durfte in seiner Gegenwart nicht erwähnt werden, geschweige denn wieder auftauchen. Seine Charakterkenntnis verlieh ihm die Macht zur Unterwerfung seiner Gefährten. Einmal nahm er Keitel ein Aktenstück aus der Hand und warf es ihm vor die Füße; unterwürfig hob der General es wieder auf. Ein

Blick genügte ihm, um Fremde zu taxieren. Von einem Oberbefehlshaber sagte er einmal: »Er sieht aus wie ein Oberlehrer«, und da für ihn alle Lehrer nur »Steißtrommler« waren, stand augenblicklich fest, daß die Karriere dieses Oberbefehlshabers ihr Ende erreicht hatte. Halder sollte später seinen ungewöhnlichen Intellekt hervorheben, seine schnelle Auffassungsgabe, seine erstaunliche Phantasie und seine Willenskraft. Jodl schrieb 1946: »Im Frankreichfeldzug war Hitlers Führung klar, folgerichtig und geschickt.« Das unerwartet versöhnliche Verhalten Hitlers Frankreich gegenüber bei den Waffenstillstandsverhandlungen gab Jodl die Hoffnung, daß sich das gute Element in Hitler noch durchsetzen könnte. In späteren Feldzügen wurde aber die klassische Führerweisung, mit der er seinen Befehlshabern in großen Zügen einen Auftrag erteilte, dessen Ausführung im Detail ihrer eigenen Verantwortung unterlag, zunehmend durch Führerbefehle ergänzt und ersetzt, durch die Hitler auf jeder Befehlsebene in die taktischen Operationen eingriff.

Das für Gelb gebaute Führerhauptquartier (»Felsennest«) befand sich bei Münstereifel. Der unterirdische Gefechtsstand selbst war sehr beengt: die Bunkerräume waren gerade groß genug, um Hitler, Jodl, Keitel, die Adjutanten Schmundt und Schaub sowie einen Diener unterzubringen. Hitler schlief auf einem Feldbett in einer Zelle, deren übrige Ausstattung aus einem Tisch und einem Stuhl bestand. Am liebsten hielt er die Lagebesprechungen im Freien ab. Er nannte sein Hauptquartier »mein Vogelparadies« und machte für die Zeit nach dem Sieg den Vorschlag, in jedem Jahr einmal mit der gleichen Besetzung hierher zurückzukehren. Er befahl, die Anlage unverändert zu erhalten – ein dauerndes Mahnmal, geweiht der Erinnerung an seinen »Befreiungskrieg«.

Als der Morgen des 10. Mai 1940 graute, trafen Kuriere ein, mit der Nachricht, daß die britischen und französischen Armeen ihren Einzug in Belgien schon eingeleitet hatten. Hitler strahlte. Noch im Oktober 1941, als seine eigenen Armeen vor den Toren Moskaus standen, erinnerte er sich an die Freude dieses Augenblicks:

»...Als die Nachricht kam, daß der Feind auf der ganzen Front den Vormarsch gegen uns angetreten hatte, ich hätte weinen können vor Freude: er war uns in die Falle gegangen! Richtig war es auch, den Vorstoß bei Lüttich beginnen zu lassen: sie mußten glauben, wir hielten uns an den alten Schlieffen-Plan ... Man wird später nicht ohne Rührung den Ablauf dieser Operationen betrachten können! Manchmal bin ich noch um 3 Uhr nachts in den Kartenbau hinübergegangen, um mich über das Relief zu beugen.«

Die Belgier und Holländer waren auf die deutsche Offensive keineswegs unvorbereitet. Ein Offizier vom Stabe Jodls notierte im Tagebuch: »Unsere Truppen stießen auf einen Feind, der den Angriff am 10. 5. früh erwartete.«

Die deutsche Abwehr »untersuchte«, wodurch das holländische Mißtrauen geweckt worden sei – und lenkte den Verdacht geschickt auf einen hohen Beamten im Auswärtigen Amt!
Im »Felsennest« herrschte höchste Spannung. Einer von Jodls Gehilfen hatte mit zwei Panzerfunkwagen die Spitze der 4. Panzerdivision begleitet, um direkt über den Zustand der so wichtigen Brücken Meldung zu geben. Den Holländern war es aber gelungen, beide Straßenbrücken zu sprengen, die nördlich und südlich von Maastricht über die Maas führten. Das Bataillon z.b.V. 100, das »Trojanische Pferd«, hatten schwere Verluste erlitten. Erst am Nachmittag meldeten die Funkpanzer bessere Nachrichten: Die belgischen Brücken über den Albert-Kanal – wo im Morgengrauen 100 Mann mit Lastenseglern gelandet waren – waren unversehrt, mit Ausnahme der Brücke Canne. Gegen 16.30 Uhr wußte Hitler, daß die 4. Panzerdivision die Maas mit Floßsäcken überschritten hatte. Im Fort Eben Emael hatten deutsche Pioniere mit Hohlladungen die Geschütze zum Schweigen gebracht; das ganze Festungswerk war außer Gefecht gesetzt. Früh am Morgen des 11. Mai war eine Pontonbrücke über die Maas geschlagen, und eine Panzerbrigade hatte den Fluß hier bei Maastricht überquert. Eben Emael kapitulierte am Mittag, und damit war das Schicksal Belgiens am zweiten Kriegstag besiegelt.
Im Norden der Niederlande tobte vier Tage lang eine Schlacht. Die Holländer versuchten, die in Rotterdam und Den Haag gelandeten Fallschirmjäger und die mit Lastenseglern eingeflogenen Luftlandetruppen zu vernichten; am 14. starteten Bomberstaffeln, um den feindlichen Artilleriedruck auf die Fallschirmjäger bei Rotterdam niederzukämpfen. Dann kam die Nachricht, daß Kapitulationsverhandlungen schon im Gange seien. Nur die Hälfte der Bomber konnte zurückgerufen werden – die übrigen warfen 97 t Bomben auf die Stadt; in den ausbrechenden Bränden fanden neunhundert Menschen den Tod. Am nächsten Tag unterzeichnete der Oberbefehlshaber die Kapitulation der niederländischen Streitkräfte.

Jetzt war die Zeit für Hitlers Meisterstück gekommen. Die wahre Hauptoffensive sollte weit im Süden beginnen, bei Sedan, wo General von Kleists Panzer soeben die Maas überschritten hatten. Am 14. Mai erging die Führerweisung, daß alle Panzer und motorisierten Verbände zusammenzufassen seien für einen raschen Durchstoß von diesem Brückenkopf aus in westlicher und dann nordwestlicher Richtung an den Ärmelkanal: »Der bisherige Verlauf der Operationen ergibt, daß der Feind den Grundgedanken unserer Operationen, den Durchbruch bei der Heeresgruppe, nicht rechtzeitig erkannt hat. Er führt noch immer starke Kräfte gegen die Linie Namur–Antwerpen vor und scheint den Abschnitt vor der Heeresgruppe A zu vernachlässigen.«
Von diesem Augenblick an hätte trotz der gewaltigen Überlegenheit der alliierten Panzerwaffe nur noch ein entschlossener Befehlshaber Frankreich

retten können. Von Rundstedt soll gesagt haben, daß er es viel interessanter finden würde, den Rest des Feldzuges in den Schuhen von General Maurice Gamelin zu führen. Und wieder, wie schon im Norwegenfeldzug, ließen Hitler jetzt seine Nerven im Stich. Als Kleists Panzer am 17. Mai in Richtung Kanalküste vorstießen, griff Hitler ein und befahl ihnen, einen Halt einzulegen, bis die langsameren Infanteriedivisionen aufschließen könnten, um die Flankensicherung aufzubauen. Vergeblich meldete Halders Abteilung »Fremde Heere West«, daß die Franzosen im Augenblick nur darauf bedacht waren, eine neue Abwehrfront aufzubauen. Hitler war nicht zu überzeugen. Er fuhr zu Rundstedt, studierte nervös die Karten und verbreitete bei seiner Rückkehr die völlig aus der Luft gegriffene Furcht vor der Gefahr einer »großzügigen Gegenoffensive aus dem Süden«. Als Halder und Brauchitsch am nächsten Tag Hitler aufsuchten, »tobte und brüllte« er; man sei auf dem Wege, die ganze Operation zu verderben und sich der Gefahr einer Niederlage auszusetzen. Erst am 20. legte sich diese Krise; das Heer meldete, daß sich noch wenigstens zwanzig feindliche Divisionen in der Falle befänden; als Brauchitsch am Abend anrief und Hitler meldete, daß die Panzer die Kanalküste erreicht hätten, sprach Hitler in Worten höchster Anerkennung vom deutschen Heer und seiner Führung. Die Siege wirkten sich positiv auf Hitlers Gesundheit aus. Leibarzt Dr. Morell schrieb am 26. Mai: »Fragte den Führer vor ein paar Tagen, ob er Klagen hätte. Es ginge ihm sonst gut, bis auf eine große Klage, sagte es: Er hätte immer viel zu großen Appetit. Es geht ihm wirklich ganz famos. Er ist frisch und munter. Wie Jodl merkte, befaßte sich Hitler schon mit dem Friedensvertrag, den er mit Frankreich schließen werde. Er werde den Franzosen die Schmach, die sie Deutschland 1918 zugefügt hätten, heimzahlen, indem er die Verhandlungen jetzt im Wald von Compiègne inszenieren werde, wie 1918. Hitler erklärte, daß dieser Sieg endlich den Ausgleich für den Westfälischen Frieden vom Jahre 1648 schaffe, der nach dem Dreißigjährigen Krieg Frankreichs Vorherrschaft auf dem europäischen Kontinent stabilisiert hatte.«
Diese Siegespsychose aber, die zu früh auf seinen militärischen Stab übersprang, sollte bei Dünkirchen zu seinem Verhängnis werden.

Hitler wandte seine Aufmerksamkeit der langfristigen Zukunftsplanung zu. Am 20. Mai hatte er schon mit Brauchitsch und Halder über die Anlage der Operationen in der zweiten Phase des Frankreichfeldzuges beraten. Sein früher mit Eifer vertretener Gedanke, daß italienische Divisionen sich an einer Offensive an der Oberrheinfront beteiligen sollten, hatte sich in Nichts aufgelöst. Die neuesten Briefe des Duce waren ein laues Gemisch aus höflichem Beifall und verklausulierten Verheißungen späterer kriegerischer Taten. Ja, es begann sich jetzt sogar eine ärgerliche Disharmonie zu zeigen. Für Italien war der Hauptfeind England. Hitler dagegen glaubte, daß er Großbritannien zu einer Einigung werde nötigen können. Als Jodl ein paar

Tage später den Vorschlag machte, so schnell wie möglich die Landung in England vorzubereiten, lehnte Hitler ohne Begründung ab.

Eine mögliche Bedrohung Deutschlands durch die Sowjetunion lag noch in weiter Ferne. Molotow hatte sich aufrichtig erleichtert darüber gezeigt, daß es Deutschland gelungen war, den Engländern in Norwegen zuvorzukommen, und die Nachricht von Gelb hatte er mit gleicher Sympathie aufgenommen. Aber wie ist Hitlers Bemerkung zu deuten, die er am 24. April gegenüber Halder machte: »Wir haben mindestens bis zum nächsten Frühjahr das Interesse, daß die [rumänischen] Ölquellen für uns liefern. Dann sind wir freier.« Rumänien führte jetzt mehr als 130 000 t Öl im Monat nach Deutschland aus – nichts durfte diese Ölfelder gefährden.

Ende Mai wurde die Gefahr akut. Es verdichteten sich die Gerüchte, daß Italien eine Aktion gegen Jugoslawien plane; das aber würde Ungarn freie Hand zu einem Angriff gegen Rumänien geben – und die Russen würden dies als Vorwand nehmen, um ebenfalls nach Rumänien einzumarschieren. Am 20. Mai berichtete der deutsche Militärattaché in Moskau über sowjetrussische Truppenkonzentrationen an der rumänischen Front. Von Brauchitsch drang am 22. Mai bei Hitler darauf, etwas zu unternehmen; Hitler erwiderte, er »hoffe«, die russischen Ambitionen in Richtung Bessarabien eindämmen zu können. Weizsäcker machte am 23. Mai eine merkwürdige Eintragung in seinem privaten Tagebuch: »Immer unter der Voraussetzung eines solchen vernichtenden Sieges im Westen liegt es nahe, auch im Osten, wo Raum ist und flüssige Grenzen, eine Ordnung herzustellen, die hält. Ob nun England gleich nachgibt oder ob man sie mit Bomben zur Friedensliebe bewegt – im Osten wird es wohl noch eine weitere Abrechnung geben.«

Noch deutete nichts auf die Tatsache, daß in London die Entscheidung zur Räumung Nordfrankreichs bereits gefallen war. Im Gegenteil, Hitler war davon überzeugt, daß die Engländer bis zur letzten Patrone kämpfen würden. Am 21. Mai kam es zu einer kurzen, örtlich begrenzten Krise, als britische und französische Panzer einen unerwarteten Gegenangriff bei Arras fuhren. Hitler und Rundstedt werteten das als Beweis dafür, daß die Panzerspitzen der Heeresgruppe A zu rasch vorgestoßen waren, und Rundstedt befahl der 4. Armee mit der Panzergruppe Kleist, nicht eher auf Boulogne und Calais vorzustoßen, bis die Krise bereinigt sei. Brauchitsch und Halder beklagten Rundstedts übervorsichtige Führung. Ohne Hitler zu informieren, befahlen sie, die Heeresgruppe B (Bock) »mit der einheitlichen Führung des letzten Aktes der Einkreisungsschlacht zu beauftragen« – also die 4. Armee mit allen schnellen Verbänden der Heeresgruppe Bock zu unterstellen. Hitler erfuhr von dieser Eigenmächtigkeit, als er am nächsten Morgen, dem 24. Mai, Rundstedts Gefechtsstand in Charleville besuchte und herrisch verlangte, diesen Befehl zu widerrufen. Die 4. Armee habe vorläufig dort zu bleiben, wo sie sich gerade befand. Es sei ein taktischer Unfug, behauptete Hitler, ihre entscheidend wichtigen Panzer im sumpfigen Flachland von Flandern einzusetzen, in das sie jetzt vom OKH geschickt worden wären. Am Tage zuvor hatte Generaloberst von Kluge von der 4. Armee Rundstedt selbst den Vorschlag gemacht, daß es zweckmäßig sei, erst aufzuschließen und Kleists Panzer am 25. Mai wieder antreten zu lassen. Der Vorschlag, den Rundstedt Hitler am 24. Mai machte, ging einen Schritt weiter: Seine schnellen Panzerverbände könnten anhalten, wo sie jetzt standen; dort sollten sie als Amboß den von der Herresgruppe B bedrängten Feind auffangen. Auch ein politischer Faktor spielte eine Rolle: Hitler wollte dem Flamenland die Zerstörungen ersparen, die die Entscheidungsschlacht mit sich bringen würde.

Hitler zögerte jedenfalls keinen Augenblick, sich mit seiner Autorität hinter Rundstedts Entscheidung zu stellen, die Panzer anzuhalten. Um 12.30 Uhr wurde der Befehl telefonisch durchgegeben; die Panzer sollten westlich der Kanallinie, wo sie sich jetzt befanden, haltmachen. In seiner Weisung Nr. 13 vom selben Tag, in der Richtlinien für die Weiterführung des Kampfes gegen das englische Mutterland erteilt wurden, erwähnte Hitler nur beiläufig, es sei Aufgabe der Luftwaffe, jeden Widerstand von eingeschlossenen Kräften des Gegners zu brechen und das Entkommen englischer Kräfte über den Kanal zu verhindern.

So geschah es, daß die Panzer und motorisierte Verbände »nach allerhöchstem Befehl«, wie Halder vergrämt in sein Tagebuch schrieb, »wie angewurzelt auf den Höhen zwischen Béthune und St. Omer« standen und nicht angreifen durften. Am Abend des 25. Mai machte Hitler seinen Adjutanten gegenüber längere Ausführungen über die Notwendigkeit, die Leibstandarte SS »Adolf Hitler« an der endgültigen Vernichtung des Kessels teilnehmen zu lassen. Gerade den rassisch überlegenen Engländern müsse man etwas Gleichwertiges entgegensetzen. Heinrich Himmler – der Hitler an jenem Tag Vortrag gehalten hatte über seine radikalen Pläne für die Ostgebiete – hat Hitler möglicherweise um diese Gunst gebeten. Am 26. Mai früh änderte jedoch Rundstedts Heeresgruppe A ihre Lagebeurteilung, denn erst jetzt ergab sich aus dem Funkbild, daß ihre bisherige Einschätzung der Feindabsichten falsch sein mußte: Der Feind schiffte ein! Aufklärungsflugzeuge machten dreizehn Kriegsschiffe und neun Truppentransporter im Hafen von Dünkirchen aus. Die Abteilung »Fremde Heere West« folgerte: »Wahrscheinlich, daß der Abtransport des brit. Expeditionskorps begonnen hat.« Oberstleutnant Henning von Tresckow, Ia in Rundstedts Stab, machte seinem Freund Schmundt im Führerhauptquartier telefonisch davon Mitteilung, mit dem Resultat, daß Hitler um 13.30 Uhr das Vorgehen der Panzergruppe Kleist freigab. Sie sollten bis auf Schußweite an Dünkirchen heran vorstoßen; den Rest würden dann die schwere Heeresartillerie und die Luftwaffe besorgen.

Die Luftwaffe meldete unterdessen, daß in Dünkirchen anscheinend nur Truppen ohne Waffen und Gerät eingeschifft würden. Die Strände waren schwarz von wartenden Engländern, die Straßen waren verstopft mit fliehenden, zwanzig Kilometer langen Marschkolonnen. Aber die großen

Bomben richteten gegen kleine Schiffe wenig aus oder verpufften harmlos im tiefen Sand der Dünen. Ein schlechtes Omen für kommende Zeiten war auch die Tatsache, daß die deutschen Kampfflugzeuge den britischen Kurzstreckenjägern nicht gewachsen waren. Zum ersten Mal besaß der Feind die örtliche Luftherrschaft, und drei Tage lang konnte das VIII. Fliegerkorps außerdem wegen Nebels nicht starten.

Während diese folgenschwere Entwicklung im Westen ablief, wurde im neuen deutschen Herrschaftsgebiet in Polen ein unbarmherziges Programm der Unterwerfung und Befriedung durchgeführt.
Am Sonntag dem 25. Mai hatte Himmler – im Beisein des Chefs der Reichskanzlei, Lammers – Hitler Vorschläge für die Behandlung der verschiedenen Volksgruppen unterbreitet. In einem sechsseitigen Schriftstück hatte Himmler niedergelegt, wie man in den neueroberten Gebieten eine Auslese treffen könne, um rassisch hochstehende Erwachsene wie auch Kinder einer Assimilierung zuzuführen. Den anderen Kindern sollten nur Grundkenntnisse beigebracht werden: »Einfaches Rechnen bis höchstens 500, Schreiben des Namens, eine Lehre, daß es göttliches Gebot ist, den Deutschen gehorsam zu sein und ehrlich, fleißig und brav zu sein.« Germanisierungsfähige Kinder sollten ins Reich überführt werden, wo sie eine geeignete Erziehung erhalten würden. Himmler wies noch darauf hin: »Diese Methode ist die mildeste und beste, wenn wir die bolschewistische Methode der physischen Ausrottung einer Rasse als ungermanisch, undurchführbar und unvereinbar mit unserer Weltanschauung verwerfen.« Nach etlichen Jahren rassischer Auslese würde im Osten ein minderwertiges Rassengemisch verbleiben. »Diese Bevölkerung wird Deutschland als ein führungsloses Arbeiterreservoir zur Verfügung stehen... Die Leute werden besser essen und leben als unter polnischer Herrschaft. Aufgrund ihrer fehlenden Kultur sind sie für eine Arbeit unter der strengen, planvollen und gerechten Führung des deutschen Volkes zum Wohle unserer ewigen kulturellen Sendung und unseres Schöpfertums geeignet.« Was nun die Juden anbelangt, schlug Himmler in seiner sechsseitigen Denkschrift vor: »Ich hoffe, das gänzliche Verschwinden des Judentums [aus Europa] durch eine Massenauswanderung aller Juden nach Afrika oder in ein anderes Kolonialgebiet zu erreichen.« In seinen Notizen schrieb Himmler später: »Denkschrift über Polen. Führer überaus angetan.«
Einen Monat darauf nützte Himmler die Gelegenheit einer gemeinsamen Bahnfahrt mit Hitler, um diesem einen achtseitigen Plan für die Besiedlung der Ostgebiete mit einer deutschen Elite vorzulegen. Der Reichsführer schlug vor, daß junge, ledige deutsche Soldaten dazu bewegt werden sollten, sich für die Dauer von bis zu acht Jahren in den Ostgebieten niederzulassen, um das Land zu bearbeiten. Danach erst sollten sie heiraten und einen Bauernhof oder ein Gut übernehmen. Den fremdrassischen Arbeitskräften dürfte lediglich eine untergeordnete Stellung eingeräumt

werden. Schon der Versuch einer sexuellen Beziehung zur deutschen Herrenschicht sollte mit dem Tod geahndet werden. Auf seiner Denkschrift vermerkte Himmler danach: »Führer meint, jeder von mir angesprochene Gesichtspunkt sei richtig.«

Am 2. Juni war die britische Evakuierung Dünkirchens zu Ende. Das OKH stellte fest, etwa die Hälfte der feindlichen Streitkräfte sei endgültig vom Schlachtfeld verschwunden; diese Schätzung teilte Brauchitsch am Abend Hitler telefonisch mit. Das deutsche Heer, sagte er, sei mit 136 Divisionen praktisch intakt; es gehe in die zweite Phase mit einer Überlegenheit von 2:1. Sein Ansatz der neuen Operation war weitgehend bestimmt von kurzfristigen politischen Faktoren. Verdun müsse so bald wie möglich genommen werden; eine Landverbindung zu Spanien müsse hergestellt werden. Paris selbst werde er beiderseits umgehen, denn nichts fürchtete Hitler mehr als einen kommunistischen Aufstand in der Hauptstadt nach dem Vorbild von 1871, der seine Streitkräfte in einen bewaffneten Konflikt mit den Kommunisten verstricken könnte. Die Maginotlinie werde man dann im Rücken fassen. Am 5. Juni um 5.00 Uhr früh sollte diese zweite Phase beginnen.

Zunächst einmal bereiste Hitler, umschwärmt von einer Horde von Parteifunktionären und Leibwächtern, die Schlachtfelder in Belgien. Dr. Morell, der ihn begleitete, berichtete: »Wir waren 2 Tage unterwegs: Brüssel – flandrische Schlachtfelder (Ypern, Loretto und Vimy-Höhe, Bensheim, Kortrik, Lille etc.) Da diese Gegenden zu den am stärksten bevölkerten der Erde gehören, kann man sich die Trümmerfelder ausmalen. Auf einem mit abgesengten Bäumen bestandenen großen Platz in Lille haufenweise verkohlte Wagen und Pferdeleiber, ausgebrannte Tanks und Häuser. Auf den Rückzugsstraßen der Engländer und Franzosen lag an den Straßen ein kunterbuntes Durcheinander von Ausrüstungsstücken, dazwischen wieder stehengelassene Geschütze, defekte Tanks etc. und an beiden Straßenseiten Rückwanderer, zumeist auf Fahrrädern, mit der notdürftigsten Habe bepackt.«

In Brüssel – zugegen waren Bock und ranghohe Militärs – erklärte Hitler: »Meine Herren, Sie mögen sich gewundert haben, warum ich die Panzerdivisionen vor Dünkirchen angehalten habe. Ich konnte es mir nicht leisten, unsere militärische Stoßkraft sinnlos zu vergeuden. Ich befürchtete, daß der Gegner von der Somme aus zur Offensive antreten und die schwachen Panzerverbände der 4. Armee vernichten und vielleicht gar bis Dünkirchen durchstoßen könnte. So eine militärische Schlappe hätte unerträgliche Auswirkungen auf die Außenpolitik haben können.«

Am darauffolgenden Tag, am 2. Juni, hielt er in Charleville vor Rundstedt und dessen Truppenkommandeuren eine Ansprache. Er erläuterte das neue Unternehmen und verkündete, daß auch Italien bald in den Krieg eintreten werde. Er erwähnte auch die Reparationen, die er Frankreich abverlangen wollte. An England, sagte er, habe er keinerlei Forderungen zu stellen, denn dieser Staat könne in seiner Mission für die weiße Rasse durch niemanden ersetzt werden, auch nicht durch Deutschland. Es sei ihm zum Beispiel *nicht* gleichgültig, wer in Indien herrsche. Generaloberst Wilhelm von Leeb notierte Hitlers Äußerungen im Tagebuch:

»...Da wir keine Flotte besitzen, die der englischen gewachsen wäre, könnten wir auch deren Kolonien auf die Dauer nicht halten. Daher leicht Basis für Friedensschluß mit England zu finden. Dagegen muß Frankreich ganz zu Boden geschlagen werden und dann die Zeche bezahlen.«

Als Hitler die Villa verließ, strömten die Soldaten zusammen und umdrängten mit lauten Zurufen seinen Wagen. Hitler, jeder Zoll der siegreiche Feldherr, nahm ihren Jubel dankend entgegen.

Für Hitler schien der Krieg schon gewonnen. In diesem Sinne zuversichtlich äußerte er sich gegenüber Vizeadmiral Canaris, der am 3. Juni zum Vortrag zu ihm gekommen war; und er erkundigte sich nach den Verlusten, die der Abwehr durch Erschießungen entstanden seien. Raeder gegenüber wiederholte er am nächsten Tag, daß Frankreich in wenigen Wochen niedergeschlagen sein werde.

Er formulierte nunmehr seine Besatzungspolitik gegenüber Holland und Belgien. Schon im November hatte er einen Erlaß über die Verwaltung der zu besetzenden Westgebiete entworfen. In der Fassung, die er jetzt am 9. Mai unterschrieb, hatte er die Worte gestrichen: »Von einer Ausbeutung der besetzten Gebiete in einseitig deutschem Interesse ist abzusehen.« In Holland schuf er ein weiteres Reichskommissariat wie in Norwegen, um das Vakuum zu füllen, das die ebenfalls geflohene Monarchie hinterlassen hatte; offensichtlich auf Himmlers Empfehlung entschied Hitler sich für den Österreicher Arthur Seyß-Inquart.

Da Belgien ehrenhaft gekämpft und bedingungslos kapituliert hatte, neigte Hitler zur Milde. Er stimmte Görings Bitte zu, daß König Leopold ritterlich behandelt werden solle. Staatsminister Otto Meißner wurde zum König geschickt, um ihm zu erklären, daß das Königreich Belgien unter starker Bindung an das Reich erhalten bleiben solle, falls er vernünftig und bereit sei, mit Deutschland zu gehen; andernfalls werde Hitler einen »Gau Flandern« schaffen. König Leopold war verärgert darüber, daß das abziehende französische und englische Militär in seinem Lande vielfach geplündert und ohne jeden militärischen Nutzen beispielsweise in Brüssel zahlreiche Brücken gesprengt hatte; jetzt zahlte sich Hitlers politische Klugheit, sein Befehl an die Truppen, die flandrischen Städte zu verschonen, aus. Der in Belgien ernannte Militärbefehlshaber, General Alexander Freiherr von Falkenhausen, war ein liberaler Soldat, der in dauernder Fühlung zum König »regierte«. Es gab folglich nur geringen Widerstand gegen die deutsche Präsenz in Belgien. Hitler holte die ehemals deutschen Gebiete Eupen, Malmedy und Moresnet zurück, die Belgien 1918 annektiert hatte; er befahl Brauchitsch, die belgischen Kriegsgefangenen in Flamen und Wallonen zu trennen – die Flamen, 200 000 Mann von vertrauenswürdig »germanischem«

Erbe, seien sofort freizulassen, während die weniger freundlich gesinnten 150000 Wallonen als Faustpfand abzutransportieren seien.

Für die zweite Hälfte des Westfeldzuges hatte Hitlers Adjutantur einen neuen Ort für das Führerhauptquartier ausgesucht – in der verlassenen Ortschaft Brûly-de-Pêche, gelegen in einer Waldlichtung in Südbelgien. Das ganze Hauptquartier war mitsamt Flakbatterien und Stacheldrahtverhauen fertig, als der Führer dort am 6. Juni eintraf.
Er hat sich dort nie so wohlgefühlt wie in Münstereifel. Schuld waren vielleicht die Mückenschwärme, vielleicht aber auch die Ungeduld, den Krieg bald zu beenden. Brauchitsch kam jetzt häufiger zu Besuch. Hitler zeigte sich ihm gegenüber jetzt versöhnlicher, und er scheint ihn mehr ins Vertrauen gezogen zu haben.
Über diese Zeit des Wartens auf den endgültigen französischen Zusammenbruch schrieb ein Mitglied des Führerhauptquartiers: »Jeden Abend aß der Führer im kleinen Kreis von zehn bis zwölf Menschen... Ich entsinne mich, daß über die Frage debattiert wurde, wer dem Kuckuck beigebracht habe, grundsätzlich seine Eier in fremde Nester zu legen. Ein andermal wurden bittere Vergleiche zwischen der Arbeitszeit und Leistung von Bismarck und Ribbenstrop gezogen, die für letzten natürlich ungünstig ausfielen.« Interessant ist auch der Privatbrief Christa Schroeders vom 13. Juni:

»Wir sind seit einer Woche weiter nach vorn gelegt worden und in ein von der Bevölkerung geräumtes Dorf.... Jede Nacht erleben wir das gleiche Schauspiel. Pünktlich um 12.20 Uhr kommen Feindflieger und kreisen drei Stunden über unserem Dorf.... Kommen sie mal nicht, fragt der Chef: ›Wo bleibt denn heute unser Hausflieger?‹ Auf jeden Fall stehen wir jede Nacht bis 3 oder halb 4 mit dem Chef und einigen Herren des Stabes im Freien und verfolgen die nächtlichen Manöver am Himmel solange, bis die Aufklärer im Morgengrauen wieder verschwinden. Die Landschaft erinnert mich um diese Zeit an ein Bild von Caspar David Friedrich.«

Am 10. Juni erklärte Mussolini feierlich Großbritannien und Frankreich den Krieg. Hitler untersagte es Keitel, Generalstabsbesprechungen mit den italienischen Streitkräften zuzulassen. »Führer vertritt den Standpunkt«, notierte sich einer der Stabsoffiziere Keitels, »da Italien uns im Herbst im Stich gelassen hat, jetzt keine Veranlassung vorliegt, etwas zu geben.« Im Auswärtigen Amt wurden spöttische Vergleiche mit dem Clown im Zirkus gezogen, der nach den Kunststücken der Akrobaten den Teppich zusammenrollt und den Applaus für sich selbst beansprucht; oder man verhöhnte die Italiener als »die Erntehelfer«.
In Walther Hewels Privatnachlaß befindet sich die deutsche Regierungserklärung, mit der Italiens unheilkündender Schritt bekanntgemacht wurde, mitsamt der vielsagenden Korrektur in Hitlers Handschrift. Wo der Entwurf verkündete: »Deutsche und italienische Soldaten werden jetzt Schulter an Schulter marschieren und nicht eher ruhen, bis England und Frankreich

geschlagen sind«, hatte Hitler erst ärgerlich das Wort »England« ausgestrichen und dann den Satz so umformuliert: »... Schulter an Schulter marschieren und solange kämpfen, bis die Machthaber Englands und Frankreichs bereit sind, die Lebensrechte unserer beiden Völker zu respektieren.«

Paris wurde von der französischen Regierung aufgegeben und zur offenen Stadt erklärt, um seine Zerstörung zu verhindern. Bei der letzten Sitzung des Obersten Kriegsrates, die in Frankreich stattfand, ließen die französischen Befehlshaber den britischen Premier in keinem Zweifel, daß der Krieg verloren war. Am 13. Juni schrieb Hitlers Sekretärin Christa Schroeder: »Ich persönlich kann mir nicht denken, daß der Krieg noch über den Juni hinausgeht. Gestern war in Paris Kriegsrat. Weygand erklärte die Schlacht um Paris als verloren und schlug Sonderfrieden vor, worin ihn Pétain unterstützte. Reynaud und einige andere Mitglieder widersprachen aber stürmisch.«

Marschall Pétain übernahm die Regierung und bat am 17. Juni um Bekanntgabe der Friedensbedingungen. Ein Offizier aus dem Stabe Jodls schrieb später: »Hitler ist nach dem Empfang der Nachricht so freudig erregt, daß er einen Luftsprung macht. In solch ausgelassener Stimmung habe ich ihn noch nie gesehen.« Er beschloß, sich sofort mit Mussolini zu treffen, um über die Bedingungen zu sprechen. Die Wehrmacht erhielt unterdessen Befehl, ihre Operationen fortzusetzen – die Besetzung von Cherbourg und Brest sei eine »Ehrenpflicht«, während das Elsaß und insbesondere Straßburg aus politischen Gründen auf jeden Fall besetzt werden müßten.

Viele Tage lang hatte Hitler über den Waffenstillstand nachgedacht. Zunächst hatte er beabsichtigt, den Franzosen die gleichen Demütigungen zu bereiten, die sie sich für die besiegten deutschen Generale 1918 in Compiègne ausgedacht hatten; es hatte an jenem Tag geregnet, und man hatte die Deutschen, um sie noch tiefer zu demütigen, lange im strömenden Regen warten lassen. Dann begann er Vernunft anzunehmen. Vor allem wollte er den Briten vor Augen führen, wie großmütig er im Siege sein konnte.

In einem vertraulichen Gespräch in München überredete Hitler seinen Verbündeten Mussolini, die heikle Frage der italienischen Territorialforderungen bis zum endgültigen Friedensvertrag zurückzustellen. Nur das nordwestliche Frankreich bis an die spanische Grenze sollte besetzt werden. Der Rest sollte unter Pétains Kontrolle bleiben. Als Großadmiral Raeder ihn am 20. Juni fragte, ob Deutschland die Flotte beanspruchen könne, erwiderte Hitler, er möchte das nicht, denn die französische Flotte sei unbesiegt. Tatsächlich wurde in den Waffenstillstandsbedingungen feierlich auf jeden Anspruch auf die französische Flotte verzichtet; die Franzosen dürften einen Teil behalten, um ihre Interessen in ihrem Kolonialreich zu wahren, der Rest sei unter deutscher bzw. italienischer Kontrolle abzurüsten.

Und so fuhr Hitler am 21. Juni über die nebelverhangenen Straßen Nord-

frankreichs nach Compiègne. Der alte hölzerne Speisewagen, in dem Marschall Foch am 11. November 1918 den Deutschen seine Bedingungen diktiert hatte, war an genau derselben Stelle auf dem großen, von Kiefern eingefaßten Rondell des Forstes aufgestellt worden. Vierzig Minuten nach ihm trafen die französischen Unterhändler ein – General Huntziger, eine kleine, elegante Erscheinung, flankiert von den stämmigeren Figuren eines französischen Diplomaten und eines Admirals, während der Luftwaffengeneral sich um eine möglichst nonchalante Haltung bemühte. Hitler saß vor der Mitte des Tisches im Verhandlungswagen, während Keitel begann, die Präambel vorzulesen. Hitler selbst hatte die Worte verfaßt: »Frankreich ist nach einem heroischen Widerstand besiegt worden. Deutschland beabsichtigt daher nicht, den Waffenstillstandsbedingungen oder den Waffenstillstandsverhandlungen die Charakterzüge von Schmähungen gegenüber einem so tapferen Gegner zu geben...«
Nach zwölf Minuten erhob sich Hitler und verließ mit seiner Begleitung den Wagen, während der Präsentiermarsch und das Deutschlandlied gespielt wurden. Der historische Eisenbahnwagen wurde jetzt nach Deutschland transportiert; er sollte später am Zeughaus in Berlin aufgestellt werden. Die französische Gedenkstätte im Walde wurde gesprengt. Nur das Denkmal von Foch blieb auf Hitlers besondere Weisung unberührt.
Jetzt konnte Hitler sich einen lebenslang gehegten Traum erfüllen: Er würde Paris besuchen und die monumentale Architektur der Stadt betrachten. Er ließ seine drei Lieblingskünstler rufen – die Hofarchitekten Speer und Giesler sowie Arno Breker, den Bildhauer –, die am Abend des 22. Juni zusammen in Brûly-de-Pêche eintrafen. Am nächsten Morgen flogen sie um 4.00 Uhr früh nach Paris. Hier waren endlich die Bauwerke, die ihm schon durch seine architektonische Bibliothek so vertraut waren. In der neubarokken Opéra bat er den grauhaarigen Logenschließer, ihm längst vergessene Kammern zu zeigen, von deren Vorhandensein er aus den Bauplänen wußte. Drei übervolle Stunden lang fuhr er durch Paris, starrte zum Eiffelturm empor, musterte den Arc de Triomphe, verharrte barhäuptig und ehrfürchtig vor Napoleons Sarkophag. Als es hell genug geworden war, überschaute er vom Vorplatz der Sacre Cœur und vom Montmartre aus die gottlob unversehrt gebliebene Hauptstadt. Um zehn Uhr flog er nach Belgien zurück. Am Abend jenes Tages erteilte er Speer die Weisung, einen Erlaß über die volle Wiederaufnahme der Bauarbeiten in Berlin vorzubereiten – seine Hauptstadt sollte alles, was er in Paris gesehen hatte, in den Schatten stellen.
Am 25. Juni 1940 nahmen vier Hornisten der 1. Wachkompanie Aufstellung, je einer an jeder Ecke des dörflichen Führerhauptquartiers. Mit Speer, seinen Adjutanten und Sekretärinnen wartete Hitler am Holztisch in der einfachen Stube des für ihn requirierten Bauernhauses. In ganz Europa übertrugen Millionen von Rundfunkgeräten, was die Mikrofone auf dieser stillen Waldlichtung einfingen. Er ließ das Licht in seiner Stube ausschalten

und die Fenster öffnen. Von einem leise eingestellten Radio hörte man die Stimme eines Rundfunkreporters. Um 1.35 Uhr, der Minute, zu der der Waffenstillstand in Kraft trat, bliesen die Hornisten »Das Ganze halt!« Hitler war ergriffen wie nie zuvor in seinem Leben. Vier Jahre lang hatte er im Weltkrieg als einfacher Soldat gekämpft, und jetzt war es ihm vergönnt, in einem einmaligen Feldzug als Oberster Befehlshaber den Sieg zu erringen. Nach einer Weile durchbrach er die Stille: »Die Verantwortung...«, aber er sprach nicht weiter. Er ließ das Licht wieder anschalten.

»Gerüstet wie noch nie«

Während ein endloser Strom von Glückwünschen eintraf – vom Kaiser in seinem holländischen Exil, vom Kronprinzen, von Hindenburgs Tochter, ja sogar von Hitlers altem Lehrer in Österreich –, besuchte Hitler mit seinen Infanteriekameraden aus dem Weltkrieg – dem ehemaligen Meldegänger Ernst Schmidt und ihrem alten Feldwebel Max Amann – die alten Stellungen auf den flandrischen Schlachtfeldern. Einmal kletterte er einen dicht überwachsenen Hang hinauf, weil er nach einem bestimmten Betonblock sehen wollte, hinter dem er einmal in Deckung gelegen hatte. Und siehe da, derselbe unscheinbare Block war noch da, und wer weiß, wahrscheinlich liegt er dort auch heute noch.
Schmundt hatte ein vorläufiges Führerhauptquartier, »Tannenberg«, auf dem Kniebis im nördlichen Schwarzwald eingerichtet. Nach Berlin wollte Hitler erst zurückkehren, wenn irgendeine inoffizielle Reaktion auf die Friedensfühler vorlag, die er über Schweden nach England ausgestreckt hatte. Er wollte sich Rückenfreiheit verschaffen, um sich 1941 Rußland zuwenden zu können. Hitler sah in Stalin einen Volksführer, an dessen strategischen Fähigkeiten er nicht zweifelte. Stalin hatte sein Ziel weit gesteckt, und er verfolgte es mit einer Konsequenz und Rücksichtslosigkeit, die der Führer insgeheim nur bewundern konnte. Jedenfalls hatte Hitler schon am 2. Juni bei einer Besprechung mit Rundstedt erklärt: Wenn England zu einem vernünftigen Friedensschluß bereit sei, so habe er endlich die Hände frei für seine große und eigentliche Aufgabe, die Auseinandersetzung mit dem Bolschewismus.
Die russischen und britischen Probleme waren untrennbar mit dem Schicksal Englands verbunden: Wenn die Sowjetunion als Militärmacht neutralisiert wäre, wäre es gezwungen, die Art der unblutigen Niederlage zu akzeptieren, die Hitler seinem lästigen Bruderland zugedacht hatte. Ihr letzter »Festland-Degen« war den Briten aus der Hand geschlagen.
Es gibt eine Fülle von Hinweisen, daß Hitler noch im Juni 1940 dem britischen Empire sehr zugetan war. In den Archiven des Oberkommandos und der Marine finden sich Beispiele dafür. Keitel lehnte u. a. einen Vorschlag ab, die britische Lebensmittelversorgung zu sabotieren, und am 3. Juni verbot Hitler Canaris ausdrücklich, die bakterielle Kriegführung gegen England einzuleiten. Am 17. Juni bestätigte Jodls Adjutant dem Marinestab, daß der Führer keineswegs die Absicht habe, das Britische Empire zu zerschlagen, denn Englands Niederlage wäre zum Schaden der weißen Rasse. Daher der Versuch, mit England nach Frankreichs Nieder-

schlagung Frieden zu schließen, unter der Bedingung, daß die Kolonien zurückgegeben würden und England auf seinen Einfluß in Europa verzichtete. Was die Invasion betreffe, so habe sich der Führer bisher nicht geäußert, da er sich der einer solchen Operation innewohnenden extremen Schwierigkeiten bewußt sei. Daher habe das Oberkommando bis jetzt noch keine Studien oder Vorbereitungen unternommen. Der Oberbefehlshaber der Luftwaffe hätte auf einige Dinge hingewiesen, z. B. die Aktivierung einer Fallschirmjägerdivision.

Ausführlich diskutierte Hitler mit Rudolf Heß über seine freundliche Haltung gegenüber England, und mit Göring entwickelte er einen Plan, England für »Aufgaben in Übersee« 12 Divisionen anzubieten für die Verteidigung seines Empire gegen äußere Bedrohung. Göring hielt den Plan für bedeutungslos, da sich England neuerdings in wachsendem Umfang auf die militärische Unterstützung durch die USA verlassen könnte.

Hitler bestand auf seiner Ansicht, daß mit der Niederlage Frankreichs die britische Regierung einsichtig werden würde. Admiral Raeder drängte ihn, sofortige Luftangriffe auf die wichtigsten englischen Marinestützpunkte zu starten und eine Invasion vorzubereiten, für den Fall, daß vorher die Luftüberlegenheit errungen wäre. Hitler aber hielt eine Invasion für überflüssig: »Auf die eine oder andere Art wird England nachgeben.«

Am 25. Juni schrieb eine seiner Privatsekretärinnen:

»Der Chef will demnächst im Reichstag sprechen. Wahrscheinlich wird es sein letzter Appell an England sein. Wenn sie auch dann nicht parieren, wird er unbarmherzig vorgehen. Ich glaube, bis jetzt tut es ihm immer noch leid, den Engländern auf den Leib zu rücken. Es wäre ihm offensichtlich viel angenehmer, wenn sie von selbst Vernunft annehmen würden. Wenn sie wüßten, daß der Chef weiter nichts von ihnen will, als unsere ehemaligen Kolonien, würden sie vielleicht zugänglicher sein.«

Am gleichen Tag lehnte es General Jeschonnek, der Chef des Luftwaffenstabs, ab, eine Stellungnahme zu einer Invasions-Planung des OKW abzugeben, solange der Führer eine derartige Landung in England nicht in Aussicht genommen hätte. Als ein Luftwaffenangehöriger in Jodls Stab Jeschonnek dennoch drängte, daran teilzunehmen, erwiderte der General kurz, daß es keine Invasion geben werde und er keine Zeit habe, sich damit zu beschäftigen.

Hitler fühlte, daß die britische Öffentlichkeit wohlüberlegt über seine Kriegsziele getäuscht wurde. In einer Demokratie ist es schwierig, die öffentliche Meinung, besser gesagt die veröffentlichte Meinung, zu ändern. Vielleicht, so meinte er, gäbe es niemanden in England, der den Mut hätte zuzugeben, daß es ein Fehler war, Deutschland den Krieg zu erklären. Am 30. Juni schrieb Hewel einem Verbindungsmann in der Schweiz (der Brief ist wichtig, weil es scheint, daß er Hitler für seine Zustimmung vorgelegt wurde).

»Natürlich kommt es sehr darauf an, was die Engländer als das Ziel des

Führers in seinem Kampf gegen ihr Land erwarten. Durch Emigranten und liberalistisch denkende Menschen sind sie in die Katastrophe hineinberaten worden, die sie inzwischen erkannt haben ... und es liegt an ihnen, den Weg zu finden, um das Steuer herumzureißen. Es kommt darauf an, ob die Engländer das Genie und die Größe des Führers nicht nur in einer positiven Auswirkung für Deutschland sondern auch für Europa begreifen. Ob sie es fertig bringen, in ihrem Neid und ihrem Hochmut in ihm nicht den Eroberer, sondern den Neugestalter Europas zu erkennen; dann werden sie automatisch zu dem Schluß kommen, daß der Führer das Empire nicht zerstören will, wie es ihnen ihre Emigranten vormachen ... Bleiben sie in ihrer Verbohrtheit stecken, dann gnade ihnen Gott.«

Einige Tage später faßte Weizsäcker die Situation in seinem Tagebuch zusammen. »Man möchte aber doch abschließen, England die Germanenhand reichen u. damit auch eine stärkere Drohung gegen die Russen gewinnen, die den Moment – indirekt gegen uns – nützen. Vielleicht scheut man auch innerlich die automatisch immer ungeheuerlichere Aufgabe, das Erbe von ganz Europa u. britischem Imperium antreten zu sollen. England besiegen – aber was dann u. wozu? Diese Frage des Führers wird von anderen, z. B. von H. v. Ribbentrop, mit seinem Bild abgetan, zwei große Bäume könnten nicht dicht nebeneinander stehen. Ich selbst sage sehr einfach: Churchill gibt nicht nach.« Aus Weizsäckers Sicht würde England erst dann aufgeben, wenn es zu Boden geschlagen wäre – und nur nachdem Churchill erledigt wäre.

Mit zunehmendem Zynismus betrachtete Hitler den im August 1939 geschlossenen Pakt mit Stalin als Lebensversicherung, deren Prämien er redlich bezahlt, die aber jetzt ihren Zweck erfüllt hatte. Sein Sieg in Frankreich hatte ihn mit einem Gefühl der eigenen Unsterblichkeit erfüllt.

In seinem neuen Schwarzwald-Hauptquartier entwarf der Führer die neuen Westgrenzen des Reiches. Er rief die Gauleiter der beiden westlichsten Gaue des Reiches, und wies sie an, verschleiert die französischen Provinzen Elsaß und Lothringen zu annektieren, die früher deutsch gewesen waren. Der lärmende und brutale Gauleiter Josef Bürckel sollte sich sein »Herzogtum« Lothringen einverleiben, während Robert Wagner, der schlaue Gauleiter von Baden, das Elsaß annektieren sollte. Hitler wies sie auch an, »möglichst kein Papier entstehen zu lassen« (Es entstand trotzdem sogleich ein Aktenvermerk darüber!), denn er verlangte einen Grenzverlauf, wie ihn das Deutsche Reich seit dem späten Mittelalter nicht mehr gekannt hatte, von der Mündung der Somme bis hin zum Genfer See – so daß Deutschland die Kanalhäfen Boulogne, Calais und Dünkirchen bekommen würde, einen großen Teil von Flandern, ganz Lothringen, die Franche Comte und einen Teil von Burgund.

Unter dem Friedensvertrag wollte Hitler auch eine einheitliche Lösung der europäischen Judenfrage durchsetzen, und zwar durch eine Klausel, in der er den besiegten Ländern zur Bedingung stellte, daß sie ihre jüdischen Staatsangehörigen außerhalb Europas bringen. Von Frankreich sollte verlangt werden, daß es hierfür Madagaskar zur Verfügung stelle. Diesen Entschluß eröffnete Hitler dem Großadmiral Raeder am 20. Juni und wohl auch dem Reichsaußenminister und Reichsführer SS bald danach, denn ihre Fachleute arbeiteten während des ganzen Sommers eifrig am »Madagaskarplan«. So konnte der erleichterte Generalgouverneur Dr. Hans Frank bei einer Besprechung mit Gauleiter Greiser in Krakau Ende Juli bemerken: »Ihm habe Reichsführer SS Himmler in Berlin amtlich mitgeteilt, daß er auf Befehl des Führers keinerlei Judenverschickung« – in das Generalgouvernement Polen – »vornehmen werde«, und SS-Obergruppenführer Krüger mitteilte, »daß die Frage der Aussiedlung der gesamten Judenschaft *aus* dem Generalgouvernement zur Zeit der Bearbeitung unterläge. Es seien auch schon Denkschriften darüber verfaßt worden, in welcher Form die Aktion nach Übersee durchgeführt werden solle.« SS-Brigadeführer Bruno Streckenbach erläuterte: »Genaues läßt sich über die ganze Aktion noch nicht sagen. Grundsätzlich steht bisher nur fest, daß meine Dienststelle den Auftrag hat festzustellen, wie viel Juden im gesamten von Deutschland besetzten Raum vorhanden sind. Die Juden sollen nach dem bisher bestehenden Plan nach *Madagaskar* verschickt werden.«

Es ist schwierig, die politischen und militärischen Entwicklungen vom Sommer 1940 in Beziehung zu setzen zu den rüstungspolitischen – und daher langfristigen – Entscheidungen Hitlers. In der zweiten Juniwoche hatte er vorsorglich befohlen, die Rüstung auf einen Kampf gegen England umzustellen; alle Anstrengungen seien auf die größte Verstärkung der Kampfflugzeuge vom Typ Junkers Ju 88 und der U-Boot-Rüstung zu richten. Die Munitionsdepots seien aufzufüllen. Die Verbrauchsgüterindustrie solle in großem Umfang wieder anlaufen. Die Stärke des Feldheeres sei sofort um 35 Divisionen zu verringern, damit die dringend von der Industrie benötigten Facharbeiter freigesetzt würden. Jetzt marschierten aber sowjetische Truppen in Litauen, Estland und Lettland ein, und aus dem Aufmarsch an der rumänischen Grenze ging hervor, daß weitere Unternehmungen beabsichtigt waren. Der Heeresnachrichtendienst verzeichnete »überall Meldungen, die Russen wollen gegen uns marschieren«. Die Schnelligkeit, mit der Hitler dann Frankreich besiegt hatte, muß Stalin überrascht haben, denn am 23. teilte Molotow der Reichsregierung mit, die Lösung der bessarabischen Frage gestatte nunmehr keinen weiteren Aufschub, und seine Regierung sei entschlossen, »Gewalt anzuwenden, falls die rumänische Regierung eine friedliche Einigung ablehne«. Zu Hitlers offensichtlicher Betroffenheit erhoben die Russen auch Anspruch auf die Bukowina, das frühere österreichische Kronland, das nie dem Zarenreich gehört hatte; die Bukowina war stark mit Volksdeutschen besiedelt. Ein Krieg auf dem Balkan mußte um jeden Preis vermieden werden, und auf deutsches Drängen hin fand sich die rumänische Regierung am 28. Juni mit dem Unabwendbaren ab. Seinen Adjutanten gegenüber bezeichnete Hitler diese beiden Schritte Moskaus als die ersten ernst zu nehmenden Angriffe Rußlands auf Europa: Seit dem Herbst des Jahres 1939 hatte Stalin jetzt mehr als 457000 qkm mit einer Bevölkerung von zwanzig Millionen Menschen annektiert.

In den letzten Junitagen führte Hitler mehrere Besprechungen mit von Brauchitsch und Halder. Halder äußerte sich besorgt über Rußlands stetig zunehmende Stärke in Polen und sein gewaltiges Rüstungsprogramm; er bat, die eigenen dortigen Verbände verstärken zu dürfen. Am 23. Juni befahl Hitler zwar eine Verringerung des Heeres von 155 auf 120 Divisionen (wobei 20 der 35 aufgelösten Divisionen notfalls in kürzester Zeit wieder aufgestellt werden sollten); er gab aber Anweisung, die Panzer- und motorisierten Divisionen zu verdoppeln und nicht weniger als 17 Divisionen beim Armeeoberkommando 18 des Generals Georg von Küchler im Osten zu stationieren.

Zwei Tage später unterrichtete Halder seinen Stab, ein neues Element in der jetzigen Situation sei Deutschlands »Schlagkraft im Osten«. In einem Befehl an die drei Heeresgruppen-Oberbefehlshaber schrieb General von Brauchitsch am 25. Juni von »organisatorischen Änderungen«, die »zum Teil... im Osten durchgeführt« würden. Am 30. Juni sagte Halder zu von Weizsäcker, Deutschlands Augen müßten »stark nach Osten gerichtet« sein: »England wird voraussichtlich noch einer Demonstration unserer militärischen Gewalt bedürfen, ehe es nachgibt und uns den Rücken frei läßt für den Osten.« Drei Tage später wurde Halder noch deutlicher: »Letztere muß man von dem Hauptgesichtspunkt betrachten, wie ein militärischer Schlag gegen Rußland zu führen ist, um ihm die Anerkennung der beherrschenden Rolle Deutschlands in Europa abzunötigen.«

»War heute, Samstag morgen, ungefähr eineinhalb Stunden mit dem Führer allein zusammen«, schrieb Morell am 29. Juni, »dem es vorzüglich geht. Die würzige Luft ist auch für ihn sehr gut. In vergangener Nacht habe er so lange und tief geschlafen wie selten in seinem Leben.«

Die Lage des Führerhauptquartiers »Tannenberg« war freilich nicht die schönste. Die hohen Tannen ächzten und stöhnten im Wind, es regnete in Strömen. Es gab in dieser Woche, vom 28. Juni 1940 an, die der Führer hier verbrachte, nur wenige sonnige Tage. Zu Schmundt sagte er beiläufig, er spiele mit dem Gedanken, einen Feldzug gegen Rußland zu führen. Schmundt erzählt dann Major von Below davon, als sie beide durch den triefenden Wald gingen – eine Impression, die unauslöschlich im Gedächtnis haften blieb und so dazu beitrug, den Zeitpunkt in der Flucht der historischen Ereignisse jenes Sommers zu fixieren. In diesen Tagen begann Oberstleutnant von Loßberg mit der geheimen Ausarbeitung einer Operationsstudie für einen Angriff gegen Rußland.

Ende Juni wußte Hitler schon, daß Winston Churchill nicht die Absicht hatte, das Handtuch zu werfen; was zunächst nur ein Gefühl gewesen war, verdichtete sich nach der ersten Juliwoche zu absoluter Gewißheit.

Das ganze Ausmaß der britischen Entschlossenheit wurde am 3. Juli lebhaft demonstriert, als die englische Kriegsmarine das Feuer auf die Reste der französischen Flotte im Hafen von Mers-el-Kébir eröffnete. 1150 französische Matrosen fanden den Tod. Darüber hinaus ging aus in Frankreich erbeuteten Dokumenten unmißverständlich hervor, auf welche Art von Krieg Großbritannien sich vorbereitete: Unter den Sitzungsprotokollen des Obersten Kriegsrates befand sich eines vom November 1939, aus dem die Absichten des britischen Luftwaffengenerals zur Zerstörung des Ruhrgebiets ersichtlich waren. Die Bombenangriffe würden, wie Neville Chamberlain einräumte, unweigerlich schwere Verluste unter der zivilen Bevölkerung verursachen.

Hitlers Sonderkommando hatte auch eigenhändige Aufzeichnungen des französischen Kriegsministers Daladier entdeckt, angefertigt während eines verzweifelten Besuches, den Churchill und britische Luftwaffengenerale am 16. Mai Paris abstatteten. »Lange technische Auseinandersetzung mit [Churchills] Generalen, die mir erklären, daß der deutsche Vormarsch in Frankreich durch Bombardierung der Ruhr verlangsamt werden kann. Ich erkläre, daß ich es für absurd halte, dies anzunehmen... Die Zerstörungen im Ruhrgebiet sind ihnen gleichgültig, sie werden ihre Beute nicht fahren lassen.«

Daß England den Kampf fortzusetzen trachtete, war für Hitler und den Wehrmachtsführungsstab keine erfreuliche Nachricht. Er wies die Wehrmachtteile an, Vorbereitungen für eine frühe Invasion einzuleiten, da sie »unter bestimmten Voraussetzungen« erforderlich werden könnte, aber schon der Gedanke daran, mindestens dreißig gute Divisionen über »die unheimliche See« zu schicken, erfüllte den Führer mit derartigen Befürchtungen, daß er die Invasionsvorbereitungen lediglich zum Zwecke der Feindtäuschung und als politisches Druckmittel vorantreiben ließ. In einer geheimen OKW-Weisung vom 28. Juni erhielt die Abwehr Befehl, auf allen Wegen folgende Information dem Gegner zuzuspielen: »Deutschland bereitet den Krieg gegen das englische Mutterland und seinen überseeischen Besitz mit aller Energie für den Fall vor, daß England den Krieg fortführen will.« Eine deutsche Luftoffensive werde nach einer Atempause für die Luftwaffe beginnen; außerdem würden Deutschland, Italien und Rußland bald einen Feldzug gegen die englische Stellung im Nahen Orient beginnen – das sei die »wahre Erklärung« für die Zurückführung von fünf Panzerdivisionen sowie Infanteriedivisionen von Frankreich ins Reich. (Es handelte sich dabei um die Divisionen, die schon gegen Rußland aufmarschierten.)

Am 6. Juli 1940 kehrte Hitler nach zwei Monaten Abwesenheit nach Berlin zurück. In der Reichshauptstadt war der Tag zum Feiertag erklärt worden, eine Million Hakenkreuzfähnchen war an die Menschenmassen verteilt worden; die Straßen, über die Hitlers Wagen rollen sollte, waren mit Rosen bestreut. Während Dr. Goebbels persönlich die Szene über alle deutschen Reichssender beschrieb, fuhr Hitlers Sonderzug um 15.00 Uhr in den Anhalter Bahnhof ein.

Die jetzige Wahl, entweder England anzugreifen oder Rußland, sollte Hitler unausgesetzt weiter bis in den Herbst hinein beschäftigen. Unerwartet standen ihm nun zwei Feinde gegenüber, er aber befand sich in der Lage eines Mannes, der nur noch einen Schuß in der Büchse hatte, wie er selber später sagte. Daß die RAF die deutsche Industrie bombardieren könnte, machte Hitler weniger Sorgen als die Schläge, die England ihm auf dem Balkan – Quelle der deutschen Ölversorgung – versetzen konnte. Die vor kurzem in Frankreich erbeuteten Planungsdokumente hatten gezeigt, wie aufgeschlossen die Türkei, Griechenland und insbesondere Jugoslawien den verschiedenen alliierten Balkan- und Kaukasusplänen gegenüberstanden. Mit einem Wort, der Balkan konnte Hitler zum Verhängnis werden, und das gab er auch dem italienischen Außenminister am Tage nach seinem Eintreffen in Berlin zu verstehen. Italien wollte nicht mehr und nicht weniger, als jetzt in Jugoslawien einmarschieren, aber Hitler beschwor die Italiener, dies zu unterlassen, denn sonst werde Ungarn sofort über Rumänien herfallen; der ganze Balkan würde in Flammen aufgehen. »So würden die Russen sicherlich auf ... die Dardanellen und Konstantinopel vorrükken«, sagte Hitler. Es könnte vielleicht sogar so weit kommen, daß England und Rußland unter dem Eindruck dieser Ereignisse »eine Gemeinsamkeit ihrer Interessen entdeckten«.

Nach dem 1. Juli 1940 war es sowohl dem Generalstab des Heeres als dem OKW bewußt, daß Hitler einen Rußlandfeldzug in Betracht zog. Generaloberst von Brauchitsch bat Hitler, sich operative Gedanken darüber zu machen, und dieser beauftragte den Oberst i. G. Hans von Greiffenberg, Chef der Operationsabteilung des Generalstabes, mit der Planung zu beginnen. Unterdessen machte sich beim OKW Oberstleutnant d. G. von Loßberg weiter an die Bearbeitung seiner Operationsstudie – sie erhielt den Tarnnamen »Fritz«, nach seinem Sohn; in der zweiten Juliwoche, während des Aufenthalts des OKW-Befehlszuges »Atlas« auf einem Nebengleis des Berliner Bahnhofs Grunewald, erteilte Loßberg einem Gehilfen den Auftrag, Rußlandkarten zu besorgen. Zweifellos traf er den Nagel auf den Kopf, als er später die Meinung äußerte, auch ein psychologischer Faktor habe zu Hitlers Entscheidung beigetragen, zunächst Rußland anzugreifen. Hitler hatte das Gefühl, daß der Sieg in Frankreich sowohl in der Wehrmachtführung als auch im deutschen Volk eine Selbstzufriedenheit und einen Vorgeschmack auf den kommenden Frieden geweckt hatte, die jede Hoffnung zu unterminieren drohten, später die gewaltige Anforderungen stellenden Feldzüge gegen die Bolschewisten beginnen zu können. Im April 1941 sollte Hitler sagen: »Das Volk muß immer zu seinem Glück gezwungen werden. Wir sind heute so hoch gerüstet wie noch nie zuvor. Wir müssen daher unseren jetzigen Rüstungsstand zu dem eigentlichen Entscheidungskampf nützen. Und das ist der entscheidende Kampf, denn die Russen, die unzähligen Millionen der Slawen, werden eines Tages kommen.«

Das alles steht nicht der Tatsache entgegen, daß Hitler die gegen England gerichteten Invasionsvorbereitungen weitergehen ließ, immer in der Hoffnung, daß diese Bedrohung die Briten zur Vernunft bringen würde. Großadmiral Raeder vertrat die Ansicht, daß die Briten keinen Frieden machen würden, wenn sie den Krieg nicht zuvor empfindlich am eigenen Leibe zu spüren bekämen; es wäre besser, erst starke Luftangriffe gegen Hauptzentren wie Liverpool zu führen; die Landung dürfe nur als letztes Mittel betrachtet werden. Hitler lehnte es aber vorerst ab, der Luftwaffe Großangriffe gegen englische Städte freizugeben.

Die Vorzeichen waren allerdings voller Widersprüche. Der im Exil lebende Herzog von Windsor – des Königs Bruder, der bei der französischen Militärmission bei Paris gedient hatte und dann durch Spanien nach Portugal entkommen war – kritisierte voller Bitterkeit die unnötige Verlängerung des Krieges durch Churchill und glaubte mit Bestimmtheit, »daß fortgesetzte starke Bombardierungen England friedensbereit machen würden«.

In der zweiten Juliwoche reifte bei Hitler die Erkenntnis, daß sich Churchills harte Linie durchgesetzt hatte. Er fand diese Unbeugsamkeit unbegreiflich. Er konnte nur vermuten, daß der englische Premier seine Kollegen falsch unterrichtete, denn Botschafter Stafford Cripps erklärte in einem Moskauer Gespräch – worüber das Forschungsamt gleich ein Entzifferungsergebnis vorlegen konnte –, daß England keinen Frieden schließen könne, »weil Deutschland zweifellos die Herausgabe der gesamten britischen Flotte verlangen werde«. Halder schrieb zusammenfassend am 13. Juli:

»Der Führer... rechnet also damit, England mit Gewalt zum Frieden zwingen zu müssen. Er tut so etwas aber nicht gern. Begründung: wenn wir England militärisch zerschlagen, zerfällt das britische Weltreich. Davon hat aber Deutschland keinen Nutzen. Wir würden mit deutschem Blut etwas erreichen, dessen Nutznießer nur Japan, Amerika und andere sind.«

Noch unentschlossen, verschob Hitler seine geplante Reichstagsrede und verließ Berlin am 8. Juli. Er reiste nun zehn Tage lang kreuz und quer durch Bayern und Österreich, dann zog er sich für eine Woche stiller Beratung auf den Obersalzberg zurück. Der ungarische Ministerpräsident Graf Paul Teleki hatte ihm am 10. Juli einen Geheimbrief des Reichsverwesers Horthy überbracht, darin schrieb Horthy: »Es muß ja früher oder später zu einer Abrechnung zwischen Deutschland und Rußland kommen.« Deutschland sei das einzige Reich, das die Rote Armee hindern könne, »die Welt wie eine Artischocke Blatt für Blatt zu verspeisen«.

Mit Hitlers stillschweigender Billigung hatte Ribbentrop unterdessen ein Spiel um die Hand des Herzogs von Windsor begonnen, der jetzt in Lissabon wohnte, bis er seinen neuen Posten auf den Bahamas antreten würde. Die Hochachtung, die Hitler für den Herzog empfand, nahm noch zu, als ihm jetzt auf dem Botschaftswege berichtet wurde, daß der Herzog bedingt bereit sei, ein hohes Amt in einem durch einen Waffenstillstand gedemütigten England zu übernehmen. Zunächst beschränkte sich die deutsche Politik darauf, seine sichere Überführung in die deutsche Einflußsphäre zu arrangieren, zum Beispiel nach Südspanien; Ribbentrop schickte Walter Schellenberg mit einem entsprechenden Auftrag nach Lissabon. Am 11. Juli telegrafierte Ribbentrop seinem Botschafter in Madrid vertraulich, er möge dem Herzog zu verstehen geben, Deutschland wäre bereit, den Weg zu ebnen für die »Einnahme des englischen Throns durch den Herzog und die Herzogin«.

In der letzten Juliwoche hatte es den Anschein, als sollte Ribbentrop Erfolg haben; der spanische Abgesandte berichtete, der Herzog trage sich ernstlich mit der Absicht, mit der gegenwärtigen britischen Politik zu brechen und in Südspanien in aller Zurückgezogenheit zu leben – aber die englische Botschaft in Lissabon habe seinen Paß einbehalten. Als man dem Herzog erklärte, daß er vielleicht berufen sei, eventuell sogar den englischen Thron zu besteigen, zeigte er sich erstaunt. Dies sei nach der britischen Verfassung unmöglich, da er ja abgedankt habe. Ribbentrops Botschafter berichtete: »Als Vertrauensmann dann Vermutung äußerte, daß Verlauf des Krieges auch in englischer Verfassung Änderungen hervorrufen könne, sei insbesondere die Herzogin sehr nachdenklich geworden.«

Hitlers Verdacht, daß die Sowjetunion und Großbritannien ein abgekartetes Spiel trieben, erhielt Auftrieb durch Berichte über Äußerungen sowjetischer Diplomaten in Moskau; diese Berichte wurden zum Teil vom deutschen Geheimdienst entziffert. Am 5. Juli hatte der türkische Botschafter über ein Gespräch mit Cripps berichtet; Michail Iwanowitsch Kalinin, der Vorsitzende des Präsidiums des Obersten Sowjet, habe dem Briten versichert, daß Großbritannien und die Sowjetunion viele gemeinsame Interessen hätten. Es sei für beide nötig, zu einer Einigung zu gelangen. Am 6. Juli berichtete die griechische Gesandtschaft in Moskau über eine zweistündige Unterredung mit Cripps. Der Engländer hatte darauf hingewiesen, daß die Sowjets fieberhaft Kriegsvorbereitungen träfen (»was durchaus zutreffend ist«, wie es in dem griechischen Telegramm hieß). Der Grieche hatte erwidert, ihm erscheine es zweifelhaft, »daß Deutschland, falls es mit Angriffsabsichten des Kremls bestimmt rechne, nicht sofort zur Tat schreite. Mein Gesprächspartner [Cripps] behauptete nachdrücklich, daß vor dem nächsten Herbst Deutschland seine Angriffsvorbereitungen gegen die Sowjets nicht vervollständigen könne, andererseits aber auch nicht in der Lage sei, einen Winterfeldzug in Rußland auszuhalten.« Deutschland werde daher gezwungen sein, »den Krieg gegen Rußland bis zum nächsten Frühjahr zurückzustellen, also bis zu einem Zeitpunkt, an dem auch die Sowjets bereit wären«. Bis dahin hätten beide Parteien jedes Interesse

daran, die derzeitigen Beziehungen nicht zu stören. Am 16. Juli hatte Cripps dem türkischen Botschafter gegenüber eingeräumt: »In Anbetracht des drohenden deutschen Angriffs sind wir gezwungen, um jeden Preis mit den Russen zu einem Ausgleich zu gelangen.«
Die entschlüsselten Berichte über diese Unterredungen gerieten in die Hände Hitlers, als er nach Berlin zurückkehrte.

Am 16. Juli hatte Hitler ohne Begeisterung Jodls Weisungsentwurf an die Wehrmacht zugestimmt, eine Landungsoperation gegen England vorzubereiten »und, wenn nötig, durchzuführen«. Die Seekriegsleitung mahnte zur Vorsicht: Das Abziehen tausend schwerer Lastkähne von der deutschen Binnenschiffahrt für operative Zwecke würde große Teile der Industrie lahmlegen; und örtliche Luftüberlegenheit war eine unabdingbare Voraussetzung für jedes Landungsunternehmen. Am 15. Juli hatte das OKW den Oberbefehlshabern mündlich mitgeteilt, der Führer fordere, daß die »Durchführung Seelöwe« schon vom 15. August an sichergestellt sei. Bei seinem Eintreffen jetzt in Berlin erfuhr Hitler von Raeder, daß die Einhaltung dieses Termins ausgeschlossen sei. Dessenungeachtet befahl der Führer, die Bühne zu richten – die Transportschiffe und die Mannschaften sollten vor den Augen der Briten entlang der Kanalküste in Bereitstellung gehen.
Jetzt hielt Hitler seine lang aufgeschobene Reichstagsrede. Am 19. Juli war die festlich geschmückte Kroll-Oper bis auf den letzten Platz gefüllt. Die Rede war wie immer, bald erzählend, bald spottend, wutschnaubend hier, appellierend da; ihr Kehrreim und Leitmotiv war ein »Appell an Englands Vernunft«. Völlig unerwartet verkündete er eine ganze Lawine von Beförderungen für seine führenden Befehlshaber an der Westfront. Hermann Göring muß in Erfahrung gebracht haben, daß er zum »Reichsmarschall« erhoben werden sollte – eine Sprosse höher noch als ein Feldmarschall –, denn er hatte schon eine prächtige neue Uniform bestellt. Bevor dieser Tag zu Ende ging, versicherte Hitler vertraulich dem nunmehrigen Feldmarschall von Rundstedt, daß er nicht im Ernst daran denke, jemals über den Kanal gegen England vorzugehen.
Brauchitsch gegenüber wiederholte Hitler nun seine Forderung, die Möglichkeit eines Rußlandfeldzuges zu untersuchen. Das strategische Ziel, das Hitler andeutete, war unmißverständlich ein Echo der Loßberg-Studie »Fritz«: »Russisches Heer schlagen oder wenigstens so weit russischen Boden in die Hand nehmen, als nötig ist, um feindliche Luftangriffe gegen Berlin und schlesisches Industriegebiet zu verhindern. Erwünscht, so weit vorzudringen, daß man mit unserer Luftwaffe wichtigste Gebiete Rußlands zerschlagen kann.«
Bevor er am 21. Juli Berlin wieder verließ, versammelte Hitler Raeder, Brauchitsch und Görings Stabschef Jeschonnek in der Reichskanzlei und erklärte ihnen, daß es nun notwendig sei, die entsprechenden politischen

und militärischen Maßnahmen für den Fall zu treffen, daß die lebenswichtigen russischen und rumänischen Öllieferungen ausbleiben sollten – was allerdings »im höchsten Maß unwahrscheinlich« sei. Zur Frage einer Invasion Englands meinte Hitler: »Wenn Vorbereitungen nicht mit Sicherheit bis Anfang September zu beenden sind, so ist es erforderlich, andere Pläne zu erwägen.« Er würde nämlich dann die Entscheidung über England erst im Mai nächsten Jahres treffen und noch in diesem Herbst Rußland angreifen. Während er auf das Ergebnis der »eingehenden Prüfung« wartete, die Raeder jetzt anzustellen hatte, unternahm Hitler eine Reise nach Weimar und Bayreuth. Es wimmelte jetzt im Festspielhaus von Luftschutzordnern, und eine ganze Seite des Programms war den Vorschriften über das Verhalten des Publikums bei Fliegeralarm gewidmet.

Nach seiner Rückkehr in die Reichshauptstadt versuchte Raeder am 25. Juli erneut, Hitler von einer Landung in England abzubringen. Hitler ordnete einen neuen Vortrag für Mitte nächster Woche an. Wenn seine Entscheidung noch nicht gefallen war, so mag ein abgefangenes Telegramm des jugoslawischen Gesandten in Moskau an seine Regierung das Seine dazu beigetragen haben. Man zeigte es Hitler, bevor er am späten Abend Berlin verließ, um zum Berghof zu fahren. Gavrilović gegenüber hatte Sir Stafford Cripps die Ansicht geäußert, daß der Fall Frankreichs bei der Sowjetregierung große Angst vor Deutschland hervorgerufen habe. Die Sowjetregierung befürchte einen schnellen und unerwarteten deutschen Angriff und sei daher bemüht, Zeit zu gewinnen. Auch mit seinem türkischen Kollegen hatte Gavrilović die zunehmende Stärke der Roten Armee erörtert. Sie umfasse nach seinen Informationen 180 Divisionen. Der türkische Gesandte sprach von einem Krieg zwischen Deutschland und Rußland, als handele es sich um eine feststehende Tatsache.
Hitler traf am 26. Juli gegen 13.30 Uhr auf dem Berghof ein. Es folgte bis zum 28. Juli eine Reihe von Unterredungen mit balkanischen Würdenträgern, mit Ministerpräsidenten, Außenministern, Innenministern, Gesandten und einem Generalissimus. Nach einer der regelmäßigen Mittagslagen in der Großen Halle hielt Hitler Jodl zurück und fragte, ob man nicht *sofort* im Osten aufmarschieren könne, um notfalls noch vor dem Winter gegen Rußland loszuschlagen. (Diese Frage war zweifellos eine Reaktion auf den hämischen Ton, den die führenden sowjetischen Politiker in den Gesprächen mit Diplomaten der Balkanstaaten angeschlagen hatten. Hitler selbst bezog sich am 31. Juli in diesem Zusammenhang auf »abgehörte Gespräche«.) Erläuternd sagte er, es sei ihm bewußt, daß Stalin 1939 den Pakt mit Deutschland nur unterschrieben habe, um die Schleusentore des Krieges in Europa aufzustoßen; womit dieser nicht gerechnet habe, sei der rasche Sieg über Frankreich – so erkläre sich die überstürzte russische Besetzung der Baltenstaaten und der rumänischen Provinzen in der zweiten Junihälfte. Aber aus dem immer stärkeren sowjetischen Aufmarsch an der Grenze, zu

einer Zeit, wo Deutschland dort nur fünf Divisionen stationiert hatte, ginge klar hervor, daß Rußland weitere territoriale Erwerbungen im Sinne habe. Hitler fürchtete, daß Stalin beabsichtigte, noch vor dem Winter in Rumänien einzubrechen oder die dortigen Ölfelder zu bombardieren. Rußlands Ziele hätten sich seit Peter dem Großen nicht verändert: Ihm ginge es um ganz Polen, um die politische Absorption Bulgariens, dann Finnlands und schließlich der Dardanellen. Der Krieg gegen Rußland sei unvermeidlich, argumentierte Hitler; deshalb sei es besser, jetzt – noch in diesem Herbst – anzugreifen, anstatt alles aufzuschieben. Unterdessen werde er einen letzten politischen Versuch unternehmen, um Klarheit über die russischen Absichten zu gewinnen, bevor er die Entscheidung traf.

Als Hitler am 31. Juli 1940 die führenden Offiziere des OKW, des Heeres und der Kriegsmarine auf den Berghof rief, stand sein Zögern, eine Landung in England freizugeben, in krassem Gegensatz zu der Entschiedenheit, mit der er für einen Angriff gegen Rußland eintrat.

Großadmiral Raeder bemühte sich, den Eindruck zu erwecken, als ob in der Marine alle Vorbereitungen für die Landung mit großem Nachdruck angelaufen seien und *natürlich* bis Mitte September fertig sein könnten, aber er fügte dann eine Liste überwältigender technischer Gründe an, die es ihm zweckmäßig erscheinen ließen, das Projekt doch auf Mai 1941 zu verschieben. Im kommenden Herbst kämen nur zwei Perioden in Frage – vom 20. bis 26. August und vom 19. bis 26 September; der erste Zeitraum liege leider zu früh, der zweite falle mit einer traditionellen Schlechtwetterperiode zusammen. Wartete Hitler dagegen bis zum Mai 1941, so werde die Marine durch die neuen »Tirpitz« und »Bismarck« ihre Flotte auf vier Schlachtschiffe verstärkt haben.

Als Raeder gegangen war, verlieh Hitler gegenüber Feldmarschall von Brauchitsch und Generaloberst Halder seiner Skepsis über die technischen Möglichkeiten einer Landung Ausdruck. Er betonte die englische Übermacht zur See; man dürfe »nichts umsonst riskieren«. Der Krieg sei »an sich gewonnen«. Mit erheblich mehr Begeisterung wandte Hitler sich den anderen Möglichkeiten zu, die Hoffnungen Englands zunichte zu machen: Der U-Bootkrieg und der Luftkrieg könnten den Krieg entscheiden, aber das werde ein bis zwei Jahre in Anspruch nehmen. England hoffe immer noch auf einen Umschwung in Amerika, vor allem aber klammere es sich wie ein Ertrinkender an Rußland. »Bei Wegfall Rußlands fällt auch Amerika weg, weil Japan dann in Ostasien aufgewertet wird und Amerika bedrohen kann.« Darin liege ja gerade die Großartigkeit eines Angriffs gegen Rußland. »Ist aber Rußland geschlagen, dann ist Englands letzte Hoffnung getilgt. Der Herr Europas und des Balkans ist dann Deutschland.«

Das war also Hitlers Strategie. Leider reiche die Zeit nicht, einen Rußlandfeldzug noch in diesem Herbst zu beginnen, weil dann der Winter einsetzen werde; begann man ihn aber im Frühjahr – im Mai 1941 –, werde das Heer durchgehend fünf Monate Zeit haben, um die Sowjetunion zu schlagen. Das

Heer, dessen Verringerung auf 120 Divisionen erst vor kurzem befohlen worden war, würde nun auf eine beispiellose Stärke von 180 Divisionen verstärkt werden; während er und Brauchitsch sich am 23. Juni darauf geeinigt hatten, 17 Infanteriedivisionen im Osten zu stationieren, setzte er jetzt das Ziel, die Stärke dort auf 120 Divisionen aufzubauen. Weder Brauchitsch noch Halder erhoben irgendwelche Einwände.

»Krieg gegen England«

Seit zwanzig Jahren träumte Hitler nur von einem Bündnis mit England; im Sommer 1940 begann dieser Traum zu verblassen, auch wenn er sich mit vergeblicher Leidenschaft daran klammerte.
Am 16. August 1940 formulierte Hitler Major Quisling gegenüber:
»Nachdem er [Hitler] so lange und immer wieder den Engländern Vorschläge die Ordnung in Europa betreffend gemacht habe, sähe er sich gegen seinen Willen gezwungen, diesen Krieg gegen England zu führen. Er befände sich nunmehr in derselben Lage wie Martin Luther, der auch nicht gegen Rom kämpfen wollte, dem aber dieser Kampf aufgezwungen worden sei.«
Das Dilemma, vor dem Hitler stand, ging ihm wider die Natur: den Briten zu schaden. Infolgedessen war er nicht mit vollem Herzen bei der Invasionsplanung. Folgenreicher war es, daß er die Luftwaffe zügelte und ihr die Bombardierung Londons unter Androhung von Kriegsgerichten untersagte; mit allen Kräften geführte Terrorangriffe auf die englische Hauptstadt, für die seine strategischen Berater – Raeder, Jodl und Jeschonnek – mit Nachdruck plädierten, verbot er aus einem fadenscheinigen Grund nach dem anderen. Während seine Stäbe angewiesen wurden, jede britische periphere Stellung – Gibraltar, Ägypten, den Suezkanal – auf ihre Verwundbarkeit zu untersuchen, konnte das Herz des Britischen Empire unversehrt weiterschlagen, bis es zu spät war. Es war der Sommer, in dem eine Ordonnanz hörte, wie Hitler in der Reichskanzlei jemand am Telefon anherrschte: »Es ist nicht unsere Aufgabe, England zu zerschlagen. Wir sind nicht in der Lage, das Erbe Englands anzutreten.« Und wieder sprach er von der »verheerenden Wirkung«, die ein Zusammenbruch dieses Empire haben müsse.
Aus Lissabon hatte man ihm gemeldet, der Herzog von Windsor sei nach wie vor der Einstellung, daß der Krieg ein Verbrechen sei. Die britische Hoffnung auf eine Revolution in Deutschland sei kindisch. Der Herzog zögerte seine Abreise nach den Bahamas so lange wie möglich hinaus. »Bei unverminderter Bejahung der Politik des Führers«, meldete der deutsche Gesandte aus Lissabon, »hält er gegenwärtigen Zeitpunkt für unmittelbares politisches Hervortreten verfrüht.«
Ribbentrop ließ dem portugiesischen Gastgeber des Herzogs mitteilen: »Gut wäre, wenn der Herzog sich für weitere Entwicklung bereithalten könnte.«
Der Herzog reiste am 1. August nach den Bahamas ab. In seinem letzten

Gespräch mit dem portugiesischen Gastgeber: »... würdigte der Herzog zunächst den Friedenswillen des Führers, der mit seinem eigenen Empfinden völlig übereinstimme. Er sei fest davon überzeugt, daß, wenn er König gewesen wäre, es nie zum Kriege gekommen wäre.« Er müsse aber der dienstlichen Weisung seiner Regierung folgen. »Ungehorsam würde seine Absichten vorzeitig aufdecken.« Mit dem Gastgeber war vorher das Stichwort vereinbart worden, das ihn veranlassen würde, sofort nach Lissabon zurückzukommen.

Von einem Vertrauensmann, der Zugang zum Chiffrierbüro des State Department hatte, bekam Hitler Kopien der Berichte des amerikanischen Botschafters in London, Joseph P. Kennedy. Dieser hatte telegrafiert, daß die Deutschen durch die Art ihrer Kriegführung ohnedies ihr Ziel erreichen würden. Der Verkehr in den Häfen sei schon lahmgelegt.

Auch Hitler war dieser Meinung. Für Göring war das ein Grund mehr, seine Luftwaffe nicht für die Vorbereitung einer Invasion zu opfern, an deren Zustandekommen er nicht glaubte. Am 6. August beklagte sich der Chef des Generalstabes des Heeres in einer Tagebuchnotiz: »Wir haben das eigenartige Bild, daß die Kriegsmarine voller Hemmungen ist, die Luftwaffe diese Aufgabe, die sie zunächst allein lösen muß, nicht anfassen will und das OKW, das hier wirklich einmal vor einer Wehrmachtsführungaufgabe steht, sich tot stellt. Die einzigen, die vorwärtsstreben, sind wir.« Am 8. kehrte Hitler zum Berghof zurück, so als gebe es keine dringenderen Probleme, als Frau Bormann das Goldene Mutterkreuz zu verleihen oder das neue Bienenhaus zu besichtigen, das Bormann – wohl wissend, daß Hitlers Vater ein passionierter Imker gewesen war – sorgfältig eingerichtet hatte.

Im Berghof war an einem Ende der Großen Halle eine Filmleinwand aufgespannt. Jede finnische und russische Wochenschau über den eben beendeten Krieg, die beschafft werden konnte, wurde immer wieder von vorn gezeigt, während Hitler und seine Adjutanten die Waffen und Taktik der Russen studierten. In Rußland hatten inzwischen gewaltige Rüstungsvorbereitungen begonnen; in Deutschland, so meldete der Sicherheitsdienst, verbreiteten die sowjetischen Handelsvertretungen kommunistische Propaganda und betrieben Zellenbildung in deutschen Fabriken. Eines Tages im Braunen Haus wurde Hitler von Ribbentrop unter vier Augen gebeten, keinen Krieg gegen Rußland in Erwägung zu ziehen, und er zitierte Bismarcks Wort, daß sich die Götter nicht von Sterblichen in die Karten schauen lassen.

Hitler war auch nicht geneigt, ein Handschreiben des Feldmarschalls Keitel zu beachten, in dem er vor einem vermeidbaren Konflikt mit der UdSSR warnte. Als Keitel auf eine Antwort drang, ließ Hitler ihn zu sich kommen und zerpflückte die Argumente des Feldmarschalls. Stalin werde sich – ebensowenig wie er – nicht mehr an den vorjährigen Vertrag halten, wenn die Voraussetzungen überholt seien. Keitel war betroffen über Hitlers ätzende Bemerkungen. Schweigend machte er kehrt und ging hinaus. Hitler hielt Keitels Schreiben noch in der Hand. Vermutlich wanderte es in seinen Panzerschrank zu seiner Sammlung anderer belastender Dokumente. Schon am 2. August machte Keitel sein Rüstungsamt darauf aufmerksam, daß der Führer endlich erkannt habe, daß »das Verhältnis zu Rußland im Jahre 1941 eine Änderung erfahren« könne. Vizeadmiral Canaris wurde ebenfalls davon in Kenntnis gesetzt, daß Hitler nun einen Überfall gegen die Sowjetunion in Betracht ziehe. Um den deutschen Aufmarsch im Osten zu tarnen, hatte das OKW schon einen Befehl erlassen, der den wenig undurchsichtigen Tarnnamen »Aufbau Ost« trug. Selbst Großadmiral Raeder gegenüber bezeichnete Hitler im August die Truppenverschiebungen an die Ostfront als großzügige Tarnung der bevorstehenden Landungsoperationen in England (»Seelöwe«). Dagegen hieß es im Kriegstagebuch des OKW am 8. August ausdrücklich: »Befehl ›Aufbau Ost‹ = Tarnung für Maßnahmen gegen Ruß[land].«

Hitlers Gedanken galten unterdessen schon dem Großdeutschen Reich in seiner endgültigen Gestalt – und vor allem auch der Frage, wie die Völkerschaften im Zaum zu halten sein würden, die dann von den Reichsgrenzen umspannt werden. Das, so erklärt er Oberst Schmundt am 6. August, müsse die Aufgabe der Waffen-SS in Friedenszeiten sein; es dürfe niemals mehr in der Zukunft geduldet werden, daß der reguläre Soldat im Innern gegen eigene Volksgenossen mit der Waffe vorgehen müsse. Diese Staatstruppenpolizei, so notierte sich Schmundt, müßte sich ohne jeden Vorbehalt mit der das Großdeutsche Reich tragenden Weltanschauung identifizieren. Dieser Verband werde sich niemals mit dem Proletariat solidarisieren; vor allem müsse die Waffen-SS sich in geschlossenen Verbänden an der Front bewähren, damit ihre Autorität in den Augen des Volkes steige; es müsse sich um hochwertige Verbände von begrenzter Größe handeln. Die Wehrmacht erhob erbittert Einwände gegen diese weitere Festigung der Privatarmee Himmlers, aber Keitel stimmte Hitlers Argumenten zu und stellte fest, daß die weiteste Verbreitung der Gedanken des Führers nur erwünscht sein könne.

Um die englischen Jägerverbände niederringen zu können, brauche er drei Tage günstiges Wetter, erklärte Göring dem Führer. Am 12. August verkündete er, daß die Luftoffensive am folgenden Tage beginnen werde. Hitler kehrte deshalb nach Berlin zurück. Als Raeder dort am 13. August ausdrücklich betonte, daß eine Landung nur die Ultima ratio sei, versicherte ihm Hitler, er werde zuvor abwarten, wie sich die Angriffe der Luftwaffe auswirkten. Wer ihn näher kannte, wußte allerdings, daß die Landung nie stattfinden würde. »Unabhängig von der endgültigen Entscheidung will der Führer«, heißt es im Kriegstagebuch der Seekriegsleitung vom 14. August, »daß die *Bedrohung* Englands durch eine Invasion in jedem Fall aufrechterhalten bleibt. Die *Vorbereitungen* müssen daher, gleichgültig wie die Entscheidung fällt, weiterlaufen.«

An diesem Tag versammelten sich die neuernannten Feldmarschälle in der Reichskanzlei, um aus Hitlers Hand die Marschallstäbe entgegenzunehmen. Zwei Feldmarschälle, Bock und Leeb, machten sich Notizen über Hitlers anschließende Ansprache. Als Deutschlands »größte Stärke« sah er die »innere Geschlossenheit und Einigkeit des deutschen Volkes« an. Da England seine Friedenshand abgewiesen hätte, sei eine Auseinandersetzung unvermeidlich, die »zunächst« auf den »Einsatz der Luftwaffe« beschränkt bleibe. »Ob Heer noch eingesetzt werden muß, läßt sich nicht voraussagen. Jedenfalls nur, wenn dazu gezwungen und sichere Grundlagen geschaffen sind ...«

Leebs Aufzeichnungen sind dermaßen bedeutungsvoll, daß es gerechtfertigt erscheint, sie in vollem Wortlaut zu zitieren:

»England vermutlich aus zwei Gründen nicht friedensbereit: 1. hofft es auf Unterstützung USA. Diese können aber nicht vor [19]41 tatkräftige Unterstützung durch Waffenlieferungen im Großen leisten. 2. hofft es, Rußland gegen Deutschland ausspielen zu können. Deutschland ist aber Rußland militärisch weit überlegen. Film über russische Kriegführung gegen Finnland zeigt lächerliche Bilder. Ausfall des Benzins kann durch Rumänien leicht ersetzt werden.

Es gibt zwei Gefahrenpunkte, die zu einer Auseinandersetzung mit Rußland führen könnten: 1. Rußland steckt ganz Finnland ein. Dann ist Vorherrschaft Deutschlands auf der Ostsee verloren und ein Angriff Deutschlands auf Rußland erschwert. 2. weiteres Vordringen Rußlands gegen Rumänien. Dies kann wegen der Benzinlieferungen Rumäniens an Deutschland nicht zugelassen werden. Deutschland muß daher gerüstet bleiben. Bis zum Frühjahr 180 Div.

Europa: kleine Staaten haben keine Existenzberechtigung, besonders kein Anrecht auf großen Kolonialbesitz. Im Zeitalter der Luftwaffe und der Panzerdiv. sind kleine Staaten verloren. Heute handelt es sich um ein geschlossenes Europa gegen Amerika. Japan muß Anlehnung an Deutschland suchen, denn ein Sieg Deutschlands erschwert die Lage Englands in Ostasien zu Gunsten Japans. Deutschland strebt keine Zertrümmerung von England an, denn die Nutznießer wären nicht Deutschland, sondern Japan im Osten, Rußland in Indien, Italien im Mittelmeer, Amerika im Welthandel. Aus diesem Grunde Friede mit England möglich, jedoch nicht mit Churchill als Minister-Präsident. Demnach Abwarten Ergebnisse der Luftwaffe, etwaige Neuwahlen.«

Die beiden ersten Tage des Großangriffs auf die britischen Jagdverbände brachten eine Enttäuschung. Der wetterwendische englische Sommer machte alle Bemühungen zunichte, die Einsätze der drei Luftflotten Görings zu koordinieren. Eine »totale Blockade« der britischen Inseln wurde erklärt, aber selbst das blieb eine Halbmaßnahme, denn es folgten eine Woche später vom OKW erlassene Bestimmungen zur Einschränkung von Kampfhandlungen durch die Wehrmacht: es wurde noch einmal darauf

hingewiesen, daß Luftangriffe gegen den Stadtbezirk von London sowie Terrorangriffe allein der Entscheidung des Führers unterliegen.
Am 16. August abends verließ Hitler Berlin und fuhr wieder nach dem Obersalzberg. Die Hoffnungen, die er auf die Angriffe der Luftwaffe gesetzt haben mochte, hatten sich vorläufig nicht erfüllt.
Auf dem Berghof hing Hitler seinen Gedanken nach, mit welchen anderen Mitteln der Wille des englischen Volkes zu brechen sei. Er nahm sich noch einmal den Brauchitsch-Vorschlag vor, ein Expeditionskorps nach Libyen zur Unterstützung des italienischen Vorgehens gegen Ägypten zu entsenden; er forderte außerdem Ribbentrop auf, »nunmehr den baldigen Kriegseintritt Spaniens zu betreiben«. Aber General Franco wollte sich nicht offen auf die Seite Deutschlands stellen, denn sein Land hatte sich noch nicht von den wirtschaftlichen Folgen des dreijährigen Bürgerkrieges erholt.
Auf dem Balkan hatte Hittler neuen Grund zur Besorgnis. Nach einwöchigen Gesprächen zwischen Ungarn und Rumänien über das umstrittene Siebenbürgen stand ein Krieg zwischen diesen beiden Ländern am 23. August unmittelbar bevor. Rumänien bat um einen deutschen Schiedsspruch, und ohne Moskau zu konsultieren, wozu ihn der Pakt mit Stalin verpflichtete, beschloß Hitler, sich einzuschalten. Unterdessen befahl Hitler dem Heer, Vorbereitungen zur Besetzung des lebenswichtigen rumänischen Ölgebiets gegen Angriffe »dritter Staaten« zu treffen; gemeint war Rußland. Als Feldmarschall von Brauchitsch am 26. den Berghof besuchte, setzte Hitler ihm auseinander, daß es erforderlich sei, Rumänien zu sichern, ohne aber »jetzt schon« den Russen zu sehr zu reizen. Am nächsten Tag schickte er Oberst Schmundt mit Dr. Fritz Todt nach Ostpreußen, um einen geeigneten Platz für das Führerhauptquartier während des bevorstehenden Rußlandfeldzuges ausfindig zu machen.

In der Nacht vom 25. zum 26. August 1940 erschienen zum ersten Mal britische Flugzeuge über Berlin und warfen verstreut einige Brandbomben ab. In den frühen Morgenstunden des 29. wurde ihm auf dem Berghof telefonisch gemeldet, daß zum zweiten Mal Bomben auf Berlin abgeworfen worden seien und daß dieses Mal zehn Zivilisten den Tod gefunden hätten. Noch am selben Nachmittag flog er nach Berlin zurück. In jener Nacht kamen die englischen Bomber schon wieder. Immer noch gab er Angriffe gegen London nicht frei.
Am Nachmittag des 4. September hielt er eine seiner berühmtesten Reden im Berliner Sportpalast. Er machte sich über den reichen Wortschatz an beruhigenden Floskeln in den britischen Kriegsberichten lustig: »Da heißt es z. B.: ›Man sagt uns, daß . . .‹ oder ›man erfährt aus wohlunterrichteten Kreisen . . .‹ oder ›man hört von wohlinformierten Stellen . . .‹ oder ›man kann von Sachverständigen vernehmen . . .‹ Ja, einmal hieß es: ›Man glaubt, Grund zu haben, glauben zu dürfen, daß . . .‹« Nachdem er Norwegen von den Alliierten gesäubert hatte, hätten sie im Chor gerufen: »Wir wollten die

Deutschen ja nur herauslocken. Das ist ein Sieg, ein einzigartiger Sieg für uns.« Nachdem dann Frankreich endgültig niedergeschmettert war, hätten sie gejubelt: »Jetzt kann sich England zum ersten Mal mit seiner ganzen Kraft auf die eigene Verteidigung konzentrieren... Und wenn man in England heute sehr neugierig ist und fragt: ›Ja, warum kommt er denn nicht?‹ dann antworte ich: Beruhigt euch, er kommt!« Was die Nachtangriffe gegen deutsche Städte betreffe, die Mr. Churchill vor drei Monaten begonnen habe, so werde er, wie er jetzt erklärte, Maß für Maß und mehr als das heimzuzahlen wissen: »Wenn sie erklären, sie werden unsere Städte in großem Ausmaß angreifen – wir werden ihre Städte ausradieren!«

Trotzdem war es ihm nicht wohl. In der Vermutung, daß seine Friedensfühler nicht durchgekommen seien, beauftragte Hitler Ende August Rudolf Heß damit, insgeheim Kontakt zu seinen Freunden in England aufzunehmen. Am 31. diskutierte Heß diesen Auftrag mit seinem alten Professor Dr. Karl Haushofer, der drei Tage später wiederum seinen Sohn unterrichtete: »Es ist, wie Du weißt, für ein sehr hartes und scharfes Vorgehen gegen die bewußte Insel alles so vorbereitet, daß der höchste Mann nur auf einen Knopf zu drücken braucht...«

Heß fragte, ob Haushofer einen Weg sehe, »an einem dritten Ort« Friedensmöglichkeiten etwa mit dem Herzog von Hamilton zu besprechen.

Gleichzeitig entsandte Hitler den Berliner Anwalt Dr. Ludwig Weißauer nach Stockholm, mit dem Auftrag, den britischen Gesandten mündlich über die deutschen Friedensvorschläge zu unterrichten: politische Unabhängigkeit für alle von Deutschland besetzten europäischen Länder einschließlich eines »polnischen Staates«, jedoch mit Ausnahme der Tschechoslowakei; ein Ende der wirtschaftlichen Teilung Europas; keine Ansprüche an das Empire oder die britischen Kolonien. Dies sei die »letzte Chance«, eine noch intensiviertere Kriegführung zu vermeiden.

Auf Befehl Churchills wurde Weißauer gar nicht empfangen; das Privatschreiben, das Heß an den schottischen Herzog vom Hamilton aufsetzen ließ, wurde in London vom Secret Service abgefangen.

Churchill erteilte telefonisch den Befehl, die Reichshauptstadt noch einmal anzugreifen. Tags darauf gab Hitler schweren Herzens die Londoner Stadtmitte für deutsche Bombenangriffe frei.

Jodls Wehrmachtsführungsstab nahm am 5. September zur Notiz: »Reichsmarschall interessiert sich nicht für Seelöwe-Vorbereitungen, da er nicht an Durchführung glaubt.« Göring begab sich an die Kanalküste und leitete persönlich die neue Luftoffensive.

Hitlers Marineadjutant von Puttkamer hatte Großadmiral Raeder vertraulich mitgeteilt, daß sich nunmehr ein Hauptquartier für den Rußlandfeldzug im Bau befinde. Am 6. September erschien Raeder in der Reichskanzlei und trug eine Reihe starker Argumente dafür vor, daß Deutschland sich auf einen Angriff gegen die britischen Mittelmeerpositionen sowie auf eine See- und Luftblockade der britischen Inseln konzentrieren sollte. Er wies Hitler warnend darauf hin, daß es unmöglich sein werde, Seelöwe und das Problem »S« – wie er die Sowjetunion diskret nannte – gleichzeitig zu unternehmen; außerdem sei für die Marine der günstigste Zeitpunkt die Zeit der Eisschmelze, die bei eigener Operationsfreiheit den sowjetischen Gegner noch behindere. Hitler versicherte dem Admiral, daß er im Falle der Absage des Unternehmens Seelöwe während des Winters die Lage im Mittelmeer zu bereinigen beabsichtige; und zum ersten Mal äußerte er sich dahingehend, daß im Nordatlantik auch die Azoren, die Kanarischen und die Kap Verdischen Inseln von deutsch-italienischen Kräften vorbeugend besetzt werden müßten. Vor der Seekriegsleitung faßte Raeder zusammen: »Entschluß des Führers zur Landung in England steht noch keineswegs fest...« Unter Hinweis auf das Wetter und die Potenz der britischen Luftverteidigung verschob Hitler die schicksalsschwere Entscheidung wieder um weitere drei Tage; tatsächlich bezeichnete die Marine die gegebenen Wetterverhältnisse als »völlig anormal«.

Als er am 14. September seine Oberbefehlshaber wieder einmal um sich versammelte – Feldmarschall Milch vertrat dabei Göring und machte eine ausführliche Aufzeichnung –, begann er mit einer politischen Übersicht: »Moskau mit Entwicklung unzufrieden, hatte auf Ausblutung gehofft. Deutschland gewähre Rumänien und Finnland militärische Hilfe, denn »wir brauchen Rumänien wegen Öl, und Finnland wegen Kräfteverhältnis Ostsee«. Noch sei zwar nichts an Auswirkungen zu sehen, aber man wisse ja, daß plötzliche Entwicklungsmöglichkeiten immer gegeben seien: »Neue Konflikte möglich.« Von der US-Rüstung erwarte er nichts Großes, mit einer Auswirkung sei nicht vor 1944–46 zu rechnen, und eine so lange Kriegsdauer sei nicht erwünscht. »Wir haben unsere Ziele erreicht, daher sind wir an Fortführung nicht interessiert.« Von nun an werde es ein Nervenkrieg sein, in dem die Bombenangriffe und die *Drohung* einer Landung das britische Volk allmählich zermürben würden. »Wenn acht Millionen Menschen verrückt werden, kann das zur Katastrophe führen. Bekommen wir Schönwetter und schalten wir feindliche Luftwaffe aus, dann kann selbst kleine Landung viel erreichen.« Er schlug deshalb vor, mit der endgültigen Absage noch einige Tage zu warten. Ein Abbau würde dem Gegner bekannt werden und ihn »nervenmäßig stärken«. Noch immer wollte er der Luftwaffe keine Terrorangriffe gegen Londoner Wohnbezirke freigeben, wie Jeschonnek, der Generalstabschef der Luftwaffe, es verlangte; das bleibe »die letzte Repressalie«. Drei Tage später verschob Hitler die Landung »bis auf weiteres«; in Wirklichkeit war Hitler mit seinen Gedanken ganz woanders.

Im September 1940 berichteten ausländische Gesandte in Moskau von einer zunehmenden sowjetischen Verstimmung gegenüber Hitler, die von dem umstrittenen Wiener Schiedsspruch und der Garantie für Rumänien herrühre – die Garantie könne sich ja nur gegen Rußland richten. Es gab

Karikaturen des Führers, des Reichsmarschalls, der »Nazi-Hydra« und des alles verschlingenden »faschistischen Haifisches« in den Kasernen der Roten Armee und den Parteiräumen. Der deutsche Geheimdienst hatte von einer Tagung des Obersten Sowjets am 2. August erfahren, auf der gewarnt wurde, es lägen »bestimmte Nachrichten« vor, »daß Deutschland nach günstiger Beendigung seines Westkrieges gegen Rußland Krieg führen würde«, ja, man müsse »den räuberischen Überfällen des westlichen Nachbarn zuvorkommen«!

Unter dem jetzt schon vertrauten Stichwort »Auflockerung der im Westen eng massierten Kräfte« unterzeichnete Brauchitsch einen Befehl über weitere Verlegungen nach dem Osten; nach diesem Befehl vom 6. September sollten zwei weitere Armeeoberkommandos – das 4. und das 2. – zu dem 18. hinzukommen, womit die Zahl der an der Ostgrenze aufmarschierten Divisionen auf 35 erhöht wurde. Am selben Tage befahl General Jodl der Abwehr, falsche Informationen des Inhalts auszustreuen, daß die Stärke der deutschen Truppen am südlichen Ende der Front konzentriert werde; die Russen sollten »daraus den Schluß ziehen, daß wir unsere Interessen – namentlich auf dem Balkan – gegen russischen Zugriff jederzeit mit starken Kräften schützen können«.

In Wirklichkeit empfahl der Wehrmachtsführungsstab aus operativen Gründen, den Schwerpunkt des Angriffs gegen Rußland in den Norden zu verlegen; im Norden, setzte Oberst d. G. Loßberg in seiner Ende September vorgelegten Operations-Studie »Fritz« auseinander, herrschten wesentlich bessere Aufmarschverhältnisse auf Straße und Schiene, das Interesse der Russen am Ostseeraum könne schnell ausgeschaltet werden; vor allem werde ein Angriff im Norden Leningrad und Moskau rasch in Reichweite der deutschen Geschütze bringen. Operatives Ziel müsse es sein, zu verhindern, daß die Russen wie 1812 vor Napoleons Großer Armee kampfkräftige Teile in die Weite des russischen Raumes abzögen.

»Fritz« bildete zweifellos die Grundlage der späteren großen Strategie Hitlers gegen Rußland. Der Oberst schlug einen Hauptstoß nördlich der Pripjet-Sümpfe vor: »Angriff mit zwei Heeresgruppen aus der allgemeinen Linie ostwärts Warschau-Königsberg, Schwerpunkt bei der südlichen, im Raum von Warschau und in Südostpreußen aufmarschierenden Heeresgruppe, der die Masse der Panzer- und mot.-Verbände zuzuteilen ist.« Loßberg rechnete damit, daß der Widerstand südlich der Pripjet-Sümpfe schwächer sein werde – eine Folge der inneren Schwierigkeiten in der Ukraine, geschürt durch die vorgeschobene subversive Arbeit der Abwehr II. Die weitere Strategie des Feldzugs würde wesentlich davon abhängen, ob und wann Rußland von innen her zusammenbricht.

Nur eine Möglichkeit bliebe Moskau noch: in einen beginnenden deutschen Aufmarsch hineinzustoßen oder das rumänische Erdölgebiet zu besetzen, vielleicht durch Flieger- oder Fallschirmtruppen. Am wahrscheinlichsten sei es jedoch, meinte Loßberg, daß die russischen Armeen den deutschen

Angriff in Aufmarschräumen nahe der Grenze aufnehmen, um die auf beiden Flügeln, an der Ostsee und am Schwarzen Meer, neu gewonnenen Positionen nicht aufgeben zu müssen.

In Rumänien hatte inzwischen der König in der durch den Wiener Schiedsspruch hervorgerufenen Krise abgedankt, und General Ion Antonescu war Staats- und Regierungschef geworden. Antonescu – eine generalstabsmäßig gut geschulte Führerpersönlichkeit – bat Hitler, die rumänische Armee durch die Entsendung deutscher Ausbilder und Stabsoffiziere sowie durch die Lieferung von Panzern und Artillerie zu modernisieren. Als Gegenleistung werde er den Schwerpunkt seiner Streitkräfte nach Osten verlagern. Am 19. September erließ das OKW einen Befehl, in dem es hieß, daß die wirklichen Aufgaben der Truppen dieser deutschen »Militärmission«, die weder den Rumänen noch der eigenen Truppe gegenüber in Erscheinung treten dürften, darin bestünden:

1. Das Ölgebiet vor dem Zugriff einer dritten Macht und vor Zerstörung zu schützen;
2. die rumänische Wehrmacht nach einem straffen, auf die deutschen Interessen ausgerichteten Plan zur Lösung bestimmter Aufgaben zu befähigen; und
3. für den Fall eines uns aufgezwungenen Krieges mit Sowjetrußland den Einsatz deutscher und rumänischer Kräfte von Rumänien aus vorzubereiten.

Noch war kein unwiderruflicher Führer-Befehl zum Angriff gegen Rußland erteilt worden.

»Wenn Rußland geschlagen ist«

Die sechs Wochen, die dem schicksalsschweren Berlin-Besuch Wjatscheslaw Molotows im November 1940 vorausgingen, gehören zu jener Periode, in der sich Hitlers Außenpolitik fast überhaupt nicht mehr entwirren läßt. Er beriet sich mit den Spaniern und Italienern über Möglichkeiten, Schläge gegen Randpositionen des Britischen Empire zu führen; er nahm Japan durch einen Dreierpakt in die Achse auf und liebäugelte mit der verlockenden Möglichkeit eines Bündnisses mit Frankreich. Soweit ist alles klar. Was aber sollen wir von seinen entschlossenen Versuchen halten, auch die Sowjetunion zu einem Beitritt zum Dreierpakt zu bewegen?

Den Anstoß zu einer peripheren Lösung hatte Großadmiral Raeder am 26. September gegeben. Als er sich zu einem langen Gespräch unter vier Augen mit Hitler traf, war er zu der festen Überzeugung gelangt, daß es elegantere Möglichkeiten als rohe Gewalt gebe, um Rußland zur Raison zu bringen. Man solle die Briten aus dem Mittelmeer hinauswerfen; Italien solle mit deutscher Unterstützung den Suezkanal erobern und dann von Suez aus durch Palästina nach Syrien vorgehen. Die Türkei wäre dann in ihrer Gewalt. »Das Rußland-Problem erhält dann ein anderes Aussehen. Rußland hat im Grunde Furcht vor Deutschland« – ein Punkt, dem Hitler zustimmte. »Es ist fraglich, ob dann ein Vorgehen gegen Rußland von Norden her nötig sein wird.« Nachdem der Großadmiral sich verabschiedet hatte, äußerte der Führer gegenüber seinem Marineadjutanten, dieser Vortrag sei ihm besonders wertvoll gewesen, er könne daran seine eigene Auffassung nachkontrollieren und dabei sehen, »ob er richtig« läge.

Der Schlüssel zu jeder peripheren Strategie war jedoch Italien; und Italien wurde von einem eitlen und kurzsichtigen Autokraten beherrscht. Stolz hatten die Italiener Hitlers Angebot eines Panzerkorps für den Angriff gegen Ägypten abgelehnt; der Angriff hatte am 13. September begonnen und war vier Tage später im Sande verlaufen. Hitlers Plan, Frankreich aufzufordern, in eine europäische Koalition gegen England einzutreten und in ihrem Rahmen militärische Beiträge in Afrika zu leisten – ein Plan, zu dem ihn die Entschlossenheit Vichy-Frankreichs inspiriert hatte, die starke britische Seestreitmacht, die versuchte, General de Gaulles »frei-französische« Truppen in Dakar zu landen, zurückzuschlagen –, hing ebenfalls vom Ausmaß des italienischen Mißtrauens ab; Nordafrika gehörte zur Interessensphäre der Italiener, und es widerstrebte ihnen, ihre Forderung nach Abrüstung der dort stationierten französischen Streitkräfte zu mäßigen oder den in Toulon liegenden französischen Seestreitkräften das Auslaufen zu gestatten.

Als schwierigstes Hindernis stellte sich einer deutsch-französischen Zusammenarbeit das Interesse entgegen, das sowohl Italien als auch Spanien an wesentlichen Teilen der afrikanischen Besitzungen Frankreichs bekundeten. Hitler schob eine endgültige Entscheidung bezüglich Spanien und Frankreich auf, bis er Rücksprache mit Mussolini nehmen könne. Kein Wunder, daß der Autor des OKW-Kriegstagebuches klagte: »Unsere Kriegführung scheint neuerdings nur von der Rücksicht auf die Empfindlichkeiten des Reichsmarschalls und der Italiener diktiert zu sein.« Über eine Sache war Hitler sich Ende September 1940 im klaren. Sollte Spanien in den Krieg eintreten und Gibraltar besetzen, und sollte auch Frankreich dazu bewogen werden, der großen Koalition beizutreten, so werde er seine Zuflucht zu einem »grandiosen Betrug« nehmen müssen, wie er in entwaffnender Offenheit zu Ribbentrop sagte: *Jeder* Aspirant würde sich dann in der frohen Hoffnung wiegen, daß gerade seine Wünsche weitgehend erfüllt würden.

Der erste Bewerber, den es zu täuschen galt, war Mussolini, mit dem er sich am 4. Oktober an der Brenner-Grenze traf. Hitler machte den Vorschlag, Spanien durch das Versprechen in den Krieg zu locken, daß man sich seiner Kolonialforderungen in dem endgültigen Friedensvertrag mit Frankreich annehmen werde; Nizza, Korsika und Tunis wurden Mussolini versprochen. In dieser Koalition würde es für jeden etwas geben.

Auf dem Berghof gönnte sich Hitler drei Tage der Ruhe im herbstlichen Sonnenschein, um die neue politische Konzeption überdenken zu können. Er würde eine große Reise antreten, zunächst zu Marschall Pétain nach Frankreich, dann zu General Franco und am Ende wieder zu Pétain, um die Bedingungen ihrer Zusammenarbeit festzulegen. Zuerst aber sollte an Stalin geschrieben werden, um ihn an der Erbschaft Englands zu interessieren und zum Mitmachen anzuregen. Hitler wies Göring an, bei der Wehrwirtschaft auf »die schnellere und planmäßigere Belieferung der Russen« zu drängen, um Stalin keinen Vorwand zur Klage zu geben; gleichzeitig aber erteilte er der Luftwaffe die Genehmigung zu Fernaufklärungs-Höhenflügen tief in sowjetisches Gebiet hinein.

Am 9. Oktober traf er wieder in der Berliner Reichskanzlei ein. Hitler selbst redigierte einen sehr ausführlichen Brief an Stalin, der dann am 13. mit Ribbentrops Unterschrift nach Moskau geschickt wurde. Ein baldiger Besuch Molotows in Berlin, so schloß der Brief, werde dem Führer die Gelegenheit geben, seine Gedankengänge über die gemeinsamen Kriegsziele darzulegen.

Am 12. Oktober hatte Hitler den drei Wehrmachtteilen seine Entscheidung bekanntgegeben, daß alle Vorbereitungen für eine Landung in England einzustellen seien. Gegenüber dem italienischen Außenhandelsminister, den er am 14. empfing, äußerte er sich prahlerisch. Die Engländer, sagte er, könnten melden, was sie wollten, die Zustände dort müßten schauerlich sein. Man solle noch zwei bis drei Monate warten, wie dann London aussähe!

Andererseits war der Führer ganz verblüfft darüber, wie »planlos und unintelligent« die Briten ihren Luftkrieg führten; er hatte befürchtet, daß die britischen Bomber erbarmungslos und ohne Pause die Ölraffinerien angreifen würden, aber Churchill beging den grundlegenden Fehler, seine Angriffe gegen die deutsche Zivilbevölkerung zu richten. Der angerichtete Schaden in der Kriegswirtschaft war tatsächlich kaum fühlbar.

Die Einsicht, daß es bislang noch keine Verteidigung gegen die feindlichen Nachtbomber gab, stellte Hitler allerdings vor eine Fülle neuer Probleme. Wenn sich nur ein einziges feindliches Flugzeug Berlin näherte, sollte man dann die ganze Stadt durch Sirenenalarm aufschrecken? In der Nacht des 14. Oktober ärgerte sich Hitler über einen typischen Zwischenfall. Es kam die erste Entwarnung, der ein neuer Alarm folgte, als eine neu einfliegende Welle schon bei Magdeburg gemeldet war. Dieser Doppelalarm bedeutete gerade für die Lazarette und Krankenhäuser Berlins eine ungeheure Belastung; das war eine Bürde, die er der *deutschen* Bevölkerung doch nicht zugedacht hatte! Hitler war froh, als er sich in die Ruhe des Berghofs zurückziehen konnte.

Dort war sein einziger Termin, der von einiger Bedeutung war, ein Privatbesuch der italienischen Kronprinzessin Maria-José, der eleganten Frau des Kronprinzen Umberto; sie war eine Schwester des Königs von Belgien. Hitler empfing sie am 17. Oktober zum Nachmittagstee im »Adlerhorst«, dem Kehlsteinhaus auf dem Bergesgipfel. Sie setzte sich mutig dafür ein, daß die restlichen belgischen Kriegsgefangenen von Hitler freigelassen würden. Nachdem die Kronprinzessin ihn verlassen hatte, lächelte er etwas gezwungen: »Sie ist der einzige Mann im Hause Savoyen!«

An diesem Nachmittag im Kehlsteinhaus gab es einen geringfügigen Zwischenfall mit einer Ordonnanz – der Tee wurde nicht richtig serviert –, der schlagartig die Zustände in Hitlers »Privathaushalt« aufhellte: Hitler entschuldigte sich wiederholt; sein Hausintendant gab Hitlers altgedientem Chefadjutanten Wilhelm Brückner die Schuld. Zu Hitlers Ärger hatte der 65jährige Brückner vor kurzem ein einundzwanzig Jahre altes Mädchen geheiratet. Dabei verdroß ihn besonders die Tatsache, daß dieses Mädchen die nämliche uneheliche Tochter Harald Quandts war, die Magda Goebbels veranlaßt hatte, sich von ihm als ihrem ersten Mann scheiden zu lassen. Als Brückner in aller Treuherzigkeit seine Gisela noch dazu zum Mittagessen auf den Berghof mitbrachte, hatte Hitler während der ganzen Mahlzeit kein Wort gesagt und Brückner mit diesen Worten entlassen: »So, Herr Brückner, nun wollen Sie möglichst schnell nach Berchtesgaden zurück mit Ihrer jungen Braut – und ich werde Sie nicht aufhalten.« Pro forma wurde nun Schaub Chefadjutant.

Christa Schroeder schrieb an diesem Tag: »›Owambo‹ hat jetzt endgültig sein Zimmer geräumt... Ich leiste ihm Gesellschaft und bekam in diesen Stunden den letzten Einblick, der mir noch fehlte, und die Gewißheit, daß es in unserem Kreise keinen Menschen gibt, der auch nur einen Finger rühren würde, wenn man in Ungnade gefallen ist. Owambo tut mir sehr leid, es ist nichts geregelt. Materiell ist er gänzlich im unklaren. Niemand von seinen Kollegen, die ihm einstmals Bilder unterschrieben mit: ›In unwandelbarer Freundschaft‹ (er zeigte mir das Bild von Schaub), kümmert sich um ihn. Ich finde diesen Egoismus abscheulich, und das Wort ›Pulverfaß‹ ist nirgendwo mehr angebracht als bei uns...«

Am 20. Oktober 1940 verließ der Sonderzug »Amerika« um 23.30 Uhr den Bahnhof Freilassing, und für Hitler begann die erste Etappe einer Reise, die ihn in der kommenden Woche über 6000 km führen sollte. Die führenden Politiker Frankreichs hatten noch keine Ahnung davon, daß Hitler sich auf dem Wege zu ihnen befand. Sein Zug lief am 22. Oktober um 18.30 Uhr in den kleinen Bahnhof Montoire ein. Die Bahnsteige waren mit frischem Kies bestreut, ein dicker roter Teppich war ausgerollt. Um 19.00 Uhr traf Pierre Laval, Pétains amtierender Ministerpräsident, mit dem Auto ein. Im Salonwagen gab Hitler mit knappen Worten seinen Wunsch zu erkennen, mit Pétain persönlich zu sprechen; der Sieg der Achsenmächte sei gewiß, sagte er. Laval versicherte ihm, auch er wünsche von ganzem Herzen Englands Niederlage; denn England habe Frankreich in den Krieg gestürzt, es dann nicht unterstützt und schließlich seine Ehre beschmutzt, und zwar erst bei Mers el-Kébir und dann bei Dakar. Laval versprach, in zwei Tagen mit Pétain wiederzukommen.

Um 4.00 Uhr früh fuhr Hitlers Zug in Richtung spanische Grenze ab. Von der Bereitschaft General Francos, in den Krieg einzutreten, hing der Tenor seiner Einstellung zu Pétain ab. Am 23. gegen 16.00 Uhr hatte Hitlers Zug die Grenzstadt Hendaye erreicht. Nach Abschreiten der Front eines deutschen Ehrenbataillons begleitete der Generalissimus den Führer zu dessen Sonderzug.

Die Erinnerung an das Streitgespräch, das nun folgte, sollte Hitler wie ein Alptraum bis an sein Lebensende verfolgen. Zu Mussolini sagte er später: »Ich würde mir lieber drei oder vier Zähne ziehen lassen, als so etwas noch einmal mitmachen.« Vergeblich versuchte er, den spanischen Diktator zu einem sofortigen Bündnis zu überreden; er solle dann deutschen Spezialverbänden erlauben, Gibraltar zu erobern. Franco blieb zurückhaltend. Nur mit Mühe konnte Hitler seine Wut darüber beherrschen, daß Francos Außenminister Serrano Suñer das Gespräch immer wieder genau dann unterbrach, wenn Hitler glaubte, daß Franco den deutschen Vorschlägen schon so gut wie zugestimmt habe.

Einmal erhob Hitler sich sogar und erklärte, es habe keinen Zweck, noch weiter zu verhandeln; aber er verhandelte dann doch noch weiter, bis das Abendessen in seinem Speisewagen serviert wurde. Bis spät in die Nacht debattierte er mit ihm über den spanischen Bedarf an Geschützen, Benzin und Getreide. Als der Zug des Generalissimus gegen 2.15 Uhr zu den Klängen der spanischen Nationalhymne den kleinen Grenzbahnhof verließ, war man dem Beitritt Francos zur Achse keinen Schritt nähergekommen. Allen, die in diesen Stunden der rüttelnden Rückfahrt nach Montoire seinen Weg kreuzten, war klar, daß der Führer wütend war. Er murmelte Dinge vor sich hin wie »Jesuitenschwein« und empörte sich über den »falschen Stolz des Spaniers«. »Bei mir wäre Franco nicht einmal Kreisleiter geworden«, sagte er zu Jodls Adjutanten.

Am 24. Oktober lief Hitlers Zug um 15.30 Uhr wieder in Montoire ein. Nervös stieg er nach dem Mittagessen aus seinem Zug, um sich zu vergewissern, daß eine angemessene Ehrenformation den Sieger von Verdun erwartete. Kurz vor 18.00 Uhr war es dann soweit. Pétains Wagen fuhr vor. Als der Marschall ausstieg, sah man, daß er einen langen französischen Militärmantel trug und die rote Generalskappe, unter der sein silbernes Haar hervorschimmerte. Mit offensichtlicher Befriedigung nahm Pétain, gefolgt von Laval, den ehrenvollen Empfang zur Kenntnis. Hitler selbst führte ihn in seinen Salonwagen. Dort betonte er die Gewißheit des Sieges der Achsenmächte. Als er aber Pétain zu einer Antwort drängte, reagierte der Marschall ausweichend, er wollte nicht weiter gehen, als im Prinzip die Bereitschaft seines Landes zur Zusammenarbeit mit Deutschland zu bekräftigen.

Pétains militärische Haltung, ja sogar seine Zurückhaltung verstärkten die Bewunderung, die Hitler ihm gegenüber empfand. Im kleinen Kreis sagte er später: »Frankreich kann stolz sein, einen solchen Mann an seiner Spitze zu haben, der das Beste für sein Land will.« Der Eindruck, daß die Besprechung von Montoire alle von ihm erhofften Ergebnisse gezeigt hätte, drückte sich auch im ersten Absatz der neuen Weisung aus, die er an die Wehrmacht herausgab:

»Das Ziel meiner Politik gegenüber Frankreich ist, mit diesem Land in einer für die zukünftige Kriegführung gegen England möglichst wirkungsvollen Weise zusammenzuarbeiten. Frankreich wird dabei vorläufig die Rolle einer ›nicht kriegführenden Macht‹ zufallen, die in ihrem Hoheitsgebiet, besonders in den afrikanischen Kolonien, Maßnahmen der deutschen Kriegführung zu dulden und, soweit erforderlich, auch durch Einsatz eigener Verteidigungsmittel zu unterstützen hat.«

Hitlers Sonderzug blieb über Nacht im Bahnhof von Montoire. Er hatte sich vorgenommen, nach Berlin zurückzukehren, aber jetzt ereignete sich etwas Unerwartetes. Hewel brachte ihm einen langen, eifersüchtigen Brief von Mussolini, der über Geheim-Fernschreiber des OKW durchgegeben worden war. Der Brief, fünf Tage vorher datiert, enthielt einen leidenschaftlichen Appell an den Führer, die gefährliche Idee eines französischen Beitritts zu dem kontinentalen antienglischen Block zurückzustellen. Auf seine eigenen Pläne eingehend, wies Mussolini wieder auf die Gefahr hin, die Griechenland von Großbritannien drohe; Griechenland sei im Mittelmeer das, was Norwegen in der Nordsee gewesen sei. »Was Griechenland anbetrifft«, schrieb der Duce, »bin ich entschlossen, jedes Zögern zu vermeiden, und zwar sehr schnell zu handeln.«

Dieser Brief jagte Hitler einen gewaltigen Schrecken ein. Das wäre ja der »direkte Wahnsinn« – es wäre eine offene Einladung zur sofortigen englischen Besetzung der griechischen Inseln mit unabsehbaren Folgen für die nahegelegenen rumänischen Ölfelder. Hitler beauftragte Ribbentrop, ein Treffen in Oberitalien zu arrangieren. Während seines Brenner-Treffens mit Mussolini hatte er wahrscheinlich sein *prinzipielles* Einverständnis für den Fall eines militärischen Vorgehens gegen Griechenland zur Verhinderung einer englischen Initiative gegeben; aber seine Bedenken in dieser Hinsicht müssen im Laufe des 25. zerstreut worden sein, als der deutsche General in Rom berichtete, Marschall Badoglio habe ihn hinsichtlich der Lage auf dem Balkan beruhigt. »Es sind alle Vorbereitungen getroffen, daß wir zugreifen können, sobald der erste Engländer einen Fuß auf griechischen Boden setzt«, hatte der italienische Generalstabschef gesagt. »Wenn es dazu kommt, werde ich Sie informieren.«

Am Samstag hatte Hitlers Zug München erreicht. Am späten Sonntagabend berichtete der Verbindungsoffizier in Rom durch Fernschreiben an das OKW, daß Italien beabsichtige, am nächsten Morgen Griechenland anzugreifen; unbekannt ist, ob dieser (und ein ähnlicher Bericht vom deutschen Geschäftsträger Fürst Bismarck, abgesetzt um 21.00 Uhr) Hitler überhaupt erreicht hat. Sein Zug war um 6.00 Uhr in Richtung Florenz abgefahren. Um 5.30 Uhr waren schon Mussolinis Truppen in Griechenland einmarschiert. Die niederschmetternde Nachricht erreichte Hitlers Zug in Bologna, achtzig Kilometer nördlich von Florenz. Hitler hatte gehofft, den Duce zu einer Verschiebung seiner Invasion in Griechenland zumindest so lange überreden zu können, bis er ihm seine professionellen Gedanken hinsichtlich der besten Stoßrichtung für die Offensive darlegen und je eine Division Luftlande- und Fallschirmjägertruppen für einen Angriff gegen Kreta von Nordafrika aus bereitstellen konnte. Die Besetzung der Insel war der Schlüssel zur Herrschaft über das östliche Mittelmeer. Als sein Zug um 11.00 Uhr dampfend in den Bahnhof von Florenz einlief, hatte Hitler seine tiefe Enttäuschung heruntergeschluckt; aber es muß ihm schwergefallen sein, sich zu beherrschen, als Mussolini wie ein Pfau heranstolziert kam und verkündete: »Führer – wir marschieren!«

Alle Befürchtungen Hitlers erwiesen sich als nur zu begründet. Italien hatte den Feldzug mit ungenügenden Kräften begonnen. Am Tage nach dem Treffen in Florenz landeten britische Streitkräfte auf Kreta, und am 3. November gingen die ersten britischen Heereseinheiten auf dem griechischen Festland an Land. Binnen einer Woche sah Hitler sich gezwungen, der Wehrmacht die Weisung zu erteilen, einen Angriff auf das griechische Festland vorzubereiten, um seinen eigensinnigen und jetzt arg bedrängten Verbündeten zu entlasten. Das ganze Frühjahr 1941 – in Hitlers Terminplan schon voll besetzt mit beabsichtigten Unternehmungen großen Stils in Ost und West – geriet nun endgültig aus den Fugen.

Hitler hatte es immer wieder von sich gewiesen, die Warnsignale ernst zu nehmen. Am 18. Oktober hatte Jodls Stab zuerst von Gerüchten gehört. Tags zuvor hatte ein Oberstleutnant des italienischen Generalstabes vertraulich dem Chef des deutschen Verbindungsstabes bei der italienischen Luftwaffe den 25. oder 26. Oktober als Termin für die Offensive gegen Griechenland genannt. Ein Beamter des Auswärtigen Amtes hatte damals ein Telegramm an den deutschen Botschafter in Rom entworfen, in dem dieser angewiesen wurde, mit einer »betonten Demarche« an die italienische Regierung heranzutreten, aber Ribbentrop hatte das Telegramm angehalten und erklärt, man könne lediglich den Botschafter beauftragen, eine »freundliche Anfrage« an Ciano zu richten. Der italienische Außenminister erklärte nunmehr: »Italien hätte gegenüber Griechenland volle Bewegungsfreiheit, wie sie ja auch der Führer dem Duce zugestanden habe« – Worte, die Ribbentrop veranlaßten, sofort sein Amt anzurufen und nun sogar auch das Telegramm wegen einer »freundschaftlichen Anfrage« anzuhalten. Der Führer entschied, daß man Italien vertrauen müsse, und es wurde keine Anfrage an Rom gerichtet.

Die beiden Wochen bis zum Besuch Molotows waren von Ratlosigkeit gekennzeichnet. Hitler war die Initiative aus der Hand genommen worden. Ohne innere Begeisterung prüfte Hitler ein Randprojekt nach dem anderen. Wie er zu seinen Adjutanten sagte, bereute er es jetzt bitter, daß er sich von der Kriegsmarine die Landung in England habe ausreden lassen. Nur die Tag- und Nachtangriffe der Luftwaffe, denen bisher in England vierzehntausend Menschen zum Opfer gefallen waren, und der U-Bootkrieg wurden weiter fortgeführt. Noch nach seinem Treffen mit Franco hatte Hitler auf der Rückfahrt durch Frankreich seinen Befehlshaber der U-Boote, Admiral Karl Dönitz, zu sich in seinen Sonderzug kommen lassen und ihm befohlen, die Möglichkeit des Baus gewaltiger Betonbunker zum Schutz der U-Boote vor feindlichen Luftangriffen auf ihre neuen Stützpunkte in Westfrankreich zu prüfen.

Die Achse selbst war auf ihrem Tiefpunkt angelangt. Der Generalstab hatte es Hitler immer wieder nahegelegt, Italien Panzerverbände anzubieten, um den Sieg in Ägypten sicherzustellen, und erst während des Brenner-Treffens am 4. Oktober hatte der Duce angedeutet, daß er deutsche Panzer wohl doch gebrauchen könne. Im Laufe des Oktobers hatte Hitler Vorbereitungen zur Entsendung der 3. Panzerdivision treffen lassen; das Heer hatte Generalmajor Wilhelm Ritter von Thoma zur Erkundung nach Libyen entsandt. Als der Panzergeneral Anfang November Bericht erstattete, hatte der Führer jedoch beschlossen, die Italiener in ihrem eigenen Saft schmoren zu lassen; den Rest besorgte der pessimistische Vortrag von Thoma. Hitler erklärte, für ihn sei die ganze libysche Angelegenheit damit »abgeschrieben«. Wenige Tage später war die Blamage der Italiener vollständig. Sie hatten ihre Schlachtflotte in den Häfen behalten, anstatt sie für einen Angriff auf Kreta einzusetzen; jetzt griffen zwölf kleine britische Doppeldecker-Torpedoflugzeuge die Kriegsschiffe im Hafen von Tarent an und setzten drei Schlachtschiffe außer Gefecht, darunter die modernste Einheit der italienischen Flotte.

Hitlers Mangel an strategischem Zielbewußtsein kam am deutlichsten in der weitschweifigen Besprechung zum Ausdruck, die er am 4. November mit den Oberbefehlshabern der Wehrmachtteile führte und die sich am 12. November in einer neuen Weisung an die Wehrmacht niederschlug. Hitler erklärte seinen Befehlshabern, er wolle nun den Kriegseintritt Spaniens forcieren und Gibraltar angreifen.

Das Heer sollte inzwischen Vorbereitungen treffen, um im Bedarfsfall aus Bulgarien heraus das griechische Festland nördlich des Ägäischen Meeres zu besetzen. Es liegt nahe, daß Hitler auch die Dardanellen gern unter deutsche Kontrolle gebracht hätte; zu General Halder sagte er jedoch an diesem Tag: »An die Meerengen können wir erst gehen, wenn Rußland geschlagen ist.«

Rußland blieb das Gebiet, wo Hitler kühn die Initiative ergreifen konnte. Noch Ende Oktober hatte Jodls Abteilung Landesverteidigung (WFSt) festgestellt: »Für den Fall Ost sind irgendwelche Befehle nicht gegeben, sind auch zur Zeit nicht zu erwarten.« Und in einer Lagebesprechung beim Chef Seekriegsleitung (Raeder) hieß es optimistisch: »›Ostfall‹ wird bei augenblicklicher Lageentwicklung nicht mehr für wahrscheinlich gehalten.« Jetzt, am 4. November, sagte Hitler zu Halder: »Rußland bleibt das ganze Problem Europas. Alles muß getan werden, um bereit zu sein für (die) große Abrechnung.«

Die NSDAP scheint Hitler daran erinnert zu haben, wo seine eigentliche Aufgabe liege. Am 31. Oktober war Gauleiter Artur Greiser zum Mittagessen in der Reichskanzlei. Bei dieser Gelegenheit wies der Gauleiter darauf hin, daß die Blickrichtung des deutschen Volkes heute im allgemeinen wieder vom Osten abgewandt und nach Westen gerichtet sei; der Zuwachs im Westen bedeute aber »eine Verschlechterung unserer Ernährungsbasis«, die nur durch Land im Osten gesichert werden könne. »Der Führer bestätigte die Richtigkeit dieser Auffassung«, notierte sich Bormann »und betonte, nach Friedensschluß müsse unbedingt jeder junge befähigte deutsche Beamte, der Wert auf Beförderung lege, einige Jahre in den Ostgebieten tätig gewesen sein.«

Am Abend, bevor Molotow in Berlin eintraf, suchte Hitler Feldmarschall von Bock auf, seinen renommierten neuen Oberbefehlshaber Ost, der wegen seines alten Magenleidens im Krankenhaus lag. Bock notierte sich danach:

»Der Führer besucht mich, sitzt eine halbe Stunde an meinem Bett und ist sehr freundlich und besorgt. Die große Lage wird eingehend erörtert. Er ist außer sich über die italienische Eskapade nach Griechenland... Die nächste, recht unangenehme Folge sei die Bedrohung der rumänischen Ölfelder durch die englische Luftwaffe von Saloniki her. Diese Gefahr sei so groß, daß sie uns zu Gegenmaßnahmen zwingen könnte... Was im Osten werden soll, ist eine offene Frage; die Verhältnisse können uns dort zum Eingreifen zwingen, um einer gefährlicheren Entwicklung zuvorzukommen.«

Vom Ergebnis des Molotow-Besuchs würde es abhängen, ob Hitler die Sowjetunion guten Gewissens angreifen konnte. In der geheimen Weisung Nr. 18, die Hitler schließlich am 12. November den Wehrmachtteilen zugehen ließ, hieß es: »Rußland: Politische Besprechungen mit dem Ziel, die Haltung Rußlands für die nächste Zeit zu klären, sind eingeleitet. Gleichgültig, welches Ergebnis diese Besprechungen haben werden, sind alle schon mündlich befohlenen Vorbereitungen für den Osten fortzuführen.« Der sowjetische Außenminister traf mit einer Begleitung von dreißig Beamten auf dem Anhalter Bahnhof in Berlin ein.
Wegwerfend schrieb Staatssekretär von Weizsäcker in einem privaten Brief: »Die Begleitung gäbe gute Unterwelttypen für einen Film ab. Mich stimmt es eher traurig, daß 130 Millionen Menschen durch eine solche Delegation vertreten sind.« Anscheinend wurde jeder einzelne Russe von einem anderen überwacht – selbst Molotow war während der ganzen folgenden Verhandlungen von einem jüngeren Beamten begleitet, der als Dolmetscher eingeführt wurde, aber während der nächsten beiden Tage kein einziges Wort mit den Deutschen wechselte. In seinem Privattagebuch urteilte Weizsäcker: »Alle haben offenbar auch Angst vor uns. Viele zitieren Bismarck mit seinem Sinn für deutsch-russisches Zusammengehen.« In einer peinlich-naiven Eintragung einige Tage später setzte der Staatssekretär hinzu: »Solange es von Beamten des jetzt hier gesehenen Typs verwaltet wird, ist dieses Land weniger zu fürchten als in der Zarenzeit.«
Seit den Gesprächen, die er vor München im Jahre 1938 mit den Briten führte, hatte Hitler nicht mehr eine so starke Sprache gehört, wie Molotow sie am 12. und 13. November führte. Wie vor ihm Ribbentrop, hielt Hitler dem sowjetischen Außenminister lange und leidenschaftliche Reden, ganz so, als befände er sich auf einem Parteitag: Englands Niederlage stehe unmittelbar bevor. Wenn Rußland teilhaben wolle an der Konkursmasse des auseinanderbrechenden Britischen Empire, dann sei jetzt die Zeit, sich solidarisch zu erklären mit den Dreierpakt-Mächten; Hitler erkenne Rußlands berechtigten Wunsch nach gesicherten Zugängen zum offenen Meer an, und er schlug vor, es solle sich in südlicher Richtung von Batum und Baku nach dem Persischen Golf und Indien ausdehnen. Was die russischen Interessen an den Dardanellen angehe, so werde er, Hitler, jederzeit bereit sein, von sich aus eine Verbesserung des Meerengenvertrages zugunsten Rußlands durchsetzen zu helfen.
Molotow zählte die Forderungen auf, die die Sowjetunion zu stellen habe.

Noch einmal wolle sich Rußland gegen Finnland wenden – das ja laut Vertrag von 1939 Moskau als Interessengebiet zugeteilt worden war. Hitler aber blieb unnachgiebig; Deutschland brauche Finnlands Nickel- und Holzlieferungen. Und als Molotow jetzt von Rußlands Absicht sprach, Bulgarien aufzufordern, die Errichtung eines sowjetischen Stützpunkts in der Nähe der Dardanellen zu gestatten, fragte Hitler ironisch, ob denn Bulgarien um eine solche Hilfe *gebeten* habe (wie Rumänien es gegenüber Deutschland getan hatte). Als Molotow auf einer Stellungnahme bestand, erklärte Hitler, er müsse sich erst mit dem Duce besprechen!

Die beiden Besprechungen mit Hitler wurden mit Rücksicht auf einen eventuellen Fliegeralarm abgebrochen, und ein Festessen in der sowjetischen Botschaft am 13. November endete aus dem gleichen Grunde vorzeitig. Ribbentrop lud Molotow in den Luftschutzkeller seines Hauses ein, und hier enthüllte der Volkskommissar, daß Moskau niemals an den westlichen Ausgängen der Ostsee – am Skagerrak und am Kattegat – desinteressiert sein könne.

Als Ribbentrop dem Führer von Molotows Auslassungen im Luftschutzkeller berichtete, fühlte sich Hitler in seinen Prophezeiungen voll bestätigt. »Er forderte von uns, daß wir am Ausgang zur Nordsee auf dänischem Boden Stützpunkte abtreten«, erinnerte Hitler in der letzten Woche seines Lebens. »Er verlangte Konstantinopel, Rumänien, Bulgarien, Finnland – und *wir* waren damals die Sieger!«

Während man der Öffentlichkeit vorspiegelte, die Besprechungen seien harmonisch verlaufen, herrschte in der Reichskanzlei kein Zweifel, daß die Wege sich jetzt getrennt hatten.

Die Entscheidung, die Adolf Hitler jetzt traf, unwiderruflich und furchtbar in ihrer Endgültigkeit, hat er nie bereut, auch nicht angesichts seiner und seines Reiches Niederlage.

Die wichtigsten Berater Hitlers waren über den Rußlandfeldzug geteilter Meinung. Ribbentrop hatte sich schon überzeugen lassen, daß es keine andere Möglichkeit gab. Brauchitsch sprach sich jetzt nicht mehr dagegen aus. Keitels Opposition war zum Schweigen gebracht. Jodl betrachtete den Feldzug fraglos als unvermeidlich. Nur Göring und Raeder brachten stichhaltige Einwände dagegen vor.

Am deutlichsten hat wahrscheinlich Heinrich Himmler die Gedankengänge Hitlers ausgedrückt, als er am 28. November in einer Rede vor Kreisleitern sagte: »Einstweilen hat Rußland – von Finnland abgesehen – ohne einen Schwertstreich durch diesen [deutsch-russischen Nichtangriffs-]Pakt ganze Staaten und Völker unterjocht und sich an seiner West- und Südgrenze große Gebiete eingemeindet. Der Appetit drohte ins Riesenhafte zu wachsen, so daß eine erneute Abstimmung der gegenseitigen Interessen erforderlich wurde. Molotow hat nun in Berlin bei seinem Besuch, der schon länger fällig war, die notwendigen Weisungen erhalten. Wenn das richtig ist, was ich gehört habe, so darf Stalin einstweilen keinen Krieg führen und nicht mehr schießen, da andernfalls unsere Kanonen antworten müßten. Diese Anweisung gilt sowohl für die weiteren Raubabsichten auf Finnland wie auch für solche nach dem Süden oder Südosten. Militärische Unternehmungen dürfen nur mit der ausdrücklichen Genehmigung des Führers gestartet werden. Zur Unterstreichung dieser Anweisung sind an unserer Ostgrenze so viel Truppen stationiert, daß der Rote Zar in Moskau diese Anweisung respektieren wird. Rußland ist im übrigen militärisch ungefährlich. Das Offizierkorps ist so schlecht, daß es mit unserem Unteroffizierkorps nicht verglichen oder gar gleichgestellt werden könnte. Die Armee ist ebenso schlecht ausgerüstet wie auch ausgebildet. Sie kann uns überhaupt nicht gefährlich werden.«

Keine zehn Tage waren verstrichen, als deutlich wurde, daß sich die Ziele der Russen nicht mit denen Hitlers vereinbaren ließen und daß Stalin die »Anweisungen« Hitlers nicht befolgen werde. Ribbentrop hatte Moskau den Entwurf eines Geheimabkommens zugeleitet: Der Schwerpunkt der territorialen Aspirationen Deutschlands liege im mittelafrikanischen Gebiet, Italiens in den Gebieten Nord- und Nordostafrikas, Japans im ostasiatischen Raum südlich des japanischen Inselreiches, die der Sowjetunion aber in Richtung des Indischen Ozeans. Am 25. November legte Molotow die vier Bedingungen vor, unter denen die Sowjetunion unterschreiben würde. Die beiden ersten – Abzug der deutschen Truppen aus Finnland sowie Abschluß eines sowjetisch-bulgarischen Beistandspaktes und Überlassung militärischer Stützpunkte an den Meerengen – waren für Hitler völlig unannehmbar. Hitler wies Ribbentrop an, überhaupt nicht darauf zu antworten.

Der Führer hatte sich am 16. November 1940 von diesen traumatischen Ereignissen in Berlin zurückgezogen und verbrachte die nächsten Tage auf dem Berghof. Gleich am nächsten Tag setzte er König Boris von Bulgarien vertraulich davon in Kenntnis, welche Vorschläge Molotow für einen sowjetischen »Schutz« seines Landes umrissen hatte. Dieser kleine, dunkelhäutige Monarch sprach fließend Deutsch und hatte menschliche Eigenschaften, die ihm die Sympathie des Führers eintrugen. Er liebte es, das Münchner Hotel über die Hintertreppen zu verlassen und in Schwabing und dem Englischen Garten spazierzugehen. Er versprach Hitler, der deutschen Wehrmacht den Durchmarsch zu gestatten, aber erst wenn die Zeit für deren Angriff gegen das nordgriechische Mazedonien und Thrazien reif sei. Boris wies Hitler auch noch darauf hin, daß die Wegverhältnisse in diesem Gebiet den Einsatz größerer Verbände nicht vor Anfang März zuließen.

Gegen Ende der folgenden Woche waren Ungarn, Rumänien und die Slowakei dem Dreierpakt beigetreten. In Wien erklärte sich der ungarische Ministerpräsident bereit, deutschen Truppen den Durchmarsch nach Rumänien zu gestatten. Was Jugoslawien betraf, so sollte »gestreichelt« werden, damit es die deutschen Aufmarschbewegungen in Richtung auf die griechische Grenze nicht behinderte; Hitler ließ außerdem nichts unversucht, die Jugoslawen in das Achsenlager hinüberzuziehen, indem er ihnen einen Teil Nordgriechenlands (Saloniki) anbot und ihren Beistand garantierte.

Die Schlappe, die Italien auf dem Balkan hatte hinnehmen müssen, erleichterte es, die spanischen und italienischen Gebietsansprüche in Afrika gegeneinander zu verschieben – was jetzt, da die Bedeutung des Gibraltar-Unternehmens durch die britischen Brückenköpfe in Kreta und Griechenland erhöht worden war, besondere Dringlichkeit erforderte. Als General Francos Außenminister am 18. November den Berghof besuchte, erteilte ihm Hitler den »freundschaftlichen Rat«, so schnell wie möglich in den Krieg einzutreten. Er versprach großspurig, alles an Getreide und Öl zu liefern, was Spanien nur benötigte; aber der Außenminister weigerte sich, konkrete Zusagen zu machen.

Hitler wußte, daß Marokko sofort an de Gaulle abfallen würde, wenn jemals bekannt werden würde, was Italien, Spanien und Deutschland in dem Geheimabkommen über die afrikanischen Gebiete besprochen hatten und welche Gebietsverluste es erleiden sollte. Schon gab es Anzeichen dafür, daß Pétain sich mit dem Feind einließ. Als Washington die Ernennung eines Admirals zum Gesandten in Vichy anstelle des gegenwärtigen bescheidenen Geschäftsträgers bekanntgab, verschärfte sich sein Argwohn. Das Forschungsamt hatte am 11. November 1940 gemeldet, daß in New York Geheimbesprechungen zwischen Abgesandten Pétains und Churchills im Gange seien.

Es blieb eine Reihe ungeordneter Probleme. König Leopold von Belgien war am 19. November auf den Berghof gebracht worden, wo er darum bat, daß Hitler in einer Rundfunkrede ausdrücklich Belgiens zukünftige Unabhängigkeit garantiere – wie die Briten es getan hatten. Hitler konnte keine Notwendigkeit dafür entdecken.

Das zweite Gebiet, das Hitlers Aufmerksamkeit erregte, war das südliche Irland, das neutral geblieben war, jedoch deutliche Sympathien für Deutschland bekundete. Mitte November hatte das OKW für kurze Zeit die Möglichkeit geprüft, Dublin um deutsche Hilfe ersuchen zu lassen; am 22. November fing die Abteilung Fremde Heere West einen britischen Funkspruch auf, der den Eindruck vermittelte, daß eine britische Aktion gegen Süd-Irland bevorstehe. Am 27. befahl er der Wehrmacht, die Frage einer eventuellen *deutschen* Operation zur Inbesitznahme Irlands zu prüfen, um einer englischen Aktion zuvorzukommen. Irland in deutschen Händen müsse das Ende Englands bedeuten. Vielleicht verdeutlicht keine andere Episode so lebhaft die Launen, denen Hitlers militärische Strategie jetzt unterworfen war. Für die Seekriegsleitung war es nicht schwierig, den Nachweis zu führen, daß eine Besetzung Irlands angesichts der gewaltigen Flottenüberlegenheit Englands völlig aussichtslos sei.

Trotz der bemerkenswerten Widerstandskraft der britischen Bevölkerung unter den schweren deutschen Luftangriffen waren sämtliche Berater Hitlers überzeugt davon, daß die fortdauernde Zerstörung der britischen Industrie und der Hafenanlagen in Verbindung mit dem U-Bootkrieg für die Engländer am gefährlichsten sei. Coventry und Birmingham waren durch Nachtangriffe verwüstet worden, bevor eine Wetterverschlechterung eine erneute Unterbrechung erzwang.

Die Weisung für die Gibraltar-Operation, die den Tarnnamen »Felix« trug, war schon ausgearbeitet, und General Jodl packte seine Koffer, um General Franco den Operationsplan vorzutragen, als ein Telegramm aus der spanischen Hauptstadt eintraf, das allem ein plötzliches Ende bereitete. Am Abend des 7. Dezember hatte General Franco in einer langen Audienz mit Vizeadmiral Canaris erklärt, daß Spanien zu dem vom Führer verlangten Termin nicht in den Krieg eintreten könne, und zwar aus wirtschaftlichen Gründen; Spanien könne erst dann in den Krieg eintreten, wenn England unmittelbar vor dem Zusammenbruch stehe. Die Behendigkeit, mit der Hitler »Felix« jetzt sogleich zu den Akten legte, läßt vermuten, daß sich sein Instinkt dagegen aufbäumte, Verpflichtungen gegenüber einem zweiten lateinischen Staat auf sich zu nehmen.

Molotows negative Antwort, die Ende November 1940 eintraf, machte unmißverständlich deutlich, daß Rußland ganz offensichtlich entschlossen war, jede momentane Schwäche der Achse auszunutzen, um seinen Einfluß nach Westen auszuweiten. Als Hitler Fedor von Bock am 3. Dezember, dem 60. Geburtstag des Feldmarschalls, einen kurzen Besuch abstattete, sagte er: »Die Ostfrage wird akut. ... Werden ... die Russen ausgeschaltet, so hat England *keine* Hoffnung mehr, uns auf dem Kontinent niederzuringen.« Zu von Brauchitsch sagte er zwei Tage später: »Die Entscheidung über die europäische Hegemonie fällt im Kampf gegen Rußland.«

Sein strategischer Zeitplan nahm feste Gestalt an. Den Angriff gegen Griechenland (der nach der Tochter eines der jüngeren Stabsoffiziere Jodls den Tarnnamen »Marita« erhalten sollte), wollte er Anfang März verwirklichen. Erkannten aber die Griechen selbst das warnende Rotlicht und setzten sie ihre englischen Gäste selber vor die Tür, dann würde er »Marita« absetzen – er hatte nicht das geringste Interesse daran, Griechenland zu besetzen. Rußland würde er dann Ende Mai angreifen. »Wir werden in drei Wochen in Petersburg sein!« hörte Schmundt ihn sagen.

Über die Rote Armee wußte man allerdings praktisch nichts. Eine gründliche Durchsuchung der Archive in Frankreich – Rußlands eigenem Verbündeten! – hatte nichts ergeben. Hitler versicherte jetzt seinen Generalen, daß der deutsche Panzer III mit seiner 5-cm-Kanone dem Gerät der Roten Armeee klar überlegen sei und daß man im Frühjahr 1500 Stück dieser Panzerkampfwagen besitzen werde. »Der russische Mensch ist minderwertig«, sagte Hitler. »Die Armee ist führerlos... Wenn diese russische Armee einmal geschlagen ist, dann ist das Desaster unaufhaltsam.«

Am 5. Dezember um 15.00 Uhr kamen Hitlers militärische Berater in die Reichskanzlei, um jede Phase der bevorstehenden Operationen durchzusprechen. Jetzt wurden zum ersten Mal die beiden unterschiedlichen Konzeptionen des Rußlandfeldzuges verglichen und abgestimmt. Halders Vorschlag zeichnete sich durch eine besonders starke Stoßgruppe auf Moskau aus. Loßbergs Operationsstudie »Fritz« dagegen legte mehr Gewicht auf die nördlichste Heeresgruppe und auf die Besetzung der Ostseeküste; wie stark sie Hitler beeinflußt hatte, wird an der Antwort des Führers an Halder deutlich. Sowohl Halders Plan als auch Loßbergs Studie gingen von der Annahme aus, daß die Russen die Westgebiete der Sowjetunion und die Ukraine verteidigen müßten; und beide stimmten darin überein, daß die Russen daran gehindert werden müßten, einen geordneten Rückzug wie im Jahre 1812 zu veranstalten. Heer und OKW stimmten außerdem darin überein, daß der Vormarsch so weit nach Osten geführt werden müsse, bis die russische Luftwaffe das deutsche Reichsgebiet nicht mehr angreifen könne. Halder schlug als Endziel der Gesamtoperation die Wolga und die Gegend von Archangelsk vor.
Hitler erhob Einspruch gegen Halders Forderung, es dürfe nichts von dem Hauptstoß auf Moskau ablenken. Hitler dagegen sprach sich dafür aus, zunächst die in den baltischen Ländern stehenden feindlichen Kräfte einzukesseln, während die südliche Heeresgruppe die Einkesselung starker Feindkräfte in der Ukraine durch Umfassung von Norden her anstreben sollte; und erst nach der Vernichtung der beiden Kessel solle man entscheiden, ob man auf Moskau vorgehen oder unter Umgehung Moskaus weiter nach Osten vorstoßen müsse. »Moskau [ist] nicht sehr wichtig«, erklärte Hitler. Als Jodl den ersten Weisungsentwurf (Nr. 21) vortrug, entsprach er noch Halders Empfehlung, einen Hauptstoß gegen Moskau zu führen (»in Genehmigung der mir vorgetragenen Absichten«). Hitler aber befahl, das Dokument in der Form abzuändern, die *er* hervorgehoben hatte: Die Hauptaufgabe der beiden nördlich der Pripjet-Sümpfe einzusetzenden Heeresgruppen sei es, die im Baltikum kämpfenden feindlichen Kräfte zu vernichten.
Hitlers Motive waren klar. Ostsee war das Übungsgelände der Marine, auch durfte die Erzschiffahrt nicht zu lange unterbrochen werden. Und waren die Russen erst einmal aus dem Baltikum hinausgeworfen, so würden starke Kräfte für andere Operationen frei. Der Ostfeldzug mußte noch 1941 beendet sein, denn von 1942 an würden die Vereinigten Staaten in der Lage sein, einzugreifen.

Den Vereinigten Staaten gegenüber sollte Hitler eine Geduld an den Tag legen, die ein ganzes Jahr lang bewies, welcher staatsmännischen Kunst er fähig sein konnte. Roosevelt und Churchill sehnten sich nach dem einen großen Zwischenfall, der die amerikanische öffentliche Meinung reif machen würde für das offene Eingreifen. Amerikanische Staatsbürger kämpften in der Royal Air Force, und amerikanische Kriegsschiffe beschatteten Dampfer der Achse, die in transatlantischen Gewässern ihren Geschäften nachgingen. Die Seekriegsleitung wußte dank ihrer Funkbeobachtung, daß die Amerikaner alle Informationen an die Engländer weitergaben.

Vergeblich pochte Raeder in seinen Vorträgen bei Hitler auf die »eklatanten Beweise für die Unneutralitität der USA«. Er bitte um Prüfung, »ob es der Würde des Deutschen Reiches entspricht«, sich derartige »offensichtliche Feindhandlungen« weiterhin gefallen zu lassen. Während des ganzen folgenden Jahres wurden die amerikanischen Übergriffe immer häufiger. Trotzdem vermochte nichts Hitler zu bewegen, den Fehdehandschuh aufzunehmen, den man ihm hingeworfen hatte.

Seine Augen waren fest auf Rußland gerichtet. Am 18. Dezember brachte Jodl ihm die endgültige Fassung der Operationsweisung. Fortan hieß der Plan »Barbarossa«. Teils das Werk Jodls, eines großen Stilisten, der ein sehr einfaches, klares Deutsch sprach, und teils aus der Feder Hitlers geflossen, wurde die Wehrmacht mit diesem elfseitigen Dokument angewiesen, darauf vorbereitet zu sein, auch vor Beendigung des Krieges gegen England Sowjetrußland in einem schnellen Feldzug niederzuwerfen. Alle Vorbereitungen seien bis zum 15. Mai 1941 abzuschließen.

Von jetzt an blieb die Absicht, den sowjetrussischen Machtfaktor auszuschalten, die einzige Konstante in Hitlers großer Strategie. Seine Ziele in Afrika und seine Politik gegenüber Spanien und Frankreich waren durch Italiens militärische Blamage zunichte gemacht worden.

Mussolinis Ratgeber hatten ihm versprochen, daß die Invasion Griechenlands wenig mehr sein werde als ein »militärischer Spaziergang«, aber jetzt stand die griechische Armee tief in Albanien, und zwar mit 15 Divisionen gegen sieben italienische. Am 9. Dezember begann eine neue Katastrophe für Italien. Die britische Nilarmee startete eine Großoffensive in Ägypten; innerhalb weniger Tage waren 38000 Italiener und vier Generale Mussolinis in Kriegsgefangenschaft.

Italiens Schmach hatte allerdings auch seine Vorteile, wie Hitler General Halder gegenüber erklärte; er konnte jetzt Frankreich gegenüber jedes Versprechen abgeben, wenn es mit der Achse zusammenarbeitete.

Am 14. Dezember traf auf dem Berghof ein Fernschreiben von Marschall Pétain an Hitler ein: Indem der Führer der Invalidengruft die sterbliche Hülle des Herzogs von Reichstadt, des geliebten Sohns Napoleons, die seit 1832 in Wien geruht hatte, zuführen ließ, habe er dem Ruhm der französischen Waffen eine Ehre erwiesen; für diese »Wege des Edelmutes« danke Pétain dem Führer. Im übrigen teilte er Hitler mit, er habe beschlossen, sich von Laval zu trennen, denn dieser besitze im Lande nicht mehr genügend Autorität, um die Politik der Zusammenarbeit erfolgreich fortsetzen zu können. Pétain leistete sich einen noch weiteren Affront gegenüber Hitler, indem er es ablehnte, an der Zeremonie im Invalidendom teilzunehmen. Der Marschall ließ das Gerücht in Umlauf setzen, das Ganze sei nur ein deutscher Trick, um ihn nach Paris zu locken und ihn zu entführen – eine Infamie, die Hitler in Wut versetzte. Seine alte Vision schwebte ihm wieder vor – die Möglichkeit eines Friedensschlusses mit England; aber dieses Mal eben auf Kosten Frankreichs.

So etwas wie eine weihnachtliche Stimmung kam bei Hitler auf. Er befahl der Luftwaffe, zwischen dem 24. und dem 27. Dezember keine Luftangriffe gegen das englische Festland zu fliegen. Beschützt von zusätzlichen Flakzügen, brach Hitler zu einer Weihnachtsreise an die Kanalküste auf. Er wollte die schweren Artilleriestellungen besuchen und mit den Leuten von den Jagd- und Kampfgeschwadern feiern (Göring selbst allerdings verbrachte ein geruhsames Weinachts- und Neujahrsfest in der Rominter Heide in Ostpreußen). Nur ein frostiges Gespräch mit Admiral Jean-François Darlan, Pétains Stellvertreter, kühlte die Atmosphäre in Hitlers Sonderzug ein wenig ab; Darlan erzählte, seine Familie kämpfe seit 300 Jahren gegen die Engländer, die er hasse – eine vielleicht nicht ganz passende Bemerkung, wenn man an Hitlers derzeitige politische Grundstimmung dachte. Eine der Sekretärinnen Hitlers schrieb in einem Brief: »An sich sind wir seit dem 21. Dezember dauernd unterwegs: Weihnachten an der französischen Küste: Calais, Dünkirchen. Als wir am 23. Dezember in Boulogne im Speisewagen unseres Sonderzuges beim Abendessen saßen, ließen die Engländer ihre Bomben niedersausen, und unsere Flak antwortete bellend. Trotzdem wir in sicherem Tunnel standen, bewegten mich doch ›komische Gefühle‹. Über Heiligabend habe ich Dir ja bereits berichtet, auch über Silvester, wo die Stimmung mehr als gequält war...«

Hitler war inzwischen auf den Berghof zurückgekehrt. Goebbels sollte die traditionelle Silvesterrede halten. Hitler hatte das Manuskript schon geprüft: mit krakeliger Tintenschrift hatte er Verbesserungen gemacht, belanglos alles bis auf eine Änderung. Wo Goebbels pathetisch hatte ausrufen wollen: »Niemals werden wir kapitulieren, niemals wollen wir müde werden und niemals verzagen«, hatte Hitler die ersten vier Worte gestrichen.

»Er habe Rommel gewählt«

1941, das neue Jahr, begann Hitler mit zwei nur entfernt zusammenhängenden Vorsätzen. Er wollte die Sowjetunion ausschalten und damit Großbritannien zur Vernunft zwingen, ohne daß sein Empire Schaden erlitt; und er wollte den Faschismus in Italien vor seiner drohenden Auslöschung retten. Durch Vizeadmiral Canaris hatte er über obskure diplomatische Wege das Angebot machen lassen, zwischen Griechenland und Italien zu vermitteln, doch diese Vorstöße waren im Sande verlaufen. Deutschland sei jedenfalls auf Gedeih und Verderb mit dem Duce verbunden, erklärte Hitler am 4. Januar. Auf die Dauer könne man nur mit Loyalität Geschichte machen.
In Nordafrika sah Hitler kein Problem, das nicht von einer kleinen deutschen Streitmacht hätte bereinigt werden können. Anders auf dem Balkan: Über Hitlers breite Schreibtische auf dem Berghof ergoß sich ein Strom von diplomatischen Berichten; bekannte und unbekannte balkanische Potentaten und Würdenträger buhlten um seine Gunst. Im Januar kam Ministerpräsident Bogdan Filoff von Bulgarien, ihm folgte eine Woche später sein König, der aufrichtig fürchtete, daß die Russen einmarschieren würden in dem Augenblick, wo die Deutschen einen Fuß auf bulgarischen Boden setzten. Kurz darauf folgte Antonescu, der die Bereitschaft Rumäniens bekräftigte, für Hitler zu kämpfen, der jetzt aber um Seeminen bat und um schwere Geschütze zur Verteidigung seines Schwarzmeerhafens Konstanza – wo 700 000 t deutschen Öls lagerten – gegen einen russischen Angriff.

Kein Gelände konnte für moderne Armeen ungeeigneter sein als der Balkan. Bevor sie auch nur nach Bulgarien hineingelangen konnten, mußten sie Pontonbrücken über den reißenden Donaustrom schlagen, der zwischen Rumänien und Bulgarien im Durchschnitt 1200 m breit ist. Die Balkanstraßen waren im Winter nahezu unpassierbar, und während der Schneeschmelze verwandelten sie sich in Moraste. Doch die Wehrmacht überwand alle diese Hindernisse; in den vor »Marita« noch verbleibenden Wochen wurden deutsche Generalstabsoffiziere in Zivil mit VWs kreuz und quer durch Bulgarien geschickt. Sie überwachten die Verstärkung der verfallenden Brücken und die Befestigung der Straßendecken.
Anfang 1941 bedeutete der Balkan für Hitler zweierlei: die Erdölgebiete Rumäniens, die sich jetzt weit innerhalb der Reichweite der RAF-Bomber befanden, auch wenn die Athener Regierung sich noch weigerte, ihnen die

erforderliche Erlaubnis zum Überfliegen zu erteilen; und Saloniki in Nordgriechenland, Ausgangsbasis für den tödlichen Angriff der Alliierten gegen Österreich-Ungarn im Weltkrieg.

Hitler berief seine führenden militärischen Berater am 7. Januar 1941 auf den Berghof, um Kriegsrat zu halten. Er endete am 9. Januar mit einer bedeutenden Ansprache, in der er die Gedankengänge, die seiner großen Strategie zugrunde lagen, mit einer Offenheit umriß, wie seine Berater es seit seinen großen kämpferischen Ansprachen von 1939 nicht mehr erlebt hatten. Keitel und Jodl waren schon auf dem Obersalzberg; ihnen gesellten sich am 8. Januar Raeders Operationschef, Konteradmiral Kurt Fricke und Halders Stellvertreter Paulus hinzu; und am 9. Januar, dem Nachmittag der Ansprache selbst, hatten sich auch Brauchitsch und Heusinger, der Chef der Operationsabteilung des Heeres, zusammen mit General Jeschonnek, Generalstabschef der Luftwaffe, über die verschneiten Landstraßen zum Berghof fahren lassen.

Jeschonnek war ein schlanker, rücksichtsloser Stabsoffizier, der trotz seiner Jugend überragende Fähigkeiten besaß, ein typischer Schlesier, der nicht überall verstanden wurde, burschikos und schnoddrig, der wenig Neigung zeigte, mit Leuten, die anderer Meinung waren als er, zu diskutieren. Hitler glaubte nicht mehr daran, daß England unter der Last der deutschen Luftangriffe zusammenbrechen werde; »Terrorangriffe der Luftwaffe haben wenig Sinn und wenig Erfolgsaussicht«, erklärte er. Die Luftwaffe müsse sich darauf konzentrieren, die Seeblockade zu unterstützen und die Rüstungsindustrie anzugreifen. Bisher habe England einen zehnprozentigen Ausfall in der Rüstungsproduktion. Zur Zeit produziere Deutschland 24 Mill. t Roheisen im Jahr, verglichen mit weniger als acht Mill. t in England. Deutschland mobilisiere Arbeitskräfte, während in Großbritannien die Arbeitslosenzahlen sogar stiegen. Seine Seeblockade, sagte Hitler, fange gerade erst an. Mit einem Wort, die Niederlage des englischen Mutterlandes sei mit der Zeit unausbleiblich. Einen Sieg könne es nur erringen, wenn es Deutschland auf dem Festland bezwinge. Was England aufrechterhalte, sei die Hoffnung auf die USA und Rußland. Viele Hinweise sprächen für ein Angebot Englands an Stalin; aus abgefangenen Funksprüchen seien diplomatische Vorbereitungen Englands in Rußland erkennbar. Das ständige Steigen der russischen Ansprüche seit Sommer 1940 sei gewiß auch kein Zufall. Stalin sei ein kluger Kopf – ihn müsse man als eiskalten Erpresser ansehen, der von allen schriftlichen Verträgen, wenn nötig, sofort zurücktreten werde. Von Rußland einmal abgesehen, sei Deutschlands Position jetzt unangreifbar, jedenfalls für das kommende Jahr. Norwegen sei gegen jede Invasion gesichert. Das besetzte Frankreich wolle nur eins, nämlich die Beendigung des Krieges. In der nicht besetzten Hälfte Frankreichs träumten einige noch von einer Wandlung zum Besseren, aber er habe das Unternehmen »Attila« vorbereitet, um auch diesen Teil Frankreichs noch zu besetzen, und zwar in dem Augenblick, wo

General Maxime Weygand Nordafrika den Alliierten anbieten würde. Was Spanien beträfe, so sei er sich noch im unklaren darüber, ob es für Deutschland als Helfer ausfalle. Auf dem Balkan sei einzig und allein Rumänien konsequent und vorbehaltlos dem Deutschen Reich gegenüber freundlich eingestellt; Antonescu, sagte Hitler, habe »den denkbar besten Eindruck« auf ihn gemacht. Bulgariens Kennzeichen sei die Angst vor Rußland, es sei aber in letzter Zeit vernünftiger geworden, und zur rechten Zeit werde es dem Dreierpakt beitreten. Ungarn sei im Augenblick »brauchbar«. Jugoslawien verhalte sich kühl.
Deshalb müsse Englands letzte Hoffnung die Sowjetunion sein. »Sie werden das Rennen erst aufgeben, wenn diese letzte kontinentale Hoffnung zertrümmert ist.« Wenn sie sich aber halten könnten, wenn sie vierzig bis fünfzig Divisionen aufstellen könnten und die USA und Rußland ihnen helfen würden, dann würde für Deutschland eine sehr schwierige Lage entstehen. Daher müsse Rußland zerschlagen werden.
Die russische Wehrmacht sei zwar ein tönerner Koloß ohne Kopf, ihre künftige Entwicklung aber sei nicht sicher vorauszusagen. Auf gar keinen Fall dürfe man zulassen, daß die Russen sich nach dem ersten, mit aller Härte erzwungenen Durchbruch neu gruppierten. Wieder forderte er als erstes Ziel die rasche Abschneidung des Ostseeraums. Die strategischen Ziele Deutschlands seien die Vernichtung des russischen Heeres sowie die Eroberung der Ölfelder um Baku – eine neue, ungeheure Forderung, die aber, wie Hitler sagte, sie nicht entmutigen dürfe, denn diese Entfernungen seien nicht größer als diejenigen, die man im Westen in den wenigen Wochen des Frankreichfeldzuges schon gemeistert habe. Deutschland werde dann unangreifbar sein, sagte er abschließend. Wenn diese Operation erst anlaufe, dann werde Europa den Atem anhalten.

Am 5. Januar hatte eine kleine britische Streitmacht die italienische Festung Bardia in Libyen erobert und 45 000 italienische Gefangene gemacht. Am 6. Januar hatte das von Hitler ans Mittelmeer verlegte Fliegerkorps seinen Angriff begonnen; ein britischer Kreuzer war versenkt, ein Flugzeugträger war beschädigt worden. Vergrämt erklärte sich Mussolini auf Hitlers Drängen zu einem Treffen bereit, aber er regte an, daß es in aller Stille stattfinden solle, vor allem wünsche er keine Fotografen.
Hitler suchte nach Möglichkeiten, den Italienern aus der Klemme herauszuhelfen. Er dachte daran, eine Gebirgsdivision nach Albanien zu entsenden und einen kleinen, aus deutschen Panzern und Pionieren bestehenden Sperrverband, der den Italienern helfen sollte, wenigstens die libysche Hauptstadt Tripolis zu halten; sein Botschafter in Rom, Mackensen, war am 9. Januar auf den Berghof gekommen, und er drang darauf, von deutscher Seite mehr Einfluß auf die italienische Kriegführung zu nehmen, aber Hitler lehnte es ab, irgend etwas zu unternehmen, was den Duce verletzen könnte. Am 19. Januar holte er Mussolini um zehn Uhr früh von dem kleinen

Bahnhof Puch bei Salzburg ab. Es folgten zwei Tage der Besprechungen und der Spaziergänge auf dem verschneiten Obersalzberg. Es war klar, daß er ihm gegenüber nichts von seinem Plan verriet, Rußland in naher Zukunft anzugreifen.

Dieses Treffen bedeutete das Ende von Mussolinis Traum, seinen unabhängigen »Parallelkrieg« im Mittelmeer allein zu Ende führen zu können. Er nahm das Angebot eines Sperrverbands für Tripolis an, mußte aber auf die Gebirgsdivision für Albanien verzichten, da er die albanische Hafenkapazität für seine eigenen Verstärkungen benötigte. Der Mitte Januar nach Nordafrika entsandte deutsche Panzerspezialist, der Divisionskommandeur General Hans Freiherr von Funck, meldete Hitler am 1. Februar in der Berliner Reichskanzlei, er habe einen wenig günstigen Eindruck gewonnen. Der Widerstandswille der Italiener angesichts des britischen Ansturms in Nordafrika sei denkbar gering. Das Verrückte sei, antwortete der Führer, daß einerseits die Italiener um Hilfe schrien, andererseits aber so eifersüchtig seien, daß sie es wohl am liebsten sehen würden, wenn die Deutschen dort in italienischen Uniformen kämpften.

Am 3. Februar erklärte er in einer Besprechung mit den Oberbefehlshabern von Heer und Luftwaffe aufs neue, daß der Verlust Italienisch-Nordafrikas militärisch zu ertragen wäre, daß aber die psychologischen Rückwirkungen auf Italien verheerend sein könnten; er beschloß, mehr als nur einen Sperrverband zu entsenden; er werde eine starke Panzerdivision und einen Korpsstab (Generalkommando) unter einem der erfolgreichsten Panzerführer, Generalleutnant Erwin Rommel, nach Libyen entsenden. Im August 1942 erklärte Hitler dem italienischen Botschafter Alfieri, »er habe... Rommel gewählt, weil er genau wie Dietl die Fähigkeit besäße, seine Truppe persönlich mitzureißen. Dies sei für den Heerführer einer Truppe, die unter besonders schwierigen atmosphärischen Verhältnissen zu kämpfen habe, wie in Nordafrika oder im äußersten Norden, eine absolute Notwendigkeit.«

Am 6. Februar erhielten Rommel und der deutsche Militärattaché in Rom, General Enno von Rintelen, ihre Instruktionen von Hitler persönlich. Rintelen wurde angewiesen, Mussolini zu ersuchen, dem Korpsstab Rommel auch alle italienischen schnellen Verbände zum einheitlichen Einsatz zu unterstellen. Rommel erhielt den Auftrag, Tripolitanien für die Achse zu halten, um starke britische Kräfte in Nordafrika zu binden und zu verhindern, daß die Engländer mit den Franzosen in Tunis in Verbindung treten. »Erst ging es zum Ob.d.H., der mich in meine neue Aufgabe einweist«, schrieb Rommel nachher an seine Frau, »dann zu F. Es eilt mächtig. Mein Gepäck kommt hinterher. ... wie mir der Kopf brummt ob all dem vielen Neuen, was werden soll...« Am 9. Februar traf Mussolinis Zustimmung zu Rommels Oberbefehl ein, und am 12. Februar trafen die ersten Truppen des »Deutschen Afrika-Korps« in Tripolis ein.

Die Haltung Vichys hatte Hitler veranlaßt, Druck auf Franco auszuüben,

damit er doch seine Haltung in der Gibraltar-Frage ändere; es war doch ausgemachte Sache, daß die Briten ihn am Ende im Stich lassen würden.
Franco hatte natürlich keine Ahnung von dem strengen Zeitplan, den Hitler schon aufgestellt hatte; daraus erklärt sich der zunehmend gereizte Ton der Telegramme, die Ribbentrop in den nächsten beiden Wochen nach Madrid schickte. Am 20. Januar telegrafierte der Gesandte aus Madrid, daß Franco sich geschickt um die zentrale Frage herumgedrückt habe – »Im übrigen handele es sich ja gar nicht um die Frage, *ob* Spanien in den Krieg eintrete... Es handele sich bloß um den Zeitpunkt.«
Ribbentrops Antwort war wenig geeignet, Francos Selbstachtung zu schmeicheln. Der deutsche Gesandte sollte dem Caudillo sechs Punkte verlesen, deren erster lautete: »Ohne die Hilfe des Führers und des Duce gäbe es heute kein nationales Spanien und keinen Caudillo.« Wenn Franco nicht bereit sei, seine »schwankende Haltung« aufzugeben, dann sehe die Reichsregierung zwangsläufig das Ende des nationalen Spaniens voraus. Erregt bezeichnete Franco das als ungerecht; er habe nie eine schwankende Haltung eingenommen; aber der Gesandte telegrafierte an Ribbentrop, der Caudillo sei deutlich unentschlossener als vorher. Ribbentrop wies ihn telegrafisch an, Franco eine Botschaft zu verlesen, die mit den Worten begann: »Nur ein sofortiger Kriegseintritt Spaniens hat für die Achse strategischen Wert.« Das war natürlich auch die bittere Wahrheit. Sofort nach Erhalt der erforderlichen Zusage werde Deutschland die 100000 t Getreide freigeben, die in Lissabon lagerten.
Am 28. Januar wies Jodl Hitler darauf hin, daß es nunmehr ausgeschlossen sei, den eigentlichen Angriff auf Gibraltar vor Mitte April zu beginnen; das aber würde bedeuten, daß die mehreren hundert Geschütze und die beteiligten Truppen Mitte Mai nicht für »Barbarossa« zur Verfügung stünden. Dennoch knüpfte er einige Hoffnungen an Mussolinis Gespräche mit dem Caudillo am 12. Februar; wenige Tage vorher hatte er noch ein persönliches Schreiben an Franco gerichtet, in dem er zum Ausdruck brachte, daß in schweren Zeiten »weniger weise Voraussicht als ein kühnes Herz« die Nation retten könne.
Am 14. Februar leitete Ribbentrop eine Botschaft des Duce an den Berghof weiter. Franco hatte Forderungen aufgestellt, deren Ablehnung durch Hitler von vorherein ausgemacht sein mußte. Der spanische Kriegseintritt hänge davon ab, daß Spanien außer Gibraltar auch Französisch-Marokko erhalte; und der Angriff auf Gibraltar müsse mit *spanischen* Streitkräften, wenn auch mit deutscher »Unterstützung« geführt werden. Walther Hewel trug an jenem Tag in sein Tagebuch ein: »Der Führer läßt Spanien fallen. Sie werden untergehen.«

»Abends lange mit dem Führer am Kamin gesessen«, heißt es in Hewels Tagebuch weiter. »Führer über seine Pension! Die eines Regierungsrats. Bücher schreiben. Dritter Band *Mein Kampf*... ›Die gesammelten Wort-

brüche.‹« Am Nachmittag hatte Hitler zweieinhalb Stunden damit verbracht, auf den jugoslawischen Ministerpräsidenten einzureden, damit er dem Dreierpakt beitritt.
Hitler gab zu bedenken, daß es illusorisch sei zu erwarten, daß die Briten ihre griechischen Positionen ohne weiteres wieder räumen würden. »Erst wenn Stukas und Panzerkorps erschienen, würden sie die griechischen Gebiete genauso prompt verlassen, wie sie es in anderen Fällen bei Anwendung ähnlicher Mittel getan hätten.«*
Als die Jugoslawen den Berghof verließen, erklärten sie, sie würden dem Prinzregenten in Belgrad berichten und Hitler dann Bescheid geben. Von ihrer Antwort würde das Unternehmen »Marita« abhängen.

Die I. Aufmarschstaffel rückte jetzt in Richtung auf die russische Grenze vor – es war vorerst eine langsame Angelegenheit; erst Mitte März sollte die II. Aufmarschstaffel sich in Bewegung setzen. Oberst d. G. von Loßberg hatte darauf hingewiesen, daß die Leistung des deutschen Bahnnetzes so überlegen sei, daß es keine Rolle spielte, wie weit entfernt die für den Aufmarsch vorgesehenen Kräfte standen; sobald der eigentliche Wettlauf beginne, könne Deutschland sieben Divisionen pro Tag herbeischaffen, die Russen dagegen nur fünf. Je weiter im Westen die »Barbarossa«-Divisionen stünden, um so besser, »desto überraschender wird für den Russen der Beginn des... deutschen Aufmarsches sein«.
Als Feldmarschall von Bock sich am 1. Februar bei Hitler zur Front abmeldete, wandte sich ihr Gespräch wieder Rußland zu: »Die Notwendigkeit des Kampfes gegen Rußland begründet der Führer damit, daß dies große Ereignis die Welt sehr schnell von den afrikanischen Begebenheiten ablenken und vor eine neue Lage stellen werde.« In Bocks Aufzeichnung heißt es weiter: »Ich sage, daß wir die Russen, wenn sie sich stellen, schlagen würden; ich stellte mir aber die Frage, ob es auch möglich sein werde, sie zum Frieden zu zwingen. Der Führer antwortet, daß wenn die Besetzung der Ukraine und der Fall von Moskau und Leningrad noch nicht zum Frieden führe, dann müsse eben, wenigstens mit schnellen Kräften, weiter auf Jekaterinburg vorgestoßen werden. ›Jedenfalls bin ich froh‹, sagte er, ›daß wir weiter so stark gerüstet haben, daß wir allem gewachsen sind. Materiell stehen wir im Überfluß und müssen bereits an eine Umstellung einzelner Betriebe denken. Personell steht die Wehrmacht besser als zu Kriegsbeginn; wirtschaftlich stehen wir absolut fest.‹ Jeden Gedanken an ein Nachgeben lehnt der Führer – ohne daß ich ihn angedeutet hätte – scharf

---

* Hewel gab wohl die Meinung seines Chefs wieder, als er am 23. Januar 1941 einem Freund schrieb: »Es ist im Grunde genommen bedauerlich, daß wir gezwungen sind, so vieles zu zerbrechen und vernichten, was wir selbst gar nicht zerbrechen und vernichten wollen und was für die europäische Kultur und die Herrschaft der germanischen Völker nicht hätte vernichtet werden sollen.«

ab. ›Ich werde fechten!‹ und ›Ich bin überzeugt, daß unser Angriff wie ein Hagelsturm über sie hinweggeht.‹«

Zwei Tage später erschien Feldmarschall von Brauchitsch mit Halder in der Reichskanzlei, um die Aufmarschanweisung des Heeres für »Barbarossa« zu erläutern. Fremde Heere Ost war zwar der Meinung, daß die Russen bis zu 10 000 Panzerkampfwagen besitzen könnten, verglichen mit 3500 Panzern auf deutscher Seite, aber bei den russischen Panzerwagen handele es sich um ein Sammelsurium schlechter und veralteter Typen. »Immerhin sind Überraschungen nicht ausgeschlossen«, sagte Halder warnend. Was den russischen Soldaten betraf, so hielt Halder den deutschen für überlegen in Erfahrung, Ausbildung, Bewaffung, Führung, Volkscharakter und Idee. Hitler pflichtete ihm bei. Was nun die sowjetische Rüstung angehe, so sei er »als Spezialist für die Rüstung« da gut informiert, und aus dem Gedächtnis, wie immer, hielt er einen zehnminütigen Vortrag über die russische Panzer-Produktion seit dem Jahre 1928.

Hitler billigte die Aufmarschanweisung des Heeres, betonte aber noch einmal, daß zunächst das Baltikum und die Gegend von Leningrad besetzt werden müßten, da man damit die günstigste Versorgungsbasis für die weiteren Operationen gewinne. Hitler glaubte fest an eine gute Waffenbrüderschaft mit den Finnen, allerdings werde es politisch eine schwierige Partnerschaft sein, da die Finnen paktfrei bleiben und auf keinen Fall mit Amerika brechen wollten, nach Möglichkeit auch mit England nicht. Ihm sei das egal, »sie seien ein tapferes Volk, und dort habe er wenigstens einen sicheren Flankenschutz, abgesehen davon, daß es immer gut sei, Waffenbrüder zu haben, die auf Rache sinnen ...«

Die Transporte der III. Aufmarschstaffel sollten Mitte April einsetzen, womit der Höchstleistungsfahrplan in Kraft treten würde; dann konnte der Aufmarsch nicht mehr getarnt werden, es sei denn als gewaltiges Täuschungsmanöver, das von einer bevorstehenden Landung in England ablenken sollte; wenn dann aber die letzte Aufmarschstaffel, bestehend aus Panzerdivisionen, die in Mitteldeutschland neu ausgerüstet worden waren, sich vom 25. April an in Richtung Osten in Bewegung setzte, dann würde auch eine Landung in England offensichtlich undurchführbar sein.

Voller Bewunderung stimmte Hitler allem zu, was Halder dargelegt hatte. »Wenn Barbarossa steigt, hält die Welt den Atem an und verhält sich still.« Wahrscheinlich ist noch nie ein Feldzug mit einer solchen Überheblichkeit begonnen worden. Die Nachrichtendienste hatten nur gänzlich unzureichende Informationen über die Russen geliefert. Landkarten waren nicht zu beschaffen. Die sowjetische Flugzeugindustrie war eine unbekannte Größe; Göring fürchtete, daß die russische Luftwaffe sich als viel stärker erweisen könnte, als die Zahlen erkennen ließen. Während Halder noch am 3. Februar dem Führer gegenüber zuversichtlich behauptete, daß die Rote Armee aus 155 Divisionen bestünde, wurde die Zahl am 4. April auf 247 Divisionen aufgerundet; vier Monate später gab das Heer zu, daß jetzt schon 365 sowjetische Divisionen im Kampf gegen die deutsche Wehrmacht erkannt seien.

Die ganze Strategie Hitlers beruhte jedoch auf der Annahme, daß es gelingen werde, Rußland in einem Blitzkrieg von nur wenigen Monaten niederzuwerfen. Jetzt, am 8. Februar, erfuhr Keitel von seinem Stab, daß Luftwaffe und Marine ausreichend Flugbenzin und Öl bis zum Herbst 1941 besaßen, aber Kfz- und Dieseltreibstoff für die Panzer und Lastwagen des Heeres waren nur für den Aufmarsch und höchstens zwei Kampfmonate gesichert; Mitte August würden die Vorräte aufgebraucht sein – sofern es nicht gelang, rechtzeitig die Ölfelder des Kaukasus zu erreichen. Noch schlimmer war es um die Versorgung mit Naturkautschuk bestellt. Der größte Teil der Lieferungen war über die Sibirienbahn aus dem Fernen Osten nach Deutschland gelangt. Diese Landverbindung würde im Augenblick des Einmarsches nach Rußland abreißen. Generalmajor Georg Thomas, Keitels Wirtschaftssachverständiger, notierte sich nach einer Besprechung mit Göring am 26. Februar: »Er war ebenso wie der Führer der Auffassung, daß bei dem Einmarsch deutscher Truppen in Rußland der ganze bolschewistische Staat zusammenbrechen würde, und daß dadurch mit den von mir gefürchteten Zerstörungen und Vernichtungen der Vorräte und Eisenbahnen in großem Umfange nicht zu rechnen sei. Es käme darauf an, zunächst schnell die bolschewistischen Führer zu erledigen...« Görings ganze Sorge galt allerdings der Schwäche der deutschen Nachschublinien: »Er wies darauf hin, daß auch Napoleon an der mangelnden Versorgung gescheitert sei, und daß er beim Führer immer wieder auf mehr Nachschuborganisationen dränge und auf Einschränkung der aufzustellenden Divisionen, die doch nur zum Teil ins Feuer kommen würden.« Aber Hitler dachte schon weit über Barbarossa hinaus. Am 17. Februar teilte Jodl seinem Stabe mit, der Führer wünsche die »studienmäßige Bearbeitung« eines Aufmarsches in Afghanistan gegen Indien im Anschluß an die Operation Barbarossa!

Am Sonntag, dem 16. Februar, traf Hitlers Chef-Wehrmachtsadjutant, Rudolf Schmundt, der in der Woche zuvor mit Rommel nach Nordafrika geflogen war, auf dem Berghof ein. Er kam mit Fotografien von Rommels Ankunft und mit einem ersten Lagebericht. Es war nicht verwunderlich, daß der Führer, wie Schmundt ein paar Tage später an Rommel schrieb, »bereits auf Nachrichten fiebert«. Hitler genehmigte alle die Forderungen Rommels – nach Panzerabwehrwaffen, Minen, einer Luftwaffen-Erkundungsstaffel und Verstärkung des X. Flieger-Korps für die Unterstützung der Bodentruppen. Rommels erster Verband, die 5. mot.-Division, hatte die 560 km entfernte Front bei El Agheila in sechsundzwanzig Stunden erreicht. Bevor er Tripolis verließ, hatte er Panzerattrappen auf Volkswagen-Fahrgestelle in Auftrag gegeben, um dem Feind die Anwesenheit starker Panzerkräfte vorzutäuschen. Die Engländer zogen sich schon zurück. Die Briefe Rommels an Schmundt strahlten mit jeder Zeile Optimismus aus. Hitler beschloß, auch die 15. Panzerdivision so bald wie möglich nach Afrika zu schicken.

Mitte März meldete Rommel sich bei Hitler und kehrte dann nach Afrika zurück. Ohne die Ankunft der neuen Panzerdivision abzuwarten, und gegen den Befehl des italienischen Oberbefehlshabers Gariboldi, unternahm er Anfang April einen kühnen Vorstoß, der erst endete, als er die ägyptische Grenze erreicht und dreitausend Engländer, darunter fünf Generale, gefangengenommen hatte.

Ende Februar 1941 war, wie Hitler glaubte, die letzte große Krise vor Barbarossa überwunden worden. Nachdem der letzte Vermittlungsversuch gescheitert war und Griechenland es stolz abgelehnt hatte, Italien ein Friedensangebot zu machen, begann das deutsche Heer am 28. Februar um 7.00 Uhr mit dem Bau von drei Brücken über die Donau nach Bulgarien hinein; der Fluß war hier ungefähr 1200 Meter breit, aber nur eine schwache Bahnbrücke überquerte ihn. Hitler ließ seine Sekretärin Johanna Wolf kommen und diktierte ihr einen Brief an den türkischen Staatspräsidenten Inönü, in dem er ihm versicherte, daß die in Bulgarien einmarschierenden deutschen Verbände so weit von der türkischen Grenze abgesetzt bleiben würden, daß kein falscher Schluß gezogen werden könne: »Ich sehe daher weder jetzt noch für die Zukunft irgendeinen Grund, der jemals Deutschland und die Türkei zu Gegnern machen könnte.«*
Inönü antwortete beruhigt, und Hitler war zufrieden.
Am 1. März treffen wir Hitler in Wien, wo er mit König Boris den Beitritt Bulgariens zum Dreimächtepakt unterzeichnet. Am nächsten Morgen um sechs Uhr früh begannen die 680000 Mann der 12. Armee des Feldmarschalls List mit dem Einmarsch in Bulgarien. Schon in einer Woche würden die ersten deutschen Soldaten an der griechischen Grenze den britischen und griechischen Truppen gegenüberstehen, wie sie es 1918 getan hatten. Nur rührten dieses Mal weder die Türkei noch Rußland einen Finger. Hitlers Erwartungen hatten sich wieder einmal als richtig erwiesen.

---

* Diese Seiten aus dem Stenogrammblock der Sekretärin wurden vier Jahre später von amerikanischen Soldaten in den Trümmern des Berghofs gefunden.

»Schlag gegen Jugoslawien«

Wenige Tage nachdem Hitlers Armeen in Rußland eingefallen waren, hatte die schwedische Schutzmacht diskret die Erlaubnis zur Durchsuchung der sowjetischen Botschaftsgebäude in Paris erteilt. In Heydrichs Geheimbericht an Ribbentrop heißt es:
»In dem Gebäude befanden sich 26 Sowjetrussen. Fünf davon, vier Männer und eine Frau, hielten sich in besonders durch schwere Panzertüren gesicherten Räumen auf und waren damit beschäftigt, in vier besonders dazu hergerichteten stabil eingebauten Öfen Aktenmaterial u. a. zu vernichten. Sie konnten daran nicht gehindert werden, da selbst unter Einsatz technischer Spezialgeräte, eine Öffnung der Räume Stunden in Anspruch genommen hätte.«
Heydrichs Männer fanden zahlreiche Waffen, Sendeanlagen, Empfangsgeräte, Fernschreibgeräte, Zünderteile, Sprengstoff und Maschinengewehre – und außerdem besonders große chemische Verbrennungsöfen in dem der GPU vorbehaltenen Flügel des Gebäudes. Eine Untersuchung ergab, daß sie für die Verbrennung von Menschen benutzt worden waren.
Ribbentrop ließ diesen Bericht dem Führer vorlegen, dem aber schon von Vizeadmiral Canaris ein Geheimbericht über eine Besichtigung der Botschaft am 8. Juli durch Oberst d. G. Lahousen gezeigt worden war. Lahousen, Abteilungsleiter II des Amtes Ausland/Abwehr, schilderte: »Der vollkommen isolierte Flügel der Botschaft, in welchem sich die Dienst- und Hinrichtungsräume der GPU befanden, ist nur als technisch raffiniertest ausgestattete Verbrecher- und Mörderwerkstatt zu bezeichnen: schalldichte Mauern, schwere, elektrisch zu bedienende Panzertüren, getarnte Beobachtungsluken und Schießscharten zwischen den Zimmern sowie als Kernstück der Anlage ein elektrischer Verbrennungsofen mit einer Badewanne zum Zerstückeln der Leichen bilden, nebst Einbrecherwerkzeugen, Giftampullen etc., das makabre Inventar dieser Räume. Es ist daher mit größter Wahrscheinlichkeit anzunehmen, daß... manche unliebsame Persönlichkeit der weißen Emigration oder der sowjetischen Opposition in Frankreich diesen Weg (›durch den Kamin‹) gegangen [ist].«
Hitler ließ jetzt das versiegelte Gebäude der sowjetischen Botschaft in Berlin durchsuchen und auch die Handelsvertretung in der Lietzenburger Straße 11; in letzterer wurden die gleichen, besonders gepanzerten Räume und Verbrennungsöfen entdeckt. In einer zynischen Eintragung im unveröffentlichten Tagebuch von Dr. Goebbels heißt es:
»Diese Sowjetbotschaften sind in Wirklichkeit Verbrecherschlupfwinkel.

... Wenn eine kriminelle Clique an die Macht kommt, so wird sie auch mit kriminellen Mitteln Politik betreiben. Es ist gut, daß im Ostfeldzug der Bolschewismus endgültig beseitigt wird. Er konnte neben uns in Europa auf die Dauer doch nicht existieren.«

In der Sowjetunion rechnete Hitler schon im voraus mit einem gnadenlosen Krieg. Die Brutalität der Bolschewiken im spanischen Bürgerkrieg und in Stalins Hälfte von Polen bewies, daß es sich hier um ein permanentes Charakteristikum handelte. Im Baltikum hatte Stalin zunächst jüdische Kommissare eingesetzt, die die Ausrottung der ganzen Intelligenz innerhalb weniger Wochen überwachten; diese Kommissare wurden dann durch Russen ersetzt, die nun ihre jüdischen Vorgänger beseitigten.

In den Westfeldzügen hatte Hitler die Wehrmacht angewiesen, ehrenhaft zu kämpfen. In der Zeit des Waffenstillstandes, die dann folgte, hatte er allen Wehrmachtsangehörigen schriftlichen Befehl erteilen lassen, ihre Pflichten »in untadeligem Geist« zu erfüllen. Trunkenheit und grobe Ausschreitungen sollten streng bestraft werden, und zwar in schweren Fällen »mit schimpflichem Tod nach dem Gesetz«.

Anders sollte es im Osten sein: Im Ostfeldzug sollte es von vornherein keinen Pardon mehr geben. Korvettenkapitän Wolf Junge aus Jodls Abteilung L erinnerte sich später: »Für Hitler ist der Bolschewismus kein Gegner, mit dem man ritterlich die Klinge kreuzt. Mit jeder Tücke und Grausamkeit wird nach seiner Ansicht bei diesem Feind zu rechnen sein. Mit den gleichen Kampfmethoden will Hitler ihm daher von vornherein begegnen.« Die bolschewistische Führung selbst hatte sich bewußt geweigert, die Genfer Konvention von 1929 über die Behandlung von Kriegsgefangenen zu unterschreiben.

Im März 1941 diktierte Hitler an Jodl besondere Richtlinien für den Fall Barbarossa: »Dieser kommende Feldzug ist mehr als nur ein Kampf der Waffen; er führt auch zur Auseinandersetzung zweier Weltanschauungen... Die sozialistische Idee ist aus dem heutigen Rußland nicht mehr wegzudenken. Sie kann allein die innenpolitische Grundlage für die Bildung neuer Staaten und Regierungen sein. Die jüdisch-bolschewistische Intelligenz als bisheriger ›Unterdrücker‹ des Volkes, muß beseitigt werden. Die ehemalige bürgerlich-aristokratische Intelligenz, soweit sie vor allem in Emigranten noch vorhanden ist, scheidet ebenfalls aus. Sie wird vom russischen Volk abgelehnt und ist letzten Endes deutschfeindlich... Außerdem müssen wir unter allen Umständen vermeiden, an Stelle des bolschewistischen nunmehr ein nationales Rußland treten zu lassen, das, wie die Geschichte beweist, letzten Endes wieder deutschfeindlich sein wird. Unsere Aufgabe ist es, sobald wie möglich mit einem Minimum an militärischen Kräften sozialistische Staatsgebilde aufzubauen, die von uns abhängen. Diese Aufgaben sind so schwierig, daß man sie nicht dem Heere zumuten kann.«

Das Heeres-Operationsgebiet sollte nunmehr ein möglichst schmaler Gürtel sein, während Himmlers SS und verschiedene Reichskommissare in der Etappe für den schnellen politischen Aufbau neuer Staatsgebilde sorgen würden. In den Akten des OKW ist dunkel die Rede von der »Notwendigkeit, alle Bolschewistenhäuptlinge und Kommissare sofort unschädlich zu machen«. Zur Vorbereitung der politischen Verwaltung erhalte Himmler »Sonderaufgaben« im Auftrage des Führers, die sich aus dem endgültig auszutragenden Kampf zweier entgegengesetzter politischer Systeme ergeben.

Die Akten des OKH geben Hitlers Absichten weniger umständlich wieder. Halder notierte sich nach einem Vortrag beim Führer: »Wir müssen stalinfreie Republiken schaffen. Die von Stalin eingesetzte Intelligenz muß vernichtet werden. Im großrussischen Bereich ist Anwendung brutalster Gewalt notwendig. Weltanschauliche Bande halten das russische Volk noch nicht fest genug zusammen. Es wird mit dem Beseitigen der Funktionäre zerreißen.«

Halders Generalquartiermeister, Generalmajor Eduard Wagner, traditionsgemäß für die Besatzungspolitik des Heeres verantwortlich, nahm ebenfalls an diesem Führervortrag teil; nach einer Besprechung mit Heydrich fertigte er am 26. März einen Befehlsentwurf an, nach dem die SS-Einsatzgruppen »freie Hand« für Exekutivmaßnahmen im Operationsgebiet des Heeres erhalten sollten. Am 30. März bereitete Hitler seine Heeres- und Luftwaffengenerale ebenfalls auf den sonderbaren Charakter des bevorstehenden Kampfes in Rußland vor. »Wir müssen vom Standpunkt des soldatischen Kameradentums abrücken«, sagte er zu den Generalen. »Der Kommunist ist vorher kein Kamerad und nachher kein Kamerad.« Er unterstrich: »Kommissare und GPU-Leute sind Verbrecher und müssen als solche behandelt werden.« Hitler schloß mit den Worten: »Ich erwarte nicht, daß die Generale meine Befehle in dieser Richtung verstehen. Aber ich verlange, daß sie diese Befehle befolgen.«

Anfang März 1941 hatte die britische Marine einen kleinen Überfall auf die norwegischen Lofoten-Inseln unternommen. Hitler empfand den Überfall als einen ungeheuerlichen Schlag für das deutsche Prestige. Er befahl die Erschießung aller Norweger, die dem Feinde geholfen hatten. Die Folgen dieses militärisch sonst unbedeutenden Überfalls waren beträchtlich: Der Admiral Norwegen, Generaladmiral Hermann Boehm, wurde zum Vortrag auf den Berghof befohlen; während dieser Besprechung entschied Hitler, es sei nun nicht mehr möglich, vierzig Prozent der militärischen Stärke in Norwegen für »Barbarossa« freizustellen. In den nächsten drei Jahren ist die Furcht vor einer britischen Landung in Norwegen nie von ihm gewichen.

Als das Eis in Mitteleuropa schmolz, begann der Terminplan der Wehrmacht abzurollen. Eine der Privatsekretärinnen Hitlers schrieb am 7. März auf dem Berghof:

»Es wird Zeit, daß wir nach Berlin zurückkehren, wir sind ja nun auch schon lange genug hier gewesen. Wahrscheinlich werden wir Mitte dieses Monats in Berlin sein... Wir sollen nämlich jetzt schon geimpft werden gegen Cholera und Typhus (dies geschah vor allen unseren großen Reisen!).«
Göring war inzwischen von seinem ausgedehnten Urlaub zurückgekehrt, und am 6. März verschaffte er sich ein langes Gespräch mit Hitler. Zu dieser Zeit war Görings Prestige vorübergehend stark angeschlagen. Schuld daran war das Scheitern der Luftwaffe in der Schlacht über England.
Inzwischen war Großadmiral Raeder in seinen Attacken gegen den abwesenden Reichsmarschall kühner geworden. Er hatte Luftbilder von Portsmouth, Plymouth und Cardiff vorgelegt, um die Wirkungslosigkeit der Luftangriffe zu demonstrieren, und er wies auf das Anwachsen der RAF-Angriffe gegen die deutsche Nordseeküste hin. Nur die Bombardierung der Schiffahrtsstraßen sei ein sinnvoller Einsatz der Luftwaffe. Diese Argumente wurden von Hitler in seiner Weisung Nr. 23 akzeptiert. Er bezeichnete den Verlust britischer Handelsschiffe als den stärksten Faktor in der Zerstörung der Rüstungswirtschaft; Hitler betonte: »Von planmäßigen Terrorangriffen auf Wohnviertel... ist dagegen kein kriegsentscheidender Erfolg zu erwarten.«
Ein französischer Konsul, der Großbritannien im Dezember 1940 verlassen hatte, berichtete den deutschen Dienststellen, sein Amtssitz – Newcastle – habe bisher wenig gelitten. Eigenhändig unterstrich Hitler mit Blaustift die im Protokoll wiedergegebenen Äußerungen dieses Mannes: »Massive Angriffe auf Newcastle hätten bis zu seiner Abreise nicht stattgefunden. Er wundere sich darüber, da augenblicklich in Newcastle auf den Werften von Vickers Armstrong ein Flugzeugträger, 2 Schlachtkreuzer, 1 leichter Kreuzer, 6–7 Zerstörer und 3–4 Unterseeboote gebaut würden.« Hitler befahl, dieses Telegramm an die Luftwaffe weiterzugeben, andererseits meinte er aber, es würde Göring »sehr kränken«, wenn man der Marine die direkte Kontrolle über die von ihr benötigten Luftwaffenverbände übertrüge.

Auf dem Balkan spitzte sich die Lage zu. In Albanien fiel eine kleine italienische Gegenoffensive am 14. März in sich zusammen. Jetzt endlich trat der Oberbefehlshaber der griechischen Nordarmee mit einem geheimen Vermittlungsvorschlag an den deutschen Generalkonsul in Saloniki heran: Die Feindseligkeiten an der albanischen Front würden sofort eingestellt, falls die italienische Truppe durch die deutsche ersetzt werde. Hitler aber erklärte Brauchitsch und Raeder, daß auch bei einer friedlichen Lösung der griechischen Frage die Besetzung des ganzen Landes vorgesehen sei – man brauche es nämlich jetzt als Basis für die Luftbeherrschung des östlichen Mittelmeeres.
Bis zum 24. März hatten die Engländer etwa 40000 Mann in Griechenland gelandet. Das OKW wies den deutschen Militärattaché in Washington an, dafür Sorge zu tragen, daß die Stärke der britischen Streitkräfte in Grie-

chenland möglichst deutlich herausgestrichen werde: »Je voller der Engländer den Mund hier genommen hat«, um so günstiger werde sich die britische Niederlage propagandistisch auswirken.

Hitler reiste am 25. März nach Wien ab und begab sich in das Hotel Imperial, voller Erinnerungen an den März 1938. Hier ließen seine Adjutanten eine »Frau Wolf« zu ihm vor – seine jüngere Schwester Paula, die inkognito als Schreibkraft in einem Lazarett arbeitete. Sie unterhielten sich eine Zeitlang über Familiendinge. Paula sagte: »Wenn ich irgendwo auf einem Berge eine Kapelle sehe, gehe ich hinein und bete für dich.« Hitler war gerührt und sagte nach einiger Zeit: »Weißt du, ich habe auch die absolute Überzeugung, daß unser Herrgott seine schützende Hand über mich hält.« Beim Tode ihrer Mutter war sie elf Jahre alt und Adolf achtzehn. Adolf hatte sie danach dreizehn Jahre lang nicht gesehen; sie sagte, es wäre ihr lieber gewesen, er wäre Baumeister geworden, was er ursprünglich ja auch hatte werden wollen.

Den ganzen Monat März hatte es gedauert, bis die Jugoslawen hier in Wien endlich den Dreimächtepakt unterschrieben, aber es hatte sich gelohnt; denn Hitlers in Griechenland kämpfende Armeen würden von einer 350 bis 400 km langen und nur 20 km von der jugoslawischen Grenze entfernten Verbindungslinie abhängen. Prinzregent Paul hatte ihm auf dem Berghof einen inoffiziellen Besuch abgestattet. Erst als Deutschland Pauls Bedingungen akzeptiert hatte – kein Durchmarschrecht für Achsentruppen durch Jugoslawien, keine militärische Beteiligung Jugoslawiens, Zugang zum Ägäischen Meer, das heißt also Saloniki, für Jugoslawien als Belohnung –, stimmte der jugoslawische Kronrat dem Beitritt zum Dreimächtepakt zu, obwohl die italienfeindliche Stimmung in Belgrad so hohe Wogen schlug, daß mehrere Minister aus Protest gegen die Unterzeichnung ihren Rücktritt erklärten. Nach der feierlichen Unterzeichnung wurde Keitel allein zum Führer gerufen, der sich sehr zufrieden darüber äußerte, daß nun auf dem Balkan keine unangenehmen Überraschungen mehr zu erwarten waren. Um 22.00 Uhr verließ Hitlers Zug Wien in Richtung Berlin, wo er den japanischen Außenminister empfangen wollte.

Selten war ein Pakt kurzlebiger als dieser mit Jugoslawien. Früh am 27. März brachte Hewel dem Führer die niederschmetternde Nachricht von einem Staatsstreich in Belgrad. Eine große Menschenmenge demonstrierte vor der deutschen diplomatischen Vertretung, das deutsche Fremdenverkehrsbüro war zerstört, der schwedische Gesandte war bewußtlos geschlagen worden, weil man ihn für einen Deutschen hielt, und überall erschienen britische Union Jacks – verteilt von der britischen Vertretung. Die Menschen auf den Straßen sangen das Lied von der roten Fahne. Den Putsch hatte der jugoslawische Luftwaffenbefehlshaber General Dušan Simović organisiert, ein Serbe, dessen Deutschfeindlichkeit bekannt war. Sein Revolutionskabinett ratifizierte den Beitritt zum Dreierpakt nicht, redete aber nichtsdestoweniger davon, daß die Loyalität gegenüber Deutschland ungebrochen sei. Hitler gab nicht viel auf solche Lippenbekenntnisse – davon hatte er ja selber in seiner eigenen Vergangenheit genug abgegeben. Dieser Putsch, rief er aus, sei genau so, »als wenn man mit der flachen Hand in die Waschschüssel haut«.

Er ließ Keitel und Jodl kommen. Schon immer hatte er die chauvinistischen Serben in Belgrad mit Argwohn betrachtet, ein Überbleibsel seiner eigenen österreichischen Herkunft. Andererseits hatte Hitler Glück im Unglück, denn wäre dieser Umsturz ein paar Wochen später gekommen, dann hätte das für Mitte Mai angesetzte Unternehmen Barbarossa mit einem feindseligen Jugoslawien im Rücken begonnen. »Ein Glück, daß der Feind hier die Maske hat fallen lassen, während wir gerade auch die Hände frei haben«, sagte Hitler. Hewel schrieb in sein Tagebuch: »Sofort Göring, Brauchitsch, Ribbentrop bestellt. Schnell Entschlüsse gefaßt. Bester Stimmung. Ungarischen und bulgarischen Gesandten sofort bestellt...«

Hinzu kam, daß das Forschungsamt ein äußerst aufschlußreiches Ferngespräch abhörte, das Simovič mit seinem Gesandten in Washington, Foltič, führte – ersterer über seine wirklichen Pläne, letzterer über seine Unterredung mit Roosevelt. Hitlers überschwengliche Stimmung an diesem Tage war ansteckend. »Wen die Götter verderben wollen, den schlagen sie mit Blindheit!« sagte er triumphierend zum ungarischen Gesandten Döme Sztójay und schickte ihn heimlich nach Budapest mit dieser mündlichen Mitteilung für den Reichsverweser Horthy: Für Ungarn schlüge die Stunde der Vergeltung, der Führer werde die ungarischen Revisionsforderungen gegenüber Jugoslawien in vollem Umfange anerkennen. »Marschieren Sie ins Banat ein!« empfahl Hitler, und da Admiral Horthy sicherlich einen Zugang zur Adria wünsche, stellte Hitler den Ungarn sogar Fiume in Aussicht. »Daß ich nicht flunkere, werden Sie mir glauben«, sagte Hitler bei der Verabschiedung zu dem Gesandten. Kurz darauf empfing er den bulgarischen Gesandten Parwan Draganoff und offerierte Bulgarien den jugoslawischen Teil Mazedoniens, und wieder sagte er mit tiefer Befriedigung: »Die ewige Unsicherheit dort unten ist beseitigt.« Er fügte hinzu, das Ungewitter werde über Jugoslawien hereinbrechen mit einer Schnelligkeit, daß »den Herren dort Hören und Sehen vergehen« werde.

In der Besprechung mit seinen Befehlshabern hatte Hitler den Angriffsplan in den üblichen großen Zügen festgelegt. »Politisch ist es besonders wichtig, daß der Schlag gegen Jugoslawien mit unerbittlicher Stärke geführt wird.« Göring sollte die jugoslawische Hauptstadt Belgrad in rollenden Angriffen zerstören. Spät abends hielt Hitler die Weisung Nr. 25 in der Hand: »Jugoslawien muß auch dann, wenn es zunächst Loyalitätserklärungen abgibt, als Feind betrachtet und daher so rasch als möglich zerschlagen werden.« Der Angriff auf Rußland müsse nun um einen Zeitraum verschoben werden, der bis zu vier Wochen betragen könne. Später stellte sich heraus, daß sogar hier die Vorsehung auf seiner Seite stand, denn das Frühjahr 1941 hatte Mitteleuropa ungewöhnlich schwere Regenfälle gebracht, und die Divisionen, die Hitler jetzt auf dem Balkan einsetzte, hätten somit ohnehin bis zum Juni untätig bleiben müssen.

Am 27. März 1941 pünktlich um 16.00 Uhr empfing Hitler, äußerlich gefaßt wie immer, in der Reichskanzlei den japanischen Außenminister Josuke Matsuoka.
In den japanischen Gebietsansprüchen im Fernen Osten sah Hitler ein weiteres Mittel, um Großbritannien in die Knie zu zwingen.
Als erster hatte Großadmiral Raeder seine Aufmerksamkeit auf Singapur gelenkt, den Schlüssel zur britischen Vorherrschaft im Fernen Osten. Ende Dezember hatte Raeder ihm einen Brief vom Marineattaché in Tokio gezeigt; er berichtete, daß in der japanischen Marine der ernsthafte Wille erkennbar sei, so bald wie möglich aktiv gegen Singapur vorzugehen. Raeder vertrat die Meinung, daß es ganz entschieden im deutschen Interesse liege, wenn Japan sich in feindliche Auseinandersetzungen mit Großbritannien verwickele. Dem abschiednehmenden japanischen Botschafter Saburo Kurusu hatte Hitler am 3. Februar die Andeutung mit auf den Weg gegeben, daß ja »aus gemeinsamen Freunden... eines Tages gemeinsame Feinde werden« könnten, womit er Deutschland und Rußland meinte. Hitler wies das OKW an, einen Plan für eine weitreichende Zusammenarbeit mit Japan zu entwerfen. Als Gegenleistung müßten die Wehrmacht und die deutsche Industrie ihren Verbündeten umfassenden Einblick in die Kriegs- und Kampferfahrungen gewähren und ihnen den Nachbau moderner Waffen und Geräte erlauben, und zwar in der unausgesprochenen Hoffnung, sie »so bald wie möglich zum aktiven Handeln« im Fernen Osten zu bringen. In der Anfang März herausgegebenen Weisung Nr. 24 wurde darauf hingewiesen, daß der Angriff gegen Rußland besonders günstige Voraussetzungen für Japans eigene Unternehmungen schaffen würde, jedoch dürfe »über das Barbarossa-Unternehmen... den Japanern gegenüber keinerlei Andeutung gemacht werden«. Am 17. März sagte Hitler zu General Halder, er werde Matsuoka nicht direkt von »Barbarossa« erzählen, sondern nur »die Möglichkeit aufzeigen«.
Die direkteste Äußerung, die er machte, war in einer beiläufigen, an den neuen japanischen Botschafter, General Hiroschi Oshima, gerichteten Bemerkung während eines Mittagessens enthalten, das man am 28. zu Ehren von Matsuoka gab; er sagte: »Falls [die Sowjetunion] Japan angreifen würde, so würde Deutschland nicht zögern, [seinerseits] die Sowjetunion mit Waffengewalt anzugreifen.« Als Matsuoka einige Tage später auf seiner Rückreise noch einmal in Berlin Station machte, bot Hitler ihm eine ähnliche Garantie an für den Fall, daß Japan in einen Konflikt mit den Vereinigten Staaten geriete. Am 10. April wurde Ribbentrop dann noch deutlicher. Selbst wenn die Sowjetunion Japan *nicht* angreife, sagte er, so müsse Deutschland vielleicht doch noch innerhalb dieses Jahres einen Krieg

gegen sie beginnen. Aber die japanische Reaktion darauf war enttäuschend – ja, bei einem Zwischenaufenthalt auf seiner Heimreise nach Tokio unterzeichnete Matsuoka in Moskau sogar ein Neutralitätsabkommen zwischen Japan und der Sowjetunion.

Am 30. März 1941 rief Hitler alle seine Oberbefehlshaber und Truppenführer in den Kabinettssitzungssaal der neuen Reichskanzlei zusammen. Mit der üblichen Ausführlichkeit auf die Vorgeschichte eingehend, begründete er die Notwendigkeit, die »russische Lage zu bereinigen«, und er begann bezeichnenderweise mit dem »Fehler Englands«, im Juni 1940 die Möglichkeit eines Friedensschlusses nicht zu nutzen. »Weshalb hat England den Krieg fortgeführt?« fragte er. Er nannte zwei entscheidende Gründe – den »Einfluß des Judentums« sowie den Einfluß der »Churchill-Clique«. Von den Sandbänken tiefster Niedergeschlagenheit hätten die Engländer sich durch einen rein psychologischen Aufschwung wieder freigemacht. Der Nachtluftkrieg gegen Deutschland habe durch propagandistisch übertriebene Erfolgsmeldungen eine Psychose des Optimismus hervorgerufen.
Jetzt setze England seine Hoffnung auf Amerika und Rußland, erklärte Hitler. Die Vereinigten Staaten fürchte er nicht – Rußland aber müsse jetzt geschlagen werden: »Jetzt besteht die Möglichkeit, Rußland mit eigenem freien Rücken zu schlagen; sie wird so bald nicht wiederkommen. Ich wäre ein Verbrecher an der Zukunft des deutschen Volkes, wenn ich nicht zufaßte!« Er rief seine Generale auf, keine moralischen Bedenken wegen der Verletzung des zu Kriegsbeginn mit Rußland geschlossenen Vertrages zu haben; es sei ja ganz klar, warum Stalin ihn zynisch unterschrieben habe. Aber er warnte sie eindringlich davor, die sowjetische Panzer- und Luftwaffe zu unterschätzen oder sich in diesem Kampf gar zu sehr auf die Verbündeten Deutschlands zu verlassen.
Bevor sie auseinandergingen, hämmerte Hitler ihnen noch ein, daß es sich um den Kampf zweier Weltanschauungen handeln werde. Dieser Kampf werde sich sehr unterscheiden vom Kampf im Westen. »Im Osten ist Härte mild für die Zukunft.«

Der Generalstab leistete ein Meisterwerk. Innerhalb von neun Tagen wurde der gesamte Balkan-Aufmarschplan auseinandergenommen und neu zusammengesetzt, um nun auch den improvisierten Einmarsch deutscher Truppen in Jugoslawien zu berücksichtigen. Das reiche und fruchtbare Banat sollte Ungarn zurückgegeben werden, Dalmatien und Montenegro wurden für Italien vorgesehen, während Serbien unter deutsche Militärverwaltung gestellt werden sollte. Hitler erschien das Ganze als ein sehr befriedigender Schlußstrich unter dem balkanischen Alptraum.
Die Haltung der Sowjetunion blieb ungeklärt. Die Gerüchte überschlugen sich. Bot Stalin dem neuen jugoslawischen Regime einen Nichtangriffspakt an? Hatte er den Jugoslawen geheime Kriegsmateriallieferungen zugesagt?

Am 5. April meldete der rumänische Generalstab verstärkte Tätigkeit sowjetischer Aufklärungsflugzeuge über rumänischem Territorium. In Kiew sei eine neue Fallschirmjäger-Schule errichtet worden.
Hitler wies Ribbentrop an, alle etwaigen neuen Loyalitätsbekundungen Belgrads zu ignorieren. Als Graf Ciano ihn am 31. März nach dem Abendessen anrief und sagte, der jugoslawische Stellvertretende Ministerpräsident wolle zum Duce, empfahl ihm der Führer: »Ja – aber möglichst ein paar Tage aufschieben.«
Am 5. April begann sich der Schleier zu lüften. Hewel brachte ihm eine höchst beunruhigende, vom Forschungsamt abgefangene Mitteilung. Daraus ging eindeutig hervor, daß Stalin doch im Begriff war, einen Nichtangriffspakt mit dem neuen Regime in Belgrad zu schließen. Nun hieß es also: Jetzt oder nie. Der eigene Angriff, ›Marita‹, sollte ja am 6. steigen.

»Noch nie einen Sieg«

Hitler hatte die Empfindlichkeiten seiner neuen Verbündeten in der Weisung Nr. 26 vom 3. April 1941 voll berücksichtigt: »Die einheitliche Führung dieses Feldzuges, soweit es sich um die operative Zielsetzung für die italienischen und ungarischen Streitkräfte im Rahmen der Gesamtoperationen handelt, behalte ich mir selbst vor. Sie muß sich in einer Form abspielen, die den Empfindlichkeiten der Verbündeten Rechnung trägt.« Horthy war kein Problem, aber der Duce – dessen Selbstbewußtsein inzwischen infolge seiner Niederlagen doch sehr gelitten hatte – zwang Hitler, sich mit Rücksicht auf Italien in der Öffentlichkeit so sehr zu drehen und zu winden, daß sich OKW, Auswärtiges Amt, das OKH und die Kriegsmarine endlich einmal einig waren – einig in wütendem, verständnislosen Zorn über die Engelsgeduld, die Hitler seinem unfähigen Verbündeten gegenüber aufbrachte.
Binnen zwölf Tagen war Jugoslawien geschlagen. Wenig später kapitulierten auch die griechischen Armeen nach heldenhaftem Kampf. Jetzt stand die britische Expeditionsstreitmacht in einem hoffnungslosen Rückzugskampf mit den deutschen Panzern und Gebirgsjägern, die unbehelligt die stark ausgebaute Metaxas-Linie umgangen hatten und dann über Jugoslawien nach Griechenland eingefallen waren. Das war der politische Fehler der Briten gewesen, als sie mit hohen Schmiergeldern den Putsch in Belgrad in Schwung brachten, ihr strategischer Fehler war es gewesen, die Widerstandskraft der jugoslawischen Armee zu hoch einzuschätzen.
Hitler hatte befohlen, den Feldzug mit rollenden Luftangriffen auf Belgrad einzuleiten – wobei er die abschreckende Wirkung auf andere Mächte, vor allem die Türkei und die Sowjetunion, im Auge hatte. Bis zu siebzehntausend Bürger der Stadt wurden getötet; ihres Nervenzentrums beraubt, wichen die jugoslawischen Armeen zurück, und mehr als 340 000 jugoslawische Soldaten wurden gefangengenommen; die Deutschen verloren nur 151 Mann.
Während des ganzen Feldzuges erlegten sich die Italiener und Ungarn ein bemerkenswertes Maß an Zurückhaltung im Angriff auf, solange der Feind noch nicht von den deutschen Truppen geschlagen war. Horthy sagte, er hoffe, daß seine Wehrmacht bei den kommenden Kämpfen nicht zu weit von Ungarn entfernt eingesetzt werden würde. Er hatte zu jener Zeit noch keine Ahnung von Hitlers Plänen, innerhalb von drei Monaten einen Koalitionskrieg gegen die Sowjetunion zu führen.

Am Nachmittag des 9. April verbreiteten alle deutschen Reichssender die ersten Sondermeldungen über die Siege im Südosten Europas. Hewel fiel die »großartige Stimmung« auf, die in der Reichskanzlei herrschte. Diese Stimmung wurde nur kurz gedämpft, als fünfzig britische Bomber über Berlin erschienen. Hitler begab sich in seinen Luftschutzkeller, und als der Angriff vorüber war, schickte er Hewel zu einer Fahrt durch die betroffenen Viertel los. Das Schloß Bellevue, das Kronprinzenpalais, die Staatsbibliothek und die Universität waren schwer beschädigt; in der Staatsoper Unter den Linden waren die Flammen nicht mehr einzudämmen. Eine Woche später schickte Hitler seine Luftwaffe zu einem zehnstündigen Vergeltungsangriff nach London; es fielen tausend Tonnen Bomben.

Am Abend des 10. April brachte ihn sein Sonderzug »Amerika« von Berlin nach München, und am nächsten Abend ging die Reise weiter über Wiener Neustadt in Richtung Graz. Dort nahm ein Tunnel die eingleisige Strecke durch die Alpen südlich von Aspang auf. Der OKW-Befehlszug »Atlas« hielt an der anderen Seite des 2,477 km langen, eiskalten Tunnels. Das war das Führerhauptquartier für die nächsten beiden Wochen. Hitlers einzige Kontakte zur Außenwelt blieben die guten Nachrichtenverbindungen, die Vorträge seiner Generale, und die Vorführung der roh geschnittenen Wochenschauen in einem Behelfskino, das in dem nahen Hotel »Mönichkirchner Hof« eingerichtet worden war.

Am 12. April wehte schon die Hakenkreuzfahne über Belgrad. Am 14. begannen die Griechen mit der Räumung Albaniens. Am 15. wurde dem OKW gemeldet: »Engländer in vollem Rückzug auf ihre Einschiffungshäfen.« In einer Rundfunkansprache an die Jugoslawen sprach Churchill ihnen Trost zu: »Auch jetzt stehen wir, die Briten, hinter Euch.« Das war ein doppelsinniger Satz, und Goebbels wies seine Presse an, ihn nach allen Regeln der Kunst auszuschlachten. Hitler wies das OKW an, im Falle einer Kapitulation Griechenlands alle griechischen Kriegsgefangenen freizulassen – als Zeichen seiner Anerkennung für ihre Tapferkeit, mit der sie ihre Grenzen verteidigt hätten.

In einem OKW-Befehl vom 19. April hatte Hitler angeordnet, daß seine Befehlshaber Kapitulationsangebote auch von einzelnen Heeresteilen stets anzunehmen hätten. Feldmarschall List handelte deshalb durchaus korrekt, als er zwei Tage später die Kapitulation entgegennahm, auch wenn der griechische Oberbefehlshaber der Epirus-Armee, General Tsolakoglu, ausdrücklich erklärte, er ergebe sich dem deutschen Oberkommando, nicht aber den Italienern, die er besiegt habe – und mit denen er übrigens seit Tagen schon keine Gefechtsberührung mehr gehabt habe. Mussolini war sprachlos vor Wut über diese »griechische Perfidie« und lehnte es rundheraus ab, den italienischen Vormarsch einzustellen. Italien, wetterte der Duce, habe in seinem sechsmonatigen Kampf gegen Griechenland 500 000 Mann eingesetzt und 63 000 Mann an Toten zu beklagen. Das ganze Problem bestehe nur darin, daß die SS-Leibstandarte zu weit vorgestoßen sei und nun eine Brücke besetzt habe, was die Italiener an der Verfolgung der Griechen hindere! Innerlich widerstrebend sagte Hitler zu Jodl, daß der Kampf also doch weitergehen müsse, bis die Griechen auch vor den Italienern kapitulierten. Auch Ribbentrop war verärgert, als er am Nachmittag des 21. April Hitler besuchte. Hewel notierte sich: »Kapitulationsverhandlungen mit griechischer Armee. Hinderung: die Italiener. Allgemeine Wut – auch beim Führer. Bei ihm immer Streit zwischen Soldat und Politiker.« Die griechische Armee hatte aber nicht nur ihre Waffen niedergelegt, sondern sie hatte zu ihrem größeren Teil schon den Marsch in die Gefangenschaft angetreten; wie sollte man jetzt den Kampf, zu Italiens fernem Nutzen, fortsetzen? Hitler regte im Hauptquartier des Duce an, einen bevollmächtigten italienischen Vertreter zu entsenden, der dann am nächsten Morgen, dem 22. April, Jodl bei der Festsetzung der Waffenstillstandsbedingungen mit den Griechen helfen könnte. Aber Mussolinis Streitkräfte waren auf die Meldung von den Waffenstillstandsverhandlungen an der Epirus-Front zu einer schleppenden Offensive angetreten, und es zeigte sich, daß die Griechen dort nicht nur kämpften, sondern den Italienern auch schwere Verluste zufügten.

In aller Eile übermittelte das OKW einen Kapitulationsentwurf nach Rom. Als Mussolini in dem Entwurf las, daß der Führer den griechischen Offizieren in Anerkennung ihrer Tapferkeit die blanke Waffe belassen wolle, geriet er ganz außer sich. Aber in diesem Punkt blieben die Deutschen hart; ansonsten erfüllte Hitler blind die italienischen Forderungen: Zum Ärger des Großadmirals Raeder befahl er, die Schiffe der jugoslawischen und griechischen Kriegsmarine den Italienern zu übergeben; zum nicht minder großen Ärger des OKW und des OKH beugte Hitler sich auch der Forderung Mussolinis, daß die Truppen der Achse einen glorreichen Einzug in Athen halten müßten, und zwar Italiener und Deutsche Seite an Seite. Die nächsten italienischen Verbände standen noch mehrere Tagesmärsche von Athen entfernt, was die Dinge keineswegs einfacher machte.

Am Nachmittag des 23. April wurde das Kapitulationsdokument von allen drei Parteien in Saloniki unterzeichnet, nachdem Mussolini noch einen letzten Streich gespielt hatte. Während der Führer die vorzeitige Freigabe der Kapitulationsnachricht verbot, hatten die Italiener sie an jenem Morgen um 10.00 Uhr als Sondermeldung in die Welt hinausposaunt: »Die feindliche Armee des Epirus und in Mazedonien hat die Waffen niedergelegt. Die Kapitulation ist gestern abend um 21.04 Uhr von einer griechischen militärischen Delegation dem Befehlshaber der 11. italienischen Armee an der Front des Epirus übergeben worden.« Hewel zog in seinem Tagebuch das Resümee: »Italiener benehmen sich toll und dumm.«

In Kroatien hatten die Untergrundorganisationen des Vizeadmirals Canaris eine Separatistenbewegung geschürt. General Sladko Kvaternik, ein Offizier der alten k. u. k. Armee, hatte mit deren Hilfe in Zagreb die Macht ergriffen und mit Hitlers Billigung einen unabhängigen Staat gegründet, dessen »Poglavnik« Dr. Ante Pavelić war, der lange Jahre im italienischen Exil gelebt hatte. Hitlers Entscheidung, die mit Kroaten dicht besiedelte dalmatinische Küste Italien zu überlassen, stieß in Zagreb auf heftige Ablehnung. Hitler jedoch verschloß die Augen vor dem Haß, den diese Handlungsweise den Deutschen bei den Kroaten einbringen mußte.

Am 24. April besuchte Oberst Lahousen den neuen kroatischen Kriegsminister, »Marschall« Kvaternik. Lahousen stellte bei diesem »alten, untadeligen, soldatischen Freiheitskämpfer« eine grenzenlose Bewunderung für Hitler fest; ebenso grenzenlos aber war sein Haß auf die Italiener, die jetzt in Dalmatien ihre Rache genossen. Es lagen Meldungen vor, daß die Italiener durch Anschlag die Einführung der Prügelstrafe verkündet hätten. »Für eine Nation von Ehre und ein altes Soldatenvolk, das die Kroaten nun einmal sind«, klagte Kvaternik, »ist es namenlos bitter, von einer Armee getreten und gedemütigt zu werden, die noch nie einen Sieg an ihre Fahne heften konnte.« Kvaternik fürchtete, daß aus dieser »ihm völlig unvernünftig erscheinenden politischen Haltung der Italiener« noch schwere Konfliktstoffe für die Zukunft erwachsen würden.

Am 24. April besuchte der ungarische Reichsverweser, Admiral Horthy, Hitler in dessen Sonderzug. Mitte April hatte der Führer einen höchst vertraulichen Brief Horthys erhalten, wovon nur der handschriftliche Entwurf im Nationalarchiv Budapest den Krieg überstanden hat. Horthy hatte einen deutschen Feldzug gegen Rußland vorgeschlagen und angedeutet, daß, falls ihm ganz Siebenbürgen versprochen würde für die Zeit nachher, Ungarn von Anfang an daran teilnehmen würde. »Von diesem Brief hat übrigens niemand Kenntnis, auch werde ich *nie* darüber sprechen, auch in eventuellen Memoiren nicht.« Am 19. April hatte Hitler daraufhin mit dem ungarischen Gesandten gesprochen: (»Was Rußland anginge, so läge diese Frage dem Reichsverweser sehr am Herzen. Er habe ja auch dem Führer darüber geschrieben.«) Innerlich aber lehnte Hitler jede Bindung Ungarn gegenüber ab, die auf Kosten Rumäniens gehen sollte.

Es wurde – wie Hewel notierte – »viel erzählt«, zum Beispiel davon, daß Griechenland zugrunde gegangen sei, weil es eine Demokratie sei, wo »die Stimmen zweier Idioten höher geschätzt waren als die eines Weisen«. Keitel verführte den Admiral dazu, etliche Jagdgeschichten zum Besten zu geben. Wer Hitler gut kannte, der wußte auch, daß er Pferde und Jäger nicht leiden konnte. (Als SS-Gruppenführer Hermann Fegelein einmal mit den Reitstiefeln und Sporen seines SS-Reiterregiments klirrend das Führerhauptquartier betrat, bat Hitler den neuen SS-Verbindungsoffizier frostig, »mal ins Nebenzimmer zu reiten«, um eine bestimmte Meldung zu holen.) Hitler war jedoch guter Laune. Die Briten befanden sich in voller Flucht; 22000 Gefangene waren schon gemacht. Auf Vorschlag Jeschonneks befahl Hitler der Wehrmacht, einen Luftlandeangriff gegen die Insel Kreta zu führen und sie in Besitz zu nehmen.

Am 26. April verließ Hitlers Sonderzug Mönichkirchen mit Richtung auf die frühere jugoslawische Grenze. Begleitet von seinen Adjutanten fuhr er mit dem Auto nach Maribor – das jetzt, eingedeutscht, wieder Marburg hieß – und besuchte die Provinzen, die seine 2. Armee für das Reich zurückerobert hatte. Hewel notierte: »Fahrt zur Grenze. Dort im Auto 16 km nach Marburg. Schlechtes Wetter. Große, inbrünstige Begeisterung vor allem im Stadthaus. Mit Zug weiter nach Graz. In Graz großer Empfang ... Führer sehr glücklich. Fanatischer Empfang. Schöne Lieder. Zeughaus. Lunch im Hotel Wiesler. Abends Abfahrt nach Klagenfurt ... Kaffee auf dem Schloßberg mit unendlich häßlichen Mädchen (Gau-Führerinnen-Schule), die aber sehr schön sangen.« Hier in Klagenfurt traf Hitler am nächsten Tag seinen alten Geschichtslehrer, Professor Leopold Poetsch – den Mann, über den er zwanzig Jahre zuvor in *Mein Kampf* geschrieben hatte: »Es wurde vielleicht bestimmend für mein ganzes späteres Leben, daß mir das Glück einst gerade für Geschichte einen Lehrer gab, der es als einer der ganz wenigen verstand ... diesen Gesichtspunkt zum beherrschenden zu machen.« Am Morgen des 28. April war Adolf Hitler wieder in seiner Reichskanzlei in Berlin.

An jenem Nachmittag hatte er ein Gespräch mit Werner Graf von der Schulenburg, dem deutschen Botschafter in Moskau. Der Botschafter war offiziell nicht über Barbarossa informiert worden (seinem Militärattaché Hans Krebs war es von Berlin verboten worden weiterzusagen, was ihm bekannt war). Aber Schulenburg war nicht blind und taub. Die Gerüchte, die einander durch ganz Mitteleuropa jagten, sagten ihm alles, was er wissen wollte.

Hitler gewährte ihm eine halbstündige Unterredung. Schulenburg gewann den Eindruck, daß Hitler alle seine hartnäckig beibehaltenen Überzeugungen von Vidkun Quisling bezogen haben müsse, der Hitler wohl als erster die verhängnisvolle Verheißung zugeflüstert hatte, daß das beim Volke unbeliebte Bolschewikenregime schon nach den ersten Niederlagen stürzen würde und daß die Ukraine und andere Staaten nur darauf warteten, aus der Union ausbrechen zu können. Nach Schulenburgs Niederschrift fragte Hitler ihn, was für ein Teufel die Russen geritten habe, daß sie den Freundschaftspakt mit Jugoslawien abgeschlossen hätten. Er habe das Gefühl, daß Stalin Deutschland abschrecken wolle. Schulenburg habe dies verneint. Die Russen hätten damit ihre Interessen auf dem Balkan angemeldet; sie seien sehr unruhig über die Gerüchte »betr. dt. Angriff auf Rußland«. Als der Führer meinte, die Russen hätten mit den Aufmärschen angefangen, wandte der Botschafter ein, daß es sich dabei nur um eine typisch russische Überreaktion auf deutsche Maßnahmen handeln könne. »Führer empfängt Schulenburg«, notierte sich Hewel. »Oberflächliches Gespräch über Rußland.«

Hitler entschied jetzt, daß »Barbarossa« am 22. Juni, einem Sonntag, beginnen solle. Der Höchstleistungsfahrplan der Reichsbahn habe einen Monat vorher, am 23. Mai, in Kraft zu treten. Im Süden der russischen Front würden die deutschen Armeen infolge des Balkanfeldzuges dem Feinde zahlenmäßig unterlegen sein. Die Heeresgruppe Süd würde die ursprünglich geplante doppelseitige Umfassungsoperation mit dem Ziel der Vernichtung des russischen Heeresteils südlich der Pripjet-Sümpfe nicht zustande bringen können; sie mußte versuchen, eine fast unmögliche einseitige Umfassung vom Nordflügel aus anzustreben. Dessenungeachtet war der Oberbefehlshaber des Heeres zuversichtlich: »Voraussichtlich heftige Grenzschlachten, Dauer bis zu 4 Wochen, dann aber nur noch mit geringerem Widerstand zu rechnen«, hieß es in seiner Beurteilung des Ablaufs.

Inzwischen wurde Moskau von hartnäckigen Gerüchten über einen bevorstehenden deutschen Angriff überschwemmt. Am meisten Substanz hatten Berichte, die aus Rumänien und indirekt auch aus Belgrad nach Moskau gelangt waren. Hitler war sehr freimütig gewesen, als er General Antonescu für seine Sache zu gewinnen suchte; und als Göring diesen am 5. März in Wien sprach, hatte er ganz unzweideutig angeführt, daß »der andere Öllieferant eines Tages ausfallen könnte«. Göring hatte sich nach der Zahl der Rumänen erkundigt, die auf russischem Gebiet wohnen, und dann eine drastische Handbewegung des Hereinnehmens gemacht. Hitler muß wohl am 4. März den jugoslawischen Prinzregenten auf dem Berghof vertraulich von seinen Angriffsabsichten gegen Rußland in Kenntnis gesetzt haben; das jedenfalls teilte der britische Außenminister Eden soeben Sir Stafford Cripps in Moskau mit – er berief sich dabei auf König Georg von Griechenland, den Bruder des Prinzregenten Paul. Der ungarische Geheimdienst erfuhr davon in Moskau und gab die Information am 11. April an Vizeadmiral Canaris zurück. Wenige Tage später kabelte der deutsche Marineattaché in Moskau, der britische Botschafter Cripps nenne jetzt den 22. Juni als Tag des Kriegsbeginns; er bemühe sich, diesen »offensichtlich unsinnigen« Gerüchten entgegenzuwirken. Am 13. April wurde Hitler eine Aufstellung des Forschungsamtes mit dem Titel »Gerüchte – Krieg gegen Rußland« vorgelegt.
Stalins Reaktion auf die englische Warnung läßt tief blicken. Einer Anregung von Cripps folgend, hatte der jugoslawische Gesandte in Moskau Anfang April Stalin vor einem deutschen Angriff gewarnt. Stalin hatte selbstsicher geantwortet: »Wir sind bereit; wenn sie wollen, mögen sie kommen!« Hitlers schneller Sieg auf dem Balkan ließ das Lächeln in Stalins Gesicht erstarren. Es folgte nun eine ganz außerordentliche Phase, in der die sowjetische Regierung verzweifelt versuchte, Hitler sichtlich zu besänftigen. Es setzte jetzt ein Strom von Getreide, Mineralöl, Manganerz und anderen Rohstoffen nach Westen ein, und die Sowjetregierung stellte sogar einen Sondergüterzug für den Eiltransport von Kautschuk an der mandschurischen Grenze bereit. Am Tage der endgültigen Abreise des japanischen Außenministers Matsuoka erschien Stalin auf dem Moskauer Bahnhof, umarmte die Japaner aufs wärmste und sah

sich dann, offenbar suchend, um. Als er Botschafter Schulenburg gefunden hatte, legte er ihm den Arm um die Schulter und verkündete vor dem versammelten diplomatischen Korps:»Wir müssen Freunde bleiben, und dafür müssen Sie jetzt alles tun!« Hitler hatte alle Berichte über diese rätselhafte Moskauer Szene, darunter auch einen vom Forschungsamt, ganz genau studiert, und er fragte sich, was wohl davon zu halten sei. Nicht minder bemerkenswert war die ausgesuchte Höflichkeit, mit der die Russen wegen Verletzung des sowjetischen Luftraums durch die Deutschen in mehr als achtzig Fällen in der ersten Aprilhälfte in Berlin vorstellig wurden.

Die Hauptsorge des OKW zu dieser Zeit war gerade diese Zurückhaltung der Russen. Nach einer Besprechung über Geheimunternehmen auf sowjetischem Gebiet notierte sich Canaris:»Im Abschluß an den Vortrag bei Chef OKW eröffnete mir General Jodl in einer Besprechung, daß man in großer Sorge über die weiche und nachgiebige Haltung der Russen sei und meinte halb im Scherz auf das Lehrregiment ›Brandenburg‹* z. b. V. 800 anspielend, ›Wenn die Kerle (Sowjet-Russen) weiterhin so nachgiebig sind und auf nichts reagieren, werden Sie die Voraussetzungen für diesen Krieg schaffen müssen.‹«

Weder Hitler noch seine militärischen Berater hegten allerdings irgendwelche Zweifel bezüglich der langfristigen Absichten Stalins. Während des ganzen Monats März hatte es intensive russische Truppenbewegungen in Richtung Smolensk und Minsk gegeben, bis General Halder ernstlich an die Gefahr eines russischen Präventivschlages zu denken begann. »Die russische Gliederung gibt zu Gedanken Anlaß«, schrieb Halder am 7. April. »Wenn man sich von dem Schlagwort freimacht, der Russe will Frieden und wird nicht von sich aus angreifen, dann muß man zugeben, daß die russische Gliederung sehr wohl einen raschen Übergang zum Angriff ermöglicht, der uns außerordentlich unbequem werden könnte.« Für den Führer waren Stalins Absichten klar. Am Ende, am 25. April 1945, sollte er sagen:»Ich bin nicht aus Leichtsinn in den Krieg gegen Moskau gegangen, sondern weil ich auf Grund bestimmter Informationen wußte, daß ein Bündnis zwischen England und Rußland vorbereitet wurde. Die Frage war, ob man selbst losschlagen sollte oder ob man wartete, bis man zu irgendeiner Zeit erdrückt würde.«

Der Marineattaché berichtete aus Moskau, daß die sowjetische Kriegsmarine 3 Schlachtschiffe im Bau habe, 11 Kreuzer, *61* Zerstörer sowie beinahe *dreihundert* U-Boote. Vom 7. April an registrierte die deutsche Botschaft in Moskau stetig fortlaufende Einberufungen. Am 8. verließen die Familienangehörigen der Mitglieder der russischen Handelsvertretung in Berlin die deutsche Hauptstadt. Am 23. kamen neue Berichte aus Bukarest über sowjetische Truppenzusammenziehungen in der Bukowina und in Bessarabien. Am nächsten Tag berichtete der deutsche Militärattaché in Bukarest,

---

* Das deutsche Kommando-Regiment für Sondereinsätze.

daß Verbände in Odessa einträfen, die dann in Richtung Bug und Dnjestr in Marsch gesetzt würden.

Am 25. April dechiffrierte die Kriegsmarine den Bericht des britischen Militärattachés in Moskau an seine Regierung in London: »Unser Militärattaché in Budapest sah in Lemberg... mindestens eine Tank-Brigade BT's und Teile von einer Truppe, die eine Panzerwagen-Brigade zu sein schien, auf der Eisenbahn zwischen Lemberg und Kiew nach Westen fahrend; er passierte 7 Truppenzüge, von denen 4 Tanks und mechanische Beförderungsmittel und 3 Truppen beförderten.« Die deutschen Attachés sahen ebenfalls Militärtransporte in Richtung Westen zwischen Minsk und Baranovisze. Am 5. Mai konnte Antonescu den Deutschen den Tip geben, daß Fabriken im Raume von Moskau Befehl erhalten hätten, ihre Anlagen in das Landesinnere zu verlegen.

Deutschen Flugingenieuren war der Besuch von acht oder neun der größten russischen Rüstungswerke gestattet worden, die Kugellager, Leichtmetalle, Flugzeuge und Flugmotoren herstellten; die Flugzeugwerke selbst, berichteten sie, seien die größten und modernsten, die es in Europa überhaupt gab. Bei einem Abendessen hatte der sowjetische Chefkonstrukteur Mikojan ausdrücklich erklärt: »Wir werden jeden Angriff, woher er auch komme, mutig zurückschlagen.« Plötzlich wurde die Bewegungsfreiheit ausländischer Diplomaten auf Befehl der Roten Armee rigoros eingeschränkt. Am 13. Mai berichtete der deutsche Konsul in Harbin, im Herzen Chinas, daß Moskau sechs Tage zuvor alle seine Auslandsvertretungen angewiesen habe, die »Haltung aller anderen Staaten... im Falle Zusammenstoßes Deutschland Rußland« zu erkunden.

Die sowjetrussischen Güterzüge mit Kautschuk, Erzen, Erdöl und Getreide rollten weiter nach dem Deutschland Hitlers, während der Termin für »Barbarossa« immer näher rückte; aber es rückte auch der Termin näher, an dem das sowjetische Expansionsprogramm wieder anlaufen sollte, das jetzt vorläufig ins Stocken geraten war. Am 5. Mai hielt Stalin zwei geheime Reden im Kreml vor tausend Absolventen der Moskauer Militärakademien.* Unter den hohen Funktionären, die an jenem Abend das Dreifaltigkeitstor des Kremls passierten, befanden sich Molotow, Kalinin, Woroschilow und Berija; es waren auch zwei Generalmajore und ein Major dabei, die im Sommer 1942 in deutsche Kriegsgefangenschaft gerieten und unabhängig voneinander Aufzeichnungen von dieser Rede anfertigten. Wäre Schulenburg dabei gewesen – er hörte nur, daß Stalin eine Rede von vierzig Minuten Dauer gehalten habe –, dann wäre vielleicht sogar sein Optimismus hinsicht-

---

* Die ominösen Reden werden in der russischen Fassung der Erinnerungen des Marschalls Shukow erwähnt, nicht jedoch in der deutschen Ausgabe! Auch in der ursprünglichen Fassung des vorliegenden Werkes »Hitler und seine Feldherrn« war vom Ullstein-Verlag jede Erwähnung dieser Stalinreden gestrichen worden.

lich der sowjetischen Absichten erschüttert worden. Sehr ausführlich erklärte Stalin die Vorbereitungen auf den kommenden Krieg gegen Deutschland. »Zur Bewaffnung kommen die neuen Panzertypen KW 1 und KW 3 hinzu«, sagte er. »Das sind ausgezeichnete Panzer, deren Panzerung 76-mm-Geschossen standhält. In nächster Zeit kommt noch ein neuer Panzer hinzu, der meinen Namen tragen wird. Der Plan des Krieges ist bei uns fertig, Flugplätze sind gebaut, Landeplätze und Flugzeuge der 1. Linie befinden sich schon dort. Alles zur Bereinigung des rückwärtigen Gebietes ist getan, alle fremde Elemente sind entfernt. Folgerung: Im Laufe der nächsten zwei Monate können wir den Kampf mit Deutschland beginnen. Wir müssen vorbeugen und für Bulgarien und Finnland Rache nehmen.«
Die Partisanenbewegung in Europa werde große Ausmaße annehmen und den Nachschub der deutschen Armee lahmlegen. Schon am Ende des ersten Jahres werde Deutschland seine beschränkten Vorräte an seltenen Rohstoffen aufgebraucht haben. Und mit erhobener Stimme sagte Stalin: »Es gibt keine unbesiegbaren Armeen, welchem Staate sie auch gehören mögen.«
Ein üppiges Bankett im Georgssaal des Kremls schloß sich an. Generalleutnant Chosin, Leiter der Akademie Frunse, brachte einen Trinkspruch auf das große Genie Stalins aus, »den Frieden zu erhalten«; da winkte Stalin ihm gereizt ab, erhob sich schwankend und setzte zu einer ganz neuen Rede an: »In der Periode der kapitalistischen Einkreisung der Sowjetunion hat diese Parole Friedenspolitik eine nützliche Rolle gespielt und dazu beigetragen, daß die Sowjetunion ihre Grenzen nach Norden und Westen hat ausweiten können. Jetzt muß diese Parole als spießbürgerlich und reaktionär abgetan werden, da mit ihrer Hilfe kein Zollbreit Landes mehr zu gewinnen ist. Es ist Zeit, dies Gekaue, Genosse Chosin, zu beenden und kein Narr zu sein. Die Ära der Ausweitung der Grenzen der Sowjetunion mit Waffengewalt hat begonnen.« Stalin hob sein Glas: »Es lebe die aktive Angriffspolitik des Sowjetstaates!«

»Er ist geflogen!«

»Ich halte es als Deutscher und als Soldat für unwürdig, jemals einen tapferen Feind zu schmähen«, rief Hitler seinen versammelten Reichstagsabgeordneten am 4. Mai 1941 zu. »Es scheint mir aber notwendig zu sein, die Wahrheit gegenüber den Flunkereien eines Menschen in Schutz zu nehmen, der als Soldat ein miserabler Politiker und als Politiker ein ebenso miserabler Soldat ist.« Es war Hitlers Rede über den frisch errungenen Triumph auf dem Balkan. Er fuhr fort: »Herr Churchill, der auch diesen Kampf begann, versucht, so wie in Norwegen oder bei Dünkirchen, auch hier irgend etwas zu sagen, was früher oder später vielleicht doch noch zum Erfolg umgelogen werden könnte... Herr Churchill kann damit seine Landsleute benebeln, er kann aber nicht die Folgen seiner Niederlagen beseitigen.«

Jetzt habe das tapfere griechische Volk für die Torheit seines englandhörigen Königs gezahlt. »Ich habe dies aufrichtig bedauert; es war für mich als Deutschen, der schon durch die Erziehung in seiner Jugend sowohl als durch seinen späteren Lebenslauf eine tiefste Verehrung für die Kultur und Kunst eines Landes besaß, von dem einst das erste Licht menschlicher Schönheit und Würde ausging, sehr schwer und bitter, dieser Entwicklung zusehen und nichts dagegen unternehmen zu können.«

Rudolf Heß, Stellvertreter des Führers und nach Göring zweiter in der Reihe der Nachfolge, hatte während der langen Rede neben Ribbentrop gesessen. Ribbentrop sollte eine Woche später sagen, seine Augen hätten den ganzen Abend einen völlig abwesenden Ausdruck gehabt. Hitler merkte nichts. Heß war nun einmal ein Sonderling. Er war in Ägypten geboren, machte kein Hehl aus seiner Vorliebe für alles Englische und bekannte sich als leidenschaftlicher Flieger.

Nach Schluß der Reichstagsrede sprach er kurz unter vier Augen mit Hitler; Heß fragte, ob er noch zu seinem in *Mein Kampf* niedergelegten Programm eines Zusammengehens mit England stünde.

An diesem Abend des 4. Mai 1941 fuhr Hitlers Sonderzug in Richtung Gotenhafen ab, den Kriegshafen an der Ostsee, wo er Raeders neue Großkampfschiffe, die »Bismarck« und die »Tirpitz«, besichtigen wollte. Die »Tirpitz« hatte er zum letzten Mal im April 1939 bei ihrem Stapellauf in Wilhelmshaven gesehen. Deutlich erinnerte er sich noch an die »wahren Herrenerscheinungen« der Werftarbeiter dort: »Eine Arbeiterschaft war das von wahrem Adel«, wie er sagte.

Die beiden neuen Schlachtschiffe beherrschten das ganze Hafengelände. Die »Bismarck« bot ein Schauspiel höchster Kräftezusammenballung von Waffen und Maschinen. Die Besatzung war zur Besichtigung angetreten, dann machte Hitler mit seiner Begleitung einen Rundgang durch das Schiff: 42 000 km waren die elektrischen Leitungen der »Bismarck« lang; mit ihren Feuerleitanlagen gehörte sie zu den modernsten Kriegsschiffen, die damals auf den Meeren schwammen. Sie galt als unsinkbar, und Admiral Günther Lütjens, der hagere Flottenchef, hob gerade diesen Punkt in dem vertraulichen Gespräch hervor, das er mit Hitler in seiner Kajüte führte. Er berichtete über die von ihm geführten Kaper-Unternehmungen. Unter seinem Kommando hatten die »Scharnhorst« und die »Gneisenau« im Atlantik Geleitzüge angegriffen, die Kriegsnachschub von Amerika nach England brachten. Als Hitler seine Bedenken dagegen zur Sprache brachte, diese neuen Großkampfschiffe aufs Spiel zu setzen, erwiderte Lütjens dem Sinne nach: »Mein Führer, mit diesem Schiff kann mir eigentlich nichts passieren. Die einzige Gefahr sehe ich in den Torpedoflugzeugen der Flugzeugträger.«

Hitler kehrte nach Berlin zurück und setzte dann die Reise fort nach Berchtesgaden, wo er am 11. Mai mit dem französischen Admiral Darlan zusammentreffen sollte. Am 2. April war im Irak der anti-britische General Raschid Ali el Ghailani durch einen Staatsstreich an die Macht gelangt; als die Briten daraufhin mit starken Verbänden im Hafen von Basra am Persischen Golf landeten, schloß Raschid Alis kleine Armee den britischen Luftstützpunkt Habbaniya, etwa vierzig Kilometer westlich von Bagdad gelegen, ein. Es kam zu Kämpfen. Die Irakis baten Deutschland um Hilfe. Deutsche Militärexperten wurden auf dem Luftwege zu ihnen gebracht, gefolgt von einer sehr kleinen Streitmacht an Messerschmitt- und Heinkel-Flugzeugen. Darlan gestattete ihnen die Landung auf syrischen Flugplätzen.

An jenem Abend war ein Paket von Rudolf Heß im Berghof abgegeben worden. Hitler legte das lästige Paket zunächst beiseite. Am nächsten Tag, es war Sonntag, der 11. Mai, kurz vor dem Besuch des französischen Admirals Darlan, stand Hitler gegen Mittag in der Großen Halle, als Unruhe entstand und einer der Adjutanten von Heß hereinstürzte. Er übergab Hitler einen dünnen Umschlag; dieser enthielt zwei Blatt. Umständlich setzte Hitler sich die Brille auf und begann gleichgültig zu lesen. Plötzlich ließ er sich in einen Sessel fallen und brüllte mit einer Stimme, die im ganzen Haus zu hören war: »O mein Gott, mein Gott! Er ist nach England geflogen!« Der Adjutant von Heß erklärte unbewegt, sein Chef sei am Vorabend um 17.40 Uhr vom Augsburger Flugplatz gestartet. Mit einem Ruck wandte Hitler sich an Bodenschatz: »Wie war es möglich, Herr General, daß die Luftwaffe Heß das Fliegen erlaubt hat, obwohl ich ihm das ausdrücklich verboten habe! Wo ist Göring?«

Das Paket von Heß enthielt ein etwa 14 Blatt langes, wirres Schreiben, in dem er seine Gründe für den Flug darlegte und das Friedensprogramm, das

er den Engländern vorlegen wollte. Geschrieben hatte er es wahrscheinlich schon im Oktober 1940. Er versprach jedoch, den Engländern gegenüber »Barbarossa« mit keinem Wort zu erwähnen.
Bodenschatz hatte inzwischen ein »Führungsblitzgespräch« mit Göring hergestellt; Hitler riß Bodenschatz den Hörer aus der Hand und schrie: »Göring – kommen Sie sofort!« Der Adjutant von Heß, der unselige Unglücksbote, wurde festgenommen und abgeführt.
Der ganze Berghof erging sich in Spekulationen. Niedergeschlagen und nervös in seinem Arbeitszimmer auf und ab wandernd, vertraute Hitler Schaub an, was er fürchtete: »Stellen Sie sich vor, Churchill hat Heß in der Hand. Was für ein Wahnsinn ist das, was Heß hier gemacht hat, ein politischer Wahnsinn! ... Man wird Heß ein Medikament eingeben, damit er vor das Radio trete und dort dann sagt, was Churchill wünscht.«
Bodenschatz begann sofort mit technischen Untersuchungen. Vielleicht konnte ja Heß unterwegs abgestürzt sein?
Nach einem Mittagessen mit Ribbentrop traf Admiral Darlan ein – Pétains stellvertretender Ministerpräsident, Außenminister, Innenminister, Marineminister. Jetzt, da Hitler sich für »Barbarossa« entschieden hatte, war sein Interesse am Mittelmeer geschrumpft; auch konnte er sein angeborenes Mißtrauen gegenüber den Franzosen nicht leicht überwinden. Im Belgrader Außenamt war ein Brief gefunden worden, aus dem hervorging, daß General Weygand eine Annäherung Französisch-Nordwestafrikas an de Gaulle vorbereitete.
Canaris notierte sich etwa um diese Zeit: »Auf unsere II-Arbeit* in Syrien/ Irak übergehend, äußerte der Feldmarschall [Keitel], daß der Führer die Haltung der Franzosen in dieser Frage, wie überhaupt in ihrer Gesamtstellung zur Zusammenarbeit mit Deutschland, skeptisch beurteile ...«
Chef OKW erwähnte im übrigen noch eine Unterhaltung über das Thema de Gaulle, in deren Verlauf der Führer von Ribbentrop, der sich über de Gaulle abfällig äußerte, mit den Worten unterbrach: »Na, na, mein lieber Ribbentrop, wenn Sie in der gleichen Lage wären, wären Sie der erste Gaullist.« Ribbentrop hatte seit Februar ernsthaft mit dem Gedanken einer Zusammenarbeit mit Frankreich gespielt, um die französische Flotte zum Kampf gegen England und Stützpunkte in Französisch-Afrika zu gewinnen. Hitler jedoch blieb skeptisch und kühl, auch jetzt gegenüber Darlan. Um 17.30 Uhr wurde eine Teepause eingelegt, aber Hewel bemerkte, daß der Führer »sehr abwesend« war. Hitlers Gedanken waren bei Heß.

Der Reichsmarschall traf gegen 21.00 Uhr ein. Hitlers ganzer Unwille richtete sich jetzt auf den Oberbefehlshaber seiner Luftwaffe. (Hewel schrieb an jenem Abend: »Lange Besprechung mit dem F. unten in der Halle, F., RAM, Göring, Bormann, sehr erregt. Viele Kombinationen.«)

---

* »II-Arbeit«: Arbeit der Abwehr-Abteilung II: Sabotage und Aufstände

Während des ganzen nächsten Tages drehte sich alles um die Frage, ob Heß Großbritannien überhaupt erreicht habe. »Sehr erregter Tag«, schrieb Hewel am 12. Mai. »... Göring und Udet glauben, daß Heß den schwierigen Flug nach Glasgow nicht durchführen kann... Führer aber glaubt an Heß' Können.«
Ribbentrop schließlich war es, der darauf hinwies, daß bei weiterem Zögern die Briten ihnen zuvorkommen könnten – ja, sie könnten sogar behaupten, Heß habe ein *offizielles* Angebot für einen Separatfrieden mitgebracht. Hitler war schreckensbleich. Er befahl Ribbentrop: »Rufen Sie sofort Ciano an!« Inzwischen angestellte Nachforschungen hatten ergeben, daß Heß schon seit längerer Zeit Magnetiseuren und Naturheilkundigen in die Hände gefallen sei. Von da aus war es nur noch ein kurzer Schritt bis zu der Erklärung, daß Heß selbstverständlich aus idealen Motiven gehandelt habe, aber eben leider völlig verrückt sei. »Der Führer entschließt sich zur Veröffentlichung«, schrieb Hewel. »Passus, daß es sich um eine Wahnsinnstat handelt, wird von F. durchgesetzt.« Am späten Nachmittag wurde endlich der zehnte Entwurf der Sondermeldung von Hitler genehmigt.
Um 20.00 Uhr wurde »parteiamtlich« über alle deutschen Reichssender bekanntgegeben, daß Heß anscheinend unter dem Einfluß von Wahnvorstellungen mit einem Flugzeug von Augsburg gestartet und bisher nicht zurückgekehrt sei. Es sei zu befürchten, daß Pg. Heß irgendwo verunglückt sei. Hewel notierte sich nach dieser Rundfunkmeldung: »Führer wieder gelöster und frischer.« Stunden vergingen, und dann endlich rührte sich die BBC: Rudolf Heß sei zwei Abende zuvor mit dem Fallschirm in Schottland gelandet. Die Spannung auf dem Berghof lockerte sich, ja, es wurde sogar noch ein »ganz froher Abend«, wie Hewel notierte. »Führer will den nächsten Tag abwarten«, damit schloß er die Eintragungen über diesen schicksalschweren Tag.

Unter Schwierigkeiten setzte die Partei ihre Bemühungen fort, die Umstände des Absprungs des Stellvertretenden Führers aufzuhellen.
Am 13. Mai gab die Partei eine zweite Meldung heraus. Aus zurückgelassenen Papieren, so hieß es darin, gehe hervor, daß Heß allem Anschein nach den Wahn gehabt habe, durch einen persönlichen Schritt doch noch eine Verständigung Deutschland–England herbeiführen zu können. Hans Frank – zusammen mit allen anderen Reichs- und Gauleitern über Nacht von Martin Bormann auf den Berghof gerufen – erklärte später, daß Hitler einen Eindruck gemacht hätte wie bisher nur einmal in seinem Leben – bei dem Freitod seiner Nichte Geli Raubal.
Mit der Zeit ebbte Hitlers Zorn ab. Schaub schrieb später: »In den folgenden Jahren hat Hitler selten [über Heß] gesprochen, aber wenn er Heß erwähnte, so betonte er immer wieder, wie hoch er ihn geschätzt habe, und daß er im Grunde immer ein aufrichtiger und ehrlicher, eben nur politisch

irrgeleiteter Mann gewesen sei.« Viele glaubten, daß Bormann an der Flucht von Heß moralisch schuld sei, da er seine Position so sehr untergraben habe, bis Heß schließlich das Gefühl bekommen mußte, daß er gar keine Geltung mehr besäße. Als Göring jetzt fragte, ob Bormann der Nachfolger von Heß werden solle, verneinte Hitler das und sagte, er habe Bormann zum Nachfolger von Parteischatzmeister Franz Xaver Schwarz ausersehen; Göring meinte, der Führer stünde allein auf weiter Flur, wenn er annähme, daß diese Stelle Bormanns Ehrgeiz befriedigen würde.

Mittlerweile wimmelte es auf dem Berghof von den Reichsleitern und Gauleitern, die Bormann zusammengerufen hatte. Von 16.00 Uhr bis 18.30 Uhr sprachen Bormann und Hitler zu ihnen über die Angelegenheit Heß. Es stünde jetzt fest, daß Heß vollkommen in der Hand von Sterndeutern, Augendiagnostikern und Heilpraktikern gewesen sei. Hewel beschrieb die Szene in seinem Tagebuch: »Bormann verliest Heß' Briefe. Dramatische Versammlung. Große Ergriffenheit. Führer kommt. Spricht sehr persönlich, analysiert Tat als solche und beweist Geistesgestörtheit an Unlogik. (Landen bei Schloß, das er nie gesehen, und dessen Besitzer Hamilton gar nicht da) etc. Hoare in Madrid.* Dann außenpolitisch, zuletzt innenpolitisch. Sehr ergreifende Kundgebung. Mitleid. ›Dem Führer bleibt auch nichts erspart.‹ Anschließend lange Gespräche.«

Nach dem Ende seiner Ansprache lehnte Hitler sich gegen den großen Marmortisch, und die anderen standen im stummen Halbkreis um ihn herum. Er erblickte Gauleiter Ernst Bohle, den in Bradford geborenen Gauleiter aller Auslandsdeutschen, und fragte ihn spitz: »Sagen Sie mal, Herr Bohle, haben Sie denn nichts davon gewußt?« Schuldbewußt antwortete Bohle, daß Rudolf Heß ihn eines Abends im Oktober veranlaßt habe, einen Brief, den er gerade an den Herzog von Hamilton schrieb, ins Englische zu übersetzen; auf gar keinen Fall dürfe er Ribbentrop etwas davon sagen. Hitler nahm Bohle beiseite, zeigte ihm die von Heß zurückgelassenen Schreiben und forderte ihn auf, ihm die Stellen zu zeigen, die auch in dem Brief an den Herzog vorkämen.

Albrecht Haushofer wurde später eingekerkert; die beiden Adjutanten von Heß kamen wie Haushofer ins Konzentrationslager. Bormann ließ seine beiden Kinder Rudolf und Ilse umtaufen und wies die Parteizensur, die »Parteiamtliche Prüfungskommision zum Schutze des NS-Schrifttums«, an, auch in wissenschaftlichen und geschichtlichen Darstellungen Heß künftig

---

* Sir Samuel Hoare war britischer Botschafter in Madrid. – Hitler konnte nicht wissen, daß es Heß tatsächlich gelungen war, in völliger Dunkelheit sein Ziel bis auf zwei Minuten Flugentfernung anzusteuern, daß er dann wohlbehalten mit dem Fallschirm gelandet war (keine geringe Leistung für einen Mann von 47 Jahren, dessen erster Sprung das war) und daß er sich schon wenige Stunden danach tatsächlich im Gespräch mit dem Herzog von Hamilton befand. Heß erklärte, er sei unbewaffnet und aus eigenem freien Willen gekommen, und er bat darum, auf Ehrenwort freigelassen zu werden. Churchill befahl, ihn für die Dauer des Krieges einzukerkern.

nur insoweit zu erwähnen, »als über Maßnahmen der Partei berichtet wird, an denen er kraft seines Parteiamtes beteiligt war«.
Mit Unannehmlichkeiten hatte jeder zu rechnen, der Bormann in die Quere kam. Ein Jahr später, am 13. Mai 1942, teilte die NS-Reichsleistung in München Bormann telefonisch mit, daß man an Röver, dem widerspenstigen Gauleiter von Oldenburg, die gleiche Entwicklung wahrnehmen könne wie schon s. Zt. an Heß – er werde von Heilkundigen behandelt und leide an Halluzinationen. Röver hatte am selben Tag seine Absicht kundgetan, zu Churchill nach England zu fliegen, wollte aber zuvor – am 14. Mai – das Führerhauptquartier aufsuchen, »denn die ganze Welt sei verrückt«. Noch am Nachmittag desselben Tages machten sich Beauftragte Bormanns auf den Weg, nachdem »von höchster Stelle« Entsprechendes veranlaßt worden war. Zwei Tage darauf war Röver »an den Folgen einer Lungenentzündung« verstorben. Hitler konnte ein Staatsbegräbnis anordnen, während Goebbels aufseufzend in seinem Privattagebuch notierte: »Wieder ist ein alter Kämpfer von uns gegangen.« Mit Euthanasie ließ sich also manches bereinigen.

Durch Verfügung vom 12. Mai 1941 hatte Hitler die alte »Dienststelle des Stellvertreters des Führers« durch eine Parteikanzlei ersetzt, deren ihm direkt unterstellter Leiter Martin Bormann war. Bormann besaß jetzt Vollmachten, wie Heß sie nie gehabt hatte, aber Hitler gönnte sie diesem unermüdlich fleißigen, unauffälligen, skrupellosen Verwaltungsmann aus ganzem Herzen. [Die Sekretärin Christa Schroeder hörte, wie er Bormann einmal befahl: »Halten Sie mir nur die Gauleiter vom Leib!« Und Bormann tat, wie ihm befohlen.] Im Bündnis mit dem schlauen »Reichsnotar« Hans Lammers schuf Bormann ein enges Nadelöhr, das alle Staatsangelegenheiten auf ihrem Wege zu Hitler passieren mußten. Hitlers Augenblickslaune wurde, kaum ausgesprochen, zu einem Führerbefehl, schriftlich fixiert von Bormann, ausgearbeitet von den Juristen seines Stabes, vervielfältigt und auf dem Dienstweg der Partei sowie über das Parteifernschreibnetz unverzüglich allen Dienststellen zugestellt. Er regierte das Reich, während Hitler seinen Krieg führte.
Bormann erwarb sich das allergefährlichste Attribut – er wurde unentbehrlich. Hitler ignorierte die Schattenseiten dieses Mannes, nahm auch nicht zur Kenntnis, daß er unbeholfen und bäurisch auftrat. Bormanns einziger Versuch, öffentlich zu reden – es war auf einer Gauleitertagung –, endete mit einem Fiasko. Insgeheim konnte Hitler Bormann nicht verzeihen, daß er ihm den einst so geliebten Berghof immer mehr verleidete; immer neue Bauten umringten das Haus. Im privaten, kleinsten Kreis sagte Hitler, er trüge sich deshalb mit dem Gedanken, seinen ständigen Wohnsitz nach Linz oder nach Bayreuth zu verlegen. In der Kirchen- und der Judenfrage war Bormann noch härter als Hitler und wurde deshalb von ihm oft getadelt. Aber Bormann überlebte bis zum Ende, und er träumte von dem Tag, da er

in die Fußstapfen des Führers treten werde. Ley schrieb später: »Bormann legte sich wie der Efeu um einen Eichbaum, um ihn zu benützen, um zum Licht und zur höchsten Spitze zu kommen.«

Für Hitler war die Angelegenheit Heß schon erledigt, und er wandte seine Augen wieder gen Osten. Die Luftflotte 2 (Feldmarschall Albert Kesselring) hatte bereits damit begonnen, ihre Bodenorganisation im Westen abzubauen; Ende Mai sollte es da nur noch eine umfangreiche Funktäuschungs-Organisation geben, um dem Feind die unveränderte Anwesenheit Kesselrings vorzugaukeln. »Barbarossa« selbst sollte als großangelegtes Ablenkungsmanöver getarnt werden. »Je näher der Angriffstag heranrückt, mit desto gröberen Mitteln kann (auch im Nachrichtendienst) zu Täuschungszwecken gearbeitet werden«, hieß es in einer OKW-Weisung. Das ganze Luftlande-Unternehmen auf Kreta sollte ganz offen als »Generalprobe für die Landung in England« bezeichnet werden, und mehrere ahnungslose Ministerien wurden beauftragt, mit der Planung für die Besetzung Englands zu beginnen.

Es war an der Zeit, vorsichtig Fühler zu den westlichen Nachbarn Rußlands auszustrecken. Es gab militärische Gründe, die dafür sprachen, sich schon in den nächsten Tagen an Finnland zu wenden. Eingedenk der Verluste Finnlands im Krieg gegen die Sowjetunion sollten auf die Finnen keine schweren Lasten abgewälzt werden; man werde nur Wünsche äußern, deren Erfüllung der politischen Entscheidung der Finnen überlassen bleibt. »Ablauf des möglichen Kampfes läßt sich mit Sicherheit voraussagen«, hieß es in der Sprachregelung: »Durch Teilnahme vieler kleiner Staaten (Kreuzzug gegen Bolschewismus) und insbesondere Überlegenheit deutscher Wehrmacht wird Rußland nach Wegnahme eines bestimmten Raumes nicht mehr kampffähig sein.«

In Hewels Tagebuch heißt es unter dem 15. Mai:

»Nach dem Lunch: Chef mit [Dr. Julius] Schnurre [Ribbentrops Wirtschaftsmann] auf dem Berg. Schnurre erhält Instruktionen für Finnland – Rußland. Verhandlungen mit Ryti [dem finnischen Präsidenten]. Will auf Rückweg über Stockholm. Führer sehr ablehnend gegenüber Schweden. Sagt, die führende Schicht sei grundsätzlich anglophil. Wenn sie Interesse zeigten, so nur, um das Gehörte sofort nach England zu melden... Auch Reichsmarschall sei gründlich von seiner Schwedenliebe kuriert. Schweden würde gerne Finnland opfern, wenn Deutschland den Krieg verlieren würde. Hat Angst um seine skandinavische Vormachtstellung.«

Am 19. Mai war Hitler frisch und gelöst, und er fand sogar Worte der Zustimmung über Italien: »Es steht fest, daß der Duce einer der größten Männer der neueren Weltgeschichte ist... Was er aus dem italienischen Volk herausgeholt hat, ist bewunderungswürdig. Wenn er nicht weiterkam, so weil eben das Äußerste erreicht wurde. Nach ihm wird so bald keiner diese Kraft und Fähigkeit aufbringen, so daß die Entwicklung in Italien später bestimmt rückläufig sein wird.«

Als Görings Fallschirmjäger am nächsten Morgen, dem 20. Mai, ihren verlustreichen Angriff auf Kreta begannen, fuhr Hitler nach München ab, um dort zwei Tage in der Stille und Abgeschiedenheit der Führerwohnung zu verbringen.

Durch das riesige Fenster in der Großen Halle des Berghofes konnte Hitler sehen, wie das Grün des Frühlings die Gebirgstäler hinaufkroch. Wo würde Deutschland stehen, wenn im Herbst der Schnee wiederkam? Alle möglichen Ängste nagten an ihm, während er über den großen Europakarten grübelte. Ende April hatte er eine britische Landung in Portugal oder Spanien befürchtet; er hatte den spanischen Gesandten empfangen und wies ihn warnend auf die britische Aktivität in Marokko hin. Im Mai richteten sich seine Befürchtungen auf »Barbarossa«: War es an der Ostfront jetzt nicht verdächtig still? Das OKW richtete an die Führungsstäbe eine sehr deutliche Warnung: »Führer weist nochmals darauf hin, daß in den kommenden Wochen russische Präventiv-Maßnahmen möglich sind.«

Großadmiral Raeder suchte ihn am 22. Mai auf und erwähnte beinahe beiläufig, daß die »Bismarck« und die »Prinz Eugen« gerade zu ihrem ersten weiträumigen Einsatz im Nordatlantik aus Gotenhafen ausgelaufen seien. Jetzt brachte Hitler alle seine Bedenken, die er vorher Lütjens gegenüber geäußert hatte, in sehr ausführlicher Form wieder vor. Er erwähnte Lütjens' eigene Bedenken wegen der Gefahr, die Torpedoflugzeuge bedeuteten. Er fragte rundheraus: »Herr Großadmiral, können wir die Schiffe nicht zurückrufen?« Raeder sagte, daß ungeheure Vorbereitungen getroffen worden seien. Die Kriegsschiffe jetzt zurückzubeordern, das würde sich geradezu katastrophal auf die Kampfmoral der Kriegsmarine auswirken. Hitler beugte sich der Erfahrung des Admirals.

Ein anderer Faktor in Hitlers Überlegungen war sein Wunsch, Roosevelt keine Rechtfertigung für einen Kriegseintritt zu verschaffen; jedenfalls jetzt noch nicht. Hitlers Politik, eine weitere Verschärfung zu vermeiden, schien inzwischen schon Früchte getragen zu haben. Aber die Einschränkungen, die Hitler den unter härtesten Bedingungen im Nord- und Südatlantik operierenden U-Boot-Besatzungen auferlegte, drückten doch sehr. Sie durften keine amerikanischen Kriegs- oder Handelsschiffe angreifen, keinen Handelskrieg nach Prisenordnung gegen US-Schiffe führen, kein Waffeneinsatz war erlaubt, selbst nicht bei ausgesprochen unneutralem Verhalten amerikanischer Einheiten.

Hewels Tagebuch vom 22. Mai macht das Dilemma deutlich, vor dem Hitler stand: »Führer schwankt noch in Haltung zu Amerika, da ›man nicht in die Seele Roosevelts sehen könne‹. Will er Krieg so findet er jedes Mittel, auch wenn juristisch wir im Recht. *Japan* ausschlaggebend. Wenn selbst noch schwankend ist es besser USA aus Krieg zu halten als vielleicht einige 100000 tons mehr zu versenken. Ohne USA Krieg dieses Jahr zu Ende. Mit USA noch lange Jahre. Man einigt sich auf ›Warnung‹... Thee. Cudahy Termin durchgebracht.«

John Cudahy, Roosevelts ehemaliger Botschafter in Brüssel, wurde am Nachmittag des nächsten Tages zum Berghof gebracht, um Hitler für die amerikanische Presse zu interviewen. Gleich zu Beginn sagte Hitler mit schnarrender, scharfer Stimme zu seinem Gast, er solle sich die absolut törichte, im US-Volk umlaufende Behauptung aus dem Kopf schlagen, daß Deutschland eine Invasion gegen die westliche Hemisphäre beabsichtige. Ja, er lachte laut auf und wollte Cudahys Fragen nicht ernst nehmen; dies stehe, rief er aus, auf der gleichen Stufe wie die Behauptung, Amerika wolle den Mond erobern. Um von »Barbarossa« abzulenken, fügte Hitler hinzu, sein OKW befasse sich nicht mit Expeditionen nach dem Mond, es beschäftige sich mit Expeditionen über kürzere Entfernungen, zum Beispiel über 100 km nach Kreta oder 40 km nach England. Hewel schrieb nach diesem Gespräch: »... Cudahy tief beeindruckt.«

Seit Raeders Besuch hatten innenpolitische Affären Hitler davon abgehalten, dem Vorstoß der »Bismarck« die nötige Beachtung zu schenken. Am 15. Mai 1941 hatte auf einem Empfang in der bulgarischen Gesandtschaft der dem Reichspressechef unterstellte Ministerialdirigent Prof. Dr. Bömer unter dem Einfluß von Alkohol geäußert: »In vier Wochen sind die Russen zusammengehauen; Rosenberg wird Generalgouverneur von Rußland!« Hitler, der aus den nachfolgenden Abhörberichten davon erfahren hatte, befahl eine Untersuchung und ordnete ein Verfahren vor dem Volksgerichtshof an. »Ich werde von nun an«, erklärte er, »rücksichtslos gegen jeden vorgehen, der nicht schweigen kann.« Auf Kreta näherte sich der blutige Kampf mittlerweile seinem Höhepunkt.

Am späten Abend des 24. Mai rief Raeder überraschend aus Berlin an. Er teilte Hitler mit, daß die »Bismarck« am vorigen Abend südlich von Island von einem schweren Kreuzer gesichtet und dann zwei feindlichen Schlachtschiffen vor die Rohre gelaufen sei. Eines der beiden, die »Hood«, habe die »Bismarck« in fünf Minuten versenkt. Das war das stärkste Schlachtschiff in Churchills Flotte – aber die »Bismarck« hatte ebenfalls zwei Treffer erhalten. Sie verlor große Mengen Öl; die Geschwindigkeit war stark reduziert. Admiral Lütjens konnte die verfolgenden Kriegsschiffe nicht abschütteln. Er schlug Dönitz vor, alle verfügbaren U-Boote in einem bestimmten Gebiet zu versammeln, durch das er dann den Feind zu locken versuchen werde, aber am nächsten Tag meldete er, seine Ölvorräte seien jetzt so gering, daß er Saint-Nazaire direkt ansteuern müsse. Abends meldete Lütjens die ersten Luftangriffe; der Flugzeugträger »Victorious« mußte also schon in Reichweite sein. Auf dem Berghof notierte Hewel: »Bange Stunden wegen Bismarck.«

Gegen Mittag des 25. Mai war es Lütjens endlich gelungen, seine Verfolger abzuschütteln. Aber für wie lange? Göring befahl seinem Fliegerführer Atlantik und der Luftflotte 3, dem angeschlagenen Schlachtschiff so weit wie nur möglich entgegenzufliegen. Auf dem Berghof herrschte gereizte Stimmung.

Als Hitler am 26. Mai aufstand, erwartete ihn die unheildrohende Nachricht, daß die »Bismarck« vom Feind wieder aufgespürt worden sei. Ein Flugzeug beschattete sie ständig, und noch lagen fast tausend Kilometer bis Brest vor ihr. Kurz nach 9.00 Uhr meldete Lütjens Luft-Torpedotreffer mittschiffs und achtern und um 9.50 Uhr kam die gefürchtete Meldung, daß das Schiff nicht mehr manövrierfähig sei; die unsinkbare »Bismarck« schwamm noch, ihre Geschütze waren geladen und gerichtet, aber sie konnte bestenfalls einen langsamen, majestätischen Kreis steuern, während die feindliche Schlachtflotte sich näherte. Kurz vor Mitternacht funkte Lütjens nach Deutschland: »Schiff manövrierunfähig. Wir kämpfen bis zur letzten Granate. Es lebe der Führer!« Und an Hitler persönlich funkte er um 00.36 Uhr: »Wir kämpfen bis zum letzten im Glauben an Sie, mein Führer, und im felsenfesten Vertrauen auf Deutschlands Sieg.« Hitler ließ die Seekriegsleitung antworten: »Ganz Deutschland ist bei Euch. Was noch geschehen kann, wird getan. Eure Pflichterfüllung wird unser Volk im Kampf um sein Dasein stärken. Adolf Hitler.«

In den frühen Morgenstunden des 27. Mai suchte die Luftwaffe das Gebiet ab. Hochseeschlepper liefen aus. Die spanische Regierung wurde ersucht, Rettungsschiffe zu entsenden. Lütjens' letzter Funkspruch war um 6.25 Uhr empfangen worden: »Lage unverändert. Windstärke 8–9.« Von da an herrschte Schweigen. Düstere Friedhofsstimmung senkte sich auf den Berghof herab. Mittags um 12.00 Uhr erfuhr Hitler, daß Winston Churchill eine Stunde zuvor den Untergang der »Bismarck« bekanntgegeben habe. Manövrierunfähig, die Munition verschossen, hatte sich die »Bismarck« selbst versenkt; mit wehender Fahne und mit 2300 Mann an Bord war sie untergegangen. Hitler befahl, daß ohne seine vorherige Genehmigung keine Schlachtschiffe oder Kreuzer mehr zu Operationen auslaufen dürften. Hewel schrieb am 17. Mai: »›Bismarck‹ versenkt. Sehr deprimierte Stimmung. Führer unendlich traurig. Maßlose Wut auf Seekriegsleitung:

1. Schiff hätte nicht auf Kaperfahrt gehen sollen.
2. Nach Erledigung der »Hood« hätte es den »Prince of Wales« erledigen sollen und nicht weglaufen.
3. Es hätte direkt nach Norwegen und nicht in das Maul des Löwen laufen sollen.

Bürokratie und Vernageltheit bei der Marine. Kein Mann mit eigenem Willen wird geduldet. Nachmittags kommt RAM. Führer spricht sich herzhaft aus, schimpft laut und ist ruhiger danach. Spaziergang zum Teehaus. Führer wieder frischer. Spricht über neuartige Schiffsmodelle und Lufttorpedowaffe.«

Raeder antwortete sachlich auf Hitlers Kritik, als er am 6. Juni zu seinem nächsten Vortrag auf den Berghof kam; Hitler forderte auf, eine Politik des Kräftebewahrens zu verfolgen, bis die Auswirkung von »Barbarossa« auf England bekannt sei: »Im Falle eines drohenden Zusammenbruches Englands treten eventuell noch sehr wichtige Aufgaben an die Überwasserstreitkräfte heran.«

Hitler hatte unterdessen mit einer einigermaßen verspäteten Weisung Nr. 30 vom 23. Mai die Unterstützung der arabischen »Freiheitsbewegung« gegen Großbritannien befohlen. Die Ereignisse im Irak überholten Hitler jedoch. Die Briten rückten schon auf Bagdad vor, und das Ende konnte nicht mehr fern sein. Im vertraulichen Gespräch gab Hitler zu, daß Deutschland hier zumindest sich Versäumnisse habe zu schulden kommen lassen. Er schimpfte auf die Diplomaten, die »gute Frühstücker und Salonlöwen« seien, ihn aber falsch informiert hätten. »An sich ist der Orient gar kein Problem, wenn nicht die andere Planung« – gemeint war »Barbarossa« – »unwiderruflich wäre. Beim Erfolg kann dann von dort das Tor zum Orient geöffnet werden.«

Mussolini sprach sich in dieser Situation dagegen aus, die irakischen Rebellen im Stich zu lassen, und sandte dem Führer folgende Botschaft: »Ich, Mussolini, bin für tatkräftige Hilfe, denn hier bietet sich eine Gelegenheit, die gesamten Völker des Orients gegen England aufzubringen. Bricht jedoch der Irak zusammen, dann verlieren sie alle wieder den Mut. Entscheidet sich auch die deutsche Führung für eine tatkräftige Hilfe, so erscheint es mir notwendig, nach der Wegnahme von Kreta und Rhodos auch Cypern zu besetzen, das vorgelagert vor der syrischen Küste der Schlüssel zum gesamten Orient ist.« Hitlers erste Reaktion war ein Wutausbruch: »Mussolini meint, man solle jetzt auch Cypern nehmen!« Und Hewel notierte: »Der Führer will dem zustimmen und ihm sagen, er solle es selbst machen.« Nichtsdestoweniger fragte er Göring und Jeschonnek: »Geht Cypern?« Der Reichsmarschall zuckte zusammen und berichtete, welch ein Aderlaß Kreta für die Luftwaffe gewesen sei – sie habe dort allein 150 Transporter vom Typ Junkers Ju 52 verloren –, und er riet dringend von einer Besetzung Cyperns ab.

Hewel machte sich ausführliche Aufzeichnungen über Hitlers sorgenvolle Besprechung mit Ribbentrop, Keitel und Jodl vom 29. Mai:

»Es steht zur Debatte, wie weit man Frankreich einschalten resp. zum Krieg gegen England kommen lassen soll. . . . Führer schimpft sehr auf Italiener. Er haßt die Spanier. Von Italien sagt er, daß man, auch dem Volk gegenüber, nicht ständig Konzessionen machen könne an jemanden, der immer mit einem blauen Hintern voll Prügel herumliefe. Dazu seien sie so arrogant wie Dreck . . . Der Führer meint, wenn ›Barbarossa‹ fertig ist, so brauche er keine Rücksicht mehr auf Italien zu nehmen! Automatisch würden wir dann auch mit den Franzosen zusammen kommen. Die rechnen damit, nach dem

Kriege die Italiener aus Tunis herauszuhauen. Will nun erst mit Mussolini sprechen.«

Später am selben Tage hielt der Gesandte Schnurre einen langen Vortrag über seine Verhandlungen mit Finnland und Schweden. Finnland hatte Generale zu geheimen Stabsbesprechungen nach Deutschland geschickt; sie waren gebeten worden, zwei Divisionen für die Unterstützung der deutschen Operationen gegen Nordrußland bereitzuhalten. »Barbarossa ist auch ein Risiko wie alles«, sagte Hitler, nachdem Schnurre sich verabschiedet hatte. »Mißlingt es, so ist sowieso alles vorbei. Gelingt es, so ist eine Situation geschaffen, die wohl auch England zum Frieden zwingt. ... Wenn der erste Schuß fällt, wird die Welt den Atem anhalten.«

»Soldaten der Ostfront«

Es war jetzt Anfang Juni 1941; die flimmernde Hitze des Hochsommers hatte den Berghof erreicht. Die letzten Hauptangriffsverbände waren unterwegs zur Ostfront. In drei Wochen sollte »Barbarossa« beginnen. Es war an der Zeit, seinen zukünftigen Verbündeten gegenüber Andeutungen zu machen.
Er hatte den Duce gebeten, sich mit ihm am 2. Juni am Brenner zu treffen. Hitler sprach zuerst zwei Stunden lang allein mit Mussolini, bevor die Außenminister hinzugezogen wurden. Als der Zug sich um 15.45 Uhr wieder in Richtung Berchtesgaden in Bewegung setzte, saß Hewel beim Führer. »Mussolini sei sehr zuversichtlich und siegesgewiß. Andeutung Rußland ›falls die Versenkungsziffern nicht ausreichen‹«, nämlich um England zum Ausscheiden aus dem Krieg zu zwingen. Er sprach mit Mussolini über die Möglichkeit, daß Lloyd George die Nachfolge eines besiegten Churchill antritt; dann müsse man »einmal sehen, ob eine Möglichkeit bestünde«, zu einem Ausgleich mit England zu kommen.
Dem japanischen Botschafter General Oshima gegenüber, den er am nächsten Tag dringend auf den Berghof bat, spielte Hitler dagegen die angemessene »anti-britische« Szene vor. Nachdem auch Ribbentrop ihm einen Vortrag gehalten hatte, telegrafierte Oshima nach Tokio im strengsten Vertrauen: »Beide Herren ließen verlauten, daß ein deutsch-sowjetischer Krieg wahrscheinlich nicht zu vermeiden sei.« Hitler habe rundheraus erklärt, »er sei ein Mann, der stets früher als sein Gegenüber das Schwert zöge, falls er bei diesem eine feindliche Gesinnung entdecke«. Zu Oshima sagte Ribbentrop, er hege die feste Zuversicht, daß die Operationen in zwei bis drei Monaten abgeschlossen sein würden. Einen Anfangstermin könne er nicht nennen, aber falls »für Japan die Notwendigkeit bestände, für diesen Fall Vorbereitungen zu treffen, so würde er dazu raten, diese in so kurzer Zeit wie nur möglich abzuschließen«.
Die Finnen bekräftigten gegenüber den deutschen Offizieren, die nach Helsinki entsandt worden waren: »Finnland ist sich der historischen Stunde in seiner Entwicklung bewußt.« Antonescu kam nach München und bot Hitler aufs neue die gesamten militärischen Kräfte Rumäniens für den Angriff an.

Hitler gab sich keinen Illusionen über die Art des Krieges hin, der in Rußland geführt werden würde, und genehmigte schon vor Beginn des

Unternehmens Führererlässe, die so radikal waren, daß Keitel später die Vernichtung sämtlicher Exemplare verfügte.

Die den Einheiten der Roten Armee beigegebenen politischen Kommissare waren an ihrem besonderen Abzeichen zu erkennen, einem roten Stern mit eingewebtem Hammer und Sichel in Gold auf den Ärmeln. Anscheinend von Hitler diktiert, schrieb Jodl mit eigener Hand den Entwurf einer Begründung für die Entscheidung, die Kommissare zu liquidieren, nieder. Es sei von den politischen Kommissaren aller Art eine haßerfüllte, grausame und unmenschliche Behandlung der deutschen Gefangenen zu erwarten, denn die Kommissare seien die »Urheber barbarisch asiatischer Kampfmethoden«. Daher, so befahl Hitler, seien sie, »wenn im Kampf oder Widerstand ergriffen, grundsätzlich sofort mit der Waffe zu erledigen«.

Die Rolle, die der Heeresgeneralstab, ganz zu schweigen von den deutschen Militärjuristen, bei der Ausarbeitung dieser Richtlinien spielte, ist alles andere als ruhmreich. Vom OKH waren in wochenlanger zäher bürokratischer Arbeit zwei separate Befehle entworfen worden. Bei dem ersten handelte es sich um diesen Kommissar-Erlaß, beim zweiten um einen Erlaß über die Ausübung der Kriegsgerichtsbarkeit auf russischem Boden. Hitler glaubte, daß nur die schnelle Aburteilung und Hinrichtung eine wirksame Abschreckung sein könne. Gesichert ist, daß Generalstabschef Halder die Klausel vorschlug, die so lautete: »Gegen Ortschaften, aus denen die Wehrmacht hinterhältig oder heimtückisch angegriffen wurde, werden unverzüglich auf Anordnung eines Offiziers in der Dienststellung mindestens eines Bataillons- usw. Kommandeurs *kollektive Gewaltmaßnahmen* durchgeführt, wenn die Umstände eine rasche Feststellung einzelner Täter nicht gestatten.«

In dem schriftlichen Erlaß, den Keitel im Mai »im Auftrage« Hitlers herausgab, wurde die Wehrmacht angewiesen, daß Straftaten der russischen Zivilbevölkerung der Zuständigkeit der Kriegsgerichte bis auf weiteres entzogen werden sollten; Freischärler sollten im Kampf oder auf der Flucht schonungslos »erledigt« werden; umgekehrt sollten strafbare Handlungen von Wehrmachtsangehörigen gegen die Zivilbevölkerung ignoriert werden, sofern diese Straftaten nicht unmittelbar die »Aufrechterhaltung der Mannszucht« gefährdeten. Viele Frontgenerale waren zutiefst betroffen, als diese beiden »Barbarossa«-Erlasse bei ihnen eintrafen.

Für Hitler jedoch war die Rote Armee ein Feind, gegen den man alle, auch die brutalsten Mittel anwenden dürfte. Am 5. Juni machte Hitler in einer Besprechung darauf aufmerksam, daß die Russen in weitgehendem Maße die Mittel der »heimtückischen Kriegführung« anwenden würden. Hitler rechnete damit, daß die Russen zum Beispiel ihre Rückzugsstraßen mit Giftgasen verseuchen oder zurückgelassene Lebensmittelvorräte, Brunnen, Viehbestände vergiften würden.

An den letzten Abenden vor seiner Abfahrt nach Ostpreußen versammelte

Hitler seine Freunde, seine Adjutanten und deren Frauen um sich und dozierte endlos über das römische Weltreich und seine Ablösung durch das Christentum. Am 8. Juni trug Hewel in sein Berghof-Tagebuch ein: »Regen. Engländer marschieren in Syrien ein. Langes Gespräch allein mit dem Führer über Rußland. ›Schweres Unternehmen‹, aber vertraut auf die Wehrmacht. [Russische] Luftflotte: Jäger und Bomber zahlenmäßig überlegen. Etwas Angst um Berlin und Wien. ›Besatzungsgebiet nicht mehr wie von Dänemark bis Bordeaux. Haben ihre ganze Kraft an der Westgrenze. Größter Aufmarsch der Geschichte. Wenn es schief geht, ist sowieso alles verloren. Sobald es erledigt ist, erledigt sich auch Irak und Syrien von selbst. Dann bin ich so frei, daß ich schließlich auch durch die Türkei hinunterstoßen kann. Wenn die Franzosen Syrien verlieren, und ich bin überzeugt, daß Syrien verloren ist, besteht nur die eine Gefahr, daß sie auch Algerien verlieren. Dann stoße ich sofort durch Spanien durch und riegele den Engländern das Mittelmeer ab. Es ist nur die elende Zeit des Wartens, die einen so nervös macht!‹«

Einige Tage später forderte das OKW von den Wehrmachtteilen ihre Gedanken über Operationen für die Zeit nach »Barbarossa« an. Beachtenswert war, daß eine Besetzung Englands in diesem Dokument nicht erwogen wurde. Am 11. Juni schickte Hitler seinen Adjutanten Schmundt nach Ostpreußen. Er sollte prüfen, ob das Hauptquartier, das dort bei Rastenburg für ihn gebaut wurde, fertig sei.

An der diplomatischen Front schien Moskau jetzt von einem tiefen Unbehagen befallen, je mehr die Erkenntnis dämmerte, daß Hitler tatsächlich aufmarschierte. Am 9. Juni schmuggelte die deutsche Botschaft in Moskau einen Marineoffizier in einen Schulungsabend, den die Propaganda-Abteilung der kommunistischen Partei veranstaltete. Ein »jüdischer Funktionär« rief sein Publikum auf, in den nächsten Wochen sehr auf der Hut zu sein; niemand in Moskau habe erwartet, daß der Zusammenbruch auf dem Balkan so schnell kommen würde; für den Bolschewismus liege jedoch der Vorteil darin, daß jeder Abnutzungskrieg Hand in Hand gehen werde mit der Vernichtung des Mittelstandes. Den Interessen der Sowjetunion diene am besten eine Periode des Friedens – während das übrige Europa verblute.

Hitler traf am 13. Juni um 11.40 Uhr wieder in Berlin ein. Gleichzeitig machte die Polizei eine Razzia in sämtlichen Zeitungskiosken der Hauptstadt und beschlagnahmte die bereits ausgelieferte Berliner Ausgabe des Völkischen Beobachters; denn Goebbels hatte in seinem Leitartikel »versehentlich« verraten, daß in zwei Monaten die Invasion Englands stattfinden sollte. Am nächsten Tage sah man Goebbels in einem Seitenzimmer der Führerwohnung. Er meckerte vor Vergnügen über den Erfolg, den er als Gerüchtemacher gehabt hatte.

In der Reichskanzlei drängten sich am nächsten Tag die Oberbefehlshaber der Heeresgruppen und Armeen sowie die gleichgestellten Befehlshaber der Kriegsmarine und der Luftwaffe. Aus Geheimhaltungsgründen war

einfacher Dienstanzug befohlen; Brauchitsch sollte außerdem die Garteneinfahrt von der Hermann-Göring-Straße benutzen, für Göring war der Haupteingang in der Wilhelmstraße vorgesehen, während die Heeresgruppenbefehlshaber die Eingänge zur Voßstraße zu benutzen hatten.
Um 14.00 Uhr nahm Hitler mit ihnen das Mittagessen im Speisesaal der Führerwohnung ein; im Anschluß an das Essen hielt Hitler einen längeren Vortrag über die politische Lage. Die bisher nicht veröffentlichte Aufzeichnung des Luftwaffengenerals von Waldau ist erhalten geblieben:

»*Tischrede bei Hitler.* Hauptgegner bleibt England. England kämpft solange der Kampf Sinn hat, dies überhaupt typisch englische Eigenart, sowohl erwiesen durch Verhalten des engl. Einzelkämpfers (Flandern) wie durch Dünkirchen, Griechenland, Kreta. Englands Kampf hat nur Sinn, solange Hoffnung besteht, daß amerikanische Hilfe wirksam und Möglichkeit kontinentaler Unterstützung gegeben ist. Daher Hoffnung auf russ[isches] Eingreifen, starker deutscher Bindung, Verringerung der Wehrwirtschaft und Kräfteausgleich durch amerikanische Hilfe. Diese z. Zt. sehr gering. Vor Sommer 1942 nicht wirksam, sofern Tonnage-Herüberbringen gewährleistet. Tonnageverluste nehmen zu. Beweis für Annäherung an Rußland: Völlig gleichartige Pressehaltung in der gesamten Presse anl[äßlich] der Reise von [Sir Stafford] Cripps.* Rußlands Haltung dauernd ungewiß. Jeder Moment politischer oder militärischer Bindung wurde sofort zu politischen Forderungen ausgenutzt. Dies ist festzustellen,
a) im Eingreifen Rußlands im Polenfeldzug
b) dasselbe gegen Ostseestaaten, Finnland
c) im Balkan (Bessarabien, Freundschaftspakt mit Jugoslawien)
Versuch »Lage zu klären« begegnete folgenden Vorbehalten Molotows:
1. Frage: was Garantie Rumäniens bedeutet und ob Einwand gegen russ[ische] Militärmission bestünde.
2. Frage: Dardanellen betreffend.
3. Frage: Finnland betreffend.
Also laufende Versuche vorzustoßen. Diese Versuche in zeitlichem Zusammenhang mit gewissen Schwächemomenten der deutschen Lage lassen erwarten, daß in Zukunft jede Möglichkeit ausgenutzt wird, gegen deutsche Interessen zu handeln. Die Stärke der russ[ischen] Wehrmacht läßt die Entlassung von [deutschen] Soldaten und ihre Zuführung an Rüstungs- und Verbrauchsindustrie solange nicht zu, als die latente russ[ische] Bedrohung besteht. Dies gilt auch im Falle eines Friedensschlusses mit England. Auseinandersetzung aber frühzeitig erwünscht, ja zwingend notwendig, bevor günstige Voraussetzungen hierfür verpaßt sind. Dies gilt auch hinsichtlich des militärischen Aufmarsches. Die Masse der russ[ischen] Kräfte steht an der Grenze. Es besteht die Aussicht, sie vorne zu schlagen.

Hitler schloß seine Rede mit dem warnenden Hinweis, daß es ein schwerer Fehler wäre, die Rote Armee zu unterschätzen. Zu Göring sagte er: »Göring, das wird unser weitaus schwerster Kampf werden, weitaus!« Als

---
* Der Britische Botschafter Sir Stafford Cripps hatte Moskau eine Woche zuvor zu Besprechungen im Foreign Office in London verlassen.

Göring ihn nach dem Grund fragte, meinte Hitler: »Weil wir jetzt zum ersten Male einen Weltanschauungsgegner haben, und zwar einen Weltanschauungsgegner von einer fanatischen Konsequenz.«
Die alten, gewohnten Anfälle von Schlaflosigkeit suchten ihn wieder heim. Nachts lag er stundenlang wach und fragte sich, durch welche Maschen seines großen Plans die Engländer noch schlüpfen könnten. Milch war von ihm zur Besichtigung der Luftverteidigungsanlagen geschickt worden; und weil er annahm, daß sein Kretaerfolg die Engländer zur Nachahmung anregen könnte, hatte er noch angeordnet, die Besatzung der Kanalinseln zu verstärken – dieses auch im Gedanken daran, daß »die Kanal-Inseln nach Friedensschluß in deutschem Besitz bleiben werden und uneinnehmbar gemacht werden müssen«.
Am 18. Juni bereiteten ihm die Russen bange Stunden, als der sowjetische Botschafter um eine Unterredung nachsuchte. In der Reichskanzlei schrieb Hewel aufgeregt in sein Tagebuch: »Großes Problem: [Wladimir] Dekanosow hat sich beim Staatssekretär angesagt. Was bringt er? Macht Stalin noch einen großen Coup? Ein großes Angebot etc. etc.? Lange Besprechung mit Außenminister, Engel und mir, in dem alle Möglichkeiten erwogen werden. Führer und Außenminister müssen verschwinden – unerreichbar sein. Pläne: Sonnenburg, Karinhall, Berg. – Zug – Wildpark.* Einen Tag getarnt in Reichskanzlei.« Hewel schloß: »Die letzten Tage vor der Tat sind nervenaufreibend.« Am nächsten Abend jedoch, als Hitler gerade seinen Aufruf »Soldaten der Ostfront!« diktierte, rief Ribbentrop an und teilte mit, daß Dekanosow nur laufende Angelegenheiten besprochen habe.
Der Aufruf war eine tour d'horizon der deutschen Außenpolitik seit Beginn des Krieges; aber auf seinen vier eng bedruckten Seiten finden sich einige Zeilen, die Aufmerksamkeit verdienen. Hitler sagte hier sogar, das deutsche Volk habe niemals feindselige Gefühle gegen die Völkerschaften Rußlands gehegt: »Allein seit über zwei Jahrzehnten hat die jüdisch-bolschewistische Machthaberschaft von Moskau aus versucht, nicht nur Deutschland, sondern ganz Europa in Brand zu stecken.« In feiner Vereinfachung erinnerte Hitler seine Soldaten daran: »Ihr, meine Soldaten, wißt aber selbst, daß sich noch bis vor wenigen Wochen nicht eine deutsche Panzer- oder mot. Division an unserer Ostgrenze befand.« Der historische Aufruf endete mit den Worten: »In diesem Augenblick, Soldaten der Ostfront, vollzieht sich ein Aufmarsch, der in Ausdehnung und Umfang der größte ist, den die Welt je gesehen hat. Im Bunde mit finnischen Divisionen stehen unsere Kameraden mit dem Sieger von Narvik [Generaloberst Dietl] am nördlichen Eismeer. Deutsche Soldaten unter dem Befehl des Eroberers von Norwegen sowohl als die finnischen Freiheitshelden unter ihrem Marschall schützen Finnland. An der Ostfront steht Ihr. In Rumänien an den

---

* Sonnenburg war Ribbentrops, Carinhall war Görings Landsitz; Wildpark war das Hauptquartier der Luftwaffe bei Potsdam.

Ufern des Pruth, an der Donau bis zu den Gestaden des Schwarzen Meeres sind deutsche und rumänische Soldaten unter dem Staatschef Antonescu vereint. Wenn diese größte Front der Weltgeschichte nunmehr eintritt, dann geschieht es nicht nur, um die Voraussetzung zu schaffen, für den endgültigen Abschluß des großen Krieges überhaupt oder um die im Augenblick betroffenen Länder zu schützen, sondern um die ganze europäische Zivilisation und Kultur zu retten.

Deutsche Soldaten! Damit tretet Ihr in einen harten und verantwortungsschweren Kampf ein. Denn: das Schicksal Europas, die Zukunft des Deutschen Reiches, das Dasein unseres Volkes, liegen nunmehr allein in Eurer Hand. Möge uns allen in diesem Kampf der Herrgott helfen.«

Hewel schrieb: »Lange Unterhaltung mit Führer... Wünscht zehn Wochen weiter zu sein. Es bedeute doch immer großes Risiko. Man stände vor einer verschlossenen Tür. Geheime Waffen? Zähigkeit des Fanatikers? Schläft jetzt mit Schlafmitteln. Diktiert. Sagte mir, er habe heute morgen wieder alles durchgefieselt bis ins Kleinste – fände keine Möglichkeit für den Feind, Deutschland noch klein zu kriegen. Glaubt, daß England beigeben muß. Hofft noch dieses Jahr.«

Seit Juli 1940 hatte sich das Referat III des Auswärtigen Amtes mit der Möglichkeit befaßt, die europäischen Juden auf der Insel Madagaskar anzusiedeln. Am 2. Juni 1941 deutete Hitler dies Mussolini an: Auch in den Ostgebieten könnten die Juden »aus hygienischen Gründen« nicht bleiben, weil sie »infolge ihrer Unsauberkeit einen Krankheitsherd« bildeten. Madagaskar würde für 15 Millionen Raum haben.* Am 2. Oktober 1940 hatte Hitler das Problem mit dem Generalgouverneur Hans Frank sowie mit Baldur von Schirach, dem Reichsstatthalter von Wien, diskutiert. Schirach betonte, er habe in Wien noch über 50000 Juden, die Dr. Frank ihm abnehmen müsse. Frank protestierte, es sei unmöglich, daß man ihm in derartigen Mengen Polen und Juden ins Gouvernement schicke, wenn keinerlei Unterbringungsmöglichkeiten hierfür vorhanden seien.

Franks Einwände mußten vorerst unberücksichtigt bleiben. Wie Hitler im Februar 1941 erklärt hatte, stellte er am liebsten seine ganze *KdF*-Flotte für den Madagaskar-Plan zur Verfügung, aber er wolle nicht, daß deutsche Besatzungen durch den Torpedo eines feindlichen U-Bootes untergingen. Privat bezeichnete Hitler es Keitel, Bormann und Speer gegenüber als sein Ziel, den jüdischen Einfluß im gesamten Machtbereich der Achse auszuschalten; am 7. Juni 1941 schrieb der Chef der Reichskanzlei, Hans Lammers, an Bormann: »Der Führer hat der vom Reichsminister des Innern vorgeschlagenen Regelung der Rechtsfrage vor allem deshalb nicht zuge-

---

* Madagaskar ist doppelt so groß wie die heutige Bundesrepublik oder Großbritannien, mit einer heutigen Bevölkerung von etwa sieben Millionen Menschen.

stimmt, weil er der Meinung ist, daß es nach dem Kriege in Deutschland ohnedies keine Juden mehr geben werde.«

Jetzt, in Anbetracht des kommenden Eroberungsfeldzuges im Osten, fand Hitler, könne er doch den Vorstellungen Hans Franks entgegen kommen. Wie der Legationsrat Dr. Franz Rademacher vom Referat D III einige Monate später aufzeichnete: »Der Krieg gegen die Sowjetunion hat inzwischen die Möglichkeit gegeben, andere Territorien für die Endlösung zur Verfügung zu stellen. Demgemäß hat der Führer entschieden, daß die Juden nicht nach Madagaskar, sondern nach dem Osten abgeschoben werden sollen. Madagaskar braucht mithin nicht mehr für die Endlösung vorgesehen zu werden.« Drei Tage vor dem Anlaufen von »Barbarossa« unterrichtete Hitler den Generalgouverneur persönlich über diese Absicht in Berlin. Franks Stab in Krakau wurde kurz mitgeteilt: »Der Herr Generalgouverneur wünscht keine weitere Gettobildung mehr, da nach einer ausdrücklichen Erklärung des Führers vom 19. Juni d. J. die Juden in absehbarer Zeit aus dem Generalgouvernement entfernt würden und das Generalgouvernement nur gewissermaßen Durchgangslager sein solle.«

Rußland war weiterhin ein Buch mit sieben Siegeln. Während einer der Kaffeepausen, die er sich im »Treppenzimmer« seiner Sekretärinnen in der Reichskanzlei zu gönnen pflegte, gab Hitler zu, daß Rußland ihm unheimlich vorkomme – so ungefähr wie das Gespensterschiff im »Fliegenden Holländer« –, »weil man so gar nichts über Rußland weiß. Es könnte eine große Seifenblase sein, es könnte aber auch ebensogut anders sein.«

Am 20. Juni um 21.00 Uhr kam Oberst d. G. Schmundt, Chefadjutant der Wehrmacht beim Führer, mit einer Nachricht von der Seekriegsleitung. Das deutsche Unterseeboot U-203 hatte stolz gemeldet, es habe versucht, das amerikanische Schlachtschiff »Texas« anzugreifen, da es sich 10 Seemeilen innerhalb des Blockadegebiets befunden habe. Hitler hatte erst am 6. Juni dem Großadmiral Raeder geduldig auseinandergesetzt, daß er alles vermeiden wolle, was zu Zwischenfällen mit den Vereinigten Staaten führen könnte. Raeder erklärte, das U-Boot habe nach den bestehenden Befehlen richtig gehandelt, jedoch machte er jetzt den Vorschlag, einen Streifen von 20 sm Breite am Rande des Blockadegebiets vom unbeschränkten Einsatz gegen amerikanische Kriegsschiffe auszunehmen, um Navigationsfehler auszuschließen. Zunächst war Hitler einverstanden, aber im Laufe der Nacht wies er den Oberbefehlshaber der Marine telefonisch an, daß während der Dauer der »Barbarossa«-Unternehmung Angriffe auf amerikanische Kriegsschiffe innerhalb des Blockadegebiets zu unterbleiben hätten.

Es blieben nur noch weniger als zwölf Stunden an diesem spannungsgeladenen 21. Juni. Beunruhigenderweise hatte sich Botschafter Dekanosow noch einmal angemeldet: Er müsse Ribbentrop in dringender Angelegenheit sprechen. Ribbentrop ging in volle Deckung: Er sei an diesem Nachmittag

außerhalb von Berlin und werde erst am Abend zurückkehren. In Wirklichkeit hielt er sich in der Reichskanzlei auf und war mehrfach bei Hitler. Ribbentrop wies Botschafter Schulenburg in Moskau telegrafisch an, sofort das gesamte Chiffriermaterial zu vernichten.
Um 21.30 Uhr wurde Dekanosow zu Ribbentrops Staatssektretär von Weizsäcker vorgelassen. Zur allgemeinen Erleichterung überbrachte er nur eine sowjetische Verbalnote mit einem Protest gegen wiederholte Verletzungen des sowjetischen Luftraums. Eine parallele Beschwerde, die Molotow zur gleichen Zeit Schulenburg aushändigte, klang so wehleidig, daß sich alle vor Lachen ausschütten wollten, als die Note in der Reichskanzlei am 22. Juni um 2.30 Uhr früh eintraf. Tadelnd hatte Molotow festgestellt: »Eine Reihe von Anzeichen erwecken den Eindruck, daß die deutsche Regierung unzufrieden mit der Sowjetregierung sei...« Eine Dreiviertelstunde später, um 3.15 Uhr, griffen mehr als drei Millionen Deutsche Soldaten an einer Front vom Eismeer bis zum Schwarzen Meer die Sowjetunion an. Die Überraschung war gelungen.
Bevor Hitler sich zurückzog, sagte er zu seinen Adjutanten: »Wir werden auf russischer Seite in spätestens drei Monaten einen Zusammenbruch erleben, wie ihn die Weltgeschichte noch nicht gesehen hat!«

Am Morgen senkte sich, wie Hewel schrieb, eine »ruhige, abgeklärte Stimmung« auf die Reichskanzlei hernieder. Es war beinahe wie an jedem anderen Sonntag, nur schliefen Hitler und Ribbentrop nach dem Mittagessen fest ein. Viele Adjutanten Hitlers waren schwimmen gegangen. Es war ein herrlicher, sehr warmer Sommertag in Mitteleuropa.
Italien war seiner Bündnispflicht mit bemerkenswerter Schnelligkeit nachgekommen; um 15.00 Uhr hatte Italien telegrafisch mitgeteilt, daß es sich als im Kriegszustand mit Rußland befindlich betrachte. Rumänische Truppen hatten den Pruth überschritten. Madrid teilte telefonisch mit, daß eine spanische Legion von Freiwilligen aufgestellt werde, die an dem »Kreuzzug« teilnehmen wolle. Admiral Horthy war »selig«, bezeichnete die Nachricht als »herrlich« und sagte zu dem deutschen Gesandten, er habe seit zweiundzwanzig Jahren diesen Tag herbeigesehnt – nach Jahrhunderten noch werde die Menschheit dem Führer für diese Tat danken; Ungarn brach die diplomatischen Beziehungen zur Sowjetunion ab, aber weiter wollte man vorerst noch nicht gehen. Enttäuscht rief General Jodl um 18.00 Uhr den deutschen General beim ungarischen Oberkommando an; aber Horthy spielte Polo, Generalstabschef Henrik Werth war unerreichbar, und der Honvedminister (Verteidigungsminister) war beim Angeln. Die Ungarn, umsichtig wie eh und je, wollten erst einmal die Resultate von »Barbarossa« abwarten. Im Grunde hatte Hitler es auch gar nicht anders erwartet.
Die Masse der vorgeschobenen sowjetischen Luftwaffe war am Boden zerstört worden – mehr als zwölfhundert sowjetische Flugzeuge waren

vernichtet. Hewel schrieb am 23. Juni: »Beim Führer..., der allerbester Stimmung wegen großer Erfolge in Rußland (Luftwaffe).«
Wie so oft schon, fuhr Hitler mit seiner Begleitung durch die sonnendurchglühten Straßen Berlins zu seinem Sonderzug. Um 12.30 Uhr begann die Reise nach Ostpreußen; die Zwillingslokomotiven zogen ihn durch die Felder und Städte, die noch vor kurzer Zeit polnisch gewesen waren, bis in den Abend hinein. Beim Tee schwelgte er in Erinnerungen. Und einmal sagte er: »Rußland ist doch noch ein Fragezeichen.«
Spät nach Mitternacht gelangte die Wagenkolonne zu einem rund vierzehn Kilometer von Rastenburg entfernten Forst. Tief im Waldesinneren befand sich sein neues Hauptquartier. Die Bezeichnung – »Wolfsschanze« – war ihm während der Fahrt im Sonderzug eingefallen. Als Fräulein Schroeder wissen wollte, warum er mit fast allen Führerhauptquartieren das Wort »Wolf« verbinde, erläuterte er: »Ich habe in der Kampfzeit den Decknamen ›Wolf‹ geführt.« Es war 1.30 Uhr nachts, als er diesen trostlos wirkenden Sperrbereich zum erstenmal betrat! Von hier aus wollte er die Niederlage der Sowjetunion herbeiführen.

V
Der Weltanschauungs-Krieg

»In 4 Wochen in Moskau!«

Adolf Hitler war zweiundfünfzig Jahre alt, als er aufbrach, sein Lebensziel zu erreichen. In einem ungeheuerlichen, niemals stockenden Ansturm kämpften sich die grauen Legionen seiner Wehrmacht in den nächsten zwölf Monaten über die öden, vom Winde kahlgefegten Ebenen Rußlands voran, durch die goldgelben Sonnenblumenfelder der Ukraine, die Sümpfe um den Ilmensee, die unfruchtbaren Steppen, die Felsenwüsten und die unwirtliche Tundra des Nordens, erfüllt vom Gesumm von Myriaden unsichtbarer Mücken, immer im festen Glauben an den Endsieg, bis die voranstürmende Flut der Angreifer schließlich an den Kaukasus brandete und an diesem gewaltigen Wellenbrecher seine noch vorhandene Energie verbrauchte, bevor die Ebbe einsetzte.

In wenigen Tagen erreichte Feldmarschall Leebs Panzerspitze Dünaburg; Feldmarschall von Bocks Panzer bildeten einen langen, ovalen Kessel von Bialystock bis Minsk, in dem dann schließlich 350 000 russische Kriegsgefangene gemacht wurden. Einen Monat nach dem Angriff sollte Smolensk in deutscher Hand sein und von Rundstedts Heeresgruppe Süd vor den Toren von Kiew stehen. Die vordringende deutsche Flut verschlang russische Eisenbahnzüge, noch beladen mit Getreide und Rohstoffen für Deutschland; Hitlers Panzer hatten das Öl in den Tanks, das ihm die Russen geliefert hatten.

Aber es gab auch beunruhigende Anzeichen. Stalin hatte den »Vaterländischen Krieg« ausgerufen – ein Parole von gefährlicher Zugkraft. Die sowjetischen Panzer und Flugzeuge waren um ein Beträchtliches moderner und zahlreicher, als man angenommen hatte. Unheilvoller als alles andere aber war die furchterregende Standhaftigkeit des sowjetischen Soldaten; er war bereit zum Sterben, er war tapfer und verbissen. So schilderte Generaloberst Halder am 16. Juli in einem Privatbrief die Rücksichtslosigkeit der Russen: »Ohne Artillerieunterstützung treibt er seine Menschen, bis zu zwölf Wellen hintereinander zum Gegenangriff vor, zum Teil sind es unausgebildete Rekruten, die einander unterhaken und – Gewehr auf dem Rücken – gegen unsere Maschinenwaffen anrennen, getrieben von der Angst vor den eigenen Kommissaren und Vorgesetzten. Ungezählte Menschenmassen sind immer Rußlands Stärke gewesen und die russische Kriegführung zwingt uns, diese Menschen zu erschlagen, denn aus dem Weg gehen sie nicht.«

Das eigentliche Hindernis, das sich dem Einmarsch entgegenstellte, war die Natur des Landes selbst. Die Entfernungen, um die es hier ging, hatten

Hitler nicht geschreckt, denn im Gegensatz zu Napoleon im Jahre 1812 standen ihm ja der Verbrennungsmotor und das Flugzeug zur Verfügung. Aber in den kommenden Monaten sollten seine Panzer und seine Kraftfahrzeuge erfahren, daß in Rußland auf dem Lande ein Pferd seine Vorzüge hat. So schrieb General Guderian am letzten Oktobertag des Jahres 1941:
»Man kann sagen: wir kämpfen nicht mehr gegen die Russen, sondern gegen das Wetter und das bodenlos unkultivierte Land, nur dieser Kampf ist sehr zäh und schwer, kräfte- und zeitraubend.«
Der Feldzug war ein Vabanque-Spiel: Beim Fall Gelb hatte er eine Heeresreserve von achtundvierzig Divisionen in der Hinterhand gehabt; Rußland dagegen griff er nun an, ohne mehr als zehn oder fünfzehn Divisionen in Reserve zu haben. Als Ribbentrop ihn am 28. Juni aufsuchte, meinte Hitler, daß er sich wie der Reiter auf dem Bodensee vorkomme, der hinterher über das erschrickt, was er gemacht hat: »So hätte ich niemals den Entschluß gefaßt, anzugreifen!«
Die Bevölkerung der polnischen Ukraine erwies sich als durchaus freundlich, wie Guderian am 29. Juni berichtete: »Heute z. B. findet hier Dankgottesdienst in der orthodoxen Kirche statt, weil wir als Befreier gelten. Hoffentlich erleben die Leute keine Enttäuschung.« Zwei Tage später fügte Guderian hinzu: »Die ersten russischen Orte – bisher waren wir in Polen! – machen einen ziemlich trüben Eindruck. Die Bewohner, Weißruthenen, sind freundlich und legen scheinbar wenig Wert auf ein Weiterbestehen der Sowjets. Es gibt aber auch fanatische Leute anderer Denkensart, besonders in der Truppe, die zäh und tapfer kämpft.«
Hitlers »Wolfsschanze« befand sich ungefähr acht Kilometer ostwärts der ostpreußischen Stadt Rastenburg. Der »Sperrkreis I« bestand aus einer Ansammlung von Holzbaracken und eingeschossigen feucht-kalten Betonbunkern. Zwischen den Bäumen gespannte Tarnnetze ließen alles unkenntlich mit der großen Waldlandschaft verschmelzen. Wenige hundert Meter entfernt, jenseits der Straße nach Angerburg (wo der Generalstab sein Hauptquartier hatte), war der Wehrmachtführungsstab in einem ähnlichen Lager, dem »Sperrkreis II«, einquartiert. Keitel und Jodl selbst gehörten zu der kleinen Elite, die sich in Hitlers Geheimbereich aufhalten durfte. Die Atmosphäre, die bald dort herrschte, beschrieb Jodl später als »eine Mischung zwischen einem Kloster und einem KZ«. Als Hitler in diesen Tagen großprahlerisch verkündete, »dieses Hauptquartier wird einstmals noch ein historisches Denkmal werden, weil wir von hier aus die neue Weltordnung begründet haben«, meinte Jodl darauf trocken nur, am besten würde es sich zur »Standortarrestanstalt Rastenburg« eignen.
Tatsächlich war dieses Lager an einer der feuchtesten und moorigsten Stellen Masurens aufgeschlagen worden – »Irgendeine Intendantur wird wohl gefunden haben«, seufzte Hitler später, »daß der Boden hier am billigsten war.« Und Jodls Kriegstagebuchführer stimmte in einem Privat-

brief vom 27. Juni zu: »Wir stehen weiter unter der fürchterlichsten Mückenplage. Eine dümmere Gegend konnte man schwerlich aussuchen. Laubwald mit moorigen Tümpeln, Sandboden und stehende Seen, der ideale Boden für dieses widerliche Getier.«
Christa Schroeder verfaßte tags darauf einen kleinen Stimmungsbericht:

»Die Bunker liegen im Walde verstreut, nach Arbeitsgebieten eingeteilt. Unser Schlafbunker hat die Größe eines Eisenbahnabteils... Da uns das Geräusch des Ventilators störte und die Zugluft dauernd um unseren Kopf strich, ... so veranlaßten wir seine Ausschaltung über Nacht, was nun zur Folge hat, daß wir in der nun weniger guten Luft schlafen, dafür aber den ganzen Tag über eine bleierne Schwere in den Gliedern mit uns herumtragen. Es ist aber alles trotzdem schön bis auf eine ganz verdammte Mückenplage. ... Die Männer sind durch ihre langen Lederstiefel und die dicke Uniform vor den infamen Stichen besser geschützt als wir; ihre einzig verwundbare Stelle ist der Nacken. Einige Männer laufen ständig mit einem Moskitonetz herum.... Wo sich eine Mücke zeigt, wird sofort Jagd auf sie gemacht. In den ersten Tagen hätte dies bald zu Kompetenzschwierigkeiten geführt, weil der Chef [d. h., Hitler] meinte, hier sei nur die Luftwaffe zuständig. Man sagt, daß die kleinen Mücken Ende Juni von einer weit unangenehmeren Sorte abgelöst werden sollen. Gnade uns Gott! Es ist fast zu kühl in den Räumen. Der Wald hält die ganze Hitze ab. Wie sehr, das merkt man erst, wenn man auf die freie Straße hinaustritt, dort schlägt einem die Hitze dumpf entgegen... Kurz nach 10 Uhr begeben wir uns (Dara [Gerda Daranowski] und ich) in den Kasino-Bunker, Speiseraum I, einen langgestreckten, weiß getünchten Raum, der etwas in die Erde eingbaut ist, so daß die kleinen, mit Gaze versehenen Fenster sehr hoch liegen. ... In diesem Raum, dessen ganze Länge die für 20 Personen Platz bietende Tafel einnimmt, speist der Chef mit seinen Generalen, Generalstabsoffizieren, Adjutanten und Ärzten zu Mittag und Abend. Beim Frühstück und Nachmittagskaffee sind wir zwei Mädchen auch dabei. Der Chef sitzt so, daß er die auf der gegenüberliegenden Wand aufgehängten Karten von Rußland vor Augen hat. ... Jetzt redet er sich seine Befürchtungen von der Seele, immer wieder betonend, welch große Gefahr der Bolschewismus für Europa bedeutet und daß, wenn er noch ein Jahr gewartet hätte, es wahrscheinlich schon zu spät gewesen sei...
Also im Speiseraum I warten wir morgens solange, bis der Chef aus dem Kartenraum (wo ihm inzwischen über die Lage Bericht erstattet wurde) kommend, zum Frühstück eintrifft, das nebenbei bemerkt für ihn aus einer Tasse Milch und einem geriebenen Apfel besteht. Genügsam und bescheiden ist er, was? Anschließend gehen wir um 13 Uhr zur allgemeinen Lagebesprechung, die im Kartenraum stattfindet. ... Es werden die Zahlen der vernichteten feindlichen Flugzeuge und Panzer bekanntgegeben (die Russen scheinen ungeheure Massen zu haben, bis jetzt sind allein über 3500 Flugzeuge vernichtet und über 1000 Tanks, darunter ganz schwere 40-Tonner). ... Die Russen sind angewiesen, sich bis zum Äußersten zu verteidigen und sich notfalls selbst zu erschießen. Bei Kowno hat sich folgendes ereignet: Ein russischer Gefangener, der von unseren Soldaten in einen russ. Bunker geschickt wurde, um die im Bunker befindlichen Russen

aufzufordern, sich zu ergeben, wurde wahrscheinlich von dem darin befindlichen Kommissar selbst erschossen. . . . Sodann sprengte sich die gesamte Bunkerbesatzung anschließend in die Luft. Also lieber krepieren, als sich ergeben. Jeder Truppe ist ein Kommissar der GPU beigegeben, dem sich der Kommandeur zu beugen hat. Die Führung abgetrennt, bleibt ein wilder Haufen zurück. Sie sind vollkommen primitiv, kämpfen aber stur, was natürlich auch eine Gefahr in sich birgt und noch zu harten Kämpfen führen wird. Die Franzosen, Belgier usw. waren intelligent und haben den Kampf aufgegeben, wenn sie die Zwecklosigkeit einsahen, aber die Russen kämpfen, vor Angst zitternd, daß ihren Familien etwas geschieht, wenn sie sich ergeben, wie irrsinnig weiter. . . .
Wenn nichts Wichtiges zu tun ist, schlafen wir nach Tisch noch ein paar Stunden, damit für den übrigen Rest des Tages, der sich gewöhnlich bis in die Puppen hinzieht, genügend Frische vorhanden ist. Dann – so gegen 17 Uhr – werden wir zum Chef zum Kaffee befohlen, wo er uns mit Kuchen traktiert. Wer die meiste Anzahl Kuchen verschlingt, wird belobigt! Die Kaffeestunde dehnt sich meistens bis 19 Uhr, manchmal noch etwas länger aus. Dann wandeln wir wieder in den Speiseraum II zum Abendmahl. Anschließend drücken wir uns in der Gegend herum, bis der Chef uns in sein Arbeitszimmer rufen läßt, wo in kleinerem Kreise gemütliches Zusammensein wieder mit Kaffee, Kuchen etc. ist. . . . Zwischendurch besuchen wir zudem noch unseren Koch, der an sich zur ›Mitropa‹ gehört, uns auf unseren Fahrten bekocht und uns während des Krieges in alle Hauptquartiere folgte, in seiner hochherrschaftlichen, weiß gekachelten, mit den modernsten elektrischen Geräten versehenen Küche und stiebitzen hier noch, was uns gerade in die Augen sticht. . . .
Der Chef meinte heute morgen, wenn der deutsche Soldat einen Lorbeerkranz verdiene, dann für diesen Feldzug. Es geht ja alles viel besser, als man dachte. Viele Glücksfälle haben sich ereignet, so z. B. daß sich der Russe an der Grenze stellte und uns nicht erst weit ins Land hineinlockte, was doch sicher zu Schwierigkeiten mit dem ganzen Nachschub geführt hätte, und dann, daß er die zwei Brücken bei Dünaburg nicht zerstören konnte. . . . Ich glaube, daß, wenn wir erst Minsk besetzt haben, es dann rasend schnell vorwärts geht. Wenn unter unseren Soldaten noch der eine oder andere Kommunist versteckt sein sollte, dann wird er sicher restlos bekehrt, wenn er den ›Segen‹ da drüben sieht. Ich habe mit verschiedenen Herren gesprochen, die in Moskau Gelegenheit hatten, sich ein wenig umzusehen. Es muß ein trostlos grauenvolles Leben sein, was die Menschen dort führen, bzw. geführt haben. . . .«

Am 30. Juni war Minsk vollständig eingekesselt. Die Heeresgruppe Mitte nahm 290 000 sowjetische Soldaten gefangen und erbeutete zweitausendfünfhundert Panzer sowie vierzehnhundert Geschütze. Halder brachte nur den im OKH herrschenden Optimismus zum Ausdruck, als er am 3. Juli hochgestimmt in sein Tagebuch schrieb: »Es ist also wohl nicht zuviel gesagt, wenn ich behaupte, daß der Feldzug gegen Rußland innerhalb 14 Tagen gewonnen wurde. Natürlich ist er damit noch nicht beendet.« Aus einem Privatbrief des OKW-Kriegstagebuchführers vom 29. Juni geht die gleiche Lagebeurteilung hervor: »Mit dem Erreichen von Dünaburg und Minsk haben wir binnen einer Woche ein Drittel des Weges nach Leningrad und Moskau zurückgelegt. Wir würden also bei dem bisherigen Tempo in vierzehn Tagen in den beiden Städten stehen. Es ist aber anzunehmen, daß es noch rascher geht, denn im Norden und in der Mitte scheint der russische Hauptwiderstand gebrochen.« Und Hitler erklärte, auf die große Rußland-Wandkarte im Kasino der Wolfsschanze starrend: »In vier Wochen werden wir in Moskau sein, und dann werde ich Moskau dem Erdboden gleichmachen!«

Hitler hatte allen Grund, Sieg zu wittern.
Am 2. Juli wurde Hitler eine dechiffrierte türkische Meldung aus Moskau vorgelegt, nach der Stalin und Timoschenko in privaten Unterredungen mit ausländischen Diplomaten erklärt hatten, daß der mögliche Verlust von Leningrad, Minsk, Kiew und selbst Moskau vom Generalstab der Roten Armee ins Auge gefaßt und sogar vorgesehen sei. In einem Stimmungsbericht der Moskauer US-Botschaft war die Rede von Luftschutzmaßnahmen und Gerüchten über den Abtransport von Gold. Bei einem Mittagessen mit Ribbentrop am 4. Juli ließ Hitler sich schon über seine Pläne für Rußland »als Kolonialland der Deutschen« aus; und am nächsten Tag setzte er, wie Hewel berichtet, seiner Tischgesellschaft die Gründe dafür auseinander, daß er Stalin nicht in aller Form den Krieg erklärt hatte:

»Vor der Geschichte wird man niemals fragen, welche Veranlassung. Warum Alexander nach Indien, Römer Punischen Krieg – Friedrich II. zweiten Schlesischen Krieg. Vor Geschichte nur der Erfolg. Er nur verantwortlich gegenüber sich, seinem Volk. ›Wegen einer theoretischen Schuldfrage Hunderttausende zu opfern, wäre verbrecherisch. Vor der Geschichte werde ich als Vernichter des Bolschewismus stehen, ob mit oder ohne Grenzzwischenfall. Nur der Erfolg wird gewertet. Wenn ich verliere, werde ich mich nicht mit Formfragen ausreden können‹...«

Hitler rechnete damit, daß der Infanterie-Aufmarsch gegen Moskau nicht vor August vollendet werden konnte; es war also Zeit genug für seine Panzerverbände, um im Norden tabula rasa zu machen. Für ihn sei Moskau eigentlich nur ein Ortsname, sagte er, während Leningrad doch die eigentliche Bastion des Bolschewismus sei, Brutplatz dieser Weltanschauung des Bösen im Jahre 1917.
Mittlerweile war die Koalition komplett. Die Slowakei hatte am 23. Juni Rußland den Krieg erklärt; Ungarn und Finnland hatten aus optischen Gründen noch ein paar Tage gewartet, bis sowjetische Flugzeuge sie angriffen, und dann ebenfalls den Krieg erklärt. Die Vichy-Regierung brach die diplomatischen Beziehungen ab, und Tausende von Franzosen folgten dem Ruf, sich freiwillig zum Kampf gegen den Bolschewismus zu melden: hundertfünfzig Flieger meldeten sich, darunter zwanzig der bekanntesten

Kampfflieger des Landes. Aus Dänemark, Norwegen, Spanien, Frankreich, Belgien und Kroatien kam Nachricht, daß dort Legionen für den Kampf gegen Rußland aufgestellt würden. Hitler befahl, daß die Freiwilligenverbände »aus dem germanischen Boden von der SS, die übrigen von der Wehrmacht betreut« werden sollten. Alle müßten ihm den Treueid schwören. Schweden und die Schweiz blieben die Ausnahmen – »Nationen in Urlaub«, wie Hitler sie voller Verachtung nannte. Er sah seine Prophezeiung erfüllt, daß der Kampf gegen den Bolschewismus ganz Europa einen werde. Am 10. Juli notierte Hewel: »Er sagte voraus: ›Aus diesem Kampf, bei dem ich von Etappe zu Etappe gezwungen wurde, wird Deutschland als größter Machtstaat der Erde hervorgehen.‹ Er glaubt, daß Churchill einmal ganz plötzlich fallen wird. Dann wird in England ein ungeheurer Antiamerikanismus entstehen und England wird das Land sein, das in die Reihen des Kampfes Europas gegen Amerika eintreten wird. Er ist unendlich siegesgewiß. Die Aufgaben, die ihm heute bevorstünden, seien an Schwere nicht zu vergleichen mit denen, die er in der Kampfzeit [gehabt] habe. Besonders mit der größten besten Armee der Welt.«
Auch der Heilige Stuhl ließ wissen, daß er den Krieg gegen Rußland »begrüßte«. Daß Churchill am ersten Tage des Rußlandfeldzuges dem Angegriffenen Hilfe in Aussicht stellte, überraschte Hitler nicht. Im Kreise seiner Vertrauten machte er sich lustig über »Churchill – Stalin – und Roosevelt als Kämpfer für die Freiheit!«

Am 8. Juli hatte Hitler in einem Gespräch mit Brauchitsch angedeutet, daß er die neu produzierten Panzer in der Heimat zusammenhalten wolle; die einzelnen Panzerdivisionen im Osten sollten durch Zusammenlegung bei voller Stärke erhalten werden, während die Besatzungen, die keine Fahrzeuge mehr hatten, als Kader für frische Panzerdivisionen in die Heimat geschickt werden sollten. Am 13. Juli bekräftigte er diese Entscheidung durch OKW-Richtlinien. Über die vorhandenen zwanzig Panzerdivisionen hinaus sollte das Heer bis zum 1. Mai 1942 sechzehn neue aufstellen: Zwölf für den Osten, während dann die übrigen vierundzwanzig für andere Aufgaben bereitstehen würden – »Aufgaben, die wieder über Tausende von km« gehen. In weiteren OKW-Richtlinien vom nächsten Tag gab Hitler Anweisung, nach der Niederwerfung Rußlands den ganzen Schwerpunkt der Rüstung auf die Luftwaffe zu legen, die in großem Umfange zu verstärken sei.
Über die wirklichen Zukunftspläne, die er zu dieser Zeit hegte, sind wir kaum informiert; aber wir wissen, daß er gegen Ende des Monats in einer Plauderei über das Selbstbewußtsein des Engländers sagte: »Ich bin sicher, das Ende des Krieges ist der Anfang der dauernden Freundschaft mit England. Voraussetzung dafür, daß wir mit ihnen in Ruhe leben, ist der Knock-out-Schlag, den der Engländer von dem erwartet, den er achten soll.«

Der Chef des Luftwaffenführungstabes, der Mitte Juli die eroberten Gebiete bereiste, schrieb: »Die Rüstung der Roten Armee verblüfft immer wieder... Enorme Festungsanlagen – zum Teil unfertig – waren zur Sicherung des Lemberger Zipfels angelegt. Allein 63 Großflugplätze mit je zwei Startbahnen – alle noch unfertig – sind in dieser Gegend Zeugen russischer Angriffsvorbereitungen.« Am nächsten Tage wurde der Sohn Stalins Jakob Dschugaschvili, Leutnant bei einer sowjetischen Panzerdivision, bei Witebsk gefangengenommen. Der Fliegergeneral Wolfram von Richthofen schilderte im Tagebuch die überaus große Beute an Artillerie und Panzer-Wagen um Dobromysl: »Stammen zum Teil von der Panzer-Division des jungen Stalin, der aussagte, daß sie zum großen Angriff bereitstünden.« Im Mai 1942 behauptete Hitler, man habe bei Jakob Stalin den Brief eines Freundes gefunden, er wolle »vor dem Spaziergang nach Berlin« seine Anuschka noch einmal sehen. Die OKH-Vernehmung Jakobs sowie diejenige eines Stalin-Sekretärs ergaben, daß Stalin beabsichtigte, die deutsche Intelligenz zur Höherentwicklung seines russischen Menschentums auszubeuten, um Europa und Asien zur unangreifbaren Bastion des Bolschewismus zu machen.

Erschreckend für Hitler waren die neuen Panzerkampfwagentypen der Russen, von deren Existenz seine Sachverständigen nichts gewußt hatten. Da war ein Panzer von 52 Tonnen mit einer Seitenpanzerung, die so stark war, daß nur die 8,8-cm-Flak sie durchschlagen konnte. Am 4. Juli hatte der OKW-Kriegstagebuchführer Greiner zuversichtlich gemeldet: »Die Russen... haben so viel Flugzeuge und Panzer (4600) verloren, daß nicht mehr viel da sein kann.« Bis Mitte Juli aber hatten Hitlers erschöpfte Kanoniere achttausend russische Panzer abgeschossen, und dennoch rollten immer neue heran. Ende des Monats waren *zwölftausend* Panzer erbeutet oder zerstört. Als Hitler die Heeresgruppe Mitte am 4. August besuchte, hörte Guderian ihn sagen: »Wäre ich vor Beginn des Feldzuges über die überraschenden Mengen an Panzern und Flugzeugen unterrichtet gewesen, so wäre mir der Entschluß zum Angriff wesentlich erschwert worden.«

Oberst Lahousen vermerkte am 20. Juli: »C.[anaris], der vom Führerhauptquartier zurückgekommen ist, berichtet, daß dort die Stimmung sehr nervös sei, da der russ. Feldzug – wie sich immer mehr herausstellte – nicht ›nach den Spielregeln‹ ablaufe. Die Anzeichen mehren sich, daß der Krieg nicht, wie erwartet, den inneren Zusammenbruch, sondern eine Stärkung des Bolschewismus brächte. – C. wies insbesondere darauf hin, daß Versuche im Gange seien, die Abwehr als den Schuldigen herauszustellen, in dem Sinne, daß nunmehr behauptet wird, man sei über Stärke und Kampfkraft der russischen Armee nicht entsprechend unterrichtet worden. So soll der Führer geäußert haben, wenn er von der Existenz der überschweren russ. Kampfwagen gewußt hätte, wäre der Krieg nicht geführt worden.« Und am nächsten Tage spekulierte Helmuth Greiner: »Ich rechne damit, daß die jetzigen Schlachten noch 4–5 Tage dauern, dann wird man besser urteilen können, wie lange dieser Feldzug noch dauert. Gestern beim Führer wurde hierüber gar nicht gesprochen. Der Führer war zunächst sehr schweigsam, grübelte vor sich hin..., dann wurde er recht lebhaft und sprach allein wohl über eine Stunde über unsere tapferen, wagemutigen italienischen Bundesgenossen, die ihm manche Sorge machen... Seine klaren Einsichten und Urteile sind aber immer wieder erstaunlich. Er sah im übrigen recht wohl aus, es scheint ihm ganz gut zu gehen, obwohl er fast keine Nacht vor 5–6 Uhr morgens zu Bett geht.«

Am 3. Juli hatte man Hitler den Wortlaut der ersten öffentlichen Rundfunkansprache Stalins seit Beginn des deutschen Angriffs vorgelegt. Es war eine kluge Rede. Hitler und Ribbentrop nannte er Ungeheuer und Kannibalen, und er behauptete, daß Hitler es sich zum Ziel gesetzt habe, den Zarismus zu restaurieren und das nationalstaatliche Eigenleben der freien Völker der Sowjetunion zu vernichten, »sie zu germanisieren, sie in Sklaven der deutschen Fürsten und Barone zu verwandeln«. Er rief die patriotischen Russen auf, alles zu vernichten, was sich an Wertvollem auf dem Wege der vorrückenden deutschen Wehrmacht fände – das rollende Material der Eisenbahnen, Getreide, Treibstoff, Rohstoffe. Sie sollten Partisanenabteilungen hinter der deutschen Front aufbauen, und diese sollten Straßen und Brücken sprengen, Waffendepots und Lastwagenkonvois vernichten, und den Feind und alle seine Helfershelfer unbarmherzig auf Schritt und Tritt verfolgen. »Den Krieg gegen das faschistische Deutschland darf man nicht als einen gewöhnlichen Krieg betrachten.«

Die Entfesselung des Partisanenkrieges sollte Himmlers Einsatzgruppen den Vorwand für ihre künftigen Ausrottungszüge liefern, auf denen sie die Juden in zunehmendem Maße als »Partisanen-Reservoir« betrachteten. Am 10. Juli sagte Hitler zu Feldmarschall von Brauchitsch, er mache sich die größten Sorgen, daß Panzerdivisionen gegen Kiew angesetzt werden; Kiew habe fünfunddreißig Prozent Juden, deshalb werde man die Brücken über den Dnjepr doch nie intakt in die Hand bekommen.

Eine andere Erwägung gewann jetzt auch an Gewicht für Hitler: Die ausgedehnten Industriegebiete Leningrads und Moskaus könnten leicht zu Todesfallen für die kostbaren deutschen Panzer werden. Seine Antwort darauf lautete: Bombardierung und Aushungerung. Zwei Tage nach Stalins Rede erklärte Hitler seinen Adjutanten, daß Moskau vom Antlitz der Erde verschwinden müsse. Er wollte die Hauptstadt als »Zentrum des bolschewistischen Widerstandes« zerstören, um, wie er Brauchitsch und Halder am 8. Juli erklärte, zu verhindern, daß Menschen darin bleiben, »die wir dann im Winter ernähren müßten«. Er befahl der Luftwaffe, einen »Terrorangriff« gegen Moskau zu fliegen um eine Katstrophe auszulösen, denn alles sei bei den Russen bis zum äußersten zentralisiert.

Gefühlsmäßig war Hitler viel eher an der Vernichtung der Stadt Leningrad interessiert. Am 16. Juli vermerkte Bormann: »Das Gebiet um Leningrad wird von den Finnen beansprucht; der Führer will Leningrad dem Erdboden gleichmachen lassen, um es dann den Finnen zu geben.«

Am 21. Juli stattete Hitler einen persönlichen Besuch bei der Heeresgruppe Nord (Feldmarschall von Leeb) ab, deren Panzergruppe 4 den Hauptangriff zu führen hatte. Nach Hitlers Abflug diktierte Leeb eine Notiz für das Kriegstagebuch: »Für die zu erwartenden Kämpfe besonders der Panzergruppe 4 betonte der Führer, er rechne mit zähem Widerstand des Gegners südlich Leningrad, da die russische Führung sich klar sein müsse, daß mit Leningrad einer der für das russische Volk in den letzten 24 Jahren herausgestellten Exponenten der Revolution verlorenginge, und daß es im Zusammenhang mit dem slawischen Volkscharakter, der unter der starken Belastung der Kämpfe schon stark angegriffen sei, mit dem Fall von Leningrad auch zum völligen Zusammenbruch kommen könne...« Deshalb erwäge der Führer die Möglichkeit, die Panzergruppe 3 (Generaloberst Hoth) von der Heeresgruppe Mitte nach Norden abzudrehen, damit die Bahnlinie Leningrad-Moskau schnell unterbrochen würde. Wenn außerdem Generaloberst Guderians Panzergruppe 2 nach Südosten eindrehe, würden zwar nur Infanterie-Armeen für den Stoß auf Moskau bleiben. »Aber der Umstand mache dem Führer keine Sorge«, diktierte von Leeb weiter, »da Moskau für ihn nur ein geographisches Ziel sei.«

Es war eine schwere Entscheidung. Wie Hitler selbst unter dem schwülen Klima leidend, lamentierte Halder am 28. Juli in einem Privatbrief:

»›Man‹ macht wieder in Feldherr und verbiestert sich auf so ausgefallene Ideen, daß damit der ganze Ertrag der bisher schön verlaufenden Operationen in Frage gestellt wird. Der Russe geht nicht von selbst weg, wie der Franzose, wenn er operativ geschlagen wird, sondern läßt sich einzeln totschlagen in einem Lande, daß zur Hälfte aus Wald und Sumpf besteht. Das dauert eben seine Zeit, und das halten seine [Hitlers] Nerven nicht aus. Alle paar Tage bin ich dort. Stundenlanges Gerede mit dem Ergebnis, daß es eben nur einen Menschen gibt, der etwas vom Kriegführen versteht.«

Zu Botschafter Oshima sagte Hitler am 14. Juli: »Bei unserem Vormarsch sind wir nicht leichtsinnig und werden nur so weit vorstoßen, wie wir auch wirklich halten können.« Rundstedt schrieb sechs Tage später privat: »Heute war Halder hier mit sehr weitreichenden Planungen, man mag aber über das nächste nicht rausdenken.« Hitlers Landgier schien keine Grenzen zu kennen. Man hörte ihn sagen: »Eingetreten in diesen Krieg bin ich als Nationalist, aber hervorgehen werde ich aus ihm als Imperialist.« Das war eine Rolle, die er von Grund auf genoß. Einmal nach der üblichen Teestunde begleitete er seine Privatsekretärin auf den Wegen zwischen den Betonbunkern, die Sekretärin hatte ihre Taschenlampe auf seinem Schreibtisch vergessen und stolperte in der Finsternis. Er schickte einen Diener los, die Lampe zu holen, doch der kam ohne sie zurück: Sie sei verschwunden. Worauf Hitler schwor: »Ich hab' sie fei net gestohlen. Ich bin wohl ein Ländledieb, aber kein Lämplestehler!« Und unter schallendem Gelächter fügte er hinzu: »Und das ist gut so, denn die Kleinen hängt man, aber die Großen läßt man laufen!«

Am 16. Juli hämmerte er seinen Günstlingen in einer fünfstündigen Besprechung ein, daß allein die Deutschen die Nutznießer dieses Krieges sein dürften. Reichsleiter Rosenberg war gekommen, um seine Ernennung zum Reichsminister für die besetzten Ostgebiete zu erhalten; außerdem sollte über die zu ernennenden Reichskommissare verhandelt werden.

Was die deutsche Zielsetzung im Osten betreffe, so führte Hitler aus (laut Bormann-Niederschrift), wesentlich sei es, selbst zu wissen, was man wolle: nämlich genauso vorzugehen wie in den Fällen Norwegen, Dänemark, Holland und Belgien, wo Deutschland insgeheim seine Gebietsansprüche schon abgesteckt habe, ganz gleich, was man aus taktischen Erwägungen heraus auch öffentlich verkünde; ebenso müsse Deutschland auch in Rußland auftreten, als wolle es nur ein *Mandat* ausüben.« »*Uns* muß aber dabei klar sein daß wir aus diesen Gebieten nie wieder herauskommen. Nie darf erlaubt werden, daß ein anderer Waffen trägt, als der Deutsche!« Da das wichtigste Gebiet für die nächsten drei Jahre zweifellos die Ukraine sei, wünschte Hitler, daß dort Gauleiter Erich Koch als Reichskommissar eingesetzt werde.

»Gegen 18 Uhr war eine Kaffeepause«, heißt es im Tagebuch des Generalkonsuls Otto Bräutigam, Verbindungsoffizier Rosenbergs zum OKH:

»Scharf kritisierte der Führer die Schweden, die ein nur sehr geringes Kontingent für den Kampf gegen den Bolschewismus stellten, und auch der Reichsmarschall bezeichnete die Schweden als dekadent. Dagegen ernteten die Finnen für ihr tapferes Verhalten großes Lob.
Nach der Pause wurden die Verhandlungen fortgesetzt. Gegen 20.30 Uhr war dann endlich die Einigung erzielt. Der Reichsleiter... erzählte uns den Verlauf der Verhandlungen. ... Mit dem Reichsmarschall, der über den Wirtschaftsführungsstab Ost die Wirtschaft in den besetzten Ostgebieten leitet, kam ein Kompromiß zustande, ebenso mit dem Reichsführer SS, der gleichfalls nicht darauf verzichtete, von Berlin aus... die eingesetzten SS-Polizeiverbände zu führen...
Der Reichsleiter teilte noch mit, daß gegen sämtliche Kandidaten für die Posten der Reichskommissare schwere Einwendungen erhoben worden seien, daß aber sämtliche Kandidaten nunmehr durch seien, und zwar: Gauleiter [Hinrich] Lohse für das Reichskommissariat Ostland, Gesandter [Siegfried] Kasche für RK Rußland mit Sitz in Moskau, Gauleiter [Richard] Kube für das RK Ukraine und Stabsleiter [Arno] Schickedanz für RK Kaukasien, zusammen mit dem Gesandten [Dr. Hermann] Neubacher, als Leiter der Wirtschaft. Von der Kaffeetafel ist nachzutragen, daß der Führer die völlige Eindeutschung der Krim als notwendig bezeichnete und sich lange über die Stärke der sowjetischen Panzerwaffe ausließ. Er sagte zu Göring: ›Sie wissen, daß ich bei diesem Feldzug zum ersten Mal starke Hemmungen wegen der Unsicherheit über die Stärke des Gegners gehabt

habe und ich weiß nicht, ob ich den Entschluß gefaßt hätte, wenn mir die gesamte Stärke des Sowjetheeres und besonders die gewaltige Aufrüstung mit Panzern bekannt gewesen wäre.‹«

In Rußland wollte Hitler weder Schulen noch die Religion fördern. Darin stieß er auf Widerspruch beim streng katholischen von Papen. »Im übrigen«, schrieb Bräutigam am 16. Juli, »gab es scharfe Ausfälle gegen den Botschafter von Papen, der dem Führer einen Plan unterbreitet hatte, eine religiöse Missionstätigkeit in den besetzten Ostgebieten – offenbar durch Rom – durchführen zu lassen. Der Führer hatte diese Anregung sehr ungnädig aufgenommen und verbot ausdrücklich jede religiöse Beeinflussung des Landes von außen. Nach kurzem Bedenken meinte er allerdings, es wäre vielleicht besser, alle christlichen Konfessionen hereinzulassen; dann würden sie sich wahrscheinlich mit den Kruzifixen gegenseitig den Schädel einschlagen.

In dem »kommenden Imperium Deutschlands« – wie Hewel die Äußerungen Hitlers notierte – sollten alle Soldaten, die zwölf Jahre gedient hatten, automatisch das Recht auf einen vollständigen Bauernhof, ausgestattet mit Vieh und allen Geräten, erhalten. Voraussetzung sei lediglich, daß diese Neubauern ein Mädchen vom Lande heiraten. Sie würden ihre Waffen behalten und zur Wehrhaftigkeit gegen die asiatischen Horden jederzeit verpflichtet sein. Die Unteroffiziere würden Tankstellen an den großen Autobahnen bekommen, die Hitler gedenke, in Rußland besonders zur Krim zu bauen. Diese Wehrbauern würden dann vor allem viel bessere Lehrer abgeben als die Volksschullehrer mit Hochschulbildung, die immer unbefriedigt sein würden. Nicht daß Hitler etwa die Absicht hatte, die russische Masse zu bilden. »Es liegt in unserem Interesse«, sagte er, »daß diese Leute gerade genug wissen, um die Schilder an der Straße zu erkennen.«

Am 17. Juli unterzeichnete Hitler die Erlasse, durch die alles Behandelte Gesetzeskraft erlangte. Parallel zu Ribbentrops Auswärtigem Amt wurde das »Ost-Ministerium« Rosenbergs geschaffen.

Reichsführer SS Heinrich Himmler wurde mit umfassenden Vollmachten zur polizeilichen Sicherung der neubesetzten Ostgebiete ausgestattet. In einigen Gebieten, vor allem im Baltikum, hatte sich die Judenfrage schon gelöst. Hier hatte die einheimische Bevölkerung schon primitive Rache für die sowjetischen Ausschreitungen bei dem Einmarsch im Jahre 1940 genommen. Jetzt waren die Litauer und Letten dabei, in blutigen Pogromen die »jüdischen Elemente« zu liquidieren. Die Heeresgruppe Leeb fragte wegen dieser Ausschreitungen beim Führerhauptquartier am 5. Juli an und erhielt von Oberst Schmundt persönlich die Erwiderung, es handele sich dabei um eine notwendige »Flurbereinigung«. Auch dem Generalkonsul Bräutigam fielen diese Begebenheiten auf bei einem Besuch in Kowno. Er schrieb am 11. Juli: »Unter unserer stillschweigenden Duldung werden zahlreiche Judenpogrome von der litauischen Hilfspolizei durchgeführt...«

Von welchem »Pioniergeist« Hitler beflügelt war, geht aus einem nüchternen Absatz in Hewels Tagebuch unter dem 10. Juli hervor:
»Er sagt: ›Ich fühle mich wie Robert Koch in der Politik. ... Ich entdeckte den Juden als den Bazillus und das Ferment aller gesellschaftlichen Dekomposition. ... Und eines habe ich bewiesen, daß ein Staat ohne Juden leben kann... und zwar besser, das ist der schlimmste Schlag, den ich den Juden versetzt habe.‹«
Zu diesem Bild kehrte er einige Tage später zurück, als er den kroatischen Verteidigungsminister Kwaternik empfing: »Wenn auch nur ein Staat aus irgendwelchen Gründen eine jüdische Familie bei sich duldet, so würde diese der Bazillenherd für eine neue Zersetzung werden. Gibt es keine Juden mehr in Europa, so wird die Einigkeit der europäischen Staaten nicht mehr gestört werden. Wohin man die Juden schickt, nach Sibirien oder nach Madagaskar, ist gleichgültig.«

Vor zwei Jahren hatte Hitler bei einem Frühstück in Berlin General der Artillerie Friedrich von Boetticher gegenüber, dem Militärattaché in Washington, erklärt, er sei im Besitz von Dokumenten, mit denen bewiesen werden könne, daß Roosevelt jüdische Vorfahren habe.
Hitler war außerstande, eine andere Erklärung für Roosevelts Versuche zu finden, im Sommer 1941 einen Krieg mit Deutschland anzufangen. Am 13. Juli notierte Rittmeister Hasso von Etzdorf eine Äußerung des Führers: »Solange noch Ost-Operationen laufen, lassen wir uns nicht provozieren. Später sollen die Amerikaner ihren Krieg kriegen, wenn sie ihn durchaus haben wollen!« Dem Großadmiral Raeder erklärte er, ihm liege alles daran, den Kriegseintritt der USA noch um ein bis zwei Monate hinauszuschieben, da seine gesamte Luftwaffe noch im Ostfeldzug eingesetzt sei. Und außerdem, teilte Raeder der Seekriegsleitung mit, glaube der Führer »nach wie vor, daß Wirkung siegreichen Ostfeldzuges auf Gesamtlage, vermutlich auch auf Haltung USA, sehr groß sein werde und daher während Ostfeldzuges keinerlei Maßnahmen gegen USA-Streitkräfte zugestanden werden dürfen«. Hitler bot sogar die Verminung der von den USA besetzten isländischen Häfen.
Leicht waren diese Beschränkungen nicht hinzunehmen, denn aus entschlüsselten Funksprüchen ging einwandfrei hervor, daß die US-Marine den Geheimbefehl erhalten habe, ohne Warnung oder Provokation auf jedes deutsche Schiff zu schießen, dem sie begegne; sollte das deutsche Schiff in der Lage sein, Meldung zu machen, werde die US-Regierung jede Beteiligung leugnen und eine Verwechslung mit britischen Einheiten vorgeben.
Doch Canaris vermerkte am 20. Juli: »Auch beim Reichsaußenminister von R. [ist] eine gewisse Ernüchterung festzustellen. So rechnet R. nun selbst mit dem nahe bevorstehenden Kriegseintritt Amerikas und sprach sich (zum ersten Male) abfällig über die ›journalistische‹ Berichterstattung Thomsen –

Boetticher aus.« Ribbentrops Renommee bei Hitler war zu diesem Zeitpunkt auf einem gewissen Tiefpunkt angelangt. In Abwesenheit des Ministers provozierte Hitler seine Adjutanten, sich über den RAM lustig zu machen.
Im Juli entzündete sich an der Frage, ob Ribbentrop für die Propaganda in Rußland zuständig sein sollte, ein heftiger Streit. Am 28. Juli brach Ribbentrop einen erneuten Streit mit Hitler vom Zaun, in dessen Verlauf er sogar Hitlers Entscheidung, Rußland anzugreifen, in Frage stellte. Hitler war so außer sich vor Zorn, daß er sich in einen Sessel fallen ließ und mit röchelnder Stimme zu dem wie versteinert dastehenden Ribbentrop sagte, er dürfe nie wieder seine Entscheidungen in Frage stellen. Ribbentrop gab ihm sein Wort. Hitler beauftragte Lammers, dem Minister Kenntnis davon zu geben, daß der diplomatische Dienst in Kriegszeiten beiseite zu stehen habe, bis die Kanonen wieder schwiegen.

Adolf Hitlers Gesundheitszustand war jetzt schlecht, zum ersten Mal seit fünf Jahren. Die Belastungen des Ostfeldzuges wirkten sich erheblich auf die Gesundheit des Diktators aus. Schlimmer noch, die stehenden Wasser Masurens hatten ihm einen Ruhranfall eingetragen.
Während sich die entscheidende strategische Kontroverse entwickelte, war Hitlers Durchsetzungsvermögen durch seine körperliche Schwäche beeinträchtigt; seine eigene große Strategie, die eine gewaltige Umfassungsbewegung durch die Heeresgruppen Nord und Süd und die Einschließung Moskaus vom Rücken her vorsah, wurde vom OKH umgangen. Als der Oberbefehlshaber des Heeres einmal in der Wolfsschanze erschien, wies Hitler ihn darauf hin, daß die Entwicklung der Fronten zu einer Erstarrung wie im Weltkrieg führen müsse; seine Warnung blieb unbeachtet. »Der Führer«, schrieb Generaloberst Halder am 8. August, »hat trotz seiner gesundheitlichen Unpäßlichkeit dem Ob. d. H. genaueste Anweisung gegeben...«
Man wird nie mit Sicherheit feststellen können, ob Hitlers militärischer Plan die besseren Aussichten eröffnet hätte; sicher ist eines – daß von Bocks Armeen noch immer vor Moskau standen, als der Winter hereinbrach. »Ich bin auch heute der Ansicht«, sagte Göring später, »daß ohne diese Verwässerung von Hitlers ursprünglichem genialen Plan der Ostfeldzug spätestens im Frühjahr 1942 entschieden gewesen wäre.«

Die Krise begann am 7. August. Plötzlich wurde Leibarzt Theo Morell telefonisch herbeigerufen, »[Ich] solle *sofort* zum Führer kommen. ... Sei in seinem Bunker. ... ›Es ist mir sehr schlecht wie es mir vorher nicht war. Es ist mir plötzlich soeben schwindelig geworden. Ich weiß nicht, was das ist. Hier oben an der Schläfe (links) ist da ein so eigenartiges Gefühl. ... Auch habe ich mich kürzlich voll erregt, maßlos aufgeregt und fühle mich seit der Zeit wenig wohl.‹ ... Tremor der ausgestreckten Hände.

... Vitamultin-C- und Glyconorm-Injektionen gemacht. Nadel beim Einstich geknickt.«*

Am nächsten Tag schrieb Morell, »Führer sehr ärgerlich, fühle sich schlechter als gestern, keine Minute geschlafen... Injektionen ließe er sich im Moment keine mehr machen. Die Injektionsstelle tue ihm so noch weh, daß alles Andere dagegen zurückträte... Ohrsausen links sei das gleiche. Ich wollte noch Rizinus geben, was abgelehnt wurde, ebenso andere Abführmittel, auch Zwetscherbrühe, da sie ihm zu viel Gase mache... Führer dann aufgestanden, angezogen und ins Kartenzimmer gegangen.« Morell bemerkte: »So schlechte Laune mir gegenüber habe ich beim Führer noch nicht gesehen.«

Um 11. Uhr vormittags des 9. August sah Morell seinen Patienten wieder. »Ich glaube, Doktor, es geht wieder. Können wir's kurz machen mit der Untersuchung? Weil ich ins Kartenzimmer möchte.« Während des Mittagessens wurde der Arzt aber nochmals gerufen: »Besprechung wegen Blutegel«, schrieb Morell.

Am Nachmittag des 11. setzte Morell zwei Blutegel an. »Führer klopfte die Blutegel aus dem Glas. Ich mußte sie mit den Fingern ansetzen, da sie aus der Pinzette glitten.« Hitlers Kammerdiener sollte später schildern: »Hitler saß dabei vor einem Spiegel und sah interessiert zu, wie sich die Blutegel mit seinem Blut vollsaugten.« Dann atmete er auf. »Ah, gut!« sagte er, »jetzt habe ich den Kopf wieder frei.« Morell berichtete im Tagebuch: »Nachheriges Bluten noch etwa zwei Stunden... Führer geht wegen der beiden Hansaplaststreifen nicht zum Abendessen. Führer zur Lage und dann Teegesellschaft. *Ohrgeräusche weg!*«

Am 14. August nahm Morell Hitlers EKG. Die Meßergebnisse wurden Professor Karl Weber, Direktor des Herzinstituts von Bad Nauheim, zur Auswertung zugeschickt. Ihm wurde lediglich mitgeteilt, es handele sich um die Kurven eines »sehr beschäftigten Diplomaten«. Webers Diagnose lautete, daß »Patient A.« an einer praktisch unheilbaren Herzkrankheit leide, einer rasch fortschreitenden Koronar-Sklerose. Wahrscheinlich ist, daß Morell ihm diese düstere Herzdiagnose vorenthielt. In aller Stille begann Morell jedoch mit dem Studium medizinischer Werke über das Herz, und neue Medikamente erschienen in Hitlers ohnehin schon überfüllter Hausapotheke.

Während des ganzen nun folgenden Winters gehörte Morell zu den täglichen Besuchern der Wolfsschanze. Hitler fügte sich in die Methoden seines korpulenten Leibarztes. »Morell hat mir gesagt, daß der Energie-Verbrauch so hoch ist, durch meine ununterbrochene und intensive Arbeit, und daß der Verschleiß abnorm hoch ist, wie in den Tropen und daß er deswegen die Spritzen geben muß«, sagte Hitler in Gesprächen mit anderen Ärzten und: »Morell ist noch beim Forschen.«

---

* David Irving (Herausgeber): *Die geheimen Tagebücher des Dr. Morell* (München, 1983)

»Gespräche« ist vielleicht nicht das richtige Wort; es waren Monologe, gehalten in Hitlers bajuwarisch-österreichisch gefärbter Stimme in der Enge seines Bunkers vor ein paar wenigen Vertrauten.

Hitler sprach über die Partei, das Christentum; über den Darwinismus und über die großen europäischen Philosophen wie Kant, Schopenhauer und vor allem Nietzsche, wie Hewel sich notierte: »Bejahung der Naturgesetze und des Kampfes. Positive Gebrauchsanweisung. Daher der eigentliche Philosoph des Nationalsozialismus. Auch Mussolini größter Verehrer von Nietzsche.«

Seine getreue Sekretärin Christa Schroeder hatte am 13. Juli geschrieben: »Es ist alles so einleuchtend, was der Chef sagt, wenn er z. B. ausführt, daß das Christentum durch seine Verlogenheit und Heuchelei die Menschheit in ihrer Entwicklung – kulturell gesehen – um 2000 Jahre zurückgebracht hat. Ich muß doch wirklich endlich mal anfangen, mir hinterher Notizen über die Ausführungen des Chefs zu machen. Nur dauern diese Sitzungen immer wahnsinnig lange... Vorgestern nacht, als wir vom Chef rauskamen, war es schon hell... Wir sind in die Küche gegangen, haben ein paar Stullen gegessen und sind dann anschließend 2 Stunden gelaufen direkt in den Sonnenaufgang hinein, vorbei an Rinder- und Pferdekoppeln, an Hügeln, die mit rotem und weißem Klee in der Morgensonne einfach märchenhaft aussahen und an denen ich mich nicht satt sehen konnte und dann zurück und ins Bett. Vor 14.15 Uhr sind wir einfach unfähig, aufzustehen. Ein verrücktes Leben... So einen komischen Beruf, wie die Daranowski und ich ihn haben, wird es auch kaum noch einmal geben. Essen, trinken, schlafen, ab und zu mal etwas schreiben und zwischendurch stundenlang Gesellschaft leisten. Neuerdings machen wir uns insofern nützlich, als wir für den Chef Blumen pflücken, damit der Bunker nicht allzu kahl ausschaut.«

»Über P. soll der Pflug gehen«

Als Hitler den Feldmarschall Bock, einen großen, knochigen, aufrechten preußischen Berufssoldaten, am 4. August 1941 vor Smolensk besuchte, zeigte sich bei der Besprechung, daß Hitler sich noch nicht darüber im klaren war, wie die Operationen weitergeführt werden sollten. Zum einen war Hitler noch ganz berauscht von den »weltgeschichtlichen Erfolgen« Bocks. »Jetzt wird Ordnung gemacht für tausend Jahre«, hatte er ausgerufen, als er früh am Morgen das Führerhauptquartier verließ.
Zum anderen, was war eigentlich Rußlands »lebendige Kraft«, seine militärische Stärke? Halder selbst gab jetzt zu, daß Rußland unterschätzt worden sei: »Wir haben bei Kriegsbeginn mit etwa 200 feindlichen Divisionen gerechnet. Jetzt zählen wir bereits 360. Für Hitler lag die Hauptaufgabe in einem Angriff auf die sowjetischen Rüstungszentren, Rohstoffquellen im Donezgebiet beginnend bei Charkow: »Dort liegt die Gesamtbasis der russischen Wirtschaft.« Wenige Tage später sollte er einem Diplomaten erklären: »Bald werden wir im Besitz der reichsten russischen Wirtschaftsgebiete sein, die 61 Prozent des gesamten russischen Eisens und 35 Prozent des russischen Molybdäns enthalten; und nach der Abschnürung der Ölzugänge aus dem Süden wird das Schicksal des Bolschewismus besiegelt sein.«
Als er am 6. August Rundstedt und General Antonescu im Gefechtsstand der Heeresgruppe Süd, in der trübsinnigen ukrainischen Stadt Berditschew, besuchte, hatte Hitler sich so gut wie entschieden. Seinen Hauptstoß würde er in südöstlicher Richtung nach den Erzgebieten hin führen, während im Norden der Vorstoß auf Leningrad von den Luga-Brückenköpfen aus begann. Moskau werde man sich bis zum Schluß aufsparen. Die Meteorologen hatten ihm ohnehin versichert, daß es im Mittelabschnitt länger trocken sein werde als im Süden. Dennoch wurde keine feste Weisung ausgegeben.

In der Wolfsschanze begann jetzt Hitler, regelmäßig jeden Mittag und jeden Abend Lagebesprechungen zu halten – theatralische Veranstaltungen, beherrscht von den insistierenden, stundenlangen Monologen des Führers, die jeden Tag viele Stunden in Anspruch nahmen und die Energie von Generalen verzehrten, die mit Ingrimm daran dachten, daß sie anderswo dringender gebraucht wurden. Daß er vor einem so großen und stets willfährigen Teilnehmerkreis zu sprechen hatte, erschwerte es dem einzelnen vortragenden General, offen seine Meinung zu sagen. Hitlers Befehlshaber merkten allerdings bald, daß man mit ihm unter vier Augen recht offen reden konnte;

aber die erforderliche Courage besaßen doch nur wenige, unter ihnen Rundstedt, Reichenau, Guderian, Manstein sowie später Schörner, Milch und Zeitzler.

Alles Leben im Sperrkreis I drehte sich um Hitler. War er nicht da, dann war es, als habe man den Generator aus dem Kraftwerk entfernt. In Gunst standen diejenigen, die einen Paß zu diesem innersten Heiligtum besaßen.

»Gewissen Leuten ist es ein Dorn im Auge«, schrieb Christa Schroeder, »daß der Chef auch im Kriege seinen persönlichen Stab um sich hat, insbesondere natürlich, daß darunter zwei weibliche Wesen sind.... Wir sind ja nicht aus freien Stücken hier, sondern nur deshalb, weil der Chef es wünscht und behauptet, er könne nur mit uns arbeiten. Er hat mehr als einmal in Gegenwart dieser Herren betont, daß er ohne uns... aufgeschmissen wäre...«

Drei Wochen später beklagte sich dieselbe Sekretärin wieder über die Eintönigkeit. »Wir sitzen nun schon 9 Wochen hier, und wie man hört, werden wir bis Ende Oktober noch bleiben. Das ist doch wirklich eine lange grausliche Zeit: Wenig Arbeit... immer dieselben Gesichter, dieselben Gespräche.«

Was sie schrieb, spiegelt unverkennbar die inneren Gedanken Hitlers wider. Lesen wir, was sie am 20. August weiter zu berichten hatte:

»Wir haben vor einigen Tagen eine engl. Wochenschau gesehen, die aus Amerika kam und die grauenhaften Verwüstungen ganzer Straßenzüge Londons zeigte. All' die großen Warenhäuser, das Parlament etc. sind vernichtet. Die Kamera zeigte, über ganze Stadtviertel wandernd, die riesigen Brände, Lagerhaus an Lagerhaus ein Flammenmeer. Im Text sagte man, daß die Engländer dies alles leicht ertrügen in dem Bewußtsein, daß es in Berlin ja genauso aussähe. Na, wenn die armen Engländer eine Ahnung hätten!...

Ich wünschte ja nichts sehnlicher, als daß die Engländer wenn wir Rußland erledigt haben, mit Friedensvorschlägen kommen würden. Der Krieg mit England kann nur noch dazu führen, daß wir uns gegenseitig die Städte zertrümmern. Und Herr Roosevelt lacht und freut sich schon darauf, Englands Erbe anzutreten. Mir ist es wirklich unverständlich, daß die Engländer keine Vernunft annehmen. Nachdem wir uns nach dem Osten ausbreiten, brauchen wir ihre Kolonien nicht. Ich finde es ja auch viel praktischer, wenn wir alles schön beieinander haben. Die Ukraine und die Krim sind so fruchtbar, da können wir alles anbauen, was wir gebrauchen, und das übrige (Kaffee, Tee, Kakao usw.) können wir im Austausch mit Südamerika hereinholen. Es ist an sich alles so einfach und klar.«

Ganz anders dachten Churchill und Roosevelt. In der zweiten Augustwoche hatten sie sich vor Neufundland getroffen und eine acht Punkte umfassende Atlantik-Charta proklamiert, in der sie bekräftigten, daß sie keine territorialen Ansprüche hätten, daß sie jede territoriale Veränderung mißbilligten, die nicht mit den frei artikulierten Wünschen der unmittelbar betroffenen Menschen übereinstimmte. Am 25. August fielen Großbritannien und die Sowjetunion in Iran ein; und die Vereinigten Staaten übernahmen jetzt die Sicherung der Dänemarkstraße (südlich von Island) und den Geleitschutz für die Nordatlantik-Konvois. Die Abgrenzung zwischen Neutralität und Kriegführung wurde also immer verwaschener. Hitler billigte die boshafte Idee seines Propagandaministers, unmittelbar auf die großsprecherische Rundfunkrede Attlees, in der die atlantischen Gespräche bekanntgegeben worden waren, zwei Sondermeldungen folgen zu lassen, daß die Schwarzmeerhäfen Odessa und Nikolajew umschlossen seien und daß sich das sowjetische Erzgebiet nun in deutscher Hand befinde.

Der Führer hatte Goebbels gebeten, ihn zu besuchen. Anlaß zu dieser Einladung war der zunehmende öffentliche Protest gegen das geheime Euthanasie-Programm. Sogar der Oberste Richter der NSDAP, Walter Buch, hatte Himmler deswegen beunruhigt geschrieben. Der Reichsführer antwortete vertraulich am 19. Dezember 1940: »Das, was dort vor sich geht... geschieht auf Grund einer Ermächtigung des Führers durch eine Kommission von Ärzten.« Anfang Juli 1941 hatte der widerspenstige Bischof von Münster, Clemens August Graf von Galen, den Euthanasieskandal in einem Hirtenbrief publik gemacht und am 27. Juli bei der Staatsanwaltschaft des Landgerichts Münster Strafanzeige gegen Unbekannt erstattet. Für Partei und Regierung gleichermaßen entstand eine höchst peinliche Lage: Denn Hitlers Geheimerlaß vom Jahre 1939 war ja nie veröffentlicht worden. Bormann legte Hitler ein Memorandum über die Zweckmäßigkeit einer Hinrichtung des streitbaren Bischofs vor. Goebbels unterstützte Bormann mit dem Argument, von Galen hätte seine Predigt mit gänzlich unbelegten Anschuldigungen gespickt: So sollten z. B. schwer verwundete deutsche Soldaten auch umgebracht worden sein. Hitler ließ jedoch derlei Empfehlungen wohlweislich außer acht und ordnete statt dessen am 24. August die unverzügliche Einstellung des Euthanasieprogramms an.
Die Euthanasieaktion lief dessenungeachtet weiter. Von der Kriegführung völlig in Anspruch genommen, entging Hitler auch, daß Bormann die Kirchen bereits offen bekämpfte. Bei einer Gelegenheit erklärte Hitler dagegen, wenn seine Mutter noch lebte, würde sie heute zweifellos in die Kirche gehen, und er wollte und könnte sie nicht daran hindern. »Im Gegenteil, man müsse vor der naiven Gläubigkeit der Menschen Respekt haben.« Goebbels und Rosenberg gegenüber versicherte er, daß er den deutschen Kirchenführern ihr Verhalten in einer schwierigen Zeit nicht vergessen werde. Aber zuerst mußte der Krieg gewonnen werden, und bis dahin hatte sich die NS-Partei gegenüber der Kirche Zurückhaltung aufzuerlegen. Am 30. Juli wies Bormann auf Hitlers Anweisung in einem Rundschreiben alle Gauleiter an: »Jede kleinliche Nadelstichpolitik muß unterbleiben.« Ein derartiges Vorgehen würde nur die Volksgemeinschaft spalten, die Hitler mit so viel Mühe geschaffen hatte.
Auch in der Judenfrage war Hitler nicht die treibende Kraft im Sommer

1941. »Der deutsche Soldat«, so hieß es in einer ausgearbeiteten Vortragsnotiz, »hat im Ostfeldzug die Juden in ihrer Gemeinheit und Widerwärtigkeit erlebt«. »Klar ist, daß der Soldat, wenn er aus dem Kriege zurückkommt, keine Juden mehr vorfinden darf.« Seit den Sommermonaten des Jahres 1940 hatte Goebbels Maßnahmen für eine möglichst rasche Deportation der 70000 Berliner Juden nach Polen getroffen. Seine Pläne waren jedoch daran gescheitert, daß die Kriegsmaschinerie die Transportmöglichkeiten zuallererst für sich beanspruchte. Als Goebbels am 18. August Hitler in der Wolfsschanze aufsuchte, schlug er »scharfe Sofortmaßnahmen« vor, um die Juden zusammenzutreiben und einzuschüchtern. »Man braucht sich nur vorzustellen«, notierte sich Goebbels, »was die Juden mit uns machen würden, wenn sie die Macht besäßen, um zu wissen, was man tun muß, da wir die Macht besitzen.«

Nach dem Vortrag schrieb Goebbels: »In der Judenfrage kann ich mich beim Führer vollkommen durchsetzen. Er ist damit einverstanden, daß wir für alle Juden im Reich ein großes sichtbares Judenabzeichen einführen, das von den Juden in der Öffentlichkeit getragen werden muß, so daß also dann die Gefahr beseitigt wird, daß die Juden sich als Meckerer und Miesmacher betätigen können, ohne überhaupt erkannt zu werden. Auch werden wir den Juden, soweit sie nicht arbeiten, in Zukunft kleinere Lebensmittelrationen zuteilen als dem deutschen Volke.... Im übrigen sagt der Führer mir zu, die Berliner Juden so schnell wie möglich, sobald sich die erste Transportmöglichkeit bietet, von Berlin in den Osten abzuschieben.«

Hitler erinnerte Goebbels auch an seine Reichstagsrede vom Januar 1939:

»Der Führer ist der Überzeugung, daß seine damalige Prophezeiung im Reichstag, daß, wenn es dem Judentum gelänge, noch einmal einen Weltkrieg zu provozieren, er mit der Vernichtung der Juden enden würde, sich bestätigt. Sie bewahrheitet sich in diesen Wochen und Monaten mit einer fast unheimlich anmutenden Sicherheit. Im Osten müssen die Juden die Zeche bezahlen; in Deutschland haben sie sie zum Teil schon bezahlt... Jedenfalls werden die Juden in einer kommenden Welt nicht viel Grund zum Lachen haben...«

Es war ein schöner Sommertag, und da Hitler seine Krankheit überwunden hatte, konnte die vierstündige Besprechung mit Goebbels während eines Spaziergangs in den Wäldern stattfinden – es war das erste Mal in fünf Wochen, daß Hitler sich aus seinem Bunker an die frische Luft begab. Goebbels fiel das angegriffene Aussehen des Führers auf. Hitler erkundigte sich bei Goebbels nach der Lage in Berlin, das in jüngster Zeit auch kleinere sowjetische Luftangriffe hatte hinnehmen müssen; über die Stimmung des Volkes insgesamt machte er sich keine Sorgen.

Der große Vorstoß der Wehrmacht nach Süden sollte in Kürze beginnen. »Der Führer geht dabei nicht einmal ausgesprochen auf Gelände- oder Städtegewinn aus«, schrieb Goebbels. »Er will nach Möglichkeit Blut

schonen. So hat er die Absicht, Petersburg [d. h.: Leningrad] und Kiew nicht einmal mit Waffengewalt zu nehmen, sondern auszuhungern. Ist Petersburg erst einmal eingeschlossen, so geht sein Plan dahin, die Versorgung dieser Stadt durch die Luftwaffe und durch die Artillerie zerschlagen zu lassen. Unsere ersten Angriffe durch die Luftwaffe gehen auf die Wasser-, Elektrizitäts- und Gaswerke.«
Vermutlich sagte Hitler dann weiter zu Goebbels, Stalin werde jetzt doch um einen Frieden bitten: »Ihn verbindet natürlich mit der Londoner Plutokratie nur sehr wenig... sieht er einmal ein, daß nun überhaupt das bolschewistische System vor dem Zusammenbruch steht und nicht mehr gerettet werden kann als nur durch die Kapitulation, so wird er gewiß auch zu einer Kapitulation bereit sein.«
»Wir wissen heute vielleicht noch gar nicht, in welch einer prekären Lage wir im Juni dieses Jahres gewesen sind«, schrieb Goebbels. Während einige deutsche Divisionskommandeure den Feldzug mit ADAC-Straßenkarten hatten beginnen müssen, stellten sie fest, daß der Feind bessere und detailliertere Karten von Deutschland, Österreich und Schlesien besaß als sie selbst. Die Luftaufklärung ergab, daß Stalin ein gewaltiges Rüstungszentrum jenseits des Urals aufgebaut hatte. Auch hatten die Russen eine ganze Reihe von Autostraßen angelegt, die den Deutschen bis dahin ganz unbekannt gewesen waren und auf denen die Russen vorrückten, während die Deutschen die alten, ihnen bekannten Straßen und Wege benutzten. In Kasernen der Roten Armee wurden beschossene Papp-Zielscheiben in Form deutscher Soldaten gefunden – hergestellt lange vor Juni 1941. Die meisten Befehlshaber Hitlers – darunter Bock, Kluge, Richard Ruoff – stimmten darin überein, daß Hitler den richtigen Moment gewählt habe, um »mit den Russen abzurechnen«.
Wiederholt bemerkte Hitler, er wolle nicht in den Fehler verfallen, den »ein anderer berühmter Mann« – nämlich Napoleon – bei seinem Unternehmen gegen Rußland begangen habe. Unter Einsatz Tausender von Gefangenen arbeiteten Pioniere Tag und Nacht, um die zerstörten russischen Eisenbahnlinien zu reparieren. Bis Mitte August ging der Verkehr schon doppelgleisig bis nach Smolensk.
Am 17. August belehrte er seinen Stab über die Gefahren einer zu optimistischen Kriegführung: »Man muß dem Feind immer das zutrauen, was einem selbst am unangenehmsten ist.« Er sprach von seinem »sechsten Sinn« und wie er versucht habe, sich darüber klar zu werden, was die Russen tun würden, wenn es zum Beispiel die Pripjet-Sümpfe nicht gäbe. Zwei Tage später zitierte Martin Bormann die Äußerungen Hitlers:
»Durch meine großangelegten Aktivitäten hat die deutsche Nation bis jetzt schon über 2½ Millionen Menschen dazugewonnen. Selbst wenn ich nur 10 Prozent davon als Opfer verlange, habe ich immer noch 90 Prozent beigesteuert.«
Am 18. August legte ihm das OKH eine Denkschrift vor, in der es wiederum

für die sofortige Wiederaufnahme des Angriffs auf Moskau eintrat, weil die Eroberung dieser Stadt mindestens zwei Monate in Anspruch nehmen würde und die Panzergruppen der Generalobersten Guderian und Hoth einen Vormarsch über große Entfernungen nur nach gründlicher Auffrischung ausführen könnten.

Hitler wies die Forderung rundheraus zurück. Vordringlich sei es vielmehr, die russischen Industriegebiete auszuschalten, außerdem werde ein schneller Fortschritt im Süden Teheran ermutigen, der bevorstehenden anglo-sowjetischen Invasion Widerstand entgegenzusetzen. Im übrigen sei es besonders wichtig, die Krim in die Hand zu bekommen, denn von Flugplätzen auf der Krim aus hatten russische Bomber vor kurzem ihre Angriffe gegen Rumänien geflogen, und Hitler gestand in einem vertraulichen Gespräch, das Bild des »in lodernden Bränden qualmenden Erdölgebietes von Ploesti« verfolge ihn als »Angsttraum in den Schlaf«. Er glaubte den Panzergenerälen die ewigen Klagen, daß ihre Fahrzeuge überholungsbedürftig seien, nicht mehr; damit waren sie ihm schon vor Dünkirchen gekommen. Sie hätten nun einmal etwas gegen seine Strategie.

Nun, da seine Gesundheit sich gebessert hatte, nahm Hitler die Zügel wieder fest in die Hand. Am 21. August schickte er von Brauchitsch einen rüden Brief, der mit den Worten begann: »Der Vorschlag des Heeres ... stimmt mit meinen Absichten nicht überein. Ich befehle folgendes: ...« – und er wiederholte die Ziele, die er seit Dezember 1940 beharrlich verfolgt hatte: im Norden die Abschließung Leningrads, im Süden die Wegnahme der Krim und des Industrie- und Kohlengebietes am Donez sowie die Abschnürung der russischen Ölzufuhr aus dem Kaukasus. Von Bocks Heeresgruppe Mitte habe vor Moskau in der Defensive zu bleiben.

Diese Zurechtweisung wirkte auf das Heer wie ein Peitschenhieb. Brauchitsch bekam seinen ersten Anfall von Angina pectoris; Halder brach in einen Weinkrampf aus. Am 23. August schrieb er seiner Frau:

»Qualvolle Tage liegen hinter mir. Wieder einmal habe ich mein Amt zur Verfügung gestellt, um einen Unsinn zu verhüten. Der Erfolg war völlig unbefriedigend. ... Das Ziel aber, das ich mir gesteckt hatte und das zu erreichen wäre, nämlich den Russen in diesem Jahr endgültig zu erledigen, wird nicht erreicht werden und wir werden über den Winter eine kräftezehrende Ostfront haben und im Frühjahr einen aus der Unermeßlichkeit seines Landes neue Divisionen schaffenden Feind, gegen den mit viel Blut vielleicht erzwungen werden kann, was jetzt mit einiger Kühnheit spielend zu erreichen wäre. Der schwerste Vorwurf, der einer Führung gemacht werden kann, daß sie aus Scheu vor Risiko den Angriffsschwung ihrer Truppen nicht nutzt, wird uns von der Geschichte gemacht werden. Wir hatten im Westfeldzug ähnliche Fälle. Dort hat der innere Zusammenbruch des Feindes die Fehler mit gnädigem Schleier verdeckt.«

Feldmarschall von Bock schrieb in ähnlicher Stimmung im Tagebuch: »Ich will gar nicht Moskau nehmen! Ich will das feindliche Heer zerschlagen und die Masse dieses Heeres steht vor meiner Front!« Er rief Schmundt am 23.

an und bat ihn, Hitler vorzuschlagen, daß er sich zumindest Guderian (Panzergruppe 2) anhöre. Guderians Vortrag bei Hitler fand in der Nacht vom 23. auf den 24. August statt: Nachdem Hitler gute Gründe für das Abdrehen der Panzergruppe nach Süden vorgebracht hatte, räumte Guderian ein, daß Hitler recht hatte. »Befriedigt und voller Hoffnung«, schrieb Guderian in einem Privatbrief am 2. September, »kehrte ich am 24. zurück.«
Bocks Wut und Halders Empörung über Guderians »Umfallen« waren groß. Halder entzog ihm das kampfkräftigste Korps, das XXXXVI. Panzerkorps, und unterstellte es der 4. Armee an der Front vor Moskau. Mit nunmehr zwei Panzerkorps gewann Guderian mit seiner Offensive nur langsam an Boden. »Seit dem 27. kämpfe ich nun um Verstärkungen, die nur tropfenweise und zu spät gewährt werden«, klagte er am 2. September in seinem Brief. Sein Stabschef notierte in seinen Aufzeichnungen: »Befehlshaber [Guderian] hat den Eindruck, daß die Heeresgruppe immer noch, ebenso wie Chef Generalstab an ihrem alten Plan – Vorstoß auf Moskau – festhalten.« Als Anfang September schlechtes Wetter anbrach, wurde Guderian klar, daß der Gegner rechtzeitig entwichen und somit der Vernichtung entgangen war.

Ende August hatte Hitler auch wieder Zeit für seine Verbündeten gefunden. Italien hatte ein Expeditionskorps in die Ukraine geschickt, und der Duce traf am 25. August in der Wolfsschanze ein. Hewel notierte: »Lagebesprechung, gemeinschaftl. Essen im Eßbunker, Unterhaltung mit Chef [Ribbentrop]. Abends kaltes Buffet im Garten. ... Mussolini besonders unsympathisch und dumm...« Am nächsten Tag zeigte Hitler dem Duce das Schlachtfeld von Brest-Litowsk, wo die zwei Tonnen schweren Geschosse seiner 62-cm-Mörser die Zitadelle in Trümmer gelegt hatten. Er gab zu, daß seine militärischen Nachrichtendienste ihn aufs gröblichste fehlinformiert hätten, was die sowjetische Widerstandskraft betreffe, aber er prophezeite den Endsieg für das Frühjahr 1942.
Am Abend fuhren die beiden Diktatoren nach dem Führerhauptquartier Süd in Galizien. Mussolini gesellte sich zu Hitler für ein Gespräch unter vier Augen – er schilderte bitter die ernste Lage seiner faschistischen Revolution*. Noch zwei Jahre später sollte Hitler sich daran erinnern: »Da wurde er [Mussolini] sehr nachdenklich, und dann habe ich im Zug mit ihm gegessen. Da sagte er plötzlich zu mir: ›Was glauben Sie, Führer, was soll man beginnen, wenn man Offiziere hat, die gegenüber dem Staatsregime,

---

* Am 30. August 1941 kehrte Canaris von einer Besprechung mit dem Chef des italienischen Nachrichtendienstes, Oberst Cesare Amé, nach Berlin zurück. Er berichtete den Männern seiner Abwehr: »A[mé] schildert die Lage in Italien als sehr kritisch. Die Überraschung, die der Feldzug im Osten gebracht habe, wirke sich auf die italienische Bevölkerung äußerst ungünstig aus.«

der Staatsidee eine ... Reservation besitzen? Die sagen in dem Moment, in dem man mit der Staatsidee oder der Staatsräson kommt: ‚Wir sind Monarchisten, wir unterstehen dem König!'«" Dies Bekenntnis der Ohnmacht Mussolinis gegenüber dem Königshaus wirkte erschütternd auf Hitler.
Am nächsten Tag flogen sie stundenlang über das fruchtbare ukrainische Land zu Rundstedts Heeresgruppengefechtsstand in Uman. Keitel sollte später schreiben: »Man fühlte die Jungfräulichkeit der Erde ...« Hitler beschrieb seine eigenen Eindrücke drei Wochen später mit Lebhaftigkeit: Tausende von Frauen habe er gesehen, aber keine einzige hätte nur den billigsten Schmuck getragen; in den armseligen Katen habe es weder Geschirr noch andere Haushaltsgegenstände gegeben. Erst wenn diese verängstigten und verschüchterten Kreaturen mit eigenen Augen sähen, daß ihre Kommissare erschossen worden wären, würden sie langsam wieder zu Menschen.
Bald schon würde der Sommer vorüber sein, und noch war Rußland nicht besiegt. Ende August schrieb seine kluge, einsichtige Sekretärin:

»Unser Aufenthalt hier im Quartier zieht sich immer mehr in die Länge. Zuerst dachten wir, Ende Juli wieder in Berlin sein zu können, dann redete man von Mitte Oktober und jetzt spricht man bereits davon, daß wir vor Ende Oktober – evtl. sogar noch später – hier nicht wegkommen. Es ist jetzt schon richtig herbstlich kühl hier, und wenn es dem Chef einfallen sollte, den Winter über hierzubleiben, werden wir mächtig frieren.
Gesund ist dieses lange im-Bunker-leben bestimmt für keinen von uns, der Chef sieht auch gar nicht gut aus, er kommt halt zu wenig an die frische Luft, und ist nun überempfindlich gegen Sonne und Wind, wenn er wirklich mal ein paar Stunden Auto fährt. Ich wäre ja furchtbar gern in Galizien geblieben, eigentlich waren fast alle dafür, aber die Sicherheit ist dort nicht so gewährleistet ...
Die ganze Landschaft dort ist freier, hier im Wald ist die Atmosphäre auf die Dauer drückend. Und vielleicht kommt noch etwas hinzu, was mich so ansprach und das war, daß man dort nicht so das Gefühl von Eingesperrtsein hatte, man sah die Bauern auf den Feldern arbeiten und fühlte sich dadurch frei, während wir hier im Gelände dauernd auf Posten stoßen, dauernd den Ausweis zeigen müssen. Aber wir sind ja dauernd von der Welt abgeschlossen, wo wir auch sind: in Berlin, auf dem Berg oder unterwegs auf Reisen, immer ist es derselbe abgegrenzte Kreis, immer derselbe Rundlauf innerhalb des Zaunes. Und darin liegt die große Gefahr, menschenscheu zu werden und den Kontakt mit dem wirklichen Leben zu verlieren ...«

Wie Hitlers Neuordnung für Europa im einzelnen aussehen sollte, das blieb sein Geheimnis. Daß sie den Juden, Slawen und Bolschewisten nur wenig Gutes bringen würde, lag auf der Hand, aber die Position von Ländern wie Italien, Frankreich und Ungarn war weniger klar umrissen, als man annehmen sollte. So berichtete Hitlers Marineadjutant, Puttkamer, am 11. August:

»Gestern beim Essen sprach der Führer über das Verhältnis zu Frankreich.

Dabei kam erstmalig zu Tage, warum er eigentlich in dieser Frage auf keinen Vorschlag eingeht. Er sagte, daß er glaube, daß ein Mann wie Darlan es ehrlich meine und daß er es ohne weiteres für möglich hielte, daß man mit Frankreich zu einem erträglichen Verhältnis kommen könne, wenn man vom Waffenstillstand zu einem Präliminarfrieden käme. Dies hielt er absolut für möglich, auch wenn wir schwere Forderungen stellten. Damit rechnete Frankreich, würde auch darauf eingehen und selbst auf unserer Seite mit in den Krieg eintreten. Der entscheidende Gegengrund seien aber die Forderungen Italiens (Tunis, Korsika). Hierauf könne keine französische Regierung eingehen. Er könne aber die Italiener davon nicht abbringen, müßte diese Forderungen zu den unsrigen machen. Er könne nicht den Bundesgenossen Italien gegen Frankreich eintauschen. Das ist also der wahre Grund, der sowohl Jodl, mit dem ich darüber sprach, wie mir ganz neu war.«

Am 8. September sagte Hitler zu Hewel:

»Es sind alles Zweckbündnisse. Deutsches Volk weiß z. B., daß das Bündnis mit Italien nur ein Bündnis zwischen mir und Mussolini ist. Sympathien haben wir Deutsche nur zu Finnland, könnten es mit Schweden haben und natürlich mit *England*. Ein deutsch-englisches Bündnis wäre ein Bündnis von Volk zu Volk. Die Engländer brauchten nur ihre Finger vom Kontinent zu lassen. Ihr Empire und die Welt könnten sie behalten!«

Ein wichtiges neues Moment in Hitlers Frankreichpolitik ergab sich aus der Tatsache, daß er keine Rohstoffgebiete mehr verlange, denn davon habe Deutschland im Osten übergenug: Ein in der Ukraine besetztes Erzvorkommen bei Kriwoi Rog habe eine Monatsleistung von einer Million Tonnen gezeigt. Er verlange nur Elsaß-Lothringen und die England gegenüberliegende Kanalküste. Die Franzosen seien ein anständiges Volk, sagte Hitler seinem Botschafter Otto Abetz am 16. September; und sie sollten auch am »Neuen Europa« teilhaben, und Frankreich würde dann gewiß eine große Blüte erleben.

Zusammenfassend schilderte Staatssekretär von Weizsäcker die Lage am 15. September: »Man [d. h., Hitler] hat sich jetzt von der Quasi-Depression vor vier Wochen erholt, wohl auch körperlich. Man plant eine Autobahn zur Krimhalbinsel. Man fragt sich nach der wahrscheinlichsten Art des Abgangs von Stalin. Zieht er sich auf Asien zurück, so könnte man ihm sogar vielleicht einen Frieden zubilligen.« Am nächsten Tag streift auch Botschafter von Papen bei einem Besuch im Führerhauptquartier die Frage der Zukunft Stalins. Hitler machte die Andeutung, daß man sich nach Erreichen einer bestimmten vorgeschobenen Linie durch die Wehrmacht vielleicht mit Stalin vertragen könne, der doch ein großer Mann sei und Unerhörtes geleistet habe. Hasso von Etzdorf zeichnete Hitlers Ansichten folgendermaßen auf:

»Für das Schicksal Stalins sehe er zwei Möglichkeiten: er wird von seinen eigenen Leuten umgebracht, oder er versucht, mit uns Frieden zu schließen. Denn Stalin (der der größte lebende Staatsmann sei) müsse einsehen, daß er bei seinem hohen Alter von 66 Jahren nicht noch einmal ein neues Werk beginnen könne, für dessen Vollendung er ein Menschenalter benötige. Er würde daher versuchen, im Einvernehmen mit uns zu retten, was zu retten ist. Dabei solle man ihm entgegenkommen. Wenn Stalin sich entschließen könnte, die russische Expansion in südliche Richtung zu suchen (persischer Golf), was er ihm schon einmal [im November 1940] nahegelegt habe, so ließe sich ein friedliches Nebeneinander zwischen Rußland und Deutschland vorstellen.«

Papen seinerseits wies auf die Notwendigkeit hin, einen alle Europäer mit Vertrauen und Hoffnung erfüllenden »konstruktiven Friedensplan« aufzustellen.

»Der Führer kam auch auf die Pläne im *Osten* zu sprechen«, heißt es in der einzigen erhaltenen Aufzeichnung über sein Gespräch mit Botschafter Abetz vom 16. September:

»Das ›Giftnest Petersburg‹, aus dem so lange das asiatische Gift in die Ostsee ›hinausgequollen‹ sei, müsse vom Erdboden verschwinden ... Die Asiaten und Bolschewisten müßten aus Europa hinausgejagt werden, die ›Episode von 250 Jahren Asiatentum‹ sei abgeschlossen. Der Ural werde die Grenze sein, hinter der Stalin und seinesgleichen tun könnten, was ihnen beliebe. Daß Stalin aber auch dort nicht ganz zur Ruhe komme, dafür werde er durch gelegentliche Vorstöße über den Ural hinaus sorgen.
Nach Vertreibung der Asiaten werde Europa von keiner Außenmacht mehr abhängig sein, auch Amerika könne uns ›gestohlen bleiben‹. Europa würde seinen vollen Rohstoffbedarf selbst decken und im russischen Raum sein eigenes Absatzgebiet haben, so daß wir den übrigen Welthandel nicht brauchten. Das neue Rußland bis zum Ural werde ›unser Indien‹ werden, aber ein günstiger gelegenes als das britische. Das neue Großdeutsche Reich werde 135 Millionen Menschen umfassen und weitere 150 Millionen beherrschen.«

Das Rückgrat des neuen Reiches würden die Wehrmacht und vor allem die SS bilden. Sprach Hitler in der Öffentlichkeit nur über belanglose Dinge mit Himmler, zum Beispiel über Architektur oder den relativen Nährwert der Kartoffel und der Sojabohne, so erörterten sie unter vier Augen jedoch Mittel und Wege zur Tötung der Hydra des »Bandenunwesens« im gesamten besetzten Gebiet. Hitler war entsetzt über die »viel zu milde« Behandlung gefangener Übeltäter. Am 7. September – Himmler war gerade einmal wieder Gast in der Wolfsschanze – verlangte er die Erschießung von einhundert Kommunisten für jeden Mordanschlag auf einen Deutschen in Frankreich.

Ein weiteres Beispiel für die Brutalisierung des Krieges war Leningrad. Von Leebs Panzerbesatzungen konnten die Stadt mit den schimmernden goldenen Spitzen des Admiralitätsgebäudes ausgebreitet vor sich liegen sehen. Am 9. September begannen die rollenden Luftangriffe.

Jeschonneks Stellvertreter notierte sich an jenem Tag: »Es scheint Lebensmittelknappheit schon jetzt zu bestehen.« Am 10. September äußerte sich Hitler nach den Aufzeichnungen des Rosenberg-Adjutanten, Werner Koeppen:

»Es soll hier ein Exempel statuiert werden, und die Stadt wird vollkommen vom Erdboden verschwinden... Die ganze Zivilbevölkerung [ist] zurückgeblieben und durch die Evakuierung der umliegenden Vorstädte noch vermehrt worden. Schon jetzt sind Brot, Zucker und Fleisch in Petersburg kaum mehr zu bekommen. Der Führer will keine für unsere Truppen verlustreichen Straßenkämpfe, sondern die Stadt wird nur eingeschlossen, mit Artillerie zerschossen und ausgehungert. Auf ein paar Tage oder Wochen kommt es dabei nicht an, da die Belagerungsarmee zahlenmäßig nicht allzu stark sein wird. Der von den Finnen vorgeschlagene Plan, den mehrere Meter höher liegenden Ladoga-See in den Finnischen Meerbusen abzuleiten und dabei die Stadt Petersburg wegzuschwemmen, dürfte wohl technisch auf zu große Schwierigkeiten stoßen.«

Am 12. September teilte Generaloberst Halder der Heeresgruppe Leeb mit, das OKH bestehe darauf, die Panzerverbände so bald wie möglich für den neuen Angriff auf Moskau zur Verfügung zu haben. Am 13. meldete General Hans Reinhardt die niedergedrückte Stimmung, die das Anhalten seiner Panzertruppen auslöste: »Vor ihnen liegt die Stadt, und niemand hindert sie, hereinzugehen!« Hitler jedoch befahl die Vernichtung der Stadt allein durch Artilleriebeschuß. Großadmiral Raeder bat ihn, wenigstens die Hafen- und Werftanlagen zu schonen; Hitler betonte aber, daß weder deutsches noch finnisches Interesse am Fortbestand dieser Großsiedlung, Leningrad, vorhanden sei. Nur die Luftwaffe brachte Verständnis für den Führerbefehl auf. So schrieb der Kommandeur des VIII. Fliegerkorps, Generaloberst Wolfram von Richthofen, im Tagebuch am 12. September:

»Nachmittag Oberst Schmundt... Erzählt über Problem Finnland-Petersburg. Über P. ›soll der Pflug gehen!‹...«

Am 16. September wurden die Panzer endgültig angehalten, und ihr Abzug zum Angriff auf Moskau begann.

Als der Endsieg über Rußland zunehmend sicher erschien, sprach Hitler viele Tage lang an seiner Mittags- und Abendtafel von seinen großartigen Plänen für Europa. Koeppen zeichnete diese historischen Gespräche auf:

»*Mittagstafel, 19. September.* Dr. Todt erzählte von seinen Eindrücken seiner letzten Reise nach Oslo und Drontheim und von dem ersten Spatenstich der großen Verkehrsverbindung zwischen Deutschland und Dänemark. Der Führer erzählte von seinem Plan, die Stadt Drontheim in terrassenförmiger Lage ganz neu aufzubauen, so daß jedes Haus den ganzen Tag über Sonne habe... Der Führer sprach dann davon, daß eine Autobahn nach Drontheim und eine andere bis zur Krim gebaut werden müsse. Nach dem Kriege müsse der deutsche Volksgenosse mit seinem Volkswagen die Gelegenheit erhalten, sich auch persönlich die eroberten Gebiete anzusehen, da er dann im Eventualfall auch bereit sein wird, für sie zu kämpfen. Man dürfe nicht in den Fehler der Vorkriegszeit verfallen, wo der koloniale

Gedanke nur das Eigentum weniger Kapitalisten oder Gesellschaften war... Die Eisenbahn überbrückt die Räume, die Straße aber erschließt sie.«

»Es wäre früher eigentlich ein Unding gewesen«, sagte er am 26. September zu Seyß-Inquart, »daß im Osten des europäischen Kontinents ein großes Reich mit fast unerschöpflichen Bodenschätzen und Rohstoffen lag«, nur dünn besiedelt, während Westeuropa genötigt war, seinen Bedarf durch Einfuhren aus weit entfernten überseeischen Kolonien zu decken. »Wenn erst einmal das lebenswichtige europäische Gebiet der Sowjetunion besetzt und gesichert sei, könne unter Umständen der Krieg östlich des Urals ruhig noch 100 Jahre weitergehen.« Es stelle sich heraus, daß schon jetzt Kautschuk in großen Mengen bei Charkow angebaut werde. »Die von Stalin eingeführten Riesengüter würden auch zukünftig die beste, wahrscheinlich auch die einzige Möglichkeit zu einer intensiven Bewirtschaftung bieten, da die eigentliche russische Intelligenz als vernichtet anzusehen ist und die Menschen größtenteils wie Tiere zu leben und behandelt zu werden gewohnt sind.«

Wenn man die unentbehrlichen Genußmittel Alkohol und Tabak ins Staatsmonopol nehme, hatte er ein paar Tage vorher beim Mittagessen gesagt, habe man die Bevölkerung restlos in der Hand.

»Die Grenze zwischen Europa und Asien«, sinnierte Hitler am 23. September beim Abendessen, »ist nicht der Ural, sondern die Stelle, wo die Siedlungen germanisch bestimmter Menschen aufhören und das reine Slawentum beginnt. Unsere Aufgabe ist es, diese Grenze möglichst weit nach Osten, und wenn nötig über den Ural zu verschieben. Es ist das ewige Naturgesetz des Stärkeren, das Deutschland vor der Geschichte das Recht gibt, diese minderrassigen Völker zu unterwerfen, zu beherrschen und mit Zwang zu nutzbringender Arbeit anzuhalten.«

Im Protektorat Böhmen und Mähren hatte »Barbarossa« die Tschechen weiter unruhig gemacht. Es war zu einer Welle von Sabotage- und Terrorüberfällen gekommen. Die bevorstehende Zerschlagung Rußlands, so schien es, trieb sie zu Taten der Verzweiflung. »Erst jetzt wird ihnen ganz klar werden, daß es aus ihrem jetzigen Zustand kein Entrinnen mehr gibt«, frohlockte Hitler im Sptember 1941. »So lange war der Gedanke an das große Rußland, die Mutter aller Slawen, immer noch die große Hoffnung.« »Der Führer betonte immer wieder«, notierte sich Koeppen, »daß er persönlich die Tschechen genau kenne. [Reichsprotektor] Neurath sei für sie ein freundlicher, alter Mann gewesen, dessen Gutmütigkeit und Milde sie sehr schnell mit Schwäche und Dummheit verwechselt hätten, denn der Tscheche könne so etwas nicht verstehen, da er selbst ein ›Radfahrer‹ sei, der sich nach oben bückt, aber nach unten tritt.«

Bräutigam zeichnete ein Abendgespräch Hitlers im Tagebuch auf: »Man hatte bekanntlich festgestellt, daß seitens der tschechischen Regierung

Anordnungen zur Boykottierung der Waffenherstellung ausgegeben worden waren. Die Arbeitsleistung war allgemein um etwa 20–30% zurückgegangen, Munition mit schlechten Zündern wurde hergestellt und selbst die von Skoda verfertigten Panzerplatten wiesen Mängel auf, die nur auf bewußte Sabotage zurückgeführt werden konnten.« Hitler beschloß, keinen geringeren als Reinhard Heydrich, den Chef des RSHA, zum Stellvertretenden Protektor zu ernennen. Als Heydrich acht Monate später Opfer eines Attentats in Prag wurde, erinnerte sich Martin Bormann im Tagebuch: »Auf meinen Vorschlag hin wurde Heydrich seinerzeit zum Stellv. Protektor ernannt!« Als Heydrich sich am 24. zum Vortrag meldete, sagte Hitler ihm, daß sein »Kampfauftrag« in Prag nur von begrenzter Dauer sein würde und erteilte eine Vollmacht an Heydrich, nach eigenem Ermessen zu handeln.

Drei Tage später, am 27. September, flog Heydrich stolz nach Prag. Er ließ den tschechischen Ministerpräsidenten General Alois Elias sofort verhaften. Am 28. rief Heydrich bei Himmler an: »Elias hat gestanden.« Er hatte Kontakt zur Londoner Exilregierung des Eduard Benesch unterhalten. Er wurde zum Tode verurteilt. Bräutigam zeichnet weiter auf am 30.: »Der Führer äußerte, daß eine Begnadigung unter keinen Umständen in Frage komme, da Verrat im Rücken eines kämpfenden Heeres das größte Verbrechen sei. Im übrigen werde es eine heilsame Lehre auch für andere Länder wie Holland und Norwegen sein, wenn sie feststellten, daß er [Hitler] auch Ministerpräsidenten der verdienten Strafe ausliefere...« Ein paar Tage darauf sah Hitler doch ein, daß er mit der Person Elias als Geisel beim tschechischen Volk mehr erreichen werde. Die Geisel überlebte bis zum Attentat auf Heydrich.

Hitler erteilte Heydrich unmißverständliche Richtlinien. Heydrich wiederum führte diese Gedanken in einer Geheimrede aus, die er am 2. Oktober in Prag hielt. Dort trug er seine »Gedanken zur Endlösung des leidigen Slawenproblems« vor. Es sei klar, daß das Protektorat eines Tages auf Dauer von Deutschen besiedelt sein werde. »Das bedeutet nicht«, führte Heydrich aus, »daß man jetzt versuchen muß, den tschechischen Abschaum zu germanisieren... Für diejenigen von guter Rasse und gutem Willen wird die Sache sehr einfach sein: sie werden germanisiert. Den Rest aber, die rassisch Minderwertigen oder Böswilligen, werde ich mir vom Halse schaffen; im Osten ist genügend Platz für sie.« Minderwertige, aber gutwillige Tschechen werde man wahrscheinlich zur Arbeit ins Reich schicken. Die schwierigere Kategorie – diejenigen von hochwertigem rassischen Erbgut, jedoch von bösem Willen – werde man liquidieren müssen.*

---

* Hitler hatte sich schon derselben Sprache bedient bei einer Unterredung mit Neurath, Frank und dem Justizminister im September 1940: »Von der Assimilierung seien auszunehmen diejenigen Tschechen, gegen welche rassische Bedenken bestünden oder welche reichsfeindlich eingestellt seien. Diese Kategorie sei auszumerzen.« Bei einem Tischge-

Hitler gab ihm den Rat, die tschechischen Arbeiter an Zuckerbrot und Peitsche zu gewöhnen. Zehn vorher bestimmte Geiseln sollten aus jeder Fabrik erschossen werden, in der es zu einem Sabotageakt kam. In den Fabriken aber, die eine gute Arbeitsleistung erzielten, sollten die Arbeiter erhöhte Lebensmittelzuweisungen erhalten. In der Tat ging Heydrich viel weiter: Er führte zum ersten Mal in der tschechischen Geschichte die Bismarckschen Sozialverordnungen bei den Arbeitern ein. »Die tschechischen Arbeiter nehmen die Liquidierung der Verschwörer im großen und ganzen ruhig auf«, schrieb Koeppen, nachdem Heydrich am 2. Oktober während des Abendessens im Führerhauptquartier seinen ersten Prager Erfahrungsbericht abgegeben hatte.

Für Hitler hatte, wie er glaubte, der letzte Akt jetzt im Osten begonnen. An jenem Morgen eröffnete Feldmarschall von Bocks Heeresgruppe Mitte – nahezu 2000 Panzer unter dem Befehl Guderians, Hoepners und Hoths – um 5.30 Uhr die erste Phase der Operation »Taifun«, des Angriffs auf Moskau.

---

spräch am 6. Oktober 1941 erklärte er, daß alle Juden aus dem Protektorat nach Osten entfernt werden müßten. »Nach diesem Kriege beabsichtigt der Führer alle rassisch nicht wertvollen Elemente aus dem böhmischen Raum auszusiedeln und nach Osten zu verpflanzen.«

»Aus Europa verschwinden«

Am 2. Oktober 1941, dem Tage, an dem »Taifun« begann, setzte man sich mit fünfzig Minuten Verspätung zum Mittagessen, da Hitler in seinem Hauptquartier die ersten Meldungen hören wollte. Als die Mahlzeit begann, war Hitler ungewöhnlich schweigsam. Er durchbrach die Stille nur mit einer Frage nach den Wetteraussichten, sprach dann von seinem Berghof – wo Martin Bormanns Bautrupps weitere bauliche »Verbesserungen« am Berghang vornahmen.
Im allgemeinen ist Rußlands Wetter gar nicht schwer vorherzusagen. Der erste Frosttag ist gewöhnlich der 18. Oktober. Peter der Große wußte das; wegen der Winterstürme hatte er allen Schiffen verboten, nach dem 18. Oktober noch die Häfen der Ostsee zu verlassen. Der erste Schnee, der »liegen bleibt«, kann Ende November fallen oder auch erst Mitte Dezember.
Hitler wäre es lieber gewesen, wenn das Unternehmen Taifun schon Mitte September hätte beginnen können. Schon am 14. August hatte Jeschonneks Stellvertreter von Waldau, in sein Tagebuch geschrieben: »Wir kommen in eine späte Zeit hinein. Ende Oktober erstirbt der Krieg im Schnee.« Und am 9. September, drei Tage, nachdem Hitler seine Taifun-Weisung Nr. 35 herausgegeben hatte, prophezeite Waldau düster: »Wir gehen einem Winterfeldzug entgegen. Die schwere Last des Krieges hat begonnen. Der Glaube an den Endsieg bleibt.«
In einem Appell an die Soldaten der Ostfront rief Hitler sie dazu auf, den »letzten gewaltigen Hieb« zu führen, der »noch vor Einbruch des Winters diesen Gegner zerschmettern soll«.

Am 3. Oktober 1941 traf sein Sonderzug um 13.30 Uhr in Berlin ein. Nach dem Mittagessen mit seinem Stab fuhr er zum Sportpalast, wo er dann eine der größten Reden seines Lebens hielt, ganz aus dem Stegreif und daher »unerhört andachtsvoll«, wie Hewel sich später in seinem Tagebuch notierte. Hitler meinte, »es sei die gleiche Stimmung gewesen wie in der schönsten Versammlung der Kampfzeit. Der Hauptgrund sei darin zu suchen, daß keinerlei Ehrenkarten ausgegeben wurden, sondern daß wirklich die breite Masse des Volkes die Zuhörer waren. Auch die Anteilnahme und der Jubel der Berliner in den Durchfahrtsstraßen sei so groß und echt gewesen wie lange nicht. Die breite Masse sei das dankbarste Publikum, das in seinem primitiven Gefühl wirklich mitgehe und sich dabei durch eine Stabilität auszeichne, die fast allen Belastungen gewachsen sei, während die Intellektuellen hin und her schwanken.«

In seiner immer wieder von Freudentumulten unterbrochenen Rede erinnerte er an seine einigende Rolle in Europa. Näher gekommen aber sei »leider nicht das Volk, um das ich in meinem Leben am meisten geworben habe: das britische. Nicht, daß etwa das englische Volk in seiner Gesamtheit dafür allein die Verantwortung trägt, nein, aber einige Menschen sind es, die in ihrem verbohrten Haß und Wahnsinn jeden solchen Versuch einer Verständigung sabotierten, unterstützt von jenem internationalen Weltfeind, den wir alle kennen, dem internationalen Judentum... Wie in all den Jahren, in denen ich mich bemühte, unter allen Umständen eine Verständigung herbeizuführen, da hat Herr Churchill immer nur eines gerufen: ›Ich will meinen Krieg haben!‹ Er hat ihn jetzt.« »Ich kann nur sagen, wenn man vom Blitzkrieg redet, dann verdienen es die Soldaten [der deutschen Wehrmacht], daß man ihre Leistungen als blitzartig bezeichnet, denn in der Geschichte sind sie im Vorwärtsmarschieren noch nie übertroffen worden. Höchstens im Rückzug von einigen englischen Regimentern. Es gibt da ein paar historische Rückzüge, die diese Aktionen an Schnelligkeit übertroffen haben, aber dabei handelt es sich nicht um so große Entfernungen, weil man sich von vornherein immer etwas näher an der Küste hielt!«

Eine Stunde nach Verlassen des Sportpalastes saß Hitler wieder in seinem Sonderzug. Aus den hereinströmenden Meldungen schien hervorzugehen, daß Taifun nun nichts mehr aufhalten könne: Die Panzergruppe Guderian stand dicht vor Orel; von Bocks Panzergruppen machten im Gebiet der Städte Wjasma und Brjansk Mitte Oktber 673000 sowjetische Gefangene. Gleichzeitig schlug von Rundstedts Heeresgruppe Süd die 18. sowjetische Armee am Asowschen Meer und nahm weitere 100000 Soldaten gefangen. Der Führer war »in einer selten guten Laune« – er begann bei den Mahlzeiten wieder munter zu reden, dozierte über die diversen Kaviarsorten, über den Genuß von Austern und über die geheimnisvollen Bakterien, die vor einigen Jahrzehnten das große Krebssterben bewirkt hätten. Rußland? »Für das uns zufallende Gebiet, ›unser Indien‹, planen wir großes an Kanälen und Bahnen, letztere in einer neuen Spurweite von drei Metern. Die Bevölkerung... muß fronen. Auch für das Restreich Stalins (jenseits des Urals) ist der Bolschewismus uns gerade recht – er ist der Garant für die Aufrechterhaltung der Unbildung.« So schildert Staatssekretär von Weizsäcker die geheimen Ambitionen Hitlers im Tagebuch.

Das Abendessen am 6. Oktober wurde bald beendet, damit die Wochenschau vorgeführt werden konnte. Hitler sah, wie seine Landser sich vorankämpften unter Generaloberst von Manstein, der die 11. Armee in seinem Ansturm auf die Krim führte, und er erlebte, wie seine Nordarmeen alle russischen Versuche, Leningrad zu entsetzen, zunichte machten.

Am 7. Oktober war der Kessel von Brjansk völlig geschlossen, und die Panzerdivisionen waren im Begriff, den zweiten gewaltigen Ring um Wjasma zu schließen. Hitler, gepackt von diesem militärischen Drama, erschien weder mittags noch abends zu Tisch – obwohl Reichsführer SS

Heinrich Himmler der Ehrengast war, und zwar aus Anlaß seines 41. Geburtstages. Hewel erklärte in seinem Tagebuch: »Jodl: ›Entscheidendster Tag des Russenkrieges.‹ Vergleich mit Königgrätz.«

Aus abgefangenen diplomatischen Meldungen wußte Hitler, daß das Ende nicht mehr fern sein konnte: Der türkische Botschafter berichtete, daß Moskau mit Zehntausenden von Verwundeten überfüllt sei. Eine Zeitlang dachte Hitler in seiner Begeisterung daran, die SS-Leibstandarte sofort ungefähr 200 km weiter nach Osten zur Eroberung von Rostow am Don zu werfen; denn durch diesen schnellen Zugriff könnte man vielleicht die Russen an der Vernichtung der Erdölfelder hindern. »Die Tatsache, daß wir in nicht zu ferner Zeit den letzten Tropfen Benzin verbraucht haben werden, rückt den Ernst dieses Problems in die erste Reihe aller Überlegungen«, sagte Keitel bei einer Besprechung mit Canaris.
Generalmajor Eduard Wagner schrieb privat am 5. Oktober:
»Zur Zeit rollt die Operation auf Moskau«. »Wir haben den Eindruck, daß der letzte große Zusammenbruch unmittelbar bevorsteht und der Kreml heute Nacht die Koffer packt. Nun kommt's drauf an, daß wir die Panzerarmeen an ihr Ziel bringen. Operative Ziele werden gesteckt, daß einem früher die Haare zu Berge gestanden hätten. Ostwärts von Moskau!!
... Immer wieder staune ich doch über die militärische Beurteilung durch den Führer. Er greift diesmal, man kann schon sagen, entscheidend in den Verlauf der Operationen ein und bisher hat er immer recht behalten. Der große Erfolg im Süden ist *seine* Leistung.«

Drei Tage später wiederholte Jodl sein triumphierendes Urteil: »Wir haben endgültig und ohne Übertreibung diesen Krieg gewonnen!«
Aus einer entschlüsselten Depesche des jugoslawischen Gesandten in Kuibischew – wohin die Moskauer Diplomaten evakuiert worden waren – hieß es: »Russen unterminieren alle wichtigen Stellen Moskaus.« Am 7. Oktober unterschrieb Hitler einen OKW-Befehl, durch den es aufs neue untersagt wurde, ein etwaiges Kapitulationsangebot der Moskauer Stadtbehörden anzunehmen; kein deutscher Soldat habe Moskau oder Leningrad zu betreten. Moskau sollte zerniert werden, und zwar etwa im Zuge der Ringbahn; Brand und Artillerie sollten dann das Stadtgebiet dem Erdboden gleich machen. Auf der östlichen Seite des Ringes sollten kleine Lücken gelassen werden, um es der Bevölkerung zu ermöglichen, die sterbende Stadt zu verlassen und nach Osten zu den sowjetischen Linien zu fliehen, um auf diese Weise das dort herrschende Chaos noch zu vergrößern. An der Ostfront begann es jetzt zu regnen.

Der sich anbahnende Sieg über Rußland nahm Hitler gewaltige strategische Lasten von den Schultern. Japan konnte jetzt die Vereinigten Staaten in den Ring fordern. Roosevelt indessen schickte Averell Harriman als Sonderbeauftragten nach Moskau, um dort Lord Beaverbrook in einer Konferenz über Mittel und Wege zu unterstützen, Stalin schnell mit militärischen Hilfsgütern zu beliefern. Am 6. Oktober wurde Hitler der dechiffrierte Text des Telegramms vorgelegt, mit dem Roosevelt Harriman bei Stalin einführte; er ließ den Text in Nord- und Südamerika verbreiten, wobei er zum größten Ärger Roosevelts die Anrede in das um eine Nuance herzlichere »Mein lieber Freund Stalin« änderte.

Roosevelt war längst über die Schwelle zum Kriege hinausgegangen. Am 11. September verkündete er, seine Schiffe würden sofort das Feuer eröffnen, sobald ihnen Kriegsschiffe der Achsenmächte in Gewässern begegneten, »deren Schutz für die amerikanische Verteidigung erforderlich ist«. Großadmiral Raeder beschwor den Führer, den deutschen Kriegsschiffen endlich zu erlauben, Gewalt mit Gewalt zu beantworten; aber Hitler war nicht von den militärischen Vorteilen überzeugt.

Am 7. Oktober fielen die ersten Schneeflocken vom Himmel an der Ostfront. »Der Wettergott«, klagte Guderian vier Tage später in einem Privatbrief, »[hat] uns böse Streiche gespielt: Regen, dann gestern vormittags Schneesturm, nachmittags und nachts Frost und heute wieder Tauwetter. Die Wege sind grundlos und unser Vorwärtskommen leidet natürlich sehr darunter.« Mitte Oktober rechnete man in Moskau jeden Augenblick mit der Einnahme der Stadt durch die Deutschen. Auch Guderian schrieb am 11. optimistisch nach Hause: »Wir glauben, die Hauptmasse des russischen Heeres nun vernichtet zu haben. Allzu viel und gutes kann nicht mehr da sein. Aber«, fügte er vorsichtig hinzu, »man soll den Tag nicht vor dem Abend loben und im Krieg gibt es manchmal auch unangenehme Überraschungen.« Die Überraschung war wenige Tage später da – ein ungewöhnlich früher Winter. »Seit 30 Jahren ist er nicht so früh gekommen, sagen die Einwohner«, klagte Guderian am 15. Oktober. »Die Truppe hat noch keine Winterbekleidung, die Frostschutzmittel für die Autos sind noch nicht da, die Pferde haben noch keine Stollen.«

Auch im Süden der Front war das Wetter unerfreulich. »Mit den Operationen bin ich unzufrieden«, schrieb Rundstedt privat am 14. »Das Wetter macht einen Strich durch alles...«

In der Mitte rutschte die ganze Heeresgruppe von Bock; sie glitt und schleuderte in einem beispiellosen Herbstmorast aus Schlamm, Regen und Schneematsch. Kraftfahrzeuge versanken bis über die Achsen im Morast. Von einer halben Million Fahrzeugen verlor das Ostheer in wenigen Wochen 150000. Der Feind kämpfte jetzt nur wenige Kilometer von den Rüstungsfabriken entfernt, die ihm neue Panzer und frische Munition lieferten. Bei seinem Rückzug hatte er aber planmäßig jede Schiene und jede Schwelle herausgerissen. Der stellvertretende Generalstabschef der Luftwaffe, von Waldau, hatte noch am 10. Oktober zuversichtlich im Tagebuch geschrieben: »Sofern die Wetterlage sich nicht zunehmend verschlechtert ... wird die Einschließung nicht durch den Feind verhindert werden.«

Aber sechs Tage später findet sich diese düstere Eintragung: »Die kühnsten Hoffnungen schwinden unter Regen und Schnee. In... grundlosen Wegen bleibt alles stecken. Dazwischen gibt es Kälte bis zu 8 Grad, 20 cm Schnee, und darauf wieder Regen.« Am 16. Oktober berichtete ein Jagdflieger, der zur Verleihung des Ritterkreuzes ins Führerhauptquartier befohlen worden war, daß die ganze Front vor Moskau schon mehr als 10 cm hoch mit Schnee bedeckt sei. Am 17. Oktober sank die Temperatur in Leningrad auf den Gefrierpunkt, und Bocks Heeresgruppe war durch Schnee, Matsch und Schlamm mit einem Schlag lahmgelegt. Kein Fahrzeug konnte sich bewegen; die einzige Möglichkeit war zu Fuß oder mit ganz leichten Panjewagen: denn befestigte Straßen gab es nur sehr wenige, und auf sie konzentrierten die Russen nun ihre Verteidigung. Nachts sanken die Temperaturen und ließen den Schnee und den Matsch gefrieren, am nächsten Morgen taute es wieder, und wieder waren die Wege unpassierbar.

Während die deutschen Truppen sich abmühen, durch diesen Dreck und Schlamm weiter vorzurücken, kamen ihnen die traurigen Kolonnen von Russen entgegen, die nach Westen in die Gefangenschaft trotteten. »Die sich auf den Straßen bewegenden Züge der russischen Kriegsgefangenen machen einen stupiden Eindruck von Tierherden«, berichtete ein Canaris-Mitarbeiter. Kaum bewacht und durch Faust- und Stockschläge »einigermaßen in Ordnung gehalten«, marschierten diese elenden Gefangenen, bis sie vor Hunger oder Krankheit nicht mehr weiter marschieren konnten; dann wurden sie von ihren Kameraden weitergeschleppt – oder liegengelassen. »Die 6. Armee [von Reichenau] hat Befehl gegeben, daß alle schlappmachenden Kriegsgefangenen zu erschießen sind. Bedauerlicherweise wird dies an der Straße, selbst in Ortschaften vorgenommen, so daß die einheimische Bevölkerung Augenzeuge dieser Vorgänge ist.«

»Die Bevölkerung«, heißt es in dem Bericht weiter, »begrüßt die deutschen Soldaten als Befreier vom bolschewistischen Joch. Es besteht jedoch die Gefahr, daß diese für uns äußerst günstige Stimmung, die sich in größter Gastfreundschaft und Geschenken zeigt, durch falsche Behandlung in das Gegenteil umschlägt.«

Paradoxerweise schien die einheimische Bevölkerung keinerlei Protest dagegen zu erheben, von ihren Juden »befreit« zu werden.* Die erste Großaktion fand Ende September 1941 in Kiew statt. An den beiden letzten Septembertagen wurden 33771 Juden in Kiew exekutiert, eine

---

* So schrieb der russische Major Tschumak am 18. Dezember 1942 in einem Bericht, den Oberstleutnant i. G. Reinhard Gehlen erhielt: »23 Jahre lang hat [die Ukraine] ohne jede Widerrede das Joch der Juden in einem viel stärkeren Maße ertragen müssen als irgendeine andere Nation in Rußland... Ungeachtet dessen, daß zwischen dem 28. September und 1. Oktober [1941] alle Juden erschossen wurden, wimmelt es von ihnen in Kiew; sie sind alle mit russischen Dokumenten ausgestattet.«

Zahl die sich bis zum 3. November auf 75 000 erhöht hatte. In dem Bericht an Canaris heißt es:

»Auf Befehl werden die Juden ›umgesiedelt‹. Es geschieht dies in der Weise, daß die Juden ganz kurzfristig den Befehl bekommen, sich in der folgenden Nacht mit ihren besten Kleidungsstücken und ihrem Schmuck an festgesetzten Sammelorten einzufinden. Es wird zwischen Ständen, Geschlecht und Alter keinerlei Unterschied gemacht. Von dem Sammelplatz werden sie dann an einen außerhalb des betreffenden Ortes liegenden, vorher ausgesuchten und vorbereiteten Platz gebracht. ... Sie werden abseits der Straße geführt und liquidiert. Die sich hierbei entwickelnden Situationen sind so erschütternd, daß sie nicht beschrieben werden können. ...
Die einheimische Bevölkerung nimmt die ihr durchaus bekannten Vorgänge dieser Liquidierung mit Ruhe, teilweise Genugtuung und unter Beteiligung der ukrainischen Miliz auf.«

Canaris selbst erfuhr von ähnlichen Judenerschießungen bei Borissow bei einem Besuch der Heeresgruppe Mitte am 28. Oktober. »Dort wurden 7000 Juden auf ›Ölsardinenmanier‹ liquidiert«, schrieb sein Begleiter. »Die Szenen, die sich hierbei abspielten, sind nicht wiederzugeben. Auch der SD kann vielfach nicht mehr mit und hält sich nur durch stärksten Alkoholgenuß aufrecht.«

Hitler mischte sich dort nicht ein, hatte er doch Himmler freie Hand durch seinen Erlaß vom 17. Juli gegeben (»Die polizeiliche Sicherung der neubesetzten Ostgebiete ist Sache des Reichsführers SS und Chef der Deutschen Polizei«).

Widerstand seitens der Wehrmacht gab es nicht. Einige Oberbefehlshaber begrüßten sogar diese Vorbeugungsmaßnahme. So gab Feldmarschall von Reichenau einen Befehl an seine Soldaten heraus, in dem er die geschichtliche Aufgabe des deutschen Volkes rühmte, Europa »ein für allemal« von der »asiatisch-jüdischen Gefahr« zu befreien:

»Der Soldat ist im Ostraum nicht nur ein Kämpfer nach den Regeln der Kriegskunst, sondern auch Träger einer unerbittlichen völkischen Idee und der Rächer für alle Bestialitäten, die deutschem und artverwandtem Volkstum zugefügt wurden.
Deshalb muß der Soldat für die Notwendigkeit der harten, aber gerechten Sühne am jüdischen Untermenschentum volles Verständnis haben. Sie hat den weiteren Zweck, Erhebungen im Rücken der Wehrmacht, die erfahrungsgemäß stets von Juden angezettelt wurden, im Keime zu ersticken.«

Hitler nannte diesen Befehl »ausgezeichnet«; Generalmajor Eduard Wagner ließ ihn anderen Dienststellen als Beispiel zugehen.

Merkwürdigerweise hielten es weder Himmler noch Heydrich für angebracht, dem Führer über diese barbarischen Maßnahmen eingehend Vortrag zu halten. Nachdem Himmler die Liquidierungen bei Kiew selbst besichtigt hatte, erschien er am 5. Oktober zum Abendessen bei Hitler. Werner Koeppen notierte hierüber für Rosenberg lediglich: »Der Reichsführer [Himmler] war von einer ausgedehnten Reise aus der Ukraine zurückgekommen, die ihn von Kiew bis Nikolajew und Cherson geführt hatte. Von Kiew sei lediglich ein Stadtteil vollkommen niedergebrannt, die Zahl der Bewohner sei aber noch sehr groß. Diese Bewohner machten durchwegs einen schlechten, proletarischen Eindruck, so daß man ›gut 80–90 Prozent von ihnen entbehren könne!‹«

Das Ausmaß, in welchem Hitler sich überhaupt mit der Liquidierung der Ostjuden befaßte, läßt sich nicht bestimmen. Sämtliche Stenografen, die die Besprechungen aufnahmen, wurden in dieser Hinsicht nach dem Kriege eingehend vernommen, mit negativem Ergebnis. Daß das Programm eine eigene Dynamik entwickelt hatte, ist klar. Himmler deutete später seinem Chef des Stabes, Karl Wolff, gegenüber dunkel an, daß er als erster Polizist des Reiches gewisse undankbare Aufgaben habe, die er aber gern erfülle, wenn auch nur, damit der »Messias der nächsten 2000 Jahre... persönlich sündenfrei bleibe«.

Mitte Oktober 1941 war Hitler trotz des erbärmlich schlechten Wetters sehr optimistisch. Am 13. begann er die Fundamente eines vereinigten Europa zu legen. Hewel schrieb: »RAM beim Führer. Erste Gedanken über europäische Demonstration. Zuerst wohl auf wirtschaftlichem Gebiet. Wahrscheinlich zu Beginn des Winters. Führer allerbester und gelöster Stimmung.« Beim Abendessen enthüllte er, daß er daran denke, die Wirtschaftssachverständigen aus Dänemark, Norwegen, Holland, Belgien, Schweden und Finnland zusammenzurufen. Alle, die ein Gefühl für Europa haben, sagte er, könnten sich jetzt an diesem Werk beteiligen, nämlich an der Kolonisierung des Ostens. Bei einem Abendessen am 17. mit Todt und Sauckel träumte Hitler laut von den riesigen Bauprojekten, mit denen er den Osten erschließen wollte. »Das wichtigste wären die Straßen«, schrieb Koeppen das Gehörte auf.

»Er sagte zu Dr. Todt, daß er sein ursprünglich geplantes Projekt erheblich erweitern müsse. Dazu ständen ihm für die nächsten 20 Jahre die 3 Millionen Gefangenen zur Verfügung. Die großen Straßen – der Führer sprach heute nicht nur von der zur Krim, sondern auch von einer nach dem Kaukasus und von 2 oder 3 durch die weiter nördlich liegenden Gebiete – müßten durch landschaftlich schöner gelegene Teile gelegt werden. An den großen Flußübergängen müßten deutsche Städte entstehen, die Zentren für Wehrmacht, Polizei, Verwaltung und Partei. Längs der Straßen würden sich deutsche Bauernhöfe ziehen, und die eintönige asiatisch anmutende Steppe würde bald einen ganz anderen Anblick bieten. In 10 Jahren werden dort 4, in 20 Jahren mindestens 10 Millionen Deutsche siedeln. Sie werden nicht nur aus dem Reich, sondern vor allem aus Amerika, aber auch aus Skandinavien, Holland und Flandern kommen...«

»Der Führer kam dann wieder auf das Thema«, fuhr Koeppen fort, »daß ›entgegen der Ansicht einiger Stäbe‹ keinerlei Bildung und Fürsorge für die eingeborene Bevölkerung zu leisten wäre. Die Kenntnis der Verkehrsschilder genüge, der deutsche Schulmeister hätte dort gar nichts zu suchen. Unter Freiheit verständen die Ukrainer, daß sie sich statt zweimal im Monat jetzt nur noch einmal zu waschen brauchten, mit seiner Wurzelbürste werde sich der Deutsche dort bald unbeliebt machen. Er werde als Führer mit eiskalten Überlegungen diese neue Verwaltung einrichten, was die Slawen darüber dächten, das wäre ihm vollkommen gleich. Wer heute das deutsche Brot esse, rege sich auch nicht mehr darüber auf, daß im 12. Jahrhundert die ostelbischen Kornkammern mit dem Schwert zurückgewonnen wurden. Hier im Osten werde sich zum zweiten Mal ein ähnlicher Vorgang wiederholen wie bei der Eroberung Amerikas. Schon aus klimatischen Rücksichten könnten wir nicht südlicher gehen als bis zur Krim, der Kaukasus wurde hierbei nicht erwähnt, schon jetzt hätten Hunderte der auf Kreta eingesetzten Gebirgsjäger die Malaria! Der Führer betonte mehrere Male, daß er 10 oder 15 Jahre jünger sein möchte, um diese Entwicklung noch weiter mitzuerleben.«

Mit der Durchführung der Pogrome an den russischen Juden verschlechterte sich zusehends auch die Lage der europäischen Juden. Die enge Verantwortung für die barbarischen Maßnahmen im Osten lag ausschließlich bei den örtlichen Instanzen, zum Teil als Verlegenheitslösung für ein immer schwieriger werdendes Transport-, Unterkunfts- und Ernährungsproblem. Schon am 16. Juli 1941 hatte der Führer des SD-Leitabschnitts Posen, SS-Sturmbannführer Rolf-Heinz Höppner, dem SS-Obersturmbannführer Adolf Eichmann, Leiter des Amtes IV B 4 des Reichssicherheitshauptamtes, den Vorschlag unterbreitet, sämtliche Juden des Warthegaues in ein Arbeitslager für 300 000 Juden zu nehmen: »Es besteht in diesem Winter die Gefahr«, fügte Höppner hinzu, »daß die Juden nicht mehr sämtlich ernährt werden können. Es ist ernsthaft zu erwägen, ob es nicht die humanste Lösung ist, die Juden, soweit sie nicht arbeitseinsatzfähig sind, durch irgendein schnellwirkendes Mittel zu erledigen.«
Zu dieser Zeit verhandelte Eichmann noch mit den verschiedenen Ressorts über die mit dem »Madagaskar-Plan« zusammenhängenden Themen – die notwendige Umschulung der freiberuflichen Juden z. B. in Handwerker und Bauern. Jetzt aber begann Heydrich, gestützt auf einen harmlos anmutenden Göring-Erlaß vom 31. Juli, mit der Abschiebung der Juden aus dem Reichsgebiet und aus den besetzten Gebieten nach dem Osten. Noch wurden keine allgemeingültigen Richtlinien erteilt für deren Behandlung. Ungeduldig bat Höppner am 2. September 1941 um eine klare Entscheidung, »was nun mit diesen angesiedelten, für die großdeutschen Siedlungsräume unerwünschten Volksteilen endgültig geschehen soll, ob das Ziel darin besteht, ihnen ein gewisses Leben für dauernd zu sichern oder ob sie völlig ausgemerzt werden sollen«.
Am 18. September wies Himmler Höppners Gauleiter Greiser schriftlich

an: »Der Führer wünscht, daß möglichst bald das Altreich und das Protektorat vom Westen nach Osten von Juden geleert und befreit werden. Ich bin daher bestrebt, möglichst noch in diesem Jahr die Juden des Altreiches und des Protektorats zunächst einmal als erste Stufe in die vor zwei Jahren neu zum Reich gekommenen Ostgebiete [d. h., Polen] zu transportieren, um sie im nächsten Frühjahr noch weiter nach dem Osten abzuschieben.« Bis zum Frühjahr 1942 werde ja das Heer sämtliche Transportmittel im Osten beanspruchen. Als erste Maßnahme sollten rund 60 000 Westjuden im Lodzer Getto für den Winter aufgenommen werden.

Hitlers Haltung in dieser Frage läßt sich zum Teil aus einer Führerentscheidung im September erklären. Auf die Nachricht hin, daß die Bolschewisten etwa 400 000 Wolgadeutsche sehr schlecht behandelten, nahm Reichsleiter Rosenberg als Gegenmaßnahme »die Verschickung aller Juden Zentraleuropas« in die neueroberten Ostgebiete in Aussicht; am 14. beauftragte er Bräutigam, die Zustimmung Hitlers herbeizuführen. Bodenschatz meinte – so heißt es im unveröffentlichten Tagebuch Bräutigams –, die Durchführung werde an den Transportschwierigkeiten scheitern. »Schließlich entdeckte ich Oberst Schmundt, und zu meiner großen Überraschung bat er sich die Aufzeichnung aus mit den Worten, das sei eine sehr wichtige und dringliche Angelegenheit, für die sich der Führer sehr interessiere.« Hitler befahl, die Stellungnahme Ribbentrops einzuholen. Am 20. legte Gesandter Steengracht von Moyland dem Führer eine AA-Aufzeichnung über die Verbannung der Wolgadeutschen und »Gegenmaßnahmen gegen Juden in besetzten Ostgebieten« vor; jedoch mußte der Gesandte danach vermerken, »Führer hat sich noch nicht entschieden«. Schließlich teilte Hitler am 21. September mit, er werde keine Repressalien gegen die Juden im Reich ergreifen, er gedenke solche Repressalien »für einen eventuellen Eintritt Amerikas in den Krieg aufzuheben«.

Drei Tage später schilderte Goebbels die Judenpolitik Hitlers in folgenden knappen Worten: »Der Führer ist der Meinung, daß die Juden nach und nach ganz aus Deutschland herausgebracht werden müssen.« Seine Entscheidung wurde in vielen zeitgenössischen Unterlagen festgehalten, so in einem burschikosen Schreiben Himmlers an SS-Gruppenführer Gottlob Berger am 28. Juli 1942: »Die besetzten Ostgebiete* werden judenfrei. Die Durchführung dieses sehr schweren Befehls hat der Führer auf meine Schultern gelegt. Die Verantwortung kann mir ohnedies niemand abnehmen.«

Als Himmler erklärte, er sei vom Führer beauftragt, die Endlösung der Judenfrage herbeizuführen – »dadurch, daß die Juden aus Deutschland evakuiert werden sollten«–, meldete Hans Lammers einen Vortrag bei Hitler an; dieser bestätigte ihm, er hätte Himmler den Auftrag zur Evaku-

---

* Was Himmler unter »Ostgebiete« verstand, geht aus dem schon zitierten Brief an Greiser vom 18. September 1941 hervor.

ierung erteilt, er wünschte aber im Krieg keinen Vortrag mehr über diese Judenfrage. Dieser Wunsch wird durch eine zeitgenössische Aktennotiz aus den Akten des Justizministeriums bekräftigt:

»Herr Reichsminister Lammers teilte mir mit, der Führer habe ihm gegenüber wiederholt erklärt, daß er die Lösung der Judenfrage bis nach dem Kriege zurückgestellt wissen wolle ...«

Hitler machte auch kein Hehl aus seiner radikalen Absicht, die Westjuden nach Osten abzuschieben. So bekundete er bei der Mittagstafel am 6. Oktober: »Alle Juden müssen aus dem Protektorat entfernt werden, und zwar nicht erst ins Generalgouvernement, sondern gleich weiter nach Osten. Es ist dies augenblicklich nur wegen des großen Bedarfs des Militärs an Transportmitteln nicht durchführbar. Mit den Protektoratsjuden sollen gleichzeitig alle Juden aus Berlin und Wien verschwinden.«

»In täglichen Transporten zu je 1000 Personen werden 20000 Juden und 5000 Zigeuner in der Zeit vom 15.10.–8.11.1941 in das Getto Litzmannstadt gefahren«, prophezeite Heydrich Himmler. Die ersten Wellen sollten als Zwischenziel das Getto in Lodz (Litzmannstadt) haben. Himmler erteilte dem protestierenden Regierungspräsidenten, SS-Brigadeführer Friedrich Uebelhoer, eine scharfe Rüge am 10. Oktober: »Die Aufnahme der Juden ist im Reichsinteresse und gemäß dem Willen des Führers, daß die Juden von Westen nach Osten hin Stufe für Stufe ausgetrieben werden sollen, notwendig.«

Sehr ähnlich war die Lage des Generalkommissars in Lettland, Dr. Otto-Heinrich Drechsler. Am 11. Oktober suchte ihn Brigadeführer Dr. Stahlekker, Chef der Einsatzgruppe *A*, in seiner Privatwohnung in Riga auf und teilte ihm mit, daß »auf Wunsch des Führers« ein sehr großes Konzentrationslager in der Nähe für Reichs- und Protektoratsjuden errichtet werden sollte. Drechsler beschwerte sich beim Reichskommissar für das Ostland, Hinrich Lohse. Dieser hatte schon eine Lösung vorgeschlagen: die im Osten anfallenden Juden zu töten. Der Sachbearbeiter für Judenfragen im Reichsministerium für die besetzten Ostgebiete, Amtsgerichtsrat Dr. Wetzel, schrieb ihm am 18. Oktober: »Gegen Ihren Vorschlag zur Lösung der Judenfrage habe ich Bedenken nicht zu erheben«; Wetzel hatte die technischen Gegebenheiten mit Oberdienstleiter Viktor Brack – der innerhalb der Berliner »Kanzlei des Führers« für das Euthanasieprogramm federführend war – sowie mit Sturmbannführer Adolf Eichmann besprochen. Am 25. Oktober schrieb Wetzel an Lohse, daß sich Brack bereit erklärt habe, »bei der Herstellung der erforderlichen Unterkünfte sowie der Vergasungsapparate mitzuwirken«. Das Schreiben Wetzels lautet weiter:

»Ich darf darauf hinweisen, daß Sturmbannführer Eichmann ... mit diesem Verfahren einverstanden ist. Nach Mitteilung von Sturmbannführer Eichmann sollen in Riga und in Minsk Lager für Juden geschaffen werden, in die evtl. auch Juden aus dem Altreichgebiet kommen. Es werden zur Zeit aus dem Altreich Juden evakuiert, die nach Litzmannstadt, aber auch nach

anderen Lagern kommen sollen, um dann später im Osten, soweit arbeitsfähig, in Arbeitseinsatz zu kommen.
Nach Sachlage bestehen keine Bedenken, wenn diejenigen Juden, die nicht arbeitsfähig sind, mit den Brack'schen Hilfsmitteln beseitigt werden ... Die Arbeitsfähigen dagegen werden zum Arbeitseinsatz nach Osten abtransportiert.«

Nichts deutet darauf hin, daß die schreckliche Wahrheit über diese mörderischen Absichten zu Hitler durchdrang. Wie sonst kann man die kuriosen Äußerungen Hitlers in Anwesenheit von Himmler und Heydrich am selben Abend, dem 25. Oktober 1941, auslegen: »Der Chef«, so vermerkte der Bormann-Adjutant Heinrich Heim, sprach sich dem Sinne nach u. a. in folgenden Gedankengängen aus:

»Vor dem Reichstag* habe ich dem Judentum prophezeit, der Jude werde aus Europa verschwinden, wenn der Krieg nicht vermieden bleibt. Diese Verbrecher-Rasse hat die zwei Millionen Toten des Weltkrieges auf dem Gewissen, jetzt wieder Hunderttausende. Sage mir keiner: wir können sie dort nicht in den Morast schicken! Wer kümmert sich denn um unsere Menschen?«

Und eine Stunde später reflektierte er: »Ich bin gezwungen, ungeheuer viel bei mir aufzuhäufen; das bedeutet aber nicht, daß in mir erlischt, was ich, ohne gleich zu reagieren, zur Kenntnis nehme. Es kommt auf ein Konto; eines Tages wird das Buch herausgezogen. Auch den Juden gegenüber mußte ich lange tatenlos bleiben. Es hat keinen Sinn, künstlich sich zusätzliche Schwierigkeiten zu machen: je klüger man verfährt, desto besser ...«
Heydrich deutete den Sinn Hitlers anders, schrieb er doch an General Wagner, den Generalquartiermeister des Heeres am 6. November 1941, daß er bestimmte Vorschläge einer französischen Terrorgruppe für Anschläge gegen Pariser Synagogen zwar angenommen habe, aber »erst in dem Augenblick«, schrieb Heydrich, »als auch von höchster Stelle [d. h. Hitler] mit aller Schärfe das Judentum als der verantwortliche Brandstifter in Europa gekennzeichnet wurde, der endgültig in Europa verschwinden muß.«
Ab Anfang November 1941 lief das Transportprogramm auf Hochtouren nach Osten. Am 8. November erfuhr der verzweifelte Hinrich Lohse, daß nicht weniger als fünfzigtausend Juden schon vom Reich unterwegs waren – davon die eine Hälfte für Riga, die andere für Minsk bestimmt. Diese umfangreichen Bahnbewegungen platzten aber auch mitten in die Transportkrise des deutschen Ostheeres. Feldmarschall von Bock notierte unter dem 12. November die Meldung, daß mehrere Züge mit Juden aus der Heimat in das rückwärtige Gebiet seiner Heeresgruppe Mitte geführt werden sollten und daß dadurch die entsprechende Zahl für die Versorgung des Angriffs lebensnotwendiger Züge ausfallen müßte.

---

* Am 30. Januar 1939

Die Liquidierungsaktionen im Ostland liefen an: In Kowno wurden am 29. Oktober 9200 »überflüssige« Ostjuden getötet; in Minsk wurden mehr als 6600 russische Juden zwischen dem 7. und 11. November erschossen. Auf die Nachricht hin, daß der Reichskommissar Ostland Judenexekutionen in Libau untersagt hatte, protestierte das Ostministerium mit dem Ergebnis, daß der Reichskommissar in einem Brief vom 15. November den Reichsminister Rosenberg um Unterrichtung bat, »ob Ihre Anfrage vom 31. 10. als dahingehende Weisung aufzufassen ist, daß alle Juden im Ostland liquidiert werden sollten? ... Weder aus den Anweisungen zur Judenfrage in der ›braunen Mappe‹ noch aus anderen Erlassen konnte ich bisher eine solche Weisung entnehmen.« Am Tage darauf, dem 16. November, erschien Rosenberg mit Himmler zur Abendtafel Hitlers in der Wolfsschanze. Wiederum war die Liquidierung nachweislich nicht Thema des Tafelgesprächs, wohl wurde sie aber zwischen Himmler und Rosenberg besprochen. Am 17. November heißt es in der Aufzeichnung Himmlers über seinen Anruf bei Heydrich in Berlin u. a.: »Besprechung mit Rosenberg. Verhältnisse im Generalgouvernement. Beseitigung der Juden.«
Einige Tage später ergingen die ersten Einladungen Heydrichs zu einer Konferenz der in Betracht kommenden Zentralinstanzen über die mit der Gesamtlösung der Judenfrage in Europa zusammenhängenden Arbeiten, »zumal seit dem 15. 10. 1941 bereits in laufenden Transporten Juden aus dem Reichsgebiet einschließlich Protektorat Böhmen und Mähren nach dem Osten evakuiert werden«.

Am 26. Oktober erfuhr Hitler, daß sich die Wetterlage in der Ukraine sogar noch weiter verschlechterte. Bei der Mittagstafel fragte er den Generalquartiermeister nach dem Stand der Winterausrüstung des Ostheeres, woran er den General während des Sommers laufend erinnert hatte; Wagner versicherte dem Führer, daß alles gut geregelt sei. Aus seinen Privatbriefen geht allerdings hervor, daß er sich erst seit dem 19. mit der Frage beschäftigte; trotzdem meldete er jetzt, daß bis zum 30. die Heeresgruppen Nord (Leeb) und Süd (Rundstedt) die Hälfte, die zahlenmäßig stärkste Heeresgruppe Mitte (Bock) ein Drittel des Winter-Bedarfs erhalten würden. Wagner freute sich über Hitlers Anerkennung für seine Emsigkeit: »Er war durchaus nett und freundlich«, schrieb er in dem Brief.
Im Grunde sah der ganze Generalstab die Lage optimistischer als Hitler. Am 29. Oktober vermerkte der Generalquartiermeister, daß die 1. Panzerarmee dicht vor Rostow die russische Ölpipeline vom Kaukasus her erreicht hatte – sie sei noch betriebsfähig, und die Armee zapfe unentwegt fahrfertigen Betriebsstoff ab. »Auch sonst kommt alles wieder in Schwung, und wir sind der Überzeugung, daß wir die Moskauer Sache doch in absehbarer Zeit abschließen können.«

Doch überall fiel nun der russische Winter ein. Milchig weißer Nebel hüllte

Hitlers Lager am 30. Oktober ein, als Vizeadmiral Canaris von einer Besichtigungsreise zu den drei Heeresgruppen zurückkam. Auf seinem Weg zum Kartenzimmer begegnete Hitler dem kleinen, weißhaarigen Abwehrchef und fragte nach dem Wetter an der Front. Canaris antwortete einsilbig: »Schlecht!« Hitler quittierte das mit einer verdrießlichen Geste. Am nächsten Tag sah man leichten Schneefall auch in der Wolfsschanze. Am 1. November verbrachte Hitler eine Stunde im nahegelegenen Hauptquartier des Generalstabs und ließ sich die Winterausrüstung vorführen. Wagner schrieb zufrieden: »Er war eine Stunde da, sah und hörte sich alles genau an, sah frisch und mobil aus und war guter Stimmung.«

Unruhe, Zweifel und Ärger suchten den Führer heim. Schon waren einhundertfünfzigtausend Mann gefallen, und aus abgefangenen Funksprüchen wußte er, daß Churchill alle Hebel in Bewegung setzte, um die Transporte von Kriegsmaterial nach Archangelsk in Gang zu bringen. Insgeheim hoffte er, daß Churchill die Gegner seiner Kriegspolitik eines Tages zum Verhängnis werden würden.

Dem Chef des Stabes beim Militärbefehlshaber in Frankreich, Oberst i. G. Hans Speidel, nannte er als Grund dafür, daß er die französischen Angebote einer Zusammenarbeit ablehnte, er wolle sich den Weg zu einer Verständigung mit England nicht verbauen. Und als am 27. Oktober der Chef des Stabes der Seekriegsleitung, Vizeadmiral Kurt Fricke, die Ansicht vertrat, daß die völlige Niederwerfung Englands die Voraussetzung für die europäische Neuordnung sei, äußerte Hitler, daß er auch jetzt noch jederzeit bereit sei, mit England Frieden zu schließen, da der europäische Raum, den Deutschland sich schon gesichert habe, durchaus für die Zukunft des deutschen Volkes ausreiche. »[Der] Führer würde es offenbar begrüßen«, berichtete der Admiral, »wenn England nach Abschluß Ostfeldzug von sich aus zum Einlenken bereit wäre. (Von Churchill erwartet Führer *kein* Einlenken.) Auch ohne daß Möglichkeit für Deutschland besteht, *weitere* Räume, als bisher besetzt, zu gewinnen.«

Ganz still und heimlich war das Mittelmeer zu einer der verwundbarsten Stellen für die Achsenkriegführung geworden, vor allem auch deshalb, weil Mussolinis Position jetzt durch innenpolitische Unruhe geschwächt war.

Hitler beklagte sich, daß alle Wehrmachtteile diese Entwicklung nicht rechtzeitig erkannt hätten; das stimmte aber nicht, denn Raeder hatte sie seit Anfang Juli prophezeit und gefordert, daß Göring Luftwaffenverbände zum Schutz der Nachschub-Transporte abstelle. Erst Mitte Oktober teilte Hitler Mussolini in einem Brief mit, daß Göring Luftwaffenunterstützung stellen werde. Am 27. meinte er zu Vizeadmiral Fricke, man müsse sich im klaren sein, daß jeder Regierungswechsel in Italien das Ende des faschistischen Regimes bedeute. Große Teile des italienischen Volkes seien englandfreundlich. Ein Abfall Italiens werde überdies ein Abwandern Frankreichs zum Gegner zur Folge haben und damit eventuell auch einen Abfall

Spaniens bewirken können. Die »Sicherung des kontinentalen Raumes ist jetzt zunächst erstes strategisches Gebot«, verfügte Hitler. Zu diesem Zweck müsse der aktive Krieg gegen Großbritannien aufgegeben werden; der U-Bootschwerpunkt sei vom Atlantik ins Mittelmeer zu verlegen. Vergeblich argumentierte Fricke, daß jetzt, da Rußland am Rande des Zusammenbruchs stehe, der Zeitpunkt falsch gewählt sei, um die Engländer von ihrem Alpdruck zu befreien.

Nach Hitlers Ansicht war jedoch die Gefahr für Italien, den weichen Unterleib Europas, viel zu groß. Die Fäulnis im Mittelmeer dürfe nicht weiter wuchern.

»Nicht mehr zu gewinnen«

In Stalin hatte Hitler, wie ihm jetzt schien, einen Ebenbürtigen gefunden. »Dieser Stalin ist natürlich auch ein ganz großer Mann«, sagte er zu seinen verblüfften Generalen. »Alles andere Gerede ist Unsinn. Eine künftige Geschichtsschreibung wird von der Tatsache auszugehen haben, daß die jetzigen historischen Ereignisse durch das Zusammen- und Gegeneinanderspiel von welthistorischen Figuren erfüllt sind, die in einer solchen Zusammenstellung nur einmal in Jahrhunderten vorkommen.«

Die Wehrmacht hatte jetzt mehr als drei Millionen sowjetische Gefangene gemacht. Die Sowjetunion hatte den größten Teil ihres Aluminiums, Mangans, Roheisens und ihrer Kohle verloren, und sobald Hitlers Armeen über Rostow hinaus in den Kaukasus vordringen könnten, würde Stalin auch neunzig Prozent seines Erdöls verlieren. In Moskau wurden schon Zehntausende von Menschen evakuiert. Wie Hitler aus einem abgefangenen schwedischen Attachébericht erfuhr, ließen die zurückgebliebenen Moskauer nichts unversucht, um sich mit Hakenkreuzfahnen und deutsch-russischen Wörterbüchern zu versorgen.

In den ersten beiden Novemberwochen jedoch hielten Schlamm und Morast die deutschen Armeen unbeweglich fest. Es gab Generale – Hoepner unter ihnen –, die nunmehr bittere Kritik an den Armee- und Heeresgruppenbefehlshabern übten, weil sie den Panzergruppen in der Oktober-Offensive keine freie Hand gelassen; diese Übervorsicht habe ihm, Hoepner, die Chance genommen, auch alle Reserven der Russen zu vernichten. Jetzt strömten diese Reserven, verstärkt durch Arbeiter aus den Moskauer Fabriken und frisch eingetroffene sibirische Divisionen, großartig ausgestattet mit Winterausrüstung, in die Verteidigungslinien der Hauptstadt und warteten auf den ersten Frost.

Noch hatte Deutschland keine militärischen Rückschläge erlitten, und das war eine Position der Stärke, von der aus Hitler bereit war, dem Feind unter Umständen Friedensbedingungen anzubieten. Darauf deuten mehrere Anzeichen hin.

Anfang November registrierten Ribbentrops diplomatische Seismographen »Indizien für Friedensabsichten des Führers«. Hasso von Etzdorf, AA-Verbindungsoffizier zum Generalstab des Heeres, stellte sie in einer Liste zusammen: »Botschafter von Bergen – Vatikan – soll abgelöst und durch aktivere Persönlichkeit ersetzt werden, die besser die dortigen Friedensmöglichkeiten abtasten kann. Alles auf den Frieden bezügliche ist in der Presse sorgfältig zu sammeln und sofort vorzulegen. Ebenso ist bezüglich der inneren Lage Rußlands zu verfahren.« Großbritannien betreffend konnte von Weizsäcker dem Heer jedoch keine Hoffnung machen. Er ließ Halder wissen, daß London auf eine deutsche Friedensinitiative nicht eingehen werde. Gegen Monatsende wußte Hitler, daß Weizsäcker recht hatte. Dem deutschen Geheimdienst in Rio de Janeiro fiel eine geheime Sprachregelung vom Foreign Office in die Hand, »den Gedanken einer Friedensoffensive durch Hitler« zu ignorieren. »Die derzeitige Friedensoffensive erfolgt nicht, wie es beabsichtigt war, in einem Augenblick des Sieges über Rußland, sondern vielmehr zu einem Zeitpunkt, an dem Deutschland von einem Siege weiter entfernt ist als je zuvor.«

Es ist unverkennbar, daß Hitler zu diesem Zeitpunkt immer weniger Freude am Kriegsgeschehen hatte. Einem skandinavischen Außenminister gegenüber sollte er am 27. November erklären, daß das, was ihn am meisten an dem »Strohkopf« Churchill ärgere, die Tatsache sei, daß dieser ihn an seiner gewaltigen, schöpferischen Aufbau- und Kulturarbeit hindere.

Seine Generale aber dagegen waren noch voll dabei, und aus den Privatbriefen Halders geht seine unverhüllte Freude an den Leistungen »seines« Heeres hervor. »Dem Russen geht es noch viel schlechter als uns«; er legte dem Feldmarschall von Bock nahe, den frühesten Angriffstermin der Heeresgruppe Mitte auf Moskau zu verschieben, bis die Versorgungslage den Ansatz einer von ihm geplanten Großoffensive weit über Moskau hinaus ermöglichen würde. Hierbei sollte die 9. Armee weit über Moskau hinaus den Raum Kalinin/Wolga-Staubecken/Selisharowo erreichen, die 3. und 4. Panzergruppen nach Wologda vorgehen und die 2. Panzergruppe sogar in Richtung Gorkij angreifen! Hitler stellte seine eigenen Bedenken zurück und erklärte, laut Halder, er sei »mit unserer [Halders] Auffassung über die militärische Lage einverstanden«. Am 11. November unterzeichnete General Jodl eine Weisung an die Heeresgruppen, diese Fernziele noch vor Eintreten des starken Schneefalls zu erreichen. Halder trat stark für diese großen Ziele bei einer Generalstabsbesprechung in Orscha am 13. ein und brachte dabei die Hoffnung zum Ausdruck, daß noch sechs Wochen Großkampfwetter ihnen zur Verfügung stehen würden. Weder Bock noch Rundstedt waren jedoch für solche weitgesteckten Ziele zu haben; so mußte Halder zum Schluß sich für die begrenzte Lösung von Bocks für einen Vorstoß auf Moskau entscheiden – sehr zum Glück des deutschen Ostheeres, das andernfalls bei der sich anbahnenden Winterkatastrophe restlos verlorengegangen wäre.

Zu diesem Zeitpunkt stand Hitler vor einem Dilemma. Er hatte den Angriff auf das Haupterdölgebiet des Kaukasus nunmehr bis Anfang 1942 zurückgestellt.

Andererseits legte er einen merkwürdigen Optimismus an den Tag. In einem politischen Gespräch mit Halder am 19. November meinte er, daß das Rüstungspotential der Russen schwer beeinträchtigt sei und sie rüstungswirtschaftlich nicht so rasch wieder auf die Beine kommen würden.

Halder schrieb: »Im ganzen kommt die Erwartung zum Ausdruck, daß die Erkenntnis, daß die beiden Feindgruppen sich gegenseitig nicht vernichten können, zu einem Verhandlungsfrieden führt« – ein für Hitler allerdings bemerkenswertes Eingeständnis.

Im Anschluß an eine Besichtigung der Ostfront im November 1941 schilderte Munitionsminister Todt die Aussichten angesichts der gewaltigen Rüstungsübermacht der Feindstaaten folgendermaßen bei einem Privatvortrag beim Führer am 29. November: »Dieser Krieg ist militärisch nicht mehr zu gewinnen!« Darauf fragte Hitler ruhig: »Wie soll ich denn diesen Krieg beenden? Ich sehe kaum noch einen Weg, *politisch* zu einem Ende zu kommen.«
Schon vor »Barbarossa« hatte Hitler die unbfriedigenden Leistungen seiner Rüstungsindustrie erkannt. Die Luftwaffen-Industrie war durchsetzt von Primadonna-Persönlichkeiten und überfrachtet mit veralteten Flugzeugtypen. Generaloberst Ernst Udet, der populäre Generalluftzeugmeister, sah einen großen Anteil der Schuld bei sich und erschoß sich im November. Hitler ernannte Feldmarschall Erhard Milch, Görings Stellvertreter, zu Udets Nachfolger – aber dieser verspätete Wechsel konnte sich in der Flugzeugfertigung frühestens 1943 auswirken. In den letzten Wochen seines Lebens sollte Hitler zugeben, daß er in Luftwaffenangelegenheiten Görings Wort unbesehen akzeptiert und die Dinge im übrigen ihren Lauf hatte nehmen lassen.
Anders bei der Panzerentwicklung! Hier hielt Hitler sich selbst für sachverständig. Im November 1941 gelangte er sogar zu der Ansicht, daß das Zeitalter des Panzers als Angriffswaffe bald vorüber sein könnte. *Vor Beginn des Zeitalters der Panzerfaust* also mußten Deutschlands Panzerverbände ihre Eroberungszüge abgeschlossen haben; und das wiederum bedeutete die rasche Steigerung der eigenen Panzerproduktion. Der enorme sowjetische Ausstoß an Panzern hatte ihn stark erschüttert; und als Todt ihm jetzt, am 29. November, von zwei gelungenen russischen Panzertypen, die er in Orel besichtigt hatte, berichtete, mußte Hitler sein Befremden darüber äußern: »Wie ist es möglich«, rief er aus, »daß dieses primitive Volk in so kurzer Zeit solche technischen Leistungen vollbringen kann!«
Neun Monate waren seit der ersten Panzerbesprechung Hitlers am 18. Februar 1941 auf dem Berghof vergangen. Damals unter Ausschluß von Soldaten hatte er von der Panzerindustrie den Einbau von 5-cm- und 7,5-cm-Geschützen mit längerem Lauf gefordert, was bisher einheitlich abgelehnt worden war. Am 26. Mai forderte Hitler einen Panzer mit noch größerer Durchschlagskraft und noch schwererer Panzerung; die Firma Henschel und Professor Ferdinand Porsche waren von ihm angewiesen worden, ein halbes Dutzend Muster mit der Standard 8,8-cm-Flakkanone als Bewaffnung zu bauen. Die Fachleute hatten ihn verdutzt angesehen, Hitler blieb aber bei seiner Forderung: Schon hatte er sich die »moralische

und zerstörende Wirkung« eines direkten 8,8-Treffers auf einen gußstählernen Panzerturm ausgemalt: »Er zerbirst!«

Am 29. November warnte Hitler abermals Todt und Feldmarschall von Brauchitsch: »Das Zeitalter des Panzers kann bald vorüber sein«, und er forderte seine Rüstungschefs auf, sich auf drei Panzerkonstruktionen zu konzentrieren: einen leichten Panzer als Aufklärungsfahrzeug, etwa den jetzigen Panzer III; einen mittleren, den Panzer IV; einen schweren Typ, den Henschel und das Heereswaffenamt in Kooperation mit Porsche konstruieren sollten (den späteren »Panther«).

Mitte November 1941 nahm die Heeresgruppe Mitte ihren Vorstoß auf Moskau wieder auf. Feldmarschall von Bocks Nordflügel setzte sich am 15. November in Bewegung, zwei Tage später gefolgt vom Südflügel. Alle Oberbefehlshaber berichteten übereinstimmend, die Rote Armee habe keine Tiefe mehr. Aber der Widerstand des Feindes vor Moskau war vehement und bald vermutete Hitler, daß man ihn wieder falsch informiert habe; barsch sagte er zu Feldmarschall von Brauchitsch, daß der Sieg nun eine »Frage des Willens« sei.

Mittlerweile war es General von Kleists 1. Panzer-Armee gelungen, Rostow am Don zu nehmen. Zehn Grad Kälte nahmen die Front in einen eisigen Griff. Die Panzer hatten keine Eispickel, Frostschutzmittel mußte auf dem Luftwege herangebracht werden, und die Motoren sprangen nicht an. Wie Halder feststellte, hatte Reichenaus 6. Armee bequeme Winterquartiere gefunden, die sie sehr ungern wieder verlassen wollte. An der ganzen Front sanken die Temperaturen weiter.

Am 22. November kam Ribbentrop, um mit dem Führer die große Demonstration der europäischen Solidarität zu besprechen, die er in Berlin inszenieren wollte.

Hitler hörte den größten Teil der Rede Ribbentrops im Radio. Unter den Zuhörern in Berlin befanden sich die Außenminister und Botschafter der deutschen Verbündeten und der »wohlwollend Neutralen«. Hätte sich die Sowjetunion am Rande der Niederlage befunden, dann wären Ribbentrops Worte und der Zeitpunkt, zu dem sie fielen, wohl gewählt gewesen; aber Ribbentrop machte die britische Regierung zur Zielscheibe seines bleiernen Witzes, dazu aufgereizt durch die wirkungsvolle Wiederholung der Londoner Propaganda, daß Hitlers Außenminister schuld sei am Kriege. Ribbentrop sprach von Hitlers beispielloser Großzügigkeit und seiner Langmut mit England.

Kurz darauf war er am Telefon und fragte, ob Hitler die Rede gefallen habe. Sie hatte Hitler nicht gefallen; und er schimpfte noch immer auf das Auswärtige Amt, als sein Sonderzug um 19.00 Uhr das Führerhauptquartier verließ, um ihn nach Berlin zu bringen.

Für die neuen Mitglieder des Antikomintern-Paktes begann in Berlin eine

Runde von Empfängen. Es war eine recht kuriose Gesellschaft. Die Ungarn mußte man von den Rumänen fernhalten. Ciano wurde mit frostiger Höflichkeit behandelt. Die Türkei, ebenfalls eingeladen, dem Pakt beizutreten, hatte abgelehnt; aus dechiffrierten Funksprüchen der britischen Admiralität wußte Hitler, daß die Türkei weiterhin an zwei Tischen spielen wollte. Vichy-Frankreich war nicht zum Beitritt eingeladen worden, da Hitler insgeheim immer noch hoffte, mit England ins Gespräch zu kommen. Ein Regiment französischer Freiwilliger kämpfte jetzt unter von Bocks Befehl, und aus dechiffrierten amerikanischen Telegrammen wußten die Deutschen, daß Pétain dem amerikanischen Botschafter gegenüber rühmend geäußert hatte, Hitler habe sich strikt an die Waffenstillstandsbedingungen gehalten; so daß er größte Hochachtung vor ihm habe und seine Pläne für eine Neugestaltung Europas unterstütze. Aber zu tief war Hitlers latentes Ressentiment in der jüngsten Geschichte verwurzelt, wie seine reservierte Antwort auf einen Brief zeigte, den er vor kurzem von dem französischen Marschall erhalten hatte. Hitler zog erregt einen Vergleich zwischen dem gemäßigten Verhalten der Deutschen in Frankreich und dem anmaßenden Auftreten der französischen Truppen während der Rheinlandbesetzung, als man »deutsche Bürger mit Peitschen von den Gehsteigen heruntertrieb« und die Vergewaltigung von mehr als 16000 deutschen Frauen und Mädchen straflos geblieben sei. Für die deutschen Soldaten in Frankreich dagegen stehe die Todesstrafe auf Plünderung, Raub oder gar Notzucht.

Eine Hauptursache der Unzufriedenheit in Frankreich war die Tatsache, daß Deutschland noch mehr als eine Million französischer Kriegsgefangener festhielt. Hitler konnte aber auf diese Arbeitskräfte für die deutsche Landwirtschaft und die Rüstungsindustrie nicht verzichten.

Albert Speer, der junge und begabte Generalbau-Inspekteur für die Reichshauptstadt Berlin, hatte Hitler gebeten, ihm Zwangsarbeiter für seine Arbeit zur Neugestaltung Berlins zuzuweisen. Jetzt war Speer zu Gast an der Mittagstafel in der Reichskanzlei und zeigte ihm die neuesten Modelle der gigantischen Großen Halle, des Reichsmarschallamtes und des neuen Stadions. Hitler erklärte sich damit einverstanden, daß Speer zunächst 30000 sowjetrussische Kriegsgefangene für die Bauarbeiten erhielt. Er betonte dem Architekten gegenüber, daß er sich nicht durch den Krieg abhalten lassen wolle, diese Pläne zu verwirklichen.

Während seines Berlin-Aufenthaltes, am 27. November, erfuhr Hitler, daß die neuesten japanisch-amerikanischen Gespräche abgebrochen worden seien. Er führte auch ein vertrauliches Gespräch mit General Oshima, dem japanischen Botschafter, der ihm vergeblich andeutete, was zu erwarten war; seinen Adjutanten gegenüber gab Hitler zwei Wochen später zu, daß er der vorsichtigen Bemerkung Oshimas mehr Beachtung hätte schenken sollen.

Den Anzeichen nach waren die Vereinigten Staaten offensichtlich noch nicht kriegsbereit. Einige amerikanische Schiffe waren in letzter Zeit von U-Booten versenkt worden, aber Roosevelt hatte darauf noch wenig reagiert. Noch am 6. Dezember wurden Hitler Depeschen seines Geschäftsträgers in Washington, Hans Thomsen, vorgelegt, in denen er die Gründe aufzählte, die dagegen sprachen, daß Amerika jetzt den Krieg erklärte. Dieser feste Hinweis, daß Roosevelt jetzt einen bewaffneten Konflikt vermeiden wolle, bis seine Rüstung abgeschlossen sei, ließ in Hitler den Gedanken aufkommen, daß ein japanischer Krieg gegen die Vereinigten Staaten vielleicht doch seinen Reiz haben könnte; dieser mächtige Feind wäre dann zumindest für das ganze Jahr 1942 im Pazifik gebunden.

Der deutsche Marine- und der Militärattaché in Tokio meldeten übereinstimmend, daß Japan noch vor Jahresende in den Krieg eintreten wolle. Tokio werde demnächst an Deutschland herantreten mit dem Vorschlag, einen Pakt zu schließen, der Deutschland und Japan verpflichten würde, keinen Sonderfrieden mit den USA zu schließen, solange eine der beiden Parteien noch im Krieg mit dieser Macht war. Tatsächlich empfing Ribbentrop ein derartiges Ersuchen am 18. November; in der Befürchtung, daß Japan andernfalls zu einem Ausgleich mit den Vereinigten Staaten gelangen könnte, stimmte Ribbentrop »im Prinzip« zu.

Am 28. November traf ein Telegramm vom Geschäftsträger Thomsen ein, des Inhalts, daß Außenminister Cordell Hull den Japanern ein Schreiben ausgehändigt hatte – es »gleicht einem Ultimatum und dürfte sofortigen Abbruch der Verhandlungen zur Folge haben«. Hitler besprach die möglichen Folgen spät abends am 28. November in der Führerwohnung der Reichskanzlei. Dann schickte er Ribbentrop zum Botschafter Oshima und ließ ihm ausrichten, daß es den Interessen der Achse entsprechen würde, wenn sein Land sich entschließe, gegen »England und die Vereinigten Staaten« zu kämpfen. Oshima fragte verblüfft, ob er daraus den Schluß ziehen dürfe, daß Deutschland und die Vereinigten Staaten bald miteinander im Krieg sein würden; Ribbentrop erwiderte: »Roosevelt ist ein Fanatiker. Man kann nie sagen, wessen er fähig ist.« Jetzt gab Ribbentrop den Japanern die Zusicherung, die sie sich gewünscht hatten: In diesem Punkte sei der Führer absolut klar entschlossen.

Ribbentrop scheint dennoch gewisse Zweifel gehegt zu haben, denn in dem Sonderzug, der sie am nächsten Tag, dem 29. November, nach Ostpreußen zurückbrachte, fragte er Hitler, welche Haltung Deutschland einnehmen werde, falls Japan die Vereinigten Staaten *angreift*: Hitler erwiderte, daß man diplomatische Feinheiten hier ignorieren müsse, denn falls Deutschland unter den genannten Umständen nicht sofort den Vereinigten Staaten den Krieg erklärte, so wäre das das Ende des Dreimächtepaktes: »Die Amerikaner schießen ja schon auf uns, wir sind also mit ihnen bereits im Kriegszustand.«

Einige Tage lang war Hitler praktisch nicht zu erreichen. Er besuchte Armeegefechtsstände an der stark angeschlagenen Ostfront.
Erst am 5. Dezember wurde ihm die neueste Depesche seines Tokio-Botschafters Ott vorgelegt. Die Japaner baten darum, daß Deutschland und Italien ihnen zur Seite stehen möchten, falls es jetzt zur bewaffneten Auseinandersetzung kommen sollte. Ein japanisches Geheimtelegramm an Oshima in Berlin war in einer noch deutlicheren Sprache gehalten: Er möge unverzüglich Hitler und Ribbentrop aufsuchen und ihnen vertraulich mitteilen, daß der Krieg zwischen Japan und den angelsächsischen Mächten »rascher, als irgend jemand sich träumen läßt«, entbrennen könnte; und er sollte ein Geheimabkommen vorschlagen, das Deutschland und Italien verpflichten würde, sofort einzutreten.
Oshima suchte Ribbentrop sofort am 2. Dezember auf und nochmals am nächsten Tag. Der deutsche Außenminister stellte aber eine Entscheidung bis nach einer Rücksprache mit Hitler zurück. Anscheinend gelang ihm dies erst am 4. Dezember, denn in der Nacht zum 5. wurde der italienische Außenminister in Rom aufgefordert, den deutschen Gegenentwurf zu billigen; und um 4 Uhr konnte Ribbentrop dem japanischen Botschafter einen deutsch-italienischen Vertragsentwurf überreichen, der weitgehend den japanischen Wünschen entsprach. Am nächsten Tag telegrafierte Ribbentrop nach Tokio; »Unsere Auffassung geht dahin, daß die Achsenmächte und Japan sich in einen Schicksalskampf gestellt sehen, den sie gemeinsam durchfechten müssen, gleichgültig, wie sich das taktische Vorgehen dieses oder jenes Partners dabei im Einzelfalle gestaltet.«

Hitlers Sonderzug war in der Anlage Wolfsschanze um 9.01 Uhr am Sonntag, den 30. November 1941, eingetroffen.
In diesen Tagen rollten viele Züge nach Osten: mit Waffen und Munition für den Angriff auf Moskau – und – mit Juden. In Berlin waren schon siebentausend »umgesiedelt« worden. Die ersten fünf Transporte nach Riga waren nach Kowno umgeleitet worden, da das große Rigaer Lager noch im Entstehen war; hier in Kowno waren am 25. November nachweisbar 2934 jüdische »Umsiedler« aus Berlin, München, und Frankfurt am Main durch Truppen der Einsatzgruppe A liquidiert worden; am 29. November teilten zweitausend »Umsiedler« aus Wien und Breslau ihr Schicksal. An diesem Sonntag, als Hitler wieder in seinem Hauptquartier eintraf, sollten etwa viertausend Juden des Rigaer Gettos und eines Judentransports aus dem Reich auf Befehl des höheren SS- und Polizeiführers in Riga, SS-Obergruppenführer Friedrich Jeckeln, erschossen werden – eine Aktion, die jedoch mehrere Stunden in Anspruch nehmen würde.
Interessant ist in diesem Zusammenhang aber ein Telefonanruf Himmlers am Nachmittag des 30. November, nachdem sein Sonderzug »Heinrich« ebenfalls nach Ostpreußen zurückgekehrt war. Vermutlich wollte der Reichsführer SS vorsichtig versuchen, von Hitler doch einen Liquidierungs-

befehl zu erwirken; doch, wie später bei anderen Angelegenheiten*, scheiterte der Versuch. Aus dem Bunker noch rief er um 13.30 Uhr SS Obergruppenführer Heydrich in Prag an. Während des Gesprächs notierte Himmler: »Judentransport aus Berlin. Keine Liquidierung.«
Der Haltbefehl traf zu spät in Riga ein, denn die Erschießungsaktion war schon vollendet. Trotz der Proteste des Gauleiters Richard Kube, des Generalkommissars in Weißruthenien, wurden auch in Minsk-Stadt (am 28. und 29. Juli 1942) rund zehntausend Juden liquidiert, »davon 6500 russische Juden – Alte, Frauen und Kinder –, der Rest bestand aus nichteinsatzfähigen Juden, die überwiegend aus Wien, Brünn, Bremen und Berlin im November des v. J. nach Minsk auf den Befehl des Führers geschickt worden sind«. Sicherlich waren es Himmler und die fanatischen Machthaber im Osten selbst, die das von Hitler geprägte Wort vom »Verschwinden« so radikal interpretierten. So sollte Gauleiter Artur Greiser am 1. Mai 1942 an Himmler schreiben:

»Die von Ihnen [sic!] im Einvernehmen mit SS-Obergruppenführer Heydrich genehmigte Aktion der Sonderbehandlung von rund 100000 Juden in meinem Gaugebiet wird in den nächsten 2–3 Monaten abgeschlossen werden können.«

Hitler freilich tat wenig, um die mörderischen Absichten Himmlers und Rosenbergs einzudämmen. Noch in der Nacht zum 2. Dezember dozierte er in Anwesenheit seiner Sekretärinnen und Walther Hewels über »anständige« und »unanständige« Juden. »Viele Juden sind sich auch des destruktiven Charakters ihres Daseins nicht bewußt gewesen. Aber wer Leben zerstört, setzt sich dem Tod aus. Etwas anderes geschieht auch ihnen nicht. Wer hat die Schuld: Die Katze oder die Maus, wenn die Katze die Maus frißt? Die Maus, die keiner Katze je etwas zu Leid getan hat?«
Die Tatsache bleibt aber, daß die Liquidierungsabsichten von den mittleren Instanzen ausgingen. So konnte Rosenberg in einem geheimen Schreiben an Lohse auf dessen Anfrage vom 15. November wegen der Liquidierungsaktionen mitteilen: »In der Judenfrage dürfte inzwischen durch mündliche Besprechung Klarheit geschaffen sein«, und bat ihn, auftauchende Fragen unmittelbar mit Jeckeln als höherem SS- und Polizeiführer zu regeln. Und nach einer Unterredung mit Hitler über eine geplante Sportpalastrede vermerkte Rosenberg am 14. Dezember: »Ich stünde auf dem Standpunkt, von der Ausrottung des Judentums nicht zu sprechen. Der Führer bejahte diese Haltung und sagte, sie hätten uns den Krieg aufgebürdet und sie hätten die Zerstörung gebracht, es sei kein Wunder, wenn die Folgen zuerst sie träfen.« Zwei Tage später gab es noch einen Beweis dafür, daß die Initiative von den örtlichen Machthabern ausging. Bei einer Regierungssitzung in Lublin rief Hans Frank dazu auf, den Juden gegenüber kein Mitleid zu

---

* Am 20. April 1942 rief Himmler nochmals aus dem Führerhauptquartier bei Heydrich an: »Keine Vernichtung der Zigeuner«, heißt es in seinem Gesprächszettel.

haben, wobei er betonte: »Jedenfalls wird eine große jüdische Wanderung einsetzen. Aber was soll mit den Juden geschehen? Glauben Sie, man wird sie im Ostland in Siedlungsdörfern unterbringen? Man hat uns in Berlin gesagt«, und hier kann er schwerlich auf das ostpreußische Hauptquartier Hitlers Bezug genommen haben. »Weshalb macht man diese Scherereien? Wir können im Ostland [Baltikum] oder im Reichskommissariat [Ukraine] auch nichts mit ihnen anfangen, liquidiert sie selber!«

Während der Winter mit fürchterlicher Gewalt hereinbrach, nahmen die Kämpfe an der Ostfront einen Grad der Barbarei an, die sich jeder Beschreibung entzieht. Ein gefangener Bataillonskommandeur der Roten Armee erzählte, was Ende November mit einem SS-Offizier und zwei SS-Männern geschah: »Auf die Frage des Regiments-Kommissars Schukenin vom 508. Schützen-Regiment, wofür er kämpfe, gab der Offizier zur Antwort: Für Hitler. Daraufhin trat ihm der Kommissar vor den Bauch und erschoß ihn.« Im Norden ergab die Autopsie von Leichen deutscher Soldaten, die hinter der feindlichen Front gefallen waren, daß Gesäßhälften herausgeschnitten worden waren, während ihre Uniformen unbeschädigt waren. Die eingeschlossenen, dem Hungertode nahen russischen Verteidigungstruppen hatten vom Fleisch der Gefallenen eines deutschen Stoßtrupps gegessen.

Während Luftwaffe und Waffen-SS mehr als ausreichend mit Winterkleidung versorgt waren, wurde der Winternachschub des Heeres noch immer durch Transportengpässe in Minsk und Smolensk, weit hinter der Etappe, behindert. Deutsche Lokomotiven hatten eine andere Spurweite, waren bestückt mit Rohren und Leitungen, die für den russischen Winter völlig ungeeignet war.

An einigen Tagen konnte jeder Armee an der Leningradfront nur je ein Versorgungszug statt der benötigten siebzehn zugeführt werden; Guderians 2. Panzerarmee brauchte achtzehn Versorgungszüge täglich, nur drei kamen jedoch an. Als schließlich die Winterkleidung die Fronttruppe erreichte, befand sich darunter keine solche für Temperaturen von minus 25 Grad aufwärts. Bei der Vorführung am 1. November hatte Feldmarschall von Brauchitsch dem Führer in einer Ausstattung von 10 oder 12 Mann eine erstklassige Winterbekleidung vorgeführt; erst jetzt erfuhr Hitler, daß es sie nur in den Modellen gab. Und jetzt kämpften Hitlers Truppen vor Moskau bei napoleonischer Kälte und würden bald an Erfrierungen sterben, wenn nichts geschah.

Der Rückschlag, den Kleists 1. Panzerarmee im Süden, bei Rostow am Don, erlitt, war für Hitler um so bitterer, als ein jetzt eingehender Bericht des Geheimdienstes aufzeigte, daß seine ursprüngliche Strategie genau das war, was der Feind am allermeisten gefürchtet hatte. Marschall Timoschenko hatte vor den Mitgliedern des Obersten Verteidigungsrates der

Sowjetunion ausgeführt: »Gelingt es Deutschland, Moskau zu nehmen, so ist das sicherlich für uns ernst und enttäuschend, nimmt uns aber nicht den Maßstab für den Gesamtkrieg... Entscheidend für die letzte Entwicklung bleibt die Versorgungslage des Öls. Wir wissen, Deutschland hat in den Wirtschaftsverhandlungen mit uns in den Jahren 1939–1941 immer wieder betont, daß die Ölversorgungsfrage ein brennendes Problem ist. Wir haben deshalb alle Anstrengungen darauf zu konzentrieren, 1.) den Brennstoffverbrauch Deutschlands steigern zu helfen, 2.) die deutschen Armeen vom Kaukasus entfernt zu halten. Feldmarschall von Rundstedt habe ungeheure Depots von Panzern und Munition und starke Truppenverbände für die Kaukasus-Offensive bereitgestellt; die Rote Armee müsse jetzt die Deutschen im Winter gerade weit genug zurückwerfen, um diese Arsenale zu vernichten.

Wie weit das Heer Hitler zuverlässig über die widrige Lage an der Ostfront unterrichtete, das ist selbst heute noch umstritten. Die beiden Heeresgruppenbefehlshaber Bock und Rundstedt teilten die Überzeugung, daß niemand Lust hatte, dem Führer die ungeschminkte Wahrheit zu sagen. »Wir stehen vor der traurigen Tatsache«, schrieb Generaloberst Guderian privat am 8. Dezember, »daß die obere Führung [sic!] den Bogen überspannt hat, den Meldungen über die sinkende Kampfkraft der Truppe nicht glauben wollte, immer neue Forderungen stellte, für die harte Winterzeit nicht vorsorgte und nun durch die russische Kälte von minus 35 Grad überrascht wurde... wir schlittern damit einem ungeheuerlichen Abgrund entgegen.«

Daß er nicht immer vollständig informiert wurde, wurde Hitler zum ersten Mal klar bei dem Nachspiel zum Verlust der Stadt Rostow. Es gibt Anzeichen dafür, daß Kleists warnende Hinweise auf seine lange, exponierte linke Flanke Hitler verheimlicht worden sind. Kleists Panzer hatten die Absicht, bis auf den Mius-Abschnitt zurückzugehen. Am 30. November untersagte Hitler das: Kleist dürfe nicht weiter zurückgehen als bis auf eine Zwischenstellung etwa 9 km ostwärts des Mius. Im Laufe des Abends traf Rundstedts eindeutige Antwort im OKH ein. »Falls man höheren Orts kein Vertrauen mehr in meine Führung setzt, muß ich bitten, mich durch einen anderen Oberbefehlshaber zu ersetzen.« In hellem Zorn nahm Hitler Rundstedts »Abschiedsgesuch« an und flog sofort zu Kleists Hauptquartier Mariupol am Asowschen Meer. Er nahm keine Generalstabsoffiziere mit – nur seine Adjutanten. Er hatte die Absicht, auch Kleist zu entlassen, aber SS-Gruppenführer Sepp Dietrich, dessen 1. SS-Panzerdivision mitten in den schwersten Kämpfen gestanden hatte, stellte sich mutig hinter seine Vorgesetzten, und Schmundt sagte zu Hitler, Kleists Stabschef habe ihm Abschriften ihrer *vor* dem Angriff auf Rostow abgesetzten Meldungen gezeigt, in denen genau dieser Ausgang des Unternehmens prophezeit worden war. Das weckte größtes Erstaunen bei Hitler, der keine dieser Meldungen zu sehen bekommen hatte. Er rief aus: »Die Panzerarmee hat ja das alles kommen sehen und vorausgemeldet. Sie trifft keine Schuld.« In diesem Sinne gab er Jodls Stab am 3. Dezember telefonisch Bescheid: Die 1. Panzerarmee trage nicht die Verantwortung dafür, daß bei Rostow eine Krise entstanden sei. »Sie hat der Heeresgruppe bereits am 21. und 22. November 1941 ihre großen Sorgen wegen der Bedrohung ihrer Ostflanke und über jeglichen Mangel an Reserven gemeldet. Auch die Heeresgruppe Süd hat sich dahin geäußert, daß sie die bedrohliche Lage an das OKH weitergegeben habe.« Damit war sein Vertrauen zu Rundstedt wiederhergestellt; aber die Entlassung blieb in Kraft. Das war typisch für Hitler.

»Das Unglück fing mit Rostow an«, schrieb Guderian in einem Privatbrief. »Es war bereits ein Menetekel. Trotzdem fuhr man hier [vor Moskau] fort, anzugreifen... Es wurde fortgewurstelt.« Der endgültige Vorstoß der 4. Armee (Kluge) hatte am 1. Dezember begonnen; mühsam kämpften sich die Soldaten durch die westlich der Hauptstadt gelegenen Wälder und Sümpfe voran. Am 2. erreichte eine Aufklärungsabteilung Chimki am äußeren Stadtrand von Moskau, wo sie aber von bewaffneten Arbeitern zurückgedrängt wurde.

Den Sieg so dicht vor Augen, und ihn doch nicht zu erringen – das war die Wurzel des Traumas der Wehrmacht während des nun beginnenden Winters. Die Räumung der Stadt war bereits in vollem Gange, die Straßen und öffentlichen Gebäude waren schon unterminiert, doch als der 4. Dezember dämmerte, standen Hoepners Panzer und Kluges Infanterie bei minus 25 Grad still. Guderian besuchte das ihm unterstellte XXXXIII. Korps und gewann dort den Eindruck, daß die Truppe noch optimistisch sei. Am 3. Dezember hatte aber Bock schon bei General Jodl im Führerhauptquartier darauf hingewiesen, daß die Stunde abzusehen sei, in der die Kräfte der Truppe am Ende sind. Am 5. Dezember mußte auch Guderian, von der vordersten Linie der 296. Infanterie-Division des Generals Stemmermann aus seine Panzer-Armee führend, die Fortsetzung des Angriffs als aussichtslos ansehen. Im Tagebuch seines Generalstabschefs Oberst von Liebenstein stand an diesem Tage: »Morgens 32 Grad Kälte. Panzertürme eingefroren, Erfrierungsschäden am Mann, Artillerie schießt nicht mehr regelmäßig, da Pulver anscheinend anders abbrennt.« Während des Tages sank die Temperatur weiter auf *minus 38 Grad*.

An jenem 5. Dezember eröffneten vier sowjetische Armeen nördlich von Moskau ihren Gegenangriff. Am 6. gingen zehn weitere sowjetische Armeen gegen Bocks erschöpfte Truppen vor. Damit begann für die Wehrmacht die eigentliche Krise.

Der Zeitpunkt war meisterhaft gewählt. Die deutsche Luftwaffe konnte nicht starten. Die kälteempfindlichen deutschen Panzer sprangen nicht an; die Panzerketten gefroren zu Eisblöcken; Kanonen, Maschinengewehre, ja sogar Handfeuerwaffen wurden unbrauchbar. Die 3,7-cm-Pak erwies sich als wirkungslos gegenüber dem T-34-Panzer, der jetzt in Massen auftauchte. Ein Offizier im Wehrmachtsführungsstab sollte über die nun folgenden

Schreckenstage später schreiben: »Aus den Tiefen Rußlands stürmen Menschenmassen gegen uns an, mit denen wir nicht gerechnet hatten... Ich sehe die Lagekarte aus diesen Tagen und den nächsten Wochen noch vor mir. Bisher herrscht das Blau der eigenen Truppe, und das feindliche Rot war nur spärlich verzeichnet. Nun weisen von Leningrad bis zum Asowschen Meer die meisten Frontabschnitte dicke rote Pfeile auf. Ihre Spitzen zeigen auf Deutschland.«

Inzwischen erstarrte das ganze technische Arsenal der modernen Kriegführung. An jedem Tag verendeten elfhundert Pferde des Heeres. Am 9. Dezember meldete ein Armeekorps fünfzehnhundert Erfrierungen; in 350 Fällen davon war die Amputation von Gliedmaßen erforderlich. »In vielen dichtgeschlossenen Wellen wälzten sich die feindlichen Truppen über die weiten Schneeflächen heran«, schrieb der Offizier weiter. »Pausenlos hämmerten die deutschen MGs in die dichten Massen. Man hörte sein eigenes Wort nicht mehr. Wie ein dunkles Tuch breitete sich eine Decke von Gefallenen über den Schnee. Trotzdem schoben sich die scheinbar unerschöpflichen Menschenhaufen immer näher heran. Erst als sie auf Handgranatenwurfweite heran waren, fielen die Reste der anstürmenden Russen dem Maschinengewehrfeuer zum Opfer. Und wenn dann die deutschen Schützen erleichtert aufatmeten, quoll es aus der Ferne schon wieder breit und schwarz heran...«

Selbst ein gesunder Oberbefehlshaber mußte vor einem derartigen Ansturm erbeben. Aber Feldmarschall von Brauchitsch hatte eine schwere Herzattacke erlitten, und die dauernde Aufregung über Hitlers immer neue Wutausbrüche der letzten Zeit hatte nicht zu seiner Genesung beigetragen. An diesem 6. Dezember reichte er sein formelles Rücktrittsgesuch ein. Hitler erwiderte nur, daß ein Wechsel im jetzigen Moment nicht möglich sei. Schweigend verließ Brauchitsch das Zimmer.

Wen sollte Hitler an seine Stelle setzen? Der Wehrmachtsadjutant Oberst Schmundt hatte eine radikale Lösung parat: Hitler solle sich selbst zum Oberbefehlshaber des Heeres machen. Hitler erbat sich Bedenkzeit; in Wirklichkeit begann er schon in dieser Rolle zu agieren, zum Beispiel am Vormittag des 7. Dezember. Als deutlich wurde, daß Leebs XXXIX. Armeekorps Gefahr lief, im soeben eroberten Tichwin eingekesselt zu werden, da faßte Hitler den »sehr schweren, schmerzlichen Entschluß«, die weitgehend zerstörte Stadt zu räumen, ohne von Brauchitsch in irgendeiner Weise dabei heranzuziehen. An demselben Abend klagte General Halder im Tagebuch: »Ob. d. H. ist kaum mehr Briefträger. Der Führer verkehrt über ihn hinweg mit den Oberbefehlshabern der Heeresgruppen. Das Schrecklichste aber ist, daß die Oberste Führung den Zustand unserer Truppen nicht begreift und eine kleinliche Flickschusterei betreibt, wo nur große Entschlüsse helfen können.«

In den Städten des Reiches wurden jetzt warme Kleidungsstücke für die

Ostfront gesammelt, ein Eingeständnis schlechter Planung, das selbst der ergebenste Parteifunktionär begreifen mußte.
Gegen Mitternacht an jenem Sonntagabend, dem 7. Dezember 1941, wurde das Stimmengewirr der allgemeinen Unterhaltung in dem Führer-Bunker durch den plötzlichen Eintritt des Reichspressechefs Otto Dietrich unterbrochen. Hitler schnauzte ihn an, bemerkte aber, daß Dietrich ein Papier in der Hand schwenkte. Das britische Nachrichtenbüro Reuter hatte die schier unfaßliche Nachricht verbreitet, daß japanische Flugzeuge einen Überraschungsangriff gegen die amerikanische Flotte in Pearl Harbor, Hawaii, geflogen hätten. Hitler schrie den anderen freudig zu: »Das ist die Wende!« Dann stürmte er durch die eisige Finsternis zur OKW-Baracke, um Keitel und Jodl die Meldung zu zeigen. Mit kaum verhaltenem Jubel in der Stimme sagte er zu Hewel: »Wir können den Krieg gar nicht verlieren. Wir haben jetzt einen Bundesgenossen, der in dreitausend Jahren nicht besiegt worden ist, und einen [Italien], der immer besiegt worden ist, aber immer auf der richtigen Seite stand.«
In den Berliner Ministerien herrschte Chaos; so mußte Heydrich einen Monat später schreiben: »Die für den 9.12. 1941 anberaumt gewesene Besprechung über die mit der Endlösung der Judenfrage zusammenhängenden Fragen mußte ich s. Zt. aufgrund plötzlich bekannt gegebener Ereignisse und der damit verbundenen Inanspruchnahme eines Teiles der geladenen Herren in letzter Minute leider absagen.« (Als neuen Termin für die »Wannsee-Konferenz« legte er den 20. Januar fest.)
Hitler hatte der Seekriegsleitung sofort die Erlaubnis erteilt, das Feuer auf amerikanische Schiffe zu eröffnen; und bevor er am Abend des 8. Dezember nach Berlin abreiste, besprach er mit seinem Stab die Frage, wie man die Kriegserklärung an die Vereinigten Staaten am besten abfassen könne, um einen möglichst guten Eindruck beim eigenen Volk zu erzielen. In Washington, so wurde gemeldet, herrschte eine ernste Stimmung. Am Abend des 8. Dezember wurde die Westküste Amerikas durch einen falschen Fliegeralarm in Panik versetzt, und dann folgte am Mittag des nächsten Tages ein Alarm an der atlantischen Küste.
Hitler traf am 9. Dezember um 11.00 Uhr in Berlin ein. Für Hitler war nun der langersehnte, freudige Augenblick gekommen, um diesem »Lümmel« Roosevelt in aller Öffentlichkeit die Ohrfeige zu geben, die er verdient habe. Später an jenem 9. Dezember wurde die deutsche Botschaft in Washington angewiesen, alle Geheimakten und Code-Bücher zu verbrennen. Das Auswärtige Amt lieferte Hitler eine Liste aller von Roosevelt begangenen Neutralitätsverletzungen. Am 11. Dezember verlas Ribbentrop um 14 Uhr dem amerikanischen Geschäftsträger in Berlin die deutsche Kriegserklärung: Nunmehr habe Präsident Roosevelt den von ihm gewünschten Krieg erreicht.
In der Reichstagsrede, die Hitler am selben Nachmittag hielt, bezog er sich auf die vor kurzem in der »Chicago Tribune« veröffentlichten Kriegspläne

der Vereinigten Staaten, die Roosevelts Absicht enthüllten, »spätestens im Jahre 1943« in Europa einzufallen.

Aber in seinem tiefsten Inneren mahnte eine Stimme. Major von Below, der ihn am Bahnhof erwartet hatte, merkte ihm an, daß er mit Unbehagen an die langfristigen Auswirkungen von Pearl Harbor dachte. Weder Ribbentrop noch Hitler erhoben Einwände gegen den japanischen Entwurf einer geheimen militärischen Vereinbarung, der jetzt überreicht wurde: Westlich des 70. Grades östlicher Länge sollten Deutschland und Italien operieren; die ganze Welt östlich dieses Längengrades einschließlich Britisch-Indiens sollte Japan vorbehalten bleiben.

Aber trotz der strategischen Vorteile sagte Hitler grollend: »Das habe ich nicht gewollt. Singapur wird verloren gehen.« Und nachdem er in die Wolfsschanze zurückgekehrt war, seufzte Hitler Walther Hewel gegenüber: »Seltsam, daß wir mit Hilfe Japans die Positionen der weißen Rasse in Ostasien vernichten – und daß England mit den bolschewistischen Schweinen gegen Europa kämpft.«

»Keinen Schritt zurückgehen«

Seine Führungseigenschaften zeigte Hitler in den dunklen Monaten jenes Winters 1941/1942. Wir werden sehen, wie diese verbunden mit der legendären Härte des deutschen Soldaten eine grauenhafte Niederlage vom Ostheer abzuwenden in der Lage waren. Wo seine Generale nur einen unrühmlichen Rückzug als einzige Rettung sahen, bestand Hitler darauf, nicht von der Stelle zu weichen, bis das russische Klima selbst der Offensive der Roten Armee ein Ende setzen würde. Lehnten die Befehlshaber sich dagegen auf, dann entließ er sie und schickte sie in Schimpf und Schande in die Heimat. Wir werden sehen, wie Hitler selbst den Oberbefehl übernimmt und wie an der Front allmählich ein neuer Geist der Hoffnung aufkeimt.

Oft genügte allein Hitlers Suggestivkraft. In vielen Schlachten gehärtete Frontoffiziere schworen, daß sie ihn mitten im Kampfgetümmel gesehen hätten – »Wir waren am Ende. Da war der Führer bei uns im Abschnitt. Das hat die letzte Kraft aus uns herausgeholt, und wir haben es geschafft!« Aber noch viele Monate sollten vergehen, bevor Hitler wirklich die Front besuchte.

Im Mai 1942 sollte er selbst die Stimmung dieser verzweifelten Monate in die Erinnerung zurückrufen:

»Ich habe dann rücksichtslos durchgegriffen. Selbst Leute, die mir sehr nahe standen, wie z. B. zwei Generaloberste des Heeres, habe ich nach Hause geschickt; ihre Kraft war verbraucht, sie konnten nicht mehr... So war einer von diesen Herren im Winter bei mir gewesen und erklärte, ›Mein Führer, wir können uns nicht halten, wir müssen zurück.‹ Ich habe gefragt, ›Herrrrr, wohin wollen Sie denn in Gottes Namen zurückgehen, wie weit wollen Sie zurückgehen?‹ ›Ja‹, sagte er zu mir, ›Das weiß ich nicht, wie weit.‹ – ›Wollen Sie 50 km zurückgehen; glauben Sie, daß es dort weniger kalt ist; glauben Sie, daß dort das Transportproblem für den Nachschub besser gelöst werden kann? Und wenn Sie zurückgehen – wollen Sie Ihre schweren Waffen mitnehmen, können Sie sie mitnehmen?‹ Der Herr antwortete, ›Nein, das geht nicht.‹ – ›Also, die wollen Sie dem Feinde überlassen, und wie wollen Sie sich weiter rückwärts ohne schwere Waffen schlagen?‹ Er antwortete: ›Mein Führer, retten Sie wenigstens die Armee, ohne Rücksicht auf das Material.‹ Ich fragte: ›Wollen Sie etwa bis zur deutschen Reichsgrenze zurückgehen, oder wo wollen Sie haltmachen?‹ ›Ja, mein Führer‹, antwortete er, ›es wird uns wohl nichts anderes übrig bleiben, ich muß Ihnen das offen gestehen.‹ Ich konnte den Herren nur sagen, ›Meine Herren, gehen Sie für Ihre Person so schnell wie möglich nach Deutschland zurück, aber die Armee überlassen Sie meiner Führung und die bleibt vorn.‹«

Hitler war zuerst in Berlin geblieben. Die Stimmung war düster. Die Kirchen waren voll – für Hitler ein ungutes Zeichen, aber er sagte zu seinen Sekretärinnen, daß er zur Zeit nichts gegen die Kirchen unternehmen könne. Das könne man (wie die Lösung der Judenfrage) bis zur Zeit nach dem Kriegsende verschieben.

Im Osten zog eine militärische Katastrophe herauf. Seit Beginn der Gegenoffensive der Roten Armee war ein 40 km breites Loch in die deutsche Front gerissen, und zwar zwischen Feldmarschall von Kluges 4. Armee und seinem Nachbarn zur Rechten, Generaloberst Guderians 2. Panzerarmee. Immer neue russische Truppen strömten durch die Frontlücke. Die wirksamste deutsche Panzerabwehrmunition, die »Rotkopf«-Granate – dem Führer erstmalig auf dem Schießplatz Arys am 25. November vorgeführt –, war von ihm noch immer nicht freigegeben; das niederschmetternde, entnervende Gefühl der eigenen Unterlegenheit entstand zum ersten Mal beim deutschen Soldaten. »Man hat den Gegner, die Weite seines Landes und die Tücken des Klimas erheblich unterschätzt und das rächt sich nun.« – So die düstere private Feststellung Guderians am 10. Dezember.

Hitler schickte den kranken Feldmarschall von Brauchitsch mit Oberst Schmundt zur Heeresgruppe Mitte, damit sie sich einen eigenen Eindruck von der Lage verschafften. Guderian holte sie am 14. Dezember in Roslaw ab, und schilderte einige Tage später: »Dazu war eine 22stündige Autofahrt im Schneesturm notwendig.« Der Oberbefehlshaber des Heeres befahl, daß die Armee Guderians die Stellung vorwärts Kursk zu halten habe. Aber wie Bock und Kluge wußte auch Guderian keine andere Lösung als: Rückzug! Hitler wollte nichts davon hören. »Ich kann nicht alles in den Winter schicken, weil die Heeresgruppe Mitte einige Einbruchstellen hat«, argumentierte er; ihn bestärkten beschwörende Stimmen von anderen Stellen der Front, wo alles verloren wäre, wenn eine allgemeine Flucht nach hinten einsetzen sollte.

Die Heeresgruppe Mitte hatte keine beweglichen Reserven. Am 14. Dezember befahl Hitler Jodl spät abends, festzustellen, welche möglichst geschlossenen Verbände aus dem Ersatzheer im Reich sofort auf den Weg gebracht werden könnten. Generaloberst Friedrich Fromm, Befehlshaber des Ersatzheeres, erklärte, daß er über eine Anzahl von Divisionen verfügte. Eine halbe Stunde nach Mitternacht befahl Hitler Fromm zur Reichskanzlei. Fromm sagte zu, in kürzester Frist viereinhalb Divisionen aufzustellen, mit Winterbekleidung und Skiern ausgerüstet.

Gegen 13 Uhr am folgenden Tag rief Hitler den Feldmarschall von Leeb an; dieser wollte seine Heeresgruppe Nord jetzt hinter die Wolchow-Linie zurücknehmen. Hitler setzte ihm auseinander, der Russe würde dann die Belagerung der Stadt Leningrad aufheben können. Er bestellte Leeb zum persönlichen Vortrag ins Führerhauptquartier.

Am Abend des 15. Dezember verließ sein Sonderzug Berlin. Noch im Zuge entwarf er zusammen mit dem Wehrmachtsführungsstab seinen ersten

Durchhaltebefehl an die Front. Er enthielt folgende Begründung: »Ein weiträumiges Absetzen großer Teile des Heeres, mitten im Winter, bei nur beschränkter Beweglichkeit und Winterausrüstung und ohne vorbereitete rückwärtige Stellungen muß zu den schwersten Folgen führen.« Die 4. Armee, hieß es in dem Befehl,, werde also keinen Schritt zurückgehen. Im Schlafwagenabteil des Wehrmachtsführungsstabes kam es zu heftigen Debatten. Jodl meinte, daß jetzt nur ein grundsätzlicher Haltebefehl Sinn habe. Loßberg schlug jedoch vor, die strategische Leitung des Krieges einem überragenden Soldaten wie etwa von Manstein zu übertragen. Jodl, der gerade aus dem Vortragsabteil Hitlers gekommen war, wies aber darauf hin: »Für die Neuregelung der Befehlsverhältnisse hat der Führer schon in anderer Richtung seine Entschlüsse gefaßt.«

Der Sonderzug traf am 16. Dezember um 11 Uhr wieder in der Wolfsschanze ein. Um 12.10 Uhr übermittelte General Halder der Heeresgruppe Mitte fernmündlich den ersten Haltebefehl.
Nicht einmal zur Lagebeurteilung Brauchitschs hatte Hitler jetzt noch Vertrauen; wieder hatte er Oberst Schmundt losgeschickt, um die Lage zu erkunden. Guderian sprach mit ihm auf dem Flugplatz Orel und bat ihn, dem Führer vorzutragen, daß das Schicksal der 2. Panzer-Armee auf dem Spiel stehe. Wenig später war an Guderian Hitlers Befehl durchgegeben worden, die Linie zu halten. Guderian teilte Feldmarschall von Bock mit, der Befehl sei nicht durchführbar. Bock stellte ein Ferngespräch mit Hitler selbst in Aussicht. Als er auf den Anruf wartete, schrieb Guderian an seine Frau: »Wie wir wieder herauskommen sollen, weiß ich selbst noch nicht... Ich bin nur froh, daß der Führer nun wenigstens Bescheid weiß und hoffentlich mit gewohnter Tatkraft in das verbürokratisierte Räderwerk des Heeres-, Eisenbahn- und sonstigen Maschinen eingreift... Nachts liege ich viel schlaflos und zermartere mir das Hirn, was ich noch tun könnte, um meinen armen Männern zu helfen, die in diesem wahnsinnigen Winterwetter schutzlos draußen sein müssen. Es ist furchtbar, unvorstellbar.«
Gegen Mitternacht sagte Schmundt zu Hitler, daß Bock ihn angerufen und ihm den Wortlaut einer Meldung vorgelesen habe, die er drei Tage zuvor zur Vorlage bei Hitler an Brauchitsch abgesetzt habe: »Der Führer muß sich entschließen, ob die Heeresgruppe sich weiter *vorn* schlagen soll auf die Gefahr hin, daß sie dabei in Trümmer geht, oder ob sie sich absetzen soll, was die gleiche Gefahr in sich birgt. Entscheidet er sich für das Absetzen, so muß er wissen, daß es zweifelhaft ist, ob dann hinten ausreichende Kräfte ankommen, um eine neue, nicht vorbereitete und nicht wesentlich kürzere Stellung zu halten.« Brauchitsch hatte diesen Bericht für sich selbst behalten. Als jetzt am Telefon Bock lebhaft schilderte, an diesem Tage habe die 267. Infanteriedivision ihre gesamte Artillerie beim Ausweichen stehenlassen, rief ihn Hitler sofort an: »In dieser Lage gibt es nur einen Entschluß, und der ist, keinen Schritt zurückzugehen, die Lücken zu stopfen und zu

halten.« Ingrimmig wies der Feldmarschall darauf hin, daß die Heeresgruppenfront stündlich irgendwo zerreißen könne. Hitler erwiderte: »Dies muß ich dann in Kauf nehmen.«

»Die Front krankt nur an einem«, wiederholte er Brauchitsch und Halder gegenüber wenige Augenblicke später: »Der Feind ist zahlreicher an Soldaten. Er hat nicht mehr Artillerie. Er ist viel schlechter als wir.« Deshalb sei es jetzt die Aufgabe der Reichsbahn, Infanterieersatz nach vorn zu schaffen; jeder müsse Konserven für acht bis zehn Tage bei sich haben, Hartspiritus und Schokolade. In kürzester Frist seien der Heeresgruppe Bock tausend Lkw zuzuführen. Von Krakau aus müßten 2000 Mann SS auf dem Luftwege nach vorn gebracht werden. Um 3.00 Uhr rief er Guderian an, bestätigte, daß er die Meldung über die Lage der Panzerarmee durch Oberst Schmundt erhalten habe und die Schwierigkeiten anerkenne; er betonte jedoch, daß die Front unter allen Umständen gehalten werden müsse.

Einige Stunden später an diesem Tage, dem 17. Dezember, erschien Generaloberst von Richthofen zum Vortrag bei Hitler. Der Kommandeur des VIII. Fliegerkorps schilderte im Privattagebuch:

»Jeschonnek und ich zum Führer, der wie üblich jetzt, nervös, klar und zuversichtlich ist. Schildere ihm Frontlage, die er voll erkannt hat. Er spricht noch von operativen Entschlüssen. Betone immer wieder, daß es auf Erhaltung des Lebens der Kämpfer, Stehenbleiben und Kämpfen ankommt. Es fehlen zur Zeit vorn Waffenträger, Winterausrüstung, Versorgung, vor allem aber der Wille zum Halten. Gedanken der obersten Führung kommen nicht an den Mann heran. Betone immer wieder, daß er sich an den Mann wenden muß, dann wird alles gehen. Führer hört mit großem Verständnis und Interesse zu. Erwägt großen Aufruf. Reichsmarschall und ich reden stark zu.

Führer schimpft sehr stark auf für viele Mißstände verantwortliche Heeresführer. Ringt stark mit vielem Personalwechsel. Brauchitsch schon fort. Halder, Keitel pp. sollen folgen. Fragt mich über meine Meinung über verschiedene Heeresführer. Mir nicht angenehm, gebe sehr freie Beurteilung unter steter Betonung meiner einseitigen Subjektivität und Schärfe. Führer sagt bei mehreren Leuten: ›Das sagen die anderen auch.‹«

Jetzt unterschrieb Hitler selbst den berühmten Befehl, der in jener Nacht an die Ostfront herausging. »... Größere Ausweichbewegungen können nicht durchgeführt werden. Sie führen zum völligen Verlust von schweren Waffen und Geräten. Unter persönlichem Einsatz der Befehlshaber, Kommandeure und Offiziere ist die Truppe zum fanatischen Widerstand in ihre Stellungen zu zwingen ohne Rücksicht auf durchgebrochenen Feind in Flanke und Rücken. Nur durch eine derartige Kampfführung ist der Zeitgewinn zu erzielen, der notwendig ist, um die Verstärkungen aus der Heimat und dem Westen heranzuführen, die ich befohlen habe.« Richthofens VIII. Fliegerkorps sollte vier Kampfgruppen und eine Zerstörergruppe von der Westfront erhalten. Der Chef des Ausbildungswesens der Luftwaffe sollte fünf Transportgruppen für die Front freigeben, und die Behörden und

Stäbe sollten bis auf einen Rest von unbedingt notwendigen Kurierflugzeugen »restlos ausgeplündert« werden.
Es war nicht der Augenblick, um auf persönliche Gefühle Rücksicht zu nehmen. Hitler beauftragte Feldmarschall von Kluge mit dem Oberbefehl über die Heeresgruppe von Bock; Hitler hob Bocks große Verdienste hervor und befahl Schmundt, dem Feldmarschall diese Tatsache zur Kenntnis zu geben.
Wenig später erfolgte die Verabschiedung des Oberbefehlshabers des Heeres. Der drohende Zusammenbruch im Mittelabschnitt war nun plötzlich die Folge seiner mangelhaften Unterrichtung über die Lage; ein Beweis war die Nichtweiterleitung der alarmierenden Meldung Bocks.
Gegen Ende des Monats erließ Hitler einen »grundsätzlichen Befehl über Meldewesen in der Wehrmacht«, in der alle Befehlsstellen darauf hingewiesen wurden, daß die Meldung ein entscheidendes Mittel zur Führung sei; auch eigenes Versagen müsse gemeldet werden: »Übertreibung und Schönfärberei sind gefährlich. Unerfüllte Forderungen und eigene Fehler wahrheitsgetreu zu melden, gereicht jedem Soldat zur Ehre.« Am 19. Dezember hatte er seinen Entschluß gefaßt: Er werde selbst den Oberbefehl übernehmen – »weil ich keinen General kenne, der befähigt ist, das Heer im nationalsozialistischen Geist zu erziehen und zu führen«, wie er Brauchitsch mit lauter Stimme erklärte; und fast unhörbar setzte er hinzu: »Wir bleiben die alten!«
Viele hatten erwartet, daß Halder das Schicksal teilen werde, das von Brauchitsch ereilt hatte; aber Hitler brauchte den fähigen und erfahrenen Generalstabschef, und der ehrgeizige General lernte es, seine Abneigung zu verbergen, die er dem Diktator gegenüber empfand.
Hitler und Schmundt arbeiteten unterdessen einen Tagesbefehl aus: »Der Freiheitskampf unseres Volkes geht seinem Höhepunkt entgegen. Entscheidungen von weltweiter Bedeutung stehen bevor. Der erste Träger des Kampfes ist das Heer. Ich habe daher mit dem heutigen Tage die Führung des Heeres selbst übernommen. Als Soldat vieler Weltkriegsschlachten bin ich mit Euch aufs engste verbunden im Willen zum Sieg.«
Als nächster sollte Generaloberst Guderian gehen. Seit Mitte Dezember war seinen Vorgesetzten allmählich bewußt geworden, daß Guderian seine Panzer aus der Schlacht nahm; das ergab sich aus der Kräftegliederung seiner 2. Panzerarmee, und es ergab sich aus der Tatsache, daß er den Haltebefehl Hitlers in die Tasche gesteckt hatte, ohne ihn an seine Offiziere weiterzugeben.
Aus Notizen seiner Panzerarmee geht hervor, daß Guderian am 17. Dezember »in persönlicher Aussprache erneut feststellt, daß es mit den vorhandenen Kräften der Panzerarmee unmöglich ist, eine Linie ostwärts der Oka zu halten«. Wütend, daß niemand diese Ansicht im Führerhauptquartier selbst vertreten wollte, flog Guderian selbst am 20. Dezember dorthin. Um 19 Uhr schrieb sein Begleitoffizier Hauptmann Joachim von Lehsten diese Notiz:

»15.30 Uhr an Rastenburg-Flughafen. Jetzt ist der Oberbefehlshaber beim Führer... Er scheint – nach allem, was man hört – tatsächlich der einzige Mann im Heer zu sein, der es wagt, mit Klarheit und Offenheit *das* zu sagen, was gesagt werden muß, um Maßnahmen einzuleiten, die die Lage im Osten einzig und allein noch retten können. Und da mit unklaren Vorstellungen jetzt nichts mehr zu machen ist, hängt das Schicksal des Heeres jetzt an dem Seidenfaden, ob die Darstellungen Guderians rigorose Sofortmaßnahmen auslösen oder ob immer noch gezögert wird.«

Beim Führer fand Guderian wenig Glauben. Erschwerend für ihn wirkte die Tatsache, daß Feldmarschall von Kluge voller Zorn über Guderians Flug bei Hitler angerufen hatte, dem er sagte, daß Guderian die Nerven verloren habe. Der Panzergeneral betonte die Erschöpfung seiner Truppe. Auf seine Mitteilung, daß wegen gefrorenen Bodens keine Stellungen ausgehoben werden konnten, antwortete Hitler: »Dann sollen Sie mit schweren Haubitzen und Mörsern Trichter in den Boden schießen und Schützengrabenöfchen drinnen aufstellen!« Er richtete an den aschfahlen General einmal die sarkastische Frage: »Glauben Sie, die Grenadiere des Großen Königs wollten gern sterben?« Guderian seinerseits gab Hitler zu verstehen, es sei hohe Zeit, daß er sich von frontunerfahrenen Beratern wie Keitel, Jodl und Halder trennte.

Am nächsten Tag traf Guderian um 14 Uhr wieder in Orel ein. Dort übermittelte er pflichtgemäß sofort fernmündlich den beiden Korpskommandeuren den bindenden Führerbefehl, keinen Quadratkilometer Boden aufzugeben. Rückblickend hielt sein Begleitoffizier am 6. Januar im Tagebuch fest: »Mehrere Stunden war er beim Führer, zunächst nachmittags etwa von 18–20.00 Uhr, dann abends nach dem Essen noch einmal circa zwei Stunden. Ich selbst hatte während des Essens und besonders hinterher Gelegenheit zu beobachten, wie die Berichte Guderians von der Front auf die Zuhörer aus der nächsten Umgebung des Führers wirkten. Man fiel aus allen Wolken und hielt alles für übertrieben und unglaubwürdig. Es war erstaunlich zu sehen, *wie* sich alles in Sicherheit wiegte. Vom Führer wurde Guderian vorgehalten (wie er mir später erzählte), er hätte sich das vergangene halbe Jahr wohl zu sehr eingesetzt, stünde den Dingen zu nahe, hätte Mitleid mit den Soldaten und daher nicht das richtige Urteil.«

»In Orel eingetroffen«, so die rückblickende Schilderung des Begleitoffiziers, »mußte zwei Tage nach Rückkehr des Oberbefehlshabers Tschern aufgegeben werden, ein Ort von untergeordneter Bedeutung an der Straße Orel-Tula. Diese *angeblich* nicht gemeldete Aufgabe von Tschern nahm... Feldmarschall von Kluge zum Anlaß, die Enthebung Guderians von seinem Kommando beim Führer zu beantragen.« So kam es dazu, daß kurz vor Mitternacht am 25. Dezember Hitler den Feldmarschall von Kluge anrief mit der Entscheidung: »Ich werde das Notwendige veranlassen.« Guderian wurde mit sofortiger Wirkung zur Führer-Reserve versetzt.

Mit der Übernahme des Oberbefehls über das deutsche Heer stieg Hitlers Arbeitslast ins Unermeßliche. Von geregelten Mahlzeiten konnte nun überhaupt keine Rede mehr sein. Teeabende im Führerbunker fingen jetzt nie vor Mitternacht an, was bedeutete, daß seine erschöpften Mitarbeiter nicht vor vier oder fünf Uhr ins Bett kamen. Die ganze Nacht lief brummend der Ventilator, die ewige Zugluft umspielte seinen Kopf, so daß ihm bald, wie er sagte, jedes einzelne Haar wehtat.

Bei der Lagebesprechung vom 20. Dezember erließ Hitler eine ganze Kette weiterer drakonischer Befehle. Der einzelne Mann müsse es lernen, sich einzugraben und »Durchstoßen zu ertragen«. Das ganze rückwärtige Gebiet müsse zu einer tiefgegliederten Abwehrzone werden. Jede Bäckereikolonne müsse es lernen, ihre Unterkunft selbst zu verteidigen. Die angreifenden Russen dürften nirgendwo Schutz finden. Jede Ortschaft, die geräumt werden müsse, sei ohne Rücksicht auf die Bevölkerung niederzubrennen. Die warme Kleidung sei den Einwohnern abzunehmen. Dörfer oder Waldungen, die den Russen doch in die Hände fielen, müßten von der Luftwaffe planmäßig zerstört werden. Vor allen Dingen sei die Kampfmoral der eigenen Truppe wiederherzustellen: Der russische Winter sei nichts als ein Schlagwort, und der Feind sei gar nicht überlegen.

Weihnachten im Führerhauptquartier war immer eine freudlose Angelegenheit. Hitler empfing seine Mitarbeiter, überreichte ihnen einen Umschlag mit einem bescheidenen Barbetrag – etwa 200 RM –, und manchmal schenkte er ihnen ein Päckchen Kaffee mit einem maschinegeschriebenen Weihnachtsgruß. Hewel notierte sich am 24. Dezember: »Gedrücktes Weihnachten. Führer mit seinen Gedanken woanders. Keine Kerzen angesteckt.«

Zwei Tage vorher hatte Hitler von Kluge erfahren, daß der Generalstab gerade 600 Mann nach Smolensk geflogen hatte, wo sie ohne Winterbekleidung und ohne Waffen eintrafen. Hitler hatte ins Telefon gebrüllt: »Das ist eine Schweinerei.« Kluge bereitete ihn auf Schlimmes vor: »Ich habe den Eindruck, daß wir morgen vor einem großen Entschluß stehen.« Hitler gab ihm zum ersten Mal die Verwendung der geheimen »Rotkopf«-Granate für die Panzerbekämpfung frei.

Ein Fragment aus einem anderen berühmten Tagebuch, dem des Vizeadmirals Canaris, beschreibt eindringlich die Atmosphäre der Krise:

24. XII. 41

»Gen. Schmundt zieht Vergleiche mit 1812 und spricht von der ›Bewährungsstunde‹ des Nationalsozialismus. Erschreckend sind die Materialverluste. Kraftfahrzeuge, Geschütze, Flugzeuge etc. müssen vernichtet oder zurückgelassen werden, weil der Betriebsstoff fehlt, um sie zurückzunehmen.

Übel sind die Folgen im Hinblick auf die Kampfmoral der Truppe, die plötzlich erkennt, daß sie schlecht geführt wurde. Die Maßnahmen des

Führers (Abberufung von B[rauchitsch] und einiger Oberbefehlshaber) – so viel auch darüber geredet werden mag – sind richtig und treffen nicht Schuldlose. – ...
Verheerend wirken sich unsere Maßnahmen in der Behandlung russ. Kriegsgefangener aus. – Bei den Rückzügen vor Moskau mußten auch deutsche Lazarette aufgegeben werden. Die Russen schleppten die Verwundeten heraus, hängten sie mit dem Kopf nach unten auf, übergossen sie mit Benzin und verbrannten sie ...
Einige nichtverwundete deutsche Soldaten mußten diesen Folterungen zusehen, bekamen dann einen Tritt in den Bauch und wurden mit der Weisung zu den deutschen Stellungen entlassen, dort zu erzählen, wie die Bolschewiken auf die ihnen bekanntgewordenen Massenerschießungen und die barbarische Behandlung ihrer in deutsche Gefangenschaft geratenen Kameraden reagierten. Bei einer anderen Gelegenheit wurden deutschen Gefangenen die Köpfe abgeschlagen und daraus das ›SS‹-Zeichen geformt.«

Als das Internationale Rote Kreuz jetzt vorschlug, daß beide Seiten zu den anerkannten Konventionen zurückkehren sollten, lehnte Hitler ab. In einer Besprechung mit Keitel und Jodl sagte er, er wünsche nicht, daß bei der Truppe an der Ostfront die Meinung entstehe, als würde sie im Falle der Gefangenschaft von den Russen vertragsgemäß behandelt.

Das Jahresende war gekommen. Jeden Augenblick konnte an der Ostfront der Damm brechen. Kluge bat wiederum um die Erlaubnis für kleinere Ausweichbewegungen; ingrimmig bemerkte Hitler, es sei kein Ende abzusehen, und da könnte man auch gleich an die polnische Grenze zurückgehen. Hitler schilderte dem Feldmarschall, wie er als einfacher Frontsoldat in Flandern zehntägiges Trommelfeuer erlebt hätte, und trotzdem hätten er und seine Kameraden die Stellung gehalten. Kluge erwiderte, man dürfe nicht vergessen, daß hier im Osten 20 bis 30 Grad Kälte herrschten: »Der Kommandierende General hat mir versichert, wenn man der 15. Div. befehlen würde, zu halten, so werde dies die Truppe infolge übergroßer Erschöpfung nicht mehr tun.« Zornig erwiderte Hitler: »Wenn das so ist, dann wird das das Ende des Deutschen Heeres sein« und legte den Hörer auf.
Niemand aus Hitlers Umgebung sollte den Silvesterabend vergessen, der jetzt folgte. Den ganzen Tag hatte Kluge telefonisch General Halder beschworen, ihm ein weiteres Absetzen zu erlauben. Hitler lehnte ab. Er verlangte einen Kampf bis zum letzten, um Zeit zu gewinnen, bis die von rückwärts heranrollenden Reserven einträfen.
Wieder wurde das Abendessen viel zu spät serviert. Danach schlief Hitler erschöpft ein, während die letzte Stunde des Jahres 1941 verstrich. Sein Stab versammelte sich im Kasino, hockte dort herum und wartete auf ihn. Aber um 23.30 Uhr rief Kluge abermals von der Front an, und für die nächsten *drei Stunden* – diese Dauer ist übereinstimmend in den Tagebüchern

Bormanns, Hewels und der Heeresgruppe selbst angegeben – rang Hitler mit dem Feldmarschall, schimpfend, beschwörend, argumentierend, um Kluge von der Notwendigkeit des Stehenbleibens zu überzeugen. Er lehnte es rundheraus ab, Kluge eine Handlungsfreiheit für eine Bewegung in einer Breite von 130 km und einer Tiefe von 35 km zu gewähren.
Erst gegen 2.30 Uhr erschien Hitler im Kasino. »Ich bin froh, ganz große Schwierigkeiten lösen zu können«, sagte er. »Möge mir 1942 ebensoviel Glück bringen wie 1941. Die Sorgen können bleiben. Es ist bisher immer so gewesen, daß ganz schwere Zeiten die Vorbereitungen zu ganz großen Ereignissen waren.« Das Grammophon in der Ecke spielte die 7. Symphonie von Bruckner. Es kam aber keine rechte Stimmung auf.*
Hitlers rücksichtslose Führung stabilisierte die Front gerade lange genug. Mitte Januar 1942 konnte er Kluge erlauben, die am meisten gefährdeten Abschnitte seiner Heeresgruppe zurückzunehmen. Aber inzwischen war eine neue Winterstellung ausgebaut, Reserven trafen ein, warme Kleidung aus der Wollsammlung des deutschen Volkes, und der größte Teil des schweren Geräts konnte noch rechtzeitig geborgen werden.
Die Winterkrise war gemeistert. Aber der Preis an Truppenführern war hoch – geopfert von Hitler *pour encourager les autres*. Die Oberbefehlshaber aller drei Heeresgruppen und von vier Armeen sowie sechs Kommandierende Generale waren ihres Kommandos enthoben worden: Feldmarschall von Reichenau erlag einem Gehirnschlag; von Bock, dessen eigene Gesundheit wiederhergestellt war, übernahm an seiner Stelle die Heeresgruppe Süd. General Otto Foerster wurde entlassen, weil er sein VI. Armeekorps zurückgenommen hatte. Graf Hans von Sponek, der die Halbinsel Kertsch aufgegeben hatte, wurde vor einen besonderen Senat des Reichskriegsgerichts gestellt und am 23. Januar wegen vorsätzlichen Ungehorsams im Felde zum Tode verurteilt (Hitler wandelte die Todesstrafe in eine Festungshaft von 6 Jahren um). Generaloberst Hoepner, der seine 4. Panzerarmee am 8. Januar vorzeitig und auf eigene Verantwortung in die Winterstellung zurückgenommen hatte, wurde am selben Abend »aus der

---

* Zwei Wochen später beschrieb Christa Schroeder die Stimmung an diesem Abend im Führerhauptquartier: »Anschließend wurden wir zum üblichen Tee befohlen, wo wir einen sehr müden Chef antrafen, der nach einer Weile einnickte, so daß wir uns dementsprechend ruhig verhielten, also die angefachte Lustigkeit zu ersticken gezwungen waren. Zwischendurch war der Chef 3 Stunden in der Lagebesprechung, und die zur Gratulationskur angetretenen Herren verharrten in diesen Stunden mit schicksalsschwangeren Gesichtern und wagten nicht, das Gesicht zu einem Lächeln zu verziehen... Jedenfalls war es so, daß ich in meinem Bunker das heulende Elend kriegte und nochmal ins Kasino ging, wo ich auf ein paar wackere Jungens vom Begleitkommando stieß, die natürlich feststellten, daß ich geheult hatte, worauf ich prompt gleich nochmals anfing, worauf sie mich mit Worten und Alkohol zu trösten versuchten, was ihnen denn auch gelang, und dann sangen wir unentwegt das ›herzbewegende‹ Lied: Wir lagen vor Madagaskar und hatten die Pest an Bord...«

Wehrmacht ausgestoßen«. In seiner Empörung über den Verlust seiner »wohlerworbenen Rechte« klagte Generaloberst Hoepner beim Landgericht Berlin seine Pension ein und gewann den Prozeß. Hitler erklärte sich für über dem Gesetz stehend und berief den Großdeutschen Reichstag zum 26. April ein, damit er ein entsprechendes Dekret bestätige. Dieses neue Gesetz verlieh ihm höchste Vollmachten über jeden Menschen im Reich, »ohne Rücksicht auf sogenannte wohlerworbene Rechte«. Goebbels brachte in Erfahrung, daß es Hitlers Absicht war, schon im voraus die radikalen Schritte legalisieren zu lassen, die er gegen »Reaktionäre, Beamte, Juristen und gewisse Teile des Offizierkorps« zu unternehmen gedachte.

Ein neues Gesicht erschien auf Hitlers Bühne. An einem Tag im Januar aß der Chef des Stabes der 1. Panzerarmee mit ihm zu Mittag und berichtete ihm von den Notmaßnahmen, die er ergriffen hatte, um die Südflanke der Armee zu schützen, die plötzlich in Gefahr geraten war, als das Asowsche Meer zufror. Er hatte Alarmeinheiten sogar mit Segelschlitten ausgerüstet. »Die Panzer-Armee hat alles getan, was sie tun konnte«, sagte Hitler und gratulierte ihm. Acht Monate später sollte er diesen General an Halders Stelle zum Chef des Generalstabes des Heeres machen – Kurt Zeitzler.

Im Dezember und Januar waren verschiedene Nachrichten im Führerhauptquartier eingegangen, die auf anglo-amerikanische Absichten hindeuteten, im Frühjahr in Nordnorwegen zu landen. Die Quellen glichen denjenigen, die sich im Frühjahr 1940 als zuverlässig erwiesen hatten. Wie weit durfte man eigentlich den Schweden trauen? Hitler hatte den Verdacht, daß England und Amerika insgeheim Narvik den Schweden versprochen hatten. Er befahl die Verstärkung seiner Streitkräfte in Norwegen. Zur Zeit lagen die »Scharnhorst« und die »Gneisenau« in Brest an der französischen Atlantikküste fest, und das schon seit dem Frühjahr. Seither hatten sie immer neue Bombenschäden hinnehmen müssen, und Hitler war erbost über ihre erzwungene Untätigkeit. »Sie wissen, daß ich früher ein Verfechter der ganz großen Schiffe gewesen bin und wie sehr mein Herz an ihnen hängt«, sagte er am 26. Dezember zu seinem Marine-Adjutanten. »Ihre Zeit ist aber vorbei. Die Luftgefahr ist zu groß.« In Norwegen aber, außerhalb der Reichweite der RAF-Bomber, hätten sie noch große strategische Wirkungsmöglichkeiten. Am 29. Dezember befahl er Raeder, die Kriegsschiffe zurückzuführen. Da eine Route um die britischen Inseln herum die sichere Katastrophe heraufbeschwören würde, schlug Hitler vor, einen völlig überraschenden Durchbruch durch den Ärmelkanal zu unternehmen.

Hitler erklärte seinem Marineadjutanten am 4. Januar, man müsse das Überraschungsmoment ausnutzen. »Sei die Rückführung geglückt, so würde er es gern sehen, wenn möglichst alle Schiffe in den norwegischen Raum verlegt würden«, notierte sich der Adjutant. »Dies sei die einzige Maßnahme, die auf die Engländer eine wirklich abstoßende Wirkung erzielen würde. Nach einer Äußerung von Churchill, daß das englische Volk noch schwerste Blutopfer würde bringen müssen, halte er nach wie vor einen Großangriff auf Norwegen für möglich.« Hitler hatte Bedenken, als Vizeadmiral Otto Ciliax darauf bestand, die nur 28 km breite Dover-Enge am hellichten Mittag zu passieren, aber das war unvermeidlich, wenn die Schiffe sich im Schutze der Dunkelheit aus Brest fortschleichen sollten. Der Versuch sollte in etwa einem Monat unternommen werden.

Wahrscheinlich konnte sich Hitler erst Februar 1942 ein einigermaßen realistisches Bild davon machen, welcher gigantischen Niederlage seine Armee gerade noch entkommen war. Das Heer hatte bis zum 20. Februar 112 627 Kälteschäden gezählt, darunter 14 357 mit nachfolgenden Amputationen. »Barbarossa« hatte die deutsche Wehrmacht bis jetzt etwa 200 000 Tote gekostet.
Ein eindringlicher Bericht eines einfachen Soldaten gelangte auf dem Dienstweg bis zu Martin Bormann. Dieser Soldat berichtete, wie seine Division als Armeereserve am Donez ohne jede schwere Waffe in die Bresche geworfen wurde. »Der Russe kam, wie vorauszusehen, mit schweren Panzern und riesigen Mengen Infanterie und drückte uns zurück. Unsere MG schossen infolge der grimmigen Kälte nicht mehr, und die Munition ging auch zu Ende. ... Inzwischen war die gesamte Front in einer Breite von fast 100 km ins Wanken gekommen. Überall regellos und kopflos zurückflutende Truppen. Vergebens, daß sich Offiziere mit der Pistole in der Hand entgegenstellten und Ordnung in diese Auflösung bringen wollten, eine allgemeine Panik hatte um sich gegriffen... Bilder sah man, wie ich sie in Rußland bei den Russen selbst *nie*, in Frankreich nur bei den Franzosen selten gesehen habe. Regellos zurückflutende Kolonnen, oft mehrere nebeneinander auf einer Straße, weggeworfene Stahlhelme, Gewehre, Gasmasken, Ausrüstungsgegenstände. Hunderte von brennenden, von der eigenen Truppe angesteckte, weil infolge Benzinmangels, Kälte oder Schneewehen nicht mehr bewegliche Kraftwagen, in Brand gesetzte Munitionslager, Bekleidungsämter, Verpflegungslager. Die Rückzugstraße übersät mit toten Pferden und liegengebliebenen Fahrzeugen. In dieses Durcheinander stießen nun *deutsche Strukas* und vollendeten das Vernichtungswerk... Elendsgestalten, in Decken gehüllt, die Beine mit Lumpen und Bändern umwickelt, wie wir sie vom Rückzug der napoleonischen Armee kennen, humpelten die Straßen entlang. Am 5. Tag hatten uns die russischen Panzer eingeholt, zerschossen, überfuhren und zersprengten die Reste unseres Bataillons. Ich selbst konnte mich vor den Panzern, die sich ein teuflisches Vergnügen daraus machten, den einzelnen Mann so lange zu hetzen, bis sie ihn überfahren hatten, nur dadurch retten, daß ich in eine tiefe Schlucht hineinlief, in die der Panzer infolge des hohen Schnees nicht folgen konnte...« »Wir, die

wir als Überlebende aus dieser Katastrophe herausgekommen sind, haben nur einen Wunsch: daß der Führer ein furchtbares Strafgericht über die Schuldigen hält.«

Hitler war mit seinen Gedanken schon bei der Frühjahrsoffensive. Er hoffte, die Heeresgruppe Süd in den Kaukasus hineinführen zu können – vielleicht Ende April 1942. Ein Südvorstoß würde das Ölproblem lösen, die Türkei neutral halten und, wenn alles gut ging, im Herbst 1942 ein Vordringen der Wehrmacht auf Bagdad ermöglichen. Er machte Feldmarschall von Bock am 18. Januar mit seinem strategischen Plan bekannt, bevor Bock nach dem 1050 km entfernten Poltawa abflog, um das Kommando über seine neue Heeresgruppe zu übernehmen. Hitlers Verbündete waren zunächst wenig begeistert. Aber Feldmarschall Keitel gelang es, Rumänien und Ungarn zur Verstärkung ihrer Ostfront-Kontingente zu bewegen. Auch Italien fand sich bereit, neue Divisionen nach Osten zu schicken. Bulgarien mit seinen stark rußlandfreundlichen Strömungen blieb ungebunden; wiewohl der König ein leidenschaftlicher Anhänger Hitlers war, pries er sich glücklich, daß der Führer von ihm nicht mehr erwartete, als mit seiner Armee die Türkei in Schach zu halten. Dabei erwärmten sich die Gefühle der Türkei gegenüber Hitler ohnehin in dem gleichen Maße, wie der Frühling den russischen Schnee von Süden her nach Norden schmelzen ließ. Der türkische Präsident versicherte Botschafter von Papen im vertraulichen Gespräch, er sei nach wie vor vom deutschen Endsieg überzeugt. Als das Forschungsamt Beweise dafür brachte, daß England mißvergnügt die Waffenlieferungen an die Türkei einstellte, erklärte Hitler sich im April bereit, die benötigten Panzer, Geschütze, U-Boote und Flugzeuge zu liefern.

Aber nicht nur die Verbündeten und die Neutralen benötigten die Erzeugnisse der deutschen Rüstungsindustrie. Hitler selbst mußte sich daranmachen, Mittel und Wege zur Rationalisierung und Steigerung der Rüstungsproduktion zu suchen. Am 3. Dezember, während eines Fluges an die Ostfront, hatte er eine drei Seiten lange Anordnung an Munitionsminister Fritz Todt diktiert und darin die Vereinfachung und Leistungssteigerung der Rüstung im einzelnen befohlen. Standardisierte Waffen sollten im Massenproduktionsverfahren hergestellt werden. Todt leitete eine radikale Reform der gesamten rüstungswirtschaftlichen Struktur ein. Ende Januar legte der Munitionsminister seine Empfehlungen vor. Im wesentlichen ging es dabei um die »Selbstverantwortung« der Rüstungswerke und die Einführung eines Festpreis-Systems. Am 7. Februar war Todt zum Vortrag bei Hitler und aß anschließend mit ihm in der Wolfsschanze zu Abend; am nächsten Morgen um 9.45 Uhr war er tot, seine verkohlten Überreste lagen in den Trümmern seiner Heinkel He 111, die beim Start auf dem Flugplatz von Rastenburg zerschellt war.

Hitler war untröstlich über den Verlust dieses alten Freundes. Er befahl dem RLM, einen »Unfallrichter« zu entwickeln, einen Flugschreiber, um bei späteren Flugzeugabstürzen die Unglücksursache ermitteln zu können.

Hitler kehrte nach Berlin zurück, um seinem Munitionsminister die letzte Ehre zu erweisen.
Es waren aufregende Stunden. Als sein Zug vormittags in der Reichshauptstadt eintraf, hatten seine Schlachtschiffe bei ihrem Kanaldurchbruch die Straße von Dover erreicht, allem Anschein nach noch immer nicht vom Feind geortet. In Ostasien hatte der letzte große Ansturm der Japaner auf Singapur, den Eckpfeiler des britischen Empire, begonnen.
Trotzdem waren seine Gefühle durchaus gemischt. Dem japanischen Botschafter Oshima gegenüber tat er so, als koste er jeden Augenblick aus: »Wenn England Indien verliert, stürzt eine Welt ein.« Aber seiner engsten Umgebung gegenüber setzte er eine andere Miene auf. So hatte er am 29. Januar im Gespräch mit Goebbels die schweren Verluste beklagt, die der weiße Mann in Ostasien zu erleiden habe. Als er am 11. Februar mit Antonescu sprach, nannte er die neueste Meldung aus Singapur eine »freudige, vielleicht aber auch traurige Nachricht«.
In den frühen Morgenstunden des 13. Februar war der operative Rückzug der deutschen Flotte in die nördlichen Gewässer erfolgreich abgeschlossen. Die »Scharnhorst« hatte Wilhelmshaven erreicht, trotz geringer Schäden, die zwei Minen angerichtet hatten. Die »Gneisenau« hatte Kiel erreicht, mit eingedrückten Schiffsbodenplatten, ebenfalls infolge einer Minenexplosion. Die »Prinz Eugen« war unversehrt durchgekommen. In den Luftkämpfen verloren die Briten zwanzig Bomber, sechzehn Jäger und sechs Torpedoflugzeuge; Galland hatte nur sieben Jäger verloren. Die *Times* kommentierte erregt: »Nichts den Stolz mehr Demütigendes hat sich seit dem 17. Jahrhundert in unseren heimischen Gewässern ereignet.« Hitler, der wie Goebbels bezeugte, »um das Schicksal unsere Schiffe gezittert« hatte, atmete auf. Vor allem schien Norwegen jetzt vor einer Invasion sicher zu sein. Dessenungeachtet entsandte er Feldmarschall List, damit er die Verteidigungsfähigkeit Norwegens »auch starken fdl. Landungsoperationen gegenüber« inspiziere.
Am nächsten Tag hielt er eine Ansprache vor Tausenden von Fähnrichen im Sportpalast. Die Fotografien zeigen ihn, wie er – umgeben von Keitel, Milch und Himmler – mit beiden Händen das Rednerpult gepackt hält. Als er das Rednerpodium verließ, brach ein donnernder Applaus los, abgelöst vom anschwellenden Gesang tausender junger Stimmen, die das Deutschlandlied angestimmt hatten.

Am Abend des nächsten Tages, es war der 15. Februar, brachte ihn sein Sonderzug zurück nach Ostpreußen. Gegen Mitternacht kam Joachim von Ribbentrop den schwankenden Gang entlang und brachte die Nachricht, daß Churchill soeben in einer Rundfunkrede den Verlust von Singapur bekanntgegeben habe. Fräulein Schroeder diktierte der Außenminister einen Entwurf für eine Nachricht, die die Presse am nächsten Morgen veröffentlichen sollte. Hitler sagte, langsam den Kopf schüttelnd, zu Ribbentrop: »Man muß in Jahrhunderten denken; wer weiß, ob nicht in Zukunft die gelbe Gefahr für uns die größte wird.« Er zerriß das Papier in kleine Stücke.

»Evakuierung nach dem Osten«

Noch einmal in der ersten Hälfte des Jahres 1942 sollte die Sowjetunion an den Rand des Zusammenbruchs geraten. Wiederhergestellt war das Selbstvertrauen des deutschen Soldaten. Mit der Hilfe des Führers hatte er sich dort behauptet, wo selbst Napoleon gescheitert war. Ende Februar 1942 wurde den ausländischen Diplomaten in Berlin zu verstehen gegeben, daß die Möglichkeit eines Ausgleichsfriedens verpaßt sei; der Führer habe jetzt beschlossen, bis zum bitteren Ende zu kämpfen.
Hitlers Sekretärin beschrieb eindringlich die trübsinnige Stimmung im Führerhauptquartier, als Hitler aus Berlin zurückgekehrt war:
»Es ist nach zwei Tagen warmen Wetters plötzlich wieder sehr kalt geworden«, schrieb sie am 27. Februar 1942. »... Obwohl der Chef immer sehr müde ist, findet er doch nicht ins Bett, und das ist oft qualvoll. Früher spielten wir öfter Schallplatten am Abend und man konnte dabei seinen eigenen Gedanken nachhängen, aber seit Todts unglücklichem Ende sind die Musikabende sehr selten geworden, und da der Teekreis immer aus denselben Menschen besteht, von außen keine Anregungen kommen, niemand etwas Persönliches erlebt, so ist demzufolge die Unterhaltung oft recht laut und schleppend, ermüdend und belastend. ... Ein Scotchterrier ist auch da, der sich aber keiner großen Beliebtheit erfreut, da er überaus störrisch und eigensinnig ist (außerdem hat der Chef gesagt, daß er wie ein ›Handfeger‹ aussehe und daß er sich nie mit ihm fotografieren lassen würde)«.
Hitlers Gesundheit hatte im Winter wieder gelitten, die Sorgen, die extreme Kälte und die allgemeine Belastung seiner sklerotischen Arterien begannen sich auszuwirken. Er verfügte eine Reihe von Verhaftungen. Am 8. März unterrichtete sein Heeresadjutant den Reichsführer SS: »Der Führer hat befohlen, daß Reichsbahnoberrat Landenberger und Reichsbahnrat Hahn... sofort in Schutzhaft zu nehmen sind. Beiden Beamten wird grobe Vernachlässigung in ihren, anläßlich des Osteinsatzes innegehabten Stellungen (verantwortliche Leiter der HBD Mitte und HBD Süd) vorgeworfen.«
Immer neue Medikamente erschienen in Hitlers schon überfüllter Hausapotheke. Trotz aller Bemühungen Morells fanden die Besucher in Rastenburg in jenem Frühjahr einen grauen, gealterten, kränkelnden Hitler vor. Goebbels vertraute er an, daß er hin und wieder mit stärksten Schwindelanfällen zu kämpfen habe. »Der Führer schildert mir«, notierte Goebbels sich nach einem Gespräch vom 19. März, »wie nahe wir in den vergangenen Monaten an einem napoleonischen Winter standen... Ein großer Teil der Schuld an

dieser Möglichkeit ist Brauchitsch zuzuschreiben. Der Führer hat für ihn nur Ausdrücke der Verachtung. Ein eitler, feiger Wicht, der nicht in der Lage war, die Situation überhaupt zu überschauen, geschweige sie zu meistern. Er hat den ganzen Feldzugsplan im Osten, der vom Führer kristallklar entworfen war, durch sein dauerndes Dazwischenreden und durch seinen dauernden Ungehorsam vollkommen verkitscht und verdorben... Der Führer hat gar nicht die Absicht gehabt, nach Moskau zu gehen. Er wollte den Kaukasus abschneiden und damit das Sowjetsystem an der empfindlichsten Stelle treffen. Aber Brauchitsch und sein Generalstab haben das besser gewußt. Brauchitsch hat immer nach Moskau getrieben. Er wollte Prestigeerfolge statt sachlicher Erfolge.«

Für die bevorstehende deutsche Offensive im Osten hatte Hitler wieder eine klare Vorrangliste aufgestellt. Am 28. März 1942 legte er seinen Plan in einer Besprechung mit Halder dar. Die Hauptoffensive des Sommers, Blau, würde mit der Wegnahme von Woronesch am Don beginnen; dann sollten sich die Armeen nach Südosten in Richtung Stalingrad bewegen, dabei am Don entlang Winterstellungen ausbauend. Anfang September würden sie auch den Nordkaukasus erreicht haben. Je nach den Erfolgen des Sommers werde er später entscheiden, welche Operationen im Mittelabschnitt und gegen Leningrad zu unternehmen seien. Nach der Zerschlagung der Hauptarmeen Stalins wollte Hitler eventuell einen Ostwall aufbauen, und jenseits dieses Walls könne es durchaus zu einem hundertjährigen Krieg gegen die weit verstreuten Reste der bolschewistischen Truppen kommen. »Wir stehen dann dem übrig bleibenden Rußland gegenüber, wie England Indien gegenübersteht«, sagte er zu Goebbels.

Schon hatte die Sowjetunion das Eisenerz von Kriwoi Rog und das Mangan von Nikopol verloren, und der Panzerstahl der neuesten Tanks war folglich von geringerer Qualität. Gelang Blau, dann werde Stalin weder zum Verkoken geeignete Kohle noch Öl haben. Als die Seekriegsleitung drängte, daß Rommel den Suezkanal nehme, erwiderte sogar Halder ungeduldig: »Das Unternehmen Kaukasus bleibt für uns wegen der Frage der Ölversorgung z. Zt. eine zwingende Notwendigkeit.« Erst durch den Sieg im Kaukasus, argumentierte er, werde das deutsche Kriegsreich auf die Dauer lebensfähig sein.*

Ohne zu ahnen, daß Rommels Panzer-Armee Afrika auf unvorstellbar reichen Ölfeldern in Libyen stand, war Hitler noch immer auf die rumänischen Vorkommen angewiesen. Aus Angst, daß Antonescu etwas zustoßen könne, wies Hitler das OKW an, die Rumänen »mit Samthandschuhen anzufassen«.

---

* So werden Halders Worte von seinem Marineverbindungsoffizier wiedergegeben. Nach dem Kriege erklärten er selbst und seine Abteilungschefs wie Heusinger, sie hätten den Kaukasus-Feldzug einstimmig abgelehnt.

Hitler war sonst immer und auf allen Gebieten für Härte eingetreten. Aber er war nicht immer so konsequent. Die Bombardierung Londons hatte er erst freigegeben, als es schon zu spät war, und sie alsbald wieder untersagt. Die Furcht vor Vergeltungsmaßnahmen hielt die Briten allerdings nicht davon ab, im März 1942 zur Flächenbombardierung überzugehen. In der Nacht zum 4. März warfen RAF-Bomber mehr als 450 t Bomben auf eine Fabrik in Paris ab. Achthundert französische Zivilisten fanden den Tod. Hitler befahl der Luftwaffe, sofort einen Vergeltungsangriff gegen London vorzubereiten. Wenige Tage später jedoch widerrief er den Befehl. Zu Jeschonnek sagte er, er wolle Luftangriffe auf deutsche Städte so lange nicht provozieren, wie die Luftwaffe noch nicht imstande sei, vernichtende Schläge im Westen zu führen. Daß diese Rechnung nicht aufging, wurde eine Woche später demonstriert, als zweihundert hauptsächlich mit Brandbomben bestückte RAF-Bomber den mittelalterlichen Kern der Hansestadt Lübeck nahezu vernichteten; in den Ruinen Lübecks lagen 320 Tote. Tatsächlich befahl er am 14. April Vergeltungsangriffe – wobei London wiederum ausdrücklich von der Liste der Ziele ausgenommen wurde: »Der Führer hat angeordnet«, hieß es im OKW-Fernschreiben an den Luftwaffenführungsstab, »daß der Luftkrieg gegen England in erhöhtem Maße angriffsweise zu führen ist. Hierbei sollen solche Ziele im Vordergrund stehen, deren Bekämpfung möglichst empfindliche Rückwirkungen für das öffentliche Leben mit sich bringt. Neben der Bekämpfung von Hafen- und Industrieanlagen sind hierzu auch im Rahmen der Vergeltung Terrorangriffe gegen Städte außer London durchzuführen.«
Es war nicht gerade ein erbaulicher Anblick, die beiden gegnerischen Volksführer zu beobachten, wie sie, selbst gut eingebunkert, Schläge gegen die unschuldige Zivilbevölkerung des jeweils anderen führten: Wie muß Stalin diesen Anblick genossen haben, er, der es längst gelernt hatte, »in Jahrhunderten zu denken«!
Setzten die Briten auf eine innere Revolte in Europa, so könnten sie lange warten, wie Hitler Ende April zu Mussolini sagte; in Deutschland habe er keine Opposition mehr – in Berlin mochte es vielleicht 2000 regimefeindliche Personen geben, mehr nicht.
Jede Möglichkeit einer alliierten Landung in Frankreich schloß er fürs erste aus: So hatte seine Witterung für militärische Probleme ihn plötzlich gegen Ende März vor einem möglichen englischen Überraschungsangriff gegen die beiden Halbinseln von Cherbourg und Brest gewarnt, und am 27. hatte er eine Verfügung an Göring und an das OKH erlassen, die verfügbaren Reserven sofort im Raum westlich Caen – Saint-Nazaire zu verlegen und den U-Bootstützpunkt Saint-Nazaire selbst besonders zu verstärken. Wenige Stunden später starteten die Engländer tatsächlich ein Kommando-Unternehmen gegen den Stützpunkt Saint-Nazaire. Ein älterer englischer Zerstörer hatte absichtlich das Schleusentor »Normandie« des Trockendocks gerammt und war dann aufgegeben worden. Am nächsten Mittag ging

die in dem Schiff verborgene Sprengladung gewaltig hoch, und mehr als sechzig Franzosen fanden den Tod. Die Deutschen hatten aber schon die Geheimpapiere von Bord geholt, unter anderem die neueste Minenkarte des Feindes, und mehr als 140 Engländer waren gefangengenommen worden. Die Vernehmungsprotokolle wurden Hitler am 12. April vorgelegt. Bei den Gefangenen handelte es sich offensichtlich um ausgesucht gutes Personal; doch sie glaubten nicht mehr an einen überwältigenden Sieg Großbritanniens. Goebbels' englischsprachige Propaganda hatte, wie die Gefangenen erklärten, ein großes Hörerpublikum, gehe aber von falschen Ansätzen aus. »Wir alle mögen die Deutschen«, sagte ein Major der Territorial-Armee, »nur sind wir überzeugt, daß Hitler die Welt erobern will.« Als man ihm entgegnete, daß Hitler überhaupt keine gegen Großbritannien gerichteten Pläne habe, rief der Major spontan aus: »Warum sagen Sie denn das nicht unserer Regierung und unserem Volk? ... Aber um Gotteswillen tun Sie es jetzt, bevor die vielen Hunderttausende sterben müssen, die die Kämpfe dieses Sommers auf beiden Seiten fordern werden!«

Hitler war jetzt dreiundfünfzig Jahre alt. Zu seinem Geburtstag kamen Briefe von Eva Braun und deren Mutter sowie von seinen Schwestern Angela und Paula. Er schickte ihnen den Speck, den er gerade von einem spanischen Bewunderer bekommen hatte, mit der Warnung: »Da ich nicht weiß, ob in Spanien die Fleischbeschau so gründlich ist wie in Deutschland, muß ich Dich bitten, den Speck für alle Fälle immer nur gekocht oder gebraten zu verwenden.« Die Offiziere und Mannschaften des Führerhauptquartiers erhielten ein Glas Piesporter Goldtröpfchen und eine Tasse Bohnenkaffee zum Mittagessen. Nach dem Essen wurden ihm die ersten beiden »Tiger«-Panzer vorgeführt.

Im Osten trockneten allmählich die Wege und Felder aus; fast überall war der Schnee verschwunden. Nie wieder wollte Hitler Schnee sehen. Er hatte ihn sechs Monate seiner unersetzlichen letzten Jahre gekostet. Die ersten weißen Haare zeigten sich auf seinem Haupt. Die Ärzte verschrieben ihm die Einsamkeit des Berghofs. Er bat Ribbentrop deshalb, ein baldiges Treffen mit Mussolini zu vereinbaren. Am Abend des 24. April verließ Hitlers Sonderzug die Wolfsschanze zur ersten Etappe der langen Reise, gefolgt von Ribbentrops nicht minder imposantem Zug: »Ein Wunder, daß der Außenminister irgend jemanden den Vortritt läßt!« meinte Hitler.

In Berlin wollte er eine Reichstagsrede halten und Vollmachten fordern, die es ihm ermöglichen würden, die Einmischungen der Juristen ein für allemal auszuschalten. Er zeigte den Entwurf vier Stunden vor Beginn der Rede am 26. April Hans Lammers. »Über die Sache selbst zu reden, ist jetzt keine Zeit mehr«, eröffnete ihm Hitler. »Ich brauche eine solche Ermächtigung, um feige Generale kassieren zu können. Die Wehrmachtjustiz versagt in solchen Fällen.« Lammers machte den Vorschlag, das Gesetz durch bloße Akklamation des Reichstags anzunehmen. In den Protokollen des Reichstags wurde getreulich verzeichnet, was Hitler zum donnernden Applaus der Abgeordneten verlangte:

»... Ich erwarte dazu allerdings eines: daß mir die Nation das Recht gibt, überall dort, wo nicht bedingungslos im Dienste der größeren Aufgabe, bei der es um Sein oder Nichtsein geht, gehorcht und gehandelt wird, sofort einzugreifen und dementsprechend selbst handeln zu dürfen.« (Lebhafter Beifall). »Front und Heimat, Transportwesen, Verwaltung und Justiz haben nur einem einzigen Gedanken zu gehorchen, nämlich dem der Erringung des Sieges.« (Stürmischer Beifall). »Es kann in dieser Zeit keiner auf seine wohlerworbenen Rechte pochen, sondern jeder muß wissen, daß es heute nur Pflichten gibt.«

Als die Sitzung um 16.24 Uhr endete – und nie wieder sollte der Reichstag zusammentreten –, war in Deutschland nun auch formell Adolf Hitler selbst das oberste Gesetz.

Bei der ersten Unterredung mit Mussolini im Schloß Kleßheim bei Salzburg gab Hitler eine zuversichtliche Schilderung der Lage im Osten und prophezeite für 1943 eine Getreideernte in der Ukraine von mindestens sieben Millionen Tonnen. Die Türkei bewege sich langsam, aber sicher auf das Lager der Achse zu. Dafür gäbe es Beweise genug. Die Türkei hatte den englischen Gesandten in Bulgarien, dessen Gepäck im Pera-Hotel in Konstantinopel auf mysteriöse Weise explodiert war, mit einer astronomischen Geldbuße belegt!

Das zweite Treffen fand auf dem Berghof statt. Die Italiener trugen ihre Argumente für eine baldige Eroberung von Malta vor; Hitler betrachtete die Aktion mit kaum verhohlener Abneigung – nicht nur, weil es ein in erster Linie italienisches Unternehmen sein sollte und deshalb in seinen Augen zum Scheitern verurteilt war, sondern weil er fest bei seiner Überzeugung blieb, daß der Krieg nur im Osten zu gewinnen sei. Seit dem 2. April hatten allerdings deutsche und italienische Kampffliegerverbände die Insel unbarmherzig invasionsreif geschlagen. Mitte April sagte er auch deutsche Fallschirmtruppen für die Invasion zu, aber von Herzen kam das Angebot nicht. Außerdem mußte Rommels Offensive in Nordafrika der britischen zuvorkommen, und ihr mußte die begrenzte Luftunterstützung zuteil werden, die die Achse im Mittelmeer aufzubringen in der Lage war. Mindestens bis nach dieser Offensive also mußte Herkules verschoben werden.

Eine unweigerliche Folge des Führerprinzips war, daß Hitler eine ungeheuere Menge von Informationen in sich aufnehmen mußte. Gesandter Hewel registrierte 1941 mehr als 1100 verschiedene Vorlagen, die durch Hitlers Hände gingen; bis Anfang April 1942 waren schon 800 weitere diplomatische Papiere hinzugekommen. Jetzt war er dazu noch Oberbefehlshaber des Heeres.

Nie werden wir alle Geheimdienst-Informationen kennen, die Hitler seinen

Entscheidungen zugrunde legte. Die Archive des Forschungsamtes wurden später vernichtet, und die bemerkenswert umfangreiche Produktion der »Forschungsanstalt der Deutschen Reichspost« wanderte aus seinen Händen direkt in den Aktenwolf. Erst einige wenige Wochen zuvor war es der Reichspost gelungen, die Funktelefon-Verbindung zwischen London und Washington zu entschlüsseln, und seit März 1942 war ein regelmäßiger Strom von Gesprächsniederschriften über Himmler zu Hitler gelangt, darunter auch etliche Gipfel-Ferngespräche zwischen Roosevelt und Churchill. An Hand vertraulicher türkischer und jugoslawischer Diplomatenmeldungen konnte Hitler den Vermutungen folgen, die Stalin über die bevorstehende deutsche Offensive anstellte; daher war es Hitlers Absicht, Transporte und andere Vorbereitungen für eine neue Offensive gegen Moskau vorzutäuschen. Noch nützlicher waren die entschlüsselten amerikanischen Attachéberichte von Kairo nach Washington: Daraus erfuhr Hitler zahlreiche Einzelheiten über Absichten und Gliederung der Truppen, die Rommel gegenüberstanden. Aus herkömmlichen diplomatischen Quellen gelangten auch die ersten Gerüchte über die Vorbereitung einer amphibischen Frankreich-Invasion zu ihm. Zu den für die Alliierten besonders nachteiligen Informationen, die Hitler erhielt, gehörte auch eine neue Bestätigung aus Churchills eigenem Mund, daß die zunehmenden Schiffsverluste Großbritannien an den »Rand seines kritischsten Augenblicks seit Ausbruch des Krieges« führten. Seine Äußerung bestärkte Hitler darin, die U-Boots- und Luftwaffenangriffe gegen die atlantischen und arktischen Geleitzüge zu verdoppeln. Den Höhepunkt bildete der Angriff auf den Geleitzug PQ-16 nach Nordrußland in der letzten Woche des Mai. Sieben Schiffe wurden versenkt mit 32 400 t Rüstungsgütern an Bord, darunter 147 Panzer, 77 Flugzeuge und 770 Kraftfahrzeuge.

Im Mai 1942 gelang es Hitlers Armeen, die militärische Initiative im Osten wieder zu übernehmen. Nur die wachsende Partisanengefahr im Rücken der Heeresgruppe Mitte des Generals von Kluge gab Grund zur Sorge. Nach Ansicht vieler Deutscher hatte man eine große Gelegenheit verpaßt – nämlich zumindest die bereitwilligen Ukrainer für die eigene Sache zu gewinnen. Das war Reichenaus letztes Vermächtnis für Hitler gewesen, das war der Rat, den Goebbels erteilte und auch Rosenberg als Reichsminister für die besetzten Ostgebiete.
Hitler hatte sich für die sofortige Verwertung der russischen Arbeitskräfte eingesetzt. Am 22. März hatte Speer den Führerbefehl notiert: »Die Russen müssen eine absolut ausreichende Ernährung erhalten!« Und am 11. April schilderte die Gattin des Staatssekretärs Herbert Backe im Privattagebuch:

»Mehrere Sitzungen mit Sauckel: eine Million Russen sollen in die deutsche Rüstungsindustrie. Der Führer sagt zu [Fritz] Sauckel [Generalbevollmächtigter für den Arbeitseinsatz], ›Gehen Sie zuerst zu Backe, das ist die Voraussetzung – ob er einverstanden [ist], sie zu ernähren.‹ Herbert sagt zu

Sauckel, ›... Die Russen müssen Normalrationen bekommen, damit sie arbeiten.‹ ... In der nächsten Sitzung dankt Sauckel groß Herbert für die Hilfe: Herberts Ansicht sei genau die gleiche, wie sie der Führer habe.«

Mit etwas mehr Geschick, sagte Rosenberg zu Hitler am 8. Mai, hätte man die russischen Arbeitskräfte als Freiwillige bekommen können; indem er sie aber wie Sklaven zusammentrieb, treibe Sauckel nur ganze Scharen von Russen in die Wälder und fülle so die Partisanenarmeen auf. »Ich weiß, wir haben zwar früher vom Slawen gesagt, daß er sich gern prügeln läßt«, sagte Rosenberg; aber manche Deutschen in der Ukraine verstünden das wörtlich, und das sei ein fürchterlicher Schlag für die Selbstachtung der Ukrainer.

Hitler begrüßte die Idee, in großem Umfang sowjetische Kriegsgefangene für den Kampf gegen die Partisanen einzusetzen, aber niemand, auch Rosenberg nicht, konnte ihn dazu bewegen, in den eroberten Gebieten wenigstens Scheinregierungen einzusetzen.

Mitte April ließ Hitler Oberst d. G. Lahousen zu sich kommen, den Chef der Abwehrabteilung II, um diese deutschen Partisanen-Operationen mit ihm zu erörtern. Mit den russischen Gefangenen, die sich freiwillig gemeldet hatten, machte man ausgezeichnete Erfahrungen. Sie sickerten in ihrer eigenen Uniform durch die russische Front ein, um Anschläge gegen ihre früheren Kameraden auszuführen. Im April waren schon einzelne Paare von Abwehr-II-Leuten bei Woronesch, Stalingrad und Krasnodar mit dem Fallschirm abgesetzt worden, um wichtige Eisenbahnstrecken, Kraftwerke und Pipelines zu sprengen. Es waren auch ähnliche Sonderverbände der Abwehr II für spezielle Einsätze ausgebildet worden – ein Verband für die Verteidigung der Ölfelder von Maikop, ein anderer für die Unterbrechung der Eisenbahnlinie von Moskau über Rostow nach Baku, und ein dritter, um einen Aufstand in Georgien zu organisieren. Der stärkste Sonderverband war die »Einheit Bergmann«, bestehend aus zweihundert deutschen Soldaten und 550 umgeschulten russischen Gefangenen aus dem Nordkaukasus und aus Transkaukasien. Sobald die Zeit reif war, sollten sie in den Kaukasus eindringen, wichtige Hochgebirgspässe freimachen und halten und sowjetfeindliche Bevölkerungsteile bewaffnen.

Mit gewaltiger Luftüberlegenheit wurden die deutschen Frühjahrsoffensiven am 8. März 1942 von Generaloberst von Mansteins 11. Armee auf der Krim eröffnet. Bis zum 15. Mai hatte er 170000 russische Gefangene gemacht. Die anderen waren tot, versteckten sich, oder versuchten, mit Flößen über das Schwarze Meer zu entkommen.

Die zweite Offensive, der Zangenangriff »Fridericus«, sollte am 18. Mai beginnen. Kleists Armeegruppe und die 6. Armee hatten die Aufgabe, den vorspringenden Bogen von Issjum ostwärts von Charkow abzuschnüren und zu säubern. Aber die Russen kamen den Deutschen mit einem eigenen Angriff zuvor. Am 12. Mai stießen sie mit bisher unerreichten Panzerzahlen in Richtung Charkow vor. Am Abend standen sie nur noch zwanzig Kilometer vor der Stadt. Feldmarschall von Bock rief an jenem Abend

Halder an und teilte ihm mit, daß »Fridericus« aufgegeben werden müsse zugunsten einer Frontalverteidigung von Charkow; aber der Chef des Generalstabs erwiderte, der Führer sei anderer Meinung. Bock antwortete: »Hier handelt es sich nicht um Schönheitsfehler, sondern ums Dasein!« Die einzige Rettung sah Bock darin, drei bis vier Infanterie- und Panzerdivisionen, die Kleist für das Unternehmen »Fridericus« zugeteilt worden waren, herauszuziehen, um den Ansturm der Russen zum Halten zu bringen. Diesen Vorschlag machte Bock dem Generalstabschef in aller Dringlichkeit am 14. Mai – dem entscheidenden Tag der Schlacht. Hitler wollte nichts davon wissen. Im Gegenteil, er befahl Kleist, sofort mit »Fridericus« zu beginnen – und zwar schon einen Tag früher als geplant. Er rief Bock an und erklärte dem zaudernden Feldmarschall persönlich, daß in solchen Situationen der Gegenangriff die bestmögliche Lösung sei. Um jede Möglichkeit eines »Mißverständnisses« auszuschließen, befahl er Halder, die Anweisungen an Bocks Heeresgruppe schriftlich zu bestätigen. Zwei Tage lang herrschte eine schwere Krise. Am 19. Mai verglich Hitler die Situation in aller Ruhe mit Tannenberg und sagte zu seinen Generalen: »Die Belastungsprobe muß durchgestanden werden.« Die russischen Panzer wurden nunmehr von ihrem Rücken her angegriffen; am 22. Mai hatte Kleist die Verbindung mit der 6. Armee hergestellt, der Feind war eingekesselt. In der nächsten Woche wurden 239 000 Gefangene und mehr als 1240 Panzer auf dem blutigen und schaurigen Schlachtfeld gezählt. Vor allem hatte Hitler den Donez als Operationsbasis für Blau wieder in seinen Besitz gebracht.

Nach diesem historischen Triumph war seine frohlockende Siegerstimmung aus jeder Zeile der Eintragung herauszulesen, die Generaloberst von Richthofen gleich nach dem Mittagessen am 21. Mai ins Tagebuch schrieb: »Bei Tisch polemisiert er rasend komisch und ganz trocken mit riesiger, zwanglos zufließender Gedankenfülle über ›Sonderrechte der Raucher‹, u.a. dem, allen Nichtrauchern die Mücken zu jagen; Narrheit, ›in den Schnee zu gehen‹; Züchten von Wild, um es totzumachen; Wild als Volksnahrung, nachdem es erst das Fünffache an Volksnahrung gefressen; Trophäenzucht (warum hängt sich nicht jeder Soldat die Unterkiefer der toten Russen ins Zimmer?) pp. – Kaffee, Kuchen.«

Als der eindeutige Sieger in der Schlacht von Charkow kehrte Hitler kurz nach Berlin zurück. Am 29. Mai ließ er Goebbels wissen, daß das große Ziel der ersten Operationen der kommenden Offensive, Blau, die Abschneidung des Kaukasus sein werde: »Damit drücken wir dem Sowjetsystem sozusagen den Adamsapfel ein.« Während des ganzen Frühjahrs hatte Halder ihm immer wieder versichert, daß die Reserven der Roten Armee versiegten. Zwar besagten die neuesten V-Mann-Meldungen, daß die Sowjetregierung gegenwärtig erst ihre II. Reserve in den Kampf geworfen habe und daß 100 bis 120 Divisionen im Ural aufgestellt würden; sie sollten aber auf Befehl Stalins bis zum kommenden Winter auch im Falle einer

Eroberung Moskaus durch die Deutschen *nicht* an der Front eingesetzt werden. Unter dem Eindruck der großartigen Siege bei Charkow und auf der Krim vergaß man anscheinend diesen Bericht.
Immer häufiger stellte er im vertraulichen Gespräch mit seinen Mitarbeitern die sowjetischen Kriegsmethoden als vorbildlich hin, denn sie allein hätten die Rote Armee vor der Vernichtung bewahrt. »Ohne deren Härte und Rücksichtslosigkeit«, pflegte er dann zu sagen, »können wir diesen Existenzkampf nicht führen.« Er zog aber auch Vergleich zwischen der eingeschlossenen deutschen Besatzung von Cholm, die sich gerade einer viermonatigen russischen Belagerung erfolgreich widersetzt hatte, und den amerikanischen Soldaten, die soeben die Festung Corregidor auf den Philippinen übergeben hatten, obwohl sie noch mit Vorräten für zwei Monate versehen waren. Gewiß, die erbeutete russische Wochenschau mit Szenen aus der Winterschlacht vor Moskau gab zu denken; man sah liegengebliebene deutsche Panzer, Lastkraftwagen und Geschütze schwarz gegen den Schnee aufragen, Tausende von hungernden deutschen Kriegsgefangenen ohne Mäntel, ohne Handschuhe, ohne Winterkleidung, wie sie einem ungewissen Schicksal entgegenmarschierten; aber gerade die Gesichter dieser unbekannten Soldaten erfüllten Hitler mit Hoffnung, denn sie drückten keine Angst aus, keine *persönliche* Kapitulation.

Der heimtückische Krieg im dunkeln blieb keineswegs auf den Osten beschränkt. Im Mai 1942 wurde auch alliierte Geheimdiensttätigkeit in Norwegen bekannt. Reichskommissar Terboven wurde sofort zu Hitler zu einer Besprechung über die Bekämpfung von englischen Agenten befohlen, worüber Himmler wenig später Heydrich berichtete. Am 27. Mai kam Heydrich selbst an die Reihe – er wurde niedergeschossen, als er wie gewohnt mit seinem offenen Mercedes von seinem Landsitz in Richtung Prag fuhr. Das Ziel der Alliierten war es eindeutig, massive deutsche Vergeltungsmaßnahmen zu provozieren. Diese Taktik mußte Erfolg haben bei Hitlers psychologischer Verfassung. Aus Rache für das Attentat ermordeten die Deutschen alle männlichen Einwohner des Dorfes Lidice, das den tschechischen Attentätern Unterschlupf gewährt hatte.
Am 30. Mai, am Abend nach einer Ansprache an den Offiziersnachwuchs, hatte Hitler seinen Sonderzug bestiegen, der ihn nach Ostpreußen zurückbringen sollte. In der Nacht trafen Meldungen von einem schweren Luftangriff auf Köln ein; der zuständige Gauleiter sprach von sehr hohen Verlusten unter der Bevölkerung. Im Unterhaus erklärte Churchill, es hätten tausend Bomber an dem Angriff teilgenommen; Hitler meinte, nicht einmal Churchill könne es sich leisten, um das Zehnfache zu übertreiben. Zu General Jeschonnek sagte Hitler schroff: »Ich kapituliere nie vor einer harten Wirklichkeit, aber ich muß klarsehen, um die richtigen Folgerungen ziehen zu können.« Dieser neuartige Bombenkrieg irritierte

Hitler, zudem machte Göring ihm gegenüber kein Hehl aus der Unfähigkeit der Luftwaffe, im Westen angemessene Vergeltung zu üben.

Deutschlands Beitrag zu diesem neuen Klima der Unmenschlichkeit war die Deportation der Juden aus Europa. Allmählich werde ganz Europa seinen Haß auf die Juden verstehen, meinte Hitler. »Sie müssen auf irgendeine Weise beseitigt werden, da wir sonst Gefahr laufen, von ihnen beseitigt zu werden«, argumentierte auch Goebbels. Wie die »Beseitigung« im einzelnen bewerkstelligt werden sollte, darüber gab es die verschiedensten Ansichten und Auslegungen. Hitler selbst war zweifellos die Autorität hinter den Vertreibungsmaßnahmen; Heydrich und die SS die ausführende Instanz.

Am 20. Januar 1942, kurze Zeit vor dem Attentat auf ihn, führte Heydrich den Vorsitz auf einer Staatssekretärbesprechung in Berlin-Wannsee. Hier erklärte er, daß der Führer anstelle der Auswanderung nach Übersee nunmehr »die Evakuierung der Juden nach dem Osten als Lösung genehmigt« habe; sie sollten dort zum Arbeitseinsatz kommen. Am 21. berichtete Heydrich dem Reichsführer-SS fernmündlich über die Sitzung, worüber Himmler sich lediglich notierte: »Judenfrage. Sitzung in Berlin«; nach einem weiteren Telefongespräch mit Heydrich vier Tage später von der Wolfsschanze aus notierte sich Himmler: »Juden in die KLs«, d. h. in die Konzentrationslager.

In diesen Tagen war Himmler häufig Gast an Hitlers Tafel, so am 25. Januar mittags, als der Führer – nach der Aufzeichnung Heims – laut dozierte:

»Der Jude muß aus Europa heraus. Wir kriegen sonst keine europäische Verständigung. Er hetzt am meisten überall. . . .
Letzten Endes: ich weiß nicht, ich bin kolossal human. Zur Zeit der päpstlichen Herrschaft in Rom sind die Juden mißhandelt worden. Bis 1830 wurden acht Juden jedes Jahr durch die Stadt getrieben, mit Eseln. Ich sage nur, er muß weg. Wenn er dabei kaputt geht, da kann ich nicht helfen. Ich sehe nur eines: die absolute Ausrottung, wenn sie nicht freiwillig gehen.«

Am 27. Januar wiederholte Hitler seine These bei der Abendtafel: »Der Jude muß aus Europa hinaus! Am besten, sie gehen nach Rußland.«
Auf einer zweiten Staatssekretärbesprechung bei Heydrich Anfang März 1942 wurde die »außerordentlich delikate Nebenfrage« der Halb- und Vierteljuden untersucht. Auf dieser Besprechung wurde nach Mitteilung der Parteikanzlei »von höchster Stelle« – also von Hitler – zum Ausdruck gebracht, daß es keinesfalls tragbar sei, die Mischlinge als dritte kleine Rasse auf die Dauer am Leben zu erhalten. Aber dieses Aussortieren würde wieder einen gewaltigen Verwaltungsaufwand erfordern, und die Angelegenheit wurde deshalb zurückgestellt.
Anfang März erklärte Heydrichs Dienststelle in einer ausführlichen SD- und Polizei-Denkschrift, daß die elf Millionen europäischen Juden später einmal zunächst im Osten konzentriert werden müßten. Nach dem Krieg

könne man ihnen eine entfernte Insel, etwa Madagaskar, als nationale Heimstatt zuweisen. Als Goebbels Hitler am 19. März aufsuchte, erörterten sie zum Schluß noch die Judenfrage. Goebbels verzeichnete dazu nach dem Gespräch: »Hier bleibt der Führer nach wie vor unerbittlich. Die Juden müssen aus Europa heraus, wenn nötig, unter Anwendung der brutalsten Mittel.«

Im März und April wurden die Juden des besetzten Frankreichs, Hollands, Belgiens und der Slowakei zusammengetrieben. Auch aus dem Generalgouvernement traten die Juden jetzt ihren Weg nach Osten an. Die Oberleitung lag in Händen eines der grausamsten Schläger der SS, »Globus« – Brigadeführer Odilo Globocnik, des SS- und Polizeiführers im Distrikt Lublin. Bei der Ankunft wurden viele Juden kurzerhand ermordet. Nach dem Protokoll einer Sitzung seiner Hauptabteilungsleiter am 9. April erklärte bezeichnenderweise Hans Frank selbst: »Es ist klar, daß der Arbeitsprozeß erschwert wird, wenn mitten in dieses Arbeitsprogramm des Krieges der Befehl kommt, alle Juden sind der Vernichtung anheim zu stellen. Die Verantwortung trifft nicht die Regierung des Generalgouverneurs. Die Weisung kommt von höherer Stelle.«*

Goebbels trug unter dem 27. März in sein Tagebuch diesen privaten Passus ein:

»Aus dem Generalgouvernement werden jetzt bei Lublin beginnend, die Juden nach dem Osten abgeschoben. Es wird ein barbarisches nicht mehr zu beschreibendes Verfahren angewandt, und von den Juden selbst bleibt nicht mehr viel übrig. Im großen kann man wohl feststellen, daß 60 Prozent davon liquidiert werden müssen, während nur noch 40 Prozent in die Arbeit eingesetzt werden können. ... Die in den Städten des Generalgouvernements freiwerdenden Ghettos werden jetzt mit den aus dem Reich abgeschobenen Juden gefüllt, und hier soll sich dann nach einer gewissen Zeit der Prozeß erneuern. Das Judentum hat nichts zu lachen ...«

Mit Hitler selbst aber sprach Goebbels anscheinend nicht über die tatsächlichen Begebenheiten. So notierte der doppelzüngige Propagandaminister nach einem Besuch bei Hitler am 26. April:

»Ich spreche mit dem Führer noch einmal ausführlich die Judenfrage durch. Sein Standpunkt diesem Problem gegenüber ist unerbittlich. Er will die Juden absolut aus Europa herausdrängen ... Himmler betreibt augenblicklich die große Umsiedlung der Juden aus den deutschen Städten nach den östlichen Ghettos.«

Mitte Mai erwähnte Hitler beim Mittagessen mit seinen Mitarbeitern beiläufig wieder, daß die Juden »nach dem Osten abgeschoben« würden, und äußerte sich entrüstet darüber, daß das Bürgertum deshalb »Krokodilstränen« vergieße; wieviel härter sei dagegen das Los der deutschen Auswande-

---

* In keinem Dokument aus der NS-Zeit wird Hitler oder das Führerhauptquartier als »höhere« Stelle bezeichnet; war Hitler gemeint, so wurde im NS-Sprachgebrauch die Formel »von höchster Stelle« angewendet, oder auch »von allerhöchster Stelle«.

rer des 19. Jahrhunderts gewesen – drei Viertel dieser Auswanderer nach Australien starben schon auf der Reise! Nach Goebbels' Auffassung ging das Abschieben der Juden nicht schnell genug, wie er Hitler nochmals am 29. Mai erinnerte. Nachher notierte sich der Minister: »Ich trage dem Führer noch einmal meinen Plan vor, die Juden restlos aus Berlin zu evakuieren. ... Er möchte sie am liebsten nach Zentralafrika aussiedeln. ... Jedenfalls ist es das Ziel des Führers, Westeuropa gänzlich judenfrei zu machen. Hier dürfen sie keine Heimstätte mehr haben.«

Daß Hitler (und Göring) Europa nicht »gänzlich« judenfrei machen wollten, ging allerdings aus mancher Äußerung hervor. So trug Göring auf der Geheimsitzung des Reichsforschungsrates am 6. Juli vor, daß die Verfolgung der jüdischen Wissenschaftler dem Führer und ihm viel Ärger verursachte:

»Ich habe das jetzt dem Führer selbst vorgetragen. Wir haben jetzt einen Juden in Wien zwei Jahre lang eingespannt, einen anderen auf dem Gebiet der Fotografie, weil sie die gewissen Dinge haben, die wir brauchen und die uns in diesem Augenblick absolut voranbringen würden. Der Führer hat in diesem Fall auf dem Gebiet der Kunst bis zur Operette hinunter Ausnahmen zugelassen, um das zu erhalten.«

Noch am 24. Juli erwähnte Hitler im privaten Gespräch seinen Plan, die Juden nach Madagaskar zu transportieren – das sich mittlerweile schon in britischer Hand befand – oder nach dem Krieg in einen anderen jüdischen Nationalstaat.

Aus dem Schriftgut des Reichsführers-SS geht hervor, daß Himmler am 9. Juli den neuesten Stand der Lösung der Judenfrage mit seinen beiden Höheren SS- und Polizeiführern Krüger (Polizeiführer Ost) und Globocnik (Lublin) mündlich besprach. Fotos im heutigen polnischen Staatsarchiv zeigen, wie er am 17. Juli die Buna-Fabrik der I. G. Farben bei Auschwitz besuchte und am 18. Juli das benachbarte Vernichtungslager besichtigte (in Begleitung des Erbauers des KZs, SS-Gruppenführer Hans Kammler und des Gauleiters von Oberschlesien Fritz Bracht). Später wurde behauptet, Himmler habe bei dieser Gelegenheit die Liquidierung eines ganzen Judentransportes beobachtet. Unter britischem Verhör Oktober 1945 gab Brachts 34jähriger Stellvertreter, Albert Hoffmann, unumwunden zu, er habe Himmler bei dieser Auschwitzbesichtigung begleitet.

Am 19. erging Himmlers schriftliche Weisung an Krüger: »Ich ordne an, daß die Umsiedlung der gesamten jüdischen Bevölkerung des Generalgouvernements bis 31. Dezember 1942 durchgeführt und beendet ist.« Einige Tage später konnte die Generaldirektion der Ostbahnen in Krakau melden: »Seit dem 22. Juli fährt täglich ein Zug mit je 5000 Juden von Warschau über Malkinia nach Treblinka, außerdem zweimal wöchentlich ein Zug mit 5000 Juden von Przemysl nach Belzek.« Der Staatssekretär im Reichsverkehrsministerium Dr. Ing. Alfred Ganzenmüller übermittelte diese Meldung an SS-Obergruppenführer Karl Wolff, Himmlers Chef des Stabes, mit dem

Zusatz: »Globocnik ist verständigt.« Wolff bedankte sich in überschwenglichen Worten für diese Mitteilung, »daß nun schon seit 14 Tagen täglich ein Zug mit je 5000 Angehörigen des auserwählten Volkes nach Treblinka fährt«. Am 28. Juli teilte Himmler dem SS-Gruppenführer Gottlob Berger mit: »Die besetzten Ostgebiete werden judenfrei. Die Durchführung dieses sehr schweren Befehls hat der Führer auf meine Schultern gelegt. Die Verantwortung kann mir ohnedies niemand abnehmen.«

Anfang August 1942 traten die Deutschen auch an die ungarische Regierung mit dem Vorschlag heran, die eine Million ungarischer Juden ebenfalls nach dem Osten abzuschieben. »Die Deutschen«, so schrieb Graf Döme Sztójay, ungarischer Gesandter in Berlin, »wollen unbedingt die jüdischen Elemente unverzüglich aus Europa beseitigen und beabsichtigen, ohne Rücksicht auf die Staatsangehörigkeit dieser Juden und vorausgesetzt, daß Transportmittel zur Verfügung stehen, sie nach den besetzten Ostgebieten abzuschieben, wo sie in Ghettos oder Arbeitslager untergebracht und zum Arbeitseinsatz kommen werden... Nach absolut zuverlässigen Nachrichten hat Reichsführer Himmler bei einer Besprechung den SS-Befehlshabern mitgeteilt, daß die Reichsregierung diese Umsiedlung innerhalb eines Jahres durchführen will.«

Was hat Himmler zur Eile getrieben? Vielleicht war es ein Schreiben des SS-Oberführers Viktor Brack an Himmler vom 23. Juni des Inhalts, daß Globocnik dafür eintrete, die ganze Judenaktion so schnell wie nur irgend möglich abzuwickeln, damit man nicht eines Tages infolge höherer Gewalt mitten darin steckenbleibe: »Sie selbst, Reichsführer, haben mir gegenüber seinerzeit schon die Meinung geäußert, daß man schon aus Gründen der Tarnung so schnell wie möglich arbeiten müsse.« Himmler notierte Mitte September für einen Vortrag bei Hitler: »1. Judenauswanderung – wie soll weiter verfahren werden? 2. Besiedlung Lublin«, und daneben nachher die Bemerkungen, »Verhältnisse Gen. Gouv.« und »Globus«. Drei Wochen später, am 9. Oktober, mußte Martin Bormann in einem geheimen Rundschreiben an die NS-Dienststellen den wachsenden Gerüchten über »sehr scharfe Maßnahmen« gegen die Juden, besonders in den Ostgebieten, entgegentreten:

»Seit rund 2000 Jahren wurde ein bisher vergeblicher Kampf gegen das Judentum geführt. Erst seit 1933 sind wir darangegangen, nunmehr Mittel und Wege zu suchen, die eine völlige Trennung des Judentums vom deutschen Volkskörper ermöglichen...

Beginnend mit dem Reichsgebiet und überleitend auf die übrigen in die Endlösung einbezogenen europäischen Länder werden die Juden laufend nach dem Osten in große, zum Teil vorhandene, zum Teil noch zu errichtende Lager transportiert, von wo aus sie entweder zur Arbeit eingesetzt oder noch weiter nach dem Osten verbracht werden...«

»Wenn im Westen nichts passiert«

Seine aufgefrischten Armeen schickte Hitler in die Operation »Blau«, den Sommerfeldzug, der ihn zum Herrn über ganz Europa bis hin nach Astrachan, Stalingrad und Baku machen sollte. Aber so weit die deutsche Wehrmacht jetzt auch vordrang, strategisch blieb das sowjetische Oberkommando der Sieger. Denn nach der verlustreichen Schlacht bei Charkow sollte die Rote Armee nie wieder zulassen, daß sie von den Deutschen operativ eingekesselt würde. Jede neue Phase des Unternehmens Blau brachte weniger Gefangene und weniger Kriegsbeute ein als die vorangegangene. Als sich die Rote Armee dann zum Kampfe stellte, da geschah es zu dem von ihr selbst bestimmten Zeitpunkt, nämlich als der Winter einbrach und die deutschen Nachschubwege ihre äußerste Länge erreicht hatten.
Ermutigt durch den Sieg bei Charkow, richteten sich Hitlers Gedanken auf die beiden russischen Armeen, die als Folge der Katastrophe gleichsam verwaist waren. Er beschloß, das Unternehmen Blau um kurze Zeit zu verschieben, während zwei einleitende Operationen gegen diese beiden Truppenmassierungen geführt wurden. Er selbst flog am 1. Juni zu Feldmarschall von Bock nach Poltawa und erklärte, man müsse die unerwartet günstige Entwicklung der Schlacht von Charkow ausnützen. »Was man jetzt zerschlägt«, sagte er, »stört bei der späteren Operation Blau nicht mehr.« Das Unternehmen Wilhelm begann neun Tage später am 10. Juni, gefolgt von Fridericus II am 22. Juni, dem Jahrestag des Angriffs auf Rußland. Die Hauptoffensive Blau war jetzt vorläufig für den 28. Juni angesetzt.
Mit seiner großen viermotorigen Focke-Wulf flog Hitler vorher noch zu einem sechsstündigen Überraschungsbesuch nach Finnland, um dem Oberbefehlshaber Feldmarschall Mannerheim zum 75. Geburtstag am 4. Juni zu gratulieren. Im Speisewagen des Sonderzuges Mannerheims am Südufer des Saimaa-Sees ließ Hitler sich durch die formvollendete und gedankenreiche Ansprache des Staatspräsidenten Ryti dazu hinreißen, eine Antwortrede zu halten, was er vorher nicht beabsichtigt hatte. Mit erstaunlicher Einfühlungsgabe und genau dem richtigen Ton schilderte er geschickt die Motive für die deutsche Politik während des finnischen Winterkrieges im Jahre 1940. Nachdem Hitler weggeflogen war, bemerkte Mannerheim: »Er ist ein Phänomen!«

Auf dem Rückflug erfuhr Hitler, daß Heydrich seinen Verletzungen erlegen war. Das Staatsbegräbnis fand am 9. Juni in Berlin statt. Am Staatsakt nahmen der tschechische Staatspräsident Emil Hácha und seine Regierung teil. Sechshundert führende Männer des Großdeutschen Reiches hatten sich hinter Hitler versammelt, um dem Gestapo-Chef die letzte Ehre zu erweisen. Als »Stellvertretender Reichsprotektor« von Böhmen und Mähren hatte Heydrich sich die Unterstützung durch die Arbeiterschaft gesichert. Als er ermordet wurde, waren bereits die ersten zwanzig Erholungsheime der von ihm ins Leben gerufenen Arbeiter-Erholungsaktion gebaut. Am Tage seines Todes demonstrierten fünfzigtausend tschechische Arbeiter gegen das Attentat in Prag. Als die Trauermusik aus Wagners »Götterdämmerung« zu Ende war, sprach Himmler von dem Tag, an dem Heydrich die Zügel in Prag in die Hand genommen hatte: »... Manche in Deutschland, vor allem aber im tschechischen Volk, haben damals geglaubt, nun käme dieser gefürchtete Heydrich und würde dort nur mit Blut und Terror regieren. In diesen Monaten jedoch, in denen er zum erstenmal eine große, vor aller Welt sichtbare, positive, schöpferische Aufgabe erhielt, zeigten sich seine genialen Fähigkeiten im reichsten Maße.«

Bevor Präsident Hácha wieder aus Berlin abreiste, riet Hitler ihm dringend, die Tschechen fest am Zügel zu führen. Käme es zu weiteren deutschfeindlichen Ausschreitungen, werde er gegebenenfalls die Aussiedlung aller Tschechen aus Böhmen und Mähren ins Auge fassen müssen. Hácha fragte, ob seine Regierung von dieser Mitteilung dem tschechischen Volk gegenüber Gebrauch machen könnte. Hitler empfahl ihm, das zu tun.

Am 15. Juni erschien Großadmiral Raeder, um in aller Dringlichkeit seine Argumente für einen Angriff auf Malta darzulegen. Im Mai hatte der Fallschirmjäger-General, Kurt Student, Hitler Vortrag gehalten über das Feindbild, über die Befestigungen und die Stärke der britischen Truppen auf Malta. Aber Jodls Marineverbindungsoffizier hatte der Seekriegsleitung erklärt: »Führer hat sehr wenig Zutrauen zu dem Gelingen des Unternehmens, da italienische Angriffskraft völlig unzureichend und keinerlei Sicherheit für Geheimhaltung bei den Italienern vorhanden. Es handelt sich hier um eine besonders schwere Aufgabe, weit schwieriger noch als Kreta, was auch uns größte Schwierigkeiten bereitet hat.« Hitler hatte »die geistigen Vorbereitungen« weiter laufen lassen, aber jetzt, am 15. Juni, machte er dem Großadmiral wenig Hoffnung.

Mehr als zweihundert Unterseeboote hatte die deutsche Marine jetzt im Einsatz oder waren im Begriff, in Dienst gestellt zu werden. Hitler bereute jetzt, daß er nicht von Anfang an mehr Werftkapazität für den U-Boot-Bau bereitgestellt hatte. Großkampfschiffe hatten für Hitler nur noch einen passiven, abschreckenden Wert. Aus diesem Grunde hatte Hitler anfangs dem von der Seekriegsleitung geplanten aktiven Eismeer-Unternehmen »Rösselsprung« nicht sehr zustimmend gegenübergestanden. Mit diesem Unternehmen sollte die gesamte, in Norwegen stationierte deutsche Schlachtflotte versuchen, den nächsten alliierten Geleitzug, PQ.17, der

Kriegsgerät nach Nordrußland bringen sollte, bis auf das letzte Schiff zu vernichten. Aber Raeders Verbindungsoffizier versicherte Hitler Anfang Juni, es handele sich hier keineswegs um eine Risikooperation, und als der Großadmiral an diesem 15. Juni den Berghof wieder verließ, hatte er Hitlers vorläufige Erlaubnis, »Rösselsprung« in Angriff zu nehmen.

An der russischen Front erwartete der Feind Hitlers nächste Aktion. Die Russen ließen sich nicht mehr von Kluges lärmenden Ablenkungsvorbereitungen westlich von Moskau täuschen – am 16. Juni wurden von einer Presseagentur aus Moskau die tatsächlichen deutschen Operationsabsichten in solcher Ausführlichkeit zitiert, daß angenommen werden mußte, Verrat sei im Spiele gewesen. Hitler meinte, die Quelle könne allein der Generalstab sein. Zu diesem Ärger kam die Nachricht, daß der erste Generalstabsoffizier der 23. Panzerdivision eine Bruchlandung im Niemandsland gemacht hatte, und Hitler erfuhr, daß dieser Offizier die vollständigen Geheimpläne für die erste Etappe des Unternehmens Blau – den Panzervorstoß an den Don bei Woronesch – bei sich hatte.

Hitler unterschrieb einen neuen »Grundsätzlichen Befehl«, durch den die Geheimhaltungsmaßnahmen verschärft wurden, die er im Jahr 1940 verfügt hatte: »Insbesondere ist die entscheidende Wichtigkeit der Geheimhaltung bei der Vorbereitung größerer Operationen zu beachten, da hier in erster Linie die Gefahr besteht, daß in Feindeshand gefallene Operationsunterlagen rechtzeitig ausgewertet werden können.« Im vorliegenden, aktuellen Fall befahl er kaltblütig, die strategischen Ziele unverändert zu verfolgen.

Hitlers Sonderzug verließ München am 21. Juni um 22.20 Uhr in Richtung Berlin. Hitler mochte an jene Nacht vor zwölf Monaten gedacht haben, als er die zäh dahinschwindenden Stunden vor dem Beginn des Unternehmens Barbarossa gezählt hatte.

In dieser Nacht hielt sein Zug zwanzig Minuten in einem Bahnhof, und der Telefonanschluß wurde hergestellt. Es kam die erstaunliche Nachricht aus Nordafrika, daß die britische Festung Tobruk gefallen war. Rommels Überraschungsangriff hatte mit einem ungeheuren Erfolg geendet.

Jetzt oder nie mußte Rommel den historischen Augenblick nutzen. Er traf schon die Vorbereitungen für den weiteren Vorstoß nach Osten, nach Ägypten hinein. Hitler beförderte ihn sofort zum Feldmarschall. Als Goebbels beim Mittagessen die außerordentliche Popularität erwähnte, die Rommel genoß, pflichtete Hitler ihm begeistert bei. Bei der Mittagslagebesprechung sagte er, er werde den Duce anrufen und freie Hand für Rommel erwirken. In seinem Fernschreiben, das er dann nach Rom schickte, schloß Hitler mit den Worten: »Die Göttin des Schlachtenglücks nähert sich den Führern nur einmal. Wer sie in einem solchen Augenblick nicht festhält, wird sie sehr oft nicht wieder erreichen können.« Mussolini ließ sich

überzeugen, Malta wurde auf Anfang September verschoben. In einer Woche hoffte Rommel in Kairo zu sein.
Das italienische Oberkommando beobachtete Rommels Vordringen nach Osten jedoch mit zunehmendem Unbehagen. Hitler dagegen blieb optimistisch. »Rommel muß jeden nur gewünschten Nachschub erhalten«, erklärte er am 28. Juni beim Abendessen, als die Nachricht eintraf, daß weitere feindliche Verbände jetzt in der Festung Marsa Matruk eingeschlossen seien. Er stimmte mit der Ansicht Keitels überein, daß die Einnahme Alexandrias das ganze britische Volk gegen Churchill aufbringen werde – an Singapur wären ja nur die Geldleute interessiert. Sobald das Unternehmen Blau im Herbst abgeschlossen sei, werde es so gut wie sicher zu einem anglo-deutschen Frieden kommen.
Aber der Feind, ungefähr hundert Kilometer westlich von Alexandria, bei El Alamein, bereitete sich darauf vor, Widerstand zu leisten. Feldmarschall Rommel standen zu diesem Zeitpunkt jedoch nur siebzig Panzer und Panzerspähwagen zur Verfügung.

Das Unternehmen Blau hatte früh am 28. Juni 1942 begonnen. Die aus deutschen und ungarischen Divisionen bestehende Heeresgruppe des Generalobersten Maximilian von Weichs stieß nach Osten in Richtung auf die Stadt Woronesch am Don vor. Zwei Tage später begann die 6. Armee des Generals der Panzertruppen Friedrich Paulus einen Vorstoß, der sie später südostwärts am Don entlang führen sollte.
Gestützt auf die Unterlagen, die Halder ihm vorlegte, glaubte Hitler, daß die russischen Reserven so gut wie erschöpft seien; er ließ Kluge kommen und erörterte mit ihm das Herausnehmen von zwei Panzerdivisionen aus dem Unternehmen Blau für eine spätere Operation auf Moskau. Hitler rechnete nach Charkow mit einer elastischen Strategie des Gegners. Aber er hoffte dennoch, ihm einen Strich durch die Rechnung machen zu können, indem er seine Panzer schnell genug den Don abwärts vorstoßen ließ, um den Rückzug des Feindes hinter den Fluß zu verhindern.
Wie 1940 vor Dünkirchen und 1941 vor Leningrad fürchtete Hitler plötzlich, daß nun Woronesch tagelang seine kostbaren Panzer binden könnte. Keitel erkannte die nun schon fast vertrauten Gefahrenzeichen und überzeugte Hitler, selbst zu Bock zu fliegen und ihm klarzumachen, daß die Einnahme der Stadt Woronesch vorläufig unwichtig sei. Nach dreistündigem Flug traf Hitler am 3. Juli um 7.00 Uhr früh in Poltawa ein. Als er aber das versteinerte Antlitz des adligen Feldmarschalls vor sich sah, blieb ihm wie immer das Wort im Halse stecken. Weit davon entfernt, Bock die Einnahme der Stadt Woronesch rundheraus zu verbieten, hüllte Hitler seine Weisungen in so undeutliche doppelte Verneinungen ein, daß Bock den schon im Gehen begriffenen Führer fragte: »Ich verstehe das eben Gesagte so, daß ich Woronesch nehmen soll, wenn ich es leicht oder kampflos bekomme, daß ich mich aber auf einen schweren Kampf zur

Wegnahme der Stadt nicht einlassen soll?« Der Führer bestätigte das mit einem Kopfnicken.

In die Wolfsschanze zurückgekehrt, beobachtete er, wie die Stadt Woronesch am 6. Juli zwar im Handstreich genommen wurde, aber wie die beiden dort eingesetzten Panzerdivisionen sofort einem heftigen russischen Gegenangriff ausgesetzt waren, so daß sie sich erst am 8. Juli von Woronesch lösen konnten. Nach einem Tagesmarsch in südlicher Richtung ging ihnen der Treibstoff aus.

Kochend vor Zorn mußte Hitler zusehen, wie die russischen Streitkräfte durch das dünne Netz der steckengebliebenen Panzer hindurch entschlüpften. Nach einer Besprechung mit Keitel und Halder setzte der Führer Bock ab. Keitel sagte später zu Bock: »Die bei Woronesch verlorenen 48 Stunden wurden vom Führer im weiteren Verlauf der Operationen noch lange und immer wieder als folgenschwerer Zeitverlust erwähnt.«

Als die erste Phase des Unternehmens am 8. Juli zu Ende ging, hatte Weichs nur 28000 Gefangene gemacht und tausend Panzer erbeutet, die 6. Armee (Paulus) nur 45000 Gefangene und zweihundert Panzer. Eine Woche später endete die zweite Phase, die versuchte Einkreisung des Feindes nördlich vom Donez, mit der Einnahme von Millerowo; dieses Mal wurden nur 14000 Gefangene gemacht. Hitler allerdings sah in diesen geringen Gefangenen- und Beutezahlen einen neuen Beweis dafür, daß die Rote Armee in den letzten Zügen lag.

Am 21. Juni hatte die Luftflotte 3 Luftaufklärung über Südengland geflogen: Im Raum Portsmouth-Southampton-Portland waren 2082 kleine Fahrzeuge versammelt. Hitler genehmigte die sofortige Entsendung einer Panzerdivision nach dem Westen und befahl, daß drei andere dort in Reserve gehaltene Panzerdivisionen im Westen verblieben, zusammen mit der SS-Division »Das Reich«. Am 26. Juni stellte er eine Verlegung auch der SS-Divisionen »Leibstandarte Adolf Hitler« und »Totenkopf« nach dem Westen in Aussicht. In einer OKW-Weisung vom 9. Juli sah Hitler voraus: »Als besonders gefährdet sind anzusehen: In erster Linie die Kanalküste, der Bereich Dieppe-Le Havre und die Normandie, da diese Abschnitte von der feindlichen Luftwaffe mit Jagdschutz erreicht werden können.«

Er glaubte, daß Churchill im Juni in Washington empfohlen habe, eine derartige Landung erst im Jahre 1943 ins Auge zu fassen. Grundlage dieser Vermutungen waren vielleicht abgehörte Ferngespräche zwischen London und Washington. (Hitler hatte zu Bock in Poltawa bemerkt: »Churchill ist der Beweis.«)

Für England sah es zu diesem Zeitpunkt nicht gerade gut aus. Im Eismeer versenkten U-Boote und Kampfflugzeuge 24 der 36 nach Nordrußland bestimmten alliierten Frachter des Geleitzuges PQ.17; dabei hatten die »Tirpitz« und die Schlachtflotte nicht einmal eingreifen müssen.

In Hitlers Augen gehörte der ganze Osten schon Deutschland. Am 9. Juli besprach er mit dem Reichsführer SS Himmler die endgültigen Pläne für die Umsiedlung der Südtiroler auf die Krim. Am 16. Juli sagte er zu Himmler, er habe nicht die Absicht, den Transkaukasus sichtbar in den deutschen Machtbereich einzugliedern; es werde ausreichen, die Ölquellen und die Grenzen militärisch zu sichern und einen General-Residenten einzusetzen, der die deutschen Interessen in den »Freien kaukasischen Schutzstaaten«, wie man sie nennen werde, wahrzunehmen habe. Am 23. Juli wies er Bormann an, dem Reichsleiter Rosenberg allgemeine Richtlinien für die Bevölkerungskontrolle in den besetzten Ostgebieten zu erteilen; Impf-Aktionen seien zu unterlassen. Als Hitler erfuhr, daß deutsche Soldaten inzwischen mehr als eine Million Kinder mit russischen Frauen gezeugt hätten, wies er Himmler an, zunächst einmal festzustellen, wo alle diese Kinder seien. Die rassisch wertvollen seien nach Deutschland zu bringen; seien auch die Mütter rassisch gut und in Ordnung, sollten sie mit herüber-genommen werden. Was das Bildungswesen betraf, so sagte Himmler in einer Rede vor SS- und Polizeiführern:

»Ich kann Ihnen wörtlich nur wiederholen, was der Führer wünscht. Es genügt 1. wenn die Kinder in der Schule die Verkehrszeichen lernen, damit sie uns nicht in die Autos laufen; 2. wenn sie das kleine Einmaleins bis 25 lernen, damit sie soweit zählen können, und 3. wenn sie noch ihren Namen schreiben können; mehr ist nicht nötig.«

Für die letzte große Kräfteanstrengung begab sich Hitler in ein vorgeschobenes Führerhauptquartier, das den Tarnnamen »Werwolf« erhielt. Am 16. Juli startete sein gesamter Stab mit ungefähr sechzehn Maschinen um 8.15 Uhr in Richtung Osten.
Nach dreistündigem Flug landeten sie in Winniza. In diesem Hauptquartier brauchte der Kommandant höchstens einen Fallschirmjägerangriff zu befürchten, wegen der fehlenden russischen Fliegertätigkeit konnte man sogar auf die Betonbunker verzichten, die die Wolfsschanze charakterisierten. Aber die Blockhäuser waren feucht, das Klima war heiß und schwül, und jeder mußte jeden Abend zur Malariavorbeugung Atibrin schlucken, eine bittere Medizin, die abscheulich schmeckte, aber dennoch tapfer heruntergewürgt wurde. Nachts war es sehr kühl, dafür schwitzte am Tage alles in den tropischen Temperaturen des ukrainischen Hochsommers.
Hitler verabscheute das neue Lager. Er klagte über rasende Kopfschmerzen, und er litt unter dem Gestank des frischen Karbolineums, der in der glühenden Sonne schier unerträglich wurde. Mehrmals mußte Morell wieder mit seinen Blutegeln eingreifen. Helmuth Greiner, der das OKW-Kriegstagebuch führte, notierte privat am letzten Augusttag: »Dem Führer bekommt Klima und Hitze auch nicht gut, er sehnt sich sehr nach seinem Bunker zurück, worin schon ein Hinweis auf unseren Winteraufenthalt liegt... Dann dürften die Operationen im Kaukasus ja auch im wesentlichen abgeschlossen sein.«

Einmal sagte Hitler: »Wenn ich nicht wenigstens Maikop bekomme, kann ich den Krieg nicht weiterführen.« Konnte er aber die Ölquellen von Maikop und Grosnij in seinen Besitz bringen, die fünf Millionen Tonnen im Jahr produzierten, und gar noch mehr, wenn seine Armeen die Ölfelder von Baku südlich des Kaukasus eroberten, dann würde Stalin sich geschlagen geben müssen. Vor Paulus und seiner 6. Armee befand sich der Feind in voller Flucht in Richtung Stalingrad. In einer Kette von Weisungen, die Hitler Ende Juli herausgab, ging er von der Annahme aus, daß in wenig mehr als drei Wochen die von ihm gesteckten Ziele »im wesentlichen« erreicht worden seien. Er behauptete: »Nur schwächeren feindlichen Kräften der Armeen Timoschenkos ist es gelungen, sich der Umfassung zu entziehen und das südliche Donufer zu erreichen.« Schon hatte er die Heeresgruppe Süd in zwei neue Heeresgruppen aufgeteilt, in die Gruppen A und B; die erste hatte er nicht ohne Zögern dem Feldmarschall List gegeben und die zweite dem Generaloberst Freiherr von Weichs. Diese beiden Heeresgruppen sollten nun *exzentrisch* über den Don vorgehen: List hatte den Auftrag, die fliehenden Russen südlich von Rostow einzuschließen und dann den Kaukasus und die östliche Schwarzmeerküste zu erobern; Weichs sollte in südöstlicher Richtung auf Stalingrad und die Wolga vorrücken, denn nach Hitlers Überzeugung war dieser Fluß eine der Lebensadern Stalins. Nach Stalingrad sollten die schnellen Verbände die Wolga entlang bis nach Astrachan am Kaspischen Meer vorstoßen. Für die Eroberung von Stalingrad hatte er die 6. Armee des Generals Paulus vorgesehen.

Niemand hatte vorausgesehen, daß Stalin um eines keineswegs sicheren strategischen Vorteils willen so viel Gelände aufgeben würde. Rostow, weit im Westen gelegen, wurde nach heftigen Kämpfen am 23. Juli genommen, und zwei Tage später befand sich das gesamte Westufer des Don bis hin nach Woronesch in deutscher Hand. Ausgerechnet jetzt versagte wieder einmal der deutsche Nachschub. Tagelang standen die Panzer der 6. Armee ohne Treibstoff da; schwere Gewitterregen wurden als Begründung dafür genannt. Schlimmeres sollte folgen: Am 25. Juli drehte der Generalquartiermeister den Großtransportraum der Heeresgruppe B (6. Armee) um in den Bereich der Heeresgruppe A (Kaukasus-Operation). Zehn Tage lang waren Beweglichkeit und Schlagkraft der 6. Armee durch den daraus resultierenden Mangel an Treibstoff und Munition verhängnisvoll reduziert, während die sowjetischen Befehlshaber, begeistert ob dieser unerwarteten Wendung, begannen, eine starke Verteidigungslinie weit im Westen von Stalingrad auszubauen.

In der gereizten Atmosphäre in Hitlers ukrainischem Hauptquartier brachen in der dünnwandigen, hölzernen Lagebaracke heftige Auseinandersetzungen aus. Halder tobte und schrie, beschwerte sich privat über das »Laienauge« Hitlers und seine »groteske« Unterschätzung der feindlichen Möglichkeiten, während der Führer Halder abkanzelte, weil er wiederholt seine Befehle ignoriert habe, ein Panzerkorps von der Rostow-Gruppe zur

Unterstützung der 6. Armee abzuziehen. Am 26. Juli überschritt Lists Heeresgruppe östlich von Rostow in breiter Front den Don und begann, unterstützt von Richthofens Luftflotte 4, den Angriff in Richtung Kaukasus. Am 30. Juli schrieb Halder aber in sein Tagebuch: »Beim Führer Vortrag wird General Jodl das Wort erteilt, der mit großen Tönen verkündet, das Schicksal des Kaukasus werde bei Stalingrad entschieden.« Es wurde beschlossen, die 4. Panzerarmee sofort von List an Weichs abzugeben. Vergeblich wandte List, als Halder ihn an jenem Abend anrief, dagegen ein, daß es ein großes Hasardspiel sei, wenn man den Südvorstoß in den Kaukasus mit so schwachen Kräften führe. Als er darum bat, dann doch wenigstens die Division »Großdeutschland« nicht nach Frankreich zu verlegen, blieb Halder unbeugsam hart; erst vor wenigen Tagen habe Hitler ihn rhetorisch gefragt, was ihm denn wohl alle Siege in Rußland nützen sollten, wenn er Westeuropa verlöre.

So wurden denn zwei deutsche Armeen, jede mit ihren ziemlich fragwürdigen Verbündeten im Schlepp, auf jedes der beiden strategischen Ziele Hitlers im Süden angesetzt: auf Stalingrad und den Kaukasus. Waren die Reserven des Feindes tatsächlich erschöpft, so durfte das als ausreichende Disposition gelten; waren sie es nicht – dann nicht.

Aus den Akten geht hervor, daß Hitler den Verlust von Westeuropa vor 1943 kaum befürchtete. Doch irgend etwas schien in der Luft zu liegen: Nach einem Abwehrbericht aus englischen Botschaftskreisen in Madrid waren die Engländer »damit beschäftigt, circa 2400 Schnellboote sowie Boote mit geringem Tiefgang an der englischen Küste zusammenzuziehen«; die Boote seien für einen konzentrischen Landungsversuch an der Kanalküste gegen Ende August vorgesehen. Am 18. Juli wurden Besprechungen zwischen Churchill und dem Vertrauensmann Roosevelts, Harry Hopkins, in London eingeleitet. Zwei Tage darauf erreichten mehrere, zwischen London und Washington geführte Telefongespräche den Reichsführer SS – und wohl auch Hitler – mit einem Begleitschreiben des SS-Gruppenführers Berger: »Obwohl bei den abgehörten Telefongesprächen nur mit Deckworten gearbeitet wird, vermute ich folgendes: Heute und morgen muß eine überaus wichtige Besprechung der Engländer stattfinden. In dieser Besprechung wird wahrscheinlich festgelegt, wo die zweite Front gebildet werden soll und wann. Es sprechen in erster Linie Generalstäbler, die stellvertretenden Botschafter und Minister.« Am 13. August meldete ein als »äußerst zuverlässig« erprobter V-Mann der Abwehr aus Südengland, daß das Ziel des kommenden Landungsunternehmens Dieppe sein werde.

Hitler glaubte, daß jeder Landungsversuch der Engländer vorderhand vereitelt werden könne. Mitte August 1942 standen 29 Divisionen im Westen. Was das Jahr 1943 betraf, da war Hitler weniger zuversichtlich; größere Strecken der Küstenfront waren überhaupt nicht befestigt. »Mit Fanatismus ist im Winter ein Festungswerk zu bauen, das unter allen

Umständen hält«, ordnete er an. Er ließ Speer und die Befestigungsfachleute am 13. August kommen und teilte ihnen seinen Entschluß mit. Er forderte von ihnen den Bau eines »Atlantikwalls«, der mit 450000 bis 500000 Mann gehalten werden könnte. »Das kostbarste Material ist der deutsche Mensch«, erklärte er. »Das Blut, das durch Festungsbau geschont wird, ist die Milliarden wert!« Bis zum 1. Mai 1943 sollte der Wall fertiggestellt sein. Die U-Bootstützpunkte und die schweren Marineküstenbatterien müßten westwallartig gesichert sein. Auch die schweren MG, Pak und Panzer müßten unter Beton gebracht werden, denn er sah voraus, daß die feindliche Großlandung im Westen durch wiederholte Luftangriffe und schwerste Beschießung von der See her eingeleitet werden würde. »Hierbei ist es am zweckmäßigsten, daß man infolge ihrer Schwäche die eigene Luftwaffe als nicht vorhanden annimmt«, mahnte er. Die Bunker müßten gasdicht sein, und Sauerstoffflaschen müßten bereitgestellt werden. Für den Fall, daß der Feind auch von Flammölbomben Gebrauch mache, müßten auch Stufen in den Anlagen eingebaut werden, damit das Öl nicht in die Anlagen fließe.

Der strategische Zweck eines solchen Atlantikwalles sei es, der Obersten Führung zu ermöglichen, den wirklichen feindlichen Schwerpunkt rechtzeitig zu erkennen. Nach Hitlers Berechnungen müßte es möglich sein, in zwei bis drei Tagen operative Reserven nach vorne zu bringen.

Jetzt, im August 1942, prophezeite Hitler, daß das feindliche Großunternehmen durch Wellen von Fallschirm-, Luftlande- und Sabotagetrupps eingeleitet werden würde, mit dem Auftrag, in der Nacht vor der Hauptlandung die Verkehrswege und Verbindungen zu unterbrechen und die militärischen Stäbe auszuheben. Am Morgen würde dann die Hauptlandung folgen – er sprach von drei- bis viertausend Landungsfahrzeugen –, wobei der Gegner die absolute Luftüberlegenheit haben würde. Natürlich, wie Hitler am 14. August dem bulgarischen Gesandten gegenüber ausführte, wäre alles auch schon *vor* 1943 absolut möglich: »Da aber dort [in England] Verrückte wie der Säufer Churchill ... und Kindsköpfe wie der parfümierte Dandy Eden am Ruder sind, muß man sich auf alles vorbereiten!« Rundstedt, der OB West, war vorbereitet: »Wir sind«, schrieb er privat am 15., »nach wie vor auf Überraschungen gefaßt, besonders jetzt nach dem Besuch von Churchill in Moskau. Na, wenn schon ...«

Fünf Tage später wurden zwei Brigaden kanadischer Truppen mit 30 Panzern und englischen Kommandoeinheiten beiderseits Dieppe an Land gesetzt. Binnen neun Stunden war das Unternehmen vollkommen gescheitert, die Landungstruppen aufgerieben oder ins Meer geworfen. Der Feind verlor dabei einen Zerstörer, 33 Landungsboote, mehr als hundert Flugzeuge und viertausend Soldaten; 1179 Mann kamen dabei ums Leben. Die letzte Meldung Rundstedts um 18.15 Uhr, »kein bewaffneter Engländer mehr auf dem Festland«, nahm Hitler mit einem kleinen Lächeln entgegen. Der Feldmarschall notierte sich am 21.: »Schmundt sagte, daß er [Hitler] sehr dankbar und glücklich sei über Dieppe. Zeitzler [Chef des Stabes], der gestern dort war, sagte es sähe doll aus, Berge von toten Engländern, versunkene Schiffe usw.« Noch einmal ließ Hitler die Gefangenen durch seinen Chefdolmetscher Paul Schmidt vernehmen; dieser berichtete wenige Tage später, »Die Leute haben wohl wie immer gut gekämpft, aber die obere Führung muß verheerend gewesen sein. Ein Gefangener erklärte mir auch rundherum, ›The men who ordered this raid and those who organized it are criminals and deserve to be shot for mass murder!‹«*

Politisch gesehen war das Unternehmen sicherlich unklug. Aus dem erbeuteten Operationsbefehl ging hervor, daß Churchill den Angriff nur mit dem begrenzten Ziel befohlen hatte, den Hafen Dieppe zu zerstören und einige Batterien und Radargeräte zu vernichten. Hitler fand es unverständlich, daß Churchill keine Fallschirmverbände ins Hinterland abgesetzt hatte, um die eintreffenden deutschen Reserven aufzuhalten. Im September 1942 mahnte er insgeheim seine Westbefehlshaber, daß der Engländer *diesmal* überraschend wenig Gebrauch von der Luftwaffe gemacht habe. »In Zukunft würde er das anders handhaben«, notierte sich ein General die Führeransprache. »Es müsse beachtet werden, daß nicht nur wir aus dem Unternehmen Dieppe gelernt hätten, sondern vor allem der Engländer. ... Wenn im Westen im nächsten Jahr nichts passiert, ist der Krieg gewonnen!«

Zwischen Hitlers Armeen und den Ölfeldern von Baku erhoben sich die Berge des Kaukasus – tausend Kilometer wilden, zerklüfteten Berglandes, in weiten Teilen unbezwungen und unzulänglich erforscht, gekrönt von dem 5633 Meter hohen erloschenen Vulkan Elbrus. Auf der einen Seite vom Schwarzen, auf der anderen vom Kaspischen Meer flankiert, hatten sich diese Berge im Laufe der Geschichte als fester Schutzwall gegen fremde militärische Träume bewährt. Der Mongolensturm, Timur, die Seldschuken und Osmanen waren alle an seiner Ostseite vorbeigezogen; selbst der Islam hatte sich in seinem Siegeslauf nach Norden auf das Kaspische Meer hinausbegeben müssen; das tat auch Peter der Große, als er in die Nordpersische Provinz einfiel.

Längst hatte sich Hitler vorgenommen, dort einen historischen Präzedenzfall zu schaffen. Die Heeresgruppe A des Feldmarschalls von List hatte Anweisung, die Berge zu überschreiten und die Küste des Schwarzen Meeres zu erreichen, um die dort stationierte russische Flotte endgültig auszuschalten. Das gewaltige Hindernis imponierte ihm überhaupt nicht.

Von jetzt an jedoch begann der Rußlandfeldzug unter dem Mangel an zuverlässigen Feindmeldungen zu leiden. Vom Generalstab während des ganzen Sommers schlecht über Stalins noch existierende Reserven beraten, hatte Hitler seine Armeen an zu vielen Fronten eingesetzt und den Flankenschutz den wenig vertrauenswürdigen Divisionen seiner schwach ausgerü-

---

* Englisch im Original.

steten Verbündeten überlassen. Hitler hatte längst keine Reserven mehr. In den Kämpfen gefangengenommene russische Generale hatten nur ein leichtes Lächeln übrig, wenn sie nach den Kräften gefragt wurden, die Stalin noch zur Verfügung standen: »Ihnen steht die Überraschung Ihres Lebens bevor!«

Hitler war entschlossen, sich nicht überraschen zu lassen. Zweifellos würden die Russen zuerst gegen die ungarischen und italienischen Armeen am mittleren Don losschlagen. Am 16. August äußerte er die Vermutung, daß Stalin den russischen »Standard-Angriff« von 1920 gegen die weißrussische Armee des Generals Wrangel wiederholen und über den Don bei Serafimowitsch mit Stoßrichtung auf Rostow angreifen könnte, um damit die ganze Südfront in Gefahr zu bringen. Im Laufe des August erteilte Hitler deshalb Halder mehrfach den Befehl, die 22. Panzerdivision schleunigst aus den Stalingrad-Kämpfen zu lösen und sie zur Auffrischung hinter die italienische 8. Armee zu legen. Halder kümmerte sich nicht darum.

Rußlands Stärke war alles andere als erschöpft. Am 2. August hatte der Chef der Abteilung »Fremde Heere Ost«, Oberstleutnant Reinhard Gehlen, vorgetragen, daß Stalin allein im Juli 54 Schützendivisionen und 56 Panzerdivisionen neu aufgestellt haben müsse. Am nächsten Tag legte Halder diese unerfreulichen Schätzungen Hitler vor, fügte aber sogleich hinzu, man brauche nun nur noch mit einer Aufstellung von höchstens dreißig weiteren Divisionen zu rechnen, da Stalin jetzt nur mehr die Achtzehnjährigen zur Verfügung stünden. Im Juli habe die Rote Armee zudem 3900 Panzer verloren, und da die Russen nur 400 im Monat einführten und weniger als tausend herstellten, würden ihre Panzerkräfte früher oder später erschöpft sein. Zwei Wochen später platzte Halders Optimismus wie eine Seifenblase. Jetzt bezifferte Gehlen die Gesamtstärke Stalins mit rund 593 Verbänden, und eine erschreckend große Zahl davon wurde in Reserve gehalten. Aber, wie immer in solchen Situationen, behauptete Halder, Gehlen lasse sich durch feindliche Täuschungsmanöver bluffen.

Hitlers einzige Hoffnung lag nur noch darin, den Russen die wirtschaftliche Basis für die weitere Verteidigung zu entziehen. Diese Basis lag im – Kaukasus.

Am 9. August hatte General Ruoffs Armeegruppe Krasnodar eingenommen, und Kleists 1. Panzerarmee eroberte Maikop: aber die Ölfelder waren verwüstet. Hitler forderte Feldmarschall List auf, so schnell wie möglich über die Berge zu den Häfen Tuapse und Suchumi vorzustoßen, um dem Heer die Möglichkeit zu geben, Nachschub auf dem Seeweg zum Kaukasus heranzuschaffen. Aber es gab nur eine Straße durch das Gebirge nach Tuapse. Zwar war die Luftflotte 4 (von Richthofen) noch immer zuversichtlich, aber am 11. August schrieb Abwehrchef Canaris während eines Besuches im Führerhauptquartier in sein Tagebuch: »Keitel ... zeigt sich hinsichtlich des von Richthofen geäußerten Optimismus skeptisch und nimmt

an, daß die Russen zweifellos versuchen werden, den westlichen Kaukasus zu halten und insbesondere die Straße Armawir–Tuapse zu sperren.« Sechs Tage später erreichten Kleists Panzer den Ostrand des Gebirgskamms, wo wachsender feindlicher Widerstand und Luftangriffe sie zum Halten brachten.
Die Zeit ging zu Ende. Gegen Ende August hatte Lists Offensive sich festgelaufen – zunichte gemacht durch unpassierbare Straßen, zerstörte Hängebrücken, dichten Nebel, schwere Regenfälle und starkes Schneetreiben.
Besser verlief die Offensive der Heeresgruppe B, trotz der drückenden Hochsommerhitze. Die 4. Panzerarmee machte unmittelbar südlich der Stadt Stalingrad halt. Aber am 23. August erreichte die 6. Armee unmittelbar nördlich der Stadt die Wolga: Noch vor Anbruch der Dunkelheit versenkten 8,8 cm-Flak-Geschütze die ersten Schiffe.
Hitler standen jetzt keine Reserven mehr zur Verfügung. Er hatte Feldmarschall von Kluge befohlen, eine Fronteinbuchtung bei Suchinitschi zu beseitigen – einen Schandfleck 250 Kilometer südwestlich von Moskau, übriggeblieben aus der Winterkrise; dieser Angriff, das Unternehmen »Wirbelwind«, sollte eine Plattform für den späteren Vorstoß auf Moskau schaffen. Vielleicht hoffte Hitler, den Sieg von Charkow wiederholen zu können; es gab jedoch einen bedeutenden Unterschied – »Fridericus« bei Charkow war ein Zangenangriff, wegen fehlender Reserven konnte Hitler aber »Wirbelwind« nur mit dem südlichen Arm der Zange führen, der 2. Panzerarmee. Die russischen Entlastungsangriffe gegen die 9. Armee von Generaloberst Model bei Rschew und Subzow imponierten Hitler nicht. Als Kluge um Erlaubnis bat, »Wirbelwind« abzusagen und die Panzerdivisionen statt dessen für die Rettung der 9. Armee einzusetzen, wollte Hitler nichts davon hören. Kluge verließ Werwolf mit den Worten: »Dann übernehmen *Sie*, mein Führer, aber auch die Verantwortung!« »Wirbelwind« stieg am 11. August in fürchterlichem Gelände – in stark befestigten, sumpfigen Wäldern, die sich mit heimtückischen Minenfeldern abwechselten. Am 22. August in das Führerhauptquartier befohlen, wurde Kluge von einem enttäuschten Führer angewiesen, »Wirbelwind« zu einem bloßen Fesselungsangriff umzufunktionieren. Dieser erste große Rückschlag des Jahres 1942 ärgerte Hitler zutiefst. Noch vier Monate später grübelte er – bei einer Lagebesprechung am 12. Dezember –: »Unser kapitalster Fehler in diesem Jahr ist der Angriff gegen Suchinitschi gewesen. Das war ein Beispiel mit der Überschrift: So darf man keinen Angriff ansetzen. Wo sie überhaupt nur angreifen konnten, haben sie angegriffen, statt es ganz schmal zusammenzufassen und dann schnell mit den fünf Panzerdivisionen durchzustoßen. Wir hatten bei Suchinitschi etwa 500 Panzer angesetzt. Sie haben es aber fertiggebracht, sie zu verkleckern. Das ist eine ›ruhmvolle‹ Tat!«
Allmählich verblutete Models 9. Armee bei Rschew. Am 24. August verlangte Halder bei einer stürmischen Mittagslage die Erlaubnis für Model,

sich zurückzuziehen. Ein Regiment hätte in einer Woche acht Kommandeure verloren. Da ergoß sich Hitlers ganzer Haß auf den Generalstab. »Sie kommen nur immer mit dem gleichen Vorschlag des Zurückgehens«, fuhr er den Generaloberst an. Hitler schloß seine zornige Tirade mit den Worten: »Von der Führung verlange ich die gleiche Härte wie von der Truppe.« Zum ersten Mal verlor Halder die Beherrschung. »Da draußen fallen die braven Musketiere und Leutnants zu Tausenden, nur weil die Führung nicht den einzig möglichen Entschluß durchführen darf.« Alles erstarrte, als Hitler ihn mit einer wohlberechneten Beleidigung unterbrach: »Was wollen Sie, Herr Halder, der Sie auch im ersten Weltkrieg nur auf immer demselben Drehschemel saßen, mir über die Truppe erzählen – Sie, der Sie nicht einmal das schwarze Verwundetenabzeichen tragen!«

Zu den verstummten und peinlich berührten Zeugen gehörte auch Feldmarschall von Manstein, der Eroberer von Sewastopol. Von der Krim kommend war er jetzt auf dem Weg nach Norden, wo seine 11. Armee im September den entscheidenden Angriff gegen Leningrad führen sollte. Hitler betonte die Bedeutung dieses Kriegsschauplatzes wegen der *einzigen* im deutschen Machtbereich befindlichen Nickelgruben bei Petsamo. Wäre er an Churchills Stelle, so würde er den größten Einsatz als gerechtfertigt betrachten, um Deutschland die Nickelgruben zu entreißen; denn die deutsche Rüstungsindustrie wäre dann binnen weniger Monate außerstande, Panzerplatten und Granaten herzustellen. Für den Angriff auf Leningrad, »Nordlicht«, hatte er dem Feldmarschall von Küchler eine Artilleriemassierung zugesagt, »wie sie seit den Kämpfen um Verdun im Ersten Weltkrieg nicht mehr zusammengebracht worden sei«. Küchler meinte, das Unternehmen bis Ende Oktober durchführen zu können; dies schien nicht schnell genug zu sein, denn Hitler hatte nunmehr von Manstein mit der unmittelbaren Führung von »Nordlicht« beauftragt.

Am 23. August teilte Hitler Feldmarschall von Küchler diese Neugliederung mit. Zusammen inspizierten sie die Luftbilder der Stadt. Hitler betonte dabei mehrfach, man müsse auf alle Fälle einen Häuserkampf vermeiden; deshalb habe er eben den »größten Feuerzauber der Welt« gegen Leningrad angeordnet. Küchler wies darauf hin, daß in dem Augenblick, da der Endkampf um Leningrad anfing, Hunderttausende von Arbeitern zu ihren Waffen greifen und in die Schützengräben strömen würden. Er verlangte zuerst Terrorwirkung durch die Luftwaffe auf die Fabriken und Rüstungsbetriebe, auf die Parteigebäude und Gefechtsstände, um die Verteidigung auszuschalten. Hitler befürchtete, daß Stalin einen Entlastungsangriff gegen den »Flaschenhals« starten würde – am schmalen deutschen Frontvorsprung westlich des Ladogasees, durch den die Stadt nach Osten abgeschnitten wurde. Als Geheimwaffe gegen einen solchen Angriff standen ihm die ersten neun Tiger-Panzer zur Verfügung. »Ich würde die Tiger-Panzer dort oben hinter der Front aufbauen, dann kann nichts passieren«, meinte er. Er ordnete an, daß Manstein das Unternehmen Nordlicht am 14. September beginnen sollte, nachdem die Kampfgeschwader Richthofens drei Tage lang die Stadt mürbe gemacht hatten.

Am 27. August machten die Russen alle diese Pläne zunichte, indem sie genau dort angriffen, wo Hitler ihren Angriff befürchtet hatte – am Flaschenhals. Der 18. Armee des Generals Lindemann wurden hier tiefe Wunden in der Flanke zugefügt; die neuzugeführte 11. Armee mußte Lindemann mit ihrer ganzen Angriffsstärke zur Hilfe eilen. Auch die vielgepriesenen Tiger-Panzer hatten nicht gehalten, was sie versprachen.

Im Führerhauptquartier Werwolf stieg die Hitze des ukrainischen Hochsommers unbarmherzig weiter. Der Boden wurde knochenhart, das Gras verdorrte, und Bäume und Sträucher waren mit Staub bedeckt, der in dicken Wolken über den Straßen lagerte. »So sehr wir uns aber nach Regen und Kühle sehnen«, schrieb ein Angehöriger des Führerhauptquartiers privat am 31. August, »so sehr fürchten wir ihn auch, weil es hier dann furchtbar schüttet und weil die feuchte Wärme hier ganz besonders schlimm sein soll. Die Hitze ist auch bei uns im Waldlager leidlich zu ertragen, nur aus dem Wald hinaus darf man nicht gehen.« Als er den Brief abschloß, trommelte der Regen plötzlich auf das Holzdach herunter, und Dampf stieg aus dem Unterholz rings um das Führerhauptqartier.

»Es riecht«, so schrieb ein Ministerialrat im Führerhauptquartier am 8. September, »in den sehr schönen Eichenwäldern der Umgebung schon sehr herbstlich, die Felder sind abgeerntet, die Sonnenblumen trocknen auf den Dächern, die Wassermelonen, die hier nur zur Viehfutterung verwandt werden, liegen strotzend vor Fülle am Boden, der Mohn wird in den Dolden langsam schwarz, die Maiskolben gelb, und so ist der Sommer wohl vorbei.«

Mit der Wiedererstarkung des englischen Stützpunktes auf Malta war der Nachschub der deutsch-italienischen Panzerarmee in Nordafrika fast versiegt. Jetzt mußte der Entschluß Hitlers im Juni 1942, den Angriff auf Malta »vorläufig« aufzugeben, teuer bezahlt werden. Im Juni und Juli noch hatte die Luftwaffe in Libyen 12 703 Einsätze fliegen können; Anfang August aber waren im Einsatzraum nur noch 76 Kubikmeter Flugbenzin vorhanden. Rommel mußte umgruppieren; weiteres kostbares Benzin mußte dafür aufgebracht werden. Seine Truppen waren zunehmend englischen Jabo-Angriffen ausgesetzt. Der stellvertretende Chef des Wehrmachtsführungsstabes, Generalmajor Walter Warlimont, besuchte die Panzerarmee Ende Juli und kehrte tief beeindruckt nach Winniza zurück, wo er über die schwierige Lage Rommels berichtete: Die Panzerarmee liege in deckungsloser Wüste gegenüber einem zu Lande, zur See und in der Luft materiell- und munitionsmäßig stark überlegenen Gegner. Ungeduldig warf Hitler dem Reichsmarschall vor: »Hören Sie das, Göring! Bombenteppiche in der Wüste!«

Rommel startete seinen letzten Großangriff auf die feindliche Alamein-Stellung am 30. August; bereits nach nur einem Tage ging ihm der Treibstoff aus, und am 1. September mußte er in die Ausgangsstellung zurückgehen.

Im Abbruch dieser Offensive erkannten Raeder und die Seekriegsleitung eine sehr ernste Wende der Kriegsentwicklung. Hitler glaubte aber, daß Montgomery die gewaltige deutsch-italienische Alamein-Stellung kaum durchbrechen werde, jedenfalls nicht vor 1943. So genehmigte er dem inzwischen erkrankten Feldmarschall Rommel Krankheitsurlaub nach Deutschland.

Hitler ahnte wohl noch nicht, daß vor ihm nur noch eine ununterbrochene Kette von Niederlagen, Rückschlägen und Enttäuschungen lag.

Stalingrad – herausfordernd und verlockend zugleich – schien den Armeebefehlshabern so gut wie erobert: Beim Lagevortrag befahl Hitler zuversichtlich, daß die gesamte männliche Bevölkerung zu liquidieren sei, da Stalingrad mit seiner eine Million zählenden, durchweg kommunistischen Einwohnerschaft besonders gefährlich sei; die weibliche Bevölkerung könne man abtransportieren. Es war aber ein langsames Vordringen in schweren Straßenkämpfen. Bis zwei Kilometer hoch stand eine alles verhüllende Staubwolke über den heißen, deckungslosen Schlachtfeldern. Die Kampfgeschwader warfen jeden Tag eintausend Tonnen Bomben auf die russischen Stellungen ab; Richthofen selbst leitete die Einsätze vom Jägerflugplatz fünfzehn Kilometer vor Stalingrad. An der schwunglosen Kampfführung des Heeres führte er bittere Kritik. Der 6. Armee und der 4. Panzerarmee fehle eine einheitliche Befehlsführung, meinte der Luftflotten-Chef: Die Gedanken der Generale Paulus und Hoth seien wohl schon bei Astrachan.

Im Kaukasus war die Lage von Feldmarschall List auch nicht besser. Seine Gebirgsdivisionen waren noch dreißig Kilometer von der Schwarzmeerküste entfernt steckengeblieben. Jodl wies darauf hin, daß die dem Kampfauftrag nicht entsprechende Ausrüstung dieser Gebirgsdivisionen auf eine Anordnung Hitlers zurückgehe – die Divisionen gleichen jetzt mehr normalen Infanterie-Divisionen. Daß es sogar zwischen Jodl und seinem Führer darüber zu einer Auseinandersetzung gekommen war, war ein schlechtes Zeichen.

Ende August ließ Hitler Feldmarschall List ins Führerhauptquartier kommen. Angesichts des strengen, konservativ-katholischen Feldmarschalls blieb Hitler beherrscht. Er war ungewöhnlich liebenswürdig zu ihm. Sobald aber der Heeresgruppenbefehlshaber abgeflogen war, hielt Hitler mit seiner Kritik nicht zurück: List habe trotz des »grundsätzlichen Befehls« über Geheimhaltung operative Karten bei sich gehabt, außerdem habe er einen »unorientierten Eindruck« gemacht. Auch gegen General Halder, den Chef des Generalstabes, schwelte Hitlers Abneigung weiter. Hitlers Adjutanten war es klar, daß man dem General den Schwarzen Peter zugeschoben hatte. Wie in solchen Fällen üblich, wurde Halder jetzt behandelt, als leide er an einer ansteckenden Krankheit. War er nicht zugegen, kam es während der Lagebesprechungen zu Debatten darüber, wer sein Nachfolger werden solle.

Der Sturm brach im Führerhauptquartier am 7. September los. Jodl war selbst zum Gefechtsstand Lists nach Stalino geflogen, um mit diesem und dem Gebirgskorps-Kommandeur Konrad die weiteren Aussichten zu besprechen. Abends kehrte er nach Winniza zurück und hielt dem Führer Vortrag in dessen Privatzimmer. Sein Bericht war vernichtend: Man erwarte von der 4. Gebirgsdivision, daß sie über 100 Kilometer Luftlinie auf einem einzigen schmalen Gebirgspfad zu den Küstenstädten Gudauti und Suchumi vorstieße; mit den restlichen Kräften könne aber der gleichzeitige Vorstoß auf den Hafen Tuapse – westlich davon – unmöglich vor Einbruch des Winters erfolgen. Es sei unerläßlich, auf den Angriff auf Suchumi und Gudauti zu verzichten, sagte Jodl; man müsse unter Zurücklassung von Sperrabteilungen in den Pässen des Hauptkammes den Rückzug antreten, um Kräfte für den Durchstoß auf Tuapse freizumachen. Die Folge war ein unbeschreiblicher Wutausbruch Hitlers. Jodl sei von Konrad belogen worden: »Alle Generale lügen!« Er verließ das Zimmer, ohne Keitel und Jodl die Hand dabei zu geben – eine absichtliche Brüskierung, wobei es bis Ende Januar 1943 bleiben sollte. Noch mittags hatte Hitler im Kreise seines militärischen Stabes und einiger Sondergäste gegessen – diesmal waren Milch, Speer, Saur und Koch anwesend –, aber jetzt ließ er bestellen, daß er fortan das Essen auf seinem Privatzimmer in seiner Baracke einnehmen würde – und zwar allein.

Gequält von der Hitze und vor allem von der Erkenntnis, daß der Sieg in Rußland ihm endgültig zu zerrinnen begann, rief Hitler Reichsleiter Martin Bormann zu sich und veranlaßte ihn, er möge sich umgehend umsehen nach Reichstagsstenografen: diese sollten Wort für Wort Protokoll über die Lagebesprechungen führen. Denn zusammen mit Generalmajor Walter Scherff, dem Hofhistoriker Hitlers, hatte Jodl in einer Denkschrift den Nachweis geführt, daß Halders Stab in den Wochen vor dem Festlaufen des Kaukasus-Angriffs nur Hitlers eigene Befehle befolgt habe.

Das Großreinemachen begann. Am 9. September trafen die ersten Stenografen ein und wurden vereidigt. Hitler spielte mit dem Gedanken, sowohl Keitel wie Jodl zu ersetzen; er äußerte die Absicht, Jodl durch Generaloberst Paulus abzulösen, sobald dieser Stalingrad erobert habe. Da die Nerven von Generaloberst Halder offensichtlich der Belastung nicht mehr gewachsen schienen, veranlaßte er am Nachmittag des 9. Keitel, ihm gegenüber die erforderlichen Andeutungen zu machen. Keitel sollte Halder außerdem mitteilen, daß List sein Heeresgruppen-Kommando im Kaukasus niederzulegen habe. Vorläufig werde er, Hitler, die Heeresgruppe selber befehligen – der Gipfel der Anomalien, denn er war ja schließlich auch Oberbefehlshaber des Heeres und dazu Oberster Befehlshaber der Wehrmacht.

Trotzdem hoffte Halder, daß der Kelch an ihm vorübergehen würde: Schließlich blieben ja auch Keitel und Jodl im Amt. Bei denen war die Lage jedoch anders. Hatte doch Jodl selbst Warlimont gegenüber bemerkt: »Da kann der Führer noch lange umschauen, bis er einen geeigneten General des Heeres findet, der gleichzeitig ein so zuverlässiger Nationalsozialist ist wie ich!«

Der Lagevortrag fand aber fortan in eisiger Stimmung im Führerbunker statt. Die ersten Stenografen saßen ab 12. September dabei. Zu fünfhundert Seiten täglich entstand das Wortlautprotokoll. (»Wenn eine Schlacht gut ausgeht«, meinte Hitler trocken, »sind es meine Feldmarschälle; geht es schief, bin ich der Schuldige.«) Zwei Jahre später sollte Hitler einen weiteren Grund für das Einführen der Stenografen angeben. Ein Oberstabsarzt des Heeres, Dr. med. Erwin Giesing, fragte ihn bei der Behandlung, ob der Führer die Kaiser-Wilhelm-II.-Biographie vom Engländer J. Daniel Chamier gelesen habe. Hitler bejahte dies. In einer Aufzeichnung vom Juni 1945 erinnerte sich der Arzt:

»Hitler sagte dann, daß ein Ausländer es vielleicht leichter habe, einen Staatenlenker objektiv zu beurteilen, vorausgesetzt, daß er das Land, die Bevölkerung, die Sprache sowie die Archive kenne.
Ich sagte daraufhin zu Hitler, daß Chamier den Kaiser wohl persönlich gar nicht gekannt habe, da er noch relativ jung sei und daß sein Buch neben einer genauen Archiv- und Urkundenkenntnis doch sich gerade auf viele persönliche Dinge, vor allen Dingen Briefe und schriftlich fixierte Unterhaltungen mit seinen Freunden und seinen Feinden stütze . . .
Hitler sagte dann, daß er seit einiger Zeit dazu übergegangen sei, bei wichtigen Besprechungen und bei der militärischen Lagebesprechung immer einen Stenografenbericht aufnehmen zu lassen. Und vielleicht stände eines Tages nach seinem Tode auch mal ein objektiver Engländer auf, der ihn auch entsprechend objektiv beurteilen würde. Die heutige Generation könne das nicht und wolle es auch nicht . . .«

Gegen Mitte September 1942 hatte der Generalstab wieder sein Lieblingsthema aufgegriffen, daß die Russen am Ende seien. Optimistisch sprach Hitler mit Weichs und Paulus über zukünftige Feldzüge und die Eroberung von Astrachan am Kaspischen Meer. Am 13. September begann Paulus den systematischen Angriff auf Stalingrad. Am 14. glaubte selbst Richthofen an ein Nachlassen des feindlichen Widerstandes. Im Privattagebuch zitierte Weizsäcker seinen Freund, Generaloberst Halder: »Er sagt vor allem, er verlasse seinen Posten ohne Sorge für das Heer. Der Russe sei zu sehr geschwächt, um uns etwa wie im letzten Winter gefährlich zu werden. Die schwache Stelle sei Afrika.«

Aber jetzt begannen die Russen mit einem heroischen Kampf um jeden Meter Boden der gemarterten Stadt Stalingrad. Noch immer hatte Halder den Befehl Hitlers nicht ausgeführt, die 22. Panzerdivision hinter die gefährdete italienische 8. Armee am Don zu führen. Am 16. September befahl Hitler aufs neue die Verlegung. War es Trägheit bei Halder oder Starrsinn? Am 17. beschloß Hitler endgültig, ihn zu entlassen, und schickte Schmundt am nächsten Tag nach Paris, um Generalleutnant Kurt Zeitzler zu holen.

Erst spät am Abend des 23. trafen sie in Hitlers ukrainischem Hauptquartier ein. Eine Stunde nach Mitternacht ließ Hitler den 47jährigen, völlig verdutzten – weil noch unaufgeklärten – Zeitzler aus dem Gästehaus holen und begann einen leidenschaftlichen Monolog über List und Halder – der sei kein Soldat, sondern ein Professor –, und als Zeitzler aus seinem Unbehagen heraus versuchte, den General zu verteidigen, fiel Hitler ihm ins Wort, erhob sich und verkündete, »... deshalb habe ich mich entschlossen, daß Generaloberst Halder abgelöst wird und Sie Chef des Generalstabes des Heeres werden. Ich befördere Sie hiermit zum General der Infanterie.«

Halder nahm an seiner letzten Lagebesprechung am nächsten Mittag teil. In einer anschließenden Besprechung im Führerhaus wurde der Generaloberst von Hitler verabschiedet, während Keitel und die Stenografen dabei standen; die Nerven des Generals, sagte Hitler, seien verbraucht, es sei notwendig, den Generalstab in demselben fanatischen Glauben an die Idee zu erziehen, wie Moltke ihn für die Monarchie erzogen habe. Im OKW herrschte Siegesstimmung. Schmundt verkündete, nun sei das letzte Hindernis gefallen, jetzt werde der »Geist von Zossen« endgültig ausgerottet, und das ganze deutsche Heer könne jetzt durch und durch mit dem wahren Geist des Nationalsozialismus erfüllt werden.

Der neue Generalstabschef stand der Partei gewiß näher als Halder, aber er war keineswegs willfährig. Keitel beschwor ihn: »Sie dürfen Hitler nie widersprechen. Sie dürfen ihn nie daran erinnern, daß er vielleicht über eine bestimmte Sache früher mal eine andere Ansicht gehabt hat oder daß etwas, was Sie ihm vortragen, er aber abgelehnt hat, sich durch die Ereignisse bestätigt hat. Sie dürfen ihm auch nie die Verluste melden, denn Sie müssen die Nerven dieses Mannes schonen.«

Hitler versprach sich von Zeitzler eine völlige Reorganisation des Generalstabes, und er entwarf zwei Befehle, mit denen Zeitzler sich zuerst befassen sollte; in dem einen wurde eine Verjüngung der Armeeoberbefehlshaber proklamiert – einige waren über sechzig –, und mit dem anderen wurden die »roten Hosen« der Generalstabsoffiziere abgeschafft. Zeitzler lehnte es ab, seine Amtszeit mit derart radikalen Erlassen zu beginnen. In einem dritten Erlaß unterstellte Hitler die Personalentscheidungen des Generalstabes dem Heerespersonalamt. Und da er seinen Chefadjutanten Rudolf Schmundt zum Chef des HPA ernannte, verschaffte Hitler sich zum ersten Mal die absolute Kontrolle über die Besetzung sämtlicher hoher Kommandostellen des Heeres. Die Freimaurerei der Generalstabsoffiziere – »die einzige Loge, deren Auflösung ich vergessen habe« – sollte endlich ihr Monopol innerhalb des Heeres verlieren.

Der Sommer 1942 war vorüber. Als Hitler am 27. September nach Berlin zurückflog, prasselte das erste Herbstgewitter auf die Reichshauptstadt hernieder. Melancholie begann das ganze deutsche Volk zu erfassen. Man war müde geworden, auf die Nachricht von der Einnahme Stalingrads zu warten. Jäger und Flak vermochten nichts gegen die britischen Nachtangriffe auf die Stadtzentren auszurichten. Hitler befahl der Luftwaffe, Flaktürme in Wien, Linz und Nürnberg zu bauen. Daß diese Städte zerstört werden könnten, sagte er, laste ihm wie ein Alpdruck auf der Seele. Im September gab es Großangriffe auf Bremen, Duisburg, Düsseldorf und München. In Hamburg betrug der Produktionsausfall in einer U-Boot-Werft in einer einzigen Woche 170 000 Arbeitsstunden. Die Luftwaffe, selbst in einer Periode der technischen Neuerungen stehend, verfügte weder über schwere Langstreckenbomber noch über schnelle Jagdbomber, die sich mit denen des Feindes hätten messen können; die viermotorige Heinkel He 177 war ein lahmer Vogel, geplagt von immer wieder auftretenden Motorenbränden; die vielgepriesene Messerschmitt Me 210 hatte Anfang 1942 verschrottet werden müssen; das hervorragende Nachfolgemodell, die Me 410, hatte gerade den allerersten Flug hinter sich gebracht.

Hitlers Beunruhigung über den Stand der Verteidigung des Westens hatte nicht nachgelassen. Britische Sabotagetätigkeit in Holland nahm zu – hier hatte aber Himmler seine Gegenspionage aktiv im Spiel, und wartete nur auf den Befehl, das ganze Netz aufzurollen. Auch Dänemark wurde aufsässig. Am Geburtstag König Christians, am 25. September, hatte Hitler ihm ein in sehr herzlichen Worten gehaltenes Glückwunschtelegramm gesandt; die Antwort des Königs war beleidigend kurz, kalt und provozierend: »Besten Dank für die Glückwünsche!« Hitler ließ seinen Gesandten abberufen und entsandte den tatkräftigen Dr. Werner Best als Reichsbevollmächtigten nach Kopenhagen.

Das Unternehmen bei Dieppe hatte Hitler davon überzeugt, daß den Engländern ein Landungsunternehmen keineswegs aussichtslos erscheinen mußte. »Sie wissen, daß ich noch nie kapituliert habe, aber ich muß es hier ganz offen aussprechen, daß uns eine Großlandung des Gegners im Westen Europas in eine durchaus kritische Lage bringen würde.« So sprach er vor Göring, Speer, Rundstedt und einer Handvoll ausgewählter Generale im kleinen Kabinett-Sitzungssaal der Reichskanzlei am 29. September 1942. In den Akten des Generalstabs des Heeres befindet sich eine Niederschrift der dreistündigen Geheimrede Hitlers:

»...Sonst könnten die Gegner eine zweite Front machen, wo sie nur wollten, nur müßte diese möglichst weit von Europa entfernt liegen. So sähe er seine größte Aufgabe darin, der Heimat den Krieg im eigenen Lande, welcher die unmittelbare Folge einer Großlandung im Westen sein könnte, zu ersparen. Wenn wir das bis zum Frühjahr verhindern können, kann uns nichts mehr passieren.

In der Ernährung haben wir den Tiefpunkt überschritten. Durch starke Ausbringung von Flak und Munition dazu wird die Heimat vor den Luftangriffen geschützt werden. Mit den besten Divisionen werden wir im Frühjahr nach Mesopotamien hineinziehen und dann werden wir eines Tages unseren Gegnern den Frieden dort aufzwingen, wo wir wollen und so wie wir ihn wollen. An übergroßer Bescheidenheit hat das Deutsche Reich nur einmal gelitten. Das neue deutsche Reich wird das in seinen Kriegszielen nicht mehr tun.«

Am nächsten Tag sprach Hitler auf einer Volkskundgebung zur Eröffnung des Kriegswinterhilfswerks im Berliner Sportpalast. Er bedauerte, daß er so wenig in der Öffentlichkeit erscheinen konnte; wer wie Churchill wochenlang in der Welt herumreisen könne, mit weißseidenem Hemd und einem breiten Sombrero auf dem Kopf, der könne sich natürlich auch viel öfter mit Reden befassen. Es war trotzdem eine glänzende, humorvolle Rede.

». . . Über den Begriff ›Glauben‹ können wir uns mit diesen Leuten überhaupt nicht auseinandersetzen. Wer zum Beispiel ›glaubt‹, daß Namsos ein Sieg war oder Andalsnes, oder wer sogar glaubt, daß Dünkirchen der größte Sieg der Weltgeschichte gewesen ist, oder daß meinetwegen irgendeine Expedition, die neun Stunden dauert, ein ebenso staunenswertes, ein ermutigendes Zeichen einer siegreichen Nation war – mit dem können wir uns mit unseren bescheidenen Erfolgen natürlich nicht vergleichen! Denn was sind schon unsere Erfolge dagegen! . . . Wenn wir zum Beispiel in den letzten paar Monaten zum Don vorstoßen, den Don abwärts endlich die Wolga erreichen, Stalingrad berennen und es auch nehmen werden – worauf sie sich verlassen können –, so ist das in ihren Augen gar nichts! Wenn wir zum Kaukasus vorstoßen, so ist das ebensowenig etwas, als wenn wir die Ukraine besetzen, die Donezkohlen in unseren Besitz bringen, 65 oder 70 Prozent des russischen Eisens bekommen, das größte Getreidegebiet der Welt dem deutschen Volk und damit Europa praktisch erschließen und uns die kaukasischen Ölquellen sichern. Das ist alles nichts! Aber wenn kanadische Vortruppen mit einem kleinen englischen Schwänzlein als Anhang nach Dieppe kommen und sich dort neun Stunden, man kann nur sagen, mühselig zu halten vermögen, um dann endgültig vernichtet zu werden, – dann ist das ein ›ermutigendes, staunenswertes Zeichen der unerschöpflichen sieghaften Kräfte, die dem britischen Imperium zu eigen ist‹. . . . Wenn Herr Churchill jetzt sagt, ›Wir wollen es den Deutschen jetzt überlassen, in ihrer Angst darüber nachzugrübeln, wo und wann wir sie [die Zweite Front] eröffnen, – so kann ich nur sagen, Herr Churchill, Angst haben Sie mir noch nie eingejagt! Aber daß wir nachgrübeln müssen, da haben Sie recht, denn wenn ich einen Gegner von Format hätte, dann könnte ich mir ungefähr ausrechnen, wo er angreift. Wenn man aber militärische Kindsköpfe vor sich hat, da kann man natürlich nicht wissen, wo sie angreifen, es kann ja auch das verrückteste Unternehmen sein.‹ Und das ist das einzig Unangenehme, daß man bei diesen Geisteskranken und ständig Betrunkenen nie weiß, was sie anstellen werden.«

VI
Der totale Krieg

»Erwarte sieghaften Einsatz«

Aus gutem Grund glaubte Hitler, dem kommenden Winter mit Optimismus entgegensehen zu können. Die Ernte war im ganzen besetzten Europa besser als erwartet ausgefallen. Albert Speer mobilisierte das ganze latente deutsche Rüstungspotential für die Massenproduktion von Panzern und Geschützen. Unter Feldmarschall Milch wurden die Fertigungsbänder der Luftwaffe reorganisiert. Die Atlantikküste wurde befestigt. Die Marine befand sich in norwegischen Gewässern, die U-Boote blockierten die alliierten Geleitzugrouten im Eismeer.

Am 1. Oktober 1942 besuchte Feldmarschall Rommel ihn in der Reichskanzlei. Er schilderte, warum er seine Offensive gegen die britische Stellung bei El Alamein hatte einstellen müssen, und er schrieb es der britischen Luftüberlegenheit zu. Göring schnaufte verächtlich. Hitler zeigte ihm die Prototypen der neuen Sturmgeschütze, die Speer am Morgen in der Reichskanzlei versammelt hatte – mächtige, niedrige Panzer-Fahrgestelle mit der bewährten 10,5 cm leichten Feldhaubitze. Er erzählte Rommel von den neuen Tiger-Panzern und versprach, ihm vierzig Stück davon hinüberzuschicken; er erzählte auch von einer Waffe mit einer derartigen Sprengkraft, daß noch in drei Kilometer Entfernung ein Mann vom Pferde gerissen würde. Offenbar war seine Phantasie mit ihm durchgegangen, denn Speer hatte ihm vor einigen Monaten über Deutschlands sehr bescheidene Atomforschung vorgetragen.

Am 4. Oktober kehrte Hitler in die Ukraine zurück. Halder war verschwunden. Zeitzler erhielt nunmehr die aktive Kontrolle über die Ostfront, während Jodl und das OKW für die anderen Kriegsschauplätze federführend waren – eine Teilung der Verantwortungsbereiche, die sich in den Lagebesprechungen im Führerhauptquartier widerspiegelte, wo Zeitzler als erster die Ostlage vortrug, nicht selten allein und unter vier Augen, gefolgt von Jodl mit dem Vortrag über die »OKW-Schauplätze«. Zeitzler besuchte sofort die südlichere Heeresgruppe (A), kehrte nach Winniza zurück und erließ im Namen Hitlers eine ganze Reihe realistischer Befehle, die darauf abgestellt waren, die Kampfkraft des Heeres zu erhöhen – angefangen von der Anlage von Minenfeldern bis hin zur Einführung besonderer »Frontkämpfer-Verpflegungszulagen«. Bei einer Gelegenheit sagte Zeitzler, daß die Fronttruppe das Vertrauen zur obersten Führung verlieren werde, wenn ein bestimmter Frontzipfel nicht geräumt werde. Hitler schrie ihn an: »Was wissen Sie schon als Generalstabsoffizier von der Fronttruppe! Sie befehlen ja nur vom grünen Tisch aus.« Mit Schärfe erinnerte Zeitzler seinen Führer daran, daß er im August 1914 als Fahnenjunkeroffizier eines aktiven Infanterieregiments mit dem Tornister auf dem Rücken und dem Gewehr auf der Schulter in Belgien eingerückt sei: »Ich bin noch 1914 wegen Tapferkeit vor dem Feind zum Leutnant unter Überspringung des Fähnrichs befördert worden. Ich habe dann drei Jahre eine Kompanie geführt und war anschließend ein Jahr Regimentsadjutant. Dabei bin ich zweimal verwundet worden. Ich glaube, ich habe dieselbe Fronterfahrung wie Sie.« Hitler befahl dem General: »Weiter!« und vermied es nach dieser Lagebesprechung, ihn noch einmal persönlich anzugreifen.

So festigte Zeitzler seine eigene Position. Keitel dagegen hatte längst Hitlers Respekt verloren. »Meine Feldmarschälle«, spottete er einmal, »haben einen Horizont so groß wie ein Lokus-Deckel!« Feldmarschall Keitel verzog keine Miene, während die anderen lachten. Am nächsten Tag meldete ein Adjutant dem Führer, daß Zeitzler ihn in einer persönlichen Angelegenheit sprechen möchte. Liebenswürdig drückte er dem General die Hand. »Mein Führer«, sagte Zeitzler, »ich bin unbedingt für Offenheit. Es sind bei der Lagebesprechung von Ihnen Ausdrücke über die Feldmarschälle des Heeres gefallen. Darf ich Sie bitten, solche Äußerungen in meiner Gegenwart nicht mehr zu tun.« Hitler streckte Zeitzler die Hand hin und sagte: »Ich danke Ihnen.« Wie Zeitzler später bemerkte: Der Führer war eben unberechenbar. Als Antonescu ihn drei Monate später besuchte, stellte Hitler ihm Zeitzler mit den Worten vor: »Hier mein neuer Generalstabschef. Ein Mann mit eisernen Nerven und größter Kriegserfahrung.«

Das Antlitz des Krieges hatte sich seit 1939 sehr verändert. Im Westen ahmten die Alliierten die Taktiken der Abwehr auf dem Gebiet der Kriegführung mit speziellen Kommando-Einheiten nach. Diese peripheren Erfolge trafen bei Hitler einen überaus empfindlichen Nerv, ob das Ziel nun eine geheime Radarstellung in Frankreich war oder ein deutsches Benzinlager in Nordafrika. Wurden diese Kommandos gefangen, zeigte er wenig Neigung, Pardon zu geben; sechs Briten wurden im August in Nordafrika hinter den deutschen Linien gefangen; zwei von ihnen trugen deutsche Uniformteile. Hitler ließ sie zum Tode verurteilen. Nie zuvor hatten illegale Einheiten eine derartige Rolle im Krieg gespielt. Ein einziger Saboteur konnte ein Elektrizitätswerk lähmen und dadurch die deutsche Luftwaffe um Tausende von Tonnen Aluminium bringen. Die britischen Kommandos verbargen ihre Uniform unter Zivilkleidung, so daß sie die Wahl hatten, ob sie nach getanem Werk fliehen oder sich ergeben wollten. Anweisungen für Kommando-Unternehmen fielen ihm in die Hände, die zeigten, wie man Kehlen aufschlitzte und Gefangene so fesselte, daß eine Schlinge um den Hals sie erdrosseln würde, sobald sie sich bewegten.
Ähnliche Instruktionen hatte man in Nordafrika erbeutet. Im September berichtete man ihm, daß die Engländer beim Untergang eines deutschen Minenlegers die Schiffbrüchigen mit MG durchsiebt hätten. Er befahl der

Marine, Vergeltungsmaßnahmen zu ergreifen, aber Raeder hatte Bedenken. Die deutschen Offiziere der alten Schule dachten noch zu sehr in den Kategorien eines »ritterlichen Krieges«.
Bei seiner Rückkehr nach Winniza am 4. Oktober erhielt Hitler die Nachricht vom Überfall eines britischen Kommandos in der Nacht vorher auf die kleine Kanalinsel Sark, die lediglich von einer Schützenkompanie gehalten wurde. Das Kommando hatte fünf Pioniere im Schlaf in einem Hotel überrascht, ihnen Fesseln angelegt und sie dann durch Schüsse und Stiche getötet. Als Vergeltungsmaßnahme ordnete Hitler sofort die Fesselung aller Gefangenen an, die bei Dieppe gemacht worden waren. Die Engländer gaben im Gegenzug bekannt, sie würden dieselbe Anzahl von Gefangenen der Achsenmächte in ihren eigenen Lagern in gleicher Weise behandeln. Hitler hatte in der Zwischenzeit einen Text für die tägliche Rundfunkmeldung des OKW am 7. Oktober verfaßt: Die Terror- und Sabotagebanden der Engländer und ihrer Verbündeten verhielten sich mehr wie Banditen denn Soldaten. In Zukunft würden die deutschen Truppen sie rücksichtslos niedermachen, wo immer sie auftauchen. Generaloberst Jodl beschwor Hitler, es dabei zu belassen – die Worte allein würden ihre abschreckende Wirkung nicht verfehlen, es sei nicht nötig, sie in die Praxis umzusetzen. Hitler war anderer Meinung.
Da Keitel und Jodl sich weigerten, den neuen Befehl zu formulieren, diktierte ihn Hitler seiner eigenen Sekretärin. Er hielt ihn für gerechtfertigt. »Aus erbeuteten Befehlen geht hervor, daß sie [die Kommandos] beauftragt sind, nicht nur Gefangene zu fesseln, sondern auch wehrlose Gefangene kurzerhand zu töten im Moment, in dem sie glauben, daß diese bei der weiteren Verfolgung ihrer Zwecke als Gefangene einen Ballast darstellen oder sonst ein Hindernis sein könnten.« Jodl, der Hitlers Befehl nur höchst ungern an die Kommandeure weitergab (am 19. Oktober), drang darauf, ihn unter keinen Umständen in Feindeshand fallen zu lassen.
Der Wunsch nach Vergeltung spielte eine gewisse Rolle. So begann das Protokoll von Hitlers Lagebesprechung vom 23. Oktober mit den Worten: »Als Sühne für den erneuten englischen Angriff gegen einen Hauptverbandsplatz in Afrika hat der Führer die sofortige Erschießung der bei dem Sabotageunternehmen gegen das Elektrizitätswerk Glomfjord festgenommenen Engländer angeordnet.« Der grausame Kleinkrieg ging weiter. Eine Woche später scheiterte ein Versuch sechs britischer Matrosen, das Schlachtschiff »Tirpitz« zu versenken, das in einem norwegischen Fjord überwinterte. Ihre Zwei-Mann-Torpedos gingen bei ungünstiger Witterung verloren. Himmler berichtete Hitler, daß alle in Zivilkleidung gewesen seien; norwegische Grenzbeamte stellten sie, aber die sechs eröffneten das Feuer mit getarnten Waffen, und fünf entkamen nach Schweden. Hitler befahl, den sechsten, einen einundzwanzigjährigen Seemann, hinzurichten. Drei Wochen später traf das gleiche Schicksal die vierzehn britischen Überlebenden eines Kommandounternehmens gegen ein Wasserkraftwerk

in Norwegen. Das Ziel des Einsatzes, das Vemork-Kraftwerk in Rjukan, war gewählt worden wegen seiner Bedeutung für das deutsche Atomforschungsprogramm. Norwegische Polizei nahm die Engländer gefangen. Im Sinne des neuen Führerbefehls wurden alle vierzehn vor Einbruch der Nacht erschossen.

Auf dem Balkan tobte ein Bandenkrieg von beispielloser Härte, dank der unglücklichen Politik der Italiener und der Unfähigkeit der von Hitler eingesetzten Marionettenregierungen. Die Italiener hatten Montenegro besetzt, und sie erhoben Anspruch auf große Teile der kroatischen Küste. In Serbien wurden die Partisanen unbarmherzig von den Deutschen niedergeworfen, aber in Kroatien durchstreiften rivalisierende Partisanenheere das Land, raubten, plünderten und mordeten. Die Četniks, geführt von Draža Mihailović, kämpften für die Wiederherstellung der Monarchie in Jugoslawien; die von Tito geführten Partisanen kämpften für kommunistische Ideale; die Ustascha, die Truppen der kroatischen Regierung, führten einen wenig wirksamen Feldzug gegen alle anderen. Mussolinis 2. Armee, befehligt von dem undurchsichtigen General Roatta, nahm nicht für die Ustascha, sondern für die Četniks Partei – und ging dabei so weit, daß sie ihnen Waffen für den Kampf gegen Titos Partisanen lieferte. Die Italiener knüpften ein sehr vertracktes Netz.
Kroatien hatte hohen strategischen Wert; die deutschen Nachschublinien für Nordafrika verliefen quer durch das Land, und es exportierte Öl und 200 000 t Bauxit pro Jahr nach Deutschland. Es war höchst erwünscht, daß hier Ruhe und Ordnung herrschten. Aber die Italiener unterdrückten die kroatische Bevölkerung und nahmen die Juden in Schutz, gegen die der kroatische Staatsführer (»Poglavnik«) Ante Pavelić eine nach deutschem Vorbild erlassene repressive Judengesetzgebung durchsetzen wollte. Ende September besprach Hitler diese Situation mit dem Poglavnik: Zwei Divisionen hatte er in Kroatien stehen, während ein kroatisches Bataillon schon in Stalingrad kämpfte; weitere Einheiten – nämlich eine ganze Fremdenlegion – wurden von der Waffen-SS ausgebildet, aber jetzt brauchte der Poglavnik sie, um die Ordnung in Kroatien wiederherzustellen. Das war die Folge der Machenschaften Roattas, aber in den Aufzeichnungen, die nach Rom geschickt wurden, löschte man sorgsam alle Sätze, die die Italiener hätten kränken können.
Im privaten Gespräch beklagte Hitler sich darüber, daß die Italiener die Serben dagegen »mit Glacéhandschuhen« anfaßten. Das Ziel könne nur erreicht werden, wenn man brutal durchgriffe und alle europäischen Hemmungen abstreife. »Grundsätzlich ist bei der Bandenbekämpfung – das muß man jedem einhämmern – das richtig, was zum Erfolg führt«, verkündete er. »Wenn sie Frauen und Kinder vor sich her schieben, dann muß der Offizier oder Unteroffizier die Möglichkeit haben, rücksichtslos hineinzuschießen. Entscheidend ist nur, daß er sich durchschlägt und die Bande aufreibt. Dem

Waffenträger muß man eine absolute Rückendeckung geben.« Im August, September, Oktober und November zählten Himmlers Sicherheitskräfte 1337 tote russische Partisanen nach Gefechten, weitere 8564 Gefangene wurden exekutiert. In seinem Bericht an Hitler meldete er für den gleichen Zeitraum die Gefangennahme von 16553 »Bandenhelfern und Bandenverdächtigen«, von denen 14257 exekutiert worden waren; 363211 Juden wurden unter derselben Rubrik exekutiert.

Noch immer blickte Hitler ohne allzu schwere Sorgen gen Osten. Bald würden seine Truppen die wohlverdiente Winterpause beginnen können. Am 14. Oktober befahl er, unter rücksichtslosem Einsatz von Kriegsgefangenen, Zivilisten und Frauen Winterstellungen entlang des derzeitigen Frontverlaufs zu bauen »und dadurch die Fortsetzung unserer Offensive 1943 zur endgültigen Vernichtung unseres gefährlichsten Gegners zu ermöglichen«.
Am nächsten Tag heißt es im Tagebuch von Feldmarschall von Richthofen: »Führer sehr guter Laune wegen Stalingrad und Befreiung von Halder. Zu mir besonders herzlich. . . . Führer schimpfte maßlos (und berechtigt) auf List. Meine Einsatzabsichten werden bewilligt. Erzähle ihm etwas über eigene Infanterieschwäche, Kampfführung und vor allem Gelände. – Zeitzler dick und fröhlich . . .« In den letzten Oktoberwochen ermatteten Paulus' Truppen in Stalingrad. Richthofen schrieb: »Die Hauptgründe liegen in der Müdigkeit von Führung und Kämpfern, in dem Heeresformalismus, der immer noch bei Divisionsgefechtsstärken von 1000 Mann Verpflegungsstärken von 12000 Mann duldet . . . Sage das Paulus, der das natürlich nicht wahrhaben will.«
Die Besetzung der transkaukasischen Ölgebiete noch vor Anbruch des Winters war unmöglich. Maikop befand sich seit August in deutscher Hand, aber die Ölquellen waren entweder zerstört oder mit Beton ausgespritzt. Die Mineralölbrigade des Heeres meldete, daß Neuförderungen frühestens in einem Jahr möglich seien. Die italienische Marine verlangte nach mehr Öl, ohne eine befriedigende Erklärung darüber abzugeben, was sie mit den Tausenden von Tonnen angestellt hatte, die schon von Deutschland geliefert worden waren.
Deutsche Arbeiter waren ein gleichermaßen knappes Kriegsgut geworden. Die Industrie war auf die sechs Millionen ausländischen Arbeiter angewiesen, die Hitlers Generalbevollmächtigter für den Arbeitseinsatz, Fritz Sauckel, herangeschafft hatte. Speer versprach, drei »Rüstungsdivisionen« aufzustellen, meldete aber sehr bald, er könne statt der 50000 Mann, von denen er ursprünglich gesprochen hatte, nur 12000 bis 15000 Rüstungsarbeiter für den Fronteinsatz entbehren; aus den zugesagten Divisionen ist dann in Wirklichkeit nie etwas geworden. Das Heer selbst hatte eine Million Fehlstellen. Hitler befahl der Marine und der Luftwaffe, dem ausgebluteten Heer Mannschaften zu überstellen, aber Göring zog es vor, zwanzig eigene

Luftwaffen-Felddivisionen aufzustellen, anstatt seinen »nationalsozialistischen Jungens« zuzumuten, die feldgraue Uniform des Heeres anzuziehen.

Mit allen diesen Mängeln gingen vom Herbst 1942 an fatale Fehlmeldungen der Nachrichtendienste einher. Gehlens Abteilung Fremde Heere Ost sagte bis Anfang November beharrlich eine Eröffnung der russischen Offensive nicht im Süden, sondern gegen Smolensk oder gar Welikije Luki voraus, 1300 km nördlich von Stalingrad gelegen. Canaris legte gleichermaßen überzeugende Indizien dafür vor, daß die Alliierten eine zweite Front nicht etwa in Nordafrika planten, sondern gegen die Halbinsel bei Cherbourg. Darüber hinaus wurde Hitler noch immer falsch unterrichtet über die künftige Stärke Stalins. (Am 21. Oktober sagte Keitel: »Führer ist überzeugt, daß Russen am Zusammenbrechen sind, sprach von 20 Millionen, die verhungern müssen.«)
Hitler akzeptierte jedoch Gehlens Urteil nicht ohne Widerstreben. Am 26. Oktober war er sichtlich besorgt wegen konkreter Hinweise auf russische Pläne, den Don genau an der Stelle zu überschreiten, wo die Front der Achse am schwächsten war – nämlich in dem nur von Italienern und Rumänen gehaltenen Abschnitt. Die Heeresgruppe B deutete den dichten nächtlichen Verkehr in Richtung Serafimowitsch als unbedeutende Ersatztransporte; aber als der Feind mit dem Bau schwerer Brücken über den Don begann, wußte Hitler es besser; er hatte selbst Brücken über Flüsse geschlagen und wußte, was sich damit ankündigte. Am 6. November versicherte Gehlen jedoch, es gäbe keine Anzeichen für eine in Kürze bevorstehende sowjetische Offensive im Süden; weitaus wahrscheinlicher sei eine Offensive gegen Smolensk, gefolgt von einem Vorstoß an die Ostsee mit dem Ziel, die gesamte Heeresgruppe Nord abzuschneiden, im Süden sei die verkehrstechnische Situation für sie viel zu ungünstig. Auch werde die russische Offensive, erklärte Gehlen, nicht vor Beginn des Bodenfrostes einsetzen.

Hitler sah auch keinerlei Veranlassung, damit zu rechnen, daß sich der Schauplatz Nordafrika alsbald in hellem Aufruhr befinden werde.
Rommel befand sich zu einem Erholungsurlaub in Deutschland. Die Stellung von El Alamein hielt Hitler für praktisch uneinnehmbar. Aber am späten Abend des 23. Oktober setzte General Montgomery zu einem überraschenden Angriff mit 150 000 Mann an, unterstützt von mehr als tausend Panzern und achthundert Flugzeugen. Rommels Vertreter fand den Tod; der Feldmarschall kehrte eilig nach Afrika zurück und stellte bei seiner Ankunft fest, daß die Treibstoff- und Munitionsvorräte seiner Armee fast erschöpft waren. Obwohl die Luftwaffe Malta Tag und Nacht angriff, waren die Nachschub-Geleitzüge der Achse nach Nordafrika in Stücke zerschlagen worden. Jeder einzelne Tanker wurde dank der britischen Funkentzifferung rechtzeitig aufgespürt, verfolgt, und erbarmungslos versenkt. Der kommandierende General des X. Fliegerkorps notierte sich in seinem Privattage-

buch: »Damit ist eine Krise noch nie dagewesenen Ausmaßes für die Panzerarmee entstanden. ... [Es] klammert sich alles an den 2. Tanker, der am 28. 10. auslief. Es wurde nachts seine Versenkung gemeldet.« Eine Zeitlang waren Rommel und Kesselring – und auch das italienische »comando supremo« – zuversichtlich, daß die Krise der Schlacht überwunden sei. Hitler glaubte ihnen nur zu gern.

Am 2. November brach aber in Nordafrika wieder die Hölle los, als die Front bei El Alamein zerriß und feindliche Panzer sich durch die Breschen ergossen. In seiner »2. Zwischenmeldung«, die das OKW am Nachmittag empfing, führte Rommel eine niedergeschlagene, besorgte Sprache:

»Die Armee wird ... nicht mehr in der Lage sein, einen heute nacht oder morgen zu erwartenden erneuten Durchbruchsversuch starker feindlicher Panzerverbände zu verhindern. Eine geordnete Rückführung der 6 ital. und 2 deutschen nicht mot. Divisionen bzw. Brigaden ist mangels Kraftfahrzeugen nicht möglich. ... Aber auch die schnellen Truppen sind so eng in den Kampf verstrickt, daß nur ein Teil von ihnen sich vom Feinde lösen können wird. ... Die geringen Betriebsstoffbestände gestatten eine rückläufige Bewegung über große Entfernungen nicht. ... Bei dieser Lage muß daher trotz des heldenhaften Widerstandes und vorzüglichen Geistes der Truppe mit der allmählichen Vernichtung der Armee gerechnet werden.

gez. Rommel, Generalfeldmarschall.«

Hitler glaubte, noch könne er Rommel aufrichten durch den anfeuernden Zuspruch, nach dem er zu verlangen schien und schickte ihm kurz vor Mitternacht diese Botschaft:

»Mit mir verfolgt das deutsche Volk in gläubigem Vertrauen auf Ihre Führerpersönlichkeit und auf die Tapferkeit der Ihnen unterstellten deutschen und italienischen Truppen den heldenhaften Abwehrkampf in Ägypten. In der Lage, in der Sie sich befinden, kann es keinen anderen Gedanken geben, als auszuharren, keinen Schritt zu weichen, und jede Waffe und jeden Kämpfer, die noch freigemacht werden können, in die Schlacht zu werfen. Beträchtliche Verstärkungen an fliegenden Verbänden werden in diesen Tagen dem Ob. Süd zugeführt werden. Auch der Duce und das Comando Supremo werden die äußersten Anstrengungen unternehmen, um Ihnen die Mittel zur Fortführung des Kampfes zuzuführen. Trotz seiner Überlegenheit wird auch der Feind am Ende seiner Kräfte sein. Es wäre nicht das erste Mal in der Geschichte, daß der stärkere Wille über die stärkeren Bataillone des Feindes triumphierte. Ihrer Truppe aber können Sie keinen anderen Weg zeigen, als den zum Siege oder zum Tode.

gez. Adolf Hitler.«

Rommel hatte jedoch beschlossen, El Alamein aufzugeben, ohne höheren Orts Genehmigung einzuholen. Während der Nacht setzte er eine ausführliche Tagesmeldung an das OKW ab und ließ, scheinbar beiläufig, die Sätze einfließen, die das Ende der Vorherrschaft der Achse in Nordafrika bedeuten sollten: »... Die Armee bereitet sich darauf vor, ab 3. 11. vor überlegenem Feinddruck schrittweise kämpfend zurückzugehen. Hierzu werden die Infanteriedivisionen bereits in der Nacht 2. auf 3. 11. zurückgenommen...«

Der Nachtoffizier vom Dienst ließ die Meldung bis zum nächsten Morgen liegen. Hitler wurde sie daher erst gegen 9.00 Uhr am 3. November vorgelegt. Er erfuhr, daß sie mindestens neun Stunden vorher gekommen war, und beschimpfte Keitel wegen der Schlampigkeit seines OKW – oder hatte das OKW die Meldung vielleicht absichtlich zurückgehalten, um ihn vor vollendete Tatsachen in Afrika zu stellen? Das wollte er wissen! Der verantwortliche Offizier vom Dienst, ein Major der Reserve, wurde geholt. Hitler vernahm ihn persönlich: »Wenn Sie nicht die volle Wahrheit sagen, sind Sie in zehn Minuten ein toter Mann!« Rommel wurde durch Funk angewiesen, dem OKW sofort die Uhrzeit zu melden, zu der mit den gemeldeten Rückwärtsbewegungen begonnen worden sei; er erwiderte: »In der zweiten Hälfte der Nacht 2./3. 11. begonnen...« Technisch also hätte Hitler die Möglichkeit gehabt, den Rückzug einstellen zu lassen, wenn die Meldung nicht liegengeblieben wäre; so jedenfalls schien es. Der Major wurde zum einfachen Soldaten degradiert und an die Front geschickt; sein Vorgesetzter, General Warlimont, wurde ohne weitere Umstände entlassen. Aber Rommel hatte gelogen; der Rückzug hatte schon um 22.00 Uhr begonnen, also schon vor der Absendung seiner Meldung.

Rommel widerrief seinen Rückzugsbefehl, aber es war schon zu spät. Als der 3. November zu Ende ging, verfügte das ganze Deutsche Afrika-Korps nur noch über 24 Panzer. Am nächsten Tag meldeten Rommel und Kesselring getrennt voneinander, daß eine zusammenhängende Front nicht mehr bestehe, und Rommel bat um die Genehmigung, zu einer »beweglichen Kampfführung« zurückkehren zu dürfen, bis die neue Stellung bei Fuka erreicht sei. Resignierend erwiderte Hitler am Abend: »So wie sich die Lage entwickelt hat, billige auch ich Ihren Entschluß.« Er fand, Rommel habe die Nerven verloren. Zu spät befahl Hitler, schleunigst Verstärkungen nach Nordafrika zu schaffen – die tödlichen Tiger-Panzer, Geschütze, Munition, Treibstoff, zwei Jagdgruppen aus Rußland und auch eine Kampfgruppe aus Norwegen. In Afrika aber hatte eine Verfolgungsjagd begonnen, die sechs Monate später bei Tunis in Niederlage und Verzweiflung enden sollte.

Während am Südende der Ostfront der Angriff der 1. Panzer-Armee auf Ordschonikidse einen guten Verlauf nahm, erlahmte die Kraft der Infanterie in Stalingrad. Feldmarschall von Richthofen sollte sich Mitte November in seinem Privattagebuch notieren: »... Telefon mit Zeitzler über endlich erforderliche energische Kampfführung Stalingrad, oder Entschluß, daß Angriff eingestellt wird. Wenn die Bereinigung jetzt nicht erfolgt, wo die Wolga Eis führt und die Russen in Stalingrad Not leiden, glückt es nie. Außerdem Tage immer kürzer, Wetter immer schlechter. Zeitzler sagte Vortrag beim Führer zu, ist gleicher Auffassung. Nachts kam Führer-Befehl an 6. Armee im telefonierten Sinne. Ich glaube trotzdem nicht, daß etwas dabei herauskommt. Habe Zeitzler gegenüber betont, daß Führer und Kämpfer bei Stalingrad so unlustig sind, daß nur durch Einführung eines neuen Geistes etwas erreicht werden kann.«

Hitler selbst starrte wie hypnotisiert auf die Vorbereitungen, die die Russen ganz offensichtlich nördlich von Stalingrad ins Werk gesetzt hatten. Der Verfasser des OKW-Kriegstagebuches notierte nach der Lagebesprechung beim Führer am 2. November: »Der befürchtete russische Angriff über den Don auf Rostow kommt erneut zur Sprache. Die Zahl der dort gebauten russischen Brücken ist ständig im Wachsen. Luftwaffe will einen Bildstreifen vorlegen. Der Führer befiehlt starke Luftangriffe gegen Brückenstellen und vermutete Bereitstellungsräume in den Uferwäldern.« Kurz darauf wurden zweitausend feindliche Fahrzeuge nördlich von Kletskaja beobachtet, und das Oberkommando einer neuen russischen Heeresgruppe »Südwestfront« wurde im nahen Serafimowitsch festgestellt.

Während des ganzen Monats Oktober waren die Abwehr und die SS-Nachrichtendienste mit Meldungen über angeblich geplante »feindliche Landungsoperationen« überschwemmt worden. In einigen war die Rede von Norwegen, in anderen von der Kanalküste oder dem Mittelmeer. Ein weiterer militärischer Rückschlag hier könnte Italien zum Ausscheiden aus dem Kriege zwingen. Schon lag der Ruch des Verrats in der Luft. Der deutsche General in Italien meldete am 6. November, daß Mussolini meinte, ein Sonderfrieden mit Rußland sei jetzt am Platz. Hitler glaubte seine nächste Zusammenkunft mit dem müden und magenkranken faschistischen Diktator nicht mehr länger hinausschieben zu dürfen.

Außerdem war ihm klargeworden, daß sich in Gibraltar eine enorme Zahl von Kriegs- und Transportschiffen versammelte. Bei Hitler war neuerdings der Verdacht entstanden, daß der Feind Operationen gegen Sardinien oder Korsika plante, um dann sofort in das Herz des italienischen Festlandes vorstoßen zu können. Wesentliche Teile der deutschen Luftstreitkräfte waren von Sizilien nach Osten abgezogen worden, aber Hitler hatte alle einsatzbereiten deutschen U-Boote in das westliche Mittelmeer beordern lassen. Die Seekriegsleitung war immer noch der Meinung, daß der Feind einen großen Geleitzug nach Malta vorbereitete. Aber am 6. November mußte sie ihren Irrtum eingestehen. Die feindliche Armada war an diesem Tag ausgelaufen, und die italienischen Dienste meldeten jetzt, daß sich an Deck der Schiffe Kraftfahrzeuge und Landemittel befanden und daß sie sich mit Geleitzügen vereinigten, die mit hoher Fahrt die Straße von Gibraltar nach Osten passierten. Die Seekriegsleitung vermutete, daß der Feind Libyen in Rommels Rücken besetzen wolle. Obwohl Mussolini und die deutsche Luftwaffe eine feindliche Landung in Algerien für viel wahrscheinlicher hielten – es lag außerhalb der Reichweite der Luftstreitkräfte der Achsenmächte –, neigte Hitler dann am 7. November doch der Beurteilung durch die Seekriegsleitung zu, daß Tripolis oder Bengasi die wahrscheinlichsten Ziele seien, und er richtete einen persönlichen Funkspruch an alle

U- und S-Boote im Mittelmeer: »Von Vernichtung englischen Verbandes abhängt Existenz Afrika-Armee. Erwarte rücksichtlosen sieghaften Einsatz. Der Führer.«
Am frühen Nachmittag des 7. November trat Hitler in seinem Sonderzug die Reise über Berlin nach München an. In den folgenden Stunden unterrichteten Jodl und Keitel ihn laufend über die neueste Position der feindlichen Armada im Mittelmeer – die immer noch auf Ostkurs lief, allem Anschein nach mit der Meerenge von Sizilien als Ziel. Gegen Mitternacht teilte die Seekriegsleitung telefonisch die italienische Auffassung mit, daß nach der Feindposition von 18.00 Uhr eine Landung in Algerien wahrscheinlich sei. Hitler blieb erstaunlich ruhig, ja abgeklärt. Wie sein Heeresadjutant berichtet, war Hitlers einzige Sorge, ob Frankreich bei der Stange bliebe. Ein Signal hielt seinen Zug in einem kleinen Bahnhof tief im Thüringer Wald an. Am Apparat war das Auswärtige Amt. Britische Rundfunksender verbreiteten die Nachricht, daß ein amerikanisches Expeditionskorps sich in Algier, Oran und Casablanca ausschiffe.*
Im Bahnhof von Bamberg stieg Ribbentrop in den Sonderzug zu. Er war mit dem Flugzeug aus Berlin gekommen, nachdem er – da Mussolini unabkömmlich war – den Grafen Ciano zu einer sofortigen Besprechung nach München eingeladen hatte. Hitler hatte eine Revision ihrer Politik gegenüber Frankreich erörtern wollen, aber Ribbentrop hatte ganz andere und viel schwärzere Themen im Kopf. Die ganze Mittelmeerposition der Achse sei gefährdet – solange der Führer nicht eine ganz entscheidende Entlastung auf anderen Kriegsschauplätzen erfahre: »Ich bitte daher um sofortige Vollmacht für eine Verbindungsaufnahme mit Stalin über die sowjetische Botschafterin in Stockholm, Madame Kollontaj – und zwar, wenn es sein muß, unter Aufgabe der größten Teile des im Osten eroberten Gebietes!« Hitlers Geduld mit Ribbentrop war ohnehin aufs äußerste angespannt. Jetzt sprang er mit hochrotem Kopf auf, lehnte den Vorschlag scharf ab und erklärte ihm, er wünsche nur über Afrika mit ihm zu sprechen. Eine momentane militärische Schwäche sei nicht der rechte Zeitpunkt, um einem Feinde Friedensfühler hinzustrecken, der selber im Begriffe stand, mit aller Kraft zuzuschlagen.
Am 8. November lief der Zug um 15.40 Uhr in München ein. Wie immer, so hatte auch dieses Mal das Eintreten des gefürchteten Ereignisses die qualvolle Last der Ungewißheit von ihm genommen. Wußte er doch jetzt, wo die

---

* Die verschiedenen Invasionsgeleitzüge hatten kurz nach ihrer Sichtung durch die Italiener um 18.00 Uhr einen scharfen Kurswechsel nach Süden vorgenommen. Im April 1944 sollte Hitler zugeben: »Denn die paar Landungen, die sie bisher gemacht haben, haben wir gar nicht gemerkt... Die Landung in Nordafrika!« Keitel stimmte wie immer zu: »Da haben wir noch am letzten Tage behauptet, sie fahren durch. Sie sind mit der Spitze auf der Höhe von Sizilien gewesen, und wir sagten, sie fahren durch. Dann machten sie mit einem Mal rechts um marsch an die Küste.«

zweite Front sich befand – und sie befand sich nicht auf dem europäischen Festland. Jetzt galt es, auf dem Luftwege Truppen nach Tunesien zu schaffen, die den amerikanischen Vormarsch zum Halten bringen mußten. Jetzt mußte Frankreich sich der Sache der Achse anschließen.
Um 18.00 Uhr hielt er im Löwenbräukeller seine alljährliche Rede vor den »alten Marschierern von 1923«. Er erinnerte an seine Reichstagsrede aus dem Jahre 1939 mit der Warnung an die Juden: »Von denen, die damals lachten, lachen heute Unzählige nicht mehr.« Bereitwillig einer Meldung der Heeresgruppe B Glauben schenkend, daß Stalingrad genommen sei, prahlte Hitler: »Ich wollte zur Wolga kommen, und zwar an einer bestimmten Stelle, an einer bestimmten Stadt. Zufälligerweise trägt sie den Namen von Stalin selber. Aber denken Sie nur nicht, daß ich aus diesem Grunde dorthin marschiert bin – sie könnte auch ganz anders heißen –, sondern weil dort ein ganz wichtiger Punkt ist. Dort schneidet man nämlich 30 Millionen Tonnen Verkehr ab, darunter fast 9 Millionen Tonnen Ölverkehr. Dort floß der ganze Weizen aus diesen gewaltigen Gebieten der Ukraine, des Kubangebietes, zusammen, um nach Norden transportiert zu werden. Dort ist das Manganerz befördert worden; dort war ein gigantischer Umschlagplatz. Den wollte ich nehmen und – wissen Sie – wir sind bescheiden, wir haben ihn nämlich! Es sind nur noch ein paar ganz kleine Plätzchen da. Nun sagen die anderen: ›Warum kämpfen Sie dann nicht schneller?‹ – Weil ich dort kein zweites Verdun haben will ...«

Hitlers neu entdeckte Vorliebe für die Franzosen, angefacht durch begeisterte Berichte über den wilden Kampf französischer Kriegsschiffe zur Verteidigung Casablancas und Orans gegen die amerikanischen Expeditionstruppen, dauerte nicht einmal einen ganzen Tag. Es wuchs in ihm der Argwohn, daß die französischen Befehlshaber mit dem Feind verhandelten. Am 8. November hatte er noch geglaubt, General Giraud sei in Frankreich; am nächsten Tag erfuhr er, daß dieser Mann von einem feindlichen U-Boot nach Afrika gebracht worden war, wo er sich als Eisenhowers Verbündeter in Algier betätigen wollte. Admiral Darlan, der französische Oberbefehlshaber, war »zufällig« schon seit einigen Tagen in Algier. Fraglich ist, was größer war: Hitlers Zorn über Girauds Flucht oder seine Verachtung für Himmlers Sicherheitsdienst, der nicht in der Lage war, ihn am Entkommen zu hindern.
Als Graf Ciano am späten Abend des 9. November in Hitlers Arbeitszimmer im Münchner Führerbau geleitet wurde, hatte Hitlers alte Feindseligkeit gegenüber Frankreich wieder den Siedepunkt erreicht. Wutschnaubend teilte er dem italienischen Außenminister mit, daß er beschlossen habe, nun auch Restfrankreich zu besetzen. Den für 22.00 Uhr angemeldeten französischen Ministerpräsidenten Pierre Laval werde er zwar anhören, aber was er auch sagen werde, nichts könne seine Entscheidung

rückgängig machen. Seine Truppen marschierten schon an der Demarkationslinie in Frankreich auf.
Lavals Ankunft wurde durch Nebel verzögert; sein Wagen traf um vier Uhr früh ein. Während des ganzen 10. November verschob Hitler das Treffen mit ihm immer wieder. Man sah ihn versunken im Gespräch mit Ribbentrop, Himmler und den Generalen. Dicke Stapel von Geheimdienstberichten legte Himmlers SS an jenem Tag vor; seine Agenten in Vichy hatten in der Nacht Darlans Depesche an Pétain mitgelesen, in der er die Erschießung gewisser abtrünniger Offiziere forderte. Aber die SS-Agenten brachten auch in Erfahrung, daß Darlans Generalstab in Vichy Vorbereitungen für die Abreise treffe; Akten des Kriegsministeriums würden verbrannt. Gegen Mittag erschien Darlans Name auf einem Befehl, jeden Widerstand einzustellen. Der glücklose Laval wurde jetzt mit kaum verhohlener Schroffheit empfangen. Hitler teilte ihm seine Forderung mit, ihm sofort den Weg nach Tunis freizugeben. Um 20.20 Uhr befahl Hitler seinen Truppen, Restfrankreich zu besetzen. In dem Befehl hieß es: »Als Richtlinie gegenüber den Landesbehörden und den franz. Dienststellen hat zu gelten, daß die Besetzung im Einvernehmen und auf Wunsch der franz. Regierung durchgeführt wird.« »Also etwa so wie im Fall Otto, 1938?« erkundigten sich die Luftwaffengenerale in Paris bei General Jeschonnek in München. »Jawohl, alles klar, wie bei Österreich.«
Jetzt gab es keine jubelnden Massen. Der eigentliche Haß der Franzosen traf aber die Italiener, die Korsika und die Riviera besetzten und in Tunesien im Gefolge der Deutschen auftauchten. Die Italiener waren in Südfrankreich weit über die mit den Franzosen vereinbarten Linien vorgedrungen. Hitler erfuhr, daß man am 12. Laval ins Telefon habe brüllen hören, wenn die Italiener ihre Truppen nicht binnen 24 Stunden abzögen, werde er ihnen den Krieg erklären!
Die Dummdreistigkeit der Italiener bewirkte, daß Hitlers letzte Bundesgenossen in Frankreich, ohnehin nicht mehr zahlreich, sich in offener Feindschaft von ihm abwandten. Aber ein Mitglied von Jodls Wehrmachtführungsstab berichtete am späten 14. November: »Das Handeln des Führers ist durch die Rücksichtnahme auf Italien bestimmt. Er hält es für unbedingt erforderlich, den Duce in jeder Weise zu stützen, und lehnt es deshalb *kategorisch* ab, dem italienischen Führungsanspruch im Mittelmeer, auch an der südfranzösischen Küste, entgegenzutreten oder den Italienern durch vollendete Tatsachen zuvorzukommen.«
Das Unternehmen Braun, die überstürzte Bildung eines Brückenkopfes der Achsenmächte in Tunesien, nahm einen guten Verlauf, aber am 12. November hatten die französischen Streitkräfte in Nordafrika kapituliert. Zwei Wochen lang gab sich Hitler den Anschein, als vertraue er der französischen Flotte, denn er hatte keine andere Wahl. Es fehlten ihm die *militärischen* Mittel, um die aus drei Schlachtschiffen, einem Flugzeugträger und mehr als dreißig Zerstörern bestehende französische Flotte in Toulon zurückzuhal-

ten, und wohl oder übel akzeptierte er die Loyalitätserklärung der Admirale. Für kurze Zeit wurde sogar eine französische Infanterie-Division mit der Verteidigung der Küste zwischen Toulon und Marseille betraut. Aber insgeheim bereitete sich Hitler auf das Schlimmste vor. Ein General der Luftwaffe notierte sich am 16. November: »Der Führer befürchtet, daß die Franzosen da eine Insel bilden und damit vielleicht die Vorhut für eine Landung der Anglo-Amerikaner darstellen würden. Das muß verhindert werden.« Zu ihrem Grimm erfuhren die Deutschen, daß Pétain die Möglichkeit gehabt hatte, jederzeit durch ein unterseeisches Kabel heimlich Verbindung mit Darlan aufzunehmen; da wußte man also, wieviel seine vom Rundfunk verbreiteten Loyalitätserklärungen wert waren! Hitler befahl der Luftwaffe zweistündige Alarmbereitschaft für den Fall, daß die französische Flotte plötzlich ausliefe, und am 18. November beschloß er, reinen Tisch zu machen – die Enklave Toulon sei in acht Tagen im Handstreich zu nehmen. Mussolini wurde davon nicht unterrichtet; aber gegen den erregten Widerspruch des Großadmirals Raeder sprach er den Italienern die Werftanlagen von Toulon und die französische Flotte zu – oder was von ihr noch übrigblieb. Das Unternehmen »Lila« begann am 27. November vor Morgengrauen. Am Mittag gab es die französische Flotte nicht mehr; die Schlachtschiffe waren in Brand gesteckt und auf Grund gesetzt, die restlichen Einheiten waren versenkt oder in die Luft gesprengt worden. Hitler schenkte den Italienern die Wracks zum Ausschlachten. Überall im besetzten Frankreich erschienen über Nacht an tausend Mauern und Hauswänden Parolen wie: *»Vive l'Amérique!«* und boshaft die Jahreszahl: *»1918«.* Daß Deutschland am Ende eine Niederlage erleiden würde, galt als unerschütterliche Gewißheit.

Hitler hatte sich mit einem langen Aufenthalt hier im Süden abgefunden, und er wohnte wieder auf dem Berghof. Er brauchte dringend Erholung. In Deutschland machten sich die Menschen stoisch mit dem Gedanken an die Niederlage vertraut. Die Diplomaten gaben zu verstehen, daß jetzt die letzte Gelegenheit zu Sondierungen bei Stalin gekommen sei – noch halte man ja die Rote Armee in Schach.
Am 19. November 1942 läutete das Telefon auf dem Berghof, und General Zeitzler, der von seinem OKH-Hauptquartier in Ostpreußen aus einen fast vergessenen Krieg führte, meldete sich. Nördlich von Stalingrad hatte schweres Artilleriefeuer begonnen, und jetzt schwärmten Massen von Panzern mit aufgesessener russischer Infanterie vorwärts. Die Rumänen befanden sich in panischer Flucht. Es geschah an der von Hitler vorausgesagten Stelle der Don-Front. Am nächsten Tag begann eine weitere Offensive, dieses Mal im Süden der Stadt. Zwei Tage darauf war Stalingrad eingeschlossen, und es begann das wildeste Drama des Krieges.

»Die 6. Armee muß bleiben«

Wenige Ereignisse des Krieges sollten eine größere Kontroverse auslösen als Stalingrad; auf seine Weise zerstörte es den Traum vom Großreich, der Hitler beflügelte, als er zehn Jahre zuvor an die Macht gekommen war. Hier zauberte Stalin ungeahnte Massen an Panzern und Infanterie aus dem Nichts hervor. Bleich im Gesicht rief Jodl aus: »Der Russe ist stärker als 1914!« Bislang war die russische Führung hölzern gewesen, zögernd und bürokratisch. Jetzt war sie plötzlich operativ wendig, souverän und weitblickend.

Niemand hatte damit gerechnet, daß die russische Offensive schon so bald beginnen würde. Die Russen legten ein ungewöhnliches Geschick an den Tag und erzielten dadurch eine starke taktische Überraschung. Die allererste Meldung, die Hitler bekam, handelte von zwei Infanterieangriffen auf den Abschnitt der 3. rumänischen Armee; die Rumänen waren zuversichtlich, auch dann noch, als Artilleriefeuer einsetzte. Das hinter den Rumänen in Reserve stehende deutsche Panzerkorps, befehligt von General der Panzertruppen Ferdinand Heim, wurde 24 Stunden lang nicht eingesetzt. Ganz plötzlich jedoch, um 5.00 Uhr früh am 19. November, setzte ein gewaltiges russisches Artillerie-Trommelfeuer ein, und eine Welle russischer Panzer nach der anderen brandete gegen die Rumänen an. Die Heeresgruppe B des Generals von Weichs erteilte Heim telefonisch den Befehl zum Gegenangriff. Die Rumänen kämpften heldenmütig – von vier Generalen fielen drei in feindlichen Bajonettangriffen, und in der sich entwickelnden Schlacht fiel jeder einzelne rumänische Kompaniechef. Aber gegen Mitternacht des 19. November bestand kein Zweifel mehr, daß Heim gescheitert war. Seine einzige deutsche Division, die 22. Panzerdivision, sollte eigentlich hinter den Linien aufgefrischt werden; und seine andere Division, die rumänische Panzerdivision, hatte das Schlachtfeld offenbar geräumt – wohin, das wußte er nicht. Weichs hatte gehofft, daß die Rumänen den Feind wenigstens bis zum Eintreffen Heims aufhalten würden, aber sie hatten längst die Flucht ergriffen und versperrten Heims Panzern den Weg. Es herrschten Eisnebel und Regen, unterkühlter Regen und Schnee. Weichs gab Heim gegen Abend den Befehl, zur Defensive überzugehen.

Daß es eine ernste Krise war, hatte Hitler ganz eindeutig erkannt. Er befahl Feldmarschall von Manstein sofort, den bei Welikije Luki geplanten Angriff aufzugeben und ein neues Heeresgruppenkommando Don zu errichten, von Weichs auf diese Weise von der Verantwortung für die beiden rumänischen

Armeen sowie für die 4. Panzerarmee und die 6. Armee in Stalingrad entlastend. In der Nacht gab er Heim unmittelbar Befehl, mit seinem Korps nochmals ohne Rücksicht auf Flanken und Rücken nach Norden anzugreifen. Wieder scheiterte Heim. Die 3. rumänische Armee löste sich auf. Aus Bukarest hörte man höchst ungehaltene Worte. Hitler befahl Keitel: »Holen Sie sofort den General Heim hierher, nehmen Sie ihm die Abzeichen ab und setzen Sie ihn fest. Er hat die Schuld.« Aus Staatsräson, um Antonescu zu besänftigen, wurde Heim einige Monate später zum Tode verurteilt, aber auf Drängen Schmundts wandelte Hitler das Urteil in eine Freiheitsstrafe um.

So sahen die alarmierenden Ereignisse nordwestlich von Stalingrad aus. Im Süden der Stadt hatte am 20. November ein nicht minder gefährlicher russischer Brückenkopf Hunderte von Panzern ausgespien. Die Ostflanke der 4. Panzerarmee hatte dem Schlag standgehalten, aber die drei angrenzenden rumänischen Divisionen zerbröckelten fast lautlos. Bis zum 21. November wurde deutlich, daß die beiden großen Zangenarme der russischen Offensive sich am folgenden Tage um Stalingrad schließen würden.
Sehr wahrscheinlich erwog die gefährdete 6. Armee die Möglichkeit, sich aus der Luft versorgen zu lassen. Jeschonnek, der am 20. November von seinem ostpreußischen Hauptquartier in Berchtesgaden eingetroffen war, wies den Gedanken anscheinend nicht zurück. Hunderttausend Mann waren im vergangenen Winter monatelang im Kessel von Demjansk erfolgreich aus der Luft versorgt worden. Am Nachmittag des 21. November entschied Hitler daher, die 6. Armee solle »trotz Gefahr vorübergehender Einschließung« halten; die Bahnlinie sei möglichst lange offenzuhalten. »Über die Luftversorgung werden Befehle erfolgen.«
Sehr bald schon erhoben sich laute und gewichtige Stimmen des Protestes. Feldmarschall von Richthofen rief den Oberbefehlshaber der Luftwaffe, Göring, sowie Zeitzler und Weichs an. Für eine Luftversorgung dieses Ausmaßes, sagte er, stünden nicht annähernd genug Transportmittel zur Verfügung. Die 6. Armee benötigte jeden Tag mehrere hundert Tonnen Lebensmittel, Öl und Munition. Hitler sah keine Alternative, noch suchte er eine. In seinen Reden vom 30. September und 8. November hatte er sich vor dem ganzen deutschen Volk festgelegt – jetzt konnte er seinen Griff auf Stalingrad und die Wolga nicht mehr lockern. Am späten Abend des 21. November befahl er Paulus aufs neue, seine Stellungen zu halten.
Hitler rief Göring an, und der Reichsmarschall versicherte ihm, die Luftwaffe werde alles tun, was in ihren Kräften stehe, um die Forderungen des Heeres zu erfüllen. (Richthofen gegenüber erklärte Göring später: »Der Führer war optimistisch. Da habe ich keinen Grund, pessimistisch zu sein.«) Als am 22. abends der Reichsmarschall auf dem Berghof eintraf, wiederholte er diese Zusicherung. Es ist unwahrscheinlich, daß Göring sie bedingungslos abgab; aber schließlich ging Hitler selbst davon aus, daß die

Einschließung nur so lange dauern werde, bis die durchbrochene Front der Heeresgruppe wiederhergestellt war und der eindringende Feind vernichtet sein würde. Am späten Abend meldete Paulus über Funk, daß seine Vorräte an Treibstoff, Munition und Verpflegung in Kürze erschöpft sein würden.

Gegen Mittag hatte Hitler schon eingesehen, daß er seine Rückkehr nach Ostpreußen nicht mehr länger hinausschieben konnte. Um 21.55 Uhr fuhr sein Sonderzug von Berchtesgaden ab. Einen ganzen Tag lang war er in den nach Osten dampfenden Zug eingeschlossen. Ungefähr alle vier Stunden hielt der Zug, damit die Fernsprechverbindung zum OKH für ein kurzes Gespräch hergestellt werden konnte. Sodann erschien Hitler, um sich selbst über die neuen Nachrichten zu informieren. Der erste Gegenangriff war gescheitert. Gemeinsam mit Jodl begann Hitler einen tollkühnen Plan zu entwickeln; Generaloberst Hoths 4. Panzerarmee sollte einen Entsatzangriff gegen den Einschließungsring um Stalingrad fahren. Die Vorbereitungen würden etwa zehn Tage dauern. Als Zeitzler ihn während des nächsten Aufenthalts telefonisch beschwor, der 6. Armee das Ausbrechen nach Westen zu befehlen, bevor es zu spät sei, wies Hitler ihn schroff ab. »Wir haben einen neuen Ausweg gefunden. Jodl wird Ihnen das sagen. Wir sprechen morgen mündlich weiter.«

Zeitzler wartete schon auf ihn, als Hitler am späten Abend des 23. November eintraf. Der Führer ging ihm mit ausgestreckter Hand entgegen. »Ich danke Ihnen, Sie haben alles getan, was man tun konnte.« Und mit bewußtem Pathos fügte er hinzu. »Im Unglück muß man erst zeigen, daß man groß ist. Das tat Friedrich der Große auch.« Zeitzler imponierte das nicht; er meldete, daß Heeresgruppenbefehlshaber von Weichs jetzt seine Ansicht teilte, daß die 6. Armee verloren sei, wenn sie stehenbliebe. Hitler schlug mit der Faust auf den Tisch. »Ich gehe nicht von der Wolga fort!«

Es würde ja nicht das erste Mal sein, daß er allein inmitten einer schweren Krise den Kopf behielt. Diese optimistische Atmosphäre ist nach dem Krieg durch Textänderungen in den wenigen erhalten gebliebenen Akten des Hauptquartiers wirkungsvoll vertuscht worden.* Erstens war die militärische Lage alles andere als hoffnungslos; neue Divisionen wurden für den Entsatzangriff herangeführt, den Manstein führen sollte. Zweitens war die Nachschublage der 6. Armee nicht so schlecht, wie befürchtet wurde. Am 24. November forderte der Oberquartiermeister der Festung 300 cbm Betriebsstoff und 200 t Munition täglich sowie eine nicht näher bezeichnete Menge Mehl vom 27. November an. Aber der Kriegstagebuchführer im

---

* Im *veröffentlichten* Kriegstagebuch des OKW enthält der Bericht über eine lange und entscheidende Aussprache zwischen Hitler, Jeschonnek und Zeitzler, die am 21. Dezember 1942 auf der Höhe der Stalingrad-Krise stattfand, die folgenden Sätze: »Wie bisher werden aber wiederum keine ganzen Entschlüsse gefaßt. Es ist, als ob der Führer dazu nicht mehr fähig wäre.« Diese Sätze sind nach 1945 eingefügt und im Text von 1942 nicht enthalten.

OKW-Führungsstab schrieb am 25., daß die von Paulus »angeforderte(n) 700 Tonnen anscheinend zuviel« seien; allmählich einigte man sich dann auf die Menge von 300 t täglich. Richthofens Versuche, Göring zu erreichen, schlugen fehl; der Reichsmarschall hielt sich noch in Paris auf.* Im Generalstab der Luftwaffe herrschte offensichtlich noch ein gewisser Optimismus, denn zweimal notierte der Kriegstagebuchführer, es seien 298 Junkers vorhanden, und sie könnten etwa 600 t überführen.** Die OKW-Aufzeichnung über Hitlers Lagebesprechung vom Nachmittag des 27. November lautete: »Feindliche Kräfteverteilung bei Stalingrad denkbar günstig für Absichten der 6. Armee. Verpflegungslage Stalingrad besser als angenommen.« Am 29. November wies das Protokoll aus, was Manstein von der Situation hielt: »Beurteilung der Lage durch Gfm. von Manstein, kommt zum gleichen Ergebnis wie Führer.«***

Mansteins Meinung hat Hitler fraglos in seiner Entschlossenheit bestärkt. Als er am 24. November im Gefechtsstand von Weichs eintraf, hatte Manstein sich mit Nachdruck von der Ansicht des Generalobersten von Weichs distanziert, daß Paulus keine andere Wahl habe, als Stalingrad aufzugeben und auszubrechen; zwar sei der Durchbruch noch möglich und »der sichere Weg« – so hieß es in der Lagebeurteilung Mansteins –, aber: »Ich kann mich trotzdem der Stellungnahme der H. Gr. B. für den Durchbruch vorerst nicht anschließen, solange noch ausreichende Versorgung, wenigstens mit panzerbrechender Munition, Infanteriemunition und Betriebsstoff besteht. Dies ist entscheidend.« Manstein fügte hinzu, daß eine Entsatzoperation mit den bis Anfang Dezember heranzuführenden Kräften möglich sei. Gleichzeitig richtete er einen Funkspruch an Paulus: »Wir werden alles tun, Sie herauszuhauen.«

Manstein selbst war mit der Planung des Entsatzangriffes unter Führung des Generalobersten Hoth beschäftigt, aber die ihm zur Verfügung gestellten Kräfte wurden stetig fortschreitend verringert, um die gefährdeten italienischen und ungarischen Abschnitte zu stützen – an diesen Stellen hatte Hitler schon seit Mitte August mit der Entwicklung von Stalins strategischem Vorstoß in Richtung Rostow gerechnet. Von Unbehagen erfüllt, bemerkte Richthofen: »Scheinbar will Russe auch bei Italiener angreifen, wäre sehr schlecht, da sie wahrscheinlich noch schneller laufen als Rumänen.« Hitler untersuchte besorgt die Kampfkraft der Italiener und Ungarn und bemerkte jetzt, daß ihre Pakausstattung ganz ungenügend sei; er befahl, diese Unter-

---

* Dessenungeachtet verpflanzte Major Engel in seiner »Tagebuch«-Eintragung vom 25. November 1942 den Reichsmarschall zum Zwecke einer dramatischen Besprechung mit Hitler in die Wolfsschanze!
** Greiner, Führer des amtlichen Kriegstagebuchs des OKW WFSt, »verbesserte« seine Aufzeichnung – im Lichte späterer Einsichten – im Jahre 1945 so: »Bei der Luftflotte 4 befinden sich nur 298 Transportflugzeuge; gebraucht werden etwa 500.«
*** Diesen Satz strich Greiner in seinem veröffentlichten Text völlig.

lassung unverzüglich aus erbeuteten Beständen der französischen Streitkräfte wiedergutzumachen. Manstein war unterdessen nicht ohne Hoffnung. Am 9. Dezember diktierte Jodls Stellvertreter in das Kriegstagebuch des OKW: »Führer sehr zuversichtlich, will alte Stellung am Don wiedergewinnen. Erste Phase der russischen Winteroffensive als abgeschlossen anzusehen, ohne entscheidende Erfolge gebracht zu haben.«
Geringfügige Geländeverluste im Osten betrachtete Hitler philosophisch, hingegen wäre der Verlust seiner Position im Westen in seinen Auswirkungen *verheerend*. Darin liege die Bedeutung Nordafrikas – als »Vorfeld für Europa«. Aus diesem Grunde schaffe er Truppen und Panzer, darunter die modernsten Tiger-Panzer, zunächst nach Tunis und nicht zur Panzerarmee Rommels. Generaloberst von Arnim, dem Befehlshaber der neuen 5. Panzerarmee in Tunesien, vertraute Hitler an, daß er die Absicht habe, den Feind ganz aus Algerien und Französisch-Marokko hinauszuwerfen. Sieben Monate später sollte er sagen: »Durch die Besetzung Tunesiens ist es gelungen, die Invasion von Europa über ein halbes Jahr hinauszuschieben. Noch wichtiger ist, daß Italien in der Achse geblieben ist!«
Am 28. November erschien Rommel unangemeldet und ohne Hitlers Erlaubnis in der Wolfsschanze. »Afrika kann nicht gehalten werden«, warnte der Feldmarschall, »es bleibt uns nichts anderes übrig, als soviel Deutsche wie möglich aus Afrika herauszubringen.« »Sie schlagen genau dasselbe vor wie die Generale 1941 in Rußland«, herrschte Hitler ihn an. »Da sollte ich auf die deusche Grenze zurückgehen. Ich habe es nicht gemacht und habe recht behalten. Ich mache es hier auch nicht.« Als Rommel den verzweifelten Rückzug schilderte, den seine Männer sich seit El Alamain über 1300 km nordafrikanischen Geländes hinweg erkämpft hätten, und erwähnte, daß nur noch 5000 Gewehre für seine 15 000 Mann Fronttruppen vorhanden seien, schrie Hitler ihn an, daß die Truppen die anderen Waffen weggeworfen hätten und befahl, daß Göring persönlich zusammen mit Rommel nach Rom fahren solle, um eine Beschleunigung des Nachschubs zu erreichen. Im Privatgespräch frohlockte er darüber, daß es Rommel an Benzin für eine Fortsetzung des Rückzuges fehle. »Eigentlich muß ich doch sagen«, kommentierte Hitler später, »es ist seinerzeit eine riesenhafte Armee mit Betriebsstoff von der El Alameinstellung bis hierher zurückgefahren. Die sind nicht mit Wasser gefahren.«
Dem Besuch Görings in Rom war kein uneingeschränkter Erfolg beschieden. Er erstattete Hitler am 11. Dezember Bericht, aber die wichtigsten Eindrücke hatte er Hitler offensichtlich schon einige Tage zuvor durchtelefoniert. Mussolini schwelgte geradezu in schwarzer Verzweiflung – er riet den Deutschen, den zwecklos gewordenen Rußlandfeldzug, so gut es eben ging, abzuschließen; Hitler wußte genau, wie gefährdet die persönliche Position seines Verbündeten inzwischen geworden war. Eine Reihe feindlicher Luftangriffe hatte der Bevölkerung von Neapel und Turin schwere Verluste zugefügt. Ihn erfüllte die Sorge, daß Italien sich auch jetzt noch mit

dem Feind einigen könnte; Hitler hatte Feldmarschall Kesselring, dem deutschen Oberbefehlshaber Süd, befohlen, einen größeren Bestand an Italien-Karten anzulegen für den Fall, daß Deutschland die Verteidigung des Landes übernehmen müsse. Am 9. Dezember nahm Hitler sich vor, längere Zeit auf dem Berghof zu verbringen, »um den Kopf frei zu bekommen für neue Entschlüsse«; sobald Mansteins Entsatzangriff begonnen hatte, wollte er erst Laval und dann Mussolini und Antonescu auf dem Obersalzberg empfangen. Die Ereignisse in Rußland sollten diesen Plan zunichte machen.

Bevor wir uns den düsteren Ereignissen im Dezember 1942 an der Ostfront wieder zuwenden, wollen wir uns die möglichen neuen Gefahrenquellen für die Achse im Mittelmeerraum vor Augen führen, in dem Augenblick, da der Feind sich eine sichere Operationsbasis im Westen dieses Gebietes geschaffen hatte. Zunächst kam Hitler zu dem Ergebnis, daß, falls Nordafrika der Achse verlorenginge, der Feind Druck auf den Balkan ausüben würde. Aller Wahrscheinlichkeit nach würde er Kreta unbehelligt lassen. Rhodos oder der Peloponnes hingegen könnten verlockendere Ziele sein, vor allem, wenn Churchill seine alte Idee, nach Saloniki vorzustoßen, wieder aufnahm. Seit dem deutschen Vormarsch im Osten Halt geboten war, war die Haltung der Türkei sichtlich abgekühlt. Hitler schien es daher ratsam, Bulgarien neuerlich mit Waffen zu beliefern, um so die Türkei nachdrücklich vor feindseligen Abenteuern zu warnen.

Seine Besorgnis Spaniens wegen war im Dezember noch gewachsen. Zunächst hatte er taube Ohren für Francos Bitten um moderne Waffen gehabt, für den Fall, daß der Feind von Nordafrika aus nach Spanien oder in dessen afrikanische Besitzungen eindrang. Hitler war der Ansicht, daß die Spanier einen zu hohen Ruf als gefährliche Kämpfer hatten. Keitel veranlaßte trotzdem die Abwehr, ihre Aktivitäten auf Spanien und Portugal auszudehnen, und erklärte Canaris, bezüglich Spanien sei der Führer besonders hellhörig, da England bereits mit der bekannten »Haltet den Dieb«-Propaganda eingesetzt habe, die gewöhnlich eigenen militärischen Operationen vorausgehe. Hitler war in Verlegenheit; sein Instinkt sagte ihm, daß Spanien besser neutral bliebe. Aber die Lieferung von Waffen wäre sinnlos, wenn sie zu spät erfolgte. Trotzdem erklärte er sich dem spanischen General Muñoz Grandes gegenüber bereit, dem Drängen Spaniens nachzugeben, aber die Rüstungslieferungen müßten von der Bereitschaft Spaniens abhängig sein, sofort zu den Waffen zu greifen, wenn England oder Amerika angriffe.

»Jeder einsichtige Engländer müßte sich sagen, daß England auf jeden Fall die Zeche bezahlen muß«, gab er Anton Mussert, dem Führer der Faschisten in Holland, Mitte Dezember zu verstehen. »Wir hätten gar keinen Grund, gegen England zu kämpfen, denn auch bei unserem Sieg gewinnen wir über England nichts... England müßte also eigentlich froh sein, in Deutschland einen Wall gegen Rußland zu haben.« Der Tag, an dem

Deutschland und England sich gemeinsam gegen den amerikanischen Imperialismus erheben würden, schien in weitere Ferne gerückt als je zuvor.
Die Ungewißheit hinsichtlich der Loyalität der Franzosen war zu diesem Augenblick allerdings für immer beseitigt. Neue Abhörergebnisse des Forschungsamtes hatten das volle Ausmaß der Verrätereien enthüllt, die Admiral Darlan von so langer Hand vorbereitet hatte, und sie hatten Hinweise darauf gegeben, daß auch Marschall Pétain seine Hand dabei im Spiele gehabt hatte. General Weygand war bereits in deutschem Gewahrsam. Die führenden Franzosen Gamelin, Blum und Daladier, verfügte Hitler, seien ebenfalls nach Deutschland zu verbringen. Als Himmler am 10. Dezember im Führerhauptquartier auftauchte, genehmigte er dessen Vorschlag, die etwa 6–700 000 Juden aus Frankreich abzutransportieren. Diejenigen Juden, die einflußreiche Verwandte in Amerika hätten, seien in einem Sonderlager zusammenzufassen, »unter Bedingungen, daß sie gesund sind und am Leben bleiben«. Der Geist von Compiègne war tot. Abgesehen von einer möglichen späteren »phalange africaine« zur Wiedereroberung der französischen Kolonien würde es in Zukunft in erster Linie nur Polizei und garde mobile geben. »Die Polizei ist gut! Die werden wir einspannen und werden nur mit der Polizei arbeiten. Himmler kennt seine Polizei. Er geht mit verwerflichen Mitteln vor und kann sich die Leute so langsam anbändeln. Das wird ein Bündnis mit der Polizei!«
Hitler liebte seine Unterredungen mit Himmler. Der Reichsführer SS hatte stets Neuigkeiten. Himmler war es auch, der als einer der Eifrigsten den neuen »europäischen« Geist propagierte: In der SS Panzerdivision Wiking, die gerade im Kaukasus stand, kämpften Männer aus Skandinavien und den Niederlanden Seite an Seite mit den besten deutschen Soldaten. Er hielt ein wachsames Auge auf mögliche Verräter wie Halder und von Brauchitsch. Himmler ermöglichte als erster den Peenemünder Raketenbauern direkten Kontakt mit Hitler. Über gewisse Abteilungschefs des Auswärtigen Amtes arbeitete er zielstrebig auf den Sturz Ribbentrops hin. »Zu Ihrer Unterrichtung:«, heißt es in einem Fernschreiben vom 5. Dezember an den Chef der Gestapo: »Der Führer ist mit unseren Berichten sehr zufrieden.« So kam am 4. Dezember ein Blitzfernschreiben von SS-Gruppenführer Müller an Himmler »betreffend Aushebung einer Großfabrikationsstätte (im polnischen Untergrund in Warschau): die Vierzimmerwohnung restlos angefüllt durch Termitbrandsätze, Sprengstoffe, Zünder, drei Flaschen mit Typhusbazillen, 17 verschlossene Gummiröhren, die vermutlich Bakterien enthalten und ein Füllfederhalter mit Gebrauchsanweisungen zur Verbreitung der Bakterien«.
Rätselhaft ist ein Schreiben des Reichsführers SS an SS-Gruppenführer Müller vom 6. Dezember. Darin hieß es: »Der Führer hat die Genehmigung gegeben, für das Funkspiel mit Moskau mit dem Reichsaußenminister sowie mit dem OKW abgestimmte Nachrichten zur Erhaltung des

Funkspiels weiterzugeben, auch wenn sie objektiv den Tatbestand des Landesverrats erfüllen.«

Es war die Nacht vom 11. auf den 12. Dezember 1942; zum erstenmal seit vielen Monaten war Hitlers Schlaflosigkeit zurückgekehrt. Er wußte, daß sich in Deutschland das Gerücht, bei Stalingrad sei eine ganze deutsche Armee vom Feind eingekesselt worden, wie ein Lauffeuer verbreitete. In wenigen Stunden sollte Mansteins Entsatzoffensive beginnen. Göring hatte sein Versprechen eingelöst und eine riesige Transportflotte für die Luftversorgung zusammengeholt; und dennoch war die Luftversorgung ganz offensichtlich im Begriff, zu versagen. An diesem Tag kam eine neue Hiobsbotschaft: Am 11. Dezember hatte sich im Abschnitt der italienischen 8. Armee nordwestlich von Stalingrad ein starker russischer Infanterie-Angriff entwickelt. Obwohl die Geländebeschaffenheit die starke italienische Artillerie-Überlegenheit weiter begünstigte, hatte Hitler sich innerlich auf die unvermeidliche Katastrophe vorbereitet, zu der es kommen mußte, sobald die Russen mit ihrem Hauptansturm begannen. Er vermutete, daß sie nur schlechtes Wetter abwarteten, damit die deutsche Luftwaffe nicht gegen sie eingesetzt werden konnte. Hinter der italienischen Front hatte er die 17. Panzerdivision ausladen lassen, obwohl der Erfolg des Entsatzangriffs damit in Frage gestellt wurde, denn ihm standen für seine Panzerspitze nun nur noch die 6. und die 23. Panzerdivision zur Verfügung. War diese Entscheidung richtig gewesen? Immerhin aber verfügten sie über insgesamt 233 gute Panzer, mehr als die russischen Divisionen hatten, die ihnen gegenüberstanden. »Panzer haben wir genügend«, sagte Hitler am nächsten Tag zu Zeitzler. Jodl beruhigte die beiden: »Er wird sicher mit allem fertig«, womit er Manstein meinte. »Es ist nur der Riesenraum und die wenigen Verbände. Da fließt der Gegner wieder hintenherum.«
Ein starkes Unsicherheitsgefühl ließ Hitler keinen Schlaf finden. Sehr oft mußte ihm jetzt Morell Brom-Nervacit als Schlafmittel verabreichen. Wenn wir Stalingrad preisgeben, geben wir eigentlich den ganzen Sinn dieses Feldzuges preis. »Dazu ist auch zuviel Blut vergossen worden.« Barbarossa hatte das deutsche Heer bisher 371000 Tote gekostet. Zwei Tage zuvor hatte Bormann die Äußerung Hitlers registriert, er werde nicht kapitulieren, sondern kämpfen, und wenn er eines Tages die 16- oder die 14jährigen einziehen müsse. Es wäre immer noch besser, die fielen im Kampf gegen den Osten, als bei einem verlorenen Krieg »zermartert oder in niederster Sklavenarbeit zerschunden« zu werden. Er machte sich bittere Vorwürfe, nicht im Sommer gleich im ersten Ansturm bis nach Stalingrad vorgestoßen zu sein: »Es wäre schneller gegangen, wenn man nicht bei Woronesch so lange verhalten hätte.« Und er zermarterte sich das Hirn mit der Frage, ob er es verantworten könne, jetzt von hier wegzugehen und die lange Zugfahrt nach dem Berghof zu riskieren. »Wir werden ja heute und morgen sehen«, sagte er schließlich zu Zeitzler.

Mansteins Entsatzangriff fing am nächsten Morgen planmäßig an. Hochstimmung breitete sich im OKW aus. »Keine Sorgen für weiteres Vortragen des Angriffs, da fdl. Panzer-Stärken stark abgesunken«, vermerkte der Führer des WFSt-Tagebuchs. Hitler aber ließ sich von dem ungeduldigen Optimismus des OKW nicht irremachen. Stalin ging es um einen viel größeren Preis. Er wollte auch der ganzen Heeresgruppe im Kaukasus, einer halben Million Mann, den Rückzug abschneiden.

Der russische Widerstand versteifte sich. Am 14. Dezember schoß die 6. Panzerdivision 41 Panzer ab. Bald sollte auch die von Hitler doch freigegebene 17. Panzerdivision den Angriff verstärken. Schon hatte sie den halben Weg nach Stalingrad zurückgelegt. Am 16. Dezember trat dann das Ereignis ein, das Hitler gefürchtet hatte. Die Russen schleuderten drei Armeen gegen den schmalen Abschnitt der Don-Front, den er nordwestlich von Stalingrad seinen italienischen Verbündeten anvertraut hatte. Zwei Kampfgeschwader wurden von Richthofens Operationen zur Unterstützung des Entsatzangriffs abgezogen, um den Italienern zu helfen – eine Schwächung des großen Vorhabens, die Richthofen voller Zorn als »Aufgabe der 6. Armee und ihr[en] Mord« bezeichnete.

Wie gut hätten selbst deutsche Truppen unter so ungünstiger Chancenverteilung gekämpft? Nach zweitägigem, mutigem Kampf machten die Italiener kehrt und liefen davon. Eine gewaltige Bresche wurde zwischen den Heeresgruppen Manstein und von Weichs aufgerissen.

Daß die militärische Krise sich auf Hitlers Gesundheit auswirkte, läßt sich an den Aufzeichnungen seines Leibarztes erkennen. »Abends,« notierte sich Dr. Morell am 17. Dezember 1942, »vom Führer gerufen und befragt über Cardiazol [ein Herzmittel]. Göring habe ihm erzählt, wenn er etwas schwach und schwindlig würde, nähme er eine Tablette Cardiazol. Ob ihm, dem Führer, das nicht auch gut täte, wenn ihm bei wichtigen Angelegenheiten etwas komisch würde.« Morell riet ab, da beim Reichsmarschall *niedriger* Blutdruck in Frage käme, und bei Hitler bei Erregung oder Aufregung *hoher* Blutdruck – »Man könne durch Vermehrung des Drucks unter Umständen ein Gefäß zum Platzen bringen,« meinte er –, wobei er auf die durch hohen Blutdruck verursachten Gesundheitskrisen im August 1941 und im Juli 1942 in Winniza hinwies. Hitler führte nunmehr düster aus, »er fürchte den Tod nicht, denn der sei eine Erlösung für ihn. Er habe ständig nur Aufregungen und keine Zeit für sich. Er lebe nur für sein Vaterland, für Deutschland. Gegen den Tod sei kein Kraut gewachsen, das wisse er. Aber bei gefährlichem Zustand müsse ich ihm dies mitteilen.« Jetzt erhielt Hitler von Morell die unerfreuliche Nachricht, daß er eigentlich schwer herzkrank sei: »Bei der Erklärung, stets über seinen Zustand genau von mir orientiert zu werden, wies ich auf die bestehende *Koronarsklerose* hin, weshalb ich auch schon lange immer *Jod* gäbe. Durch die späteren Ekgs hätte sich die Annahme als richtig erwiesen.« Morell versicherte ihm, bei manchen sei eine etwas schnellere Verkalkung durch intensive Arbeit zu erwarten, sie beginne aber allgemein mit 45 Jahren.«»Durch Verengung der Blutgefäße der Herzkranzarterie könne es einmal zu Angina-pectoris-Zuständen kommen.« Dafür trage Morell schon stets für seinen Führer Mittel wie Nitroglyzerin-Tabletten und Esdesan bei sich.»Durch Traubenzuckerinjektionen sorgte ich für Starkerhaltung des Herzens und für eine gewisse Entwässerung des Systems«, vermerkte Morell.

Angesichts der Pleite der italienischen Armee bei Stalingrad wundert es nicht, daß der italienische Außenminister Graf Ciano eine eisige Atmosphäre antraf, als er am Mittag des 18. Dezember in der Wolfsschanze erschien. Als ein Mitglieder seiner Umgebung die Frage an das OKW richtete, ob die italienische 8. Armee schwere Verluste erlitten habe, lautete die Antwort:»Überhaupt keine. Sie hat überhaupt nicht aufgehört zu laufen.«
Hitler hatte jeden Gedanken an einen Aufenthalt auf dem Berghof aufgegeben.
Cianos eigentliche Absicht bei diesem Besuch war, Mussolinis»hypothetische« Frage vorzutragen: Wäre es nicht möglich, mit Rußland ein politisches Arrangement nach dem Muster Brest-Litowsk zu treffen? Hitler erwiderte ruhig, dies sei unvereinbar mit seinen Vorstellungen vom Lebensraum. Es sei eine Illusion von Mussolini, zu glauben, Deutschland könne jemals Divisionen vom Osten abziehen, um eine mögliche Niederlage im Mittelmeerraum abzuwenden. Die bittere Pille verzuckerte der Führer dadurch, daß er größere Avancen bezüglich Frankreichs machte. Als sie sich verabschiedet hatten, wandte sich Keitel an Admiral Canaris, er solle Italien im Auge behalten,»wenn auch nicht anzunehmen sei, daß es abspringt«.
Der Zusammenbruch dieser italienischen Armee schuf eine fürchterliche neue Lage für die 6. Armee in Stalingrad. Es gab nur noch zwei Möglichkeiten. Entweder schickte sie eine gepanzerte Kampfgruppe in südwestlicher Richtung den Panzerdivisionen der Entsatztruppen entgegen, hielt aber dabei weiter an Stalingrad fest; oder man entschied sich für das Unternehmen»Donnerschlag«, den Durchbruch der gesamten 6. Armee – unter Auslieferung von Zehntausenden Verwundeter auf Gnade und Barmherzigkeit an den Feind. In der Abendlage vom 18. Dezember trug Zeitzler die Argumente Mansteins für»Donnerschlag« vor. Hitler starrte auf die unheimlichen roten Pfeile, die das Vordringen der roten Offensive in Richtung auf die Flugplätze, von wo aus die Luftwaffe Stalingrad versorgte, bezeichneten, und erklärte die Nachschubprobleme für unüberwindlich. Paulus forderte für»Donnerschlag« nicht weniger als 1800 t Verpflegung und 4000 t Treibstoff. (Der Luftwaffe war es an dem Tag zwar gelungen, mehr als 270 t Nachschub in die Stadt zu fliegen, aber das war schon das Doppelte des bisher erzielten Durchschnitts.) Hitler entschied, daß die 6. Armee in Stalingrad zu bleiben habe.

Am nächsten Tag, dem 19. Dezember, erreichten die drei Panzerdivisionen der Entsatzgruppe Mansteins den Fluß Myschkowa, 68 Kilometer von dem Einschließungsring entfernt. Aber der russische Riegel hielt. Hitler befahl, drei weitere Divisionen aus Frankreich an die Ostfront zu verlegen, aber es würde drei Wochen dauern, um sie überhaupt in Bewegung zu setzen. Am 19. Dezember um 18.00 Uhr funkte Manstein der 6. Armee den Befehl, so bald wie möglich mit dem Unternehmen »Wintergewitter« zu beginnen; es war ein Versuch, den südwestlichen Einschließungsring durch einen begrenzten Panzerangriff unter General Hube zurückzudrücken und die Verbindung mit der vorrückenden Entsatzgruppe herzustellen. Paulus erhielt aber auch Anweisung, »Donnerschlag« – den Ausbruch mit der ganzen Armee – für den Fall vorzubereiten, daß Hitler doch noch die Genehmigung erteilte. Paulus selbst bezeichnete sogar »Donnerschlag« – den Ausbruchsversuch der gesamten 6. Armee – angesichts der Entkräftung und der Unbeweglichkeit seiner Truppen als eine »Katastrophenlösung«.

Das einzig Positive, was Hitler an dieser Tragödie erkannte, war, daß die Paulus-Armee schon mehr als siebzig russische Verbände band. Gab die 6. Armee jetzt auf, würde der ganze Südflügel in Gefahr geraten, vom Feind abgeschnürt zu werden.

Hitler blieb starr, auch gegenüber den drängenden Ratschlägen seiner Befehlshaber. Göring unterstützte ihn, Jeschonnek schien nur nach allerhöchstem Munde zu reden. Hitler lehnte es ab, mit Manstein zu telefonieren oder ihn persönlich zu empfangen. Zeitzler und Manstein vertraten dennoch mit Lautstärke die Ansicht, daß nur die sofortige Zurücknahme der Heeresgruppe A vom Kaukasus genügend Reserven freimachen würde, um eine Katastrophe abzuwenden. Als Zeitzler seine Forderung wiederholte, die gesamte 6. Armee ausbrechen zu lassen, erwiderte Hitler gereizt: »Die 6. Armee muß dort bleiben. Sie ist eben die Besatzung einer Festung, und Festungen müssen sich halten. Und wenn ich sie erst im Frühjahr mit einer Frühjahrsoffensive entsetzen würde.« Zeitzler zieh den Reichsmarschall der Lüge hinsichtlich der Kapazität der Luftwaffe, und er meldete ihm von da an täglich selbst, wie viele Tonnen eingeflogen worden waren. Am 21. Dezember waren mehr als 360 t eingeflogen worden, aber jetzt waren die beiden nächstgelegenen Verladeflughäfen vom Feind überrannt. Generalleutnant Fiebig, dessen gesamtes VIII. Fliegerkorps jetzt für die Versorgung eingesetzt war, schrieb: »Man fragt sich, ob der Führer im Bilde ist, ob er richtig unterrichtet ist über den Zustand der Truppe und ihre Leistungsfähigkeit, ob man den Russen in seiner Kraft nicht erneut unterschätzt hat.«

Dieses Mal reichten gute Nerven allein nicht aus. Ein Jahr später erläuterte Hitler seinen entmutigten Generalen seine Grundüberzeugung: »Sie müssen verstehen, daß mich nichts erschüttern kann, was auch immer passieren mag – mag der einzelne glauben, daß ich deshalb herzlos sei, weil ich oft die Auffassung vertrete: Es ist besser, bis zum letzten zu kämpfen, weil der Gegner damit auch mehr Blut verliert, als die oder die Bewegung zu machen. Das hat nichts mit Herzlosigkeit zu tun, sondern ausschließlich mit meiner Einsicht und Überzeugung, daß man so handeln muß ... Es ist mir völlig gleichgültig, was die Nachwelt über mich denken mag.« Richthofen tröstete seine Generale mit diesem Argument: Der Führer habe schon immer recht behalten, und auch bei solchen früheren Lagen habe niemand ihn verstehen können. Aber Fiebig gehörte zu denen, die sich nicht überzeugen ließen. »Von Richthofen meinte gestern, daß schon oft in Kriegen ganze Armeen aufgegeben werden mußten, ohne daß der Ausgang des Krieges davon beeinflußt wurde. Was für Gedanken mag der Führer haben?!? ... Was wird der Russe mit diesen 250000 machen? Er kann sie nur in den Tod treiben. Verpflegung wird er für sie nicht haben. Es wird ein großes Sterben werden. Jeder die letzte Kugel für sich!«

Hitler verlangte in seinen Weisungen vom 27. Dezember für die nächsten Monate, daß die Heeresgruppe Kleist ihre jetzige Linie im Kaukasus zu verteidigen habe. Die Befreiung der 6. Armee bleibe ausschlaggebend für die nächste Zeit, deshalb müsse Kotelnikowo als Ausgangsbasis für die Befreiungsoperation gehalten werden. Inzwischen werde man die SS-Panzerdivision Wiking vom Kaukasus heranführen, und Anfang Januar werde die 7. Panzerdivision aus Frankreich herangeholt. Auch ein Bataillon mit den neuen Tiger-Panzern werde bereitgestellt.
An jenem Abend traf Zeitzler unangemeldet in der Wolfsschanze ein. Sehr ernst schloß der General: »Wenn Sie jetzt die Zurücknahme der Kaukasusfront nicht befehlen, wird dort ein zweites Stalingrad entstehen.« Hitler versank in kurzes Nachdenken und sagte dann: »Gut. Machen Sie es!« Aber er bereute es schon wenig später, und mehrere Male rief er an, um Zeitzler bei dessen Rückkehr abzufangen. Endlich kam Zeitzler selbst ans Telefon. »Lassen Sie das mit der Zurücknahme der Kaukasusfront. Wir sprechen noch einmal darüber.« Zeitzlers Stimme kam über den Draht: »Das geht nicht mehr. Der Befehl ist schon heraus.« Hitler sagte sehr verstimmt: »Na, gut.« Er mag gespürt haben, daß in diesem Augenblick ein Rückzug aus Rußland begann, den auch die Kartengrenzen Deutschlands nicht mehr würden aufhalten können.

»Wollt ihr den totalen Krieg?«

Die Neujahrsnacht 1943 verbrachte Adolf Hitler allein mit Bormann; bis vier Uhr morgens hockten die beiden im Führerbunker. Schon das war eine Ankündigung kommender Dinge. Im nun folgenden Jahr wurde ein erheblicher Teil der internen Macht Hitlers an den »Dreierausschuß« abgetreten, bestehend aus Bormann, Keitel und Lammers – während Goebbels wie ein böser Raubvogel lauernd und ungeduldig darauf wartete, daß ihm Mantel und Macht eines »Führers der Heimatfront« verliehen wurden.

Hitler war nur selten in Berlin. Er gab sich ganz seinem Krieg hin, immer wieder aufgerichtet durch die Aussicht auf neue Offensiven, auf Verstärkung des U-Boot-Krieges, auf zunehmende Panzer- und Flugzeugproduktion und ermutigt durch Scheinbeweise dafür, daß die russischen Menschenreserven endlich zu versiegen begönnen. Er konnte nachts nicht schlafen, denn vor seinen Augen tanzten die pfeilbedeckten Generalstabskarten der Abendlage, bis die Schlaf- und Betäubungssäfte ihn endlich hinübertrugen in die Bewußtlosigkeit. Während der nächsten sechs Monate war er zugänglicher für den Rat des Generalstabes. Die Rückzüge, die diese Monate kennzeichneten, stellten erhebliche militärische Leistungen dar. Nur bei Stalingrad und während des ersten, ungeordneten Rückzuges an den Donez verlor das Heer bedeutendere Mengen an Waffen und Gerät. Danach verliefen die Zurücknahmen planmäßig; sie fanden unter solchen Kämpfen statt, daß der Feind ein Höchstmaß an Strapazen und Verlusten hinnehmen mußte. Die deutschen Soldaten bewahrten sich ihr Gefühl der Überlegenheit, denn bezwungen wurden sie ja von den Umständen, nicht von der russischen Armee; von Treibstoffmangel, vom schlechten Wetter, von unzuverlässigen Verbündeten. Ihr Vertrauen zu Hitler blieb unerschüttert – während die Sicherheitsdienste berichteten, daß in der Heimat das erste Murren allgemeiner Unzufriedenheit hörbar werde.

General von Mackensens 1. Panzer-Armee begann ihren Rückzug aus dem Kaukasus am 1. Januar 1943 und beendete ihn dreißig Tage später, nachdem sie 600 km unter Bedingungen zurückgelegt hatte, die für Infanterie und Artillerie gleichermaßen entsetzlich waren – 18spännig quälten sich die Pferde, um die schweren Geschütze durch das Gebirge zu ziehen. Gleichzeitig setzte sich die 17. Armee des Generalobersten Ruoff aus dem westlichen Kaukasus ab. So bewahrte Hitler eine ganze Heeresgruppe, der mehr als siebenhunderttausend Mann angehörten, gegen einen Preis von 226 Menschenleben vor dem Schicksal, das zur gleichen Zeit die in Stalingrad eingeschlossenen Männer erlitten. Gegen Zeitzlers Rat jedoch stellte er nur vier von Mackensens Divisionen nach Rostow ab; die anderen wurden Ruoffs Armee zugeteilt, die im Januar Befehl erhielt, einen Brückenkopf auf der Halbinsel Taman zu halten – der Ostspitze der Krim gegenüberliegend. Das würde, wie Hitler sagte, Freund und Feind gleichermaßen beweisen, daß er die Absicht habe, im Jahre 1943 wieder zur Offensive überzugehen. Mit Albert Speer skizzierte er sogar Pläne für den Bau einer riesigen Brücke über die Straße von Kertsch, die dann die Krim mit dem »Großen Gotenkopf« verbinden würde, wie man den Taman-Brückenkopf nannte.

In den letzten Tagen des alten Jahres hatte Hitler eine große Entsatzoperation konzipiert. In kürzester Zeit sollten die drei stärksten SS-Divisionen und die Elite-Infanteriedivision Großdeutschland herangeführt und im Raum südostwärts Charkow versammelt werden. Sobald das Wetter es zuließ, sollten sie als Stoßarmee nördlich des Don in Richtung Stalingrad vorrücken. Man rechnete damit, daß der Angriff von Mitte Februar 1943 an beginnen könne. Hitlers überzeugend klingende Zusicherungen gaben Paulus neuen Mut. Hitler versprach, er werde dafür sorgen, daß die Luftwaffe an Gutwettertagen bis zu 750 Tonnen täglich einfliegen werde. Göring tat sein Bestes. Schon jetzt waren 480 Ju 52 und He 111 ausschließlich für die Luftversorgung eingesetzt, und immer neue Maschinen wurden hierfür abgestellt – einhundert weitere Ju 52, zehn Focke-Wulf Condor und auch mehrere Fernbomber des Typs He 177. Fruchtbarer wäre ein Besuch durch einen verantwortlichen Luftwaffen-Befehlshaber gewesen, aber Jeschonnek hatte keine Zeit, und Göring wandte den Blick von der scheinbar unvermeidlichen Katastrophe ab.

Trotz seiner Probleme in Stalingrad rief Hitler persönlich Frau Troost aus Ostpreußen an, um ihr zum Entwurf einer Goldkassette zu gratulieren, die die Ernennungsurkunde Görings zum Reichsmarschall enthalten sollte. In richtiger Einschätzung dieses weiblichen »arbiter legendarium« spekulierte er darauf, daß sie sein offensichtliches Wohlbefinden überall im Ausland verbreiten würde. Tatsächlich aber vervielfachten sich seine bösen Ahnungen. Below, sein Luftwaffenadjutant, zeigte ihm einen Privatbrief eines in Stalingrad eingeschlossenen Verwandten, dessen Aussagen über Befehlshaber der 6. Armee wenig ermutigend waren. So war zu lesen: »Paulus: Fragezeichen; [General Arthur] Schmidt und [General Walter von] Seydlitz: abschießen«, aber darunter stand: »[General der Panzertruppe] Hube: *der* Mann!«

Das Jahr hatte mit einer Reihe von höchst ärgerlichen Fehlmeldungen über einen Geleitzug der Alliierten nach Nordrußland begonnen. Nach Meldungen der Funkaufklärung war er anscheinend nur schwach von einigen Zerstörern gesichert. Raeders ständiger Vertreter beim Führer, Admiral Theodor Krancke, erbat Hitlers Zustimmung zum Auslaufen von »Hipper«,

»Lützow« und sechs Zerstörern, die den Geleitzug angreifen sollten; der Westentaschenkreuzer »Lützow« sollte danach zum Atlantik durchbrechen – »Operation Aurora«.

Den ganzen Silvesterabend sagte man dem Führer kein Wort über den Verlauf des Gefechts. Schließlich zeigte ihm Krancke etwas ungeschickt die einzigen beiden Funksprüche, die über den Ablauf des Gefechts eingegangen waren. Admiral Kummetz hatte lediglich gefunkt: »Unternehmen abbrechen, keine feindlichen Kreuzer am Geleit, Entlassen Lützow für Aurora nicht möglich.« Aber das fühlunghaltende U-Boot hatte, als sich schon Dunkelheit über die Szene legte, gemeldet: »Ich sehe nur noch rot!« Hitler interpretierte die beiden Funksprüche optimistisch: Die deutsche Flotte habe den Geleitzug vollständig vernichtet. Erst nachmittags erfuhr er die niederschmetternde Wahrheit: Britische Kreuzer hatten in der Nähe im Hinterhalt gelegen; seine eigene Flotte hatte sich schleunigst in Sicherheit bringen müssen. Der Kreuzer »Hipper« war schwer beschädigt worden, ein deutscher Zerstörer hatte sich irrtümlich dem Feind angeschlossen und schwer für diesen Fehler bezahlen müssen. Hitler war wütend über den Mangel an Kampfgeist. Er erklärte, überhaupt alle großen Kriegsschiffe außer Dienst stellen zu wollen, und befahl Krancke, Raeder telefonisch mitzuteilen, er solle sofort zur Wolfsschanze kommen. Raeders Beziehung zu Hitler war recht kühl geworden: Seine Besuche beim Führer waren weit seltener als die seiner Kritiker. Aus purer Eifersucht hatte Göring bei Hitler eine Reihe von Vorwürfen gegen die Seekriegsleitung erhoben. Speer hatte in dieselbe Kerbe gehauen, um seine eigenen Ziele zu fördern. Noch am 4. Januar meldete er dem Führer, es sei bei Nachprüfungen ein Waffenlager der Marine gefunden worden, in dem sich sechzig Flak-Geschütze in Ölpapier konserviert befänden. (Er wußte nicht, daß sie sich dort zum Einschießen befanden.) Das wirkliche Vergehen Raeders war allerdings seine Weigerung, die Marinerüstung dem Ministerium Speer zu unterstellen.

Der Großadmiral kam am späten 6. Januar an. Hitler machte ihm 90 Minuten lang die stärksten Vorwürfe. Seit 1864 hätte die Kriegsflotte nicht ein einziges Gefecht wirklich durchgestanden. Die Revolution 1918 und die Selbstversenkung 1919 seien wirklich keine Ruhmesblätter gewesen. Er verlangte die Außerdienststellung der großen Schiffe, ihre Waffenausrüstung müßte in die Küstenverteidigung eingebaut werden. Raeder bot seinen Rücktritt an; Hitler forderte ihn dann auf, zwei Namen möglicher Nachfolger zu nennen. Raeder schlug Generaladmiral Rolf Carls oder – dies jedoch mit deutlicher Abneigung – Dönitz vor. Am 14. Januar überreichte Raeder die Denkschrift, die Hitler gefordert hatte. Er wies nachdrücklich darauf hin, daß die Außerdienststellung der großen Überwasserstreitkräfte als ein mühelos dem Gegner zufallender Erfolg »einen Jubelschrei« auslösen würde. Hitler überlas die Denkschrift mit Sarkasmus, aber Krancke konnte sehen, daß sie ihren Eindruck nicht verfehlt hatte.

Zu Marschall Antonescu sagte Hitler am 10. Januar, daß die leitenden Staatsmänner weder in den Punischen Kriegen noch im Dreißigjährigen Krieg, noch im Siebenjährigen Krieg etwas Genaues über das Ende des Krieges hätten aussagen können; aber sie hätten schließlich doch gesiegt, weil sie ihr Ziel fest ins Auge gefaßt hätten. Zwei Tage später stürmten die Russen gegen die ungarische 2. Armee in Richtung Swoboda, wie Hitler es vorausgesagt hatte. Innerhalb weniger Tage verlor sie 30000 Mann an Gefallenen. Hitlers taktische Maßnahmen – er ließ den Ungarn überstürzt 7,5 cm Pak zuführen und verlegte drei weitere Divisionen aus Frankreich nach Rußland – kamen zu spät.

An der gesamten Ostfront hatte er, wie er Ende Januar erfuhr, weniger als fünfhundert einsatzbereite Panzer; die Russen hatten fünftausend. Hitler wollte dem deutschen Volk durch Goebbels und Bormann bis Mitte 1943 eine weitere Million Soldaten abpressen lassen; im Dezember befahl er der deutschen Kriegswirtschaft, bis Ende März 200000 Arbeiter für die Einberufung freizustellen; einen Monat später wurde diese Forderung auf 800000 erhöht.

Zweimal wurde im Januar Speer in die Wolfsschanze zitiert. Hitler verlangte schwerere, überlegenere und vor allem mehr Panzer. Am 17. Januar entschied Hitler, ein neues Produktionsprogramm zu erstellen, das »Adolf-Hitler-Panzer-Programm«. Nach der Besprechung nahm er Admiral Krancke beiseite und führte erneut in aller Ruhe aus, daß alle Großschiffbauten zu stoppen und die Arbeitskräfte der Panzerfertigung zuzuführen seien. »Auch wenn es nur 5000 sind, hilft es schon.« Als Krancke protestierte, kam Hitler erneut auf das ineffektive Geleitzugsgefecht bei der Bäreninsel zurück. Die Panzer, die jetzt südlich des Ladogasees durchgekommen wären, hätten wahrscheinlich erheblich mehr Soldaten das Leben gekostet. Krancke wies auf die Befehle hin, die der Führer zur Vermeidung von Schiffsverlusten vor einem überlegenen Feind gegeben habe; aber Hitler verwies auf »Graf Spee« und »Bismarck«. Hier seien doch die Beweise, daß die Besatzungen nicht kämpfen wollten. Wenig später traf Dönitz mit Hitler zusammen, wobei er sich zunächst mißmutig mit der Einmottung der großen Schiffe einverstanden erklärte. Bevor Großadmiral Raeder von der Bühne abtrat, bat er Hitler noch, die Flotte vor Göring zu schützen, und er warnte seinen Nachfolger, Speer zu trauen.

Mitte Januar stattete Hitler Görings Stellvertreter, Milch, mit persönlichen Sondervollmachten für die Leitung der Luftversorgung Stalingrads aus – eine Maßnahme, von der ihm der eifersüchtige Göring dringend abgeraten hatte.

An der Südfront ergoß sich eine Lawine sowjetischer Truppen und Panzer bis hinauf nach Woronesch durch die Bresche, die infolge des italienischen und ungarischen Zusammenbruchs entstanden war. Hitler wollte erreichen, daß die Armee Paulus noch mindestens sechs Wochen weiterkämpfte – bis Haussers SS-Panzerkorps sie entsetzen konnte.

Generaloberst von Weichs meldete ihm in einem Fernschreiben, daß seine Heeresgruppe mit nur noch knapp sieben Divisionen an einer 300 km langen Front stehe. Jeden Augenblick könnten die Russen die 2. Armee doppelseitig umfassen. Aus Stalingrad selbst trafen jetzt auch von der 6. Armee die bösesten Worte ein. »Mein Führer!« funkte Paulus am 17. Januar, »Ihre Befehle für Versorgung der Armee werden nicht befolgt!« Die Luftwaffengenerale bestritten alles, was Paulus ihnen vorwarf. Göring beschuldigte Paulus voller Bitterkeit, er sei als Befehlshaber zu weich gewesen; er hätte Tausende von russischen Zivilisten und nicht mehr einsatzfähige deutsche Soldaten miternährt: »Verwundete, die nicht mehr gerettet werden konnten, durfte man nicht mitschleppen, sondern mußte man hinüberdämmern lassen.« General Hube, noch einmal aus Stalingrad eingeflogen, schüttete Hitler sein Herz aus: »Die Luftversorgung hat versagt. Weshalb killen Sie, mein Führer, nicht auch mal einen Luftwaffengeneral?« Ruhig antwortete Hitler ihm: »Ich habe schon alles dafür veranlaßt.« Hube wurde Milchs Sonderstab zugeteilt. Hitler überhörte Hubes Rat, einen Oberbefehlshaber Ost zu ernennen; er argwöhnte, daß dieser Rat auf eine Einflüsterung Mansteins zurückging. Richthofen zeichnete in diesem Moment der Krise ein lebhaftes Porträt Mansteins: »Ihm sind auch alle Möglichkeiten der Führung genommen, da immer noch jedes Bataillon von allerhöchster Stelle her eingesetzt wird.« Die Katastrophe schien unabwendbar. Im Führerhauptquartier führte Zeitzler ostentativ »Stalingrad-Rationen« für seinen Stab ein.

Am 22. Januar forderte der Feind Paulus zum zweitenmal zur Kapitulation auf. Hitler erwiderte, daß die Russen sich an keine Bedingungen halten würden – als Gefangene würden die Soldaten nicht mehr lange leben, aber jeder Tag, an dem sie den Kampf fortsetzten, würde dazu beitragen, andere Frontabschnitte zu festigen. Soldatisch gab Paulus über Funk seine Antwort: »Ihre Befehle werden ausgeführt, es lebe Deutschland.«

Hitler kalkulierte, daß die Nachricht vom Heldentum seiner Soldaten in Stalingrad in den nun bevorstehenden Kämpfen ebensoviel wert sein werde wie viele kampfkräftige Divisionen. Die Stalingrad-Saga werde in den Augen des Feindes die Glaubwürdigkeit jeder späteren Festung erhöhen. Deshalb wies er Goebbels an, mit uneingeschränkter Offenheit über Stalingrad zu berichten. Vor allem müsse man die sowjetischen Siegesmeldungen undementiert durchgehen lassen – das werde den Völkern des Westens einen Schauer der Angst über den Rücken jagen. Am 24. Januar berichteten deutsche Zeitungen zum erstenmal, daß die 6. Armee im Sterben liege. 29000 Verwundete waren ausgeflogen worden, als Paulus' letzter Flugplatz vom Feind überrannt wurde. Seinen Soldaten war erlaubt worden, einen letzten Brief an die Heimat zu schreiben. Als die letzte Heinkel startete, hatte sie neunzehn Verwundete und sieben Postsäcke an Bord.

In Stalingrad war Paulus' verelendete Armee in zwei Teile aufgespalten worden; aber dennoch kämpften seine Männer weiter. Die Besatzungen der Luftwaffe flogen in einer einzigen Nacht zwei und manchmal sogar drei Einsätze, um Verpflegung und Munition über Stalingrad abzuwerfen. In dieser Situation setzte Paulus diesen Funkspruch an Hitler ab: »Zum Jahrestag Ihrer Machtübernahme grüßt die 6. Armee ihren Führer. Noch weht die Hakenkreuzfahne über Stalingrad. Unser Kampf möge den lebenden und kommenden Generationen ein Beispiel dafür sein, auch in der hoffnungslosesten Lage nie zu kapitulieren, dann wird Deutschland siegen. Heil mein Führer!« Hitlers Antwort war eine Proklamation an das deutsche Volk, die vom Rundfunk übertragen wurde. Sie schloß mit den Worten: »Der Allmächtige wird in diesem Kampf bei uns sein. Wir werden niemals scheuen, unser Leben einzusetzen. Dann wird einst aus den Opfern der Toten neues Land erblühen. Und siegreich wird der germanische Staat der deutschen Nation aus diesem Ringen hervorgehen.«

Auf Zeitzlers Veranlassung beförderte Hitler Paulus durch Fernschreiben zum Feldmarschall. Da bisher noch kein deutscher Feldmarschall kapituliert hatte, drückte er damit Paulus die Pistole in die Hand. Am 31. Januar funkte die 6. Armee um 7.35 Uhr früh: »Wir haben in unserem Bunker Führerproklamation gehört und vielleicht zum letztenmal gemeinsam bei den Nationalhymnen die Hand zum deutschen Gruß erhoben.« Nach kurzer Unterbrechung hieß es weiter: »Der Russe steht vor unserer Tür.« Und dann: »Wir zerstören.« Danach schwieg das Gerät.

Hitler hatte sich an diesem Tag nicht nur mit Stalingrad zu beschäftigen. Es brannte an allen Ecken und Enden seines Reiches. In Nordafrika wich Rommel in Richtung Tunesien aus; Tripolis – und damit ganz Libyen – mußte von der Achse aufgegeben werden. In Nordwestdeutschland hatten schwere amerikanische Bomber am hellichten Tag Wilhelmshaven angegriffen, und am 30. Januar waren nachmittags britische Jagdbomber über Berlin erschienen. »Dieser freche Ausdruck! Moskito heißt das Ding! Und es ist aus Holz gebaut!« Der schwere Bomber der Luftwaffe, die Heinkel 177, war immer noch nicht fertig. Neunzehn Einsätze waren nach Stalingrad geflogen worden; sechs Maschinen hatten in der Luft Feuer gefangen und waren abgestürzt.

Jetzt war Deutschland gezwungen, an der ganzen Ostfront zurückzuweichen. Haussers SS-Panzer-Korps mußte in den Raum Charkow geworfen werden. Im Kessel von Demyansk, südlich Leningrad, den Hitler so verbissen viele Monate zu halten versucht hatte, gab es Nachschubschwierigkeiten; man würde ihn schließlich doch aufgeben müssen. Es schien deutliche Anzeichen zu geben, daß die Alliierten eine Invasion Portugals planten; dadurch wurden weitere Divisionen im Westen gebunden.

Am ersten Tag des Monats Februar war Hitler früher als gewöhnlich, schon um 2.30 Uhr, zu Bett gegangen. Kurz darauf weckte man ihn mit einer

Meldung aus Moskau: Paulus habe formgerecht kapituliert; mit ihm hatten sich elf deutsche und fünf rumänische Generale dem Feind ergeben. Hitlers Zorn kannte keine Grenzen. Daß dem neuen Feldmarschall der Mut des Kapitäns gefehlt hatte, der mit seinem Schiff untergeht! Daß er nicht die gleiche Tapferkeit aufgebracht hatte wie Dutzende sowjetischer Kommissare und Befehlshaber in genau der gleichen hoffnungslosen Lage! »Denn im anderen Falle stellt man sich zusammen, bildet einen Igel und schießt mit der letzten Patrone sich selbst tot. Wenn man sich vorstellt, daß eine Frau den Stolz hat, daß sie, weil sie nur ein paar beleidigende Worte hört, sich einsperrt und sich sofort totschießt, dann habe ich vor einem solchen Soldaten keine Achtung... Hier kann ein Mann sehen, wie 50–60000 seiner Soldaten sterben und mit Tapferkeit bis zum letzten sich verteidigen – wie kann er sich da den Bolschewiken ergeben!« Als Speers Stellvertreter, Saur, ihn um 3.00 Uhr anrief, um ihm die Produktionsziffern für Januar zu melden, wollte Hitler sie zum erstenmal nicht hören.
Im Februar wurde die Ostfront von weiteren schweren Krisen heimgesucht. Weichs mußte sich zurückziehen – seine ganze Heeresgruppe hatte sich aufgelöst. Die Sowjettruppen strömten durch die Lücke. »Wenn das Loch endlich zu ist, kann ich auch wieder ohne Schlafmittel schlafen«, sagte Hitler. Nur seine Stenografen teilten mit ihm seine furchbare, alles umfassende Kenntnis der wahren Lage. Aus dem Tagebuch eines der Stenografen geht hervor, daß einer, der eben erst im Dezember eingestellt worden war, Mitte Februar einen Nevenzusammenbruch erlitt. Um unerträglichen Alpträumen zu entgehen, schob Hitler den Zeitpunkt der Ruhe jede Nacht weiter hinaus. Zwei Jahre später erklärte Hitler einem Stabsarzt: »Ich muß mich vorher noch entspannen und von etwas anderem reden, ich sehe sonst im Dunkeln dauernd die Generalstabskarten vor mir, und mein Gehirn arbeitet weiter, und es dauert Stunden, bis ich davon loskomme.«
Innerhalb von zwei Monaten hatte die Rote Armee 5 Armeen aufgerieben: Deutsche, Rumänen, Italiener und Ungarn. Ende Februar hatten die Russen Kursk, Belgorod, Krasnodar, Demyansk und sogar Charkow und Rostow zurückerobert. Hitler würde wohl auch das Donezbecken aufgeben müssen. »Ich werde es mir noch überlegen«, sagte er am 1. Februar. »Ich kann aber das eine sagen. Die Möglichkeit einer offensiven Beendigung des Krieges im Osten gibt es dann nicht mehr. Darüber müssen wir uns klar sein.«
Auch jetzt war Hitler nicht bereit, eine politische Lösung mit Stalin in Betracht zu ziehen. Der japanische Botschafter Oshima hatte am 20. Januar in dieser Hinsicht vorgefühlt, verließ ihn aber unverrichteterdinge. Im Gegenteil – Hitler verlangte dringend eine japanische Offensive gegen Stalin vom Fernen Osten aus.
Als Hewel ihm Ribbentrops neuen Vorschlag für Friedensfühler nach Moskau brachte, weigerte sich Hitler, die Denkschrift überhaupt zu lesen.

»Erst müssen wir wieder einen entscheidenden militärischen Erfolg erringen, dann können wir weitersehen«, äußerte er später zu Ribbentrop.
Rosenberg, der Pläne vorlegte, wie man die Nationalitäten der besetzten Gebiete gegen Stalin mobilisieren könnte, hatte ebensowenig Erfolg wie Ribbentrop. Zu Beginn des Jahres 1943 hatten die Deutschen über 130000 Mann »Osttruppen« aufgestellt, und es gab russische Generale, die sie gegen Stalin führen würden. Doch Hitler befürchtete, solch ein Einsatz würde ein Spiel mit dem Feuer sein, denn wer garantierte, daß dadurch nicht der russische Nationalismus wiederangefacht wurde, nur unter anderer Führerschaft?
Als ihm Rosenberg im Februar 1943 eine längere Denkschrift vorlas, in der er vorschlug, das bolschewistische Kollektivsystem durch bäuerlichen Privatbesitz zu ersetzen, militärische Einheiten aller Völker an der Ostfront zu bilden, Freiheit des religiösen Bekenntnisses zuzulassen und eine entsprechende politische Proklamation zu veröffentlichen, winkte der Führer ab. Er behalte sich vor, das eine oder andere »nach Beginn der kommenden Frühjahrsoffensive« in Angriff zu nehmen. Und als Zeitzler ihm berichtete, daß der gefangene russische General Andrej Andrejewitsch Wlassow bereit sei, eine »Nationale Befreiungsarmee« gegen Stalin zu führen, konnte Hitler in dem General höchstens ein nützliches Propagandainstrument sehen. »Der Wlassow, das ist auch so ein Schwein! Der verdankt dem Stalin doch auch alles. Der hat ihn doch zum General gemacht. Und nun kämpft er gegen ihn«, äußerte er in seiner Umgebung.
Generalfeldmarschall Paulus würde sich auch nicht anders verhalten! »Ein paar Wochen im Rattenkäfig Ljubljanka«, meinte Hitler, »da unterschreibt er alles! Er wird Geständnisse machen, Aufrufe machen, Sie werden sehen... Er wird in kürzester Zeit im Moskauer Rundfunk sprechen.«
Stalingrad hatte einen hohen Preis gefordert. Görings Lufwaffe hatte bei den Versorgungsflügen 488 Flugzeuge und etwa tausend Mann des fliegenden Personals verloren. Nur 108000 Soldaten hatten den Kampf überlebt und waren mit Paulus in die sowjetische Kriegsgefangenschaft gezogen; von ihnen sahen nur sechstausend Deutschland jemals wieder. Zwar schätzte am 4. Feburar Gehlens Abteilung Fremde Heere Ost, daß die Festung 107 sowjetische Verbände und 13 Heeres-Panzerregimenter gebunden hatte; er konnte aber kein klares Bild darüber gewinnen, wo Stalins nächste Offensive beginnen würde. Hitler rechnete noch immer damit, daß der Lebensmittel- und Menschenmangel Stalin am Ende doch zu Boden zwingen werde. Seinen Nachrichtendiensten war eine russische Zusammenstellung der Verluste in die Hände gefallen; demnach hatten die Russen bisher 11,2 Millionen Mann an Toten, Vermißten und Verwundeten verloren. Es schien durchaus aussichtsreich, den Kampf fortzusetzen.
Den Februar über versuchte Hitler die Löcher zu stopfen, die der Winterkrieg in die Front gerissen hatte. Sonntag, den 7. Februar, berief er die Gauleiter ins Hauptquartier und berichtete ihnen von den Vorgängen.

»Gleich als erstes«, notierte sich Staatssekretär Backe, »Sie erleben eine Katastrophe nie dagewesenen Ausmaßes. Die Russen brachen durch, die Rumänen gaben auf, die Ungarn kämpften gar nicht erst, deutsche Soldaten hielten von hinten in dünnster Linie fünf Tage die Front an den durchbrochenen Stellen. Vier Armeen in und um Stalingrad sind verloren. Man vergleicht unsere Lage mit Kolin und Kunersdorf; hätte Friedrich der Große unsere Waffen gehabt, hätte man ihn nie den Großen genannt, denn dann hätte der Siebenjährige Krieg nur zwei Monate gedauert. Der Führer lobte wieder Speer... Der Führer sagte noch: wenn das deutsche Volk versagt, dann ist es nicht wert, daß man für seine Zukunft kämpft, dann soll es ruhig aus sein.«

Die Gauleiter gaben sich zufrieden. Nicht so leicht war die Vertrauenskrise bei den Generalen zu reparieren. General Schmundt, den er zu einer Erkundungsfahrt zur Heeresgruppe Don entsandt hatte, wird getreulich über die düstere Stimmung berichtet haben, die sich dort zusammenbraute – daß Manstein, Milch und Richthofen einhellig der Meinung waren, daß den Armeen und Heeresgruppen so lange die zum Siege erforderlichen schnellen und klaren Entscheidungen von oben fehlen würden, wie Hitler sich in Person um den Einsatz jedes einzelnen Bataillons kümmerte; kurz, Hitler müsse wenigstens einen Oberbefehlshaber Ost ernennen. Ganz klarer Favorit bei den Generalen war Manstein, den Hitler zwar für einen hervorragenden operativen und taktischen Führer in der Offensive hielt, aber in der gegenwärtigen Lage brauche die Ostfront einen Mann, der hart und zäh, aber doch wendig genug wäre, um gut improvisieren zu können.

Milch, der am 3. Februar zusammen mit Hube von Stalingrad herbeigeflogen war, hätte aufmerksame Anhörung verdient; allerdings hatte Göring sich Hitler gegenüber gerade damit gebrüstet, daß im Januar 2000 neue Flugzeuge gefertigt worden seien. Mit dieser Zahl konfrontierte Hitler nun Milch: »Wir wollen sehen, ob es auch dabei bleibt.« Er wechselte das Thema und sprach von einem einfachen, primitiven Transportflugzeug, das imstande sein müsse, nach Afrika und wieder zurück zu fliegen, ohne dort auftanken zu müssen. Er tadelte Milch wegen der katastrophalen Geschichte des Bomberprojekts Heinkel He 177 mit einer derartigen Schärfe, daß Milch ein paar Tage später, nach Luft schnappend, sagte: »Ich stand da vor dem Führer wie ein kleiner Junge, der seine Schularbeiten nicht ordentlich gemacht hat.« Manstein und Kluge, ebenfalls in die Wolfsschanze beordert, kamen nicht glimpflicher davon. Hitler beeindruckte den Feldmarschall durch ein freimütiges Eingeständis, daß er allein verantwortlich sei für Stalingrad – nicht Göring: »... er ist mein von mir selbst bestimmter Nachfolger und deshalb kann ich ihn nicht mit der Verantwortung für Stalingrad belasten.« Und nachdem er sich vier Stunden lang unnachgiebig gezeigt hatte, machte er Manstein schließlich das Zugeständnis, auf seine Forderung einzugehen und das östliche Donez-Gebiet zu räumen, um die 4. Panzer-Armee für die bevorstehende Offensive an der

Westflanke seiner Heeresgruppe freizustellen. Nach langem Drängen ging er ebenfalls auf Zeitzlers Empfehlung ein, den unvorteilhaften, 530 km langen vorspringenden Bogen der Heeresgruppe Mitte bei Rschew und Wjasma zugunsten der viel kürzeren Sehnenstellung im Rücken aufzugeben. Aber Kluge mußte versprechen, die dadurch entlasteten 21 Divisionen für eine große Frühjahrsoffensive freizustellen. Die Rückzugskämpfe von Wjasma und Rschew – die sogenannte »Büffel-Bewegung« – begannen am 1. März, sie waren der erste operative Erfolg des Jahres 1943.

Zusammen mit Göring traf Richthofen am 11. Februar ein. Dieser sagte unverblümt, man müsse jetzt die Grundorganisation des Heeres fest in den Griff bekommen. Natürlich sei man knapp an Soldaten, wenn eine Division bei einer Verpflegungsstärke von 12 000 Mann nur 600 Mann an kämpfender Truppe auf die Beine bringe. »Der Führer fragte mich auf den Kopf zu, was ich von Manstein dächte«, diktierte Richthofen in sein Tagebuch. »Ich sagte ihm, daß ich ihn für den besten Taktiker und Führer von kämpfenden Truppen hielte, den wir haben... aber daß Manstein, wie alle anderen Armeeführer, sich eigentlich nur für die Operationen und für die Taktik interessiere.« Die Armeeführer wären überall brave Leute, die das Beste wollten und herauszuholen suchten. Sie müßten aber in ihrem Rahmen operative Freiheiten auf Grund ihrer Lagekenntnis haben. Ein Gängeln von oben her schade nur. Führer meinte, daß, wenn er sie nicht gängelte, die Leute schon lange in Deutschland stünden. Richthofen betonte, daß eine persönliche Fühlung mit diesen Leuten unbedingt erforderlich sei. »Wenn man, und vor allem der Führer selbst, aus irgendwelchen Gründen, die ich nicht übersehen könne, nicht zu den Armeen hin könne, dann müsse man sie mindestens ein Mal im Monat bestellen, um mit ihnen die Lage, Absichten und Möglichkeiten zu besprechen... Führer schimpfte auf seine nächsten Berater, denen er ja immer alles sage, die ihm aber falsch meldeten und nichts täten. Er ließ sich ruhig sagen, daß das weder uns an der Front noch die spätere Geschichtsschreibung interessiere. Er allein sei verantwortlich und auch hier hätte ein Schimpfen auf die Leute gar keinen Zweck.« Hitler hielt die Zeit für gekommen, auch Richthofen zum Feldmarschall zu machen.

Als die Gauleiter sich am 7. Februar zum Mittagessen in der Wolfsschanze versammelten, versprach Hitler ihnen, daß man die Lawine der Roten Armee aufhalten werde. Er billigte Speers Vorschlag, mit der Vorbereitung einer Befestigunslinie im Osten zu beginnen. Er beglückwünschte Goebbels zur Behandlung des Themas Stalingrad in der deutschen Propaganda. Vorbehaltlos billigte er die Forderung des Ministers nach einer äußersten Totalisierung der Kriegführung. Für Hitler war die Opposition eine winzige, irregeleitete Minderheit. Als einige Münchner Studenten Flugblätter verstreuten, in denen sie Hitlers Sturz forderten, wurden die Anführer vom Volksgerichtshof zum Tode verurteilt. »Es gibt vielleicht manche Leute, die sagen: Es ist unverständlich, mit welcher Rücksichtslosigkeit der Volksgerichtshof vorgeht«, sagte Hitler später in einer Geheimansprache vor seinen Generalen. »Da ist ein Mann, der hat doch bloß Flugblätter verteilt ... und wieder ein anderer, ein Professor an einer Universität, und zwei Studenten haben auch Flugblätter verteilt, und die werden einfach hingerichtet. – Ja, wenn dieser Professor und diese paar Hochschüler, die das gemacht haben, an der Front stünden, so wären sie vielleicht auch tot; das weiß ich nicht. Das muß aber der Soldat dauernd auf sich nehmen.«

Mansteins neu geschaffene Heeresgruppe Süd hatte ihren Gefechtsstand in Saporoschje am Dnjepr. Dort war das gewaltige Wasserkraftwerk mit Hilfe der AEG gerade wieder aufgebaut worden, und es floß wieder Elektrizität in die Kohlenbergwerke und die Munitionsfabriken der Ukraine. Speer hatte Hitler vor kurzem seinen Terminplan »Iwan« für den raschen Ausbau der chemischen Fabriken und der Stickstoff- und Dynamitwerke im Donezgebiet gezeigt. Besorgt hatte Hitler zusätzliche schwere Flakbatterien und Bodentruppen zum Schutz des Kraftwerks gegen Luft- und Fallschirmjägerangriffe heranführen lassen, aber wenn Mansteins schwerfälliger Gegenstoß auseinanderflatterte, dann würde das ganze Gebiet bald verloren sein. Hitlers Stab war konsterniert, als Zeitzler vorschlug, der Führer solle persönlich nach Saporoschje fliegen. Entrüstet erhob Göring Einspruch. Aber Zeitzler sagte sarkastisch: »Außerdem kann ja der Reichsmarschall zur Zeit des Fluges den Himmel voller Jäger hängen; dann ist die Sicherheit gewährleistet.« Gegen drei Uhr rief Hitler Zeitzler an: »Ich habe mir all das, was Sie heute gesagt haben, noch einmal überlegt. Wir fliegen heute früh.« Hitler nahm nur Zeitzler, Jodl – mit dem er sich am 30. Januar wieder versöhnt hatte –, Schmundt, Hewel und seinen Leibarzt Morell mit. Lammers, Himmler und Ribbentrop sollten ständig im ostpreußischen Führerhauptquartier bleiben. Hitler wollte sich ganz dem bevorstehenden Feldzug widmen.

Sobald es hell wurde, trat er den langen Flug nach Süden an. Die Wolfsschanze versank in Untätigkeit. Eine erst kürzlich angekommene Sekretärin schrieb: »Am Nachmittag war der Führerbunker leer. Es war merkwürdig, welche Ruhe damit im ganzen Lager einzog. Es war, als ob der Motor des Betriebes plötzlich stillstehen würde. Ich habe damals zum ersten Mal empfunden – obwohl es eigentlich nur eine äußerliche Erscheinung war –, wie sehr die Persönlichkeit Hitlers die Triebkraft für all diese Menschen war; der Puppenspieler, der die Fäden der Marionetten in der Hand hielt, hatte sie plötzlich fallen lassen.«

Aus Hitlers Ankunft in Mansteins Hauptquartier in Saporoschje wurde kein Geheimnis gemacht. »Dort war alles abgesperrt«, notierte Feldmarschall von Richthofen in seinem Tagebuch. »Alle Leute, die ich auf der Straße nach der Heeresgruppe fragte, sagten mir hohnlächelnd: da darfst gar nicht hin, da ist der Führer ... Große Lagebesprechung beim Führer. Ich meldete mich. Allgemeines Herumtasten, keine Ansichten, gegenseitige Gespanntheit, unerfreuliche Atmosphäre. Führer zog sich in seine Etage zurück, ohne Entscheidungen zu fällen... Führer sehr nett, ruhig, klar sehen. Ob er das Handwerkszeug und die Technik besitzt, das, was er klar sieht, in Befehle umzuwandeln, wird mir immer zweifelhafter.« Hitler wies die Luftwaffe an, sich in den bevorstehenden Offensiven auf einige wenige »absolute Schwerpunkte« zu konzentrieren.

Am nächsten Abend, dem 18. Februar, übertrug der Rundfunk im ganzen besetzten Europa Goebbels' leidenschaftliche Sportpalast-Rede (»Wollt ihr den totalen Krieg?«). Am nächsten Morgen richtete Hitler eine wirkungsvolle Proklamation an Mansteins Truppen; es war der Tag vor ihrem Gegenstoß zwischen den Flüssen Dnjepr und Donez, von dem so viel abhing: »Soldaten der Heeresgruppe Süd und der Luftflotte 4! Der Ausgang einer Schlacht von weltentscheidender Bedeutung hängt von euch ab! Tausende Kilometer von den Grenzen des Reiches entfernt, wird das Schicksal der deutschen Gegenwart und Zukunft entschieden... Die ganze deutsche Heimat ist deshalb mobilisiert. Bis zum letzten Mann und zur letzten Frau wird alles in den Dienst eures Kampfes gestellt. Die Jugend verteidigt an der Flakwaffe die deutschen Städte und Arbeitsplätze. Immer neue Divisionen sind im Anrollen begriffen. Unbekannte, einzigartig dastehende Waffen befinden sich auf dem Weg zu euren Fronten... Ich bin daher zu euch geflogen, um alle Mittel zu erschöpfen, euern Abwehrkampf zu erleichtern und ihn am Ende in einen Sieg zu verwandeln. Wenn mir jeder von euch dabei hilft, wird uns das – wie bisher noch immer – auch dieses Mal mit Hilfe des Allmächtigen gelingen.«

Inzwischen rückten russische Panzer vor; nichts stand mehr zwischen ihnen und Saporoschje. Hitler konnte sich nur schwer trennen, schätzte aber den Wert seiner Person zu hoch ein, um länger zu bleiben. Als Hitler erwähnte, daß er Generaloberst Guderian nach Winniza zu sich bestellt habe – er hatte auf Drängen Schmundts den kampfesfrohen General zum Inspekteur der Panzertruppen gemacht –, empfahl Richthofen ihm, vorläufig für zwei Tage hinzufliegen und wieder zurückzukommen, wenn die Lage einigermaßen bereinigt sei. Es war ein diplomatischer Ausweg.

Hitler startete sofort in Richtung Werwolf. Vom Flugplatz Saporoschje hörte man das Geschützfeuer der russischen Panzer. Doch am 22. Februar stießen die 1. und die 4. Panzerarmee nach Norden vor; bald war ein Brückenkopf über den Donez bei Balakleja gebildet, und Anfang März stand eine vierte Schlacht um Charkow bevor. Das Vertrauen des Führers zu Manstein war wiederhergestellt.

Endlich war die Lage an der Ostfront wieder stabil. Hitler konnte sein Augenmerk wieder auch anderen Problemen zuwenden.

»So geht es nicht«

Winniza im Winter war ein trostloser, deprimierender Ort. Beschädigte Flugzeuge standen vereinzelt um den kleinen Flugplatz. Abgerissene ukrainische Bauern trotteten mit ihren Panjepferdchen über verwahrloste Felder und sammelten Brennholz für ihre armseligen Hütten. Das einbrechende Tauwetter verwandelte Wiesen und Straßen in ein einziges Matschfeld. In den karg eingerichteten Blockhäusern zog Hitler sich erst eine Grippe und dann eine ernstere Krankheit zu, die Morell als Gehirnentzündung diagnostizierte. Hitler verzichtete auf die dringend gebotenen Ruhewochen. Kurze Zeit später litt er an einer Seite unter heftigen Kopfschmerzen, und sein rechter Arm zitterte; Morell vermutete eine hysterische Ursache, bemerkte dann aber, daß Hitler auch ein Bein leicht nachzog. Tiefe Depressionen versuchte Morell mit Injektionen des Hormonpräparats Prostakrinum, einem Totalextrakt aus Prostata und Samenblasen junger Bullen, zu bekämpfen. Wie das Buch, das Hitlers SS-Ordonnanzen führten, ausweist, war Morell von da an fast stets der erste, der Hitler aufsuchte, nachdem ihn sein Diener morgens geweckt hatte.

Stalingrad hatte ihn gezeichnet, doch nach außen gab er sich hart und unerschüttert. Er befahl die sofortige Aufstellung einer neuen 6. Armee und die Auslöschung jeder Spur der alten. Ein höchst heikles Problem entstand durch die Briefe, die die Überlebenden aus der Kriegsgefangenschaft schrieben; diese wurden nie zugestellt. Warum sollte man in ihren Familien falsche Hoffnungen wecken? Guderian, der ihn seit Dezember 1941 nicht gesehen hatte, traf am 21. Februar in Winniza einen völlig veränderten Menschen an: »Die linke Hand zitterte, die Haltung war gebeugt, der Blick starr, die Augen quollen leicht hervor, sie waren glanzlos; die Wangen zeigten rote Flecken. ... Er verlor leicht jede Haltung in seinem Jähzorn und war dann unberechenbar in seinen Worten und Entschlüssen.«
Tiefe Narben waren auch in der Achse selbst zurückgeblieben – aufs schlimmste illustriert durch eine Handgranate, die auf einen deutschen Panzergeneral geworfen wurde, als er eine verdrossen marschierende italienische Kolonne passierte, die sich auf dem Rückzug vom Süden der Ostfront befand. Aber Hitler lernte allmählich seinen Zorn auf diese unzuverlässigen Verbündeten beherrschen. »Ich will jetzt Verbündete an der Ostfront nicht mehr sehen«, sagte Hitler grollend zu Goebbels. »Nur mit unseren eigenen Soldaten – vor allem der SS – kann man mit den Bolschewisten fertig werden.« Selbst wenn Mussolini jetzt großzügig 700 000 Mann zusätzlich

anböte, welchen Sinn hätte es, von der deutschen Rüstungsindustrie Soldaten bewaffnen zu lassen, »die im ersten Moment bei jedem Gegner die Waffen strecken werden?« Hitler fügte hinzu: »Nicht einmal sogenannte defensive Kampfaufgaben kann man ihnen zuweisen.« Als er jedoch im Februar erfuhr, daß die armseligen Reste der ungarischen, rumänischen und italienischen Armee unwürdig behandelt worden waren und daß der italienische Botschafter darüber Klage führte, daß ihnen auf ihrem Rückzug ohne Waffen, Verpflegung und alle Hilfsmittel von einzelnen deutschen Truppenteilen in keiner Weise geholfen worden sei, erinnerte er seine Generale eindringlich an die Notwendigkeit allgemeiner Rücksichtnahme und Hilfsbereitschaft. In einer internen Lagebesprechung mit Keitel und dem Hofhistoriker Scherff am 31. Mai erklärte sich Hitler gegen eine abschließende Stellungnahme zum Unternehmen Stalingrad, da es ohne Einbeziehung der Haltung unserer Verbündeten nicht beurteilt werden könne. Auch für die Ungarn hatte er insgeheim nur Hohn und Spott übrig, und am 22. Januar erging ein OKW-Fernschreiben an Ungarn und Italien, ihre Armeen zurückzuziehen. 80 000 ungarische Soldaten waren seit der Offensive vom 12. Januar gefallen oder vermißt, weitere 63 000 waren verwundet.

Aber Horthys Generale verhielten sich im großen und ganzen der Achse gegenüber loyal. Der Oberbefehlshaber der 2. ungarischen Armee, General von Jány, wusch seinen Leuten mit einem Tagesbefehl den Kopf, der Berühmtheit erlangte und den Himmlers Leute später für Hitler fotokopierten: »Die ungarische 2. Armee hat ihre Ehre verloren, denn nur wenige haben ihrem Eide und ihrer Pflicht getreu das eingelöst, was von ihnen mit Recht erwartet wurde.«

Aus aufgefangenen Meldungen ging jedoch zweifelsfrei hervor, daß der ungarische Premierminister, Miklas von Kállay, das Terrain für Geheimverhandlungen mit England und den USA sondierte und daß er eifrig nach dem plumpen Köder Churchills geschnappt hatte, der der türkischen Regierung den Vorschlag eines neuen Balkan-Bundes (mit Türkei, Ungarn und Rumänien) mit antisowjetischer und zugleich antideutscher Spitze gemacht hatte. Der Sicherheitsdienst hatte Kenntnis von einer streng geheimen Ansprache Kállays an den auswärtigen Ausschuß im ungarischen Abgeordnetenhaus erhalten, woraus sich ergab, daß ihm nicht zu trauen war. Hitler entschied, Horthy persönlich unter Druck zu setzen, sich von Kállay zu trennen.

So wirksam war die Nebelwand der alliierten Abwehr, daß Hitler sich nur auf seinen berühmten sechsten Sinn als Feldherr verlassen konnte, wenn es galt zu erraten, wohin sich der Krieg im Mittelmeerraum in nächster Zukunft ziehen würde. Spanien und Portugal waren besonders verwundbare Stellen; ihre Besetzung würde Hitler die Einnahme von Gibraltar unmöglich machen, die U-Boot-Offensive im Atlantik stoppen und ihn von dem Eisen, Wolfram, Lithium und Zinn dieser Länder abschneiden. Zweimal sandte er Canaris nach Madrid, erhielt aber wenig begeisternde Berichte, Spanien werde seine Neutralität gegen jeden Angreifer verteidigen, aber von sich aus nicht an der Seite der Achsenmächte in den Krieg eintreten. Hitler entschied, Waffenlieferungen an Franco in Gang zu setzen.

Im Februar schien es klar zu sein, daß die Briten und Amerikaner starke Kräfte im Grenzraum von Spanisch-Marokko versammelten, und zwar auch auf Kosten ihrer Front in Tunesien. Canaris meldete sich am 9. Februar im Führerhauptquartier und versuchte, diesen Gerüchten den Garaus zu machen, aber Hitler ließ Divisionen an die spanische Grenze verlegen. Auf einer Lagebesprechung am 10. Februar äußerte er die Ansicht, daß eine große Feindoperation gegen die Iberische Halbinsel von Landungsangriffen gegen die belgisch-französische Kanalküste und die Atlantikküste begleitet sein würde. Ein Angehöriger der Marine, der an der Lagebesprechung teilnahm, schrieb danach: »Über die Haltung Spaniens war der Führer plötzlich völlig beruhigt. Er hatte darüber Nachrichten, die Quelle ist mir nicht bekannt. Er bezeichnet die Situation jedenfalls in unserem Sinne als geklärt.«

Was Hitler erfahren hatte, war, daß einer der geheimsten Verträge dieses Krieges soeben in Madrid unterzeichnet worden war: Als Gegenleistung für die Lieferung moderner deutscher Waffen in ausreichender Quantität verpflichtete sich Franco schriftlich, daß sein Land gegen die Engländer und Amerikaner kämpfen würde, sobald diese ihren Fuß auf spanisches, portugiesisches Gebiet oder irgendeine der spanischen Besitzungen im Mittelmeerraum, am Atlantik und in Afrika setzen würden.

Es konnte ebensogut sein, daß der Feind beschloß, das Partisanenchaos auf dem Balkan zu nutzen. Eine alliierte Landung auf diesem Schauplatz würde die rumänischen Ölfelder in Bomberreichweite rücken lassen. Die vollziehende Gewalt im Südosten übertrug er dem österreichischen Generalobersten Löhr. Er müsse dort unbedingt Ruhe schaffen, beschwor Hitler ihn – »wenn auch diejenige eines Friedhofes«. In Kroatien, wie auch anderswo, war Italien die Wurzel allen Übels für Hitler. Als Titos Partisanen zu mächtig geworden waren, hatten die Italiener ungeachtet aller deutschen Proteste ihnen weite Gebiete kampflos überlassen. General Roattas 2. Armee hatte die serbischen Četnik-Banden weiterhin mit Waffen für den Kampf gegen die Partisanen beliefert; im Dezember hatte Ciano sehr widerwillig Hitlers Forderung akzeptiert, die Četniks zu entwaffnen, aber die Armee ließ Mussolinis entsprechenden Befehl unbeachtet. Bald wurden die wichtigen Bauxit-Gruben von Mostar den Partisanen überlassen. Tito entkam immer wieder, und Hitler brachte ihm bald die gleiche Bewunderung entgegen, die er bisher für Stalin reserviert hatte.

Gegen Ende Februar schickte er Ribbentrop nach Rom mit einem scharf formulierten Brief, in dem er die aktive Mitwirkung der Italiener bei der Bandenbekämpfung forderte. Er legte Dutzende von entzifferten Funksprüchen vor zum Beweis, daß die Četnik-Banden für London kämpften.

Der neue italienische Stabschef, General Ambrosio, hatte immer neue Entschuldigungen, weshalb man nichts gegen die Četniks unternehmen könne. Löhr kam nach Winniza und schlug vor, Kroatien zu befrieden, indem man eine deutsche Verwaltung von unten nach oben aufbaue. Hitlers Geduld mit den Italienern war erschöpft. Er befahl Löhr den Vorstoß bis Mostar und die Besetzung der dortigen Bauxitgruben durch deutsche Truppen, ferner bereitete er einen rücksichtslosen Vernichtungskampf gegen die Četnik-Bewegung vor. »Wegen der engen Beziehungen der Četnik-Führer zu italienischen Stellen legt der Führer besonderen Wert auf schärfste Tarnung der Absicht und aller Vorbereitungen.« Doch erst Mitte Mai begann diese Operation »Schwarz«.

Nur die Rücksicht auf die politischen Auswirkungen, die ein Verlust Tunesiens auf Italien habe würde, hinderte Hitler daran, seine Divisionen aus dem Brückenkopf abzuziehen. Hitlers eigenes Interesse an Rommels fernem Wüstenkrieg war denkbar gering. »Ich glaube, daß man militärisch ohne Optimismus überhaupt nicht führen kann«, meditierte Hitler später. »Ich halte Rommel in begrenztem Rahmen für einen außerordentlich kühnen und auch geschickten Führer. Ich halte ihn nicht für einen Steher, und das ist auch die Auffassung aller Herren.«
Rommel war ein kranker Mann, und seine Zukunft war ungewiß. Warlimont kehrte Mitte Februar von einer Besichtigungsreise aus Tunis zurück und berichtete, daß Rommel den Brückenkopf als »Kartenhaus« bezeichnete, das im Augenblick des Angriffs durch Montgomery in sich zusammenfallen werde – vermutlich in einem Monat, bei Vollmond. Auch hatte der Feind jetzt ein neues 5,7-cm-Pak-Geschoß, das den Tiger durchschlagen konnte, den Stolz der deutschen Panzerwaffe.
Dennoch entdeckte Arnims 5. Panzer-Armee eine schwache Stelle genau vor sich: das amerikanische II. Korps. Am 14. Februar stürmte sein Generalleutnant Ziegler gegen diese unerfahrenen Truppen und drückte ihre Front weit zurück in Richtung auf den wichtigen Kasserin-Paß. Am Ende aber scheiterte Arnims Offensive, und Canaris zitierte ihn: »Bei dieser Nachschublage« – im Februar waren nur 25 000 statt der benötigten 80 000 t eingetroffen – »ist es mit dem Bleistift nachzurechnen, wann das Ende kommen muß.«
Ein Spezialist hatte Rommels Gesundheitszustand untersucht und Hitler berichtet, daß er spätestens am 20. Februar einen Urlaub antreten müsse; aber in dem Augenblick, da ihm jetzt die Heeresgruppe Afrika unterstellt wurde, wobei eine deutsche und eine italienische Armee Tunis verteidigen sollten, besserte sich seine Gesundheit auf rätselhafte Weise. Aber Rommel gewann seinen Mut nicht zurück. Er übergab am 4. März Hitler seine deprimierende Gesamtbeurteilung. Der Feind hatte 1600 Panzer, 1100 Pak und etwa 210 000 Mann an Kampftruppen; sofern Hitler nicht den Rückzug auf eine viel kürzere Frontlinie von etwa 150 Kilometer genehmigte, würde

der Feind Rommels beide Armeen, Arnim und Messe, überrollen. Nicht ganz zu Unrecht kommentierte Hitler: »Das ist eine hundertprozentig andere Beurteilung, als er sie selbst früher gegeben hat« – nämlich daß ein Rückzug nach Tunesien alle ihre strategischen Nachteile ausgleichen würde. Jodl wies darauf hin, daß Rommels Plan dem Feind viele wichtige Flugplätze zum Geschenk machen und die Landverbindung zwischen Montgomery und Alexander zum gemeinsamen Kampf gegen den Brückenkopf herstellen würde. Hitler untersagte ihm das Zurückgehen. »Das ist das Ende«, erklärte er.

»Auf höheren Befehl«, wie Rommel verbittert schrieb, begann er am 6. März seinen letzten Angriff gegen Montgomery. Am selben Tag noch mußte er auf die Mareth-Stellung zurückgehen. Es war das Ende. Am 8. März beschloß Hitler, ihn zurückzurufen, bevor sein Nimbus unter einer Niederlage in Tunis gelitten hatte; vorläufig jedoch blieb Rommels Abberufung streng gehütetes Geheimnis – der *Feldherrnruhm* Rommels sollte, in absentia, weiterkämpfen. Am Spätnachmittag des 10. März traf Rommel mit dem Flugzeug in Winniza ein, und er verbrachte den Abend unter vier Augen mit Hitler. Wieder verschloß Hitler sich den Argumenten Rommels für eine Verkürzung der Front des Brückenkopfes; er ließ sich anmerken, daß Rommel zum Defätisten geworden sei. Er werde die Nachschubquote auf 150 000 t monatlich steigern, sagte er; und sobald seine Gesundheit wiederhergestellt sei, solle Rommel nach Afrika zurückkehren und die Offensive nach Westen gegen Casablanca führen.

Hitler verlieh seinem Feldmarschall Rommel die Brillanten zum Ritterkreuz; die Italiener versagten es sich, ihm eine gleich hohe Auszeichnung zu verleihen.

Am 1. März 1943 hatten Hunderte von RAF-Nachtbombern Spreng- und Brandbomben im Flächenbombardement auf Berlin abgeworfen. 35 000 Menschen wurden obdachlos, 711 fanden den Tod. Hitlers Ärzte und Diener berichteten, daß er in der Folge bis tief in die Nacht von grausigen Bildern schlichter Berliner Familien gequält wurde, die mit eigenen Augen mitansehen mußten, wie nicht nur ihre Häuser zerstört, sondern auch zwei oder drei Kinder getötet wurden. Die besten Jäger oder die beste Flak könne gegen Bomberrudel in dieser Massierung nichts ausrichten. Nur Gegenterror würde die Briten auf die Knie zwingen. Aber Feldmarschall Sperrles 3. Luftflotte kämpfe ohne Härte und könne kaum die schwächsten Vergeltungsangriffe fliegen. London nehme gar keine Notiz von den deutschen Vergeltungsangriffen. »Der Engländer schreibt, der deutsche Angriff wäre ein Kinderschreck gewesen«, machte Göring seinem Ärger vor seinem Stab Luft. »Alles hätte im Feld draußen gelegen. Daß man da schließlich aus der Haut fährt, ist verständlich. Die können aus den Wolken ein Ei im Bahnhof treffen, und auf der anderen Seite können unsere Brüder nicht mal London finden.«

Ein Jagdbomberangriff auf London in niedriger Höhe am 5. März wurde, wie man Hitler entschuldigend sagte, wegen sehr starken Dunstes und »völlig spiegelglattem Wasser« abgebrochen, was Hitler zu der erstaunten Frage veranlaßte: »Schwimmen die Flugzeuge auf dem Wasser?« Hitler erregte sich über den »unfähigen« und »sybaritischen« Feldmarschall Sperrle und verlangte einen jüngeren Mann als Führer des Angriffs gegen England. »Wann kommt der Reichsmarschall hierher?«, hatte er gefragt. »So geht es nicht. So kriegen wir die Engländer nicht klein.« Als Goebbels und Speer am 8. März erschienen, schimpfte Hitler immer noch hemmungslos über das völlige Versagen der Luftwaffe. »Noch sechs Monate Luftkrieg, dann stehen wir in vielen Städten vor einem Trümmerfeld, haben Tausende von Toten.« Um Mitternacht saß er mit Goebbels und Speer in seinem Bunker und beklagte sich bitter über die Generale. »Man braucht sie sich nur in Zivil vorzustellen, und man verliert jeden Respekt vor ihnen.« Das sagte er, als er erfuhr, daß ein Großangriff gegen Nürnberg geflogen worden war, das mittelalterliche Schmuckstück Bayerns und die Stadt der Reichsparteitage. Hitler hatte Görings Verbindungsoffizier wecken lassen und befohlen, daß der Reichsmarschall unverzüglich aus Rom zurückkommen solle.

Speer und Goebbels hofften weiterhin, Göring als Instrument ihrer eigenen politischen Pläne gebrauchen zu können, und nahmen ihn diese Nacht in Schutz. Dies allein besänftigte Hitlers Wut noch einmal. Wie viele Befehle habe er vor 1939 und später der Luftwaffe gegeben, und wie wenige davon seien wirklich durchgeführt worden. »Die Generalität hat es eben immer besser gewußt als der Führer. Dafür muß jetzt das deutsche Volk zahlen!« Göring, der am 11. eintraf, griff dankbar den Faden auf. »Ich habe dem Führer schon gesagt, ich bin selber kein Konstrukteur und kein Techniker, kann also leider Gottes selbst keine Maschine bauen, kann auch keine Motoren und keine Geräte entwickeln«, ließ er sich eine Woche später vernehmen. Die Generale und Fachleute hätten ihn stets in Illusionen gewiegt; die Radarspezialisten hätten sogar ihre Unfähigkeit, Blindabwurfgeräte zu testen, mit schlechtem Wetter entschuldigt.

In den nächsten Nächten wurden München und Stuttgart zum Bomberziel. Hitler setzte sich jetzt über Göring hinweg, befahl, den Luftkrieg gegen England zu intensivieren, und ließ den jungen Oberstleutnant i. G. Peltz zum »Angriffsführer England« ernennen – verantwortlich nicht dem schwerfälligen Sperrle, sondern Jeschonnek (und damit Hitler) allein.

Hitler war für den Vormittag des 10. März wieder zu Manstein nach Saporoschje geflogen, denn er war mit den Vorgängen an der Südfront sehr zufrieden. Mansteins zwei Panzerarmeen hatten 23 000 tote Russen auf dem Schlachtfeld zwischen Donez und Dnjepr zurückgelassen; 615 Panzer, 354 Geschütze und gewaltige Mengen anderer Ausrüstung waren erbeutet. Die folgende Offensive an der Woroneschfront hatte zur Vernichtung der

russischen 3. Panzerarmee südwestlich Charkow geführt; 12 000 feindliche Soldaten waren gefallen. Mansteins 4. Panzerarmee trat mit ihrem starken SS-Panzerkorps zur fünften Schlacht um Charkow an.
Richthofen schrieb: »Um 10.40 Uhr landet der Führer. Manstein und ich fahren in seinem Wagen zur Heeresgruppe, Führer ziemlich aufgekratzt ... Dazwischen immer wieder Hassen von Manstein zu Kleist und Kitzeln des Führers, damit Manstein über Kleist und Kluge, seine beiden Nachbarn, unfreundliche Dinge sagt. Führer recht munter. Pflaumt mich auch öfters an, aber freundlich, redet komischerweise alle Leute heute mit ›Herr Feldmarschall‹ an. ... Von Rumänen und sonstigen Bundesgenossen will er nichts wissen, meint, man ärgere sich nur über sie, wenn man sie einsetze, weil sie nicht hielten, und wenn man sie aufrüste und nicht einsetze, ärgere man sich auch, weil sie dann herumständen und nichts täten. Also besser gar nicht an sie denken.«
Der Schnee war fast völlig geschmolzen, die Ostfront war wieder einmal ein einziges Schlammfeld. Die 650 Kilometer breite Lücke in der eigenen Front war nahezu gänzlich geschlossen, in Hitlers Augen wieder ein Beweis dafür, daß die Rote Armee eben doch keine Reserven mehr in der Hinterhand hatte. Schon zogen die Russen ihre Siebzehnjährigen ein. Im Süden war die Wiedereroberung von Charkow jetzt sicher. Und westlich von Moskau näherte sich die »Büffelbewegung« ihrem glänzend erfolgreichen Abschluß. Die Rote Armee, verblüfft ob dieses ganz untypischen Rückzugs, war nur zögernd gefolgt und prompt auf gut ausgelegte Minenfelder gestoßen. Sie erlitt schwere Verluste, ohne daß es die Deutschen auch nur einen Mann kostete. Die zurückweichenden Deutschen hatten alles abmontiert oder zerstört, was für den Feind von Wert gewesen wäre. »Eine gewonnene Schlacht«, konstatierte Kluges Heeresgruppe Mitte.
Am 13. März flog Hitler von Winniza ab, und an jenem Nachmittag besuchte er bei Smolensk das Hauptquartier dieser Heeresgruppe. Hier war die Stimmung ebenso glänzend wie in Saporoschje.
Drei Tage vorher, am 10. März, hatte Himmler mit dem Chef des Reichssicherheitsdiensts telefoniert und ihn vor dem »Versand von Sprengpäckchen« gewarnt.* Hitler zeigte sich unbeeindruckt. Seine Stimmung war angesichts der Tatkraft der Offiziere von Kluge in Smolensk gestiegen. Sie

---

* In der Tat behaupteten nach Kriegsende Kluges Abwehroffizier, Oberst Rudolf von Gersdorff, und andere, sie hätten eine Sprengladung in Hitlers Flugzeug vor seinem Weiterflug von Smolensk am 13. März angebracht. Admiral Canaris, einer der Verschwörer, schrieb in den Aufzeichnungen, die er während des Flugs nach Smolensk am 8. März machte, und führe Zeitzünder und Sprengstoff mit sich und bringe das zur Sabotageeinheit Abwehr II der Heeresgruppe. Da Canaris am 10. März zwei Stunden lang mit Himmler speiste, ist die Annahme verlockend, daß Canaris eine unvorsichtige Andeutung über den Bombenanschlag machte. Doch geht aus Himmlers Akten hervor, daß man sich seit dem 3. März mit drei Sprengladungen befaßte, die vom polnischen Untergrund gelegt worden waren.

waren begeistert von dem taktischen Sieg der 4. und 9. Armee in der »Büffelbewegung«. Schon war die neue »Buffalo-Linie« errichtet, mit durchlaufendem Drahthindernis, Bunkern und Panzergräben. Als Kluge fragte, ob er bereit sei, den anwesenden Armeeführern das Operationsziel des bevorstehenden Sommerfeldzuges im Osten zu nennen, überraschte Hitler sie damit, wie bescheiden dieses Ziel war. Er erklärte: »Die Ostfront dort zu behaupten, wo sie sich jetzt befindet!« Am Abend jenes Tages traf er wieder in der Wolfsschanze in Ostpreußen ein.

Doch die Aussicht auf ein ganzes Jahr in der Defensive ließ ihm keine Ruhe. »Ich kann nicht das eine Jahr vergehen lassen«, sagte er. Zeitzler pflichtete ihm bei. Der neue Ostwall war ja schön und gut, aber: »Er macht uns vorher kaputt, bevor wir das ausbauen.« Hitler erwiderte: »Jetzt ist er in einer derartigen Verfassung, daß man sagen muß: wir würden wahnsinnig sein, wenn wir das nicht auswerten wollten.« Die fragmentarischen stenografischen Protokolle zeigen, daß er schon mit Zeitzler dabei war, eine teilweise Wiederaufnahme der Offensive zu planen; auch im Mittelabschnitt wollte er das Gesetz des Handelns wieder an sich reißen. Als möglichen Termin deutete Zeitzler den 15. April an. »Man darf auch eines nicht sagen«, erklärte Hitler, »heuer nur ein paar Kleinigkeiten, nächstes Jahr den Großkampf. Vielleicht kann man heuer den Krieg entscheiden.« Bevor der 13. März zu Ende war, hatte Hitler Zeitzlers Operationsbefehl unterschrieben, mit dem die Grundlagen für das Unternehmen »Zitadelle« gelegt wurden, einen kombinierten Angriff der Heeresgruppe Kluge und Manstein gegen einen verlockenden feindlichen Frontvorsprung bei Kursk.

Am nächsten Tag nahm Dietrichs SS-Leibstandarte »Adolf Hitler« Charkow ein. Jubelnd rief Hitler Goebbels an, aber der Reichspropagandaminister sprach sich gegen eine Rundfunk-Sondermeldung aus – die gewohnte Siegesfanfare würde den verbissenen »Geist von Dünkirchen« unterminieren, den er in Deutschland zu schaffen versucht hatte.

Diesen Abend bat Goebbels um die Erlaubnis, »die Judenfrage wieder stärker herauszustellen«, indem er die Notwendigkeit einer raschestmöglichen Entfernung der Juden aus dem ganzen Reichsgebiet betonte. Hitler billigte das Vorgehen von Goebbels, als aber Himmler selbst am 17. auf der Wolfsschanze erschien, hielt es der Führer offenbar für angebracht zu bremsen. Denn am folgenden Tag telefonierte Himmler mit SS-Gruppenführer Müller in Berlin, daß »kein Abtransport privilegierter Juden« vorgenommen werden solle.

Zum ersten Mal seit sechs Jahren waren nach Stalingrad Hitlers Magenschmerzen wieder aufgetreten. Die Ärzte rieten ihm, sich für acht oder vierzehn Tage auf den Obersalzberg zurückzuziehen. Die Ostfront steckte ohnehin im Schlamm fest, und Hitler beugte sich ihrem Rat. Auf dem Berghof würde er auch dem Kriegsschauplatz Mittelmeer näher sein. Admiral Canaris hatte zweimal vorausgesagt, daß der Feind im März Sizilien,

Sardinien und Korsika besetzen werde. Hitler schien es sehr an der Zeit zu sein, sich mit dem Duce zu treffen.

So brach Hitler aus der Wolfsschanze auf – und blieb ihr dann viele Wochen länger fern, als er ursprünglich geplant hatte.
Zu seiner ständigen Verfügung begleiteten ihn im Sonderzug die drei Sekretärinnen – Johanna Wolf, Christa Schroeder und Traudl Humps, der Neuling. Weiterhin waren Schaub, Hewel, Bormann und Morell anwesend – der füllige Doktor arbeitete sich mit gut hör- und sichtbarem Appetit durch die Speisen auf seinem Teller im Salonwagen. Hitler selbst begnügte sich mit Kartoffelbrei und Spiegelei, dazu etwas Knäckebrot. Später schrieb Traudl Humps: »Ich war außerordentlich überrascht von der Ungezwungenheit der Unterhaltung. Vor allem Bormann war sanft und freundlich... Der Führer sprach leise und gedämpft und verlangte nach dem Essen, daß die Deckenbeleuchtung ausgeschaltet würde. Er bevorzugte gedämpftes Licht wegen seiner empfindlichen Augen... Führer nachmittags Kümmeltee: ›Es schmeckt wunderbar‹«, aber niemand sonst ließ sich von ihm zum Mittrinken bewegen. Manchmal hielt der Zug, telefonische Meldungen wurden entgegengenommen. Hitler wies einen Diener an: »Bringen Sie die Blondi hinaus!« Der Zug schaukelte in gleichmäßigem Rhythmus weiter, und Prof. Morell entschlummerte sanft. Nur eine Tischlampe brannte mit gedämpftem Licht.
Am nächsten Morgen, dem 19. März, machte Hitler auf dem pommerschen Schießplatz Rügenwalde für einige Stunden Station, um sich das neue Kruppsche Riesengeschütz, den »Langen Gustav«, und verschiedene neue Panzer vorführen zu lassen. Da war endlich auch der neue Jagdpanzer Ferdinand, ein Ungeheuer von 70 t, dieselelektrisch angetrieben und nahezu unverletzbar mit seinen 200 mm dicken Panzerplatten und dem gefürchteten 8,8-cm-Geschütz. Zusammen mit dem Tiger würden diese Panzer ganz gewiß die Russen niederwalzen, wenn erst einmal das Unternehmen Zitadelle begann. Hitler zeigte sich unbeeindruckt von der allgemeinen Angst vor den russischen Armeen, hinter denen, wie er sagte, nichts stehe: »Ganz abgesehen davon, daß ich der Überzeugung bin, der Kerl ist so schwach...« hörten die Stenografen ihn sagen, und: »Es stehen lauter ›Verbände‹ da, aber...« (Diese Protokollfragmente allein sind erhalten geblieben, aber sie reichen aus.) Er lud Speer und Goebbels zum Abendessen in die Reichskanzlei ein und sprach von den großen Hoffnungen, die er auf den U-Bootkrieg setzte. Goebbels empfahl, daß die Luftwaffe die Londoner Plutokratenviertel bombardiere und nicht die Slums. Als er das Gespräch auf die Juden lenkte, beglückwünschte Hitler ihn dazu, die meisten aus Berlin abtransportiert zu haben. Nach einer Aufzeichnung von Goebbels sagte er: »Der Krieg hat uns die Lösung einer ganzen Reihe von Problemen ermöglicht, die man in normalen Zeiten niemals hätte lösen können.«

Am 22. März fuhr sein Sonderzug kurz nach Mitternacht von Berlin ab. In München stieg Eva Braun dem Sonderzug für die kurze Reise nach Berchtesgaden zu.

Es sind nur wenige Aufzeichnungen und Protokolle über seine Besprechungen der folgenden Wochen erhalten geblieben. Von »Zitadelle« abgesehen, wissen wir, daß Hitler eine weitere Offensive gegen Leningrad im Sommer erwog. Aber er hielt auch Ausschau nach einer Möglichkeit, die Initiative gegenüber den Westmächten wiederzugewinnen: »Gisela«, die kampflose Besetzung Nordspaniens, war eine solche Möglichkeit, aber er dachte auch wieder an eine Blitz-Besetzung Islands – das Unternehmen »Ikarus«, das Raeder ihm 1940 mit Mühe ausgeredet hatte. Mussolinis Ankunft war erst für den 7. April vorgesehen; davor hatte Hitler ein recht diskret behandeltes Treffen mit König Boris, einem seiner zuverlässigeren Verbündeten. Kein Protokoll wurde von dieser Unterredung angefertigt. Sie war so zwanglos, daß einmal plötzlich überraschend eine von Hitlers Sekretärinnen erschien, in der rechten Hand einen angebissenen Apfel, in der linken zwei Tischtennisschläger. »Das macht nichts, mein Kind«, tröstete Hitler sie später, »ein König ist auch nur ein Mensch.«

Hitler nutzte diese Wochen, um sich einigen lang vernachlässigten Problemen zu widmen.

Andere ignorierte er ganz bewußt, aber noch mehr hielt man absichtlich vor ihm geheim. So drehte sich, als Reichsführer Himmler am 30. März eintraf, die Unterhaltung ausschließlich um militärische Angelegenheiten der SS (nach Himmlers Aufzeichnung).

Die Judenfrage brachte Himmler offensichtlich während seines zweistündigen Bergspaziergangs mit Hitler nicht zur Sprache. Anfang 1943 hatte Himmler ihm eine Statistik über die Umsiedlungsaktionen vorgelegt, die er auf Hitlers schriftlichen Befehl vom Oktober 1939 ins Werk gesetzt hatte. In drei Jahren hatte Himmler 629 000 Volksdeutsche in das Reich eingesiedelt; 400 000 weitere sollten noch kommen. In der gleichen Zeit waren 365 000 Polen aus den eingegliederten Ostgebieten in das Generalgouvernement abgeschoben worden. 295 000 französische Staatsbürger waren aus Elsaß-Lothringen und Luxemburg abgeschoben oder an der Rückkehr dorthin gehindert worden.

Zur gleichen Zeit hatte Himmler die Statistik über »Die Endlösung der europäischen Judenfrage« in Auftrag gegeben. Im trockenen Behördenstil hatte Himmlers Inspekteur für Statistik das Schicksal der schätzungsweise siebzehn Millionen Juden der Welt analysiert. Europas Anteil von zehn Millionen war seit 1937 um 45 Prozent geschrumpft – eine Folge der Auswanderung, des natürlichen Sterbeüberschusses und der Zwangs-Evakuierung, die die im Herbst 1941 verbotene Auswanderung abgelöst hatte. Zu Himmlers Ärger, der das sechzehnseitige Dokument am 23. März las, wurde darin auf Seite 9 ausdrücklich erklärt, daß von den 1 449 692 Juden, die aus den Ostprovinzen nach dem russischen Osten transportiert worden waren, 1 274 166 in Lagern des Generalgouvernements »der Sonderbehandlung zugeführt« worden seien und daß weitere 145 301 ein gleiches Schicksal im Warthegau erlitten hätten. Am 1. April befahl er Kaltenbrunner, dem Chef der SiPo und des SD, den Bericht »zur Vorlage an den Führer« zu kürzen; und wenige Tage später – für den Fall, daß er sich noch nicht deutlich genug ausgedrückt hatte – gab er Anweisung, daß in der neuen Fassung »an keiner Stelle von ›Sonderbehandlung der Juden‹ gesprochen« werden dürfe. Im neuen Text müsse es heißen: »durchgeschleust durch« die Lager nach Rußland und nicht: »der Sonderbehandlung zugeführt«. Wie er Kaltenbrunner am 9. April schrieb, werde sich der Bericht in späteren Zeiten gut zu »Tarnungszwecken« eignen: »Das Wichtigste ist mir nach wie vor, daß jetzt an Juden nach dem Osten angefahren wird, was überhaupt nur menschenmöglich ist.«

Mussolini traf am 7. April in Salzburg ein. Hitlers Absicht war es, dem Duce »in der stärkeren Atmosphäre bei uns« etwas Auftrieb zu geben. Die Italiener wurden im Barockschlößchen Kleßheim bei Salzburg untergebracht, und hier wurden, wie Zeitzler verächtlich sagte, ein paar kurze »Gala-Lagebesprechungen« für Mussolini inszeniert.
Die beiden Diktatoren hatten gegensätzliche Vorstellungen. Mussolini wollte den Waffenstillstand mit Stalin, damit sie ihr ganzes Gewicht gegen England und die USA in die Waagschale werfen könnten; und er überreichte Hitler ein Memorandum über die Verhandlungsmöglichkeiten. Angesichts der mangelnden Vertragserfüllung durch die Alliierten, was die Lieferungen an Rußland und die Schaffung der zweiten Front betreffe, habe Stalin allen Grund, ungehalten zu sein. Für Hitler war das alles enttäuschend naiv.
Sollte der Faschismus in Italien nicht gestürzt werden, mußte man Tunis um jeden Preis halten. Das bedeutete, daß die italienische Marine ihren Stolz vergessen und jeden verfügbaren schnellen Kreuzer und Zerstörer für die Transportaufgaben nach Tunesien einsetzen mußte. Der Duce verlangte mehr Öl für seine Schiffe, und Hitler erklärte sich zur Lieferung bereit.
Jeden Abend ließ sich Hitler zurück auf den Berghof fahren. Dort begrüßte ihn das Gebell der beiden Terrier der Eva Braun und diese selbst, elegant nach der letzten Mode gekleidet. Eva arrangierte regelmäßig Filmvorführungen in der Kegelbahn im Untergeschoß, doch Hitler hielt sich abseits: »Ich kann während des Krieges, wo das Volk so viele Opfer bringen muß, keinen Film sehen. Außerdem muß ich meine empfindlichen Augen schonen für das Lesen der Landkarten und Frontmeldungen.« Ähnlich rigide Erwägungen verboten ihm das Tragen von bequemerer Kleidung. Ein Churchill, so bemerkte er, könne einen Narren aus sich machen, indem er Seidenhemden und Cowboyhüte trage – nicht der Führer des Reiches. »Aber nach dem Krieg hänge ich die Uniform an den Nagel, ziehe mich hierher zurück, und die Regierungsgeschäfte kann dann ein anderer über-

nehmen. Dann werde ich als alter Herr meine Erinnerungen schreiben, mich mit geistreichen, klugen Menschen umgeben und will keinen Offizier mehr sehen...«

Die Abende waren lang in diesem Frühling, denn Hitler lehnte es ab, zu Bett zu gehen, bevor nicht der letzte Feindbomber den deutschen Luftraum verlassen hatte. Allein im März waren 8000 t Bomben auf Deutschland herniedergeregnet, manchmal 1000 t in einer einzigen Nacht auf einzelne Städte wie Duisburg, Essen und Berlin. Am 4. April töteten die Amerikaner 228 Zivilisten in Paris und 221 in Neapel; am 5. April starben bei einem schweren amerikanischen Angriff auf die belgische Hafenstadt Antwerpen 2130 Zivilisten. Hitlers Interesse am Fernraketen-Projekt des Heeres nahm zu, und am 29. März erklärte er sich einverstanden mit Speers Plänen für den Bau eines gewaltigen Raketenbunkers an der Kanalküste für die Beschießung Großbritanniens, sobald die Massenfertigung der Raketen angelaufen sei.

In dem Maße, wie Görings Prestige sank, wuchs die Rivalität der anderen Paladine. Speer war den April über ein fast ständiger Besucher auf dem Berghof, aber Bormann war der Herr im Haus. Er hatte Hitlers Unterschrift unter ein Dokument erlangt, das ihn als »Sekretär des Führers« auswies und ihm ausdrücklich den »Schutz und die Sicherheit des Führers« übertrug: Er war verantwortlich für »die Übermittlung von Entscheidungen und Meinungsäußerungen des Führers an Reichsminister, andere Oberste Reichsbehörden oder Dienststellen des Reiches« – ein ungeheurer Vorsprung vor den anderen. Er allein konnte jetzt entscheiden, welche Besucher – mit Ausnahme der Militärs – bei Hitler vorgelassen werden und welche Dokumente ihm vorgelegt werden sollten. Bormanns Einfluß drang überall hin; seine Augen waren überall, seine Energie erstaunlich. Seine Loyalität stand außer Frage.

»Bis zur Kampfunfähigkeit geschlagen«

Im Frühjahr 1943 war das Achsenbündnis längst zur Legende geworden, und Hitler wußte es. Schon Ende Februar hatten die Italiener angedeutet, daß sich durch den Verlust von Tunis eine neue Lage ergeben könnte. Aus dechiffrierten Meldungen, die Hitler vorgelegt wurden, ging klar hervor, daß die Regierungen Ungarns und Rumäniens offizielle Beauftragte in neutrale Hauptstädte entsandt hatten, die den Feind im Westen nach den Aussichten auf einen Frieden aushorchen sollten. Vidkun Quisling und Gauleiter Terboven wiesen Hitler jetzt getrennt voneinander darauf hin, daß Schweden in dem wahrscheinlich gewordenen Fall einer feindlichen Landung in Norwegen die Alliierten unterstützen werde. Hitler, der gerade seinem neuen Gesandten in Stockholm eingeschärft hatte, daß es seine einzige Aufgabe sei, Schweden neutral zu erhalten, zog jetzt drastischere Maßnahmen in Erwägung. Nach einem Lagevortrag auf dem Berghof behielt er Jodl und einen kleinen Kreis vertrauter Berater zurück und wies sie an, Pläne für eine überraschende Landung in Schweden auszuarbeiten für den Fall, daß eine solche Operation notwendig werde.
Marschall Antonescu, am 12. April auf den Berghof geladen, nahm Hitlers Vorwürfe fatalistisch zur Kenntnis. Als Hitler ihm die Aufzeichnungen des Forschungsamtes über abgehörte Telefongespräche und andere Dokumente vorlegte, die die Illoyalität rumänischer Minister und ihre Geheimverhandlungen mit dem Feind bewiesen, lieferte der Marschall ein überzeugendes Schauspiel äußerster Entrüstung – obwohl er selbst die Fühler genehmigt hatte. Viel gröber ging Hitler ein paar Tage später mit dem ungarischen Reichsverweser, Admiral Horthy, um. Dieser stellte sich uneingeschränkt vor seinen Ministerpräsidenten Nikolaus von Kállay und leugnete, daß Ungarn Fühlung zum Feinde aufgenommen habe. »Deutschland und seine Verbündeten sind in einem Schiff«, sagte Hitler. »Jeder, der etwa aussteigen will, wird sofort ertrinken.«
Keineswegs zartfühlend war auch die Sprache, die Hitler und Ribbentrop wählten, um den alten k.u.k. Admiral zu veranlassen, endlich die 800 000 ungarischen Juden den zuständigen deutschen Organisationen zum Abtransport in »Reservate im Osten« auszuhändigen. Solange sie noch im Lande verblieben, seien sie potentielle Gerüchtemacher, Verbreiter von Defätismus, Saboteure, Agenten des Secret Service und Verbindungsleute zum Weltjudentum, das im Kampf gegen Deutschland stehe. Polen wurde Horthy als Lehrbeispiel vorgehalten. Wenn die Juden dort nicht arbeiten wollten, sagte Hitler zu dem Reichsverweser, würden sie erschossen; wenn

sie nicht arbeiten könnten, müßten sie verkommen. Juden seien wie Tuberkelbazillen zu behandeln – eine von Hitler besonders oft gebrauchte Analogie. Horthy entschuldigte sich damit, er habe alles getan, was man gegen die Juden unternehmen könne: »Aber ermorden oder sonstwie umbringen kann man sie ja wohl nicht.« Hitler versicherte ihm: »Dies ist auch nicht nötig.« Aber genau wie in der Slowakei müsse man sie in abgelegenen Konzentrationslagern isolieren, so daß sie den gesunden Volkskörper nicht mehr infizieren können, es sei aber auch möglich, sie zum Beispiel in Bergwerken arbeiten zu lassen. Ihm selbst mache es gar nichts aus, eine Zeitlang wegen seiner Judenpolitik beschimpft zu werden, wenn er danach dann seine Ruhe habe. Die Ungarn, nicht überzeugt, reisten ab.

Aus seiner Warnung an Horthy, die bolschewistischen Juden würden die Intelligenz in Europa ausrotten, ist der Einfluß von Katyn herauszuspüren – Katyn war ein unerwarteter propagandistischer Glücksfall, über den Goebbels soeben mit ihm telefoniert hatte: Merkwürdige gefrorene Bodenerhebungen waren deutschen Soldaten in einem Wald bei Smolensk im Februar aufgefallen. Jetzt hatte es getaut, man hatte sie geöffnet und die mumifizierten Überreste von zwölftausend polnischen Armeeoffizieren gefunden. Die Tagebücher und Briefe in der Kleidung der Leichen waren spätestens vom April 1940 – damals war die Gegend in russischer Hand. Sie alle waren fachmännisch durch Genickschuß hingerichtet worden. Hitler billigte Goebbels' Vorschlag, die Ereignisse von Katyn im Bewußtsein der Öffentlichkeit mit der Judenfrage zu verquicken.

Aber das schlagkräftigste Argument, das Hitler zu einer härteren Behandlung der Judenfrage veranlaßte, war der Bombenkrieg. Aus Dokumenten und Zielkarten, die man in abgestürzten Bombern gefunden hatte, wußte er, daß die britischen Besatzungen Anweisung hatten, die Bomben vorsätzlich auf die Wohnviertel zu werfen. Nur einer morde, der Jude, fuhr er den erschrockenen Horthy an; es sei der Jude, der den Krieg angezettelt und ihm seinen jetzigen, gegen Zivilisten, Frauen und Kinder gerichteten Charakter gegeben habe.

Ebensowenig war Hitler gesonnen, die nichtjüdische russische Bevölkerung mit Samthandschuhen anzufassen. Im Frühjahr 1943 spielte sich ein geräuschvoller Streit zwischen Alfred Rosenberg, dem wortreichen Minister für die Ostgebiete, und Gauleiter Erich Koch ab, dem Reichskommissar in der Ukraine. Rosenberg, unterstützt von Ribbentrop, Zeitzler und Goebbels, war darauf aus, die Hilfe der russischen Bevölkerung im Kampf gegen Stalin zu gewinnen. Er beklagte sich darüber, daß Kochs brutale Methoden dem entgegenständen und dessen Lebensführung, vergleichbar der eines Paschas, mit dem Geist des totalen Krieges unvereinbar sei. Am 2. Weihnachtstag z. B. ließ er ein Sonderflugzeug nach Rostow fliegen, um zwei Zentner Kaviar zu beschaffen. Doch Hitler, Bormann und – etwas zurückhaltender – Himmler verteidigten Koch: Rosenberg theoretisiere bloß über die Zukunft der Kultur der Ukraine, während es Kochs harte Pflicht sei,

auch noch die letzte Tonne Getreide und den letzten Zwangsarbeiter aus dem Land herauszupressen. Die Idee, die russische Bevölkerung freiwillig zum Kampf gegen Stalin einzuspannen, sei ein Hirngespinst, meinte Hitler. »Ich habe immer gefunden, daß es nur sehr wenige Menschen sind, die in einer ganz großen Krisenzeit den Kopf völlig klar behalten und sich nicht irgendwelchen Phantomen hingeben. Dieses Wort, daß der Ertrinkende nach einem Strohhalm greift, ist leider nur zu wahr.«
Als Ribbentrop die Wlassow-Aktion, eine russische Befreiungsarmee, unterstützte, wehrte Hitler ab: »Das Ergebnis würde nur ein Fraternisieren unserer Leute mit den Russen sein.« Auch die Feldmarschälle Kluge und Küchler wurden zurückgepfiffen, als sie für das Wlassow-Projekt plädierten. Auch war die Rede von einem »Nationalkomitee« in Smolensk, als ob man schon eine russische Regierung für die Ära nach Stalin vorbereitete. Für Hitler waren derartige Ideen nichts als Torheit. Ärgerlich sagte er zu Zeitzler, die Gründung eines ukrainischen Staates würde soviel bedeuten, wie das Kriegsziel völlig aus der Hand zu geben. Man finge an mit einem angegliederten Staat à la Polen im Ersten Weltkrieg und endete mit einem unabhängigen Staat.
Am 19. Mai stellte Hitler Rosenberg und Koch einander gegenüber. Rosenberg wiederholte nachdrücklich, Koch führe dem Feind Tausende von Partisanen zu; er sei ungehorsam und renitent. Koch rechtfertigte seine Vorgehensweise. Hitler fällte den Schiedsspruch, daß beide im Recht seien, Koch aber doch etwas mehr. Wenn Rosenberg recht hätte, dann müßten dort, wo »besonders schlaue Generale« die »milde Tour« pfiffen, die wenigsten Partisanen sein. Das sei aber nicht der Fall. Auch Arbeitskräfte könnten nur durch Kochs Methoden herausgeholt werden. »Nur schwächliche Generale können glauben, daß wir durch irgendwelche schönen Redensarten Arbeitskräfte gewinnen könnten.« Wenn drüben Erschießungen erfolgen – »wie viele Volksgenossen verlieren in der Heimat ihr Leben bei Luftangriffen?« Hitler setzte aber auch fest, daß in Zukunft weder Koch noch Rosenberg als Ratgeber Angehörige fremden Volkstums verwenden dürften. »Ständen sie gegen ihr Volk, wären sie charakterlos; stehen sie für ihr Volk, sind sie uns als Ratgeber unbrauchbar.«
Die militärischen Aspekte der Wlassowschen russischen Befreiungsarmee wurden in einer heftigen Sitzung mit Hitler, Keitel und Zeitzler einige Wochen später analysiert. Hitler war nicht gegen die Verwendung von Hunderttausenden russischer Hilfswilliger in nichtkämpfenden Einheiten. Aber er hielt von dem Wlassowschen Unternehmen nur insofern etwas, als es von Propagandawert sein würde. Wlassow selbst werde lediglich für seine Fotografie und Unterschrift auf den Flugblättern benötigt. Keitel gab denn auch den Befehl aus: Der Führer wünsche nicht die Bildung eines »Nationalkomitees« und lasse auch die Flugblattpropaganda nur zu unter der Voraussetzung, daß keine deutsche Stelle an die Verwirklichung dieser Dinge im entferntesten glauben dürfe.

Hitler hatte dem Generalstab des Heeres freie Hand zur Ausarbeitung eines Plans für »Zitadelle« gegeben. Schon ein bescheidener Sieg in Rußland würde die Neutralen und auch die halbherzigen Verbündeten beeindrukken; und er würde die Ostfront für den Rest des Jahres 1943 festigen, so daß er Panzerverbände abziehen könnte, um eine etwaige Belästigung Italiens oder des Balkans durch den Feind abzuwehren. Die deutsche Rüstungswirtschaft benötigte dringend die Arbeitskräfte, die man in den von »Zitadelle« eroberten Gebieten reichlich vorfinden würde. In seinem endgültigen Entwurf schlug Zeitzler vor, das Ziel in einer klassischen Zangenbewegung durch die 9. Armee von Norden und die 4. Panzerarmee von Süden her abschnüren zu lassen. Die Spitzen der beiden Armeen sollten unmittelbar östlich von Kursk zusammentreffen. Zeitzler entwarf einen hochtrabenden Operationsbefehl (»Der Sieg von Kursk muß für die Welt wie ein Fanal wirken«), und Hitler unterschrieb ihn am 15. April. Er enthielt genaue Vorschriften für den Auftrieb der Hunderttausende von Kriegsgefangenen und zivilen Arbeitskräfte, die man im deutschen Netz vorzufinden hoffte, und ihren reibungslosen Abtransport mit der Bahn nach Westen. Als frühester Angriffstag wurde der 3. Mai festgesetzt.

Zeitzler flog zum OKH nach Angerburg in Ostpreußen zurück, wurde dort aber wenige Tage später von Hitler angerufen: Er habe alles noch einmal durchdacht und meine jetzt, es wäre besser, auf eine Zangenbewegung zu verzichten – sie liege so nahe, daß der Feind sie erwarten müsse und sicher schon darauf vorbereitet sei –, statt dessen sei er jetzt entschlossen, die Kräfte der Heeresgruppe Süd und Mitte zu einem einzigen Frontalangriff von Westen auf Kursk zusammenzufassen. So werde man die geballte Kraft des Feindes in zwei Teile aufspalten. Zeitzler wollte nichts davon hören; der neue Aufmarsch würde eine verhängnisvolle Verzögerung bedeuten; er flog am 21. April nach Berchtesgaden, um den Beweis dafür zu führen. Hitler gab nach; Zeitzler hatte ja schon in bezug auf Stalingrad recht behalten, und Hitlers eigenes Gespür für Strategie hatte ihn damals im Stich gelassen.

Generaloberst Model, Oberbefehlshaber der 9. Armee, hatte ursprünglich zwei Tage für den Durchbruch durch das feindliche Kampffeld und vier weitere Tage bis zur Gewinnung der Stadt Kursk gefordert. Ende April aber gelangte er zu dem Urteil, daß die Kräfte seiner Armee für den Auftrag nicht ausreichten. Während Kluge ihn ungeduldig daran erinnerte, daß seine Armee mit 227 Panzern und 120 Sturmgeschützen stärker sei als je zuvor, bestand Model darauf, daß ihm noch 100 Panzer fehlten. Zeitzler erklärte sich bereit, ihm noch 50 Panzer aus dem Westen zuzuführen, und er gestand ihm dann noch 20 Tiger und 40 Sturmgeschütze zu. Aber Hitler bat Model, nach dem Berghof zu fliegen, und am 27. April stand ihm der drahtige dunkelhaarige General in der Großen Halle gegenüber. Die Luftaufnahmen, die er mitgebracht hatte, schienen seine Behauptung zu bestätigen, daß seine Armee ein hervorragend ausgebautes, 20 km tiefes russisches Stellungssystem zu durchstoßen haben würde, bevor der Weg nach Kursk frei war. Hitler verschob den Termin für Zitadelle um zwei Tage auf den 5. Mai. Am 29. April verfügte er eine weitere Verschiebung auf den 9. Mai, um seinen Armeen noch Zeit für die Heranführung weiterer Panzer und Geschütze zu geben.

Aus den »wenigen Tagen« wurden Wochen, schließlich Monate. Generaloberst Guderian, der vom 2. Mai an in seiner Eigenschaft als Generalinspekteur der Panzertruppen an den Lagebesprechungen teilzunehmen begann, berichtete Hitler über die zu erwartende Panzerfertigung. Gegenwärtig leide der Tiger an Schäden der Lenk- und Schaltgetriebe, und die Produktion des Panther stieße auf immer neue Schwierigkeiten. Aber er erklärte Hitler, daß im Mai je zwei Abteilungen Panther, Ferdinand, Tiger und Hornisse aufgestellt werden könnten; die schon an der Front stehenden Panzer würden mit Schürzen (aufgehängten Panzerplatten) gegen feindlichen Pakbeschuß verstärkt. Die Panzerfertigung selbst werde steigen: 939 Panzer im April, 1140 im Mai, 1005 im Juni und 1071 im Juli. Kurz und gut, meinte Guderian, es lohne sich schon, mit »Zitadelle« noch ein wenig zu warten.

Hitler rief seine wichtigsten Generale am 4. Mai zu einer dreistündigen Lagebesprechung nach München. Kein Stenogramm ist erhalten, doch Jeschonnek gab Richthofen gleich danach eine Beschreibung. Sie wirft ein interessantes Licht auf die Persönlichkeiten in der Umgebung des Führers: »General Model hat erklärt, er wäre nicht stark genug und würde wahrscheinlich hängenbleiben oder sehr viel Zeit brauchen. Der Führer stand auf dem Standpunkt, daß der Angriff unter allen Umständen in kürzester Zeit durchschlagen müsse. Generaloberst Guderian stellte in Aussicht, innerhalb von 6 Wochen soviel Panzerkräfte liefern zu können, daß dies garantiert sei. Der Führer entschloß sich deshalb zu einer Verschiebung um 6 Wochen. Um sich diesen Entschluß von allen Richtungen bestätigen zu lassen, Besprechung mit Feldmarschall v. Kluge und v. Manstein. Diese stimmten anfangs einer Verschiebung zu; als sie jedoch hörten, daß der Führer bereits in diesem Sinne entschieden hatte, propagierten sie sofortigen Antritt zum Angriff, scheinbar, um nicht selber durch die Verschiebung belastet zu werden.«

Jeschonnek, Richthofen und Zeitzler – sie alle sprachen sich gegen einen weiteren Aufschub aus mit dem Argument, daß die Zeit nur für die Russen arbeite. Trotzdem verlegte Hitler Zitadelle auf Mitte Juni.

Auf seine Entscheidungen wirkte jetzt auch ein anderer Faktor ein: Die bevorstehende Niederlage der Achse in Tunesien. – Ohne ausreichende Munition, Verpflegungsvorräte und Treibstoff hatte General von Arnim mit seiner Viertelmillion Soldaten ein verbissenes Nachhutgefecht in seinem immer mehr schrumpfenden Brückenkopf geliefert. Ende April verfügte Arnim nur noch über 76 Panzer. Sprit wurde aus minderwertigen Weinen destilliert. Hitler schickte General Warlimont nach Rom, um die zaghafte italienische Flotte zur Aktion zu treiben. »Das einzig Moralische ist, zu kämpfen und den Krieg zu gewinnen, das einzig Unmoralische ist, den Krieg zu verlieren und sich kampflos zu versenken.« Der Appell blieb völlig fruchtlos – die italienische Flotte hielt sich weiterhin im Hafen. Am 6. Mai überrannte die englische 1. Armee Arnims Verteidigungsstellungen in den Bergen und brach nach Tunis durch. Zwei Tage später schrieb Keitel: »Führer und Duce sind entschlossen, den Kampf in Tunesien auch nach der letzten Entwicklung der Lage solange als möglich fortzuführen.« Warlimont kehrte mit seiner eigenen Lagebeurteilung aus Rom zurück. Vorausgesetzt, daß der Duce die Führung straff in der Hand behielte, sagte Warlimont, müsse der bevorstehende Verlust von Tunis keineswegs eine Katastrophe für die inneren Verhältnisse Italiens bedeuten. Hitler war dessen nicht so sicher. »Der Duce und die faschistische Partei sind entschlossen, mit Deutschland zusammen durch dick und dünn durchzuhalten«, sagte er am Mittag zu seinem Stab. »Ein Teil des Offizierskorps (im oberen mehr, im unteren weniger) neigt zum Friedensschluß schon jetzt. Gewissen einflußreichen Kreisen ist Verrat zuzutrauen.« Er befahl Feldmarschall Rommel zu sich.

Am 6. Mai wandte Hitler sich von der Mittelmeerszene ab und fuhr im Zug nach Berlin. Viktor Lutze, Stabschef der SA, war auf der Autobahn tödlich verunglückt, und Hitler hatte vor, am nächsten Tag an dem Staatsakt teilzunehmen. Es war ein erhebendes Leichenbegängnis. Nachher hielt er eine Ansprache an die Gauleiter über die Bedeutung des gegenwärtigen Krieges. Er habe begonnen als Krieg zwischen bürgerlichen und revolutionären Staaten, wobei die bürgerlichen leicht niedergeworfen worden seien. Im Ostfeldzug stünde ihnen jedoch ein Weltanschauungsstaat wie der eigene gegenüber, es handle sich jetzt um einen brutalen Weltanschauungskampf, die jüdisch-bolschewistische Ideologie durchtränke die Soldaten mit einer Energie und einem Kampfgeist, dem nur seine SS-Verbände gewachsen wären. Das sei der Grund weshalb er, Hitler, entschieden habe, daß die Juden aus Europa herausgeworfen werden müßten. Er sei zu der Überzeugung gekommen, daß in der großen Ausrottung des Offizierskorps vor dem Krieg Stalin die Rote Armee nicht ruiniert habe, im Gegenteil. Und die Einführung der politischen Kommissare habe sich außerordentlich günstig auf die Kampfkraft der Armee ausgewirkt. Das russische Volk sei unter Stalin einheitlich, auch gebe es dort keine kirchliche Opposition wie jetzt in Deutschland. Er mache sich manchmal Sorgen, ob der weiße Mann überhaupt seine Überlegenheit auf die Dauer halten könne. Die Eroberungszüge Dschingis Khans hätten ja auch bis weit in das Herz Europas – den lockenden Edelstein – hineingeführt, ohne daß das Germanentum noch die Kraft besaß, sich dagegen erfolgreich zur Wehr zu setzen. Speers gigantisches Panzerprogramm würde den Sieg im Osten garantieren, während Dönitz' vielversprechende U-Boot-Waffe die jüdisch verseuchten Kriegs-

hetzer im Westen schon in Schach halten würde. Hitler erklärte den Gauleitern, daß Stalin seit der Operation »Barbarossa« 13–14 Millionen Mann verloren habe. Die kommende Sommeroffensive würde ausschließlich von deutschen Truppen vorgetragen werden.
Zwar hatte er Nordafrika abgeschrieben, auch wenn kleine Achsenverbände noch aushielten. Aber er hatte sich nicht von Mussolini abgewandt. Die wohlwollende Haltung des Duce in der Österreichkrise von 1938 blieb unvergessen. »Damals habe ich gesagt, ›Das werde ich Ihnen nie vergessen!‹«, sagte Hitler mahnend zu seinen Mitarbeitern, »wir werden ihm das auch nicht vergessen.« Seine größte Sorge aber war, daß die verräterischen, royalistischen Generale, die den Duce umgaben, Italien dem Feind in die Hände spielen könnten. Aus diesem Grunde hatte er Rommel zu sich gerufen – Rommel sollte den Oberbefehl über die deutschen Truppen in Italien übernehmen.
Rommel flog am 9. Mai nach Berlin und meldete sich um 13.00 Uhr bei Hitler. Er wirkte frisch und gesund. Daß er Tunis schon im März verlassen hatte, hielt Hitler vor dem deutschen Volk noch immer geheim. Er ließ den ehrgeizigen Feldmarschall noch ein wenig im Ungewissen. Rommel schrieb in sein Tagebuch: »Anschließend beim Lagebericht anwesend. Kein besonderer Auftrag. Genfeldm. Keitel deutet an Verwendung in Italien beim Duce falls dort Lage schwierig werden sollte.« Am nächsten Tag notiert er: »Sowohl beim Führer als auch bei Dr. Goebbels betone ich gelegentlich die geringe Kampfkraft und Kampfbereitschaft und dadurch die sehr ernste Lage Italiens.« Am 12. Mai ließ Hitler die Nachricht veröffentlichen, daß Rommel im März mit den Brillanten zum Ritterkreuz ausgezeichnet worden sei und sich seither in Deutschland aufhalte. Am Abend flog Hitler mit seinem Stab zurück nach Ostpreußen in die Wolfsschanze. Vielleicht wollte er beim Feind den Eindruck erwecken, daß die Operation »Zitadelle« unmittelbar bevorstehe. Eine feindliche Invasion im Westen fürchtete er noch nicht – nein, er wußte schon, daß das Mittelmeer noch immer der gefährlichste Schauplatz war. Schon am 1. Mai hatte er das westliche Mittelmeer und den griechischen Peloponnes für besonders invasionsgefährdet erklärt. Eine Woche später meldete Oberst Christian bei der Mittagslage einen sensationellen Erfolg der Abwehr. Bei der Leiche eines »Major Martins«, die vor der spanischen Küste aus dem Meer geborgen worden sei, habe man in versiegelten Umschlägen offensichtlich echte Briefe des britischen Heeresministeriums und Lord Mountbattens an Admiral Cunningham und General Eisenhower gefunden. Zwei Operationen sollten demnach unternommen werden, eine im westlichen Mittelmeer und eine an zwei Stellen des Peloponnes; gedeckt werden sollten sie durch Scheinunternehmen gegen Sizilien und den Dodekanes. Admiral Canaris war felsenfest von der Authentizität der Dokumente überzeugt. Hitler war weniger leichtgläubig, denn am Ende der Lagebesprechung machte er auf dem Absatz kehrt und sprach seine Gedanken laut aus: »...Übrigens,

Christian, kann das nicht eine Leiche sein, der man diese Nachrichten zugesteckt hat?«* Sowohl Canaris als auch Zeitzlers Abteilung Fremde Heere West schlossen die Möglichkeit eines Täuschungsmanövers aus.

Albert Speer und führende Vertreter der Rüstungsindustrie erschienen am 13. Mai in der Wolfsschanze. Hitler verlieh dem Munitionsminister eine hohe Auszeichnung, denn seine Reorganisation der Rüstungsindustrie hatte reiche Früchte getragen. Es wurde jetzt das Sechsfache an schwerer Munition gefertigt als im Jahre 1941; die Geschützproduktion war verdreifacht worden. Von Februar bis Mai war die Produktion schwerer Panzer verdoppelt worden, ein glänzender Beweis dafür, daß die furchtbaren Luftangriffe die Moral der Arbeiterschaft nicht hatten brechen können.
Goebbels gegenüber meinte Speer, der Führer wirke etwas besorgt. Grund zur Sorge bot Italien. Was nützten schon die neuen Waffen, die Speer am nächsten Tag im FHQu-Sperrkreis vorgeführt hatte – der mächtige 100-t-Panzer »Maus«, die neuen Sturmgeschütze und das für Panzer tödliche »Pusterohr« –, wenn Italien absprang, wenn der Feind auf dem Balkan landete und die rumänischen Ölfelder in Schutt und Asche sanken! Die Kämpfe in Tunis waren zu Ende. Der letzte Funkspruch des deutschen Afrikakorps war am 12. Mai um 4.00 Uhr eingetroffen: »Munition verschossen, Waffen und Gerät zerstört. Das DAK hat sich befehlsgemäß bis zur Kampfunfähigkeit geschlagen.« 100 000 der besten Soldaten Hitlers marschierten in britische und amerikanische Gefangenschaft. Die Italiener hatten 150 000 Mann verloren.
Hitler bot Mussolini fünf Divisionen an, um Italiens ausgebluteten Streitkräften frische Energie zuzuführen. In seiner Antwort – die offensichtlich von dem undurchsichtigen General Ambrosio abgefaßt war – stellte der Duce fest, daß die drei deutschen Divisionen, die nicht mehr nach Tunesien übergesetzt worden waren, durchaus ausreichten, aber er verlangte dreihundert Panzer, fünfzig Flakbatterien und Hunderte von Jägern. Admiral Dönitz meldete sich am 14. Mai nach einem Besuch in Rom bei Hitler zurück. Er erklärte, die Italiener rechneten jetzt mit einer Landung der Briten in Sizilien. Hitler erwiderte, die bei der britischen Leiche gefundenen Briefe ließen auf Sardinien als Landungsziel schließen. Dönitz hatte den Italienern begreiflich zu machen versucht, daß sich die Elendsgeschichte von Nordafrika wiederholen werde, wenn sie jetzt nicht jedes vorhandene Schiff – vom Fischerkahn bis hin zum schweren Kreuzer – einsetzten, um Truppen und Nachschub auf die Inseln Sardinien, Sizilien und Korsika zu schaffen. Kleinlaut hatte Mussolini das akzeptiert. Wie Dönitz berichtete,

---
* Der Stenograf Ludwig Krieger – selbst ein enger Mitarbeiter des berühmten Geheimdienstchefs Oberst Nicolai im Ersten Weltkrieg – erinnerte sich lebhaft an die Szene. Die Leiche war tatsächlich ein wenn auch makabrer Köder, den der britische Secret Service ausgelegt hatte.

habe Mussolini dann auf britische Presseberichte verwiesen, nach denen eine Eroberung Siziliens zwei Millionen BRT Schiffsraums freisetzen werde, der jetzt zu dem riesigen Umweg um das Kap gezwungen sei. Gereizt unterbrach Hitler ihn: »... die die braven U-Boote jetzt wieder versenken müssen.« Dönitz fuhr fort: »Dabei stehen wir zur Zeit in der größten Krise des U-Bootkrieges, weil der Gegner durch neue Ortungsmittel zum erstenmal das Kämpfen unmöglich macht und uns große Verluste zufügt.« Plötzlich verloren die Deutschen mehr als fünfzehn U-Boote im Monat. »Die Verluste sind zu hoch!« rief Hitler aus. »So geht das nicht weiter.«

Seine Schlaflosigkeit suchte ihn jetzt wieder heim. Die folgenden vierzehn Tage in Italien mußten eine Entscheidung bringen. Nach der Mittagslage vom 15. Mai hielt Hitler eine streng vertrauliche zweistündige Ansprache an seine Generale, einschließlich Rommel, über die gefährliche Situation, die sich aus der Niederlage in Nordafrika ergeben habe. Sie ist so wichtig, daß die Notizen, die sich Kapitän zur See Wolf Junge machte, hier ausführlich zitiert werden sollen:

»Der Feind hat durch seinen afrikanischen Erfolg außer der Öffnung des Ost-West-Weges durch das Mittelmeer 18–20 Divisionen sowie erhebliche Luft- und Seestreitkräfte freibekommen. Die neue Lage wird er außerdem zu einer politischen Offensive ausnutzen, um durch Drohungen und Versprechungen schwache Verbündete Deutschlands zum Abfall zu bringen. Dies ist, abgesehen von der militärischen Lage, besonders bei Italien und Ungarn gefährlich. Bulgarien und auch Rumänien können als sicher gelten... In Italien ist nur der Duce für uns zuverlässig. Seine Beseitigung oder Ausschaltung in irgendeiner Form ist sehr zu befürchten. Freundlich oder ablehnend uns gegenüber sind: Königshaus, der führende Offizier-Korps aller Wehrmachtsteile, Klerus, Juden, weite Teile der Beamtenschaft...
Der Duce sammelt jetzt seine Faschistengarde um sich. Die reale Macht ist aber in den Händen der anderen. Er ist außerdem in allen militärischen Dingen unsicher und stützt sich daher in dieser Beziehung auf die feindlichen oder unfähigen Generäle (Ambrosio!!!), wie die – jedenfalls vom Duce her – unverständliche ablehnende bzw. ausweichende Antwort auf das Truppenangebot des Führers es mit gezeigt hat.
Ein neutrales Italien wäre in der jetzigen Lage gar nicht schlecht, aber es würde jetzt nicht neutral sein können, sondern freiwillig oder unter Druck zum Feinde übergehen. Italien in Feindeshand ist die unbedingt zu vermeidende 2. Front in Europa und Offenlegung der Westflanke des Balkans.
Für uns kommt es in der jetzigen schwierigen Lage vor allem darauf an, eine 2. Front in Europa zu verhindern. Europa muß im Vorfeld verteidigt werden – es darf keine 2. Front an den Grenzen des Reiches entstehen. Für dieses Ziel müssen evtl. an anderer Stelle Opfer gebracht werden.
Es ist gut, daß wir im Osten noch nicht angetreten sind und die Kräfte noch verfügbar haben, denn der Entschluß ist gefaßt, bei Ausbrechen einer Krise in Italien sofort zu handeln.
Zu diesem Zweck sollen von den im Osten verfügbaren 18 schnellen Divisionen 8 gute Panzerdivisionen und außerdem 4 Inf.-Divisionen beschleunigt abgezogen und in Italien eingesetzt werden, um das Land fest in

die Hand zu nehmen und gegen die Angelsachsen zu halten, bzw. diese wieder zu vertreiben. Von den Italienern selbst wird nennenswerter Widerstand nicht erwartet (Rommel). Mitwirkung politischer faschistischer Kreise wird erhofft. Gleichzeitig Besetzung Ungarns.

Folgen im Osten: keine defensive Räumung des Orelbogens. Inkaufnahme der Gefährdung des Donezgebietes, schlimmstenfalls auch im Norden zurückgehen auf die Lugastellung. Zeitzler fordert auch Räumung des Kubanbrückenkopfes. Der Führer nahm dazu nicht Stellung. (Zeitzler erhält Auftrag, eine Zeitberechnung für die Transporte aufzustellen.)

Kritisch sind die nächsten 8–14 Tage. Dann wird man klarer sehen. Jede Woche ist für uns ein Gewinn. Denn von etwa 8 Wochen an werden die im Westen neu aufgestellten Stalingraddivisionen einsatzbereit, so daß der unerwünschte Rückgriff auf die Ostdivisionen verhindert werden kann.

Dies ist im wesentlichen der Inhalt der Ausführungen des Führers.«

Es war eine bemerkenswerte Rede. Nicht nur sprach Hitler zum erstenmal, wenn auch in Andeutungen, von der Möglichkeit einer deutschen Zwangsbesetzung Italiens und Ungarns, sondern sie räumt auch ein für allemal mit der Behauptung auf, Hitler habe es konsequent und immer abgelehnt, freiwillig Gebiete in Rußland aufzugeben, wenn es strategisch erforderlich war.

Als britische Zeitungen wochenlang die deutschen Soldaten verhöhnten, weil sie sich in Tunesien ergeben hatten, bat Ribbentrop den Führer, die Kriegstagebücher zu veröffentlichen, aus denen »die ungeheure Leistung dieses Heldenkampfes hervorginge«. Hitlers klare Absage wurde Ribbentrop telefonisch von Hewel durchgegeben: »Man müsse sich klar darüber sein, daß wir in Afrika eine empfindliche Niederlage erlitten hätten. Er persönlich sei der Auffassung, daß man, wenn man eine Schlappe eingesteckt hat, nicht versuchen solle, sich aus ihr herauszureden und sie zu beschönigen. Man käme dann leicht in das Fahrwasser der Italiener, die bei jeder Niederlage, die sie erlitten hätten, diese zu einem Heldenlied umgestaltet hätten, so daß die ganze Welt darüber gelacht habe. Seiner Auffassung nach sei in einem solchen Augenblick nur eines geboten: zu schweigen und sich für den Gegenschlag vorzubereiten. Würde dieser Gegenschlag einmal geführt werden, so sei im selben Augenblick das ganze Gerede von der Unzulänglickeit der deutschen Soldaten verschwunden. Er führte Stalingrad als Beispiel an, wo auch die Berichte über den moralischen Zusammenbruch der deutschen Verbände in dem Augenblick aufhörten, als die deutsche Armee den Russen bei Charkow wieder harte Schläge versetzte.«

Am 18. Mai befahl Hitler Rommel, einen Arbeitsstab für ein Heeresgruppenkommando aufzustellen, letzten Endes mit dem Ziel der Besetzung Italiens. Das Unternehmen – »Alarich« – war so geheim, daß Hitler sogar seine Unterschrift unter der Weisung des OKW verweigerte: »Mit Papieren müssen wir diesmal wahnsinnig vorsichtig sein.« Anfänglich war es die Sorge Rommels, »daß die Italiener plötzlich umfallen und die Grenze sperren, insbesondere den Brenner«, um die deutschen Divisionen draußen zu halten, »gewissermaßen als Geschenk den Engländern gegenüber«. Selten dürften zwei nach außen hin verbündete Armeen sich mit so sorgfältig verhülltem Mißtrauen gegenübergestanden haben.

Zeitzler hatte für Hitler berechnet, daß die ersten Verstärkungen von der russischen Front innerhalb von 10 Tagen nach Beginn eventueller Schwierigkeiten in Italien eintreffen könnten. Jeden zweiten Tag könnte dann eine weitere Infanteriedivision folgen, an der Spitze drei Divisionen der Waffen-SS, »weil sie den Faschismus am besten kennen«. Eine Rede von Mussolinis Außenminister Bastiniani am Morgen des 20. Mai bestärkte Hitler in seinem Glauben, »daß in jedem Moment dort eine Krise möglich ist«. »Man muß wie eine Spinne im Netz auf der Hut sein, und Gott sei Dank habe ich immer für alle Dinge eine gute Nase, so daß ich alle Dinge meistens rieche«, lange bevor sie tatsächlich in Gang sind. Inwieweit Admiral Canaris zuverlässige Berichte über die in Italien schwelende Verräterei gab, läßt sich nicht feststellen. Aber Himmlers Dienststellen setzten Hitler zweifelsfrei ins Bild. Die 6. italienische Armee auf Sizilien hatte jetzt den vom Balkan her übel berüchtigten General Roatta als Oberbefehlshaber. »Schlau?« rief Hitler aus, als er den Namen Roatta hörte. »Für die faschistische Revolution ist er der Fouché, ein völlig charakterloser Spion. Er ist tatsächlich ein Spion.« Aber seltsamerweise sprachen die Berichte der Botschaft in Rom nur in den höchsten Tönen von Roatta und Ambrosio, vielleicht deshalb, weil einer von Canaris' Mitarbeitern, Oberst Emil Helfferich, der Botschaft angehörte.

Um 13 Uhr, 21. Mai 1943, flog Hitler von Ostpreußen nach Berchtesgaden, nach einer kurzen Behandlung durch seinen Begleitarzt Dr. Karl Brandt. Zehn Tage zuvor war erneut ein Elektrokardiogramm gemacht worden. Es zeigte, daß kein Stillstand im Prozeß der Koronarsklerose eingetreten war. Marschall Antonescu hatte ihm eine Wiener Diätköchin, Frau Marlene von Exner, empfohlen. Jung, attraktiv und gut gewachsen, offen und lustig war sie bald neben den anderen weiblichen Haushaltsangehörigen Tischgesellschafterin des Führers. Sie versorgte ihren neuen Chef mit Erinnerungen aus dem alten Wien, und mit liebenswürdiger Nachsicht ertrug er ihre charmanten Proteste gegen seine Bevorzugung von Linz. Aber wo sie bei Antonescu in der Lage gewesen war, ihre kulinarischen Fähigkeiten in Hummer, Mayonnaisen und Kaviar schwelgend unter Beweis zu stellen, da war sie bei Hitlers Vorliebe für karge Mahlzeiten mit ihrer Weisheit am Ende. Ein typisches Berghof-Menü war z. B. das vom 7. Juni 1943: Orangensaft mit Leinsamenschleim; Reispudding mit Kräutersauce, Knäckebrot mit Butter und Nuxo-Paste. Hitler verehrte sie.

Mussolini konnte nicht kommen, um mit ihm zu sprechen. Vielleicht wagte er nicht, Italien auch nur für wenige Stunden zu verlassen.

Nach Hitlers Vorstellung sollten zunächst vier Divisionen heimlich nach

Italien eingeschleust werden. Im Invasionsfalle könnten dann weitere 16 unter Rommel folgen. Hitler wies die Luftwaffe an, für eine Intensivierung des Flakschutzes an der sehr empfindlichen Brennerstrecke zu sorgen. Wenn die Italiener die Dinge zu lange hinauszögerten, solle man mit »englischen Luftangriffen« nachhelfen, um ihnen die Dringlichkeit dieses Problems sozusagen vor Augen zu führen; man könne englische Blindgänger aus den Ruinen der deutschen Städte dafür verwenden. Am 5. Juni machte Canaris den Vorschlag, ausgewählte Leute der Division Brandenburg in diesen deutschen Flakschutz getarnt einzubauen und für Aufgaben der Sabotageabwehr an der Brennergrenze einzusetzen. Warlimont betonte, »daß jedes von uns gezeigte Mißtrauen in den Abwehrwillen der Italiener schwerwiegendste politische Auswirkungen haben könnte«. Canaris bezweifelte, daß die Geheimhaltung der wahren Ziele praktisch zu erreichen sei. Gegenüber Keitel ließ er verlauten, daß die Befürchtungen des OKW wegen eines italienischen Abfalls gewiß übertrieben seien, und überredete den arglosen Feldmarschall, die Maßnahmen zur Sabotageabwehr wieder rückgängig zu machen. Bei Hitler wies er auf die Notwendigkeit hin, einen Mitarbeiter der Abwehr in den unter höchster Geheimhaltung arbeitenden Stab Rommels einzugliedern. Dann flog er nach Rom.

Hitlers Aufenthalt auf dem Berghof im Juni 1943 war düster und deprimierend. Um welchen Preis war jetzt der Sieg noch zu haben? Bormann brachte ihm eine 76seitige Rede, die Goebbels in Berlin am 5. vor Rüstungsarbeitern halten wollte. Wo Goebbels geschrieben hatte, die Opfer werden »besonders nach dem Siege in großzügigster Weise entschädigt werden«, da änderte Hitler nachdenklich in »nach dem Ende dieses Ringens«. Ende Mai hatte Dönitz Hitler offen die katastrophale U-Boot-Situation im Nordatlantik geschildert: Im Mai betrug der Verlust an U-Booten 38, im Vergleich zu 14 im April. Am 8. Mai waren fünf U-Boote in einem Geleitzuggefecht zerstört worden, und am 24. 5. mußte sich Dönitz entschließen, die Geleitzugkampagne im Nordatlantik aufzugeben, wenn er nicht sämtliche Front-U-Boote riskieren wollte. Die Deutschen hatten von den Fortschritten der Funkmeßtechnik des Feindes Wind bekommen, als sie im Februar die Überreste eines bei Rotterdam abgeschossenen Bombers untersuchten. Dönitz vermutete – zu Recht –, daß hier die Ursache für die Verluste an U-Booten zu suchen sei, aber Gewißheit gab es nicht. Keitel wies Canaris an, alles daranzusetzen, die Wahrheit herauszufinden.

Hitler war durch diese Tatsachen nicht überrascht. Er hatte so etwas kommen sehen und sich nur gewundert, daß es so lange gutgegangen war. So erhob er keine Vorwürfe gegen die Flotte. Solange die Horchtorpedos als »Zerstörerknacker« noch nicht im Einsatz waren – im Oktober sollte es soweit sein –, war die Brauchbarkeit der U-Boote noch sehr beschränkt. Er ordnete die Steigerung der U-Boot-Produktion von dreißig auf vierzig neue Schiffe im Monat an und billigte Dönitz' Vorschlag, daß Speer die Verantwortung für das Bauprogramm der Marine übernehme. Aber am 15. Juni erschien der Admiral auf dem Berghof und forderte beinahe 150 000 Männer für die Kriegsmarine. Diese Forderung wirkte wie ein Bombenschlag. Hitler: »Ich habe dieses Personal nicht. Es ist notwendig, Flak und Nachtjäger zu vergrößern, um die deutschen Städte zu schützen. Es ist notwendig, die Ostfront zu verstärken. Das Heer braucht Divisionen für die Schutzaufgaben Europas.«

Dönitz' Tatkraft stand in starkem Gegensatz zu Görings Gleichgültigkeit, ja Lethargie in diesem Sommer. Aus Berichten der Gestapo über die Stimmung in der Bevölkerung wußte Hitler, daß sein Volk Beute eines immer wachsenden Gefühls wurde, daß nichts die feindlichen Bombardements aufhalten könne. Nacht für Nacht suchten britische Bomber irgendeine Stadt des Ruhrgebietes heim, und luden eine Bombenlast von 1000 oder 2000 Tonnen über den Straßen und Häusern ab. Eine Handvoll Bomber zerstörte die Ruhrtalsperren, die Wassermassen überfluteten die unterhalb schlafenden Menschen.

Tagsüber vollendeten amerikanische Bomberflotten das Werk der Zerstörung. Gelegentlich schickten die Engländer kleine hochfliegende »Mosquitos«, jeder mit einer Tonne Bombenlast, die stundenlang über Berlin kreisten und so die Millionen von Einwohnern zwangen, sich in die Keller zu flüchten, bis Entwarnung gegeben wurde. Görings Vorschlag war, die ausgebombten Deutschen nach Burgund zu evakuieren – doch verloren allein in Dortmund in einer Nacht über 100 000 Menschen ihr Obdach. Allerhöchstens im November war zu erwarten, daß die Luftwaffe Vergeltung üben könnte. Milch hoffte, bis zu diesem Zeitpunkt über 3000 Jäger und Bomber monatlich produzieren zu können.

Hitler befahl jetzt, große Teile der Kampfverbände aus dem Westen abzuziehen und an die Mittelmeerfront zu verlegen; dem Feldmarschall von Richthofen verlieh er das Kommando über die Luftflotte 2. Aber Richthofen konnte die gewaltigen Schläge aus der Luft nicht verhindern, die der Feind von nun an jeder Bodenoperation vorausschickte. Sechstausend Tonnen Bomben wurden auf die winzige, befestigte Insel Pantelleria abgeworfen, die die Schiffahrtswege in der Sizilienstraße beherrschte. Die italienischen Verteidiger kapitulierten, ohne selbst einen Schuß abzugeben. Daß die italienischen Soldaten unfähig gewesen waren, ein Bombardement auszuhalten, wie es die deutschen Zivilisten – Männer, Frauen und Kinder gleichermaßen – Nacht für Nacht durchstanden, war kein gutes Omen für die künftigen Kampfhandlungen im Mittelmeerraum – das mußte Hitler sich eingestehen.

»Auf das Konto unserer Verbündeten!«

Juli 1943. Die dramatischen Ereignisse überstürzten sich. Das Unternehmen, »Zitadelle« lief an, der Feind landete auf italienischem Boden, die Russen gingen zu ihrer eigenen großen Sommeroffensive über, Mussolini wurde abgesetzt und der Faschismus in Italien gestürzt. Der Luftkrieg schließlich erreichte seine ersten vor-atomaren Gipfel an Barbarei.

Bis Ende Juni hatte Hitler auf dem Berghof gewartet und die Ereignisse in Italien beobachtet. Er zögerte, »Zitadelle« in Gang zu setzen – den Angriff auf Kursk – zu einem Zeitpunkt, wo Mussolinis Generale möglicherweise einen Massenabfall inszenieren würden, sobald er ihnen den Rücken kehrte. Am 17. traf Generaloberst Guderian ein und erklärte, warum seine Voraussagen über die Panzerproduktion zu optimistisch gewesen waren. Guderian hielt es für besser, den vielversprechenden Panther-Panzer erst einzusetzen, wenn man 500 Stück auf einmal verfügbar hätte. Zeitzler plädierte für eine Aufgabe des ganzen Unternehmens, um statt dessen einen »Schlag aus der Nachhand« zu führen, wenn die Russen weit nach Westen vorgedrungen wären. Operativ gesehen war dies eine gute Idee. Hitler wandte jedoch ein, daß Stalin ihm gewiß nicht den Gefallen tun würde anzugreifen, bevor die Situation im Mittelmeerraum Deutschland zwang, Divisionen dorthin zu verlegen. Dagegen ließ sich nichts sagen. Am 18. Juni hielten Zeitzler und Guderian erneut Vortrag, darauf sprach sich Hitler endgültig für die offensive Lösung aus. Auf Grund von Bedenken Generaloberst Models wurde am 25. Juni dann endgültig der 5. Juli festgesetzt. Kluge und Manstein hießen die Entscheidung gut. Aber Hitler rechnete offensichtlich auch mit einem Fehlschlag, denn er verbot dem OKW, das Anlaufen von »Zitadelle« publik zu machen. Auf diese Weise konnte er immer die Existenz des ganzen Unternehmens ableugnen, falls ihm der Erfolg versagt blieb.

Während des Aufenthaltes von Goebbels auf dem Berghof am 24. Juni rechtfertigte Hitler ihm gegenüber ausführlich seine Strategie. Am nächsten Tag schrieb Goebbels über die Äußerungen Hitlers:

»Der Winter hat die besten deutschen Divisionen verschlungen, die eigentlich für diesen Einsatz gedacht waren. Wir können also jetzt nicht träumen, bis zum Ural vorzustoßen. Trotz der deutschen Panzerüberlegenheit ist der Führer entschlossen, vorläufig sitzen zu bleiben. Wir müssen unsere Reserven in der Hand behalten. Im kommenden Winter will der Führer im Osten eine Linie einnehmen, an der wir uns absolut einigeln können, so daß eine dritte Winterkrise wahrscheinlich gänzlich ausgeschlossen ist. Er will eine

›unwesentliche‹ Korrektur vornehmen, die gleichwohl den Bolschewismus einige Armeen, um nicht zu sagen eine Heeresgruppe kosten wird. Doch wird sie wohl nicht ausreichen, die Weltmeinung wieder für Deutschland als den voraussichtlichen Sieger zu gewinnen. Im Mittelmeer nimmt er an, daß die Alliierten erst Sardinien und danach den Peloponnes berennen werden. Der Führer glaubt, diesen Strich halten zu können. Unter keinen Umständen will er vom italienischen Festland weichen. Er denkt nicht daran, bis zum Po zurückzugehen, selbst wenn die Italiener aus der Front ausbrechen. Dann wird eben der Krieg von uns in Italien weitergeführt. Der Duce ist leider ein alter und verbrauchter Mann, die Italiener sind schlapp. Infolgedessen ist er auch entschlossen, sich im Osten nicht allzu stark zu engagieren, weil wir sonst an Händen und Füßen gefesselt sind.«

Im Generalgouvernement Polen machten Hans Frank und seine Distriktsgouverneure Himmlers starre Ansichten für die dort steigende Unruhe verantwortlich. Mittlerweile walteten die SS-Organe eigenmächtig im Generalgouvernement und betrieben eine Politik des Terrors. Himmlers Gewaltumsiedlung im Distrikt Lublin, wobei die Bevölkerung ganzer Dörfer über Nacht vertrieben und Volksdeutsche angesiedelt wurden, führte zum Rücktritt des Gouverneurs in Lublin. Frank trug seine Klagen Hitler Anfang Mai 1943 vor, aber Hitler entgegnete nur, die Schwierigkeiten in den besetzten Ostgebieten seien viel größer. Hitlers Zorn über den Ghettoaufstand in Warschau im April war so groß, daß er tatsächlich Frank gern durch einen härteren Mann ersetzt hätte, aber durch wen? Zwei Stunden lang erörterte er mit Bormann, Ley und Goebbels den entnervenden Mangel an erstklassigem Führungsnachwuchs. Schließlich entschied er, daß Frank bleiben sollte. Er gab zu, Franks Aufgabe sei unerfüllbar. »Er soll Lebensmittel herausholen, das Volk nicht zur Einigung kommen lassen, die Juden herausbringen, zu gleicher Zeit aber die Juden aus dem Reich aufnehmen: er soll die Rüstungsproduktion steigern, die Städte nicht aufbauen usw.«
Nach einem vierstündigen Spaziergang mit dem Reichsführer am 19. Juni entschied Hitler in Himmlers Sinne: es sei ihm nicht der geringste Vorwurf zu machen, er persönlich billige Himmlers Befehle. In einer Aufzeichnung Himmlers mit diesem Datum heißt es: »Der Führer sprach auf meinen Vortrag in der Judenfrage hin aus, daß die Evakuierung der Juden trotz der dadurch in den nächsten drei bis vier Monaten noch entstehenden Unruhen radikal durchzuführen sei und durchgestanden werden müßte.«
Die Judenfrage war tabu auf dem Berghof. Ein paar Tage nach Himmlers Besuch waren Baldur von Schirach und seine attraktive Frau Henriette Gäste Hitlers. Sie saßen mit in der Runde vor dem Kamin, im Dämmerlicht tief in ihre Sessel versunken. Während Hitler seinen Spezialtee trank und die anderen ihren Wein oder Cognac, stieß Henriette hervor, sie habe soeben in Amsterdam gesehen, wie die Juden im Lkw verladen und abtransportiert wurden. »Wissen Sie das, und erlauben Sie das?« Hitler antwortete:

»Die sind zur Arbeit gefahren, da brauchen Sie kein Mitleid zu haben. Dafür sind unsere Soldaten im Felde und geben ihr Leben.« Dann fügte er hinzu: »Ich will Ihnen was sagen. Das ist die Waage« – und er hob beide Hände wie Waagschalen –, »die Waage muß stimmen. Es fallen täglich x-tausend meiner besten Männer an der Front. Die anderen in den Lagern – soll ich sie ernähren? Ich muß denken, daß in tausend Jahren etwas von dieser Rasse noch da ist.« Vorwurfsvoll ergänzte er: »Sie müssen das Hassen lernen!«

Am nächsten Tag, dem 24. Juni, schnitt Goebbels listig das Thema Wien an. Bis 4 Uhr morgens verglich Hitler Goebbels' Berliner mit Schirachs Wienern, bis Henriette Tränen in die Augen traten: Die Berliner seien fleißig, intelligent und hätten politisches Verständnis. Goebbels sollte später dazu schreiben:

»Insbesondere Frau von Schirach benimmt sich wie eine dumme Pute und geht in keiner Weise auf die Argumente des Führers ein... sie faßt nachher ihr ganzes Unglück in die Worte zusammen, sie möchte wieder mit ihrem Mann nach München zurückkehren, und der Führer möge dafür Giesler nach Wien schicken. Hitler lehnt das kategorisch ab: ›Ist Ihr Mann eigentlich Vertreter der Wiener Interessen bei der deutschen Reichsregierung oder vertritt er die Interessen der Reichsregierung in Wien?‹«

Die Schirachs reisten noch dieselbe Nacht ab und suchten Hitler niemals wieder auf.

Im Ruhrgebiet, in Wuppertal-Elberfeld, waren diese Nacht in einer halben Stunde dreitausend Menschen durch britische Bomben umgekommen. Hitler beschloß, am anderen Tag Göring zu sich kommen zu lassen und kein Blatt vor den Mund zu nehmen. Wie Goebbels es ausdrückte, standen »augenblicklich die Aktien für Göring sehr schlecht«.

Göring wußte es auch, und kritzelte in seinem Tagebuch ängstliche Vortragspunkte, mit denen er sich beim Führer zu rechtfertigen versuchen würde:

»Lage im Süden! Südosten! Norden! Meine Stellung als Oberbefehlshaber. Jeschonnek (Urlaub), Milch (Udet) Gegensatz. Meine Tätigkeiten (Stenogramm, Vorlage Terminkalender). Einwirkung auf die Unterführer. Zusammentreffen. Vertrauen der Truppe zu mir. Ab Herbst über das Schwerste [hinweg]. Meine Besuche. Beispiele Ostmarkmotorenwerk! *Meine jetzige Arbeit.* Neuformation der Waffe, klare Ziele der Technik. Auffrischen des Geistes.«

Der Bombenkrieg wurde zum Alptraum für Hitler. Die Zerstörung der häßlich ausfernden Städte des Ruhrgebietes machte auf ihn keinen allzugroßen Eindruck. Eines Tages, so sagte er voraus, würden in Deutschland 10 Millionen Volkswagen und 5 Millionen andere Autos fahren, so daß man diese Städte ohnehin mit breiten Autostraßen wiederaufbauen müßte. Aber Speer mußte jetzt 100 000 Mann für Aufräumungsarbeiten an der Ruhr abzweigen. Im Moment müßte man »die bedauerlichen Personenverluste in Kauf nehmen«; man brauchte die eigenen Bomber für »Zitadelle« und Italien. Wie er Goebels sagte, hatte er den Ausbau der Nachtjäger und der Flak angeordnet. Ein Jäger, ausgerüstet mit dem neuen 30-mm-Geschütz, hatte kürzlich in einem einzigen Einsatz 5 Bomber abgeschossen. Im Augenblick müsse man noch etwas Geduld haben. Seine Langmut gegenüber Göring war tatsächlich phänomenal. Ohne Görings Wissen ließ er die in der Entwicklung führenden Herren der Luftfahrtindustrie auf den Berghof kommen. Er wollte die Wahrheit um jeden Preis herausfinden. Professor Heinkel rechtfertigte sich gegen den Vorwurf, einen guten viermotorigen schweren Bomber immer noch nicht fertig zu haben, mit dem Hinweis auf Görings »bisher durch nichts zu erschütternde Sturzflugforderung« (in bezug auf die Heinkel 177) – obwohl Göring diese Forderung vor 10 Monaten ausdrücklich zurückgezogen hatte. Und als Hitler Professor Willy Messerschmitt über den neuen Me 262 Strahljäger befragte, führte der brillante Konstrukteur warnend aus, daß der Treibstoffverbrauch des Strahljägers weit höher sein würde als bei den alten Kolbentriebwerkjägern, und erreichte so eine Anweisung des Führers, welche die Dringlichkeit der Me 262 wieder rückgängig machte.

Am Mittag des 29. Juni hatte Hitler beschlossen, sein Hauptquartier wieder vom Berghof nach der Wolfsschanze zu verlegen. Er hielt es für sicher, mit »Zitadelle« nach Plan in sechs Tagen zu beginnen. Es schien sogar klare Beweise zu geben, daß Stalin ebenso besorgt wegen »Zitadelle« wie der deutsche Generalstab zuversichtlich war. Am 21. Juni telegrafierte Hans Thomsen, der deutsche Gesandte in Stockholm, daß der sowjetische Diplomat A. M. Alexandrow dort eingetroffen sei und um ein Gespräch mit einem ihm bekannten Herrn der deutschen Botschaft nachgesucht habe. Am nächsten Tag hörte man aus Moskau von neuen Äußerungen der Unzufriedenheit über das Ausbleiben einer alliierten zweiten Front. Am 1. Juli machte sich eine sowjetische Zeitung über die These der »Kollektivschuld« lustig, die vom Westen gegen Deutschland verbreitet wurde, und ließ durchblicken, daß das Reich vielleicht sogar Polen und die Sudetengebiete behalten könnte.

Hitler traf in der Wolfsschanze am 1. Juli ein. Überall waren neue Holzbaracken, unsichtbar unter Tarnnetzen, errichtet worden. Für die Jahreszeit war es ungewöhnlich kalt. Morell verabreichte gleich Spritzen mit Traubenzucker, Vitamultin-Calcium und Tonophosphan. Noch am Abend hielt Hitler eine größere politische Rede vor den Befehlshabern von »Zitadelle«, die sich im nahegelegenen Hauptquartier Zeitzlers versammelt hatten. Er erklärte, warum er »Zitadelle« verschoben hatte – jetzt verfügte er über 2000 Kampfpanzer, wenn auch zugegebenermaßen die Hälfte davon das ältere Modell Mark III sei.

General Friessner protokollierte:

»In ernster, sachlich klarer und zuversichtlicher Art machte er folgende

Ausführungen: *Die Lage.* Die Schuld an unseren Mißerfolgen geht auf das Konto unserer Verbündeten. *Italiener* haben völlig versagt. Hätten sie – wie vom Führer wiederholt gefordert – ihre Kriegsflotte zum Schutz und für die Truppentransporte nach Afrika rechtzeitig eingesetzt, wäre Afrika nicht verlorengegangen. Jetzt werden ihre Schiffe in den Häfen zerschlagen. – Vergleich zum Weltkrieg, wo auch bei uns die Flotte so lange konserviert wurde, bis es zu spät war. – Versagen der Italiener an der Ostfront, in Griechenland usw. Dasgl. *Ungarn, Rumänien* unzuverlässig. Bruder des Marschalls. Min.-Präs. Antonescu, undurchsichtige Erscheinung. *Finnland* am Ende seiner Kraft. Innere Spannungen durch Sozialdemokraten, die von Schweden geschürt und unterstützt wird.

Worauf kommt es an? Deutschland braucht das eroberte Gebiet, sonst kann es auf die Dauer nicht existieren. Es muß die Hegemonie in Europa gewinnen. Wo wir sind, bleiben wir. Das muß auch den Soldaten klar sein, sonst müßten sie ihr Opfer als vergebens ansehen.

Der *Balkan* darf unter keinen Umständen wieder verlorengehen. Dort unsere wichtigsten Kriegsrohstoffe. Die Italiener sind aus Griechenland herausgezogen und durch Deutsche ersetzt. Seitdem wieder sicheres Gefühl. Kreta fest in unserer Hand. Damit Flugzeugstützpunkte für den Gegner ausgeschaltet.

Großdeutschland bzw. Europa muß weit vor seinen Grenzen geschützt werden. Das ist bis jetzt restlos gelungen. Auf den Inseln Rhodos, Sizilien, Sardinien, Korsika stehen jetzt deutsche Truppen. Die Italiener hätten schon längst kapituliert, wie sie es ohne Kampf auf der Insel Pantelleria getan haben.

Ostfront. Es wird nichts kampflos aufgegeben. Der Russe wartet ab. Er benutzt die Zeit (Zeitgewinn) zum Auffrischen für den Winter. Das darf nicht zugelassen werden, sonst gibt es im Winter wieder Krisen. *Also* muß er *gestört* werden.«

Dieser letzte Satz zeigt, wie begrenzt das Ziel von Zitadelle tatsächlich war. Hitler schloß:

»Die Würfel sind gefallen, der Angriff ist befohlen, es hat jetzt alles zu geschehen, um alle Voraussetzungen für das Gelingen sicherzustellen.« Die Operation selbst wurde kaum erwähnt. Generaloberst Model brachte seine Bedenken erneut zur Sprache. Göring und Manstein teilten den allgemeinen Optimismus. Nur Jodl bildete eine Ausnahme: Er glaubte an eine sehr lange Kampfführung. Aber Hitler beruhigte seine Generale. Der Angriff sei zwar ein Wagnis, er habe aber das Gefühl, daß er gelingen würde. Wörtlich sagte er: »Auch hier ist es ausschlaggebend wichtig, daß unter allen Umständen ein Erfolg eintritt, der alle diese Momente einer Depression bei unseren Verbündeten und einer stillen Hoffnung bei den Unterworfenen beseitigt.«

Am frühen Morgen des 5. Juli begann die Offensive. Die Russen waren offensichtlich gewarnt. Die Schlacht, die sich nun entwickelte, wurde erbittert geführt und forderte blutige Opfer. In kurzen Abständen rief Hitler immer wieder bei Zeitzler und Jeschonnek an. Gegen Abend wurde deutlich, daß die Schlacht einen guten Verlauf nahm. Die vereinigten

Luftflotten von Dessloch und Greim (die 4. und die 6.) hatten 4570 Einsätze geflogen und 432 Feindflugzeuge abgeschossen. Manstein war 18 km tief nach Norden in die feindlichen Verteidigungsanlagen eingedrungen; Kluge war ihm 10 km tief nach Süden entgegengekommen. Zwischen ihren Angriffsspitzen lag die Stadt Kursk – und dreitausend Panzer hatte Stalin zur Verteidigung aufgeboten. Morell besuchte Hitler am 6. früh, vermerkte im Tagebuch: »Injektionen wie immer... Schlaf nur drei Stunden wegen Aufregung (seit gestern Angriff im Osten).« Der Leibarzt befahl, Hitler »soll nachmittags schlafen so lange wie möglich«. In der Wolfsschanze verbreitete sich wieder die gewohnte Hochstimmung. In den ersten drei Tagen verloren die Deutschen 30 000 Mann, aber mit Erleichterung konnte Zeitzler melden, daß die Panzerverluste tragbar seien. Bis zum 8. Juli wurden 460 feindliche Panzer vernichtet; Hoths 4. Panzerarmee schoß allein an diesem Tag 195 Panzer ab. Im Süden aber hemmte technisches Versagen des vielgepriesenen Kampfpanzers Panther die Offensive Mansteins beträchtlich. Am Abend jenes ersten Tages waren nur noch 40 einsatzbereit. Während im Norden Models 9. Armee die feindliche Widerstandslinie nicht weiter durchbrechen konnte, lag vor Mansteins Südgruppe weitgehend offenes Gelände. Rommel notierte sich am 9. Juli: »Mittags Lagebesprechung beim Führer. Angriffsoperationen im Osten verlaufen günstig.« Zwei Tage später gelang es Mansteins III. Panzerkorps durch die letzte russische Verteidigungslinie in den Kessel von Kursk einzubrechen.

Erst am Nachmittag des 9. Juli erhielt Hitler Meldungen, daß Luftwaffenmaschinen feindliche Landungsverbände nach dem Auslaufen aus Malta und Pantelleria gesichtet hatten. Am späten Abend war klar, daß sie Sizilien ansteuerten. Es trafen Meldungen von feindlichen Fallschirmlandungen und schwerem Schiffsartillerie-Bombardement der Haupthäfen der Insel Syrakus, Catania und Augusta ein. Am nächsten Morgen begann die Invasion. Bei der Mittagslage erfuhr Hitler, daß 300 feindliche Schiffe beteiligt waren.
Für Hitlers Strategie hätte die Landung schwerlich zu einem ungünstigeren Zeitpunkt kommen können. Außerdem erreichten bedenklich stimmende Berichte den Führer. Admiral Priam Leonardi, der Hafenkommandant von Augusta, hatte am 11. Juli sämtliche Geschütze und alle Munition gesprengt und ihre Betriebsstofflager in Brand gesteckt; die Flammen tobten noch immer. Die Flak von Augusta und Priolo hatte ihre gesamte Munition ins Meer hinein verschossen und ebenfalls ihre Geschütze gesprengt. »Am 11. Juli nachmittags befand sich im Raum der Brigade Schmalz kein italienischer Soldat unter irgendeiner Führung. Sämtliche Offiziere hatten bereits im Lauf des Vormittags ihre Truppe verlassen und sich in Kraftfahrzeugen und Fahrrädern nach Catania und weiter begeben.« Bis zum 12. Juli hatte der Feind 160 000 Mann auf Sizilien gelandet und 600 Panzer.
An diesem 12. Juli begann Stalin mit seiner Gegenoffensive. Weshalb hat

auch diese nicht vermocht, Hitler seine unerschütterliche Zuversicht zu nehmen? Hitler hatte das Gefühl, daß »Zitadelle« dem russischen Bären die Zähne schon gezogen hatte. Manstein allein hatte bis zum 13. Juli 24 000 Gefangene gemacht, 1800 Panzer, 267 Geschütze und 1080 Pak erbeutet oder zerstört. Infolgedessen schien man keinen sowjetischen Gegenangriff von Bedeutung vor dem Herbst befürchten zu müssen. In Berlin war man der Ansicht, Stalin habe seinen Gegenangriff nur vorgetragen, weil Hunger und Unruhe sein Land heimsuchten. Das wurde bestätigt durch Zeitzlers Nachrichtendienste, die Hunderte von Säcken mit erbeuteten russischen Feldpostbriefen ausgewertet hatten. Vergleiche mit dem Hungerjahr 1921 tauchten auf.

Vor allem aber hatte Hitler nun Aussicht, daß er bis 1944 über deutsche »Geheimwaffen« verfügen könnte. Am 8. Juli zeigte ihm Dönitz Entwürfe eines neuen Elektro-U-Boots (Typ XXI), das mit einer bisher nie erreichten Unterwassergeschwindigkeit alle Anstrengungen des Gegners in der U-Boot-Abwehr unwirksam machen würde. Seine Fachleute hofften auf eine Fertigstellung der Schiffe bis November 1944; auch glaubte Dönitz, all seine U-Boote mit Warnanlagen ausstatten zu können, die ihnen ausreichend Zeit zur Erkennung von Radarstrahlen und zur Reaktion geben würden. Auch war eine neue »Druckdosenmine« entwickelt worden, so schlagkräftig und schwer zu räumen, daß für den Augenblick Hitler die Flotte gar nicht damit ausstatten wollte aus Furcht, der Feind könnte sich einer davon bemächtigen und sie in weit größerer Zahl gegen Deutschland verwenden. Als Speer in diesem Moment eintrat, wandte sich Hitler zu ihm: »Das wichtigste ist, daß dieses neue U-Boot gebaut wird.« Speer stimmte zu: »Darüber sind wir uns im klaren. Wir haben schon für das neue U-Boot befohlen, daß es allen anderen Sachen vorgeht.«

Am gleichen Tag stellte ihm Speer die führenden Wissenschaftler der Heeresraketenversuchsanstalt in Peenemünde vor. Bisher war Hitler stets zurückhaltend gegenüber dem Projekt der A4-Rakete des Heeres gewesen. Aber Brauchitsch hatte das A4-Projekt befürwortet, und auch General Friedrich Fromm, Befehlshaber des Ersatzheeres, war ein entschiedener Freund des Projektes. Im Juni 1942 hatte er Speer in Peenemünde herumgeführt. Der neue Minister hatte ihm seine Unterstützung versprochen. Hitler aber sagte einige Monate später, diese Waffe habe nur Sinn, wenn beim ersten Einsatz mindestens eine Zahl von 5000 Geschossen vorhanden sei und eine laufende Monatsproduktion von 3000 erreicht werden könne. Außerdem hatte die Rakete nur einen Ein-Tonnen-Sprengkopf und kostete doch hundertmal soviel wie Milchs fliegende Bomben; sie benötigte Treibstoff aus so ungewöhnlichen Bestandteilen wie flüssigem Wasserstoff und reinem Alkohol und bestand vor allem aus Aluminium und elektronischer Ausrüstung, was man viel dringender für die Luftrüstung brauchte. Aber Speer sah darüber hinweg, er war ja noch nicht für die Luftrüstung verantwortlich. Am 8. Juli stellte er Hitler die Männer vor, die das A4-Projekt betreuen: Gerhard Degenkolb, der jetzt die Massenfertigung der Raketen einrichten sollte; General Walter Dornberger, den Befehlshaber in Peenemünde; und den jungen leitenden Wissenschaftler, Wernher von Braun. Sowohl das Heer als auch die Luftwaffe versicherten Hitler, daß ihre Geschosse gegen England noch vor Jahresende einsatzbereit sein würden.

Zwei Tage später, am 10. Juli, erschien Heinrich Himmler in der Wolfsschanze. Die A4-Rakete stand ganz oben auf seiner Tagesordnung. Himmler enttäuschte Hitler niemals, geschweige denn daß er ihn langweilte. An diesem Tag plädierte Himmler dafür, die polnische »Heimatarmee« gegen Stalin einzusetzen. Diese war bitter enttäuscht darüber, daß Churchill jüngst die kostspielige Garantie Chamberlains für Polen zurückgenommen hatte, und als die Gestapo ihren Führer, General Stefan Rowecki, verhaftete, hatte Himmler das Gefühl, daß es gelingen könnte, die ganze Armee gegen Stalin umzudrehen, statt daß sie jetzt die Deutschen bekämpfte. Hitler las Roweckis Lebenslauf und gab zu, dieselbe Idee gehabt zu haben. Aber er entschied sich dann doch dagegen: Rowecki sei ohne Zweifel eine Führerpersönlichkeit, und man könnte sich hier leicht selbst einen großen Gegner heranziehen. Himmler notierte: »Der Führer äußerte sich dann grundsätzlich zur Polenfrage in dem mir bekannten und völlig verstandenen Sinne.«

Hitler wünschte besonders britische Kriegsgefangene für diesen Kampf zu werben. Am 29. November 1942 vermerkte Hewel nach einer Unterhaltung mit Hitler: »Er ist der Auffassung, daß zahlreiche nationale Engländer unter dem jetzigen Regime in England leiden, weil sie die Gefahr der Verjudung und besonders der Bolschewisierung des Empires kommen sehen. Er hielt es nicht für ausgeschlossen, daß es bei einer geeigneten Bearbeitung möglich sein würde, daß eine englische Legion, die in englischen Uniformen gegen den Bolschewismus antreten würde, gebildet werden könnte. Eine solche sei ihm lieber, als die irgendeiner anderen Nationalität.« Die Schwierigkeit war nur, daß zwar die russischen Kriegsgefangenen bereit waren, für Hitler zu kämpfen, nicht jedoch die britischen.

Die russische Gegenoffensive begann nördlich von »Zitadelle« mit Ziel Orel.

Hitler gab Generaloberst Model den taktischen Oberbefehl sowohl über das AOK 9 als auch über das Panzer-AOK 2; damit konnte der nördliche Zangenarm der Zitadelle nicht weiter vorstoßen. Am 13. Juli ließ Hitler Manstein und Kluge zu sich kommen, um mit ihnen die Zukunft der Operation zu erörtern. Kluge war dafür, »Zitadelle« abzubrechen. Manstein war entgegengesetzter Ansicht: Der Sieg sei für seine Armeen in greifbare Nähe gerückt – wenn er ihnen noch das XXIV. Panzer-Korps beigeben könnte, würde das die Gewichte endgültig zugunsten der Verteidiger von Kursk verlagern; sie hätten ihre letzten operativen Reserven in die Schlacht geworfen – er könne noch immer, nach Westen eindrehend, die

Hälfte der Kursk verteidigenden Russen vernichten. Ziehe man sich dagegen lahm aus der Schlacht zurück, hätten diese russischen Verbände später freie Hand, an anderer Stelle der Front Schwierigkeiten zu machen. Kluge aber erklärte, die 9. Armee könne den Angriff weder jetzt noch später wiederaufnehmen. Gereizt rief Hitler aus: »Natürlich! Der Russe erreicht alles! Und wir gar nichts mehr!« So wurde die Schlacht eingestellt – ohne Niederlage, ohne Sieg. 20 720 deutsche Soldaten waren ausgefallen, davon waren 3330 tot. »Ich werde nie wieder den Rat des Generalstabes befolgen!« erklärte er seinen Adjutanten.

Aber die schwereren Verluste hatten die Russen erlitten – 17 000 Tote und 34 000 Gefangene. Ihre operativen Reserven waren dezimiert. Dementsprechend geriet die russische Sommeroffensive in den nächsten Wochen ins Wanken. Als die Russen am 17. Juli einen Fesselungsangriff gegen Mansteins Südflügel begannen, konnten Mackensens 1. Panzer-Armee und Hollidts neue 6. Armee sie zurückschlagen. In zwei Wochen machten sie 18 000 Gefangene und zerstörten 700 Panzer. Als Stalin am 24. Juli seinen Tagesbefehl veröffentlichte und einen Sieg bei Kursk verkündete – 70 000 Deutsche seien gefallen, 2900 deutsche Panzer seien abgeschossen –, meinte Hitler: »Ich habe folgendes Gefühl: daß dieser Bericht eigentlich das Abblasen der eigenen Sache darstellt. Er gratuliert ihnen zu dem Erfolg..., daß Stalin diese Idee, hier im großen Furioso weiterzugehen, aufgegeben hat.« Vielleicht stabilisierte sich der Osten doch noch?

In Sizilien war die Lage inzwischen sehr ernst geworden. Meistens taten die Italiener nicht einmal mehr so, als kämpften sie. Alle Anzeichen deuteten darauf hin, daß Mussolinis Generale und der König sich zu seinem Sturz verschworen hatten. Warum sonst hätte Ambrosio in der üblichen italienischen Leier unerfüllbare Forderungen nach modernen Panzern und Flugzeugen an Deutschland gerichtet?

Während die amerikanische Armee die Italiener im westlichen Sizilien einsammelte, rannte sich die britische 8. Armee bald an einem zäh verteidigten, überwiegend mit deutschen Kräften besetzten Halbkreis vor dem Ätna fest. Aber der Duce gab sich auch sichtlich Mühe, die Verantwortung für den jetzt allem Anschein nach unvermeidlich gewordenen Verlust Siziliens den Deutschen in die Schuhe zu schieben, denn sie hätten ja das vom Commando Supremo geforderte Kriegsgerät nicht geliefert. Am 13. Juli liefen dreißig italienische Torpedoboote aus, um in die feindliche Flotte bei Syrakus hineinzustoßen, doch kehrten sie unbeschädigt zurück und gaben vor, kein Schiff der Alliierten gesichtet zu haben. Richthofen schrieb sarkastisch in sein Tagebuch: »Italienische Flotte läuft erwartungsgemäß nicht einmal ›für ihre Ehre‹ aus.« Dönitz rief im Führerhauptquartier an, »er sei bereit, falls der Führer dies für notwendig und durchführbar halte, persönlich sofort den Oberbefehl über die italienische

Kriegsmarine zu übernehmen..., um wenigstens die Zerstörer und U-Boote zum geschlossenen Einsatz zu bringen«.

Hitler setzte sich jetzt rücksichtslos über die italienische Souveränität hinweg. Er schickte einen Major i. G. nach Sizilien mit der streng geheimen, mündlichen Sonderweisung, das deutsche Generalkommando solle die Gesamtführung des Kampfes im Brückenkopf Sizilien »unter unauffälliger Ausschaltung der italienischen Kommandostellen« selbst übernehmen. Ein »Deutscher Kommandant Messina-Straße« wurde ernannt und ermächtigt, notfalls die italienischen Küstenbatterien mit deutschen Mannschaften zu besetzen. Dönitz stellte sofort 1723 Marineartilleristen zur Verfügung. Am 14. vervollständigte das OKW die Pläne für eine eventuell notwendig werdende Blitzaktion gegen Italien und die von Italien besetzten Balkangebiete.

Ebenfalls am 14. Juli zeigte Hitler Milch den Inhalt von Mussolinis – durch Ambrosio abgefaßten – Briefes, in dem er zweitausend Flugzeuge verlangte. Er hatte bereits die Verstärkung von Richthofens Luftflotte in Italien durch eine Jagd- und vier Kampfgruppen angeordnet. Doch war es notwendig, die italienische Bodenorganisation instand zu setzen. In den vergangenen drei Wochen waren 320 Jäger auf italienischen Flugplätzen vernichtet worden. Beim Start eines Verbandes von 40 Jägern hatten 36 Flugzeuge Reifenschäden infolge nicht beseitigter Sprengstücke davongetragen. »Im übrigen«, sagte Milch dem italienischen Botschafter, »könne er versichern, daß bezüglich der Italien zu gebenden Luftunterstützung der Führer selbst für Deutschland nicht besser habe sorgen können. Hunderte von Flugzeugen sind bereits nach Italien gegangen, und Hunderte werden noch nach Italien überführt werden unter bewußter Benachteiligung eigener Nachtjagd zum Schutz unserer bedrohten Westgebiete.« Marine und Luftwaffe gäben Hunderte von Flakbatterien ab, um die Straße von Messina zu schützen.

Jodl wies darauf hin, daß Ambrosio die Absicht haben könnte, möglichst viele deutsche Elite-Divisionen nach dem Süden zu locken, wo sie zum geeigneten Zeitpunkt abgeschnitten und dem Feind wie auf einem Tablett überreicht werden konnten. Hitler beschloß, sich wieder mit Mussolini zu treffen. Inzwischen machte er General der Panzertruppen Hube, den Veteranen von Stalingrad, zum Oberbefehlshaber aller Heeres- und Flaktruppen in Sizilien. Göring ließ nichts unversucht, um die Ernennung seines Luftwaffengenerals Stahel zu erreichen, aber Rommel setzte Hube durch. Hitler hatte Rommel den Oberbefehl in ganz Italien geben wollen; aber jetzt bekam Göring seine Rache. Am 18. Juli schrieb Rommel in sein Tagebuch: »Mittags beim Führer... Ich erfahre, daß man dem Führer abgeraten hat, mir den Oberbefehl in Italien zu geben, denn ich sei den Italienern feindlich gesinnt. Ich nehme an, die Luftwaffe steckt dahinter.« Zwei neue Heeresgruppen wurden jetzt gebildet, die Heeresgruppe B unter Rommels Befehl mit Sitz in Saloniki, zuständig für Griechenland, Kreta und die Ägäis; und E unter Generaloberst Löhr mit Sitz in Belgrad, zuständig für den übrigen Balkan. Rommels neues Kommando sollte genau eine Woche dauern.

Die Ungewißheit über Italien traf Hitler buchstäblich im Magen. Vor dem Abflug am 18. Juli in seiner persönlichen FW 200 Condor mußte er plötzlich Professor Morell herbeieilen lassen. Dieser schilderte im Tagebuch nachher: »Führer hat mich um 10.30 morgens rufen lassen: seit nachts 3 Uhr habe er heftigste Leibschmerzen, kein Auge zugetan; Leib brettartig hart gespannt, voller Gase, nirgends lokale Druckschmerzen. *Sehr* blasses Aussehen, hochgradig nervös. Morgen sehr wichtige Besprechung mit Duce in Italien bevorstehend; Diagnose: *spastische Obstipation*. (Durch Überarbeitung in den letzten Tagen drei Tage fast keinen Schlaf, stets Besprechungen und nachts gearbeitet. Weißen Käse und Rouladen mit Spinat und Erbsen abends zuvor gegessen. Da noch wichtige Besprechungen und Entscheidungen vor der Abreise um 15.30 Uhr bevorstehen, kann kein Betäubungsmittel gegeben werden, daher nur Eupaverin, eine Ampulle intravenös. Leichte Bauchmassage. Zwei Euflat und drei Löffel Olivenöl. . . . Vor dem Weggang zum Flugplatz eine Eukodal-Ampulle i. m. Sehr schlechtes Aussehen und etwas schwindlig.«

In der Maschine saß Hitler vorne, gleich hinter der Pilotenkabine, seine Papiere vor sich auf einem großen Klapptisch ausgebreitet. »Ich habe diese Entwicklung eigentlich immer befürchtet«, sagte er einige Tage später. »Das war auch der ganze Grund, warum ich immer die Sorge hatte, hier im Osten frühzeitig loszuschlagen, weil ich mir immer dachte, es geht im Süden sofort der Tanz los.«

»Während des Fluges«, schrieb Morell in seinen Notizen, »etwas Verbesserung durch abgehende Winde. Auf dem Berghof nochmals Leibmassage, wieder Euflat . . . abends ganz leicht verdauliche Kost, um 00.30 Uhr schlafen gegangen.« Am 19. Juli vermerkte Morell weiter: »Morgens Injektion wie immer. Morgens 6.00 Uhr: Leib weich, gut geschlafen, viel abgehende Winde gehabt. Injektion wie immer. Für die Besprechungen [mit Mussolini] noch Vitamultin-Täfelchen empfohlen. 6.45 Uhr Wegfahrt, 7.30 Abflug in Salzburg . . . Führer wohlauf.«

In Italien wollte Hitler den Duce vor eine grundsätzliche Entscheidung stellen. Entweder war Sizilien wirksam zu verteidigen; oder man mußte die Entscheidungsschlacht auf dem italienischen Festland suchen. Hitler war der Meinung, Sizilien könnte gehalten werden – es gab keinen Grund, warum man dem Feind dort nicht ein Stalingrad zufügen sollte. Hitler gab Mussolini nicht die Zeit, um sich auszusprechen. Selbst in seinem eigenen, schäbigen, altmodischen Zug, vollgestopft mit Deutschen und Italienern und dem sich drängenden Zugpersonal in operettenhafter Aufmachung, fand Mussolini kaum eine Gelegenheit, zu Wort zu kommen. Der in seinem Privattagebuch später niedergelegte Bericht zeigt recht gut, wie die Dinge nach Hitlers Ankunft auf dem Flugplatz Treviso verliefen:

»Punkt 9 Uhr landete der Führer. Er nahm die Parade der Abteilungen ab, und wir begaben uns an den Bahnhof. Wir nahmen den Zug, der uns nach ungefähr einer Stunde auf einem Bahnhof vor Feltre absetzte. Dort bestiegen wir das Auto zu der als Ort des Treffens bestimmten Villa, der Villa des Senators Gaggia, einem wahren Labyrinth von Sälen und kleinen Sälen, die in mir die Erinnerung eines Alpdrucks zurückgelassen haben. Wir erreichten nach einer weiteren Stunde die Straße im offenen Wagen unter einer sengenden Sonne, und ich wechselte mit dem Führer nur wenige durch die Lage gebotene höfliche Worte.
Das Treffen begann um 12 Uhr...
Der Führer begann zu sprechen und sprach zwei Stunden. Seine Worte wurden mitstenografiert, und der vollständige Text der Rede liegt bei den Akten des Außenministeriums.
Er hatte kaum zu sprechen begonnen, als mein Sekretär in den Saal trat und mir einen Telefonanruf aus Rom übermittelte, der besagte: ›seit 11 Uhr wird Rom von der Luft aus intensiv bombardiert‹. Ich teilte die Nachricht dem Führer und den Umstehenden mit. Diese Nachricht schuf die lastende Atmosphäre einer Tragödie. Diese Atmosphäre wurde noch drückender durch die weiteren telefonischen Mitteilungen, die die ungewöhnliche Dauer des Angriffs, die Zahl der Maschinen und die ersten schweren Schäden (darunter die Universität und die Kirche von San Lorenzo) bekanntgaben.
Als die Ausführungen des Führers beendet waren, fand ein erster Meinungsaustausch unter vier Augen statt. Er teilte mir zwei wichtige Dinge mit: 1. daß der U-Boot-Krieg mit anderen Mitteln wiederaufgenommen werden würde und daß 2. Ende August die deutsche Luftwaffe zur Vergeltung beginnen würde, London anzugreifen, welches in einer Woche dem Erdboden gleichgemacht sein würde. Ich sagte ihm u. a., daß in Erwartung der Vergeltungsmaßnahme um jeden Preis die Luftabwehr Italiens verstärkt... werden müsse. Ich wurde zu weiteren Nachrichten abgerufen, und inzwischen rückte die Abfahrtsstunde heran. Nur während der Stunde im Zug konnte ich ihm folgendes klar zu verstehen geben, nämlich: Italien hielt – jetzt – das gesamte Gewicht zweier Imperien wie Großbritannien und die USA aus; und unter diesem Gewicht rückte die Gefahr näher, erdrückt zu werden; die Bombardierung der Städte erschütterte nicht nur den moralischen Widerstand der Bevölkerung, sondern schädigte auch schwer die Kriegsproduktion und desorganisierte das gesamte soziale Leben, und noch einmal sagte ich ihm, der Feldzug in Afrika hätte einen anderen Ausgang genommen, wenn wir der feindlichen Luftwaffe, wo nicht überlegen, so doch wenigstens gleich gewesen wären. Ich sagte ihm außerdem, daß die Spannung der Gemüter im Inneren des Landes jetzt hoch und gefährlich sei.
Er sagte mir, die italienische Krise sei eine Krise in der Leitung, und folglich eine Krise an Männern; er würde mir weitere Verstärkung in der Luftwaffe und neue Divisionen zur Verteidigung der alten Halbinsel schicken. Er erklärte, daß die Verteidigung Italiens auch im höchsten Interesse Deutschlands liege. Der Ton der Reden war immer sehr freundschaftlich, und wir trennten uns auf die kameradschaftlichste Weise. Dann flog der Führer ab.«

Hitler war merkwürdig zufrieden mit dem Ergebnis dieses – wie sich zeigen sollte, letzten – Besuches in Italien. Er glaubte, den italienischen Kriegsanstrengungen neues Leben eingeimpft zu haben; seine Generale waren weniger beeindruckt. Feldmarschall von Richthofen schrieb an jenem Tag:

»In der Villa hält der Führer dem Duce, dessen eigenen militärischen Stabe und seinen eigenen mitgebrachten Leuten einen pausenlosen zweistündigen Vortrag über Kriegsführung, Kampfführung pp. Außer dem Duce versteht keiner ein Wort. Ambrosio stellt hinterher grinsend fest, es wäre kein ›Coloquio‹, sondern ein ›Disloquio‹ gewesen. ... Der Führer müde von seinem langen energischen Reden, sah aber gut aus, viel besser als der Duce. Bei der ganzen Sache ist wahrscheinlich weniger herausgekommen, als man unter dem kleinen Fingernagel davontragen kann.«

Am Abend des 19. Juli legte Martin Bormann ein Fernschreiben Himmlers vor, mit klaren, geheimdienstlichen Hinweisen »hinsichtlich geplanten Staatsstreiches mit Ziel Beauftragung Marschall Badoglios zur Bildung eines Kriegskabinetts unter Beseitigung des Duce«. In Himmlers Bericht hieß es weiter: »B[adoglio] ist bekannter Exponent der Freimaurer in Italien. Als sein Ziel wird sofortige Einleitung von Friedensverhandlungen nach vollständiger Einnahme Siziliens durch englisch-amerikanische Truppen angegeben.« Es hatte wenig Sinn, Mussolini zu warnen – er war von fast kindlicher Naivität. (Auf dem Bahnhof hatte er ganz unvermittelt zu Hitler gesagt: »Ich weiß nicht, warum meine Generale so starke Kräfte in Oberitalien halten.«) Wenig später meldete die deutsche Bahnhofskommandantur Tarvisio dem OKW, daß die Italiener große Mengen Munition in den Befestigungsanlagen stapelten, die dem Reich zugewandt seien.
Rommel wurde am 20. Juli zu Hitler nach Ostpreußen gerufen: »Abends Lage beim Führer. ... Unterredung mit Duce keine ganz klaren Entscheidungen. Duce kann nicht handeln wie er will. Ich soll vorläufig Oberbefehl in Griechenland einschließlich Inseln übernehmen, um später nach Italien rüberspringen zu können.« Am nächsten Tag schrieb er: »Morgens Lage. In Sizilien durch General Hube die Lage etwas geklärt. ... Der Duce weiß von den politischen Absichten seiner Mitarbeiter.« Am 23. Juli flog Rommel ab, um seine undankbare Aufgabe in Griechenland zu übernehmen, wo ihm, abgesehen von der fragwürdigen italienischen 11. Armee nur eine deutsche Panzer- und drei deutsche Infanterie-Divisionen unterstehen würden.

Am nächsten Tag wurden über Südeuropa die ersten Sturmsignale gesetzt. Jetzt trafen beunruhigende, aber noch ungenaue Nachrichten darüber ein, daß für den Abend der faschistische Großrat in Rom einberufen werde, und zwar zum ersten Mal seit Dezember 1939. Als Mitternacht vorbei war und noch keine neuen Nachrichten aus Rom vorlagen, sagte Hitler grollend, wenn einer das bei ihm gemacht hätte, würde er ihn augenblicklich von Himmler abholen lassen: »Was soll dabei überhaupt herauskommen? – Geschwätz!«

Bevor Hitler zu Bett ging, traf die Nachricht ein, daß die Engländer Hamburg mit tausend schweren Bombern angegriffen hätten. Die ersten Fotos der Schreckensszenen wurden ihm am nächsten Morgen vorgelegt. Auf den Straßen verstreut lagen die Leichen von Männern, Frauen und Kindern. Die Frauen hatten ihr Haar in Lockenwicklern, die Kinder hatten Schutz gesucht in den Armen von Luftschutzwarten. Bei seiner Mittagslagebesprechung erfuhr Hitler, daß, um die Flak- und Jägerortung zu stören, die englischen Bomber Hunderttausende von Stanniolstreifen abgeworfen hatten.

Als Hitler am Mittag des 25. Juli diese ersten Bilder aus Hamburg durchsah, konnte er nicht wissen, daß in dieser Woche dort noch weitere 40000 Menschen sterben würden. Für den Augenblick war ihm Rom wichtiger. Brüsk forderte er Hewel auf: »Sehen Sie zu, daß Sie überhaupt etwas erfahren!« Hewel erwiderte: »Die haben bis heute morgen 3 Uhr getagt. Um diese Zeit tagten sie noch. Ich bekomme sofort etwas durch.« Aber als die Lagebesprechung um 14 Uhr zu Ende ging, wußte er immer noch nicht mehr, als daß die wildesten Gerüchte in Rom umliefen.

Später traf die Nachricht ein, daß Marschall Badoglio den deutschen Botschafter gebeten habe, ihn aufzusuchen. Dann ließ Badoglio seine Bombe platzen: Benito Mussolini war zurückgetreten. Der König hatte den Marschall beauftragt, eine Militärregierung zu errichten. »Badoglio hat die Regierung übernommen«, rief Hitler am Abend Keitel zu, »Also unser grimmigster Feind!«

»Was halten Sie von der Achse?«

Am 25. Juli 1943 wurde Mussolini auf Befehl König Viktor Emanuels III. seiner Ämter enthoben und verhaftet. In der Woche danach schwankte Hitler zwischen zwei Extremen. Sein erster, instinktiver Gedanke war es, Rom mit Fallschirmjägern zu nehmen, die Monarchie, die Verräter und den Vatikan auszuheben und den Diktator, dem man so bitter Unrecht getan hatte, wieder in die Macht einzusetzen. Im Morgengrauen des 26. Juli 1943 ließ er sogar Befehle an seine Truppen hinausgehen, die sofortige Räumung Siziliens unter Zurücklassung der Panzer und der schweren Ausrüstung vorzubereiten; denn zwischen Sizilien und dem Brenner standen praktisch überhaupt keine deutschen Truppen. Bei Betrachtung der Lage konnte es einem wirklich kalt über den Rücken laufen. Eine 1600 km lange italienische Küste, so gut wie ungeschützt, an der der Feind jeden Augenblick landen und sogar sicher sein konnte, von dem neuen Regime in Rom willkommen geheißen zu werden. Wäre er, Hitler, an Churchills Stelle, er hätte sofort zugeschlagen, um eine so reiche Ernte einzubringen. Aber die Tage vergingen, und in der Wolfsschanze stellten sich Berater ein, die zu weniger extremen Schritten rieten, und jetzt begann die Zeit für Hitler zu arbeiten. Im Laufe des August wurde die Stärke der deutschen Wehrmacht in Italien stetig ausgebaut, ohne Rücksicht auf Badoglios Proteste. In Sizilien kam trotz allem ein glänzend geführter Rückzugskampf zustande. Und als Badoglio und seine Generale im September endlich ihre wahren Farben zeigten, nämlich die längst bereitgehaltene weiße Fahne der Kapitulation, war Hitler darauf vorbereitet und konnte einschreiten.
Die stenografischen Protokolle zeigen, wie zielbewußt er hier mit ernsten Krisen fertig wurde. Sofort wurde der Abtransport von Sepp Dietrichs »Leibstandarte« von der Ostfront nach Italien angeordnet. Die 70000 deutschen Soldaten auf Sizilien waren aufs Festland zurückzubringen, notfalls unter Preisgabe der schweren Waffen. »Nur Handwaffen, alles andere bleibt, mehr brauchen sie nicht. Gegen die Italiener werden wir mit Handwaffen auch fertig.« Ein Rückzug von Sizilien war zu bewerkstelligen wie »seinerzeit Dünkirchen«. Die 3. Panzergrenadier-Division sollte Rom besetzen, die ganze Regierung ausheben, den König, vor allem den Kronprinzen, als Geiseln nach Deutschland schaffen als Garantie für die Pakttreue der Italiener; Badoglio war selbstverständlich zu verhaften »tot oder lebend«; Mussolini mußte gefunden und gerettet werden, wenn er nicht schon tot war. In diesem Fall war es notwendig, die Leiche sicherzustellen, damit der Feind sie nicht öffentlich zur Schau stellen konnte. Und Rommel!

»Gleich feststellen, wo der Rommel ist!« Am 25. Juli erhielt Rommel in Saloniki um 23.15 Uhr telefonisch Befehl vom OKW, sich sofort im Führerhauptquartier zu melden. Und aus allen Teilen des Reiches flogen sie nach Ostpreußen – Himmler, Guderian, Goebbels, Göring; Speer war schon da; Ribbentrop, der gerade eine Lungenentzündung hinter sich hatte, erschien bleich und eingefallen; Dönitz brachte gleich einige seiner Stabsoffiziere mit; Schmundt wurde aus dem Urlaub zurückgeholt.

Was die Parteiprominenz am tiefsten beunruhigte, war dieser schlagende Beweis, daß Diktaturen gestürzt werden konnten. Jodl sprach es im Teehaus ganz offen aus: »Eigentlich ist der ganze Faschismus wie eine Seifenblase geplatzt.« Hitler wies Himmler an, dafür Sorge zu tragen, daß in Deutschland nichts platzte. Sein Blut kochte beim Gedanken an die Verräter, diese Schleppenträger der Monarchie. Er war fest davon überzeugt, daß Badoglio schon mit dem Feind verhandelt habe. »Über eins kann es keinen Zweifel geben: die werden natürlich in ihrer Verräterei erklären, daß sie weiter bei der Stange bleiben; das ist ganz klar. Das ist aber eine Verräterei.« Mit verächtlichem Lächeln fuhr er fort: »Aber von uns wird auch dieses gleiche Spiel weitergespielt, alles vorbereitet, um sich blitzartig in den Besitz dieser ganzen Bagage zu setzen, das ganze Gelichter auszuheben.« Am 26. Juli schickte er Kapitän z. S. Junge zu Kesselring mit dem mündlichen Befehl, sich für eine Besetzung Roms bereitzuhalten und Vorkehrungen zu treffen, um ein Auslaufen der italienischen Flotte zu verhindern. Hitler befahl der 2. Fallschirmjäger-Division, am nächsten Tag von Südfrankreich aus nach einem Flugplatz bei Rom zu fliegen; weder Kesselring noch den Italienern wurde davon vorher etwas mitgeteilt. Auch die 3. Panzer-Grenadier-Division sollte sich in die Außenbezirke von Rom begeben.

Im Teehaus hatte Himmler ein halbes Dutzend Leiter von Sonderkommandos aufgebaut. Es waren seine Kandidaten für den Auftrag, den faschistischen Diktator zu retten, von dem man jetzt wußte, daß er auf Befehl des Königs beim Verlassen des Palastes in Schutzhaft genommen worden war. Hitler fragte einen nach dem anderen: »Was halten Sie von der Achse?« Der letzte von ihnen, ein stämmiger SS-Hauptsturmführer mit Narben im Gesicht, antwortete: »Mein Führer, ich bin doch geborener Ostmärker!« Hitler wählte diesen Mann, Otto Skorzeny. Zusammen mit Student sollte Skorzeny am Morgen nach Rom fliegen. Er verabschiedete sich von Hitler mit den Worten: »Eine schwere, aber besonders schöne Aufgabe!«

Am Abend war Hitler erschöpft und aß alleine.

Nicht weniger als 35 Personen nahmen an der Abendlagebesprechung teil, die nun folgte. Es kristallisierten sich zwei Parteien heraus: Die eine, unter Führung von Dönitz und Jodl, sprach sich nachdrücklich gegen überstürzte Aktionen in Italien aus; die andere, an der Spitze Hitler, war für sofortiges Losschlagen Students. Rommel fand, daß die Aktion reiflich überlegt werden müsse. Dem widersprach Goebbels: Die Engländer würden kaum 8 Tage warten, um Rommel Zeit für seine Überlegungen zu geben. Göring hatte seine Ansicht schon mittags ausgesprochen: »Die Gegenspieler werden daraufhin natürlich sofort die Alliierten zu Hilfe rufen und um deren Schutz flehen.« Hitler präzisierte: »Aber das dauert eine gewisse Zeit, bis sie bereit sind zu landen...« Sie würden, wie immer in solchen Fällen, erst einmal verblüfft sein. Alle, besonders Goebbels und Ribbentrop, waren schärfstens gegen Hitlers Plan, durch den Vatikanstaat zu marschieren. Das würde außerordentlich verhängnisvoll in bezug auf die »Weltwirkung unserer Maßnahmen« sein.

In der Zwischenzeit bestanden Kesselring und Richthofen aus der Sicht ihrer italienischen Hauptquartiere darauf, daß Badoglio sich loyal gegenüber der Achse zeigen werde. Badoglio hatte Kesselring am Abend empfangen. »Sehen Sie, Herr Feldmarschall«, sagte er mit entwaffnender Offenheit, »das ist das Problem, das mich jetzt Tag und Nacht beschäftigt: Wie führt man eine geschlagene Armee zum Siege?« Kesselring berichtete in seiner Naivität, Badoglio habe Mussolini nur entfernt, »weil seine schwächliche Kriegführung einfach eine Schande für die italienische Waffenehre war«. Hitler konnte über die Leichtgläubigkeit Kesselrings nur lachen.

Hitler wußte, daß er nicht das ganze italienische Festland militärisch verteidigen konnte, wenn Badoglio zum Feind überlief. »Im weiteren Verlauf werden wir uns natürlich hier irgendwo zurückziehen müssen«, hatte er am 25. Juli gesagt und auf die Italienkarte getippt. »Das ist ganz selbstverständlich.« Zusätzlich zu den Divisionen, die er schon aus Südfrankreich nach Norditalien heranführen ließ, wollte er drei SS-Panzerdivisionen aus Mansteins Heeresgruppe Süd herausziehen; da sie »vor allen Dingen auch politisch dem Faschismus nahestehen«. Ihre Verlegung würde wiederum die Aufgabe des Orelbogens erforderlich machen, um Kräfte für Manstein freizumachen. Kluge, am 26. Juli zu Hitler befohlen, äußerte sich entsetzt: »Mein Führer! Ich mache aber darauf aufmerksam, augenblicklich ist nichts herauszuziehen. Das ist völlig ausgeschlossen im gegenwärtigen Moment!« Erst wenn seine Heeresgruppe auf die Hagen-Stellung am Dnjepr zurückgenommen sei, könne er Hilfe anbieten. Aber mit dem Bau dieses Ostwall-Abschnitts war gerade erst begonnen worden, und vor Anfang September konnte die Stellung nicht bezogen werden. Hitler glaubte, daß Badoglio lange vorher umfallen würde. »Das ist unmöglich, völlig unmöglich, Herr Feldmarschall.«

Am nächsten Abend traf von Richthofen aus Rom ein. Die Abendlagebesprechung dauerte fast bis Mitternacht. »Alles schimpft sehr auf Kesselring«, schrieb Richthofen. »Ich trete dem entgegen; einige Meldungen von ihm sind psychologisch ungeschickt; im großen und ganzen sachlich aber richtig. Ich identifiziere mich damit.« – »Rommel weiß gar nichts, sagt Gott sei Dank auch nichts und freut sich lediglich über Rachegelegenheit gegen die Italiener, die er haßt. Dönitz gemäßigt und vernünftig. Alles andere, Ribbentrop an der Spitze, nur dem Führer nachredend.« Richthofen blieb bei seiner Überzeugung: Ein voreiliges Handeln durch Student müsse zur Katastrophe führen. Jodl schlug in die gleiche Kerbe. Dönitz auch.

Richthofen sagte voraus, daß Badoglio mit übersteigerten militärischen Forderungen kommen und ihre Ablehnung als Vorwand zu Verhandlungen mit dem Feind nutzen werde. Kaum hatte er geendet, kam schon die telegrafische Meldung Botschafter Mackensens aus Rom, daß mit solchen Forderungen zu rechnen sei. Richthofen drängte Hitler, zum Schein auf alles einzugehen, um Zeit für die Einschleusung von Rommels Divisionen nach Italien zu gewinnen. Aber Hitlers große Sorge war es, daß die Engländer mit stillschweigendem Einverständnis Badoglios plötzlich per Luft und Schiff in Italien landen würden. Dem mußte Richthofen zustimmen. Schließlich entschied Hitler: »Die Aufgabe Student wird möglichst bald durchgeführt.« Als Rommel am nächsten Morgen nach München abreiste in sein neues Hauptquartier der Heeresgruppe B, hatte er Hitlers geheime Instruktionen zum Einmarsch in Italien in der Tasche.

In diesem Augenblick rettete eine in besonders krassem Ton gehaltene Unterhausrede Churchills Hitler vor seinem Dilemma. Nur die »bedingungslose Kapitulation in Bausch und Bogen«, sagte Winston Churchill, könne verhindern, daß Italien »von einem Ende bis zum anderen versengt und verkohlt und geschwärzt« wird. »Wir sollten die Italiener, um einen Küchenausdruck zu gebrauchen, erst einmal ein wenig in ihrem eigenen Saft schmoren lassen.« Jetzt wußte Hitler, daß er wenigstens noch Zeit hatte. »Um Mißverständnisse zu vermeiden«, wurde Kesselring angewiesen, auf jeden Fall zu verhindern, daß Student sein »Unternehmen Schwarz«, nämlich die Besetzung Roms, schon jetzt ins Werk setzte. Bei sehr guter Laune setzte Hitler sich an diesem Tag, dem 28. Juli, mit seinen Feldmarschällen zum Mittagessen. Am Abend hatte er sich endgültig dafür entschieden, nichts Voreiliges zu unternehmen.

Trotz der seltsamen optimistischen Einschätzungen der Lage durch Admiral Canaris' Abwehr hatte Hitler mehr als genug Beweise für Badoglios heimliche Umtriebe. Über die »Forschungsanstalt der Reichspost« (eine von der SS unterstützte Organisation) erhielt Hitler am 29. Juli die Übersetzung eines Funkferngesprächs zwischen Roosevelt und Churchill kurz nach Mitternacht. Sie hatten sich über den »bevorstehenden Waffenstillstand in Italien« unterhalten in Wendungen, die Hitler bewiesen, daß zumindest eine geheime Verbindung zwischen Roosevelt und König Viktor Emanuel bestand, daß aber vor einem eventuellen Abfall Italiens noch bestimmt mehrere Tage vergehen würden. Man mußte sich noch über die Waffenstillstandsbedingungen einigen. Churchill wünschte zu verhindern, daß die 60000 britischen Gefangenen in italienischer Hand »ins Lager der Hunnen« abtransportiert würden. Am 30. Juli kamen dann Berichte aus Rommels Heeresgruppe, daß die italienische Brennerlinie unauffällig verstärkt und Sprengladungen angebracht wurden.

Nichtsdestoweniger maß Canaris all diesem wenig Bedeutung bei. Als man erfuhr, daß das Comando Supremo zwei Tage vor dem Sturz des Duce tonnenweise geheime Akten verbrannt hatte, schwor Oberst Alexis von Roenne (Leiter der Abteilung »Fremde Heere West«) Stein und Bein, daß trotzdem keine Verräterei im Gange sei. Anfang August flog Canaris persönlich zur Wolfsschanze, um über eine Unterredung mit General Amé, dem Leiter der italienischen Abwehr, zu berichten: Canaris versicherte Keitel entschieden, daß Badoglio weiterkämpfen wolle. »Friedensverhandlungen kommen nicht in Frage.«*

Im August trat die Kluft zwischen diesen Behauptungen von Canaris und Roenne und den Feststellungen der SS, des Außenministeriums, des Forschungsamts und der Gauleiter der Grenzgaue in Österreich so offen zutage, daß die deutsche Seekriegsleitung einen alarmierenden Kommentar im Kriegstagebuch abgab. Auf Besprechungen mit Keitel und Ribbentrop in Tarvisio am 6. August versicherte General Ambrosio den Deutschen von neuem, »Italien wolle weiter an Deutschlands Seite kämpfen«; daß er danach aber keinerlei Waffen oder sonstige materielle Unterstützung von Deutschland verlangte, sagte Ribbentrop alles, was er wissen mußte. Er setzte sich sofort mit Hitler telefonisch in Verbindung: Es handele sich um »einen 100%igen Verrat«.

Unter dem neuen Stichwort »Fall Achse« wurden im ganzen Monat August Hitlers Pläne für die Besetzung Italiens, die Entwaffnung der italienischen Streitkräfte und die Übernahme der untätig in La Spezia liegenden Flotte vorangetrieben. Noch war Mussolinis Aufenthaltsort nicht entdeckt worden, aber Kaltenbrunners Agenten hatten ein paar wertvolle Hinweise gesammelt. Hitler wußte nur, daß sein Freund noch lebte, denn sein Geschenk zum 60. Geburtstag des Duce – eine 24bändige Ausgabe der Werke von Nietzsche – war ihm zugeleitet worden, und Mussolini hatte den Empfang bestätigt.

Dem Bombenkrieg wandte Hitler unterdessen kaum Aufmerksamkeit zu. Nach dem ersten schweren Flächenangriff auf Hamburg hatte er begierig Albert Speers Erlaß über die Massenfertigung der A4-Rakete des Heeres unterschrieben. Damit sollte London vom Herbst an bombardiert werden. Ohne Rücksicht auf die Beeinträchtigung der Flugzeugindustrie ordnete Hitler an, daß alle verfügbaren Facharbeiter, Rohstoffe, Werkzeugmaschinen und Energiemengen diesem Fernwaffenprojekt zugeführt wurden. »Terror bricht man nur durch Terror«, wiederholte er damals. »Es wird mit

---

* General Amé berichtete später, Canaris habe ihm am 30. Juli in Venedig gratuliert und ihm zugeflüstert, er hoffe, daß auch das deutsche »25. Juli« bald kommen würde. Canaris bat Amé, alles zu tun, um das Eindringen von noch mehr deutschen Truppen zu verhindern. Die SS bekam davon Wind, aber in diesem Stadium war Himmler noch nicht bereit, Canaris zu entlarven. Canaris und Roenne wurden später wegen Verrates gehenkt.

der Zeit so weit kommen, daß die Leute hier das ganze Vertrauen zur Luftwaffe verlieren.« Speer reagierte immer noch nicht auf die Forderung der Luftwaffe nach Schwerpunktlegung auf die Fertigung von Jägern. Er prophezeite am 1. August niedergeschlagen, wenn die gleiche Katastrophe noch über sechs andere Städte hereinbreche, werde dies das Ende des Krieges bedeuten. Hitler befahl die sofortige Evakuierung der Frauen und Kinder aus der Reichshauptstadt. Eine Million Zivilisten wurde aus Berlin abtransportiert in grimmiger Erwartung der Dinge, die da kommen mußten. Am 13. August bombardierten die Amerikaner Wiener Neustadt, was dazu führte, daß Hitler Jeschonnek vier Stunden lang unter vier Augen abkanzelte wie einen Schuljungen. Vier Tage später bombardierten die Amerikaner die Kugellagerwerke in Schweinfurt und die Messerschmitt-Werke in Regensburg; in der Nacht flogen die Engländer einen Flächenangriff gegen Peenemünde, die deutsche Raketenversuchsanstalt; 700 Wissenschaftler und Fremdarbeiter fanden den Tod. Die Einsatzleitung der Jäger wurde irregeführt; Göring hatte der Berliner Flak befohlen, das Feuer einzustellen, um die Nachtjäger nicht zu gefährden; Jeschonnek machte den Befehl rückgängig, und es gab Verluste unter den Jägern. Göring rief ihn von Berchtesgaden aus an. »Sie stehen ja vor Hitler immer wie ein Leutnant mit der Hand an der Hosennaht!« Jeschonnek erschoß sich, und Milch konnte seinen Nachfolger, General der Flieger Korten, endlich dazu überreden, wieder Jagd- und Zerstörergruppen für die Heimatverteidigung abzustellen.

Am 20. August erörterte Hitler mit Dr. Ley und führenden Architekten, wie man die ausgebombten Familien versorgen könnte. Als Ley anbot, 350000 Wohnungen im Jahr zu erstellen, unterbrach Speer: »Ich gebe keine Kontingente, weil ich nicht kann.« Sein Gegenvorschlag war den gesamten Wohnraum in einer Art Zwangswirtschaft zu verwalten, aber davon wollte Hitler nichts hören: »Ich brauche schnell eine Million Wohnungen. Die Wohnfläche stelle ich mir in dem Ausmaß von $3-3,5 \times 4$ m vor. Ausführungsmaterial ob Holz, Beton, Baustoffplatten usw. ist mir gleichgültig. Ich denke sogar an Lehmhütten oder schlimmstenfalls Erdlöcher, einfach mit Brettern überdeckt. Die Häuser sollen möglichst einzeln aufgestellt werden – in Schrebergärten, in Anlehnung an Städte und Dörfer, an die Peripherie der Städte möglichst unter Bäumen.« Strom-, Gas- oder Wasserleitungen konnten entfallen – die Bauelemente sollten möglichst einfach sein, »so daß Frauen, Greise und Kinder das Haus selbst aufstellen können, denn die Männer sind ja an der Front: zwei Bänke in der Ecke, Tisch davor, zwei Hocker, Regal aus rohen Brettern und ein Brett mit Nägeln für die Kleider. Wir sind gezwungen, so sparsam wie möglich zu bauen, wir wollen aber auf alle Fälle gleich und unterschiedslos bauen. Das Wichtigste ist, daß die Leute im Winter ein Dach über dem Kopf haben und nicht verkommen.«

Himmler bot Speer die Einschaltung von Arbeitskräften aus den KZ für den Bau von Fertigungsanlagen für die A4 an, ebenso die Benutzung des der SS gehörenden Truppenübungsplatzes Blizna in Polen für Versuchsschießen.

Hitler wies Speer und Himmler an, in bestmöglicher Weise vorhandene Höhlen, Tunnel und Bunker als wichtiges Element für die kommende Entwicklung einzuplanen, die alle drei offensichtlich für Deutschland kommen sahen. In den bevorstehenden schweren Monaten mußte das deutsche Volk um jeden Preis standhaft bleiben, bis die Flak und die Jäger des Bombenterrors Herr werden konnten, bis der Raketenangriff auf London beginnen konnte – und bis die monolithische Fassade des Feindes aufreißen würde. Hitler glaubte, die vorliegenden Indizien berechtigten ihn zu der Hoffnung, daß die westlichen Alliierten sich eines Tages gegen Moskau wenden würden. Das erste Signal war die Schaffung eines polnischen Marionetten-Komitees in Moskau. Im Juli hatte Stalin dem ein »Komitee Freies Deutschland« folgen lassen, gebildet aus Exilkommunisten und abtrünnigen Generalen, gefangengenommen in Stalingrad. Jetzt wurden britische Zeitungen hellhörig und begannen zumindest zu wittern, wo Moskau die Nachkriegsgrenzen des bolschewistischen Imperiums zu ziehen gedachte. »Ich bin mir klar, daß zur Zeit noch ein rücksichtsloser Vernichtungswille bei den Angelsachsen herrscht«, überlegte Hitler. »An sich liegt der Engländer ganz falsch! Wegen der ›balance of power‹ ist er in den Krieg getreten. Inzwischen ist der Russe erwacht und technisch und materiell ein hochwertiger Staat geworden, der jetzt eine ganz andere Bedrohung darstellt als früher. Der Schutz Europas kann daher nur noch durch das gesamte und zusammengeschlossene Europa erreicht werden unter einer starken Zentralmacht... Also der Ansturm des Ostens kann künftig nur durch das vereinte Europa unter deutscher Führung verhindert werden. Das liegt auch im Interesse Englands.«

Noch zögerte Hitler, General Hube den Befehl zum Übersetzen seiner 60000 Soldaten von Sizilien auf das Festland zu geben. Großadmiral Dönitz einerseits wandte sich gegen die freiwillige Aufgabe Siziliens; General Jodl andererseits wies warnend darauf hin, daß die Italiener im Augenblick des Beginns militärischer Operationen zur Rettung Mussolinis oder der Besetzung Roms und der Wegnahme der italienischen Flotte in La Spezia alle Nachschubverbindungen nach Sizilien sperren würden; damit wären die 60000 Mann verloren. Kesselring, Mackensen und Militärattaché Rintelen berichteten übereinstimmend, daß man Badoglio vertrauen könne. Von Hofer, seinem Gauleiter in Tirol-Vorarlberg, erfuhr Hitler aber, daß die Italiener heimlich drei Divisionen nach Bozen und Meran verlegt hatten: »Diese Maßnahmen entsprechen offensichtlich der Bedingung der Anglo-Amerikaner, Italien nur dann einen besseren Frieden zu geben, wenn es aktiv gegen Deutschland handele.«
Zum General der Panzertruppen von Vietinghoff, dessen neues AOK 10 die

beiden dort stationierten Armeekorps übernehmen sollte, sagte Hitler, er sei für die Evakuierung Unteritaliens, und er werde erst froh sein, »wenn die Divisionen von Süditalien und Sizilien südlich von Rom stehen«. »M[ussolini] kommt wohl nicht wieder«, schrieb Rommel von seinem Münchner Hauptquartier aus. »Die Partei war anscheinend doch sehr korrupt und ist innerhalb von Stunden weggefegt gewesen. ... Einerseits, kann es uns nur recht sein, wenn nur ein großer Mann in Europa führt.« Großadmiral Dönitz teilte Rommels Ansicht. Nach 48 Stunden in der Wolfsschanze schrieb er mit zitternder Hand: »Die ungeheure Kraft, die der Führer ausstrahlt, seine unbeirrte Zuversicht, die vorausschauende Beurteilung der Lage in Italien hat es in diesen Tagen sehr deutlich gemacht, daß wir alle miteinander sehr arme Würstchen sind im Vergleich zum Führer!«

Rommel kam am 11. August aus München; er traf gerade rechtzeitig für die Mittagslagebesprechung ein: »Bei der Besprechung Göring, Dönitz, Student und Himmler anwesend. ... Bei der Besprechung der Lage in Italien ergibt sich Übereinstimmung der Beurteilung der Lage beim Führer und mir. Führer scheint die Absicht zu haben, mich bald einzusetzen. Er glaubt wie ich nicht an die Ehrlichkeit der Italiener... Der Führer weist darauf hin, daß die Italiener nur Zeit gewinnen wollen, um dann doch abzuspringen. ... Der Führer will offensichtlich am alten Plan – Wiedereinsetzung des Faschismus – festhalten, mit der Begründung, daß das die einzigste Garantie für die bedingungslose Gefolgschaft der Italiener sei. Er verurteilt die Arbeit von Mackensen, von Rintelen und Kesselring scharf, da sie auch heute noch die italienische Lage vollkommen verkennen... Mittagessen beim Führer. Ich sitze links von ihm. Unterhaltung sehr angeregt, der Führer ist offensichtlich erfreut, mich da zu haben. Ich stelle wiederholt fest, daß er mir sein volles Vertrauen schenkt ...

Vor Abendessen Lagebesprechung mit Jodl. Er hatte Plan ausgearbeitet, der auf einem Vorschlag von uns basierte mit Befehlsgewalt in Oberitalien. Mein neuer Entwurf: Befehlsgewalt ganz Italien, 2 Armeen (Süd und Nord), Italiener unterstellt. Heeresgruppe Nähe Rom, um Einfluß auf Comando Supremo und Regierung zu haben. Jodl nach Widerlegen seiner Einwände einverstanden.

Dann Abendessen beim Führer.

Abendlage... Mein Vorschlag, auf Sizilien den Kampf hinhaltend zu führen und erst nach Feinddruck nach Italien zurückzugehen und vier Widerstandslinien (quer über die Halbinsel) 1. Cosenza – Tarent, 2. Salerno, 3. Cassino, 4. Rückhaltstellung Apenninen aufzubauen, wird genehmigt ...«

Ein letzter Versuch wurde unternommen, um die Italiener zu zwingen, Farbe zu bekennen. Hitler befahl Rommel und Jodl, die Italiener mit einem gemeinsamen Verteidigungsplan zu konfrontieren und ihre Reaktion zu beobachten. Das Treffen fand am 15. August in Bologna statt. General Roatta nahm die Nachricht, daß Rommel alle deutschen Truppen nördlich der Apenninen befehligen werde, äußerst frostig auf. Mit eisiger Miene legte er eine Karte vor, nach der die italienischen Divisionen praktisch einen Riegel quer über die Halbinsel bilden würden, so daß die Deutschen im Süden in der Falle sitzen würden; ihr Motiv war klar. Rommel schrieb ein 21 Seiten umfassendes Memorandum über das Treffen von Bologna. Jodl richtete am Abend ein lakonisches Fernschreiben an das OKW: »Bisherige Verdachtsmomente bleiben in vollem Umfange bestehen.« Hitler befahl, mit der Räumung Siziliens zu beginnen.

Während nun auch äußerlich die Beziehungen zwischen Deutschland und Italien rasch zerfielen, hatte Hitler weiter daran gearbeitet, seine Position auf dem Balkan aufzubessern. König Boris von Bulgarien wurde zu einem zweitägigen Besuch in die Wolfsschanze eingeladen. Nach Aufzeichnungen von Hitlers Diener aßen sie am 14. August drei Stunden lang gemeinsam zu Mittag, und am folgenden Tag ebenfalls, bevor Hitler den Tsar zum Flugplatz Rastenburg begleitete. Er hatte Boris gebeten, zwei weitere bulgarische Divisionen für Sicherheitsaufgaben in Griechenland zu stellen. Bald darauf wurde Boris von einer plötzlich aufgetretenen Krankheit getroffen. Der deutsche Luftattaché in Sofia stellte am 24. August ein Flugzeug für den deutschen Arzt des Königs, Dr. Sajitz, bereit; Sajitz konnte nur noch melden, daß der König im Sterben liege. Sajitz diagnostizierte provisorisch eine schwere Gallenerkrankung, und Professor Hans Eppinger wurde zur Konsultation aus Wien herbeigerufen. Komplikationen traten auf, und der berühmte Neurologe Professor Maximilian de Crinis wurde am 28. August mit dem Flugzeug aus Berlin herbeigeholt. Aber um 16.20 Uhr starb der König. Nach der Rückkehr der deutschen Ärzte wies Hitler seinen Justizminister an, sie von der ärztlichen Schweigepflicht zu entbinden. Sie gaben alle drei zu Protokoll, daß nach ihrer Ansicht eine Vergiftung durch ein exotisches Schlangengift vorliege. Es war der »typische Balkantod«, wie Eppinger sich ausdrückte.

Der Tod des Königs bedeutete den Verlust eines erheblichen stabilisierenden Einflusses in Bulgarien. Hitler entsandte eine starke Delegation zu dem Staatsbegräbnis. Sein Instinkt sagte ihm, daß das Haus Savoyen hinter diesem Mord stehe. War es nicht verdächtig, daß Prinzessin Mafalda, Tochter des Königs von Italien und Frau des Prinzen von Hessen, »das größte Rabenaas des italienischen Königshauses«, erst vor ganz kurzer Zeit einige Wochen in Sofia verbracht hatte? Vom Forschungsamt erfuhr er, daß der Prinz vor kurzem seiner Frau Mafalda telefonisch Nummernchiffren durchgegeben hatte – offenbar handelte es sich um einen privaten Geheimcode. Ihn zu verhaften, hätte jedoch die italienische Monarchie vorzeitig gewarnt. Deshalb lud er den Prinzen als seinen persönlichen Gast in das Führerhauptquartier ein, behandelte ihn mit ausgesuchter Freundlichkeit – und befahl seinen Wächtern, ihn nicht wieder hinauszulassen.

Am Abend des 21. August hatte Hitler seinen Filmberichterstatter, Oberleutnant Walter Frentz, zum Abendessen eingeladen. Frentz war gerade von einer seiner Reisen zu den Küstenbefestigungen des Atlantikwalls zurückgekehrt und hatte erwähnt, daß mehrere Bombenanschläge seinen Besuch in Dänemark beeinträchtigt hätten. Hitler befahl Jodl, ihm von nun an täglich über alle derartigen Ereignisse Meldung zu machen. Wenige Tage später – beunruhigt durch die Meldungen des Militärbefehlshabers General von Hanneken – befahl er Ribbentrop, der dänischen Regierung ein kurzfristiges Ultimatum zu stellen: Sie habe den Ausnahmezustand zu verhängen und drakonische Maßnahmen gegen jegliche Untergrundtätigkeit einzuführen. Wie Hitler offensichtlich erwartet hatte, wurde das Ultimatum abgelehnt, und früh am 29. August wurden die dänischen Streitkräfte entwaffnet; der König und der Kronprinz wurden unter Hausarrest gestellt, und die dänische Flotte wurde Großadmiral Dönitz übergeben. Hitler befahl Himmler, alle Juden abzutransportieren. Mehrere tausend Juden entkamen nach Schweden; nur 477 blieben zurück und wurden nach Theresienstadt gebracht.

Hitlers Vertrauen zu Himmler und der SS war jetzt ohne Grenzen. Niemals könne Deutschland das unsterbliche Verdienst der Waffen-SS-Verbände vergessen, die im März Charkow wiedererobert hatten, ein Sieg, der die Finsternis von Stalingrad überstrahlte. Aus Himmlers Terminkalender geht hervor, daß er das Führerhauptquartier drei- oder viermal in der Woche aufsuchte; manchmal rief Hitler ihn persönlich an. In einer geheimen Rede Januar 1944 umriß Himmler die Stimmung folgendermaßen: »Also einen Duce kann man verhaften – wie interessant! Und die Frage kam von manchem Unvorsichtigen: Ja, warum kann man das eigentlich nicht in Deutschland? Dann wären wir die Nazis los, und dann würden wir mit den Engländern Frieden machen, die Engländer garantieren uns dann Deutschland gegen Rußland, es ist alles in bester Ordnung!« Himmler wohnte den Lagebesprechungen bei, pflegte seine Beziehungen zu Speer, Dönitz und Bormann, aß mit Hitler zu Mittag oder zu Abend – und blieb dann bis spät in die Nacht – und leitete persönlich die Suche der Geheimdienste nach dem Ort, an dem Mussolini gefangengehalten wurde. Im August verhaftete Himmlers SS-Obergruppenführer Kaltenbrunner überall im Reich die »Stänkerer und Defaitisten«. Einige wurden hingerichtet – »nicht mehr als 150 Todesurteile gefällt«, sagte Himmler stolz. Die gefährlichste Gruppe jedoch blieb auf freiem Fuß: Im März 1943 warnte Himmler Hitler, daß ein bestimmter Kern von Ex-Ministern und Generalen a. D. einen Staatsstreich plane: Da war General Franz Halder, den Himmler mit dem Codenamen »Reservist« belegte (da er sich in Reserve gehalten habe, die deutsche Armee zu übernehmen – so höhnte Himmler im August 1944); auch hielt er ein wachsames Auge auf den früheren Finanzminister Johannes Popitz (Codename »Barock«). Monate hindurch hatte Popitz durch einen Mittelsmann Kontakt mit Himmler gesucht, einen Anwalt namens Carl Langbehn.

Der Anwalt erklärte dem schlauen Reichsführer, daß der Krieg beendet, mit England Frieden gemacht und der Führer in Pension geschickt werden müsse. Himmler lief sofort zu Hitler, er werde dem Kerl Beine machen, welche Frechheit! Aber Hitler lachte, nein, so nicht. Himmler solle ihn erst aushorchen. Er wolle ihn holen lassen, und wenn er dann in der Unterredung die Karten auf den Tisch lege, dann erst solle er ihn verhaften. Himmler ließ Popitz drei Tage später tatsächlich kommen und nahm die ganze Unterredung heimlich auf Band auf. Gestapobeamte standen bereit, ihn zu verhaften, doch ließ sich Popitz nicht aus der Reserve locken und verließ das Gebäude als freier Mann.
Am 20. August ließ Hitler den Innenminister Frick zu sich kommen und ersetzte ihn durch Heinrich Himmler. Frick hatte durch sein bürokratisches Vorgehen den Zorn Hitlers erregt. Vor dem Krieg hatte Frick sogar die Schaffung eines aus den Rektoren der deutschen Universitäten, der hohen Geistlichkeit usw. zusammengesetzten Senats als der höchsten konstitutionellen Körperschaft des Reichs vorgeschlagen – er wäre das Ebenbild des faschistischen Großrates geworden, der gerade dem Duce zum Verhängnis geworden war. Jetzt machte Hitler ihn an Stelle von Neurath zum Reichsprotektor von Böhmen und Mähren, erweiterte aber gleichzeitig Karl-Hermann Franks Vollmachten in Prag, so daß er die absolute Macht in Händen hielt. Göring sollte später sagen: »Es ist auch immer klarer geworden, daß sich der Führer mehr und mehr für die brutalen Kräfte einsetzte.«

Jodls Bericht über Rommels Besprechung mit dem italienischen Generalstab in Bologna festigte Hitlers Überzeugung, daß Badoglio im Begriff stand, abzufallen. Er gab Rommel freie Hand, sich »rücksichtslos mit der Waffe durchzusetzen«, falls die Italiener seine Truppenbewegungen in Norditalien behinderten. Am Abend des folgenden Tages erließ Hitler eine neue Weisung für die weitere Kampfführung der deutschen Truppen in Süditalien, die mit dem Satz begann: »Mit der Kapitulation Italiens vor dem feindlichen Druck ist in irgendeiner Form früher oder später zu rechnen.« Die Italiener hatten inzwischen fast sieben Divisionen um Rom versammelt, während Apulien in Süditalien nur durch eine einzige Division geschützt wurde.
Agenten sichteten zwei besonders große Geleitzüge, die die Straße von Gibraltar in östlicher Richtung passierten. Der eine hatte etwa 70000 Mann mit voller Ausrüstung an Bord. Hitler gelangte zu dem Schluß, daß der Feind im Begriff sein müsse, auf dem kontinentalen Festland zu landen. Die Seekriegsleitung teilte diese Meinung. Früh am 26. August alarmierte Himmler Hitler durch ein Fernschreiben über die Mitteilung eines Agenten aus Rom: »Badoglio hat England um Waffenstillstand unter jeder Bedingung gebeten. Engländer hätten Antwort bis Sonnabend, den 28. 8. 1943, zugesagt und wollen inzwischen starken Geleitzug mit modernsten Waffen schicken, um Widerstand gegen deutsche Truppen vorläufig leisten zu

können.« Die Spannung nahm immer weiter zu. Es gab neue Zusammenstöße zwischen den italienischen und Rommels Truppen im Norden, die mit Tigerpanzern in Slowenien eindrangen.

Am Abend des 30. August gab das OKW eine überarbeitete Weisung für das Unternehmen »Achse« heraus. Sobald das Stichwort gegeben wurde, sollten die Deutschen die Italiener entwaffnen, ihr Kriegsgerät sicherstellen und einen hinhaltenden Rückzugskampf nach Norden in Richtung auf Rom vorbereiten. Norditalien sollte einer faschistischen Regierung unterstellt werden. Die zurückgehenden Truppen sollten »wie in Feindesland« verbrennen und zerstören. Korsika sei zu halten. Feldmarschall Weichs sollte den Oberbefehl auf dem Balkan übernehmen. Die ganze Zeit über drückten die italienischen Generale ihre peinliche Überraschung darüber aus, daß Hitler so wenig Vertrauen in ihre Bündnistreue setzte. Hitler hatte jedoch seine sehr leicht beeindruckbaren Diplomaten in Rom – Mackensen und Rintelen – durch zwei Leute von skeptischerem Kaliber ersetzt: den Botschafter Rudolf Rahn und Oberst Rudolf Toussaint. Ihre Meldungen sprachen realistischer über die zu erwartende Entwicklung.

Vom 2. September abends an bestand kein Zweifel mehr, daß eine Landung in Süditalien unmittelbar bevorstehe. Und am nächsten Morgen um 6.00 Uhr spien einhundert Landungsboote zwei Divisionen der britischen 8. Armee am südlichsten Punkt der Halbinsel, bei Reggio di Calabria, an den Strand. Die Italiener verhängten praktisch eine Nachrichtensperre und leisteten selbst kaum Widerstand. Am Nachmittag wurde ein britischer Funkspruch entschlüsselt: »600 Gefangene gemacht, darunter zwei Obersten, keine Minenfelder, keine Deutschen, Zivilbevölkerung freundlich.« Der deutsche Befehlshaber des Marinekommandos Italien, Admiral Meendsen-Bohlken, meldete noch an diesem Tag, man könne der Regierung Badoglio trauen: »Sie versucht sich überall durchzusetzen und Maßnahmen, die auf Friedenskundgebungen usw. hindeuten, im Keime zu ersticken.« Die italienische Marineführung habe ihm versprochen, »daß eine Wiederholung von Scapa Flow oder Toulon für die italienische Flotte auf keinen Fall in Frage käme«. Hitler staunte über die Gutgläubigkeit seines Admirals.

Als Marschall Antonescu, der rumänische Staatsführer, ihn an jenem Tag besuchte, sagte Hitler, er sei überzeugt davon, daß der König von Italien mit dem Feind verhandle. Er bat Antonescu, sich vor Giftschlangen zu hüten; am 4. September wiederholte er diese finstere Warnung auch Rommel gegenüber. »Demnächst soll ich vom König [von Italien] empfangen werden. Der Führer hat mir verboten, dort etwas zu genießen, aus Sorge um meine Gesundheit.« An diesem Tag schrieb er in sein Tagebuch: »Führer macht einen ruhigen, zuversichtlichen Eindruck. Er will mich in nächster Zeit zum italienischen König senden. Er ist mit meiner gedachten Kampfführung, die die Verteidigung an den Küsten vorsieht, in Italien einverstanden, trotz Jodls Einwände, die für einen modernen Krieg nicht stichhaltig

sind. – Zusammenschluß der europäischen Staaten hält der Führer noch für verfrüht ...
20.30 Uhr Abendessen beim Führer. Vorher bei Jodl. Führer rät mir Vorsicht an, wenn ich beim italienischen König bin. –«
Etwa um diese Zeit, nach einer Lagebesprechung, sah man Hitler mit Buntstiften eine neue Flagge für das neue, republikanische Italien entwerfen.

»Derjenige, der zuerst die Nerven verliert, wird daher den Krieg ebenfalls verlieren«, sagte Hitler um diese Zeit zu Antonescu. Was Italien betreffe, so sehe er keinen Grund zur Sorge, es sei denn, daß Badoglio direkt Verrat beginge und eine feindliche Landung direkt unterstütze. »Nur im Osten steht ein gefährlicher Gegner.«
Im August hatte Stalin die operative Schwäche Hitlers, der seine Stärke im Mittelmeer ausbauen mußte, für eine ganze Serie von Angriffen entlang der Ostfront ausgenutzt. Manstein wies wiederholt darauf hin, daß es Stalins Ziel sei, seine eigene Heeresgruppe Süd sowie Kleists Heeresgruppe A auf der Krim und im Kubanbrückenkopf abzuschneiden, und er forderte entweder mindestens zwölf neue Divisionen zur Verstärkung seiner Nordflanke oder aber die Genehmigung Hitlers, sich aus dem kohlereichen Donezgebiet zurückziehen zu dürfen, was seine Front um ein Drittel verkürzen und ihm die benötigten Reserven verschaffen würde. Am 27. August startete Hitler um 7.00 Uhr mit dem Flugzeug nach seinem alten Hauptquartier in der Ukraine, Werwolf; Manstein erklärte ihm, ohne Verstärkungen könne er auf die Dauer einen Durchbruch der Russen auf den Dnjepr nicht verhindern. Hitler blieb fünf Stunden, hörte ruhig zu, sagte die Verlegung von Divisionen von den Heeresgruppen Mitte und Nord zu Manstein zu und flog nach Ostpreußen zurück. Aber Kluges Heeresgruppe mußte mit ihrem eigenen russischen Durchbruch fertig werden. Er erschien am nächsten Tag bei Hitler und redete ihm eine Schwächung der Heeresgruppe Mitte aus.
Die Russen durchstießen unterdessen General Hollidts neue 6. Armee und umzingelten für kurze Zeit ein Armeekorps am Asowschen Meer, und auf eigene Verantwortung befahl Manstein ihm die Zurücknahme auf eine rückwärtige Stellung. Es war der erste, unwiderrufliche Schritt zur Räumung des reichen Donezbeckens. Hitler mußte jetzt gute Miene machen und Manstein die Zurücknahme genehmigen; er befahl ihm die Zerstörung aller kriegswichtigen Betriebe im Donezgebiet, bevor seine Truppen es räumten.
Am nächsten Tag genehmigte Hitler auch die Zurücknahme der 17. Armee aus dem Kubanbrückenkopf jenseits der Kertschstraße. Erst im Juni hatten OT-Ingenieure eine Seilbahn über die Kertschenge in Dienst gestellt; sie konnte pro Tag tausend Tonnen Nachschub von der Krim in den Brückenkopf transportieren. Monatelang hatte Stalin gegenüber dem Brückenkopf 54 Divisionen angesetzt, aber jetzt glaubte er nicht mehr an Hitlers Fähig-

keit, von dort aus wieder offensiv vorzugehen, und setzte seine Verbände an anderer Stelle ein; die Räumung des Brückenkopfs würde fast vier Divisionen freistellen. Kleist erhielt Befehl, die Befestigung der Krim beschleunigt voranzutreiben. Ungeduldig wartete Hitler auf das Einsetzen des Herbstregens.

So kam der 8. September 1943 heran – ein heißer Tag ohne jeden kühlenden Luftzug. Hitler hatte erst vier Stunden geschlafen, als man ihn um 5.45 Uhr weckte. Er mußte wieder zu Manstein nach Saporoschje hinunterfliegen. Der Feind hatte schon mehr als 55 Divisionen gegen seine Heeresgruppe aufmarschieren lassen. Aufs neue hatten die Russen die 6. Armee durchstoßen, und an der dünnen Nahtstelle zwischen den Heeresgruppen Mansteins und Kluges war der Damm gebrochen. Eine gewaltige feindliche Flut ergoß sich nach Westen in Richtung Kiew und mittlerer Dnjepr.
Eine unerklärliche Unruhe peinigte Hitler hier in der Ukraine. Am 7. September hatte er von der Notwendigkeit gesprochen, »den Knoten, in den wir in Italien verstrickt sind, aus eigener Initiative zu durchhauen«. Wenigstens hier konnte er die Initiative ergreifen, indem er ein schroffes Ultimatum an Badoglio stellte: Entweder solle er eine befriedigende Auskunft über seine Maßnahmen und Machenschaften erteilen – oder die sofortigen Konsequenzen hinnehmen. Die ultimative Note wurde in diesen Augenblicken entworfen.
Jetzt, nach knapp anderthalb Stunden im Gefechtsstand Mansteins, konnte Hitler die Ungewißheit nicht länger ertragen. Er startete um 12.45 Uhr – es sollte sich zeigen, daß er zum letzten Mal seinen Fuß auf russischen Boden gesetzt hatte – und hielt um 17.00 Uhr in der Wolfsschanze schon wieder Lagebesprechung. Wieder einmal hatte ihm sein sechster Sinn gute Dienste geleistet. Vor zwei Stunden war ein unheilkündendes SS-Fernschreiben eingetroffen, ein vier Tage alter Bericht eines V-Mannes beim italienischen Oberkommando der Luftwaffe. Er habe gerade mitgehört, wie Ambrosios Comando Supremo der Luftwaffe in einem geheimen Telefongespräch diese Meldung durchgab: »Italienischer Friedensvorschlag englischerseits im großen und ganzen angenommen. Von seiten der Amerikaner gemachte Schwierigkeiten werden im Zuge weiterer Verhandlungen zu beseitigen versucht.« Aber der König von Italien hatte Botschafter Rahn soeben versichert, daß Italien den Kampf fortsetzen werde; und Badoglio hatte dem Botschafter erklärt: Deutschland werde noch einmal erleben, wie ein italienischer General sein Wort hält.
Erschöpft von der Fülle der Ereignisse, suchte Hitler in seinem Zimmer Ruhe. Kaum hatte er sich zurückgezogen, wurde er geweckt. Die BBC hatte soeben Italiens »bedingungslose Kapitulation« bekanntgegeben. Wenig später übertrug der Sender Algier einen Aufruf Eisenhowers: »Der Waffenstillstand wurde von meinem Vertreter und dem Vertreter Marschall Badoglios unterzeichnet und tritt mit diesem Augenblick in Kraft.«

Jodl ließ sofort die telefonische Verbindung zu seinen beiden Generalen in Rom herstellen. Aber beide befanden sich in diesem Augenblick zu einer Besprechung bei Roatta – und der italienische Generalstabschef des Heeres wies die Kapitulationsmeldungen als »ganz gemeine Verleumdung der Ehre Italiens« zurück. Hitler hatte einen Wutanfall; noch konnte er das Stichwort »Achse« nicht herausgeben. Jodl entwarf einen Alarmbefehl für alle Truppen, aber bevor er über die Fernschreiber hinausgehen konnte, erfuhr Ribbentrop aus Rom, daß Badoglio um 19.15 Uhr die italienische Kapitulation zugegeben habe. Der Verrat war vollzogen.

Wie groß die Lähmung in der Wolfsschanze auch gewesen sein mag, das OKW handelte blitzschnell. Um 19.50 Uhr gab Jodls Adjutant das Stichwort »Achse« telefonisch nach dem Süden durch. Wie Jodl später erklärte, hatte die Vorausmeldung der BBC Deutschland einen genügenden Vorsprung gegeben, um Befehle herauszugeben, bevor die Italiener reagieren konnten. Es war aber unwahrscheinlich, daß es gelingen würde, die italienische Flotte an der Flucht zu hindern; um 20.45 Uhr wurde ein Funkspruch von Admiral Cunningham abgehört, mit dem er die italienischen Schiffe anwies, sofort den nächsten alliierten Hafen anzulaufen. Die deutsche Seekriegsleitung kommentierte: »Die Folgen dieses schnöden und in seiner Durchführung in der Kriegsgeschichte einzigartigen Verrats werden für Italien anders sein, als man sich erhoffte. Das Land wird zum Kriegsschauplatz zwischen den verratenen Bundesgenossen von gestern und den rücksichtslosen Besiegern von heute.«

Es sind keine Aufzeichnungen über die Gespräche erhalten, die Hitler an jenem Abend führte. Lange nach Morgengrauen ging die Gruppe auseinander. Als Prinz Philipp von Hessen hinausging, trat Rattenhuber, Chef des Reichssicherheitsdienstes, vor und verhaftete ihn; noch in derselben Nacht wurde er der Gestapo überstellt. Bis Kriegsende blieb er im Konzentrationslager.

Erleichtert, daß die Wolken der Ungewißheit hinweggeblasen waren, fiel Hitler um 5.00 Uhr ins Bett, um nach seinem dreiundzwanzigstündigen Arbeitstag fünf Stunden zu schlafen. Entgegen der Beurteilung der Lage durch seine Berater hatte er beharrlich diese Entwicklung vorausgesehen.

»Wenn ich mich mit Rußland einige«

Die russische Offensive fegte im September und Oktober 1943 über Noworossisk, Brjansk, Poltawa, Smolensk, Dnjepropetrowsk dahin. Am 6. November fiel Kiew. Die Heeresgruppe Süd und Mitte waren auf die neue »Pantherstellung« zurückgewichen – die hauptsächlich am Dnjepr entlang verlief –, aber Stalin baute auch hier rasch neue Brückenköpfe auf. Wütend sagte Hitler zu Zeitzler: »Sehen Sie, jetzt habe ich die immer von Ihnen gewünschte Erlaubnis zum Ausbau einer Dnjeprstellung gegeben. Aber nichts ist geschafft. Die Truppe hat nichts vorgefunden. Sehen Sie, es ist eben zwecklos, die Erlaubnis zu geben.«

Insofern hatte er recht. Die erste Schuld trifft aber Hitler und seine hartnäckige Entschlossenheit, die Kampfhandlungen soweit wie möglich von den Reichsgrenzen entfernt zu halten. Erst 1942 erteilte er dem Heer Anweisung, die stabileren Frontabschnitte unter Verwendung von Zwangsarbeitern aus der einheimischen Bevölkerung zu befestigen. Kluge hatte auf diesem Gebiet wenig getan; nach dem Scheitern der Operation »Zitadelle« hatte Hitler betroffen ausgerufen: »Wenn er hier gebaut statt immer geredet und immer Erklärungen abgegeben hätte!«

Zeitzler hatte wenig Lust, das Ostwallprojekt der Organisation Todt zu überlassen. Zwischen Speer und dem Leiter der OT-Zentrale Xaver Dorsch schwelte seit langem eine heftige Fehde. Außerdem hatte der Architekt Speer beim Ausbau des Atlantikwalls weit weniger Energie und Gedankenreichtum gezeigt als 1938 der Tiefbauingenieur Todt beim Bau des Westwalls. Als Hitler ihm Anfang September den neuen Titel eines »Reichsministers für Rüstung und Kriegsproduktion« verlieh, wollten gewöhnlich gutunterrichtete Leute wissen, daß Speer jetzt auf den Posten eines Kriegsministers zusteuere.

Parallel mit dem Streit um den Bau des Ostwalls wurde ein überaus schädlicher Streit um seinen genauen Verlauf ausgetragen. Zeitzler war immer dafür eingetreten, sich an den Lauf des Dnjepr anzulehnen, dessen westliches Steilufer teilweise bis zu 50 m hoch die Ebene des Ostufers überragte. Im Sommer führte der Fluß reißende Wasser, war an manchen Stellen drei Kilometer breit und praktisch für einen Brückenschlag ungeeignet. Aber er verlief 200 km weit hinter der Front, und anfangs wollte Hitler von einer so fatalistischen Beurteilung der Zukunft nichts wissen. Jetzt blieb ihm keine andere Wahl. Am 12. August befahl Zeitzler den Heeresgruppen, sofort mit dem Bau dieses Ostwalls zu beginnen. Im Süden begann er bei der Halbinsel Kertsch, im Norden endete er am Peipussee und an der Narwa.

Das OKW, die Luftwaffe und die Marine erhoben sofort Protest gegen diese Linienführung; zu den ursprünglichen Zielen des Unternehmens »Barbarossa« hatte es gehört, die vordersten sowjetischen Bomberflugplätze so weit zurückzudrängen, daß die Maschinen das Reichsgebiet nicht mehr erreichen konnten, während die eigenen Bomber bis zum Industriegebiet des Urals vorstoßen konnten. Außerdem würde der Verzicht auf den Flottenstützpunkt Noworossisk am Schwarzen Meer und seine Wiederbesetzung durch den Feind die politischen Beziehungen Deutschlands zur Türkei, zu Rumänien und Bulgarien belasten. Gelang es nicht, wenigstens einen Brückenkopf um Saporoschje zu halten, dann würde der Verlust des dortigen Wasserkraftwerks ein Ende der Mangan- und Eisenerzförderung bedeuten. Auch die Hochöfen von Dnjepropetrowsk würden erlöschen. Damit würde Speers Plan, eine Munitionsindustrie in der Ukraine aufzubauen, zunichte werden.

Ebenso protestierte die Seekriegsleitung. Ein Ostwall von Welikije Luki über den Peipussee an die Narwa bedeutete die endgültige Preisgabe von Leningrad, die sowjetische Flotte würde sich dann in der Ostsee und im inneren Finnischen Meerbusen frei entfalten und das einzige U-Bootausbildungsgebiet der deutschen Marine gefährden. Auch das estnische Schiefer-Ölgebiet müßte man dann abschreiben. Aber Zeitzler wollte einen verteidigungsfähigen Ostwall vor Ende Oktober haben, und am 4. September erteilte er den Heeresgruppen entsprechende Befehle; östlich der Linie sollten in einer 40 km tiefen Zone die Bevölkerung und alle vorhandenen Einrichtungen rücksichtslos in den Dienst der Bauarbeiten gestellt werden. In dieser Zone müsse ein Streifen totaler Zerstörung es jedem Feind unmöglich machen, die Gewalt der Elemente zu überleben. »Das Vorfeld muß eine Wüste werden.«

Feldmarschall von Küchler, der Oberbefehlshaber der Heeresgruppe Nord, erschien eine Woche später, um persönlich bei Hitler zu protestieren. Es würde wie eine verlorene Schlacht sein; in zweijährigen blutigen Kämpfen hätten seine Männer ihre jetzigen Linien vor Leningrad erreicht und tapfer verteidigt; nicht ohne einen sehr guten Grund würden sie es hinnehmen, daß die Gräber von Tausenden ihrer Kameraden dem Feind überlassen werden. Zeitzler wollte seine Argumente nicht gelten lassen, aber Hitler sträubte sich ganz offensichtlich dagegen, überstürzt zu handeln und schob eine Entscheidung noch hinaus.

Hitler hatte in diesem Herbst durchaus noch nicht jeden Gedanken an die Möglichkeit eines Waffenstillstandes entweder mit Stalin oder mit Churchill aus seinen Überlegungen verbannt. Früher oder später, so schien es ihm, mußte es unweigerlich zu einem Bruch zwischen West und Ost kommen. Ribbentrop hatte im August Fühler zu den Russen ausgestreckt; zunächst hatte er Rudolf Likus nach Stockholm entsandt, damit er dort nach Hinweisen auf Stalins Friedensbedingungen Ausschau halte. Dann, Mitte August, hatte er Dr. Peter Kleist befohlen, seine früheren Fäden zu einem gewissen nichtarischen baltischen Geschäftsmann in Stockholm, Edgar Klauss, wiederaufzunehmen, von dem man wußte, daß er Verbindungen zu der dortigen sowjetischen Botschaft hatte. Klauss behauptete, daß der ehemalige sowjetische Botschafter in Berlin, Wladimir Dekanossow, am 12. September kommen werde in der Hoffnung, einen deutschen Unterhändler anzutreffen; das meldete Kleist Ribbentrop in der Wolfsschanze. Hitler zeigte sich dieses Mal nicht so ablehnend. Er trat mit Ribbentrop an eine Karte und skizzierte eine mögliche Demarkationslinie, auf die man sich mit Stalin einigen könnte. Aber in der Nacht überlegte er es sich wieder anders und sagte zu Rippentrop, er müsse die Angelegenheit noch genauer durchdenken. Am 9. September hatte er in einem Gespräch mit Goebbels mehr Neigung zu den Briten als zu Stalin zu erkennen gegeben. Hitler beschloß, abzuwarten, bis die Alliierten einen militärischen Rückschlag von jener Art erlitten hatten, wie er in seinem Kalkül stets einem geheimen Waffenstillstandsangebot vorausgehen mußte.

Die Operation »Achse« war planmäßig und reibungslos zu Ende geführt worden. Rom war besetzt, die Entwaffnung der italienischen Streitkräfte schritt rasch voran. Starken italienischen Widerstand gab es noch in der Ägäis auf Rhodos und Korfu. Am Abend des 10. September wurden alle italienischen Truppen, die noch Widerstand leisteten, ultimativ aufgefordert, die Waffen niederzulegen; andernfalls würden ihre Kommandeure als Freischärler erschossen. Oft übergaben die Italiener ihre Waffen den Partisanen – insbesondere Titos Kämpfern in Dalmatien; wo dies geschah, befahl Hitler, seien die Offiziere standrechtlich zu erschießen, die Mannschaften als Zwangsarbeiter an die Ostfront zu transportieren. Am 9. September versenkten mit Fernlenkwaffen armierte Kampfflugzeuge der Luftwaffe das italienische Schlachtschiff »Roma« und beschädigten das Schwesterschiff »Italia«; die übrigen Einheiten liefen in feindliche Häfen ein.
Badoglio hatte das Äußerste getan, um Deutschland zu schaden. Als am 9. September die 5. amerikanische Armee sich zur Invasion von Salerno anschickte, wurde den Deutschen aufgrund von amerikanischen Funksprüchen klar, daß die Italiener die deutschen Minensperren dem Feind verraten hatten. Ein italienischer Marineoberleutnant zündete sämtliche Betriebsstofflager in Neapel an. Inzwischen waren Badoglio, Ambrosio und Roatta zum Feind geflohen, in Begleitung des Königs und des Kronprinzen Umberto. Mit grimmiger Genugtuung las Hitler einen Abhörbericht über ein Telefongespräch zwischen Anthony Eden in London und Churchill in Washington: Eden klagte lebhaft darüber, daß Umberto sich weigere, einen englischen Offizier als Adjutanten zu akzeptieren. Was den Duce betraf, so hatte Badoglio versprochen, ihn an den Feind auszuliefern. Hitlers ganzes Mitgefühl gehörte ihm, wo immer er jetzt sein mochte.
Umgeben von Himmler, Göring und seinem persönlichen Stab hielt Hitler am Abend des 10. September eine Rundfunkansprache an das deutsche

Volk. »Der Schmerz, der mich persönlich erfaßte, angesichts des historisch einmaligen Unrechtes, das man diesem Mann angetan hat, seiner entwürdigenden Behandlung, die ihn, der über zwanzig Jahre lang nur der einen Sorge für sein Volk lebte, nun in die Ebene eines gemeinen Verbrechers hinabstieß, ist verständlich. Ich war und bin glücklich, diesen großen und treuen Mann als meinen Freund bezeichnen zu dürfen.« Es klang verdächtig nach einem Nachruf auf Mussolini.

Hitler hatte eine faschistische National-Regierung unter Alessandro Pavolini ernannt und ihr den Auftrag gegeben, zu exhumieren, was in Italien vom Faschismus noch zu finden war; SS-Obergruppenführer Karl Wolff wurde Pavolini als »Sonderberater für polizeiliche Angelegenheiten« beigegeben. Das Italien nördlich der Apenninen war jetzt offiziell »besetztes Gebiet« und unterstand einem Militärbefehlshaber; im Süden war die »Operationszone«. Kesselring erhielt am 12. September den Befehl, die bei Salerno gelandeten amerikanischen Divisionen zu schlagen. Gleichgültig, ob es gelang oder nicht, sollte er anschließend die Masse seiner Kräfte um Rom versammeln und den feindlichen Vormarsch durch rücksichtslose Zerstörung von Straßen, Brücken, Tunneln und Eisenbahnanlagen verzögern. Am 11. September befahl das OKW, alles, was es im Süden an wirtschaftlichen Gütern und Rohstoffen gab, herauszuholen und »im Auftrage der neuen faschistischen Regierung« nach Norden zu schaffen. Am nächsten Tag erwirkte Speer bei Hitler einen Erlaß mit der Vollmacht, die kostbaren Werkzeugmaschinen überall in Italien – und besonders in »luftgefährdeten Gebieten« – zu demontieren und sie ins Reich abzutransportieren.

So ergab es sich, daß Mussolinis Abgang im Grunde eine Erleichterung war. Goebbels schrieb:» »Wir müssen alle diese Fragen aus kühlen Zweckmäßigkeitsrücksichten beurteilen.« Am 12. September erschienen zwei Grenzlandgauleiter bei Hitler zum Mittagessen – Hofer aus Tirol und Rainer aus Kärnten. Hitler unterschrieb zwei weitere Erlasse, durch die weite Provinzen in Norditalien ihrer Verwaltungshoheit unterstellt wurden. In seiner Vorstellung sollte das künftige Deutsche Reich bis an die Grenze Venetiens gehen.

Wann Hitler an diesem Tage die sensationelle Nachricht von der Befreiung Mussolinis erhielt, ist ungewiß. Um 14.00 Uhr jedenfalls war der Diktator schon frei. Speer schlug vor, unter diesen Umständen die drei Erlasse rückgängig zu machen. Hitler lehnte ab und ließ sogar das Datum vom 12. in den »13. September« umändern, damit nicht der geringste Zweifel aufkommen konnte, daß die Befreiung des Duce etwa seine Entscheidungen über Italiens Zukunft beeinträchtigen könnte. Als er um 21.45 Uhr mit Himmler zu Abend aß, rief ein SS-Obergruppenführer aus Wien an und meldete, daß der Duce dort mit Hauptsturmführer Skorzeny eingetroffen sei. Nach dem Bericht eines Dieners rief Hitler später aus: »Das wird den Engländern zeigen, daß ich niemals einen Freund fallenlasse, daß ich ein

Ehrenmann bin. Dann habe ich mein Wort gehalten. England wird sagen: ›Er ist ein wahrer Freund.‹«

Zwei Tage später fuhr Hitler nach dem Flugplatz Rastenburg, um das Sonderflugzeug zu erwarten, das den müden italienischen Diktator von München herbeibrachte. Mussolini trug einen einfachen dunkelblauen Anzug; es war ein sehr verwandelter Mussolini, der nun in den nächsten Tagen mit Hitler konferierte. Er beteuerte, noch immer krank zu sein, und eine Zeitlang glaubte Hitler, die »italienische Plutokratenclique« hätte auch Mussolini mit Gift traktiert; aber Morell nahm ihn unter die Lupe und konstatierte, daß ihm nichts fehlte. Hitler erwartete von ihm, daß er ein fürchterliches Strafgericht über Graf Ciano, Dino Grandi und alle jene verhängen würde, die den Faschismus verraten hatten.
Mussolinis Tochter Edda – Cianos Frau – bat Hitler wenige Tage später dringend um Devisen, damit sie mit dem Grafen nach Spanien und von dort nach Südamerika auswandern könne. Aber Hitler entschied, daß Ciano in deutschem Gewahrsam zu bleiben habe. Außerdem hatten seine Agenten einen Drohbrief Eddas an ihren Vater abgefangen: Wenn der Duce sie nicht aus Deutschland herausbringe, werde sie einen Riesenskandal machen, so daß vor der ganzen Welt Fluch und Schmach auf das Haupt ihres Vaters geladen würden. Stundenlang ging Hitler mit Goebbels im Kartenzimmer auf und ab und zerbrach sich den Kopf darüber, worin Eddas Macht über ihren Vater bestehen könnte. Hitler gab dem Diktator den Rat, erst einmal seine Familienangelegenheiten in Ordnung zu bringen. Ganz allmählich fiel es ihm wie Schuppen von den Augen.
Zu Ribbentrops Erstaunen bemerkte Hitler in einem seiner Gespräche mit Mussolini, daß er sich mit Rußland einigen wolle. Aber in einem vertraulichen Gespräch am nächsten Tag mit seinem Außenminister gab er zu: »Wissen Sie, Ribbentrop, wenn ich mich heute mit Rußland einige, packe ich es morgen wieder an – ich kann halt nicht anders.« Hitler fühlte sich zwischen Stalin und dem Westen hin und her gerissen. Als Goebbels ihn fragte, ob er grundsätzlich ablehne, mit Churchill zu verhandeln, erwiderte er: »Grundsätze gibt es in der Politik in Persönlichkeitsfragen überhaupt nicht. Allerdings ist bei Churchill der Haß und nicht die Vernunft sein Ratgeber.« Viel eher sei er bereit, mit Stalin zu verhandeln – aber das, was er im Osten verlange, könne Stalin nicht an das Reich abtreten.
Hitler hatte jetzt die Hoffnung aufgeben müssen, die amerikanische 5. Armee bei Salerno wieder ins Meer zurückzuwerfen. Anfangs hatten die Amerikaner sich nur der 16. Panzer-Division gegenübergesehen, aber Richthofens Jäger mit »Nebelwerfern« (Raketen) und die 8,8-cm-Geschütze eines Flak-Regiments hatten Verheerungen unter den Invasionsschiffen angerichtet; am 13. September hatte ein deutscher Gegenangriff begonnen, vorgetragen von zwei Panzer-Divisionen und einer Panzergre-

nadier-Division. Sie zerschlugen zwei amerikanische Divisionen, dann blieb der Angriff im Feuer alliierter Schiffsgeschütze stecken.

Hitlers Stab jubelte über die »Dresche«, die den Amerikanern verabreicht worden war. Jodl setzte den Kampfwert der Amerikaner weit geringer an als den der kriegserfahrenen Soldaten Montgomerys. Die amerikanischen Fallschirmtruppen seien »brauchbar«, aber die anderen »greifen nie an, solange auf deutscher Seite noch eine Waffe feuert«. Hitler schrieb die Gefahr einer feindlichen Invasion an anderer Stelle auf Monate hinaus ab. »Er landet nicht mehr, er ist dazu viel zu feige. Die [Landung] bei Salerno hat er in Übereinstimmung mit den Italienern gemacht.« Die schlechte alliierte Planung war ihm in den nächsten Wochen immer wieder ein starker Trost; warum landeten sie nicht sofort auf dem Balkan, wo die Bevölkerung den Feind mit offenen Armen erwartete? Warum hatten sie keine kühne Landung nördlich von Rom versucht, als Badoglio abfiel?

Umgekehrt hatte Italiens Abfall dem Reich großen materiellen Nutzen gebracht. Rücksichtslos entblößte Hitler Süditalien auch von der allerletzten Flakbatterie. Nun brauchte Deutschland die Italiener nicht mehr mit Kohle, Öl und Nahrungsmitteln zu versorgen. Ende September waren schon die ersten 268 000 italienischen Gefangenen ins Reich abtransportiert. Das Unternehmen »Achse« hatte auch eine große Beute an italienischen Waffen eingebracht: 449 Panzer, 2000 Geschütze und eine halbe Million Gewehre. Aber der strategische Preis des Unternehmens »Achse« war sehr hoch gewesen, denn abgesehen von der zeitweilig aus Rußland abgezogenen SS-Leibstandarte, hatten die nach Italien geworfenen Divisionen die Zentralreserve abgebaut und damit indirekt die Ostfront geschwächt.

Die von einem Generalstabsoffizier in seinem Tagebuch fixierte Aufzeichnung der Führerbesprechungen am 30. September schildert das Staunen Hitlers, als er von den in Italien gemachten Beutezahlen hörte. Göring meldete, daß Hunderte von italienischen Jagdflugzeugen tadellos wären. »Wie kommen diese Krüppel dazu?« fragte Hitler. »Die Italiener«, antwortete Göring impulsiv, »und der Duce treiben schon seit Jahren bewußt Sabotage. Sie haben Material und Flugzeuge einfach unterschlagen. Der Duce gehört sofort erschossen!« Hitler aber erwiderte, daß der König und seine Generäle die Schuld hatten. Im Hinblick auf Kampfführung in Süditalien betonte er, daß jeder Tag wichtig sei, an dem der Gegner unten aufgehalten werde. »Es muß Zeit gewonnen werden. Den anderen geht es auch nicht rosig. Ihre Menschen- und Materialreserven unterliegen genau den gleichen Beschränkungen wie die unsrigen, und einmal wird der Zeitpunkt kommen, wo es ihnen zu dumm ist. Von einem Zeitpunkt ab kann man den Krieg nicht mehr gewinnen, indem man die Welt erobert, sondern indem man den Kampf so lange in die Länge zieht, bis die anderen mürbe werden!« Er rief mehrmals laut zu Göring, »Zeit, Zeit, Zeit!« (Der Generalstabsoffizier schrieb als eigenen Eindruck über diese erste Begegnung mit Hitler: »Der Führer macht einen müden und kranken Eindruck. Er ist stark gebeugt. Nur manchmal bricht leidenschaftlich sein Glaube an die Richtigkeit seines Handelns und an den Sieg durch. Er müßte aber dringendst und sofort seine ganze Umgebung auswechseln.«)

Drei schwere Nachtangriffe waren gegen Berlin geflogen worden, aber zu einer Wiederholung der Hamburger Katastrophe war es nicht gekommen. Eine neue Taktik der freien Nachtjagd fügte den Bombern untragbare Verluste zu, und sie zogen sich fürs erste zurück.
Für die Menschen in Deutschland war der Luftkrieg die zweite Front. Bei Tag und Nacht zogen die feindlichen Bomber ihre Bahn über Deutschland und stießen manchmal bis nach Danzig und Ostpreußen vor. Von den frisch eroberten Flugplätzen um Foggia in Süditalien aus konnten sie jedes Ziel in Österreich und auf dem Balkan erreichen. Die amerikanischen Bomber waren schwer bewaffnet und gepanzert; achtzehn von ihnen, in dicht aufgeschlossener Formation fliegend, konnten zweihundert schwere MG auf angreifende Jäger konzentrieren. Hitler erfuhr jetzt, daß die deutschen Jäger noch immer nicht mit der 3-cm-Kanone ausgerüstet waren, obwohl ihm der Prototyp Mk 101 schon im Juli 1939 in Rechlin vorgeführt worden war. Jetzt befahl er, die Jäger versuchsweise mit der 5-cm-Pak-KWK auszurüsten, damit sie das Feuer schon weit außerhalb des Verteidigungs-Radius der Bomber eröffnen konnten.
Die Unzulänglichkeit der gegenwärtigen Jägerbewaffnung wirkte sich außerordentlich ungünstig auf die Kampfmoral der Jagdflieger aus, und das spürte die Bevölkerung. Am 4. Oktober bombardierten die Amerikaner Frankfurt an einem strahlenden Herbsttag – glitzernd und dröhnend zogen die Bomberpulks hoch über die Stadt dahin, »wie wir im Frieden unsere Geschwader haben fliegen gesehen«. Voller Bitterkeit warf Hitler Göring vor, daß seine Luftwaffe das Vertrauen des Volkes verloren habe; er müsse darauf bestehen, daß diese Großeinflüge bei Tage abgewehrt werden, »koste es, was es wolle«. Der Reichsmarschall reichte den Tadel an General Galland weiter, den Befehlshaber der Tagjäger.
Gemeinsam brachten Göring und Galland die Jagdwaffe wieder in Schwung, und im Oktober erlitten die amerikanischen Bomberverbände schwere Verluste. In den Angriffen der drei Tage bis zum 10. Oktober verlor der Feind 88 Bomber und fast 900 Mann. Als sie am 14. Oktober die Kugellagerfabriken in Schweinfurt angriffen, holten die Tagjäger sechzig Bomber vom Himmel und beschädigten weitere siebzehn schwer. In der Nacht wogte die Schlacht hin und her. Auf den Seen rings um Berlin tanzten Myriaden von metallenen Radarspiegeln auf den Wellen, um die Bomber zu täuschen; Bordempfangsgeräte ermöglichten es den Nachtjägern, sich an die Radar-Emissionen der Bomber anzuhängen. Der Feind flog Täuschungsangriffe, teilte die Bomberströme, ließ die von den deutschen Jägerleitoffizieren erteilten Befehle von deutschsprechenden Bordfunkern widerrufen. Die Verteidiger luden falsche Markierungsbomben über dem

flachen Land ab und patrouillierten mit Fernnachtjägern über den feindlichen Einsatzhäfen, um den heimkehrenden Bombern einen heißen Empfang zu bereiten. Hitler forderte neue Angriffe auf britische Städte. »Der Luftterror... wirkt nur als Drohung, nicht als Vollzug«, erklärte er jetzt. »Wie viele Male in den letzten 300 Jahren sind ganze Städte oder wichtige Gebäude abgebrannt. Die Zerstörungen haben für das eigene Land insofern ein positives Ergebnis, als sie eine Menschenmenge hervorbringen, die nichts mehr zu verlieren hat und deswegen fanatisch weiterkämpfen wird.«

Am 22. Oktober entfachten die Briten einen zweiten Feuersturm. Er verwüstete Kassel, und zwischen Dämmerung und Morgengrauen starben sechstausend Bürger. Auf Hitler machte das keinen Eindruck. Aber der Geruch des Todes, der fortan über den Trümmern der deutschen Städte hing, hatte doch eine gewisse Wirkung auf die Entwicklung neuer Waffen. Hitler forderte immer energischer die geheimen Vergeltungswaffen, die London terrorisieren sollten – die A4-Rakete, die fliegende Bombe und die Ferngeschützbatterie bei Calais, der man den unheimlichen Namen »Hochdruckpumpe« gegeben hatte. Anfang Oktober machte er Göring gegenüber die Andeutung, man solle doch jetzt einmal gegen eine der großen, von den Engländern besetzten süditalienischen Städte – etwa Brindisi oder Tarent – einen scharfen zusammengefaßten Nachtangriff fliegen. Das sei notwendig, um anderen neutralen oder faulen Bundesgenossen zu zeigen, daß man nicht aus dem Krieg herauskomme, wenn man die Sache einfach aufgibt und den Feind hereinläßt.

Die Brutalisierung des Krieges zeigte sich in vielen Richtungen. Anfang Oktober wurden die Juden aus Dänemark abtransportiert. Himmler hielt auch die 8000 in Rom lebenden Juden für eine potentielle Gefahr. Ribbentrop erschien in der Wolfsschanze mit einem Telegramm seines Konsuls Moellhausen in Rom; dieser meldete, die SS habe von Berlin den Auftrag erhalten, »die 8000 in Rom wohnenden Juden festzunehmen und nach Oberitalien zu bringen, wo sie liquidiert werden sollen«. Am 9. Oktober ließ Ribbentrop nach Rom durchgeben, daß der Führer die Weisung erteilt habe, die Juden statt dessen in das österreichische Konzentrationslager Mauthausen zu schaffen, wo sie »als Geiseln« festzuhalten seien. Es sei eine reine Angelegenheit der SS. Übrigens gab Himmler zu dieser Zeit zum erstenmal – am 4. Oktober vor SS-Gruppenführern und am 6. Oktober vor Gauleitern – bekannt, daß bis Ende des Jahres 1943 die Judenfrage in den besetzten Ländern erledigt sein würde. Vor den SS-Generalen rühmte Himmler die Härte der Männer, die das Massaker veranstaltet hatten; vor den Gauleitern sagte er, die Judenfrage sei die schwerste Frage seines Lebens geworden: Der Satz »die Juden müssen ausgerottet werden«, sei leicht auszusprechen, aber das Allerhärteste für den, der das durchführen müßte. Auch bei Frauen und Kindern habe er sich entschlossen, eine ganz klare Lösung zu finden: »Ich hielt mich nämlich nicht für berechtigt, die

Männer auszurotten – sprich also, umzubringen oder umbringen zu lassen – und die Rächer in Gestalt der Kinder für unsere Söhne und Enkel groß werden zu lassen. Es mußte der schwere Entschluß gefaßt werden, dieses Volk von der Erde verschwinden zu lassen.«

Daß es Himmlers Absicht war, alle seine SS-Gruppenführer zu Mitwissern zu machen, wird durch ein merkwürdiges Dokument in seinen Akten nahegelegt; eine Namensliste derjenigen, die seine Rede *nicht* gehört hatten! Die Tonbandaufnahmen beweisen, daß er *nicht* behauptete, auf Befehl Hitlers zu handeln.

Die Gauleiter waren am 7. Oktober Gäste Hitlers in der Wolfsschanze; von diesem Zeitpunkt an konnte also Hitler wohl kaum mehr Unkenntnis der Aktionen seines »getreuen Heinrich« in Anspruch nehmen.

Die SS stand in jenem Herbst in Hitlers Wertschätzung ganz oben. Ohne Kaltenbrunners Agenten wäre Mussolinis Befreiung unmöglich gewesen. Auch Prinzessin Mafalda hatte man aufgespürt; sie saß jetzt in einem Konzentrationslager – ein brauchbares Unterpfand für gutes Verhalten des Königs von Italien. Himmler hatte seine Waffen-SS mit einer bedingungslosen Treue gegenüber »Führer und Volk« erfüllt. Ende Oktober zeigte er Hitler eine Stelle aus einem Brief, den ein junger SS-Brigadeführer vor kurzem von der Ostfront geschrieben hatte: »Ich hätte dem Führer letzthin, wenn die anderen Herren nicht dabeigewesen wären, so gerne gesagt, wie sehr ihn seine Soldaten verehren und wie sehr sie an ihm hängen. Auch wenn manches Mal seine Befehle unerbittlich wirken und als grausam empfunden werden, wenn es heißt, ›Halten bis zum letzten Mann‹, so ist doch ein Gefühl immer wieder ausschlaggebend unter den Mannsbildern, die mit dem Gewehr in der Hand ihr Vaterland verteidigen, daß einer über ihnen steht, der gleich nach dem Herrgott kommt.« Der Schreiber dieses Briefes war Hermann Fegelein. Hitler machte ihn wenige Tage später zu seinem Verbindungsoffizier zum Reichsführer SS Heinrich Himmler; im Juni heiratete er Eva Brauns Schwester; ein Jahr später ließ Hitler ihn in den Trümmern Berlins erschießen.

In einer geheimen Ansprache sagte Bormann dieser Tage: »Der Führer ist zuversichtlich, aber damit nicht nur ein einfacher Optimist, sondern er ist vielmehr hinsichtlich aller Nachrichten pessimistisch. Er glaubt nichts mehr, was ihm nicht bewiesen wird, und ist skeptisch bei allen eingehenden Meldungen und Berichten.« Stalin verhandelte auf der Außenministerkonferenz von Moskau aus einer Position unnachgiebiger Härte; auf diese Weise war er auch in einer Position, der Welt seinen Willen aufzuzwingen. Hier kannte Hitler nur eine Antwort: »Das Entscheidende ist aber, daß man unentwegt im Kampfe bleibt und den Gegner schädigt, soweit man ihm schaden kann, und nie verzagt, sondern jede Schwäche ausspäht und sofort ausnützt und niemals auch nur im geringsten an Kapitulation oder an eine sogenannte Verständigung denkt ... Wer garantiert uns, daß nicht plötzlich zwischen den Alliierten eines Tages die Bombe platzt, daß plötzlich die doch vorhandenen Gegensätze einmal nicht mehr verkleistert werden können?« Wenn jetzt aus England Verständigungsbereitschaft signalisiert wurde, wies Hitler sie schroff zurück. Am 15. Oktober erfuhr z. B. Himmlers Chef des Feindnachrichtendienstes, Schellenberg, daß der britische Wirtschaftsbevollmächtigte in Stockholm, David MacEvan seine sofortige Bereitschaft bekundet hatte, nach Deutschland zu geheimen wirtschaftlichen Verhandlungen zu kommen. Himmler bat Ribbentrop, die Angelegenheit mit dem Führer zu besprechen. Hitler verbot jedes Eingehen auf diesen Fühler.

Unter Kesselring verlief der Feldzug in Süditalien weitaus günstiger, als Hitler zu hoffen gewagt hatte. Rommel, der die Heeresgruppe B in Norditalien befehligte, hatte den Totalverlust Süd- und Mittelitaliens vorausgesagt. Rommels düstere Prophezeiung hatte tiefen Eindruck auf Hitler gemacht, und er hatte Kesselrings Forderung abgelehnt, zwei weitere Divisionen Rommels nach Süden zu verlegen. Mit diesen Divisionen hätte Kesselring möglicherweise den Feind schlagen können; aber auch so, wie die Dinge sich jetzt entwickelten, war seine strategische Verteidigung ein schwerer Nasenstüber für Churchill und Roosevelt. Hitler befahl, die Linie von Gaeta an der einen Küste bis nach Ortona an der anderen südlich von Rom zu befestigen und zu halten. Wieder einmal hatte Rommel zu pessimistisch geurteilt. Ein Jahr später erinnerte Hitler sich: »Er hat ja auch in Italien damals den Zusammenbruch als ganz nahe bevorstehend vorhergesagt. Er ist bis jetzt nicht eingetreten. Er ist durch die Ereignisse völlig widerlegt worden, und ich bin in meinem Entschluß gerechtfertigt worden, Feldmarschall Kesselring dort zu belassen ... ich glaube, daß man militärisch ohne Optimismus überhaupt nicht führen kann.« Für Hitler unterlag es keinem Zweifel, daß es ratsam wäre, Rommel, der noch immer unter dem Druck seines Rückzuges aus Afrika litt, eine andere Aufgabe fern von Italien zu geben.

Am 15. Oktober erschien General von Unruh (»Heldenklau«), der in Frankreich nach möglichen Mannschaftsreserven gefahndet hatte, aufgeregt in der Wolfsschanze und verlangte, sofort zu Hitler vorgelassen zu werden. Unruh erklärte Hitler, daß Frankreich einer feindlichen Invasion praktisch wehrlos ausgeliefert sei. Hitler ließ Rommel kommen. Bei ihrem Treffen am 17. Oktober äußerte Rommel sich wiederum niedergeschlagen. Wenige Tage später hörte Hitler noch einmal Kesselring an, und am 28. Oktober entschied er zu seinen Gunsten. Rommels Heeresgruppe sollte aus Italien abgezogen werden, er selbst sollte eine neue Aufgabe erhalten – welche, das war noch nicht beschlossen.

Einen Monat vorher hatte Mansteins Heeresgruppe sich erfolgreich kämpfend auf den Ostwall zurückgezogen. Dann aber hatte die sowjetische Herbstoffensive begonnen und plötzliche Breschen in den Wall geschlagen. Während Kluges Heeresgruppe Mitte sich behauptet hatte, war es Manstein nicht gelungen, die südöstlich von Krementschug und dann bei Dnjeprope-

trowsk errichteten sowjetischen Brückenköpfe wieder einzudrücken. Als die 1. Panzer-Armee den wichtigen deutschen Brückenkopf zu räumen begann, der Saporoschje und sein Wasserkraftwerk verteidigte, löste Hitler über Mansteins Kopf hinweg ihren Befehlshaber, Generaloberst von Makkensen, ab und ersetzte ihn durch Generaloberst Hube, den »Sieger« von Salerno.
Am 23. Oktober begann der Hauptangriff gegen den südlichsten Abschnitt des Ostwalls, der von der 6. Armee gehalten wurde; am nächsten Tag fiel Melitopol. Es begann ein überstürzter Rückzug im Abschnitt von Kleist. Weiter im Norden konnten die sowjetischen Angriffsgruppen zwischen Dnjepropetrowsk und Krementschug einen tiefen Einbruch in die deutsche Front erzielen und ihn innerhalb von zwei Wochen auf eine Breite von hundertfünfzig Kilometer ausdehnen. Hitler rief Marschall Antonescu auf, in aller Eile rumänische Divisionen zu entsenden. Aber Antonescu fürchtete um die sieben Divisionen, die er schon auf der Krim eingesetzt hatte, wo zusammen mit zwei deutschen Divisionen jeden Tag mehr als 210000 Mann von ihren Landverbindungswegen abgeschnitten werden könnten. In seiner Antwort vom 27. Oktober riet der Marschall Hitler, die Krim sofort zu räumen, solange es noch möglich war.
Hitler sträubte sich. Eine kampflose Räumung der Krim würde einen miserablen Eindruck auf die Türkei und Bulgarien machen, und sie würde Stalin 300 bis 400 Kilometer näher an die rumänischen Ölfelder herangelangen lassen, auf die Hitler und seine Wehrmacht angewiesen waren. Mit diesen Gedankengängen beschäftigt, berief Hitler an jenem Tag, dem 27. Oktober, um 16.30 Uhr eine Sonderbesprechung mit Göring, Dönitz, Zeitzler und Jodl ein. Zeitzler äußerte sich optimistisch; die Krim habe genügend Munition, um eine unmittelbare Isolierung überstehen zu können. Dönitz erklärte, ein Abtransport der 17. Armee aus der Krim über den Seeweg sei möglich; es werde allerdings eine langwierige Aufgabe sein, die unter ständiger Bedrohung durch die starke sowjetische Luftwaffe gelöst werden müsse. Hitler, Dönitz und der Reichsmarschall stimmten darin überein, daß die Krim gehalten und inzwischen auf dem Seeweg versorgt werden müsse. Zeitzler »stimmte zu«. Die Dokumente sind in diesem Punkt eindeutig.
Am 1. November erreichten die Russen die weite Flußmündung des Dnjepr in das Schwarze Meer, und damit war die Halbinsel Krim im Rücken abgeschnitten.

Die Lagebesprechungen vom 27. Oktober machten deutlich, wie kompliziert es war, Krieg an vielen Fronten bei schrumpfenden eigenen Mitteln zu führen. Auf dem Balkan lieferten sich die Deutschen immer neue Schlachten mit kommunistischen Aufständischen und Partisanen. Bei Nacht erdröhnte der Himmel Europas vom Lärm der Bombermotoren. Speer brauchte Arbeiter, um die Trümmer zu räumen, neue Fabriken zu bauen

und die Maschinen zu bedienen; Milch brauchte Arbeiter für seine neuen Flugzeugwerke. Hitler aber brauchte frische Divisionen, um die Einbrüche an der Ostfront abzuriegeln. Schon im September hatte er die zum Schutze vor der Einberufung der einzigen und letzten Söhne erlassenen Bestimmungen aufheben müssen.
Am 27. Oktober nutzte Göring die Gelegenheit eines Waldspaziergangs in der Nähe der Wolfsschanze, um bei Hitler die Verschonung der Facharbeiter seiner Flugzeugwerke zu erreichen, aber sein Versuch scheiterte. Göring nannte Hitler ein konkretes Beispiel für den Mangel an Arbeitskräften: Messerschmitt habe ihm vor wenigen Tagen erklärt, daß sein Strahljäger Me 262 um sechs Monate aufgehalten würde, weil ihm viertausend Arbeiter fehlten. Nach Görings Schilderung erlitt Hitler »fast einen Schlaganfall«, als er das hörte. In seiner lebhaften Phantasie hatte Hitler diesem Düsenbomber schon eine entscheidende Rolle in der Abwehr eines alliierten Invasionsversuches zugewiesen. Vor seinem geistigen Auge sah Hitler die Stunden des äußersten Chaos, während die feindlichen Landungsboote ihre Fracht auf die Strände speien würden. Seine eigenen Truppen würden in ihren Bunkern hocken, niedergehalten von schwerer Schiffsartillerie und ununterbrochenem Luftbombardement; über dieses ganze Durcheinander würde der Feind eine außerordentlich starke Jägerglocke hängen. In diesem Augenblick sollten seine neuen Düsenbomber erscheinen – mit ratternden Kanonen sollten sie über die Strände hinwegheulen, Bomben links und rechts und ohne lange zu zielen in das Getümmel der Landungstruppen werfen, Panik und ein chaotisches Durcheinander auslösend, lange genug, bis Hitler seine beweglichen Reserven heranführen konnte. Göring versprach dem Führer, ihm seine Düsenbomber bis zum Mai zu verschaffen.
In Hitlers strategischem Denken hatte sich seit dem Abfall Italiens ein bemerkenswerter Wandel vollzogen. Göring beschrieb das am nächsten Tag, dem 28. Oktober, seinen Generalen gegenüber so: »Man kann in Rußland in dem großen Feld, das wir uns als Vorfeld gewonnen haben, operieren... Ob die Russen bei Kriwoi Rog stehen oder noch 150 km weiter hereinkommen oder nicht, ist nicht lebensentscheidend, sondern lebensentscheidend ist, daß wir spätestens im Frühjar mit einer Manövrierfähigkeit antreten, die es gestattet, im Westen die Front zu halten und keine zweite Front aufkommen zu lassen. Dafür ist die Fliegerei entscheidend. Das ist gestern beim Führer in Gegenwart von Dönitz klar zum Ausdruck gekommen. Der Führer hat gesagt, entscheidend sei der Strahljäger mit Bomben, weil sie in ihrer großen Schnelligkeit im gegebenen Moment am Ufer entlangsausen und ihre Bomben in die Masse, die sich dort bilden muß, hineinwerfen können. Ich habe gedacht: ob wir sie bis dahin haben, weiß ich nicht.« Faßte eine feindliche Armee erst einmal Fuß auf französischem Boden, so würde es das Ende für Deutschland bedeuten; aber selbst wenn jede deutsche Stadt in Trümmer fiele, würde das deutsche Volk weiterleben und den Kampf fortsetzen.

In einer umfangreichen Lagebeurteilung, die Rundstedt dem Führer vorlegte, gelangte der Feldmarschall zur gleichen Schlußfolgerung: Ein Zurückweichen der Deutschen von der Küste würde bedeuten, daß der Atlantikwall mitsamt seiner Artillerie und seiner Ausrüstung dem Feind in die Hände fallen würde; es würde dem Feind die Häfen geben, die er brauchte, und es würde Deutschland seiner U-Bootstützpunkte berauben und die Unterbindung der deutschen Küstengeleitzüge bedeuten. Auf der Lagebesprechung vom 30. Oktober trug Jodl vor, er teile Rundstedts Überzeugung, daß eine Landung in Frankreich im Frühjahr 1944 mit Sicherheit stattfinden werde, denn nur der Verlust des unentbehrlichen Ruhrgebiets könne Deutschland endgültig in die Knie zwingen. Außerdem müsse Churchill die A4-Basen in Nordfrankreich ausschalten. Hitler stimmte zu. Ja, er ging noch weiter, denn er erteilte Rundstedt jetzt den Geheimbefehl, eine mögliche Verteidigungslinie an Somme und Marne hinab bis an die Schweizer Grenze erkunden zu lassen – womit er unausgesprochen von der Annahme ausging, daß der Feind ganz Frankreich überrennen könnte.*

Er fand außerdem eine saubere Lösung für das Rommel-Kesselring-Problem. Am 5. November erklärte er Rommel, sein Heeresgruppenstab z. b. V. werde sämtliche Küstenverteidigungsanlagen inspizieren, Vorschläge zu ihrer Verbesserung erarbeiten und gleichzeitig Operationsstudien zur Führung von Angriffsoperationen gegen einen in Westeuropa gelandeten Feind vorlegen. Rommel war verärgert über eine, wie es schien, so wenig begeisternde Aufgabe – fern vom Rampenlicht des Ruhms, in dem er seine berühmten Schlachten geschlagen hatte. Einige Tage später schrieb er: »Man weiß nicht recht ob die neue Verwendung eine Kaltstellung bedeuten soll. . . . Der Führer sprach ganz anders. Allein es gibt eben soviel Neider.« Nur seine Liebe zum Führer ließ Rommel energisch weiterarbeiten. Am 8. November hielt Hitler seine Jahresansprache an die alten Kämpfer im Münchner Löwenbräukeller. »Welche Kraft geht von ihm aus!« schrieb Rommel hingerissen. »Mit welchem Glauben und welcher Zuversicht hängt sein Volk an ihm!«

---

* Das sollte mit der Legende aufräumen, daß Hitler seine Befehlshaber daran hinderte, rechtzeitig Vorkehrungen für einen Rückzug zu treffen. Die vorgeschlagene Linie beließ übrigens Deutschland die französischen Provinzen, deren Annexion Hitler im Jahre 1940 beschlossen hatte.

»Die Stunde der Vergeltung ist nah«

Den ganzen Winter über beschäftigte Hitler sich jetzt mit der Westfront. Er verschlang Geheimdienstberichte und brütete über Luftaufnahmen, ständig auf der Suche nach einem Hinweis darauf, wo die Alliierten den Kontinent betreten würden und wann. Mehr als einmal rief er aus, daß der Krieg für Deutschland verloren sein würde, wenn es den Alliierten jemals gelänge, einen Brückenkopf zu errichten. Am 3. November 1943 betonte er in seiner Weisung Nr. 51: »Die Gefahr im Osten ist geblieben, aber eine größere im Westen zeichnet sich ab: die angelsächsische Landung! Im Osten läßt die Größe des Raumes äußersten Falles einen Bodenverlust auch größeren Ausmaßes zu, ohne den deutschen Lebensnerv tödlich zu treffen. Anders der Westen!... Ich kann es daher nicht mehr verantworten, daß der Westen zugunsten anderer Kriegsschauplätze weiter geschwächt wird.«
Wahrscheinlich würden die Alliierten in der Nähe der A4-Abschußbunker und der Startrampen der fliegenden Bomben landen, die zur Zeit von Hunderttausenden von französischen Arbeitern entlang der Kanalküste errichtet wurden. Der politische und strategische Nutzen, den das Gelingen einer Landung in Dänemark zeitigen würde, machte darüber hinaus eine Verteidigung der Küsten auch dieses Landes zwingend erforderlich. Auch der Balkan verlangte nach Verstärkung. Der Zusammenbruch Italiens hatte dort ein Chaos ausgelöst. Hitlers Versuche, die zweifelhafte politische Existenz der Regierung des Poglavniks in Kroatien zu retten, scheiterte, obwohl das Land jetzt seine verlorene dalmatinische Küste zurückbekam. Im September und Oktober konferierte Hitler mehrere Male mit seinen militärischen und politischen Beratern über das Balkanproblem. Feldmarschall von Weichs, Oberbefehlshaber Südost, erklärte in seiner Lagebeurteilung, daß eine alliierte Landung nicht vor dem Frühjahr 1944 zu erwarten sei: »Der gefährlichste Gegner ist Tito.« Dieser Partisanenkommandeur habe in Kroatien 100 000 Mann unter Waffen. In sein Privattagebuch schrieb Weichs: »Die Bandenlage hat sich so entwickelt, daß von *Banden* eigentlich nicht mehr die Rede sein kann. Unter Tito ist eine bolschewistische starke Armee entstanden, die straff geführt wird, unter der Leitung von Moskau steht, an Stärke immer mehr zunimmt und immer mehr eine ernste Gefahr bildet. Sie wird von den Engländern stark unterstützt. Sein gegenwärtiges Ziel ist es, in Serbien einzudringen und dabei zunächst die nationalen Banden D[raža] M[ihailović]s zu schlagen.«
Der italienische Abzug hatte auch in Albanien ein Vakuum zurückgelassen; nur ein einziges deutsches Bataillon stand für die Verteidigung der Küsten

zur Verfügung. Hätten die Alliierten hier auch nur ein Regiment an Land gesetzt, wäre ihnen die Kontrolle über das ganze Land innerhalb von zwei Wochen sicher gewesen.

Hitlers Reaktion auf diese Gesamtlage bestand in einer bedeutungsvollen politischen Neuausrichtung. Unterstützt von Weichs und Kaltenbrunner, beschloß er, die Hilfe der Serben für sich zu gewinnen. Am 29. Oktober verlieh er Ribbentrops Sonderbevollmächtigtem für den Balkan, dem Gesandten Hermann Neubacher, sehr weitgehende Vollmachten, dort den Kommunismus zu bekämpfen; insbesondere durfte er Kontakt zu Mihailović aufnehmen, wenn es erforderlich sein sollte. Als Köder wurde den Serben die Wiederherstellung Montenegros, die Entfernung von Görings notorisch korruptem Wirtschaftsbeauftragten Neuhausen und besondere Zugeständnisse an den Ministerpräsidenten Nedić angeboten – einen Mann, der Hitler gefiel und der ihm vertrauenswürdig erschien.

Eins war klar: Hitler konnte die Balkanhalbinsel nicht leichtsinnig aufgeben. Deshalb befahl er die Verstärkung einer Sperrkette Peloponnes – Kythera – Kreta – Skarpanto – Rhodos. Kos wurde im Oktober genommen, und am 11. November landete eine kleine deutsche Kampfgruppe auf der von 10 000 Engländern und Italienern gehaltenen Insel Leros und eroberte sie in fünftägigen, blutigen Kämpfen zurück. Samos wurde am 22. November genommen, und damit kehrte der ganze Dodekanes unter deutsche Herrschaft zurück. Es war einer der letzten deutschen Siege unter der Diktatur Hitlers.

Hitler haßte den Balkan. Einmal rief er aus: »Wenn die Engländer sagen würden, Deutschland bekommt die Aufgabe, den gesamten Balkan in Ordnung zu bringen, dann hätten wir die nächsten dreißig Jahre dauernd zu tun: hereinmarschieren, herausmarschieren, wieder umkehren, zusammenhauen, wieder heraus.«

Aus Himmlers Geheimdienstquellen wußte Hitler, daß die Engländer starken Druck auf die Türkei ausübten, um sie zur Aufgabe ihrer Neutralität zu bewegen. Himmlers wichtigste Quelle war »Cicero« – der albanische Kammerdiener des britischen Botschafters in Ankara, der Anfang Oktober vom SD-Attaché Moyzisch mit einer Leica, Nachschlüsseln und großen Summen in türkischer Währung ausgerüstet worden war; dafür fotografierte er sämtliche Papiere des britischen Botschafters. Einmal wurde Moyzisch nach Berlin zurückgerufen und eingehend über »Cicero« vernommen – der mittlerweile schon achtzig Filme britischer Geheimunterlagen abgeliefert hatte. Moyzisch ließ keinen Zweifel an der Authentizität des Agenten.

Am 9. November kehrte Moyzisch in aller Eile nach Ankara zurück, da der britische Botschafter von einem Treffen mit Eden in Kairo zurückerwartet wurde, der dort gerade dreitägige Besprechungen mit dem türkischen Außenminister geführt hatte. Schon am Abend des 10. November hielt

Ribbentrop Ciceros Depesche in Händen: »Eden forderte in Kairo angesichts schwieriger Kampflage für England in Ägäis Zurverfügungstellung türkischer Flugplätze zwecks Jägereinsatz.« Der türkische Außenminister lehnte Edens Forderung jedoch ab. Papen selbst aß am 17. November mit Hitler in der Wolfsschanze zu Mittag. Am folgenden Tag meldeten deutsche Geheimdienstquellen in Ankara – dieses Mal nicht »Cicero« –, Eden habe dem britischen Botschafter mitgeteilt, er hätte einen schlechten Eindruck von russischem Heer bekommen, das »zerrüttet und am Ende seiner Kraft« zu sein schiene.

Hitler hoffte, daß Stalins Armee nicht mehr viel länger aushalten werde. »Man darf doch nicht annehmen, daß das ein antiker Riese ist, der jedesmal, wenn er auf die Erde fällt, stärker wird«, tadelte er seine Generale. »Einmal muß bei ihm ja auch der Atem ausgehen.«
Am 1. November landeten russische Truppen an der Nord- und der Ostspitze der Krim, aber sie wurden in Schach gehalten. Am 3. November gelang den Russen ein überzeugender Einbruch in Generaloberst Hoths 4. Panzer-Armee; Kiew ging verloren, und die Russen erreichten die 60 km südwestlich von Kiew gelegene Stadt Fastoff, bevor sie sich am 7. November festliefen. Hitler enthob den »Unglücksraben« Hoth seines Kommandos und sprach von dem Defaitismus, der sich wie ein Krebsgeschwür unter Hoths Soldaten ausgebreitet habe. »Die Leute kriegen jetzt erst den Mut, das zu melden«, beklagte Hitler sich Wochen später. Zeitzler kommentierte: »Jawohl, die Truppe ist das Abbild des Führers.« Hitler stimmte ihm in lebhafter Erinnerung an seinen eigenen Kampf um die Macht zu. Aus diesem Grunde bewunderte er alte, treue Parteigenossen wie Koch, Sauckel und Ley – furchtlose Gauleiter, die seinerzeit kommunistische Gaue in Bastionen der Partei verwandelt hatten. »Die guten Gaue waren die guten Gauleiter.« Genauso verhielte es sich jetzt in der Wehrmacht. Der Sicherheitsdienst, der die Feldpostbriefe zensierte, die die Soldaten in die Heimat schickten, berichtete, daß ihre Zweifel am deutschen Sieg stärker würden. Himmler hielt Manstein für die Wurzel des Defaitismus an der Ostfront, und als Hitler ihn am 7. November zu sich kommen ließ, wurde allgemein mit der Entlassung des Feldmarschalls gerechnet. Statt dessen verlangte Hitler von ihm einen Durchstoß aus dem Brückenkopf von Nikopol in Richtung auf die Zugänge zur Krim. Erst einmal mußte aber die Lage südwestlich Kiew bereinigt werden; aber hier brachen plötzlich die früher so sehnlich erwarteten Regenfälle los. Sepp Dietrichs Leibstandarte begann den Angriff am 15. November, eroberte Schitomir zurück und blieb dann im Schlamm stecken, nachdem sie 20000 Russen getötet und 603 Panzer, 300 Geschütze und 1200 Pak zerstört oder erbeutet hatte. »Wohin soll das auf die Dauer führen!« schrieb Goebbels. »Die Sowjets haben Reserven zur Verfügung, von denen wir selbst bei realistischer Betrachtung ihrer Möglichkeiten keine Ahnung gehabt haben.«

An der Nordfront verhinderten Unstimmigkeiten zwischen den Heeresgruppenführern Nord und Mitte, Küchler und Kluge, die Koordinierung ihres Gegenangriffs an der Nahtstelle bei Newel, deren Rückeroberung den weiteren Vormarsch des Feindes in Richtung auf Lettland abblocken würde. Am 8. November erreichte Kluge seine Ziele, aber Küchler trat nicht, wie verabredet, am nächsten Morgen zum Angriff an, und Kluge mußte auf seine Ausgangsstellungen zurückgehen. Hitler beklagte sich: »Die ganze Katastrophe von Newel oben ist doch nur dem kleinen Egoismus der beiden Heeresgruppenführer zuzuschreiben.«

Mitte November erörterte Hitler mit seinen politischen Beratern die Möglichkeit, mehr Esten und Letten für die Verteidigung ihres eigenen Heimatbodens zu rekrutieren; aber Rosenberg wies darauf hin, daß man den Baltenstaaten zunächst einmal die Autonomie garantieren müsse. Hitler, schrieb Rosenberg nach der Besprechung, war »innerlich dagegen, in schweren Zeiten ein so weitgehendes Entgegenkommen zu zeigen«.
Da zwang er schon lieber seine eigene Industrie zur Freigabe weiterer Arbeitskräfte. Milch bot sich an, in drei Wochen zwei Millionen Mann aus der Etappe an die Front zu schaffen, und behauptete, daß von den 8,3 Millionen Mann beim Ersatz- und Feldheer nur 260 000 tatsächlich an der Ostfront kämpften. Hitler gab zu, daß da ein Mißverhältnis bestünde. Aber Görings Prestige war mittlerweile so tief abgesunken, daß er auf einer Sonderbesprechung am 24. November tatsächlich erklärte, seiner Meinung nach sei aus den rückwärtigen Diensten der Luftwaffe noch viel herauszuholen. Das Heer wurde nicht erwähnt. Drei Tage später unterschrieb Hitler einen Führerbefehl, daß mindestens eine Million Mann aus dem eigenen Bestand der Wehrmacht zu erfassen und dem Fronteinsatz zuzuführen sei; das praktische Ergebnis, von Schmundt etliche Monate später betrübt registriert, war eine Enttäuschung: »Der große Erfolg ist leider nicht eingetreten.... Von den von dem Führer gegebenen Strafbestimmungen ist kein Gebrauch gemacht worden. Statt einer Million Menschen sind 400 000 herausgezogen worden.« Im Dezember 1943 wurden der Ostfront nur 20 000 Mann zugeführt, das waren knapp 10 Prozent ihrer Verluste.

Görings Prestige hatte vor allem deshalb so schwer gelitten, weil jetzt Berlin in Mitleidenschaft gezogen wurde. Nacht um Nacht ließen bis zu tausend schwere englische Bomber Brandbomben und schwerste Sprengbomben auf die Hauptstadt herabregnen. Nach dem ersten Großangriff vom 22. November lag das Regierungsviertel in Trümmern. Tagelang gab es kein Telefon, Gas, Wasser und keinen Strom. Die Alkett-Werke, die Hitler den größten Teil seiner Sturmgeschütze lieferten, waren verwüstet. Bei einigen Angriffen wurden mehr als dreitausend Menschen getötet, aber trotz des übelkeiterregenden Qualms und Brandgeruchs, der tagelang in den Straßen hing, erwiesen sich die Berliner als genauso zäh wie die Hamburger im Juli, und

Hitler beglückwünschte Goebbels als den Gauleiter der Stadt wiederholt zu dieser Leistung. In London verbreiteten einige Zeitungen die Meldung, daß in Berlin mehr als eine Million Menschen getötet worden sei und daß die ganze Stadt in Trümmern liege; Goebbels hütete sich, diese Behauptung zu dementieren.

Hitler blieb nichts anderes übrig, als sich wieder einmal mit dem Gedanken an den kommenden Vergeltungsangriff auf England zu trösten. Unter Himmlers Leitung schufteten Zwangsarbeiter an der Fertigstellung einer absolut bombensicheren unterirdischen Fabrik im Harz bei Nordhausen für die Teilherstellung und Endmontage der A4-Rakete. Der erste große Abschußbunker bei Watten in Nordwestfrankreich war noch vor seiner Fertigstellung zerschlagen worden; jetzt akzeptierte Hitler die Empfehlung von Speers Baufachleuten, eine neue Bunkeranlage in Wizernes zu bauen. Zunächst sollte eine Kuppel von einer Million Tonnen Gewicht aus massivem Beton an den Rand eines 30 m tiefen Kalksteinbruchs gesetzt werden; unter dieser Kuppel sollte dann eine achteckige Kammer für die Abschußrampen ausgehoben werden. Hitler war »nicht davon überzeugt, daß die Baustelle zu Ende geführt werden wird«, aber seine Skepsis wurde von der glänzenden Verkaufstaktik des Peenemünder Teams zerstreut, das ihn geschickt über die Rückständigkeit der kostspieligen A4-Rakete hinwegtäuschte.

Ende Oktober erhielt Hitler die Zusicherung, daß die A4 zum Ende des Jahres 1943 einsatzfähig sein werde. Der Generalstabschef der Luftwaffe, General Korten, hatte unterbochen: »Wir streben an, dieses Ziel auch zu erreichen« – womit er die fliegende Bombe meinte. Am 8. November erfuhr Speer privat: »... die Entwicklungsarbeiten [sind] nicht so weit abgeschlossen..., wie man nach den Worten der Entwicklungsleute annehmen konnte.« Am gleichen Tage verkündete Hitler jedoch in München: »Die Stunde der Vergeltung ist nahe!«

Inzwischen war die Serienfertigung der fliegenden Bombe der Luftwaffe im Volkswagenwerk Fallersleben aufgenommen worden, aber es traten Fertigungsmängel auf, und im November mußte die Massenproduktion unterbrochen werden. Die Abschuß-Bodenorganisation – 96 »Schleuderanlagen«, errichtet von Zehntausenden von französischen Arbeitern und Männern der Organisation Todt an der England gegenüberliegenden Kanalküste – sollte Mitte Dezember 1943 fertig sein, und zwei riesige Abschußbunker sollten im März einsatzfähig sein.

Am 26. November inspizierten Hitler und Göring das neueste geheime Luftgerät auf dem Flugplatz Insterburg. Hitler fragte einen Ingenieur, wann die fliegende Bombe fertig sein werde. Der Mann erwiderte: »Ende März!« Hitler schwieg abrupt, denn ein so spätes Datum war ihm bisher noch nicht genannt worden. Am 15. Dezember erteilte Hitler Jodl die Weisung, daß der Vergeltungsangriff A4 auf London am 15. Februar zu beginnen habe, nach Möglichkeit an einem nebligen Vormittag und in der Form eines

Feuerüberfalls mit möglichst vielen Schüssen. Nach einem Besuch bei Hitler am 25. Dezember trug Jodl in sein Tagebuch ein: »A4 und L 76 [fliegende Bombe] Trödelei.« Inzwischen hatten die amerikanischen Bomberpulks ihre Aufmerksamkeit den 96 Abschußrampen der Luftwaffe zugewandt; in kurzer Zeit waren 73 dieser »Schleudern« zerstört, aber das war inzwischen nicht mehr so schlimm, denn sie waren schon von einem neuen System vorgefertigter Abschußrampen ersetzt worden, und die 96 Anlagen dienten im wesentlichen nur noch als Attrappen. Daraus bezog Hitler so viel Trost wie möglich. »Es ist ganz klar, die [Objekte] gehen ihnen auf die Nerven. Wenn sie bei [ihnen solche] Objekte aufbauen würden, von denen wir wissen, [sie machen] Berlin kaputt, würden wir auch nervös werden und unsere Luftwaffe antreiben.«

Unterdessen hatte der Reichsmarschall Hitler geschworen, daß die Luftwaffe innerhalb der nächsten vierzehn Tage London angreifen werde. Göring begab sich nach Frankreich, um persönlich den Oberbefehl über den Vergeltungsschlag zu übernehmen. Erst am 22. Januar waren aber ausreichend viele Kampfflugzeuge versammelt. Die Briten behaupteten voller Zufriedenheit, daß nur dreißig Maschinen das Londoner Stadtgebiet gefunden hätten, und die viermotorige Heinkel 177 hatte besonders schwere Verluste erlitten. »Diese Dreckmaschine ist natürlich der größte Mist, der wahrscheinlich je fabriziert worden ist«, lamentierte Hitler. »Das ist der fliegende Panther« – womit er den ebenso miserablen Panzer meinte – »und der Panther ist der kriechende Heinkel!« Er wollte aber nicht glauben, daß weniger als 300 oder 400 Maschinen London erreicht hätten. »Ihr habt doch V-Männer«, sagte er herausfordernd zu Korten. »Wir erfahren die geheimsten Vorgänge, die im Kriegsrat der anderen stattfinden, die geheimsten Pläne und Gedanken – aber ob in London 3 Häuser oder 100 oder 500 oder 1000 abgebrannt sind, erfahren wir nicht.« Korten sagte kleinlaut: »Wir haben alle unsere Großagenten angesetzt.«*

Ein Lichtblick in der zunehmenden Dunkelheit dieses Monats Dezember 1943 war die standhafte Weigerung der Türkei, Deutschland den Krieg zu erklären. Hitler, Ribbentrop, Himmler und Papen verzeichneten mit Genugtuung, daß die Fotokopien offensichtlich echt waren – ärgerliche Telegramme von Eden und Churchill mit dem Stempel »Streng geheim«, Protokolle von den Konferenzen mit Stalin in Teheran, und ein Brief des anglo-amerikanischen Hauptquartiers in Kairo, daß wegen der deutschen Siege auf den Inseln Kos und Leros die alliierten Operationen in der Ägäis abgebrochen werden mußten.

Das Bild, das so allmählich zustande kam, zeigte, wie die Briten in steigendem Maße Druck auf die Türkei ausübten, den Allianzvertrag zu brechen und am 15. Februar in den Krieg einzutreten. Von den dortigen Flugplätzen

---

* Alle diese »Großagenten« waren Produkte der blühenden Phantasie eines Abwehr-Beamten.

aus sollten 20 Geschwader den Luftraum im Südosten kontrollieren. Gleichzeitig könnten britische U-Boote zum Schwarzen Meer vordringen und gegen die Krim und die rumänische Küste operieren. Aber die Türken sahen keinen Grund, mit an der Schlinge zu knüpfen, an der sie selbst aufgehängt werden sollten. Denn die Türken hatten den Eindruck gewonnen, daß Churchill und Eden in Kairo den Balkan und Osteuropa zugunsten Stalins abgeschrieben hatten. »Der Präsident Inönü sei entsetzt von Kairo zurückgekommen und habe gesagt, wenn er das vorausgesehen hätte, wäre er nie hingefahren«, erfuhr Papen vom türkischen Außenminister. Nicht lange dauerte es, und Hitler las das wütende Telegramm des englischen Botschafters an Churchill vom 13., das meldete, daß die Türken unmögliche Waffenlieferungen verlangten, bevor sie einwilligten – ein Verfahren, das Hitler aus seinen Erfahrungen mit den Italienern sehr vertraut war. Eden gab sich fürs erste geschlagen und zog in einer Depesche an seinen Botschafter das Resümee: »Zusammenfassend ist zu sagen: Unser Ziel ist es, den Kriegseintritt der Türkei zu einem möglichst frühen Zeitpunkt zu erreichen und auf jeden Fall eine Bedrohung für die Deutschen vom östlichen Ende des Mittelmeers aufrechtzuerhalten, bis ›Overlord‹ beginnt. ... Wir haben noch immer den Gedanken nicht aufgegeben, daß unsere RAF-Verbände am 15. Februar einfliegen sollten.«

»Overlord« war offensichtlich das Codewort für die Invasion im Westen im Jahr 1944. Es könne nicht dem geringsten Zweifel unterliegen, daß diese im Frühjahr kommen werde, sagte Hitler immer wieder. Und der türkische Außenminister beschwor Papen: »Wir stehen vor dem kritischsten Scheideweg unserer neueren Geschichte. Aber da der Balkan den Russen geopfert werden soll ... haben wir keine andere Wahl, als unsere Karte so auszuspielen, wie wir es jetzt tun, immer in der Hoffnung, daß die deutsche Ostfront gehalten wird.«

Darin lag die Bedeutung der Krim in Hitlers Augen. So bitter der Entschluß, die Heeresgruppe Nord von der Leningrader Front abzuziehen, auch sein mochte, seine politischen Konsequenzen würden gering sein im Vergleich zu denjenigen, die der Verlust der Krim haben mußte: »Die Finnen können nicht abspringen, die werden sich letzten Endes doch noch wehren müssen...« Das galt keineswegs für die Türkei, für Bulgarien und Rumänien. Auch Stalin erkannte das. Als seine Winteroffensive am 24. Dezember begann, richtete sie sich gegen den Abschnitt der 4. Panzer-Armee westlich Kiew – die linke Schulter der Heeresgruppe Manstein. Manstein beschwor Hitler, den kostspieligen Frontbalkon am Schwarzen Meer und den Brückenkopf Nikopol zu räumen, solange es noch Zeit war; zwölf Divisionen werde man dadurch freibekommen.

Politisch mußte das eine Katastrophe sein; aber Hitler bezweifelte sogar, daß Manstein auch nur militärisch recht hatte. Er war empört über die »zweckbestimmten Flunkereien« in Mansteins Fernschreiben – er schreibe von einer deutschen »Gegenoperation«, anstatt sie beim richtigen Namen

zu nennen: »Ausreißen«, und ergehe sich in allgemeinen Betrachtungen: »Es ist vielmehr zu hoffen, daß der Gegner . . .« Zornentbrannt sagte Hitler zu Zeitzler: »Der Gegner wird nicht das machen, was wir uns erhoffen, sondern wird das machen, was uns schadet.«
Manstein bestand darauf, daß seine Heeresgruppe Süd benachteiligt worden sei. Hitler wies darauf hin, daß er ihm seit Oktober fünf hervorragende Panzerdivisionen und drei Infanteriedivisionen geschickt habe. »Daß seine Truppe zum Teil sehr demoralisiert ist, hängt zusammen mit dem Geist, den sie von oben bekommt.«
Es war charakteristisch für den Feldmarschall, daß er warnend darauf hinwies, 47 Schützendivisionen und 9 Panzenkorps stünden ihm gegenüber. Hitler konnte nicht glauben, daß es sich hierbei um frische Truppen handelte. Er bemerkte sarkastisch: »Die Deutschen sind alles schlechte Verbände, die Russen alles taufrisch!« »Wenn wir hier zurückgehen, dann ist das hier verloren«, rief er, indem er mit dem Finger auf die Landkarte stieß, wo die Krim lag. Zeitzler entgegnete: »Die Krim wird in absehbarer Zeit sowieso verloren sein.« Hitler lenkte ein: »Ich will mir das heute nacht einmal durchgrübeln . . . Zeitzler, wir können jetzt große Töne reden und sagen, das ist sowieso verloren. Aber wenn die Stunde kommt, in der es verloren sein wird, dann wird Herr Manstein gar keine Verantwortung übernehmen: die tragen wir.« »Am 15. Februar wollen sie die Türkei erpressen, daß sie eintritt«, erinnerte er Zeitzler. »Da übernimmt Herr Manstein keine Verantwortung, sondern sagt, das soll die Politik machen.« Außerdem könne es zu einem Sturz Antonescus kommen, wenn seine Armee auf der Krim verlorenginge. »Wir sind verpflichtet, wenn irgend möglich, dieses zweite Stalingrad zu verteidigen.«
Viele Nächte lang grübelte Hitler und zerbrach sich den Kopf über die Folgen der erforderlichen strategischen Entscheidung. Früh am 29. Dezember gab er Küchler den Auftrag, zu ermitteln, wie viele Divisionen er an Manstein abgeben könnte, falls die Heeresgruppe Nord freiwillig auf die Ostwall-Linie zurückgenommen würde. Admiral Dönitz jedoch protestierte leidenschaftlich dagegen, und am 5. Januar 1944 untersagte Hitler den Rückzug. Als die Russen dann auch hier neun Tage später zur Offensive antraten, erwies es sich, daß Küchlers Heeresgruppe mit Gewalt auf die Ostwall-Linie zurückgeworfen wurde. Küchler wurde durch Generaloberst Model ersetzt, den Spezialisten für Abwehrkämpfe, und er brachte tatsächlich die sowjetische Offensive zum Stehen.
Was die Alliierten betraf, so herrschte bei Hitler zum Jahresende 1943 völlige Unklarheit. Ein regelmäßiger Teilnehmer an den Führer-Lagebesprechungen schrieb am 29. Dezember: »Führer und WFSt [Wehrmachtführungsstab] bewegen z. Zt. in erster Linie die folgenden Fragen:
1. Ist das sehr auffällige Gerede und Gehabe der Angelsachsen mit der Invasion im Westen (Reden, Berichte, Stellenbesetzungen, Zeitungspropaganda, usw.) tatsächlich ernst gemeint, oder ist es großartiger Bluff

zur Täuschung Deutschlands, vielleicht auch Rußlands? Will man von Ostfront Kräfte abziehen oder Zuführung Kräfte nach Osten im entscheidenden Augenblick Rußland-Winteroffensive verhindern?
2. Stellt Invasionsgeschrei Ablenkung dar für großzügige Operation auf *dem Balkan*, entweder über Kreta-Rhodos-Ägäis oder über die Türkei oder beides?
3. Ist Landung *nicht* im Westen, sondern vielleicht doch in Dänemark/Norwegen geplant?
4. Ist die Türkei wirklich so taktfest, wie es bisher scheint, oder hat sie sich evtl mit engl. Durchmarsch, Benutzung Flugbasen usw. schon abgefunden?
5. Können wir die Ukraine halten, die für Ernährung deutschen Volkes entscheidend wichtig? Wo können noch Kräfte eingespart werden für die schweren Druckpunkte an der Ostfront? Wo zeichnet sich am ersten ein untrügliches Anzeichen für eine wirkliche Invasionsabsicht ab?
6. Wird der U-Bootkrieg mit neuen U-Booten die er- und gewünschten Erfolge bringen?«

Der jüngste Verlauf des Seekriegs hatte die Position des Großadmirals in der Wolfsschanze wesentlich gefestigt.

Wieder hatte die Marine ein Draufgängertum gezeigt, das Hitler bei seinen Feldmarschällen so sehr vermißte. Am Sonntag, dem 26. Dezember, hatte der Schlachtkreuzer »Scharnhorst« einen alliierten Nordmeergeleitzug angegriffen. Aber um 19.35 Uhr rief Dönitz mit der Schreckensnachricht an, daß britische Kriegsschiffe die »Scharnhorst« auf eine Entfernung von 30 Seemeilen aufgefaßt und offensichtlich vernichtet hatten. Eine Stunde vorher hatte Konteradmiral Bey ziemlich fassungslos nach Berlin gefunkt: »Gegner schießt mit Funkmeßortung auf mehr als 180 hm [18 000 m].« Und schon sechs Minuten später kam die letzte, die Abschiedsmeldung: »An Führer: Wir kämpfen bis zur letzten Granate!« Dann war Schweigen, unterbrochen nur von englischen Funkbefehlen wie: »Geben Sie ihr mit Torpedos den Rest!« – »Feuern Sie eine Leuchtgranate!« – »Räumen Sie das Zielgebiet! Dort verbleiben nur Schiffe mit Torpedos und ein Zerstörer mit Scheinwerfern.« Hitler nahm den Verlust des Kriegsschiffes mit Gleichmut hin. Wenn der Feind über so gute Radargeräte verfügte, dann war die »Scharnhorst« in der Lage eines Blinden gewesen, der mit einem Preisboxer kämpft.

Bisher hatte die Funkmeßforschung in Görings Händen gelegen. Sie war ein eklatanter Mißerfolg. Den Forderungen nachgebend, die Dönitz und Speer am 2. Januar in der Wolfsschanze erhoben, übertrug Hitler die gesamte Funkmeß-Forschungsarbeit dem Rüstungsministerium Speers.

Der Krieg war zu einem erbitterten, langwierigen Ringen geworden; vier Fünftel der Soldaten stammten aus dem deutschen Zivilleben, und Hitler beklagte sich, daß die »nationalsozialistische Führungsarbeit« genauso

wichtig sei wie die materielle Rüstung. Die Moral der kämpfenden Truppe litt unter der Ungewißheit über das Schicksal der Familie daheim. Hitler verlangte von seinen Truppenführern, daß sie ihren Männern den Sinn des Kampfes begreiflich machten, und rief die Partei auf, für die Unterweisung im rechten Geist zu sorgen. In seiner Ansprache vor den Generälen, die Bormann am 16. Oktober zu diesem Zweck in der Wolfsschanze versammelt hatte, versicherte er ihnen, daß er nicht daran denke, das verhaßte bolschewistische System der politischen Kommissare nachzuahmen; sondern er werde dem fanatischen, nationalsozialistisch denkenden Offizier eine Stellung verschaffen, in der er seine Kameraden beeinflussen könne. Zu seinem Befehl vom 22. Dezember 1943 über die Schaffung eines »nationalsozialistischen Führungsstabes« beim OKW ist Hitler zweifellos auch durch den Nervenkrieg veranlaßt worden, den die bei Stalingrad in russische Gefangenschaft geratenen abtrünnigen deutschen Generale gegen die Ostfront richteten. »Das Gefährlichste, was momentan an der Front stattfindet«, sagte Hitler später, »sind ohne Zweifel die Aufrufe, die von General Seydlitz kommen. Das kommt unter schwarz-weiß-roter Flagge, und der Mann weiß nicht: ist es wahr oder nicht? Es kommt von Offizieren, und der Mann war bisher der Meinung, Offiziere wären Ehrenmänner.«
Anfang Januar meldete General Hermann Reinecke, daß er und Bormanns Parteikanzlei unter tätiger Mithilfe Himmlers einen kleinen, fanatischen Führungsstab aufbauten. Aber während die neuen »NS-Führungsoffiziere« zweifellos die unteren Einheiten beeinflussen würden, mußte Hitler die Generale selbst ansprechen, oder sie würden immun bleiben. Aber er zögerte noch: »Man bekommt sie nur schwer zusammen.« Bormann aber drängte. »Wenn das möglich wäre, das wäre der größte Erfolg.« Keitel erinnerte Hitler daran, daß sie für das Heer noch einen besonders fähigen »Führungsoffizier« ernennen müßten. Ohne nachzudenken, erwiderte Hitler: »Der Schörner – das ist ein Fanatiker!« Bis vor kurzem Befehlshaber des Brückenkopfes Nikopol, war Schörner ein harter, loyaler General, dem keine Spur von Defaitismus eigen war.
Erregt erschien Manstein am 4. Januar 1944 und forderte aufs neue die Erlaubnis, seinen gesamten Südflügel zurücknehmen zu dürfen. Allein in Zeitzlers Beisein übte er mit äußerstem Nachdruck Kritik an Hitlers Gesamtkriegführung im Osten. Hitler versuchte, ihn mit Blicken niederzuzwingen, aber der Feldmarschall ließ sich nicht hypnotisieren. Er verlangte von Hitler die Ernennung eines Oberbefehlshabers Ost. Hitler erwiderte, kein anderer werde die gleiche Autoriät besitzen wie er. »Selbst mir gehorchen die Feldmarschälle nicht! Glauben Sie, daß sie zum Beispiel etwa Ihnen besser gehorchen würden!« Er hatte Manstein keine neuen Divisionen anzubieten. Im Westen galt es erst einmal zu warten, bis die feindliche Landung abgeschlagen war oder die Briten sich in Portugal festgerannt hatten – das war Hitlers neueste fixe Idee. Hitler erklärte Manstein, daß er jetzt um Zeit kämpfe – Zeit, bis der im Mai 1944 beginnende U-Bootkrieg

wieder wirksam werde, Zeit, um den schwelenden Ost-West-Konflikt offen ausbrechen zu lassen. Es zeigte sich wenig später, daß Mansteins tapfere Soldaten dem Winteransturm der Russen fast ohne Geländeverlust standhielten; wo ein Wille war, fand Hitler, da war eben ganz offensichtlich auch immer ein Weg.

In diesen ersten Tagen des Jahres 1944 legte Hitler die materielle und personelle Grundlage des Kampfes im neuen Jahr. Persönlich setzte er Dönitz, Speer und deren U-Bootleute unter Druck, das vorliegende Produktionsprogramm einzuhalten. Er hatte Göring befohlen, die Produktionskapazität auf die Düsenjäger und -bomber zu konzentrieren und ordnete die Verlegung der Produktion des Strahltriebwerks in das unterirdische »Mittelwerk« bei Nordhausen an. Am 4. Januar sagte er noch einmal zu Speer und Milch, wie sehr er sich auf das neue, geheime U-Boot und das Strahlflugzeug verlasse: »Wenn ich die rechtzeitig habe, kann ich damit die Invasion abwehren.«

So oder so mußte Deutschland mehr als vier Millionen zusätzliche Arbeitskräfte beschaffen. Der ganze Nachmittag des 4. Januar wurde einer Besprechung zwischen Keitel, Speer, Ernährungsminister Backe und Milch als den »Arbeitgebern« sowie Sauckel und Himmler als den »Beschaffern« gewidmet. Hitler widerstrebte es noch immer, weibliche Arbeitskräfte in einem mit England und den Vereinigten Staaten vergleichbaren Ausmaß einzusetzen. Er hob außerdem hervor, es sei kein Vergleich möglich zwischen »unseren langbeinigen, schlanken Frauen« und den »stumpfbeinigen, primitiven und robusten russischen Frauen.« Und wieder einmal stellte das Italienproblem Hitler ein Bein. Um Mussolini entgegenzukommen, hatte er der Neuaufstellung von vier italienischen Divisionen zugestimmt, und nun brauchten sich die italienischen Internierten nur freiwillig zum Wehrdienst zu melden, um der Zwangsverpflichtung zur Rüstungsarbeit zu entgehen. Aber nur die wenigsten »Freiwilligen« trafen je bei ihren Divisionen ein.

Das einzige Licht in dieser Finsternis war die unverhoffte Verhaftung des Grafen Ciano durch Mussolini. Der Graf wurde zusammen mit den anderen Verschwörern in Verona vor ein faschistisches Gericht gestellt und am Abend des 10. Januar zum Tode verurteilt. Seine Frau Edda konnte am selben Tag in die Schweiz fliehen, nachdem sie den folgenden Brief an Hitler gerichtet hatte:

»Führer! Zum zweiten Male habe ich an Ihr Wort geglaubt. Zum zweiten Male bin ich betrogen worden. Nur die zusammen auf den Schlachtfeldern gefallenen Soldaten halten mich noch davor zurück, zum Feind überzugehen. Wenn mein Mann nicht... befreit wird, ... wird mich keine Überlegung mehr zurückhalten. Schon seit einiger Zeit sind die Dokumente in der Hand von Personen, die ermächtigt sind, sie nicht nur dann zu benutzen, wenn meinem Mann etwas zustößt, sondern auch mir, meinen Kindern, meiner Familie.«

Ein ähnlicher Brief war an Mussolini abgegangen. Hitler intervenierte nicht, und Ciano wurde am nächsten Tag, dem 11. Januar, um 9.00 Uhr früh erschossen.

Ein Trost war es für Hitler, daß die Alliierten zum Erstaunen der ganzen Welt in Italien nicht vorankamen. Seit Anfang September war dem Feind nur ein Geländegewinn von vierzig Kilometern gelungen – zehn Kilometer pro Monat – und das trotz seiner ungeheuren Überlegenheit zur See und in der Luft. Ein Jahr später, im Januar 1945, sollte Jodl über die unfaßlich schlechte Strategie des Feindes sagen: »Uns ist ja ohnehin die Kampfführung in Italien völlig unverständlich. Ich kann mir heute noch keine Gedanken machen, warum man, von unten angefangen bis nach Oberitalien herauf, letzten Endes einen Landkrieg geführt hat, niemals eine großräumige Umfassung mit den gewaltigen See- und sonstigen Hilfsmitteln, die dem Gegner zur Verfügung standen, unternahm.«

Dies, in Verbindung mit Hitlers hartnäckiger Verteidigung der Krim, beeindruckte die Türkei zweifellos, so daß sie neutral blieb. Während Generaloberst Jodl noch für einige Monate seine tiefsitzende Furcht um den Balkan nicht überwinden konnte, zog Hitler die richtige Schlußfolgerung aus den »Cicero«-Berichten, daß er ohne Gefahr seine Einheiten vom Balkan abziehen konnte. Am 12. Januar hatte das Foreign Office erbittert einen geheimen Funkspruch zum britischen Botschafter in Ankara gesandt, daß die Türkei zum jetzigen Zeitpunkt höchst unwahrscheinlich in den Krieg eintreten würde. Man müsse jetzt alle Anstrengungen auf die Aufrechterhaltung der Bedrohung der Deutschen vom östlichen Mittelmeer aus richten. Nach den »Cicero«-Berichten war der britische Botschafter darüber informiert worden, daß man die Türkei schließlich erst zum Kriegseintritt auffordern werde, wenn »Overlord« begonnen habe. Dies bestärkte noch Hitlers Auffassung, daß größere Balkanoperationen nicht geplant seien. Der türkische Außenminister Menemencioglu Numan erklärte dem wütenden britischen Botschafter: »Wir sind nicht dumm genug, uns zweimal in 25 Jahren gegen unsere Interessen in einen Krieg hineinziehen zu lassen.« Ribbentrop befahl die Zahlungsanweisung einer Viertelmillion Reichsmark in Gold an »Cicero«. Es war gut angelegtes Geld.

Hitler ließ am 27. Januar 1944 auf Schmundts Vorschlag die wichtigsten Generale der Ostfront kommen. Reihe um Reihe saßen sie vor ihm im Saal eines früheren Wirtshauses im Sperrkreis II. Sie hatten gerade in Posen zwei Tage lang Vorträge von Goebbels, Rosenberg und anderen Parteiführern gehört. Nachdem Morell ihm die übliche Sonderspritze verabreicht hatte, hörten die Generale jetzt, wie Hitler fließend und, wenn das stenografische Protokoll ein Maßstab ist, überzeugend von einem gigantischen Völkerringen sprach, von dem Einfluß der inneren Werte des Volkes auf die Gesamthaltung der Nation. In Andeutungen sprach er von einer neuen Torpedowaffe, neuen U-Booten, neuen Funkmeßgeräten und von Geheimwaffen, die von Mai 1944 an das Kriegsglück zu ihren Gunsten wenden würden; bis dahin gelte es, entschlossen durchzuhalten. Aus diesem Grunde sei die Vertiefung der einheitlichen nationalsozialistischen Weltanschauung – jener »heiligen Überzeugung«, durch die sich das Reich von der reinen Staatsverwaltung unterscheide, die der Faschismus in Italien letztlich nur gewesen sei – in der Truppe ganz unentbehrlich.

Gegen Ende seiner Ansprache geschah etwas Unglaubliches. Zum ersten Mal wurde er laut unterbrochen. Gerade hatte er den Generalen herausfordernd zugerufen: »In der letzten Konsequenz müßte ich, wenn ich als oberster Führer jemals verlassen sein würde, als Letztes um mich das gesamte Offizierskorps haben, das müßte dann mit gezogenen Degen um mich geschart stehen, genau wie jeder Feldmarschall, jeder Generaloberst, jeder Kommandierende General, jeder Divisionär und jeder Regimentskommandeur erwarten muß, daß die ihm Untergebenen in der kritischen Stunde bei ihm stehen.« Da ertönte Mansteins Stimme aus der vordersten Reihe: »So wird es auch sein, mein Führer!« Die Wolfsschanze hatte ihre Sensation. Hitler hoffte zunächst noch, der Feldmarschall habe seine Worte nur bekräftigen wollen, aber Bormann und die Adjutanten klärten ihn auf, daß die Generale selbst den Zwischenruf anders auffaßten – es war in der Tat eine Unterbechung von auserlesener Doppeldeutigkeit.*

Zweimal an jenem Tag – in seiner Ansprache und im nächtlichen Tischgespräch im Kreise seiner Vertrauten – sprach Hitler von seinem alten Ziel, für Deutschland die Weltherrschaft zu erringen; allein die Deutschen seien das ohne Zweifel dafür »prädestinierte Volk«.

In der Nacht trug er Bormann seine unorthodoxen Gedanken darüber vor, wie man den katastrophalen Aderlaß wieder ersetzen könnte. Geschähe das nicht, werde Deutschland den Krieg zwar »militärisch auf jeden Fall gewinnen, ihn völkisch aber verlieren«. Das wichtigste Kapital des deutschen Volkes, die Fruchtbarkeit von Millionen deutscher Frauen, gehe unwiederbringlich verloren, wenn für diese Frauen kein Mann gefunden werden könne. Jede gesunde deutsche Frau, ob verheiratet oder nicht, müsse aufgerufen werden, möglichst viele Kinder zu bekommen. Die Dichter und Schriftsteller müßten eingespannt werden, um den Ruhm der Mütter ohne Hochzeitskrone zu verkünden. Wie in der Tierzucht müßten sich »die anständigen, charaktervollen, physisch und psychisch gesunden Männer... verstärkt fortpflanzen«, und die deutsche Frau müsse dazu erzogen werden, auf ihre Forderung nach absoluter ehelicher Treue zu verzichten.

Diese Frauen würden ja, wie Hitler zynisch hinzufügte, »vielfach erst seit

---

* Nach Schmundts Tagebuchaufzeichnungen war dieser Zwischenruf einer der Gründe, die zu Mansteins späterer Entlassung führten.

ihrer Verheiratung zu Ehrbarkeits-Fanatikerinnen«. Sonst würde Deutschland und mit ihm ganz Europa eines Tages von den gewaltigen asiatischen Volksmassen erdrückt werden. Die augenblickliche russische Pest sei ja nur ein Teil davon:
»Wir müssen uns die Volkskarte über Europa und Asien der Jahre 1850, 1870 und 1900 und 1945 vor Augen halten.«

»Im Westen bester Zuversicht«

Mit dem zuversichtlichen Führer, der im September 1939 mit seinem Sonderzug an die polnische Front aufgebrochen war, hatte der Hitler des Jahresanfangs 1944 nicht mehr viel Ähnlichkeit. Seine Energie und Willenskraft waren unerschöpflich geblieben, aber sein Aussehen hatte sich erschreckend verändert. Den Sekretärinnen fiel auf, daß seine Knie manchmal zu zittern begannen und daß er seine bebende linke Hand mit seiner rechten halten mußte. Doch er weigerte sich, diese Symptome ernst zu nehmen. Aus den Aufzeichnungen Morells wissen wir, daß er von September 1943 an fünf Monate lang Hitler immer wieder aufforderte, ein weiteres Elektrokardiogramm machen zu lassen; doch offenbar glaubte Hitler, daß Wegsehen nicht nur Wunder auf dem Schlachtfeld bewirken, sondern auch eine Herzkrankheit heilen könne. Wenn die Adjutanten Morell Vorhaltungen machten wegen seiner Art der Behandlung, gab er immer die gleiche gereizte Antwort: »Behandeln Sie einmal einen Patienten wie den Führer!« Hitlers Zuneigung zu Morell blieb unverändert. Bei den mitternächtlichen Teegesellschaften schnarchte Morell jedesmal laut, Minuten nachdem er sich schwer in einen Sessel hatte fallen lassen. Bei diesem Schauspiel leuchteten Hitlers Augen vor Sympathie und alles verzeihendem Mitgefühl: »Er war und ist der einzige, der mir helfen kann.«

Nur selten kam Hitler in Verbindung mit Leuten aus der Welt jenseits der Wolfsschanze. Was sie an neuen Gesichtern auftreiben konnten, führten Schmundt und Schaub den abendlichen Gesprächsrunden zu – den Architekten Hermann Giesler, die Frauen der Adjutanten und des FHQ-Kommandanten, frühere Mitglieder des persönlichen Stabes von Hitler wie Hans Pfeiffer und Hans Junge, die beide kurze Zeit später fallen sollten. Morell klagte in einem Brief darüber, daß die alten gewohnten Gesichter ausblieben. »Reichsleiter Bormann ist zumeist auch dienstlich weg in Berlin und München. Heini Hoffmann macht sich sehr selten und pflegt nur alle vier Wochen eine paartägige Gastrolle hier zu geben. Von der alten Clique ist kaum noch einer da. Das Hauptquartier ist reichlich groß geworden, und jeder geht mehr für sich.«

Bormanns Einfluß auf Hitler war ins Unermeßliche gestiegen. Rosenberg, Lammers und die anderen Minister des Kabinetts drangen nur selten durch den Schutzwall, den er um den Führer errichtet hatte. Hitler erfuhr nur noch, was Bormann (und Himmler) ihn in bezug auf die inneren Angelegenheiten des Reiches wissen lassen wollten. Der endlich zustande gekommene Besuch von Dr. Hans Frank, Generalgouverneur des besetzten Polen, am

6. Februar 1944, gibt ein weiteres Beispiel. Die russische Armee kämpfte bereits auf polnischem Boden, aber Hitler, nach den Aufzeichnungen Franks »außerordentlich aufgeschlossen, er machte den Eindruck eines völlig gesunden, lebensfrischen, energiegeladenen Mannes«, versicherte dem Generalgouverneur, er werde das Generalgouvernement niemals zum Schlachtfeld werden lassen. »Ja, mein lieber Frank, es ist eigenartig, das Generalgouvernement haben wir früher als einen etwas im Hintergrund liegenden Winkel angesehen, heute ist es die Bastion des Ostens.« Er hieß Franks neue Politik gut, die darauf abzielte, polnische Unterstützung für den Kampf zu gewinnen. In seinem 18seitigen Tagebuchbericht über das Gespräch – dem auch Bormann beiwohnte – kam Frank nur ein einziges Mal auf die Judenfrage: »Ich sagte, die Beseitigung der Juden aus dem Generalgouvernement sei eine enorme Entlastung für die Gesamtlage des Landes gewesen.«

Danach traf Frank auf Morell: »Ich befragte ihn nach dem Gesundheitszustand des Führers, worauf er meinte, dem Führer ergehe es jetzt gesundheitlich besser als je zuvor. Er hätte keinerlei Magenbeschwerden mehr und hätte – was vor allem ein gutes Zeichen sei – besten Appetit. Er sei stolz, daß ihm das geglückt sei.«

Hitlers wirkliche Sorge galt der im Westen heraufziehenden Invasionsgefahr. »Wenn sie nur bald eine halbe Million landen wollten«, sagte er am 30. Dezember, »und dann hinter ihnen schlechtes Wetter und Sturm – dann wäre alles in Ordnung.« Am selben Tag hatte Hitler seine Bevollmächtigten in Kopenhagen angewiesen, mit Gewalt gegen die Mordanschläge vorzugehen, die feindliche Agenten in Dänemark verübten. Es bewirke das Gegenteil des angestrebten Zwecks, wenn man diese Agenten vor ein Kriegsgericht stelle; damit mache man sie, wie Hitler sagte, nur zu Märtyrern. Deshalb befahl er den Agenten Himmlers, getarnt gegen führende dänische Widerständler vorzugehen. Am nächsten Tag erschoß ein Scharfschütze der SS einen Journalisten, und ein paar Tage später fiel der geistige Führer des dänischen Widerstandes, Pastor Kai Munk, einem Anschlag zum Opfer. »Man kann nicht den Terror durch Geist brechen«, sagte Hitler am 27. Januar 1944 seinen Generalen, »sondern man muß den Terror durch noch größeren Terror brechen. Dieser größere Terror allerdings erfordert auch Geist und Verstand, um ihn als Terror zu organisieren.«

Voller Zuversicht setzte Rommel Anfang 1944 seine ganze Autorität ein, um die Verteidigung Frankreichs vorzubereiten. Hitler war vorsichtig optimistisch. Die alliierten Landungen in Nordafrika und Italien seien nur dank der italienischen Verräter geglückt: »Die findet er hier aber nicht bei den Leuten. Hier kriegt er Zunder, und was für einen!« Und er sagte: »Ich bin der Überzeugung: in dem Moment, wo es losgeht, wird es eine Erlösung sein.« Er befahl, bis allerspätestens Ende April Schartenstände für 3000 Geschütze und Panzerabwehrkanonen zu bauen. Seine wichtigste Entscheidung bestand darin, die entlang der Kanalküste stationierten Armeen der Heeresgruppe Rommel taktisch zu unterstellen. Er verließ sich darauf, daß Rommel ihnen schon die Hölle heiß machen werde, bevor die Alliierten es im Frühjahr besorgten.

Am 15. Januar hielt General Jodl Vortrag bei Hitler über seine eigene Inspektion des Atlantikwalls. Soldaten aller Wehrmachtteile, sagte er, liefen mit Aktentaschen herum und ließen sich viel zu eng mit der französischen Bevölkerung der Küstengebiete ein. Die Luftwaffe habe überhaupt nicht für den Invasionsfall vorausgeplant. Er teilte die von Rommel geübte Kritik ohne Einschränkung.

Rommels operative Konzeptionen standen in starkem Gegensatz zu den Vorstellungen Rundstedts. Rundstedt wollte eine flexible Verteidigung auf französischem Boden führen mit einer starken, beweglichen Reserve von Panzerdivisionen weit im Rücken. Mit großer Überzeugungskraft sprach Rommel sich dafür aus, den Feind möglichst noch auf dem Wasser vernichtend zu schlagen; war der Feind erst einmal an Land, könne er eine kolossale Materialüberlegenheit ins Spiel bringen. Deshalb müßten die Panzerdivisionen bis an die Küste herangezogen werden; andernfalls würden sie zu spät erscheinen – oder überhaupt nicht, wenn es dem Feind gelänge, vor ihnen die Straßen- und Eisenbahnverbindungen zu zerstören. Das paßte gut zu Hitlers Vorstellungen: »Das Entscheidende ist, daß er im Moment der Landung Bomben auf den Kopf kriegt. Dann zwingen wir ihn, Deckung zu nehmen. Und wenn immer nur ein Flugzeug in der Luft ist, muß er Deckung nehmen, und damit versäumt er Stunde um Stunde. In einem halben Tag kommt aber das Heranziehen unserer Reserven in Gang.« Außerdem, meinte Hitler, werde man dann schon den Überblick gewonnen haben: »Wo ist eine Ablenkung und wo ist der wirkliche Großangriff.«

Seinen Rückhalt in der Partei und seinen Einfluß auf Hitler nutzend, begann Rommel, frische hochwertige Divisionen nach Westen zu bewegen. Er forderte die Lieferung von zwei Millionen Minen pro Monat; er bereitete die Überflutung tiefliegender Gebiete vor. Er entwarf Unterwassersperren, die den Rumpf von Landungsbooten aufreißen sollten; Nußknackerminen auf T-Trägern, einige sichtbar, andere unter der Wasseroberfläche; und Rammbalken aus Stahl und Beton, stark genug, um den Boden jedes Landungsfahrzeugs einzudrücken, das auf dieses Hindernis auffuhr. Die Aussicht auf klingendes Geld veranlaßte Frankreichs Männer zu bereitwilliger Unterstützung, während ihre Frauen Schilfmatten für Sandgruben flochten oder bei der Erstellung von Vorrichtungen gegen Fallschirmspringer behilflich waren. Nach Rommels Schilderung arbeiteten sie mit Freude und kehrten jeden Tag singend heim, denn sie wußten, was mit ihren Städten und Dörfern passieren würde, wenn Frankreich zum Kriegsschauplatz würde.

Völlig unerwartet – die deutschen Geheimdienste hatten nicht die leiseste

Vorwarnung gegeben – landete das amerikanische VI. Armeekorps plötzlich um 2.00 Uhr morgens am 22. Januar am Strand von Anzio Nettuno südlich von Rom – im Rücken der deutschen Linien. Aufgrund der mündlichen Versicherungen des Admirals Canaris hatte Kesselring kurz zuvor diese Küste entblößt; nur zwei deutsche Bataillone standen zunächst den amerikanischen Truppen gegenüber. Fehler passierten auf beiden Seiten. Kesselring verzögerte seinen Gegenangriff um eine volle Woche, um die Ankunft weiterer Verbände abzuwarten. Voller Verachtung schrieb Richthofen in sein Tagebuch:»Jedenfalls wird gegen das seit einigen tausend Jahren als richtig erkannte Kriegsgesetz, auf feindliche Brückenköpfe sofort mit zusammengefaßten Kräften hin zu stoßen, und die in den ersten Tagen stets vorhandene Unordnung auszunützen, grundsätzlich verstoßen.« Aber die Amerikaner vertrödelten bei der Festigung ihres Brückenkopfes noch mehr Zeit. »Es spielt auch das Politische eine große Rolle«, sagte Hewel zu Hitler, »daß sich ein General in diesen Ländern keine großen Rückschläge mehr erlauben kann«. Hitler sagte sogar:»Wenn es uns gelingt, diese Geschichte da unten zu erledigen, gibt es keine weitere Landung mehr« – Roosevelt könne sich in einem Wahljahr ein derartiges Risiko überhaupt nicht leisten.

Als es dem lange hinausgezögerten Gegenangriff von Mackensens AOK 14 doch nicht gelang, die Amerikaner wieder ins Meer zu werfen, begnügte Hitler sich damit, den Brückenkopf lediglich eingedämmt zu sehen. Im April verlangte er von Jodl, genau festzustellen, warum keine Aufklärung Vorausinformationen über Nettuno erbracht habe. Kesselring schob Canaris die Schuld zu. Anfang Februar wurde das Überlaufen eines wichtigen Abwehr-Agenten in der Türkei zum Feinde zum allerletzten Nagel im längst bereitstehenden Sarg des Admirals: Erich Vermehren, ein junger Gefreiter im Nahost-Hauptbüro der Abwehr in Istanbul, war zusammen mit seiner Frau verschwunden. Das machte sogar der Fleißarbeit »Ciceros« ein plötzliches Ende. Hitler hatte genug von Canaris und sagte das auch bei zwei Begegnungen am 9. und 11. Februar zu Himmler. Zweifellos bezog Hitler sich auf Canaris – und dessen schon im Jahre 1943 verhaftete zwielichtige Kollegen –, als er Ende Juli 1944 sagte:»Es ist sicher hier ein laufender Verrat geübt worden, schon auch zum Teil durch unser Verschulden selber. Wir sind immer zu spät gegen Verräter – aus Rücksicht auf das sogenannte Heer – vorgegangen oder überhaupt nicht vorgegangen, obwohl wir seit langer Zeit, schon seit zwölf Jahren, wissen, daß es Verräter sind; in der Meinung, man würde damit das Heer kompromittieren.« Canaris wurde in Ungnade beurlaubt. Am 12. Februar erteilte Hitler Himmler schriftlichen Befehl, einen »einheitlichen deutschen geheimen Meldedienst« zu schaffen.

An der Ostfront klammerte Hitler sich fanatisch an seine Überzeugung, daß Stalins militärische Stärke im Zerfall begriffen sei. Später, im Februar, errechnete Zeitzlers Generalstab, daß von Stalins 46 Millionen wehrfähigen Russen bisher durch Ausfälle und Gebietsverluste 18,5 Millionen verloren seien. Aus diesem Grunde ließ Hitler jeden Fußbreit Bodens verteidigen, obwohl die Russen Truppen und Ausrüstung noch immer viel schneller an die Front schafften, als er selbst es vermochte. Und in dem gleichen Maße, wie diese Front immer näher an deutschen Boden heranrückte, schwand Hitlers Bereitschaft, operative Rückzüge wie die »Büffelbewegung« des Jahres 1943 zu genehmigen. Von nun an würde der deutsche Soldat dort kämpfen müssen, wo er gerade stand, und aushalten, bis der unvermeidliche Bruch zwischen Ost und West die Rettung bringen würde. Das war Hitlers Strategie.

Im Norden bereitete die Heeresgruppe des Generalobersten Model ihren endgültigen Rückzug auf den Ostwall vor. In der Mitte hatte Feldmarschall Busch seine Front noch intakt. Aber im Norden von Mansteins Heeresgruppe Süd klaffte jetzt eine mehr als zweihundert Kilometer breite Lücke: Seit dem 28. Januar waren 54000 deutsche Soldaten in Tscherkassy am Dnjepr eingeschlossen; nach wochenlangen, qualvollen Kämpfen erlaubte Hitler den beiden eingeschlossenen Armeekorps den sofortigen Ausbruch aus dem Kessel; die Verwundeten sollten auf Gnade und Barmherzigkeit dem Feinde ausgeliefert werden. Der dramatische Ausbruch begann in der Nacht des 15. Februar – eingeleitet von einer lautlos vorrückenden Phalanx mit aufgepflanztem Bajonett; nach diesem ersten Treffen folgten schwere Waffen und Artillerie; aber sie fanden nicht das II. Panzerkorps an der für die Vereinigung vorgesehenen Stelle vor, sondern schwer gerüstete russische Verbände. Die gesamte schwere Ausrüstung wurde zurückgelassen, aber die Männer erkämpften sich weiter ihren Weg nach Westen. Sie kamen an einen Fluß, sie sprangen in das eisige Wasser, sie durchwateten den Fluß oder ertranken. Von den 54000 Mann, die aufgebrochen waren, erreichten nur 30000 die deutschen Linien.

Gegen den Kessel von Tscherkassy hatte Stalin seine bisher tödlichste »Geheimwaffe« eingesetzt – den Bund Deutscher Offiziere: Der abtrünnige General der Artillerie von Seydlitz und seine Kameraden richteten über den sowjetischen Rundfunk Appelle an die Eingeschlossenen, die Waffen niederzulegen. Offiziere in deutscher Uniform wechselten über die Linien in den Kessel, um Sabotage zu treiben und geheime Briefe von Seydlitz an die Armeekorps-Führer in Tscherkassy, Stemmermann und Lieb, zu überbringen. Der Widerwille, mit dem Hitler seit einiger Zeit das deutsche Offizierskorps betrachtete, brachte Schmundt auf eine absonderliche Idee; der General nahm sich vor, die Unterschrift jedes Generalfeldmarschalls unter eine Erklärung der persönlichen Treue zum Führer einzuholen. Zuerst flog er zu Rundstedt nach Frankreich, dem ältesten der deutschen Feldmarschälle, und legte ihm Beweise für den Verrat des Generals Seydlitz vor, dann zu Model, Rommel, Kleist, Busch, Manstein und Weichs. Weichs schrieb in sein Tagebuch: »Eine derartige Bekräftigung des Fahneneids erscheint mir unmilitärisch. Die Treue des Offiziers muß eine Selbstverständlichkeit sein.«

Aus einer Vielzahl von Gründen gelangte Hitler zu dem Schluß, daß es an der Zeit sei, die Wolfsschanze für eine Weile zu verlassen. Er wollte näher an der italienischen Front sein: »Wir haben überall an allen Grenzen Hauptquartiere gebaut«, sagte er, »daß wir aber eines an der italienischen Grenze zur Lenkung des dortigen Kriegsschauplatzes benötigen würden, das haben wir nicht vorausgesehen.« Vor allem aber konnte er nicht mehr das Risiko eines massierten Bombenangriffs auf das Führerhauptquartier eingehen. Die britischen Bomber hatten vor einem Monat 2400 t Bomben in einer einzigen Nacht auf Berlin geworfen; Ostpreußen lag für sie und für die amerikanischen Tagbomberformationen durchaus innerhalb der möglichen Reichweite. So bestieg er am 23. Februar 1944 seinen Sonderzug nach München, während die Organisation Todt sich daran machte, in der Wolfsschanze noch stärkere Bunker zu bauen.

Es ist unwahrscheinlich, daß er auf seiner Fahrt die zerbombten Ruinen wahrnahm. Hartnäckig mied er den Anblick der Schäden, die seine Feinde verursacht hatten – die Vorhänge waren zugezogen, um seine empfindlichen Augen zu schonen. Seit zwei Wochen quälten ihn ein pochender Schmerz und ein immer trüber werdender Schleier in seinem rechten Auge so sehr, daß er tatsächlich blind war, wenn er das linke Auge schloß. Ein schwerer britischer Luftangriff auf Schweinfurt war an diesem Abend im Gange, und 600 Bomber flogen über Bayern. Gewaltig echoten die Flakschüsse in den stillen Tälern um Berchtesgaden, als Hitler endlich um 22.15 Uhr am Berghof anlangte. Tarnnetze waren über den Berghof gespannt worden, selbst zur Mittagsstunde drang nur ein melancholisches Dämmerlicht durch das berühmte große Fenster der Halle.

Am 2. März untersuchte ein führender Berliner Augenspezialist Hitlers blau-graue Augen. Er diagnostizierte winzige Blutungen im Glaskörper, und empfahl Morell, dem Führer täglich zwei viertelstündige Pausen völliger Ruhe zu verordnen, wenn möglich verbunden mit ultravioletter Bestrahlung. Jede unnötige Aufregung, besonders kurz vor der Nachtruhe, war strengstens zu vermeiden.

Alle, die Hitler jetzt sahen, waren entsetzt über die physische Veränderung. Die Niederlagen hatten seine Gesichtszüge einfallen lassen. So war es nicht verwunderlich, daß er auf einen sanften Tadel Eva Brauns, daß er sich so krumm hielt, antwortete: »Das kommt davon, weil ich einen ganzen Sack voll Sorgen mit herumschleppe.«

Am 5. März erschienen die beiden Rüstungsdiktatoren Milch und Saur auf dem Berghof. Trotz der furchtbaren Schläge, die die Feindbomber austeilten, war ihr Bericht über die zukünftige Fertigung von Jägern, Panzern und Geschützen optimistisch. Hitler erklärte sich damit einverstanden, daß die Jägerfertigung von jetzt an an absolut erster Stelle rangierte, und er forderte, daß die beiden geplanten großen Bunker-Werke eine Nutzfläche von mindestens 600000 qm pro Fabrik haben sollten, so daß hier alles Erforderliche untergebracht werden konnte, angefangen vom Ausschmieden der Kurbelwellen bis zum Ventil und Kolbenring. Er gab 64 Mineure, die den Berghof untertunnelten, an Saur ab und empfahl ihm, mindestens 10000 weitere auszubilden, denn man dürfe erst ruhen, wenn die gesamte deutsche Kriegsindustrie unter der Erdoberfläche verschwunden sei. Milch drängte Hitler, mit dem Vergeltungsangriff der fliegenden Bomben auf England am 20. April – Hitlers Geburtstag – zu beginnen. »Das ist die übelste Störung, die es überhaupt gibt. Stellen Sie sich vor, auf Berlin fällt alle halbe Stunde ein schwerer Schuß und keiner weiß, wo er niedergehen wird. Nach 20 Tagen wackeln allen die Knie!« Hitler jedoch zögerte noch. Vielleicht hatte er daran gedacht, mit allen Vergeltungswaffen gleichzeitig das Feuer zu eröffnen – mit der A4-Rakete, der fliegenden Bombe, der »Hochdruckpumpe« und Krupps Ferngeschütz »Gustav«, gekoppelt mit einem Flächenangriff durch die Luftflotte 3. Im Januar hatten jedoch nur fünfzig, im Februar nur 86 A4-Raktete das unterirdische Mittelwerk bei Nordhausen verlassen – weit weniger als die Soll-Zahlen. Im Mai meldete Generalmajor Dornberger, daß das Hauptproblem darin bestehe, die Raketen heil ins Ziel zu bringen; die meisten zerplatzten mitten in der Luft. Sogar Saur, Speers engster Berater, empfahl Hitler am 5. März, die Umstellung des Mittelwerks von der A4-Montage auf das Jägerprogramm in Erwägung zu ziehen; die Tunnel waren groß genug für eine Jägerfabrik, die pro Monat tausend Jagdmaschinen herstellen konnte.

Hitler machte es sich zur Gewohnheit, Offiziere der unteren Dienstgrade auf den Berghof zu bestellen. Nur von ihnen glaubte er noch die Wahrheit zu hören. Mehrere Tage lang hörte er in Sammelbefragungen Soldaten vom Zugführer bis zum Divisionskommandeur über die Kampfvorgänge in Anzio Nettuno an; sie berichteten ihm von der erschütternden feindlichen Artillerie-Überlegenheit, von schlechter Funkausrüstung und fehlerhaften Eierhandgranaten. Ein Panzergeneral beschrieb einen derartigen Empfang, der im März stattgefunden hatte. Er erzählte, wie die Russen ihre berüchtigten »Schlamm-Offensiven« in Gang hielten, indem sie Tausende von Frauen aus der Umgebung zusammentrieben und jede von ihnen, bepackt mit einer Granate, täglich zehn Kilometer weit durch den Schlamm an die Front waten ließen. Die neue Kraft in Hitlers Leben war zweifellos Dönitz. Er hatte Hitler dazu veranlaßt, die frühe Zurücknahme der Heeresgruppe Nord auf den Ostwall zu verbieten – mit fürchterlichen Folgen für Küchlers Soldaten. Dönitz war es auch, der lange dazu geraten hatte, die Krim zu halten. Und jetzt, da Hitlers Gesundheitszustand schlecht war, schickte er Dönitz und nicht etwa Göring zum Heldengedenktag nach Berlin, und ihn ließ er die Ansprache an die zehntausend neuen Offiziersanwärter in Breslau halten.

Göring und Ribbentrop waren tief betroffen über Hitlers Vertrauensschwund. Letzterer machte Hitler einen Vorschlag, der zumindest den Schluß zuließ, daß es ihm an Tapferkeit nicht fehlte. Wie Walter Schellenberg, Himmlers Chef des Amtes VI (Nachrichtendienst), später schrieb: »Ribbentrop erklärte, meine spezielle Berichterstattung über Rußland genau zu kennen; er habe sich die gesamte Situation genau überlegt. Er sei zum Führer gegangen und habe mit ihm offen darüber gesprochen, daß es keinen größeren und schwereren Gegner als die Sowjets gäbe. Stalin sei, verglichen mit Churchill und Roosevelt, ein Mann, der mindestens soviel militärisches und staatsmännisches Können besitze wie beide zusammen. Der Führer sci der gleichen Auffassung; er habe sogar den Gedanken geäußert, Stalin sei der einzige, vor dem er den Respekt habe, der notwendig vorhanden sein mußte, wenn es doch einmal zu einem Kompromißfrieden kommen könnte. Er, von Ribbentrop, habe nun dem Führer den Gedanken nahegelegt, alles daranzusetzen, Stalin zu beseitigen, da dann das sowjetische Regime nicht in der Lage sei, die Belastungen des Krieges weiter durchzustehen. Er habe sich gegenüber dem Führer bereiterklärt, seine Person zu opfern, um damit Deutschland zu retten. Sein Plan sei, mit allem Ernst zu betreiben, mit Stalin wieder an einen Verhandlungstisch zu kommen; bei dieser Gelegenheit wolle er Stalin über den Haufen schießen. – Der Führer habe lange nachdenkend vor sich hin gerechnet und dann schließlich geantwortet, ›Nein, so etwas paßt mir nicht, die Vorsehung würde sich irgendwie rächen.‹«

Auf Italiens Abfall im vergangenen September hatte Hitler reagiert, indem er Pläne für eine gewaltsame Besetzung Rumäniens und Ungarns (Margarethe I und II) für den Fall ausarbeiten ließ, daß Antonescu oder Horthy dem Beispiel Badoglios folgen sollten. Aber Antonescu hatte jetzt unerschütterliche Treue geschworen, und Hitler glaubte ihm. Anders Horthy. Ungarn hatte gezögert, die neue Regierung Mussolini anzuerkennen, und hatte Gesandte sowohl vom Badoglio- als auch vom faschistischen Regime aufgenommen; es hatte die Rückkehr der neun leichten Sicherungsdivisionen gefordert, die in rückwärtigen Gebieten der Ostfront Polizeiaufgaben wahrnahmen. Im Februar erhielt Ribbentrop einen Bericht über Geheimverhandlungen Ungarns mit dem Feind. Mitte März erfuhr Himmler, daß Ministerpräsident Kállay sich für Sabotage an den deutschen Transporten ausgesprochen habe, die ihren Weg zu den Heeresgruppen Mansteins und Kleists durch Ungarn nahmen.
Ursprünglich sah Margarethe I neben deutschen auch die Verwendung slowakischer, kroatischer und rumänischer Truppen zur Besetzung Ungarns vor. Am 8. März entschied sich Hitler für den Sonntag, den 19., als Einmarschtermin, entschloß sich aber, doch nur deutsche Truppen einzusetzen, um die wirtschaftliche Stabilität des Landes nicht unnötig zu gefährden.
Der Befehl des OKW für Margarethe I ging am 11. heraus. Sollten die

Ungarn der deutschen Invasion Widerstand leisten, so sollten sie entwaffnet und ihre Führer erschossen werden. Am 15. März wurde Horthy eingeladen, sich in zwei oder drei Tagen auf Schloß Kleßheim bei Salzburg einzufinden. Horthy würde wahrscheinlich seine militärischen Chefs mitbringen; Ungarn würde also führerlos sein, falls es zum offenen Kampf kommen sollte. Horthy erklärte sich ahnungslos bereit, am 18. zu kommen. Am Tage davor besprach Hitler mit Ribbentrop, Jodl und Himmler den genauen Plan für die Konfrontation. Um 12.30 Uhr werde man wahrscheinlich eine Mittagspause einlegen; Hitler werde dann die Frage entscheiden, ob die Ungarn entwaffnet werden müßten oder nicht. »Wird mit Einverständnis von Horthy marschiert und ohne Widerstand, dann kann die Entwaffnung und Entlassung zurückgestellt werden«, notierte sich Jodl in seinem Tagebuch. Versteckte Mikrofone würden jedes gesprochene Wort auffangen, das dann in der Zentrale auf Platte genommen werde. Dieses Mal werde Hitler keine »faulen Ausreden« des Reichsverwesers mehr gelten lassen. (»Das ist ein ganz gewaltiges Schlitzohr«, hatte er im April 1943 zu Zeitzler gesagt. »Da habe ich doch gestern in einer Besprechung unter vier Augen von ihm alles erreicht, was ich erreichen wollte. Da kommt er heute wieder und sagt, ›Sie wissen ja, ich höre sehr schwer. Da habe ich gestern anscheinend nur die Hälfte von dem verstanden, was Sie sagten.‹«) Prompt erhob Horthy am nächsten Morgen Einwände gegen die Anwesenheit von Hitlers Dolmetscher und bestand darauf, mit ihm auf deutsch und unter vier Augen zu sprechen. Hitler bestand darauf, Kállay zu ersetzen; er sei entschlossen, zur »Unterstützung« der neuen Regierung in Ungarn einzumarschieren; er forderte, daß die vielen an der rumänischen Grenze mobilisierten Divisionen statt dessen an die Ostfront geschickt würden. Er ließ durchblicken, daß die Rumänen, Slowaken und Kroaten sich sonst am Einmarsch beteiligen würden – ein ganz besonders widerwärtiger Gedanke für die stolzen Ungarn. Schließlich war Horthy hochroten Kopfes mit dem Ruf hinausgestürmt: »Wenn doch alles schon beschlossen ist, hat es ja keinen Zweck, daß wir noch weiter reden. Ich reise ab.« Auf ein Zeichen Hitlers ertönten die Luftschutzsirenen, und das Schloß wurde eingenebelt; seine Ordonnanzen meldeten Horthy, daß sein Zug nicht mitten in einem Luftangriff abfahren könne.

Nach dem Mittagessen fragte Hitler Keitel, ob die Besetzung Ungarns nicht rückgängig gemacht werden könne; Keitel erwiderte, die Truppen seien bereits in Marsch gesetzt und könnten nicht mehr zurückgerufen werden. So sah Horthy sich vor eine vollendete Tatsache gestellt. Ihm war klar, daß er in einen Hinterhalt geraten war. Gegen 20.00 Uhr erteilte Horthy seinem Kabinett in Budapest die Anweisung, den deutschen Einmarsch zu erlauben. Hitlers einziges Zugeständnis hatte in einem Verzicht auf die Besetzung der Stadt Budapest selbst bestanden; dort sollte es nur eine »Ehrenwache« für Horthy geben. Mit einem strahlenden Lächeln begleitete er jetzt den alten Reichsverweser an seinen Zug. Es war 21.00 Uhr, und er verabschiedete sich zum letzten Mal von ihm. Auf österreichischem Boden wurde der Zug noch einige Stunden lang aufgehalten – anzunehmen ist, daß Horthys wohlbehaltene Rückkehr davon abhängig war, ob sein Kabinett die getroffenen Vereinbarungen auch einhielt. Die vier deutschen Kampfgruppen marschierten um 4.00 Uhr früh konzentrisch in Ungarn ein. Jetzt war ganz Ungarn in Hitlers Hand. Auf der Burg wartete bereits, makellos uniformiert und unheilkündend, die deutsche »Ehrenwache«, als Horthy gegen elf Uhr eintraf.

Dies war die letzte Eroberung Hitlers. Die Besatzungs-Divisionen waren vom Schlachtfeld bei Nettuno und praktisch jeder anderen Front abgezogen worden. Aber die ungarische Rüstungskapazität war diesen Preis wohl wert. In später Nachtstunde bat Hitler Saur zu sich und gab ihm den Auftrag, unverzüglich die ungarische Industrie für die Kriegswirtschaft nutzbar zu machen. Feldmarschall von Weichs, OB Südost, dessen Hauptquartier jetzt nach Budapest verlegt wurde, schrieb nach einem Vortrag bei Hitler am 28. März: »Führer größtes Mißtrauen gegen die Ungarn, besonders Haß gegen Reichsverweser, dem er größte Abneigung gegen Deutschland zuschreibt. Fäden zu den Feindmächten bestehen noch. Mit Verrat daher immer noch zu rechnen. Große Gefahr für Ostfront. Daher möglichst wenig bewaffnete ungarische Kräfte erwünscht, aber Entwaffnung der Armee nicht möglich.«

An jenem 19. März 1944, dem Sonntag des deutschen Einmarsches in Ungarn, traf Hitler mit seinen führenden Generalfeldmarschällen auf dem Berghof zusammen. Rundstedt verlas dem äußerlich unbewegten Führer die persönlich Treueerklärung, die alle Feldmarschälle jetzt unterschrieben hatten. So stießen sie in aller Form Seydlitz und seine Verräterschar aus ihren Reihen aus. Am nächsten Tag hielt Hitler im Schloß Kleßheim vor den Heeresgruppen- und Armeeoberbefehlshabern sowie den Festungskommandanten der Westfront eine einstündige Rede, die Rommel in seinem Kriegstagebuch als »von wundervoller Klarheit und überlegenster Ruhe« bezeichnete. Nachdem er von dem neuen Strahljäger und den neuen U-Booten gesprochen hatte, forderte er die Generale auf, sich gegen feindliche Luftlandeangriffe im Hinterland zu sichern. Wiederum äußerte der Führer die Überzeugung, daß die Anglo-Amerikaner an der normannischen bzw. der bretonischen Küste anlanden würden. Unter Rommels Papieren findet sich ein Stenogramm über Hitlers Ausführungen an diesem Tag:

»Es ist selbstverständlich, daß eine Landung der Anglo-Amerikaner im Westen kommen wird und muß. Wie und wo sie erfolgen wird, weiß niemand. Alle eventuellen Zusammenziehungen von Transporträumen können und dürfen keinen Anhalt und keinen Hinweis für irgendeinen Abschnitt der langen Westfront von Norwegen bis zur Biskaya oder den Mittelmeerraum, für die südfranzösische und italienische Küste oder den Balkan geben. Derartige Zusammenziehungen können jederzeit bei unsichtigem Wetter verschoben und verlegt werden und dienen selbstverständlich als Täuschungsmanöver... Am meisten geeignet und damit am meisten gefährdet sind die beiden Halbinseln des Westens bei Cherbourg und Brest, die den Anreiz und die leichteste Möglichkeit zur Bildung eines Brückenkopfes geben, der dann unter einem Masseneinsatz von Luftwaffe und schweren Waffen aller Art planmäßig erweitert werden wird.«

Der Führer machte nun klar, worauf es ankam:

»Das ganze Landeunternehmen des Gegners darf unter keinen Umständen länger als einige Stunden oder höchstens Tage dauern, wobei der Landeversuch von Dieppe als Idealfall anzusehen ist. Nach einmal zerschlagener Landung wird diese vom Gegner unter keinen Umständen wiederholt werden. Monate werden benötigt, um, abgesehen von den schwersten Verlusten, eine Landung erneut vorzubereiten. Aber nicht nur dies wird den Anglo-Amerikaner von einem erneuten Versuch abhalten, sondern auch schon der moralisch niederschmetternde Eindruck eines mißglückten Landungsunternehmens. Eine abgeschlagene Landung wird einmal verhindern, daß in Amerika Roosevelt erneut als Präsident wiedergewählt wird. Er wird dann bestenfalls irgendwo im Gefängnis enden. Auch in England wird sich die Kriegsmüdigkeit noch schwerer auswirken als bisher, und Churchill wird infolge seines Alters und seiner Krankheit bei seinem jetzt schwindenden Einfluß nicht mehr in der Lage sein, ein neues Landeunternehmen durchzusetzen...

Die von uns in ganz Europa, ausgenommen die Ostfront, eingesetzten Kräfte von rund fünfundvierzig Divisionen fehlen im Osten und werden und müssen sofort nach der Entscheidungsschlacht im Westen nach dem Osten abtransportiert werden, um dort eine grundlegende Änderung in der Lage herbeizuführen. Es hängt somit von jedem einzelnen Kämpfer der Westfront, als der kriegsentscheidenden Front, der Ausgang des Krieges und damit das Schicksal des Reiches ganz allein ab.«

Hitler ließ sich anschließend von Rommel allein Vortrag halten und gab dann bekannt, daß er größeren Einfluß auf die schnellen Verbände erhalten werde, die Rundstedts einzige taktische Reserve darstellten. Rundstedt meinte, seine weitere Verwendung scheine ihm »nicht mehr am Ort«, aber er blieb. Jetzt war Rommel an der Reihe, optimistisch zu sein. »Im Westen sind wir bester Zuversicht, es zu schaffen«, schrieb er in einem Privatbrief.

Die Zerstörungen, die die feindlichen Bomber anrichteten, waren nun mit Worten gar nicht mehr zu beschreiben. Als die Russen in Charkow und jetzt auch in Kiew Schauprozesse gegen bestimmte deutsche Offiziere veranstalteten und sie als Kriegsverbrecher hinrichteten, verfügte Hitler, es sei an der Zeit, diesem Beispiel zu folgen. Am 23. März sagte er zu Hewel, er wünsche, »daß englisch-amerikanische Kriegsverbrecher zum Tode verurteilt und daß anschließend an die Hinrichtung ihre Bekenntnisse veröffentlicht und propagandistisch ausgenutzt werden«. Alliierten Fliegern, die auf Zivilisten geschossen hätten, solle der Prozeß gemacht werden. Jodl erinnerte daran, daß der Feind automatisch alle deutschen Agenten hinrichtete; deshalb solle man ebenso mit den fünfhundert britischen und amerikanischen Agenten und Saboteuren verfahren, die in Ungarn den Deutschen in die Hände gefallen waren. »Der Führer erwähnte Sonderaufträge zum Mord und zur Verseuchung mit Bazillen und dergleichen mehr«, notierte Hewel.

In der Nacht des 24. März luden die Engländer wieder nahezu 2500 t Spreng- und Brandbomben über Berlin ab. Als Himmler am nächsten Morgen auf dem Berghof bekanntgab, daß soeben achtzig alliierte Flieger aus einem Gefangenenlager entkommen seien, befahl Hitler impulsiv die Auslieferung der Geflohenen an den SD. »Himmler, Sie geben die geflüchteten Flieger nicht wieder heraus!« Fünfzig der wiederergriffenen Gefangenen wurden auf Himmlers Befehl erschossen.

Als der Feind im Mai 1944 dazu überging, zivile Ziele systematisch mit Bordwaffen zu beschießen und Bormann die politischen Leiter und die Lehrkräfte in den Schulen durch geheimen Führungshinweis anweisen mußte, die Bevölkerung und insbesondere die Schulkinder darüber aufzuklären, wie man volle Deckung nimmt, wenn alliierte Jagdflugzeuge sich nähern, befahl Hitler Göring, Einzelfälle festzustellen und feindliche Flieger standrechtlich erschießen zu lassen. Jodls Wehrmachtsführungsstab regte an, dem Kommandanten des Durchgangslagers Luft in Oberursel mündliche Anweisung zu erteilen, entsprechende »todeswürdige« Fälle dem SD zu überstellen, aber die technischen Probleme – insbesondere der eindeutigen Identifizierung – erwiesen sich als unüberwindlich. Keitel sprach sich gegen eine institutionalisierte Lynchjustiz aus; Göring dachte an die vielen hundert deutschen Flieger, die sich in Feindeshand befanden, und schlug vor, klare Fälle von Mordverdacht durch ordentliche Gerichte untersuchen zu lassen. Juristen des Auswärtigen Amtes wiesen darauf hin, daß nach der Genfer Konvention drei Monate zwischen der Mitteilung eines Todesurteils gegen einen Kriegsgefangenen und der Vollstreckung vergehen müßten. Mittlerweile schrieb man Ende Juni 1944, und Hitler hatte dringendere Aufgaben zu lösen.

Bei seiner Mittagslage vom 25. März 1944 fühlte Hitler sich wahrscheinlich durch die Gegenwart des Feldmarschalls von Manstein gehemmt, der die Genehmigung für General Hubes eingekesselte 1. Panzerarmee forderte, sich nach Nordwesten freikämpfen zu dürfen, bevor es zu einem zweiten Stalingrad käme. Hitler bestand darauf, daß Hube seine Front zwischen dem Dnjestr und Tarnopol hielt – eine Stadt, die er jetzt zum »festen Platz« erklärte. Das war eine neue Festungskonzeption, die durch Führerbefehl vom 8. März für die wichtigsten Küstenstädte im Westen eingeführt worden war; sie sollten Generalen unterstellt werden, deren Aufgabe es sein würde, die Nerven nicht zu verlieren, wenn sie vom vorbeistürmenden Feind eingeschlossen wurden. Hitler machte Manstein für die Lageentwicklung bei der 1. Panzerarmee verantwortlich; Manstein habe einen Rückzug nach dem anderen geduldet, obwohl Göring meldete, seine Luftwaffe habe nur wenige feindliche Panzer gesehen, vor denen ganze deutsche Truppenteile wegliefen. Feldmarschall von Kleist war Manstein am 27. März auf den Berghof gefolgt, um die Zurücknahme seiner Heeresgruppe A zu erreichen. Kaum war er wieder gegangen, nahm Hitler den General Zeitzler beiseite: »Ich habe mich entschlossen, die Feldmarschälle von Manstein und von Kleist wegzuschicken.« An seinem Tonfall konnte Zeitzler erkennen, daß es sinnlos war, ein Gegenargument vorzutragen.

Am 30. März schickte Hitler seine Condormaschine nach Osten, um die beiden Generalfeldmarschälle abzuholen und zu ihm auf den Berghof zu bringen. Wahrscheinlich standen Göring und Himmler hinter Mansteins Entlassung. Der berühmte Zwischenruf vom Januar hatte das Seine beigetragen. Aber als er Manstein vor der Abendlage erklärte, der Südabschnitt brauche jetzt einen neuen Namen, eine neue Parole und einen Befehlshaber, der erprobt sei im starren Festhalten, da sprach er die Wahrheit. Viel später sagte er zu einem Adjutanten, daß er Manstein zum ersten Oberbefehlshaber machen würde, falls er jemals wieder eine große Offensive führen könnte. Schließlich war Manstein der einzige General gewesen, der sich 1940 für die siegreiche Strategie des Durchbruchs bei Sedan ausgesprochen hatte – und das, sagte Hitler jetzt, werde er ihm nie vergessen.

Generaloberst Model und General Ferdinand Schörner – ein alter Kämpfer der Partei – warteten schon vor der Tür als Nachfolger von Mansteins bzw. von Kleists. Hitler reichte Manstein die Hand zum Abschied. Der Feldmarschall nahm sie und sagte: »Ich wünsche Ihnen, mein Führer, daß Ihr heutiger Entscheid sich nicht als nachteilig erweisen möge.« Mit Wirkung vom 1. 4. 1944 übernahmen Model und Schörner im neuen Dienstgrad eines Feldmarschalls bzw. Generalobersten die Führung der beiden Heeresgruppen.

»Sewastopol so lange wie möglich halten«

»Wenn der weitere Kriegsverlauf und die siegreiche Beendigung des Krieges uns diese Räume wieder zur Betreuung übergeben werden«, schrieb ein Gauleiter, »muß ein grundsätzlicher Wandel in der Beurteilung der Bevölkerung, in ihrer Behandlung... vorgenommen werden.« Koch hatte das allem Anschein nach Unmögliche vollbracht und die 40 Millionen Ukrainer, die die Deutschen mit Blumen begrüßt hatten, in eine brodelnde, feindliche Masse verwandelt, hatte sie als Partisanen in die Wälder und Sümpfe der Nordukraine getrieben. Die Ukraine war verloren. Hitler hätte längst, wie derselbe kritische Gauleiter – Alfred Frauenfeld, Generalkommissar für die Krim – jetzt erklärte, die Courage aufbringen müssen, Koch durch einen anderen zu ersetzen, der zu einem Kurswechsel fähig gewesen wäre. Koch hatte die Minderwertigkeit der Slawen mit einer so lärmenden Instinktlosigkeit verkündet, daß »selbst eine von der Gegenseite geplante und bezahlte Katastrophenpolitik sich kaum so verheerend auswirken könnte«. So gehörte es zu Kochs Gewohnheiten, immmer wieder lauthals zu verkünden: »Wenn ich einen Ukrainer finde, der wert ist, mit mir an einem Tisch zu sitzen, muß ich ihn erschießen lassen!« Koch hatte auf die Dienste ukrainischer Ärzte von vornherein verzichtet – ohne einen Gedanken darauf zu verschwenden, daß Seuchen nicht vor den deutschen Besatzungstruppen haltmachen würden –, und er hatte alle Gesunden mit Methoden zum Arbeitseinsatz nach Deutschland verschleppt, die an den »arabischen Sklavenfang unter den Negern Afrikas« erinnerten. Als Hitler Tapferkeits- und Verdienstauszeichnungen für die Ostvölker schuf, hatte Koch ein volles Jahr verstreichen lassen, bevor er widerstrebend einige Ukrainer auszeichnete.

Doch stand Hitlers Entschluß, diese an Rußland verlorenen Gebiete wiederzuerobern, unerschütterlich fest. Marschall Antonescu sagte er im März und Karl-Otto Saur im April, daß er, sobald die Drohung einer Invasion aus der Welt sei, seine siegreichen Heere aus Frankreich an die Ostfront verlegen und den Vernichtungsschlag führen würde. Instinkt und Intuition, diese beiden heimtückischen Ratgeber, gaben dem Führer die angenehme Sicherheit, daß die Rote Armee nahezu erschöpft sei. In diesem Sinne äußerte er sich am 30. März Kleist gegenüber, als ihm der Oberbefehlshaber der Heeresgruppe nach seiner Entlassung zum Frieden mit Stalin riet. Am 8. April begann ein schwerer Kampf um die Krim – Hitler hielt an seinem Ziel fest. Obwohl Zeitzler ihn beschwor – »Tausende deutscher Soldaten gehen unnötig verloren, wenn jetzt nicht endlich etwas von uns geschieht« –,

weigerte er sich, ihren Rückzug anzuordnen. »Auf tausend mehr oder weniger kommt es dann auch nicht an.« Manstein teilte diese Ansicht und gab gegenüber Großadmiral Dönitz zu erkennen, »daß der Führer vielleicht doch recht habe, wenn er keinen Fußbreit Bodens freiwillig aufgäbe«.
Hitler sagte vor seinen Adjutanten, er wolle sich von der Geschichte nicht ein einziges Mal den Vorwurf machen lassen, den Glauben an den Endsieg in einem Augenblick verloren zu haben, wo er greifbar nahe gewesen sei – so wie dies in Deutschland im November 1918 passiert wäre. Für die Wiedereroberung der verlorenen russischen Gebiete waren vor allem Panzer und selbstfahrende Sturmgeschütze notwendig. »Mit den Fliegern gewinnt man den Krieg nicht«, erklärte Saur seinem Jägerstab nach einer langen Unterredung mit Hitler am 7. April. »Die Flieger sind nur die Sofortaufgabe, um die Produktionsmöglichkeit von Panzern zu schaffen. Den Krieg im Osten beenden wir nur mit Panzern. Dazu sind die Voraussetzungen geschaffen worden, die den Führer veranlaßt haben, bereits gestern zu sagen, ›wenn dieses Panzerprogramm verwirklicht ist, dann wird dieses Panzerprogramm den Krieg entscheiden‹. Die Voraussetzung dafür ist aber die 100%ige Erfüllung des Luftwaffenprogramms, daß wir in diesem Jahr den Feind aus dem Land kriegen, um weiter produzieren zu können.«
Als Admiral Dönitz am 13. April die Priorität für gewisse Marineprojekte zu erreichen suchte, lehnte Hitler glatt ab. »Auch ich brauche die Sturmgeschütze und Panzer für mich als Lebensbedingung, aber trotzdem muß zunächst die Käseglocke der Jäger über dem Reich hängen. Das ist das A und O.«
Er fragte Göring, was eigentlich aus den unterirdischen Jägerfabriken geworden sei, deren Bau Speers Ministerium letzten Herbst durchführen sollte. Als Göring keine zufriedenstellende Antwort geben konnte, ließ Hitler tags darauf Xaver Dorsch, den Leiter der Organisation Todt, zu sich auf den Berghof kommen. Dorsch wies darauf hin, daß seine Organisation ja nicht innerhalb der Reichsgrenzen arbeite, die Fabriken lägen im Verantwortungsbereich von Carl Stobbe-Dethleffsen, Speers Chefingenieur. Hitler antwortete sehr erregt: »Ich habe jetzt genug von diesen Organisationen gehört. Ich verlange, daß die OT diese Bauten sofort in Angriff nimmt.« Am 16. April wies er Dorsch an, 10 bombensichere »Pilze«, Hangars für die Jägergeschwader, und eine bombensichere Jägerfabrik nahe Landsberg in Bayern zu bauen.
Speer reagierte unmittelbar auf diesen systematischen Abbau seiner Macht. Am 19. April traf ein beleidigter Brief auf dem Berghof ein, und sein Überbringer fügte mündlich hinzu, Speer trage sich mit dem Gedanken, von allen seinen Ämtern zurückzutreten.
Milch beschwor Hitler, seinen besten Mann nicht gehen zu lassen, und bat um eine Botschaft an Speer, die das frühere Vertrauensverhältnis wiederherstellen könnte. Hitler trommelte mit den Fingern an die Fensterscheiben und sagte dann: »Jawohl, gut! Bestellen Sie Speer, daß ich ihn liebhabe!

Genügt Ihnen das?« Trotzdem war es Saur, der neben dem Führer stand, als an Hitlers Geburtstag auf Schloß Kleßheim zwei brandneue Panzer hinter ihm dröhnten: der hervorragende neue 38-Tonnen-Jagdpanzer und Vomags Panzerjäger, schwer und sehr niedrig, mit ungewöhnlich langem 7,5 cm-Geschütz. Wenn einmal diese Geburtstagsgeschenke massenweise produziert wurden, dann, so dachte Hitler, würden sie den Fortgang der weiteren Kampfhandlungen im Osten entscheidend zu Deutschlands Gunsten beeinflussen.

Am nächsten Nachmittag empfing er den General der Panzertruppen Hube auf dem Berghof, zeichnete ihn dafür, daß seine 1. Panzerarmee sich so glänzend aus der sowjetischen Umklammerung freigekämpft hatte, mit den Brillanten zum Eichenlaub des Ritterkreuzes aus und beförderte ihn zum Generalobersten. Am vorigen Abend hatte Hitler in Gegenwart der Ajutanten laut überlegt, ob er den einarmigen General nicht bald zum Oberbefehlshaber des Heeres machen sollte. Hube hatte um Erlaubnis gebeten, noch in derselben Nacht aus persönlichen Gründen nach Berlin zurückfliegen zu dürfen; die Junkers-Maschine war bei Salzburg gegen einen Berg geflogen, Hube war tot, und Walther Hewel hatte entsetzliche Verbrennungen erlitten.

Ein melancholisch gestimmter Hitler empfing Speer am 24. April auf der Treppe des Berghofes. Speers bewährtem Charme gelang es, Hitler von seinen früheren Absichten wieder abzubringen. Hitler erklärte sich von vornherein einverstanden mit allen Maßnahmen, die Speer auf dem Baugebiet für richtig halte. Ebenso geschah es mit Speers Lieblingsvorhaben, dem A4-Geschoß, der späteren »V 2«. Am 25. April schloß sich General Korten, der Generalstabschef der Luftwaffe, mit der ganzen Autorität seiner Stellung der alten Forderung an, die A4-Fertigung stillzulegen. Statt dessen solle man die Fertigung von Jägern, Panzern und Sturmgeschützen vorantreiben. »Denn sie kommt in diesem Jahr nicht«, prophezeite Milch hinsichtlich der A4. Hitler weigerte sich. In der unbemannten Bombardierung Englands erblickte er ein wichtiges Mittel, die Kampfmoral der feindlichen Invasionstruppen zu brechen.

Bevor wir Rommels Vorkehrungen gegen die feindliche Invasion betrachten, müssen wir zunächst das für Hitler beunruhigendste Ereignis jenes Frühjahrs untersuchen – den Verlust der Krim. Am 10. April war die 6. Armee zur Aufgabe Odessas gezwungen worden, des Hafens, über den die Marine die auf der Krim belagerte 17. Armee des Generalobersten Jaenecke versorgt hatte; aber die Wurzeln der Katastrophe reichten viel weiter zurück – mancher wird sagen, sie reichten bis hin zu der »Krimpsychose«, die Jaeneckes heimlicher Versuch geschaffen hatte, die Halbinsel schon im Oktober aufzugeben. Danach war es Heeres- und Marinebefehlshabern im Schwarzen Meer gelungen, Hitler und sogar ihre eigenen, unmittelbaren Vorgesetzten über die wahre Lage zu täuschen. So hatte

Zeitzler in aller Aufrichtigkeit versichert, daß Nikolajew in keinerlei Gefahr sei – und genau zwei Tage später wurde der Hafen von den Russen genommen. Kleist hatte Hitler am 27. März gemeldet, daß Schwarzmeer-Admiral Brinkmann der Marine schon vor zwei Wochen befohlen habe, die Räumung ihres Stützpunktes Odessa einzuleiten – eine eigenmächtige Handlungsweise, von der nicht einmal Dönitz wußte, als Hitler ihn außer sich vor Wut anrief.

Generaloberst Schörners Ernennung zum Oberbefehlshaber der umgetauften »Heeresgruppe Südukraine« brachte einen neuen Wind in die Heeresgruppe. Schörner verschachtelte eine rumänische Division nach der anderen in der deutschen Front, er mischte die deutschen und die rumänischen Verbände so unwiderruflich, daß Antonescu sie nicht zurückziehen konnte, auch wenn er es wollte. Er befahl, jeden, der seine Stellung räumte, wegen Feigheit vor dem Feind zu erschießen; überrollten russische Panzer eine Stellung, so seien sie hinten abzuschießen, während die Front vorn unverzüglich wieder zu schließen sei. Jeder Soldat, der einen feindlichen Panzer mit Ofenrohr oder Faustpatrone abschieße, werde sofort drei Wochen Urlaub auf dem Festland erhalten.

Die Aufgabe Odessas durch die Heeresgruppe Kleist machte jedoch, wie Dönitz prophezeit hatte, den späteren Verlust der Krim unvermeidlich. Zeitzler benutzte die Denkschrift von Dönitz über die Bedeutung Odessas für die Krim zur Untermauerung seiner eigenen Argumente für eine sofortige Räumung der Halbinsel. Dönitz wandte ein, daß nur der Führer die strategische Gesamtlage übersehe, und es bestehe die Absicht, die verlorengegangenen Gebiete wieder zurückzuerobern, sobald die Invasion im Westen abgeschlagen sei. Am 8. April rief er den Berghof an und hob hervor, daß die 17. Armee für eine Belagerung von fünf oder sechs Monaten Dauer versorgt sei. Zwei Tage später jedoch befahl Jaenecke aus eigener Verantwortung, mit den Vorbereitungen zur Räumung der Krim zu beginnen; später deckte Schörner die Entscheidung Jaeneckes, weil nach dem Zusammenbruch der rumänischen 10. Infanteriedivision an der Nordfront einhundert sowjetische Panzer nach Süden stürmten. Aber wieder war Hitler nicht unterrichtet worden, und wiederum hob er Jaeneckes Befehl auf – statt dessen verlangte er die Räumung der Halbinsel Kertsch, während die Nordfront zu halten sei. Jetzt aber begannen die Ereignisse, Hitlers Befehle zu überholen. Während er an jenem Abend telefonisch mitteilte, daß er am folgenden Tage über ein Halten oder Aufgeben der Krim entscheiden werde, meldete Jaenecke der Marine, daß seine Armee sich schon in voller Flucht auf Sewastopol befinde. Am 12. April erteilte Hitler den einzig möglichen Befehl – alles entbehrliche Personal sei von der Krim abzuschieben. Doch er fügte hinzu: »Ich bin entschlossen, den Kampfraum Sewastopol solange wie irgend möglich zu halten, um dadurch möglichst starke Feindkräfte an dieser Front zu binden.« Er befahl dem Heer und der Marine, in höchster Eile Pak, Munition, Panzernahbekämpfungsmittel und

vor allem Verpflegung nach Sewastopol zu schaffen. Dönitz erklärte, die Marine werde jedes Opfer bringen, um die Festung zu versorgen.
Die Auswirkungen auf die Türkei ließen keine Minute auf sich warten. Am 20. April beugte sie sich dem englischen und amerikanischen Druck. Sie erklärte, sie sei kein neutraler, sondern ein alliierter Staat, und in zehn Tagen werde sie die Chromerzlieferungen an Deutschland einstellen.
Zehn Tage verstrichen, bevor die Russen mit ihrem Großangriff auf Sewastopol begannen – zehn Tage, in denen sie 27 Divisionen an der 37 Kilometer langen Hauptkampflinie der Festung in Stellung brachten. Dönitz hatte 100 000 OT-Leute und entbehrliches militärisches Personal nach Konstanza abtransportiert. Auf dem überstürzten Rückzug in die Festung hatte Jaenecke den größten Teil an Geschützen und Munition seiner 17. Armee verloren. Er hatte jetzt noch 81 Geschütze, 36 schwere Pak und neun Sturmgeschütze. Hitler ließ Geschütze und Munition nach Sewastopol schaffen. Zeitzler forderte sogar Milch für Sewastopol an – denn es bestand manche Ähnlichkeit mit der Lage Stalingrads. Er beklagte sich schon bald bei Hitler darüber, daß die Schiffe der Kriegsmarine – die Gefangene, Verwundete und »nutzlose Fresser« abholen sollten – *leer* in Sewastopol eintrafen, anstatt den von Hitler befohlenen Nachschub mitzubringen. Dönitz fürchtete, daß eine »plötzliche Krise« in der Festung zu einer ebenso plötzlichen Forderung an die Marine führen könnte, die gesamte Besatzung innerhalb viel zu kurzer Zeit abzutransportieren. Am 24. April schickte er ein Fernschreiben nach dem Berghof, um ein für allemal zu Protokoll zu geben: »Ob. d. M. hat dazu [nämlich zu der Frage, ob Sewastopol gehalten werden könne oder nicht] auch niemals Urteil abgegeben, dies vielmehr alleinige Heeresangelegenheit.« Privat bekannte er sich jetzt zu Zeitzlers Ansicht, daß das Schicksal der Festung besiegelt sei; aber der Führer werde schon seine Gründe für das Halten von Sewastopol haben.
Hitler fürchtete tatsächlich, daß der Verlust der Festung eine Kettenreaktion in den neutralen Ländern auslösen werde. Am 25. April versicherten ihm die beiden lokalen Befehlshaber der Kriegsmarine, der Seekommandant Krim, Schulz, und der Admiral Schwarzes Meer, Brinkmann, in einem Vortrag auf dem Berghof, daß ausreichender Nachschub für 100 000 Mann nach Sewastopol transportiert werden könne – vorausgesetzt, die Nachschubgüter erreichten Konstanza. Nur Jaenecke sprach sich gegen Hitlers Entscheidung aus, den Kampf fortzusetzen. »Ist es in dieser Lage nicht ratsamer, dem Bolschewisten seine sichere, bereits in die Welt hinausposaunte Beute vor der Nase wegzunehmen, und alle Kräfte der H. Gr. Südukraine zuzuführen?« Es war ein verführerisches Argument, aber Hitler war Realist; die aus Sewastopol zurückgeführten Truppen würden angeschlagen, erschöpft und ohne schwere Waffen eintreffen – unbrauchbar als Verstärkung für die Hauptfront. Die Russen könnten dann andererseits ihre 27 Divisionen, die jetzt die Festung belagerten, gegen eben diese Hauptfront werfen. Einen General, der das nicht sah, konnte er nicht brauchen,

und er enthob Jaenecke seines Kommandos. Einige Tage später ordnete Hitler eine kriegsgerichtliche Untersuchung gegen Jaenecke an, um Klarheit darüber zu gewinnen, warum die Krim so überraschend schnell verlorengegangen war.

Parallel zu dieser Unsicherheit der Kriegslage – oder vielleicht war sie auch die Ursache – verschlechterte sich sein Gesundheitszustand. Sein Zittern war Anfang Mai so ausgeprägt, daß sein linkes Bein auch dann nicht zur Ruhe kam, wenn er im Bett lag. Er brauchte Morell, aber dem korpulenten Leibarzt machte die dünnere Luft zu schaffen, und er wohnte deshalb unten im Ort Berchtesgaden. Nur mittags begab er sich für jeweils zwei Stunden in den 500 Meter höher gelegenen Berghof. Manchmal mußte sein Berliner Assistent Dr. Richard Weber für ihn bei Hitler einspringen; Morell wollte weder seinen Patienten noch seine Krankenblätter den Begleitärzten Brandt oder Hasselbach anvertrauen.
Morells Aufzeichnungen über zwei typische Untersuchungen Hitlers vom 4. und 5. Mai 1944 zeigen, daß der Führer ein schwieriger Patient war. Hitlers Magenkrämpfe hatten sich wieder eingestellt. Der Doktor riet zu früher Nachtruhe, aber Hitler weigerte sich, früher zu Bett zu gehen. Er könne sich erst Ruhe gönnen, wenn der letzte Bomber über deutschem Territorium verschwunden sei. In Anbetracht der Verfassung von Hitlers Herz schlug er ihm vor, manchmal eine Tasse Kaffee zu trinken, oder, im Falle plötzlichen Unwohlseins, Cardiazol zu nehmen; auch sollte er versuchen, zwei- oder dreimal am Tag reinen Sauerstoff zu atmen.
Hitler nahm überdies weiterhin eine Anzahl von Dr. Koesters Antigaspillen. Für einen geistig gesunden Menschen schluckte er eine ungeheure Menge von Medikamenten, aber Hitler zog es der Alternative vor: Krämpfe, Müdigkeit, zeitraubende Übungen und Massagen.

Seit Anfang April hatte Hitler jeden Tag damit gerechnet, frühmorgens in seinem eiskalten Schlafzimmer im Berghof mit der Nachricht geweckt zu werden, daß die anglo-amerikanische Invasion begonnen habe. Manchmal hoffte er, daß das lautstarke Invasionsgetön nur Bluff sein könnte. »Die ganze Sache, die die Engländer aufführen, kommt mir wie ein Theater vor«, hatte er noch am 6. April zugegeben. »Die neuen Nachrichten von den Sperrmaßnahmen, die sie treffen, die Abwehrmaßnahmen usw., normal macht man das doch nicht, wenn man so eine Geschichte macht.« Hitler wiederholte: »Ich kann mich des Eindrucks nicht erwehren, daß das Ganze am Ende doch ein unverschämtes Theater ist.« Um gegen Luftlandungen im Rücken gewappnet zu sein, hatte Hitler praktisch die gesamte leichte Flak des Reiches in Frankreich konzentriert. »Wir werden von Tag zu Tag stärker«, schrieb Rommel am 6. Mai. »Meine Erfindungen kommen zum Einsatz. So sehe ich mit bester Zuversicht dem Kampf entgegen, vielleicht 15. Mai, vielleicht erst Ende des Monats.«

Nicht nur der Termin war ungewiß. Nach einer erneuten Konsultation bei seinem »Patient A« am 9. Mai vermerkte Morell: »Beinezittern verursacht durch Aufregung (Invasion bevorstehend, wo?).« Rommel und Rundstedt glaubten, daß der Feind beiderseits der Somme-Mündung landen werde; doch Hitler war immer noch davon überzeugt, daß die Hauptinvasion viel weiter westlich stattfinden werde, entweder in der Normandie oder der Bretagne, um die Halbinsel bei Cherbourg zu einem strategischen Brückenkopf zu machen. Das hatte er am 4. März gesagt; am 20. hatte er es vor seinen Westbefehlshabern und am 23. gegenüber Antonescu wiederholt; und dabei blieb er trotz einer Lawine gegenteiliger Berichte von der Generalstabsabteilung Fremde Heere West. »Ich bin dafür, daß wir alle Kräfte hierher bringen«, sagte er am 6. April, während er mit dem Finger den normannischen Küstenabschnitt der 7. Armee auf der Karte nachfuhr. »Vor allem die, die wir nicht unbedingt woanders haben müssen.« Rundstedts und Rommels Akten zeigen, mit welcher Hartnäckigkeit beide auf ihrer abweichenden Beurteilung bestanden. Aber am 1. Mai wurden sie von Jodls Wehrmachtführungsstab nachdrücklich darauf aufmerksam gemacht, daß Hitler die Invasion im Bereich der 7. Armee erwarte, und am 6. Mai ließ Hitler zum wiederholten Mal Jodl Rundstedts Stabschef anrufen und ihm klarmachen, daß er der Normandie besondere Bedeutung beimesse.

In Westeuropa hatten überaus heftige Luftangriffe gegen Verbindungswege jeder Art begonnen – gegen Brücken, Eisenbahnen, Lokomotiven, Personenzüge und Kanäle. Die Nachtangriffe gegen das Reichsgebiet hatten praktisch aufgehört – ein klarer Sieg für Görings Nachtjäger und die Flak. Am Abend des 30. April gab Saur telefonisch die Fertigungszahlen für April durch. Trotz der fast vollständigen Zerstörung der Fabriken im Februar und März waren im April 1859 neue Jäger hergestellt worden und mehr als 1500 gepanzerte Kampfwagen aller Art. Hitler antwortete: »Ausgezeichnet!« Jetzt müsse Deutschland nur noch bis zu dem großen Ost-West-Zusammenprall durchhalten. Die Streitgründe lagen ja schon klar zu Tage: im Vorderen Orient das Öl; der Expansionsdrang der Sowjetunion in Richtung Indien; schließlich die latente Fehde zwischen England und Amerika. »Wenn wir stur bleiben und unerschütterlich durchhalten, wird einmal zwangsweise der Bruch zwischen England und Amerika kommen«, sagte er zu Mussolini. Wenn das englische Volk erst einmal merke, daß Amerika an der britischen Weltstellung säge, »dann wird sich ein Engländer finden, der dagegen aufsteht«. Politisch arbeite die Zeit für Deutschland. Am meisten fürchtete Hitler, daß er selbst den Endsieg nicht mehr erleben könnte – oder daß irgendein militärischer Erdrutsch dem deutschen Volk den politischen Endsieg doch noch entreißen könnte.

Mit unerwarteter Schnelligkeit stürmten am 5. Mai die russischen Armeen

die Festung Sewastopol auf der Krim und zogen den Schlußstrich unter das Kapitel, das Manstein dort zwei Jahre zuvor so glänzend begonnen hatte. Am Abend des 7. Mai meldete Schörner, daß die 17. Armee 2795 Mann verloren habe; mit allen verfügbaren Lufttransportkräften fliege er Reserven ein, 22-cm-Mörser, Sturmgeschütze, schwere Pak, aber viel zuwenig sei aus Deutschland am Schwarzen Meer eingetroffen. Am Abend des 8. Mai gestand Hitler die Niederlage zu und erteilte den Befehl, die 17. Armee abzutransportieren – während der Räumung hätten die Offiziere notfalls mit der Waffe in der Hand für Ordnung zu sorgen.
Hitler war wütend über dies Fiasko. Um das Heer zu demütigen, befahl er Zeitzler, diese kümmerlichen Reste einer Armee zurück nach Deutschland zu transportieren, wo sie als Rüstungsarbeiter eingesetzt werden sollten. Als Soldaten seien sie unbrauchbar. Schörner ließ Hitler durch den Reichsführer SS und Zeitzler melden, er müsse sich unendlich bitter über seinen Vorgänger Kleist beklagen: er habe ein ausgesprochenes Wohlleben im Heeresgruppengebiet festgestellt, z. B. einen 6- bis 7-Stunden-Tag, und der Krimwein habe das Maß voll gemacht. Himmler sagte Hitler, in Schörners Augen seien »ganze Lösungen« in Rumänien erforderlich, alle müßten entfernt werden, besonders General Erich Hansen, der unfähige deutsche Militärattaché in Bukarest. Schörners führende Generale forderten sogar, daß die Admirale im Schwarzmeerraum vor ein Kriegsgericht gestellt würden. Die Truppenführer der 17. Armee beschwerten sich über die Feigheit der Marine; aber die eigentlich Schuldigen säßen im deutschen Generalstab, der nicht rasch genug Nachschub an Geschützen und Munition bereitgestellt habe. In dem fünfwöchigen Kampf um die Krim büßten nicht weniger als 75 000 Deutsche und Rumänen für dieses Versagen mit ihrem Leben.
Eine unnatürliche Ruhe breitete sich an der ganzen Ostfront aus; sie dauerte bis zum 22. Juni.
Parallel zur Steigerung der Panzerproduktion wünschte Hitler sich auch eine beträchtliche Produktion von Bombern. Saurs Jägerprogramm bedeutete aber große Eingriffe in die Bomberproduktion. Das neue Fertigungsprogramm des Jägerstabes beschränkte den Ausstoß auf 550 Bomber monatlich, womit nur 40 Gruppen aufgefüllt werden konnten. Und falls man sich für ein noch radikaleres Programm entschied, würden nur 284 Bomber monatlich zur Verfügung stehen, was hieße, daß nach Oktober genügend Ersatz nur für 26 Gruppen bereitgestellt werden könnte. General Korten, Generalstabschef der Luftwaffe, beschrieb diesen Plan als das Ende der Bomberwaffe. Sein Stellvertreter, General Koller, unterstrich diese Gefahr in einer Denkschrift, die Hitler am 5. Mai erhielt, und ergänzte seine Arbeit am 19. mit einer ausführlichen Studie über die Bomberwaffe, die erforderlich sei, um die deutsche Position in Europa zu wahren. Am 22. Mai bezeichnete Hitler die Zahlen Göring gegenüber als völlig unerträglich. Göring legte Hitler auch Berichte über die Entwicklung des Strahljägers

Me 262 vor. Hitler gratulierte ihm. »Jetzt kommt die Sache hin!« Aber fast unmittelbar darauf traf ihn ein grausamer Schock.

Man schrieb den 23. Mai. Feldmarschall von Richthofen war aus Italien heraufgekommen, wo am Morgen dieses Tages ein Angriff des Feindes aus dem Brückenkopf Nettuno heraus begonnen hatte. Richthofen notierte in seinem Privattagebuch: »15 Uhr beim Führer. Älter geworden, gut aussehend, sehr ruhig, sehr bestimmt über militärische und politische Lage denkend, alles sehr ruhig und positiv betrachtend. Man hat immer wieder den Eindruck, daß er blind von seiner Berufung gezogen, ganz sicher den ihm vorgeschriebenen Weg geht und nicht die geringsten Zweifel über Richtigkeit und schließlichen Erfolg hat. ... Die ungünstigen militärischen Ereignisse im Raum Cassino und ab heute morgen am Landekopf betrachtet er ganz ruhig, unter dem Gesichtspunkt, daß wir froh sein könnten, noch dort unten zu kämpfen. Im September seien wir alle ja der Auffassung gewesen, und er mit, in diesem Sommer am Apennin oder an den Alpen kämpfen zu müssen.« Die Zeit arbeite für sie, sagte er zu dem Luftflottenchef; politisch habe Deutschland den Krieg längst gewonnen.

In diesem Augenblick wurden Göring, Milch, Saur und die Flugzeugspezialisten in die Große Halle geleitet. Hitler schaute aus dem großen Fenster, und geistesabwesend hörte er zu, als die Zahlen des Jägerstab-Produktionsprogramms verlesen wurden. Als die Planung für den Strahljäger Me 262 erwähnt wurde, unterbrach er: »Ich denke, die 262 kommt als Schnellbomber? Wieviel der fertiggestellten 262 können Bomben tragen?« Milch erwiderte: »Keine, mein Führer, die Me 262 wird zur Zeit noch ausschließlich als Jagdflugzeug gebaut.« Ein betretenes Schweigen folgte. Milch erläuterte, daß umfangreiche Verstärkungen des Rumpfes und vor allem auch des Fahrgestells erforderlich seien, wenn die Maschine eine 1000-kg-Bombe tragen sollte. Hitler verlor die Fassung. Das Wunderflugzeug, auf das er seine Hoffnungen für die Invasionsabwehr gesetzt hatte, wurde noch nicht einmal gebaut. »Das ist mir egal«, unterbrach er, »ich verlange nur eine 250-kg-Bombe!« Das Flugzeug sei so schnell, man brauche keine Waffen darin und auch keine Panzerung – wie groß sei denn ihr Gewicht? »Wer achtet überhaupt auf meine Befehle?« rief er aus. »Ich habe das rückhaltlos befohlen und nie einen Zweifel daran gelassen, daß die Maschine als Jagdbomber herauskommt.« Saur sagte, Bewaffnung, Panzerung und Munition hätten ein Gewicht von mehr als 500 kg. »Dann soll man das andere ausbauen!« sagte Hitler triumphierend. Oberst Petersen, Kommandeur der Luftwaffenerprobungsstelle Rechlin, nickte zustimmend: »Das geht ohne weiteres.« »Mein Führer«, rief Feldmarschall Milch, »das sieht doch jedes kleine Kind, daß das kein Bomber, sondern ein Jäger ist.« Ostentativ wandte Hitler sich von ihm ab. »Aufschlagbrand!« flüsterte irgend jemand und meinte damit Milchs Karriere.

»Die Herren scheinen alle taub gewesen zu sein«, tobte Göring am nächsten

Tag. »Ich habe den ganz klaren Befehl des Führers immer wieder erwähnt, daß er darauf pfeift, die 262 als Jäger zu bekommen, sondern er wünscht sie zunächst ausschließlich als Jagdbomber. ... Jetzt geht es auf einmal nicht. Der Führer sagt, ›Als Jäger können Sie sie von mir aus verbrennen!‹ ... Er braucht ein Flugzeug, das bei dieser riesigen Jägermasse, die bei der Invasion dranhängt, aufgrund seiner hohen Geschwindigkeit da durchbrausen kann. Das was kein Zivilist wagt, das wagen die Herren ununterbrochen, nämlich einfach Befehle nicht zu beachten.« Der Reichsmarschall verbürgte sich persönlich dafür, daß keiner der »Herren« jemals wieder »hinter dem Rücken des Führers« etwas anders machen würde.

Aus Ungarn wurden in diesen Monaten 400000 Juden deportiert. Die Absichten von Hitler und Himmler differierten noch; Hitler war primär an der Entfernung dieser potentiellen Fünften Kolonne vom Balkan interessiert; ihr Schicksal war ihm gleichgültig. Doch Himmler, obwohl er betonte, daß er keinesfalls »blutrünstig« sei, befürwortete mit Nachdruck eine »kompromißlose« und vor allem endgültige Lösung. Als Hitler ihm im April befahl, zwei starke Kontingente von jeweils 100000 Juden aus Ungarn zum Bau an Saurs bombensicheren Panzer- und Jägerfabriken im Protektorat und anderswo abzustellen, drückte der Reichsführer SS sein unverhohlenes Mißfallen an dieser »eigenartigen« Maßnahme aus. Am 24. Mai versicherte Himmler einer Zuhörerschaft von Generalen: »Von denen aber kommt nicht einer in das Gesichtsfeld des deutschen Volkes.«

Er wies darauf hin, wie er 1933 und 1934 gewöhnliche Verbrecher ohne Verfahren ins KZ eingesperrt habe, und brüstete sich: »Ich muß bekennen, daß ich in meinem Leben sehr viele solche illegalen Maßnahmen durchgeführt habe. Aber seien Sie dessen versichert: ich habe sie nur ergriffen, wenn ich das Gefühl hatte, daß der gesunde Menschenverstand und das innere Recht eines rechtlich und germanisch denkenden Menschen es bejaht.« Mit dieser Einstellung hatte Himmler also auch die »Judenfrage« in Angriff genommen: »Sie wurde nach Befehl und verstandesmäßiger Erkenntnis kompromißlos gelöst.« Eine Seite später deutete Himmlers Ansprache wieder darauf hin, daß auch jüdische Frauen und Kinder umgebracht worden waren.*

Am 26. Mai kamen dieselben Generale zum Obersalzberg. Hitler wies auf die Intoleranz in der Natur hin, sprach davon, daß der Mensch nur ein kleiner Bazillus auf der Erde sei, erinnerte sie daran, daß er das Judentum aus seinen Stellungen herausgedrängt und dadurch Hunderttausenden von tüchtigen Kindern des arbeitenden Volkes diese Stellungen verfügbar gemacht, ja daß er auch den revolutionären Massen den letzten Katalysator, das traditionelle Judentum, weggenommen habe. »Man kann mir natürlich sagen: Ja, hätten Sie das nicht einfacher – oder nicht einfacher, denn alles

---

* Diese Seite allein war neu getippt und möglicherweise später in das Manuskript eingelegt worden.

andere wäre komplizierter gewesen –, aber humaner lösen können? Meine Herren Offiziere, wir stehen in einem Kampf auf Leben und auf Tod. Wenn in diesem Kampf unsere Gegner siegen, würde das deutsche Volk ausgerottet werden. Der Bolschewismus würde Millionen und Millionen und Millionen unserer Intellektuellen abschlachten. Was nicht durch Genickschuß stürbe, würde abtransportiert. Die Kinder höherer Schichten würden wegkommen und beseitigt werden. Diese ganze Bestialität ist von Juden organisiert worden. Heute werden auf unsere Städte Brandbomben und andere Bomben geworfen, obwohl der Gegner weiß, daß er nur Frauen und Kinder trifft. Man schießt in ganz gewöhnliche Züge hinein, man schießt auf den Bauern auf dem Felde. In einer Nacht haben wir in einer Stadt wie Hamburg über 40 000 Frauen und Kinder verloren, die verbrannt sind. Erwarten Sie nichts anderes von mir, als daß ich das nationale Interesse hier rücksichtslos vertrete, und zwar so vertrete, wie ich glaube, den größten Effekt und Nutzen für die deutsche Nation herbeizuführen. (*Langanhaltender lebhafter Beifall.*) Humanität wäre gerade hier wie überhaupt überall höchste Grausamkeit gegen das eigene Volk. Wenn ich mir schon den Haß der Juden zuziehe, dann möchte ich wenigstens nicht die Vorteile eines solchen Hasses vermissen. (*Sehr richtig.*)

Der Vorteil besteht darin, daß wir einen sauber organisierten Volkskörper besitzen, in den kein anderer mehr hineinreden kann.

Schauen sie demgegenüber die anderen Staaten an. Wir haben einen Einblick bekommen in einen Staat, der den umgekehrten Weg gegangen ist: Ungarn. Der ganze Staat zersetzt und zerfressen, überall Juden, bis in die höchsten Stellen hinauf Juden und wieder Juden, und der ganze Staat von einem, ich muß sagen, lückenlosen Netz von Agenten und Spionen überzogen, die nur noch nicht losgeschlagen hatten, weil sie Angst hatten, daß ein vorzeitiges Losschlagen uns hineinziehen würde, aber sie lauerten auf dieses Losschlagen.

Ich habe auch hier eingegriffen, und auch dieses Problem wird nun gelöst werden, wie ich überhaupt sagen muß: der Jude hat als Programm aufgestellt die Ausrottung des deutschen Volks. Ich habe am 1. September 1939 im Deutschen Reichstag erklärt: wenn jemand glaubt, durch einen solchen Weltkrieg die deutsche Nation auszurotten, dannn irrt er sich; wenn das Judentum das wirklich arrangiert, dann wird derjenige, der ausgerottet sein wird, das Judentum sein. (*Lebhafter Beifall.*)«

Die Invasion hatte noch immer nicht begonnen. Am 24. Mai sagte General Korten, der Generalstabschef der Luftwaffe, zu Göring: »Die Invasion scheint verschoben zu sein.« Speer äußerte sich ähnlich optimistisch: »Wenn wir bis Juli, August nichts erlebt haben, kann man damit rechnen, daß der ganze Winter ruhig verlaufen wird.« Auch Rommel war noch immer voller Zuversicht. »Geht alles recht gut und planmäßig«, schrieb er am 19. Mai. »Vor zwei Tagen telefonierte ich zum ersten Mal mit dem Führer. Er war bester Stimmung und hielt mit der Anerkennung für unsere Arbeit im Westen nicht zurück. Ich hoffe nun rascher vorwärtskommen zu können als bisher. – Wetter indes noch kalt und endlich Regen. Die Engländer werden sich noch etwas gedulden müssen.«

Es war Zeit, die Geheimwaffen unter ihrer kunstvollen Tarnung hervorzuholen. Aber nur die fliegende Bombe der Luftwaffe, die V 1, war bereit – die »Schleuderanlagen« waren vorzüglich getarnt und erwarteten die Endmontage, noch immer unentdeckt von der feindlichen Luftaufklärung. Mit dieser Waffe, so versicherte Hitler dem Duce, werde er im Augenblick des Invasionsbeginns »London in ein Trümmerfeld verwandeln«. Mitte Mai befahl Hitler, die V 1-Offensive in einer Nacht Mitte Juni mit einem schlagartigen Angriff auf London zu eröffnen, gekoppelt mit einem Brandbombenangriff durch Sperrles Kampfverbände der Luftflotte 3. Danach sollte ein ununterbrochenes Störfeuer auf London stattfinden. »Es wird eine Panik ausbrechen in England«, sagte Hitler begeistert zu seinem persönlichen Stab. »Die Wirkung dieser Waffen geht so unerhört auf die Nerven, daß das kein Mensch auf die Dauer aushalten kann.« »Wenn heute die Engländer an uns heranträten«, sagte Hitler zu dem slowakischen Ministerpräsidenten Tiso, »um irgendeine Fühlung mit uns aufzunehmen, dann würde [ich] am liebsten erwidern, daß eine solche Fühlungnahme erst nach der Invasion möglich sei.«

In Italien hatten sich die Streitkräfte aus dem Landekopf Nettuno inzwischen mit der Hauptfront vereinigt, und es war jetzt möglich, daß Rom zu einem Schlachtfeld von den Ausmaßen Stalingrads würde. Das führte zu einem neuen Beispiel für Hitlers moralische Unberechenbarkeit. Er, dem das Schicksal wehrloser Juden gleichgültig war, wies voller Stolz darauf hin, daß er Belgien besiegt hatte, ohne Brüssel zu verheeren, und Frankreich, ohne Paris anzugreifen, während seine Feinde soeben die Kathedrale von Rouen zerstört und – völlig sinnlos – das berühmte Kloster Monte Cassino angegriffen hätten. Schon im Februar hatte Hitler Kesselrings Vorschlag zurückgewiesen, notfalls alle Tiberbrücken in Rom zu zerstören. Als Hauptursache dieser Haltung sahen seine Mitarbeiter die Rücksichtnahme auf Mussolini an; wenn er auch zu dem italienischen Diktator sagte: »Sie und ich sind die bestgehaßten Männer der Welt«, wollte Hitler doch nicht als der Zerstörer Roms in die Geschichte eingehen. Deshalb durften deutsche Soldaten die Stadt nur noch mit Sonderausweis betreten, und selbst auf dem Höhepunkt der Kämpfe bei Nettuno wurden alle Militärtransporte unter Mühen und großem Zeitverlust um die Außenbezirke Roms herumgeleitet. Als Kesselring am 3. Juni dem Feind über den Vatikan ein förmliches Abkommen vorschlug, daß beide Seiten weiterhin den Status Roms als »offener Stadt« respektieren sollten, wie Hitler es 1940 mit Paris getan habe, ließ der Feind das Angebot unbeantwortet; er rief vielmehr die römische Bevölkerung auf, sich aktiv am Endkampf um die Stadt gegen die Deutschen zu beteiligen, und am nächsten Tag stießen die britischen und amerikanischen Panzer bis in das Herz der Stadt vor. Nunmehr hätte Hitler die Brücken sprengen lassen müssen, aber er tat es nicht. Am späten Abend des nächsten Tages, des 5. Juni, feierte Roosevelt über den Rundfunk seinen leicht errungenen Sieg. Er schrieb die Tatsache, daß Rom unversehrt geblieben war, dem Geschick seiner Generale zu.

Erst nach Mitternacht ging Hitler zu Bett. Die neuesten Aufklärungsflüge hatten ergeben, daß am 30. Mai kaum Landungsfahrzeuge in Dover versammelt waren – also gegenüber dem Küstenabschnitt von Dünkirchen bis Dieppe, in dem nach Ansicht Rommels und Rundstedts die Invasion beginnen könnte. Die Meteorologen der Luftwaffe sagten mehrtägiges schlechtes Wetter voraus. Hitler hatte deshalb nicht die geringste Ahnung, daß in diesem Augenblick fünftausend Fahrzeuge, beladen mit den Truppen des Feindes, im Anmarsch auf die französische Küste waren.

VII

Die Auflehnung

»Genau, wo wir sie erwartet haben«

Operation »Neptun«. In der Nacht erhärteten sich die Meldungen von Fallschirm- und Lastensegler-Landungen in der Normandie, und von See her kam das Geräusch von Schiffsmaschinen. Aber der Führer wurde nicht geweckt; seine Adjutanten holten sich Rat bei Jodl, und Jodl wies darauf hin, daß man vor Tagesanbruch ja doch kein klares Bild haben werde. Daraus folgt, daß vorerst keine Entscheidung über die von Rundstedt mit zunehmender Heftigkeit geforderte Freigabe der OKW-Panzer-Reserve für den Gegenangriff getroffen werden konnte. Bis dahin hatte eine Welle von Landungsfahrzeugen nach der anderen Panzer und Mannschaften im Schutz eines verheerenden Trommelfeuers der Schiffsgeschütze an den Stränden abgesetzt, und das AOK 7 mußte melden, daß der Feind westlich der Orne schon einen Landekopf von 25 Kilometer Breite und bis zu drei Kilometer Tiefe gewonnen habe.

So war zu Beginn der Lagebesprechung bei Hitler die Schlacht um Frankreich schon verloren – wenn Rommels Wort noch galt, daß man den Feind schon schlagen müsse, wenn er den Fuß auf den Strand setzt. Die Ereignisse der nächsten Tage bewiesen, daß das Heranziehen deutscher Reserven am Tage wegen der überwältigenden Luftüberlegenheit des Feindes unmöglich war. Daß es nicht gelungen war, den Feind schon am Strand zu vernichten, hatte seinen Grund zum Teil in der Schwäche des Atlantikwalls in der Normandie – im Abschnitt der 7. Armee war der Wall erst zu 18 Prozent fertig, verglichen mit 68 Prozent in dem Kanalabschnitt, den Salmuths 15. Armee besetzt hielt – und zum Teil in der Schwerfälligkeit des deutschen Nachrichtendienstes, der genaue Anzeichen dafür ermittelt hatte, daß die Invasion am 6. oder 7. Juni kommen werde, es aber versäumt hatte, alle zuständigen Dienststellen zu alarmieren.

Aus irgendwelchen Gründen wurden weder das OKW noch der Berghof, noch Generaloberst Dollmanns 7. Armee in der Normandie gewarnt. Das ist um so unerklärlicher, als die deutsche Abwehr in Paris die Geheimbotschaften der BBC analysiert hatte – allein am Nachmittag des 1. Juni wurden 125 Sprüche durchgegeben – und zu der Erkenntnis gelangt war, daß fast alle 28 Voralarmsprüche, die für Agententruppen bestimmt waren, in denen die Deutschen V-Männer hatten, sich an Widerstandsgruppen im Raum Normandie-Bretagne richteten.

Sehr viel schwerwiegender war die Fehleinschätzung der feindlichen Anfangsstärke in England. Hitlers neueste Information besagte, daß auf den Britischen Inseln neunzig Divisionen und 22 Brigaden unter Waffen stünden. Die wirkliche Zahl der für Landungsunternehmen verfügbaren Divisionen betrug jedoch nur 37. Die britische Täuschung war so erfolgreich, wie die Väter des Plans sich in ihren wildesten Träumen nicht erhofft hatten, denn einen ganzen weiteren Monat lang wagte Hitler nicht, alles, was er in Frankreich zur Verfügung hatte, in die Schlacht zu werfen, die in der Normandie tobte – weil er fürchtete, daß die »andere« Invasionsarmee des Feindes an anderer Stelle auftauchen könnte. Vorsichtig urteilte Rundstedt, daß das Normandie-Unternehmen doch »ernster Natur« sei, wie aus dem Einsatz von drei Luftlandedivisionen und mehreren Fallschirmbataillonen an der Wurzel der Halbinsel von Cherbourg hervorgehe; aber aus seinen Morgenfunksprüchen an Hitler geht einwandfrei hervor, daß nicht einmal er mit Sicherheit zu sagen vermochte, ob es sich um die wirkliche Invasion handelte oder nur um einen großangelegten Ablenkungsversuch. Gegen 14.30 Uhr gab Hitler die OKW-Panzer-Reserven frei.

Hitler und seine Truppenführer waren allzu zuversichtlich. In seinen Aufzeichnungen schrieb der Oberbefehlshaber der 15. Armee: »Um 6 Uhr vormittags, da es doch schon seit etwa 1½ Stunden taghell war, ließ ich durch den Chef nochmals bei AOK 7 anfragen, ob denn der Feind irgendwo gelandet sei. Auf diese Anfrage erhielt ich die Antwort, ›Vor der Küste liegen an verschiedenen Punkten Transporterflotten, große und kleine Kriegsschiffe. Mengen von Landungsbooten dabei. Bisher hat aber noch keine Landung stattgefunden.‹ Daraufhin habe ich mich in Ruhe schlafen gelegt und meinem Chef noch gesagt, ›Dann ist die Invasion bereits mißglückt!‹« »Die Nachrichten könnten gar nicht besser sein!« sagte Hitler an jenem Morgen zu Keitel. »Solange sie in England waren, konnten wir sie nicht fassen. Jetzt haben wir sie endlich dort, wo wir sie schlagen können.« Und zu Göring sagte er: »Hier landen sie – dort landen sie: genau, wo wir sie erwartet haben.« Obwohl eine grundsätzliche Weisung Görings vom Februar 1944 die sofortige Verlegung von 19 Jagdgruppen aus der Heimat nach dem Westen im Augenblick des Invasionsbeginns vorgesehen hatte, brachte es die Luftwaffe an jenem 6. Juni nur auf 319 Einsätze über Frankreich – der Feind flog 10 585 Einsätze; trotzdem versicherte das Oberkommando der Luftwaffe dem Führer, daß die Luftwaffe innerhalb von drei Tagen ihre Maximalstärke erreichen würde. Am 7. Juni schrieb Richthofen: »Kämpfe am Kanal werden von OKL immer noch sehr optimistisch bewertet.«

Erst am 8. Juni wirkte Görings Optimismus gedämpfter. Am Abend jenes Tages hatte er nur fünf Schlachtflieger und 95 Jäger kampfbereit. Achthundert Besatzungen standen bereit, aber es fehlten die Flugzeuge. Angesichts der totalen Luftüberlegenheit des Gegners über dem Brückenkopf scheiterte der Gegenangriff der OKW-Reserven und der 21. Panzerdivision. Das von Beobachtungsflugzeugen aus geleitete Feuer der schweren Geschütze feindlicher Kriegsschiffe, die vor der Küste lagen, erwies sich als tödlich. Generaloberst Guderian sagte einige Tage später in seinem Vortrag bei Hitler: »Selbst die größte Tapferkeit der Panzertruppe kann den Ausfall von zwei Wehrmachtteilen nicht ersetzen.« Alle seine Kräfte zusammenraffend, wolle Rundstedt am 11. Juni westlich Caen unter einer Feuerglocke, die das III. Flak-Korps errichten sollte, einen erneuten Gegenangriff beginnen; aber am Vorabend mußte er den Angriff absagen, weil ein feindlicher Panzerangriff in die Bereitstellung hineingestoßen war.

So war am 11. Juni der Optimismus in Frankreich – wenn auch noch nicht auf dem Berghof – verflogen. Es war jetzt klar, daß der Feind den Tiefwasserhafen Cherbourg gewinnen und dann vom Brückenkopf Normandie aus in das Herz Frankreichs vorstoßen wollte. Gelang es nicht, eine tragfähige und zusammenhängende Front aufzubauen, sagte Rundstedt, dann könnte sich der Führer einer Situation gegenübergestellt sehen, die »zu grundsätzlichen Entschlüssen« zwingt. Hitler befahl zwei SS-Panzerdivisionen, der 9. und der 10., die für einen Angriff auf einen kleinen russischen Frontvorsprung bei Kolomea bereitgestanden hatten, sofort mit der Eisenbahnverladung und dem Transport an die Invasionsfront zu beginnen. »Hätte ich die 9. und die 10. Panzer-Division der SS im Westen gehabt«, sagte er später, »wäre die Geschichte wahrscheinlich überhaupt nicht passiert.«

Am Nachmittag des 6. Juni hatte das OKW den Beginn des Angriffs auf London mit fliegenden Bomben befohlen. Zunächst mußten sechs Tage darauf verwendet werden, die schweren »Schleudern« aus ihren gutgetarnten Lagern in die betonierten Abschußstellen entlang der Kanalküste zu schaffen. Aber am 11. Juni stellte sich heraus, daß nicht alles so reibungslos ablief, wie es geplant war. Obwohl keine der Abschußstellen einsatzbereit war, beharrte das OKW darauf, daß der Angriff in der kommenden Nacht zu beginnen habe. Wie Hitler auf diesen Augenblick wartete! Hoch über sich am Himmel, in der Sonne blitzend, sah er die amerikanischen Bombergeschwader auf ihrem Weg von Italien zu den Zielen in Süddeutschland. In der Nacht flogen die Engländer aus der anderen Richtung kommend nach Österreich und Ungarn. Oft konnte man am Himmel den Widerschein der Brände sehen, die in München wüteten. Oft hatte seine Haushälterin ihn gebeten, die Einrichtung seiner Stadtwohnung in der Prinzregentenstraße nach auswärts verlagern zu lassen, aber er hatte sich geweigert: »Frau Winter, wir können kein schlechtes Beispiel geben.« Nach jedem erfolgreichen Angriff schimpfte er lauter und offener auf Görings Luftwaffe. Am 9. Juni starb Eva Brauns enger Freund, der Münchner Kammerspieler Heini Handschuhmacher, zusammen mit seiner Frau bei einem Bombenangriff. In Tränen aufgelöst kehrte Eva von der Beerdigung zurück und schilderte erregt das Elend der von den Angriffen heimgesuchten Bevölkerung. »Hitler hörte sie mit düsterem Gesicht an«, schrieb eine Sekretärin später, »schwor Vergeltung und versprach, mit den neuen Erfindungen der Luftwaffe alles hundertfach heimzuzahlen.«

In der Nacht zum 13. Juni begann der Angriff mit fliegenden Bomben auf London. Die Abschußanlagen waren noch immer nicht fertig, und es kam zu einem Fiasko. Von den nur zehn gestarteten V 1 stürzten vier sofort ab, zwei verschwanden spurlos, eine demolierte eine Eisenbahnbrücke in London, und die drei anderen schlugen irgendwo anders auf. Es vergingen zwei weitere Tage, während die Abschußanlagen sorgsam justiert wurden. Am späten Abend des 15. Juni wurde die Offensive wiederaufgenommen; bis Mittag des folgenden Tages wurden nicht weniger als 244 V 1 auf London abgeschossen; Aufklärungsflugzeuge meldeten Großbrände in der britischen Hauptstadt. Dieser neue Angriff kam für den Feind völlig überraschend. Die Bombardierung der V 1-Rampen erhielt jetzt Vorrang noch vor der Zerstörung deutscher Städte, Flugzeugwerke und Ölraffinerien. Hitler rief Milch an, um ihm persönlich zu gratulieren, und er befahl Speer wenige Tage später, bis auf weiteres die Fertigung der A4-Raketen zu drosseln und die dadurch frei werdenden Arbeitskräfte und Materialien in erster Linie der Produktionssteigerung der V 1 und in zweiter Linie des Strahlbombers Me 262 zuzuführen.

Am Abend des 16. Juni brachten vier Focke-Wulf Condor Hitler und seinen Stab nach Metz. Die gesamte Jagdwaffe entlang der Route hatte Startverbot, die Flakbatterien durften nicht feuern, um jeden Irrtum auszuschließen. Bei Tagesanbruch fuhr er dann, während Jäger die Straße Reims–Soissons schützten, nach W 2, dem bei Soissons errichteten Führerhauptquartier, um mit Rundstedt und Rommel die Lage zu besprechen und General Heinemann, den Kommandierenden General des V-Waffenkorps, zu beglückwünschen.

Hitler hat offenbar Rommel getadelt, und Rommel verteidigte sich mit der schlechten Bewaffnung und Ausrüstung der Divisionen in der Normandie – mit einem gewissen Recht, denn die besten Kräfte waren während des Frühlings von Zeitzler nach dem Osten abgezogen worden. Er stellte Hitler auch die erschreckende feindliche Luftüberlegenheit vor Augen.

Zwei Aspekte der bevorstehenden Schlacht wurden an jenem Tag besprochen, die Kampfführung auf der Halbinsel Cherbourg sowie ein künftiger Gegenangriff durch vier SS-Panzerdivisionen aus dem Raum westlich der Linie Caen-Falaise; es handelte sich hierbei um einen eigenen Vorschlag Hitlers. Um 10.00 Uhr hatte Rommels Stabschef Speidel den ersten Befehl über die Verteidigung Cherbourgs fernmündlich an die Heeresgruppe B durchgegeben: »Die Festung Cherbourg ist unter allen Umständen zu halten ... Eine Absetzbewegung in einem Zug hat zu unterbleiben.« Falls die Halbinsel durch den amerikanischen Vorstoß abgeschnitten wurde, sollten sich die Nordgruppen auf die Festung Cherbourg zurückkämpfen, und zwar unter Verzögerung des feindlichen Vormarsches durch Sperren, Minenfelder und Täuschungsversuche. Die auf diese Weise gewonnene Zeit sollte für das Anlegen großer Vorräte in der Festung für eine lange Belagerung und für die sofortige, vollständige Zerstörung des Hafens genutzt werden, damit der Feind ihn nie mehr benutzen konnte. Vor dem Gegenangriff der SS forderte Hitler eine klare Schwerpunktbildung in der Normandie östlich des Flusses Orne unter Schwächung der 1. und 19. Armee, aber nicht der 15. Armee Salmuths im Pas de Calais, wo nach Ansicht von Rommel und Rundstedt die »zweite Invasion« kommen werde. Kriegsmarine und Luftwaffe sollten gegen die schweren feindlichen Seestreitkräfte und deren Schiffsraum eingesetzt werden; der Einsatz der neuen Druckdosenminen wurde jetzt freigegeben. Beide Feldmarschälle waren von Heinemanns Vortrag über das V 1-Schießen sichtlich beeindruckt; den ganzen Vormittag lang hatten Hunderte feindlicher Bomber die Abschußstellen bombardiert, ohne jedoch nennenswerte Wirkung zu erzielen. Eine V 1 mit fehlerhafter Steuerung war mit ohrenbetäubendem Knall in etwa einem Kilometer Entfernung von W 2 detoniert. Am Spätnachmittag verließ Hitler Soissons wieder.

Am nächsten Abend traf auf dem Berghof die Nachricht ein, daß die Amerikaner einen breiten Keil bis an die Westküste der Halbinsel Cherbourg vorgetrieben hatten. Um 23.00 Uhr, bei der Abendlagebesprechung, fragte Hitler: »Sie haben jetzt ganz konkret gemeldet, sie seien durch. Sind sie nun durch oder nicht?« Jodl antwortete: »Jawohl, sie sind durch.« Trotzdem war Rommels nächster Lagebericht wieder von überschwenglichem Optimismus gekennzeichnet. Der Feind hatte zwar 25 Divisionen gelandet, jedoch mit schweren Verlusten; die französische Bevölkerung war noch weit überwiegend auf seiten der Deutschen. Admiral Friedrich Ruge, sein Marineverbindungsoffizier, staunte über Rommels neues Vertrauen seit dem Vortrag in Soissons und schrieb in sein Tagebuch, Hitler müsse »regelrechten Magnetismus« haben. Hitler vertraute jetzt auch darauf, daß die geheimen Druckdosenminen die »zweite Invasion« vereiteln würden; am 18. Juni verlangte er, daß Schnellboote ein paar Riegel Druckdosenminen vor Le Havre legten, »so daß er hier nicht auch das gleiche Theater machen kann!«

General Korten gab jetzt Befehl, daß drei Schwärme (12–15 Flugzeuge) der Me 262 an der Front zu erscheinen hätten, ganz gleich, ob sie von Soldaten oder Zivilisten, von Ingenieuren oder Offizieren gesteuert würden; drei weitere Maschinen dieses Typs sollten als Aufklärer eingesetzt werden. Auch die Produktion des schweren Bombers Heinkel He 177 sollte gesteigert werden. Am 20. Juni ging Hitler auf Speers Vorschlag ein und verfügte, daß die gesamte Flugzeugproduktion dem Rüstungsministerium unterstellt werde.

Seit die Russen Sewastopol gestürmt hatten, war im Osten nicht mehr viel geschehen. Einige Tage lang hatte Hitler Trost aus der bedeutungsvollen Tatsache bezogen, daß die Russen nicht gegen das deutsche Ostheer angetreten waren, um die Normandie-Invasion zu unterstützen. Aber Stalin würde seine Sommer-Offensive nicht auf ewig verschieben. Im Mai hatte man einen Feindschwerpunkt nur im Raum südlich Kowel entdecken können, wo Feldmarschall Models Heeresgruppe Nordukraine im April für

Entsatz gesorgt hatte. Im ganzen Mai hatte Model hier einen Angriff führen wollen, und zu diesem Zweck war ihm »vorübergehend« das LVI. Panzerkorps unterstellt worden – also fast sämtliche Panzer der Heeresgruppe Mitte. Am 11. Juni jedoch befahl Hitler, auf den Angriff bei Kowel zu verzichten; es galt jetzt, Divisionen an die normannische Front zu verlegen. Das hatte zur Folge, daß dem Feldmarschall Busch, dessen Heeresgruppe Mitte ursprünglich über 45 Divisionen verfügt hatte, nur noch 37 Divisionen für den Fall eines russischen Angriffs irgendwo an seiner 1100 Kilometer langen Front zur Verfügung standen.

Über die gesamte russische Front hatte sich eine Funkstille gelegt. Bei Hitler entstand der Verdacht, daß Stalin jetzt mit allen seinen Kräften die Heeresgruppe Mitte angreifen werde – aber im ganzen Mai hatte Gehlens Abteilung Fremde Heere Ost den sowjetischen Hauptschwerpunkt im Raum vor der Heeresgruppe Nordukraine (Model) gewittert. Für ihn war das eine Bestätigung dafür, daß der Gegner »an der Balkanlösung festhält«; selbst als gemeldet wurde, daß russische Verstärkungen von dort aus in den Bereich der Heeresgruppe Mitte verlegt würden, wollte Gehlen am 13. Juni nicht weiter gehen als zu erklären, daß die Rote Armee möglicherweise einen Fesselungsangriff gegen die Heeresgruppe Mitte führen werde. Am nächsten Tag meinten Zeitzler und Heusinger, sein Chef der Operations-Abteilung, daß die Hauptoperation des Feindes nach wie vor bei der Heeresgruppe Nordukraine zu erwarten sei, wo jetzt »zum ersten Mal Schwerpunkt gegen Schwerpunkt« stünde. Alle Anzeichen, die im Widerspruch dazu standen, nahm Zeitzler nicht zur Kenntnis. Am 17. Juni rief ihn das OKL direkt an, um ihn darauf hinzuweisen, daß sich bei Smolensk eine russische Offensive zusammenzubrauen scheine. Ein gefangener russischer Chiffrieroffizier sagte aus, daß drei sowjetische Jagdkorps im Raum Smolensk eingetroffen seien; schlagartig standen jetzt der Heeresgruppe Mitte mehr als 4500 sowjetische Flugzeuge gegenüber. Am 18. und 19. Juni befahl Hitler den Einsatz des IV. Fliegerkorps, der letzten großen deutschen Luftwaffenreserve im Osten, um die sowjetischen Armeen bei Gomel zu bombardieren; den wiederholten Vorschlag, das IV. Fliegerkorps wenigstens zum Teil für den Massen-Mineneinsatz nach Westen zu verlegen, lehnte er ab. Noch am 20. Juni beharrte Zeitzler auf seiner Überzeugung, daß die wirkliche russische Offensive in Kürze gegen Models Front beginnen werde.

Hitler war anderer Ansicht. Vom Berghof erhielt die Luftwaffe am nächsten Tag die folgende Information: »Heeresgruppe Mitte: Allgemeine Beurteilung, daß wahrscheinlich der erwartete Angriff morgen beginnen wird.« Am 22. Juni befahl Hitler gegen 2.00 Uhr morgens noch einmal, die Luftflotte 6 zu alarmieren, daß in den frühen Morgenstunden mit dem erwarteten russischen Großangriff zu rechnen sei.

Hitlers Gast bei den Berghof-Lagebesprechungen vom 21. und 22. Juni war

Generaloberst Dietl, Kommandeur der 20. Gebirgsarmee in Lappland. Seit Februar waren Hitler geheime sowjetisch-finnische Waffenstillstandsverhandlungen bekannt, aber sie waren im März abgebrochen worden, weil die Russen Bedingungen stellten, die für die Finnen unannehmbar waren. Von dem Verdacht erfüllt, daß die finnische Regierung jeden Augenblick aus dem Krieg ausscheiden könnte, befahl Hitler im April die Sperrung aller Waffen- und Flugzeuglieferungen an Finnland, und als Marschall Mannerheim ihm einen Monat darauf versicherte, daß diese Waffen niemals in russische Hände fallen würden, meinte Hitler im vertraulichen Gespräch mit seinem Stab, auf derlei »platonische Versicherungen« könne man nichts geben. Mannerheims entschlossener Widerstand gegen die russische Offensive vom 10. Juni an der karelischen Landenge beeindruckte ihn jedoch, und zwei Tage später entschied Hitler: »Solange der Finne kämpft, wird er unterstützt. Sobald er verhandelt, werden die Lieferungen gesperrt.« Er befahl Göring, eine Jagdgruppe nach Helsinki zu verlegen, und Guderian, eine Sturmgeschützabteilung bereitzustellen.

Bei der Abendlage am 21. Juni zeigte er sich sehr erbittert über Mannerheims Entschluß, die vorderen Stellungen aufzugeben. Dietl schlug mit der Faust auf den Tisch und rief, Hitlers harte Worte wären typisch vom grünen Tisch gesprochen ohne jede örtliche Sachkenntnis; er werde nach Finnland zurückfliegen und Mannerheim sagen, er pflichte ihm voll bei. Als der Generaloberst die Große Halle verlassen hatte, wandte sich Hitler an seine Umgebung, die starr vor Staunen war, und bemerkte: »Meine Herren, so wünsche ich mir meine Generale!«

Dietl und seine Kommandierenden Generale hatten zwei Tage auf der SS-Ordensburg Sonthofen verbracht, wo sie sich Vorträge von Keitel, Rosenberg und Himmler anhörten.

Am Nachmittag des 22. Juni hörten dieselben Generale auf dem Obersalzberg eine geheime Ansprache Hitlers über das Wesen von Krieg und Revolution. Unter oft stürmischem Beifall führte Hitler aus, daß im Krieg wie in der Natur der Stärkere Sieger bleibt und der Schwächere unterliegt. »Wenn das Volk dieses ewige Gesetz nicht klar vor Augen als solches hat, wird es ausgerottet wie viele andere ... Es kann auch im heutigen Deutschland keine Revolution geben. Der Jude ist weg, und den, der wirklich bei uns etwas kann, der führen kann, habe ich mir längst herausgesucht, der sitzt irgendwo ohne Rücksicht auf seine Herkunft bereits in einer führenden Stelle darinnen.« Wenn sich irgendwer jetzt zum Schaden Deutschlands an die Außenwelt wenden würde, der würde vom Gerichtshof sofort zum Tod verurteilt werden. Die Generale spendeten wilden Beifall, als Hitler von dem »kleinen Wurm« sprach, »der mit seiner kleinen Faustpatrone in seinem Loch liegt und von 10 oder 12 Panzern angegriffen wird«, während sogenannte Demokraten in der Heimat die Kapitulation seines Landes vorbereiteten. »Denn man kann nicht verlangen, daß der brave kleine Musketier sich vorn totschießen läßt, während andere Leute im selben

Augenblick hier einen Akt begehen, der nichts anderes ist als Verrat am Opfer dieser Menschen.« »Man sagt mir oft, indem man auf den kleinen Mann da draußen hinweist: Hören Sie, wie wird Ihnen jetzt? Ich kann sagen, ich habe schlaflose Nächte, selbstverständlich, aber keine Sekunde habe ich einen Zweifel, daß wir jede Gefahr am Ende eben trotzdem meistern werden. Ich habe noch nicht meinen letzten Appell an die deutsche Nation gerichtet!« Die Generale antworteten mit lebhaftem Beifall und Heilrufen.

Das Flugzeug, das Dietl und seine Generale nach Lappland zurückbringen sollte, stürzte wenige Stunden später ab; alle Insassen der Maschine fanden den Tod. Von der Furcht besessen, daß der Verlust dieser Männer den letzten Anstoß zu Finnlands Ausscheiden aus dem Krieg geben könne, befahl Hitler strengstes Stillschweigen, bis Ribbentrops Mission in Helsinki – er erhielt die persönliche Verpflichtung des finnischen Staatspräsidenten Ryti, daß man jeden Sonderfrieden mit der UdSSR ablehnen werde – erfolgreich abgeschlossen sein würde. Dietls Kommandierende Generale wurden von der Partei in aller Stille in Klagenfurt beigesetzt; Hitler selbst nahm am 21. Juli an dem Staatsakt für Dietl in Salzburg teil.

Der Verlust von Cherbourg wog schwer. Für Hitler war es ein Rätsel. Jodl hatte sich positiv über General von Schlieben, den Festungskommandanten, geäußert, und Hitler hatte ihm am 21. Juni funken lassen: »Ich erwarte von Ihnen, daß Sie diesen Kampf führen wie einst Gneisenau die Verteidigung Kolbergs.« Aber schon in der Nacht darauf verlangte der General dringend Luftversorgung, was Hitler bei der Mittagslage vom 22. Juni zu der ungehaltenen Äußerung veranlaßte, daß man zwei Jahre Zeit gehabt habe, Vorratslager in Cherbourg anzulegen, und nun sei man knapp zwei Tage eingeschlossen und schreie schon nach Versorgung aus der Luft. Erst jetzt erfuhr er, daß sich weit weniger deutsche Truppen in der Festung befanden, als er befohlen hatte.
Hitler zog verzweifelte Maßnahmen in Erwägung – einen Gegenstoß in den Rücken des Cherbourg angreifenden US-Korps, was Rundstedt auf der Stelle als aussichtslos zurückwies, oder aber das Absetzen von 3000 Fallschirmjägern. General Student war dazu bereit, aber das OKL nicht, es sei denn, man könne einen Vollmond arrangieren. Hitler tobte: »Es müßte doch möglich sein, daß 3000 Mann ins eigene Gebiet abgesetzt werden könnten!« Am Nachmittag des 25. Juni erschien eine anglo-amerikanische Schlachtflotte vor der Küste und begann mit einer schweren Beschießung der Hafenstadt. Um 19.32 Uhr meldeten Schliebens Funker: »Letzter Kampf um Cherbourg entbrannt. General kämpft bei Truppe. Es lebe Führer und Deutschland.« Dann kam das Signal CL – wir schließen unsere Funkstelle – und: »Heil dem Führer. Heil Deutschland!«

»Wenn mir einer sagt: Ja, nun ist der Engländer in Cherbourg gelandet...

kann ich nur sagen: Sie sehen damit den Beginn der Rückeroberung von Frankreich, ich sehe es aber nun anders.« So versuchte Hitler seine Generale zu beruhigen. »Wir haben ihn doch aus Frankreich hinausgejagt, und das ist der letzte Platz, wo er noch sitzt. Denn als wir den Krieg begannen, waren doch nicht wir in Frankreich, sondern der andere... Der andere war an unserer Ostgrenze kaum 150 Kilometer von Berlin entfernt.«

In gewisser Weise war es nur gut, daß die Deutschen jetzt wie gebannt nach Westen starrten, denn die Ereignisse im Osten waren weitaus schlimmer. Hier hatte eine russische Offensive am 22. Juni täuschend milde begonnen. Es gab Infanterieangriffe in Kompaniestärke gegen die Heeresgruppe Mitte des Feldmarschall Busch; zwei kleinere Fronteinbrüche beiderseits Witebsk konnten von den Deutschen nicht sogleich abgeriegelt werden. Aber dann waren starke russische Panzerverbände erschienen und hatten sich durch die beiden Fronteinbrüche ergossen, während russische Schlachtflieger in überwältigender Stärke die deutsche Artillerie außer Gefecht setzten; an jenem 22. Juni verfügte die Luftflotte 6 nur über vierzig einsatzbereite Jäger. Am 25. Juni zeichnete sich die Umfassung der Masse der 9. Armee und der ganzen 4. Armee durch die Rote Armee ab. In dem Glauben, die Katastrophe könne doch noch einmal abgewendet werden, lehnte Hitler die dringenden Appelle von Busch und Zeitzler ab, die zu »festen Plätze« erklärten Städte Witebsk, Orscha, Mogilew und Bobruisk aufzugeben, solange es noch Zeit sei; Busch verlor sechs Divisionen durch die Verteidigung dieser Städte. Er erschien auf dem Berghof und forderte, auch die Heeresgruppe Nord zurückzunehmen, um Kräfte für seine eigene Front freizustellen. Aber Mannerheim hatte gerade Finnlands absolute Loyalität versichert, und Hitler mochte ihn nicht im Stich lassen. Himmler gab Busch die Schuld an dem »mir völlig unverständlichen Einbruch« bei der Heeresgruppe Mitte: »Es ist dort meines Erachtens zu weich und zu müde geführt worden«, schrieb er am 26. Juni. Hitler war anscheinend der gleichen Meinung, denn zwei Tage später entließ er den Feldmarschall. Noch in dieser selben Woche sollten andere Busch folgen, und am Ende der Woche war Hitler sogar sein eigener Generalstabschef, denn auch Generaloberst Zeitzler war verschwunden – entweder erkrankt oder gekränkt durch das, was um ihn herum geschah.

Auf dem Berghof hatte die Feindseligkeit gegenüber Zeitzler von Tag zu Tag zugenommen. Der endgültige Zusammenstoß kam am 30. Juni, als Zeitzler Hitler beschwor, die Heeresgruppe Nord, solange es noch Zeit war, auf die kürzere Linie Dünaburg-Riga zurückzunehmen. Buschs Nachfolger, Model, und Generaloberst Lindemann unterstützten Zeitzler aus der Ferne, aber Hitler wollte nichts davon hören; Finnland in die Arme Stalins zu werfen, würde Deutschland seiner letzten Nickelquellen berauben. »Ich trage die Verantwortung, nicht Sie«, sagte er mit äußerster Schärfe zu Zeitzler. Unbeeindruckt erwiderte Zeitzler, daß nach der offensichtlich geglückten Invasion in Frankreich der Krieg militärisch nicht mehr zu gewinnen sei; er schlug die Ernennung des Reichsführers SS Himmler zum »Heimatdiktator« vor, um die zur totalen Kriegführung erforderlichen Maßnahmen zu erzwingen. Das allein werde die neuen Menschenmassen mobilisieren, die die Ostfront jetzt benötige. Hitler sagte mit eiskalter Stimme: »Also Kritik von unten und keine Kritik von oben!« Das war für ihn der schwerste überhaupt denkbare Verstoß gegen das nationalsozialistische Führerprinzip. Zeitzler verabschiedete sich grußlos und erlitt später an diesem Tag einen vollständigen psychisch-physischen Zusammenbruch. Hitler hat ihn nie wiedergesehen.

Auch Rundstedt, der Oberbefehlshaber West, stand seit langem auf der schwarzen Liste. Schon seit dem 26. Juni wohnte Feldmarschall von Kluge auf Hitlers Einladung als präsumptiver Nachfolger Rundstedts den Lagebesprechungen auf dem Berghof bei, so daß er reichlich Gelegenheit hatte, sich von Hitlers gezwungenem Optimismus durchtränken zu lassen. Hitler machte Kluge mit der mörderischen Flugbombe V 1 vertraut und setzte ihm ihre strategische Aufgabe auseinander. Schon sei der Feind gezwungen, im südenglischen Raum laufend 250 Jagdflugzeuge als Patrouille gegen die V 1 ständig in der Luft zu halten; um die Verwirrung zu steigern, habe er befohlen, die V 1 mit dem gleichen schwarz-weißen Tarnanstrich zu versehen, den der Feind seinen Invasionsflugzeugen gegeben habe.

Am 26. Juni ließ er die Beschießung Londons mit der V 1 verstärken, weil er hoffte, den Feind so zu einer für ihn verhängnisvollen »zweiten Invasion« am Pas de Calais zwingen zu können; und als das OKL vorschlug, pro Monat 250 V 1 mit dem besonders wirksamen Sprengstoff Trialen zu füllen, ordnete Hitler die monatliche Fertigung der zehnfachen Menge an. »Die starke Bombardierung unserer Stellungen durch die gegnerische Luftwaffe ist der beste Beweis für die Wirkung unserer Waffe, mein Führer!« versicherten zwei Offiziere des V 1-Regiments bei einem Vortrag auf dem Berghof am 29. Juni. In jener Nacht verließ die zweitausendste Flugbombe das Katapult in Richtung London.

Die neueste, entmutigende Lagebeurteilung übermittelt von Rommels Hauptquartier besagte, daß etwa dreißig feindliche Divisionen schon in der Normandie gelandet seien und daß mindestens *siebenundsechzig* weitere Großverbände in England bereitstünden.* Diese Phantom-Invasionsarmee überschattete Hitlers Lagebesprechungen. Am 29. Juni fand er sich endgültig mit der Tatsache ab, daß er sich nun auch in Frankreich in der Defensive befand; daß es Rommels primäre Aufgabe sein müsse, den Durchbruch des Feindes ins flache Land mit Richtung Paris zu verhindern; und daß der Haupt-Gegenangriff auf den Landekopf unter General der Panzertruppe Geyr von Schweppenburg von vornherein zum Scheitern verurteilt sei,

---

* Tatsächlich waren nur noch 15 Divisionen in England, und sie erwarteten die Einschiffung nach der Normandie.

sofern nicht ganz bestimmte Grundvoraussetzungen erfüllt waren. Diese Voraussetzungen zählte er zunächst gegenüber Rundstedt und Rommel auf und dann, am Abend, auch gegenüber Dönitz, Göring und Sperrle. Erstens müßten die schweren feindlichen Seestreitkräfte und Transporter vertrieben oder versenkt werden. Hitler schlug die rücksichtslose Verlegung der neuen Druckdosenminen in den Küstengewässern vor; es müsse Sperre um Sperre gelegt werden mit der »Sturheit einer Bulldogge«: »Denn es ist unvergleichlich viel wirkungsvoller, eine ganze Schiffsladung zu versenken, als nachher an Land das ausgeladene Personal und Material einzeln bekämpfen zu müssen«, sagte er. Er empfahl die rücksichtslose Anwendung jeder verfügbaren Waffe – des Kreistorpedos der Luftwaffe, des Schnorchel-U-Bootes, des ferngelenkten Überwassersprengbootes, der bemannten V 1.* Die zweite Voraussetzung sei der Masseneinsatz von LKW-Transportraum; notfalls müßten eben in Frankreich alle brauchbaren Busse und Lastwagen rigoros beschlagnahmt werden, wenn ihm die ausreichende Versorgung vorenthalten werde; Hitler forderte die Luftwaffe auf, bestimmte »Konvoi-Versorgungsstraßen« zum Landekopf einzurichten und sie mit leichter Flak sowie Jäger- und Jagdbomberschutz stark zu sichern.

Die Tatsache, daß sein Oberbefehlshaber West aus eigener Initiative zu keiner dieser relativ einfachen Entscheidungen gelangt war, führte er als überzeugendes Argument gegen die Ernennung eines Oberbefehlshabers Ost an. Wie oft sollte Hitler in den nun folgenden Monaten beklagen, daß er sich selbst um »jeden Kleinkram« kümmern müsse. Im vertraulichen Gespräch gab Hitler den französischen Frauen, dem guten Essen und dem Alkohol die Schuld an der Verweichlichung seiner Armeen im Westen.

Rundstedts Pessimismus zeigte sich in aller Deutlichkeit am 1. Juli, als er die Ansicht mitteilte, daß ein Gegenangriff nicht mehr möglich sei. Er empfahl die Aufgabe des Brückenkopfes Caen – Hauptschwerpunkt des feindlichen Angriffs – und die Zurücknahme der Front, um die eigenen Truppen dem Feuer der feindlichen Schiffsgeschütze zu entziehen. Eine ähnliche Lagebeurteilung durch General Geyr von Schweppenburg legte er bei. Jodl wies darauf hin, daß die Rundstedt/Geyr-Vorschläge als erster Schritt zu einer katastrophalen Räumung Frankreichs gewertet werden müßten. Man habe nur zwei Möglichkeiten: entweder Räumung oder Durchkämpfen der Entscheidungsschlacht mit letztem Einsatz und unter Inkaufnahme des damit verbundenen Risikos. Am Abend erhielt Rommel von Hitler den herkömmlichen Befehl, »die augenblicklichen Stellungen sind zu halten. Durch zähe Verteidigung oder durch örtliche Gegenangriffe ist jeder weitere feindliche Durchbruch zu verhindern.« Rundstedt wurde entlassen – Hitler schickte ihm seinen Heeresadjutanten, Oberst-

---

* Nach dem Krieg wurden etwa tausend V 1 mit eingebauter Pilotenkanzel in einem Depot südlich von Hamburg gefunden.

leutnant i. G. Borgmann, der ihm im Auftrag des Führers das Eichenlaub zum Ritterkreuz und gleichzeitig den »blauen Brief« überreichte – und Kluge trat an seine Stelle.

Schwerste Rückschläge hatten Hitler die Lehre erteilt, die die Engländer schon 1940 hatte erfahren müssen – daß der Schlüssel zum Sieg in der Luftherrschaft lag. In vier Monaten hoffte er diese wiedererlangen zu können.

Hitlers Unzufriedenheit mit der Bomberwaffe hatte schon am 20. zu schwelen begonnen, als er mit Milch und Saur eingehend besprach, wie man in kürzester Zeit die Fertigung von Me 262 auf 1000 im Monat bringen könnte. Ein paar Tage später kam es zu einem Zornesausbruch im Zusammenhang mit der zweimotorigen Heinkel 177: Sie sei auf einem technischen Tiefstand, zu empfindlich, und ständig gebe es Abstürze. Ihr Treibstoffverbrauch war so hoch, daß sie in Deutschland keine Zukunft haben konnte, wo eine ernste Treibstoffkrise im Anzug war. Erst am 25. Juni erfuhr er, daß die viermotorige Ausführung der Heinkel 177 frühestens 1946 einsatzbereit sein würde! Hitler rief Saur an und fragte: »Wie viele Jäger könnten statt der He 177 gebaut werden?« Saur antwortete: »Mit 5000 Menschen, die jetzt für 200 He 177 eingesetzt sind, können tausend Jäger gebaut werden.« In der Lagebesprechung des nächsten Tages wiederholte Hitler: »Es kommt in unserer Lage darauf an, Jäger und nochmals Jäger zu bauen. Dazu Schnellbomber. Der Luftschirm über der Heimat und der eigenen Infanterie muß endlich sichergestellt sein. Der damit verbundene langjährige Verzicht auf eine operative Luftwaffe muß in Kauf genommen werden.«

Auf einer Lagebesprechung um Mitternacht fragte Hitler den Chef des Stabes Guderians, Oberst Wolfgang Thomale, ob er an der Invasionsfront die deutsche Luftwaffe gesehen habe. Thomale gab zur Antwort: »Nein, lediglich zwei deutsche Jäger wurden zwischen Paris und Chartres gesehen.« Dies war der Hintergrund für Hitlers endgültige Entscheidung, die am 1. Juli bekanntgegeben wurde: fast die gesamte Bomberproduktion einzustellen. General Koller gab mit Nachdruck zu bedenken, daß, falls man nur Jäger produziere, es in Zukunft weder Luftmineneinsatz noch Lufttorpedos, noch Luftstarts der V 1, noch Operationen des IV. Fliegerkorps im Osten geben würde. So befahl Hitler dann lediglich die Streichung der He 177 – aber diese Entscheidung war endgültig.

Nach der Lagebesprechung am 2. Juli fragte er Saur telefonisch, in welchem Maße jetzt die Jägerproduktion ansteigen werde. »Im Juli«, erwiderte Saur, »hoffe ich die 3000-Grenze zu erreichen. Dann im August 3300 und fortlaufend monatlich um 300 steigend bis Dezember auf 4500.« Als er den Hörer auflegte, lautete für Hitler die strategische Frage: Würde es gelingen, die Hauptkampflinien fern von den Reichsgrenzen aufrechtzuerhalten, bis diese Produktionszahlen erreicht waren?

Am 3. Juli hielt er Kesselring einen Vortrag, als der Feldmarschall sich auf

dem Berghof meldete. Nach wochenlang hart erkämpften Rückzügen hatte Kesselring den Vormarsch des Feindes in Italien zum Stillstand gebracht. Ein General schrieb an jenem Tag:
»Führer macht dazu grundlegende Ausführungen und legt dar, daß um jeden Quadratmeter Boden gekämpft werden muß, weil für uns der Zeitgewinn alles bedeutet. Je länger wir den Feind an der Peripherie halten können, desto besser. Das wird vielleicht manchmal der einzelne Soldat und die subalternen Führer nicht verstehen, warum er auf den Abruzzen statt auf dem Apennin zu kämpfen habe, aber die oberste Führung muß es verstehen und im Interesse der deutschen Aktion ohne Rücksicht auf den einzelnen Soldaten fordern.
Kesselring fürchtet in der jetzigen Stellung, wenn zu lange gehalten wird, durchbrochen zu werden und möchte darum frühzeitig auf die Apennin-Stellung ausweichen. Führer möchte das so lange wie möglich hinausgeschoben wissen ... Hinsichtlich Luftlage wird vom Führer erneut darauf hingewiesen, wie gewaltig die Lage anders wäre, wenn wir die Luftüberlegenheit besäßen, so, wie wir sie einmal gehabt haben. Wir werden sie, wenigstes teilweise, wieder zurückgewinnen, aber dazu brauchen wir eben Zeit und dürfen nicht den Boden vorher aufgeben.«

Im Osten war der katastrophale Zusammenbruch der Heeresgruppe Mitte nahezu vollkommen. Auf der Mittagslage vom 6. Juli 1944 wies Hitler aufs neue die Auffassung Models zurück, daß durch die Zurücknahme der Heeresgruppe Nord vier Divisionen freigestellt werden könnten; vielmehr würde die Heeresgruppe ihre ausgebauten Stellungen, schwere Waffen und Material verlieren. Hitler wandte sich General Heusinger zu und fragte ihn leise nach den Verlusten, die in den zwei Wochen in der Mitte eingetreten seien, und erhielt die Antwort: »Der Gesamtverlust wird sich auf achtundzwanzig Divisionen belaufen.«
Später erinnerte Hitler sich: »Ich darf wohl sagen: eine größere Krise ... kann man sich nicht vorstellen. Als Feldmarschall Model kam, war tatsächlich die Heeresgruppe Mitte nur ein Loch. Da war mehr Loch als Front, dann war endlich mehr Front als Loch.« Er hatte allerdings Model einen Kampfauftrag gegeben, der realistischer war als die Weisung, die sein Vorgänger erhalten hatte. Die »Festen Plätze« sollten nur so lange gehalten werden, bis der Aufbau einer zusammenhängenden Verteidigungsfront weiter rückwärts gelungen war.
Zunächst war die Ursache dieser Katastrophe ein Rätsel. Falsche strategische Beurteilung allein war nicht schuld; ernster war die praktische Wirkungslosigkeit der Luftwaffe, die gelähmt war durch den ernsthaften Treibstoffmangel. Die besorgniserregendste Ursache des Versagens aber war die plötzliche Kampfmüdigkeit bei führenden Heeresoffizieren. General Jodl sagte wenig später: »Praktisch die ganze Heeresgruppe Mitte hat im vergangenen Sommer kapituliert.« Es gab Beweise dafür, daß »Seydlitz-Offiziere«

in deutschen Uniformen falsche Befehle ausgegeben hatten, um die Verteidigung der Heeresgruppe zu sabotieren. Nach der am 8. Juli erfolgten Kapitulation der 4. Armee bekam Hitler einen Befehl von General Vinzenz Müller vom XII. Armeekorps zu Gesicht, in dem an die Soldaten dieser Armee die Aufforderung gerichtet wurde: »Schluß mit dem aussichtslosen Blutvergießen!«* »Die russische Führung hat zugesagt: a) Fürsorge für die Verwundeten, b) die Offiziere dürfen Stichwaffen und Orden behalten, die Soldaten die Orden. Gefordert wird: Sämtliche Waffen und Ausrüstungen sind zu sammeln und in gutem Zustand zu übergeben.« Zwei Wochen später unterzeichneten Müller und weitere 15 Generale der Heeresgruppe Mitte einen Aufruf, in dem die Generale angeschwärzt wurden, die das Reich weiterhin verteidigten. Wenig später appellierten dieselben Generale, unterstützt von Paulus und Seydlitz, an die Offiziere der Heeresgruppe Nord, Hitlers mörderische Befehle zum Durchhalten nicht zu befolgen. »Jetzt begreife ich«, sagte Hitler, »daß wir in der Mitte furchtbare Dinge erleben mußten, die sich erst heute allmählich klären.«

Der Zusammenbruch hatte die Rote Armee bis an die Grenzen Ostpreußens selbst vordringen lassen. Vor ihr her schleppten sich elende Flüchtlingstrecks und überschwemmten die ganze Provinz. »Wann wird das erste Einsatzkommando von 15 Me 262 fertig?« fragte Hitler ungeduldig am 2. Juli.
Er hatte die Hoffnung noch immer nicht aufgegeben. Am Abend des 5. Juli beschloß er, fünfzehn neue Heeresdivisionen in beispiellos kurzer Frist als »Sperrverbände« aufstellen zu lassen. Diesen Plan gab er Himmler, Speer und Buhle am nächsten Tag auf dem Berghof bekannt. Speers Rüstungsfabriken müßten sofort 50 000 ihrer jungen uk-Gestellten abgeben. Der Reichsführer SS werde vorläufig die Ausbildung von sechs dieser Sperrdivisionen überwachen. Außerdem sollten zehn gepanzerte Kampfgruppen aufgestellt werden, jede als Notlösung mit etwa 50 Panzern ausgerüstet. Hitler wies Saur an, in einer Gewaltaktion die erforderliche Infanterie-Ausrüstung und -bewaffnung herzustellen.
Auf dieser Sonderbesprechung und einer weiteren, die gegen Mitternacht einberufen wurde, bemerkte Hitler denselben einarmigen Obersten, der ihm schon vor einem Monat auf dem Berghof aufgefallen war – er trug eine schwarze Augenklappe über einem Auge und an seiner Hand fehlten zwei Finger; Schmundt hatte diesen Generalstabsoffizier als besonders energischen, ja fanatischen Stabschef für Generaloberst Fromm ausgewählt. Dieses Mal trug der Oberst eine dicke gelbe Ledertasche.

---

* Der 50jährige Müller gehörte dem kleinen Verräterkreis um Hans Oster bereits im Jahre 1939 an. Nach dem Krieg lebte er in der sowjetischen Besatzungszone, wo seine Erinnerungen »Ich fand das wahre Vaterland« publiziert wurden.

Am frühen Morgen des 9. Juli flog Hitler wieder nach Rastenburg. Ein Fernschreiben von Gauleiter Koch war gekommen, mit der Mahnung, daß des Führers persönliche Anwesenheit in Ostpreußen unerläßlich für die Stärkung der Moral der Zivilbevölkerung sei. Hitler nahm Himmler, Keitel, Dönitz, Jodl und Korten mit; von der Ostfront kamen Model, Generaloberst Friessner (Heeresgruppe Nord) und Generaloberst Ritter von Greim. In der Wolfsschanze herrschte lärmende Betriebsamkeit, denn die Luftschutz-Verstärkungsarbeiten an den Bunkern waren noch nicht abgeschlossen. Wieder schloß Hitler jede Schwächung der Heeresgruppe Nord aus – darin unterstützt von Großadmiral Dönitz. Hitler versprach Model die Zuführung der ersten neuen Divisionen bis zum 17. Juli, und er führte aus, wie er die verlorenen 28 Divisionen der Mitte ersetzen werde; ein Teil der neuen Divisionen werde in der zweiten Julihälfte eintreffen, die restlichen jedoch nicht vor Ende August; drei aufgefrischte Krimdivisionen würden folgen, und ihnen würden sich zwei Divisionen aus Norwegen zugesellen sowie die 6. und die 19. Panzerdivision. Gauleiter Koch und der Partei werde der Bau der ostpreußischen Grenzstellung übertragen. Im ganzen sahen sowohl Model als auch Friessner die Lage bei den Heeresgruppen Mitte und Nord optimistisch; aber in zwei Tagen, vielleicht eher, vielleicht später, sagte Model, erwarte er einen Angriff der Russen gegen seine andere Heeresgruppe, nämlich die Heeresgruppe Nord Ukraine, bei Kowel.

Beruhigt flog Hitler an jenem Abend wieder nach dem Berghof. General Korten hatte ihm gemeldet, daß die ersten vier Blitzbomber Me 262 in acht bis zehn Tagen den Landekopf angreifen würden. »Besonders die Angelsachsen sind gewohnt, nur unter dem Schutz stärksten Lufteinsatzes vorzugehen«, sagte Hitler. »Daher kommt alles auf unser Jägerprogramm an. Wir müssen es aufs äußerste geheimhalten und gründlich aufstocken. Dann wird der Gegner staunen, wenn sich das Blatt in bezug auf die Luftherrschaft in etwa vier Monaten zu wenden beginnt.«

Doch dann packte ihn wieder eine Stimmung tiefster Verzweiflung, und er beschloß, sofort nach Rastenburg zurückzukehren. Der Kampf um Wilna, die letzte Bastion vor Ostpreußen, hatte gerade begonnen. Der Defaitismus, den er beim Generalstab zu entdecken meinte, führte ihn zu der Ansicht, daß nur seine physische Präsenz in Ostpreußen eine Niederlage verhindern könne. Bei der Mittagslage auf dem Berghof am 11. Juli räumten Model und Friessner jetzt ein, daß sie in ihrer Schilderung vom 9. Juli, vielleicht zu optimistisch gewesen seien. Der Oberst mit der gelben Aktentasche war wieder erschienen, um Vortrag über die fünfzehn neuen Sperrdivisionen zu halten, die jetzt die Bezeichnung »Grenadier-Divisionen« erhalten hatten; da jedoch Himmler nicht eintraf, ging er unverrichteterdinge wieder.

Am 13. Juli sprach Hitler auf dem Berghof zu den Kommandeuren und Stabsoffizieren, die für diese fünfzehn Divisionen und für die zehn Panzer-

gruppen vorgesehen waren; sein Publikum bestand alles in allem aus rund 160 Mann. An jenem Morgen hatte Marschall Koniews Großangriff auf die Heeresgruppe Nord-Ukraine begonnen; Wilna war gefallen, und Hitler ließ Waffen-SS-Verbände auf dem Luftwege zur Verteidigung von Kowno (Kaunas) herbeibringen, der letzten Stadt vor der Grenze.
Am nächsten Morgen würde er selbst nach Rastenburg zurückkehren. In gedrückter Stimmung wanderte er durch die Räume des Berghofs. Er hatte ein ungutes Gefühl. Mehrere Wochen später erzählte er Morell, daß er beim Weggang vom Berghof »eine Vorahnung« gehabt hätte, daß er in Kürze in größte Lebensgefahr käme. »Er habe dies auch beim Abschied E[va Braun] mitgeteilt und noch jemandem und auch dahingehende Dispositionen getroffen.« Als er sich von den Damen seines Begleitarztes und seines Luftwaffenadjutanten in der Großen Halle verabschiedete, begann Frau Brandt zu weinen; Frau von Below sagte zuversichtlich: »Aber mein Führer, Sie kommen doch in ein paar Wochen wieder her!« Hitler antwortete nicht.

»Ich werde ein Exempel statuieren«

Tausende von OT-Arbeitern schufteten noch an der Verwandlung des Führerhauptquartiers in eine gewaltige Festung, als Hitlers Focke-Wulf 200 »Condor« auf dem Flugplatz Rastenburg aufsetzte. Die schweren Betonklötze der Bunker, die nun aus den Bäumen aufragten, waren mit Gras und Bäumen auf den Dächern sachkundig gegen feindliche Luftaufklärer getarnt. »Es ist doch wieder schön hier«, schrieb FHQu-Stenograf Karl Thöt in sein Privattagebuch. »Die Anlage prangt in saftigem Grün, und der Wald atmet eine herrliche Ruhe. Die Holzbaracken ... haben mittlerweile durch starke Ummauerung einen ausreichenden Splitterschutz erhalten.« Die Mittagslagebesprechungen wurden in eine dieser mit grauem Tarnanstrich versehenen Holzbaracken verlegt, die sich etwa 40 Meter westlich seines vorläufigen Bunkers befanden; an der Stirnseite der Baracke war durch Entfernung der Zwischenwände ein 12,5 × 5 Meter großer Lageraum geschaffen worden. Dadurch hatte der Raum jetzt Fenster nach den drei Außenseiten – er war hell und luftig, und man atmete den Duft der umliegenden Wälder.«
Zum ersten Mal hatten Keitel und Generaloberst Fromm jetzt mit Bormann Besprechungen über das Zusammenwirken mit Parteidienststellen für den Fall geführt, daß die Kampfhandlungen auf das Reichsgebiet übergriffen. Endlich hatte Hitler sich den Forderungen gebeugt, die Theorie des totalen Kriegseinsatzes wirklich in die Tat umsetzen zu lassen. Am 18. Juli schrieb Goebbels einen 17 Seiten langen Brief an Hitler, in dem er Klage über die mangelhafte Nutzung der gewaltigen Arbeitskraftreserven des Reiches führte: In diesem Augenblick, da man sich anschicke, den Boden Ostpreußens zu verteidigen, bringe jede Post in Berlin neue Einladungen für offizielle Empfänge, Gesellschaften, Spiele oder Theateraufführungen. Goebbels' Vorschlag sei: Der Führer solle einem einzigen Mann, dem er traue, die absolute Macht geben, jedes Problem mit den angemessenen Mitteln schnellstens zu lösen ... Immer, wenn er Hitler sehe, schaue er ihm ins Gesicht, um seinen Gesundheitszustand festzustellen. Als Hitler zum Staatsbegräbnis von Generaloberst Hube nach Berlin geflogen sei und den Abschuß durch amerikanische Jäger riskiert habe, sei er von Furcht geschüttelt worden, er gestehe es. Er allein, der Führer, sei der Garant für den Sieg.
Dies war zweifellos richtig. Niemand besaß soviel Autorität im deutschen Volk wie Hitler, auch in diesen düsteren Schicksalstagen. Wenn er jetzt aufgab, könnte nichts und niemand den sowjetischen Vormarsch aufhalten, am wenigsten seine nörgelnden Generale. Aber die Deutschen warteten

noch auf Hitlers letzten Aufruf. Goebbels flehte ihn an: Als Churchill nach Dünkirchen ganz England zu den Waffen rief – habe er da alle Engländer dem Tode geweiht? Und als Stalin beim deutschen Vormarsch auf Moskau die Parole ausgab: besser aufrecht sterben, als auf den Knien leben, habe er da ganz Rußland ins Verderben geführt?

Die Rückkehr nach Ostpreußen sei gerade im rechten Augenblick erfolgt, schrieb Bormann privat am 15. Juli. Der Führer habe persönlich hierher kommen müssen, um die häufig beschämend weichliche Haltung der Offiziere zu stärken. Himmler, am selben Tag bei Hitler zum Vortrag, schrieb an Kaltenbrunner: »Wie wollen wir Rußland, wenn wir – was im Laufe der nächsten Jahre bestimmt erfolgen wird – große Flächen und Teile von ihm wieder erobern, dann beherrschen und befrieden?« Hitler ordnete den unverzüglichen Bau einer neuen Verteidigungslinie entlang der ganzen Ostfront an, in folgender allgemeiner Linie: San – Weichsel – Brückenkopf Warschau – Narew – Augustow – Tauroggen vorwärts der Reichsgrenze bis an die Ostsee. Gemäß dem Befehl Hitlers wurden fünfzehn neue Grenadierdivisionen im Reich ausgehoben. Die erste Verfügung hierzu, gezeichnet von General Stieff, war am 8. Juli herausgegangen, aber es ging Hitler zu langsam, daher ließ er am 15. Juli General Fromm und dessen Chef des Stabes – den Oberst mit der bekannten gelben Aktentasche – zur Mittagslage erscheinen.

Meistens zogen sich die Mittagslagebesprechungen endlos hin: aber diese Besprechung dauerte nur eine halbe Stunde, von 13.10–13.40, denn es folgte eine Sonderbesprechung über die Organisation der neuen Oststellung bis 14.20. Hitler legte kühl dar, daß die Flüchtlingsfamilien ostwärts der neuen Stellung gelagert und die arbeitsfähigen Leute in den Stellungsbau eingeordnet werden müßten. Die Lage hier sei recht ernst, schrieb Bormann drei Tage später: Die Russen stünden bereits bei Augustow nahe der ostpreußischen Grenze; die neuen Divisionen verfügten noch über keine Panzerabwehrwaffen! Man habe eine ganze Menge von Problemen, es sei ein Glück, daß der Führer da sei.

Am 19. Juli befahl Hitler die Aufstellung von zwei ostpreußischen Divisionen aus den älteren Jahrgängen der Landwehr. Darüber sollte Fromms Chef des Stabes Hitler am nächsten Tag Bericht erstatten.

In Frankreich griff die feindliche Luftwaffe den dünnen deutschen Ring an, der den Landekopf in der Normandie umschloß. Flammenwerferpanzer verbrannten die Bunkerbesatzungen bei lebendigem Leibe. Am Abend des 17. Juli rief Feldmarschall Kluge mit der niederschmetternden Nachricht an, daß Rommels Wagen von einer Spitfire beschossen worden sei: Rommel habe schwere Kopfverletzungen erlitten. Am nächsten Tag griffen 2000 Bomber die Festung Caen an. Britische Truppen fanden mehr als zweitausend französische Zivilisten tot in den Trümmern. In Italien mußte die deutsche 14. Armee Livorno aufgeben. In Dänemark führten kommunistische Widerstandszellen einen offenen Partisanenkrieg. Ungarn verweigerte die ausdrücklich von Hitler geforderte Auslieferung der Budapester Juden; Horthy erklärte, ein General werde Hitler am 21. Juli sein Antwortschreiben überbringen.

Die Gründe für Hitlers gereizte Stimmung waren also mannigfach. Seine Nervosität war so groß, daß er am 18. Juli einen seiner Adjutanten, SS-Obersturmbannführer Fritz Darges, entließ und an die Ostfront schickte, wegen eines kleinen Zwischenfalls mit einer Mücke im Lageraum. An diesem Tage aß Hitler mit seiner Sekretärin, Christa Schroeder. Er rief plötzlich aus: »Es darf jetzt nichts passieren; denn es wäre kein Mensch da, der die Führung an sich nehmen könnte.« Er fügte hinzu: »Ich merke, es liegt etwas in der Luft.« Zwei Tage später sagte er zu Mussolini, er habe böse Vorahnungen schon während des Fluges zur Wolfsschanze gespürt.

Vielleicht hatte Hitler durch Himmlers Nachrichtendienste von den Gerüchten erfahren, die über einen drohenden Anschlag auf sein Leben kursierten. (In einer Geheimansprache am 29. Juli sagte er: »Ich kann wohl sagen, daß ich den Anschlag schon seit langem erwartet habe.«) Aber aus welcher Ecke könnte ein Attentat erfolgen? Die Feldmarschälle oder Generale? Einige von ihnen, z. B. General Fellgiebel, Chef des Heeresnachrichtenwesens, war schon früher durch feindselige Äußerungen aufgefallen, aber, so schrieb Jodl am 24.: »Der Führer ist darüber immer mit Gutmütigkeit hinweggegangen und hat seine schützende Hand über die Aufdeckung gehalten.« Es bestand natürlich auch die Möglichkeit, daß der Feind die Wolfsschanze mit Fallschirmspringern angreifen würde. Himmler diskutierte mit Hitler darüber am 15. Ein ganzes Bataillon war in den Wäldern umher versteckt, mit Panzern, Sturmgeschützen und Flak.

In Frankreich ging die Heeresgruppe B jetzt davon aus, daß der Feind vierzig Divisionen an Land gesetzt habe und daß ihm etwa die gleiche Zahl noch in England zur Verfügung stünde. Am Abend des 18. Juli machte der feindliche Durchbruch ostwärts von Caen sofortige Gegenmaßnahmen erforderlich. Kluge forderte telefonisch, die 116. Panzerdivision von der 15. Armee abzuziehen und sie in die Bresche zu werfen. Hitler genehmigte das sofort und gab so zum ersten Mal zu, daß die 15. Armee auf eine Landung am Pas de Calais wartete, die vielleicht niemals stattfinden würde. Spät abends ließ er Feldmarschall von Kluge bitten, auch die Führung der Heeresgruppe B zu übernehmen. Kluge rief Keitel gegen Mittag des 19. Juli an: »Es entwickelt sich hier zweifellos eine Art Krise.« Er habe sich entschlossen, am nächsten Morgen unmittelbar hinter der Front eine Ansprache an alle hier verantwortlichen Führer zu richten. »Hals- und Beinbruch«, sagte Keitel, »und sehen Sie sich vor.« Hitler hatte zu Kluge unbedingtes Vertrauen.

Wenig zufriedenstellend waren auch Deutschlands Beziehungen zum Italien Mussolinis. Aus politischen Gründen hatte Hitler Mussolini das Recht zugestanden, vier Divisionen loyaler Truppen neu aufzustellen; aber am 19. Juli beschloß Hitler vorläufig, alle vier Divisionen aufzulösen, da er nichts Gutes von ihnen erwartete, während ihre deutschen Ausbilder und ihre gesamte Ausrüstung dringend für die neuen deutschen Divisionen benötigt wurden. Er schickte General Bodenschatz zu Marschall Graziani, um ihn mit diesem Gedanken vertraut zu machen; Mussolini selbst wurde am 20. Juli nach dem Mittagessen in der Wolfsschanze erwartet.

Wegen des Duce-Besuchs war die Mittagslage um dreißig Minuten vorverlegt worden. Schaub erschien gegen 12.25 Uhr in Hitlers Bunker und meldete ihm, die Lage könne beginnen. Als Hitler die vierzig Meter zu der grauen Lagebaracke hinüberging, sah er Warlimont und verschiedene andere Offiziere draußen warten; die anderen waren schon in dem drückend schwülen Lageraum versammelt. Generalleutnant Heusinger, der rechts von ihm stand, begann mit dem Vortrag über die Ostlage. Kurz darauf traf Keitel ein, begleitet von General Buhle, einem Adjutanten und Fromms Chef des Stabes, dem einarmigen Obersten mit der gelben Aktentasche. »Mein Führer«, sagte Keitel, »hier ist Oberst i. G. Graf Schenk von Stauffenberg, der Ihnen nachher über den Einsatz der Sperr-Divisionen Vortrag halten wird.« Keitel trat links neben Hitler zurück und nahm damit seine gewohnte Position ein. Hitler nahm die Hand des Obersten – zwei Finger fehlten – und setzte sich dann auf seinen mit Strohgeflecht bezogenen Hocker. Einmal fragte er nach einem Detail; einigermaßen ungehalten nahm er zur Kenntnis, daß Oberst Stauffenberg für kurze Zeit nach draußen gegangen war. In dem Raum befanden sich jetzt vierundzwanzig Männer. Hitler beugte sich, halb liegend, etwas gebückt und auf den rechten Ellbogen gestützt, über die Karte, Bleistifte in der rechten Hand und eine Lupe in der linken.

Es war für Hitler der Augenblick, der seine alte Welt von der neuen schied. Ungefähr zwei Meter entfernt von ihm detonierten 900 bis 1000 Gramm Sprengstoff, und eine grellgelbe Stichflamme hüllte ihn ein. Sein Eindruck war, daß die Explosion sich unmittelbar rechts zu Füßen des Obersten i. G. Heinz Brandt ereignet habe. »Nun werfen die Schweine mit Bomben auf uns!« dachte Hitler. Deutlich hörte er einen doppelten Knall. Dichter, undurchdringlicher Qualm erfüllte den Raum. Er selbst lag in der Nähe des linken Türpfostens, über sich Latten und Balken von der Decke der Baracke; er spürte Flammen an Haaren und Kleidung und empfand starken Schmerz an seinem rechten Ellbogen. Als der würgende Qualm sich ein wenig verzog, sahen seine schmerzenden Augen nur einige Gestalten, die Gesichter verzerrt von Schmerzensschreien, die er nicht hören konnte. Vielleicht hatte ein Fallschirmjäger-Angriff begonnen! Wenn er versuchte, durch das Fenster hinauszukommen, lief er ihnen vielleicht genau vor die Mündung. Mühsam machte er sich aus den Trümmern frei und stolperte zum hinteren Ausgang; dabei schlug er mit den Händen die Flammen an seiner zerrissenen schwarzen Hose aus. Er spürte, wie Blut an seinen Beinen hinablief und aus seinen Ohren sickerte. Gestützt von Keitel, der gerade den Staub von seiner riesigen Gestalt abgeschüttelt hatte, humpelte er ins Freie; noch flatterten verkohlte Papiere im Spiralflug aus dem Himmel herab, als von allen Seiten die Wachen herbeigerannt kamen. »Da muß jemand eine geballte Ladung reingeworfen haben!« rief Hitler, aber die Posten hatten niemanden gesehen. Während ein Diener loslief, um Professor Morell zu holen, setzte Hitler sich und fühlte sich selbst den Puls – ob seiner Gefaßtheit sehr mit sich zufrieden. Als seine Sekretärinnen erschienen, begrüßte er sie stolz lächelnd: »Na, meine Damen, das ist noch mal gut gegangen.« Dann ging er, straff aufgerichtet wie schon lange nicht mehr, in sein Bunkerzimmer.

Morell hatte um 11.15 Uhr vormittags die üblichen Injektionen und eine Augeneinträufelung rechts durchgeführt wegen der Konjunktivitis. Jetzt fühlte er Hitler den Puls: 72. Mit dem Begleitarzt Professor von Hasselbach entfernte er die zerfetzte Hose. Sie stellten fest, daß die Explosion die Haut am unteren Drittel beider Schenkel arg zerfetzt hatte; alles in allem entfernten sie mehr als hundert Eichenholzsplitter aus seinen Beinen. Die herumfliegenden Splitter hatten an ungefähr zwanzig Stellen seine Gesichtshaut verletzt, und ein herabstürzender Dachbalken hatte ihm eine Stirnwunde zugefügt.

Anschließend diktierte Morell diesen Befundbericht in die Schreibmaschine:

Wundversorgung: Penicillin-Puderung. Rechter Unterarm stark geschwollen, essigsaure Tonerde-Aufschläge angeordnet. Bluterguß am rechten Unterschenkel zurückgegangen. Am 3. oder 4. Finger der linken Hand zeigt Rückenfläche große Brandblase, Verband. Hinterkopf zum Teil und Haare vollständig weggebrannt und an der Wade handtellergroße Hautbrandwunde zweiten Grades und eine Menge Kontusionen und offene Hautstellen. Linker Unterarm hat innen Bluterguß und ist stark geschwollen, schlecht beweglich.

Hitler murmelte vor sich hin, daß dieser Zwischenfall ihm die langersehnte Gelegenheit bieten werde, endlich einmal gründlich unter seinen Gegnern aufzuräumen; die Aussicht schien ihn sichtlich zu erfreuen. »Es war das Attentat eines Feiglings!« rief er aus. »Wahrscheinlich wurde der Sprengstoff von einem Handwerker der OT eingebaut.« Er ließ sofort nach verborgenen Zündschnüren, Leitungen und anderen Höllenmaschinen suchen. Er schickte Oberst von Below, blutverschmiert und betäubt wie er war, in die hundert Meter entfernte Vermittlung, um Himmler und Göring herbeizurufen. Er ordnete eine absolute Nachrichtensperre an. Below ließ sämtliche Stöpsel aus den Klappenschränken herausreißen und befahl den Telefonisten, zwei Meter Abstand von den Schränken zu halten. Hitler wurde gemeldet, daß der Fußboden des Lageraums nach *unten* gedrückt

war; die Druckwelle mußte ihren Ursprung also oberhalb des Fußbodens gehabt haben. Außerdem hatten nur einige wenige Offiziere gewußt, daß die Lagebesprechung wegen Mussolinis Besuch vorverlegt worden war. Gegen 13.15 Uhr trat er wieder in den warmen Sonnenschein hinaus. Er trug eine neue Uniform, und Verbände bedeckten alle Wunden bis auf die Kopfverletzungen. Dem Chef des Nachrichtenwesens, General Fellgiebel, den er jenseits des Sondersperrkreis-Zauns auf- und abmarschieren sah, muß Hitler gänzlich unverletzt erschienen sein.
Am schlimmsten hatte die Explosion diejenigen zu seiner Rechten getroffen; dem Obersten i. G. Brandt war ein Fuß abgerissen worden, Korten war von einem schweren, zerfetzten Trümmerstück des Tisches förmlich aufgespießt worden, Schmundt hatte schwere Oberschenkelverletzungen erlitten und ein Auge verloren; der Stenograf Berger hatte beide Beide verloren. Hitler ernannte ihn zum Regierungsrat mit sofortiger Wirkung, so daß die Witwe eine Beamtenpension beanspruchen konnte – wie sich herausstellte, eine begründete Maßnahme, da Berger am Nachmittag starb. Hitlers Sekretärin Christa Schroeder sagte später in der Vernehmung über diese Stunden aus: »Ich rechnete nicht damit, daß ich nach dem Attentat zu dem Essen gerufen würde. Wider Erwarten wurde ich ... zum Essen gerufen. Ich war erstaunt, wie frisch und lebhaft der Chef aussah und mir entgegenkam. Er schilderte mir, wie seine Diener das Attentat aufgefaßt hätten. Linge sei wütend gewesen, Arndt hätte geweint. Dann sagte er wörtlich, ›Glauben Sie mir, das ist die Wende für Deutschland, jetzt wird es wieder bergauf gehen; ich bin froh, daß sich die Schweinehunde selbst entlarvt haben.‹« Sie sagte ihm, er könnte doch unmöglich jetzt den Duce empfangen. Hitler äußerte, »Im Gegenteil, ich muß ihn empfangen, was würde die Weltpresse schreiben, wenn ich ihn nicht empfangen würde.«

»Duce, vor wenigen Augenblicken habe ich das größte Glück meines Lebens erfahren«, sagte Hitler zu seinem italienischen Gast, als dieser um 14.30 Uhr aus dem Zug stieg. Im Sperrkreis I wimmelte es jetzt von SS-Mannschaften, Panzern und Panzerspähwagen, von leichter Artillerie und Waffen aller Art, als die beiden Diktatoren zu den Trümmern der Lagebaracke fuhren und das klaffende Loch im Fußboden besichtigten. In diesem Augenblick führte Bormann den Wachtmeister vor, der die Telefonleitung der Lagebaracke bedient hatte; er hatte einen Heeresoffizier gesehen, der ohne Mütze, Koppel und Aktentasche unmittelbar vor der Explosion eilig den Raum verlassen hatte, einen Obersten mit einem Arm. Zornig hatten die anderen Heeresoffiziere die »ungeheure Beleidigung des verdienten Offiziers« durch den Wachtmeister zurückgewiesen, aber der Verdacht erhärtete sich im Laufe des Nachmittags. Die Gestapo-Tatortkommission fand Fetzen einer gelben Aktentasche in den Trümmern.
Stauffenberg hatte alle Posten an den Sperren geblufft und war um 13.13 Uhr vom Flugplatz Rastenburg gestartet. Sein Ziel war angeblich der

Flugplatz Berlin-Rangsdorf; aber dort war er nicht eingetroffen. Überdies rief gegen 16.00 Uhr sein Vorgesetzter, Generaloberst Fromm, bei Keitel an, der gerade in einer erregten Unterredung mit Marschall Graziani war; Fromm sagte, in Berlin liefen alle möglichen Gerüchte um, und ob er den Belagerungszustand verhängen solle? Mit schnarrender Stimme erwiderte Keitel, dazu läge kein Anlaß vor. Ob Stauffenberg in Berlin sei? Verblüfft sagte Fromm: »Er ist doch im Führerhauptquartier.« Fast im selben Augenblick erfuhr die Wolfsschanze durch Überwachung der militärischen Nachrichtenverbindungen, daß von Fromms Dienststelle höchst ungewöhnliche Befehle an die Wehrkreiskommandos hinausgingen; in diesen Befehlen wurde das Kennwort »Walküre« ausgegeben und damit der Belagerungszustand verhängt. Telefonisch wurden die Wehrkreise auch davon unterrichtet, daß Feldmarschall von Witzleben jetzt der Oberste Befehlshaber der Wehrmacht sei und Generaloberst Hoepner zum Oberbefehlshaber im Heimatkriegsgebiet ernannt habe.* Das Wiederauftauchen dieser halbvergessenen Offiziere konnte nur bedeuten, daß das Heer versuchte, von Berlin aus zu putschen. Unverzüglich ging Hitler auf Himmlers Vorschlag ein, der Gestapo die Vollmacht zur Verhaftung von Wehrmachtsoffizieren zu erteilen – da Fromm nach erstem Anschein zu den Verschwörern gehörte, legalisierte Hitler diese Maßnahme, indem er Himmler zu seinem Nachfolger als Befehlshaber des Ersatzheeres ernannte, womit er die Befehlsgewalt über sämtliche im Reich stationierten Heereseinheiten erhielt. Ausgerüstet mit Hitlers ausdrücklicher Weisung, die Ordnung wiederherzustellen, flogen Himmler und Kaltenbrunner sofort nach Berlin zurück. Hitler befahl dem Reichsführer, auf keinen Fall eine direkte Konfrontation zwischen seiner Waffen-SS und dem Heer zuzulassen; das wäre der erste Schritt zu einer Tragödie – zum Bürgerkrieg.

Keitels energische Gegenmaßnahmen erstickten den Putsch in den Provinzen, bevor er noch begonnen hatte. Um 16.15 Uhr ging sein Funkspruch an die Wehrkreise hinaus: »Blitzfunkspruch! ... Der Führer lebt! Völlig gesund! Reichsführer SS OB Ersatzheer, nur seine Befehle gelten. Befehle von Generaloberst Fromm, Feldmarschall von Witzleben, Generaloberst a. D. Hoepner nicht ausführen! Verbindung mit Gauleiter und Höherem Polizeiführer halten!« Kurz darauf rief Generalmajor Stieff Keitel an und teilte ihm mit, daß er von Fromm höre, die Übernahme der Vollziehenden Gewalt durch das Heer sei verkündet; Wagner sei verschiedene Male von Stauffenberg und Generaloberst a. D. Ludwig Beck angerufen worden, der jetzt behauptete, er habe den »Befehl übernommen«; von Feldmarschall Witzleben hieß es, er werden in Kürze nach Zossen kommen, um die Befehlsgewalt zu übernehmen. Damit war zunächst einmal klar, daß Stauf-

---

* Die Verschwörer hatten nicht berücksichtigt, daß eine besondere Schaltung alle Befehle an die Wehrkreise gleichzeitig auch in das Führerhauptquartier leitete. Dieser Fehler war entscheidend für die Niederschlagung des Putsches.

fenberg sich aller Wahrscheinlichkeit nach in Berlin aufhielt.* Das wurde gegen 17.00 Uhr bestätigt. Ein langes Fernschreiben, unterschrieben von Witzleben und gegengezeichnet von Stauffenberg, ging an die Wehrkreiskommandos hinaus und wurde abgefangen. In diesem raffinierten Fernschreiben wurde angedeutet, daß unzufriedene Elemente innerhalb der Partei hinter dem Putsch stünden:
»I. Innere Unruhen. Eine gewissenlose Clique frontfremder Parteiführer hat es unter Ausnutzung dieser Lage versucht, der schwerringenden Front in den Rücken zu fallen und die Macht zu eigennützigen Zwecken an sich zu reißen.
II. In dieser Stunde höchster Gefahr hat die Reichsregierung zur Aufrechterhaltung von Recht und Ordnung den Militärischen Ausnahmezustand verhängt und mir zugleich mit dem Oberbefehl über die Wehrmacht die Vollziehende Gewalt übertragen.«
Es folgten lange, detaillierte Weisungen über die sofortige Eingliederung der gesamten Waffen-SS in das Heer, die Ausschaltung des Staatssicherheitsdienstes und das rücksichtslose Brechen jeden Widerstandes.
Himmlers Flugzeug erhielt deshalb über Funk eine entsprechende Warnung und landete auf einem von der Waffen-SS bewachten Berliner Flugplatz. Feldmarschall Model, Oberbefehlshaber der Heeresgruppe Mitte, rief an; er habe einen Befehl aus der Bendlerstraße erhalten, der mit den Worten begann: »Der Führer Adolf Hitler ist tot« – aber er habe sich geweigert, diesen Befehl zu befolgen. Hitler rief den Reichspressechef zu sich und ließ eine kurze Meldung für den Rundfunk ausarbeiten. Sie sollte dem deutschen Volk in aller Knappheit mitteilen: »Auf den Führer wurde heute ein Sprengstoffanschlag verübt... Der Führer selbst hat außer leichten Verbrennungen und Prellungen keine Verletzungen erlitten. Er hat unverzüglich darauf seine Arbeit wiederaufgenommen und – wie vorgesehen – den Duce zu einer längeren Aussprache empfangen.«

Die Italiener waren von ihren Gastgebern beinahe wie ungebetene und lästige Gäste abgefertigt worden. Hitler hatte Mussolini mit den üblichen imponierenden Zahlen über Speers bevorstehende Steigerung der Produktion traktiert und ihm anvertraut, bald werde es eine V2 geben. Er sei entschlossen, »London dem Erdboden gleichzumachen« – und »ab August, September oder Oktober« werde man auch die neuen, geheimen U-Boote in Dienst stellen.
Um 17.00 Uhr wechselte der Schauplatz zum Kasino des Führerhauptquartiers. Hitler versank in tiefes Grübeln. Nach einer Weile wurde Schaub ans

---

* Wohlweislich war Stauffenberg nicht in Rangsdorf, sondern auf einem anderen Flugplatz gelandet; dort allerdings hatte er weder einen Wagen noch einen Fahrer, noch Benzin für die Fahrt in die Stadt vorgefunden. Offensichtlich hatte ihn das eine Verzögerung von 90 Minuten gekostet.

Telefon gerufen. Der Führer-Adjutant Alwin-Broder Albrecht rief aus der Reichskanzlei an. Merkwürdige Dinge geschähen in Berlin. Das ganze Regierungsviertel werde von Truppen abgesperrt. Zur gleichen Zeit rief Goebbels über seine Direktleitung an. Der Kommandeur des Wachbataillons »Großdeutschland«, Major Otto Ernst Remer, habe Anweisung erhalten, das Regierungsviertel zu zernieren. »Ist denn die Wehrmacht wahnsinnig geworden?« schrie der Minister. Um 18.00 Uhr begannen die Verschwörer, ein neues Fernschreiben an die Wehrkreiskommandos abzusetzen, gezeichnet von »Generaloberst Fromm«. Die Befehlshaber wurden angewiesen, alle wichtigen Nachrichtenanlagen zu »sichern« und sämtliche Gauleiter, Reichsstatthalter, Minister und Polizeipräsidenten zu verhaften.

Hitler gewann den Eindruck, daß die Ereignisse in Berlin außer Kontrolle gerieten. Er rief Goebbels an und fragte ihn, wo denn die Sondermeldung mit der Nachricht von seinem Überleben bliebe. Goebbels erwiderte, er habe die Meldung noch nicht freigegeben, er wolle erst einen entsprechenden Begleitkommentar ausarbeiten. Hitlers Zorn war groß. »Ich habe nichts von Kommentar befohlen. Ich will lediglich, daß diese Meldung durchkommt und zwar sofort.« Um 18.28 Uhr wurden die Programme des Großdeutschen Rundfunks unterbrochen, und alle Reichssender verbreiteten die sensationelle Sondermeldung aus dem Führerhauptquartier. Damit hatte der Putsch seinen ersten schweren Schlag erhalten, denn das Wort eines *lebenden* Hitlers war nach wie vor Gesetz.

Der Besuch Mussolinis dauerte noch bis gegen 19.00 Uhr. Dann wurden die Türen geöffnet, und man geleitete ihn in einen feinen Nieselregen hinaus. »Den Mantel für den Duce!« befahl Hitler. Dann trennten sie sich, und nie sahen sie sich wieder. Hitler wurde ans Telefon gerufen. Wieder war es Goebbels, und dieses Mal stand der stutzig gewordene Major Remer neben ihm. Dieser Offizier sah nicht mehr klar. Er wußte nicht, ob seine eigenen Vorgesetzten oder dieser schlaue Fuchs von einem Reichspropagandaminister versuchten, die Regierung zu stürzen. Man hörte, wie Hitler ins Telefon schrie; er war seit der Detonation fast taub und konnte die Antworten kaum verstehen. Deshalb verlangte er, Remer selbst zu sprechen. »Hören Sie mich?« – »Erkennen Sie meine Stimme?« Remer erkannte sie – die Stimme war unvergeßlich. »Major Remer, man hat versucht, mich umzubringen, aber ich lebe. Major Remer, ich spreche als Oberster Befehlshaber der Wehrmacht. Nur meine Befehle sind zu befolgen. Sie haben Berlin für mich zu sichern. Wenden Sie alle Mittel an, die Sie für notwendig halten. Erschießen Sie jeden, der versucht, meinen Befehlen nicht zu gehorchen.« Dies war der zweite, der tödliche Schlag gegen die Verschwörung – denn jetzt war es Hitler möglich, mit dem Heer selbst gegen die Verschwörer vorzugehen.

Stunden höchster Anspannung folgten. Hitler begann jetzt die Nachwirkungen der erlittenen Verletzungen zu spüren. Plötzlich sagte er, er fange an zu bezweifeln, daß das deutsche Volk überhaupt seiner würdig sei. Es war ein

Ausdruck tiefster Niedergeschlagenheit, der sofort spontane Beteuerungen der unbedingten Gefolgschaft auslöste. Dönitz erinnerte ihn an die Leistungen der Marine. Göring hatte dem nichts entsprechend Überzeugendes entgegenzusetzen, deshalb brach er einen Streit mit Ribbentrop vom Zaun, der schneidend erwiderte:»Noch bin *ich* Außenminister, und ich heiße *von* Ribbentrop!« Göring fuchtelte mit dem Marschallstab vor seiner Nase herum. Bormann ließ den Gauleitern unterdessen über sein modernes NSDAP-Fernschreibnetz an Informationen zukommen, was möglich war.*
»Das reaktionäre Verbrechergesindel hat offenbar nach Verabredung mit dem Nationalkomitee Freies Deutschland in Moskau (General von Seydlitz und Graf Einsiedel) den Anschlag gegen den Führer und die dem Führer treuergebenen Offiziere inszeniert. Nach Gelingen des Anschlages sollte die vollziehende Gewalt von der Generalsclique Fromm, Olbricht, Hoepner übernommen und danach Frieden mit Moskau geschlossen werden. Daß dieser sogenannte Frieden das Leben des deutschen Volkes kosten würde, liegt klar auf der Hand. Das Mißglücken des Anschlages bedeutet damit die Rettung Deutschlands, denn nun sind die auf die verräterischen Generale gesetzten Hoffnungen endgültig zerstört.« Und um 21.40 Uhr warnte Bormann die Gauleiter:»Ein General Beck will sich die Führung der Staatsgeschäfte anmaßen, der ehemalige Feldmarschall von Witzleben spielt sich als Nachfolger des Führers auf. Es versteht sich von selbst, daß nationalsozialistische Gauleiter von diesen Verbrechern, die ihrem Format nach ausgesprochene Miniatur-Würstchen sind, sich nicht düpieren lassen und keine Befehle annehmen.«
Am Abend, als er zusammen mit seinen Sekretärinnen am Tisch saß, verlieh Hitler seinem Zorn über die Attentäter Ausdruck.»Diese Feiglinge! Hätten sie wenigstens geschossen! Ich könnte noch Respekt vor ihnen haben. Aber sie wagen es ja nicht, ihr Leben einzusetzen. ... Diese Strohköpfe wissen nicht, was für ein Chaos entsteht, wenn ich die Fäden aus der Hand gebe. Aber ich werde ein Exempel statuieren, daß jedem die Lust vergeht, ähnlichen Verrat am deutschen Volk zu begehen.« Die Lagebesprechung um 22.00 Uhr begann Hitler mit dem Ausdruck seines tiefen Mitgefühls gegenüber den beiden diensttuenden Stenografen anläßlich des Todes ihres Kollegen Berger. Für diese Nacht befahl er einen besonders starken V 1-Einsatz gegen London, um deutlich zu machen, daß er weniger denn je zu einem Kompromiß bereit sei.
Jetzt war auch der Funkwagen aus Königsberg eingetroffen. Hitlers gesamter Stab versammelte sich um 23.30 Uhr im Kasino – Jodl trug einen Kopfverband, Keitel hatte verbundene Hände, andere waren mit Pflastern beklebt. Viele vertraute Gesichter fehlten. Hitler ließ eine leidenschaftliche

---

* Auch diese Fernschreiber-Schaltung hatten die Verschwörer nicht lahmgelegt. »Sie hätten bei den Nationalsozialisten in die Schule gehen sollen«, sagte Hitler später voller Spott zu Schaub, »um zu lernen, wie man das macht!«

Ansprache an die »deutschen Volksgenossen und -genossinnen« aufnehmen, »damit Sie meine Stimme hören... Eine ganz kleine Clique ehrgeiziger, gewissenloser und zugleich verbrecherischer, dummer Offiziere hat ein Komplott geschmiedet, um mich zu beseitigen und zugleich mit mir den Stab praktisch der deutschen Wehrmachtführung auszurotten. Die Bombe, die von dem Oberst Graf von Stauffenberg gelegt wurde, krepierte zwei Meter an meiner rechten Seite. Sie hat eine Reihe mir teurer Mitarbeiter sehr schwer verletzt, einer ist gestorben. Ich selbst bin völlig unverletzt bis auf ganz kleine Hautabschürfungen, Prellungen oder Verbrennungen. Ich fasse es als eine Bestätigung des Auftrages der Vorsehung auf, mein Lebensziel weiterzuverfolgen...«

Die Rede wurde neunzig Minuten später gesendet. Inzwischen hatte Hitler von einem General, der aus dem Gebäude in der Bendlerstraße entkommen war, erfahren, daß Stauffenberg den versammelten Stabsoffizieren gegenüber bezeugt habe, »daß er selbst gesehen habe«, wie die Leiche des Führers auf einer Bahre fortgetragen worden sei.* Die Liste der Verhafteten wurde immer länger; General Fellgiebels Erscheinen in der Wolfsschanze reichte aus, um ihn zu kompromittieren; Keitel ließ ihn um Mitternacht kommen und verhaftete ihn. Für Hitler war es ein Rätsel, daß der Chef des Wehrmachts-Nachrichtenwesens ihn nicht niedergeschossen hatte. »Und da läuft dieser Hammel noch seelenruhig auf und ab, als wäre er an dem Attentat völlig unbeteiligt!« In Wien und Prag waren die Befehle der Verschwörer weitgehend befolgt worden. In Paris hatte der Militärbefehlshaber die führenden SS- und SD-Männer tatsächlich hinter Schloß und Riegel gesteckt. Die Position des Feldmarschalls von Kluge war noch ungeklärt, denn in einem tragikomischen Intermezzo hatte der loyale General der Infanterie Reinecke, der sich um ein Ferngespräch mit Fromm bemühte, den jetzt todgeweihten Generalobersten Beck an die Leitung bekommen, und Beck stand unter dem Eindruck, er habe Kluge in Frankreich erreicht (»Kluge, sind Sie da?«). Tief in der Nacht rief Witzleben aus seinem Versteck Keitel an; der Chef des OKW ließ ihn lange genug reden, bis sein Aufenthaltsort festgestellt war, dann befahl er, auch ihn zu verhaften.

Ein Fernschreiben von Fromm, das in den frühen Morgenstunden des 21. Juli eintraf, bezeichnete das Ende des Putschversuchs:
»Putschversuch von unverantwortlichen Generalen blutig niedergeschlagen. Sämtliche Anführer erschossen.« Hitler jedoch befahl, auch Fromm zu verhaften. Um 3.40 Uhr früh schickte Bormann ein triumphierendes Fern-

---

* »Keitel lügt«, hatte Stauffenberg gegenüber Olbricht und Hoepner versichert. Er selbst habe eine Detonation gesehen, die wie der Einschlag einer 15-cm-Granate gewesen sei, er habe auch gesehen, wie nach der Explosion die Sanitäter herbeigelaufen seien und wie dann der Leichnam des Führers auf einer Bahre weggetragen worden sei. »Da kann kaum noch jemand am Leben sein!« – Dies ergab sich aus den Verhandlungen und Vernehmungen.

schreiben an die Gauleiter: »Die Aktion der Landesverräter kann als abgeschlossen betrachtet werden.« Schwindelig vor Euphorie zog Hitler sich endlich zur Ruhe zurück.
Hitler sah die Ereignisse dieses Tages als eine nur temporäre Störung an, eine Art Blutvergiftung, die von der Wehrmacht schon wieder aus dem Kreislauf ausgeschieden werden würde. Die Verschwörer seien von »Bataillonen des Heeres füsiliert« worden, schrieb die Presse am nächsten Tag in Sonderausgaben, eine recht unglückliche Formulierung, da sich viele Deutsche daraufhin fragen mußten, wie groß die »winzige Clique« von Verrätern eigentlich sei. Der Führer selbst verdrängte die Angelegenheit absichtlich aus seinem Bewußtsein, nachdem er den zerrissenen feldgrauen Rock und die schwarze Hose als Andenken Eva Braun geschickt hatte (sie wurden 1947 von der US-Armee feierlich verbrannt.)

Aus Feldmarschall Kluges vorgeschobenem Gefechtsstand in La Roche-Guyon traf ein Sonderkurier mit zwei Briefen zur Vorlage beim Führer ein – das eine war ein Brief von Kluge mit dem Datum vom 21. Juli, der andere von Rommel schon am 15. Juli geschrieben, eine in heftiger Form vorgetragene Empfehlung, den Krieg zu beenden. Lebhaft beklagte Rommel sich darüber, von 225 verlorenen Panzern seien ihm bisher erst 17 ersetzt worden. Seinen Infanterie-Divisionen fehle es an Artillerie, panzerbrechenden Waffen und vor allem an Panzernahbekämpfungsmitteln. »Die Truppe kämpft allerorts heldenmütig, jedoch der ungleiche Kampf neigt dem Ende entgegen. Es ist m. E. nötig, die Folgerungen aus dieser Lage zu ziehen. Ich fühle mich verpflichtet als Oberbefehlshaber der Heeresgruppe, dies klar auszusprechen.« Kluge unterstrich die Worte Rommels in seinem Brief: »Ich bin zu der Überzeugung gekommen, daß der Feldmarschall leider richtig sieht.«
Wenige Tage später sagte Hitler, dies sei »ein Schicksalskampf, der nicht irgendwie abgelöst werden kann oder nicht weggehandelt werden kann durch irgendeine kluge politische oder taktische Geschicklichkeit«. Offensichtlich war Kluge in Versuchung, die schmale Küstenfront in der Normandie zu räumen und die beweglichen Kräfte sofort in eine – allerdings viel breitere – rückwärtige Verteidigungslinie zu verlegen. Aber, so sagte Hitler am 31. Juli zu Jodl: »Wenn wir Frankreich als Kriegsgebiet verlieren, verlieren wir den Ausgangspunkt des U-Bootkrieges«; außerdem war Frankreich Deutschlands letzte Quelle für Wolfram. Die meisten Divisionen waren bewegungsunfähig, und von den übrigen würden nur die allerwenigsten eine von den Generalen irgendwo bevorzugte neue Linie überhaupt erreichen. Deshalb müßten Kluge und seine Generale dort ausharren, wo sie gerade waren, bis Görings Luftwaffe im Westen wenigstens zum Teil die Luftherrschaft wieder errungen hatte.
Dessenungeachtet bereitete sich Hitler auf das Schlimmste vor. Am 23. Juli befahl er, den 1938 erbauten Westwall für eine eventuelle Wiederverwen-

dung herzurichten. Zwei Tage später begann der alliierte Großangriff in der Normandie. Der Vorstoß der Engländer in Richtung Falaise wurde durch einen Gegenschlag des I. SS-Panzerkorps aufgehalten, aber spät am 30. Juli erzielten die Amerikaner in der Nähe der Küstenstadt Avranches einen gefährlichen Durchbruch. Jetzt erteilte Hitler eine Weisung an das OKW, die Somme-Marne-Saône-Jura-Stellung für eine sofortige Besetzung vorzubereiten, um bei einer Räumung Frankreichs eine Auffangstellung zu haben. Auf keinen Fall durfte der Feind die französischen Häfen nutzen; die französischen Eisenbahnen mußten bis hin zur letzten Schwelle und zum letzten Viehwaggon vernichtet werden. Auf keinen Fall durften auch nur Andeutungen dieser Entscheidungen zu den Heeresgruppen gelangen, denn wie viele Verräter mochten dort noch lauern, jederzeit bereit, diese Absichten dem Feind mitzuteilen? Schließlich hatte sogar der Militärbefehlshaber Frankreichs gemeinsame Sache mit den Männern vom 20. Juli gemacht. »Man muß sich darüber klar sein«, setzte Hitler Jodl auseinander, »daß in Frankreich eine Wende erst eintreten könnte, wenn es uns gelingt – und sei es auch nur eine gewisse Zeit –, die Luftüberlegenheit herzustellen.« Hitler hatte Göring beauftragt, eine große Geheimreserve an Jagdmaschinen zusammenzustellen und hoffte, eines Tages plötzlich im Westen mit 2000 Jägern eingreifen zu können. Im Juli waren sechs neue U-Boote vom Typ XXI abgeliefert worden; bis Ende des Jahres sollten insgesamt 144 Boote geliefert sein. Wie gerne wäre Hitler selbst nach dem Westen geflogen, um dort wie im Jahre 1940 den Oberbefehl zu übernehmen – aber noch durfte er mit seinen zerrissenen Trommelfellen nicht fliegen. »Aber natürlich«, sagte er am 31. Juli, »wenn alle Stricke reißen, mache ich alles, dann ist mir alles wurscht, dann gehe ich in ein einmotoriges Flugzeug hinein und mache vorn den Zielschützen, damit ich schnell hinkomme.« Er fügte hinzu, »sonst ist bei mir das Wunder eingetreten, daß durch diesen Schlag mein Nervenleiden fast verschwunden ist. Ich habe noch immer etwas Zittern am linken Bein, wenn die Besprechungen zu lange dauern, aber vorher habe ich mit diesem Bein im Bett gezittert. Das ist auf einmal durch diesen Schlag fast völlig verschwunden – wobei ich nicht sagen möchte, daß ich das für die richtige Kur halte.«

Die Bombe des Attentäters hatte ihn doch schwerer mitgenommen, als er zugeben mochte. Sein rechtes Ohr begann zu bluten, seine Augen flackerten dauernd nach rechts. Sein Gleichgewichtssinn war gestört; wenn er in seinem Bunker allein war, hatte er ständig das Gefühl, er falle nach rechts. Im Mund schmeckte er Blut. Man holte am 22. den Hals-, Nasen- und Ohrenarzt Dr. Erwin Giesing: Am 23. nahm der Oberstabsarzt eine sehr schmerzhafte Ätzung des Trommelfellrandes vor; er ließ den Professor von Eicken aus Berlin kommen, denn die Blutung wollte nicht aufhören. »Consultation im F. H. Qu. mit Prof. Morell«, notierte sich Eicken in seinen Papieren: »Sprengstoffattentat. Prellung am rechten Ober- und Unterarm. Brandwunden am Oberschenkel beiderseits. Beide Trommelfelle zerrissen.

Rechts viel Blut im Gehörgang. Etwas Blut im Nasenrachen. Flüsterzahlen: rechts 10 cm, links mehr als 5 Meter.« »Es müßte ja bald aufhören mit der Bluterei«, scherzte Hitler. »Vielleicht bin ich doch ein Bluter.« Am 24. bat er Giesing, eine erneute Ätzung durchzuführen. »Der Schmerz ist auch dazu da, um einen Menschen hart zu machen«, erklärte er.

Am selben Tag besuchte er das Heereslazarett bei Rastenburg. Er sagte dem unter Morphiumwirkung fast bewußtlos daliegenden Schmundt: »Sie wissen ja gar nicht, welche Kreise das zieht.« Zwei Krankenbetten waren allerdings leer: Korten und Brandt waren ihren Verletzungen erlegen. Korten sollte ein Staatsbegräbnis erhalten, nicht jedoch Brandt: denn Scherff, der Beauftragte Hitlers für die Kriegsgeschichtsschreibung, der im nächsten Bett gelegen hatte, berichtete, wie Brandt plötzlich Sätze gemurmelt habe, wie: »Es ist eine Schande, daß die eigenen Leute dabei draufgehen!« – offensichtlich war also Brandt selbst einer der Verschwörer gewesen.

Jeder Tag brachte neue Namen von Verschwörern. Zeitzlers Adjutant legte ein Geständnis ab. Praktisch waren sämtliche Abteilungschefs des Generalstabes mit Ausnahme von Gehlen und Gercke beteiligt. Die Verstrickung der Obersten Erich Hansen und Alexis von Roenne, der für den Westen zuständigen Nachrichtenchefs, schien ein neues Licht auf ansonsten unerklärliche Rückschläge zu werfen; das galt auch für den plötzlichen Selbstmord von General Wagner, dem Generalquartiermeister, und das Verschwinden von Lindemann, der General der Artillerie beim OKH gewesen war. In Hitler setzte sich die Überzeugung fest, daß General Fellgiebels Nachrichtentruppe seine Geheimnisse sofort an den Feind gefunkt habe. »Also der Fellgiebel muß jetzt gestehen«, tobte er, »und wenn man ihm die Haut abzieht!« Selbst Arthur Nebe, Chef der Kriminalpolizei, war spurlos verschwunden, ebenso wie Oberbürgermeister a. D. Carl Goerdeler. Dessen Handakten fand man in einem Hoteltresor, und in ihnen standen neue Verschwörernamen: Auch diese wurden verhaftet, und die Ergebnisse ihrer Verhöre lösten weitere Kettenreaktionen aus. Am 23. Juli wurde der entlassene Abwehrchef Admiral Canaris von der Gestapo verhaftet; auch Halder und Schacht wurden festgenommen, da ihre Opposition gegenüber Hitler reichlich dokumentiert war.

Bald legte Bormann Hitler die ersten Vernehmungsberichte vor. Kaltenbrunner sah keinen Grund, des Führers Gefühle zu schonen. Einer der Verschwörer, General Stieff, hatte geäußert: »Ich konnte es aber nicht ansehen, wie dieser Mann mit seinem Starrsinn wie ein Amokläufer sein eigenes großes Werk zerbricht. Wir verteidigen Kirkenes und Kreta und werden Königsberg und Krakau verlieren.« Über die Hälfte der Verräter waren Heeresoffiziere, aber es gab auch Gewerkschaftler, Anwälte, Akademiker und Kirchenleute. Sogar Graf Wolf Heinrich von Helldorf, vor 1933 einer der größten Judenfresser, den Hitler zum Polizeipräsidenten von Berlin ernannt hatte, bekannte sich nun zu Stauffenberg. Keiner der

Häftlinge wußte so recht, welches System man eigentlich an Hitlers Stelle setzen wollte. Sie hielten seine Befehle zur bedingungslosen Verteidigung des Donezbeckens, der Dnjeprlinie, des Brückenkopfs von Nikopol, der Krim, der Narwalinie, des Keils von Witebsk und des Kessels von Tscherkassy allesamt für falsch. Es gab auch eine Art von Standesvoreingenommenheit, denn er war der Sohn eines österreichischen Zollbeamten, an den das Offizierskorps sich weder durch Blutsbande noch durch Standesdenken gebunden fühlte.

Schritt für Schritt rekonstruierte die Sonderkommission des Reichssicherheitshauptamtes den Verlauf des Attentats. Eine englische Zündschnur war verwendet worden, offensichtlich aus Beständen der Abwehr. Eine zweite Sprengladung war gefunden worden, die Stauffenbergs Adjutant auf dem Weg zum Flugplatz aus dem Auto geworfen hatte. Hätte man auch sie gezündet, wäre das Attentat vielleicht geglückt. Stauffenberg hatte solche Sprengladungen am 11. Juli zum Berghof und vier Tage später nach Rastenburg gebracht, ohne diese dann jedoch zu benutzen. Viele Rätsel sollten ungelöst bleiben, denn Generaloberst Fromm hatte erwirkt, daß Beck sich auf der Stelle erschoß und Stauffenberg war füsiliert worden, bevor die Gestapo sich seiner bemächtigen konnte.

Graf Helldorfs volles Geständnis wurde Hitler überreicht, als er wieder einmal von Dr. Giesing behandelt wurde. »Ja ich hätte nicht gedacht, daß der Helldorf solch ein Lump ist«, sagte Hitler. »Ein leichter Vogel war er ja schon immer mit seinen Spielschulden. Wie oft habe ich ihn ausgelöst, wohl sicher vier- oder fünfmal und selten unter 100 000 Mark! Ein solcher Spieler wie der fällt ja sofort der Gegenspionage in die Hände, und der Secret Service wird ihm vielleicht noch höhere Spielschulden ausgelöst haben... Es tut mir leid um seine Frau und seine netten Kinder. Aber dieser Augiasstall muß mit eisernem Besen ausgefegt werden, und es gibt da kein Pardon... Ich bin dem Remer ja so dankbar, daß er in Berlin so schnell die Sache gemeistert hat. Ich brauchte nur noch mehr solcher hervorragender und politisch kluger Offiziere und mir wäre es um unsere Zukunft nicht bange. Aber dieses feige Pack schickt mir aus Berlin diesen noch feigeren Stauffenberg. Hätte der wenigstens den Schneid gehabt und wäre mit seiner Aktentasche neben mir stehengeblieben. Aber so war die Kugel, die ihn traf, viel zu schade. Ich habe mir schon oft überlegt, was diese Leute eigentlich wollten.... Als ob sich Herr Stalin und Herr Churchill und Herr Roosevelt an unserem plötzlichen Friedenswillen gestört hätten! Die Russen wären in acht Tagen in Berlin gewesen, und dann wäre es mit Deutschland für immer aus gewesen!«

Von Eva Braun war ein Brief gekommen, der mit den Worten endete: »Schon nach unseren ersten Begegnungen habe ich mir versprochen, Dir überall hin zu folgen, auch in den Tod. Du weißt, daß ich nur lebe, um Dich zu lieben.«

Die Tatsache, daß Hitler dem Tod entronnen war, hatte das ganze deutsche Volk einig gemacht. Generale der Wehrmacht in Berlin mußten Regenmäntel über ihre Uniformen ziehen, um sich vor der Wut des Volkes zu verbergen. Eine Witwe aus Wien schrieb an Goebbels: »Soeben höre ich die furchtbare Nachricht über den verbrecherischen Anschlag auf das Leben unseres geliebten Führers... Ist ihm wirklich nichts geschehen?«

Goebbels selbst kam am 22. Juli auf der Wolfsschanze an und bat um weitgehende Vollmachten. Er war erschüttert vom Aussehen des Führers. »Er kam gerade aus dem kleinen Wohnbunker seines Hauptquartiers heraus, nicht müde, sondern gelassen, nicht gebeugt, aber den Kopf leicht nach vorn geneigt, ein Bild, das nur das Herz bewegen konnte.«

Nach einer einleitenden Sitzung mit Bormann, Speer und Goebbels fand dann am 23. Juli eine große Besprechung über den totalen Krieg mit Hitler, Göring und Himmler statt. Hitler befahl Göring, den Propagandaminister zum »Reichsbevollmächtigten für den totalen Kriegseinsatz« zu ernennen, und kündigte trotz der Bedenken seiner Ärzte an, er werde in einer Woche vor den Gauleitern sprechen.

Obgleich Hitler das Gegenteil behauptete, traute er von jetzt an niemandem mehr. Jeder Offizier, der von da an ins Hauptquartier kam, mußte sich einer Leibesvisitation unterziehen, bevor er in Hitlers Nähe gelangte. Seine Speisen wurden auf Gift untersucht. Ja, er ließ sogar die noch mit Orden geschmückten und uniformierten Leichen Stauffenbergs und der anderen angeblich Erschossenen in Berlin exhumieren, um sicherzugehen, daß ihn das Heer in bezug auf ihre Hinrichtung nicht getäuscht hatte.

Robert Ley hielt eine Rundfunkrede, in der er die Verschwörer »blaublütige Schweine« nannte. Daraufhin stellte sich Feldmarschall von Richthofen ein, feierlich umgeschnallt, und trug Hitler vor: »Zu diesen blaublütigen Schweinen gehöre ich auch und sehr viele meiner Kameraden, die diesen Eid mit ihrem Leben besiegelt haben!« Hitler verwies auf seine Adjutanten *von* Below, *von* Puttkamer, *von* Amsberg und sagte, er habe immer nur nach den Leistungen gesehen. Aber obwohl er selbst einen Befehl unterzeichnete, daß niemand sich zu Angriffen auf das Offizierskorps oder den Adel überhaupt hinreißen lassen solle, gab er Stalin im privaten Kreis mit Bedauern recht, sein Offizierskorps im Jahre 1937 gesäubert zu haben, und meinte, er selbst hätte 1934 lieber für die SA statt für die Reichswehr optieren sollen.

Verrat und Heimtücke wurden jetzt für ihn die einzige Erklärung für seine Niederlagen. »Wer macht eigentlich die Munitionsverteilung, wer ist verantwortlich dafür?« fragte Hitler zornig. Keitel zuckte die Schultern: »Ja, das war der Generalquartiermeister Wagner.« Hitler fuhr auf: »Aha, das Schwein, der Landesverräter! Wagner! Er hat gut daran getan, sich zu erschießen. ... In der Ukraine, in dem offenen Gelände sind Panzerfäuste in Hülle und Fülle! Und in der Normandie, wo sich in dem durchschnittenen Gelände die Truppe nur mit Hilfe der Panzerfäuste gegen die Überzahl der englischen und amerikanischen Panzer wehren könnte, da fehlen sie! Das ist Absicht, ist gemeiner Verrat.« »Aber diesmal werde ich kurzen Prozeß machen. Diese Verbrecher sollen nicht die ehrliche Kugel bekommen, die sollen hängen wie gemeine Verräter! Ein Ehrengericht soll sie aus der Wehrmacht ausstoßen, dann kann ihnen als Zivilisten der Prozeß gemacht werden... Und das Wichtigste ist, daß sie keine Zeit zu langen Reden erhalten dürfen. Aber der Freisler wird das schon machen. Der ist *unser* Wyschinsky!«

Göring tat, was er konnte, um Hitlers Vertrauen zur Wehrmacht wiederherzustellen. Am 23. Juli notierte sich ein Stenograf des Führerhauptquartiers in seinem Tagebuch: »Vor der Mittagslage dieses Tages richtete der Reichsmarschall eine kurze Ansprache an den Führer und unterbreitete ihm als äußeres sichtbares Zeichen der Wehrmacht zum Dank für seine wunderbare Errettung den Vorschlag, in der gesamten deutschen Wehrmacht ab sofort den deutschen Gruß einzuführen.« Aber jedes neue Vernehmungsprotokoll von Kaltenbrunner rief in Hitler neue Wellen des Argwohns hervor. Ende Juli 1944 tauchten auch zwei Namen auf, die Hitler in diesem Zusammenhang niemals in den Sinn gekommen wären – die Namen der beiden Feldmarschälle von Kluge und Rommel. Die Beschuldigung war so ungeheuerlich, daß zwei Wochen verstrichen, bevor Hitler den Entschluß zum Handeln faßte.

»Bis einer unserer Gegner müde wird

Viele der Probleme, vor denen Hitler stand, lösten sich im August 1944 von alleine. Allerdings nicht so, wie er es sich gewünscht hätte: Frankreich ging verloren; Finnland und Rumänien waren abgefallen; die Türkei hatte die diplomatischen Beziehungen zum Deutschen Reich abgebrochen. Auch Admiral Horthy hielt Deutschland für todgeweiht und begann taktische Manöver, um seinem Land die verlorengegangene Souveränität wieder zu verschaffen. Von Hitler erhielt er dafür wieder einmal die Warnung, daß Deutschland und seine Verbündeten in einem Boot säßen. Oder, wie er es in einem anderen Zusammenhang ausdrückte – als er Kaltenbrunners Ermittlungsberichte über die Männer vom 20. Juli las: »Wer auf einem Tiger reitet, wird erkennen, daß er nicht mehr absteigen kann.«

Seit dem Attentat war Hitlers Gesundheit angegriffen, so daß Generaloberst Guderian – der neue Generalstabschef des Heeres – freie Hand hatte. Guderians Beziehungen zur Partei waren gut. Er war entsetzt darüber, wie sehr seine OKH-Vorgänger die Verteidigung der Reichsgrenzen vernachlässigt hatten, und bewirkte, daß am 27. Juli ein dramatischer Führerbefehl erging: »Ganz Ostdeutschland muß unverzüglich eine einzige tiefgegliederte Festung werden.« Die zuständigen Gauleiter sollten eilig Verteidigungslinien ausbauen – die Pilica-Stellung, die Narew-Bobr-Stellung, die Weichsel-Stellung von Warschau bis Danzig mit Brückenköpfen um Warschau, Schrottersburg, Leslau, Thorn. Der Befehl war unterzeichnet »Adolf Hitler, i. A., Guderian.« Hitler ließ es durchgehen. Ein russischer Einmarsch in Ostpreußen oder in das oberschlesische Industrierevier würde eine psychologische Katastrophe nach sich ziehen. Hunderttausende von Männern und Frauen begannen jetzt südlich von Stolp Panzergräben auszuheben, quer durch reifende Felder und behäbige Bauerngehöfte. In Pommern schanzten rund 70 000 Frauen. In den uralten Festungen um Königsberg und Lötzen war bislang nichts getan worden; Guderian sorgte dafür, daß sie bald von Beutegeschützen starrten und von Minenfeldern umgeben waren und daß die Nachricht von Hitlers Anwesenheit in Ostpreußen von Mund zu Mund ging. So geschah das Wunder: Die Rote Armee wurde bei Augustowo und Grodno zum Stehen gebracht, und Feldmarschall Models ausgeblutete Heeresgruppe Mitte mit ihren weniger als vierzig Divisionen, insgesamt erschöpft und abgekämpft, widerstand eine Zeitlang dem gewaltigen Gewicht eines Drittels der gesamten sowjetischen Streitkräfte entlang einer 700 km langen Front.

In Warschau erhob sich der bewaffnete polnische Untergrund gegen die Deutschen, sobald sich die Russen jenseits der Weichsel gezeigt hatten. Himmler erschien bei Hitler: »Mein Führer, geschichtlich gesehen ist es ein Segen, daß die Polen das machen. Über fünf, sechs Wochen kommen wir hinweg. Dann aber ist Warschau, die Hauptstadt, der Kopf, die Intelligenz dieses ehemaligen 16-, 17-Millionenvolkes der Polen ausgelöscht, dieses Volkes, das uns seit 700 Jahren den Osten blockiert und uns seit der ersten Schlacht von Tannenberg immer wieder im Wege liegt.« Der Reichsführer SS befahl, Warschau restlos zu zerstören; jeder Häuserblock sei zu sprengen. SS-Obergruppenführer von dem Bach-Zelewski führte eine barbarische Schlacht gegen die Aufständischen, aber der Kommandeur der Polen, General Bor-Komorowski, zeigte sich ihm gewachsen. Er lehnte jede Aufforderung zur Kapitulation ab, auch dann noch, als ihm die Erkenntnis dämmerte, daß der russische Entsatzangriff über den Fluß hinweg nicht kommen werde. »Ich wollte, wir hätten eine Unzahl General Bors«, rief Hitler am 21. September aus, und als schließlich die letzten Aufständischen kapitulierten, ordnete er an, daß man Bor gut behandle.

Die Rote Armee hatte Tukkum am Golf von Riga erreicht und Schörners Heeresgruppe Nord abgeschnitten.

Schörner berichtete Hitler: »Der Bolschewist taugt täglich weniger. Die Gefangenen der letzten Tage zeigen den unausgebildeten Vierzehnjährigen neben dem alten Mann. Erstaunlich sind nur immer wieder die feindlichen Massen an Menschen.« Hitler hatte kühl rechnend seine Vorkehrungen für den Fall einer vorübergehenden Isolation der Heeresgruppe getroffen. Schörner teilte seine Zuversicht. Durch radikale Sofortmaßnahmen hatte er die letzten Reserven aus dem rückwärtigen Raum nach vorne geholt. »Ich bin überzeugt, daß der Feind jetzt alles nur auf eine Karte setzt«, schrieb er. »Ich habe die Überzeugung, daß es nur gilt, diese Phase des Kampfes zu überstehen, dann ist alles gewonnen.«

Das Heerespersonalamt legte eine Verfügung vor, daß in Zukunft gegen die Familien der Soldaten, die Verrat gegen Deutschland betrieben, vorgegangen werden sollte. Hitler billigte diese Vorlage.

Im Süden hatte sich die Lage der Heeresgruppe Süd-Ukraine seit ihrer Katastrophe vom April 1944, als sie bis auf rumänisches Gebiet zurückgeworfen worden war, etwas entschärft. Damals hatte Generaloberst Schörner bittere Vorwürfe gegen General der Kavallerie Hansen erhoben, den Chef der Heeresmission in Rumänien. Das militärische Chaos und vor allem die zusätzliche finanzielle Belastung des rumänischen Haushalts erschwerten die deutsch-rumänischen Beziehungen beträchtlich. Hansen war, wie Guderian sagte, »ein Mann von General Beck«; aber er besaß das Vertrauen Antonescus, und deshalb ging Hitler auf Schörners wiederholte Empfehlung, ihn zu ersetzen, nicht ein. Zu Generalleutnant Gerstenberg von der Luftwaffe, dem deutschen Kommandanten der rumänischen Ölgebiete, sagte Hitler später im August: »Alles steht auf dem Spiel. Geht uns das Ölgebiet verloren, ist auch der Krieg nicht mehr zu gewinnen.« General Guderian hatte 6 Panzer- und 4 Infanteriedivisionen von der Heeresgruppe Süd-Ukraine abgezogen und Schörner zur Heeresgruppe Nord geschickt. Das rief Marschall Antonescu auf den Plan, der am 5. August in Rastenburg protestierte. Hitler sprach über Stunden unentwegt auf Antonescu ein und versicherte ihm, daß neue Panzer und Geschütze in der Entwicklung seien, daß man einen neuen Sprengstoff im »Experimentierstadium« habe mit einer so gewaltigen Wirkung, daß im Umkreis von 3–4 km von der Einschlagstelle alles menschliche Leben vernichtet würde. Er sprach davon, daß er sein Versprechen in bezug auf die Krim und Ukraine nicht habe halten können, weil Verräter im Generalstab auf den Zusammenbruch der Nachschub-Verbindung zwischen Etappe und Front hingearbeitet hätten und daß der Zusammenbruch der Heeresgruppe Mitte gleichfalls auf prosowjetische Verräter zurückginge. Aber Antonescu war äußerst besorgt, und die Unterredung war manchmal sehr erregt. Er versicherte Hitler, »er würde an Deutschlands Seite bleiben und das letzte Land sein, was das Reich verließe«. Aber Hitler mißtraute König Michael, wie er jedem König mißtraute. Es war ein wunderbarer Sommertag, als Hitler Antonescu verabschiedete. Als die Autokolonne sich einige Meter in Bewegung gesetzt hatte, machte er ein paar Schritte und rief: »Setzen Sie nie einen Fuß ins Königsschloß, Marschall!« Antonescu ließ das Auto anhalten. Hitler wiederholte: »Fahren Sie nicht ins Schloß!« Ein plötzlicher Instinkt hatte ihn gewarnt.

Noch vor Ende Juli hatte Himmler dem Heer 40 neue Reservebataillone zugeführt. Die neuen Divisionen wurden »Volksgrenadierdivisionen« genannt, da Himmler Hitlers Billigung zur Aufstellung einer »nationalsozialistischen Volksarmee« erhalten hatte. Diese Divisionen wurden allein aus der Jugend aufgestellt, damit nachteilige Einflüsse der älteren Jahrgänge vermieden wurden. Während General Fromm Hitler widerwillig monatlich 60 000 neue Soldaten zur Verfügung gestellt hatte, hatte Himmler Mitte August bereits 450 000 neue Truppen aufgestellt, und 250 000 neue Rekruten waren schon in die Kasernen eingezogen. Als Bormann am 3. August die Gauleiter nach Posen einberief, brüstete sich Himmler mit seiner neuen Eigenschaft als eigentlicher Oberbefehlshaber der Wehrmacht. Trotzdem konnte er nicht erklären, wie das ausgedehnte, kümmerlich getarnte Netz der Stauffenberg-Verschwörer seiner Aufmerksamkeit entgehen konnte. Speer sprach dann von der künftigen Waffenproduktion und wie sie Deutschlands Handlungsfreiheit und Luftüberlegenheit im Dezember wiederherstellen würde.

Auf diese Weise ermutigt, kamen die Gauleiter am 4. August zu Hitler. Sein Gesundheitszustand war immer noch schlecht. In einem Tagebuch ist zu lesen: »Der Führer kam sehr langsam in sehr verkrampfter Haltung, gab nur die linke Hand, wurde aber später beim Sprechen lebhaft und frei.« Es existiert keine stenografische Niederschrift, doch sagte er offenbar, daß er einen »Ehrenhof« unter Rundstedt eingerichtet habe, der die Verräter aus der Wehrmacht ausschließen werde, so daß sie vor den Volksgerichtshof gestellt und, falls schuldig, zum Tod durch den Strang verurteilt werden könnten.

Hitlers Schlaflosigkeit war zurückgekehrt, mit ihr das Nervenzucken. Er höhnte über Stauffenbergs »Stümperarbeit«, aber die Verletzungen waren sehr schmerzhaft, und Morells Behandlung seines rechten Ellenbogens hatte den Arm so anschwellen lassen, daß er keine Dokumente unterzeichnen konnte. Wenn unwissende Frontgenerale herzlich seine rechte Hand drückten, stöhnte er vor Schmerz. Morell behandelte ihn außerdem mit massiven Dosen von Ultraseptyl, einer minderwertigen und gefährlichen Sulfonamidtablette. Eine ständig zischende Sauerstoffflasche stand in einer Ecke seines Schlafzimmers. Im Tagebuch seines Leibarztes heißt es jeden Tag: »Injektionen wie immer.« Am 27. Juli notierte Morell: »Ohr blutet noch zeitweise. Führer sprach von Blutablassen.« Zwei Tage später fiel Morell eine merkwürdige Nebenerscheinung der Explosion auf: »Mit Vorfall des Attentats das Beinezittern weg und das Händezittern minimal.«

Seit dem 1. August stand Hitler vor einem Problem. Einer der Verschwörer, Oberstleutnant i. G. Hofacker, hatte überzeugend sowohl Kluge als auch Rommel der Mitwisserschaft bei den Vorgängen des 20. Juli bezichtigt. Beide Feldmarschälle waren außerordentlich beliebt – es war undenkbar, sie vom Volksgerichtshof aburteilen zu lassen. Hitler gab Jodl zu verstehen, daß er Rommel sogleich nach seiner Wiederherstellung ohne weiteres Aufheben entlassen werde. Wenige Wochen später sagte er: »Er hat nun das Schlimmste getan, was es in einem solchen Falle überhaupt für einen Soldaten geben kann – nach anderen Auswegen gesucht als nach militärischen.«

Die Alliierten hatten jetzt eineinhalb Millionen Mann im Landekopf Normandie an Land gesetzt. Am Nordflügel war der versuchte britische Durchbruch von Caumont zum Stehen gebracht; aber durch die frisch geschaffene Lücke bei Avranches an der Küste ergossen sich amerikanische Panzer und Infanterie in die Bretagne hinein. Aber es gab eine naheliegende Gegenmaßnahme: »Blitzschnell muß hier ein Panzervorstoß erfolgen!« entschied Hitler. »Und wenn er bis zum Meere durchdringt, schneidet er den amerikanischen Stoßkeil ab. ... Man muß sich darüber klar sein, daß die Amerikaner hier eine entscheidende Operation versuchen, denn sonst hätten sie nicht ihren besten General, nämlich Patton, eingesetzt. Aber je mehr und je bessere Truppen sie hier durch die Lücke pressen, um so besser ist es für uns, wenn wir bis zum Meere durchdringen und sie dann abschneiden. Vielleicht ist es dann sogar möglich, den gesamten Landekopf des Gegners wieder zu bereinigen. Man darf sich dann nämlich nicht damit aufhalten, die durchgebrochenen Teile der Amerikaner zu verfolgen. Ihre Vernichtung kommt später. Man muß dann ganz blitzschnell nach Norden einschwenken

und die gesamte Front des Gegners vor unseren Armeen aufrollen. Er wird dann nicht einmal mehr Zeit haben, einen geordneten Rückzug auf seine künstlichen Häfen durchzuführen.«
Den Befehl zum Angriff erteilte Hitler in der Nacht zum 3. August. General von Funcks XLVII. Panzerkorps sollte die Spitze bilden. Hitler wollte acht seiner neun in der Normandie befindlichen Panzerdivisionen einsetzen, dazu 1000 Jagdflugzeuge. Er schickte Generalleutnant Warlimont in Kluges Hauptquartier; die Generale dort versicherten Warlimont, daß dieser Stoß durchaus gelingen könne. Im Laufe des 6. August arbeitete Hitler einen Tagesbefehl an Funcks Truppen aus: »Von dem Gelingen des Angriffs am Südflügel der 7. Armee hängt die Entscheidung der Schlacht in Frankreich ab. Eine nie wiederkehrende, einmalige Gelegenheit ist dem Ob. West in die Hand gegeben, in einen vom Gegner stark entblößten Raum hineinzustoßen und dadurch die Lage völlig zu wenden.«
Während die Panzerspitzen bis zum Meer vorstießen, sollten frische Panzerdivisionen ihnen folgen und nach Norden einschwenken, wo sie dann die feindliche Front in der Normandie aus dem Rücken zum Einsturz bringen sollten.
Aus einer Reihe von Telefongesprächen erfuhr Jodl, daß Kluge den Angriff vor Mitternacht beginnen wollte, ohne auf das Eintreffen der Jagdgeschwader zu warten, ungeachtet der Tatsache, daß nur vier statt der vorgesehenen acht Panzerdivisionen rechtzeitig aus dem Schlachtfeld im Norden herausgelöst werden konnten. Kluge erklärte, der Feind habe die Panzerbereitstellungen schon erkannt*, er sei bereit, in Kauf zu nehmen, daß der Angriff aus Zeitmangel mit geringeren Kräften geführt werde.
Hitler mißtraute dem Urteil Kluges. Vor allem wollte er, daß Kluge das richtige Wetter abwartete. Er schickte seinen besten Infanteriegeneral, Walter Buhle, nach Frankreich, aber es war schon zu spät, denn als Buhle eintraf, hatte der mit halber Kraft geführte Stoß begonnen. Die erste große Stadt, Mortain, wurde von einer SS-Panzerdivision zurückerobert, aber dann hob sich der Nebel, und es begann ein mörderischer feindlicher Luftangriff. Kluges Grenadiere stellten sich, ohne zu wanken, dem Gemetzel, aber die Panzer konnten nicht weiter vorrücken. Um 23.00 Uhr meldete Kluge Jodl, daß er gescheitert sei.
Mit schneidender Stimme sprach Hitler einen einzigen Satz – so unheildrohend wie die Urteile, die der Volksgerichtshof an jenem Tag gegen Witzleben, Hoepner und ihre Mitverschwörer verhängte. Hitlers Spruch lautete: »Der Angriff ist mißlungen, weil der Feldmarschall von Kluge ihn mißlingen lassen *wollte*.«
Im Führerhauptquartier gab man die Schuld am Fiasko ganz offen der Luftwaffe. Aber Hitler hatte Göring seit dem 23. Juli nicht mehr zu Gesicht bekommen, und dieser hatte auch noch keinen Nachfolger für seinen tödlich

---

* Tatsächlich war Hitlers Operationsbefehl von den Engländern sofort entziffert worden.

verwundeten Stabschef benannt. Göring erkannte, daß sein Stern im Sinken begriffen war. Nach dem Attentat hatte Großadmiral Dönitz gleich nach Hitler zum deutschen Volk sprechen dürfen, und dem neuen Triumvirat Himmler-Bormann-Goebbels war er nicht gewachsen; also zog er sich, umgeben von Medizin und Tabletten, ins Bett zurück. Bis Göring wieder »genesen« war, mußte General Karl Koller, der bayerische Stellvertreter des gestorbenen Korten, Hitlers wütende und unflätige Angriffe über sich ergehen lassen. »Bei jeder Lage beschäftigt sich der Führer stundenlang nur mit der Luftwaffe«, klagte Koller am 8. August in seinem Tagebuch. »[Er] erhebt gegen die Luftwaffe die schwersten Vorwürfe. Die Gründe sind die geringen Flugzeugzahlen, Fehler der Techniker, Nichtfertigstellung der Auffrischungsgruppen im Reich, Me 262 usw.«

Sechs Jagdgruppen waren im Juli zur Auffrischung ins Reich verlegt worden; als Hitler jetzt Kluge befahl, einen neuen Angriff auf Avranches vorzubereiten, begann um diese Gruppen ein regelrechtes Tauziehen. Am Abend des 8. August befahl Hitler Jodl, vier Auffrischungsgruppen sofort nach dem Westen zu verlegen. Am nächsten Tag erhöhte Hitler seine Forderung auf sechs Gruppen und befahl Kluge, am 11. August zu einem neuen Angriff auf Avranches bereit zu sein: »Der Angriff des XLVII. Panzerkorps ist zu früh und damit zu schwach und bei günstigem Wetter für die fdl. Luftwaffe angesetzt ohne Erfolg geblieben. Er muß an einer anderen Stelle mit starken Kräften aufgenommen werden.« Kluge sollte sechs Panzerdivisionen in einer mehr südwestlichen Richtung als am 7. August ansetzen; die Führung sollte General Hans Eberbach haben, nicht mehr Funck (der vor dem Krieg im Stabe des Generals Fritsch gewesen war und dem man aus diesem Grunde nicht trauen zu können glaubte).

General der Flieger Werner Kreipe meldete sich am 11. August bei Hitler als geschäftsführender Generalstabschef der Luftwaffe und schrieb in sein Privattagebuch: »Der Führer ist sehr krumm geworden. Watte in den Ohren. Häufig zitterte er stark. Die Hand durfte man ihm nur leicht geben. ... Zunächst fragte mich der Führer nach meinem Werdegang, dann machte er längere Ausführungen über die Gründe des – wie er es nannte – Zusammenbruchs und Versagens der Luftwaffe. Er sah diese Gründe in erster Linie in einem Versagen der technischen Berater des Reichsmarschalls, die mit voreiligen Versprechungen gearbeitet hätten. Auch der Generalstab der Luftwaffe sei vielleicht getäuscht worden und habe – unbewußt oder möglicherweise fahrlässig – unrichtige Meldungen an den Führer gemacht, die er bedauerlicherweise zum Teil zur Grundlage seiner Entschlüsse gemacht habe. Milch, Udet und Jeschonnek wurden in diesem Zusammenhang genannt.« Kreipe versprach, ihm hinfort nur die reine Wahrheit zu sagen.

In Frankreich hatte sich die Glücksgöttin Hitler entzogen und sollte niemals wieder zu ihm zurückkehren. Wieder hatten die Engländer seine Befehle entziffert. Die Ereignisse überholten General Eberbach. Am 12. August nahmen die Amerikaner Alençon in seinem Rücken ein, und gegen Abend des 13. schlossen sich die Zangen um ihn bis auf knappe dreißig Kilometer – die Briten und Kanadier kamen aus der Richtung Falaise im Norden, die Amerikaner von Argentan. Es kam zu verzweifelten Kämpfen in dem sich bildenden Kessel von Falaise. Hans Pfeiffer, Hitlers persönlicher Adjutant, kam in den Flammen eines brennenden Panzers um. Hans Junge, ein junger Hauptsturmführer, der Hitlers Ordonnanz gewesen war, wurde im Rücken von einer MG-Garbe tödlich getroffen; Frau Traudl Junge war Hitlers jüngste Sekretärin. Er verbarg das traurige Geheimnis vor ihr, bis er einige Tage später die Bestätigung hatte. Dann überbrachte er ihr selbst die Nachricht. »Ach Kind, es tut mir so leid. Ihr Mann war ein prächtiger Kerl.« Bormanns Privatbriefe bezeugen Hitlers Niedergeschlagenheit wegen dieses Ereignisses.

Feldmarschall Kluges Taktik in der Normandie entzog sich unterdessen jeder Erklärung. Trotz der klaren Befehle Hitlers hielt er Eberbachs Panzergruppe immer noch viel zu weit nördlich. Am 14. August befahl Hitler Eberbach erneut, das amerikanische XV. Armeekorps im Raum um Alençon anzugreifen. Pattons Panzer schwärmten schon über die Bretagne aus. Ein Luftwaffengeneral, der an Hitlers Mittagslage teilnahm, notierte sich: »Gespannte Stimmung. Fegelein [Himmlers Verbindungsoffizier zu Hitler] macht Andeutungen über Belastung weiterer Generäle und Feldmarschälle im Zusammenhang mit dem 20. Juli.« Am Nachmittag jenes Tages konferierte Himmler unter vier Augen mit Hitler und legte neue, noch härtere Beweise dafür vor, daß sowohl Kluge als auch Rommel in der Verschwörung gegen Hitler gesteckt hätten. Am späten Abend traf während der Lagebesprechung die Nachricht von der Landung der Alliierten an der französischen Riviera ein.

So kam der 15. August 1944, »der schlimmste Tag meines Lebens«, wie Hitler später zugab. Die Morgenlage wurde von der Nachricht beherrscht, daß die Amerikaner ihren Gegenangriff auf den Kessel von Falaise begonnen hätten. Feldmarschall von Kluge war nirgends aufzufinden. Angeblich hatte er sich an die Front begeben, um mit Eberbach zu beraten, ob der Panzerangriff auf Alençon abgebrochen werden solle. Aber er war dort nicht eingetroffen, und es wurde ein *feindlicher* Funkspruch aufgefangen, in dem die Frage nach Kluges Verbleib gestellt wurde. Schwere Wolken des Verdachts zogen plötzlich herauf. Als der Abend kam, erfuhr Hitler, daß Kluges fahrbare Funkstelle sich am Morgen um 9.30 Uhr zum letzten Mal gemeldet hatte. Weder Eberbach noch die SS-Generale Hausser und Dietrich hatten ihn gesehen. Entweder war er tot, zusammengeschossen von einem feindlichen Tiefflieger, oder er führte in diesem Augenblick Geheimverhandlungen über die Kapitulation der ganzen Westfront. »...Eine

Wendung des Schicksals dadurch herbeizuführen, daß man womöglich vor den Engländern kapituliert und dann mit den Engländern gegen Rußland geht – eine völlig idiotische Auffassung!« höhnte er wenige Tage später.
Um 19.30 Uhr beauftragte Hitler den SS-Oberstgruppenführer Hausser mit der Führung der 5. Panzer-Armee und der Gruppe Eberbach. Kluge war noch immer verschollen. Hitler verbrachte eine schlaflose Nacht. Er erfuhr, daß Eberbachs Gefechtsstand spät in der Nacht das Eintreffen Kluges gemeldet habe, mitten im Kessel von Falaise; eine Erklärung darüber, wo er sich so lange aufgehalten hatte, gab es nicht. Hitler konnte ihm nicht mehr vertrauen und erteilte über Funk den Befehl: »Feldmarschall von Kluge begibt sich sofort außerhalb des bedrohten Raumes zum Gefechtsstand der 5. Panzer-Armee und führt von dort aus die Absetzbewegung.« Feldmarschall Model, dem Hitler erst am Tag zuvor die Brillanten zum Eichenlaub des Ritterkreuzes für seine Verdienste um die Schließung der Front bei der Heeresgruppe Mitte verliehen hatte und der schon wieder an der Ostfront war, wurde jetzt in die Wolfsschanze zurückgerufen und insgeheim zum Nachfolger Kluges bestimmt. Er wurde mit dem Flugzeug zu Kluge geschickt, um ihm einen versiegelten Brief zu übergeben, der einen Befehl zur Rückkehr nach Deutschland enthielt. Unangekündigt traf Model am 17. August spätabends in Kluges Gefechtsstand ein und erteilte sofort Befehle, die drei Tage später zum fast schon nicht mehr erhofften Entkommen der deutschen Hauptmacht aus dem Kessel von Falaise führten.
Kluge kehrte in sein Heimatdorf zurück – aber in einem Sarg. Er war nach Feststellung von Wehrmachtsärzten am 19. August einem Gehirnschlag erlegen. Nach den Äußerungen seines Chefs des Stabes, General Blumentritt, hatte Kluge unter dem Schock des Fehlschlags seines Gegenangriffs auf Avranches am 7. August gestanden. Er hatte seinen einzigen Sohn in den Kessel von Falaise geschickt mit den Worten: »Daß niemand glaube, ich schone meinen Stammhalter.« Blumentritt hatte ihn am 18. August zum letzten Mal gesehen: Kluge saß am Schreibtisch, klopfte zweimal auf die Karte und sagte: »Avranches, Avranches, dieser Name hat mich um meinen guten Soldatennamen gebracht. Vor der Geschichte bin ich der Benedek der Westfront.* Ich habe doch das Menschenmögliche getan. Na, das ist eben Schicksal.« Es schien, daß ein gealterter Feldmarschall dahingegangen war, zu Tode erschöpft durch die Doppelbelastung als Oberbefehlshaber West und Oberbefehlshaber der Heeresgruppe B.
Hitler befahl SS-Ärzten, die inneren Organe des Feldmarschalls noch einmal zu untersuchen. Der Tod selbst blieb vorläufig ein Staatsgeheimnis.

Die Amerikaner hatten die Seine am 18. August erreicht und waren nur noch knapp sechzig Kilometer von Paris entfernt. Das deutsche Heer befand sich in voller Flucht über den Fluß, mit Kähnen, Flößen, Schlauch-

---

* Benedek führte das österreichische Heer bei Königgrätz.

booten und über Pontonbrücken. In panischer Hast rannte alles nach Osten, zur deutschen Grenze. Luftwaffengeneral Koller kam mit finsteren Berichten über den moralischen Verfall der Wehrmacht nach vierjähriger Besatzungszeit aus Paris zurück. Hitler hatte das alles vorausgesehen; jetzt hatten seine Generale ihren »Bewegungskrieg« – mit viel mehr Bewegung, als ihnen lieb sein konnte. Am 19. August rief er Keitel, Speer und Jodl zusammen und befahl ihnen ganz nüchtern, die materiellen Grundlagen für ein neues Westheer zu schaffen, da er eine große Gegenoffensive für November plane, wenn schlechtes Wetter die feindliche Luftwaffe am Boden halten werde. 25 Divisionen müßten für diese Offensive aufgestellt und ausgerüstet werden. (Das war die Geburtsstunde der Ardennen-Offensive.)

Bormann lastete die Niederlage zum größten Teil der Luftwaffe an. Hitler fragte spitz, wie lange wohl die Krankheit des Reichsmarschalls noch dauern werde. Erst am 26. August erschien Göring wieder in der Wolfsschanze. Mittlerweile hatte Bormann, unterstützt von Goebbels, eine Akte »Mißstände bei der Luftwaffe« angelegt, für die die Gauleiter reiches Material anlieferten. Bomben waren aus bombensicheren Bunkern hinausgeworfen worden, um Raum für Konterbande aus Italien und Griechenland zu schaffen. In Rechlin, der wichtigsten Luftwaffen-Erprobungsstelle, gab einer der leitenden Ingenieure Bormann den Hinweis, daß für den Kommandeur aus Luftwaffengeldern eine Villa am Ammersee gebaut werde und daß Luftwaffenpersonal jedes Wochenende nach Bayern fliege, um an dem Haus zu arbeiten. Görings entlassener Stellvertreter Milch wurde beschuldigt, untaugliche Flugzeug- und Flugmotorenprojekte unterstützt zu haben, um alten Geschäftsfreunden aus seiner Lufthansa-Zeit einen Gefallen zu tun.

Kein Wunder, daß Hitler wenig schmeichelhafte Vergleiche zog zwischen Göring auf der einen Seite und den Taten Himmlers, der aus dem Nichts neue Bataillone für das Heer aufstellte. Hitler begann mit dem Gedanken zu spielen, die ganze Luftwaffe aufzulösen. Am 17. August rief er Kreipe an und erteilte ihm den Befehl, sofort Feldmarschall Sperrle, den Luftflottenbefehlshaber in Frankreich, ablösen zu lassen; es war typisch für Hitler, diese Entscheidung bis jetzt, wo es zu spät war, hinausgeschoben zu haben. Noch immer war die erste Strahlbombergruppe Me 262 nicht einsatzbereit, und Göring, Kreipe, Speer und Galland wollten die Me 262 jetzt doch lieber als Jagdflugzeuge einsetzen. Die bombensicher verbunkerten Hydrierwerke würden die Produktion erst im März 1945 aufnehmen können, aber schon im Dezember würde das OKW die letzten Reserven verbraucht haben.

Am 20. August trat die Rote Armee zu ihrer Spätsommer-Offensive gegen Generaloberst Friessners Heeresgruppe Süd-Ukraine an der rumänischen Grenze an. Innerhalb von drei Tagen sollte die 6. Armee hier nahezu eingekesselt sein, aber Hitlers Augen waren noch auf Frankreich gerichtet. In Paris hatten sich bewaffnete Partisanengruppen gegen die deutsche Besatzung erhoben. Paris aber war von entscheidender militärischer und politischer Bedeutung, und Hitler hatte in einem Befehl vom 20. August mit allem Nachdruck die Verteidigung der Stadt verlangt. Jede Seinebrücke zwischen Paris und dem Meer war zerstört; Hitler befahl, die noch intakten Pariser Brücken durch Flak besonders zu sichern. Fielen sie jedoch unversehrt dem Feind in die Hände, so konnte er die ganze Küstenfront von hinten aufreißen und den Deutschen auch die Basen für den V 1-Einsatz gegen England wegnehmen. »In der Geschichte bedeutete der Verlust von Paris aber auch bisher immer den Fall von ganz Frankreich«, erinnerte Hitler Model in einem Befehl vom 22. August. »Innerhalb der Stadt muß gegen erste Anzeichen von Aufruhr mit schärfsten Mitteln eingeschritten werden, z. B. Sprengung von Häuserblocks, öffentliche Exekutierung der Rädelsführer, Evakuierung des betreffenden Stadtteils, da hierdurch eine weitere Ausbreitung am besten verhindert wird. Die Seine-Brücken sind zur Sprengung vorzubereiten. Paris darf nicht oder nur als Trümmerfeld in die Hand des Feindes fallen.«

Als Hitlers zwei Oberbefehlshaber im Südosten, Weichs und Löhr, ihn am 22. August zu einer Besprechung aufsuchten, brachte Weichs Neuigkeiten von einer bemerkenswerten Annäherung zwischen General Nedić, dem Marionetten-Ministerpräsidenten von Serbien, und Draža Mihailović, Führer der Četnik-Guerillas, der die kämpferische Mitarbeit aller serbischen Kräfte gegen Tito und die drohende kommunistische Gefahr vorschlug. Zusammen hatten sie Hitler ihre Unterstützung auf dem Balkan angeboten, wenn er ihnen die notwendigen 3 Millionen Schuß Infanteriemunition liefern und seine Genehmigung zur Aufstellung eines Heeres von 50 000 Mann aus den Četnik-Verbänden geben würde. Feldmarschall von Weichs befürwortete die Annahme ihrer Vorschläge. Das rief aber Hitlers stets schwelende österreichische Voreingenommenheit gegen die Serben auf den Plan. In Jodls Tagebuch wird er warnend zitiert: »Die Serben sind die einzig stets graden Leute auf dem Balkan. Sie allein haben die Kraft und die Fähigkeit, ein groß-serbisches Ziel weiter zu verfolgen.« Hitlers Erfahrungen mit der Bewaffnung hilfreicher Nachbarn hatten ihn abgehärtet. So gestand er Weichs das neue Experiment nur im allerkleinsten Rahmen zu.

Alle früheren Verbündeten fielen von Deutschland ab. Am 17. August hatte Keitel dem finnischen Marschall Mannerheim das Eichenlaub zum Ritterkreuz überbracht; aber Mannerheim hatte erklärt, das finnische Volk habe ihn anstelle Rytis zum Präsidenten gemacht, weil eine Mehrheit des Volkes die deutschfreundliche Politik Rytis ablehne.

An der südrussischen Front strömten Malinowskis Armeen nach Rumänien hinein. Hitler vertraute Marschall Antonescu, aber nicht dessen Armee; tatsächlich hatte er erst vor kurzem General Friessner ermächtigt, im

Augenblick des russischen Angriffs sofort mit der ganzen Heeresgruppe Südukraine auf die ersichtlich beste Linie zurückzugehen, auf die Linie von Galatz an der Donau bis hin zu den Karpaten. Und am 22. August befahl er Sachverständigen, zu prüfen, ob ein 20 bis 24 Meter breiter Kanal unter Einsatz einer gewaltigen Zahl von Zwangsarbeitern von der Donau bis ans Schwarze Meer bei Konstanza ausgehoben werden könne; denn wenn es den Russen gelänge, die Donau an ihrem Delta zu sperren, mußte das ungeheure strategische Folgen nach sich ziehen.

Gerüchte jagten einander; so warnte der deutsche Luftattaché in Ungarn vor einem angeblich bevorstehenden Staatsreich in Rumänien, aber die vielen deutschen Diplomaten in Bukarest meldeten, die Lage sei ruhig. Hitler sagte zu Kreipe: »Die Luftattachés sollen sich nicht um Sachen kümmern, die sie nichts angehen.«

Als Hitler am 23. August beim Nachmittagstee saß, bat sein Adjutant, Amsberg, ihn ans Telefon. Am anderen Ende meldete eine Stimme, daß Marschall Antonescu soeben verhaftet worden sei, nachdem er im Schloß um eine Audienz bei seinem König nachgesucht hatte. Hitler sagte zu Amsberg: »Warum hat er nicht auf mich gehört?« Einige Stunden später wurde über den Bukarester Rundfunk ein Manifest des Königs verlesen: »Die rumänische Regierung hat den von Rußland und den alliierten Nationen angebotenen Waffenstillstand angenommen.« Der König befahl seinen Truppen jedoch, nicht die Kampfhandlungen gegen die deutsche Wehrmacht zu eröffnen. Das aber war für Hitler nur ein schwacher Trost, denn 22 Prozent seines gegenwärtigen Gesamtölverbrauchs wurden aus rumänischen Quellen gedeckt. Die Funkstelle der deutschen Gesandtschaft befand sich in einem Landhaus weit draußen, so daß Hitler auf das altersschwache rumänische Fernsprechnetz angewiesen war. Kreipe schrieb an diesem Abend: »Telefongespräch mit Manfred von Killinger [Botschafter] und Gerstenberg [Attaché der Luftwaffe] in Bukarest. Beide in der Botschaft eingeschlossen. Killinger völlig gebrochen, bestellt Grüße an den Führer. Vorschläge Gerstenberg über Stuka-Einsatz und Einsatz der Flakdivisionen bei Ploesti, will die Stadt besetzen! Telefonate mit Hitler, der Vorschläge Gerstenberg billigt, Gefangennahme des Königs fordert. Verbindung mit Bukarest noch einmal hergestellt, dann unterbrochen.«

Von 21.45 Uhr bis in die frühen Morgenstunden hinein erteilte das Führerhauptquartier eine Flut von Befehlen. Friessner sollte die Besetzung des Ölgebiets und die Übernahme der Öltransportanlagen vorbereiten. Alle in Rumänien befindlichen deutschen Soldaten wurden Friessner unterstellt. General Hansen erhielt Befehl, den Putsch niederzuschlagen. Die 5. Flak-Division in Ploesti sollte Bukarest besetzen, Admiral Brinkmann sollte den Schwarzmeerhafen Konstanza und Umgebung besetzen. Ein deutschfreundlicher General sollte zum rumänischen Regierungschef ernannt werden. Hitler begann seine Abendlage um zwei Uhr früh und erörterte im Anschluß daran die total veränderte Balkansituation noch einmal mit

Feldmarschall von Weichs. (Er hatte beschlossen, Griechenland im Augenblick eines Angriffs dem Feind zu überlassen.) Gegen 4.30 Uhr riefen Hansen und Gesandter von Killinger in Ostpreußen an: »Es handelt sich nicht um einen Putsch einer Hofkamarilla, sondern um einen wohlvorbereiteten Staatsstreich von oben mit völliger Übereinstimmung mit Armee und Gesamtnation.« Kein einziger deutsch-freundlicher General sei zu finden. Die Rumänen kontrollieren alle Nachrichtenverbindungen. »Auf Grund des Kräfteverhältnisses z. Zt. keine Aussichten auf militärischen und politischen Erfolg.« Trotzdem standen gegen Mittag die 2000 Flaksoldaten Gerstenbergs in den nördlichen Außenbezirken der Hauptstadt, und er ließ drei Bombenangriffe gegen den Stadtkern fliegen. Aber in der Stadt standen bis zu 8000 rumänische Soldaten, die alle Zugangsstraßen vermint hatten und jetzt Panzer und Artillerie heranführten. Gerstenberg besetzte den Rundfunksender, konnte aber nicht weiter vordringen. Hitler befahl den Einsatz von noch mehr Truppen. Mittags schrieb ein Luftwaffengeneral: »Führerlage, alles beschäftigt sich mit Rumänien. Hitler sehr optimistisch, schimpft auf SD und Auswärtiges Amt, imitiert Ribbentrop. Goebbels und Bormann bei der Lage.«
Unter Berufung auf die deutschen Bombenangriffe erklärten die Rumänen am 25. August Deutschland den Krieg. Hitler beorderte den Luftwaffengeneral Stahel, der ihm in Sizilien und später in Wilna und Warschau gute Dienste geleistet hatte, nach Rumänien. Aber vier Tage nach seiner Ankunft waren Stahel und Gerstenberg Gefangene der Roten Armee; Freiherr von Killinger beging Selbstmord, als seine Gesandtschaft gestürmt wurde. Friessners Heeresgruppe hatte jetzt ein feindliches Rumänien im Rücken. Sie brach zusammen. Sechzehn deutsche Divisionen wurden in dem Debakel ausgelöscht. Finnland und Bulgarien verfolgten gebannt dieses Schauspiel und zogen daraus bestimmte Lehren; auch aus Ungarn grollte es, und Hitler bedurfte keines Seismographen, um das Erdbeben wahrzunehmen.

Vor seinem Stabe strahlte Hitler eine wohltuende Ruhe aus. Ein junger SS-Hauptsturmführer, der seit drei Tagen den Lagebesprechungen beiwohnte, zeigte seine unverhüllte Begeisterung über den Führer in einem Privatbrief am 27. August: »Ich bin voll *allergrößter* Bewunderung für ihn, er ist einmalig, als Mensch, als Politiker, als militärischer Führer. Einigemale habe ich ihn aber auch in dieser kurzen Zeit, seit ich hier bin, sehr heftig werdend erlebt und zwar jedesmal dann, wenn ihm... nicht die volle, auch härteste Wahrheit oder sogar die Unwahrheit gesagt worden ist. Er spürt und weiß das meines Erachtens immer sofort – es ist unwahrscheinlich beeindruckend und frappierend für mich... Immer wieder auffallend für mich ist die Ausstrahlung, die vom Führer ausgeht. Ich habe hochgestellteste Offiziere zum Vortrag voller Sorgen und Probleme kommen sehen. Sie verlassen den Führer immer voller Zuversicht und Hoffnung.«
Der Wochenschaufilm vom Volksgerichtshof-Prozeß gegen von Witzleben

am 8. August wirkte abstoßend auf Hitler: Er äußerte deutlich sein Mißfallen über die Prozeßführung durch Roland Freisler. »Anstatt diese gemeinen Verbrecher schnellstens abzuurteilen, spielt er einem Theater vor«, sagte er grollend zu Schaub. Von den brutalen Hinrichtungen in Plötzensee wurden ebenfalls Filmstreifen gedreht: Hitler weigerte sich, die Filme anzusehen. Als Fegelein ihm die Fotos der nackten Leichen vorlegen wollte, wischte Hitler verärgert die Bilder vom Tisch. Auf Vortrag Himmlers hin ordnete Hitler am 27. August an, daß die Hinterbliebenen der zum Tode Verurteilten »in ähnlicher Weise durch monatliche Gnadenzuwendungen vor dem Schlimmsten bewahrt und versorgt werden wie vor 10 Jahren die Hinterbliebenen der Exekutierten des 30. Juni 1934«.
Die rasche und befehlswidrige Aufgabe von Paris durch General von Choltitz hatte es unmöglich gemacht, eine neue Somme-Marne-Stellung rechtzeitig aufzubauen. Aus Frankreich trafen Meldungen über die panische Flucht der militärischen und zivilen Etappe ein. Mit gezogener Waffe bahnten Offiziere ihren Wagen einen Weg durch Staus. Lastwagen rollten hochbeladen mit Möbeln und Plünderungsgut nach Osten. Ununterbrochen griffen feindliche Jäger aus dreißig Meter Höhe unbehelligt die Flüchtenden mit MG und Bordkanonen an. Im Anschluß an die beschämenden Vorgänge in Paris und Bukarest erteilte Hitler am 25. August die strenge Weisung, daß keine Dienststelle mehr in den Großstädten untergebracht werden dürfte:
»Die friedensmäßigen Lebensformen bei den deutschen Dienststellen aller Art, die sich in den großen Städten der außerdeutschen Gebiete entwickelt haben, erweisen sich in diesem Höhepunkt des Krieges als eine der größten Gefahren nach außen und innen. Rückschläge an der Front, verbunden mit Aufruhr in den Städten, legen die militärischen und zivilen Führungsstäbe, die meist ohne jede kriegsmäßige Vorbereitung, teilweise sogar mit ihren Familien und weiblichen Angestellten, dort ein unverantwortliches, friedliches Dasein führen, in der Stunde der Entscheidung lahm. Der Truppe bietet sich dann das Bild einer überstürzten, kopflosen, schmählichen Flucht, begleitet von einem üblen Troß, der sich, beladen mit deutschen und fremden Frauen und mit den in längerem Etappenleben angesammelten eigenen oder fremden Gütern auf den Landstraßen dahinwälzt.
Nichts ist mehr geeignet, vor der eigenen Truppe wie vor der fremden Bevölkerung das Ansehen höchster deutscher Dienststellen und damit des deutschen Reiches zu schädigen.«
Kluges sterbliche Überreste lagen noch in der Kirche seines Heimatdorfes, wo er beerdigt werden sollte. Am 28. August zeigte General Burgdorf, Chef des Heerespersonalamts, Hitler den lang erwarteten Obduktionsbefund des RSHA.
Bormann notierte sich triumphierend: »Am Abend des 28. August 1944 teilte mir SS-Gruppenf. Fegelein mit, Feldm. Kluge habe sich, wie die Untersuchung des Sicherheitshauptamtes ergeben hätte, mit Zyankali ver-

giftet! Kluge habe einen Abschiedsbrief an den Führer gerichtet... Kluge schrieb, er ziehe als Soldat die Konsequenzen aus seiner Niederlage, die Kluge von Anfang an vorausgesehen und befürchtet hätte. Die Niederlage Deutschlands sei nach Meinung Kluges unvermeidlich; der Führer solle dies einsehen und sich danach richten.« Kluges Brief war eine Mischung aus Nazi-Fanatismus, Versicherungen persönlicher Treue und Defaitismus. Am nächsten Tag belastete Kluges Neffe während der Hauptverhandlung vor dem Volksgerichtshof den Feldmarschall sehr schwer. Die Indizien waren so gravierend, daß Freisler die Verhandlung abbrach, um den Feldmarschall vernehmen zu lassen; er wußte nicht, daß er längst tot war.

Hitler ordnete für Kluge eine stille Beerdigung an, mit militärischen Sargträgern, aber ohne andere Ehrenbezeigungen. Offensichtlich hatte der Feldmarschall tatsächlich am 15. August versucht, Kontakt zum Feind aufzunehmen, dann aber mitansehen müssen, wie ein Jagdbomber seinen einzigen Funkwagen zerstörte. »Es ist nur einem Zufall zu verdanken, daß dieser Plan nicht zur Ausführung gekommen ist«, meinte Hitler am 31. August. »Die ganzen Maßnahmen der Heeresgruppe lassen sich auch nur unter diesen Voraussetzungen erklären.«*

Kluge hatte mit 62 Jahren den Kampf aufgegeben; Hitler mit seinen 55 Jahren war entschlossen, weiter zu kämpfen. »Wir werden uns schlagen, wenn nötig sogar am Rhein. Das ist völlig gleichgültig. Wir werden unter allen Umständen diesen Kampf so lange führen, bis, wie Friedrich der Große gesagt hat, einer unserer verfluchten Gegner es müde wird, noch weiter zu kämpfen...«

---

* Ein Hinweis von deutscher Seite ist die C.I.C.-Befragung von Kluges Schwiegersohn, Oberstabsarzt Dr. Udo Esch, vom 27. Juli 1945. Von ihm hatte Kluge das Zyankali bekommen. Kluge erörterte mit ihm die Möglichkeit einer Kapitulation der gesamten Westfront. Er habe sich in das Frontgebiet begeben, aber es sei ihm nicht gelungen, Fühlung zu den alliierten Befehlshabern aufzunehmen, sagte Esch.

»Halten der Stellung oder Vernichtung«

»Für eine politische Entscheidung ist das noch nicht reif...«, stellte Hitler fest, als der Herbst des Jahres 1944 näher kam. »Daß ich eine solche Gelegenheit nicht vorübergehen lassen werde, brauche ich niemand zu erklären. Aber im Moment schwerer militärischer Niederlagen auf einen günstigen politischen Moment zu hoffen, um irgend etwas zu machen, ist natürlich kindlich und naiv.«
Der Zornesausbruch richtete sich ebenso gegen Außenminister von Ribbentrop wie gegen Feldmarschall von Kluge. Am 30. 8. hatte ihm Ribbentrop eine erneute Denkschrift überreicht mit der Bitte, ihn zu ermächtigen, nach allen Seiten sofort wegen eines Friedensschlusses zu sondieren.
Hitler wartete auf den Augenblick, wo die Gegensätze zwischen Ost und West die Russen in einen offenen Konflikt mit ihren Verbündeten treiben würden. Am 1. September bemerkte er zu einem französischen Diplomaten, der jetzt tobende Kampf habe in einer Hinsicht etwas Gutes: er bringe den Beweis, daß überall da, wo die deutschen Truppen abzögen, der Bolschewismus mit seiner ganzen Brutalität einrücke.
War dies die heimliche Erklärung für Hitlers neue Bereitschaft, seine Soldaten vom Balkan abzuziehen? Wollte er seine Feinde in eine Lage bringen, wo sie sich zerstreiten mußten? Am 2. September kam ein Blitzfernschreiben Feldmarschall von Weichs', daß englische Offiziere ein Gesprächsangebot angemeldet hätten mit dem Ziel, den deutschen Rückzug aus Griechenland mit dem britischen Vormarsch abzustimmen, damit kein Vakuum entstehen könne, in das die Kommunisten einströmen würden. Weichs erinnerte Jodl an die Absichtserklärung Hitlers, Südgriechenland zu räumen. Erbeutete Dokumente beweisen klar, daß die Kommunisten planten, die Schlüsselpositionen des Landes schlagartig zu besetzen, bevor die Briten einrücken konnten. Aber Hitler lehnte, mit Blick auf übergeordnete Ziele, ab.
Als der große deutsche Rückzug aus Südgriechenland begann, unternahmen die Engländer nichts, um die Operation zu stören – ein weiteres Zeichen dafür, meinte Hitler, daß Stalin Anspruch auf den ganzen Balkan erhoben habe. »Politisch erwünscht, überall wo wir abrücken, den Kampf zwischen Kommunisten und nationalen Kräften zu schüren und auszulösen«, zitierte Jodl ihn in seinem Tagebuch. Über Japan erreichte Hitler die erste vorsichtige Andeutung, daß Stalin zögere, Deutschland zu vernichten, da er das deutsche industrielle Potential für den unweigerlich kommenden Krieg mit England und Amerika benötige. Stalin ziehe offensichtlich einen

Friedensvertrag mit einem nationalsozialistischen Deutschland unter Hitler in Erwägung, hieß es in dem Telegramm. Aus diesem Grund hatte die russische Offensive kurz vor den Grenzen von 1940 haltgemacht, und daher hatte sich Stalin auch nicht an dem Luftbombardement deutscher Städte beteiligt. General Guderian unterstützte Hitlers strategische Lagebeurteilung; wenn Deutschland nur die nächsten Monate überstehen könne, werde sich seine militärisch-politische Lage nur bessern können.

Da es Hitlers politische Beurteilung der Zukunft nicht teilte, folgte Finnland schon bald dem rumänischen Beispiel. Am 21. August hatte ein Angriff der 3. Panzer-Armee zur Wiederherstellung der Landverbindung mit Schörners Heeresgruppe Nord geführt. Sechs Tage später erschien der General bei Hitler, um die Erlaubnis zur Aufgabe Estlands zu erbitten; Hitlers verachtungsvolles Schweigen allein genügte, um Schörner zur Zurücknahme seiner Bitte zu veranlassen. Wenige Tage später aber erfuhr Hitler, daß Finnland Waffenstillstandsgespräche in Moskau aufgenommen habe. Am 2. September schrieb General Kreipe in sein Tagebuch: »Bei der Lage Beschimpfungen Mannerheims und Sofortentschlüsse.« Am selben Tag wies Himmler Hitler auf Geheimberichte hin, daß auch Ungarn den Abfall plane. Am 8. September erklärte die bulgarische Regierurng dem Deutschen Reich in aller Form den Krieg.

Alle diese Einbrüche in Hitlers Imperium schufen eine *Gewißheit*: daß seine Rüstungsbetriebe in einer bestimmten Zahl von Monaten weder das Öl noch die Rohstoffe haben würden, die sie brauchten. Hitler hatte vorausschauend im August Albert Speer gebeten, zu prüfen, wie lange der Krieg bei einem gegebenen »Minimalwirtschaftsraum« fortgesetzt werden könnte. Diese Anweisung setzte die Preisgabe Finnlands, Norwegens und ganz Südeuropas bis zu den Alpen in Italien, zur Save in Jugoslawien und zur Theiß in Ungarn voraus. Das Reich hatte mittlerweile das ukrainische Mangan, das türkische Chrom, das portugiesische und spanische Wolfram, das rumänische Erdöl, die Erze aus dem Balkan, den südfranzösischen Bauxit und womöglich das finnische Nickel in Petsamo verloren. Wie lange Schweden noch Eisenerz liefern würde, war ungewiß. Am 3. September hatte Speer Dönitz noch mitgeteilt, er habe genügend Eisenerz für ganz 1945. Aber später lag der Bericht seines Planungsamts auf der Basis des »Minimalwirtschaftsraums« vor und kam zu einem ganz anderen Ergebnis: »Bei einer Fortführung der Produktion von Spezialstahl würden die Chromvorräte bis 1. Januar 1945 erschöpft sein.« Auch unter der Annahme, daß dieser Engpaß überwunden werden könnte, würde doch die Stahlproduktion mit 31. August 1945 eingestellt werden müssen. »Hitler sprach dann plötzlich zu mir vom Kriegsgeschehen«, erinnert sich ein Arzt, der ihn Anfang September 1944 behandelt, »und sagte, daß die Herren Anglo-Amerikaner [sich] gewaltig verrechnet hätten... Er habe noch alle zum Krieg notwendigen Rohstoffe für mindestens ein Jahr. Selbst Benzin sei noch für 11 Monate gestapelt.«

Immerhin, »ein Jahr« setzte einem Bruch zwischen Ost und West einen sehr klaren Termin, wenn er Hitlers Deutschland noch etwas nützen sollte.

Sein Ellbogen war lange noch nicht ausgeheilt. Noch schlimmer – sein Friseur hatte ihn mit einem Schnupfen angesteckt (er konnte sich nicht mehr selbst rasieren), und ein leichtes Druckgefühl im Kopf und besonders in der Stirn ließen ihn nachts nicht schlafen. Am 18. August hatte Professor von Eicken ihn untersucht und ein bestimmtes Präparat verordnet. Aber Morell schalt ihn: »Das geht nicht, der Führer verträgt kein anderes Präparat, er verträgt nur Ultraseptyl!« Um die Kopfschmerzen zu lindern, begann Oberstabsarzt Dr. Giesing mit einer Kokainbehandlung; Hitler fühlte sich danach wesentlich leichter, obwohl die Behandlung mit Kokain oft zu Schweißausbrüchen führte. Bei einer Gelegenheit klagte Hitler plötzlich über leichten Schwindel mit Schwarzwerden vor den Augen und mußte sich am Tisch festhalten, um nicht zu fallen. Die nächsten Wochen bat der Führer den Stabsarzt des öfteren, die Behandlung mit Kokain fortzusetzen. Er legte jetzt ein morbides Interesse am eigenen Körper an den Tag, lieh sich medizinische Lexika von Giesing und experimentierte an seinen Ordonnanzen mit Hilfe von Spiegeln und Instrumenten nach dem Weggang des Arztes. Einmal sagte er warnend zu dem Arzt: »Hoffentlich machen Sie aus mir keinen Kokainisten.« Aber sein Gedächtnis ließ nach, zu schnell vergaß er Namen und Gesichter. Aber »was gilt schon meine Gesundheit, wenn die Existenz des Volkes auf dem Spiele steht?« fragte er den Arzt mit belegter Stimme.

Seit dem 20. Juli war er ewig gereizt und bösartig. Aus seinem Wohnbunker auftauchend, um zur Lagebaracke zu gehen, fand er seinen baumlangen SS-Adjutanten Schulze vor, der draußen gewartet hatte, um ihn zu begleiten. »Herrgott!« tobte Hitler los. »Muß immer jemand um mich herum sein? Kann man nimmer allein sein?« Jeder war verdächtig, sei er neu oder alt: Der neue Generalstabschef der Luftwaffe stand unter Telefonüberwachung; aber die Bluthunde der SS beschatteten auch Rommel auf Schritt und Tritt, jetzt, da er wieder genesen war.

Im Westen hatte Hitler Feldmarschall von Rundstedt wieder zum Oberbefehlshaber ernannt; seine Loyalität stand außer jedem Zweifel. Operativ befehligte Model als Befehlshaber der Heeresgruppe B. Am 3. September fiel Brüssel, am nächsten Tag eroberte der Feind die große Hafenstadt Antwerpen; es war kaum ein Versuch unternommen worden, um die Hafenanlagen zu zerstören. Model meldete, daß der Feind 2500 Panzer besitze; die gesamte deutsche Panzerwaffe im Westen bestand aus weniger als einhundert Stück. Ohne Luftunterstützung war er hilflos.

Die Abschußbasen der V 1 in Nordfrankreich waren überrannt, aber am 3. September befahl Hitler, diese Waffe auch weiterhin von Heinkel-Maschinen aus im Fluge zu starten. Die Produktion hatte gerade 3419 Stück im Monat erreicht. In London wurde gewaltiger Schaden angerichtet – und die britische Regierung hatte jetzt zugegeben, daß im Kampf gegen diese Waffe 450 Flugzeuge mit 2900 Mann fliegendem Personal verloren wurden. Und jetzt eröffnete Hitler das Feuer mit der V 2, der 14-Tonnen-Rakete A 4 des Heeres von beweglichen Abschußstellen in Holland. Um sicherzustellen, daß alles in Ordnung ginge, ernannte er den SS-Gruppenführer Hans Kammler zum Sonderbeauftragten für die V-Waffen. Am 8. September schlugen die ersten Raketen ohne Vorwarnung mitten in London ein. Triumphierend erteilte Hitler dem Reichsführer SS Befehl, Wernher von Braun mit dem Ritterkreuz zum Kriegsverdienstkreuz auszuzeichnen, und er wies Speer an, die V 2-Produktion auf monatlich 900 Stück zu steigern.

Hitlers Unzufriedenheit mit der Luftwaffe nahm fast krankhafte Züge an. Als General Kreipe am 3. September die Treibstofflage schilderte, stieß er den Generalstabschef mit der Bemerkung vor den Kopf: »Ich gehe mit dem Gedanken um, die Fliegertruppe nunmehr ganz abzuschaffen und dafür die Flakartillerie zu verdreifachen.« Er wiederholte seine Vorwürfe, als Göring am 5. erneut in der Wolfsschanze zu erscheinen geruhte. In Kreipes Tagebuch steht: »Zunächst der Führer: Nur Vorwürfe gegen die Luftwaffe. Sie leiste nichts, seit Jahren fiele sie mehr und mehr ab, er sei ständig belogen worden bezüglich der Produktionszahlen, aber auch bezüglich der technischen Leistungsfähigkeit. Völliges Versagen in Frankreich, Bodenorganisation und Luftnachrichtentruppe hätten kopflos ihre Horste und Liegenschaften geräumt und sich in Sicherheit gebracht, statt dem Heere im Kampf zu helfen. Dann kam erneut die Frage des Einsatzes der Me 262 zur Sprache. Dieselben Argumente und Gedanken, warum nur der ›Blitzbomber‹ in Frage kommt. In abgemilderter Form kam dann nochmals die Idee zur Entwicklung, außer der Me 262 keine Flugzeuge mehr zu bauen, sondern dafür die Flakartillerie zu verdreifachen. Der Führer... stellte die Behauptung auf, daß unser Jagdtyp überhaupt falsch wäre. Wir brauchten zur Bekämpfung der viermotorigen Bomber schwere zweimotorige Jäger und Zerstörer mit großkalibrigen Schußwaffen. Auf Wunsch des Reichsmarschalls wurde Oberstleutnant Boehm-Tettelbach, der Kommodore eines Zerstörergeschwaders gewesen war, zu der Besprechung hinzugezogen. Er schilderte sehr klar auf Grund seiner persönlichen Erfahrung, daß auch Zerstörer mit Jagdschutz nicht das geeignete Mittel zur Bekämpfung viermotoriger Bomber seien. Boehm-Tettelbach wurde ungnädig entlassen.«

Göring hatte Hitler die Mittel an die Hand gegeben, die gähnende Bresche zwischen der 7. Armee an der deutschen Grenze und der Nordsee zu stopfen. Am 4. September erhielt General Student Befehl von Hitler, eine neue Armee aufzustellen, die »1. Fallschirm-Armee«, und zwar entlang des Albert-Kanals in Belgien – eine ausgemergelte Streitmacht mit 25 Panzern und 35 Batterien 8,8 cm Flak, die eine neunzig Kilometer lange Front von Maastricht bis Antwerpen verteidigen sollte; die Linie von Antwerpen bis ans Meer sollten die Reste der 15. Armee übernehmen, die sich jetzt über die Mündungsarme der Schelde quälten.

Auch weiter im Süden wurde die wilde Flucht zum Stehen gebracht, nachdem Hitler, Keitel und Bormann drakonische Befehle an die Kommandierenden Generale und die Gauleiter herausgegeben hatten. Als die Gauleiter Bormann darauf hinwiesen, daß die in die Heimatgebiete zurückverlegten Heeresstäbe durchweg Luxushotels und Schlösser beanspruchten, griff Hitler mit einer Anordnung an seine Generale ein, daß die Stäbe sich mit der bescheidensten Unterbringung zu begnügen hätten. Die ganze Westgrenze entlang schippten Frauen und Kinder, junge und alte, eifrig für schnell improvisierte Feldstellungen. Die Rüstungsbetriebe produzierten an die 100 000 Panzerfäuste, zusätzlich zu den weiteren Panzern, Geschützen und Munition, die Hitler für seine große Winteroffensive befohlen hatte – er sprach am 1. September von der »größten Chance«, die »Nebel, Nacht und Schnee« ihm böten.

Der Feind litt unter Treibstoffknappheit, weil deutsche Festungsbesatzungen ihm noch immer die Nutzung der besten französischen Häfen unmöglich machten. Aber Jodl sprach sich gegen einen Angriff vor dem 1. November aus. Himmlers Programm zur Ausbildung der Volksgrenadiere und Speers Rüstungsprogramm waren auf den November-Termin abgestellt, den Hitler Mitte August gesetzt hatte. Die ihm von den Ärzten auferlegten Stunden der Untätigkeit gaben ihm Zeit zum Denken. Während er stundenlang an die Decke seines Schlafbunkers starrte, nahm ein abenteuerlicher Feldzugsplan in seinem Gehirn Gestalt an. Etwa am 12. September ließ er Jodl kommen. Sie breiteten eine Karte auf dem weißen Bettbezug aus. Noch einmal wollte Hitler durch die Ardennen hindurch vorstoßen – Schauplatz seines Triumphes im Jahre 1940 – und Antwerpen einnehmen, sobald der Winter einsetzte. An jenem Tag befahl er die Bildung einer 6. SS-Panzer-Armee und versetzte SS-Oberstgruppenführer Sepp Dietrich von der 5. Panzer-Armee zu dieser neuen Armee; die Bedeutung dieser Maßnahme verschleierte er, indem er Manteuffel, Dietrichs Nachfolger, erklärte, der Oberstgruppenführer sei seiner Meinung nach in der Heimat zunächst nützlicher als im Feld. Die 6. SS-Panzer-Armee sollte die Angriffsspitze der Ardennen-Offensive bilden.

Warum wurde die SS gewählt? Die Antwort war in der schmachvollen Rolle zu suchen, die das Heer im Westen gespielt hatte. Außerdem wurde in den Gestapo-Berichten über die Verräter – die Bormann und Fegelein nicht müde wurden, Hitler vorzulegen – ein Bild moralischen Verfalls gemalt, in den scheinbar die meisten Heeresgenerale abgeglitten waren: Beck – liebenswürdiger Cunctator, grüblerisch, gekränkt durch seine Kaltstellung; von Witzleben – Pessimist, der nur Bücher aus der Mädchenbibliothek seiner Frau gelesen habe; Eduard Wagner – fähig, aber schroff, unverkennbar eitel, selbstherrlich, rücksichtslos. Im Keller des Generals Olbricht fand man über tausend Flaschen Wein. Graf von Helldorf besaß vier Wohnungen. Fromm flog als leidenschaftlicher Jäger regelmäßig mit Dienstflugzeug auf die Jagd; einen schweren Mercedeswagen ließ er folgen. Auf dem

Einflugplatz Obertraubling mußten die bereitstehenden Me 262-Flugzeuge mit *Ochsen* an die Startpiste gezogen werden, um Kraftstoff einzusparen; doch bezeugte Stauffenbergs Fahrer, wie der Herr Oberst täglich über 100 Kilometer für rein private Zwecke fuhr, und in der Wohnung dieses Attentäters fand man Alkohol und andere Mangelwaren vom Schwarzen Markt.

Nach der normalen Mittagslage am 16. September bat Hitler einige der Offiziere, zu einer Sonderbesprechung zurückzubleiben – unter ihnen Jodl, Guderian, Buhle, Fegelein und Kreipe. Nach Kreipes Tagebuch begann Jodl mit der Feststellung, daß im Westen gegenwärtig 55 deutsche Divisionen 96 feindlichen gegenüberstünden. »Führer unterbricht Jodl. Führerentschluß, Gegenangriff aus Ardennen, Ziel Antwerpen.« Er sei der Meinung, daß die deutschen Verteidigungsstellungen stark genug seien, um die zahlenmäßige Überlegenheit des Gegners auszugleichen. »Derzeitige Front ist leicht zu halten! Eigene Angriffsgruppe 30 neue Volksgrenadierdivisionen und neue Panzerdivisionen, dazu Panzerdivisionen aus dem Osten. Nahtstelle zwischen Engländern und Amerikanern aufreißen, neues Dünkirchen.« Dieses Mal aber, mit Antwerpen in deutscher Hand, würden die eingekesselten feindlichen Armeen keinen Fluchthafen haben. »Guderian protestiert wegen Lage im Osten«, heißt es in Kreipes Tagebuch weiter. »Hinweis Jodls auf Luftüberlegenheit... Forderung Hitlers auf 1500 Jäger bis 1. November!« Kreipes begründete Einwände wurden mit spitzen Bemerkungen abgewiesen. »Offensive soll dann in Schlechtwetterperiode durchgeführt werden, dann könne auch der Gegner nicht fliegen. Von Rundstedt soll Führung übernehmen.« Unter Androhung der Todesstrafe befahl er ihnen, dieses Geheimnis für sich zu behalten.

Amerikanische Truppen standen jetzt auf deutschem Boden, und es hatte ein blutiger Kampf um Aachen, die erste große Stadt, begonnen. Hitler gab am 16. September folgenden Geheimbefehl an die Kommandeure heraus, der mündlich den Truppenverbänden mitgeteilt werden sollte: »Der Kampf im Westen hat auf weiten Abschnitten auf deutschen Heimatboden übergegriffen, deutsche Städte und Dörfer werden Kampfgebiet. Diese Tatsache muß unsere Kampfführung fanatisieren und unter Einsatz jedes wehrfähigen Mannes in der Kampfzone zur äußersten Härte steigern, jeder Bunker, jeder Häuserblock in einer deutschen Stadt, jedes deutsche Dorf muß zu einer Festung werden, an der sich der Feind entweder verblutet oder die ihre Besatzung im Kampf Mann gegen Mann unter sich begräbt. Es gibt jetzt kein großzügiges Operieren mehr, sondern nur Halten der Stellung oder Vernichtung.«

An der russischen Front hatte die Rote Armee einen neuen, zähen Angriff gegen Schörners Heeresgruppe Nord begonnen. Auf der Landenge von Narwa gelang den Russen der Durchbruch, und am 16. September erschienen Guderian und Schörner bei Hitler und baten wiederum um

Erlaubnis, Estland aufgeben und die Heeresgruppe Nord auf den Brückenkopf Riga zurücknehmen zu dürfen; aber noch zögerte Hitler, denn Schörners 33 Divisionen banden mehr als hundert des Feindes – es war das alte Krim-Argument. Außerdem müsse er ein paar Handelsobjekte in der Hand behalten, weil die Russen zur Zeit gerade Fühler ausstreckten. Dieses Mal erhielt Ribbentrop endlich die Erlaubnis, seinerseits Fühler in Stockholm auszustrecken – aber kein russischer Unterhändler erschien.

Am 17. September 1944 wurde allen deutschen Spekulationen über den nächsten Schritt des Feindes im Westen ein dramatisches Ende bereitet. Anstatt einen direkten Frontalangriff auf den Westwall zu versuchen, führte der Gegner einen plötzlichen Fallschirmangriff gegen wichtige Flußübergänge in Holland mit dem Ziel, jede bedeutende Brücke von Eindhoven bis hin zu der achtzig Kilometer weiter nördlich gelegenen Rheinbrücke von Arnheim zu besetzen, während ein britischer Panzerkeil durch den so geschaffenen Korridor nach Norden zur Zuidersee vordrang, um sämtliche Truppen Hitlers in Holland abzuschneiden und den V 2-Abschußstellen bei Den Haag den Nachschub zu sperren. Kein Wunder, daß Hitler diese Nachricht wie ein Keulenschlag traf. Der Generalstabschef der Luftwaffe schrieb in sein Tagebuch: »Viele Telefonate und Anordnungen wegen der Abwehrmaßnahmen. Telefonanruf des Führers. Nachmittags noch einmal zu ihm und Jodl. Ziemliche Erregung.«
Mehr als 1500 Transportflugzeuge und 500 Lastensegler hatten teilgenommen. Arnheim lag nicht einmal im rückwärtigen Heeresgebiet. Der Feldkommandant von Arnheim war am Morgen dieses Tages bei einem Luftangriff gefallen, und das Kommando fiel seinem ältlichen Ia zu, einem gewissen Major Ernst Schleifenbaum. In seiner Truppe fanden sich Männer aus 28 verschiedenen Einheiten versammelt, ausnahmslos Veteranen des 1. Weltkriegs. Jeder bekam eine Beutewaffe und zwanzig Schuß Munition in die Hand gedrückt, und dann wurden sie losgeschickt, um Arnheim gegen zehntausend ausgebildete feindliche Fallschirmjäger zu verteidigen, bis Hilfe eintraf.
Einige Wochen später schrieb Schleifenbaum: »Als dann Generalfeldmarschall Model mir noch am Telefon sagte, Sie sind mir dafür verantwortlich, daß Arnheim gehalten wird, wurde mir doch zuerst etwas schummrig, bis sich die alten Siegerländer Nerven dann doch entspannten... wir ›alten Knaben‹ können auch etwas leisten.« Unentdeckt, vom Feind nur 25 Kilometer entfernt, wurde das II. SS-Panzer-Korps nach dem Abzug aus Frankreich neu aufgestellt; von diesen beiden Divisionen warf Model Oberst Walter Harzers 9. SS-Panzerdivision »Hohenstaufen« in den Kampf. In einem Lastensegler wurde der gesamte feindliche Operationsplan erbeutet. Obwohl der Feind am nächsten Morgen frische Luftlandetruppen in die Schlacht warf, blieb Arnheim in deutscher Hand – nach Aachen war es der

zweite Defensivtriumph Hitlers, der auf die lange Reihe von Niederlagen im Westen folgte. Als die Briten sich erschöpft nach Nimwegen zurückzogen, ließen sie bei Arnheim mehr als tausend Gefallene und 6450 Gefangene zurück.

Hitler erkannte den soeben errungenen Abwehrsieg zunächst nicht als taktischen Erfolg. Er tobte über »die Idiotie, dem Feind unzerstörte Brücken in die Hand fallen zu lassen [bei Nimwegen]«; der Sieg reichte nicht aus, um dem Kesseltreiben der Partei gegen Göring ein Ende zu machen. Auch die britischen Nachtangriffe hatten wieder begonnen. Königsberg lag jetzt in Trümmern; nach einem Feuersturm im Zentrum von Darmstadt wurden 12 000 tote Zivilisten gezählt. Hitler begann über eine Ablösung Görings nachzudenken, durch einen wirklichen Luftwaffenbefehlshaber wie den Generaloberst Robert Ritter von Greim. »Während der Führerlage neue Meldungen über weitere Anlandungen in Holland«, schrieb Kreipe am 18. September. »Der Führer wird heftig und tobt über das Versagen der Luftwaffe, will sofort wissen, wieviel und welche Jagdkräfte im holländischen Raum zur Bekämpfung eingesetzt seien. Meine fernmündliche Erkundigung bei der Luftflotte Reich ergab, daß nur wenige Kräfte aus Wettergründen eingesetzt wurden. Meine Meldung hierüber nahm der Führer zum Anlaß, mir die schärfsten Vorwürfe zu machen, die gesamte Luftwaffe sei unfähig, feige und ließe ihn im Stich. Er habe erneut Meldungen, wonach zahlreiche Luftwaffeneinheiten sich über den Rhein zurückzögen...

Ich bat um konkrete Angaben, um diesen Vorwürfen nachgehen zu können. Darauf Hitler: Ich verzichte auf eine weitere Unterhaltung mit Ihnen. Morgen will ich den Reichsmarschall sprechen. Das werden Sie wohl noch fertigbekommen.«

»Stimmung eisig«, schrieb Kreipe am nächsten Tag. »Ich werde völlig übersehen. Darauf bedeutet ihm [Göring] Hitler, daß er ihn allein zu sprechen wünsche. Reichsmarschall kommt gegen 20 Uhr vom Führer. Völlig gebrochen und erledigt. Nach langem Schweigen sagt er mir zunächst, daß der Führer mit mir nicht einverstanden sei. Ich habe keinen Glauben an ihn und sei der typische Generalstabsoffizier und kalte Rechner, defaitistisch und unzuverlässig. Ich habe nur Bedenken und Widersprüche.« Kurz nach Mitternacht setzte Fegelein General Kreipe davon in Kenntnis, daß Hitler ihm verboten habe, jemals wieder die Wolfsschanze zu betreten.

Die Wurzeln für dieses willkürliche und irrationale Verhalten lagen tief. Die eine war, daß er am 18. Schörners Heeresgruppe befohlen hatte, Estland endgültig preiszugeben. Eine andere war die unausgesprochene Befürchtung, daß mit jeder neuen Krankheit seit dem 20. Juli sein Leben ohne entscheidendes Resultat verrann. Seine Kopfschmerzen waren unerträglich geworden, und am 19. September fuhr er in das Reservelazarett bei Rastenburg. Nach drei Röntgenaufnahmen – sie wurden alle von den Alliierten

1945 gefunden* – schüttelte er den katholischen Schwestern die Hand und bat seinen Arzt Hasselbach, ihn durch die Stationen zu führen, wo die Opfer des 20. Juli lagen. Schmundt lag bereits in hohem Fieber (seine Frau schrieb in ihr Tagebuch: »Nachmittags: Führer da. wirkt wie Medizin.«). Am Bett begann Hitler zu weinen, als ihm die Ärzte sagten, der Chefadjutant habe wohl nur noch eine begrenzte Zeit zu leben: es sei Wundbrand aufgetreten. Am Morgen hatte Morell ihm ernst versichert, er sei zu spät hinzugezogen worden, sonst hätte er mit seinem »Penicillin« retten können. Als Hitler wieder zu seinem Wagen ging, drängte sich draußen eine mehrhundertköpfige Menschenmenge, die in Heilrufe ausbrach, als sie seiner ansichtig wurde, unter ihnen viele Schwerverwundete und Amputierte, denen man die Begeisterung über das für sie einmalige Erlebnis, Hitler zu sehen, von den Augen ablas. Einige Tage vorher hatte ein Mitglied seines Stabes in einem Privatbrief geschrieben: »Hier oben bekommt man einen viel größeren Blick und sieht die Dinge mit ganz anderen Augen... Bei unserem Führer kann Deutschland und uns allen überhaupt nichts passieren. Er ist ganz einfach wunderbar.«

Die ganze nächste Woche war in Hitlers schwach erleuchteten Bunkerräumen ein ständiges Kommen und Gehen von Ärzten. Professor von Eicken kam aus Berlin, um die Spülung der Kieferhöhle vorzunehmen. Giesing und Hasselbach behandelten seine anderen Verletzungen. Seine Magenkrämpfe hatten sich wieder eingestellt, sogar »Dr. Koesters Antigaspillen« versagten jetzt. Bei Tageslicht hatte mehr als einer den Eindruck, seine Haut und seine Augen seien unnatürlich gelb. Am 26. September kam General Nikolaus von Vormann, der als Oberbefehlshaber der 9. Armee abgelöst wurde, auf Besuch: »Mich begrüßte ein müder, gebrochener Mann, der schleppenden Schrittes mit hängender Schulter einem der Sessel zustrebte und mich aufforderte, Platz zu nehmen. Ohne abzuwarten, was ich eigentlich wollte, begann er sofort von dem doch noch kommenden Endsieg mit Hilfe der neuen Waffen zu reden. Auf meinen Versuch, die unhaltbare Lage an der Weichsel und in Warschau zu schildern – wo ich herkam –, ging er nicht ein und unterbach mich schon nach wenigen Worten: ›Ihrem Nachfolger Lüttwitz wird geholfen werden.‹ Er sprach dabei so leise und stockend, daß ich Mühe hatte, ihn zu verstehen. Die Hände zitterten ihm derartig, daß er sie zwischen die Knie klemmen mußte.«

An diesem 26. September erschien Himmler mit einer prallen Vortragsmappe, »Verrat seit 1939«. In einem verschlossenen Panzerschrank der

---

* 1968 legte der Sowjetautor Lew Besymenski gute Fotos von einem Kieferknochen vor, den man an einer Leiche im Garten der Reichskanzlei 1945 gefunden hatte. Wie ich erstmals in der »Zeit« vom 14. Januar 1972 (Hamburg) darlegte, war dieser Kiefer identisch mit dem auf den Röntgenaufnahmen vom 19. September 1944 sowie mit demjenigen, den Professor Blaschke, Hitlers Zahnarzt, aus dem Gedächtnis in amerikanischer Haft zeichnete.

Ausweichstelle der Abwehr, »Zeppelin« in Zossen hatten Fahndungsbeamte der Gestapo Dokumente entdeckt, aus denen hervorging, daß Goerdeler, Oster, Beck und vor allem Admiral Canaris seit mindestens 1939 Hitlers Sturz geplant hatten und daß sie die Pläne und Daten seines Westfeldzuges von 1940 an den Feind verraten hatten. Es handelte sich um Unterlagen, die General Oster und der Anwalt Dohnanyi aufbewahrt hatten als Anklagematerial für einen nach Hitlers Sturz zu führenden Prozeß gegen Brauchitsch – weil er es abgelehnt hatte, die Umsturzpläne zu unterstützen. Das Material reichte nur bis zum Frühjahr 1940. Welchen Schaden Canaris Deutschland danach zugefügt hatte, darüber konnte Hitler nur Vermutungen anstellen. Von Muñoz Grandes hatte er vor einiger Zeit erfahren, daß der Admiral selbst Franco davor gewarnt habe, an der Seite Hitlers in den Krieg einzutreten. Seit seiner Verhaftung im Juli hatte Canaris hartnäckig geleugnet; aber Oster und Dohnanyi belasteten ihn, und als er weiter leugnete, sagten sie ihm bei einer Gegenüberstellung auf den Kopf zu, daß er lüge. Generalleutnant Pfuhlstein, der frühere Kommandeur der Division »Brandenburg«, wurde am 4. September verhaftet, und er bezichtigte Canaris auch der Mitwisserschaft bei den Attentatsplänen. Der Admiral habe einmal davon gesprochen, die Division für eine Erstürmung der Wolfsschanze einzusetzen; Canaris habe mit großer Entschiedenheit den deutschen Zusammenbruch schon für Dezember 1943 vorausgesagt. Oberst Hansen empfahl den Vernehmungsbeamten, die Tagebücher des Admirals zu suchen; diese waren in dem verschlossenen Panzerschrank eines anderen Abwehr-Obersten gefunden worden, der sich, wie viele andere, nach dem 20. Juli das Leben genommen hatte.
Die Dokumente bewiesen, daß die Verschwörer den damaligen Oberst Georg Thomas, auch ein Amtschef Keitels, etwa im November 1939 zu Halder und Brauchitsch geschickt hatten, um sie zu gewinnen. Halder hatte abgelehnt: Brauchitsch sei für so etwas nicht zu haben, das deutsche Heer mache keinen Staatsstreich, außerdem ginge Englands Kampf gegen das deutsche Volk, nicht gegen Hitler. Eine »Studie« Osters von 1939 beschäftigte sich direkt mit einem Staatsstreich. Es gab ausführliche Memoranden von General Beck und zerstreute Blätter des sagenhaften Canaris-Tagebuchs, die ein neues Licht auf den Spionage-Fall »Schwarze Kapelle« vom Frühjahr 1943 und die Verhandlungen der Abwehr mit dem Vatikan warfen. Die Dokumente zeigten, daß im April 1940 Thomas eine Botschaft von einem gewissen Dr. Josef Müller überbracht hatte. Der Vatikan sei bereit, bei England und Frankreich zu vermitteln. Bedingung sei jedoch die Beseitigung Hitlers und Ribbentrops. Bei dieser Nachricht habe Brauchitsch Halder die Verhaftung von Thomas vorgeschlagen. Derselbe Josef Müller hatte den Termin für den Fall Gelb im Mai 1940 dem Vatikan verraten, offensichtlich im Auftrag der Abwehr. Canaris ordnete die Vertuschung der Angelegenheit an. Oster hatte auch die Holländer direkt gewarnt.

Hitler informierte Jodl in düsterer Stimmung über die Nachrichten Himmlers. Die Enthüllungen über Admiral Canaris waren so entsetzlich, daß man sie unmöglich vor Ende des Krieges veröffentlichen durfte. Dann aber wollte er öffentlich Gericht halten und das deutsche Volk Rache nehmen lassen.

Es war kaum verwunderlich, daß Professor Morell am 29. September 1944 nachts um 1.30 Uhr vermerkte: »In den letzten Tagen angeblich sehr viel Ärger gehabt. Starke Blähungen und zeitweiliger Krampf.« In einer Sonderaufzeichnung notierte der Leibarzt einige Tage später Hitlers Bemerkungen über die vergangenen Wochen: »Wochen seit 20. Juli die schlimmsten seines Lebens. Ein Heldentum durchgekämpft, wie es sich niemand, kein Deutscher träumen läßt. Trotz größter Beschwerden, stundenlangem Schwindel und üblem Befinden (worüber er auch trotz Befragen nie etwas mitteilte) habe er sich aufrecht gehalten und mit eiserner Energie gegen all dies angekämpft. Häufig hätte die Gefahr des Zusammenbruchs bestanden, aber er habe durch seinen Willen stets den Zustand beherrscht.«

Auf Hitler wartete in den letzten Septembertagen eine persönliche Katastrophe, die ihn für zwei Wochen aufs Krankenlager niederstrecken sollte. Aber vorher holte Bormann sich noch am 26. September eine Unterschrift. Es war der Erlaß an die NSDAP, eine Volksarmee aufzustellen, einen Deutschen Volkssturm. Jeder waffenfähige Mann von 16 bis 60 Jahren sollte für die »Verteidigung des Heimatbodens« zu diesem Volkssturm eingezogen werden. Die ursprüngliche Idee stammte von Guderian. Alarmiert darüber, daß ihm seine Festungstruppen im Osten für den Westwall weggenommen wurden, hatte er vorgeschlagen, auf die einheimische Bevölkerung zurückzugreifen und aus den wehrpflichtigen Männern einen örtlichen Landsturm zu bilden, der eventuelle Deichbrüche im Osten stopfen sollte. Bormann konnte auf die Leistungen seiner Partei im Westen hinweisen; Rundstedt hatte ihm hohes Lob gezollt. Hitler vertraute Bormann, und der Partei übertrug er die Aufgabe, den Volkssturm aufzustellen – ebenso wie Stalin im Jahre 1941 die Fabrikarbeiter von Moskau und Leningrad zur Verteidigung mobilisiert hatte.

In der Nacht zum 27. September 1944 suchten Darmkrämpfe von solcher Heftigkeit Hitler heim, daß er alle Kraft aufbieten mußte, um nicht laut aufzuschreien. Am nächsten Morgen weigerte er sich, aufzustehen. Mit leerem, teilnahmslosem Blick lag er auf dem Bett. Morell wurde gerufen, diagnostizierte aber nur die alten Magen- und Darmstörungen und injizierte ihm Leberextrakt, aber die Schmerzen wurden schlimmer. Prof. von Eicken traf am 27. September aus Berlin ein, aber Morell schickte ihn wieder weg, ohne daß er seinen Patienten zu Gesicht bekam. Abends um 21 Uhr (nach dem Tee) vermerkte Morell im Tagebuch: »Ich habe zum Führer gesagt, daß er etwas gelblich aussähe...« Dr. Giesing erkannte auf Gelbsucht, aber Morell bestritt das ärgerlich und begann, seinen Patienten am einen Ende mit Rizinusöl und am anderen mit heißen Kamillentee-Einläufen zu traktieren. Die Schmerzen nahmen weiter zu. Vom 28. bis 30. September nahm Hitler drei Kilo ab. Die ganze Wolfsschanze war gelähmt. Die Lagevorträge fielen tagelang aus. Der am 20. Juli verwundete Marineadjutant humpelte auf Krücken herein, um Hitler Jodls tägliche Notizen zur Kriegslage vorzulesen, aber tagelang hatte Hitler weder Anmerkungen zu machen noch zeigte er irgendeine Reaktion.

In der Nacht zum 2. Oktober war General Schmundt seinen Attentatsverletzungen erlegen. Richard Schulze, Hitlers persönlicher SS-Adjutant, fand Hitler auf der Bettkante sitzen, nur mit schwarzer Hose, weißem Hemd ohne Kragen und Hosenträger bekleidet. Es war Schulzes 30. Geburtstag. Hitler gab ihm die obligatorische goldene Glashütter Uhr: »Das wird wohl noch eine der letzten Uhren sein, die ich verschenke!« rief er aus. Drei Tage später geleitete Puttkamer Schmundts Witwe herein. Hitler begann zu weinen, als sie hereinkam. »Sie erwarten wohl, daß ich Sie tröste«, sagte er. »Aber Sie müssen mich trösten, denn es ist mein Verlust.«

Während Hitlers Krankheit probierte Giesing die kleinen schwarzen Antigaspillen an sich selbst aus, mit den gleichen Symptomen: Lichtscheu, Durst, Geschmacksverfeinerung, Appetitlosigkeit und Darmkrämpfe – wie sie Hitler gequält hatten. Nach der lateinischen Aufschrift mußte die Menge, die Hitler seit Stalingrad konsumiert hatte, allmählich eine Strychnin- und Atropinvergiftung verursacht haben. Die typischen Begleiterscheinungen derartiger Vergiftungen – Lichtscheu, Redseligkeit – waren ja ohne Zweifel bei Hitler vorhanden. Nunmehr stürzten sich die Rivalen Morells von allen Seiten auf ihn, um ihn fertigzumachen. Professor Brandt, Hitlers Begleitarzt seit 1934, eilte aus Berlin herbei, ließ am 3. Oktober eine unter der Hand beschaffte Urinprobe auf Strychnininhalt untersuchen, und warf Morell verbrecherischen Leichtsinn mit den Antigaspillen vor. Hitler wollte nichts davon hören. »Alle übrigen Deutschen haben auch freie Arztwahl«, meinte er, »und ich habe mir eben den Morell gewählt.« Prof. Morell entschuldigte sich bleich und machte sich die schwersten Vorwürfe. »Bei dem Besuch nachts«, schrieb er im Tagebuch am 5. Oktober, »ersuchte ich den Führer noch, wenn ich diese Bitte an ihn richten dürfe, mir eine kurze Niederschrift zu geben, daß ich niemals eine Anordnung gegeben habe, Antigaspillen in größerer Menge täglich einzunehmen und weiterhin, daß ich schon stets eine Röntgenaufnahme des Magen-Darm-Traktes sowie eine Untersuchung des Mageninhalts vorgeschlagen habe, daß die Einwilligung hierzu aber nicht gegeben wurde.« »Ich wäre dankbar,« erklärte der ängstliche Leibarzt, »wenn ich die Ausfertigung zu *meiner* Sicherung habe.« Hitler sagte zu: Bormann entließ die Begleitärzte Brandt und Hasselbach auf der Stelle; am 9. Oktober wurde Dr. Giesing ebenfalls entlassen.

Kurze Zeit später fuhr Himmler ab in Richtung Wolfsschanze, seinen

eigenen Begleitarzt im Schlepptau: Dr. Ludwig Stumpfegger. Der 36jährige Orthopäde, ein Günstling Himmlers, ersetzte im persönlichen Stab Hitlers Brandt, Hasselbach und Giesing.
Hitlers irrationale und oft unerträgliche Loyalität zu seinen »alten Kämpfern« rettete auch Göring, wie sie Morell rettete.
Am 21. September ließ er Generaloberst Ritter von Greim, Oberbefehlshaber der Luftflotte 6, von der Ostfront kommen und fragte ihn, ob er den Posten eines Stellvertretenden Oberbefehlshabers der Luftwaffe übernehmen, also Vertreter Görings werden wolle. Greim besprach sich in den nächsten zwei Wochen eingehend mit Himmler, Fegelein und Bormann. Doch Göring protestierte und schickte ihn zurück an die Ostfront. Mitte Oktober ging er auf Hirschjagd in die Rominter Heide; in der Wolfsschanze war General Eckhard Christian als einziger Vertreter der Luftwaffe anwesend, als Hitlers Lagebesprechungen wieder aufgenommen wurden.

Glücklicherweise stagnierte der Krieg während seiner zweiwöchigen Krankheit. Ein unterirdisches Umsturzgrollen kam noch immer aus Ungarn; die Planung für die Ardennen-Offensive schritt voran; in Warschau brach der Aufstand zusammen; in Nordnorwegen billigte Hitler die Rücknahme der 20. Gebirgsarmee auf die Stellung Lyngenfjord-Narvik; auf dem Balkan befahl er, ganz Griechenland, Südmazedonien und Südalbanien dem Feind zu überlassen. In Estland gingen die letzten Tage der deutschen Herrschaft zu Ende. Mit siebzig Schiffen holte die Marine die letzten Deutschen aus den Häfen und evakuierte außerdem 100000 estnische Flüchtlinge. Die einheimische Bevölkerung konnte einfach nicht glauben, daß die Deutschen die Russen hereinlassen wollten, und viele erklärten, sie wollten in die Wälder gehen und dort die zweifellos baldige Rückkehr der Deutschen abwarten. Die letzten ausfahrenden Reichsdeutschen beobachteten auf dem Turm des Deutschen Ordensschlosses, dem »langen Hermann«, eine riesige estnische Fahne zusammen mit der Reichskriegsflagge, ein Zeichen dafür, daß anscheinend noch estnische Kämpfer entschlossen waren, Widerstand gegen die Bolschewisten zu leisten.
Am 7. Oktober begann ein russischer Großangriff. Die Meldung, daß die Russen nun in Ostpreußen eindringen würden, brachte Hitler wieder auf die Beine und in die Lagebaracke. Die Generale drängten ihn, die Wolfsschanze zu verlassen, aber er gab immer die gleiche Antwort: »Die Ostpreußen würden dann mit Recht denken, daß ich sie verlassen habe und sie den Russen überlasse. Die armen Leute hier haben 1914 und 1915 schon einmal die russische Schreckensherrschaft kennengelernt, und ich will sie ihnen ein zweites Mal ersparen.«

Mitte Oktober ließ ein Problem sich nicht mehr auf die lange Bank schieben: die Zukunft von Erwin Rommel. Der Feldmarschall hatte sich von seinem Autounfall erholt. Die Agenten, die ihn beschatteten, berichteten, daß er,

»auf seinen Sohn gestützt«, schon wieder spazierenging; und der Gauleiter des nahen Würzburg meldete, Rommel habe es nicht an hitlerfeindlichen Äußerungen fehlen lassen. Auch die Beweise gegen ihn aus der Zeit vor dem 20. Juli lagen vollständig vor. Hitler zeigte Keitel das belastende Hofacker-Protokoll und ließ Rommel zu sich bestellen. Rommel lehnte ab. Nach Hitlers Diktat schrieb Keitel jetzt einen Brief an Rommel, in dem er ihm riet, sich beim Führer zu melden, wenn er sich unschuldig fühle, oder er habe als Offizier die Konsequenzen zu ziehen. Andernfalls sei die Verhaftung unabwendbar und damit seine Verantwortung vor dem Volksgerichtshof. Generalleutnant Burgdorf – der Nachfolger Schmundts – und dessen Stellvertreter, Generalleutnant Maisel fuhren nach Ulm, um den Brief und das Hofacker-Protokoll persönlich zu überbringen. Bei der Abendlage am 14. Oktober wurde Hitler in aller Knappheit gemeldet, daß Rommel plötzlich an den Folgen seines Autounfalls verstorben sei. Seine einzige Reaktion war ein ausdrucksloses: »Wieder einer von den Alten!« Burgdorf kehrte mit Mütze und Marschallstab Rommels zurück und erstattete Hitler und Keitel Bericht. Rommel habe gefragt, ob der Führer das Hofacker-Protokoll kenne, dann habe er um Bedenkzeit gebeten. Burgdorf hatte ihm anheimgestellt, Gift zu wählen und nicht, wie üblich, die Pistole; der Führer, sagte er, habe ein Staatsbegräbnis mit allen militärischen Ehren zugesagt, um Rommels volkstümlichen Ruhm zu erhalten. Nicht einmal Hitlers Adjutanten erfuhren die Wahrheit. Am 15. oder 16. Oktober begann Oberstleutnant von Amsberg, den üblichen Nachruf für das Heeresverordnungsblatt zu entwerfen; für einen Feldmarschall konnte nur der Führer selbst unterzeichnen. Mehrere Tage verstrichen. Dann fragte Amsberg, ob der Wortlaut vielleicht geändert werden solle. Hitler biß sich auf die Lippen und rief dann aus: »Diesen Nachruf kann ich nicht unterzeichnen. Ich lüge nicht!«

»Da gibt es nichts mehr zu verbergen«

Hitler setzte am Tage nach Rommels Tod den ungarischen Reichsverweser Horthy ab und bereitete damit einem Jahrtausend ungarischer Geschichte ein Ende. Dies hatte seinen Ursprung im Juli 1944, als Horthy seinen Flügeladjutanten General Béla Miklós mit einem Schreiben zu Hitler geschickt hatte, in dem er seine Absicht erklärte, eine Militärregierung zu bilden; Hitler hatte den General am 21. Juli empfangen und ihm wohl auch Zusagen wegen der Juden gemacht, denn vier Tage später hatte Himmler befohlen, die Abtransporte einzustellen. Der Reichsführer hatte schon Gespräche mit alliierten Unterhändlern über eine Auslösung der Juden aufgenommen – es sollte ein Tauschgeschäft werden, Juden gegen Mangelwaren oder Devisen; am 20. Juli hatte Ribbentrop seinem Gesandten in Ungarn, Edmund Veesenmayer, mitgeteilt, daß die Alliierten den Vorschlag abgelehnt hätten. Etwa um diese Zeit erörterte Himmler eine »Aussiedlung der Juden« mit Hitler, wie seine eigenen Bleistiftnotizen zeigen: »Loslösung gegen Devisen, Bedeutende als Geiseln [behalten]«, lautete der Vorschlag, und der Reichsführer fügte seine eigene Stellungnahme hinzu: »Bin nicht dafür«; da er den Vorschlag dann abhakte, mit der Einschränkung, das Geld müsse »von auswärts« kommen, scheint Hitler seine Einwände nicht berücksichtigt zu haben. Die ersten 318 ungarischen Juden wurden aus dem Konzentrationslager Bergen-Belsen entlassen und in die Schweiz gebracht; aber Himmlers Unterhändler forderten Lastkraftwagen als Gegenleistung (»nur zur Verwendung an der Ostfront«), und obwohl weitere Gruppen von Juden ausreisen durften – 1355 im Dezember und 1100 im Februar 1945 –, kam das große Geschäft nicht zustande.
Es gab keinen Gewaltakt, vor dem Hitler zurückgeschreckt wäre, wenn es galt, Ungarn – seinen letzten Erdölieferanten – als »Minimalwirtschaftsraum« in seinem Machtbereich zu behalten. Von Ende August an, als Horthy sich über Hitlers Mißbilligung hinwegsetzte und bekanntgab, er habe General Lakatos zum Chef einer Militärregierung ernannt anstelle des deutschfreundlichen Döme Sztójay, wurde Hitler ein Alarmsignal nach dem anderen gemeldet. Anfänglich suchte Hitler Zeit zu gewinnen. Er hoffte auf einen spektakulären militärischen Erfolg bei der Verteidigung Ungarns durch Generaloberst Friessner, wodurch die schwankende ungarische Regierung gestützt werden würde. Als am 7. September Horthy ultimativ fünf frische deutsche Panzerdivisionen innerhalb von 24 Stunden forderte oder man ersuche den Feind um Waffenstillstand, wies Hitler Guderian an, die Forderung so weit wie möglich zu erfüllen. Aber bereits am nächsten

Morgen, dem 8., rief der deutsche Luftwaffenattaché aus Budapest an und betonte mit Nachdruck, er befürchte ähnliche Zustände wie s. Zt. in Rumänien. Hitler nahm ihn ernst, da dieser General, Cuno Heribert Fütterer, damals auch den ersten Alarm beim Staatsstreich in Bukarest gegeben hatte. Diese Vorwarnung gab ihm eine Fünfwochenfrist, um in Ungarn eine Gegenaktion vorzubereiten, wie sie im August in Rumänien mißlungen war.

Nach Antonescus Sturz im August waren der ungarische und deutsche Generalstab übereingekommen, durch eine Offensive von Klausenburg aus die rumänische Hälfte Transsylvaniens zu besetzen und danach die Karpatenlinie zu halten und zu befestigen. Als aber am 5. die Offensive begann, brach sie sehr schnell zusammen. Was Hitler aufbrachte, war die Tatsache, daß die Regierung Lakatos plötzlich die Invasion des rumänischen Transsylvanien anhielt, ohne ihn gefragt zu haben – offensichtlich aus politischen Gründen. Das rief sein Mißtrauen hervor. Als General Janos Vörös, der ungarische Generalstabschef, am 12. um mehr militärische Unterstützung bat, sagte ihm der Führer ins Gesicht: »Ich habe kein Vertrauen zur Regierung Lakatos.« Er hatte den Verdacht, daß Admiral Horthy ihn nach dem Vorbild Badoglios verraten wollte. Horthy wolle die Verlegung bester deutscher Truppen nach Ostungarn. Dann würde er plötzlich einen Pakt mit Stalin unterzeichnen und die deutschen Divisionen den Russen ausliefern. Ungarn östlich der Theiß hatte Hitler offensichtlich bereits abgeschrieben. Wenn er aber Westungarn nicht ebenso verlieren wollte, hatte er keine Wahl, als einen solchen Verrat zu riskieren und jede verfügbare gute Division an die Front zu schicken. Mit SS-Obersturmführer Otto Skorzeny beriet sich Hitler, wie man Horthys unheilvollen Einfluß auf seine Generale unschädlich machen könnte. Unmittelbar nach Antonescus Sturz hatte der SS-Kommandant in Budapest, General Otto Winkelmann, die Umgebung und Sicherheitsanlagen der Burg untersucht. Jetzt beugte sich Hitler stundenlang täglich über die Baupläne der Burg und ihrer labyrinthischen unterirdischen Anlagen und überlegte, wie man Horthy verhaften und ausheben konnte, mit all der machiavellistischen Genauigkeit im Detail, mit der er auch seine Unternehmen Dirschaubrücke und Eben Emael 1939 und 1940 geplant hatte.

Hitlers Strategie in Ungarn ging von der Überzeugung aus, daß die Rote Armee, hatte sie erst einmal Rumänien erobert, nach Süden einschwenken werde, um Rußlands historische Ambitionen in den Dardanellen zu befriedigen und den westlichen Verbündeten auf dem Balkan zuvorzukommen. Die aus genau diesem Bereich heraus geführte russische Offensive *nach Norden* in die ungarische Ebene hinein erwies, daß Hitlers Annahme falsch gewesen war.

Am 23. September begannen sofort neue Alarmsignale in der Wolfsschanze zu schrillen. Hitlers Nachrichtendienste erfuhren offensichtlich, daß Horthy mit neuer Dringlichkeit Fühler zu den westlichen Alliierten in Italien und der Schweiz ausstreckte; er befahl der Luftwaffe, alle ungarischen Flugplätze zu überwachen, damit Horthy seine Angehörigen nicht nach der Schweiz in Sicherheit bringen könne, und besprach mit Jodl die Möglichkeit, drei oder vier Fallschirmbataillone einzusetzen, um Horthy selbst festzunehmen; einige Tage später wurde der Plan insofern abgeändert, als Skorzeny und 500 Mann von der Waffen-SS mit Lastenseglern eingreifen sollten. Es wurde gemeldet, daß der ungarische Stadtkommandant von Budapest, Generaloberst Bakay, schon eine großangelegte militärische Operation plane zur Verhaftung jedes einigermaßen bedeutenden Deutschland-Sympathisanten. Am 25. September erklärte Hitler ganz Ungarn zum »Deutschen Operationsgebiet«. Damit war das Land dem Generalstab des Heeres unterstellt, und es konnte nicht mehr zu den Kompetenzkonflikten kommen, die den deutschen Gegenschlag in Rumänien behindert hatten. Ferenc Szálasi, Führer der rechtsextremen Pfeilkreuzler, erklärte seine Bereitschaft, die Regierung zu übernehmen. Millionen ungarischer Proklamationen wurden in versiegelten Polizeilastwagen nach Budapest gebracht, bereit für den Tag der faschistischen Machtübernahme.

Aber Hitler war jetzt krank, und der Putsch mußte von einem Tag auf den nächsten verschoben werden. Er muß erfahren haben, daß Horthy eine Gruppe bevollmächtigter Unterhändler nach Moskau geschickt hatte, denn am 3. Oktober befahl er, den Kampf für Ungarns Verteidigung fortzusetzen, obwohl es sich, wie er sagte, um einen »Tanz auf einem Vulkan« handelte.* Am 6. Oktober beschloß Winkelmann Horthy zum Handeln zu zwingen, denn (wie er später dem Reichsführer erklärte) »fertig vorbereitete Putsche zu verschieben, ist eine sehr mißliche Angelegenheit«. Er gab Befehl, vier führende Männer Horthys zu entführen, darunter General Bakay und Horthys eigenen Sohn und Erben, Nikolaus von Horthy. Bakay ging am 10. Oktober frühmorgens ins Netz. Später an diesem Tag meldeten sich Himmler und Winkelmann bei Hitler, um weitere Befehle entgegenzunehmen; SS-Gruppenführer von dem Bach – der jetzt den Führerbefehl erhalten hatte, Warschau dem Erdboden gleichzumachen – erhielt Befehl, nach Budapest zu fliegen und den Befehl über die dortigen SS- und Skorzeny-Einheiten zu übernehmen. Er traf am 13. Oktober ein. Der Putsch sollte unter dem Tarnnamen »Panzerfaust« laufen.

Um ihrem politischen Druck auf Horthy Gewicht zu verleihen, waren die Russen am 6. Oktober zu ihrer großen Offensive aus dem Raum um Arad und Klausenburg angetreten, mit Stoßrichtung über die Tiefebene nach Debrecen und Szolnok an der Theiß. Beinahe wäre Friessners Heeres-

---

* Die Waffenstillstandsbedingungen, die Molotow der ungarischen Delegation am 8. Oktober 1944 diktierte, verlangten von den ungarischen Armeen, ihre Waffen auch sofort gegen die Deutschen zu richten – genau, wie Hitler es befürchtete. Horthy funkte am 10. Oktober seine Annahme dieser Bedingungen nach Moskau; aber er leugnete später immer wieder, sie jemals angenommen zu haben.

gruppe in den Karpaten abgeschnitten worden, aber in Debrecen hatte Hitler drei Panzerdivisionen versammelt, und am 10. Oktober begann eine viertägige Panzerschlacht, die mit der Zerschlagung mehrerer sowjetischer Panzer-Korps endete. Horthy hatte den Rubikon aber schon überschritten, und seine Geheimbefehle an die 1. und 2. ungarische Armee zum Rückzug waren schon hinausgegangen. Friessner war ratlos. Sein Ia schrieb später: »Ein kritischer Höhepunkt entstand, als am 13. Oktober mitten während dieser Kämpfe ein Teil der Ungarn, und zwar gerade die, die besonders freundlich gegen uns gutgläubige Soldaten getan hatten, zum Feind übergingen.«

In der Nacht ging das Telegramm mit den ersten Weisungen an Veesenmayer in Budapest ab. Am nächsten Morgen, dem 14. Oktober, jagten die Krisenmeldungen aus Ungarn einander. Aber Sonderbotschafter Rudolf Rahn war jetzt dort eingetroffen, und eingetroffen waren auch 42 Tiger-Panzer, die möglichst auffällig auf einem der Hauptbahnhöfe entladen wurden. Hitler selbst nahm an der Abendlage teil, die um 1.30 Uhr früh begann; um fünf Uhr ging er zu Bett. Die Nachrichten aus Budapest besagten, daß Horthy zum 15. Oktober zwölf Uhr mittags den Gesandten Veesenmayer auf die Burg gebeten hatte. Das bedeutete wahrscheinlich, daß die Stunde für Ungarns Abspringen gekommen war. In der Nacht drohte der ungarische Generalstab Guderian telegrafisch mit einem Abziehen der ungarischen Truppen von der Front. Guderian schickte seinen Stellvertreter, Generalleutnant Wenck, nach Budapest, um dort seine Antwort zu übergeben. Es war ein Ultimatum an die Ungarn, ihre Eingriffe in die ungarischen Verbände innerhalb Friessners Heeresgruppe zu unterlassen und die Rückzugsbefehle an die 1. und 2. ungarische Armee binnen zwölf Stunden zurückzuziehen. Gleichzeitig mit der Übergabe des Ultimatums um 10.00 Uhr entführte Skorzenys Gruppe in Budapest Horthys Sohn. Man hatte ihn in eine Falle gelockt; ihm war erklärt worden, ein Unterhändler Titos erwartete ihn.

So waren die Würfel in Ungarn schon gefallen, als Hitler am 15. Oktober um 12.30 Uhr mittags von seinem Stab geweckt wurde. Horthys Sohn hatte man blutverschmiert in einen Teppich eingerollt und in ein Flugzeug nach Wien gepackt. Hören wir Winkelmanns Bericht über jenen Tag, seine stolze Meldung an Himmler: »Verabredungsgemäß erschien Veesenmayer um 12 Uhr bei Horthy, der ihn sofort mit einem wüsten Geschimpfe empfing. Wir hätten seinen Sohn entführt... usw. Veesenmayer antwortete ihm sehr mannhaft, ohne jedoch das gröbste Geschütz anzuwenden, das er verabredungsgemäß anwenden sollte, nämlich dem Alten zu sagten, daß bei dem geringsten Verrat sein Sohn an die Wand gestellt würde. Horthy drohte den Kriegsaustritt an, ohne Positives bezüglich des Zeitpunktes zu sagen. Kurze Zeit darauf wurde der wüste Aufruf im Rundfunk verbreitet. Inzwischen war Botschafter Rahn zu Horthy gefahren, um ihm ins Gewissen zu reden. Horthy weinte wie ein kleines Kind, faßte ständig Rahns Hand an und versprach, alles rückgängig zu machen, rannte ans Telefon, ohne jedoch zu sprechen, und machte im übrigen den Eindruck eines völlig Geistesgestörten.«

Horthys Waffenstillstands-Ankündigung war um 14.00 Uhr gesendet worden. Kurze Zeit darauf besetzte ein deutscher Oberleutnant der Schutzpolizei den Sender. Eine anscheinend von General Vörös unterzeichnete Proklamation wurde verlesen: Horthys Verkündung des Waffenstillstandes sei ungültig, der Kampf gegen die Rote Armee werde fortgesetzt. Dann folgte Ferenc Szálasis Erklärung, daß er die Macht übernommen habe. Horthy und die schnell schrumpfende Zahl seiner Anhänger flohen in die Burg; andere Minister, »bleich und übelriechend«, wie SS-General Winkelmann vermerkte, begaben sich in deutschen Schutz. In den Abendstunden wurde Horthy vor die Wahl gestellt: Um 6.00 Uhr früh beginne der Sturm auf die Burg. Erkläre der Reichsverweser jedoch seinen Rücktritt und übergebe er die Macht legal an Szálasi, werde man ihm seinen Sohn zurückgeben.

Hitler sagte den Abendlagevortrag ab und zog sich um 1.15 Uhr zu einem nächtlichen Teegeplauder mit seinen Sekretärinnen Frau Christian und Fräulein Schroeder zurück. Kurz vor vier Uhr kam ein Führerblitzgespräch aus Budapest; General Lakatos hatte Veesenmayer mitgeteilt, daß Horthy am nächsten Tag abdanken werde. Der Reichsverweser stelle die Bedingung, daß er für sich und seine Familie Asyl im Reich erhalte, und daß er von seiten des Reiches nicht diffamiert werde. Hitler gab seine Einwilligung und ging um vier zu Bett.

So blieb Ungarn in seiner »Festung Europa« oder dem, was noch von ihr übrig war. Stalins Hoffnungen, Friessners jetzt umbenannte »Heeresgruppe Süd« einschließen zu können, waren zunichte gemacht. General Miklós, Oberbefehlshaber der ungarischen 1. Armee, war zu den Russen übergelaufen. General Lajos von Veress, Oberbefehlshaber der 2. Armee, wurde von Friessner verhaftet, weil er seinen Truppen den Rückzug befohlen hatte. Friessner schlug eine zweite große Panzerschlacht, dieses Mal nördlich Debrecen, und der Roten Armee wurde eine neue Niederlage zugefügt. Ungarn hatte eine kurze Atempause bekommen, und wir können uns der Verteidigung Ostpreußens durch Hitler zuwenden.

In Erwartung dieser Schlacht war Hitler in den Bunker 11 umgezogen, den inzwischen fertiggestellen Koloß mit einem Labyrinth von Schlaf- und Arbeitsräumen. Es gab Sauerstoff-Vorräte sowie eine Kreislaufbelüftung, eine U-Boot-Anlage für den Fall, daß alle anderen Systeme versagten. Am 17. September hatte Hitler eine realistische Untersuchung der Verteidigungsmöglichkeiten der Wolfsschanze gegen einen feindlichen Großangriff mit Fallschirmjägern befohlen. »Wir wollen jetzt nicht mehr leichtfertig sein.... Wenn hier eine Schweinerei passiert – hier sitze ich, hier sitzt mein ganzes Oberkommando, hier sitzt der Reichsmarschall, es sitzt hier das OKH, es sitzt hier der Reichsführer SS, es sitzt hier der Reichsaußenmini-

ster! Also, das ist der Fang, der sich am meisten lohnt, das ist ganz klar. Ich würde hier ohne weiteres zwei Fallschirmdivisionen riskieren, wenn ich mit einem Schlag die ganze russische Führung in die Hand kriegte.«
Hier, an der Ostfront, hatte der erschöpfte und kranke Hitler längst die Initiative verloren. In der zweiten Oktoberwoche war wieder eine Lawine feindlicher Panzer über die Heeresgruppe Nord hereingebrochen und bis an die Ostseeküsten vorgedrungen. Am 12. Oktober konnte er an der Memel, der Nordgrenze Ostpreußens, eine neue Front aufbauen, während die Ferngeschütze der deutschen Kriegsschiffe den Feind in Schach hielten. Aber Schörners Versuche, einen neuen Korridor nach Ostpreußen vorzutreiben, scheiterten, und die 26 Divisionen seiner Heeresgruppe Nord waren wieder abgeschnitten – dieses Mal in Kurland, der achtzig Kilometer im Quadrat großen, geschichtsreichen Landschaft Lettlands an der Ostsee. In diesem Kessel blieb die Heeresgruppe, ein umstrittenes Anhängsel von Hitlers Barbarossa-Feldzug bis zum Ende des Krieges, unbesiegt in sechs großen und blutigen Kurlandschlachten.
Jetzt, am 16. Oktober, stürmte die Rote Armee plötzlich nach Ostpreußen selbst hinein; offensichtlich war Königsberg selbst ihr Ziel. Die ersten Flüchtlingstrecks begannen sich an Hitlers Hauptquartier vorbei nach Westen zu schleppen. Die deutschen Divisionen waren im Verhältnis vier zu eins unterlegen. Am 22. Oktober plädierte Keitel bei der Mittagslage für den Umzug nach Berlin. Bormann wies die Stenografen vertraulich an, schon alles für den Umzug in die Reichskanzlei vorzubereiten. Jeden zweiten Tag fiel die Abendlage aus, damit Hitler zu Bett gehen konnte, schwankend und halb ohnmächtig vor Schmerzen, gegen die die Ärzte kein wirksames Mittel zu verschreiben wußten. Morell hielt es für eine Entzündung der Nasen-Rachenhöhle. Der Zahnarzt Professor Blaschke machte eine Röntgenaufnahme des Kiefers, entdeckte einen fürchterlichen Zahnschaden – Hitler hatte die Qualen, die ihm das bereitete, verschwiegen – und erhielt endlich die Erlaubnis, den Zahn zu ziehen. In allen seinen Bunkerräumen hing die drückende Luft der drohenden Niederlage – eine Luft, die keine Belüftungsanlage der Welt zu vertreiben vermochte. Eine Sekretärin schrieb: »Es war ein verzweifeltes Gefühl, zu sehen, wie der einzige Mann, der alle Not mit einem einzigen Federstrich hätte beenden können, fast teilnahmslos in seinem Bett lag und mit müden Augen vor sich hin blickte, während ringsum die Hölle los war. Mir schien, als hätte plötzlich der Körper die Sinnlosigkeit aller Bemühungen des Geistes und des starken Willens eingesehen und gestreikt. Sich einfach hingelegt und gesagt, ›Ich will nicht mehr‹. Dieser Ungehorsam war Hitler nie vorher begegnet und nun hatte er sich überrumpeln lassen.«
Seine Sekretärinnen saßen den ganzen Abend an seinem Bett; um Mitternacht kam dann einer der Adjutanten, um den kurzgefaßten Lagevortrag zu verlesen. Manchmal verbrachte Amsberg den Tag damit, die Schlachtfelder zu besuchen, und nach seiner Rückkehr stand er dann um Mitter-

nacht am Fußende von Hitlers Bett und beschrieb ihm, was er gesehen hatte.
Und dann ereignete sich das Wunder – vielleicht nur deshalb, weil die Truppen wußten, daß er noch da war. General Hoßbachs 4. Armee hielt den russischen Ansturm auf und führte einen Gegenangriff. Er konzentrierte das Panzer-Korps Hermann Göring zunächst darauf, den feindlichen Stoßkeil westlich von Gumbinnen abzuschneiden. Gumbinnen wurde zurückerobert. Als Hoßbach dann nach Süden einschwenkte, um den Stoßkeil auf Goldap anzugreifen, wurden zum ersten Mal die Grausamkeiten sichtbar, die die russische 11. Garde-Armee angerichtet hatte. General Kreipe schrieb in sein Tagebuch: »Besuch des Panzerkorps ›Hermann Göring‹. ... Bei und in Nemmendorf erschossene Frauen und Kinder ans Scheunentor genagelt. Veranlasse Aufnahmen als Beweismittel.« Eine Sekretärin schrieb: »Hitler hatte seine gute Laune verloren. Wenn wir abends zum Tee kamen, blickte er finster und sorgenvoll und er mußte sich anstrengen, die Bilder und Berichte, die er aus dem Osten erhielt, wenigstens für Stunden zu vergessen. Vergewaltigte Frauen, getötete Kinder ... Er schwor Rache und schürte seinen Haß. ›Das sind keine Menschen mehr, das sind die Bestien der asiatischen Steppe, und der Kampf, den ich dagegen führe, ist der Kampf um die Würde des europäischen Menschen. Kein Preis ist zu hoch für den Sieg.‹«
Am 25. Oktober sagte Hitler zu Bormann, er werde unter keinen Umständen die Wolfschanze verlassen, solange die Krise in Ostpreußen andauere. Hitlers Sekretärinnen fragten, ob sie das Pistolenschießen lernen sollten. »Nein, meine Damen«, sagte er heiser. »Ich möchte nicht durch die Hand einer Sekretärin fallen.«
Eine zunehmende Sorge für ihn waren auftretende Herzschwächen und ärgerliche Stimmbandbeschwerden. Am 24. Oktober hatte er nur zwei Stunden geschlafen, und Morell fand die Stimmung daher schwach. »Führer klagt darüber«, schrieb der Leibarzt, »daß trotz ungefähr fünfwöchiger Behandlung die Stimme noch nicht frei sei ... Nach seiner Ansicht müsse noch irgendwo ein Bakterienherd sein.« Als Herzmittel ließ Morell am 25. bei seinem Patienten außer Cardiazol noch Cardiazol-Ephedrin, wovon Hitler dreimal täglich 15–20 Tropfen einzunehmen hätte. Am 27. mittags fand Morell seinen Patienten wieder in schlechter Laune: »Stimme sei nicht gut«, vermerkte er. »*So* könne er nicht vorm Deutschen Volk ins Mikrophon sprechen. Ich könne es ja hören, wie schlecht die Stimme sei.« Morell hatte jeden Tag ein Campher-Präparat dem Führer in beide Nasenlöcher einpipettieren lassen, um die Durchblutung der Schleimhäute zu fördern. »Was hilft mir die Durchblutung«, herrschte Hitler ihn an, »wenn die Bakterien nicht getötet werden. Auf *die* kommt es doch an!« Morell entgegnete ruhig: »Es müssen nicht Bakterien sein, die die Rauhigkeit veranlassen, sondern der mechanische Reiz, den die Stimmbänder ständig aushalten müssen.«

Amsberg gab seine Stellung als Wehrmachtsadjutant auf, meldete sich beim Führer ab und fragte, was er den Offizieren seiner neuen Einheit sagen sollte. Mit einem resignierten Seufzer sagte Hitler: »Sie wissen, wie es aussieht. Sagen Sie, daß meine Gedanken immer bei meinen deutschen Soldaten sind. Ich werde mir weiter Mühe geben, den Krieg zu einem glücklichen Ende zu führen ... Sie kennen ja die Situation in der Luftwaffe, und da gibt es nichts mehr zu verbergen.«

Bei Tage und bei Nacht fraß der fürchterlichste Feuerregen, den die Geschichte bis dahin gekannt hatte, das Herz und die Muskeln aus Hitlers Rüstungsindustrie heraus. Eine Fünftausend-Tonnen-Bombensintflut auf ein Stadtzentrum innerhalb von 20 Minuten war schon normal. Neuntausend Tonnen Bomben fielen auf Duisburg an einem Tag im Oktober. Nach dem Verlust Frankreichs hatte die Luftwaffe keine Frühwarnsysteme mehr, dagegen hatte der Feind in Frankreich Radarleitsysteme etabliert, mit deren Hilfe auch kleinere Städte wie Bonn selbst bei miserablem Wetter haarscharf angepeilt werden konnten. Alle medizinischen Hilfsmittel – Tabletten, Seren, Binden, Betäubungs- und Schmerzmittel – waren knapp oder gar nicht mehr zu haben, da die Produktionsbetriebe zerstört worden waren. Die Buna-Herstellung war schwer getroffen. Im Oktober standen dreitausend Tagjäger zur Verfügung, doch war ihre Treibstoffversorgung unzureichend; die Hydrierwerke waren infolgedessen schlecht verteidigt. Viermal hatte Hitler in den beiden letzten Oktoberwochen Göring auf die Lage der Luftwaffe angesprochen. Göring meldete ihm, er habe jetzt 3100 Jäger aufgespart, um sie bei günstigem Wetter zu einem großen Schlag gegen die Feindbomber einzusetzen. Hitler erschien das eher als eine Strategie, die nur eins bewirkte: die eigenen Piloten zu schonen. Wieder dachte er daran, Göring durch Greim zu ersetzen. Am 1. November führte er ein weiteres anderthalbstündiges Gespräch mit dem Generaloberst. Göring erschien am 3. November in der Wolfsschanze, dann wieder am 5. und redete Hitler die Sache aus; der Preis, den dieser forderte, war die Ernennung des Generals Karl Koller zu seinem Generalstabschef. Göring erzählte Koller an jenem Tag von dem Kampf, den die SS, das Heer und die Partei gegen ihn führten. »Spricht über Lage und erklärt etwas resigniert, daß er es nun satt habe, ihm alles bis zum Halse stehe und von nichts mehr etwas wissen möge«, notierte Koller sich nach dem Gespräch mit dem Reichsmarschall. »Er gehe jetzt zur Fallschirm-Armee und werde mit dieser an der Front kämpfen, aber der Führer ließe ihn nicht weg und hätte ihm gesagt, daß doch nur er die Luftwaffe wieder aufbauen könnte.«
Wie dem auch sei, Hitler beriet sich von jetzt an mit Göring über die wichtigeren Einsätze der Luftwaffe und ihre Entwicklung nur noch pro forma. Er hatte soeben Speer Anweisung gegeben, die Flakerzeugung auf Kosten des Flugzeugbaus aufs Dreifache zu steigern. Und nur Hitler war es zu verdanken, daß jetzt die Me 262 als Strahlbomber zur Verfügung stand,

wenn auch 5 Monate später als geplant. Wie er es vorausgesagt hatte, ließ sie sich als Bomber gut gegen die großen Truppenansammlungen des Feindes bei Nimwegen einsetzen.

Der »Große Schlag« der Jäger, den Galland angekündigt hatte, ließ auf sich warten. Schließlich verlor Hitler die Geduld, und sagte bei einer Lagebesprechung am 6. November: »Es ist also Wahnsinn, daß man die Maschinen dauernd weiter produziert, nur damit die Luftwaffe mit Zahlen operieren kann.« Am 12. meldete Galland 3700 Jäger einsatzbereit, aber am selben Tag griff eine kleine Gruppe schwerer britischer Bomber die »Tirpitz« an, die beschädigt im Tromsö-Fjord vor Anker lag. Die Lancaster-Bomber, von denen jeder eine Zehn-Tonnen-Bombe trug, wären leichte Ziele gewesen. Aber die Jäger erschienen zu spät, und das riesige Schlachtschiff kenterte schlagartig nach 8 Minuten, an die tausend Matrosen mit sich in die Tiefe reißend. Nach dem »Tirpitz«-Zwischenfall schonte er Görings Gefühle nicht, auch nicht in der Öffentlichkeit. Einige Tage später legte Göring eine Ausarbeitung vor. Hitler stieß sie verächtlich beiseite: »Das brauche ich gar nicht durchzulesen, da ist doch kein wahres Wort daran.« Und er kehrte ihm den Rücken.

Als Kompensation für seinen Groll wandte Hitler anderen seine besondere Gunst zu. Erst kürzlich hatte er Bormann zur Suche eines geeigneten Grundstücks aufgefordert, um es dann Feldmarschall von Manstein zu schenken. Seinem Stab gab er zu verstehen, daß er Manstein den Oberbefehl geben wolle, falls Deutschland wieder zu militärischen Großoffensiven im Osten ausholen würde. Sogar von Brauchitsch errang wieder die Gunst des Führers, obwohl ein Offizier behauptete, er habe ihn am 20. Juli in voller Marschallsuniform durch Berlin fahren sehen. Am 3. August hatte er in einem Brief sich nachdrücklich von den Verschwörern distanziert. Und als jetzt Hitlers Geheimbefehl zur Bildung des Volkssturms unter Himmler veröffentlicht wurde, bot der gealterte Feldmarschall von neuem brieflich sein Leben für Deutschland an.

Brauchitsch hatte bei Hitler Steine im Brett, da er Peenemünde und das V2-Raketen-Projekt gefördert hatte: Nur die V2-Rakete konnte jetzt noch London erreichen. 20- bis 30mal am Tag trafen die Raketen die britische Hauptstadt. »Keine Bevölkerung hält diesen ununterbrochenen Beschuß aus«, bemerkte Hitler zu seinen Sekretärinnen. »Ihre Nerven müssen versagen, denn hier gibt es keine Vorwarnung durch Fliegeralarm. Eine Panik wird die Bevölkerung ergreifen und sie in Scharen aufs flache Land hinaustreiben. Aber man muß sich das vorstellen, was das heißt, wenn die vielen Millionen plötzlich dahin strömen, wo sie weder Quartier noch Obdach finden können... Das Elend wird lawinenartig anwachsen, denn auch in den Orten, wo die Leute hinkommen, wird man sie als Plage empfinden. Das überlebt kein parlamentarisches Regime!«

Seit seiner Krankheit befaßte sich Hitler ausschließlich mit militärischen

Entscheidungen. Am 24. September 1944 hatte Hitler sein letztes Reichsgesetz unterschrieben (eine unbedeutende Änderung des Wehrgesetzes, das Wehrmachtsangehörigen die NSDAP-Mitgliedschaft gestattete). In Ost und West, auf dem Balkan, in Italien und in Norwegen mußte er dem Feind Gebiete überlassen, die er mit seinen neuen operativen Reserven vielleicht hätte verteidigen können, wenn er nicht unerschütterlich daran festgehalten hätte, diese Reserven für den entscheidungssuchenden Großangriff in den Ardennen zu konzentrieren.

Selten konnte er die Kraft aufbringen, seine Abendlage abzuhalten. Am 29. Oktober z. B. empfing er nach dem Abendessen Fegelein, Puttkamer und Dr. Franz von Sonnleithner, Hewels Stellvertreter, und nahm ihre Berichte entgegen, dann saß er bis 3.30 in der Nacht beim Tee. Er konnte nicht schlafen. 6.10 Uhr wurde Morell geholt und dann noch einmal nach dem Frühstück acht Stunden später. In seinem primitiven halbdunklen Schlafraum war Platz nur für einen Stenografen. »22.50 bis 23.21 Uhr im Schlafzimmer des Führers Aufnahme einer Besprechung mit General Buhle und Gruppenführer Fegelein«, notierte Stenograf Karl Thöt am 31. Oktober. »Der Führer lag im Bett, war aber nicht weniger munter als sonst, und ich saß hinter den beiden Besuchern an einem runden Tisch mit Lampe.«

Die Besuche Morells mit den täglichen Traubenzucker- und Multivitamininjektionen waren Hitler immer lästiger. Der Professor merkte, daß durch das monatelange Bunkersitzen ohne Tageslicht und -luft Hitlers Blut sauerstoffarm geworden war und dadurch nicht genügend gerinnungsfähig. Die intravenösen Einstichstellen, die Morell als Behandlungsmittel bevorzugte, blieben oft rot und schmerzten tagelang nachher. Am 1. November meinte Hitler, mißtrauisch geworden, »vielleicht bekomme ich überhaupt erst durch die Injektionen Bakterien in den Körper«. Am nächsten Tag – die militärischen Nachrichten waren indessen gut – wurde Morell nicht gerufen. Am 3. November notierte er sich: »Schlaf gut (sechs bis sieben Stunden), allerdings mit Schlafmittel ... Aussehen gut, Stimme nur gering belegt. Führer klagt sehr über das *Zittern des linken Beines* und der Hände. Letztere zeigen ausgestreckt mit gespreizten Fingern jedoch keinen Tremor.« Hitler sagte dem Leibarzt besorgt: »Mit dem 20. Juli war alles Zittern plötzlich vorbei, jetzt aber ganz allmählich [ist es] wiedergekommen und nun sehr stark.« Morell führte es auf die Belastungen und Ärger zurück. »Was kann man dagegen tun?« fragte Hitler. »Ruhe, Fernhalten von Erregungen, usw.«, antwortete Morell und fügte sogleich (allerdings nur im Tagebuch) hinzu: »Alles Sachen, die unmöglich seien.«

Sein Hasardspiel in den Ardennen hing ganz davon ab, ob die Ostfront bis dahin standhielt. Generaloberst Guderian prophezeite, daß Stalin seine Hauptoffensive nicht vor Einsetzen des Frostes beginnen werde. In Ostpreußen durch Hoßbachs Gegenangriff vorläufig gelähmt, hatte die Rote Armee am 27. Oktober zum Sturm auf Schörners Heeresgruppe in Kurland angesetzt, aber wieder scheiterte der Angriff unter schweren Verlusten. Am elften Tage meldete Wenck triumphierend: »Bis jetzt abgeschossen 522 Panzer.« Nüchtern wies Hitler darauf hin: »Er hat nur riesige Panzermengen.« Wenck fuhr fort: »Dagegen sind unsere Materialverluste bisher: drei 7,5 cm, sieben leichte Feldhaubitzen, neun 12,2 russische und eine 15 cm.« »Geringe Verluste, das stimmt«, räumte Hitler ein, »wenn wir stehen! Unsere ganzen Verluste sind alle durch die ›glorreichen‹ Rückzüge entstanden, diejenigen Rückzüge, die man macht, um die ›operative Freiheit‹ zu bekommen.«

Am 5. November war die Rote Armee auch aus Goldap hinausgeworfen. »Er hat alles auf seine Artillerie gesetzt«, sagte Hitler. »Im übrigen sind seine ›Divisionen‹ so schwach, nur Haufen von ein paar tausend Mann.« Wenck stimmte zu. Hitler versuchte, sich in die Denkweise Stalins zu versetzen. Wo könnte man die große Winteroffensive am besten ansetzen? »Er muß doch Bedenken gehabt haben«, sagte Hitler, als er über den deutschen Sieg in Ostpreußen nachdachte. »Er hat immer eine gewisse Scheu, daß er seine Verbände in ein ganz gutes Gebiet hineinschickt, weil dadurch doch der Bolschewismus ad absurdum geführt wird. Es ist also möglich, daß er sie hier nach Süden –« er zeigte auf den großen Weichselbogen in Polen – »legt, und daß er hier [an der Ostsee] sagt, er hat sein Ziel erreicht, um das Ding herauszubrechen«, womit er die Heeresgruppe Nord meinte. Einige Minuten später, nachdem er sich den Bericht der Luftwaffen-Aufklärung über den gefährlichen sowjetischen Weichsel-Brückenkopf bei Baranow angehört hatte, rief Hitler wieder aus: »*Hier* muß man aufpassen! *Das* ist alles Ablenkung, was er hier macht. . . . Er wird auch das Gefühl haben, daß er hier oben auf deutschem Boden sehr viel Blut lassen muß.«

Haarfeine Risse im feindlichen Bündnis waren bereits auszumachen. Stalin hatte britischen und amerikanischen Militärdelegationen eine Frist von 24 Stunden gegeben, um Bulgarien zu verlassen. Sein Einmarsch in Rumänien und Bulgarien verletzte gravierend das Teheraner Abkommen von 1943, wie die Cicero-Dokumente zeigten. Seine Annexion von Ostpolen verursachte einen empörten Aufschrei in London und Washington. Am 10. Oktober hatte Himmler Hitler von einem deutlichen Anzeichen berichtet, daß Stalin Fühler zu ihm ausgestreckt habe. Außenminister Anthony Eden räumte im Parlament ein, daß die Beziehungen zu Stalin belastet seien. Weder Stalin noch Hitler konnte es entgehen, daß die Engländer es der deutschen Wehrmacht absichtlich ermöglichten, sich ungehindert aus dem Südbalkan in die Kampfgebiete in Ungarn abzusetzen. (»Aber der Engländer hätte natürlich hier schon etwas machen können in der Lage, in der wir uns befinden. Er brauchte nur hier irgendwo zu landen und schnitte uns vollkommen hier ab«, bemerkte Jodl zu Hitler in bezug auf die Adriaküste des Balkan.) Im Iran war bereits eine Regierungskrise entstanden, weil Briten und Amerikaner sich wegen der Ölkonzessionen mit den Russen nicht einigen konnten. In Griechenland hatte das vom britischen Militärbefehlshaber ernannte Regime die kommunistischen Banden aufgelöst.

Gleichzeitig berichteten die deutschen Nachrichtendienste vom Auftauchen russischer Panzer an der Grenze Bulgariens zur Türkei, knapp 200 Kilometer von den begehrten Dardanellen entfernt. Ein Nahkampfkorps müßte aber erst die Basen haben, etwa die Luftstützpunkte, die die Engländer vergangenen Winter von den Türken verlangt hatten. Hitler überlegte: »Daß sie [die Engländer] sich ein Nahkampfkorps [der RAF aus der italienischen Front] freimachen für alle Fälle, ist möglich; denn die Spannungen scheinen laufend zuzunehmen, trotz aller höflichen Phrasen, die sie austauschen... Es ist möglich, daß sie sich ein Nahkampfkorps freimachen für Griechenland oder hier herein« – hierbei muß Hitlers Finger auf Ostthrakien, also die nördliche Türkei, gewiesen haben. »Das ist ja ganz sicher, daß die Russen hier angreifen.... Und wer an den Dardanellen sitzt, bleibt auf der einen Seite nicht sitzen, sondern das ist ganz klar: ... eine Durchfahrt hat man nur, wenn man auf beiden Seiten sitzt. Also nimmt er die zweite Geschichte hier auch [die Südtürkei].« Hitler schloß mit der Folgerung: »Damit beginnt doch das ganze Gebäude einzustürzen... Ich möchte eher meinen, daß sich die Engländer bereithalten; denn für sie ist es eine entscheidende Frage.«

In dieser Lage wies das OKW die deutschen Militärattachés an, auf keinen Fall den bevorstehenden Ost-West-Konflikt anzusprechen.

Nachdem Hitlers letzter europäischer Verbündeter ausgeschieden, das deutsche Volk trotz Bombenkrieg und militärischen Niederlagen dennoch unerschüttert geblieben war, konnten die Alliierten auf einen baldigen Sieg nur hoffen, wenn der Führer krank wurde oder ein Machtkampf ausbrach. Gerüchte tauchten in der Auslandspresse auf, Hitler sei krank, erschöpft, in einer Heilanstalt oder gar Himmlers Gefangener. »Hier heißt es«, las Hitler voller Hohn seinem Stab aus einer Zeitung vor, »ich bin ein Gefangener in meinem eigenen Haus am Obersalzberg, in meiner eigenen ›Residenz‹.«
Ein Art Gefangener war er schon – Gefangener seines eigenen zerbrechlichen Körpers. Nachts konnte er nur mehr mit Hilfe von Phanodorm schlafen. Professor Morell riet dringend zu einem acht- bis zehntägigen »Weggehen«. Da antwortete Hitler am 7. November, er müsse zuvor erst noch einige große Entschlüsse fassen und Entscheidungen treffen. Kurz nach Mitternacht ließ Hitler den Leibarzt plötzlich rufen: »Ganz plötzlich«, notierte sich dieser am 8., »hat der Führer Spasmus im Sternalwinkel mit starker Gasauftreibung des Leibes bekommen. Wie er mir sagte, hätte er momentan die größten Entscheidungen seines Lebens zu fällen und kommt dadurch in immer größere Nervenanspannungen.« Morell injizierte die morphium-ähnlichen Narkotika Eukodal und Eupaverin intravenös, die Spritzen behoben die Schmerzen aber nur zum Teil. »Der Führer bedankte sich vielmals für diese sofortige Hilfe«, heißt es im minuziös geführten Tagebuch Morells weiter. »Der Führer... erzählte mir, wie sehr er sich neulich geärgert habe bei der Intrige gegen mich, das glaubte ich gar nicht.

›Daß sich diese Blödels [Brandt, Hasselbach und Giesing] dabei gar nicht überlegt haben, was sie dadurch *mir* angetan hätten! Ich hätte doch dann plötzlich ohne Arzt dagestanden, und dann mußten diese Menschen doch wissen, daß Sie mir in den acht Jahren, die Sie bei mir sind, schon mehrfach das Leben gerettet haben. ... *Ich bin kein undankbarer Mensch, mein lieber Doktor.* Wenn wir beide glücklich durch den Krieg kommen, dann sollen Sie einmal sehen, wie groß ich Sie nach dem Kriege entlohnen werde!‹«
Am gleichen Nachmittag zog Hitler in den neuen, größeren Bunker um. Seine Räumlichkeiten waren viel größer, morgens ging der Blick auf Waldwiesen aus den großen Fenstern. Am 12.November mußte Morell ihn zeitweise verlassen, indem er Herzbeschwerden vorschützte. Aber sein Assistent, Dr. Richard Weber, stellte sich als durchaus akzeptabel heraus. An manchen Tagen wurde er drei- oder viermal am Tag zu Hitlers Bunker bestellt, und am 13.November wurde Hitler auch noch von Zahnarzt Blaschke und Major Stumpfegger untersucht. Sein Hals war angegriffen, nur mit Schwierigkeiten konnte er essen. Die längst fälligen Röntgenaufnahmen schob er immer wieder hinaus in der Furcht, sie würden eine schwere Krankheit enthüllen.

Die Vorbereitungen für Hitlers Gegenangriff in den Ardennen näherten sich dem Abschluß. Bei Arnheim, Aachen und jetzt in Antwerpen war dem Feind eine Serie kostspieliger Schlachten geliefert worden; Aachen, die westlichste Stadt des Reiches, hatte den amerikanischen Vorstoß über den Westwall hinweg gesperrt; Hitler hatte befohlen, die Stadt Haus für Haus, Häuserblock für Häuserblock zu verteidigen, genau wie Stalingrad; er wiederholte seinen Pariser Befehl – daß der Feind hier nur noch ein Trümmerfeld vorfinden dürfe. Als Aachen schließlich am 21. Oktober überrannt wurde, mußte der Feind feststellen, daß Hitler den Aufschub genutzt hatte, um den Westwall östlich der Stadt neu aufzubauen. Jede Tonne an Kriegsgerät, die der Feind für den späteren Vorstoß ins Ruhrgebiet hinein in den Raum Aachen schaffte, bereitete Hitler große Freude – denn um so größer würde ja die Beute sein, die mit der Ardennen-Offensive eingebracht würde. Er erklärte seinem Stab, er werde nicht in Versuchung geraten, seinerseits Verstärkungen dorthin umzuleiten, »und wenn der Feind bis nach Köln vordringt«.
Das war nun tatsächlich General Eisenhowers Hauptziel für Anfang November. Aber Rundstedt begann am 27. Oktober mit starken Kräften einen Störangriff, und Eisenhowers Pläne wurden um zwei Wochen verzögert. Unterdessen hatte General Patton, der südlich der Ardennen stand, seinen Vorgesetzten versichert, daß er die Saar in drei Tagen erreichen könne und daß er dann »mit Leichtigkeit den Westwall durchbrechen« könne. Sein Angriff begann am 8. November, aber in strömendem Regen, durch Schlamm und Minenfelder rückte er in acht Tagen nur 25 Kilometer vor;

dann brachten die elastisch geführten Operationen General Balcks und die hartnäckige Verteidigung von Metz seinen Angriff zum Stehen. Hitler hatte in der ganzen Zeit nicht die Nerven verloren. In seinem geheimen Aufmarschbefehl für den Ardennen-Angriff, den er am 10. November unterschrieb, akzeptierte er ausdrücklich alle Risiken: »Ich bin entschlossen, an der Durchführung der Operation unter Inkaufnahme des Risikos auch dann festzuhalten, wenn der feindl. Angriff beiderseits Metz und der bevorstehende Stoß auf das Ruhrgebiet zu großen Gelände- und Stellungsverlusten führen sollten.«
Es war ein gefährliches Kalkül, aber es wurde durch die Ereignisse in vollem Maße gerechtfertigt.

Hitlers Kehlkopf war jetzt geröntgt worden, und am 18. November wurde er im Lazarett Karlshof noch einmal von Eicken, Morell, Stumpfegger und Professor Brandt untersucht; nicht Krebs, aber ein Stimmbandpolyp wurde festgestellt, und Eicken würde sofort in Berlin operieren müssen.
Seine Abfahrt aus Ostpreußen mußte geheimgehalten werden. Am 20. November fuhr Hitler um 15.15 Uhr von der Wolfsschanze, die noch vom Lärm der Bau- und Befestigungsarbeiten an den letzten Bunkern erfüllt war, zum Bahnhof Görlitz und bestieg seinen Sonderzug. Eine SS-Ordonnanz notierte die Teilnehmer am Abendessen: Bormann, Morell, Diätköchin Fräulein Manzialy, Schaub, Reichsbühnenbildner Benno von Arent und zwei Sekretärinnen. Eine der beiden beschrieb den Tag mit anrührenden Worten: »Nun fuhren wir ab – für immer. Hitler wußte es wohl selbst. Und obwohl er weiter bauen ließ, als hätte er die Absicht, eines Tages zurückzukehren, war auch er in Abschiedsstimmung. Hatte er nicht selbst immer behauptet, solange er persönlich einen Frontabschnitt hielt, würde er nicht aufgeben? Er saß in seinem Abteil, bei künstlichem Licht... hier herrschte Halbdunkel wie in einem Mausoleum. Seine Stimme erhob sich kaum über ein leises Flüstern, seine Augen blieben auf seinen Teller gesenkt oder starrten abwesend auf einen Punkt des weißen Tischtuchs. Plötzlich sprach Hitler von einer Operation. ›Er [Professor von Eicken] hat eine große Verantwortung, aber er ist der einzige, der es schaffen kann. So eine Stimmbandoperation ist nicht gerade lebensgefährlich. Aber es könnte sein, daß ich die Stimme verliere.‹«
Um 5.30 Uhr lief der Zug in den Berliner Bahnhof Grunewald ein. Die Scheinwerfer des Wagens, der Hitler wieder in seine Reichskanzlei brachte, beleuchteten links und rechts nur Trümmer.

Sein Aufenthalt dort dauerte drei Wochen. Eva Braun kam nach Berlin und aß fast täglich mit ihm zu Mittag und zu Abend. Eicken operierte ihn am 22. November; der Pathologe bestätigte, daß der Polyp – ein hirsekorngroßes Fleischstück – gutartig sei, ein sogenanntes »Sängerknötchen«. Allmählich kam Hitlers Stimme wieder, wenn er auch Anfang Dezember nur erst

flüstern konnte, was dazu führte, daß bald die ganze Reichskanzlei nur noch im Flüsterton zu reden wagte. Hitler blieb unsichtbar, lebte nur in der Gesellschaft Eva Brauns und der drei älteren Sekretärinnen, während ein Adjutant ihm die Lageberichte brachte. Als Albert Speer am 28. November zu einer Besprechung kam, war klar, daß der Führer wieder genesen war. Am 10. Dezember 1944 um 17.00 Uhr verließ Hitler seine Reichshauptstadt wieder, um sich zur Westfront zu begeben. Er bemerkte, daß sein Urin bierbraun war; also war die Gelbsucht noch immer vorhanden. Im Sonderzug gegen 19 Uhr ließ er Professor Morell wegen immer noch bestehender kleiner Spasmenzustände rufen. Es hing ja alles von der kommenden Offensive ab. Der Leibarzt ließ ein Spasmopurin-Zäpfchen legen, und notierte seines Patienten Zustand nachher als gut. Zehn Stunden nach der Abfahrt stieg Hitler ins Auto um und wurde zum »Adlerhorst« gefahren, seinem 1940 erbauten Führerhauptquartier am Ziegenberg bei Bad Nauheim. Hier war die Höhenlage 240 m üb. d. M. (»wie Linz an der Donau«, schrieb Morell zufrieden). Der Arzt bemerkte, daß Hitlers Gesichtshaut noch einen gelblichen Anflug hatte. Er notierte: »Führer hatte [um 17.40] mehrstündige Besprechung mit etwa 40 bis 50 Generälen. Führer soll sehr frisch und lebhaft gewesen sein, begeisternd und impulsiv.« Hitler war müde, aber ausgesprochen guter Stimmung. Noch hatten die Anglo-Amerikaner nichts von seinem Vorhaben bemerkt.
Eine stenografische Niederschrift seiner Ansprache existiert – er sprach von den bösen Kräften, die seit dem Westfälischen Frieden von 1648 immer wieder die deutsche Einigung verhindert hätten. Die Völker ertrügen die Not des Krieges mit Tapferkeit, aber immer nur so lange, wie noch ein Sieg als möglich erschien. Nähme man ihnen diese Hoffnung, so würden sich die Menschen gegen den Krieg wenden. Er erinnerte seine Zuhörer daran, wie Friedrich der Große im Siebenjährigen Krieg weitergekämpft habe, obwohl alle seine Generale und der eigene Bruder alle Hoffnungen verloren hatten: »Seine Regierungspräsidenten, seine Minister aus Berlin sind in Deputationen erschienen und haben ihn gebeten, er möchte den Krieg sofort beenden, er sei nicht mehr zu gewinnen. Die Standhaftigkeit eines Mannes hat es ermöglicht, daß dieser Kampf durchgeführt worden war und doch am Ende das Wunder einer Wende eintrat. Auch der Einwand, daß das ohne den Thronwechsel in Rußland nie gekommen sein würde, ist völlig belanglos. Denn wenn im fünften Jahr des Krieges kapituliert worden wäre, wäre auch der Wechsel des Throns im siebenten Jahr, also zwei Jahre später, völlig belanglos gewesen. Man muß die Zeit abwarten.«

VIII

Der Endkampf

»Bei uns steht alles auf dem Spiel«

Hitler hatte nur noch den einen Wunsch, den Krieg so zu beenden, daß mindestens hundert Jahre lang in Europa keine kriegerischen Auseinandersetzungen mehr stattfinden würden. Ebenso wie Friedrich II. sich den Namen »Der Große« nicht deshalb verdient habe, weil er siegreich war, sondern weil er im Unglück nicht verzagte, so werde die Nachwelt auch seine, Hitlers, Bedeutung darin sehen, daß er auch nach schweren Niederlagen nie kapituliert habe. Er hatte einen Tagesbefehl an seine Kommandeure vom 25. November 1944 mit den Worten begonnen: »Der Krieg entscheidet über Sein oder Nichtsein des deutschen Volkes. Er fordert rücksichtslosen Einsatz jedes einzelnen. Todesmut und Tapferkeit der Truppen, standhaftes Ausharren aller Dienstgrade und unbeugsame überlegene Führung haben auch aussichtslos erscheinende Lagen gemeistert.« Daß der Feind die deutsche Rasse vernichten wolle, hatte er klar und deutlich zu erkennen gegeben: Die Amerikaner planten die Umwandlung Deutschlands in »ein Land von primär land- und viehwirtschaftlichem Charakter«; Henry Morgenthaus Plan, der darauf abzielte, war Mitte September von Churchill und Roosevelt paraphiert worden – ein Geschenk für Goebbels' antisemitische Propaganda. Goebbels und Hitler verkündeten, daß die Führer des Feindes sich über die Beseitigung von vierzig Millionen Deutschen geeinigt hätten. Die Wiederaufnahme der englischen Feuersturm-Angriffe verliehen dieser Behauptung einige Glaubwürdigkeit. Mehr als 2200 t Brandbomben wurden nachts auf Heilbronn geworfen, 7147 Einwohner starben innerhalb von zehn Minuten. Am 15. Dezember gab Churchill vor dem Unterhaus seine Zustimmung zu Stalins Anspruch auf Ostpolen bekannt; als Entschädigung könnten die Polen einen großen Teil Ostdeutschlands bekommen, aus dem man die Deutschen vertreiben werde: »Denn die Vertreibung ist... das befriedigendste und dauerhafteste Mittel.« »Früher«, sagte Hitler zu seinen Generalen, »hätte man so etwas als eine Propagandathese, als eine Propagandalüge bezeichnet.« Russische Überläufer sagten jetzt aus, daß Stalin der Roten Armee befohlen habe, sich in Polen korrekt zu verhalten – während die Truppe auf deutschem Gebiet rauben und plündern und alles tun dürfe, »was sie wolle«.

Unter solchen Bedingungen zu kapitulieren, sei Verrat an den drei Millionen Deutschen, die bisher im Kampf oder durch feindliche Luftangriffe gefallen seien. Aber es gäbe auch solide politische und strategische Gründe dafür, zu diesem Gegenschlag auszuholen. Die Engländer und Amerikaner stünden offensichtlich vor innenpolitischen Problemen; ihre Armeen seien

sehr dünn über die lange Westfront gestreckt, es bestünde Mangel an Treibstoff und Munition, die nicht ausreichende Zahl an Mannschaften stelle sie vor immer neue Probleme. »Wir sind in keiner anderen Lage als der Russe von 1941 bis 1942«, erklärte Hitler seinen Generalen, »als er auch unter den ungünstigsten Verhältnissen stand, als er an der langen Front, an der wir zur Defensive übergegangen waren, durch einzelne Offensivstöße uns wieder langsam zurückmanövriert hat.« Sah das deutsche Volk diesen Prozeß erst einmal beginnen, werde es einen großen Seufzer der Erleichterung geben, und die Jungen würden sich begeistert freiwillig melden für den Kampf. »Wie ich überhaupt nur sagen muß, daß die Nation so anständig ist, wie man es nur erwarten kann. Besser kann ein Volk überhaupt nicht sein als unser deutsches Volk.«
In den Ardennen hätten die Amerikaner nur noch vier oder fünf Divisionen, die einen Frontabschnitt von 160 Kilometer Länge halten mußten. Die Vereinigten Staaten seien ein derartiger Mischmasch minderwertiger Rassen, daß ein starker Aderlaß hier in Europa jenseits des Atlantiks grundsätzliche politische Kontroversen auslösen müsse. Was Stalin den Italienern bei Stalingrad angetan hatte, das wollte Hitler hier in den Ardennen den Amerikanern antun. »Wenn es uns gelingt«, sagte Hitler zu General von Manteuffel und Sepp Dietrich, den beiden Panzer-Armee-Befehlshabern, am 2. Dezember, »werden wir die halbe Feindfront zusammenschlagen, dann werden wir einmal sehen, was passiert!«
Dies alles bedeutete ein weiteres Risiko innerhalb des großen Glücksspiels. Hitler wußte, daß Stalin seinen eigenen Großangriff nicht ewig hinauszögern werde. Die Preisfrage lautete: wie lange noch? Generaloberst Guderian meinte, der Angriff werde Mitte Dezember beginnen, wenn der erste Frost den Boden härte. Russische Gefangene nannten den 20. Dezember als Termin. Hätte die Ardennen-Offensive, wie ursprünglich geplant, Mitte November begonnen, wäre das Risiko kleiner gewesen; aber sie war durch Nachschubprobleme schon um nahezu einen Monat verzögert worden. Aber Hitler war fest davon überzeugt, daß Stalin warten werde, bis Deutschland und die Alliierten ihre Reserven im Westen erschöpft hatten, worauf er 1940 vergeblich gewartet habe.
Hitlers Überzeugung erwies sich als stichhaltig. Er gewann auch sein zweites Hasardspiel; es gelang, seine Absichten in den Ardennen drei Monate lang vor dem Feind geheimzuhalten. Er hatte absolute Funkstille befohlen; keine Befehle durften mit dem Flugzeug transportiert oder auf dem Funkwege übermittelt werden; potentiell unzuverlässige Truppen, so zum Beispiel alle Elsässer, wurden aus den vordersten Angriffsdivisionen entfernt; und jeder Vorfall, der darauf schließen ließ, daß der Feind Wind von den Angriffsabsichten bekommen habe, mußte sofort gemeldet werden. Die Geheimhaltungsmaßnahmen erwiesen sich als nahezu undurchlässig; außerdem befanden sich die Verräter, die seine Vorhaben in der Vergangenheit dem Feind mitgeteilt hatten, jetzt in Himmlers Gewahrsam und erwar-

teten ihr Urteil. Hitler gelangte zu dem Schluß, daß Eisenhower und Montgomery nur noch in der Traumwelt ihrer eigenen zukünftigen Feldzüge gelebt hätten: »Vielleicht«, sollte er später sagen, »hat auch die Überzeugung mitgewirkt, daß ich an sich bereits tot bin, oder jedenfalls irgendwo an Krebs leide...«

Hitler hatte mit seiner Vorliebe für Karl-May-Abenteuer am 21. Oktober SS-Obersturmbannführer Otto Skorzeny beauftragt, eine Sondertruppe aufzubauen, die mit amerikanischen Panzern, Jeeps und Waffen ausgerüstet werden sollte. Ihre Aufgabe werde es sein, mit Männern in voller amerikanischer Kampfuniform wichtige Maasbrücken zwischen Lüttich und Namur zu besetzen – mit anderen Worten, die Abwehr-Operationen vom Mai 1940 zu wiederholen. Andere, kleinere Kommandos der Skorzeny-Truppe sollten Verwirrung hinter den amerikanischen Linien stiften.

In bester operativer Tradition hatte Hitler Rundstedts und Models Generalstabchefs, den Generalen Westphal und Krebs, erklärt, daß die Vernichtung des Feindes, nicht Geländegewinn das Ziel des Angriffs sei. Wurde der Stoß nur bis an die Maas geführt, so werde man nur die amerikanischen Truppen herausschneiden können, die für den Angriff auf das Ruhrgebiet zusammengezogen wurden; stieß man aber bis nach Antwerpen vor, so würden auch die hervorragenden britischen Armeen in den Niederlanden in der Falle sitzen. Model und auch Rundstedt waren im Grundsatz gleicher Auffassung, wiesen aber warnend darauf hin, daß die vorhandenen Kräfte nicht ausreichen, um Antwerpen zu erreichen; sie schlugen statt dessen eine »kleine Lösung« vor mit dem Ziel, nur die amerikanischen Kräfte zwischen Aachen und der Maas zu vernichten. Den ganzen November hindurch wurde dieser operative Streit fortgesetzt, bis Hitler am 25. November erklärte, er halte unabänderlich an seiner eigenen Entscheidung, also an der »großen Lösung«, fest. Die »kleine Lösung« könnte den Krieg verlängern; die große aber könnte ihn beenden – zumindest im Westen.

Hitler selbst überwachte auch die kleinsten Details der Planung, angefangen von der Frage, wie viele Schlafdecken der Infanterist selbst tragen solle, bis hin zu der Frage, wo die gewaltigen Jagdtiger mit ihren 12,8 cm-Kanonen eingesetzt werden sollten. Rücksichtslos hatte er alle irgendwie frontverwendungsfähigen schweren und schwersten Geschütze an die Westfront schaffen lassen. Die Infanteriestiefel mußten für den Winterkrieg geeignet sein. Spezialpanzer für das Bestreuen der vereisten Bergstraßen mit Sand mußten gebaut werden. Was den Angriff selbst betraf, so diktierte er Model seine Entscheidung, daß sich das Artilleriefeuer zunächst auf die vom Feind besetzten Ortschaften und Stäbe zu konzentrieren habe, danach müßten die feindlichen Artilleriestellungen mit Trommelfeuer belegt werden. In Feuerpausen müsse die Infanterie den Angriff vortäuschen (»Hurra-schreien, MG-Feuer«), um die amerikanischen Verteidiger zu zermürben. Aus dem Angriff der Russen vom Juni 1944 auf die Heeresgruppe Mitte hatte Hitler auch eine wichtige Lehre gezogen: Um seine eigenen Panzer kampfkräftig zu erhalten, sollte der erste Einbruch in die feindlichen Linien von der *Infanterie* mit Unterstützung durch Sturmgeschütze erzwungen werden. Die Panzerdivisionen sollten erst in der Nacht folgen. Am 26. November nannte Hitler den 10. Dezember als ersten möglichen Tag.

Zweimal noch wurde der Angriff um kurze Zeit verschoben, während der letzte Nachschub angeliefert wurde. Der angeforderte Vorrat von 17 500 cbm Benzin war angelegt, mehr als fünfzig Güterzugladungen an Munition waren herangeschafft. Mehr als 170 Kampfflugzeuge, 90 Schlachtflieger und nahezu 150 Jäger standen bereit. 28 deutsche Divisionen waren im Begriff, über nur fünf amerikanische herzufallen. Seine Laune war strahlend, seine Gesundheit vollkommen. »13 Uhr«, schrieb Morell am 14. Dezember: »Führer hat gut geschlafen und befindet sich recht wohl. Ging mit dem Führer über eine Stunde in dem reizvollen Wald- und Wiesental langsam spazieren in Anwesenheit von Adjutant [Albert] Bormann und Dr. Stumpfegger. Der Führer ließ Blondi, die Schäferhündin, eine Holzhantel apportieren. Keine Behandlung!«

Am nächsten Tag, dem Vorabend der Offensive, schrieb Morell: »Führer in Wohlbefinden, hat stets guten Appetit. Keine Behandlung!« Um 15 Uhr hielt Hitler eine letzte Lagebesprechung mit Himmler und Westphal ab. Der Luftwaffen-Meteorologe sagte eine mehrtägige Schlechtwetterperiode voraus. Das war gut. Hitler teilte Model noch einmal telegrafisch sein Verbot mit, die Panzer-Verbände vor einer Maas-Überschreitung nach Norden eindrehen zu lassen; aber er versicherte ihm auch, »wenn diese Grundsätze für die Führung der Operation befolgt werden, ist ein großer Erfolg sicher«. Er aß mit seinen Sekretärinnen zu Abend, ging um fünf Uhr zu Bett – eine halbe Stunde vor Beginn des Feuerschlags – konnte aber wegen der bevorstehenden Offensive nicht schlafen.

Als Hitler am 16. Dezember um 12.30 Uhr mittags von Morell untersucht wurde, stand die deutsche Infanterie schon zwölf bis sechzehn Kilometer tief auf feindlichem Gelände. Morell fand ihn »sehr frisch und munter«; Hitler klagte aber, daß ein starker Tremor der linken Hand wieder da sei (»Erregung wegen der Offensive«, vermutete Morel, und verabreichte besondere Injektionen »wegen bevorstehender geistiger Anstrengungen«.) Einer der FHQ-Stenografen schrieb in sein Tagebuch: »Als Reynitz und ich dann mittags gegen 15 Uhr zur Lage gingen, zog eine stattliche Anzahl deutscher Jäger über unsere Köpfe, und Major Büchs [der Luftwaffenadjutant Jodls] sagte, zu allen gewandt, die begeistert gerade an diesem Tage unsere Jäger dahinbrausen sahen und nach oben blickten: ›Nun sage einer etwas gegen die deutsche Luftwaffe!‹ Als wir uns dem Lageraum näherten, war der Führer schon anwesend, entgegen seiner Gewohnheit. Man merkte ihm nur zu deutlich an, wie sehr ihn die ersten günstigen Nachrichten über unsere Offensive beschäftigten. Schon vor der Lage hatte uns Reichspressechef Dr. Dietrich gesagt: ›Na, nun bekommen Sie endlich mal wieder

Angenehmes und Erfreuliches zu schreiben!«" Für Hitler war die Schlacht schon so gut wie gewonnen. An jenem Tag befahl er der Kriegsmarine, alles zu tun, um das Auslaufen englischer Schiffe aus Antwerpen zu verhindern, bevor Dietrichs 6. SS-Panzer-Armee den Hafen erreicht hatte.

Es ist von keinem Nutzen, hier die Ereignisse des nächsten Monats auf den Schlachtfeldern der Ardennen nachzuzeichnen. Interessanter ist es, zu beobachten, wie die Lagebeurteilung im Adlerhorst, beflügelt von Hitlers hartnäckigem Optimismus, chronisch hinter der harten Wirklichkeit des Feldzuges herhinkte. Seine Panzer eroberten Antwerpen nicht zurück; sie bekamen auch die Maas nicht einmal zu Gesicht. Was waren die Ursachen dieser taktischen Niederlage? Einige Faktoren kamen unerwartet; einige amerikanische Einheiten kämpften mit größter Tapferkeit. Am ernstesten wirkten sich aber jene Faktoren aus, die Hitlers Generalen die geringste Überraschung hätten bereiten sollen; die bereitgestellten Treibstoff-Vorräte erwiesen sich als viel zu gering. »Die Offensive geht etwas langsam«, schrieb Morell am 2. Tage, »aber gut voran. Keine Behandlung!« Die Treibstoffknappheit wurde noch verschärft durch die Übermotorisierung der Angriffsdivisionen – Rundstedt behauptete, man habe sogar leere Lastwagen mitgenommen, um damit Beute abtransportieren zu können. »Wir müssen in dieser Beziehung von den Russen lernen«, empfahl Hitler. Auf den Straßen, die in das Kampfgebiet führten, kam es zu ungeheuren Verstopfungen. Und am Ende geschah es, daß zwar Manteuffels 5. Panzer-Armee als erste den Durchbruch erzielte, Hitler aber der nachhinkenden 6. SS-Panzer-Armee weiterhin den Schwerpunkt zuerkannte – vielleicht aus politischen Gründen.

Trotz alledem behielt Hitler die strategischen Vorteile seines Gegenschlages fest im Auge. Binnen fünf Tagen waren schon 25000 amerikanische Kriegsgefangene eingebracht und 350 feindliche Panzer als vernichtet gemeldet, und die feindliche Luftwaffe konnte wegen des schlechten Wetters noch immer nicht starten. Am 22. Dezember hatte Eisenhower schon sämtliche Angriffe an der Westfront einstellen und sogar einige hart erkämpfte Brückenköpfe an der Saar wieder räumen müssen. Es wurde geschätzt, daß sich jetzt 16 bis 20 feindliche Divisionen dem Ardennen-Schlachtfeld näherten, aber noch war das deutsche langsame Vordringen in Richtung Maas nicht zum Stehen gebracht, und noch immer war das Wetter gegen den Feind. Auf einer Lagebesprechung sagte Hitler schmunzelnd: »Herr Churchill, Sie müssen jetzt ›einen ganzen Entschluß‹ fassen!« – und er ahmte dabei den Sprachfehler des britischen Premierministers nach, der zum Lispeln neigte.

Mit einem Großangriff gegen Ostpreußen und Schlesien hätte Stalin seine westlichen Alliierten jetzt sofort entlasten können. Aber er unternahm nichts. Hitler erhielt Berichte über heftige, offene Kriegführung zwischen stalinistischen Gruppen in Griechenland und den britischen Truppen. Nach einem glücklosen Versuch, die zerstrittenen Gruppen zur Räson zu bringen, verschwand Churchill per Flugzeug wieder aus Athen. Es war, spottete Hitler, »eine jämmerliche Blamage«, und er sagte: »In diesem Augenblick will der Mann den Anschein erwecken, als ob er fähig wäre, in Europa an irgendeiner Grenze dem vordringenden Bolschewismus Einhalt gebieten zu können.« Alle Nachrichten, die Hitler jetzt erreichten, besagten, daß Stalin den Beginn seiner Großoffensive mit ungeheuren politischen Forderungen an die Alliierten verknüpft habe. Der Termin des 20. Dezember, der so oft genannt worden war, verstrich, und es geschah noch immer nichts. Im Adlerhorst schlug Hitler mit der Hand auf den Kartentisch und sagte mit einem listigen Lächeln: »Also vielleicht doch . . .!«

Am siebten Tag seines Angriffs, am 23. Dezember, klarte es auf. Tag und Nacht flogen die feindlichen Luftstreitkräfte ihre schweren Angriffe. Das deutsche Messer war jetzt 60 Kilometer tief in die feindliche Front eingedrungen; aber die Bahnhöfe in der deutschen Etappe, in Koblenz, Gerolstein und Bingen, wurden zerschlagen, und die feindlichen Jagdbomber richteten auf den Straßen ein blutiges Chaos an.

Hitler stand unbewegt vor seinem Bunker und beobachtete die zweitausend feindlichen Bomber, die über seinen Kopf nach Osten schwärmten. Kalt und feierlich glitzerten sie in der schwachen Wintersonne, und sie malten das Ende seiner Hoffnungen auf einen schnellen Triumph im Westen an den Himmel. Beim Mittagessen fragte seine Sekretärin Christa Schroeder ihn: »Aber mein Führer, der Krieg *ist* doch verloren, nicht wahr?« Mit steinerner Miene erwiderte er, das sei nicht der Fall. Er hatte noch einmal in den »Gesammelten Briefen« Friedrichs des Großen gelesen. Nur seine Zähigkeit und Beharrlichkeit hatten ihm schließlich den Sieg gebracht. Wenn Hitlers Soldaten ihn jetzt fragten: »Wofür haben wir die ganzen Opfer gebracht?« würde er antworten: »Noch einmal so lange, wie der Krieg gedauert hat, dauert es nicht mehr. Das ist ganz sicher. Das kann kein Mensch aushalten; wir nicht, die anderen auch nicht. Es ist nur die Frage, wer es länger aushält. Derjenige muß es länger aushalten, bei dem alles auf dem Spiel steht. Bei uns steht alles auf dem Spiel. . . . Wenn Amerika sagt: ›Aus, Schluß, wir geben keine Jungens mehr für Europa!‹, passiert ihm nichts . . . Wenn wir heute sagen würden, ›wir haben es satt, wir hören auf‹, dann hört Deutschland auf zu existieren.« Die von den Alliierten erhobene Forderung nach einer bedingungslosen Kapitulation ließ ihm auch gar keine andere Wahl, als weiterzukämpfen.

Auf geheimen Wegen erfuhr Hitler, daß Stalin jetzt angeblich bereit sei, mit ihm zu verhandeln, bevor er seinen Hauptangriff an der Ostfront begann. Aber Hitler war jetzt keineswegs geneigter, »aufzugeben und einzupakken«, als Stalin es im Herbst des Jahres 1941 gewesen war. Als Ribbentrop im Januar 1945 zu ihm kam und anbot, mit seiner Familie nach Moskau zu fliegen, bat Hitler ihn, das nicht zu tun: »Ribbentrop, machen Sie mir keine Sachen wie Heß!« Stalins Angebot schien Hitlers Überzeugung zu bestätigen, daß die Rote Armee am Rande der Erschöpfung sei; und hatte nicht Guderians eigene Operationsabteilung sich sehr zuversichtlich über die Abwehrkraft an der Ostfront geäußert?

Die Ostfront und somit Ungarn war noch immer alleiniger Kriegsschauplatz des OKH. Ohne das ungarische Bauxit hätten Speers Fabriken kein Aluminium mehr für den Flugzeugbau; ohne das Erdölgebiet von Nagy Kanisza konnte man kein Flugbenzin mehr herstellen. »Deshalb ist der ungarische Raum so wichtig«, sagte Guderian.
Hitler, Guderian und die Ungarn kamen überhaupt nicht auf den Gedanken, jetzt Budapest etwa zur »freien Stadt« zu erklären. Am 4. Dezember hatte Ferenc Szálasi sich bereit erklärt, gemeinsam mit den Deutschen seine Hauptstadt im »Kampf Haus um Haus« zu verteidigen. Als Guderian am 20. Dezember zu vertraulichen Gesprächen im Führerhauptquartier eintraf, begann die endgültige russische Offensive. Der sowjetische Angriffskeil traf auf so geringen Widerstand, daß Hitler am 23. Dezember Friessner und General Fretter-Pico von der 6. Armee entließ. Am nächsten Tag war Budapest von einem stählernen Ring eingeschlossen, der nicht mehr gebrochen werden konnte. Am 1. Weihnachtstag, nachdem Morell die üblichen Spritzen verabreicht hatte, klagte Hitler über einen angeblich vermehrten Tremor der rechten Hand. (»Lage in Ungarn!« war des Leibarzts schriftliches Urteil.) Guderian traf erst am 26. Dezember ein, um Verstärkungen für Ungarn zu verlangen. Hitler war sofort einverstanden. Eine Infanterie-Division sollte in aller Eile von Westen nach Budapest geschafft werden. Zwei andere Divisionen sollten ihr folgen und an die Hauptkampflinie im Osten geschafft werden. Außerdem befahl Hitler dem IV. SS-Panzerkorps des SS-Obergruppenführers Herbert Gille, in Warschau sofort zu verladen und dann einen Gegenangriff zum Entsatz der belagerten ungarischen Hauptstadt zu fahren. Am 31. Dezember schrieb Guderian dem ungarischen Generalinspekteur der Panzerwaffen: »Unter bewußter Inkaufnahme eines sehr hohen Risikos an der übrigen Ostfront [ist] alles getan worden, um eine feste Verbindung nach Budapest wiederherzustellen.«*
Der Angriff Gilles zum Entsatz von Budapest sollte am Neujahrstag beginnen. Wieder war die nervliche Belastung Hitlers bemerkbar. Am 30. Dezember notierte Morell, »Seit zwei Tagen Unbehagen im Darm mit Gasansammlungen, angeblich wegen grüner Erbsensuppe, meiner Ansicht nach

---

* Es gibt keinen Hinweis aus der damaligen Zeit, der Guderians Version von 1951 stützen würde, er sei am 24. Dezember 1944 im Adlerhorst gewesen »verfolgend keinen geringeren Zweck, als die sofortige Verlegung des Schwerpunktes der deutschen strategischen Defensive insgesamt nach dem Osten zu erreichen«. Hitler habe ihn abgespeist mit dem Hinweis, daß die Ostfront sich selbst helfen müsse. Erst am 14. Januar, also 2 Tage *nach* dem sowjetischen Vormarsch, teilte Admiral Voß von Hitlers Lagebesprechung mit, Guderian habe »den Führer um Verlegung des Schwerpunktes des Krieges an die Ostfront gebeten«.

wegen Aufregung über Bevorstehendes. [Neujahrs]redeaufsetzung und Rede, zweitens anscheinend etwas Großes Militärisches.« Am Neujahrstag wollte Hitler auch einen neuen Schlag gegen Eisenhowers Armeen führen, um zu beweisen, daß er im Westen noch immer die Initiative besitze. Zufrieden zog Hitler Zwischenbilanz: »Wir haben dem Gegner mindestens sechs- bis siebenhundert Panzer kaputtgemacht. Etwa sechs bis sieben Divisionen, kann man sagen, sind wirklich zerschlagen.« Seit dem 22. Dezember planten Rundstedt und er eine ganze Serie von schnellen, harten Tiefschlägen, um die aufgestaute Heeresgruppe B in den Ardennen zu entlasten. Der erste dieser Schläge sollte das Unternehmen »Nordwind« sein, ein Angriff von acht Divisionen aus dem Raum Saarbrücken nach dem Nordelsaß in den Rücken der amerikanischen Angreifer. Der nächste Vorstoß sollte in Richtung auf Metz geführt werden. »Das Ziel aller dieser Offensiven«, erklärte Hitler den an »Nordwind« beteiligten Korps- und Divisionskommandeuren, »ist zunächst, die amerikanischen Teile südlich der [Ardennen-]Einbruchstelle völlig zu beseitigen, Stück um Stück zu zerschlagen, Divisionen um Divisionen auszurotten.«

Gelangen diese Schläge, so würden Manteuffel und Dietrich den Angriff in den Ardennen wieder aufnehmen können. »Gelingt dies nicht«, so steht es in Rundstedts Kriegstagebuch, »so bedeutet das das Ende der Angriffsoperation und den Übergang zur Verteidigungs- und Abnutzungsschlacht. Auf jeden Fall bleibt aber das erste wichtige Ergebnis, daß von Rhein und Pfalz die Bedrohung der feindlichen Offensive für die nächste Zeit genommen ist.«

Als er dieses letzte Hochland seines Schicksalsweges überschritt, strahlte Hitler auf seine Besucher noch immer die namenlose Energie eines Messias aus; Szálasi bemerkte es; Bormann trieb seinen Kult damit; Guderian erlag ihm. Aber er war alt geworden. Sein Rücken war krumm, sein Rückgrat hatte die Symmetrie verloren, sein Gesicht war ausgemergelt und seine Stimme zitterte; sein Haar war grau, und sein berühmter Schnurrbart schneeweiß. Kapitän z. S. Heinz Aßmann schrieb: »Sein Händedruck war schlaff und weich, seine Bewegungen waren die eines Greises, nur seine blitzenden Augen hatten noch ihren alten, durchdringenden Blick.« Seine Mittagslage begann nur noch selten vor 17.00 Uhr; danach mußte er auf Anordnung seiner Ärzte jeden Tag drei Stunden lang schlafen. Oft ging er um seinen Bunker herum im Schnee spazieren. Seine Stimme hatte sich so weit erholt, daß er am 30. Dezember seine Rundfunkansprache zu Silvester aufnehmen lassen konnte. Aber der Rede fehlte es an dem aggressiven Humor und dem bissigen Nachdruck seiner früheren Ansprachen; seine Zuhörer vermißten einen Hinweis auf die Wunderwaffen oder auf neue Gegenoffensiven, die dem deutschen Volk doch noch den versprochenen Endsieg bringen könnten.

Das war nur gut so, denn am anderen Ende des Hochlands wartete der

Abgrund. Im Jahre 1944 hatten die viermotorigen Feindbomber hundertmal mehr Bomben auf Deutschland abgeworfen als Göring im Jahre 1940 auf England. Die Luftwaffe war ohnmächtig ihnen gegenüber. Die 217 fertiggestellten und eingesetzten Abfangjäger vom Typ Messerschmitt Me 163 mit Raketenantrieb hatten nur fünf Bomberabschüsse gemeldet; Hitler befahl die Streichung des Projekts. Nur die Flak konnte jetzt noch das Reichsgebiet verteidigen. Auf einer Sitzung mit Hitler am 4. Januar erhob Speer schwere Vorwürfe gegen Göring und die Luftwaffe. Die Schwierigkeiten im Verkehrswesen und bei Munition und Treibstoff wirkten sich direkt auf Hitlers Strategie aus. Kohle stapelte sich in Massen auf den Halden des Ruhrgebietes, doch konnten die schwer angeschlagenen Eisenbahnen sie nicht in die Fabriken schaffen. Der Verlust Frankreichs, Lothringens und Belgiens hatte die deutsche Stahlproduktion im Herbst schon von 3,1 auf 2 Mio. Tonnen im Monat gedrückt. Das brachte bittere Nebenwirkungen für die neuen Geheimwaffen hervor, auf die Hitler in elfter Stunde noch seine Hoffnung setzte. Vorgefertigte Teile des geheimen Typ XXI-U-Bootes konnten nicht zu den Montagewerften geschafft werden, weil die Binnenschiffahrtswege unpassierbar waren. Im November waren nur 9 statt 17 zusammengebaut worden und im Dezember nur 18 statt 28, da neue Luftangriffe auch die Produktion der U-Boot-Batterien aufgehalten hatten. Wie recht Hitler Ende 1939 mit seiner »wahnsinnigen« Politik gehabt hatte, den deutschen Luftraum so groß wie möglich zu halten! »Denkschriften von Herrn Beck!« höhnte er. »Im luftleeren Raum haben die Leute Krieg führen wollen!« Am 8. Januar ordnete Hitler nochmals an, daß man die Me 262-Düsenjäger doch wieder für 500-Kilo-Bomben einrichtete, um das Eisenbahnnetz und die Auslade häfen des Feindes hinter der Westfront zu treffen. Hitlers Gegenschläge scheiterten. »Nordwind« bereitete Eisenhower vorübergehend einige Unruhe – er gab hart erkämpftes Gelände auf und erwog sogar die Räumung Straßburgs. Aber er wich schnell genug seitlich aus, um eine Einkesselung im Elsaß zu verhindern. In Ungarn blieb Gilles Entsatzangriff nach sechs Tagen stecken, bevor er Budapest erreichen konnte. Am 3. Januar begann Montgomery mit seiner sorgfältig geplanten Offensive an der Nordflanke des Ardennenbogens; Patton setzte seine unablässigen Angriffe von Süden her fort. Auf einer Lagebesprechung mit Hitler und Göring am 7. Januar bat Rundstedt den Führer, Models Antrag auf Zurücknahme der Westfront des XLVII. Panzer-Korps zu genehmigen. Hitler erteilte die Genehmigung, und, um das Gesetz des Handelns nicht völlig zu verlieren, sagte er, sei es erforderlich, Dietrichs 6. SS-Panzer-Armee herauszulösen, um eine taktische Reserve zu schaffen, denn niemand konnte wissen, was der Feind mit den Divisionen unternehmen werde, die er jetzt vom Ardennen-Schlachtfeld abziehen konnte. Dieser Befehl – Hitlers stillschweigendes Eingeständnis, daß er das Ardennen-Wagnis verloren hatte – wurde am 8. Januar 1945 um 2.00 Uhr vom Adlerhorst herausgegeben.

Tiefe Schneeverwehungen bedeckten Hitlers Hauptquartier. Es herrschten 6 Grad Kälte. In Polen war das Land gefroren, doch Stalin hatte seine große Offensive von den Weichsel-Brückenköpfen auf Berlin noch nicht begonnen. Als General Guderian am 9. Januar in Hitlers Hauptquartier eintraf, vermutete Hitler: »Wenn der Russe nicht antritt, tritt er aus politischen Gründen nicht an.« Guderian ergänzte: »Wegen der Engländer!« Jetzt aber schlug er höchsten Alarm wegen der 1500-Kilometer-Front zwischen den Karpaten und der Ostsee, wo die Russen eine erdrückende Übermacht an Panzern, Artillerie und Truppen zusammengezogen hatten. Guderian kam soeben von Generaloberst Josef Harpe, der die Heeresgruppe ostwärts Warschau befehligte, und trug Harpes Vorschläge vor, die Weichsellinie aufzugeben und sich auf eine wesentlich kürzere Front zurückzuziehen. So würde man zwei starke Reserven für einen Gegenangriff gewinnen, wenn Stalins Offensive begonnen hätte. Hitler lehnte den Vorschlag rundweg ab. Zum ersten sei es zu spät, jetzt noch die eigene Strategie zu revidieren. Zum zweiten glaube er, daß Guderian mit neun Panzer- und drei Panzergrenadierdivisionen (nördlich) und südlich von Krakau, südwestlich Warschau und in Ostpreußen, genügend Reserven hätte, um der Drohung begegnen zu können. Zum dritten hielt er viel von den befestigten Stellungen, die die Bevölkerung im Osten angelegt hatte. Zum vierten gab er seinen Adjutanten am folgenden Tag in persönlichem Gespräch zu verstehen: »Ich kriege immer einen Horror, wenn ich so etwas höre: daß man sich irgendwo absetzen muß, um dann ›operieren‹ zu können. Das kenne ich jetzt seit zwei Jahren, das hat immer verheerend gewirkt.«

Die deutsche Armee hatte doch schon 3000 Panzer und Sturmgeschütze an der Ostfront. Hitler rechnete, daß, um anzugreifen, Stalin die dreifache Übermacht brauchte: »Neuntausend Panzer hat er zunächst jedenfalls nicht.« Die Massen von sowjetischen Divisionen, die der Generalstab aufzählte, erinnerten Hitler an »chinesische« Divisionen: jede hatte sicher nur ein paar tausend Mann. Als der General den lähmenden Munitionsmangel beklagte, belehrte ihn Hitler: »Jetzt beginnt sich das allmählich zu rächen, was man vorher nie wahrhaben wollte, nämlich unser Weggehen aus dem Osten. Jetzt hätten wir bereits vielleicht eine Monatsdotierung von 2 bis 3 Millionen Schuß für die Ostfront von unseren Werken hier« – dabei zeigte er auf das Donezbecken. »Damals hat man gesagt: Was hat das für einen Sinn, ein paar Eisengruben! Dabei war die Front kürzer als sie jetzt ist.«

An diesem Abend, dem 9. Januar, lieferte ein Heeresadjutant Hitler den ersten dokumentarisch belegten Hinweis, daß Stalins Offensive unmittelbar bevorstand. »In den letzten Tagen sind noch sehr starke Zuführungen in den Baranow-Brückenkopf gemeldet worden. Man hat da doch den Eindruck, daß er bald anfängt.« In den nächsten beiden Tagen vervielfachten sich die Hinweise; Gefangene bestätigten einen Angriffstermin zwischen dem 11. und 16. Die Feindartillerie hatte die Stellungen bezogen, die Infanterie stand in Sturmausgangsstellung.

Das erfuhr Hitler am 11. Januar. Als er sich um 12 Uhr erhob, meldete ihm Oberstleutnant Waizenegger, daß nach stundenlangem Sperrfeuer Stalins große Offensive aus dem Baranow-Brückenkopf begonnen habe. Hitler hielt sich noch an der Westfront auf. Zwei seiner Sekretärinnen waren soeben vom Urlaub zurückgekehrt und aßen mit ihm zu Mittag. Frau Junge war mit einem Lastwagen durch München gefahren, eben am Morgen nach der Nacht, in der britische Bomber die Stadt mit zweitausend Tonnen Bomben eingedeckt hatten. »Dieser Spuk wird in einigen Wochen schlagartig aufhören«, sagte Hitler. »Unsere neuen Flugzeuge kommen jetzt in Serien heraus, und dann werden sich die Alliierten überlegen, das Reichsgebiet zu überfliegen.«

Eine Anekdote von diesem Tag blieb Frau Junge im Gedächtnis. Seine Hündin Blondi mußte dringend hinaus und reagierte mit einem Freudentanz, als Hitler Linge geklingelt hatte. Frau Junge bemerkte: »Mein Führer, es ist doch erstaunlich, was man einem Hund mit einer Kleinigkeit für Freude machen kann.« Da lachte Hitler und sagte: »Haben Sie eine Ahnung, was das auch für Menschen für eine Freude sein kann...«

Während der Lagebesprechung am 12. Januar traf die Nachricht ein, daß Marschall Koniew die drei deutschen Divisionen durchstoßen hatte, die den Baranow-Brückenkopf umschlossen hielten. Am nächsten Tag waren seine Panzerspitzen dreißig Kilometer weit vorgerückt. Die deutschen Panzerdivisionen waren voneinander getrennt und schwer geschlagen worden. Nach einem zweistündigen Artillerie-Trommelfeuer von 350 Batterien fiel jetzt eine neue Sintflut von Panzern und Infanterie über die Ostflanke Ostpreußens her. Am 14. Januar strömten die beiden anderen Weichsel-Brückenköpfe südlich von Warschau nach Südpolen hinein, und es begann eine zweite Offensive gegen Ostpreußen, dieses Mal an der Südflanke. Am 15. Januar stand die ganze Ostfront in hellen Flammen. Kielce in Südpolen fiel. Warschau wurde im Norden und Süden umgangen. Hitler verfolgte entsetzt den plötzlichen Zusammenbruch, nachdem seine Armeen in Kurland und Ostpreußen zuvor den Feind so gut zurückgehalten hatten.

Am 14. Januar appellierte Guderian an Hitler, den Schwerpunkt des Krieges an die Ostfront zu verlegen. Hitler faßte den Entschluß, nach Berlin zurückzukehren. Am 15. Januar hielt er eine letzte Lagebesprechung mit Rundstedt und Model; seine Weisung lautete, die Alliierten solange wie möglich zurückzuhalten. Um 18.00 Uhr fuhr er mit seinem Stab zum Bahnhof und bestieg seinen Sonderzug. Um 19.15 Uhr hielt er eine Zwischenlage. Fünf Minuten später rief Guderian an und bat dringend, »alles nach dem Osten zu werfen«. (Hitler befahl, mehr als vierzig Divisionen während der nächsten sechs Wochen nach dem Osten zu transportieren.) Als der Zug

Geschwindigkeit gewann in Richtung Berlin, sagte einer seiner Adjutanten, SS-Sturmbannführer Otto Günsche: »Berlin ist sehr praktisch als Hauptquartier. Man kann dort bald mit der S-Bahn von der Ostfront zur Westfront fahren.«

»Wenn wir diesen Krieg verlieren«

Sein Zug näherte sich der Hauptstadt, als Hitler am 16. Januar 1945 um 9.00 Uhr erwachte, Schneewehen deckten die schlimmsten Wunden Berlins zu. Die alte Reichskanzlei hatte sichtbar gelitten. Musikhalle, Wintergarten und Rauchzimmer waren längst verschwunden. In den Gärten konnte er unter dem Schnee Trichter neben Trichter erkennen. Ein Rechteck von etwa einem Meter Höhe über dem Boden war alles, was man von dem tiefen Bunker sah, den Speer zum Schutz vor Bomben- und Giftgasangriffen für ihn gebaut hatte. Hitler beschloß, vorläufig im 1. Stock der Reichskanzlei zu übernachten – ein Orkan war hindurchgefahren, aber man hatte es wieder hergerichtet. Stenogramme der Lagebesprechungen der nächsten zehn Tage sind nicht erhalten, aber es ist klar, daß sie dramatisch verliefen. Generaloberst Harpes Heeresgruppe A war zusammengebrochen, und Hitler entließ ihn noch am selben Tag.

Hitler ernannte Schörner zu Harpes Nachfolger. In Ostpreußen konnte Generaloberst Reinhardts Heeresgruppe der Roten Armee noch immer den Sieg vorenthalten; allein an diesem einen Tag waren mehr als dreihundert Panzer vernichtet worden – aber noch immer stürmten die Russen. Hitler befahl der Kriegsmarine, sofort zwei Panzer- und zwei Infanterie-Divisionen im kurländischen Hafen Libau an Bord zu nehmen und sie auf dem Seeweg zur Verstärkung an die Ostfront zu schaffen.

Aufarbeitungen der Katastrophe in Polen wurden jetzt vorgenommen. Hitler erfuhr, daß das XXIV. Panzerkorps unter General Nehring, das südwestlich von Kielce – viel zu nahe an dem russischen Schwerpunkt – stand, von Harpe telefonisch Befehl erhalten hatte, Kielce als einen »Stützpunkt« zu halten und nicht zum Gegenangriff überzugehen, was doch die Aufgabe eines Panzerkorps gewesen wäre. Als jetzt die Front so unerwartet schnell überrannt worden war, war das Korps eingeschlossen worden. Kochend vor Wut ließ Hitler Harpe persönlich zur Berichterstattung kommen. Harpe legte ruhig einen Führer-Befehl vor, wonach Hitler sich ausdrücklich den Einsatz dieser Divisionen vorbehalten hatte. Hitler hatte diesen Befehl niemals vorher gesehen und vermutete, daß der Generalstab dafür verantwortlich war.

Der Verlust Warschaus gab ein anderes Beispiel für die Eigenmächtigkeit des Generalstabs. Hitler hatte die polnische Hauptstadt zur »Festung« erklärt. Aber als Guderian dann wieder in der Reichskanzlei erschien, brachte er eine Lagekarte mit, auf der die polnische Hauptstadt sich nicht mehr innerhalb der zu haltenden Widerstandslinien befand. Guderian erklärte dem entsetzten Hitler, es liege bereits Meldung von der Einnahme Warschaus durch die Russen vor. Noch während seines Vortrags erhielt Hitler einen Funkspruch vom deutschen Kommandanten in Warschau; er halte noch aus, sei aber von allen Seiten eingeschlossen. Hitler befahl, die Stadt unter allen Umständen zu halten – wie Budapest, das dem sowjetischen Ansturm noch immer Widerstand entgegensetzte. Aber es war zu spät. Als Hitler eine Erklärung verlangte, gab Guderian seinem Ia, Oberst Bogislaw von Bonin, die Schuld an dem verhängnisvoll ungenauen Bericht. Hitler befahl die Verhaftung Bonins: »Die Generalstabsclique muß ausgerottet werden!«

Angesichts der sowjetischen Invasion hatte Hitler voller Skepsis Ribbentrops erste behutsame Fühler nach Westen genehmigt. Er hatte einmal gesagt, er werde weiterkämpfen, »bis die Möglichkeit eines anständigen, für Deutschland tragbaren und auch das Leben der kommenden Geschlechter sichernden Friedens gegeben ist«. War diese Möglichkeit nicht gegeben, so könnten Ribbentrops Vorstöße vielleicht doch einen Keil in das feindliche Bündnis treiben. Es mehrten sich die Anhaltspunkte dafür, daß es ohnehin schon auseinanderzufallen begann. Roosevelt und Churchill lehnten es ab, Stalins »Lubliner Ausschuß« und seine vorgeschlagenen polnischen Grenzen anzuerkennen; schließlich war England ja 1939 in den Krieg gezogen, um Polens Integrität zu schützen. »Es muß doch Leute in England geben, die einsehen, was sie hier kaputtschlagen!« sagte er ganz fassungslos zu seinen Adjutanten.
Während seine Ardennen-Offensive den Alliierten noch schwer zu schaffen machte, hatte Hitler – wahrscheinlich am 2. Januar – Ribbentrop die Genehmigung erteilt, Vorschläge für die westlichen Regierungen zu entwerfen. Als Rippentrop ihm am 19. Januar das Dokument vorlegte, schien das politische Klima noch günstiger geworden zu sein; London und Washington konnten über die ungeheure Offensive der Roten Armee nicht bsonders begeistert sein. In dem Dokument wurde vorgeschlagen, daß Deutschland seine nationalen Grenzen behalten, aber auf wirtschaftliche Autarkie und jeden Hegemonialanspruch in Europa verzichten solle; die Freiheit der Religionsausübung werde wiederhergestellt, die Juden sollten irgendwo in einer internationalen Gemeinschaft angesiedelt werden. Diese Vorschläge, so hieß es in dem Entwurf, beruhten auf der Ansicht »maßgeblicher Stellen in Berlin einschließlich des Reichsaußenministers«. Hitler genehmigte den Text. Ribbentrop unterschrieb ihn, und er entsandte den Legationsrat Dr. Werner von Schmieden in die Schweiz, um mit Allan Dulles – dem dortigen Geheimdienstchef Roosevelts – und einem gleichrangigen britischen Vertreter Kontakt aufzunehmen.
Mittlerweile bereitete Hitler voller Zuversicht neue militärische Operationen vor. Die Ärzte kamen nur selten zu ihm. Doch seine Umgebung änderte sich. Martin Bormann kehrte am 19. Januar von einem zweiwöchigen

Urlaub zurück, brachte Eva Braun mit nach Berlin und besprach sich jetzt regelmäßig jeden Vormittag mit Hitler. Goebbels und Ley waren häufige Gäste. Admiral Dönitz war fast täglich zugegen; die Kriegsmarine war dabei, Hunderttausende von Zivilisten aus den Ostprovinzen zu evakuieren. Am 20. Januar stellte der Großadmiral Hitler 20000 Marinesoldaten für das Heer zur Verfügung. Am gleichen Tag konferierte Hitler mit Speer und Saur darüber, wie die Kampfkraft der Luftwaffe wiederherzustellen sei. Göring, Messerschmitt und andere Fachleute drängten sich im Arbeitszimmer der Reichskanzlei. Hitler forderte von neuem die Massenproduktion schwerster Bordkanonen und der R4M-Bordrakete für die Jägergruppen. Das Düsenjägerprogramm erhielt die höchste Dringlichkeitsstufe.

Hitler ging noch immer von einer siebenjährigen Dauer des Krieges aus. Durch Schwächung der Westfront sollte im Osten noch vor Ende Februar 1945 eine Angriffsarmee aufgebaut werden, um den russischen Stoß abzufangen. Inzwischen müsse der Feind im Westen durch ständige Störung seiner Verbindungswege geschwächt werden – durch U-Bootkrieg, durch Verminung, durch Einsatz von 2-Mann-U-Booten in der Scheldemündung und durch eine aggressivere Kampfführung von den Atlantik-Festungen aus – Lorient, Saint-Nazaire, La Rochelle und Gironde-Nord. Am 19. Januar stimmte Dönitz der Verzögerungsstrategie Hitlers zu. Von den alten U-Bootstypen waren nur noch 157 im Einsatz, und die letzten 66 befanden sich in der Ausbildung; aber 107 Boote des gefährlichen neuen Typs XXI machten sich jetzt kampfklar, und die ersten von ihnen würden im März auslaufen.

Am Abend des 19. Januar begann Hitler jedoch zu überlegen, ob es nicht besser sei, Dietrichs 6. SS-Panzer-Armee nach dem Osten zu verlegen; am Nachmittag des nächsten Tages entschied er sich für diese Lösung. Aber die Ereignisse begannen ihn zu überholen. Bormann, der sich um 13.45 Uhr zum Vortrag meldete, schrieb anschließend in sein Tagebuch: »Mittags: die Lage im Osten wird immer bedrohlicher. Räumung des Warthegaus. Panzerspitzen bei Kattowitz usw.« Hitler glaubte jedoch, daß die strategische Gefahr für das Reich in Ungarn und Österreich lag, wo Stalin mit Truppen minderer Qualität die Besetzung der letzten den Deutschen verbliebenen Ölgebiete südlich des Plattensees und im Wiener Becken vorbereitete. Am 20. Januar vertraute Hitler Reichspressechef Otto Dietrich an: »Ich werde den Russen dort angreifen, wo er es nicht erwartet. Die 6. SS-Panzerarmee kommt in den Raum Budapest! Wenn wir in Ungarn aktiv werden, muß der Russe auch dorthin!« Hitler hoffte, durch einen schnellen Zangenangriff von beiden Enden des 80 Kilometer langen Plattensees aus, verbunden mit einem Vorstoß in Stärke von drei bis vier Divisionen von Kroatien über die Drau hinweg in nördlicher Richtung nach Süd-Ungarn hinein, den ganzen Südflügel der russischen Front zerschlagen zu können. Weichs, der Oberbefehlshaber Südost, erklärte am 22. Januar, daß unter gewissen Voraussetzungen ein solcher Angriff möglich sei. Als Guderian einwandte, er brauche Dietrichs Panzer-Armee zur Verteidigung Berlins, erwiderte Hitler ironisch: »Sie wollen ohne Öl angreifen. Gut, wollen wir sehen, was dabei herauskommt.« Es blieb bei seiner Entscheidung.

In Polen hatten die Russen schon Krakau und Lodz erobert. Ganz Pommern war jetzt in Gefahr. In Ostpreußen wurden Insterburg und Allenstein überrannt. Hitler befahl, die Hafenanlagen von Memel nachhaltig zu zerstören und die Stadt dann zu räumen, um ein Armeekorps für die Verteidigung Ostpreußens freizubekommen; am 21. Januar genehmigte er die Zurücknahme der schwer bedrängten 4. Armee des Generals Hoßbach auf die Seelinie beiderseits der starken Festungsstadt Lötzen. An diesem Tage erklärte Hitler Guderian und Jodl, daß Himmler den Befehl über eine neu zu bildende Heeresgruppe Weichsel übernehmen werde, um den Durchbruch des Feindes in Richtung Danzig und Posen zu verhindern, was eine Isolierung Ostpreußens bedeutet hätte; außerdem solle Himmler »hinter der gesamten Ostfront auf deutschem Boden die nationale Verteidigung... organisieren«.

Er vertraute auf die Rücksichtslosigkeit und Härte des Reichsführers, die den alten, schon verbrauchten Heeresgeneralen fehlte.

Zwei Tage später erreichten die Russen die Ostseeküste bei Elbing und schnitten damit Ostpreußen ab. Am 24. Januar beschloß General Hoßbach, mit der 4. Armee nach Westen auszuweichen und gab die Festung Lötzen kampflos auf. Hitler wurde nicht einmal benachrichtigt. Vor diesem neuen Fait accompli stehend, explodierte Hitler: »Der Hoßbach steckt mit den Russen unter einer Decke!« Der General wurde mitsamt seinem Stab auf der Stelle entlassen; Jodl gegenüber verglich Hitler den »Verrat von Lötzen« mit dem »Fall Avranches« vom August 1944, der den Verlust ganz Frankreichs eingeläutet hatte.

Russische Panzer rollten jetzt nach Oberschlesien hinein – in jenes Industriegebiet, das auf Befehl Hitlers die am stärksten luftgefährdeten Rüstungswerke aufgenommen hatte. Auschwitz wurde besetzt, und mit ihm ging die größte Bunafabrik verloren. Die Festung Posen wurde eingeschlossen, und am 27. Januar begann der lange und schwere Kampf um diese Stadt – er endete erst einen Monat später mit dem Selbstmord des Festungskommandanten und der Kapitulation, nachdem die Russen gedroht hatten, die in ihrer Hand befindlichen verwundeten Deutschen zu erschießen. Millionen von Deutschen brachen zur Flucht vor den Russen nach Westen auf. Die Marine transportierte in den nun folgenden Wochen 450000 Menschen vom Hafen Pillau ab; weitere 900000 machten sich trotz des klirrenden Frostes zu Fuß auf den Weg über das Frische Haff und die Frische Nehrung.

Hinter ihnen strömten die Russen herein, und von Stalin und durch einen von Schukow selbst unterzeichneten Befehl ermuntert, raubten, rafften,

brannten und plünderten sie nach Kräften.* Die Abteilung Fremde Heere Ost berichtete: »Von sowjetischen Panzern überrollte Trecks werden vielfach beschossen und anschließend niedergewalzt.« Alle Straßen nach Berlin, Dresden und dem Westen waren mit Flüchtlingen verstopft. Ganz Deutschland hörte am 30. Januar Hitlers Rundfunkrede, seine letzte. Sein persönlicher Adjutant, Alwin-Broder Albrecht, schrieb am Tag darauf: »Die Stimmen von allen Seiten zur Führerrede sind trotz der etwas negativen Vorzeichen der Zeit unerhört positiv. Besonders berührt hat mich heute ein Telegramm, das von einem Treck aus dem Osten kam. Inhalt: ›Führer, wir vertrauen Dir!‹ Unterschrift: ›Ein Treck in der Gegend soundso.‹« Hitler schickte Berliner Busse mit Brot zu den Flüchtlingstrecks. Immer weiter drangen die Russen nach Westen und nach Norden vor, hinweg über vereiste Flüsse und steinhart gefrorene Felder; die zurückweichenden Armeen hatten keine Zeit mehr gehabt die Eisenbahnen und Straßen zu zerstören. Am 27. Januar mußte Schörner die Räumung des Oberschlesischen Industrierevieres befehlen. Zwei Tage später wurde Königsberg vom Feind abgeschnitten, und am 30. Januar erreichten die Russen die Oder – nur noch 80 Kilometer vom Zentrum der Reichshauptstadt entfernt. Hitler gab Guderian den Befehl: »Ich möchte die nächsten Tage ein klares Bild von den jetzt vorliegenden Erkenntnissen über den feindlichen Aufmarsch bekommen, also über die Feindlage, die anscheinend projektierten Zielrichtungen und die Aufmarschräume, weil davon die eigenen Gegenmaßnahmen abhängen.« »Jawohl«, gab Guderian zur Antwort.
Einen Gedanken fand Hitler trostreich: daß der sowjetische Ansturm in London und Washington ebenso große Beunruhigung auslöste. Er befahl Ribbentrop, dem englischen Geheimdienst eine Meldung zuzuspielen, daß Stalin eine Armee von 200 000 deutschen Kommunisten unter Führung von General Paulus und anderen gefangenen deutschen Offizieren aufstelle, die Seite an Seite mit den Russen nach Westen marschieren und eine Marionettenregierung einsetzen solle, zum Beispiel in Königsberg. »Das ist etwas, was auf sie wirkt, wie wenn man da mit einer Schusterahle hineinsticht!« Hitler sagte zu Jodl und Göring am 27. Januar: »Glauben Sie, daß die Engländer immer noch mit innerer Begeisterung der ganzen russischen Entwicklung zusehen?« »Nein, das bestimmt nicht«, meinte Jodl. »Die Pläne waren ja ganz andere.« Göring: »Daß wir da vorn [im Westen] halten und inzwischen die Russen ganz Deutschland erobern lassen, das ist be-

---

* Schukows langer Tagesbefehl fiel in die Hände der Deutschen. Die Schlagzeile lautete: »Tod den Deutschen!« Dann verkündete er in hämmernden Worten, jetzt habe die Stunde für die Rote Armee geschlagen, wo sie an den »hitlerischen Menschenfressern« Rache nehmen könne. »Wir werden uns rächen für die in den Teufelsöfen Verbrannten, für die in den Gaskammern Erstickten, für die Erschossenen und Gemarterten. Wir werden uns grausam rächen für alles... Wehe dem Lande der Mörder!... *Diesmal werden wir das deutsche Gezücht endgültig zerschlagen!*«

stimmt nicht in ihrem Sinn. Wenn das so weiter geht, werden wir in ein paar Tagen ein Telegramm kriegen... die sind in den Krieg getreten, daß *wir* nicht nach Osten kommen, aber nicht, daß der Osten bis an den Atlantik kommt!«
In dieser Stimmung der Schadenfreude hielt Hitler zwei lange Konferenzen, die eine mit Ribbentrop Anfang Februar 1945, die andere am 7. mit SS-Obergruppenführer Karl Wolff, seinem bevollmächtigten General im besetzten Italien. Wolff berichtete über die »in der Zwischenzeit konkret gewordenen Friedensführer der Alliierten aus der Schweiz«; Hitler nahm diese Meldungen zur Kenntnis, und Wolff begann daraufhin Geheimverhandlungen mit Dulles, mit dem von Schmieden hatte Kontakt aufnehmen sollen.

Im Anschluß an die Führerrede vom 30. Januar lief in der Reichskanzlei die Erstaufführung von Goebbels' ehrgeizigstem Farbfilm: Kolberg – die Geschichte einer der aufregendsten Schlachten im Kampf gegen Napoleon. Hitler sah ihn niemals, aber der Film wurde sogar mit Jagdflugzeugen in die Atlantikfestungen geschickt, um die deutschen Garnisonen dort zu ermutigen. Einer von Hitlers Adjutanten schrieb nach dem Besuch des Films:»Es ist gut, sich immer wieder vor Augen zu halten, was frühere Generationen im Kampf um die Erhaltung unseres Volkes erlitten haben... Der Film paßt in unsere Zeit so gut, daß man den geistigen Urhebern – er wurde nämlich bereits 1942 begonnen – einen hellseherischen Instinkt zuschreiben möchte.« Tatsächlich sollte sich die Geschichte in dem belagerten Ostseehafen Kolberg bald wiederholen.
Zwei Wochen waren seit Beginn der sowjetischen Invasion vergangen. Schörners Heeresgruppe meldete 1356 bisher abgeschossene feindliche Panzer, eine ähnliche Zahl meldete die Heeresgruppe in Ostpreußen. Die Festung Posen – wo deutschsprechende Offiziere in die Stellungen eingesickert waren, um die Posten zu überrumpeln – hielt noch immer aus; aber die Festungen Kulm, Thorn und Marienwerder mußten von Himmlers Heeresgruppe geräumt werden; Hitler genehmigte diese schmerzlichen Rückzüge. In der Nacht zum 31. Januar zog er sich um 5.30 Uhr zurück, wurde aber gegen Mittag von Bormann mit der Alarmnachricht geweckt, daß die russischen Panzerspitzen soeben die zugefrorene Oder zwischen Küstrin und Wriezen überquert hätten.
Die Oder war das letzte große Fluß-Hindernis vor Berlin. Ihr Westufer wurde nur von den Volkssturm-Bataillonen verteidigt; diese schon älteren Soldaten, kaum ausgebildet und schlecht bewaffnet mit Beutewaffen und ein paar Panzernahbekämpfungsmitteln, brachten den russischen Ansturm zum Stillstand. Die Ausweitung des russischen Brückenkopfes wurde vereitelt, bis Verstärkungen eintrafen. Hitler hatte inzwischen Jodls Empfehlung genehmigt, mehr als 300 schwere Flak-Batterien als wirksame Panzervernichtungswaffe in die Oderlinie einzubauen. Gleichzeitig wurden alle Jagd-

geschwader auf den Schlachtfeldern Schlesiens und Ostpreußens eingesetzt, denn die meisten Maschinen konnten jetzt auch Bomben tragen, wie Hitler es seit langem gefordert hatte. So wurde die Oderfront stabilisiert.
Während Hitler die Reichsverteidigung in der Luft derart schwächte, hoffte er womöglich, die alliierten Bomber würden sich zurückhalten, ähnlich wie die noch von Deutschen besetzten ägäischen Inseln offensichtlich von den Engländern geschont wurden (–»weil die Engländer sie dann gegenüber Russen bzw. anderen Eindringlingen nicht zu verteidigen brauchen«, bemerkte die deutsche Seekriegsleitung). Der deutsche Kommandant Ost-Ägäis hatte heimlich ein britisches Angebot erhalten, die deutschen Inseln mit englischen Dampfern zu versorgen. Seit dem 5. Februar begannen die Amerikaner an der Saar mit Lautsprecher-Propaganda, die Deutschen sollten mit den Anglo-Amerikanern gemeinsame Sache machen und den gemeinsamen Feind bekämpfen.
In Breslau wurden aus der Bevölkerung 38 Volkssturm-Bataillone herausgezogen; mit diesen 15000 Mann und 30000 Mann der regulären Wehrmacht hielt Breslau in einer langen Belagerung, die erst eine Woche nach Hitlers Tod enden sollte, schweren Luft- und Artillerieangriffen und immer neuen Bodenangriffen stand. Hitler wußte, was der Verlust der schlesischen Kohle bedeuten würde, jetzt, da die Ruhr infolge der Zerstörung der Eisenbahnen und Kanäle praktisch isoliert war. Deutschlands wirtschaftlicher Zusammenbruch schien unabwendbar zu sein. Japan befand sich in einer ähnlichen Lage ohne Nachschub an Reis, Öl, Bauxit und Eisenerz; Hitlers Attaché in Tokio prophezeite, daß Japan höchstens noch ein Jahr werde kämpfen können.
Die Schwierigkeiten in der Ölversorgung hatten Hitler bereits so oder so zu einer strategischen Wahl zwischen Ost und West gezwungen. Im Januar hatten die durch Bomben beschädigten Raffinerien nur noch 50000 Tonnen Benzin und 12000 Tonnen Flugzeugtreibstoff produziert. Es war unwahrscheinlich, daß die neuen U-Boote und Strahljäger – 145 Me 262-Düsenjäger waren allein im Januar hergestellt worden – den erforderlichen Kraftstoff erhalten würden. Ende Januar erklärte Hitler, in Zukunft müsse die Westfront auf Treibstoff und Munition zugunsten der Ostfront verzichten. Rundstedt mußte Treibstoff an die 6. SS-Panzerarmee vor ihrem Abmarsch nach Ungarn abgeben, obwohl Eisenhower jeden Augenblick seine Offensive gegen das Ruhrgebiet beginnen konnte.
An der Oder taute das Eis. Hitler ließ den Vorgang durch Eisbrecher und Sprengungen beschleunigen. Am 8. Februar war die unmittelbarste Gefahr von Berlin abgewendet. Aber wichtige Führungsstellen der Wehrmacht wurden aus der Hauptstadt ausgelagert und Vorbereitungen für die Ministerien getroffen, im Notfall zu folgen. Für Hitler selbst bereitete Bormann einen Ausweichsgefechtsstand in Stolpe in Mecklenburg vor. Inzwischen heulten in Berlin die Sirenen Nacht für Nacht. Um das von den Flüchtlingen aus dem Osten verursachte Verkehrschaos auszunützen, schickten die

Amerikaner am Mittag des 3. Februar mehr als neunhundert Bomber nach Berlin. In der nächsten halben Stunde wurden 2000 t Bomben auf die Stadt abgeworfen. Der Luftangriff verwandelte das Regierungsviertel in ein Trümmerfeld. Eisenbahnen und Bahnhöfe waren wie ausradiert. Bormann schrieb, der Garten der Reichskanzlei böte einen seltsamen Anblick: tiefe Krater, umgestürzte Bäume und die Wege von Schutt und Trümmern übersät. Die Führerwohnung sei einige Male schwer getroffen worden, vom Wintergarten und dem Speisesaal stünden nur noch Reste. Ein Adjutant schrieb am 5.: »Auf unserem Gebiet fielen ca. 25 Bomben... Kein Wasser, keine Heizung, kein Strom... Auf Umwegen nach ca. 20 Stunden war wieder Wasser an den wichtigsten Stellen. Nur auf Heizung müssen wir noch so 14 Tage warten, d. h. wenn nicht inzwischen weitere Besuche erfolgen, worauf wir gefaßt sind.« Da die Jagdgeschwader noch zur Unterstützung der Oderfront eingesetzt waren, lagen die großen Städte jetzt schutzlos da. So war am 3. Februar kein einziges deutsches Flugzeug zur Verteidigung Berlins aufgestiegen.

Jeder Rückschlag zu Lande oder zu Wasser wurde der Luftwaffe angelastet. Als ein sowjetisches U-Boot das Passagierschiff »Wilhelm Gustloff« versenkte, wobei 5000 Flüchtlinge aus Ostpreußen ertranken, und als das Lazarettschiff »Steuben« einige Tage später torpediert wurde und fast alle 2500 Verwundeten und 1000 Flüchtlinge mit in die Tiefe riß, machte Dönitz der Luftwaffe schwere Vorwürfe wegen ihres Versagens in der Durchführung der U-Boot-Bekämpfung.

Vergeblich unterzeichnete der verstörte Reichsmarschall reihenweise verspätete Todesurteile gegen Luftwaffenoffiziere; die Anklagen reichten von Desertion, Feigheit vor dem Feind, Schlappheit, Spionage bis zur Korruption; von lockerer Moral, übereilter Flucht von Fliegerhorsten bis zur Nachlässigkeit, wodurch neue Flugzeuge, Treibstoff und Bombendepots in die Hände des Feindes gefallen waren. Auf jedes Vergehen, das Göring bestrafte, konnte Bormann weitere zehn nachweisen. Als Lammers das heikle Thema von Hitlers Nachfolger anschnitt, gab ihm Bormann verächtlich zu verstehen, daß Göring nicht mehr im Rennen sei. Görings bloße Anwesenheit in dem engen Luftschutzbunker ging Hitler auf die Nerven, da der Reichsmarschall und sein Adjutant Dr. Ramon Ondarza reichlich zueinander nicht passende Parfüms verwendeten, womit das Lüftungssystem des Bunkers nicht fertig wurde.

Kein Wort hatte man bis jetzt von den Westmächten vernommen – kein Telegramm war eingetroffen. In Bulgarien waren die Mitglieder des Regentschaftsrates soeben auf Befehl des neuen kommunistischen Regimes erschossen worden. In Polen kündigte Stalins neue Satellitenregierung die bevorstehende Übernahme Schlesiens und Ostpreußens in polnische Verwaltung an. Am 8. Februar setzte Marschall Koniew aus seinem Brückenkopf Steinau über die Oder hinweg zu einem Großangriff mit dem Ziel der

Einschließung Breslaus an. Und am selben Tag begann ein alliierter Großangriff zwischen Niederrhein und Maas. Die Gleichzeitigkeit der Offensiven war ein böses Vorzeichen, denn sie ließ nun doch darauf schließen, daß es ein gewisses Maß an Zusammenarbeit zwischen Ost und West gab.
Bis weit in die Nacht hinein saß Hitler im Gespräch mit Bormann, Speer, dessen Kollegen Architekt Prof. Hermann Giesler und Eva Braun, die am folgenden Tag nach München zurückfahren wollte. Gegen Morgen erhielt Hitler die Nachricht von der völligen Zerstörung des Hydrierwerkes in Pölitz, der letzten Treibstoffquelle für die Luftwaffe.
Spät am 9. Februar enthüllte Prof. Giesler sein Modell für den Wiederaufbau der Altstadt von Linz. Hitler hatte angeordnet, daß Linz Budapest als der prächtigsten Donaustadt den Rang ablaufen solle; es sollte eine Konzerthalle für 35000 Menschen erhalten, ferner einen Glockenturm von 160 m Höhe auf dem Nordufer, in dessen Gruft Hitlers Eltern begraben sein sollten, und einen neuen, prächtigeren Stadtkern im Süden. Eine Prachtstraße sollte vom Bahnhof zur Stadtmitte führen, an den Seiten Opernhäuser, Theater, ein Museum, eine Bibliothek und eine riesige Kunsthalle. In Gieslers Modell nahm das alles vor Hitlers Augen Gestalt an. Um 4 Uhr früh begab er sich noch einmal in den Bunker, wo das Modell aufgestellt war, und kam wieder um 3 Uhr am nächsten Morgen. Als Gruppenführer Kaltenbrunner ihn mit alarmierenden Nachrichten über die Kampfmoral der Bevölkerung aufsuchte, zog er den Gestapochef, der selbst in Linz geboren war, in den Modellraum. Lange Minuten beschrieb ihm Hitler den Wiederaufbau von Linz nach dem deutschen Sieg. Als der schwerfällige SS-Führer sich allmählich erwärmte, fixierte ihn Hitler mit seinen zwingenden Augen: »Mein lieber Kaltenbrunner, glauben Sie, daß ich Ihnen so von diesen Plänen sprechen könnte, wenn ich nicht im tiefsten Herzen felsenfest überzeugt wäre, daß wir den Krieg gewinnen!«

Etwa 110 Kilometer vor Erreichen der pommerschen Ostseeküste waren die Russen von Himmlers Heeresgruppe aufgehalten worden; es blieb eine einladende, ungeschützte Flanke von 400 Kilometer Länge bis hin zur Danziger Bucht.
Seit Anfang Februar hatte Guderian einen Gegenangriff von dieser Flanke aus geplant. Aber der Aufmarsch dauerte zu lange, und Himmler widerstrebte es, wertvolle Kräfte für ein Angriffsunternehmen aufs Spiel zu setzen, das von Tag zu Tag riskanter wurde. Am 10. Februar ließ Hitler Guderian und Himmler in die Reichskanzlei kommen. Guderian plädierte dafür, so früh wie möglich mit dem Angriff zu beginnen: »Wir können nicht abwarten, bis das letzte Faß Benzin da ist.« Er verlangte auch, daß ein fähiger Heeresgeneral zu Himmlers Stab abkommandiert werde, und schlug seinen eigenen Stellvertreter vor, Generalleutnant Wenck. Hitler aber erinnerte an Kluges unglücklichen Angriff bei Avranches und warnte vor überstürzt eingeleiteten Abenteuern. Nach Guderians Angaben dauerte

der Streit zweieinhalb Stunden; am Ende obsiegte er, denn Hitler sagte mit einem müden Lächeln: »Also Himmler, der Wenck kommt zu Ihnen.« Der Angriff sollte auf den 15. Februar vorgezogen werden. Die aus dem Raum südlich von Stargard vorgetragene Offensive erwies sich dann als totaler Fehlschlag; Wenck wurde am dritten Tag bei einem Autounfall verletzt. Der Angriff verlor den letzten Schwung, und Hitler ließ ihn einstellen.
Guderians Stern begann jetzt rasch zu sinken. Hitler erfuhr, daß er vor kurzem Ribbentrop zu verstehen gegeben hatte, daß der Krieg verloren sei. Das löste bei der nächsten Lagebesprechung einen fürchterlichen Ausbruch Hitlers aus: »Jeder Defaitismus ist in einer solchen Lage glatter Verrat. Auch solche Besprechungen, wie sie neulich der Generaloberst Guderian mit Ribbentrop führte, sind nichts anderes. ... Man muß sich darüber klar sein, was das heißt, wenn ich jeden armen Arbeiter, der in einem Luftschutzbunker defaitistische Äußerungen tut, ins KZ bringe oder aufhängen lasse! ... Von Ihnen muß ich mindestens ebensoviel verlangen. Diese Brunnenvergiftung muß aufhören.«
Von Jalta aus gaben Churchill, Roosevelt und Stalin am 13. Februar eine gemeinsame Erklärung ab, in der sie ihre Entschlossenheit bekräftigten, ganz Deutschland in »Besatzungszonen« aufzuteilen. Hitler reagierte auf diese Erklärung mit einem Triumphgeschrei über die »Kaffeehausdiplomaten und Politiker vom Auswärtigen Amt«: »Hier hat man es schwarz auf weiß! Wenn wir diesen Krieg verlieren, wird Deutschland zu bestehen aufhören. Es kommt darauf an, die Nerven zu behalten und nicht nachzugeben. In jedem Krieg kommt eine Krise oder ein Wendepunkt, den man nicht vorhersehen kann. Man muß nur so lange aushalten, bis diese Wende eintritt.«

Am Abend jenes 13. Februar stieg er wieder einmal in den Bunker hinab, in dem die Modelle der neuen Städte Deutschlands aufgebaut waren. Um 20.00 Uhr aß er mit zwei Sekretärinnen zu Abend, dann schlief er, bis es Zeit war zur mitternächtlichen Lagebesprechung. Hier wurde ihm gemeldet, daß Breslau seit mittag eingeschlossen sei und daß dreihundert schwere Bomber soeben die Innenstadt von Dresden – vollgestopft mit einer Million obdachloser Ostflüchtlinge – in Brand gesetzt hätten. Vor Ende der Besprechung traf die Nachricht ein, daß ein neuer Angriff, schwerer noch als der erste, auf Dresden begonnen habe. Die Stadt hatte keine einzige Flak-Batterie; auch wurden keine Jäger eingesetzt. Aus der Stadt selbst kam nur barmherziges Schweigen, denn sämtliche Nachrichtenverbindungen waren unterbrochen. Erst um 6.15 Uhr zog Hitler sich zurück. Um 13.00 Uhr wurde er mit der Nachricht geweckt, daß amerikanische Bomber jetzt in Dresden auch das noch vernichteten, was die Briten in der Nacht zuvor vielleicht noch übersehen haben mochten; gewaltige Flächenbrände wüteten in der Stadt.
Nach der Entwarnung in Berlin traf Hitler in der Halle der Reichskanzlei

überraschend den Oberstabsarzt, der nach dem 20. Juli seine Ohrverletzungen behandelt hatte. Dr. Giesing hatte einen Heeresadjutanten in der Reichskanzlei besucht, als plötzlich Alarm gegeben wurde. Zweimal fragte der Führer den Arzt geistesabwesend, wo seine Familie sei; zweimal antwortete er: »In Krefeld, mein Führer.« Zweimal fragte er Giesing, in welchem Lazarett er arbeite, zweimal gab ihm der Arzt Antwort. Nun begann Hitler unvermittelt vom Kriege zu sprechen. »In allerkürzester Zeit werde ich meine Siegwaffen einsetzen, und dann wird der Krieg ein glorreiches Ende nehmen. Das Problem der Atomzertrümmerung ist seit langem gelöst, und es ist soweit ausgearbeitet, daß wir diese Energie für Rüstungszwecke benützen können, und dann wird den Herren Hören und Sehen vergehen.* Dieses ist die Waffe der Zukunft, und damit ist auch die Zukunft Deutschlands gesichert. Die Vorsehung hat mich auch diesen letzten und siegreichen Weg bereits sehen lassen, und ich weiß, daß bald die grundlegende Änderung eintreten wird.« Während des ganzen Gesprächs hatte Hitler den Blick auf einen Punkt am Boden geheftet. Dann fragte er den Arzt plötzlich wieder, wo seine Familie sei. »In Krefeld, mein Führer.«

Der Blutzoll dieser Nacht in Dresden wurde auf eine Viertelmillion geschätzt. »Jetzt haben sie die Dresdner Oper zerstört und Flüchtlinge umgebracht«, höhnte Hitler, »aber den mit Truppentransportern vollgepfropften Stettiner Hafen haben sie in Ruhe gelassen!« Am Abend dieses 14. Februar begann Hitler um 19.15 Uhr eine Unterredung mit Goebbels, die 45 Minuten dauern sollte. Hitler war bodenlos deprimiert, und Professor Morell merkte es. »Stimmung mäßig«, notierte er am 15., »anscheinend mißtrauisch; durch Ostlage bedingt und durch die Angriffe der Luftwaffe auf Dresden.« Zwei Tage später fügte der Leibarzt hinzu: »14.05 Uhr mittags: ... Es seien keine Beschwerden irgendwelcher Art vorhanden außer dem Zittern, das – wie ich nachts beim Tee bemerkte – bis in die linke Hand stark vorhanden war. Gelegentlich der Unterhaltung wurde der Wunsch geäußert, daß ich einige (eventuell drei) Strophantinspritzen machen solle, die früher einmal ein ganzes Jahr vorgehalten hatten ... Seit 4–5 Tagen ist der Patient äußerst nachdenklich und macht einen müden, unausgeschlafenen Eindruck ... Führer will versuchen ohne Beruhigungsmittel auszukommen.«

Goebbels schlug eine Vergeltung mit Giftgasen vor; die gewaltigen Luftwaffen-Lager mit den streng geheimen Nervengasen wurden immer mehr zu

---

* Giesing schrieb seine Aufzeichnungen im Juni 1945 nieder, also sechs Wochen vor Hiroshima! Die Quelle von Hitlers Optimismus ist problematisch. Wissenschaftler unter der Leitung von Prof. Werner Heisenberg und Carl-Friedrich von Weizsäcker untersuchten die Physik der Atombombe seit 1939; 1944 hatten sie mit dem Bau eines Atommeilers bei Haigerloch begonnen. Im Dezember stellte der Reichsbevollmächtigte für kernphysikalische Forschung, Prof. Walther Gerlach, an Bormann einen Antrag auf Befreiung vom Volkssturm, wobei er als Begründung auf ihre Arbeit an der Atombombe hinwies.

einer Belastung, weil sie für den Abtransport ins Reich zu groß und für eine Vernichtung zu gefährlich waren. Aber die Luftwaffe besaß jetzt keine nennenswerte Bomberflotte mehr, die Idee wurde also fallengelassen. Goebbels' Alternativ-Vorschlag lautete, in Zukunft für jeden bei einem derartigen verbrecherischen Angriff getöteten Zivilisten einen alliierten Kriegsgefangenen zu erschießen. »Dieses ewige Gefasel von Humanität kostet uns den Sieg«, schimpfte Hitler. »Weder der Russe im Osten noch diese Heuchler im Westen halten sich an die Genfer Konvention, das sieht man bei ihrem Vorgehen gegen die Zivilbevölkerung. Wir müssen jetzt auch unsererseits aus der Konvention austreten. Schon durch die Gegenmaßnahmen, die wir damit beim Gegner auslösen, muß der Nebel der Illusionen über gute Behandlung in der Kriegsgefangenschaft zerreißen. Dann werden sich die Soldaten bis zum Äußersten wehren und nicht mehr in die Gefangenschaft gehen oder überlaufen.« Hitler fand aber weder bei der Partei noch bei der Wehrmacht Anklang. Keitel, Dönitz und Jodl sprachen sich dagegen aus; Ribbentrop – herbeigerufen von seinem entsetzten Vertreter im Führerhauptquartier, Hewel – redete Hitler die Idee schließlich während eines vierzig Minuten dauernden Spaziergangs im zerbombten Garten der Reichskanzlei wieder aus. Das war am 21. Februar.
Auf dem Altmarkt von Dresden wurden jetzt die Opfer der Bombenangriffe öffentlich verbrannt; man legte jeweils 500 Leichen auf einen Rost aus Eisenträgern. Hitler sah die Fotos – Frauen und Kinder, manche von ihnen noch im Faschingskostüm. Wo war da die geschichtliche Gerechtigkeit, wenn ein Feind Deutschland mit solchen Mitteln besiegen durfte? Das war die Stimmung, die ihn jetzt beherrschte.

Eine lebhafte Schilderung der Persönlichkeit Hitlers stammt von einem Gauleiter, der kurzfristig zum 24. Februar, 14.00 Uhr, in die Reichskanzlei beordert worden war. Am Vortag hatten die Amerikaner überraschend ihren Großangriff über die Roer östlich von Aachen begonnen. An diesem 24. Februar hatte die Rote Armee soeben einen überraschenden Angriff gegen Himmlers schwach besetzte Verteidigungslinie in Pommern begonnen. Nur in Ungarn war an jenem Tag mit der Beseitigung eines russischen Brückenkopfes nördlich des Gran nach tagelangen, zähen Kämpfen ein bescheidener Erfolg erzielt worden.
Als Hitler einen der wenigen noch unbeschädigten Säle der Neuen Reichskanzlei betrat, sah er sechzig oder siebzig Gauleiter und Reichsleiter an drei Seiten des Saales stehen. Er schüttelte jedem einzelnen die Hand und lud sie dann zu einem einfachen Eintopf-Essen ein, danach gab es echten Bohnenkaffee. Anschließend hielt er eine Ansprache. Seine Stimme gewann an Kraft, als er sich dem gewohnten Höhepunkt näherte, aber die sensationelle Nachricht, die seine getreuen Parteigenossen insgeheim erwartet hatten, blieb aus. Er sprach lediglich von einem bevorstehenden Gegenangriff im Osten, der durch den Verlust schwerer Waffen verzögert worden sei. Er

gedachte des toten Panzergenerals Hube und sagte, er wünsche sich mehr Generale, die »aus demselben Holz geschnitzt« seien wie er. Er rief die Partei zu einer letzten und höchsten Anstrengung auf, damit der Endsieg errungen werde – die Partei habe die Pflicht, das ganze deutsche Volk mit einem heiligen Zorn auf den Feind zu erfüllen. Gäbe das Volk jetzt auf, dann verdiene es, vernichtet zu werden.
Zum Schluß erwähnte Hitler seine eigene angegriffene Gesundheit. Auch Friedrich der Große sei als gebrochener Mann von seinen Kriegen heimgekehrt. Einmal versuchte er behutsam, ein Glas Wasser an die Lippen zu führen, aber er zitterte so sehr, daß er den Versuch aufgab. Vielleicht war das ein absichtlich vorgeführtes kleines Theaterstückchen, denn er schloß mit einem Lächeln: »Ich hatte dieses Zittern im Bein. Nun zittert mein Arm. Vielleicht wird eines Tages auch mein Kopf wackeln. Eins kann ich Ihnen aber versichern: Mein Herz wackelt nie.« Im Laufe der kommenden Wochen, sagte er zu den versammelten Funktionären, werde er möglicherweise gezwungen sein, einige harte Maßnahmen zu ergreifen, die sie vielleicht nicht verstehen würden; er bat die Gauleiter und Reichsleiter, zu keinem falschen Urteil über ihn zu gelangen.

Bis jetzt waren seit Mitte Januar sechs- bis achttausend russische Panzer vernichtet worden. Der Generalstab blieb bei seiner Überzeugung, daß die Rote Armee als nächstes zum Angriff auf Berlin ansetzen werde. General Bruno von Hauenschildt war als Kampfkommandant von Groß-Berlin vorgesehen und nahm fortan an Hitlers täglichen Lagebesprechungen teil.
Am Tag der Hitler-Rede vor den Gauleitern erwies sich, daß die Rechnung des Generalstabs nicht aufging: Anstatt weiter in westlicher Richtung auf Berlin vorzustoßen, schwenkte Marschall Schukow nach Nordosten gegen Himmlers Heeresgruppe in Pommern, und am 27. gelang ihm ein massiver Einbruch in die gut ausgebaute Pommernstellung; zwei feindliche Panzer-Armeen, von denen Gehlen annahm, daß sie sich auf eine Ausweitung des Brückenkopfes bei Küstrin vorbereiteten, rückten jetzt in Richtung Köslin und Ostseeküste vor. Hitler befahl, die Landverbindung nach Danzig um jeden Preis zu halten. Inzwischen sollte den Russen unter Anwendung geeigneter Täuschungsmaßnahmen der Eindruck vermittelt werden, daß zwischen der Oder und dem Raum Berlin eine tief gegliederte und undurchdringliche Verteidigung aufgebaut worden sei. Scheiterte Himmlers Gegenangriff, war der Verlust Ost- und Westpreußens kaum noch abzuwenden.
Am 3. März machte Hitler seinen letzten Frontbesuch. Er fuhr mit dem Auto zum Gefechtsstand des I. Korps im Brückenkopf Frankfurt/Oder, um selbst die Truppenstärken und ihre Versorgung mit Munition zu überprüfen. »Der Besuch galt vor allem der Division ›Döberitz‹ und ›Berlin‹«, diktierte Goebbels nachher. »Die Wirkung... war bei Offizieren und bei der Truppe enorm.« In namenlosen Massen drängten sich die Flüchtlinge am Führerwagen vorbei; zehn Millionen waren jetzt auf der Flucht vor den

russischen Panzern und Geschützen. Auf der Heimfahrt nach der Reichshauptstadt saß Hitler gedankenverloren vorn neben Kempka, seinem Fahrer. Am nächsten Abend deutete ihm Dr. Goebbels an, es wäre richtig, jetzt häufiger an die Front zu fahren, damit endlich »der widerlichen Gerüchtemacherei« ein Ende gemacht werde, daß Hitler sich um die Front nicht bekümmere. »Ich finde ihn im Gegensatz zum letzten Mal etwas niedergedrückt«, vermerkte Goebbels, »was ja auch durch die militärische Entwicklung erklärlich ist. Auch ist er gesundheitlich etwas behindert; sein Nervenzittern an der linken Hand hat sehr zugenommen, was ich mit Entsetzen bemerke.«

Morell war nicht mitgefahren – er lag zu Bett wegen Thrombophlebitis. Hitler besuchte ihn am 4. März, und sagte, wie gut es gewesen sei, daß er den Leibarzt bei der Frontfahrt nach Wriezen nicht habe mitfahren lassen. Am nächsten Tag besuchte er voller Sorge den Arzt noch einmal, und Morell notierte sich nachher: »Führer: ... Ich sollte bei größeren Fahrten, besonders bei Frontfahrten nicht mitkommen; denn dabei könnte es nur zu schweren Verletzungen kommen durch Unfall oder Tiefflieger. Wenn *mir* was passiere, hätte er keinen Arzt mehr... Viel wichtiger sei ihm unterwegs, zu wissen, daß ich mich stets zuhause für ihn bereit vorfinden würde.«

Deutschlands Menschenreserven waren längst erschöpft. Am 27. Februar legte Jodl Hitler ein Blitz-Fernschreiben Rundstedts vor, in dem er sich mit allem Nachdruck darüber beschwerte, daß er von den 52215 Mann, die ihm für Februar zugesagt worden seien, bisher erst 12902 Mann erhalten habe. Bormanns Mitarbeiter rieten ihm, Fahnenflüchtige öffentlich erhängen zu lassen unter dem Motto, das Gauleiter Karl Hanke bei seiner fanatischen Verteidigung Breslaus als wirksam erkannt hatte: »Wer den Tod in Ehren fürchtet, erleidet ihn in Unehren.« Dem Reichsführer SS empfahl Hitler zwei radikale Lösungen, um die Männer zu beschämen und sie zur Rückkehr zu ihren Einheiten zu bewegen: Mit der Reichsfrauenführerin Frau Scholtz-Klink solle die probeweise Aufstellung eines Frauen-Bataillons erörtert werden, zweitens genehmigte Hitler die Heranziehung von 6000 Jungen des Jahrgangs 1929 zur Verstärkung der rückwärtigen Verteidigungslinien Himmlers. Mit Schärfe konstatierte Bormann in einer Denkschrift an seine Mitarbeiter: »Wir bieten also 15jährige Jungens und wir bieten Frauen zur Verstärkung der Front auf.«

Die Türkei, Ägypten, Finnland und eine Reihe südamerikanischer Länder erklärten Deutschland jetzt den Krieg.

Im Westen begannen die Amerikaner am 28. Februar den Vormarsch auf den Rhein zwischen Düsseldorf und Venlo; amerikanische Panzer mit deutschen Hoheitszeichen versuchten, die Rheinbrücken in Düsseldorf und Uerdingen im Handstreich zu nehmen, aber diese – und alle anderen Brücken von Duisburg bis hinab nach Koblenz (außer der bei Remagen!) – wurden in letzter Minute gesprengt. Die Mutlosigkeit der linksrheinischen

Bevölkerung empörte Hitler. Weiße Flaggen erwarteten den Feind; Bauern überfielen Pioniere, beseitigten Panzersperren. In Trier versickerte der Volkssturm spurlos; von anderen Volkssturm-Einheiten wurde gemeldet, daß sie ihre Panzerfäuste, Maschinengewehre und Munition in Seen und Flüsse warfen. Als amerikanische Truppen in Remagen eindrangen, stellten sie zu ihrem Erstaunen fest, daß die Eisenbahnbrücke über den Rhein noch intakt war und schufen sich sofort einen Brückenkopf auf dem Ostufer. Köln wurde zum größten Teil besetzt. Zwei Tage nach dem Zwischenfall von Remagen ließ Hitler Rundstedt durch Kesselring ablösen, betonte aber, daß Rundstedt »sich nach wie vor der Wertschätzung des Führers erfreut«.

Im Osten hatte sich die Lage auch verschlechtert. Pommern war allem Anschein nach verloren. Hitlers Befehl an Himmlers Heeresgruppe, die Bresche zu schließen, wurde von Himmlers Ia, dem Generalleutnant Kinzel, als »utopisch« bezeichnet; am 4. März berichtete General Krebs – der den verletzten Wenck vertrat – dem Führer, daß Kinzel in dürren Worten erklärt habe: »Hier wird nach dem Papier Krieg geführt und nicht nach der Wirklichkeit.« Ein Jahr zuvor hätte Hitler eine solche Kritik nicht geschluckt. Jetzt aber konnte er nicht anders, da jede militärische Niederlage seine Autorität weiter untergrub.

Er entschied sich statt dessen für einen sehr begrenzten Gegenangriff von Stettin aus. Generaloberst Erich Raus' 4. Panzerarmee sollte am 6. März die erforderlichen Verstärkungen erhalten. Kurz danach meldete sein III. Panzerkorps unter General Martin Unrein, daß man genügend Munition für die ersten zwei Tage des Gegenangriffs habe. Hitler schickte einen SS-Adjutanten nach Stettin zur Überprüfung. SS-Sturmbannführer Johannes Göhler meldete, daß die Divisionen überhaupt keine Munition hätten. In einem Privatbrief schrieb Göhler: »Auf der Fahrt nach Stettin begegneten mir lange Flüchtlingstrecks, die schon Wochen unterwegs waren. Ein erschütternder Anblick... Es war eisig kalt und glatt auf den Straßen. Bei der Truppe selbst wollte man natürlich vom Komm. General bis zum letzten Mann, mit dem ich sprach, hören, wie es dem Führer geht und wie denn die Lage an allen Frontabschnitten ist, vor allem auch, ob denn mit weiteren V-Waffen zu rechnen sei.«

Am Nachmittag des 8. März kam Generaloberst Raus persönlich in den Bunker, um die Niederlage seiner Armee in Pommern zu erklären. Er wies darauf hin, daß die 8 Divisionen seiner Armee, dabei nur 70 Panzer, eine Front von 250 Kilometern gegen 8 sowjetische Armeen mit 1600 Panzern gehalten hatten. Hitler unterbrach ihn pedantisch: »1400!« Die Schlacht um Pommern erhielt Glanzlichter durch zahllose heroische Taten. Von 34 Panzern, die am 7. März den von Marinesoldaten gehaltenen Brückenkopf Dievenow angriffen, war nur einer unzerstört geblieben, und am gleichen Morgen hatten dieselben Marinetruppen furchtlos über offenes Gelände angegriffen und alle 36 anstürmenden russischen Panzer erledigt. In der Schlacht um Pommern waren insgesamt 580 feindliche Panzer zerstört

worden, 360 davon im Nahkampf mit der Panzerfaust. Aber Hitler beeindruckte der Bericht in keiner Weise; er entschloß sich, Raus zu entlassen: er verliere sich zu sehr in Details. Manteuffel sollte sein Nachfolger werden.
Am 8. März wies Guderian darauf hin, daß, nachdem die Bedrohung der russischen Nordflanke von Pommern her plötzlich in sich zusammengefallen sei, der Angriff auf Berlin deshalb »in etwa einer Woche« beginnen werde. Wie Hitler seine Chancen jetzt beurteilte, wissen wir nicht. Am 13. März jedenfalls versicherte er Hindenburgs altem Staatssekretär Otto Meißner, daß er auch über seinen 65. Geburtstag hinaus im Amt bleiben müsse, um den friedlichen Wiederaufbau Deutschlands mitzuerleben: »Erst wenn Sie das siebzigste Jahr erreicht haben, kann ich Sie entlassen« – das wäre also im Jahre 1950 gewesen. Als Feldmarschall Kesselring sich zwei Abende später im Bunker der Reichskanzlei bei ihm meldete, sprach Hitler von einem bevorstehenden »großen Abwehrerfolg im Osten«; danach werde man den Schwerpunkt wieder an die Westfront verlagern. Im März werde er ihm, Kesselring, 800 neue Panzer schicken und nur 400 an die Ostfront.
Hitlers neuer Generalplan sah vor, daß General Busses 9. Armee, die den Oderabschnitt östlich von Berlin hielt, von ihrem eigenen Brückenkopf Frankfurt/Oder aus einen plötzlichen Stoß nach Norden führen sollte, um Schukows gefährlichen und großen Brückenkopf Küstrin zu vernichten; in einer Besprechung mit Himmler, Göring und Guderian, die Hitler am 15. März führte, wies er sie an, durch Täuschungsmaßnahmen bei den Russen die Überzeugung zu wecken, daß der Stoß nach Süden gehen werde.

»Berlin bleibt deutsch«

Schopenhauer beschreibt in seinen *Euphorien* einen gewissen seltenen Charakter, den das Schicksal aus der absoluten Anonymität zu Ruhm und Macht erhoben hat und der von da an mit dem festen Glauben erfüllt ist, daß dieselben Mächte ihn auch in seiner Stunde des Unglücks niemals ganz verlassen werden – daß kein Abgrund in Wirklichkeit bodenlos ist, sondern daß die Mächte ihn, hat er erst einmal die Tiefen ausgelotet, wieder zu den Gipfeln erheben werden. Als einen solchen Menschen kann man Hitler bezeichnen.
Der »Wettlauf nach Berlin« festigte in Hitler die Überzeugung, daß Ost und West schon in wenigen Monaten miteinander Krieg führen würden, einen Krieg, aus dem Deutschland als der lachende Dritte hervorgehen werde. Hätte sein Krieg die vollen sieben Jahre gedauert, dann hätte er auch vielleicht die Früchte des kalten Krieges geerntet. Bis zum letzten Tage seines Lebens nährten seine Geheimdienst-Fachleute seine Überzeugungen mit immer neuen Anzeichen für den bevorstehenden Konflikt: So gab eine Gruppe sowjetischer Agenten, die in der Nacht zum 8. April bei Templin mit Fallschirmen abgesetzt worden war, im Verhör zu, daß ihr Auftrag lautete, herauszufinden, welche Pläne die Alliierten für einen Angriff gegen die Russen hätten; wenn Stalin selbst mit einem derartigen Angriff rechnete, dann hatte er, Hitler, die Absicht, sein Reich am Leben zu erhalten – und sei es noch so geschrumpft und noch so zusammengeschlagen –, bis die Zeit gekommen war.

Seit Ende Februar 1945 hatten Hitler und sein Stab ihre Nächte im Luftschutzbunker der Reichskanzlei verbracht. Er lag da, unbeweglich – von Julius Schaub verglichen mit einem U-Boot, das »in der Tiefe des Berliner Häusermeeres ruhte«. Das war der Schauplatz dieses letzten Kapitels im Leben Adolf Hitlers – enge Gänge, ein ewiges Summen der Lüftungsanlage, viele Militärs und Parteifunktionäre – die meisten sich anklammernd an Hitler und seinen ansteckenden Glauben, daß man diese Krise überwinden werde.* Rechts vom Gang, nach dem Maschinenraum, befand sich Bormanns Büro mit der Telefon-Hauptvermittlung und den Fernschreibern; die

---

* So riet Dönitz seinen Kommandeuren am 3. März 1945: »Vertrauen wir rückhaltlos der Führung Adolf Hitlers. Glauben Sie mir, ich habe in den zwei Jahren meiner Tätigkeit als Ob. d. M. nur erlebt, daß der Führer in seinen strategischen und operativen Ansichten immer recht gehabt hat. Sehr oft hat er mit dieser Ansicht allein gestanden.«

Wände waren mit Deutschland- und Berlinkarten tapeziert, auf denen ein Fünf-Mann-Kommando mit blauer Kreide den Weg jeden feindlichen Bomberstroms markierte. Hier verbrachte Hitler die Stunden der großen Alarme und verfolgte mit müden Augen die Pfeile, die sich Berlin näherten; die britischen Bomber griffen jetzt durch starke Funk-Störungsschleier hindurch an, während »Verbände schneller Kampfflugzeuge« an entgegengesetzten Enden des Reiches Ablenkungsangriffe flogen. Seit dem Feuersturm von Dresden hatten die nächtlichen britischen Bomberströme Kaskaden von Brand- und Sprengbomben auf Chemnitz, Duisburg, Worms, Kassel und das alte Würzburg herniederregnen lassen.

Bei Tage aber trat ein Gezeitenwechsel ein, als die Me 262 bei den Jagdverbänden eintrafen. Hier und da gab es Lichtblicke in den düsteren Seiten des OKL-Kriegstagebuches: »Durch vier Me 262 wurden 4 Abschüsse erzielt...«: General Pelz (IX. Fliegerkorps) und Oberst Hajo Herrmann (9. Jagd-Division) hatten sich im Februar Görings grundsätzliches Einverständnis für einen »Selbstopfergroßeinsatz« gegen die amerikanischen Bomberformationen geholt. Das geplante Selbstmord-Unternehmen – von der Geschichtsschreibung so gut wie ignoriert – legte ein lebhaftes Zeugnis für den Zorn und die Bitterkeit ab, die der Bombenkrieg geschaffen hatte. Nach wochenlangem Zögern stellte General Koller am 3. April 180 Me 109 zur Verfügung; 150 Flugzeugführer wurden freigestellt, tatsächlich aber hatten sich weit mehr, nämlich 184, freiwillig gemeldet. Die Luftschlacht fand am 7. April westlich von Hannover über dem Steinhuder Meer statt. Von den »Selbstopfer«-Me 109 waren 133 Maschinen Totalverluste. 23 amerikanische Bomber wurden zerstört; 77 Flugzeugführer fanden den Tod. Die Begleit-Düsenjäger schossen nach ihren eigenen Angaben 28 weitere amerikanische Bomber an jenem Tag ab.

Links vom Hauptgang in Hitlers Bunker befanden sich seine Privaträume: ein Schlafraum mit einem schmalen Feldbett, mit Kleiderschrank, Kommode und Tresor; ein niedriges Wohnzimmer mit einem Schreibtisch, einem runden Tisch und einer hart gepolsterten Sitzbank; ein Porträt Friedrichs des Großen hing über dem Schreibtisch. Zwischen Schlafraum und Gang befand sich der kleine Lageraum, der nur mit einem langen Tisch und ringsumlaufender Bank ausgestattet war. Durch die Gasschleusen am anderen Ende des Ganges führte der Weg über eine steile Wendeltreppe in den Garten der Reichskanzlei.

Dieser Bunker war mit dem Voßbunker unter der Neuen Reichskanzlei in der Voßstraße verbunden, der 2000 Menschen aufnehmen konnte. 1939 hatte Hitler ihn einer öffentlichen Entbindungsklinik zur Verfügung gestellt, und mancher kleine Adolf hatte hier das Licht der Welt erblickt; Hitler war dann selbst gekommen, hatte der Mutter Blumen überreicht und ein Sparbuch mit 100 Reichsmark für das Kind gespendet. Jeden

Abend bildete sich in der Straße eine Schlange vor dem Eingang zum Voßbunker. Hitler ordnete den Bau einer Überdachung für diese Wartenden an, aber Wochen später war diese Anordnung immer noch nicht ausgeführt. Ärgerlich rief er vor den Sekretärinnen aus, um jede Kleinigkeit müsse er sich selbst kümmern. Und doch sei niemand als sein Nachfolger in Sicht. Fräulein Schroeder wies darauf hin, »Mein Führer, der Name des Reichsführers wird sehr oft in der Bevölkerung genannt«. Hitler entgegnete: »Der Mann ist vollkommen amusisch!«, worauf Fräulein Schroeder scharf zurückgab, in der gegenwärtigen schwierigen Lage spiele das doch wohl kaum eine Rolle.

Eine Million Menschen war im feindlichen Bombenhagel getötet oder mit Bordwaffen erschossen worden. Mitte März 1945 las Bormann eines Tages Hitler einen Bericht aus der alliierten Presse vor über deutsche Soldaten, die der Besatzung eines abgeschossenen amerikanischen Bombers das Leben gerettet hatten; empörte Bürger der gerade erst bombardierten Stadt hatten die Flieger lynchen wollen. Erregt sagte Hitler zu Keitel: »Es ist unerhört von deutschen Soldaten, zum Schutz dieser Mörder gegen die in berechtigtem Haß handelnde eigene Bevölkerung vorzugehen!« Hitler wandte sich Kaltenbrunner zu: »Ich befehle hiermit, sämtliche in den letzten Monaten angefallenen Bomberbesatzungen sind sofort an den SD zu übergeben und durch den SD zu liquidieren.« Wenige Minuten später rief Hitler Koller, als er im Gang vorbeikam, zu sich und sagte unter vier Augen zu ihm: »Ihr müßt mir alle helfen, so geht es nicht mehr weiter. Was soll ich gegen den furchtbaren Bombenterror tun, der nur deutsche Frauen und Kinder mordet?« Koller riet zur Geduld. »Wenn die Strahlverbände endlich stärker herauskommen, wird die Luftlage über Deutschland für uns wieder besser werden.« Hitler erwiderte: »Darauf kann ich nicht warten. Wenn diese Flieger merken, daß sie als Terroristen liquidiert werden, dann werden sie es sich überlegen, noch hereinzufliegen.« Koller erwiderte, daß weder die Luftwaffe noch der SD sich für die Ausführung eines derartigen Befehls hergeben würden.

Die Nichtausführung dieses neuesten Befehls zeigte, daß Hitlers Autorität zu zerbröckeln begann. Ein weiteres Beispiel waren die von ihm nicht genehmigten Friedensfühler, die seine Minister zum Feinde ausstreckten. Ribbentrop schickte seinen Englandreferenten Fritz Hesse nach Stockholm, und als die schwedische Presse den Emissär am 15. März durch Meldungen kompromittierte, schickte der Außenminister einige Tage später Werner von Schmieden noch einmal in die Schweiz und den Konsul Eitel Friedrich Moellhausen nach Madrid, wo sie sich nach Bedingungen für eine Einstellung der »furchtbaren Bombardierungen und des Blutvergießens« erkundigen sollten. Auch Göring wollte die Feindseligkeiten beenden. »Aber wir wissen nichts«, beklagte sich Koller am 28. März vertraulich bei ihm. »Niemand sagt uns etwas, es fehlt hier die Weisung von der höchsten

Stelle.« Der Reichsmarschall, schrieb Koller in seinen Aufzeichnungen, stimmte zu, er wüßte auch nichts.

»F[ührer] sagt nichts. Auch politisch dürfte nicht das geringste gemacht werden, zum Beispiel wurde der Versuch eines englischen Diplomaten in Schweden, mit uns ins Gespräch zu kommen, von F. strikt abgelehnt. Die eigenen, nach außen noch ziemlich weitreichenden Beziehungen des Reichsmarschalls... auszunützen, hat F. dem Reichsmarschall strikt verboten. Immer wieder durch den Außenminister vorgetragene Möglichkeiten werden durch F. abgelehnt.«

Alle Versuche, im Westen die Brücke von Remagen zu zerstören, scheiterten, bis es zu spät war; als Kampfschwimmer der Marine und Düsenbomber sie gemeinsam zum Einsturz gebracht hatten, rollten schon unablässig Verstärkungen über eine solide Behelfsbrücke in den amerikanischen Brückenkopf. In der Nacht zum 23. März hatten die Amerikaner überraschend den Rhein bei Oppenheim mit Schwimmpanzern überquert und einen weiteren Brückenkopf gebildet; sie verloren nur acht Mann. Am 24. März begann um 3.00 Uhr Montgomerys Haupt-Rheinübergang bei Wesel. Am 28. März zeichnete sich die Umfassung des ganzen Ruhrgebiets klar ab. Ganze Kompanien warfen ihre Waffen weg und liefen zum Feind über. Im Osten war Kolberg Mitte März gefallen. Der Hafen war lange genug gehalten worden, um 60 000 Menschen die Flucht über See zu ermöglichen. Die Evakuierung von Königsberg und Danzig war in vollem Gange. In Ungarn war der Gegenangriff, auf den Hitler seine ganze Hoffnung gesetzt hatte, kläglich gescheitert.

Das Tempo der Ereignisse im Westen betäubte Hitler, der von der Zuversicht erfüllt war, daß im Osten ein großer deutscher Abwehrerfolg bevorstehe. Am 25. März sagte er zu Gauleiter Sauckel, er fürchte zum ersten Mal, daß der Krieg verloren sei. In der Reichskanzlei trafen erbeutete amerikanische Handbücher für die Besatzungstruppen ein; ein Adjutant Hitlers schrieb: »Die unversöhnliche Haltung, die darin gegen das gesamte deutsche Volk gepredigt wird, mutet geradezu alttestamentarisch an.« Anfang April legte man Hitler eine alliierte Druckschrift vor, die die unheilschwangere Tarnbezeichnung »Eclipse« trug. Es wurden darin erstaunlich umfangreiche Kategorien von Deutschen für »automatischen Arrest« aufgeführt, und die Schrift enthielt aufschlußreiche Karten über die spätere Aufteilung Deutschlands und Berlins in Besatzungszonen. Kurzfristige deutsche Rückeroberungen in Ostpreußen zeitigten neue Berichte über das unbeschreibliche Schicksal der Deutschen, denen die Flucht nicht mehr gelungen war. »Es kann und darf nicht sein«, tobte Hitler, »daß diese kulturlosen Bestien Europa überschwemmen. Ich bin das letzte Bollwerk gegen diese Gefahr, und wenn es eine Gerechtigkeit gibt, dann werden wir siegen, und eines Tages wird die Welt erkennen, worum dieser Kampf ging!«

Bis auf die Blindesten unter den Getreuen hielten nun alle die Niederlage für unabwendbar. Immer länger wurden die Stunden, die er jetzt in der Gesellschaft seiner alten Kämpfer verbrachte. Reichsorganisationsleiter Robert Ley, Führer der Deutschen Arbeitsfront, verbrachte Stunden im Gespräch unter vier Augen mit Hitler und ging daraus mit neuem Mut hervor; er reiste ab, um in Österreich ein Freikorps »Adolf Hitler« aufzustellen – Panzervernichtungstrupps, die weit hinter den russischen Linien operieren sollten. »Der Führer war zu groß für seine Umgebung und damit für uns alle und wir waren zu klein für diesen Titanen«, schrieb Ley nach dem Krieg. Am 20. März setzte Hitler den Reichsführer SS als Oberbefehlshaber der Heeresgruppe Weichsel ab. »Der Führer hat Himmler durchschaut«, schrieb Ley. »Damals hatte ich eine lange Unterhaltung mit dem Führer, in der er sich bitter über den Ungehorsam, die Unaufrichtigkeit und das Unvermögen Himmlers beklagte.«

Ein wesentlicher Faktor in Hitlers Bedrängnis war die Tatsache, daß viele seiner Generale und Minister sich insgeheim schon auf die Kriegsverbrecherprozesse einrichteten, die sie für unvermeidlich hielten. Generaloberst Heinrici, der Nachfolger Himmlers, besaß nicht die schrankenlose Hingabe eines Schörner oder Model. Model hielt mit seiner Heeresgruppe B im Ruhrkessel aus, bis seine Geschütze ihre letzte Granate verschossen hatten; dann nahm er sich das Leben, um nicht in Feindeshand zu fallen.

Das war der Geist, der 1941 und 1942 Stalins Rußland gerettet hatte. Aber Hitlers Helfershelfern fehlte es sogar an dem Willen, dem Feind keine Kriegsbeute in die Hände fallen zu lassen; die oberschlesischen Rüstungsfabriken waren den Russen unversehrt in die Hände gefallen.

Speer hatte nicht gezögert, im Januar die Zerstörung der ungarischen Ölraffinerien zu befehlen – es war eine verfrühte Maßnahme, die das OKW gerade noch rechtzeitig hatte stoppen können. Aber im März beschäftigte sich Speer weniger mit der Verteidigung des Reiches als mit seiner eigenen. Sein Charakter war undurchsichtig und kompliziert. Wenige Wochen später im alliierten Verhör behauptete Speer, er habe alle von ihm seit Ende Januar begangenen Hochverratsakte gezählt und sei zu einer Summe von mehr als sechzig gelangt. Hitler war allerdings enttäuscht über die Produktion von Me 262-Jägern und ernannte nun SS-Gruppenführer Hans Kammler zum Verantwortlichen. Speer hatte schon die Hoffnung aufgegeben. In einer offenen Denkschrift zur Wirtschaftslage vom 15. März legte er ohne Umschweife seine Überzeugung dar, daß der Krieg verloren sei. Die feindlichen Luftangriffe und der Verlust der Braunkohlengebiete machten den »endgültigen Zusammenbruch der deutschen Wirtschaft« unausweichlich, und zwar innerhalb von vier bis acht Wochen. *Nach diesem Zusammenbruch kann der Krieg auch militärisch nicht fortgeführt werden.«* Speers Denkschrift drängte Hitler, an die Verpflichtung der Regierung in den kommenden Stunden des Gerichts, dem Volk beizustehen, zu denken. Und er forderte klare Befehle zur Verhinderung der Zerstörung von Brücken

und Fabriken, da dies jetzt Deutschland nur schaden könne. Zu Guderian bemerkte Hitler, er habe die Denkschrift »ungelesen« in den kleinen Panzerschrank am Fußende seines Bettes gelegt. Er stellte sich taub, als Speer ihm spätabends am 18. diese Gedanken persönlich noch einmal vortrug. Hitlers Herzlichkeit gegenüber Speer verpuffte über Nacht, als er erfuhr, daß sein Lieblingsschüler anschließend in den Westen gefahren war und dort Gauleitern und Industriellen heimlich den Rat gegeben hatte, Hitlers Befehl, durch eine Politik der verbrannten Erde den feindlichen Vormarsch zu hemmen, einfach zu sabotieren. Die von Keitel im Januar herausgegebenen Richtlinien über die Lahmlegung der Fabriken, bevor sie in Feindeshand fielen, hatten die Vorstöße in Oberschlesien und jetzt auch im Saargebiet nicht verhindern können; deshalb hatte Hitler am 19. März den militärischen Befehlsstellen und den Gauleitern seinen umfassenden Zerstörungsbefehl erteilt; auch innerhalb des Reichsgebiets seien alle militärischen Anlagen sowie Verkehrs-, Nachrichten-, Industrie- und Versorgungsanlagen, »die sich der Feind für die Fortsetzung seines Kampfes irgendwie sofort oder in absehbarer Zeit nutzbar machen kann«, zu zerstören.
Speer hatte andererseits Niedergeschlagenheit und Hoffnungslosigkeit verbreitet, jeden, der ihm begegnete, damit angesteckt und alle Leute beschworen, ihre Fabriken dem Feind intakt zu übergeben. Am späten Abend des 28. März empfing Hitler Speer kalt und befahl ihm, seinen Posten als Rüstungsminister zu verlassen; Speer mangele es offensichtlich an dem erforderlichen Glauben, daß sich alles doch noch zum Guten wenden könne. Speer lief rot an und widersprach, aber Hitler fragte ihn rundheraus: »Hoffen Sie noch auf die erfolgreiche Weiterführung des Krieges, oder ist Ihr Glaube erschüttert?« Vierundzwanzig Stunden später hatte Speer noch immer nicht klar geantwortet, deshalb setzte Hitler ihn de facto ab, schätzte aber weiterhin seine Anwesenheit in der Reichskanzlei als Freund. Speer habe sich, meinte Hitler zu Goebbels nachher, zu stark von der Wirtschaft vor ihren Wagen spannen lassen.
Unterdessen setzten Jodl und sein Wehrmachtführungsstab Hitlers Verteidigungsdoktrin in die Praxis um; den westlichen Heeresgruppenbefehlshabern erklärten sie die Notwendigkeit, dem Feind zum Bewußtsein zu bringen, »daß er in ein von fanatischem Kampfwillen erfülltes Hinterland hineingestoßen« sei. »Irgendwelche Rücksichten auf die Bevölkerung können hierbei zur Zeit keine Rolle spielen«, hieß es abschließend im OKW-Befehl. Bormann steuerte seine eigene, für ihn charakteristische Warnung an seine Gauleiter bei: »Ein Hundsfott, wer seinen vom Feind angegriffenen Gau ohne ausdrücklichen Befehl des Führers verläßt, wer nicht bis zum letzten Atemzug kämpft, er wird als Fahnenflüchtiger geächtet und behandelt.«
Hitler verbrachte die letzte Woche des März 1945 damit, seine Gefolgsleute in ›Männer‹ und ›Kleingläubige‹ zu trennen. Am 29. März entließ er Gene-

raloberst Guderian, weil er »völlig hysterisch und zappelig geworden« sei, wie er Goebbels sagte. General der Infanterie Hans Krebs wurde der letzte Generalstabschef des Heeres. Himmler war ebenfalls in Ungnade gefallen, denn in Hitlers Augen hatte die 6. SS-Panzer-Armee in Ungarn versagt. Nichts konnte die Russen mehr hindern, in Wien einzufallen; die ungarischen Ölfelder waren verloren. Dietrichs Divisionen wurden bestraft, Himmler selbst wurde nach Wien geschickt, um dort seine Waffen-SS-Generale zur Rechenschaft zu ziehen.

Guderians Beurlaubung war die Folge eines Rückschlags unmittelbar östlich von Berlin. Seit Mitte März hatte er einen begrenzten Gegenschlag aus seinem schmalen Brückenkopf Frankfurt/Oder in Richtung Küstrin vorbereitet in der Hoffnung, die feindlichen Sturmtruppen zerschlagen zu können, die sich zum Angriff auf Berlin sammelten. Aber bevor General Theodor Busses 9. Armee den Gegenangriff beginnen konnte, schlugen die Russen los und schlossen Küstrin vollständig ein; Busses Angriff vom 22. März scheiterte. Hitler bestand darauf, diesen Angriff sofort zu wiederholen. Generaloberst Heinrici erschien am 25. März im Führerbunker, um dafür zu plädieren, Küstrin dem Feind zu überlassen, damit er die noch vorhandenen Vorräte an Munition und Treibstoff für die bevorstehende Abwehrschlacht sparen könne. Aber wieder bestand Hitler auf dem Angriff; ein Zustand der reinen Verteidigung, sagte er, verschaffte dem Feind die Möglichkeit, ganz nach Belieben Schwerpunkte zu bilden. Der neue Angriff begann am 28. März; die deutschen Panzer erreichten die ersten Häuser von Küstrin, aber die Infanterie stieß nicht nach, und die Panzer wurden zurückgeholt. Gegen Hitlers ausdrücklichen Befehl brach die Besatzung von Küstrin dann nach Westen aus und durchschnitt die russischen Linien, die Heinrici und Busse als undurchdringlich bezeichnet hatten, mit Leichtigkeit.

Hitler befahl Busse zu sich in den Bunker und teilte ihm seine Mißbilligung mit. Guderian verteidigte ihn laut und lief dabei dunkelrot vor Zorn an. Hitler ließ den Besprechungsraum räumen und sagte: »Guderian, Ihre Gesundheit erfordert eine sofortige Beurlaubung, ich glaube, Ihr Herz macht Ihnen wieder zu schaffen. In sechs Wochen sind Sie dann wieder hier.«

Guderian, sagte Hitler zu Goebbels am 30. März 1945, habe die Lage im Osten zum großen Teil »versaut«. Er habe die Nerven genau wie im Winter 1941 vor Moskau verloren.

Vorsichtig, denn er kannte Hitlers Verachtung für die Astrologen, hatte Dr. Goebbels das Horoskop der Republik vom 9. November 1918 wie auch das des Führers vom 30. Januar 1933 von der Gestapo vorlegen lassen. »Beide Horoskope stimmen in einer frappierenden Weise überein«, hatte er vormittags festgestellt. Aus beiden hatte der SD nämlich herausgelesen, daß sie den Kriegsausbruch 1939, die Siege bis 1941 und dann die Kette der

Rückschläge mit den schwersten Schlägen in den ersten Monaten 1945, vor allem in der ersten Hälfte des April, dann einen vorübergehenden Erfolg in der zweiten Hälfte April, ein Stagnieren bis zum August, in diesem Monat den Frieden, dann drei Jahre lang eine schwere Zeit für Deutschland, und von 1948 an wieder den Aufstieg voraussagten.

Goebbels wollte Hitler überzeugen, noch einmal zum deutschen Volk zu reden. »Der Führer hat jetzt eine mir gänzlich unverständliche Scheu vor dem Mikrofon«, mußte er aber feststellen. Hitler wollte erst einen militärischen Erfolg im Westen erringen. Angesichts der zunehmenden Überläuferzahl bereute er, daß er den Vorschlag Goebbels', die Genfer Konventionen zu kündigen, abgelehnt hatte. »Er hat sich von Keitel, Bormann und Himmler beschwätzen lassen«, notierte sich Goebbels nachher, »und das Notwendige und Zweckmäßige nicht getan und angeordnet.« Der kleine Doktor hatte einen Monat zuvor das großartige Werk von Thomas Carlyle über Friedrich den Großen erworben und sagte dem Führer, es habe ihn auf das tiefste ergriffen. »Welch ein Beispiel für uns«, schrieb er am 5. März, »und welcher Trost und welche Aufrichtung in diesen schlimmen Tagen!« Nunmehr, am 30. März, las Goebbels mit seiner melodischen und dramatischen Stimme aus Carlyles Schilderung des Siebenjährigen Krieges vor: wie der große König selbst keinen Rat mehr weiß, wie alle seine Generale über das besiegte Preußen zur Tagesordnung übergehen und er in einem Brief an den Minister, Graf d'Argenson, sich eine letzte Frist gesetzt hat: Wenn bis dahin keine Wende eingetreten sei, dann werde er Gift nehmen. Und Carlyle schreibt: »Tapferer König, warte noch eine kleine Weile, dann sind die Tage deines Leidens vorbei, schon steht hinter den Wolken die Sonne deines Glücks und wird sich dir bald zeigen.« Zwei Wochen vor Ablauf des Termins starb die Zarin, die Nachfolge durch Peter III. ließ Rußland aus dem Krieg ausscheiden. Goebbels sah Tränen in Hitlers Augen treten, als er das Buch zur Seite legte.

Am 30. März gab Hitler eine Beurteilung der Lage heraus, »nachdem es nicht gelungen ist, durch Angriff die feindlichen Vorbereitungen zu zerschlagen«. Im einzelnen befahl er Heinrici, etwa drei bis sechs Kilometer hinter der vorderen Linie eine »Großkampf-HKL« (Hauptkampflinie) auszubauen – es war die Frucht der bitteren Lektion, die ihm die Amerikaner zu Beginn seiner Ardennen-Offensive erteilt hatten. Sobald zu erkennen sei, daß der russische Großangriff unmittelbar bevorstehe, sollte Heinrici auf die zweite Linie zurückgehen; das gewaltige feindliche Artilleriefeuer werde dann die leeren Gräben der ursprünglichen vordersten Linie treffen. Heinrici erhielt außerdem Befehl, seine Artillerie weiter hinten in Stellung gehen zu lassen, von wo aus sie dann den freien Raum zwischen der vorderen Linie und der »Großkampf-HKL« im Augenblick des russischen Angriffs mit Sperrfeuer belegen konnte.

Sein scharfer Verstand arbeitete also noch immer logisch und flexibel. Seine Ärzte stimmten darin überein, daß er bis zum Ende geistig gesund war, auch wenn seine Augen blutunterlaufen waren und so schwach, daß er selbst Schriftstücke, die mit den großen Buchstaben seiner Spezialschreibmaschine geschrieben waren, nicht mehr ohne Brille zu lesen vermochte. Noch vor einem Jahr hatte er ganz Europa vom Nordkap bis zur Krim und bis an die spanische Grenze beherrscht; jetzt standen Millionen feindlicher Soldaten nur eine Fahrstunde entfernt ostwärts und westlich seiner Hauptstadt, und sein Hauptquartier war sein Luftschutzbunker. Doch die Bewunderung, die ihm seine strategischen Berater entgegenbrachten, blieb unvermindert. Wenn er das Gesamtbild betrachte, sagte Generaloberst Jodl zu den Vernehmungsoffizieren, so bleibe er überzeugt, daß Hitler ein großer Feldherr gewesen sei; gewiß könne kein Historiker Hannibal als schlechten General bezeichnen, nur weil Karthago am Ende zerstört wurde.

Für Hitler hatte der Frühling ermutigende Vorzeichen gebracht, die ihn blind machten für das gnadenlose Heranrücken der feindlichen Heere. Seine Düsenaufklärer erschienen am Himmel über England und Schottland. Am 17. März war das erste U-Boot vom Typ XXI ausgelaufen; sein Operationsgebiet sollte die Ostküste der Vereinigten Staaten sein. Im Februar allein hatte Stalin 4600 Panzer verloren gegenüber einer Monatsproduktion von nur 2300 Stück, und in den ersten 21 Tagen des März wurden nicht weniger als 5452 sowjetische Panzer als abgeschossen gemeldet, »so daß nun die Reserven des Gegners in Kürze aufgebraucht sein werden«, wie der Generalstab Hitler versicherte. In den belagerten Festungen Breslau und Königsberg hielten die deutschen Besatzungen noch immer aus – »Solange Königsberg in unserer Hand ist, darf ich dem deutschen Volk sagen: ›In Ostpreußen stehen wir und nicht die Russen‹«, sagte Hitler in einem vertraulichen Gespräch. An der tschechisch-slowakischen Grenze führte Generaloberst Schörner eine zwanzigtägige Abwehrschlacht, um das Industriegebiet von Mährisch-Ostrau zu retten; die Schlacht endete am 3. April mit einem überzeugenden Erfolg. Hitler machte ihn zum Generalfeldmarschall.

In der ersten Aprilwoche wurden diesem Optimismus harte Schläge versetzt. Am 2. April wies Professor Karl Brandt Hitler vertraulich darauf hin, daß in zwei Monaten 40% der Vorräte der unentbehrlichen medizinischen Versorgungsgüter vollständig erschöpft sein würden. Das war der Zeitzünder mit der bisher kürzesten Laufzeit, der im Räderwerk der hitlerischen Strategie tickte; ohne Medikamente würden Krankheit und Seuchen sein Volk dahinraffen. Nach dem Verlust seiner »Waffenschmieden« an Ruhr und Saar machten lähmende Produktionslücken in den Gruppen Handfeuerwaffen, Munition und Sprengstoff alle seine Anstrengungen hinfällig, aus den Reihen der Hitlerjugend oder des Reichsarbeitsdienstes neue Infanteriedivisionen aufzustellen.

Bei der Mittagslage am 1. April hatte Hitler ausdrücklich befohlen: »Wer in der Ostmark zurückgeht, wird erschossen!« Am Nachmittag des 5. April aber setzte sich General Otto Wöhlers Heeresgruppe Süd um »80 km nach rückwärts« ab, und Bormann notierte in seinem Tagebuch: »*Bolschewisten vor Wien!*« Hitler löste nur den General ab und ersetzte ihn durch Dr. Lothar Rendulić, den Generalobersten, der gerade den letzten Ansturm der Roten Armee gegen die Heeresgruppe Kurland zurückgeschlagen hatte. Einer von Bormanns Kreisleitern meldete diese Nacht telefonisch: »Keiner der Herren der Heeresgruppe glaubt auch nur im geringsten daran, daß der Vorstoß in das Erdölgebiet selbst aufgefangen werden kann, wie ich überhaupt festhalten muß, daß die Herren auch nicht mehr an unseren Sieg glauben. Die Luftwaffe hat die Scheinwerferstellungen von Wien bereits in der Nacht vom 3. auf 4. gesprengt, ohne der Heeresgruppe auch nur ein Wort zu sagen.«

Zistersdorf bei Wien war Hitlers letztes Erdölgebiet. Von dort berichtete SS-Obersturmbannführer Skorzeny, daß den Panzern der Sprit ausgehe, während fliehende Luftwaffeneinheiten »Mädchen und Möbel« auf ihre Lastwagen lüden; ein paar »energische und klare SS-Führer« könnten, mit Sondervollmachten ausgestattet, weitere Auflösungserscheinungen verhindern – er selbst habe soeben veranlaßt, daß »drei Verräteroffiziere« auf der Floridsdorfer Brücke gehängt wurden. Drei Tage später fiel Wien.

Die Berliner Luft war voller Staub und Brandgeruch. Morell notierte, daß Hitler seit den letzten Märztagen äußerst selten nach draußen gekommen war, nur einmal täglich zum Essen nach einem oberen Stockwerk der Reichskanzlei. »Auch die große Lage wird seit längerer Zeit im Bunker abgehalten (aus Sicherheitsgründen!).« Der Tremor in seinen Gliedern war unvermindert vorhanden, eine ärgerliche Konjunktivitis in beiden Augen ebenfalls. Am 7. April mußte ein berühmter Augenarzt, Prof. Löhlein, Hitler behandeln. Er stellte fest, das Sehen des rechten Auges sei allmählich schlechter geworden; links sei es unverändert gut, das linke Auge aber sei behindert durch ein Chalazion, eine lästige Anschwellung oder Geschwulst des linken Oberlides, die drücke und zum Reiben zwinge und unter Umständen operativ entfernt werden müsse. »Beide Augen sondern in letzter Zeit ab«, berichtete Löhlein, »was bei der staubigen Luft im Berliner Zentrum verständlich ist. Der Führer verläßt den gut gelüfteten und beleuchteten Bunker im allgemeinen nur für kurze Zeit, für täglich eineinhalb bis zwei Stunden und geht dann in den Garten der Reichskanzlei, der wenig zerstört ist... Er ist dann gegen Licht und staubigen Wind sehr empfindlich. Eine geordnete Behandlung ist schwer durchführbar wegen der Unregelmäßigkeit der Lebensführung und der dauernden Inanspruchnahme durch Meldungen usw.« Löhlein ordnete warme Aufschläge aufs linke Auge an.

Sämtlichen Ärzten – Löhlein, Morell und Stumpfegger – fiel es auf, daß während der Augenhintergrunduntersuchung Hitler die linke Hand völlig ruhig hielt; auch am linken Bein sei der Tremor weg. Morell vermutete nunmehr, daß der Tremor die Folge einer Parkinsonschen Krankheit (Schüttellähmung) sei, und fing am 8. April an, Hitler mit einem großen

Galvanisationsapparat zu behandeln. »Heute Morgen,« notierte Morell am 9. April, »um 5.30 Uhr erst Lage zu Ende gewesen; anschließend Tee! Hoffentlich kommt kein Flieger-Frühalarm, damit noch genügend Zeit für Schlaf übrigbleibt ...«

In Königsberg hatte der Festungskommandant General der Infanterie Otto Lasch kapituliert, trotz der wiederholten Befehle Hitlers, die Stadt bis zum letzten Mann zu halten. In dieser Nachtlagebesprechung hatte Hitler befohlen, allen erreichbaren Befehls- und Funkstellen im Raum Königsberg diesen Funkspruch durchzugeben: »General Lasch ist als Landesverräter sofort zu erschießen.«

Der anschließende Tee dauerte bis 7 Uhr morgens. Welche Generale befolgten Hitlers Befehle jetzt noch? »Blomberg hatte mir bereits gesagt«, sollte er sich wenige Tage vor dem Ende erinnern, »daß der Gehorsam nur bis zum General gehe.«

Stalins Großangriff an der Oderfront wurde für die nächsten Tage erwartet. General Busse glaubte mit Sicherheit, daß seine 9. Armee einen Vorstoß der Russen bis nach Berlin abschlagen könne. Hitler versetzte sich in Stalins vorteilhafte Lage und gelangte zu der Überzeugung, daß der Aufmarsch vor Berlin nur ein Täuschungsmanöver sei und die wirkliche russische Offensive sich zunächst gegen Prag richten werde. Stalin müsse doch gewiß die Absicht haben, das wichtige tschechische Industrierevier zu nehmen, bevor seine amerikanischen Rivalen es erreichen konnten. Höhnisch hatte Hitler zu Guderian gesagt: »Die Russen werden nicht so dumm sein wie wir es waren, als wir, durch die Nähe Moskaus geblendet, unbedingt die Hauptstadt einnehmen wollten. Sie waren es doch, Guderian, der als erster an der Spitze seiner Armee in Moskau einmarschieren wollte! Sie müssen doch am besten wissen, welches Nachspiel die Sache hatte!« In diesem entscheidenden Augenblick zog Hitler vier SS-Panzerdivisionen hinter Busses 9. Armee weg und führte sie Schörners Heeresgruppe Mitte zu, die die Tschechoslowakei verteidigte.

An Truppenstärke waren die sowjetischen Streitkräfte nicht so überlegen wie an materieller Übermacht; russische Geschütze und Stalinorgeln – (Raketengeschütze) waren zu Zehntausenden auf dem höhergelegenen Ostufer der Oder, von dem aus man die deutschen Stellungen einsehen konnte. Und dennoch rechnete Hitler zuversichtlich mit einem Abwehrsieg. Am 4. April überprüfte er mit Generaloberst Heinrici die Abwehrstellungen an der Oder. Er erinnerte Heinrici an die Notwendigkeit, an den offensichtlichen Schwerpunkten tödliche Minenfelder zu legen; er befahl der 9. Armee, in die entscheidenden Seelower Höhen – sie beherrschten das sumpfige Tal westlich von Küstrin, durch das die Russen ihren Vorstoß führen mußten – große Stollen zu treiben, um die Reserven der Armee vor der feindlichen Artillerie zu schützen. Er warnte ihn vor »Seydlitz-Verrätern«, die in deutscher Uniform unerkannt in seine Verbände einsickern

könnten. Hinter der Hauptkampflinie wurden Tausende von Bäumen gefällt und tiefe Panzergräben ausgehoben.
Am Vormittag des 11. April erreichten die amerikanischen Panzerspitzen die Elbe bei Magdeburg. Hitler erfuhr, daß ein russischer Überläufer ausgesagt habe, der Angriff an der Oderfront werde in vier Tagen beginnen. Wieder verlangte er einen Vortrag über die Gesamtlage bei Heinricis Heeresgruppe. Man erklärte ihm, daß kein anderer Abschnitt in Deutschland so stark besetzt, so gut munitioniert sei. Er gratulierte Heinricis Offizieren und sagte, er sei fest davon überzeugt, daß Heinrici »einen ungeheuren Abwehrsieg über den angreifenden Russen erringen wird«. Eins war gewiß: Eine lange Abnutzungsschlacht konnte er nicht durchstehen, weil die Vorräte an Flugbenzin einen Einsatz der Luftwaffe nur für wenige Tage zuließen und der gesamte Munitionsnachschub – wie der Generalquartiermeister am 15. April erklärte – in kurzer Zeit versiegen werde. Die Munitionsfabriken befanden sich in Feindeshand: »Auswirkungen größten Ausmaßes auf die Gesamtkriegführung können in Kürze eintreten.«

Während die Amerikaner quer durch Thüringen vorstießen, stellte sich Hitler das Problem der Konzentrationslager. Göring riet ihm, sie intakt und unter Bewachung den westlichen Alliierten zu übergeben, die sicherlich verhindern würden, daß Horden verbitterter Häftlinge das Land durchstreifen und über die Bevölkerung herfallen. Hitler teilte Görings naives Vertrauen zum Feind nicht. Nach der Lagebesprechung wies Hitler, zwanglos halb auf der Kante des Kartentisches sitzend, den ständigen Vertreter des Reichsführers SS an, dafür zu sorgen, daß alle Insassen liquidiert oder evakuiert würden. Auch seine prominenten Gefangenen hatte er nicht vergessen: Am 8. April verluden Vollzugsbeamte sie für den Abtransport nach Süden, unter ihnen die Familie Schuschnigg, Generalleutnant Thomas, Captain S. Payne Best und Oberstleutnant Bogislaw von Bonin. Im Lager Flossenbürg ließen sie Vizeadmiral Canaris und Generalmajor Oster zurück. Vor wenigen Tagen hatte General Buhle zufällig die Geheimtagebücher von Canaris gefunden, und diese besiegelten das Schicksal des Abwehrchefs. Am Abend des 8. April wurden Canaris und Oster nach einem Standgerichtsverfahren gehängt.
Die überlebenden Prominenten wurden nach Dachau gebracht – weil eine neue Idee in Hitlers Kopf Gestalt anzunehmen begann, die Idee nämlich, den Krieg aus dem leicht zu verteidigenden Alpenraum Böhmen-Bayern-Norditalien heraus fortzusetzen. Als Gauleiter Franz Hofer am 9. April erschien und Hitler drängte, den größten Teil Norditaliens aufzugeben, da die einzige bedeutende Rüstungsproduktion in Südtirol selbst konzentriert sei, wies Hitler darauf hin, daß jetzt praktisch die gesamte Rüstungsproduktion auf den Elektrostahl aus dem oberitalienischen Raum angewiesen sei. Am Abend des 10. April befahl er Saur – de facto Speers Nachfolger als

Rüstungsminister –, die Möglichkeit einer unabhängigen Rüstungsproduktion in den Alpen zu prüfen.
Für den Fall, daß das restliche Reichsgebiet in zwei Teile geteilt wurde, sollten Militärregierungen unter Dönitz und Kesselring den Nord- und den Südraum regieren. Am Abend des 12. April erteilte er Kesselring ausführliche Anweisungen. Hitler sprach von dem bevorstehenden großen Sieg General Busses an der Oder, von der 12. Armee, die unter General Wenck aufgestellt werde mit dem Ziel, die Alliierten an der Elbe zu schlagen, und von dem bevorstehenden Bruch der feindlichen Koalition. Busse teilte Hitlers Zuversicht: »Wir halten, bis der Amerikaner uns in den Arsch tritt.« Der Reichspropagandaminister versicherte den skeptischeren Stabsoffizieren Busses, daß nach geschichtlicher Notwendigkeit eine Wende kommen müsse – wie das Mirakel im Jahre 1762. Ein Offizier fragte ironisch den Minister: »Welche Zarin soll denn sterben?«
Entlang der ganzen Oder hatte an diesem 12. April eine sehr störende russische Artillerietätigkeit eingesetzt.

Die Nachricht, daß Präsident Roosevelt einem Gehirnschlag erlegen sei, erreichte Hitler am gleichen Abend. Mit vor Aufregung sich überschlagender Stimme rief Goebbels an; der Wendepunkt sei gekommen. Alle Reichsminister stimmten darin überein, daß an Roosevelts Tod das Walten der geschichtlichen Gerechtigkeit sichtbar geworden sei.
Am nächsten Morgen diktierte Hitler seinen letzten Tagesbefehl »Zum letzten Mal ist der jüdisch-bolschewistische Todfeind mit seiner Masse zum Angriff angetreten...« an die Soldaten der Ostfront; er sollte in dem Augenblick verlesen werden, in dem Stalins Großangriff begann. Er schloß mit einem Hinweis auf Roosevelt: »Im Augenblick, in dem das Schicksal den größten Kriegsverbrecher aller Zeiten dieser Erde weggenommen hat, wird sich die Wende dieses Krieges entscheiden.«
Hitler schien die Augen vor der Möglichkeit verschlossen zu haben, daß Berlin selbst zum Schlachtfeld werden könnte; aber am Abend des 13. April erteilte er die Erlaubnis zur Abfahrt des nervös gewordenen Diplomatischen Korps nach Süddeutschland. Am nächsten Tag verstärkte sich das Artilleriefeuer auf Busses Stellungen, und 200 russische Panzer fuhren Angriffe in Verbänden bis zu Regimentsstärke; 98 Panzer wurden abgeschossen, und der 15. April brachte ein Abflauen der Kampftätigkeit.
An diesem Tag traf Eva Braun unerwartet wieder in Berlin ein. Einige fanden die Entscheidung, an Hitlers Seite zu bleiben, relativ einfach. Der letzte Brief eines seiner Adjutanten an seine Frau räumte ein: »Es ist sicher nicht leicht für uns Männer, fern unserer Familien im letzten Einsatz zu stehen in dem Bewußtsein, daß unsere Frauen und Kinder später allein mit allen Schwierigkeiten des Lebens fertig werden müssen. Aber das haben Hunderttausende gekonnt... Ich bemühe mich, auch dem einfachsten Volksgenossen ein Vorbild zu sein und werde das nicht durchbrechen.«

Am 15. April gelang es der neuen 12. Armee des Generals Wenck, einen Brückenkopf der 8. US-Armee südlich Magdeburg an der Elbe zu zerschlagen und einen zweiten bei Barby einzuengen. Aber ein südlich von Küstrin gefangengenommener Russe sagte aus, daß der Großangriff an der Oder am nächsten Morgen beginnen werde – er sprach von einem kolossalen Artillerie-Trommelfeuer, von neuen Durchbruchspanzern und mächtigen Haubitzen, und er berichtete, daß die Soldaten Anweisung erhalten hätten, sich zu rasieren und jeden Tag zu waschen, »um einen kultivierten Eindruck zu machen«. Das klang authentisch. Hitler befahl Busses 9. Armee, sich sofort auf die zweite, geheime Großkampflinie zurückzuziehen. Während seiner mitternächtlichen Lagebesprechung traf eine rätselhafte Bitte von Generaloberst Heinrici ein, seinen Gefechtsstand verlegen zu dürfen, und zwar an einen Ort, den Hitler nach langem Suchen auf der Karte im *Rücken* Berlins fand und damit also *hinter* dem Hauptquartier des Führers selbst.* Hitler verbot den Stellungswechsel.

Es war sowieso zu spät. Um 5.00 Uhr früh begann an diesem 16. April entlang der Flüsse Oder und Neiße ein gewaltiges, mehrstündiges russisches Trommelfeuer. Fast eine halbe Million Granaten schlugen in den – jetzt praktisch verlassenen – vordersten deutschen Stellungen ein. Um 6.30 Uhr stießen Schukows Panzer und Infanteristen beiderseits der noch von Busses 9. Armee gehaltenen Festung Frankfurt/Oder über den Fluß; eine Stunde später begann der Großangriff gegen die 4. Panzer-Armee, die die Neiße-Front verteidigte. Die deutsche Luftwaffe warf alles, was sie für diesen Tag aufgespart hatte, in die Schlacht. Sechzig von Selbstmord-Piloten gesteuerte Maschinen stürzten sich mit ihrer Bombenlast im »Totaleinsatz« auf die Oderbrücken, über die der Feind nach Westen flutete. Bei Anbruch der Nacht hatte der Feind bei Wriezen zwar einen acht Kilometer tiefen Einbruch erzielt, aber in Hitlers Reichskanzlei herrschte kein Zweifel daran, daß man dem Feind eine schwere Niederlage zugefügt habe.

Fräulein Schroeder fragte leise, ob das Hauptquartier jetzt Berlin verlassen würde. Fast unwillig antwortete Hitler: »Nein, beruhigen Sie sich, Berlin bleibt deutsch!« Die junge Frau erwiderte, sie hätte sowieso mit dem Leben abgeschlossen. »Aber ich kann mir nicht vorstellen, wie es weitergehen soll, wo von der einen Seite die Amerikaner und von der anderen Seite die Russen täglich näher rücken.«

»Zeit!« erklärte Hitler ihr. »Wir müssen nur Zeit gewinnen!«

---

* Unter Mißachtung der Befehle, die er von Hitler entgegengenommen hatte, hatte Heinrici am Abend des 15. April insgeheim den Entschluß gefaßt, Berlin im Falle eines Zusammenbruchs seiner Oderfront dem Feind zu überlassen, und zwar ohne auch nur den Anschein eines Kampfes. Albert Speer hat das Verdienst für sich in Anspruch genommen, Heinricis bemerkenswerten Entschluß herbeigeführt zu haben.

»Wenn ich tot bin...«

In den Dokumenten gibt es Hinweise darauf, welche Vorstellungen Hitler sich darüber machte, wie lange er das Ende noch hinausschieben könne. Dem Generalstab hatte er befohlen, den Verteidigungsbereich Berlin für die Dauer von zwanzig Tagen zu bevorraten; war es bis dahin nicht zum Ausbruch eines offenen Konflikts zwischen Stalin und den Amerikanern gekommen, so war sein Spiel, das wußte Hitler, gescheitert. Das wäre sein Untergang, und »Eclipse« war auch der Deckname, den die Westalliierten für die Nachkriegsaufteilung des Reiches verwendeten. Am 15. April befand sich die Denkschrift »Eclipse« – von den Engländern im Westen erbeutet – in den Händen Hitlers, Himmlers und des OKH. Aus dem Kartenanhang ging hervor, daß Berlin zur Enklave tief innerhalb der sowjetischen Besatzungszone werden sollte, selbst ebenso wie ganz Deutschland in britische, amerikanische und russische Besatzungszonen aufgeteilt.

Mut schöpfte Hitler aus der Tatsache, daß die amerikanischen Panzerspitzen mit Erreichen der Elbe schon in Stalins Zone eingedrungen waren, während Stalins Truppen bei Erreichen St. Pöltens in Österreich am Abend des 15. April brav haltgemacht hatten. Die Abteilung Fremde Heere Ost wies mit Nachdruck am 15. auf die Meldung hin, russische Offiziere seien besorgt wegen amerikanischer Angriffsvorbereitungen. (»Man müsse die Amerikaner ›versehentlich‹ mit Artilleriefeuer überschütten, damit sie die Kraft der Roten Armee spürten.«) Immer aufs neue wiederholte Hitler in den folgenden beiden Wochen den einzigen Glauben, der ihn jetzt noch aufrechterhielt: »Dann kommen die anderen« – gemeint waren Großbritannien und die Vereinigten Staaten – »vielleicht doch zu der Überzeugung, daß es nur einer sein kann, der dem bolschewistischen Koloß Einhalt zu gebieten in der Lage ist, und das bin ich und die Partei und der heutige deutsche Staat.« Das war der einzige Sinn des ansonsten hoffnungslosen Kampfes um Berlin.

Die Engländer zwar waren völlig durch ihren Deutschenhaß verblendet, doch schienen die Amerikaner plötzlich etwas zugänglicher zu sein. In der Nacht zum 18. April teilte SS-Gruppenführer Fegelein, Himmlers Verbindungsoffizier, Hitler mit, daß man sich in den Geheimverhandlungen zwischen SS-Obergruppenführer Wolff und Mr. Allan Dulles in Bern im Prinzip auf Bedingungen für einen Waffenstillstand an der italienischen Front geeinigt habe. Dadurch könnte ein Keil in das Bündnis der Feinde getrieben werden. Um 3.00 Uhr ließ er Wolff kommen und beglück-

wünschte ihn: »Ich bin Ihnen dankbar, daß es Ihnen gelungen ist, zum ersten Mal die Türe nach dem Westen aufzubekommen. Die Bedingungen sind natürlich sehr schlecht.« Aber gegen 17.00 Uhr hatte sich seine Stimmung wieder verhärtet: »Ich will noch acht Wochen die Front halten und warten, bis die Sache zwischen Ost und West auseinanderbricht.« Die italienische Festung müsse unbedingt gehalten werden und ebenso Berlin.
Mit Härte ging Hitler gegen jede Spur von Defaitismus vor. Nach Rücksprache mit Bormann befahl er die Verhaftung seines ehemaligen Begleitarztes Professor Brandt, weil er seine Frau und seinen Sohn nach Bad Liebenstein geschickt hatte, damit sie dort in die Gefangenschaft der Amerikaner gehen konnten. Am 18. April wurde Brandt wegen dieses Verbrechens standrechtlich zum Tode verurteilt.*
Aber ganze Armeen konnte man nicht vor das Kriegsgericht stellen. Zistersdorf wurde vom Feind erobert. Himmler meldete Hitler, daß beim Heer in Österreich die »Tendenz Absetzen« vorherrsche, »obwohl Iwan offensichtlich kampfunlustig und nur zögernd und müde angreift«.

Hitler hatte noch ein zweites Motiv, den Endkampf in Berlin führen zu wollen. Er wollte seinen Generalen ein Beispiel setzen und so seine persönliche Autorität wiederherstellen.
Schwere, blutige Verluste waren den Russen zugefügt worden. Am 16. April hatte Busses 9. Armee an der Oderfront 211 Panzer und am nächsten Tag weitere 106 abgeschossen. An der Neiße-Front vernichtete General Fritz Gräsers benachbarte 4. Panzer-Armee 93 und dann 140 Panzer. Busses Front hatte ihren Zusammenhalt noch nicht verloren. Ostwärts Wriezen war ein tiefer Keil in die deutschen Stellungen getrieben worden, und südostwärts Berlins hatte Marschall Koniews Heeresgruppe schon am allerersten Tag zwei Brückenköpfe an der Neiße errichten können – genau an der Stelle, an der Hitler den russischen Schwerpunkt vorausgesehen hatte, wenn auch mit anderer Stoßrichtung. Russische Panzer näherten sich schon Cottbus und der Spree bei Spremberg; es zeigte sich also, daß Koniew das gleiche Ziel hatte wie Schukow, nämlich Berlin und nicht Prag. Das ließ Hitler weniger Zeit, als er angenommen hatte.
Am 17. April befahl Hitler, die Autobahnbrücken zu sprengen und jedes verfügbare Flugzeug einschließlich der Me 262 einzusetzen, um zu verhindern, daß der Feind Cottbus erreichte. Bei der Mittagslage erklärte er: »Die Russen werden sich vor Berlin die blutigste Niederlage holen, die es überhaupt gibt.« Bis weit in die Nacht hinein saß er grübelnd mit Eva Braun und seinen Sekretärinnen zusammen und versuchte sich selbst zu überzeugen, daß der Keil bei Wriezen nur auf das gewöhnliche Glück des Angreifers zurückginge. Er machte Generaloberst Heinrici für die Krise an der Oder-

---

* Brandt überlebte den Krieg. In Landsberg wurde er 1947 von den Amerikanern hingerichtet.

front verantwortlich und nannte ihn »einen langsamen, unentschlossenen Pedanten, dem es am notwendigen Enthusiasmus mangelt«. Am 18. April wurde eine harte Schlacht um Seelow geschlagen, um die Höhen, die das russische Angriffsgebiet beherrschten. Am Abend war Seelow fest in Schukows Hand, und Hitler erfuhr, daß nur eine SS-Freiwilligendivision, die holländische Panzergrenadier-Division »Nederland«, zu einem Gegenangriff eingesetzt worden war.

Mit einem weiteren Zornesausbruch reagierte er auf die Nachricht, Goebbels habe fünf völlig ungeeignete Bataillone des Berliner Volkssturms an die Oderfront geschickt, obwohl er solche Truppen nur für den örtlichen Einsatz bestimmt hatte. Es standen genug junge Soldaten zur Verfügung, die nur aus Waffenmangel an der Front nicht eingesetzt werden konnten.

In der Bemühung, den Parkinsonschen Tremor seines höchsten Patienten einzudämmen, hatte Prof. Morell am Vorabend der sowjetischen Großoffensive angefangen, zwei exotische Medikamente in täglich sich steigernder Dosis zu verabreichen. »Tremor, da Abart einer Schüttellähmung«, vermerkte er am 15. April: »Versuch vorübergehender Beeinflussung durch [Injektion] Harmin s. c. [subcutaneous] und Homburg 680.« Am 16. trug er ein: »Mittags: ... Harmin s. c. Abends: 1 Tropfen Homburg 680.« Und am folgenden Tag: »Mittags: Harmin s. c. Tremor gering gebessert. Mittags 1 Tropfen Homburg 680, abends 1 Tropfen Homburg 680.« (Ein September 1945 im Bunker gefundener Tischkalender Hitlers zeigt, daß der Diener Heinz Linge Anweisung hatte, auch nach Morells Flucht diese anti-Parkinsonschen Tropfen zu verabreichen – bis 13mal täglich am 28. April, die letzte Eintragung.)

Gequält von Unruhe, fand Hitler von jetzt an bis zum Ende nur noch selten und unregelmäßig Schlaf. Am 18. April notierte sich der Leibarzt nach der Harmininjektion: »Zittern der linken Hand etwas gebessert, aber schläfrig. Nachtschlaf aber nur zur Zeit mit Tempidorm möglich.« Die langen Tage wurden unterbrochen von einer endlosen Folge von Hiobsbotschaften, und jede von ihnen brachte das Ende schneller näher. Rastlos und bleich schlurfte er im Bunker umher, machte kurze Spaziergänge an der frischen Luft, hockte dann wieder in der Bunker-Fernsprechvermittlung – wohin er vorher nie den Fuß gesetzt hatte – oder schlich zu seinen Hunden. Oft saß er auf der kleinen Bank im Korridor und beobachtete die Offiziere, die den Bunker betraten und verließen.

Die neueste Tagesmeldung von Heinricis Heeresgruppe Weichsel besagte am 19. April, daß die Russen zwischen 17.00 Uhr und 18.00 Uhr bei Müncheberg und Wriezen endgültig den Durchbruch erzielt und offenes Gelände erreicht hätten. Schier unübersehbare Panzermassen ergossen sich durch die zwei Breschen; bei Müncheberg schossen Panzervernichtungstrupps und Flugzeuge 60 Feindpanzer in den nächsten Stunden ab (die 9. Armee vernichtete insgesamt 226 russische Panzer an diesem Tage). »Die

Schlacht«, meldete abends die Heeresgruppe Heinrici, »wird demnächst entschieden.« Stechende Kopfschmerzen quälten Hitler, als diese Nachricht im Bunker eintraf. Der Diener ließ Morell kommen, und der Leibarzt zapfte aus Hitlers rechtem Arm Blut ab, das dick in einen großen Becher rann. Linge wurde bleich, raffte sich aber zu dem Scherz auf: »Mein Führer, jetzt genügt es, Ihrem Blut etwas Fett zuzusetzen, und wir können es als ›Führerblutwurst‹ anbieten.« Abends beim Tee erzählte Hitler diesen etwas unfeinen Scherz Eva Braun und den Sekretärinnen.
Um Mitternacht begann sein 56. Geburtstag – »Leider nicht gerade Geburtstagslage«, vermerkte Bormann in seinem Tagebuch. Hitler ließ im voraus verbreiten, er nähme keine Glückwünsche entgegen, aber Eva Braun brachte ihn doch dazu, um Mitternacht in den Vorraum zu gehen und den dort versammelten Adjutanten die Hand zu reichen. Saur hatte das genaue Modell eines 35-cm-Munitionswerfers mitgebracht. Hitler sprach Goebbels und Ley gegenüber kurz von seiner Entschlossenheit, die Alpenfestung und Böhmen und Mähren im Süden sowie im Norden Norwegen zu verteidigen. Dann trank er allein mit Eva Tee. Die ganze Nacht lag er schlaflos, bis Linge klopfte und sagte, es sei Morgen. General Burgdorf, Chefadjutant der Wehrmacht, wartete draußen. Er rief, bei Tagesanbruch hätten die Russen die Front beiderseits Spremberg durchbrochen; die 4. Panzerarmee versuche, den Einbruch durch Gegenangriff zu bereinigen. Hitler sagte nur: »Linge, ich habe noch nicht geschlafen. Wecken Sie mich eine Stunde später als sonst, um 14 Uhr.«
Als Hitler an seinem 56. Geburtstag erwachte, lag Berlin unter schwerstem Luftangriff. Seine Augen schmerzten; Morell gab ihm die üblichen Spritzen, dann spielte Hitler ein wenig mit dem Hund »Wolf« und aß mit Eva und den beiden älteren Sekretärinnen, Johanna Wolf und Christa Schroeder. Man schwieg. Nach dem Essen nahmen sie ihren Weg im Tunnel zum Voßbunker, um noch einen Blick auf das Modell von Linz zu werfen. Hitler zeigte ihnen das Haus, in dem er seine Jugend verbracht hatte. Am Nachmittag stieg er, gefolgt von Goebbels, die Wendeltreppe zum Reichskanzlei-Garten empor, eingehüllt in seinen grauen Mantel mit hochgestelltem Kragen. In der Luft hingen der Staub Berlins und der Rauch von hundert Bränden. Einige Hitlerjungen mit frischen Gesichtern waren angetreten und erwarteten die Auszeichnung mit dem Eisernen Kreuz für Tapferkeit im Flak- und Erdeinsatz. In der Nähe der Tür zum Musiksalon war eine Abordnung der SS-Division »Frundsberg« aus Kurland angetreten. Hitler schritt, zitternd wie ein Greis und die Füße nachschleppend, langsam die Front ab. Er sagte, er könne nicht laut reden; aber er versprach ihnen, daß der Sieg kommen werde und daß sie dann ihren Kindern sagen könnten, daß auch sie an seiner Erringung teilgehabt hätten.
Gegen 16.00 Uhr am Nachmittag seines Geburtstages, des 20. April 1945, ging Hitler den Weg zurück in seinen Bunker. So sah er zum letzten Mal den Himmel.

Vor der Lagebesprechung gestattete er seinen Mitarbeitern, ihm einzeln ihre Glückwünsche auszusprechen. Keitel gab zu erkennen, daß es höchste Zeit sei für Hitler, Berlin zu verlassen, aber er fiel ihm ins Wort: »Keitel, ich weiß, was ich will, ich werde mich vor, in oder hinter Berlin schlagen.«

Dann begann die Lagebesprechung. Im Norden und Süden Berlins hatten die Russen die Schlacht entschieden, und die Spitzen der Armee preschten nach Westen. Falls Schörners Gegenangriff scheiterte, würde die einzige Hauptstraße von Berlin aus nach Süden in wenigen Stunden besetzt sein. General Koller wies darauf hin, daß die Lastwagen mit Ausrüstungen und Akten des OKW unverzüglich Berlin in Richtung Süden verlassen müßten. Hitler genehmigte eine sofortige Aufteilung der Wehrmachtsführung. Dönitz und ein Teilführungsstab des OKW sollten nach Norden gehen; ein anderer Teil sollte sofort nach Süden aufbrechen. Er ließ den Eindruck aufkommen, daß er selbst später nach Süden folgen werde. Göring – dessen eigene, vollbeladene Lkw schon auf den Befehl zum Abfahren warteten – fragte: »Mein Führer, Sie haben doch wohl nichts dagegen, wenn ich jetzt nach Berchtesgaden fahre?« Hitler sagte frostig zu ihm: »Meinetwegen, fahre los.«

Um 21.30 Uhr, ein neuer Luftangriff hatte gerade begonnen, ließ Hitler die beiden älteren Sekretärinnen kommen. Christa Schroeder notierte sich wenig später: »Er sagte, daß sich die Lage in den letzten vier Tagen so sehr verändert habe, ›daß ich mich gezwungen sehe, meinen Stab aufzulockern. Da Sie die Älteren sind, machen Sie den Anfang. In einer Stunde geht ein Wagen in Richtung Süden. Zwei Koffer können Sie mitnehmen, das Weitere sagt Ihnen Martin Bormann.‹ Ich bat ihn, in Berlin bleiben zu dürfen und dafür die jüngere Münchner Kollegin fahren zu lassen, ... worauf er entgegnete: ›Nein, ich will später eine Widerstandsbewegung gründen und dazu brauche ich euch beiden...‹ Er gab uns die Hand, damit zum Ausdruck bringend, daß... die Unterredung beendet sei: ...›Wir sehen uns bald wieder, ich komme in einigen Tagen nach!‹... Mitten unterm Packen klingelte das Telefon. Ich nahm ab. Der Chef war am Apparat. Mit kraftloser Stimme sagte er: ›Kinder, das Loch ist bereits geschlossen.... Ihr kommt dort mit dem Wagen nicht mehr durch und müßt nun morgen früh fliegen.‹ Kurze Zeit darauf telefonierte er jedoch nochmals: ›Kinder, beeilt Euch, die Maschine startet sofort nach der Entwarnung.‹ Seine Stimme klang unendlich traurig und matt, und mitten im Gespräch hörte er auf. Ich fragte nochmal zurück, aber obwohl er den Hörer nicht aufgelegt hatte, gab er keine Antwort mehr.«

Immer neue Panzermassen schoben sich durch die große Frontlücke zwischen der 4. Panzer-Armee und der 9. Armee voran. Schörners Gegenangriff hatte begonnen, und Hitler befahl Heinrici, ebenfalls anzugreifen, um diese Lücke zu schließen. Aber Heinrici konnte Hitler keine Gewähr geben, daß dies nicht zum Verlust der gesamten Artillerie der Flanken des Korps führen würde. Daher befahl Hitler, die Front zu halten, wie sie war. Heinrici telefonierte mit dem Generalstab und protestierte, der Führerbefehl sei »unerfüllbar und aussichtslos«. »Eigentlich müßte ich vor den Führer hintreten und ihm erklären: ›Mein Führer, da der Befehl gegen Ihr Wohl geht, bitte ich Sie, mich von dieser Aufgabe zu entbinden und einen anderen damit zu beauftragen.« Krebs gab ihm trocken zu verstehen: »Der Führer erwartet klar, daß alles für das Schließen der Front getan wird...« Aber der Heeresgruppenbefehlshaber hatte schon beschlossen, sich über Hitlers »undurchführbaren Befehl« hinwegzusetzen. Solange es noch möglich war, wollte er die 9. Armee nach *Westen* durchstoßen lassen. So wurde die Lücke noch mehr verbreitert, was am Ende das Schicksal Berlins besiegeln mußte. Hitler wurde in dem Glauben belassen, daß seine Befehle ausgeführt würden.

In jener Nacht faßte er den Entschluß, Berlin nicht zu verlassen. Zusammengepfercht mit seinen Sekretärinnen in seinem Arbeitszimmer sagte er: »Ich *muß* hier in Berlin die Entscheidung suchen – oder untergehen!« Bormann teilte in den frühen Morgenstunden seinem Stab auf dem Berghof fernschriftlich mit: »Wolf bleibt hier, da Lage nur durch ihn zu meistern, wenn überhaupt möglich.«
Kaum jemand erschien zur Abendlage. – Der Stellvertretende Generalstabschef Generalmajor Dethleffsen brachte jedoch die unheilvolle Nachricht, daß sich die Lücke in der 4. Panzer-Armee noch mehr ausgeweitet habe. Mit ruhiger Stimme schrieb Hitler das dem »Verrat« dieser Armee zu. Dethleffsen wandte ein: »Mein Führer, glauben Sie, daß wirklich soviel verraten wird?« Hitler sah ihn mitleidig an. »Die ganzen Mißerfolge im Osten sind nur auf Verrat zurückzuführen.« Hewel steckte den Kopf zur Tür herein: »Mein Führer, haben Sie für mich noch Befehle?« Hitler schüttelte den Kopf. Hewel rief: »Mein Führer, es ist fünf Sekunden vor 12 Uhr. Wenn Sie mit Politik noch irgend etwas erreichen wollen, dann ist es allerhöchste Zeit.« Mit leiser, erschöpft klingender Stimme antwortete Hitler: »Wenn ich tot bin, werdet Ihr noch genug Politik machen müssen.«
Draußen ertönte gerade die Entwarnung. Puttkamer schlüpfte hinaus, im Koffer bei sich die gefährlichen Privattagebücher des Generalobersten Schmundt; Saur gesellte sich im Flugzeug zu ihm. Er hatte Befehl, in den Alpen an Rüstungsproduktion zu organisieren, was da noch möglich war. Ungefähr 80 andere Mitglieder vom Stabe Hitlers flogen in jener Nacht nach Süden.
Am Vormittag des 21. April hämmerte gegen 10.00 Uhr jemand an Hitlers Schlafraumtür. Linge rief, daß Artilleriefeuer auf der Innenstadt liege. Hitler rief das OKL an und befahl, die Batterie sofort zu bekämpfen, General Koller versicherte ihm: »Der Feind hat keine Eisenbahnbrücke über die Oder. Vielleicht hat er eine schwere deutsche Batterie nehmen und herumschwenken können.« Wenig später rief Koller wieder an. Vom Divisionsgefechtsstand der Flak auf dem Zoobunker sei beobachtet wor-

den, daß der Feind am Morgen eine Batterie bei Marzahn vor Berlin in Stellung gebracht habe – und Marzahn war nur zwölf Kilometer entfernt.
Den ganzen Tag über regneten die Granaten weiter auf Berlin herab, und in Hitlers Bunker wuchs das Gefühl zunehmender Isolierung. Von General Helmuth Weidlings LVI. Panzerkorps ostwärts von Berlin gab es keine Nachricht; als die unglaubliche Meldung eintraf, Weidling sei mit seinem Stab ins olympische Dorf westlich Berlins geflohen, wurde seine Verhaftung angeordnet. Die Strahljäger wurden durch feindliche Jägerüberwachung daran gehindert, gegen russische Armeespitzen südlich Berlins zu starten. Hitler telefonierte Koller erbost: »Dann braucht man auch die Strahler nicht mehr, die Luftwaffe ist überflüssig!« Später rief Hitler wütend Koller noch einmal an: »Man müßte die ganze Luftwaffenführung sofort aufhängen«, und er schleuderte den Hörer auf die Gabel. Heinrici, der an diesem Tag persönliche Meldung im Bunker erstatten sollte, bat, ihn zu entschuldigen, da er »völlig überlastet« sei. Er vermied es erfolgreich, dem Führer jemals wieder in die Augen sehen zu müssen.
Am Nachmittag begann Hitler, einen letzten Versuch zu planen, um die Lücke in Heinricis Front nordostwärts von Berlin endlich zu stopfen. Eine Kampfgruppe unter SS-Obergruppenführer Felix Steiner sollte sich in der Nacht von Eberswalde nach Werneuchen vorkämpfen; gelang Steiner dieser Stoß nach Süden, dann waren Schukows nördlich von Berlin vorgehende Truppen abgeschnitten. Hitlers Angriffsbefehl an Steiner, der gegen 17.00 Uhr herausgegeben wurde, hatte hysterische Untertöne: »Offiziere, die sich dieser Anordnung nicht bedingungslos fügen, sind festzunehmen und augenblicklich zu erschießen. Sie selbst mache ich mit Ihrem Kopf für die Durchführung dieses Befehls verantwortlich.«
Das las Krebs dem überlasteten Heinrici am Telefon vor, aber Heinrici hatte auch alle Hände voll mit der Rettung seiner rechten Flanke vor einer russischen Einkesselung bei Fürstenwalde zu tun: »Es bleibt nur noch die nunmehr aber dringend notwendige und erforderliche Zurücknahme der 9. Armee auf eine Stellung südostwärts Berlin südlich der Seenkette.« Das bedeutete die Aufgabe Berlins. Was den Angriff Steiners betraf – wenn der Führer darauf bestünde, so bitte er, Heinrici, darum, als Vorgesetzter Steiners abgelöst zu werden.
Hitler bestand auf dem Angriff, löste aber Heinrici nicht ab. Um 21.00 Uhr erfuhr er, daß ein Bataillon der Division »Hermann Göring« das längst verlassene Carinhall des Reichsmarschalls verteidigte. Er befahl, die Truppe sofort Steiner zu unterstellen, und als Koller sich um 22.30 Uhr telefonisch erkundigte, wo Steiner denn eigentlich sei, riß Hitler Krebs den Hörer aus der Hand und befahl erregt: »Jeder Kommandeur, der Kräfte zurückhält, hat binnen fünf Stunden sein Leben verwirkt. ... Sie selbst haften mit Ihrem Kopf, daß der letzte Mann eingesetzt wird.« Krebs bekräftigte: »Alles zum Angriff von Eberswalde nach Süden!« und legte dann auf.

Welche Befehle Heinrici jetzt Steiner erteilte, wissen wir nicht. Aber Schukows Flanke mit zusammengewürfelten und schlecht bewaffneten Truppen anzugreifen, hieß, die Katastrophe heraufzubeschwören. Die Tatenlosigkeit des SS-Obergruppenführers brachte für Hitler nach Sepp Dietrichs Fiasko in Ungarn das Faß zum Überlaufen.
In der Enge seines Bunkers erlitt Hitler am 22. April einen schweren Nervenzusammenbruch. Es stand nun nur noch wenig zwischen Berlin und der unvermeidlichen Niederlage. Die Russen standen in Köpenick und stießen auf Spandau vor. Vielleicht kämpften sie am Abend schon im Regierungsviertel selbst. Das war die militärische Lage, als Krebs endlich Hitlers Genehmigung für die Besatzung von Frankfurt/Oder erwirkte, auch diese Festung dem Feind zu überlassen.
Die Lagebesprechung begann routinemäßig gegen 15.00 Uhr. Hitler erkundigte sich nach dem Unternehmen, dem offensichtlich alle seine Gedanken galten – nach Steiners Gegenangriff im Norden. Von SS-Seite wurde ihm versichert, daß der Angriff gut begonnen habe. Eine Stunde später rief Koller an und meldete, daß Steiner den Angriff noch nicht begonnen habe. Dieser Betrug ausgerechnet durch die Waffen-SS, diese offene Mißachtung seiner Befehle erschütterten Hitler zutiefst. Er gewann den Eindruck, man wolle ihn vor vollendete Tatsachen stellen, um ihn zum Verlassen Berlins zu zwingen. Er atmete schwer, sein Gesicht lief dunkelrot an, seine weit aufgerissenen Augen traten hervor. »Unter diesen Bedingungen bin ich nicht mehr in der Lage, zu kommandieren. Der Krieg ist verloren! Aber wenn Sie, meine Herren, glauben, daß ich Berlin verlasse, dann haben Sie sich sehr getäuscht! Lieber schieße ich mir selbst eine Kugel in die Stirn!«
Abrupt wandte Hitler sich zum Gehen. In höchster Aufregung rief Walther Hewel Außenminister Ribbentrop an, der Führer habe einen Nervenzusammenbruch erlitten, er wolle sich erschießen!
Hitler ließ sich mit Goebbels verbinden und diktierte ihm eine Bekanntmachung, daß er sich entschlossen habe, in Berlin zu bleiben und bis zum Ende zu kämpfen; dann befahl er Goebbels, mit Frau und Kindern zu ihm in den Bunker zu kommen. »Schaub«, sagte er, »wir müssen sofort alle wichtigen Dokumente, die sich hier befinden, vernichten. Besorgen Sie sich Benzin!«
Sie gingen in das Schlafzimmer. Während Schaub den kleinen Panzerschrank am Fußende des Bettes öffnete und den Inhalt in einen braunen Koffer stopfte, nahm Hitler die leichte 6,35 mm Pistole aus seiner Hosentasche und ersetzte sie durch die schwerere 7,65 mm Walther-Dienstpistole, die immer auf seinem Nachttisch lag. Oben wurden weitere Panzerschränke geöffnet. Die Papiere wurden in einen Bombentrichter im Garten der Reichskanzlei geworfen. Eine Zeitlang stand Hitler neben Schaub und sah zu, wie sie in Flammen aufgingen. »Richelieu hat einmal gesagt: ›Gib mir von einem Mann fünf Zeilen Geschriebenes!‹ Was habe ich verloren! Teuerste Erinnerungen! Aber was heißt das alles. Einmal muß man doch den ganzen Zinnober zurücklassen.«

Endlich begriff sein entsetzter Stab, daß Hitler beabsichtigte, im Zentrum des sich zusammenbrauenden Sturms zu bleiben. Goebbels, Bormann, Keitel, Jodl und telefonisch auch Dönitz und Himmler baten ihn, sich seinen Entschluß noch einmal zu überlegen; Keitel bat um eine Aussprache unter vier Augen, aber Hitler fiel ihm ins Wort: »Ich weiß schon, was Sie sagen wollen: Es muß jetzt ein ganzer Entschluß gefaßt werden! Diesen ganzen Entschluß habe ich bereits gefaßt! Ich gehe aus Berlin nicht mehr hinaus; ich werde die Stadt bis zum letzten verteidigen. Entweder ich befehle diesen Kampf um die Reichshauptstadt, wenn Wenck mir die Amerikaner vom Halse hält und hinter die Elbe zurückschlägt, oder ich gehe in Berlin mit meinen Soldaten unter und falle im Kampf um das Symbol des Reiches.«
Jodl wies darauf hin, falls Hitler im letzten Augenblick Selbstmord begehe, sei die Führung des Heeres nicht mehr gewährleistet. Hitler rief Bormann herein und befahl ihm, noch in dieser Nacht mit Keitel und Jodl nach Berchtesgaden zu fliegen und von dort aus mit Göring als Vertreter des Führers den Krieg weiterzuführen. Alle drei weigerten sich. Irgend jemand wandte ein, daß sich kein deutscher Soldat finden lassen werde, der für den Reichsmarschall zu kämpfen bereit sei. Hitler erwiderte: »Da ist nicht mehr viel zu kämpfen. Und wenn es aufs Verhandeln ankommt, das kann der Reichsmarschall besser als ich.«
Es war gegen 17.00 Uhr, und die Russen hatten jetzt den Schlesischen Bahnhof erobert. Hitlers Stab drängte sich mit versteinerten Gesichtern im Gang, und viele waren darauf gefaßt, Todesschüsse aus Hitlers Wohnraum zu hören. General Burgdorf gab ihnen nur noch, wie er Eva Braun zuflüsterte, eine Chance von zehn Prozent. Aber Jodl blieb verbissen optimistisch – er erinnerte Hitler an die Demarkationslinie auf den erbeuteten »Eclipse«-Karten und schlug vor, Wencks 12. Armee jetzt von West nach Ost herumschwenken zu lassen und sie für den Entsatz Berlins heranzuführen. Hitler zuckte die Achseln: »Tun Sie, was Sie wollen!« Vielleicht, meinte Jodl, würden die Alliierten *jetzt* einsehen, daß die Deutschen ja nur gegen die Sowjets kämpfen wollten. Keitel bot an, diese Nacht persönlich zu Wenck zu fahren, um ihm die nötigen Befehle zu überbringen. Hitler ließ ein kräftiges Mahl für den Feldmarschall herrichten, bevor er abfuhr.

Hitler schreckte der nahende Tod, den er vielleicht schon an diesem Abend kommen wähnte, nicht. Auf einer Lagebesprechung im August 1944 hatte er seinen Generalen gesagt, der Tod »wäre nur eine Befreiung von Sorgen, schlaflosen Nächten und einem schweren Nervenleiden gewesen. Es ist nur der Bruchteil einer Sekunde, dann ist man von all dem erlöst und hat seine Ruhe und seinen ewigen Frieden.« Außerdem, so bemerkte er Feldmarschall Schörner gegenüber, würde sein Tod das letzte Hindernis für eine Verständigung mit den Anglo-Amerikanern beiseite räumen. Model habe den Mut gefunden, sich das Leben zu nehmen. Er würde das gleiche tun. Er, Hitler, sei kein General Paulus. Schroff wies er Eva Braun und die Sekretärinnen an, nach Süden zu fliegen. Eva nahm seine beiden Hände und sagte tröstend: »Aber du weißt doch, daß ich bei dir bleibe.« Hitlers Augen begannen zu leuchten, und er tat etwas, was noch keiner je gesehen hatte – er gab ihr einen leichten Kuß auf die Lippen. Frau Junge sagte: »Ich bleibe auch.« Frau Christian schloß sich ihr an. Hitler erwiderte: »Ich wollte, meine Generale wären so tapfer wie Sie!«

Trotz eines Anrufs von seinem Verbindungsoffizier, Fegelein, erschien Himmler nicht im Bunker; offenbar hatte er aus Fegeleins Worten geschlossen, daß man ihn wegen Steiners Versagen verhaften werde; Fegelein wurde losgeschickt, um ihn auf halbem Wege zu treffen, aber auch Fegelein kam nicht wieder. Hitler erfuhr, daß Himmler außerhalb Berlins ein Begleitbataillon von 600 SS-Männern zu seinem persönlichen Schutz stehen habe. Einige Zeit später kam Himmlers Chef des SS-Hauptamtes, SS-Gruppenführer Gottlob Berger, an. Hitler wiederholte ihm gegenüber seine Vorwürfe wegen der Untreue der SS und forderte Berger auf, in Bayern die Separatistenbewegungen zu zerschlagen, die dort, in Württemberg und Österreich entstanden waren. Sein letzter Befehl an Berger, bevor dieser gen Süden floh, war, so viele britische und amerikanische gefangene Offiziere wie möglich zu sammeln und sie zur Alpenfestung zu bringen – als Geiseln.

Im Schutze der Dunkelheit verließen noch weitere Mitglieder seines Stabes Berlin. Prof. Morell erklärte, nach Atem ringend, er brauche dringend Luftveränderung; er bot Hitler eine letzte, stärkende Spritze an, aber Hitler argwöhnte, daß hier ein Komplott im Gange sei, daß man ihn einschläfern und bewußtlos aus Berlin fortschaffen wolle. Voller Verachtung entließ er den Professor: »Ziehen Sie Ihre Uniform aus und werden Sie wieder der Arzt vom Kurfürstendamm!« Morell flog noch in dieser Nacht ab. Hitler schickte auch die beiden letzten Stenografen vom Dienst fort und befahl ihnen, das zuletzt Aufgenommene »nach außen« zu bringen.

Hitlers DNB-Referent Heinz Lorenz erhielt Anweisung, die noch kommenden Lagebesprechungen aufzunehmen. Aus seinen fragmentarischen Stenogrammen – die mit der Rückkkehr der erschöpften Keitel und Jodl vom Schlachtfeld um 15.00 Uhr am 23. April beginnen – wird die zunehmende Verzweiflungsstimmung in Hitlers Bunker deutlich. Ostwärts von Berlin war das LVI. Panzer-Korps mitsamt seinem General Weidling spurlos verschwunden. »Es ist so schandbar!« rief Hitler aus. »Wenn man es sich alles überlegt, warum dann überhaupt noch leben!« Steiner hatte sich mit seiner 25. Panzergrenadier- und seiner 7. Panzer-Division bei Eberswalde im Norden der Hauptstadt nicht vom Fleck gerührt. Die Russen hatten zwischen Oranienburg und Spandau die Havel überschritten. Die Lage an Deutschlands anderen Fronten beschäftigte Hitler nicht mehr. Die Besprechungen im Bunker drehten sich ausschließlich um die Verteidigung Berlins.

Hitlers letzte Kriegslist wurde ins Werk gesetzt. Mittags gab das Reichspropagandaministerium bekannt: »Der Führer ist in Berlin . . . Die Führung ist entschlossen, in Berlin zu bleiben und die Reichshauptstadt bis zum Letzten zu verteidigen.« Lorenz zeichnete Hitlers Gedankengänge so auf: »Der Gegner weiß, daß ich hier bin. . . . Das kann die beste Gelegenheit für uns geben, um ihn hier in eine Falle zu locken. Das setzt aber voraus, daß man sich bei uns endgültig über die Bedeutung dieser Stunde im klaren ist und wirklich gehorsam nach dem von oben befohlenen Plan arbeitet. Es muß aufrichtig gearbeitet werden! Das hier oben« – er zeigte auf der Karte auf die Armeegruppe Steiner – »ist nicht ehrlich!« General Krebs wandte ein: »Ich glaube, daß wir noch vier Tage Zeit haben.« »In vier Tagen muß die Sache entschieden sein«, stimmte Hitler ihm zu.

Die von Hitler erwähnte »Falle« war der von Keitel und Jodl vorgeschlagene Plan – Wencks Armee an der Elbe- und Mulde-Front sollte herumgeschwenkt werden, um sich südlich von Berlin mit Busses 9. Armee zu vereinigen und dann nach Norden in Richtung Potsdam und Berlin anzugreifen. Die auf diese Weise abgeschnittenen russischen Elitetruppen sollten vernichtet werden. Gleichzeitig sollte das XXXXI. Panzer-Korps unter Generalleutnant Rudolf Holste über die Elbe zurückgeholt werden, um zwischen Spandau und Oranienburg zum Gegenangriff überzugehen; Steiner sollte seine beweglichen Divisionen Holste unterstellen.

Der Realist in Hitler raunte ihm zu, die Niederlage sei unvermeidlich. Eva Braun schrieb an diesem 23. April: »Der Führer selbst hat jeden Glauben an einen glücklichen Ausgang verloren.« Später fügte sie hinzu: »Augenblicklich heißt es wieder, es würde besser, und General Burgdorf, der gestern nur 10% gab für unsere Lage, ist heute bereits auf 50% gestiegen. Also! Vielleicht kann doch noch alles gut werden!« Hitler trank Schokolade mit Goebbels' sechs kleinen Kindern, die jetzt in Morells Unterkunft eingezogen waren. Helmuth las seinen Schulaufsatz vor, den er zum Führergeburtstag geschrieben hatte. Helga rief: »Das hast du von Vati geklaut!« »Oder Vati von mir«, erwiderte Helmuth zum hellen Vergnügen der erwachsenen Zuhörer.

Bevor Keitel nach Wencks Gefechtsstand zurückkehrte, kam er noch einmal zu Hitler und fragte, ob irgendwelche Verhandlungen mit den Feindmächten eingeleitet worden seien. Hitler gab zur Antwort, erst müsse er noch wenigstens einen Sieg verbuchen können – in der Schlacht um Berlin. Er deutete an, daß er Ribbentrop für heute abend zu sich gerufen habe, um weitere Schritte zu erörtern. Ribbentrops Vorschlag war, namhafte tschechische Industrielle sofort nach Frankreich fliegen zu lassen, um dort mit ihren amerikanischen Verbindungen Verhandlungen über den Schutz der Tschechoslowakei vor den Bolschewisten zu führen. »Der Führer hat seine Zustimmung hierfür gegeben«, unterrichtete Ribbentrop brieflich Karl-Hermann Frank. Zum ersten Mal also gab Hitler Ribbentrop gegenüber zu, daß der Krieg verloren sei. Er diktierte Ribbentrop vier geheime Punkte für die Verhandlungen mit den Engländern, wenn es dazu

kommen sollte. Wenn Europa in einer von den Sowjets dominierten Welt überleben wolle, dann müßten London und Berlin irgendwie das Kriegsbeil begraben. Er befahl Ribbentrop, in diesem Sinne einen geheimen Brief an Churchill zu richten. »Sie werden sehen«, sagte Hitler voraus: »Mein Geist wird aus dem Grab auferstehen, und eines Tages wird das Volk sehen, daß ich recht gehabt habe.«
Als Ribbentrop ging, meldete ein Adjutant die Ankunft Albert Speers. Speer war mit einem Fieseler Storch auf der Ost-West-Achse gelandet. Eva Braun, wie Hitler durch immer wieder auftauchende Gerüchte über das undurchsichtige Verhalten Speers beunruhigt, begrüßte ihn herzlich. »Ich wußte ja, daß Sie kommen würden. Sie lassen den Führer nicht allein!« Speer lächelte ironisch: »Ich verlasse heute abend Berlin wieder.« Auf die Frage Hitlers, was er von seiner Entscheidung hielt, den Kampf um Berlin bis zum Ende zu führen, gab Speer brutal zur Antwort, es sei besser, hier zu sterben als im Wochenendhaus auf dem Obersalzberg, wenn der Führer überhaupt Wert auf das Urteil der Nachwelt lege. Hitler, der nicht wußte, daß Speer heimlich mit Generaloberst Heinrici die Preisgabe Berlins vereinbart hatte, stimmte zu.

Nach der Lagebesprechung erschien Bormann mit einem Fernschreiben bei Hitler, das Göring gerade aus Berchtesgaden geschickt hatte. Der Reichsmarschall, so schien es, war im Begriff, die Macht zu übernehmen:
»Mein Führer!
Sind Sie einverstanden, daß ich nach Ihrem Entschluß, im Gefechtsstand in der Festung Berlin zu verbleiben, gemäß Ihres Erlasses vom 29. 6. 1941 als Ihr Stellvertreter sofort die Gesamtführung des Reiches übernehme mit voller Handlungsfreiheit nach innen und außen?
Falls bis 22.00 Uhr keine Antwort erfolgt, nehme ich an, daß Sie Ihrer Handlungsfreiheit beraubt sind. Ich werde dann die Voraussetzungen Ihres Erlasses als gegeben ansehen und zum Wohle von Volk und Vaterland handeln.
Was ich in diesen schwersten Stunden meines Lebens für Sie empfinde, wissen Sie, und kann ich durch Worte nicht ausdrücken.
Gott schütze Sie und lasse Sie trotz allem baldmöglichst hierherkommen.
                                        Ihr getreuer Hermann Göring.«
Ribbentrop hatte ebenfalls ein Fernschreiben Görings erhalten, in dem er aufgefordert wurde, »unverzüglich auf dem Luftwege zu mir zu kommen«. Auch Keitel hörte von Göring.
Hitler richtete sofort einen Funkspruch an Göring. Er selbst werde den Zeitpunkt für das Inkrafttreten des Erlasses vom 29. Juni 1941 bestimmen; er verbiete jeden Schritt in der von ihm, Göring, angedeuteten Richtung. Dann befahl er, Göring in Ehrenhaft zu nehmen. So faßte er mit charakteristischem Zögern endlich doch den Entschluß, mit dem er schon seit September 1944 gerungen hatte. In einem Fernschreiben an den Reichsmarschall erklärte er: »Auf Ihre Handlungsweise steht die Todesstrafe. Wegen Ihrer

großen früheren Verdienste sehe ich von der Durchführung eines Verfahrens ab, wenn Sie auf Ihre Ämter und Würden freiwillig verzichten. Andernfalls andere Schritte getan werden müssen.«
Die handschriftlichen Telegramm-Entwürfe, die auf Bormanns Schreibtisch im ruinierten Bunker Monate später gefunden wurden, zeigen, mit welcher Unerbittlichkeit er gegen den von ihm gehaßten Reichsmarschall, vorgeblich im Auftrage Hitlers, vorging. An SS-Obersturmbannführer Bernhard Frank, Führer des SS-Kommandos auf dem Obersalzberg, richtete er dieses Fernschreiben: »Umstellt sofort Haus Göring und verhaftet sofort unter Brechung jeden Widerstandes den bisherigen Reichsmarschall Hermann Göring. Adolf Hitler.« Auch gegen Speer und Lammers hoffte Bormann, alte Rechnungen begleichen zu können. »Ihr haftet mit eurem Kopf für Durchführung des Führerbefehls«, schrieb er im nächsten Funkspruch. »Stellt fest, wo Speer. Nehmt Lammers zunächst in Ehrenhaft. Alles umsichtig, aber blitzschnell. Bormann.« Seine eigenen Tage waren gezählt, aber der Reichsleiter war in seinem Element. An Gauleiter Paul Giesler richtete er dieses Fernschreiben: »Führer erteilte gegen Reichsmarschall Göring wegen Hochverratsplänen Befehl zu sofortiger Verhaftung an SS-Kommando O'berg. Jeder Widerstand ist zu brechen. Besetzt sofort Flugplätze Salzburg usw. damit Flucht unmöglich... Bormann.« Um 22.25 rief er Großadmiral Dönitz im Norden an: Der Führer habe befohlen, daß keine Teile der Reichsregierung zu Göring nach Süden fliegen dürften. »Es muß unter allen Umständen verhindert werden.«
Im Bunker herrschte helle Empörung über Görings »Hochverrat«. Bevor Speer den Bunker zum letzten Mal verließ, schrieb er an General Galland, nunmehr Kommandeur eines Me 262-Jagdgeschwaders: »Der Führer hat... die Verhaftung von Göring befohlen. Ich bitte Sie, mit Ihren Kameraden alles zu tun, damit ein Flug Görings im besprochenen Sinne verhindert wird.« So hoffte er, buchstäblich im letzten Augenblick seinen alten Feind abgeschossen zu haben. Aber um 23.44 Uhr kam die Vollzugsmeldung vom Obersalzberg: »Mein Führer: Melde gehorsamst Hermann Göring mit Gefolge verhaftet... Bisher keine Zwischenfälle. Nähere Erläuterungen folgen. S. S. Obersturmbannführer Frank.«
Hitler befahl Generaloberst Robert Ritter von Greim, nach Berlin zu kommen. Greims Start wurde jedoch durch einen Luftangriff verhindert.
Vom 24. April an ist es schwierig, die Befehle, die von dem Bunker der Reichskanzlei ausgingen, auf die Informationen zu beziehen, die ihn erreichten, oder auf die Maßnahmen seiner Befehlshaber an der Front. An diesem Tage unterstellte Hitler die Führung des Kriegsschauplatzes im Osten dem Wehrmachts-Führungsstab. Aber drei Tage später war Hitlers einzige Verbindung mit der Außenwelt eine Telefonverbindung mit der Marinenachrichtenstelle der Seekriegsleitung. Jodls eindeutige Befehle an die Armeen wurden am 24. April von Hitler wiederholt: Die Generale Holste, Wenck, Schörner und Busse sollten schnellstens ihre Entlastungsan-

griffe nach Berlin vortragen, von Nordwesten, Südwesten und Süden her, um »eine breite Verbindung mit Berlin wiederherzustellen und damit die Schlacht um Berlin siegreich zu entscheiden«. Aber außer Wenck und Schörner wurden Hitlers Befehlshaber nur von der Sorge getrieben, ihrerseits dem russischen Griff zu entkommen, bevor der endgültige Zusammenbruch kam.

Von der 9. Armee südostwärts von Berlin fehlte jede Nachricht, bis Weidling, der »verschwundene« Kommandeur des LVI. Panzerkorps – Hitler hatte seine Verhaftung wegen Fahnenflucht befohlen – Berlins Außenbezirke und eine öffentliche Telefonzelle erreichte und wenig später in die Reichskanzlei stürmte, um seine Unschuld klarzustellen. Am 24. April ernannte Hitler ihn nur zu gern zum Kampfkommandanten von Berlin. Weidlings Aufgabe grenzte ans Unmögliche. Hitler und Goebbels hatten allzu optimistisch die Rüstungsbestände der Hauptstadt für die vorgeschobene Verteidigung an der Oder geopfert; ein abrückender Kommandant hatte voreilig Berlins letztes Munitionslager bei Krampnitz sprengen lassen. Weidling hatte so gut wie keine Panzer. Abgesehen von den angeschlagenen Resten seines eigenen Korps, würden die bevorstehenden Straßenschlachten zwischen gut ausgebildeten, professionellen russischen Kampftruppen und ein paar tausend Flaksoldaten, Volkssturmmännern und Polizisten ausgetragen werden. Etwa 2700 Jungen waren in einer »Panzervernichtungsbrigade Hitlerjugend« zusammengefaßt; Hitler wies ihnen die Aufgabe zu, die Brücken zu verteidigen, über welche die »Entsatzarmeen« hineinmarschieren sollten. Großadmiral Dönitz versprach von Flensburg aus, zweitausend Matrosen und Festungssoldaten innerhalb der nächsten 48 Stunden nach Berlin zu schaffen und weitere 3500 Mann seines Flottenpersonals – darunter Mannschaften, die für die neuen U-Boot-Typen ausgebildet worden waren – für den Kampf bereitzustellen. Denn wenn Berlin diese letzte Schlacht nicht gewann, dann würden diese U-Boote nie mehr zum Einsatz gelangen. Dönitz hielt sein Versprechen – im Gegensatz zu Himmler, der sich am Ende nur von der Hälfte seiner persönlichen Schutztruppe trennen mochte. Sogar Ribbentrop bat um Erlaubnis, am Kampf teilnehmen zu dürfen. Hewel – dem Hitler dringend riet, Gift zu nehmen, bevor die Russen ihn fangen konnten* – schrieb dem Außenminister: »Führer ablehnt trotz Würdigung Ihrer Absicht Beteiligung am Kampfe. Sie möchten sich bis zum Aufbruch des Ringes um Berlin oder Erhalt neuer Weisung außerhalb der Kampfzone bereithalten.« – Und Hewel fügte vielsagend hinzu: »Habe keinerlei politische Nachrichten.«

Seiner Sekretärin Else Krüger diktierte Bormann diese (bisher unveröffentlichte) Darstellung der Lage im Bunker an Himmler:

---

* Hewel, Krebs, Burgdorf, die Familie Goebbels und viele andere folgten der Bitte Hitlers.

Bo/Kr 25. 4. 45

»Mein lieber Heinrich!

Da Fegelein Dein Hereinkommen am Telefon erörterte, sollst Du wegen der damit verbundenen Gefahren nicht hereinfliegen, sondern draußen bleiben. Der Führer betonte, wie wertvoll und deshalb unersetzlich Dein Wirken sei. Die wesentlichsten Gründe, die den Führer bewogen, in Berlin zu bleiben sind: [...] Im übrigen: sei es richtig, wenn sich die deutsche Reichsführung und der Führer selbst genau so leichten Herzens und oft absetzten um dies schändliche Wort zu gebrauchen, wie einzelne Truppenteile! Wenn die Führung verlangte, daß die Soldaten ständen, dann müsse sie selbst ebenfalls eine Linie kennen, die nicht überschritten werden dürfe. [...]

Auch im süddeutschen Raum könne sich ebensowenig eine deutsche Regierung halten wie im Norddeutschen. Selbst das vielgerühmte letzte Bollwerk in Tirol würde sehr rasch zusammenbrechen; [...] Die deutsche Regierung würde nach dem völligen Zusammenbruch, der nach der Kapitulation Berlins und des norddeutschen Raums sofort auch die bisher gehaltene Ostfront (Schörner und Rendulic) erfassen würden, jeden Sonderfrieden annehmen müssen. Der Führer selbst könne das nicht während ein Göring sicherlich einen solchen Frieden annehmen würde [...]

Nun zum Vorhaben Görings: es ist nach Auffassung des Führers seit langem geplant und vorbereitet: Am Nachmittag jenes 20. 4. an dem G. nach Süden fuhr, erklärte er dem Botschafter Hewel, jetzt müsse unbedingt und um jeden Preis gehandelt werden und dafür käme nur er in Frage. Göring sei nicht belastet mit den Sünden der N.S.D.A.P., mit der Behandlung der Kirchenfrage, mit den Konzentrationslagern usw. usw.

Unsere Gegner könnten selbstverständlich nur einen Mann akzeptieren, der unbelastet sei und sogar, wie Göring, vieles von jeher verurteilt hätte.

Der Wortlaut der versandten Einladungsschreiben zeigt nach Auffassung des Führers deutlich genug, wohin die Reise gehen soll; befristet würde innen- und außenpolitische Handlungsfreiheit gefordert; sogar ein Rundfunk-Tonwagen war bereits bestellt.

Die genauen Untersuchungen laufen.

Bezeichnenderweise hat der bisherige Reichsmarschall seit seiner Abreise aus Berlin nicht einen einzigen Schritt unternommen, um den Kampf um Berlin zu unterstützen, sondern er gab sich ganz der Vorbereitung seines Verrats hin.

Nach hiesiger Auffassung hätte jeder anderer an seiner Stelle sofort alles daran gesetzt, um seine Treue zum Führer durch tatkräftigste Hilfe unter Beweis zu stellen; wie anders handelte Göring! Man kann sich wirklich

ganz nüchtern vorstellen, wie seine Rundfunkansprache gelautet haben würde; sie wäre im übrigen die Einleitung des sofortigen gesamten Zusammenbruchs der Ostfront gewesen.
Wen der Führer als Nachfolger einsetzen wird, soll baldigst geklärt werden.
Auf jeden Fall bleiben wir hier, um so lange wie möglich zu halten. Werden wir von Euch rechtzeitig entsetzt, ist damit sicher eine wesentliche Kriegsentscheidung gegeben. Denn die Meinungsverschiedenheiten zwischen unseren Gegnern verschärfen sich von Tag zu Tag.
Ich persönlich bin überzeugt, daß der Führer auch in jedem Fall wieder den richtigen Entschluß getroffen hat. Andere sind weniger überzeugt oder ziehen es vor, vom sicheren Port aus, gemächlich zu raten. Der Drang, nach Berlin und zum Führer zu kommen, ist zur Zeit minimal; der Drang, die Dinge irgendwo in Ruhe abzuwarten und deshalb unter irgendwelchen mehr oder weniger triftig erscheinenden Begründungen aus Berlin heraus zu kommen ist groß. Wir wollen uns wie bisher an Ehre und Treue halten!«

An diesem 25. April hatten die Russen sowohl Berlin eingeschlossen als auch die Amerikaner an der Elbe begrüßt – ohne daß es dort zu Zwischenfällen gekommen wäre. Aber am selben Tag war auch Wencks Entlastungsangriff endlich in Richtung Potsdam vorangekommen, und Feldmarschall Schörner begann ebenfalls über Bautzen in Richtung Hauptstadt in Bewegung zu kommen. »Angriff H. Gr. Schörner im Raum Bautzen beweist«, hieß es in einem Fernschreiben von Hitlers Stab an Dönitz, »daß dort wo ein Wille ist auch heute noch der Gegner geworfen werden kann.« Diese fernen Siege glommen schwach durch die immer dunkler sich auf Hitlers Bunker herabsenkende Nachrichtendämmerung.
»Schlage ich hier erfolgreich«, bemerkte Hitler: »und halte ich die Hauptstadt, so wächst vielleicht die Hoffnung bei den Engländern und Amerikanern, daß man unter Umständen doch mit einem Nazi-Deutschland eventuell dieser ganzen Gefahr würde doch noch entgegengetreten können. Und der einzige Mann hierfür bin nun einmal ich. . . . Lassen Sie mich hier einen Sieg erringen, und mag es noch so schwierig und hart sein, dann habe ich auch wieder ein Recht, die trägen Elemente, die dauernd Obstruktion machen, zu beseitigen; dann werde ich mit den Generalen arbeiten, die sich bewährt haben.« Später kam er auf dieses Thema zurück: »Wenn ich diese Schlacht gewinne, dann verspreche ich mir davon nichts für meinen persönlichen Namen. Aber dann bin ich rehabilitiert. Dann kann ich eine Anzahl von Generalen und Unterführern einschließlich in der SS beseitigen, die in entscheidenden Punkten versagt haben. Aber all denen, denen ich ihr Absetzen zum Vorwurf mache, denen mußte ich selbst einmal das Beispiel geben, daß ich mich nicht absetze. Es ist auch möglich, daß ich hier zugrunde gehe. Dann bin ich aber anständig zugrunde gegangen.«

Das erste von Dönitz entsandte Marinebataillon wurde nachts eingeflogen. Das Lazarett im Voßbunker begann sich mit Verwundeten zu füllen. Das Regierungsviertel lag unter schwerstem Artilleriefeuer. Der Kampfkommandant Weidling meldete, daß es sich als schwierig erweise, Brücken zu sprengen – vor allem diejenigen am Verteidigungsgürtel Teltow-Kanal –, weil Speers Stab sich mit sämtlichen Brückenplänen aus dem Staube gemacht habe. Speer hatte sich auch dagegen gewehrt, die gewaltigen Bronzekandelaber an der Ost-West-Achse abmontieren zu lassen, um dort eine Landebahn für JU 52-Transportmaschinen zu schaffen. »Sie haben wohl vergessen, daß ich für den Wiederaufbau Berlins verantwortlich bin«, hatte Speer geschrien.
Im Laufe des 26. April hob sich die Stimmung wieder, als Meldungen über Wencks nahende Armee und Schörners Erfolge durchsickerten. Am Abend erschien Generaloberst von Greim hinkend und gestützt auf die Fliegerin Hanna Reitsch im Bunker; er hatte beim Anflug mit dem Fieseler Storch einen Schuß ins Bein bekommen. Viele Stunden saß Hitler an seinem Bett, berichtete ihm bedrückt von Görings »Ultimatum« und vom Versagen der Luftwaffe. Um 22.00 Uhr verbreitete der deutsche Rundfunk die Meldung von Greims Beförderung zum Feldmarschall und seiner Ernennung zu Görings Nachfolger. Hitler befahl ihm, die Messerschmitt-Düsenmaschinen schwerpunktmäßig im Raum Prag zusammenzuziehen.

Nachts lag Hitler wach, immer wieder aufgestört vom Artilleriefeuer und von lebhaften Bildern aus der Vergangenheit, die vor seinen Augen vorüberzogen. Hier war ein neues Stalingrad, dieses Mal aber würde das Wunder geschehen. »Man muß sich vorstellen: Das wird wie ein Lauffeuer durch ganz Berlin gehen, wenn es heißt: eine deutsche Armee ist im Westen eingebrochen und hat Fühlung mit der Festung aufgenommen!« Wie konnte Stalin nur hoffen, eine Viereinhalbmillionenstadt mit nur vierhundert Panzern einnehmen zu können, wo doch fünfzig von ihnen an jedem Tag abgeschossen wurden. »Der Russe hat einen großen Teil seiner Kraft verbraucht beim Übergang über die Oder, besonders die nördliche Heeresgruppe.« Wie Keitel sagte, werde die Kampfgruppe des Generals Holste im Nordwesten, die schon bei Nauen und Kremmen Geländegewinne erzielt habe, ihre letzten Verstärkungen zusammenziehen. Voller Ungeduld sagte Hitler zu Krebs: »Es wird höchste Eisenbahn, daß sie antritt!« General Wencks Entsatzangriff aus dem Südwesten hatte den Schwielowsee schon erreicht, und im Laufe des Vormittags meldete der Gau, daß Wenck sich mit dem Brückenkopf Potsdam vereinigt und damit das vor vier Tagen bestimmte taktische Ziel erreicht habe.
Am 27. April hatte um fünf Uhr früh ein starker russischer Angriff beiderseits des Hohenzollerndamms begonnen. Nervös teilte Goebbels mit: »Mir schwebt eine furchtbare Situation vor; Wenck steht bei Potsdam, und hier rücken die Sowjets auf den Potsdamer Platz!« »– Und ich bin nicht in

Potsdam, sondern am Potsdamer Platz!« stimmte Hitler ihm mißmutig zu. Immer wieder suchten seine Augen die bunten Pfeile auf der Karte, die die Stoßrichtung der Entlastungsangriffe markierten. Am Abend des 26. April hatte er einen Funkspruch an Jodl gerichtet: »9. Armee klarmachen, daß sie scharf nach Norden mit 12. Armee eindrehen muß, um den Kampf um Berlin zu entlasten.« Busses Stoßrichtung nach Westen schien aber südlich an Berlin *vorbeizuführen.* Hitler war ratlos ob dieser Mißachtung seiner Befehle.* Während des ganzen 27. April zerbrach er sich den Kopf über dieses Rätsel. »Ich verstehe die Angriffsrichtung nicht. Er stößt völlig ins Leere hinein.« »Die Verbindung wäre jetzt schon hergestellt zwischen Wenck und 9. Armee.« Und später an jenem Tag dämmerte ihm endlich, warum die 9. Armee sich auf Funkstörungen berufen hatte. »... Wenn längere Zeit nicht gefunkt wird, ist es immer das Zeichen einer schlechten Entwicklung.« »Man kann nicht führen, wenn jeder Plan, der aufgestellt wird, von jedem Armeeführer nach seinem Belieben abgeändert wird.«
Nördlich von Berlin war Generaloberst Heinricis noch verbliebener Oderabschnitt unter der Wucht des Angriffs von Marschall Rokossowski zusammengebrochen. Seit dem 26. April mittags hatte Heinrici Jodl beschworen, SS-Gruppenführer Steiners beiden Panzerdivisionen die Erlaubnis zur Abriegelung der Einbruchstelle zu erteilen. Heinrici versicherte Keitel, er halte die Linie Angermünde-Ückerheim, aber als der Feldmarschall überraschend auf dem Schlachtfeld erschien, stellte er fest, daß sich die HKL mitten in einem wohlvorbereiteten Rückzugs befand. Keitel berichtete Hitler telefonisch von Heinricis Betrug. Weit davon entfernt, die Linie zu halten, ließen Heinrici und Manteuffel – Befehlshaber der 3. Panzerarmee am durchbrochenen Oderabschnitt – ihre Truppen absichtlich durch Mecklenburg zurückfluten, der alliierten Linie entgegen. Gegen 17.00 Uhr meldete Jodl über Sprechfunk Hitler seine harte Entscheidung: Steiners zwei Panzerdivisionen müßten nach Norden – also weg von Berlin – gegen die russischen Angriffsspitzen geworfen werden, die Manteuffels Truppen verfolgten.
Die hysterische Atmosphäre, die Jodls Funkmeldung erzeugte, läßt sich an den Worten erkennen, die Bormann jetzt hastig in sein Tagebuch schrieb: »Die zu unserem Entsatz marschierenden Divisionen werden von Himmler-Jodl angehalten! *Wir* werden mit dem Führer stehen und fallen: getreu bis in den Tod. Andre glauben, ›aus *höherer* Einsicht‹ heraus handeln zu müssen, sie opfern den Führer; und ihre Untreue – pfui Teufel! – gleicht ihrem ›Ehr‹-Gefühl.«
Handschriftlich fertigte Bormann auch diese wütende Aufzeichnung über Heinrich Himmler an:

---

* Busse hatte beschlossen, mit den Resten seiner Armee zu den amerikanischen Linien vorzustoßen.

27./4.
»Man hatte erwarten müssen, daß H.H. sich wenigstens nach Eingang dieses Briefes vom 25.4. mit einem flammenden Aufruf an seine S.S. wandte: »S.S.-Männer, unsere Treue ist unsere Ehre.« Aber H.H. *schwieg*!! Während Vater Keitel draußen herumfuhr, tobte, schrie, um uns rechtzeitige Hilfe zu bringen, blieb H.H. in Hohenlychen! Und der S.S.-Verband Steiner, der zuerst antrat, trat von Anfang an sozusagen auf der Stelle, mimte lediglich und gerade an diesen Verband hätte sich H.H. wenden müssen: »S.S. Männer, es geht um den Führer! Als Sturmfahne wehe Euch unser Schwur, unsere Treue ist unsere Ehre, voran.« H.H. schwieg. Wie soll man das verstehen? Und wie seine Funkanfrage an Gen. Burgdorf, ob der Führer Görings Absichten nicht zu hart beurteile. Offenbar verkennt H.H. völlig die Lage. Wie will er, stirbt der Führer, sich retten!!?
Wiederholt betonte der Führer in diesen Stunden, nachgerade ekle ihn das Leben ob all des Verrats, den er erleben mußte! Man könnte, vergäße man das Heldentum selbst von Frauen u. Kindern dem Führer beipflichten. Wieviel Enttäuschungen mußte dieser Mann bis zuletzt erleben.«

Eine unnatürlich frühe Dämmerung hatte sich außerhalb des Bunkers über Berlin gesenkt, denn Qualmwolken und Mörtelstaub verfinsterten die Sonne. Die Russen hatten entlang des Einschwebestreifens zur Ost-West-Achse kettenweise Flak in Stellung gebracht, und viele Junkers-Transportmaschinen gingen verloren. Hundert Mann der von Großadmiral Dönitz entsandten Kleinkampfverbände hatten zum persönlichen Schutz Hitlers die Reichskanzlei erreicht. Mit wehenden Hakenkreuzwimpeln hatten vier feindliche Panzer bis zum Wilhelmsplatz vorstoßen können, bevor sie erkannt und abgeschossen wurden. Hitler befahl: »Die Kennzeichnungsordnung muß peinlichst innegehalten werden!« Die Russen gaben bekannt, daß sie 40,6 cm-Geschütze und 37 cm-Mörser heranführten. Hitler verteilte an seine Adjutanten weitere Messing-Zyankali-Ampullen zum Gebrauch im äußersten Notfall. Sobald die Zeit reif sei, werde er einen allgemeinen Ausbruch zu Wencks Armee in Potsdam befehlen. Below sollte er insgeheim anvertrauen, nachdem Eva Braun am 29. April seine Frau geworden war: »Nur ich und meine *Frau* werden zurückbleiben.«

In der Besprechung am späten Abend des 27. April versicherte General Krebs, daß die Fronten in Berlin selbst wieder gefestigt seien. Hitlerjugendverbände hielten südlich der Pichelsdorfer Brücke in Erwartung Wencks einen größeren Brückenkopf; einzelne Lkw von Wencks Armee seien schon durchgekommen. Aber die ersten russischen Scharfschützen waren am Potsdamer Platz aufgetaucht, und Hitler machte seine Offiziere darauf aufmerksam: »Eine Gefahr sind die Schächte von U- und S-Bahn.« Das Ticken der Warnuhr im Drahtfunk wies darauf hin, daß sich feindliche Bomber über Deutschland aufhielten. Wie aus großer Ferne hörte er das Singen der Goebbelskinder im sechsfachen Chor; sie machten sich bettfertig. Am Abend hatte er sein eigenes Goldenes Parteiabzeichen abgenommen und es ihrer Mutter Magda angeheftet, die rotverweinte Augen hatte. Sie schrieb: »Die Einschläge hier sind selbst für mich eine Nervenprobe. Die Kleinen beruhigen die noch Kleineren, und ihre Anwesenheit hier ist schon dadurch ein Segen, daß sie dem Führer hin und wieder ein Lächeln gewinnen.« Sie sagten zu »Onkel« Hitler, daß sie sich schon auf den Tag freuten, an dem die neuen Soldaten, die er ihnen versprochen hatte, kommen und die Russen verjagen würden. Hitler wünschte es ihnen auch, er selbst aber hatte sich längst dafür entschieden, zu bleiben: »In dieser Stadt habe ich das Recht gehabt, zu befehlen, jetzt habe ich auch den Befehlen des Schicksals zu gehorchen. Auch wenn ich mich retten könnte, so tue ich das nicht. Der Kapitän geht auch mit seinem Schiffe unter.«

Um 3.00 Uhr früh – der 28. April hatte begonnen – rief Krebs Feldmarschall Keitel im OKW-Feldhauptquartier an. »Am meisten ist der Führer interessiert am Angriff westlich Oranienburg. Wie steht es dort? Kommt Angriff vorwärts? Steiner lehnt der Führer als Befehlshaber dort ab! Hat Holste den Befehl dort übernommen? Wenn uns nicht in den nächsten 36 bis 48 Stunden geholfen wird, dann ist es zu spät!« Keitel erwiderte, er selbst werde in einigen Stunden zu Steiner fahren.

Es ist wenig wahrscheinlich, daß Hitler in jener Nacht geschlafen hat. Die Reichskanzlei befand sich unter direktem schweren Artilleriebeschuß. Ruhelos wanderte er durch die Korridore und hielt krampfhaft einen Berliner Stadtplan, der sich in seinen feuchten Fingern aufzulösen begann. Busses 9. Armee hatte endlich die Verbindung mit Wencks 12. Armee hergestellt, aber beide waren ausgebrannt und zu Tode erschöpft. Außerdem hatte General Krebs um 16.30 Uhr von Jodl das volle Ausmaß des Ungehorsams von Heinrici im Norden Berlins erfahren: Der Südflügel der 3. Panzer-Armee Manteuffels zog sich über die Schorfheide zurück; SS-Gruppenführer Steiner deckte diesen unerlaubten Rückzug und unternahm nichts, um den Einbruch bei Prenzlau abzuriegeln. Berlins nördliche Verteidigungsfront lag weit offen da.

Hitler hatte SS-Gruppenführer Fegelein in dieser letzten Woche kaum zu Gesicht bekommen. Aber am 28. April kamen irre und geheimnisvolle Anrufe von ihm an. Hitler argwöhnte, daß er im Begriff sei, abzuhauen, und sprach mit Greim darüber, ob das möglicherweise mit Wissen des Reichsführers SS geschehe – was auf Schlimmes deuten könne. Am Spätnachmittag legte Bormann ihm eine neue erschütternde Nachricht vor. Der alliierte Rundfunk hatte gemeldet, daß Himmler den Vereinigten Staaten und Großbritannien die bedingungslose Kapitulation des Deutschen Reiches angeboten habe! Höhnisch sagte Bormann: »Ich habe schon immer gewußt, man darf die Treue nicht auf dem Koppelschloß, sondern muß sie im Herzen tragen.« Fegeleins Sachen wurden durchsucht, und man fand Unterlagen über Himmlers Hochverrat zusammen mit zwei Rollen englischer Goldmünzen und Pakete von Pfund- und Dollarnoten. Eva Braun, deren Schwe-

ster Fegelein geheiratet hatte, wehklagte, daß dem Führer auch nichts erspart bliebe. Fegeleins Adjutant sagte aus, er habe ihn zuletzt in seiner Wohnung am Kurfürstendamm gesehen, wo der Gruppenführer Zivilkleidung angezogen habe. Um 20.00 Uhr setzte Bormann einen Funkspruch an den Führerbau in München ab: »Statt mit Befehl und Appell an die Truppen, die uns freikämpfen sollten, anzutreiben, Schweigen der maßgeblichen Männer. Die Treue scheint vor der Untreue zu weichen. Wir bleiben hier. Reichskanzlei bereits Trümmerhaufen.«
Zwei Stunden später meldete General Weidling, daß die Russen Wencks Entsatzarmee in Grund und Boden schlügen. Die Lage in der Stadt sei verzweifelt. Die Verpflegungs- und Sanitätslager seien erschöpft. Zum Schluß umriß er seinen Plan für einen Massenausbruch aus dem Kessel; Hitler erwiderte, daß er selbst die Reichskanzlei nicht verlassen werde. Sein Verbindungsadmiral funkte an Dönitz: »Wir halten bis zum Äußersten.« Kurz nach Mitternacht traf ein Funkspruch Keitels ein: Heinrici habe verbindlich versprochen, die Befehle auszuführen, doch habe er dann um 23.30 Uhr zugegeben, daß er einen *weiteren* Rückzug seiner Heeresgruppe befohlen habe; Keitel habe ihn abgesetzt.
Etwa zur gleichen Zeit rief Fegelein Eva Braun an: »Eva, du mußt den Führer verlassen, wenn es dir nicht gelingt, ihn aus Berlin herauszubekommen. Sei nicht so dumm, jetzt geht's um Leben und Tod!« Es verging keine Stunde, da hatte man ihn in den Bunker zurückgeholt; er trug noch immer Zivil. Hitler trug Bormann auf, ihn dem Zitadellenkommandanten SS-Brigadeführer Mohnke zu übergeben, damit er sich im Kampf bewähre; aber Bormann und Otto Günsche – Hitlers persönlicher Adjutant – wiesen darauf hin, daß Fegelein doch nur aufs neue weglaufen würde. Deshalb befahl Hitler, ihn vor ein Standgericht zu stellen. Er wurde im Garten der Reichskanzlei erschossen.
»Auf des Degens Spitze die Welt jetzt steht!« schrieb Bormann in sein Tagebuch. »Himmlers Hoch- und Landesverrat – bedingungslose Übergabe – wird vom Ausland bekanntgegeben. Hitler sah hier, im Verrat der SS, auch die Ursachen für Steiners Versagen. Vielleicht schmiedete Himmler in diesem Augenblick Pläne, um ihn zu töten oder zu entführen! Plötzlich mißtraute er sogar den Giftampullen, die sein SS-Begleitarzt Dr. Stumpfegger beschafft hatte. Er ließ Professor Werner Haase aus dem Operationsbunker Voßstraße holen und befahl ihm, eine Ampulle an seiner Schäferhündin Blondi, dem größten Versuchstier, das es im Führerbunker gab, zu erproben. Im Maul des Tieres wurde eine Ampulle mit einer Zange zerdrückt. Der Hund winselte einmal auf und blieb dann reglos liegen. Hitler verteilte die Ampullen an die restlichen Mitglieder seines Stabes und entschuldigte sich bei ihnen dafür, daß er ihnen kein freundlicheres Abschiedsgeschenk machen könne.
Es wurde gemeldet, daß sich südlich des Potsdamer Platzes immer mehr russische Panzer zum Sturm auf die Reichskanzlei versammelten. Während

Eva Braun, Goebbels und Hewel in aller Hast Abschiedsbriefe an ihre Angehörigen schrieben, saß Hitler mit kalkweißem Gesicht und in sich zusammengesunken auf Greims Bett. Gerade hatte ein Schulflugzeug Arado 96 eine großartige Landung auf der trichterübersäten Ost-West-Achse gemacht; Hitler befahl dem verwundeten Greim, sich nach dem Flugplatz Rechlin zu begeben, um von dort aus den Angriff der Luftwaffe zu leiten – und Himmler zu verhaften. Bormann und Krebs unterschrieben gemeinsam einen Aufruf an General Wenck, sobald wie möglich den Durchbruch zu erzwingen, »damit der Führer auf diese Weise innenpolitische und außenpolitische Handlungsfreiheit für Verhandlungen gewinnt«. Aber Hitler war am Ende. Himmlers Verrat und das Ausbleiben der Entsatzdivisionen hatten ihm den Willen zum Weiterleben genommen.
Während die Betonwände unter den Einschlägen erbebten, ließ er seine jüngste Sekretärin, die verwitwete Traudl Junge, kommen. Eine Zeitlang blieb er im Lageraum stehen, beide Hände auf den jetzt leeren Kartentisch gestützt, und betrachtete ihren Stenogrammblock. Plötzlich stieß er mit lauter Stimme hervor: »Mein politisches Testament!« und begann aus dem Stegreif zu diktieren – zum Teil war es seine politische Rechtfertigung vor der Geschichte, zum Teil ein Loblied auf die Tapferkeit seiner Soldaten. »Ich sterbe mit freudigem Herzen angesichts der mir bewußten unermeßlichen Taten und Leistungen unserer Soldaten an der Front, unserer Frauen zu Hause... Aus dem Opfer unserer Soldaten und aus meiner eigenen Verbundenheit mit ihnen bis in den Tod wird in der deutschen Geschichte so oder so einmal wieder der Same aufgehen zur strahlenden Wiedergeburt der nationalsozialistischen Bewegung und damit Verwirklichung einer wahren Volksgemeinschaft.« In aller Form verstieß Hitler Göring und Himmler aus der Partei und ernannte Dönitz zu seinem Nachfolger; auch Speer wurde entlassen. Feldmarschall Schörner – »Auf der ganzen Front zeigte sich nur ein Mann als wirklicher Feldherr... Schörner«, hatte Hitler am Vortage geseufzt – wurde zum Oberbefehlshaber des Heeres ernannt.
Man schrieb den 29. April 1945, und es war gegen 2.00 Uhr früh. Ein weiteres denkwürdiges Ereignis stand bevor, und es stand im Vordergrund des privaten Testaments, das Hitler jetzt diktierte. »Da ich in den Jahren des Kampfes glaubte, es nicht verantworten zu können, eine Ehe zu gründen, habe ich mich nunmehr vor Beendigung dieser irdischen Laufbahn entschlossen, jenes Mädchen zur Frau zu nehmen, das nach langen Jahren treuer Freundschaft aus freiem Willen in die schon fast belagerte Stadt hereinkam, um ihr Schicksal mit dem meinen zu teilen. Sie geht auf ihren Wunsch als meine Gattin mit mir in den Tod. Es wird uns das ersetzen, was meine Arbeit im Dienst meines Volkes uns beiden raubte.« Des weiteren vermachte Hitler seinen Besitz der Partei, und sollte sie nicht mehr existieren, dem Staat. Korrekt, realistisch und ordnungsliebend bis zum Schluß

fügte er hinzu: »Sollte auch der Staat vernichtet werden, ist eine weitere Entscheidung von mir nicht mehr notwendig.«
In einem anderen Raum des Bunkers hatte sich die kleine Hochzeitsgesellschaft versammelt. Als Standesbeamten hatte man einen städtischen Beamten aus Goebbels' Stab geholt, einen unscheinbaren, leise sprechenden Mann in Parteiuniform und Volkssturm-Armbinde. Während des Hochzeitsmahles, dessen Stimmung eher einem Leichenbegängnis entsprach, verließ Hitler mehrfach den Raum, um mit Goebbels und Bormann die Zusammensetzung des Kabinetts zu besprechen, mit dem Dönitz den Krieg »gegen den Weltvergifter aller Völker, das internationale Judentum«, weiterführen sollte. Goebbels stand an der Spitze des Kabinetts als Reichskanzler; aber er erklärte Hitler, er weigere sich kategorisch, die Reichshauptstadt zu verlassen. Unter den anderen waren Seyß-Inquart, Schwerin-Krosigk und Backe. Gauleiter Hanke, der noch immer seine belagerte Festung Breslau verteidigte, sollte Himmler als Reichsführer SS und Chef der Deutschen Polizei ersetzen.
Bormann, der neue Partei-Minister, richtete noch immer Funksprüche an Dönitz in Flensburg. »Auslandspresse berichtet über neuen Verrat. Von Ihnen erwartet der Führer, daß Sie blitzschnell und stahlhart durchgreifen gegen alle Verräter im Norddeutschen Raum. Ohne Unterschied. Schörner, Wenck und andere müssen ihre Treue zum Führer durch schnellsten Entsatz des Führers unter Beweis stellen.« Gegen 4.00 Uhr früh war Frau Junge damit fertig, die Testamente in dreifacher Ausfertigung auf der Maschine zu schreiben (Hitler wollte sichergehen, daß mindestens eine Ausfertigung die Außenwelt erreichte). Mit leiser Stimme schwelgte Hitler noch mit Goebbels in Erinnerungen an die berauschende Zeit des Kampfes um Macht und Reich, die sich jetzt ihrem Ende näherte.

Hitlers Lagebesprechungen der nächsten 36 Stunden waren unregelmäßig und kurz, denn eine Unterwelts-Finsternis senkte sich herab; seine Armeen schwiegen; seit Tagen schon hatte er kein diplomatisches Telegramm mehr erhalten; den Verlauf der Straßenkämpfe in Berlin konnte man nur noch verfolgen, indem man irgendwelche Telefonnummern anrief und die Leute ausfragte. Oft meldeten sich russische Stimmen. Gegen Mittag des 29. April meldete Jodl kurz, daß Wenck noch immer nicht vorankomme, aber um 12.50 Uhr schwieg die Ultrakurzwelle wieder. Die feindlichen Rundfunkmeldungen waren fortan Hitlers hauptsächliche Informationsquelle. Ein italienischer Sender berichtete von der Hinrichtung Mussolinis und seiner Geliebten Clara Petacci in Mailand. Mit Bleistift unterstrich Hitler die Worte »an den Füßen aufgehängt«. Vizeadmiral Voß funkte um 16.02 Uhr an Dönitz: »Jede Außenverbindung mit Heeresstellen abgeschnitten. Erbitte dringend über Marinefunkweg Unterrichtung über Schlacht außerhalb Berlins.« Krebs' Ordonnanzoffizier, Rittmeister Gerhard Boldt, schlug vor, ihn zusammen mit zwei anderen Offizieren aus Berlin ausbrechen zu lassen,

um Verbindung zur 12. Armee herzustellen. Bereitwillig ließ Hitler sie gehen: »Grüßen Sie mir Wenck. Er soll sich beeilen, sonst ist es zu spät!« Die drei Testamentsausfertigungen wurden drei anderen Männern anvertraut, um sie auf verschiedenen Wegen zu Dönitz und Schörner herauszuschmuggeln. General Burgdorf schrieb an Schörner: »Das Testament soll veröffentlicht werden, sobald der Führer es befiehlt, oder sobald sein Tod feststeht!«
Der Anhalter Bahnhof wurde jetzt schwer umkämpft. In der Hand eine zerrissene Karte, sprach Hitler mit seinem Chauffeur Erich Kempka, der ihn seit 1933 an so manchem historischen Tag gefahren hatte. Kempka sagte ihm, sein Kraftfahrpark versorge die Truppen, die die Sicherung der Reichskanzlei vom Brandenburger Tor bis zum Potsdamer Platz aufrechthielten. »Ausnahmslos tadellose Haltung, sie warten auf den Entsatz durch General Wenck.« »Auf Wenck warten wir alle«, antwortete Hitler ruhig. In seinem Arbeitszimmer schrieb er einen letzten Brief an Keitel: Der Kampf sei bald zu Ende, er werde Selbstmord begehen, Keitel solle den Großadmiral bis zum Ende unterstützen. Untreue und Verrat hätten den Widerstandswillen während des ganzen Krieges unterhöhlt. Aus diesem Grund sei es ihm nicht vergönnt gewesen, sein Volk zum Sieg zu führen. Aber er könne nicht glauben, daß solch großes Opfer umsonst gewesen sein sollte. Das Ziel müsse es weiterhin sein, Lebensraum im Osten für das Deutsche Volk zu gewinnen.
Die Russen stießen durch die Saarlandstraße und die Wilhelmstraße vor und standen kurz vor dem Reichsluftfahrtministerium. Um 19.52 Uhr funkte Hitler fünf dringende Fragen an Jodl: »1. Wo sind die Spitzen von Wenck? 2. Wann greifen sie an? 3. Wo ist die 9. Armee? 4. Wohin bricht die 9. Armee durch? 5. Wo sind die Spitzen von Holste?« Übler Laune setzte Bormann zwei Funksprüche ab; der erste lautete: »Nach unseren immer klareren Eindrücken treten die Divisionen vom Kampfraum Berlin seit vielen Tagen auf der Stelle, statt Führer herauszuhauen. Wir bekommen nur Nachrichten, die von Teilhaus [Keitel?] kontrolliert, unterdrückt oder gefärbt werden. Wir können im allgemeinen nur über Teilhaus senden. Führer befiehlt, daß Sie schnellstens und rücksichtslos gegen alle Verräter vorgehen.« Der zweite Funkspruch war kürzer: »Der Führer lebt und leitet Abwehr Berlin.«
In der letzten Kampflagebesprechung am 29. April erklärte General Weidling, daß am nahen Potsdamer Bahnhof schwere Kämpfe im Gange seien. Es seien keine Panzerfäuste mehr vorhanden. Seinen Worten folgte ein langes Schweigen. Mit müder Stimme fragte Hitler Brigadeführer Mohnke, ob er übereinstimme. Mohnke sagte: »Ja.« Weidling fragte ihn, was seine Soldaten tun sollten, wenn sie keine Munition mehr hätten. Hitler erwiderte: »In diesem Falle kann nur die Rede von einem Ausbruch in kleinen Gruppen sein.« In der Nacht wiederholte Hitler diese Entscheidung in einem Brief an Weidling und Mohnke. Wenig später erhielt er Keitels

Fernschreiben mit der Antwort auf die fünf Fragen. Es ließ keinen Raum mehr für die Hoffnung auf einen Entsatz Berlins: »1. Spitze Wencks liegt südlich Schwielow-See fest. 2. 12. Armee kann daher Angriff auf Berlin nicht fortsetzen. 3. 9. Armee mit Masse eingeschlossen. 4. Korps Holste in die Abwehr gedrängt.«

Auf Eva Brauns Vorschlag wurden alle Frauen in einen der Bunkergänge geführt – Frauen, die vor den Russen geflohen waren, Krankenschwestern aus dem Voßbunker, Köchinnen, Offiziersdamen. Die Augen verquollen und blicklos, schüttelte Hitler ihnen die Hand und sprach mit jeder leise ein paar Worte. Eine der Krankenschwestern setzte zu einer hysterischen Rede an, in der sie verkündete, daß der Führer ihnen dennoch den Endsieg bringen werde, aber Hitler brachte sie brüsk zum Schweigen: »Man darf sich seinem Schicksal nicht feige entziehen wollen.« Hitler wußte, daß er durch seine Entscheidung, in Berlin zu bleiben, absichtlich alles auf eine Karte gesetzt hatte; aber dieses Mal hatte er selbst zu hoch gespielt. Am Morgen des 30. April 1945 beschloß er, um 15.00 Uhr seinem Leben ein Ende zu bereiten.

Er rasierte sich und kleidete sich dann so sorgfältig wie immer an. Er ließ Bormann und dann Otto Günsche kommen. Er eröffnete ihnen, daß er und seine Frau am Nachmittag aus dem Leben scheiden würden; Günsche habe sich zu überzeugen, daß sie beide wirklich tot seien – wenn nötig, durch Gnadenschuß – und danach seien beide Leichen zu verbrennen. »Ich möchte nicht, daß meine Leiche später in einem Panoptikum ausgestellt wird.« Im Bunker habe alles so zu verbleiben, wie er es verlassen habe. »Die Russen sollen ruhig sehen, daß ich bis zum letzten Moment hier unten gewesen bin.« Magda Goebbels fiel auf die Knie und flehte ihn an, zu bleiben, aber er hob sie auf und erklärte ihr, daß sein Tod erforderlich sei, um Dönitz den Weg frei zu machen, noch etwas für Deutschland zu retten. Die Damen seines Stabes wurden zusammengerufen, und gemeinsam wurde ein letztes Mittagessen eingenommen. Als er zum letzten Mal durch den Bunker ging, um sich zu verabschieden, bemerkte er wahrscheinlich einige Offiziere seines Begleitkommandos, die in der Nähe der Ausgangstreppe mit zwei Tragen bereitstanden und warteten.

Es war etwa 15.30 Uhr, als sie sich in das kleine, olivgrün und weißgekachelte Arbeitszimmer zurückzogen. Hitler schloß die Doppeltüren; sie sperrten jeden Laut aus, abgesehen vom Summen der Entlüftungsanlage und dem dumpfen Dröhnen der Einschläge. Eva setzte sich auf die schmale Sitzbank, streifte die Schuhe ab und legte die Beine auf die blauweiß gemusterte Polsterung. Hitler setzte sich neben sie, das Foto seiner Mutter zur Rechten und das Porträt des stirnrunzelnd dreinschauenden Friedrichs des Großen vor sich. Sie schraubten die Messinghülsen auf und holten die dünnen Glasampullen heraus. Eva ließ ihren Kopf auf seine Schulter sinken und zerbiß das Glas. In der Agonie zog sie die Beine an. Seine zitternde Hand mit aller Kraft unter Kontrolle bringend, hob Hitler die schwere 7,65 mm-Dienstpistole an die rechte Schläfe, biß die Zähne über der Ampulle in seinem Mund zusammen und drückte ab.

Anhang

Unveröffentlichte Aufzeichnung eines Geheimtreffens, das zwischen Hitler und zwei Geldgebern seiner Partei, Fürst Wrede und Generalkonsul Scharrer, am 21. Dezember 1922 in dem mit viel Plüsch ausgestatteten Münchener Regina-Palasthotel stattfand. Letzterer hatte einen Stenografen mitgebracht, der Hitlers Ausführungen mitschrieb, als dieser mit oft erstaunlicher Offenheit ein Bild seiner politischen Auffassungen und Absichten entwarf (s. S. 36).

Adolf Hitler: »Ich persönlich weiß, daß ich, wenn heute der Bolschewismus in Deutschland regierte, entweder an der nächsten Laterne hängen oder in irgendeinem Kellerloch eingesperrt sein werde. Die Frage für mich ist also nicht, ob ich das und das auf mich nehmen will, sondern ob es uns gelingt oder ob es uns nicht gelingt, daß der Bolschewismus zur Herrschaft kommt. Ich selbst habe das blinde Vertrauen, daß unsere Bewegung sich durchsetzt. Vor dreieinhalb Jahren haben wir mit 6 Mann begonnen, heute kann ich die Überzeugung haben, daß unsere Sache sich durchsetzt.«

Er fuhr fort, die Regierungen trügen nur dazu bei, daß seine Bewegung sich auch über Bayern hinaus verbreite, und zwar besonders durch die Verbote in der letzten Zeit. Doch grüben sich die Kommunisten rund um Hamburg in Norddeutschland ein.

Ich glaube nicht, daß wir oben im Norden, ehe die Katastrophe hereinbricht, noch etwas Bedeutendes werden zusammenbringen. Falls durch irgendein Ereignis der große Kampf angeht, so wird der Norden rettungslos für uns verloren sein. Man kann dann höchstens von hier aus den Gegenstoß organisieren. Alles, was im Norden über nationale Organisationen gesprochen wird, ist Bluff.

Es fehlt eine geeignete kraftvolle Persönlichkeit. Die Großstädte, die eigentlich die Zentren der Organisationen sein sollten, sind in den Händen der politischen Gegner. Nach einer Analyse der Soldatenrate und der Feststellung ihrer Schwäche – »Ich bin der Überzeugung, daß der Bolschewismus in München eine Utopie ist« – fuhr Hitler fort: »In Bayern besteht für uns kein Grund loszuschlagen, da unsere Macht sowieso von Tag zu Tag wächst. Jede Woche Zeitgewinn bedeutet für uns den Gewinn einer oder zweier Hundertschaften, das Anwachsen um mehrere Tausend von Mitgliedern. Solange unsere Kraft wächst, haben wir keinen Grund, den Gewaltweg einzuschlagen.«

Das wolle er erst tun, wenn er sehe, daß die Partei »auf der Höhe ihrer Kraftentwicklung« stehe und »daß wir uns vom Zuwarten nichts mehr versprechen können«.

Er hoffe, daß die bayerische Armee ihm im entscheidenden Moment zu

Hilfe kommen würde. »Ich habe 17 Hundertschaften«, brüstete er sich. »Mit Hilfe dieser kann ich alles von der Straße abhalten, was mir nicht behagt.« Er erinnerte seine zwei vermögenden Zuhörer daran, daß Mussolini den Zusammenbruch des italienischen Generalstreiks seinerzeit mit nur 1800 Faschisten herbeigeführt habe: »Wenn ich diese meine Leute im rechten Augenblick energisch und geschlossen einsetze, so gibt es nichts, das ich nicht unterdrücken kann.«

Hitler setzte dann auseinander, wie er sich die Entwicklung des neuen deutschen Staates vorstelle.

»Wir werden zuerst Bürgerkrieg haben mit langem Ringen um die Macht, dabei werden die europäischen Staaten, die ein Interesse an Deutschlands Aufstieg haben, uns unterstützen, vor allem wird das England sein. Frankreich wird im Gegenteil auf Seiten der bolschewistischen Kreise sein, da es ein Interesse hat, Deutschland möglichst nicht zur Ruhe kommen zu lassen, um leichtes Spiel an der Ruhr und am Rhein zu haben.«

Wie Hitler erwartete, würde Großbritannien eine künftige deutsche Regierung unterstützen – vorausgesetzt, sie machte den erforderlichen Eindruck der Zuverlässigkeit. Denn die Vernichtung Deutschlands würde eine Hegemonie Frankreichs herbeiführen, und England würde dadurch zu einer »Macht dritten Ranges« werden. Ebenso rechnete er damit, daß Italien gemeinsam mit den Briten und Amerikanern daran interessiert sein würde, ein Vordringen des Bolschewismus zu verhindern.

»Wir müssen dieses Interesse für uns wachhalten und dürfen Italien nicht durch Propaganda des Zusammenschlusses mit Deutschösterreich und der Wiedergewinnung Südtirols vor den Kopf stoßen.«
Dieses Thema weiter ausführend, betonte Hitler: »Für eine Einstellung unserer Außenpolitik auf die Befreiung Südtirols habe ich nichts übrig..., und wir können uns das auch nicht leisten. Wenn der Kampf [mit Frankreich] beginnen sollte... [werden wir] auf anderen Wegen als über Italien keine Kohlen und keine Rohstoffe hereinbekommen... Ich bin nicht geneigt, wegen Südtirol deutsches Blut vergießen zu sehen. Man wird auch die Deutschen ganz gut an den Rhein bringen, aber nie nach Meran oder Bozen, um dafür zu kämpfen.
Alles, was wir zur Zeit verhandeln können und wollen, ist, daß keine Kollision der lateinischen Völker zustande kommt.«
Hierauf sagte er: »Gegen Frankreich glaube ich, daß wir vor 2 oder 3 Jahrzehnten marschieren werden.«

Seine Bemerkungen über Großbritannien sind einigermaßen wohlwollend, doch rechnete er nicht damit, daß die Engländer Deutschland erlauben würden, über einen zweiten Platz hinauszukommen:

»England, selbst wenn es uns noch so wohlgesinnt sein würde, wird niemals zugeben, nachdem es einmal unsere Kraft (unsere wissenschaftliche Kraft vor dem Weltkrieg und unsere militärische im Weltkrieg) kennengelernt hat, daß wir wieder zur Macht kommen.«

– »Wenn dann einigermaßen Ruhe in Deutschland sein wird, so wird nachgeholt werden müssen, was bisher stets versäumt wurde. Man kann Weltpolitik oder Kontinentalpolitik treiben. Weltpolitik setzt voraus, daß man auf dem Kontinent breite Basis besitzt. Bei Einschaltung der weltpolitischen Richtung wird man immer mit England zusammenstoßen. Man hätte schon vor dem Kriege Weltpolitik treiben können, dann hätte man sich mit Rußland verbünden müssen. England wäre dann vielleicht zerschmettert worden, aber Deutschland hätte doch nichts gewonnen; Rußland hätte Indien bekommen.« Deshalb zog Hitler den Schluß:

»Das bessere wäre wohl, Kontinentalpolitik zu treiben. Wir hätten uns 99 [1899] mit England verbünden sollen, hätten dann Rußland zerschlagen und Frankreich gegenüber freie Hand bekommen. Wenn Deutschland dann auf dem Kontinent der Herr im Hause geworden wäre, hätte es nie einen Krieg mit England gegeben.«

Indem er sich nun der Sowjetunion zuwandte, richtete er an seine exklusive Zuhörerschaft das Wort mit den bemerkenswerten Sätzen:

»Das jetzige nationale [bolschewistische] Regime Rußlands ist für uns gefährlich. Sobald die Russen können, werden sie denen an die Kehle gehen, die ihnen so weit geholfen haben.

Darum wäre eine wichtige Aufgabe die Zertrümmerung des Russenreiches und die Aufteilung des Grundes und Bodens in Rußland, der dann von deutschen Siedlern besiedelt und von deutscher Kraft bewirtschaftet würde. Dann könnten wir..., wenn wir uns mit England gut stünden, die französische Frage lösen, ohne daß uns England etwas dreinreden würde.«

Ohne schon den Begriff selbst zu verwenden, wandte er sich dann der Frage des deutschen »Lebensraums« zu:

»Zuerst müssen wir sehen, daß wir Ellbogenfreiheit bekommen, das ist das Notwendigste... dann erst kann die Regierung wieder im nationalen Interesse arbeiten für einen nationalen Krieg. Der würde dann sicher ein siegreiches Ende nehmen. Für die Geheimhaltung der Maßnahmen könnte gesorgt werden. Es wurden auch vor dem Weltkriege Sachen wie 42 cm Mörser, Flammenwerfer u. a. geheimgehalten.«

Während er glaubte, die Engländer seien zu »schlau«, um Deutschlands Politik direkt zu garantieren, rechnete er mit ihrer Unterstützung gegen Frankreich, vorausgesetzt, beide Länder legten sich auf gemeinsame Interessen fest.

Im Hinblick auf die immer zunehmende Geldentwertung führte Hitler vor dem Fürsten und dem Generalkonsul aus:

»Ich glaube, an dem Tag, an dem kein Papiergeld mehr gedruckt wird, hört die Entwertung der Mark auf. Gedruckt werden, wo immer, neue Mengen des Papiergeldes, um die Mißwirtschaft in allen Staatsbetrieben zu decken... Jetzt stehen überall da, wo früher einer gestanden ist, im Staatsbetrieb drei und mehr Mann. Das muß aufhören. Gegen dieses Schmarotzerunwesen kann aber nur eine brutale Regierung etwas machen, nur ein Diktator, der auf jede Popularität verzichtet... Wir brauchten Männer wie Bismarck.«

Er selbst würde kurzen Prozeß mit seinen Gegnern machen, wenn er zur Macht käme:

»Der Diktator hat schon, wenn er auf den Plan geht, mit dem Generalstreik zu rechnen; und dieser Generalstreik gibt ihm die Möglichkeit, an den Staatsbetrieben gründlich aufzuräumen. Alles, was nicht unter den von dem Diktator diktierten Bedingungen arbeiten will, wird entlassen. Es werden nurmehr die tüchtigen Leute eingestellt. Die Leute, die durch Zugehörigkeit zu einer Partei in die Staatsbetriebe gekommen sind, bleiben draußen.«

Noch einmal gab er seiner Überzeugung Ausdruck, daß das deutsche Volk »ein monarchisches Idol« brauche, jedoch »keinen milden König, sondern einen blutigen und rücksichtslosen Herrscher«, einen Diktator, der mit eisernem Besen kehre wie Cromwell. »Unter den jetzigen Kronprätendenten« finde sich ein solcher Mann nicht.

»Wenn dann das Volk nach der harten Regierung sich nach einer milden Leitung sehnt, dann ist die Zeit für einen milden und gütigen Monarchen gekommen, den dann das Volk anbeten wird. Im Vergleich die Entwicklung wie die Dressur eines Hundes, der zuerst zu einem strengen Dresseur kommt und dann, wenn er genügend viel durchgemacht hat, in die Hand eines freundlichen Besitzers, dem er dann in aller Treue und Anhänglichkeit dienen wird.«

Dies waren die Worte des 33jährigen Adolf Hitler im Dezember 1922.

Über Religion sagte er nur, er sehe »die christliche Religion als die einzig mögliche ethische Grundlage« des deutschen Volkes an. Ein Religionskrieg sei das größte Unglück, das über Deutschland kommen könnte.

Und zur Rechtspraxis äußerte er:

»Ich halte den vereidigten Berufsrichter für den einzigen geeigneten Stützpunkt in der Rechtsprechung.« Er sei nicht für Laiengerichte, da Laienrichter »zu schwankend in ihren Urteilssprüchen« seien.

Die Judenfrage war offensichtlich von vordringlicher Bedeutung für ihn, da er in dieser bemerkenswerten Unterredung wiederholt ausführlich auf sie zu sprechen kam. Er zollte der Lösung Friedrichs des Großen seine Bewunderung:

»Er hat die Juden überall da ausgeschaltet, wo sie schädlich wirken mußten, hat sie aber andererseits dort beansprucht, wo sie brauchbar waren.

In unserem politischen Leben sind die Juden unbedingt schädlich. Sie vergiften planmäßig unser Volk. Ich habe früher den Antisemitismus als grausam angesehen, bin aber durch eigene Erfahrungen dazu gekommen, daß ich der glühendste Feind des Judentums geworden bin. Ich bekämpfe dabei das Judentum nicht als Religion, sondern als Rasse.«

Hitler beschrieb dann die Juden als die geborenen Zerstörer, in keinster Weise zum Herrschen begabt. Sie verfügten über keine eigene Kultur, weder Kunst noch Architektur, die der genaueste Ausdruck der Kultur eines Volkes sei. Völker hätten eine Seele, meinte Hitler, während die Juden keine hätten. Sie seien nichts anderes als Rechner. Das erkläre, warum nur Juden den Marxismus hätten erfinden können, der die Grundlage jeder Kultur negiere und zerstöre. Mit ihrem Marxismus hofften die Juden, eine breite, hirnlose, plebejische Masse ohne wirkliche Intelligenz zu züchten, ein williges Instrument in ihren Händen. Er stellte die Frage, ob Deutschland verpflichtet sei, »das jüdische Joch« noch länger auszuhalten oder nicht. Und er gab selbst die Antwort:

»Der Löwe ist ein Raubtier. Dafür kann er nichts, es liegt in seiner Natur. Sicherlich ist aber der Mensch nicht verpflichtet, sich den Überfall eines Löwen gefallen zu lassen, sondern er muß sich seiner Haut wehren wie es geht, auch wenn der Löwe Schaden erleidet.
Eine Lösung der Judenfrage muß kommen. Wenn die Frage mit Vernunft gelöst werden kann, dann wird es für beide Teile segensreich sein. Wenn nicht, dann gibt es zwei Möglichkeiten, entweder eine blutige Auseinandersetzung oder die Armenisierung.«

Bezog sich Hitler hier auf die angebliche insgeheim vollzogene Liquidierung von 1 500 000 Armeniern durch die Türken zu Beginn des Jahrhunderts? In diesem Zusammenhang ist das unwahrscheinlich, aber es ist ärgerlich, daß man nicht weiß, was genau er meint.

»Taktisch und politisch stehe ich in der Judenfrage auf dem Standpunkt, daß ich meinen Leuten die Überzeugung beibringen muß, daß die Leute, die uns gegenüberstehen, lauter Todfeinde sind.«

Einige Wochen darauf, am 23. Februar 1923, erhielt der Münchner Zweig der NS-Partei eine Zuwendung von Generalkonsul Scharrer in Höhe von 1 Million Reichsmark. Wieder ein paar Monate später, im November 1923, führte Hitler in München einen mißlungenen Putsch durch, wurde vor Gericht gestellt, auf der Festung Landsberg inhaftiert und schließlich entlassen. Er veröffentlichte »Mein Kampf«, formierte die Partei neu, die sich während seiner Abwesenheit durch inneren Hader gespalten hatte, und baute sie in den folgenden Jahren zu einer disziplinierten, straff geführten Organisation aus.

Personenregister

Abetz, Otto 425 f.
Acikalin 69
Adam, Wilhelm 58, 126, 129, 131 ff., 156, 188
Albrecht, Alwin-Broder 118, 192 f., 208, 678, 748
Albrecht, Grete 192 f.
Alexander der Große 406
Alexander, Earl of Tunis, Harold 549
Alexandrow, A. M. 573
Alfieri, Dino 355
Allende, Salvador 13
Amann, Max 44, 314
Ambrosio, Vittorio 548, 564 ff. 578 f., 582, 588, 597, 601
Amé, Cesare 423, 588
Amsberg, Erik von 685, 697, 714, 720, 722
Antonescu, Ion 335, 352, 354, 375, 377, 391, 396, 417, 471, 474, 509, 522, 526, 536, 557, 567, 574, 595, 596, 609, 619, 633, 639, 642, 645, 688 f., 696 f., 716
Antonescu, Mihail 574
Arent, Benno von 728
d'Argenson, Graf 767
Arndt, Karl 675
Arnim, Hans-Jürgen von 525, 548 f., 561 f.
Ashby, Henry jr. 17
Aßmann, Heinz 739
Astachow 189
Astor, Lord 26
Attila 69
Attlee, Clement R. 419
Attolico, Bernardo 147 f., 217 ff. 224

Baarova, Lida 155
Bach-Zelewski, Erich von dem 688, 717
Backe, Herbert 23, 224, 478 f., 541, 622, 796
Badoglio, Pietro 110, 341, 582, 584 ff., 590, 594 ff., 601, 604, 633, 716
Bakay 717
Balbo, Italo 110
Balck, Hermann 728
Baldwin, Stanley 26, 69
Barbarossa 79
Bastianini, Guiseppe 567
Bavaud, Maurice 262
Beaverbrock, Lord William M. A. 68, 433
Beck, Joséf 161, 170

Beck, Ludwig 60 f., 73, 86 ff., 91, 99, 104, 107, 114 ff., 125 f., 129 ff., 156, 192, 676, 679 f., 684, 688, 705, 710, 740
Becker, Karl 285
Beeham, Sir Thomas 69
Below, Maria von 669
Below, Nicolaus von 22, 119, 191 f., 263, 298, 318, 458, 534, 674, 685, 792
Benedek 694
Benesch, Dr. Eduard 71, 107, 115, 139 f., 142 ff., 151, 429
Benzig, Klaus 18
Bergen, von 445
Berger, Gottlob 439, 485, 493, 783
Berger, Heinrich 675, 679
Berija, Lawrentij P. 377
Berndt, Alfred-Ingemar 89
Best, S. Payne 771
Best, Dr. Werner 22, 60, 70, 100, 504
Besymenski, Lew 709
Bey, Erich 620
Bismarck, Otto Fürst von 160, 168, 171, 310, 328, 344, 802
Bismarck, Otto Fürst von (der Jüngere) 341
Blaschke, Hugo 80, 709, 720, 727
Blaskowitz, Johannes 233, 243, 249, 269, 275 f.
Blomberg, Eva von 94, 95
Blomberg, Werner von 47, 49, 51 ff., 55, 57, 59 ff., 63, 68, 71 ff., 88, 93 ff., 102 ff., 155, 163, 192, 198, 263, 770
Blum Léon 527
Blumentritt, Günther 694
Bock, Fedor von 23, 91, 200, 233, 255, 259 f., 305, 330, 343, 348, 357, 402, 414, 417, 421 ff., 430, 432, 434 f., 441 f., 446, 448, 454 f., 460 ff., 467, 470, 479 f., 486, 489 f.
Bodelschwingh, Heinz 198
Bodenschatz, Karl 22, 60, 101, 179 f., 188, 222 f., 380 f., 439, 673
Boehm, Hermann 363
Boehm, Karl 60
Boehm-Tettelbach, Karl 704
Böhmer, Dr. 387
Boetticher, von, Friedrich 413 f.
Bohle, Ernst 383
Boldt, Gerhard 796
Bonnet, Georges 141, 143, 147, 157

Bonin, Bogislaw von 745, 771
Bonnier, Albert 19
Borgmann, Heinrich 665
Boris, König von Bulgarien 13, 346, 360, 470, 592
Bor-Komorowski, Tadeusz 688
Bormann, Albert 191, 735
Bormann, Gerda 328
Bormann, Ilse 383
Bormann, Martin 12, 17, 23f., 56, 78, 80, 87, 113, 118, 135, 141, 143, 155, 161, 191, 197, 202, 216, 225, 245, 274, 297, 328, 343, 381ff, 396, 409, 411, 419, 421, 429, 431, 441, 467, 469, 485, 491, 501, 528, 533, 536, 553, 556, 558, 568, 571, 582, 593, 607, 621, 624, 626f, 637, 670f., 675, 679f., 683, 685, 689, 692f., 695, 698f., 705, 711ff., 720f., 723, 728, 739, 745f., 749ff., 757, 760, 762, 765, 767, 769, 775, 777ff., 782, 785ff., 791, 793ff.
Bormann, Rudolf 383
Bouhler, Philipp 119, 168, 245f.
Bracht, Fritz 484
Brack, Viktor 440f., 485
Brandt, Anni 669
Brandt, Heinz 673, 675, 683
Brandt, Dr. Karl 120, 183f., 186, 202, 236, 245, 247, 567, 644, 712f., 727f., 768, 775
Bräuer, Kurt 292
Bräutigam, Otto 411f., 428f., 439
Brauchitsch, Walther von 86, 89, 91, 100ff., 104ff., 114ff., 125f., 131, 133, 137f., 146f., 150, 156, 161, 177f., 182, 190, 201, 208f., 213, 217ff., 221f., 225, 233f., 236, 239ff., 248f., 251, 260ff., 265, 268, 270, 272, 281, 283, 292f., 304f., 308ff., 318, 320, 323, 325f., 331, 334, 345, 348, 353, 355, 358, 364, 366, 375, 394, 407, 409, 414, 422, 448, 453, 456, 460ff., 466, 474, 527, 576, 710, 723
Braun, Eva 19, 77, 109, 120ff., 197, 207, 274, 476, 554f., 631, 656, 669, 681, 684, 728f., 746, 752, 772, 775, 777, 782ff., 792ff., 798f.
Braun, Otto 111
Braun, Wernher von 577, 704
Bredow, Ferdinand von 56
Breker, Arno 312
Briesen, Kurt von 242
Brinkmann, Helmuth 642f., 697
Broszat, Dr. Martin 31
Bruckmann, Hugo 274
Bruckner, Anton 467
Brückner, Wilhelm 22f., 47, 54, 56, 90, 188, 191, 222, 229, 263, 338f.
Brüning, Dr. Heinrich 27, 44
Bruns, Walther 30

Bubestinger, Rosel 119
Buch, Walter 419
Büchs, Herbert 735
Bürckel, Josef 316
Bürger, Fritz 135
Buhle, Walter 667, 673, 691, 706, 724, 771
Burckhardt, Carl-Jacob 17, 206
Burgdorf, Wilhelm 699, 714, 777, 782, 784, 787, 792, 797
Busch, Ernst 630, 659, 662
Busse, Theodor 759, 766, 770, 772f., 775, 784, 786, 791, 793

Camrose, Lord 26
Canaris, Wilhelm 13, 18f., 23, 26, 59, 64, 84, 107, 140, 146f., 178, 205, 208, 220, 225, 236f., 240, 266, 281, 296f., 309, 314, 329, 348, 352, 361, 372, 375f., 381, 408, 413, 423, 433, 435f., 443, 465, 496, 513, 526, 530, 547f., 551f., 563f., 567f., 587f., 629, 683, 710f., 771
Carls, Rolf 535
Carlyle, Thomas 767
Castro, Fidel 13
Chamberlain, Neville 74, 85f., 136, 138ff., 143ff., 147ff., 152, 176, 178, 186f., 189, 203ff., 208, 213ff., 224, 229, 252ff., 319, 577
Chamier, J. Daniel 502
Choltitz, Dietrich von 699
Chosin 378
Christian, König von Dänemark 504, 593
Christian, Gerda 719, 783
Christian, Eckhard 563, 564, 713
Churchill, Sir Winston Spencer 12, 27, 32f., 129, 139, 142f., 152, 176, 214, 234, 252ff., 284, 288, 290, 316, 318, 321, 330, 332, 338, 347, 350, 368, 371, 379, 381, 383f., 387f., 391, 407, 418, 432, 443, 446, 469, 471, 478, 481, 489f., 493ff., 498, 505, 526, 546, 555, 577, 584, 587, 600f., 603, 608, 611, 617f., 633, 636, 671, 684, 732, 736f., 745, 753, 785
Chvalkovský, Frantisek 152, 162, 172, 175
Ciano, Gräfin, Edda 603, 622
Ciano, Graf, Galeazzo 19f., 79, 148, 189, 206f., 215, 217, 219, 278, 320, 337, 342, 369, 382, 391, 449, 451, 517f., 530, 547, 603, 622f.
Ciliax, Otto 469
Clausewitz, Carl von 134
Conti, Dr. Leonardo 245
Cooper, Duff 152
Coulondre, Robert 220, 225
Craig, Gordon 31
Crinis, Maximilian de 592
Cripps, Stafford 321ff., 375, 394

Personenregister

Cromwell, Oliver 803
Csáky, Graf 187
Cudahy, John 387
Cunningham, Sir Andrew 563, 598

Dahlerus, Birger 220f., 251, 253
Daladier, Edouard 139, 141, 143, 148f., 220, 252, 319, 527
Daranowski, Gerda 175, 191, 404, 416
Darányi, Koloman 151
Darges, Fritz 672
Darlan, Jean-François 13, 351, 380f., 425, 518ff., 526
Darré, Richard Walter 23, 258
Darwin, Charles 194
Davis, William Rhodes 252f.
Defregger, Franz von 181
Degenkolb, Gerhard 577
Dekanosow, Wladimir 395, 397f., 601
Deßloch, Otto 575
Dethleffsen, Erich 779
Deuss 46
Deutsch, André 16
Diekhoff, Hans 136
Dietl, Eduard 291ff., 395, 660f.
Dietrich, Dr. Otto 457, 735, 746
Dietrich, Sepp 56, 454, 552, 584, 614, 693, 705, 733, 736, 739f., 746f., 766, 781
Dirksen, Herbert von 136, 203, 205
Dönitz, Karl 43, 342, 387, 535f., 562, 564f., 568f., 576, 578f., 585ff., 590f., 593, 609f., 619f., 622, 632, 640, 642ff., 668, 679, 692, 702, 746, 751, 755, 760, 772, 778, 782, 786f., 789f., 792, 794ff.
Dohnanyi, Hans von 710
Dollfuß, Engelbert 10, 58, 71, 89
Dollmann, Eugen 20, 654
Dornberger, Walter 577, 632
Dorsch, Xaver 599, 640
Draganoff, Parwan 366
Drechsler, Dr. Otto-heinrich 440
Dschingis Khan 562
Dulles, Allen W. 20, 745, 749, 774
Durcanský, Dr. Ferdinand 151, 172

Eberbach, Heinrich 692ff.
Eberhard, Wolf 23, 130, 133, 151, 156
Eberhardt, Friedrich Georg 200f.
Eberstein, Friedrich Karl von 159
Ebert, Friedrich 85
Eden, Sir Anthony 26, 52, 152, 254, 375, 494, 601, 613f., 617f., 725
Eduard VII., König von England 63, 70
Eichmann, Adolf 438, 440
Eicken, Dr. Carl von 62, 184, 682, 703, 709, 711, 728
Einsiedel, Graf von 679

Eisenhower, Dwight D. 518, 563, 597, 727, 734, 736, 739f., 750
Elias, Alois 429
Elser, Georg 264
Engel, Annette 18
Engel, Gerhard 20, 118, 126, 192, 257, 265, 287, 395, 473, 517, 524
Eppinger, Dr. Hans 592
Ernst, Karl 55
Esch, Dr. Udo 700
Esterházy, Fürst von 128
Etzdorf, Hasso von 413, 425, 445
Exner, Marlene von 567

Falkenhausen, Alexander von 309
Falkenhorst, Nikolaus von 283, 290, 294
Faulhaber, Dr. Michael von 197
Fegelein, Gretl 607, 793f.
Fegelein, Hermann 373, 607, 699, 705f., 708, 713, 724, 774, 783, 788, 793f.
Feil 119
Fellgiebel, Erich 672, 675, 680, 683
Felmy, Helmuth 279
Fest, Joachim 18, 21
Fiebig, Martin 531f.
Filoff, Bogdan 352
Fischböck, Dr. Hans 83
Fleming, Gould 31
Foch, Ferdinand 312
Foerster, Otto 126, 467
Foltič 366
Forster, Albert 129, 201, 207, 256, 275
Fouché, Joseph 567
Franco, Francisco 18f., 64, 67, 331, 337, 339f., 342, 347f., 355f., 526, 547
François-Poncet, André 53, 80, 138, 147f., 152, 154, 157, 168
Frank, Bernhard 786
Frank, Dr. Hans 256f., 275f., 317, 382, 396f., 429, 452, 483, 571, 626f.
Frank, Karl-Hermann 135, 138, 140, 594, 784
Frauenfeld, Alfred 639
Freisler, Roland 686, 699f.
Frentz, Walter 592f.
Fretter-Pico, Maximilian 738
Frick, Wilhelm 246, 594
Fricke, Kurt 353, 443f.
Friedrich, Caspar David 310
Friedrich der Große 86, 168, 221, 293f., 406, 523, 541, 700, 729, 732, 737, 756, 761, 767, 798, 803
Friessner, Johannes 573, 668, 695ff., 715, 717ff., 738
Fritsch, Achim von 103
Fritsch, Werner Freiherr von 11, 24, 51f., 54, 59ff., 63, 72f., 81, 93, 95ff., 124, 244f., 262, 692

Fritsche, Hans 143
Fromm, Friedrich 460, 576, 667, 670f., 673, 676, 678ff., 684, 689, 705
Fuller, J.F.C. 69
Funck, Hans Freiherr von 355, 691f.
Funk, Walther 50, 185
Fütterer, Heribert 716

Gaggia 603
Galen, Clemens August Graf von 419
Galland, Adolf 471, 605, 695, 723, 786
Gamelin, Maurice 304, 527
Ganzenmüller, Dr. Alfred 484
Gariboldi, Italo 360
Gavrilović 324
Gaulle, Charles de 336, 347, 381
Gehlen, Reinhard 435, 496, 513, 540, 659, 683, 756
Georg II., König von Griechenland 375, 379
Georg VI., König von England 70, 129, 147, 203, 321
George, David Lloyd 37, 69, 391
Gercke 683
Gerlach, Walther 754
Gersdorff, Rudolf-Christoph Freiherr von 551
Gerstein, Kurt 31
Gerstenberg, Alfred 688, 697f.
Geyer, Hermann 156
Ghailani, Raschid Ali el 380
Giesing, Dr. Erwin 502, 682ff., 703, 709, 711ff., 727, 754
Giesler, Hermann 626, 752
Giesler, Paul 312, 572, 786
Gille, Herbert 738, 740
Giraud, Henri 518
Gisevius, Dr. Hans Bernd 16
Glaise-Horstenau, Edmund von 89
Globocnik, Odilo 275, 483ff.
Goebbels, Helmuth 784
Goebbels, Dr. Joseph 14, 19, 21, 23, 44ff., 63, 65, 84, 87, 89, 106, 112, 124, 128, 142f., 155, 158ff., 172, 180, 185, 188, 196, 200f., 272, 274, 277, 281, 320, 351, 361, 371, 384, 393, 419ff., 439, 468, 471, 473f., 476, 478, 480, 482ff., 488, 533, 536f., 542, 544f., 550, 552f., 558, 563f., 568, 570f., 585f., 601ff., 614, 616, 623, 670f., 678, 685, 692, 695, 698, 732, 746, 749, 754ff., 765ff., 772, 776f., 781f., 784, 787, 790, 792f., 795f.
Goebbels, Magda 154f., 203, 338, 781, 793, 798
Göhler, Johannes 758

Göhler, Ursula 19
Goltz, Rüdiger Graf von der 103
Goerdeler, Dr. Carl 683, 710
Göring, Hermann 12, 21, 23, 29, 45, 47, 49, 53ff., 60, 62ff., 72, 81, 84, 87ff., 93ff., 101ff., 108f., 111f., 115f., 126, 129, 131, 139, 142f., 147, 151ff., 156, 159, 161, 168, 172, 174, 179, 182, 189, 198, 200f., 203, 208ff., 212f., 215, 218ff., 222ff., 231, 234ff., 240, 245, 251ff., 259, 261, 264, 266, 270f., 279, 283, 285, 292, 294, 297, 309, 315, 323, 328ff., 332ff., 337, 343, 345, 351, 358f., 364, 366, 375, 380ff., 385f., 388f., 394f., 411, 414, 438, 443, 447, 462, 471, 482, 484, 499, 504, 508, 512, 522, 524f., 528f., 531, 534ff., 540f., 549f., 556, 569, 572ff., 579, 585, 589, 591, 594, 601, 604ff., 609f., 613, 615ff., 620, 622, 632, 637f., 640, 645ff., 655f., 660, 664, 674, 679, 681f., 685f., 689, 691f., 695, 704, 708, 713, 719, 722f., 740, 746, 748, 751, 759, 761ff., 771, 778, 780, 782, 785f., 788, 790, 792, 795
Goethals 279, 280
Götze, Fritz 119
Gräser, Fritz 775
Grandes, Muñoz 526, 710
Grandi, Dino 603
Grawitz, Dr. Ernst-Robert 184
Graziani, Rodolfo 110, 673, 676
Greiffenberg, Hans von 320
Greim, Robert Ritter von 575, 668, 708, 713, 722, 786, 790, 793, 795
Greiner, Helmuth 20, 408, 491, 524
Greiser, Artur 256, 275f., 317, 343, 349, 439, 452
Groscurth, Helmuth 154, 223
Grynspan, Herschel 25, 157
Guderian, Heinz 15f., 60, 89, 258, 272, 287, 403, 408, 410, 418, 422f., 430, 432, 434, 453ff., 460ff., 544f., 561, 570, 585, 655, 660, 687ff., 702, 706, 711, 715, 718, 724, 733, 738f., 741f., 244f., 747f., 752f., 759, 765f., 770
Günsche, Otto 743, 794, 798
Gürtner, Franz 118f., 199, 429, 592
Guterriez, Robert A. 19

Haakon VII., König von Norwegen 292
Haase, Dr. Werner 183, 794
Habicht, Theo 58, 292
Hácha, Emil 157, 173ff., 487
Hackson, Robert H. 15
Hänel, Wolfgang 17
Hahn 473
Haig, Douglas 69
Hailsham, Lord 26

Personenregister

Halder, Franz 15, 91, 114f., 129, 131, 134, 137f., 147, 163, 188f., 218, 240, 251, 260, 281, 302, 304ff., 318, 321, 325f., 328, 343, 349f., 353, 358, 363, 367, 376, 392, 402, 405, 409f., 414, 417, 422f., 427, 446ff., 456, 461ff., 466, 468, 474, 480, 489f., 492, 496, 498, 500ff., 508, 527, 593, 683, 710
Halifax, Lord 74, 79, 115, 129, 205, 220, 229
Hambro, Carl 272
Hamilton, Herzog von 332, 383
Hamm, Eric 24
Hammerstein-Equard, Curt Freiherr von 47, 51
Handschuhmacher, Heini 656
Hanfstaengl, Ernst 248
Hanke, Karl 204, 757, 796
Hanneken, Hermann von 593
Hannibal 768
Hansen, Erich 683, 710
Hansen, Erik 646, 688, 697f.
Harpe, Josef 741, 744
Harriman, Averell 433f.
Harzer, Walter 707
Hasse, O. E. 185
Hasselbach, Hans-Karl von 106, 182, 644, 674, 709, 712f., 727
Hassell, Ulrich von 102
Hauenschildt, Bruno von 756
Haushofer, Albrecht 383
Haushofer, Dr. Karl 332
Hausser, Paul 537f., 693f.
Hayn, Hans 56
Hedin, Sven 254
Heiden, Konrad 16
Heim, Ferdinand 521f.
Heim, Heinrich 441, 482
Heinemann, Erich 657f.
Heines, Edmund 56
Heinkel 573
Heinrici, Gotthard 764, 766f., 770f., 773, 775ff., 785, 791, 793f.
Heisenberg, Dr. Werner 754
Heitz, Walter 103, 240
Helfferich, Emil 567
Helldorf, Graf Wolf Heinrich 25, 94, 683f., 705
Henderson, Sir Neville 85, 144ff., 148, 187, 213f., 216, 221ff., 230
Henlein, Konrad 107, 128, 134f., 140, 142, 146, 150f.
Heraklit 134
Herrmann, Hajo 761
Herzner 218
Heß, Rudolf 28, 77f., 112f., 127, 159, 222, 263, 277, 281, 315, 332, 379, 380ff., 737
Hesse, Fritz 762
Hessen, Prinz Philipp von 598
Heusinger, Adolf 20, 185, 353, 474, 659, 666, 673
Hewel, Walther 24, 33, 38, 42, 115, 151, 172ff., 191, 196, 203, 207, 211, 219, 244, 248, 253, 288, 310, 315, 340, 356f., 365f., 369, 371ff., 381f., 385ff., 391, 393, 395f., 398, 407, 412f., 416, 423, 425, 431, 433, 437, 452, 458, 465, 467, 477, 539, 543, 553, 566, 577, 583, 629, 636f., 641, 724, 755, 779, 781, 787f., 795
Heydebreck, Ernst 56
Heydrich, Reinhard 30, 45, 105, 107, 158, 161f., 173, 177, 201, 206, 209, 219, 236, 238ff., 245, 361, 363, 429f., 436, 438, 440ff., 452, 457, 481
Heye, Hellmut 291
Hierl, Constantin 133
Himmler, Heinrich 12, 19, 21f., 25, 27ff., 45, 53, 56, 59, 65, 95f., 103ff., 107, 118, 133, 146, 149, 155, 158f., 172, 175, 206f., 209, 22f., 238ff., 244, 251, 256, 275, 277, 306ff., 317, 345, 363, 409, 411f., 419, 426, 429, 432, 436, 451f., 471, 473, 478, 481ff., 487, 491, 493, 504, 510, 512, 518f., 527, 543, 546, 551f., 554f., 558, 567, 571, 577, 582, 585, 588ff., 593f., 601f., 606ff., 613, 617, 622, 626f., 633f., 637f., 648, 660, 662f., 671f., 674, 676f., 685, 688f., 693, 695, 699, 702, 705, 711ff., 715, 717ff., 723, 725f., 733, 735, 747, 749, 752, 755ff., 762, 764, 766f., 774f., 782f., 787f., 791ff.
Hindenburg, Paul von 46, 50, 57, 59, 62, 99, 111, 198, 759
Hindenburg (Tochter) 314
Hitler, Angela 476
Hitler, Eltern 752
Hoare, Sir Samuel 383
Hoepner, Erich 175, 430, 445, 455, 467f., 676, 679f., 691
Höppner, Rolf-Heinz 438
Hofacker, Dr. Cäsar von 690, 714
Hofer, Franz 590, 602, 771
Hoffmann, Albert 484
Hoffmann, Heinrich 77, 118, 120, 183, 626
Hoffmann, Henriette 67, 121
Hohenlohe, Prinzessin zu 24, 46
Holburn, James 189
Hollidt, Karl Adolf 578, 596
Holman 221
Holste, Rudolf 748, 786, 290, 793, 797f.
Hopkins, Harry 438?
Horthy, Frau von 132
Horthy, Nikolaus von 132, 142, 150f., 263, 321, 366, 370, 373, 398, 546, 557f., 633ff., 672, 687, 715ff.

Horthy, Nikolaus von (Sohn) 717f.
Hoßbach, Friedrich 72, 88, 96ff., 721, 724, 747
Hoth, Hermann 410, 422, 500, 523f., 575, 614
Hube, Hans 531, 534, 537, 541, 579, 582, 590, 609, 637, 641, 670, 756
Hull, Cordell 450
Humps, Traudl 553
Huntziger, Charles 312

Imrédy 142, 151
Innitzer, Theodor 92, 197
Inönü, Ismet 360, 470, 618
Ironside, Sir Edmund 208

Jaenecke, Erwin 641 ff.
Jakelius, Dr. 30
Jány, Gustav Vitéz 546
Jeckeln, Friedrich 451 f.
Jeschonnek, Hans 112, 264, 292, 315, 323, 327, 333, 353, 373, 389, 426, 431, 462, 475, 481, 519, 522, 531, 534, 550, 561, 572, 574, 589, 692
Jodl, Alfred 22f., 33, 79, 81, 85, 88, 91, 117, 133, 185, 232, 236f., 242ff., 248, 258ff., 265, 274, 279f., 283f., 288, 293ff., 300, 302ff., 311, 314f., 323f., 327, 332, 334, 340, 342f., 345, 348ff., 353, 356, 359, 362, 366, 372, 376, 389, 392, 398, 403, 425, 433, 446, 455, 457, 460f., 464, 466, 487, 493, 500f., 508, 510, 517, 519, 521, 523, 525, 528, 543, 549, 557, 574, 579, 585, 587, 590ff., 604, 609, 611, 616f., 623, 627, 629, 634, 636ff., 645, 654, 658, 661, 666, 668, 679, 681f., 690ff., 695f., 701, 705ff., 711, 717, 725, 735, 747, 749, 755, 757, 765, 768, 782ff., 786, 791, 793, 796f.
Jones, Tom 68
Joseph II., Kaiser von Österreich 257
Jung, Dr. Edgar 56
Junge, Hans 626, 693
Junge, Traudl 693, 742, 795 f.
Junge, Wolf 362, 565, 585

Kalinin, Michail Iwanowitsch 322, 377
Kállay, Miklas von 546, 557, 633f.
Kaltenbrunner, Dr. Ernst 551, 555, 588, 593, 607, 613, 671, 676, 683, 686f., 752, 762
Kammler, Dr. Hans 484, 704, 764
Kant, Imanuel 416
Kánya 142, 151
Karl V. 258
Karl der Große 254
Karmasin, Franz 151, 172 f.
Kasche, Siegfried 411

Keitel, Wilhelm 22, 63, 81, 84, 88, 90ff., 94, 97, 99ff., 107f., 11, 114, 117, 130, 132f., 137f., 140, 145ff., 151, 153, 155, 161, 163f., 173, 175, 178, 182, 204f., 217, 219, 222f., 232, 235f., 240, 243ff., 252, 256ff., 262, 276, 285f., 293f., 300ff., 310, 312, 314, 328f., 345, 353, 359, 365f., 373, 381, 389, 392, 396, 403, 424, 433, 457, 462, 464, 466, 470f., 489f., 496, 501, 503, 509f., 513, 515, 517, 522, 526, 530, 533, 546, 559, 562f., 568, 583, 588, 621f., 634, 637, 655, 660, 668, 670, 672ff., 676,, 679f., 685, 695f., 705, 710, 714, 720, 755, 762, 765, 767, 778, 782ff., 790ff., 797
Kempka, Erich 91, 119, 757, 797
Kennedy, Joseph P. 163, 328
Keppler, Dr. Wilhelm 71, 87, 89ff., 172f., 175
Kerrl, Hans 198f.
Kersten, Felix 19
Kesselring, Albert 65, 213, 385, 513ff., 526, 585ff., 590f., 602, 608, 611, 629, 650, 665f., 758f., 772
Kiewitz, Werner 280
Killinger, Manfred von 697f.
King, Cecil 69
King, William Mackenzie 69
Kinzel, Eberhard 758
Klauss, Edgar 601
Kleist, Ewald von 185, 303ff., 448, 453f., 479f., 496f., 532, 551, 596f., 609, 630, 633, 638f., 642, 646
Kleist, Dr. Peter 600f.
Kluge, Günther-Hans von 233, 255, 306, 421, 455, 460, 463ff., 478, 489, 497, 541f., 551f., 559ff., 570, 575, 577f., 586, 596f., 599, 608, 615, 663, 671f., 680f., 686, 690ff., 699ff., 752
Koch, Erich 73f., 411, 501, 558f., 614, 639, 668
Koch, H. W. 31
Koch, Robert 413
Koeppen, Werner 427f., 430, 436f.
Körner, Paul 55, 64
Koester, Dr. 644, 709
Köstring, Ernst 190
Kollantaj, Alexandra 517
Koller, Karl 20, 646, 665, 692, 695, 722, 761, 762f., 778ff.
Konjew, Iwan Stepanowitsch 669, 742, 751, 775
Konrad, Rudolf 501
Kordt, Erich 16
Kordt, Theo 229
Korte, Willi 19
Korten, Günther 589, 616f., 641, 646, 649, 668, 675, 683, 692

Personenregister

Krancke, Theodor 283, 534 ff., 658
Krause, Karl-Wilhelm 16
Krebs, Hans 374, 734, 758, 766, 779 ff., 784, 787, 790, 792 f., 795 f.
Kreipe, Werner 692, 695, 697, 702 ff., 706 ff., 721
Krieger, Ludwig 564
Krüger, Else 787
Krüger, Friedrich-Wilhelm 23, 275, 317, 484
Kube, Richard 411, 452
Kubizek, August 202
Küchler, Georg von 318, 498, 559, 600, 615, 619, 632
Kummetz, Oskar 535
Kurusu, Saburo 367
Kvaternik, Sladko 372 f., 413

Laffert, Sigrid 121
Lahousen, Erwin 23, 205, 237, 266, 361, 373, 408, 479
Lakatos, Geza Vitéz Edler von 715 f., 719
Lammers, Heinz 12, 22, 28, 46 f., 59, 65, 70, 101, 118, 162 f., 168, 170, 198, 244 f., 256, 307, 384, 396, 414, 439 f., 476, 533, 543, 626, 751, 786
Landenberger 473
Langbehn, Carl 593 f.
Langsdorff, Hans 273 f.
Larisch-Wallersee, Gräfin 19
Lasch, Otto 770
Laval, Pierre 25, 339 f., 351, 518 f., 526
Ledebur, von 118
Leeb, Wilhelm Ritter von 15 f., 23, 107, 130 f., 154, 238, 255, 259, 309, 330, 402, 410, 412, 426 f., 442, 456, 460
Lehsten, Joachim von 463
Leitgen, Alfred 127
Lenbach, Franz von 168, 181
Leonardi, Priam 575
Leopold, König von Belgien 309, 338, 347
Ley, Dr. Robert 25, 43, 60, 185, 204, 277, 385, 571, 589, 614, 685, 746, 764, 777
Lieb, Theo-Helmut 630
Liebenstein, Kurt von 455
Liebmann, Curt 47, 52, 130, 156
Likus, Dr. Rudolf 84, 180, 600
Lindemann, Georg 499, 662, 683
Linge, Heinz 742, 776 f., 779
Lipski, Josef 154, 170, 177 f., 224 f.
List, Wilhelm 209, 360, 371, 471, 492 f., 495, 497, 500 f., 503, 512
Litwinow, Maxim 180
Lloyd, Lord George David 26
Löbe, Paul 111
Löhlein, Dr. 769

Löhr, Alexander 547 f., 769, 580, 696
Löwinger, Heinrich 95
Lohse, Hinrich 158, 411, 440 f., 452
Londonderry, Lord 26
Longwell, Daniel 27
Lorenz, Heinz 783 f.
Lorenz, Werner 107
Loßberg, Bernd von 204, 293 f., 318, 320, 323, 334, 349, 357, 461
Louis, Joe 25, 117
Ludendorff, Erich 93
Lüdecke, Kurt 25
Lütjens, Günther 380, 386 ff.
Lüttwitz, Smilo Freiherr von 709
Lumumba, Patrice 13
Luther, Martin 195, 327
Lutze, Viktor 56, 118, 562

MacDonald, Jeanette 171
MacDonald, Ramsay 26
MacEvan, David 608
Mackensen, Eberhard von 533 f., 578, 609, 629
Mackensen, Hans von 136, 219, 354, 587, 590 f., 595
Mafalda, Prinzessin von Hessen 592, 607
Maisel, Ernst 714
Malinowski, Rodion J. 696
Mannerheim, Carl-Gustav von 395, 486, 660, 662, 696, 702
Manstein, Erich von 20, 23, 86, 107, 130, 209, 280, 281, 286, 418, 432, 461, 479, 498, 521, 523 ff., 528 ff., 537, 541 ff., 561, 570, 574 ff., 586, 596 f., 608 f., 614, 618 f., 621 f., 624, 630, 633, 637 f., 640, 646, 723
Manteuffel, Hasso von 705, 733, 736, 739, 759, 791, 793
Manzialy, Frau 728
Marat, Jean 37
Maria José, Kronprinzessin von Italien 338
Maria Theresia, Kaiserin von Österreich 257
Marras 278
Martin, Dr. Benno 263
Martin, Dr. Bernd 33
Masaryk, Jan 139 f., 140 f., 145
Maser, Werner 25
Mastný, Wojtech 152
Matsuoka, Josuke 367 f., 375
Maurice, Emil 120
May, Karl 261, 734
Medem, Gerhardt 209
Meendsen-Bohlken, Wilhelm 595
Meisinger, Josef 103
Meissner, Dr. Otto 46, 168, 222, 309, 759
Merekalov, Aleksej 169

Personenregister

Messe, Giovanni 549
Messerschmitt, Willy 573, 610, 746
Michael, König von Rumänien 395, 689, 697
Mieth, Friedrich 275
Mihailović, Draža 511, 612f., 696
Miklas, Wilhelm 83f., 89f.
Miklós, Béla Vitéz von Dalnoki 715, 719
Mikojan, Anastas 377
Milch, Erhard 21ff., 27, 29, 54, 56, 60, 65, 130, 150, 189, 213, 219, 254, 271, 283, 292, 301, 333, 395, 418, 447, 471, 501, 508, 536f., 541, 569, 572, 576, 579, 589, 610, 615, 622, 631f., 640f., 647, 657, 665, 692, 695
Mitford, Miss Unity 46, 69
Model, Walter 131, 497, 560f., 570, 574f., 577, 619, 630, 638, 658f., 662, 666, 668, 677, 687, 694, 696, 703, 707, 734f., 740, 742, 764, 782
Mohnke, Wilhelm 794, 797
Moellhausen, Eitel Friedrich 606, 762
Molotow, Wjatscheslaw 30, 180, 189, 207ff., 213, 305, 317, 336f., 342ff., 348, 377, 394, 398, 717
Moltke, Graf Hellmuth von 136, 248, 267, 503
Montgomery, Viscount Bernard Law 500, 513, 548f., 604, 734, 740
Mooney, James D. 286
Morell, Dr. Theo 19, 22, 77f., 174, 177, 183, 185f., 304, 308, 318, 414f., 473, 491, 528ff., 543, 545, 553, 573, 575, 580, 603, 623, 626f., 631, 644f., 669, 674, 682, 690, 703, 709, 711ff., 720f., 724, 726, 728f., 735f., 738, 754, 757, 769f., 776f., 783f.
Morgenthau, Henry 732
Mosley, Sir Oswald 26, 69
Mountbatten, Lord Louis 563
Moyland, Steengracht von 439
Moyzisch 613
Muff, Wolfgang 90f.
Müller, Erhard 527, 552
Müller, Heinrich 198
Müller, Dr. Joseph 297, 710
Müller, Ludwig 206
Müller, Vinzenz 667
Müller-Hill, Benno 30
Munk, Kai 627
Mussert, Anton 526
Mussolini, Benito 11, 23, 32f., 38, 61f., 64, 67f., 88, 90, 108ff., 114, 147ff., 161, 184, 189, 199, 206f., 212, 216ff., 225, 229, 254, 263, 274f., 278, 286f., 304, 310f., 336f., 339ff., 345, 350, 352, 354ff., 369ff., 385, 389ff., 396, 416, 423ff., 443, 475ff., 488, 511, 514, 516f., 519f., 525f., 530, 545, 547, 553ff., 562ff., 567, 570f., 578ff., 586ff., 593, 601ff., 607, 622, 633, 645, 650, 672f., 675, 677f., 796, 801

Napoleon I., Kaiser der Franzosen 11, 69, 86, 312, 334, 350, 359, 403, 421, 473, 479
Napoleon II., Herzog von Reichstadt 350
Nebe, Arthur 683
Nedić 613, 696
Nehring, Walther K. 744
Nelson, Viscount Horatio 68
Neubacher, Dr. Hermann 411, 613
Neurath, Freiherr Konstantin von 68, 72, 80ff., 88, 90, 102, 108, 115f., 136, 204, 428f., 504
Nicolai 564
Niemöller, Martin 198f.
Nietzsche, Friedrich 67, 416, 588
Nissle, A. 184
Norman, Montagu 163
Noske, Gustav 111
Numan, Menemencioglu 613f., 618, 623

Ogilvie-Forbes, Sir George 224
Olbricht, Friedrich 679f., 705
Olga, Prinzessin von Jugoslawien 190
Ondarza, Dr. Ramon 751
Orbis, Heinz 56
Oshima, Hiroshi 68, 367, 391, 410, 449ff., 471, 539
Oster, Hans 266, 280, 290, 297, 667, 710, 771
Ott, Eugen 451

Papen, Franz von 44, 50, 56, 59f., 82, 197, 412, 425f., 470, 614, 617f.
Patton, George 690, 693, 727, 740
Paul, Prinzregent von Jugoslawien 189f., 357, 365, 375
Paulus, Friedrich 353, 489f., 492, 500ff., 512, 522ff., 530f., 534, 537ff., 667, 748, 782
Pavelić, Dr. Ante (»Poglavnik«) 373, 511, 612
Pavolini, Alessandro 602
Peltz, Dietrich 550, 761
Petacci, Clara 796
Pétain, Philippe 311, 337, 339f., 347, 350f., 381, 449, 519f., 526
Peter III, Zar von Rußland 767
Peter der Große, Zar von Rußland 325, 431, 495
Petersen, Edgar 647
Pfeiffer, Hans 626, 693
Pfuhlstein, Alexander von 710
Poetsch, Leopold 374
Popitz, Johannes 593f.

Popp, Dr. Rudolf 55
Porsche, Ferdinand 447
Prachter, Konrad 26
Preußen, Kronprinz Friedrich Wilhelm von 111, 314
Price, Ward 69
Prien, Günther 270
Puttkamer, Karl-Jesko von 23, 116, 118, 216, 284, 297, 332, 424, 468f., 685, 712, 724, 779

Quandt, Harald 338
Quisling, Vidkun 271f., 283, 292, 327, 374, 557

Rademacher, Dr. Franz 397
Raeder, Dr. h. c. Erich 49, 54, 62, 72, 74, 86, 101, 112, 115ff., 132, 153, 161, 163, 177, 182, 191, 193, 200, 208, 213, 215, 223, 231, 234, 255, 270f., 273, 288, 290f., 309, 311, 315, 317, 321, 323ff., 327, 329, 332f., 336, 343, 345, 350, 353, 364, 367, 372, 379, 386ff., 397, 413, 427, 434, 443, 468, 487f., 500, 510, 520, 534ff., 554
Rahn, Rudolf 595, 597, 718
Rainer, Dr. Friedrich 602
Rath, Ernst von 158, 160
Rattenhuber, Hans 598
Rátz, Jenö 107, 132
Raubal, Geli 120f., 190, 382
Raus, Erhard 758f.
Rauschning, Hermann 17
Rehborn, Anni 183
Reichenau, Walter von 47, 51, 53f., 60, 82, 100f., 129, 137, 146, 179, 255, 259ff., 266, 418, 435f., 467, 478
Reinecke, Hermann 621, 680
Reinhardt, Hans 427, 744
Reitsch, Hanna 790
Remer, Otto Ernst 678, 684
Rendulić, Dr. Lothar 769, 788
Reves, Emery (Imré Revész) 17
Reynaud, Paul 288, 311
Reynitz 735
Ribbentrop, Joachim von 13, 19ff., 24, 26, 33, 61, 68f., 71, 74f., 81f., 88ff., 92, 102, 106ff., 110, 114f., 129, 134, 136, 139, 143ff., 149, 154, 157, 159ff., 170, 172, 174f., 177ff., 185, 189, 191, 201, 203ff., 207f., 210, 212ff., 222ff., 230, 243f., 250, 254, 257, 271, 292, 295, 310, 316f., 321f., 327f., 331, 337, 341f., 344ff., 356, 361, 366f., 369, 372, 379, 381ff., 385, 389, 391, 395, 397f., 403, 409, 412ff., 423, 437, 439, 445, 448, 450f., 457f., 471f., 476, 519, 527, 539f., 543, 547, 557ff., 566, 585f., 588, 593, 598, 600f., 603, 606, 608, 613f., 617, 623, 632ff., 661, 679, 698, 701, 707, 710, 715, 719f., 737, 745, 748f., 753, 755, 762f., 772, 781, 784f., 787
Richelieu, Herzog Armand Jean von 781
Richthofen, Jutta Freifrau von 24
Richthofen, Wolfram Freiherr von 65, 301, 408, 427, 462, 480, 493, 496, 499f., 502, 512, 515, 522, 524, 529, 532, 537, 541ff., 551, 561, 569, 578, 579, 582, 586f., 603, 629, 647, 655, 685
Rienzi, Cola di 202
Rintelen, Dr. Anton 58
Rintelen, Enno von 355, 590f., 595
Roatta, Mario 511, 547, 567, 591, 597, 601
Robbespierre, Maximilian de 37
Rocques, Henri 31
Röhm, Ernst 10, 24, 51ff., 67, 69
Roenne, Alexis von 588, 683
Röver, Carl 384
Rokossowski, Konstanty 791
Rommel, Erwin 13, 23, 175, 216, 230, 233, 236, 250, 253, 264, 267, 300f., 352, 355, 359f., 474, 477f., 488f., 499f., 508, 513ff., 525, 538, 548f., 562f., 565f., 568, 575, 579f., 582, 584f., 587, 591f., 594, 608, 611, 627f., 630, 635f., 641, 644f., 649, 651, 654, 657f., 663f., 671, 681, 688, 690, 693, 703, 713ff.
Roosevelt, Franklin D. 25, 85, 186f., 252f., 286, 350, 366, 386f., 407, 413, 433f., 450, 457f., 478, 493, 587, 608, 629, 633, 636, 651, 684, 732, 745, 753, 772
Rosenberg, Alfred 22, 252f., 258, 271, 283, 293, 387, 411f., 418f., 427, 436, 439, 442, 452, 478f., 491, 540, 558f., 615, 623, 626, 660
Rosenthal, Chaim 22
Rothermere, Viscount Harald S. H. 26, 69, 79, 102, 146
Rothkirch und Panthen, Friedrich-Wilhelm von 15
Rowecki, Stefan 577
Rüffer, Charlotte 100
Ruge, Friedrich 658
Rundstedt, Gerd von 104, 114, 137, 156, 190, 259, 280, 304ff., 308, 314, 323, 402, 410, 417f., 424, 432, 434, 442, 446, 454f., 494, 504, 611, 628, 630, 635f., 645, 651, 654ff., 658, 661, 663f., 690, 703, 706, 711, 727, 734, 736, 739f., 742, 750, 757f.
Ruoff, Richard 421, 496, 533f.
Ryti, Risto 385, 486, 661, 696

Sajitz, Dr. 592
Salmuth, Hans von 654, 658
Salzberger 119
Sas, Gijsbertus 280, 290

Sauckel, Fritz 437, 478f., 512, 614, 622, 763
Saur, Karl-Otto 501, 539, 631f., 635, 639ff., 645ff., 665, 667, 746, 771, 777, 779
Schachleiter, Albanus 197
Schacht, Dr. Hjalmar 25, 42, 163, 683
Scharrer, Konsul 800, 802, 804
Schaub, Julius 23, 34, 70, 119, 121, 141, 159, 162, 173, 191, 202, 207, 263, 297, 302, 338, 381f., 553, 626, 673, 677, 679, 699, 728, 760, 781
Schellenberg, Walter 16, 322, 608, 633
Scherff, Walter 501, 546, 683
Scheubner-Richter 185
Schickedanz, Arno 411
Schicklgruber, Maria Anna 25
Schiedermayer 122
Schirach, Baldur von 396, 571f.
Schirach, Henriette von 571f.
Schlabrendorff, Fabian von 18
Schlegelberger, Dr. Franz 28
Schleicher, Kurt von 46, 52, 55f.
Schleifenbaum, Ernst 707
Schlieben, Karl-Wilhelm 661
Schlieffen, Alfred Grad von 302
Schmalz, Wilhelm 575
Schmeling, Max 25, 117
Schmid, Wilhelm 55
Schmidt, Arthur 534
Schmidt, Ernst 314
Schmidt, Guido 84
Schmidt, Matthias 18
Schmidt, Otto 97f., 100, 102f., 105
Schmidt, Paul 495
Schmieden, Dr. Werner von 745, 762
Schmundt, Anneliese 181, 196
Schmundt, Rudolf 20, 23, 79, 87, 99, 101, 108, 113f., 117, 126, 136, 141, 146, 151, 154, 165, 172, 189, 191f., 205, 217, 224, 243f., 248, 250, 280, 294f., 301f., 306, 314, 318, 329, 331, 348, 359f., 393, 397, 412, 422, 427, 439, 454, 456, 460ff., 465, 494, 502f., 522, 541, 543f., 585, 615, 623f., 626, 630, 667, 675, 683, 709, 712, 714, 779
Schneidhuber, August 55f.
Schnurre, Dr. Julius 385, 390
Schörner, Ferdinand 418, 621, 638, 642, 646, 688f., 702, 706ff., 720, 724, 744, 748f., 764, 768, 770, 778, 782, 786f., 795ff.
Schopenhauer, Arthur 416, 760
Schreck, Julius 183f.
Schroeder, Christa 17, 23, 56, 127, 175, 181f., 191, 195, 231, 262, 310ff., 338, 384, 399, 404, 416, 418, 467, 472, 553, 672, 675, 719, 737, 762, 773, 777f.
Schukenin 453

Schukow, Georgij Konstantinowitsch 12, 377, 747f., 756, 759, 773, 775f., 780f.
Schulenberg, Werner Graf von der 180, 374, 376f., 398
Schulte-Mönting, Erich 49
Schulz, Otto 643
Schulze, Richard 703, 712
Schuschnigg, Kurt von 80ff., 87, 89f., 106, 111, 132, 144, 163, 771
Schwarz, Franz Xaver 383
Schwedler, Viktor von 51
Schweppenburg, Leo Reichsfreiherr Geyr von 15f., 175, 663f.
Schwerin-Krosigk, Lutz Graf von 42f., 62, 135, 198, 796
Seeckt, Hans von 46f.
Seldte, Franz 46
Semmler, Rudolf 19
Semper, Gottfried 123
Severing, Carl 111
Seydlitz-Kurzbach, Walther von 534, 621, 630, 635, 667, 679, 770
Seyß-Inquart, Dr. Arthur 83, 88ff., 173, 241, 309, 428, 798
Sibert, Edwin L. 122
Sidor, Dr. Karol 173
Siedler, Wolf Jobst 18, 21
Sieweert, Curt 99
Sikorski, Dr. Hans Karl 13
Simon, Viscount John A. 61f.
Simović, Dusan 365f.
Skorzeny, Otto 585, 602, 716ff., 734, 769
Sonnleithner, Dr. Franz von 724
Speer, Albert 17f., 78, 113, 118, 123, 136, 162, 164, 168, 181, 185, 274, 301, 312, 396, 449, 478, 494, 501, 504, 508, 512, 534ff., 539, 541f., 550, 553, 556, 562, 564, 568, 572, 576, 585, 588ff., 593, 599f., 602, 609, 616, 620, 622, 632, 640f., 649, 657f., 667, 677, 685, 689, 695, 702, 704f., 722, 729, 738, 740, 744, 746, 752, 764f., 771, 773, 785f., 790, 795
Speidel, Dr. Hans 443, 657
Sperrle, Hugo 82, 549f., 650, 664, 695
Spitzy, Reinhard 67, 71, 88f., 128
Sponeck, Hans Graf von 467
Spreti, Graf 56
Stahel, Rainer 579, 698
Stahlecker, Dr. 440
Stalin, Jakob D. 408
Stalin, Josef W. 32f., 82, 169f., 178ff., 188f., 201, 203, 205, 210f., 214f., 221, 225, 232, 243, 250, 269, 274, 287, 291, 314, 316ff., 324f., 328, 331, 337, 346, 353, 362f., 368f., 374ff., 395, 402, 406ff., 421, 425f., 428, 432, 434, 445, 474f., 478, 480, 492, 496, 498, 513, 517, 520f., 524, 529, 539f.,

Personenregister

2547, 555, 558f., 562f., 570, 573, 575ff.,
590, 596, 599ff., 603, 607, 609, 614, 617f.,
629f., 633, 639, 658f., 662, 671, 684f.,
701f., 716, 719, 724f., 732f., 736f., 741ff.,
745ff., 751, 753, 760, 764, 768, 770, 774,
790
Stauffenberg, Claus Schenk Graf von 667f.,
671, 673, 675ff., 680, 683ff., 689f., 706
Stehlin, Paul 180
Steiner, Felix 780f., 783f., 791ff.
Stemmermann, Wilhelm 455, 630
Stempfle, Bernhard 56
Stieff, Hellmuth 671, 676, 683
Stobbe-Dethleffsen, Carl 640
Strang, William 205
Strasser, Gregor 56
Streckenbach, Bruno 317
Streicher, Julius 46, 277
Student, Kurt 487, 587, 591, 661, 704
Stülpnagel, Carl Heinrich von 81
Stumpfegger, Dr. Ludwig 713, 727f., 735, 769, 794
Suñer, Serrano 339, 347
Sydnor, Charles W. 31
Szálasi, Ferenc 717f., 738f.
Sztójay, Döme 108, 366, 485, 715

Tauber, Richard 185
Tauschnitz, Stefan 81, 84
Teleki, Graf Paul 321, 346
Temple, Shirley 171
Tennant, E. W. D. 26
Terboven, Josef 294, 481, 557
Thoma, Wilhelm Ritter von 342
Thomale, Wolfgang 665
Thomas, Georg 153, 285, 359, 710
Thomas, Wilhelm 771
Thomsen, Hans 413, 450, 573
Thöt, Karl 301, 670, 724
Thorak, Josef 123
Thyssen, Fritz 17
Timoschenko, Semjon 406, 453, 492
Tippelskirch, Kurt von 272
Tito, Josip Broz 511, 547, 601, 612, 696, 718
Tirpitz, Alfred von 69
Tiso, Dr. Josef 23, 172f., 175, 177, 650
Todt, Dr. Fritz 11, 20, 23, 43f., 49f., 78, 83, 116, 123, 126ff., 133, 138, 141, 150, 153, 249, 285, 331, 427, 437, 447, 448, 470f., 473, 599
Töpken 118
Toussaint, Rudolf 595
Trenker, Luis 19
Tresckow, Henning von 306
Trevor-Roper, Hugh R. 17, 19, 21
Troost, Gerdy 122, 534
Troost, Paul Ludwig 122f., 168

Tsolakoglu 371
Tschiang Kaischek 68
Tuka, Wojtech 172f., 177

Udet, Ernst 27, 254, 382, 447, 572, 692
Uebelhoer, Friedrich 440
Ulex, Alexander 238
Ulex, Wilhelm 156
Umberto, Kronprinz von Italien 338, 584, 601
Unrein, Martin 758
Unruh, Walter von 608
Urbsys, Ivozas 177

Valdes, Don Felipe Polo 19
Veesenmayer, Dr. Edmund 172f., 715, 718f.
Veit, Josef 26
Veress, Lajos von 719
Vermehren, Erich 629
Viebahn, Max von 91, 102
Vietinghoff-Scheel, Heinrich-Gottfried von 590
Viktor Emanuel III., König von Italien 109f., 263, 424, 656, 583ff., 587, 592, 595ff., 601, 604, 607
Vörös, Janos 716, 719
Vormann, Nikolaus von 23, 216, 218, 222, 225, 229f., 232ff., 240, 244, 248, 709
Voß, Hans-Erich 738, 796

Waffen, Karl Ernst 53
Wagener, Otto 155
Wagner, Eduard 23, 54, 173, 235, 238, 240, 295, 363, 433, 436, 441ff., 683, 685, 705, 771
Wagner, Richard 201f., 487
Wagner, Robert 316
Wagner, Verena 185
Wagner, Winifried 185, 202, 204
Waizenegger, Heinz 742
Waldau, von 394, 431, 434
Waldmüller 181
Warlimont, Walter 189, 293, 499, 501, 515, 548, 561f., 568, 673, 691
Weber, Karl 415
Weber, Dr. Richard 644, 727
Weichs, Maximilian Freiherr von 52, 489f., 492f., 502, 521ff., 529, 537, 539, 595, 612f., 630, 635, 696, 698, 701, 746
Weidling, Helmuth 780, 783, 787, 790, 794, 797
Weinberg, Gerhard L. 37
Weingärtner 100
Weißhauer, Dr. Ludwig 332
Weitzel, Fritz 119
Weizman, Dr. Chaim 237
Weizsäcker, Carl-Friedrich Freiherr von 754

Weizsäcker, Ernst Freiherr von 22, 86, 88, 91f., 108, 111, 115, 134, 136, 139f., 146, 160, 171f., 178ff., 189, 203, 205ff., 213, 223, 244, 249, 251, 254, 271, 278, 305, 316, 318, 344, 398, 425, 432, 446, 502
Welczek, Graf 136, 157
Welles, Sumner 286
Wenck, Walter 718, 725, 752f., 758, 772, 782, 784, 786f., 789, 790ff.
Wermelskirch, Fritz 97f.
Werth, Henrik 398
Westphal, Siegfried 734f.,
Wetzel, Dr. Otto 440
Weygand, Louis Maxime 311, 354, 381, 527
Wiedemann, Fritz 16, 46, 62f., 110f., 115f., 124, 128f., 136, 163
Wietersheim, Gustav von 129
Wilhelm II., Deutscher Kaiser 231, 263, 314, 502
Wilhelmina, Königin der Niederlande 263
Willikens, Werner 127
Wilson, Sir Horace J. 139, 143, 145f., 203, 205, 213
Wilson, Hugh R. 85
Windsor, Herzog von 32, 321f., , 327f. (vgl. auch bei Eduard VII.)

Winkelmann, Otto 716ff.
Winter, Anni 656
Witzleben, Erwin von 188, 676f., 679f., 691, 698, 705
Wlassow, Andrej Andrejewitsch 540, 559
Wöhler, Otto 768f.
Wohltat, Dr. Helmut 203
Wolf, Johanna 111, 191, 360, 553, 777
Wolf, Paula 365, 476
Wolff, Karl 22, 158, 437, 484f., 602, 749, 774
Woroschilow, Kliment 180, 377
Woyrsch, Udo von 239
Wrangel, Peter von 496
Wrede, Fürst 800, 802
Wünsche, Max 23, 118f., 263
Wyschinskij, Andrej 686

Zeitzler, Kurt 175, 300, 418, 468, 495, 502f., 508f., 515, 520, 522f., 528, 530ff., 534, 537f., 540, 542f., 552, 558ff., 564, 566f., 570, 574ff., 599f., 609, 614, 619, 621, 630, 634, 638f., 642f., 646, 657, 659, 662f., 683
Ziegler, Heinz 548
Zoller, Albert 17